Kloster Ebersberg

*Prägekraft
christlich-abendländischer
Kultur
im Herzen Altbayerns*

Impressum

Herausgeber: Landkreis und Kreissparkasse Ebersberg
Konzeption, Koordination und Redaktion: Bernhard Schäfer
Grafikdesign, Layout und Herstellung:
Verlag Lutz Garnies, Münchner Straße 17, 85540 Haar b. München

Copyright: © 2002 Landkreis und Kreissparkasse Ebersberg

ISBN 3-926163-26-7

Kloster Ebersberg

*Prägekraft
christlich-abendländischer
Kultur
im Herzen Altbayerns*

Inhalt

	Seite
Landrat Hans Vollhardt **Zum Geleit**	6
Bernhard Schäfer **Vorwort**	7
Bernhard Schäfer **Einleitung**	8

Teil I

	Seite
Gottfried Mayr **Die Geschichte des Klosters Ebersberg – Eine Darstellung seiner historischen Entwicklung im Überblick**	13

Teil II

		Seite
1	*Walter Sage* **Klostergeschichte, die im Boden steckt – Ergebnisse der Ausgrabungen in der ehemaligen Grafenburg zu Ebersberg**	53
2	*Brigitte Schliewen* **Überlegungen zur mittelalterlichen Baugeschichte der Ebersberger Klosterkirche**	77
3	*Brigitte Schliewen* **Die figurierten spätgotischen Glasmalereien in den Kirchen des Landkreises Ebersberg**	93
4	*Brigitte Schliewen* **Figurierte Stein- und Holzbildwerke in der ehemaligen Klosterkirche Ebersberg und in ihrem Einflussgebiet**	105
5	*Brigitte Schliewen* **Ave rosa speciosa – Zum Buchschmuck in Ebersberger Chorbüchern des 15. Jahrhunderts**	131
6	*Bernhold Schmid* **Musik in der Benediktinerabtei Ebersberg**	141
7	*Robert Münster* **Musik im Kloster Ebersberg zur Zeit der Jesuiten und Malteser**	153
8	*Hans Ulrich Ziegler* **Das Historische Gesamtwerk des Abtes Williram von Ebersberg (1048-1085)**	161
9	*Hans Ulrich Ziegler* **Die mittelalterliche Schreibstube des Klosters Ebersberg zur Bücherfertigung im Dienste von Bildung und Wissenschaft**	185
10	*Hans Ulrich Ziegler* **Die schriftliche Klosterverwaltung**	197
11	*Wilhelm Volkert / Otto-Karl Tröger* **Ebersberger Siegel**	205
12	*Bernhard Schäfer* **Ludwig der Bayer und das Kloster Ebersberg**	221
13	*Markus Krammer* **Die Verehrung des Heiligen Sebastian in Ebersberg**	235

		Seite
14	*Otto Feldbauer* Geschichte der Kirchenreformen im Kloster Ebersberg im Spätmittelalter und der Frühen Neuzeit 1427-1773	279
15	*Otto Feldbauer* Alltagsleben in der Hofmark Ebersberg 1595-1773	299
16	*Wolfgang Beer* Medizinischer Streifzug durch das Kloster Ebersberg	321
17	*Elisabeth Weinberger* Von der Natur- zur Kulturlandschaft? – Die Landwirtschaft in der Ebersberger Klosterhofmark	331
18	*Winfried Freitag* Die drei frühesten Waldordnungen für den Ebersberger Forst	351
19	*Stefan Breit* Der Konflikt um die Ebersberger Gemain	371
20	*Thomas Paringer* Die Brauerei des Klosters Ebersberg	399
21	*Rotraut Acker* Das Kloster Ebersberg in bildlichen Darstellungen	417
22	*Berthold Schäfer* Das Kloster Ebersberg in den Augen bedeutender Zeitgenossen	429

Anhang

	Seite
Abkürzungen	451
Quellen und Literatur	451
Ortsregister	456
Personenregister	459
Autorinnen und Autoren	464

Hans Vollhardt

Zum Geleit

Vermutlich war das Scheitern meines ersten Versuchs, schon 1976 als Bürgermeister von Ebersberg eine Überarbeitung der Ebersberger Geschichtsschreibung – beispielsweise des von Franz Xaver Paulhuber 1847 herausgegebenen Werks – durch den damaligen Stadtrat von Ebersberg in Auftrag zu geben, ein eher glücklicher Umstand, denn kurze Zeit danach begann der seinerzeit in Ebersberg ansässige Archäologe Dr. Walter Sage mit Ausgrabungen an der Stelle der ehemaligen Grafenburg zu Ebersberg und gewann dabei wertvolle neue Erkenntnisse, die die Frühgeschichte von Burg und Kloster Ebersberg in neuem Licht erscheinen ließen.

Seither ist zudem das allgemeine Interesse an der historischen Entwicklung unserer heutigen Lebensgrundlagen in einem Maße gestiegen, das noch vor wenigen Jahrzehnten kaum vorstellbar war. So sind an vielen Orten unserer Heimat Arbeitskreise und im Jahre 1998 auf Kreisebene der Historische Verein für den Landkreis Ebersberg entstanden, die sich intensiv mit der Geschichte unseres Raumes auseinandersetzen und dabei immer wieder bisher nicht bekannte Tatsachen zu Tage fördern. Die von der Kreissparkasse Ebersberg auf der Basis des 1982 erschienenen Hauptwerkes „Der Landkreis Ebersberg – Raum und Geschichte" herausgegebene heimatkundliche Schriftenreihe mit dem Titel „Der Landkreis Ebersberg – Geschichte und Gegenwart", die inzwischen auf acht Bände mit unterschiedlichen Themenkreisen angewachsen ist, unterstützt beispielhaft die Bemühungen der vielen Bürger in unserem Landkreis, die Vergangenheit lebendig werden zu lassen. Ich bin der Kreissparkasse auch dankbar dafür, dass sie meine Anregung zur Erfassung aller historischen Urkunden unseres Raumes durch Herrn Dr. Hans Ulrich Ziegler maßgeblich unterstützt. Damit erhalten wir eine nur in wenigen bayerischen Landkreisen vergleichbar zuverlässige Grundlage zur Erforschung und Beurteilung der historischen Entwicklung.

Über nahezu 900 Jahre hat der Einfluss des von den Grafen von Ebersberg gegebenen Kanonikerstifts und der in wechselvoller Geschichte einander folgenden Orden der Benediktiner, Jesuiten und Malteser das geistliche, geistige, rechtliche, verwaltungsmäßige, kulturelle, soziale und wirtschaftliche Leben in einem weit über den heutigen Landkreis hinausgreifenden Raum geprägt. Die herausragenden Kultivierungsleistungen vor allem der Benediktiner bestimmen noch heute weithin Landschaftsgestalt und -nutzung. Eine in diesem Bewusstsein erlebte Wanderung durch unsere Heimat mag dazu beitragen, die von allen Seiten immer wieder beschworene Bewahrung der Schöpfung im benediktinischen Geist als immerwährende Aufgabe ernsthaft zu verfolgen.

Mit dem vorliegenden Buch wollen wir versuchen, in die Vielzahl der das Kloster und sein Wirken betreffenden Themen einzuführen. Es hat sich bei den Vorbereitungen schnell ergeben, dass auch ein solch umfassendes Werk nicht alle Facetten der reichen und für den gesamten altbayerischen Raum bedeutungsvollen Geschichte unserer klösterlichen Vergangenheit abhandeln kann. Dennoch bin ich glücklich, dass wir mit der Gewinnung von 18 namhaften Autoren doch ein wohl nicht alltägliches Kompendium Ebersberger Geschichtsschreibung zusammentragen konnten. Dies schmälert keineswegs die zu Einzelthemen besonders in den letzten 10 bis 15 Jahren bereits erarbeiteten Abhandlungen zur Geschichte unseres Raumes, beispielsweise durch Kreisheimatpfleger Markus Krammer. Nicht zuletzt erhoffe ich mir von der endlichen Verwirklichung meines Wunsches, dass davon vielfältige Anstöße auf Bürger und Institutionen ausgehen, das Wissen um das Werden unserer Heimat als Voraussetzung für das Akzeptieren gewachsener Verhältnisse zu vertiefen.

Ich bin dankbar dafür, dass die Kreissparkasse Ebersberg in Person der beiden Vorstandsvorsitzenden Helmut Schulz und Richard Wagner das Wagnis der Herausgabe dieses den bisherigen Rahmen der Reihe sprengenden Werkes in Obhut genommen hat und hoffe auf ein lebhaftes Interesse unserer Bürger, Betriebe und Institutionen: das Standard- und Nachschlagewerk eignet sich trefflich auch als Geschenk an Menschen, die man schätzt. Besondere Anerkennung möchte ich Herrn Bernhard Schäfer für die umfassende Betreuung und einfühlsame historische Gestaltung sowie den Autorinnen und Autoren für das lebhafte Interesse, das akribische Forschen und das verständlich-nachvollziehbare Darstellen zollen.

Ebersberg, im März 2002

Hans Vollhardt
Landrat

Bernhard Schäfer

Vorwort

Im Jahre 1847 erschien in Burghausen ein Buch mit dem Titel „Geschichte von Ebersberg und dessen Umgegend in Oberbayern". Verfasser dieses 704 Seiten starken Werkes war der Ingolstädter Geistliche Dr. Franz Xaver Paulhuber, der von Ende 1843 bis Anfang 1847 in Ebersberg Kooperator gewesen war und sich in dieser Zeit eingehend mit der Vergangenheit seines Wirkungsortes auseinandergesetzt hatte. Den Hauptteil seiner umfangreichen Darstellung widmete der Autor der Historie des Klosters Ebersberg, wobei er für seine diesbezüglichen Ausführungen alle ihm zu Gebote stehenden Mittel und sämtliche für ihn erreichbaren Quellen heranzog. Seit Erscheinen dieser umfassenden Abhandlung kam es bislang zu keinen weiteren vergleichbaren Veröffentlichungen mehr. Die Paulhuber nachfolgenden Geschichtsforscher beschränkten sich bei ihren Publikationen zur Ebersberger Klostergeschichte entweder auf wesentlich kürzere Überblicksdarstellungen oder sie griffen lediglich Einzelaspekte aus dem Gesamtzusammenhang heraus, so zum Beispiel die Kunst im Kloster Ebersberg oder die Wallfahrt zu dem vor Ort verehrten Heiligen Sebastian.
In Anbetracht dieses Tatbestandes war es überaus erfreulich, dass sich der Ebersberger Landrat Hans Vollhardt 1998 in die Tradition seines Vorgängers Hermann Beham stellte und für die von diesem initiierte heimatkundliche Schriftenreihe der Kreissparkasse Ebersberg eine Neubearbeitung der Geschichte des Klosters Ebersberg anregte. Bei ersten Vorbesprechungen zu dem angedachten Projekt, zu denen sich Historiker und Heimatforscher aus dem Ebersberger Raum zusammenfanden, kamen die Teilnehmer zu dem Ergebnis, dass man der Komplexität des Gegenstandes wohl am ehesten gerecht werden könne, wenn man das Thema in einer den Gesamtzusammenhang vermittelnden Überblicksdarstellung und in mehreren einzelne Aspekte vertiefenden Spezialbeiträgen bearbeitete. Dieser Einsicht folgend wurde daraufhin ein Team von 18 Autorinnen und Autoren gebildet, die sich alsbald daran machten, an Hand der reichen Überlieferung der Ebersberger Klosterhistorie nachzuspüren, um ihre daraus gewonnenen Erkenntnisse sodann in einem Buch mit 23 Beiträgen zusammenzuführen und auf diesem Wege einem breiten Publikum zugänglich zu machen. Als Ergebnis dieses Bemühens entstand das vorliegende, über 450 Seiten umfassende Werk.
In meiner Funktion als Gesamtbetreuer des Projekts ist es mir an dieser Stelle ein aufrichtiges Bedürfnis, all jenen zu danken, die zum Zustandekommen des Kompendiums „Kloster Ebersberg – Prägekraft christlich-abendländischer Kultur im Herzen Altbayerns" in der gegebenen Form beigetragen haben. Hier gilt es zunächst natürlich nochmals den Initiator des Unternehmens, Herrn Landrat Hans Vollhardt, zu nennen. Großer Dank gebührt aber auch den Direktoren der Kreissparkasse Ebersberg, Herrn Helmut Schulz und Herrn Richard Wagner sowie deren Mitarbeiterin Frau Marianne Hackenberg. Ein Wort des Dankes gilt darüber hinaus allen beteiligten Autorinnen und Autoren für die jederzeit harmonische Zusammenarbeit sowie den Mitarbeiterinnen und Mitarbeitern der von diesen frequentierten Archive und Bibliotheken für deren stets entgegenkommende Hilfsbereitschaft beim Ermitteln der einschlägigen Quellen und Literatur. Bedanken darf ich mich in diesem Zusammenhang des Weiteren bei Herrn Lutz Garnies und den Mitarbeiterinnen seines Verlages für das durchgängig partnerschaftliche Zusammenwirken speziell in der Endphase des Buchprojekts. Abschließend ist es mir noch ein besonderes Bedürfnis Herrn Kreisheimatpfleger Markus Krammer sowie meinem Vater, Herrn Schulamtsdirektor i. R. Berthold Schäfer zu danken, ohne deren tatkräftige Unterstützung das vorliegende Werk nicht in dieser Form hätte erscheinen können.

Jakobneuharting, im März 2002

Bernhard Schäfer

Bernhard Schäfer

Einleitung

Im Jahre 934 wurde das Kloster Ebersberg als Kanonikerstift gegründet. Wenige Jahrzehnte später erfolgte seine Umwandlung in eine Benediktinerabtei. Nachdem die Benediktiner das Kloster durch mehrere Jahrhunderte mit wiederholten Zeiten der Hochblüte geführt hatten, kam es 1596 nach einer Phase des Niedergangs an die Jesuiten, die es mit neuem Leben erfüllten und ihm neuen Glanz verliehen. Nach der Aufhebung der Gesellschaft Jesu 1773 unterstand das Kloster, das mit der vor Ort verwahrten Schädelreliquie des Märtyrers Sankt Sebastian als Wallfahrtsstätte überregionale Bedeutung erlangt hatte, für einige Jahre der staatlichen Verwaltung, ehe es 1781 den Maltesern übertragen wurde. Mit der Auflösung dieses Ritterordens im Jahre 1808 fand schließlich auch das Kloster Ebersberg, das als größter Grundherr und geistig-geistliches Zentrum im Ebersberger Raum und darüber hinaus über Jahrhunderte eine Prägekraft christlich-abendländischer Kultur im Herzen Altbayerns gewesen war, sein Ende.

Einen facettenreichen Überblick über die eben skizzierte historische Entwicklung des Klosters Ebersberg von seinen Anfängen bis zu seiner Aufhebung bietet dem Leser dieses Buches der Beitrag von Gottfried Mayr, der damit den ersten Teil des vorliegenden Werkes bestreitet. Besonders hervorzuheben ist dabei sein Bemühen, das bislang umstrittene Jahr des Auftretens der Benediktiner in Ebersberg an Hand einer kritischen und vergleichenden Auswertung verschiedener Quellenbefunde auf das Jahr 1011 festzulegen.

Den Reigen der Spezialbeiträge, der sich an die den Gesamtzusammenhang vermittelnde Überblicksdarstellung anschließt, eröffnet Walter Sage mit einem Aufsatz über die „Klostergeschichte, die im Boden steckt", in dem er die aufschlussreichen Ergebnisse der unter seiner Leitung 1978/79 durchgeführten Grabungen des Bayerischen Landesamtes für Denkmalpflege im Bereich der ehemaligen Grafenburg zu Ebersberg referiert und in diesem Zusammenhang insbesondere die dabei zu Tage getretenen Spuren der frühen Klosterzeit vorstellt. Als keineswegs selbstverständliches Ergebnis seiner Untersuchung kann er resümierend festhalten, dass im Falle

Ebersbergs die archäologischen Befunde und die schriftliche Überlieferung in ihren grundsätzlichen Aussagen übereinstimmen.

Das Augenmerk der folgenden vier Spezialbeiträge, die aus der Feder Brigitte Schliewens stammen, richtet sich auf die Bedeutung, die die Kunst für das Kloster Ebersberg und seinen Einflussbereich hatte. In ihrem ersten Aufsatz, der sich der mittelalterlichen Baugeschichte der Ebersberger Klosterkirche widmet, geht die Autorin unter anderem dem Problem des in den Quellen genannten doppelt gewölbten Chores nach und versucht es an Hand vergleichender Analyse zu lösen.

Die zweite Detailstudie Brigitte Schliewens befasst sich mit den figurierten spätgotischen Glasbildern der im Umfeld des Klosters Ebersberg angesiedelten Dorfkirchen von Hohenlinden, Haselbach und Traxl. Es gelingt der Kunsthistorikerin dabei auf Grund stilistischer und ikonographischer Untersuchungen die Glasgemälde einer Werkstatt, namentlich der Münchner Herzogenwerkstatt zuzuordnen, die zuvor bereits für die Klosterkirche selbst Aufträge ausgeführt hatte.

Der dritte Beitrag Brigitte Schliewens beschäftigt sich mit den figurierten Stein- und Holzbildwerken in der ehemaligen Klosterkirche Ebersberg und in ihrem Einflussgebiet. Aus der breiten Palette des in diesem Zusammenhang vorgestellten künstlerischen Schaffens seien hier zwei Mitte des 17. Jahrhunderts entstandene Schnitzfiguren des Ebersberger Kirchenpatrons Sankt Sebastian herausgegriffen, die sich heute in der Vorhalle respektive auf dem Hochaltar der vormaligen Stiftskirche befinden, ursprünglich aber – wie die Forscherin überzeugend darlegen kann – zu einem geschlossenen Bildprogramm mit Martyrium und Verklärung des Heiligen gehörten, das die Jesuiten am Choraltar inszeniert hatten.

Der Buchschmuck in Ebersberger Chorbüchern bildet den Gegenstand von Brigitte Schliewens vierter kunsthistorischer Untersuchung. Nach der Vorstellung der sieben illuminierten Musikhandschriften, die sich aus dem Bestand des Klosters Ebersberg erhalten haben, spürt die Verfasserin dem Schöpfer der prächtigen Buchmalereien nach und verfolgt hierbei seine Spuren bis nach Tegernsee und Augsburg. Insgesamt gesehen machen die hier nur kurz angesprochenen Forschungen deutlich, dass das Kloster Ebersberg durch die Jahrhunderte in ein weit gespanntes Netzwerk künstlerischen Wirkens und Gestaltens eingebunden war und als Auftraggeber mit vielfältigen Kontakten zu Künstlern selbst zu einem Zentrum kultureller Ausstrahlung wurde.

Die Spezialbeiträge 6 und 7 des vorliegenden Bandes wenden sich der Musikpflege im Kloster Ebersberg zu. Bernhold Schmid, der seinen Aufsatz der benediktinischen Zeit widmet, kommt auf Grund seiner Recherchen zu dem Ergebnis, dass sich bis zur Mitte des 15. Jahrhunderts keine beziehungsweise nur fragmentarische musikalische Zeugnisse erhalten haben. Den Grund für die Armut der einschlägigen Überlieferung aus der frühen Klosterzeit erkennt er in der auch in der Ebersberger Benediktinerabtei umgesetzten Melker Reform, die ältere Musikhandschriften obsolet machte und zu deren Umnutzung als Bindematerial für neue Bücher beitrug.

Die „Musik im Kloster Ebersberg zur Zeit der Jesuiten und Malteser" ist das Thema mit dem sich Robert Münster auseinandersetzt. Nach seinen Ausführungen profitierte die Ebersberger Jesuitenresidenz von der intensiven Förderung der Kirchenmusik seitens der Gesellschaft Jesu in Bayern. In diesem Zusammenhang betont er allerdings, dass die Jesuiten nicht selbst die Träger der Musikpflege waren, sondern diese Aufgabe weltlichen Chorregenten übertrugen und stellt alsdann dem Leser neben verschiedenen anderen genannten Ebersberger Kirchenmusikern besonders den auf Grund seiner Schaffenskraft herausragenden Lehrer Johann Baptist Dausch näher vor.

Das Bayerische Hauptstaatsarchiv verwahrt unter der Signatur KL Ebersberg 2 eine Ebersberger Klosterliteralie, die aus der zweiten Hälfte des 11. Jahrhunderts stammt und sich aus einem tabellarisch-historischen, einem literarisch-historischen und einem dokumentarisch-historischen Teil zusammensetzt. Auf der Basis allgemein-geschichtlicher und biographischer Überlegungen sowie quellenkundlicher Auswertungen gelangt Hans Ulrich Ziegler in seiner Abhandlung über den berühmten Ebersberger Benediktinerabt Williram (1048-1085) zu der Überzeugung, dass es sich bei der genannten Literalie um das „Historische Gesamtwerk" des namhaften Klostervorstehers handelt, wobei er davon ausgeht, dass das „Chronicon Ebersperense" und das sogenannte Cartular des Klosters Ebersberg unter dessen redaktioneller Betreuung, Teile des Tabellenwerkes aber unter dessen eigenhändiger Beteiligung entstanden.

Von Hans Ulrich Ziegler stammt auch der Beitrag über die mittelalterliche Schreibstube des Klosters Ebersberg, in dem der Autor die Tätigkeit dieser Einrichtung im Dienste von Wissenschaft und Bildung in den einzelnen Phasen der Benediktinerabtei Ebersberg nachzeichnet. Dabei muss er einerseits einen schwerwiegenden Substanzverlust hinsichtlich der Überlieferung durch den Klosterbrand des Jahres 1305 beklagen, kann aber andererseits für das 15. Jahrhundert ein enormes Anwachsen der Bücherfertigung und mithin eine Hochblüte der Schriftproduktion vermelden.

Der schriftlichen Klosterverwaltung in Ebersberg gilt das Augenmerk Hans Ulrich Zieglers in seinem dritten Beitrag zu vorliegendem Werk. Der Verfasser macht darin unter anderem deutlich, dass sich im Ebersberger Verwaltungsschriftgut zum einen die allgemeine historische Entwicklung spiegelt, zum anderen aber das spezielle Schicksal des Klosters mit all seinen Höhen und Tiefen zum Ausdruck kommt.

Siegel sind der Definition nach Symbole für die Rechtsgültigkeit der in Urkunden niedergelegten Sachverhalte. Welchen Gang diese Bedeutungsträger im Falle des Klosters Ebersberg nahmen und welchen Veränderungen die Siegel der Äbte, des Konvents und der Jesuitenresidenz im Laufe der Zeit unterworfen waren, dies zeigen Wilhelm Volkert und Otto-Karl Tröger in ihrer Studie zu diesem Buch auf, in der sie auch auf das Klosterwappen und die Sebastiansikonographie zu sprechen kommen.

Ludwig der Bayer gilt gemeinhin als großer Förderer der bayerischen Klöster. Inwieweit diese allgemeine Einschätzung auch auf die Benediktinerabtei Ebersberg zutrifft, wird im zwölften Beitrag des vorliegenden Werkes an Hand der überlieferten Ludwigsurkunden für das Kloster untersucht. Dabei erweist sich, dass die Ebersberger Benediktiner die ihnen gegebenen Privilegien(-bestätigungen) mit dem endgültigen Verlust der Reichsunmittelbarkeit ihrer Abtei „bezahlen" mussten.

Die Verehrung des Heiligen Sebastian bildete durch die Jahrhunderte eine, um nicht zu sagen die grundlegende Konstante der Geschichte des Klosters Ebersberg. Ausgehend von der bereits im Jahre 931 von Rom nach Ebersberg verbrachten Schädelreliquie des Märtyrers, schildert Markus Krammer in seiner Darstellung den Ebersberger Sebastianskult im Wandel der Zeit, wobei er sich zunächst der Wallfahrt zum Pestheiligen und sodann der örtlichen Sebastiani-Bruderschaft zuwendet.

„Geschichte der Kirchenreformen im Kloster Ebersberg im Spätmittelalter und der Frühen Neuzeit 1427-1773", mit diesem Titel hat Otto Feldbauer seinen ersten Beitrag zu vorliegendem Kompendium überschrieben. Aus seinen Darlegungen geht deutlich hervor, dass das Schicksal des Klosters Ebersberg immer auch im Gesamtzusammenhang der Kirchengeschichte gesehen werden muss. Einen besonderen Schwerpunkt legt der Autor in seinen Ausführungen auf die Darstellung des dramatischen Niedergangs der Ebersberger Benediktinerabtei im 16. Jahrhundert, der letztlich zum Übergang des Klosters auf die Jesuiten führte.

In einem weiteren Aufsatz wendet sich Otto Feldbauer alsdann dem Alltagsleben in der Hofmark Ebersberg zur Zeit der Jesuiten zu. Unter Auswertung vornehmlich von Verhörs- und Briefprotokollen gelingt es dem Autor, dem Leser einen lebendigen Eindruck von der materiellen Kultur, von Wohnung, Kleidung und Nahrung der damaligen Menschen zu vermitteln. Des Weiteren kann er unter anderem aufzeigen, wie die allgegenwärtige Knappheit wirtschaftlicher Ressourcen zu starken sozialen Spannungen und hoher Gewaltbereitschaft führte.

Einen medizinischen Streifzug durch das Kloster Ebersberg unternimmt Wolfgang Beer. Bei seiner Suche nach einem klösterlichen Spital und einer dazugehörigen Apotheke gelangt er zum Ebersberger heilkundlichen Schrifttum und hier speziell zu dem berühmten 1479 in Ebersberg entstandenen Herbar Vitus Auslassers, in dem dieser die heimische Pflanzenwelt in Wort und Bild festhielt.

Elisabeth Weinberger geht in ihrem Beitrag über „Die Landwirtschaft in der Ebersberger Klosterhofmark" der Frage nach, inwieweit das Kloster Ebersberg dazu beitrug, dass aus der Naturlandschaft seines Einflussgebietes eine Kulturlandschaft wurde. Über die Darstellung der klösterlichen Eigenwirtschaft und der grundherrlichen Rentenwirtschaft in der Frühen Neuzeit gelangt sie einerseits zu dem Ergebnis, dass es sich bei der Landwirtschaft in der Klosterhofmark in erster Linie um eine Subsistenzwirtschaft handelte, andererseits zu der Erkenntnis, dass das Kloster Ebersberg das Landschaftsbild des Ebersberger Raumes durch sein Wirken entscheidend, doch keineswegs ausschließlich prägte.

Seiner enormen Bedeutung als wirtschaftlicher Ressource gemäß, wurde der Ebersberger Forst bereits im späten Mittelalter seitens des Klosters Ebersberg und des bayerischen Herzogs durch Waldordnungen geschützt. Winfried Freitag hat sich der verdienstvollen Mühe unterzogen, die drei frühesten Waldordnungen für den Ebersberger Forst als aufschlussreiche, rechts-, wirtschafts-, sozial- und naturgeschichtlich interessante Quellen für die Edition im vorliegenden Werk aufzubereiten.

Ein Rechtsstreit, der sich zu Beginn des 17. Jahrhunderts zwischen dem bayerischen Herzog Maximilian und den Jesuiten des Klosters Ebersberg einerseits und zwölf Gemeinden des östlichen und nordöstlichen Ebersberger Raumes andererseits bezüglich der Waldnutzungsrechte in der „Ebersberger Gemain" entzündete und der die streitenden Parteien letztlich bis vor das Reichskammergericht führte, ist der Gegenstand, mit dem sich Stefan Breit beschäftigt und den er in akribischer Darstellung nachzeichnet.

Aus bescheidenen Anfängen unter den Benediktinern erwachsen, stieg die Ebersberger Klosterbrauerei unter den Jesuiten zu einer der bedeutendsten Klosterbrauereien in Bayern auf. Wie es den Patres der Gesellschaft Jesu gelang, das Ebersberger Brauhaus zu einem leistungsfähigen und rentablen Betrieb auszubauen und diesen vor allzu starken Zugriffsversuchen seitens des Fiskus zu schützen, schildert Thomas Paringer in seinem Beitrag über „Die Brauerei des Klosters Ebersberg".

Das Kloster Ebersberg wurde im Laufe seiner Geschichte immer wieder in bildlichen Darstellungen festgehalten. Die gleichwohl nicht vielen Abbildungen, über die wir verfügen, in einem Aufsatz zusammenzustellen und einer vergleichenden Beschreibung im Hinblick auf die in den Bildern auszumachenden baulichen Veränderungen im Wandel der Zeit zu unterziehen, dieser Aufgabe hat sich Rotraut Acker angenommen.

Literarische Mosaiksteine sind es, die Berthold Schäfer, der den letzten Beitrag zu dem vorliegenden Buch bestreitet, zusammensetzt, wenn er seinen Lesern so bedeutende Persönlichkeiten der Frühen Neuzeit wie Philipp Apian, Jakob Balde, Anton Wilhelm Ertl, Ferdinand Schönwetter, Johann Michael Sailer und Joseph von Hazzi vorstellt, die als zeitgenössische Augenzeugen ihre Eindrücke vom Kloster Ebersberg zu Papier brachten und auf diesem Wege ein Bild von diesem schufen, das bis in die Gegenwart nachwirkt.

Nach dem hier gegebenen Überblick über die kaleidoskopische Vielfalt der Themen, die den Leser bei der Lektüre des vorliegenden Werkes erwartet, sei darauf hingewiesen, dass das Kompendium „Kloster Ebersberg" gleichwohl keinen Anspruch auf Vollständigkeit erhebt. So blieben beispielsweise Aspekte wie „Das Verhältnis des Klosters Ebersberg zum Landgericht Schwaben" oder „Die Klosterhäuser Ebersbergs im alten München" unbehandelt.

Abschließend ist an dieser Stelle noch darauf hinzuweisen, dass für den Inhalt der hier versammelten Aufsätze zunächst einmal und grundsätzlich die / der jeweilige Autorin / Autor verantwortlich zeichnet, mithin von Fall zu Fall Abweichungen in der Bewertung der Aussagen der herangezogenen Quellen aufscheinen können, deren redaktionelle Zusammenführung sich jedoch in der Regel verbot. Die Arbeit der Redaktion beschränkte sich vielmehr im Wesentlichen auf die formale Vereinheitlichung der Beiträge.

*Die Geschichte
des Klosters Ebersberg
im Überblick*

Gottfried Mayr

Die Geschichte des Klosters Ebersberg – eine Darstellung seiner historischen Entwicklung im Überblick

Jeder, der eine Geschichte der verschiedenen geistlichen Institutionen schreiben will, die sich im Verlauf von fast neunhundert Jahren in Ebersberg abgelöst haben, steht in einer langen Tradition. Dankbar nehmen wir heute die Werke der Vorgänger zur Hand, die zu verschiedenen Zeiten die Ereignisse im Zusammenhang mit dem geistlichen Ebersberg festgehalten haben. Ohne die klösterliche Geschichtsschreibung wäre es mit unseren Kenntnissen um Ebersberg sehr viel schlechter bestellt. Zwar gibt es wie in anderen Klöstern Quellen über Rechtsgeschäfte und aus dem Wirtschaftsleben, so die Klosterurkunden und ihnen vorausgehend die Urkundenbearbeitungen im Ebersberger Cartular, daneben Stifts- und Gültbücher, Gerichtsprotokolle und Lehenbücher,[1] aber die geschichtlichen Zusammenhänge erfahren wir am besten aus der Ebersberger Geschichtsschreibung. An ihrem Anfang steht das Chronicon Ebersper-gense, die Grundlage für jede Beschäftigung mit den Anfängen und der frühen Geschichte des Klosters Ebersberg.[2] (Abb. 1)

Die Anfänge der Burg und der Kirche

Das Chronicon beginnt damit, dass es zur Zeit des Karolingers Karlmann (865-880) in Bayern einen Grafen Sieghard gab, der über den ursprünglich königlichen Marktplatz Sempt und über einen großen, ganz in der Nähe gelegenen Forstbezirk verfügte, den heutigen Ebersberger Forst. Dort stieß der Graf bei der herbstlichen Jagd auf einen riesigen Eber, der zwischen einem Sandstein und einer Linde lag. (Abb. 2) Dieser Eber wurde mehrmals vertrieben, kehrte aber immer wieder an seinen Schlafplatz zurück. Der Eber konnte nicht

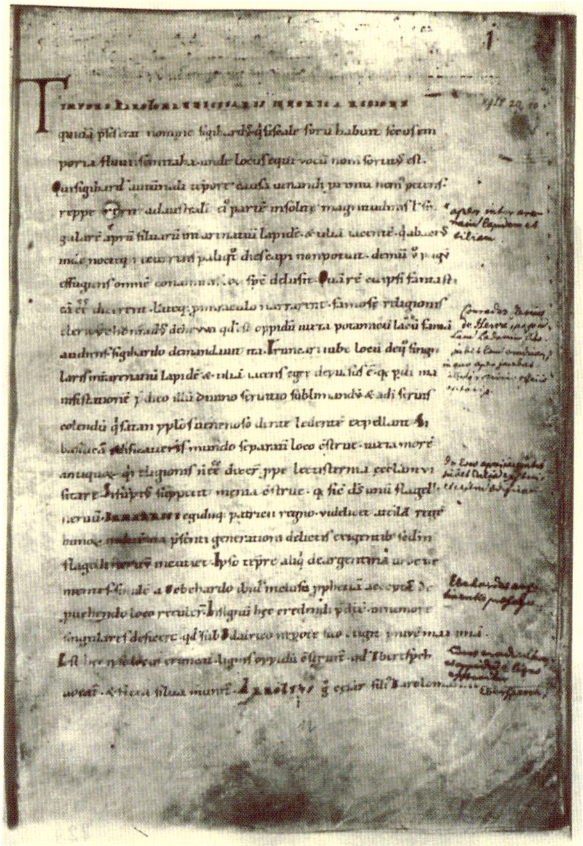

Abb. 1: (links) Titelseite des Mitte des 11. Jahrhunderts entstandenen Chronicon Eberspergense, das die Grundlage für jede Beschäftigung mit den Anfängen und der frühen Geschichte des Klosters Ebersberg bildet.

Abb. 2: (rechts) Graf Sieghard bei der legendären Eberjagd, dargestellt in der Ende des 15. Jahrhunderts entstandenen Bildchronik des Klosters Ebersberg.

Abb. 3: (links) Bau der Ebersberger Burg in einer Darstellung der Bildchronik des Klosters Ebersberg vom Ende des 15. Jahrhunderts.

Abb. 4: (rechts) Graf Eberhard träumt von einem Hahn, der sich in einen Armen verwandelt. Federzeichnung aus der berühmten Ebersberger Bildchronik.

gefangen werden, verließ aber schließlich doch den Gau, wobei er jede Hoffnung auf einen erfolgreichen Versuch, ihn zur Strecke zu bringen, verlachte. Als Sieghard und seine Leute schließlich zur Auffassung kamen, bei dem Ganzen habe es sich nur um Einbildung gehandelt, kam eine Botschaft von dem wegen seiner Frömmigkeit berühmten Kleriker Konrad von Hewen am Bodensee: Sieghard solle den Platz zwischen Sandstein und Linde, von dem der Eber nur mit Mühe habe vertrieben werden können, roden, durch den Bau einer Kirche weihen und von Dienern Gottes bewohnen lassen, die den Satan, der die Völker mit seinem Giftzahn verletze, austreiben sollten. Mit den Dienern Gottes waren, wie im Text immer deutlicher wird, Mönche gemeint. Was zuvor schon angedeutet wurde, als das riesige Schwein die Menschen verlachte, wird nun offen zum Ausdruck gebracht: im Eber steckte der Teufel. „Wenn du eine Kirche baust", verlangte Konrad weiter, „errichte sie an einem Ort nach der Sitte der Alten, die es für unerlaubt hielten, eine Kirche in der Nähe eines heidnischen Götzendienstes zu erbauen." Durch eine Kirche und eine geistliche Gemeinschaft sollte also der Satan, das Böse, von jenem Ort vertrieben werden. Wenn es die Mittel Sieghard noch erlaubten, sollte er zudem eine Mauer errichten, da eine neue Geißel – wie einst der Hunnenkönig Attila – drohe. Zur Bekräftigung der Weissagung des Konrad lässt die Chronik zur selben Zeit Leute aus Straßburg kommen, die berichteten, dass ein Inkluse Gebehard dieselbe Prophezeiung gemacht habe.
Nach dem Chronicon wurde nun der Platz gerodet, aber Sieghard ließ keine Kirche errichten, sondern nur eine Burg aus Holz, die Ebersberg genannt und mit einem Flechtwerk befestigt wurde. Arnulf, der Sohn Karlmanns, gab seinem Verwandten Sieghard reichen Besitz zum Ausbau der neuen Burg, wobei er seine Schenkung mit einer Urkunde und dem königlichen Siegel bekräftigte. Dies zeigt, dass der Verfasser des Chronicon durchaus die Urkunden seines Klosters kannte.
Die Burg ging auf Sieghards Sohn Ratold und von diesem auf den Enkel Eberhard über, die beide für deren weiteren Ausbau sorgten, allerdings immer noch keine Kirche errichteten. (Abb. 3) So musste Gott mit einem neuen Mirakel auf die eigentliche Bestimmung des Ortes hinweisen. Eberhard träumte von einem Hahn, der sich in einen Armen verwandelte und der von sich sagte, er sei der Hirte der Orientalen. (Abb. 4) Er habe erklärt: „Diese Burg, die du errichtest, steht den Anschlägen der Feinde offen, wenn du nicht in ihr eine Wohnung erbaust, in der ihr Wächter verweilen kann. Aber wenn du mir Weihrauch, Wein und Öl gibst, übernehme ich das Wächteramt, damit du keinen Schaden davonträgst." Der Kleriker Hunfried konnte den Traum deuten: Der

Abb. 5: Grundsteinlegung zu dem von Graf Eberhard veranlassten Kirchenbau in Ebersberg, wie sie sich der Bildchronist des ausgehenden 15. Jahrhunderts vorstellte.

Hahn bezeichne Christus, der selbst das Wächteramt übernehmen wolle. Dazu brauche er eine Wohnung, also eine Kirche. Dieser göttliche Wink war erfolgreich. Schon am nächsten Tag legte Eberhard selbst drei Steine dort nieder, wo der Altarraum der Kirche entstehen sollte; er legte sie gerade auf den Sandstein, bei dem einstmals der höllische Riesenbeber gehaust hatte. Aber der Kleriker Hunfried erklärte, dass ein Gotteshaus auf einen starken Felsen zu bauen sei und nicht auf Sand. Eberhard ließ nun den Sandstein wegtransportieren – den sich das Chronicon offensichtlich als behauenen Block vorstellt – und die Linde fällen; dabei macht der Text die aufschlussreiche Bemerkung, dass das Volk sie als heilig verehrte. Der Verfasser will aufzeigen, dass die Kirche an einem Ort errichtet wurde, dem man heidnisch-numinose Kraft zusprach. (Abb. 5)
Die magisch-heidnische Vergangenheit des Platzes dürfte nicht völlig erfunden sein. In einer lateinisch verfassten Ebersberger Klostergeschichte, die heute als Codex Clm 1351 in der Handschriftenabteilung der Bayerischen Staatsbibliothek verwahrt wird[3] und die das nächste große Werk der Geschichtsschreibung des Klosters Ebersberg darstellt, heißt es zum Jahr 1671, dass ein gewaltiger Sturm die uralte Linde im Klostergarten gefällt habe. Dass diese uralte Linde des 17. Jahrhunderts im Kloster-

Abb. 6:
Hunfried, der erste Ebersberger Propst mit seinen Nachfolgern Dietger, Meginbold und Gunther. Darstellung in der unter Abt Sebastian Häfele (1472-1500) gefertigten Bildchronik des Klosters Ebersberg.

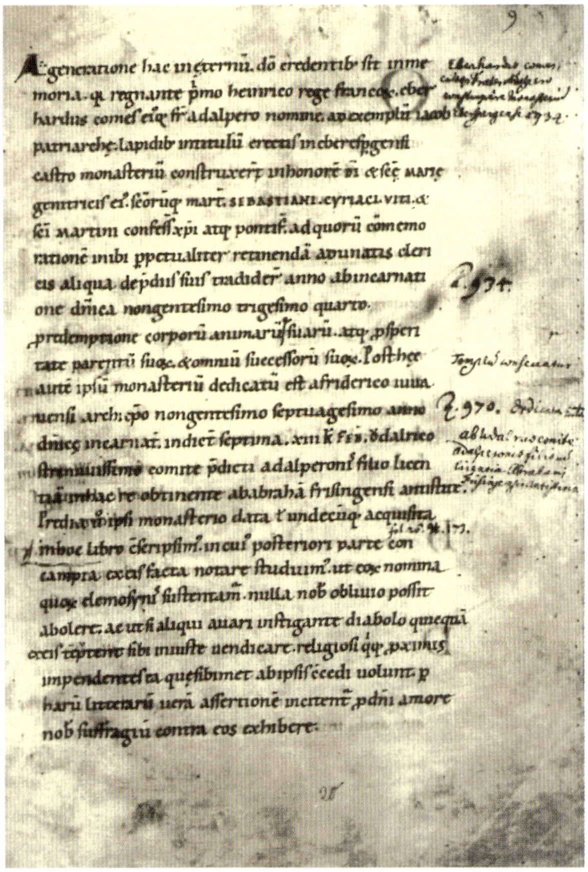

Abb. 7:
Eintrag im Ebersberger Cartular, der von der Gründung des Klosters Ebersberg im Jahre 934 durch die Grafen Eberhard und Adalbero berichtet.

bereich, also im alten Burgbereich – das Kloster wurde in der Burg errichtet – schon in der späteren Karolingerzeit wuchs, kann man ohne weiteres annehmen. Zwar behauptet die angeführte Klostergeschichte nicht, dass es sich bei der uralten Linde um die Linde der Gründungslegende gehandelt habe; der Verfasser kannte natürlich die Aussage des Chronicon Ebersperense, dass Eberhard die heilige Linde habe fällen lassen. Linden gab es aber auf jeden Fall auf dem Berg des Ebers, wie der Name verstanden wurde.[4] Die Fällung als Zeichen der Überwindung heidnischer Traditionen dürfte ein Topos sein, der vielleicht als Anlehnung an die Fällung der Donar-Eiche durch Bonifatius zu sehen ist. Auf jeden Fall bedeutete der Bau der Kirche einen wichtigen Schritt auf dem Weg des Platzes zu seiner von Gott gegebenen Bestimmung, durch die Errichtung einer Mönchsgemeinschaft den endgültigen Sieg über heidnisch-abergläubische Vorstellungen davonzutragen. Zwar gab es nach dem Bau der Kirche noch kein Kloster im engeren Sinne, aber Eberhard richtete zumindest eine Klerikergemeinschaft bei der Kirche ein, deren Leitung der schon erwähnte Hunfried übernahm.[5] (Abb. 6) Die Einleitung zum „Liber traditionum" (Traditionsbuch), dem ersten Teil des Cartulars des Klosters Ebersberg, die nicht auf heilsgeschichtliche Zusammenhänge, sondern auf Fakten ausgerichtet ist, spricht bereits von einem Kloster, das bei der neuen Kirche entstand. Die wesentlich genaueren Angaben im Cartular nennen neben Eberhard auch dessen Bruder Graf Adalbero als Gründer und dazu die Patrone, zu deren Ehren das Kloster errichtet wurde, nämlich die Heiligen Maria, Sebastian, Cyriacus, Vitus und Martin. Außerdem erfahren wir im Cartular das Gründungsjahr 934, das im Chronicon nicht genannt ist. (Abb. 7) Dafür erwähnt das Chronicon die Reliquien des heiligen Sebastian, die in der Altarplatte eingelassen waren. Gemeint ist sicher die Hirnschale des heiligen Sebastian, die Ebersberg im Lauf der Jahrhunderte zu einem der wichtigsten Wallfahrtsorte Bayerns werden ließ. Die Besitzausstattung von Kirche und Klerikergemeinschaft wird vom Chronicon nur kurz gestreift, während sie im Cartular naturgemäß die entscheidende Rolle spielt.

Das Chronicon stellt nun die Bedeutung der Burg in den Ungarnkämpfen dar. (Abb. 8) Nach der Schlacht auf dem Lechfeld seien gefangene Ungarn nach Ebersberg gebracht und, außer den obersten Anführern, mit Speeren getötet und in einen Graben geworfen worden. Auch dieses grausame Vorgehen bringt es in Verbindung mit der eigentlichen Bestimmung Ebersbergs. Sie lässt Willibirg, die Schwester Eberhards, sagen, sie glaube jetzt ganz den Worten derjenigen, die vorausgesagt hätten, dass man diesen Ort für den Dienst Gottes prächtig ausstatten müsse, weil der Herr die Fürsten des Bösen, die die Kirche Gottes verwüstet hätten, zur Ehre dieses Ortes gefesselt hierher geführt habe. Eberhard stiftete nach dem Chronicon unter anderem wertvolle Teile der Siegesbeute zur Herstellung eines goldenen Kelches. Außerdem macht das Chronicon deutlich, dass bestraft wurde, wer sich dem göttlichen Willen widersetzte, die Kirche mit ihren Klerikern, die Keimzelle des Klosters, weiter zu fördern: Eberhard ließ, als er seinen Tod herannahen fühlte, nach seinem Bruder Adalbero schicken, der es jedoch gar nicht eilig hatte, zu ihm zu kommen. Adalbero befürchtete, seine Zustimmung zu Schenkungen des Bruders zugunsten der Kleriker geben zu sollen. Er war der Meinung, dass es besser sei, mit den Besitzungen, die ihm als Erbe zustünden, seine Söhne reich zu machen, als dass andere zu Unrecht den Nutzen davon hätten. Eberhard dagegen betete, dass Gott seinen Willen in Bezug auf Ebersberg verwirkliche. Gott tat dies wiederum mit einem Wunder. Adalbero hatte sieben gesunde, stattliche Söhne und einen achten, der nach seinem Taufpaten, dem heiligen Bischof Ulrich von Augsburg, Ulrich hieß. Dieser musste vor den Gästen wegen seiner schlaffen und entstellten Erscheinung versteckt werden. Seine Tante Willibirg gab den Rat, Gott und den heiligen Sebastian zu versöhnen, dem Eberhard das Gut Aham versprochen hatte, von dessen Erträgen er Weihrauch, Wein und Öl für das Gotteshaus bezahlen wollte, also jene drei Dinge, die einst Christus in der Gestalt des in einen Armen verwandelten Hahnes gefordert hatte. Adalbero nahm diesen Rat an, legte Ulrichs Haupt auf den Altar des heiligen Sebastian und gab das Gut Taing (LK Erding) und zwei Mansen zu (Groß-, Klein-)Hündlbach (LK Erding) und gelobte, dass er und sein Sohn jährlich 30 Denare zahlen wollten. (Abb. 9) Ulrich wurde daraufhin gesund und vor allem unverwundbar in allen Kämpfen.

Erst unter Ulrich war die Kirche fertiggestellt und Bischof Abraham von Freising sollte sie als der zuständige Diözesanbischof weihen. Der Bischof weigerte sich, weil Ulrich im Streit zwischen Herzog Heinrich und Otto auf Seite des Königs stand, Abraham dagegen auf Seiten des bayerischen Herzogs. Aus der Sicht des Chronicon siegte die gerechte Sache; Herzog und Bischof wurden besiegt und in Gefangenschaft gesetzt. Da musste Bischof Abraham, der einst geschworen hatte, niemals die Kirche in Ebersberg zu weihen, die Zustimmung dazu geben, dass sie von jedem beliebigen Bischof geweiht werden dürfe. So weihte im Jahre 970 Erzbischof Friedrich von Salzburg die Sebastianskirche in der Burg Ebersberg. (Abb. 10) Ulrich, der mit Richardis, der Schwester des Markgrafen Markward von Kärnten, also mit einer Eppensteinerin,[6] verheiratet war, hatte die Kin-

Abb. 8:
Angriff der „Hunnen" (Ungarn) auf Burg und Kloster Ebersberg. Darstellung der Ebersberger Bildchronik.

Abb. 9:
Das kranke Kind Ulrich wird auf den Altar des heiligen Sebastian gelegt. Kolorierte Federzeichnung des Ebersberger Bildchronisten des ausgehenden 15. Jahrhunderts.

Abb. 10:
Im Jahre 970 weiht Erzbischof Friedrich von Salzburg die Sebastianskirche in der Burg Ebersberg. Bildchronik, Ende 15. Jahrhundert.

Abb. 11:
Stammbaum der Grafen von (Sempt-)Ebersberg, beginnend bei Graf Sieghard und seiner Frau Gottina, gezeichnet in der Ebersberger Bildchronik (Ende 15. Jahrhundert).

der Adalbero, Eberhard und Willibirg sowie drei weitere Töchter, deren Namen nicht genannt sind. Adalbero heiratete Richlind, die Tochter des Welfen Rudolf. Die Ehe blieb kinderlos. Eberhard heiratete eine Adelheid aus Sachsen, die ihm drei Söhne gebar. Hier ist nun im Text klar eine Lücke zu erkennen:[7] Aus dem späteren Text ergibt sich eindeutig, dass an dieser Stelle der vorzeitige Tod dieser Söhne berichtet wurde. (Abb. 11) Der Text fährt weiter mit dem Tode Hunfrieds, des Leiters der Klerikergemeinschaft in Ebersberg, und gibt dann die Amtszeiten seiner Nachfolger an.

Die Anfänge des Reichsklosters

Im Jahre 990 wurde nach dem Chronicon der Augsburger Abt Reginbold Leiter einer Mönchsgemeinschaft. Jetzt erst wurde Ebersberg ein richtiges Kloster und das Chronicon spricht nun von der Abtei (abbatia). (Abb. 12) Ein Vasall Eberhard übergab Abt Reginbold seinen Sohn Altmann zur klösterlichen Erziehung. Altmanns Mutter Ruottrud war eine Tochter Ulrichs von einer Konkubine. Reginbold wurde, nachdem er elf Jahre die Abtei Ebersberg geleitet hatte, von Heinrich II. das Kloster Lorsch anvertraut. Heinrich II. machte Altmann zum Abt, angeblich unter Widerstand des Großvaters Ulrich, weil der Enkel erst 20 Jahre alt war. Allerdings betont das Chronicon Altmanns erstaunliche Intelligenz und Sittenreife. Die Einsetzung des Abtes durch den Kaiser war nur möglich, wenn Ebersberg schon zur Zeit Ulrichs Reichskloster war.

Der Auffassung, dass Ebersberg schon unter Graf Ulrich Reichskloster war, widerspricht das Chronicon selbst, das folgende Nachricht bringt: Der Frankenkönig Heinrich III. beschenkte das Kloster auf Bitten Adalberos mit der Freiheit und gewährte den Brüdern mit einer Urkunde die Wahl des Abtes.[8]

Wie lassen sich die widersprüchlichen Angaben auflösen? Zunächst ist festzustellen, dass die Jahresangabe 990 für den Beginn benediktinischen Lebens in Ebersberg nicht zutreffen kann. (Abb. 13) Ein früher Äbtekatalog, der in der gleichen Handschrift überliefert ist wie das Chronicon,[9] gibt für Altmann 21 Jahre Amtszeit an, für seinen Vorgänger Reginbold die schon im Chronicon genannten elf Jahre, zusammen also 32 Jahre. Da Altmanns Tod 1045 feststeht, ergibt sich damit für den Beginn der Amtszeit des ersten Abtes das Jahr 1013. Dieses aus dem Äbtekatalog zu errechnende Jahr ist schon viel wahrscheinlicher als 990, ist aber weiter zu hinterfragen. Einen weiteren Ansatzpunkt zur Klärung der wichtigen Frage, wann Ebersberg im eigentlichen Sinne Kloster wurde, bietet die Karriere des ersten Abtes

Abb. 12: Abt Reginbold, der erste Leiter des Ebersberger Benediktinerklosters mit seinen Nachfolgern Altmann, Eticho und Eckbert. Darstellung in der Ende des 15. Jahrhunderts in der Benediktinerabtei Ebersberg geschaffenen Bildchronik.

Abb. 13: Hinweis im Chronicon Eberspergense auf den Einzug des ersten, aus Augsburg kommenden Benediktinerabtes Reginbold, mit der auf einer Rasur stehenden Jahreszahl DCCCCXC (990).

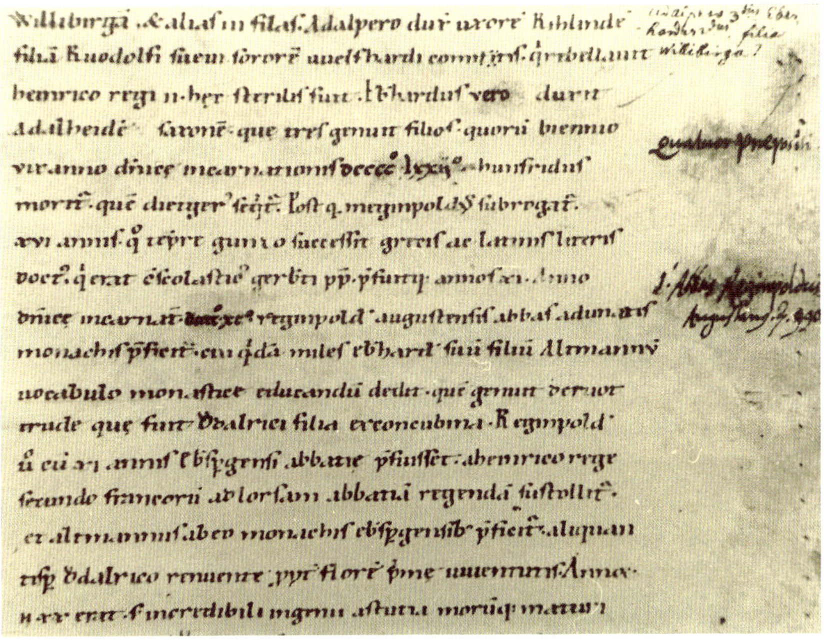

Abb. 14: Einzug der Benediktiner in das Kloster Ebersberg. Bildchronik (Ende 15. Jahrhundert).

Reginbold. Er war ursprünglich Mönch im Reichskloster Tegernsee und wurde um 1000 der erste Abt von Sankt Ulrich und Afra in Augsburg, wo – genau wie kurz darauf in Ebersberg – eine Klerikergemeinschaft in ein Benediktinerkloster umgewandelt wurde. Dieses neue Kloster stand in enger Verbindung mit dem Reich, es wurde von Heinrich II. und seiner Frau Kunigunde gefördert.[10] Reginbold wurde dann von Ebersberg weg zur Leitung des Reichsklosters Lorsch berufen, wo sein Amtsvorgänger Bobbo am 7. April 1018 gestorben war. 1032 wurde er Reichsbischof in Speyer, starb dort am 13. Oktober 1039 und wurde in der Folge sogar als heilig verehrt.[11] Wenn man vom Beginn seiner Amtszeit in Lorsch 1018 ausgeht und die vom Ebersberger Äbtekatalog angegebenen elf Jahre in Ebersberg abzieht, kommt man auf 1007 als das Jahr des Wechsels von Augsburg nach Ebersberg. So setzte denn auch der Herausgeber der Urkunden des Klosters Sankt Ulrich und Afra in Augsburg sein Weggehen nach Ebersberg in die Zeit zwischen 1007 und 1013.[12] Wichtig erscheint die ausgesprochene Reichsnähe Reginbolds, die annehmen lässt, dass nicht nur seine Berufung nach Lorsch, sondern auch seine Berufung

Abb. 15: Immunitätsdiplom Kaiser Heinrichs III. für das Kloster Ebersberg, ausgestellt am 1. Januar 1040.

nach Ebersberg mit dem König abgesprochen war. (Abb. 14)

Durch eine genaue Betrachtung der Quellen lässt sich der Zeitpunkt des Beginns des klösterlichen Lebens in Ebersberg noch näher bestimmen. Oben wurde die Nachricht des Chronicon zitiert, dass Heinrich III. Ebersberg mit der Freiheit beschenkt und damit zum Reichskloster gemacht habe. Von einer entsprechenden Urkunde Heinrichs II. weiß das Chronicon nichts. Tatsächlich liegt aus dem Archiv des Klosters Ebersberg nur das genannte Immunitätsdiplom Heinrichs III. vor, eine Königsurkunde, die dem Kloster den Schutz des Königs zusicherte, eine Urkunde Heinrichs II. aber nicht. Die Urkunde Heinrichs III. vom 1. Januar 1040 ist im Original erhalten, nicht etwa in einer Abschrift.[13] (Abb. 15) Die Möglichkeit einer Verfälschung des Textes ist damit ausgeschlossen.[14] Das ist deswegen wichtig, weil dieser Text im höchsten Maße erstaunlich ist. Die Urkunde sagt nämlich, dass Graf Adalbero, weil er wollte, dass Christus Besitzer seines Vermögens werden sollte, mit Zustimmung seiner Frau Richlind von seinem eigenen Vermögen in Ebersberg ein Benediktinerkloster gründete, es dem heiligen Sebastian weihte und es dem König übertrug, der diesem die Freiheit verleihen sollte. Diese Aussage ist ausgesprochen falsch. Es kann keine Rede davon sein, dass Graf Adalbero das Kloster gründete und weihen ließ. Nun gibt es eine zweite erstaunliche Tatsache. Die Urkunde Heinrichs III. von 1040 ist – abgesehen von den Eigennamen – weitgehend textidentisch mit einer Urkunde Heinrichs II. von 1011 für das Kloster Kühbach. Selbst wenn, was ganz unwahrscheinlich ist, die kaiserliche Kanzlei eine Abschrift oder eine Vorlage der Urkunde von 1011 gehabt hätte, wäre nicht einzusehen, warum sie gerade eine so weit zurückliegende Urkunde (immerhin regierte zwischen Heinrich II. und Heinrich III. noch Konrad II.), die ein weit entferntes Kloster betraf und die einen absolut unzutreffenden Text aufwies, als Vorlage hätte wählen sollen. Eine dritte Feststellung kommt dazu: Wir wissen, wie Kühbach zu seiner Königsurkunde vom 26. Juni 1011 kam: Der Gründer Graf Adalbero von Kühbach weilte am Hof Heinrichs II. in Regensburg,[15] sicherlich auch in eigener Sache, um den Königsschutz für sein neugegründetes Kloster zu erlangen.

Graf Adalbero von Kühbach lässt sich aber nicht allein vor dem König nachweisen, auch Graf Eberhard von Ebersberg war im Juni 1011 beim König in Regensburg. Offensichtlich sollte er sich im Auftrag seines Vaters Ulrich um eine Immunitätsurkunde bemühen. Ein solches Diplom Heinrichs II. lässt sich problemlos als Vorlage für das erhaltene Diplom Heinrichs III. verstehen. Wenn wir die 1040 genannten Namen Adalbero und Richlind durch Ulrich und Richardis ersetzen, stimmt plötzlich der Text der Urkunde. Es stand dann in der Urkunde, dass Graf Ulrich mit Zustimmung seiner Frau Richardis, weil er wünschte, dass Christus der Besitzer seines Erbgutes werde, ein Mönchskloster nach der Regel des heiligen Benedikt zu Ehren des heiligen Märtyrers Sebastian in Ebersberg in der Grafschaft Steinhöring von seinem Grundbesitz und von seinem Vermögen gründete, dem heiligen Sebastian weihte und es anschließend in die königliche Gewalt übergab, um ihm die Freiheit verleihen zu lassen.[16] Damit bestätigt sich, was das Chronicon mit der Angabe, dass Heinrich II. Abt Reginbold wegberief und Altmann als Nachfolger einsetzte, erkennen lässt: Ebersberg war schon unter Heinrich II. Reichskloster. Ein Weiteres lässt sich nun erkennen: Um zum Ausdruck zu bringen, dass die Abtei Ebersberg von ihrer Gründung an unter dem Schutz des Reiches stand, werden die Stiftung des Klosters, für das die Gebäude und die Kirche schon vorhanden waren, die Weihe und die Übertragung an den König als einheitlicher Akt dargestellt. Außerdem ist ein genauer zeitlicher Ansatz für den Wechsel Reginbolds von Augsburg nach Ebersberg und damit für den Beginn benediktinischen Lebens in Ebersberg gewonnen, nämlich das Jahr 1011.

Zu fragen ist noch, warum die Urkunde von 1011 verschwunden ist. Der in der Kühbacher Urkunde vorliegende Text lässt annehmen, dass auch in der erschlossenen Ebersberger Urkunde von 1011 eine Regelung zur Nachfolge im Amt des Vogtes enthalten war. In Kühbach ging die Vogtei auf den nächsten Erben („proximus heres") über und auch in Ebersberg gab es 1011 noch einen nächsten Erben, den Grafen Adalbero. Diese Regelung war 1040 überholt, da es nach Adalbero und seinem Bruder Eberhard keine Erben mehr gab. Die Urkunde von 1011 war 1040 in jeder Hinsicht überholt und konnte ohne Schaden verschwinden. Die Übertragung des neuen Klosters an das Reich brachte zwar eine Minderung der Rechte der Stifterfamilie mit sich, wie sie sich etwa darin zeigte, dass Heinrich II. Altmann gegen den Willen des Gründers Graf Ulrich als Abt durchsetzte. Dennoch ist der Plan, das neue Kloster von Anfang an unter den Schutz des Reiches zu stellen, von der damaligen Situation der Grafenfamilie her absolut verständlich: schon 1011 stand ihnen ihr Aussterben im Mannesstamm vor Augen. Im Chronicon heißt es vor dem Bericht über den Anfang des Klosters, dass die Ehe Adalberos kinderlos blieb, in der festgestellten Lücke stand mit Sicherheit, dass die drei Söhne Eberhards früh starben, und nach der Erwähnung der Gründung heißt es zusammenfassend, dass Ulrich keine Nachkommen von seinen Kindern sah, außer einer Enkelin Hadamud von seiner Tochter Willibirg. Damit ist auch die Absicht der Klostergründung klar: die Mönche sollten im Gebet für die ausgestorbene Stifterfamilie das Andenken daran aufrechterhalten. Dazu erschien ein richtiges Kloster mit einer festen Struktur, um dessen Schutz sich nach dem Aussterben der Grafenfamilie der König annahm, wohl geeigneter als eine bloße Klerikergemeinschaft.

Weil das Aussterben der Grafenfamilie im Mannesstamm sicher war, konnte Ulrich das neue Kloster großzügig ausstatten.[17] Er schenkte dem heiligen Sebastian reichen Besitz, der vor allem im Ebersberger Raum lag. Sebastian sollte dafür bei Gott Fürsprache einlegen, dass er und seine Nachkommen von der einzigen Enkelin ungestraft das Gut Aham nutzen könnten, das Ulrichs Onkel Eberhard einst für den göttlichen Dienst bestimmt hatte. Außerdem sollte der heilige Sebastian für eine gesunde Nachkommenschaft wenigstens über die Enkelin sorgen. Ulrich musste sehen, dass seine Bitten keine Erhörung fanden, und hielt dies für eine Strafe für seine Sünden. Er wollte sein Vermögen unter Klöster und Arme verteilen, als Armer selbst den Armen dienen, sogar die Welt verlassen und in die Ferne ziehen; gemeint ist wohl eine Pilgerfahrt in das Heilige Land.

Wieder griff Gott in die Entwicklung Ebersbergs ein: Ein Laie Adalger, der für heilig gehalten wurde, widersprach Ulrichs Entschluss mit den Worten, ihm sei in einem göttlichen Gebot gesagt worden, es sei besser, auf Dauer jedes Jahr Almosen von seinem Hab und Gut zu geben, als alles auf einmal wegzugeben und später für die Armen nichts mehr tun zu können. Ulrich glaubte diesen Worten; er verließ aber Ebersberg. Eines Tages bat ihn seine Frau Richardis, die sich Gott geweiht hatte, also Nonne geworden war, und zwar wohl in Geisenfeld,[18] sich mit ihr in der Burg Ebersberg aus einem ihr wichtigen Grund zu treffen. Ulrich kam der Bitte nach, eilte dorthin und traf Richardis zufällig allein in ihrer Kemenate an, wo sonst ihre Dienerinnen arbeiteten; dort ereignete sich das nächste Wunder. Eine wunderschöne Jungfrau zeigte sich, gehüllt in schneeweiße Kleider und mit strahlendem Gesicht, und sagte: „Oh Richardis, teuerste

Abb. 16:
Der Gräfin Richardis erscheint „dye allerschönst iunckfraw", die ihr verspricht, eine Hüterin zu sein. Darstellung in der Ebersberger Bildchronik.

Herrin, wie kam es, dass du allein dasitzt, was wir vorher niemals gesehen haben. Dies ziemt sich nicht für deine Bildung und für deine Hoheit; deshalb bin ich gekommen, um dein Wächter zu sein." (Abb. 16) Darauf verschwand sie. Richardis deutete die Erscheinung als Ankündigung ihres Todes. Tatsächlich starb sie bald darauf und wurde von ihren Söhnen in Ebersberg begraben. Als Todesjahr gibt das Chronicon 1013 an. Am Begräbnistag mahnte Ulrich die Söhne, niemals gegen den König zu rebellieren. Nach Richardis Tod verzichtete Ulrich auf Fleisch, Jagd, müßige Worte und auf alle Annehmlichkeiten. Ulrich fand sich damit ab, keine Enkel zu haben, ja er soll sogar Gott und dem heiligen Sebastian dafür gedankt haben, weil sie in eine Zeit hineinwüchsen, die das Gesetz nicht mehr achte. Ulrich werden Worte über die Entwicklung des Rechts von den Römern bis auf seine Zeit in den Mund gelegt, die man nicht einem Grafen, wohl aber einem gebildeten Geistlichen zuschreiben möchte.

Auch in Bezug auf Ulrichs Tod kennt das Chronicon eine Weissagung; sie stammte von einem Einsiedler Guntheri, in dem man den heiligen Günther sehen darf, der sich um 1011 in das bayerisch-böhmische Grenzgebirge als Anachoret zurückgezogen hatte. Günther sagte vorher, dass Ulrich vor ihm sterben werde und dass seine Besitzungen auf viele Menschen, aber nicht auf seine Verwandten aufgeteilt würden. Die Prophezeiung des Eremiten traf zu; für Ulrich gibt das Chronicon 1029 als Todesjahr an, während Günther 1045 starb.

Adalbero war der Erbe der Burg und damit des Klosters. 1037 ließ er ein neues Klostergebäude südlich der Kirche errichten. Als Herr des Klosters nahm er eine Schenkung seines Bruders Eberhard entgegen,[19] dem er 1040 in der Königsurkunde die Nachfolge in der Vogtei zusicherte. Eberhard starb aber vor dem Bruder.

1045 war ein einschneidendes Jahr in der Geschichte des Geschlechts, der Burg und des Klosters Ebersberg: Adalbero starb in der Burg Persenbeug im heutigen Niederösterreich. Seinen Besitz hinterließ er seiner Frau, die alles richtig regeln sollte. Abt Altmann reiste mit Richlind, die den Kaiser nach Persenbeug eingeladen hatte, dorthin. Der Kaiser sollte das Grafenamt und die Lehen Adalberos Welfhard übertragen, dem Sohn ihres Bruders Welf. Als der Kaiser bei der Übertragung Welfhard den Stab des Abtes darreichte, brach eine Stütze des hölzernen Festsaales, der einstürzte und die Festgesellschaft mit sich riss. Richlind, Altmann und Bischof Bruno von Würzburg kamen ums Leben, der Kaiser blieb unverletzt. (Abb. 17) Die Ebersberger Mönche, die von Heinrich III. das Recht auf freie Abtwahl erhalten hatten, wählten Gerwich zum neuen Abt, aber die zum Kaiser geschickten Boten nutzten in betrügerischer Weise seine Uninformiertheit aus und ließen sich einen Etich als Abt geben, den schon Altmann vorgesehen hatte. Etich war ein Blutsverwandter des Grafen Adalbero. Auf ihn folgte ein Eckbert, der ursprünglich aus Hersfeld kam und zuvor von 1046 bis 1048 Abt von Tegernsee war. Nach einem halben Jahr als Abt in Ebersberg bekam er die große Reichsabtei Fulda. Mit der Feststellung, dass die vier Ebersberger Äbte Reginbold, Altmann, Etich und Eckbert sowohl in klösterlichen als auch in weltlichen Belangen volles Lob verdienen, endet das Chronicon Eberspergense.

Abt Williram als Verfasser des Chronicon Eberspergense

Über den Verfasser des Chronicon Eberspergense findet man in der wissenschaftlichen Ausgabe dieses Textes von 1868 folgendes Urteil: Er hat, obwohl er mehr den Fabeln folgte, an denen das Volk seine Freude hatte, indem er sehr viele historische Fakten mit erfundenen Überlieferungen vermischte, uns nicht zu verachtende historische Nachrichten von ehrwürdigem Alter bewahrt.[20] Dieses Urteil, das eine an bloßen Fakten interessierte Geschichtsauffassung widerspiegelt, wird dem Werk in keiner Weise gerecht.

Der Text will nicht die Geschichte der Grafen von Ebers-

Abb. 17: Beim Bruch einer hölzernen Säule in der Burg Persenbeug (Niederösterreich) kommen die Gräfin Richlind, Abt Altmann und Bischof Bruno von Würzburg ums Leben. Bildchronik des Klosters Ebersberg.

berg darstellen und so kommt die Grafenfamilie nur vor, soweit sie mit der Entwicklung des Klosters zu tun hatte. Es handelt sich auch nicht um eine einfache Klostergeschichte, in der die das Kloster betreffenden Fakten chronologisch zusammengestellt sind. Das Chronicon sieht die Klostergeschichte als Teil der Heilsgeschichte.[21] Mitwirkung bei der Überwindung des Bösen in der Welt ist die Aufgabe der Klostergründung. Die geschichtstheologische Sicht, die das Chronicon bestimmt, identifiziert Heidentum und Satan mit dem Rieseneber zwischen Sandstein und Linde, der zwar nicht erledigt, aber doch auf Dauer vertrieben werden konnte. Mag auch der Eber aus dem Namen Ebersberg, der als „Berg des Ebers" verstanden wurde, herausgelesen sein, die Linde indes ist, wie oben gezeigt, wohl keine Erfindung. Für das Chronicon ist Ebersberg ein Platz mit heidnisch-magischer Vergangenheit, die nicht durch eine Burg, sondern nur durch den Bau einer Kirche und die Errichtung eines Klosters überwunden werden kann. Schon Graf Sieghard sollte diese Kirche bauen, aber an einem reinen Ort, nicht dort, wo Götzendienst getrieben wurde. Als Sieghards Enkel Eberhard den Traum vom Hahn hatte, der wieder auf die eigentliche Bestimmung Ebersbergs hinwies, nämlich ein christlich-sakraler Ort zu werden, ist wieder die Rede vom Sandstein und von der heiligen Linde. Eberhard wurde von seinem Kleriker Hunfried, dem späteren Leiter der Klerikergemeinschaft, darauf hingewiesen, die Kirche nicht auf Sand, also nicht auf den Sandstein zu bauen. Hunfried spielte auf die Bibelstelle an, dass die auf ein festes Fundament gebaute Kirche vom Bösen nicht mehr zerstört werden könne.

Das Chronicon lässt immer wieder Gott eingreifen, bis sich endlich der göttliche Plan erfüllt. Dieses göttliche Wirken ist das eigentliche Thema des Chronicon. Verfasst wurde das Werk nach der Zeit des Abtes Eckbert, dessen Wirken noch abschließend gewürdigt wird, also unter Abt Williram. Tatsächlich gab es in der Zeit dieses Abtes in Ebersberg einen bedeutenden und hochgebildeten Autor, dem man ein Werk mit einer so einheitlichen geschichtstheologischen Konzeption zutrauen möchte: Es ist dies Abt Williram selbst.[22] (Abb. 18) Williram wurde in der Klosterschule in Bamberg ausgebildet und kam dann in die bedeutende Abtei Fulda. Von dort kehrte er nach Bamberg zurück, damals eine hochberühmte Ausbildungsstätte für Geistliche, die im Dienst des Kaisers in der Reichskirche eingesetzt werden sollten. Mit Ebersberg bekam Williram ein Reichskloster, aus dem heraus sein Vorgänger Eckbert nach nur einem halben Jahr zur Leitung des Klosters Fulda berufen worden war. Auch Williram mag gehofft haben, dass das Kloster am Südrand des Ebersberger Forstes für ihn nur eine Durchgangsstation in seiner geistlichen Karriere sein werde.

Abb. 18: Abt Williram, der Verfasser des Chronicon Eberspergense, mit seinen Nachfolgern Rupert I., Adalbero und Hartwig. Bildchronik (Ende 15. Jahrhundert).

Solche Hoffnungen erfüllten sich indes nicht, obwohl Williram seine „Expositio in Cantica Canticorum", eine Paraphrase des Hohenliedes im Alten Testament, dem jungen Heinrich IV. widmete.[23] Die deutsche Auslegung sicherte ihm, wenn sie auch mit vielen lateinischen Ausdrücken vermengt ist, einen wichtigen Platz in der deutschen Literaturgeschichte.

Für Ebersberg war es fraglos ein großer Gewinn, dass der literarisch bedeutsame Abt die Leitung des Klosters bis zu seinem Tod 1085, also 37 Jahre lang, behielt. Er hatte Zeit, sich mit seiner Abtei wirklich auseinanderzusetzen, und wenn in seiner Amtszeit ein „Codex traditionum" und ein „Libellus concambiorum" (Verzeichnisse der Übertragungen und Tauschgeschäfte) erstellt wurden, dann war das sicher die Leistung des Abtes Williram. Im Vorwort des Traditionsbuches, des ersten Teils des Cartulare Eberspergense, liest man folgenden Satz: „In diesem Buch habe ich die dem Kloster geschenkten oder überall erworbenen Güter zusammengeschrieben; in dessem hinteren Teil habe ich mich bemüht, die damit gemachten Tauschgeschäfte zu notieren, damit kein Vergessen die Namen derer, die uns durch ihre Almosen unterstützen, tilgen kann."[24] Einen solchen Satz formuliert kein untergeordneter Mönch, sondern ein Abt, der selbst schreibt. Die Traditionsurkunden wurden nicht, wie bei den Freisinger Traditionen, im Originaltext abgeschrieben, sondern bearbeitet, also mit Zusätzen und Erläuterungen versehen, die sich durch ein erhebliches historisches Interesse und Verständnis auszeichnen. Die Beschäftigung mit der Herkunft des Klosterbesitzes führte Abt Williram wohl zwangsläufig zur Klostergeschichte.

Die Aussagen des Chronicon im Vergleich mit anderen Quellen

In Willirams Chronicon haben wir seine theologisch bestimmte Sicht der Entwicklung Ebersbergs von der Gründung der Burg bis auf seine eigene Zeit als Abt kennengelernt. Wie schon angeführt, ist sein Werk die entscheidende Grundlage für jede Beschäftigung mit der frühen Geschichte Ebersbergs. Im Folgenden soll nun versucht werden, seine Darstellung mit anderen geschichtlichen Quellen zu vergleichen, um damit ihre historische Zuverlässigkeit festzustellen.

In Ebersberg erhielten sich drei Originaldiplome Arnulfs von Kärnten, die heute im Bayerischen Hauptstaatsarchiv in München liegen. Am 1. Januar 888 wurde in Regensburg eine Urkunde ausgestellt, mit der König Arnulf seinem Grafen Sieghard eine „capella", eine Königskirche, zu „Pergon", die dieser bisher zu Lehen gehabt hatte, zu Eigen schenkte.[25] Diese Kirche wurde in der früheren Geschichtsschreibung in Ebersberg gesucht, was aber mit der Darstellung der Entwicklung Ebersbergs im Chronicon unvereinbar ist. In Willirams Werk kommt diese Kapelle, die mit einem Herrenhof und allem Zubehör an Gebäuden, an Unfreien beiderlei Geschlechts und mit dem ganzen weiteren Zubehör verschenkt wurde, nicht vor. Karl Puchner konnte zeigen, dass diese Kapelle zum Königshof Lorenzenberg gehörte.[26] Es ist anzunehmen, dass die Urkunde über die Schenkung aus dem Besitz der Ebersberger Grafen in den des Klosters überging, der Königshof aber nicht an das Kloster, sondern an andere Erben fiel. Ebenfalls in Regensburg wurde die Urkunde vom 8. Juli 896 ausgestellt, mit der Kaiser Arnulf seinem Verwandten, dem Grafen Sieghard, drei Huben in Kaging und drei Huben in Wörth schenkte.[27] Die Vorbemerkung zum Urkundentext in der Monumentaausgabe weist auf „die irrige Notiz im Chronicon Eberspergense" hin und zitiert Willirams Text, in dem dieser davon spricht, dass Arnulf, der Sohn Karlmanns, Sieghard, weil dieser sein Blutsverwandter war, mit vielen Gütern beschenkte und ihm zum Ausbau der neuen Burg drei Mansen zu Kaging und drei zu Ötting gab. Aber alle Angaben Willirams finden sich im Diplom Arnulfs, außer der folgenden, dass nämlich die Schenkungen zum Ausbau der Burg dienen sollten. Ob es sich bei diesem angegebenen Schenkungszweck um eine Hausüberlieferung oder um eine Vermutung Willirams handelt, wissen wir nicht. Dass Williram für die Mansen von Wörth den Nachbarort Kirchötting angibt, ist sicher kein Irrtum, sondern hing wohl mit der Ebersberger Besitzorganisation zusammen. Überhaupt dürfte ursprünglich der „locus Otinga" mit „Weride" einen einheitlichen Siedlungskomplex gebildet haben. Dass Williram Arnulfs dritte Schenkung an seinen Verwandten Sieghard, die Besitz zu Rott im Duriagau betraf,[28] nicht erwähnt, ist nicht verwunderlich, da diese Urkunde keinen Bezug zu Ebersberg aufweist.[29] Insgesamt bestätigt der Vergleich die Zuverlässigkeit der historischen Angaben in Willirams Chronicon.

Auch im Cartular werden historische Anmerkungen gemacht, aber als bloße Tatsachengeschichte, ohne jede geschichtstheologische Deutung. Hier fehlen alle Mirakel, Träume und Prophezeiungen, mit denen in Willirams Chronik die heilsgeschichtliche Bestimmung Ebersbergs unterstrichen wird. Das Vorwort im „Liber traditionum" des Cartulars bietet einen kurzen Überblick über den Anfang des Klosters; er beginnt mit dem Jahr 934, als die Brüder Eberhard und Adalbero nach dem Bau einer Kirche in der Burg Ebersberg ein Kloster errichteten zur Ehre Gottes und der heiligen Gottesmutter Maria sowie der heiligen Märtyrer Sebastian, Cyriacus und Vitus sowie des heiligen Bekenners Martin, während die Chronik nur eine die Reliquien des heiligen Sebastian enthaltende Altarplatte aus Marmor kennt. Kein Wort verliert das Cartular über Graf Sieghard, den zauberischen Eber, den Sandstein und die als heilig verehrte Linde. Wenn auch das Cartular das Wort „monasterium" (Kloster) gebraucht – ein Ausdruck, der im Chronicon nicht verwendet wird –, weiß es doch, dass zunächst eine Klerikergemeinschaft an der Kirche versammelt war. Übereinstimmend berichten Chronik und Cartular, dass 970 der Salzburger Erzbischof zur Weihe nach Ebersberg kam, im Cartular zur Weihe des Klosters mit Erlaubnis des Freisinger Bischofs. Das Cartular erwähnt mit keinem Wort die politischen Auseinandersetzungen, die der Verweigerung der Weihe durch Bischof Abraham von Freising vorausgegangen waren.[30]

Während sich also das Cartular in seinen historischen Angaben im Allgemeinen auf die Wiedergabe bloßer Fakten beschränkt, erzählt es im Falle des Gutes Aham wesentlich eingehender als die Chronik. Zu Aham stellt die Chronik zunächst nur fest: „Er wollte auch Aham geben, hatte aber dazu nicht die Zustimmung des Bruders", gemeint ist Adalbero. Später kommt sie auf Adalberos sieben elegante Söhne und den schlaffen und behinderten achten Sohn Ulrich zu sprechen und lässt Willibirg, Ulrichs Tante, zu Adalbero sagen: „Kümmere dich also darum, Gott und den heiligen Sebastian zu versöhnen, dem unser Bruder Eberhard das Gut Aham zu geben versprach, von dessen Einkünften er sein Versprechen von

Weihrauch, Wein und Öl einlösen wollte." „De cuius pensionibus thuris vini et olei votum suum voluit solvi", formuliert Williram in der Chronik, „donaria thuris et vini ac olei [...] ex cuius pensione tria haec insimul exsolverentur", sagt das Cartular. Da der „Liber traditionum" keine Wiedergabe der Originalurkunden ist, die ja in der ersten Person gehalten waren, sondern eine zusammenfassende Bearbeitung der ursprünglichen Urkunden darstellt, erscheint es als sicher, dass auch der ausführlich erzählende Text über Aham im Traditionsbuch keiner Urkunde entnommen, sondern freie historische Darstellung ist. Die ähnliche Wortwahl „pensionibus" / „pensione" zeigt die Abhängigkeit der beiden Texte voneinander. Erstaunlich ist, dass Williram in seiner Chronik den eigentlichen Höhepunkt des Geschehens um Aham nicht darstellt: „Nam in brevi temporis spatio tres filie et duo filii, qui ei elegantissimi erant, vitam finierant" („Denn in einem kurzen Zeitraum hatten drei Töchter und zwei Söhne, die besonders gut aussahen, ihr Leben beendet"), weiß das Cartular, und Ulrichs „ignavia" (Schlaffheit), die auch das Chronicon erwähnt, wird als Strafe Gottes für Adalberos Habsucht gedeutet. In beiden Texten ist das Ergebnis das gleiche: Adalbero legte das Haupt Ulrichs, von dem nur das Cartular sagt, dass er der einzige überlebende männliche Nachkomme war, auf den Altar und versprach eine Ersatzleistung. Aber nur das Chronicon berichtet, dass Ulrich gesund wurde. Dabei kommt es dem Chronicon darauf an, im Zusammenhang mit Ulrichs Gesundung auch Bischof Ulrich von Augsburg, der 993 heiliggesprochen worden war, in das Heilsgeschehen um Ebersberg mit einzubeziehen. Ulrich war ja der Taufpate des kranken Sohnes des Adalbero, der auch den Namen des Bischofs bekam, und seine Tante Willibirg dürfte die Taufpatin des Bischofs gewesen sein.[31] Bischof Ulrich ist in der Darstellung des Chronicon der eigentliche Mittler der Heilung. Dass das Cartular für die frühe Besitzgeschichte des Klosters Ebersberg von zentraler Bedeutung ist, ist selbstverständlich, es bringt aber auch, wie wir sahen, aufschlussreiche Ergänzungen zum Chronicon. Auffällig ist wiederum, dass ein zweites einschneidendes Ereignis in der frühen Geschichte des Klosters Ebersberg, der Unglücksfall von Persenbeug, im Cartular nicht erwähnt wird, obwohl dieses – wie das Beispiel Aham zeigt – sehr gesprächig werden kann. Der „Liber traditionum" erwähnt nur „hec ergo detenta languore, quo et mortua est" und „Defuncta igitur Rihlinde anno, quo et Adalpero maritus eius antea mortuus est, id est, ab inc. D'ni 1045". Von der in der Chronik erwähnten Schenkung der Grafschaft Persenbeug an den heiligen Sebastian weiß das Cartular nichts, weshalb ein erheblicher Zweifel an der Glaubwürdigkeit dieser Schenkung besteht.[32]

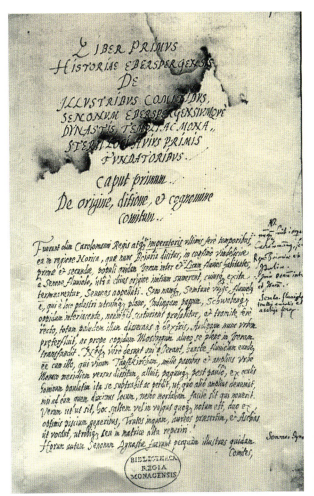

Abb. 19:
Titelseite der heute in der Handschriftenabteilung der Bayerischen Staatsbibliothek verwahrten „Historia Eberspergensis".

Die Geschichte des Klosters Ebersberg nach Williram

Auch nach Williram wurde im Kloster Ebersberg Geschichte geschrieben, aber eine Darstellung unter einer so einheitlichen Geschichtsdeutung, wie sie Williram vorgelegt hatte, wurde nicht mehr erreicht. Gliederungsprinzip der Werke ist die Abfolge der Äbte, wobei die Darlegungen von ganz knappen Angaben zu den einzelnen Äbten, wie sie beispielsweise in den Annales Ebersbergenses[33] zu finden sind, bis zu ausführlichen Würdigungen reichen. Für die Zeit nach Williram beruht unsere Darstellung vor allem auf der Historia Eberspergensis[34], die auf der Basis eines wohl von Abt Sebastian Häfele (1472-1500) angeregten Geschichtswerkes im Jahre 1600 verfasst und dann bis 1702 weitergeführt wurde. (Abb. 19)
Für die von Williram bearbeitete Phase der Klostergeschichte baut der Text der Historia mit einigen Abweichungen – der Eber wird zwischen einer Linde und einer Höhle platziert – und Zusätzen – wie der Erwähnung der

Gründung von Kühbach und Geisenfeld – auf dem Chronicon auf. Die Historia ist besonders an den Besitzgeschäften der einzelnen Äbte interessiert; diese ließen sich leicht im reichen Urkundenmaterial des Klosters Ebersberg finden.[35]

Abt Rupert I.

1085, im Todesjahr Williirams, wurde Abt Rupert I. der Nachfolger in der Leitung des Klosters Ebersberg; er hatte, im Gegensatz zu seinen Vorgängern Reginbold, Eckbert und Williram, seine Profess in Ebersberg abgelegt. Rupert I. bemühte sich, die Macht der Vögte möglichst gering zu halten. „Wir brauchen keinen Vogt über uns zu haben, außer einen solchen, den wir selbst für unseren Nutzen als der Wahl würdig erachtet haben. Sollte der uns über das geschuldete Maß hinaus mit ungerechten Belastungen bedrücken, können wir einen anderen an seine Stelle bringen", lässt die Historia Abt Rupert I. sagen. Ursprünglich war natürlich derjenige aus der Grafenfamilie, der über die Burg verfügte, der Schutzherr des Klosters. „Dominus monasterii", Klosterherr, wird, wie schon angeführt, Graf Adalbero genannt. 1040 verlieh Heinrich III. dem ihm übergebenen Kloster das Recht der freien Vogtwahl.[36] Tatsächlich hatte das Kloster längere Zeit verhältnismäßig unbedeutende Vögte, bis dann unter Abt Adalbero (1115-1117) mit Eckhard die Vogtei an die Grafen von Scheyern kam.[37] Schwache Vögte zu haben konnte sich das Kloster deswegen leisten, weil es selbst aus dem Erbe der Grafen über eine große Zahl von Vasallen verfügte.[38]

Ausführlich geht die Historia auf die Besitzgeschäfte des Abtes Rupert I. ein. Sie stützt sich dabei auf ein Verzeichnis, in dem der Abt im Rückblick sein Wirken zusammenfasste.[39] Rupert I. betont, dass er ohne sein Verdienst, fast noch als Knabe, die Würde des Abtes von Ebersberg erlangt habe, und zwar in einer sehr schwierigen Zeit, geprägt von Kriegswirren und verschiedenen Nachstellungen. Um sich selbst und das ihm anvertraute Kloster zu schützen, habe er sich gezwungen gesehen, sowohl Feinden wie auch Freunden Güter des heiligen Sebastian zu Lehen zu geben. Man fragt sich, wer die Freunde und Feinde des Klosters unter dem jungen Abt waren. Es wurde angenommen, dass es sich um die weltanschaulichen Konfliktparteien des Investiturstreits handelte, der noch keineswegs entschieden war, als der Jugendliche Abt wurde.[40] Wichtig für die Frage nach den Feinden und Freunden des jungen Abtes ist es zu wissen, wer den jungen Mann zum Abt machte. Trotz des von Kaiser Heinrich III. bestätigten Wahlrechts des Konvents hatten die Nachfolger Altmanns ihre Würde vom Kaiser erhalten. Wie ihre Laufbahnen zeigen, waren Eckbert und Williram, der aus einem rheinfränkischen Adelsgeschlecht stammte, treue Mitarbeiter des Königs im Rahmen der Reichskirche. Die ständige Reichstreue wurde belohnt: Heinrich III. schenkte Ebersberg unter Williram für sein und seiner Gemahlin Agnes Seelenheil ein ihm durch Gerichtsurteil zugefallenes Gut zu Landersdorf (LK Erding),[41] und Heinrich IV. übergab für das Seelenheil seines Vaters und seiner Vorfahren auf Fürsprache seiner Mutter dem heiligen Sebastian Besitz in der Mark Cham (Oberpfalz).[42]

Abt Rupert I. kam aus einem regionalen Adelsgeschlecht aus der Umgebung von Ebersberg. Seine Familie, die man recht gut kennt,[43] lässt sich vor allem in Fürmoosen und Moosach nachweisen. Dass sich der Kaiser dafür einsetzte, einen Knaben aus dieser Familie zum Abt von Ebersberg zu machen, erscheint ganz unwahrscheinlich. Ruperts I. eigene Aussage, dass er fast noch als Kind („quasi adhuc puer") Abt wurde, lässt annehmen, dass er deswegen als Abt durchgesetzt wurde, weil seine Verwandtschaft über diesen schwachen und unerfahrenen Jugendlichen die vielen Möglichkeiten des Verteilens von Besitz, Lehen und Positionen, die in diesem Amt möglich waren, ausnützen wollte. Bei den Auseinandersetzungen in der Anfangszeit des Abtes Rupert I. dürfte es sich also nicht um einen Kampf zwischen „kaisertreu" und „papsttreu" im Investiturstreit gehandelt haben, sondern um Machtkämpfe der einheimischen Adelsgeschlechter, die nach dem Tod des von außen gekommenen und keiner der regionalen Adelsfamilien verpflichteten Williram die Gelegenheit nutzen wollten, die Kontrolle über Ebersberg zu gewinnen. Natürlich spielte der Investiturstreit insofern eine wichtige Rolle, als die teilweise sehr geschwächte Position des Kaisers verbunden mit dem Fehlen eines starken Vogtes Machtkämpfe geradezu herausfordern musste.

Rupert I. berichtet weiter, dass er, erwachsen geworden, keineswegs mehr ein Spielball eigennütziger Kräfte war. Um die Verluste durch die ausgegebenen Lehen auszugleichen, bemühte er sich mit Nachdruck, Besitzungen für das Kloster zu erwerben, die dann an Wert den Schaden durch die verlorenen Lehen übertrafen.

Die Äbte Adalbero und Hartwig

Erfahrungen mit der frühen Amtszeit Abt Ruperts I., als dieser ein Spielball eigensüchtiger Machtpolitik gewesen war, veranlassten wohl seinen Nachfolger Adalbero, sich nach einem wirkungsvollen Schutz umzusehen. Er machte Eckhard von Scheyern zum Vogt, den schon Abt Rupert I. nach dem Tod des Vogtes Walther im Ostland vorgesehen hatte.⁴⁴ Allerdings lässt die Historia einen Vogt Chadalhoc unerwähnt, mit dessen Zustimmung Abt Adalbero einem Zensualen zusicherte, dass auch seine Frau und die Nachkommenschaft mit einer jährlichen Zahlung in die Zensualität aufsteigen könnten.⁴⁵ Chadalhoc scheint ein eher unbedeutender Mann gewesen zu sein, der nur ein einziges Mal – anscheinend aushilfsweise – als Vogt beigezogen wurde. In Adalberos kurze Amtszeit fiel folgender Tausch zwischen Vogt Eckhard und Otto von Wittelsbach: Otto gab zwei Joch in Aufham bei Wartenberg (LK Erding) für zwei andere aus dem Besitz des Klosters auf dem Berg Wartenberg, auf dem dann die Wittelsbacher ihre wichtige Burg Wartenberg errichteten.⁴⁶ Nach Friedrich Hector Graf von Hundt blieb die Schirmvogtei beim Haus Wittelsbach, bis sie mit der Landeshoheit zusammenfiel.⁴⁷ Hundts Annahme, die auf den Vogtnennungen des Cartulars beruht, trifft nach Aussage der Historia nicht ganz zu, denn diese sagt, dass nach dem Tod des Vogts Eckhard ein Graf Adelhoch, den man aber sonst nicht nachweisen kann, von Abt Adalbero zum Vogt gemacht wurde.

Dass unsere Chronik Quellen über das Cartular hinaus heranziehen konnte, zeigt sich beim nächsten Abt Hartwig. Im Cartular findet sich ein Tauschgeschäft, das dieser Abt mit einem Vasallen Dietpold machte.⁴⁸ Dietpold gab sein Gut zu Berg, im Gegenzug verlieh ihm der Abt auf Lebenszeit eine Mühle zu Moosach, je einen Hof zu Wetterling und zu Ottersberg und eine fiskalische Liegenschaft („locus fiscalis") zu Nuinchiren, das Hundt zu Nuinchirchen ergänzte und mit Neukirchen bestimmte. In Neukirchen hatte Graf Ulrich die Kirche mit ihren Zehnten für die Auslösung des Gutes Aham übergeben. Neukirchen erscheint in diesem Zusammenhang als eine „villa", ein Fronhof, von „fiskalisch" ist dabei keine Rede. Diese Überlegungen sind deswegen von Interesse, weil unsere Historia den „locus fiscalis" in Nuichingen, also in Neuching (LK Erding) lokalisiert, wo schon in tassilonischer Zeit Fiskalgut nachzuweisen ist.⁴⁹ Der Bezug auf Neuching, der als der wahrscheinlichere erscheint, würde bedeuten, dass der Verfasser der Historia hier nicht das Cartular abschrieb, sondern noch die Originalurkunde zur Verfügung hatte. Auch die vier auf das behandelte Tauschgeschäft folgenden Rechtsgeschäfte im Cartular⁵⁰ gehören in die Zeit des Abtes Hartwig, dann macht es mit der Angabe „im Jahre 1124 seit der Geburt des Herrn wurde Abt Heinrich eingesetzt" einen deutlichen Einschnitt. Während das Cartular mit seinen Urkundenwiedergaben das Bild eines normalen Abtes zeigt, lässt die Historia Abt Hartwig in einem ganz anderen Licht erscheinen. Sie stellt ihn als ganz ungeeigneten Abt dar, der durch Verschlagenheit und List die Abtwürde an sich gebracht habe, als rohen und arroganten Menschen, auf nichts anderes aus als auf Ruhm und Ehre.

Die Äbte Heinrich I., Gebolf und Hermann

Hartwig wurde nach einem Jahr abgesetzt und an seiner Stelle ein Heinrich zum Abt gewählt. Hartwig war, wie die Historia sagt, so aufgehetzt von den Stacheln des Hochmuts und der Missgunst, dass er Heinrich I. mit Gewalt aus der Abtei vertrieb und sich nicht schämte, sich noch einmal Abt zu nennen. Und dies, obwohl Heinrich I. vom zuständigen Freisinger Bischof und von Kaiser Heinrich V. bestätigt worden war. Abt Heinrich I. brachte die Sache vor den päpstlichen Legaten Kardinal Gerhard, der bei der Wahl König Lothars III. im August 1125 anwesend war. Der Brief des Legaten, in dem dieser sich für Heinrich I. entschied, wird von der Historia wiedergegeben. Der Verfasser konnte ihn im Fundationsbuch des Klosters finden. Die Wirren um die Absetzung Hartwigs und um seine Rückkehr in sein Amt führten dazu, dass die Zählung der Abtjahre durcheinandergeriet; Hundts Darlegungen, dass die Vorgänge um Hartwig sich nicht in einem einzigen Jahr abspielten, sondern sich über längere Zeit hinzogen, sind überzeugend. Er setzt mit Recht 1118 bis 1124 für Hartwig an.⁵¹

Auch für Abt Heinrich I. lässt sich eine Reihe von Besitzgeschäften nachweisen. Hervorgehoben werden soll zunächst die Schenkung des Grafen Eckhard, des Hauptvogtes (principalis advocatus) des Klosters Ebersberg. Er gab dem heiligen Sebastian eine Mühle, die bei Pfaffenhofen an der Ilm zu suchen ist, und das Gut Heißmaning (LK Pfaffenhofen).⁵² Bei einem Tausch zwischen Abt Heinrich I. und dem Pfarrer von Ilching (bei Eglharting) amtierte nicht der Hauptvogt, sondern ein Otto, wohl ebenfalls ein Wittelsbacher.⁵³ Eckhard begegnet wieder als Vogt, als es nach längerem Streit zu einem Ausgleich zwischen dem Abt des im Inntal gelegenen Klosters Georgenberg und Ebersberg kam.⁵⁴ Erwähnenswert ist auch die Schenkung des Pfalzgrafen Otto und seines Sohnes Otto, die eine Mühle zu Singlding bei Altenerding übertrugen.⁵⁵ Auch diese Schenkung zeigt den engen Bezug der frühen Wittelsbacher zum Kloster Ebersberg. Heinrichs I. Nachfolger Gebolf, der zehnte Abt, regierte nur ein halbes Jahr; über ihn konnte der Verfasser keine Angaben machen. So musste man im Todesjahr Abt Heinrichs I. 1146 erneut zur Abtwahl schreiten. Elfter Abt von Ebersberg wurde Hermann, der bis 1158 sein Amt ausübte. Er wird als umsichtiger Abt geschildert, dem es vor allem gelungen sei, ein wertvolles Grundstück in Regensburg zurückzugewinnen. Diese „area" lag auf dem Marktplatz („in platea rerum venalium") und hieß Lederbank. Diese hatte Graf Eberhard 934 für den Weihrauch gegeben, der in der Kirche zur Ehre Gottes verbraucht werden würde.⁵⁶ Unsere Historia zitiert mit dem Ausdruck „in platea rerum venalium" das Chronicon, aus dem auch das seltene Wort „opilio" für Christus übernommen wird. Diese Lederbank[57], wo jetzt das Rathaus der Stadt Regensburg stehe, sei von Abt Hartwig verschleudert worden.[58] Das Fürstenurteil, das zur Rückgewinnung führte, wird von der Historia in das Jahr 1147 gesetzt. Ausdrückliches Lob bekommt Pfalzgraf Friedrich, der sich als Vogt besonders für die Rückgabe eingesetzt habe. Im selben Jahr 1147 habe der Pfalzgraf auf die Vogtei verzichtet, und für das ewige Licht in der Kirche dem heiligen Sebastian Güter übergeben. Neuer Vogt wurde sein Bruder Otto., der spätere erste wittelsbachische Herzog von Bayern. Pfalzgraf Friedrich unternahm mit seinem Bruder Otto 1167 eine Pilgerfahrt ins Heilige Land, an der sich auch Herzog Welf VI. und viele andere vornehme Herren beteiligten. Sie vermieden damit die Teilnahme an einem Kriegszug mit Kaiser Friedrich Barbarossa gegen Papst Alexander III. Sie stellten in Jerusalem eine Urkunde aus, die von ihrem Dienstmann Osrich von Falkenberg unterschrieben wurde.[59] 1172 zogen die beiden Wittelsbacher noch einmal nach Jerusalem; diesmal mit Herzog Heinrich dem Löwen. Vor der Abreise machte Friedrich sein Testament, in dem er auch eine Reihe bayerischer Klöster bedachte.[60] Ebersberg sollte ein Gut zu Tödtenberg (LK Rosenheim) bekommen, das aber der Pfalzgraf erst nach seinen Jerusalemfahrten rechtswirksam übertrug,[61] sowie drei Höfe in Kraiß, bei denen aber, da der Pfalzgraf heil zurückkehrte, die geplante Schenkung nicht zur Ausführung kam und die deshalb nicht in der Ebersberger Überlieferung erscheinen.[62]

Die Äbte Heinrich II., Rupert II. und Isengrim

Zwölfter Abt von Ebersberg wurde 1164 Heinrich II., der schon nach einem halben Jahr nach Franken berufen wurde und die Leitung des Klosters Ebrach übernahm. So gab es auch 1164 eine zweite Wahl, aus der Rupert II. als 13. Abt hervorging. Unter ihm bekam das Kloster Besitz zu Ruhensdorf.[63] Außerdem schenkte der Edle Otto von Aschheim seinen Teil an der oberen Mühle zu Sempt, die ihm und dem Kloster gemeinsam gehörte.[64] Dabei wird erwähnt, dass er ein Verwandter des Abtes Rupert II. war. Die Historia gibt wörtlich den Text des Cartulars wieder, ersetzt aber dessen Ausdruck „iuxta ripam Semithe fluvii" („unmittelbar am Ufer des Flusses Sempt") durch den gelehrten Ausdruck „iuxta ripam Senonis fluvioli", wobei wohl eine – unhistorische – Verbindung zu den keltischen Senonen hergestellt werden sollte.

Die Amtszeit des 14. Abtes Isengrim (1177-1183) ist ausgezeichnet durch die große Urkunde des Papstes Alexander III. von 1179, in der dieser alle Güter und Privilegien des Klosters konfirmierte.[65] In dieser in der Historia wörtlich wiedergegeben Urkunde nimmt Papst Alexander III. auf Bitten des Abtes das Kloster Ebersberg mit allen seinen Besitzungen in seinen Schutz. Der wichtigste Besitz, nämlich Kirchen und Pfarrrechte, wird angegeben: die Pfarrei Oberndorf, worin das Kloster gegründet war, die Kirche Haselbach, die Kirche Sankt Valentin innerhalb der Bannmeile des Klosters, die Kirche zu Egglburg, der große Ebersberger Besitzkomplex Pfeffenhausen (LK Landshut) mit Pfarrei, das Dorf Tondorf (LK Landshut) samt Pfarrkirche, das Dorf Grafing (LK Erding) mit Pfarrkirche, das Dorf Unterschwillach mit Kirche (LK Erding), das Dorf (Ober-, Mitter-, Unter-)Darching (LK Miesbach) mit Pfarrei, die Kirche Neukirchen, die Kirche zu Moosach, das Dorf Längthal (LK Erding) mit Pfarrkirche, das Gut Indorf (LK Erding) samt Kapelle, der Hof Sempt (LK Erding) mit Kapelle, das Gut Ottersberg mit Kapelle, die Kapelle zu Mailing (Gde. Ebersberg), das Gut Aham (LK Rosenheim) mit Kirche. Außerdem wird bestätigt, dass bei allen Orten der Zehent, bei den Kirchen das Widdum und das Investiturrecht und das Begräbnisrecht einbegriffen sind. In die Zeit des Abtes Isengrim gehört auch eine Schenkung zu Spitzentrenck (abgegangen zwischen Wetterling und Herrmannsdorf), die in Gegenwart des Vogtes Otto, jetzt Herzog von Bayern, und seines Bruders Friedrich, des ehemaligen Vogtes, vorgenommen wurde.[66]

Die Äbte Konrad I., Burkhard, Wirndo, Ulrich I. und Konrad II.

15. Abt wurde Konrad I., der schon als Kind ins Kloster gegeben worden war. Auch für ihn werden Besitzgeschäfte angeführt. Hervorgehoben wird der plötzliche Tod dieses Abtes, der am 22. August 1184 mit fünf Arbeitern vom Turm stürzte.
Nachfolger Konrads I. wurde Burkhard, ein leiblicher Bruder des verunglückten Abtes. (Abb. 20) Er kaufte vom Grafen Konrad von Valley das Dorf Hornbach (LK Landshut) für hundert Talente. Die Übergabe wurde auf einem Landtag zu Wörnsmühl im Leitzachtal (LK Miesbach) vor dem jungen Herzog Ludwig vorgenommen. Als Vogt fungierte für Ebersberg wieder Pfalzgraf Friedrich.[67] 1197 verlieh Papst Coelestin III. Abt Burkhard und seinen Nachfolgern das Recht Tiara und Hirtenstab zu tragen.[68] Abt Burkhard verlegte das Kloster von der rechten Seite der Kirche auf die linke, also nach Norden. Die Historia hebt die großen Kosten hervor, die das

Abb. 20: Abt Burkhard mit seinen Nachfolgern Wirndo und Ulrich I. (Bildchronik, Ende 15. Jahrhundert).

Abreißen des alten Klostergebäudes und der Neubau verursachten. Vielleicht waren es diese Kosten, die dazu führten, dass Abt Burkhard 1201 freiwillig sein Amt aufgab.

Vom nächsten Abt Wirndo (1201-1215) weiß die Historia wenig zu berichten. Sie kennt die zwei Besitzgeschäfte, die im Cartular zu finden sind.[69] – Der 18. Abt, Ulrich I., wurde aus Sankt Emmeram in Regensburg geholt. Von ihm wird neben den Besitzgeschäften vermerkt, dass er begann, die Türme der Klosterkirche neu zu bauen. Der Verfasser der Historia muss dazu feststellen, dass der eine Turm bis auf den heutigen Tag von allen seinen Nachfolgern unvollendet gelassen wurde. Das wurde 1600 gesagt und gilt bis heute. – Abt Konrad II. erkaufte den Zehent für den Ebersberger Gutshof in Waidling in Österreich.

Die Äbte Heinrich III., Ulrich II. und Heinrich IV.

Abt Heinrich, der 20. Abt und der dritte seines Namens, leitete das Kloster bis 1259. Er erhielt 1252 von Erzherzog Ottokar von Österreich das Privileg der Zollfreiheit für den Wein, den das Kloster jährlich aus Österreich heranschaffte, und 1257 von Papst Alexander IV. das Recht auf den Zehent bei allen Rodungen. Nicht erwähnt wird in der Historia, dass 1249 Papst Innozenz IV. in Lyon dem Kloster Ebersberg auf Bitten des Herzogs von Österreich erlaubte, im Kloster selbst und in den dem Kloster gehörenden Kirchen Gottesdienst zu halten, obwohl das Land Bayern mit seinem Herzog dem Interdikt verfallen war. Allerdings dürften nur solche Klosterleute dem Gottesdienst beiwohnen, die dem Heiligen Stuhl ergeben seien.[70] Der bayerische Herzog Otto war mit dem vom Papst gebannten Stauferkaiser Friedrich II. eng verbunden, seine Tochter Elisabeth war die Frau des Staufers Konrad IV.

Ulrich II., der 21. Abt, war nur ein Jahr (1259) im Amt. Unter ihm wurde ein Teil eines Weinbergs in Bozen an Ebersberg geschenkt. Der Nachfolger Heinrich IV. dagegen amtierte bis 1276. Er erhielt vom Bischof von Chiemsee einen Ablass von 40 Tagen auf die schweren und von 100 Tagen auf die leichten Sünden, die an den Festen Mariae Geburt und Sankt Sebastian gewonnen werden konnten, außerdem von Papst Gregor X. eine Bestätigung aller Privilegien des Klosters. Die Historia weiß auch – ohne den Grund anzugeben –, dass Abt Heinrich IV. bei allen, auch bei König Rudolf, in Ungnade fiel, so dass er beinahe abgesetzt worden wäre. Es erscheint fraglich, ob man dieser Nachricht wirklich Glauben schenken kann – zumindest hatte 1275 Rudolf von Habsburg dem Kloster Ebersberg die in den alten Königsurkunden verliehenen Rechte, das heißt die Reichsunmittelbarkeit, bestätigt.[71] Da bei dieser Bestätigung der bayerische Herzog als Zeuge mitwirkte, war der königliche Akt nicht gegen die Rechte des bayerischen Herzogs als Vogt gerichtet: noch war der Herzog Vogt über ein Reichskloster.

Die Äbte Konrad III., Eberhard I., Petrus und Ulrich III.

Heinrichs IV. Nachfolger Konrad III., vorher Abt in Rott, starb schon wenige Monate nach seiner Wahl (1276). Eberhard I., der 24. Abt (1276-1284), erhielt 1277 von König Rudolf die Regalien und die Bestätigung der Abtwahl auch in schriftlicher Form. Dabei nannte König Rudolf den Ebersberger Abt Fürst und die Abtei Fürstentum. Eberhard I. erreichte auch neue Ablässe zur Förderung der Wallfahrt. 1281 bekam Abt Eberhard I. von den Herzögen von Bayern die Befreiung von Zöllen und Abgaben.

Für Abt Petrus Küenberger, der in Ebersberg die Profess abgelegt hatte, gibt die Historia an, dass unter ihm 1290 die Stiftung von zwei Fuder Salz aus Reichenhall erneuert wurde.[72] Der Schreiber der Historia bemerkt dazu, dass diese Lieferungen auch jetzt noch geleistet würden. Nachfolger des Abtes Petrus wurde Ulrich III. Moser, der nach der Historia einst in Ebersberg Kellermeister war und dann Abt in Wessobrunn wurde. Dort hatte es eine Doppelwahl gegeben, und da sich keiner der beiden Kandidaten hatte durchsetzen können, war Ulrich als Prokurator geholt worden. 1287 sei er nach Ebersberg zurückberufen worden.[73] Abt Ulrich III. wird der Erwerb vieler Güter und die Gewinnung neuer Ablässe zugeschrieben. Abt Ulrich III. wollte auch den Chor der Klosterkirche, der wegen seines hohen Alters einzustürzen drohte, wiederherstellen lassen und gewann einen eigenen Ablass für alle, die dafür spendeten. Unter Abt Ulrich III. wurde 1294 der Reliquienschatz auf dem Berg Andechs wiedergefunden.

Einen von Josef Hemmerle in das Jahr 1297 gesetzten Abt Konrad IV.[74] kennt weder unsere Historia noch der Äbtekatalog der Klosterannalen. Beide Quellen führen Ulrich III. als 26. Abt und seinen Nachfolger Otto als 27. Abt an.

Abt Otto Siegersdorfer

Abt Otto Siegersdorfer widmet die Historia acht Kapitel und würdigt ihn damit als einen der bedeutendsten Äbte, die Ebersberg jemals hatte. (Abb. 21) Schon in der Überschrift wird er als Wiederhersteller und gleichsam zweiter Gründer des Klosters hervorgehoben. Unter ihm fielen Kirche und Kloster in der Nacht des Florianstages 1305 in Schutt und Asche. Das Feuer war von einem geisteskranken Mitbruder gelegt worden. In einer Nacht verbrannten nicht nur alle Gebäude innerhalb der Klosterumfriedung, sondern auch die Ausstattung, die Messbücher, Figuren und die in Gold und Silber gefassten Reliquien. Nur die kostbare Hirnschale des heiligen Sebastian konnte gerettet werden. Abt Otto ging sofort an den Wiederaufbau. Schon 1307 konnten von Bischof Albert auf Herrenchiemsee mit Erlaubnis des Freisinger Bischofs die sieben neuen Altäre geweiht werden. Allerdings nahm die Bedeutung Ebersbergs als Wallfahrtsort ab, Andechs wurde nach der Auffindung der Reliquien bevorzugt aufgesucht. Abt Otto richtete auch einen zweifachen Totenbund („confraternitas mortuorum") ein: einen größeren und einen kleineren. Das erste Kloster, das ihm beitrat, war 1306 Mallersdorf.[75] Der Verfasser der Historia gibt noch an, dass dieser doppelte Totenbund 1508 erneuert wurde. 1312 ließ Abt Otto die Altäre wiederum weihen, und zwar von Bischof Gottfried von Freising, dem zuständigen Diözesanbischof. Der Hochaltar wurde den gleichen Patronen wie der alte geweiht:[76] der Heiligsten Dreifaltigkeit, dem Lebenspendenden Kreuz und der Gottesmutter; vor allem aber dem heiligen Sebastian, dem Hauptpatron der ganzen Kirche und des ganzen Ortes, dazu noch dem heiligen Bischof Martin sowie den heiligen Märtyrern Vitus und Cyriacus, zu denen der Bischof auf Bitten des Abtes den heiligen Benedikt als Gründer seines Ordens hinzufügte. Dann zählt die Historia die vielen Reliquien auf, die ja für ein mittelalterliches Kloster von besonderer Wichtigkeit waren. 1309 richtete Abt Otto für seine Mitbrüder eine „Oblei"[77] ein, die „consolatio" („Tröstung") genannt wurde. Sie bestand in einer außerordentlichen Zuteilung von besserem Essen und von besserem „welschen" Wein aus Bozen. Dafür mussten die Mönche an den bestimmten Tagen Vesper und Vigil außer der Reihe singen und Gottesdienst halten. Abt Otto stiftete die Oblei aus seinem Privatvermögen. Überhaupt sorgte Otto gut für sein Andenken, denn er richtete auch ein jährliches Totengedenken für sich ein mit einem Zug zu seinem Grab, das er in der dazu eigens erbauten Mauritiuskapelle hatte errichten lassen. Auch an diesem Tag bekamen die Mönche eine eigene Weinzuteilung. Abt Otto ließ seine Oblei von den Bischöfen Emicho und Gottfried von Freising bestätigen. Dabei wurde festgelegt, dass bei Naturkatastrophen, bei Missernten und bei Kriegszeiten diese Sondervergünstigung nicht gewährt werden musste.

Ein eigenes Kapitel widmet die Historia den unter Otto an die Adeligen und Fürsten ausgetanen Lehen. Herzog Rudolf von Bayern hatte vom Kloster unter anderem die eine Hälfte des Forstes zu Lehen, Herzog Stephan die Hofmark Lindgraß (LK Erding) und Herzog Friedrich von

Abb. 21: Abt Otto Siegersdorfer, einer der bedeutendsten Vorsteher der Benediktinerabtei Ebersberg, mit seinen Vorgängern Petrus und Ulrich in der Ebersberger Bildchronik.

Österreich und sein Bruder Rudolf, Söhne des Römischen Königs Albrecht, erhielten 1303 in Wien Persenbeug zu Lehen.[78] Abt Otto bekam dafür neue Privilegien und die Bestätigung der alten, besonders der Zollfreiheit für den Wein aus Österreich. 1314 bestätigten die Herzöge Rudolf und Ludwig IV. von Bayern dem Abt Otto die Freiheit des Gerichts und der Gerichtsbarkeit mit Ausnahme des Blutbannes („iudicium sanguinis"), die der Abt durch Ablösung der den Herzögen zustehenden Steuer („stiura") erworben hatte. In der Zeit zwischen der Bestätigung der Reichsunmittelbarkeit 1277 und der Bestätigung nur mehr der niederen Gerichtsbarkeit 1314 war es offensichtlich den bayerischen Herzögen gelungen, das Recht des Klosters auf die weltliche Gerichtsbarkeit, die vom Vogt im Auftrag des Abtes ausgeübt wurde, zu einem Recht des Landesherrn als Vogt umzuinterpretieren.[79] Dabei kann von Zwang offensichtlich keine Rede sein. 1314 trafen die Herzöge unter mehrmaligem Hinweis auf ihr Vogtamt im Interesse des Klosters Ebersberg Maßnahmen gegen die Landflucht von Ebersberger Leibeigenen, die im nahen Erding Bürger werden wollten. Außerdem erhielt Abt Otto ein Privileg von den Herzögen, das den Bürgern von Erding das Fällen von Holz im nahen Ebersberger Forst verbot. Abt und Konvent dürften sich nicht über die Konsequenzen im Klaren gewesen sein, die sich daraus ergaben, dass der Landesherr die hohe Gerichtsbarkeit an sich gezogen hatte. Die Entwicklung schien ihnen wohl nicht ungünstig, blieb doch dem Kloster die einträgliche niedere Gerichtsbarkeit. Die Situation änderte sich grundlegend, als im Oktober 1314 Herzog Ludwig von Oberbayern zum deutschen König gewählt wurde. Der Vogt von Ebersberg war jetzt nicht nur Landesherr, sondern auch Reichsoberhaupt. Als Ludwig 1330 das große Gerichtspriveleg für die oberbayerischen Klöster erließ, stand Ebersberg mit den beiden anderen Reichsabteien Tegernsee und Benediktbeuern an der Spitze der Aufzählung, aber doch schon in einer Reihe mit den landsässigen Klöstern. Dieses Privileg bedeutete für Ebersberg nur die Festschreibung des bisherigen Zustandes, da es den Klöstern die niedere Gerichtsbarkeit zugestand und die hohe Gerichtsbarkeit dem Herzog und seinen Amtsträgern vorbehielt. Dass die Verbindung von König und Landesherr in der Person des Vogtes die Gefahr bedeutete, den Status als Reichskloster zu verlieren und landsässig zu werden, war Abt Otto vielleicht gar nicht bewusst, solange Ludwig der Bayer Reichsoberhaupt war. Ludwig kam Abt Otto weit entgegen: 1341 wies er seine Richter zu Erding und Rottenburg an, die Amtleute Ebersbergs bei der Ausübung ihrer richterlichen Funktionen nicht zu behindern, und dehnte damit die Bestimmungen des Gerichtsprivilegs von 1330, die nur für Oberbayern gegolten hatten, auf die Besitzungen Ebersbergs im niederbayerischen Landesteil aus, der zum Jahresende 1340 an ihn gefallen war. Wenn auch Ebersberg seit der Zeit des Abtes Otto nicht mehr als Reichskloster gelten konnte, so erlosch die Erinnerung an diese frühere Stellung gleichwohl lange nicht. 1478 beauftragte Kaiser Friedrich III. Herzog Albrecht von Bayern, aufgrund der dem Kloster durch kaiserliche Privilegien zugesicherten freien Vogtwahl die Rechte des Klosters zu wahren. Diese letzte Erwähnung der alten Privilegien änderte nichts daran, dass das Kloster landsässig geworden war. Die Landtafel Herzog Albrechts, ungefähr aus der Zeit der Urkunde Kaiser Friedrichs, führt den Abt von Ebersberg unter den Landständen der Herrschaft Schwaben auf. Im letzten Kapitel, das Abt Otto gewidmet ist, sind die vielen auf ihn zurückgehenden Besitzerwerbungen zusammengestellt. Erwähnt werden soll davon nur, dass König Ludwig der Bayer der Sebastianskirche die Kirche zu Erling beim Heiligen Berg (Andechs) schenkte. Abt Otto starb 1343.

Die Äbte Wernhard, Stephan und Philipp

Von den Äbten Wernhard / Meinhard und Stephan berichtet die Historia nur wenig. Wernhard, der 28. Abt, erreichte schon in seinem ersten Amtsjahr 1343 einen Freibrief („litteras immunitatis"), in dem Kaiser Ludwig der Bayer allen seinen Amtsträgern gebot, von den Eigenleuten und Dienern des Klosters, ob sie auf dem Land oder in Städten wohnten, die einer Schuld oder Buße verfallen waren, nicht mehr zu fordern als $^{1}/_{2}$ Pfund Pfennige, ausgenommen die drei Fälle, die an den Tod gingen.[80] Die Amtsleute und Richter des Klosters sollten die eigenen Delinquenten nicht höher strafen als mit sechs Schillingen. Den in Ebersberg und in Pfeffenhausen vom Kloster eingesetzten Richtern wurde die Gerichtsbarkeit in allen Fällen bestätigt, ausgenommen die Blutgerichtsfälle. 1346 erhielt Abt Wernhard von Ludwig dem Bayern einen Brief über die Zollbefreiung für die zwei Fuhren Salz aus Reichenhall. Wie bei allen Äbten werden bei Abt Wernhart und bei seinem Nachfolger Stephan Ebser die vorgenommenen Besitzgeschäfte angeführt. Von Stephan erfahren wir noch, dass er seinen Grabstein in der Marienkapelle anbringen ließ.
1385 wurde Philipp Höhenberger zum 30. Abt gewählt. Er ließ nach der Historia ein großes aus Silber gegossenes Kreuz mit fünf Bergkristallen anfertigen für die neuen Reliquien, die das Kloster nach dem Verlust der alten durch den Brand erwerben konnte. 1400 verbot er den Bewohnern von Pfeffenhausen einen Graben um den Ort

zu ziehen. Der Abt befürchtete wohl, dass sich die Siedlung zu einer Stadt entwickeln und dem Kloster verloren gehen könnte. Im selben Jahr bekam er von den Herzögen von Bayern eine Bestätigung des Zapfen- und Schankrechts („privilegium iuris tabernarii"). 1404 bestätigte Papst Innozenz VII. alle Privilegien des Klosters und die Zehnten zu Erling und vom Heiligen Berg. Von den Besitzgeschäften des Abtes Philipp soll angeführt werden, dass er den Ewigzins („censum perpetuum") auf der Hofmark Kundl in Tirol wegen der Schulden der zwei Vorgänger an Otto von Pienzenau, damals Viztum in Oberbayern, verkaufte. Dieser Otto wollte einen Priester in Wildenholzen haben und eine Jahrtagsstiftung für seine genannten Vorfahren errichten. (Abb. 22)

Abt Simon Kastner

Nach dem Tode Philipps wurde 1412 Simon Kastner, Konventuale in Ebersberg, zum 31. Abt gewählt, und zwar rechtmäßig, wie die Historia betont. (Abb. 23) Auch für ihn wird eine Reihe von Besitzgeschäften angeführt. Von Herzog Heinrich erhielt er die Bestätigung aller Privilegien und die Rechtszusage, dass niemand über die Güter des Gotteshauses urkunden dürfe. Kardinal Johann, Priester des allgemeinen Konzils in Basel und apostolischer Legat, der damalige Bischof von Freising, verlieh Ebersberg unter Abt Simon Kastner einen Ablass für die, die Hilfe zur Erneuerung von Kirche und Kloster leisteten.
Erstaunlicherweise verliert die Historia kein Wort über das schmähliche Ende der Amtszeit des Abtes Simon Kastner, die der Abtkatalog mit den Worten „Wird 1434 der Prälatur vom Konzil zu Basel entsetzt" zumindest erwähnt, allerdings ohne die Gründe dafür anzugeben. Dabei waren diese dem Verfasser der Historia sicher bekannt, da er über eine gute Kenntnis des Urkundenbestandes des Klosters Ebersberg verfügte. So hätte er die am 12. Juni 1430 in Rom ausgestellte Originalurkunde anführen können, in der Papst Martin V. die drei Appellationsurteile des Heiligen Stuhles im geistlichen Prozess des Abtes Christian Harder zu Ebersberg gegen den bisherigen Abt Simon Kastner bestätigte, der aufgrund einer von Johannes Grünwalder, Generalvikar des Bischofs Johannes von Freising, ausgestellten Sondervollmacht wegen seiner Schulden und Misswirtschaft der Abtwürde enthoben wurde.[81] Abt Simon ließ sich nicht so leicht aus seiner Würde verdrängen. Im Januar 1433 gab Stephan Kitzinger, Landrichter zu Schwaben, Hanns Sewer, Forstmeister und Lehensträger des Abtes Simon und des Klosters Ebersberg, einen Gerichtsbrief, dass dieser vor ihm an der Landschranne zu Schwaben einen Rechtsstreit um den Kirchhof zu Forstinning gewonnen habe.[82] Abt Simon behauptete, den Hof, der Lehen Herzog Ludwigs VII. sei, gekauft zu haben. Am 2. März 1434 wurde in Basel eine Urkunde ausgestellt, in der Johannes, Patriarch von Antiochia, von der Generalsynode zu Basel ernannter Richter, Kommissar und einziger Exekutor zur Durchführung des Endurteils gegen Abt Simon Kastner öffentlich, vor allem dem Kaiser Sigismund und einer großen Anzahl geistlicher und weltlicher Fürsten und Adeligen verkündete, dass das Konzil die verschiedenen Appellationsgesuche des Abtes Simon durch Richter und Anwälte habe untersuchen lassen und in der Folge in der 1., 2. und 3. Instanz verworfen habe. Er fällte daher das Endurteil, dass der Abt als Verschwender der klösterlichen Güter, öffentlicher und notorischer Beischläfer und vielfach mit verschiedenen anderen Vergehen – darunter Simonie – behaftet zur Führung der Abtei weiterhin ungeeignet und von der Leitung und der Amts- und Güterverwaltung zu entfernen sei.[83] Im April 1434 wurde in Basel beurkundet, dass an die Stelle von Simon Kastner der vom Konvent erwählte Ebersberger Mönch Christian Harder treten solle.[84] Aber noch am 6. Mai 1434 überließen Abt Simon Kastner und der Konvent zu Ebersberg ihre Taferne zu Hohenlinden Hanns dem Lampfferzhaimer und seinem Sohn Andre zu Leibgeding und mit der Verpflichtung, die Taferne zu „erzimmern", wozu sie das Holz aus dem Klosterforst bekamen.[85] Dass sich Christian Harder als Abt nicht wirklich durchsetzen konnte, zeigt sich auch darin, dass die Historia seinen Namen nicht erwähnt. Der Äbtekatalog erwähnt zwar, wie angeführt, die Absetzung des Abtes Simon, gibt ihm aber 30 Jahre Amtszeit, bis 1442.

Die Äbte Eberhard II. und Eckhard

1442 begann also die Amtszeit Abt Eberhards II., des 32. und wieder allgemein anerkannten Abtes. Dieser erhielt vom Patriarchen Alexander von Aquileia, Legat des allgemeinen Konzils zu Basel und des apostolischen Stuhls, einen neuen Ablass für sein Kloster. Er starb in Österreich und wurde in Krems begraben, und zwar in der Kapelle der Prediger, wie der Äbtekatalog mitteilt.
Auf Eberhard II. folgte 1446 Abt Eckhard, der 27 Jahre dem Sebastiansklosters vorstand. Der Äbtekatalog nennt ihn einen gottseligen, frommen und wohlhausenden Mann. Diese überaus positive Würdigung wird von der Darstellung seiner Amtszeit in der Historia bestätigt. Wohl am meisten führte zu diesem Urteil, dass er gleich zu Beginn seiner Amtszeit die Melker Reform umsetzte. Von seinen Besitzgeschäften scheint der mit der Einwilligung Herzog Albrechts IV. durchgeführte Tausch der

Abb. 22: Das Epitaph des Abtes Philipp Höhenberger (1385-1412) fand im 17. oder 18. Jahrhundert umgedreht und seitlich behauen als Kommunionstufe Verwendung. Erst bei der Renovierung der Pfarrkirche im Jahre 1967 entdeckte man dieses großartige Werk des ausgehenden Mittelalters wieder.

Pfarrei Erling bei Andechs gegen die Pfarrei Waal im Bistum Augsburg erwähnenswert. Herzog Ludwig bestätigte alle Privilegien und Immunitäten. Eckhard führte auch umfangreiche Baumaßnahmen durch. Er begann damit die Gemeinschaftsräume und die Zellen der Mönche, den Kreuzgang mit dem Kapitelsaal, die Sakristeien und die Mauritiuskapelle von Grund auf neu zu errichten. Außerdem ließ er Chor und Altäre der Klosterkirche in zwei Etagen modernisieren und schuf dadurch unter anderem einen neuen Chor für Stundengebet und Messen der Mönche. Vom Bischof Nikolaus von Brixen, Kardinal und päpstlicher Legat, also dem berühmten Denker Nikolaus von Kues, erhielt er einen Ablass für die Wiederherstellung des Chores. 1452 traf er eine Übereinkunft mit Herzog Albrecht III. in Bezug auf die Ehen der beiderseitigen Eigenleute. Vereinbart wurde, dass sie untereinander heiraten durften, aber nur unter der Bedingung, dass jeweils die Frau mit den Kindern unter der Herrschaft ihres Herrn blieb. 1452 war der Umbau von Chor und Altären fertiggestellt; der Abt ließ sie von Kardinal Nikolaus von Kues den alten Patronen weihen. Auch der Jahrestag der Weihe blieb derselbe. Abt Eckhard bekam von Kardinal Nikolaus eine Urkunde über die Weihe von Chor und Altären, die 100 Tage Ablass, am Weihetag das Doppelte, einschloss. Dann werden die Reliquien aufgeführt, in deren Besitz Ebersberg zwischenzeitlich wieder gekommen war. 1461 stiftete Herzog Ludwig zwei Fenster mit Glasmalereien, im Jahr darauf Herzogin Margarete das dritte. Nach dem Umbau des Chores errichtete Abt Eckhard zwei Kapellen neu: die der heiligen Maria und die des heiligen Stephanus. Von den beiden abgerissenen Vorgängerbauten war die Marienkirche nach Angabe der Historia vor 600 Jahren von Graf Sieghard, und die Stephanskapelle von Abt Otto II. vor 150 Jahren erbaut worden. Die Historia verzeichnet noch weitere Baumaßnahmen und schließt mit einer Zusammenstellung der Ablässe, die die verschiedenen Bischöfe bei den Weihen verliehen hatten: insgesamt 40 Tage für schwere und 80 Tage für leichte Sünden, wobei aber betont wird, dass diese nur diejenigen gewinnen konnten, die wahrhaft bereuten und bekannten. 1460 bestätigte Papst Pius II. alle Privilegien und Ablässe; später verlieh er dem Kloster das Recht, die Beichte der Wallfahrer auch von Weltgeistlichen hören zu lassen. 1453 ließ Abt Eckhard eine schöne große Silbermonstranz anfertigen, die sowohl für das Fronleichnamsfest wie auch für den großen Teil der Dornenkrone des Herrn bestimmt war, die der Abt auf eigene Kosten erworben hatte. (Abb. 24) Eine noch größere Silbermonstranz gab er 1466 in Auftrag, in der er jenen großen Teil des Schweißtuches Christi einschließen ließ, der in den Besitz des Klosters gekommen war. Die Historia bemerkt dazu, dass es sich nicht um das in Rom aufbewahrte Schweißtuch der Veronica handelte, sondern um das am Ölberg gebrauchte, das Graf Rasso von Andechs aus Konstantinopel mitgebracht hatte und von dem ein Teil zum Schatz von Andechs gehörte. Nach der Historia war diese kostbare Reliquie wohl ein Geschenk des Herzogs von

Abb. 23: Simon Kastner, der wohl umstrittenste Ebersberger Abt, mit seinen Nachfolgern Eberhard II. und Eckhard.

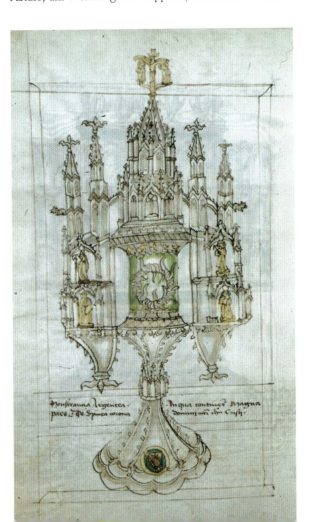

Abb. 24: Im Jahre 1453 ließ Abt Eckhard für den Klosterschatz eine silberne Monstranz anfertigen, in deren Zentrum ein Teil der Dornenkrone Christi eingeschlossen war.

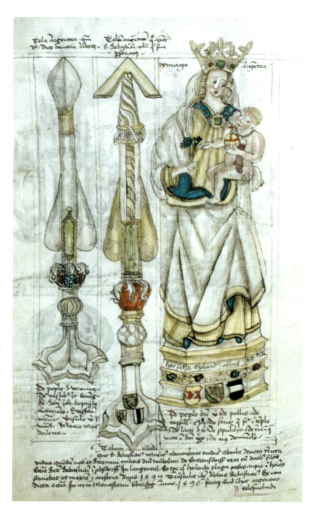

Abb. 25:
Im Jahre 1472 ließ Abt Eckhard eine Silberstatue der Muttergottes für das Kloster Ebersberg anfertigen. Das Pfeilreliquiar (Mitte) ging gemäß des darauf abgebildeten Abtwappens auf eine Stiftung seines Amtsnachfolgers Sebastian Häfele zurück.

Bayern als Entschädigung für die neue Wallfahrt nach Andechs, nachdem dort so viele und so bedeutende Reliquien wiedergefunden worden waren. 1472, in seinem letzten Amtsjahr, ließ Eckhard eine Silberstatue der heiligen Maria mit dem Jesuskind auf dem linken Arm und mit vergoldeter Krone anfertigen. (Abb. 25) Neben den Besitzgeschäften des Abtes erwähnt die Historia auch, dass er mehrere Glocken gießen ließ. Abt Eckhard lebte nach seiner 1472 altershalber erfolgten Resignation noch zwei Jahre.

Abt Sebastian Häfele

Auch über Sebastian Häfele, den 34. Abt (1472-1500),[86] fällt der Abtkatalog ein positives Urteil: er sei ein sehr verständiger, wohlhausender Mann gewesen. Die Angaben der Historia bestätigen dieses Urteil. Sebastian Häfele setzte 1475 das Verbot des Dechelns (Aufsammeln von Eicheln und Bucheckern als Viehfutter) im Forst durch. Die über diesen Vorgang ausgestellte Urkunde informiert genauer:[87] 27 arme Leute (Untertanen) zu Hohenlinden und fünf zu Mühlhausen, alle in der Hofmark Hohenlinden, bekennen, dass sie in der Abwesenheit des Abtes während des Gnadenjahrs zu Rom trotz des Verbots des Forstmeisters Caspar Neuchinger zu Buch (am Buchrain), der auch Hofmarksrichter zu Hohenlinden war, von dem vermeintlichen alten Recht des Dechelns „nach dem Wind" Gebrauch machten und schwören, in Zukunft auf das Decheln im Bannforst zu verzichten („ne amplius colligerent glandes e quercubus aut fagis"). Das Kloster behauptete in dieser Urkunde, dass Hohenlinden eine Hofmark sei, was aber vom Landesherrn bestritten wurde. Im Dezember 1485 verglichen sich Herzog Albrecht IV. und Abt Sebastian: der Herzog gestand dem Kloster in Hohenlinden ein Dorfgericht zu bis zur Höhe einer Geldbuße von 72 Pfennigen nach des Landbuchs Sag, ferner das Scharwerk, das Bieten durch den Amtmann, Gerichtsstand der Güter auf dem Forst vor dem Dorfgericht, die Ehaften von Taferne, Schmiede und Bad zu Hohenlinden und die Gleichstellung der Metzger und Bäcker in Hohenlinden mit denen von

Abb. 26: Abt Sebastian Häfele ließ während seiner Amtszeit in München am Anger eine Sebastianskapelle errichten. Die mit Bleistift gezeichnete Ansicht fand sich im Pfarrarchiv Ebersberg.

Abb. 27: Nur noch eine Schrifttafel an der Südwand des rechten Seitenschiffes erinnert an die Stiftung eines Glasfensters durch den bayerischen Herzog Albrecht IV.

Ebersberg.[88] Von Kaiser Friedrich III. erhielt Abt Sebastian einen Bestätigungsbrief aller Privilegien, darunter des Rechtes der freien Vogtwahl. 1478 beauftragte dieser Kaiser Herzog Albrecht aufgrund der dem Kloster durch kaiserliche Privilegien zugesicherten freien Vogtwahl, die Rechte des Klosters im Falle des Hans Finsinger, der als Vogt des Klosters Ebersberg auf einem Gut zu Bruckhof dieses als freies Eigen widerrechtlich an das Kloster Rott verkauft hatte, zu wahren.[89] Ein großer Gewinn für das Kloster war sicherlich, dass der Abt, wie die Historia angibt, Mönche in Ingolstadt und in Wien studieren ließ. Von Papst Innozenz VIII. erlangte er die Inkorporation der Marienkirche in Hohenlinden, die er neu aufbauen ließ. 1491 verständigte er sich mit dem Pfarrer von Mittbach wegen des Pfarrrechtes in Hohenlinden. Ebenso ließ er die Kapelle des heiligen Sebastian am Anger in München, in der Nähe des heutigen Viktualienmarktes, die er mit dem angebauten Gebäude gekauft hatte, neu errichten. (Abb. 26) 1497 erlangte er von Herzog Albrecht die Ausmarkung aller Gejaiden (Jagdgebiete) („certam assignationem venationum omnium").

Das achtzehnte Kapitel der Historia trägt den Titel: „Welche Kirchen und Altäre er entweder wiederhergestellt oder von Grund auf neu gebaut hat." Als erstes wird die Pfarrkirche Sankt Valentin genannt, die er 1472 restaurieren ließ. Die Kirche wurde mit eisernen Schlaudern zusammengehalten, der Fußboden neu gepflastert und die ganze Kirche neu ausgemalt. In der Klosterkirche kam ein neuer Altar oben in den Mönchschor, der vom Freisinger Weihbischof Johann zu Ehren der heiligen Ursula und ihrer Gefährtinnen geweiht wurde. Als wohl wichtigste Baumaßnahme ließ er von 1481 bis 1484 die Klosterkirche umbauen.[90] Die beiden Seitenschiffe wurden fast bis auf die Höhe des Mittelschiffes erhöht, so dass der Eindruck einer gotischen Hallenkirche entstand („trinam templi navem"). Auch den Eingangsbereich der Kirche und den rückwärtigen Heilig-Geist-Chor ließ er umbauen; außerdem erwarb er eine neue Orgel. Dann zählt die Historia die neuen Altäre auf, von denen der Altar des heiligen Daniel von den Bergknappen von Schwaz gestiftet wurde. Ausführlich werden die vielen Reliquien verzeichnet, die auf die neuen Altäre verteilt wurden. Die Bergleute aus Schwaz stifteten auch ein Fenster mit Glasmalerei, das ihren besonderen Patron Daniel zeigte. Weitere Glasfenster wurden von Erzherzog Sigismund von Österreich und von den Bayernherzögen Georg und Albrecht IV. gestiftet. (Abb. 27) Abt Sebastian errichtete ferner ein Nebengebäude zur Sakristei, das er als Bibliothek vorsah, für die er auch viele Bücher herstellen ließ, sowie ein ganzes Haus südlich der Kirche nach Osten ausgerichtet. Dabei wurde der untere Teil gemauert und für den Kapitelsaal mit einem Altar, für Weinkeller, Krankenstube, Refektorium und Küche bestimmt; der obere Stock wurde aus Holz errichtet und nahm das Dormitorium (Schlafsaal) auf. Ganz mauern ließ er auch den stattlichen Bauhof des Klosters westlich

Abb. 28: Oberhalb des spätgotischen Eingangstores zum ehemaligen Klosterbauhof ist eine Tafel mit dem Eber-Wappen des Klosters Ebersberg, dem Abtswappen Sebastian Häfeles, der Jahreszahl 1495 und der Inschrift „Sebastiann abbas" eingelassen.

der Kirche. (Abb. 28) Er wurde 1495 fertiggestellt. Die Michaelskirche von Egglburg ließ Abt Sebastian ausbessern (Abb. 29) und die Margaretenkirche in Haselbach erweitern. (Abb. 30) Besonders hervorgehoben wird, dass er in seinem letzten Amtsjahr aus rotem Marmor mit großen Kosten das künstlerisch bedeutsame Hochgrab der Stifter herstellen ließ („supremum illum ac praecipuum totius structurae Mausolaei lapidem e rubro marmore artificiosissime sculptum sumptibus magnis comparavit"). (Abb. 31)

Ein eigenes Kapitel widmet die Historia den Ablässen,

Abb. 30: Abt Sebastian Häfele im Festornat mit Inful und Abtstab auf einem Glasgemälde aus dem Jahre 1498 in der Margaretenkirche von Haselbach.

Abb. 29: Im Jahre 1479 wurde im Auftrag des Abtes Sebastian Häfele die dem heiligen Michael geweihte romanische Kirche von Egglburg neu „gewelbt und bössert".

die Abt Sebastian für seine Kirchen und Altäre von verschiedenen Oberhirten erhalten hatte. Von diesen soll nur ein von Papst Sixtus IV. im Zusammenhang mit der Türkenabwehr gewährter Ablass angeführt werden, der dem Abt Sebastian und den 25 Mitbrüdern, die damals den Konvent bildeten, das Recht gab, Weltgeistliche beim Hören der Beichte einzusetzen, die allen Sünden die Absolution erteilen konnten, mit Ausnahme derjenigen Sünden, deren Vergebung dem Heiligen Stuhl vorbehalten waren. Einmal im Leben und einmal in der Todesnot konnte dem Beichtenden ein vollkommener Ablass gewährt werden.

Auch den erworbenen Reliquien und Reliquiaren ist ein eigenes Kapitel gewidmet. Danach sagte Herzog Sigismund in einer Urkunde zu, dass ein Reliquienteil des heiligen Sebastian sofort nach seinem Tod zurückgegeben werden solle. Man erzählte, berichtet die Historia,

der Fürst habe diese Reliquie gewaltsam weggenommen und danach keine Ruhe mehr gehabt. 1493 brachte Herzog Christoph eine kleine silberne Statue dar, in die das bayerische Wappen eingraviert war („insignibus Boiaricis insignata") und in der Reliquien von den Haaren, vom Hemd und vom Rock des heiligen Simon von Trient enthalten waren. Diese Reliquienschenkung ist ein sehr frühes Beispiel für den Kult dieses zweijährigen Kindes, das am Gründonnerstag 1475 verschwand und dessen schrecklich verstümmelte Leiche am Ostersonntag in einem Bach unter dem Haus eines prominenten Juden gefunden wurde. Die Bewohner von Trient und die Richter waren von einem Ritualmord der Juden überzeugt – mit verheerenden Folgen für die Juden; 14 wurden hingerichtet und alle Überlebenden aus dem Bistum Trient verbannt. Obwohl die Verehrung erst 1588 vom Papst erlaubt wurde, und zwar nur für die Diözese Trient, gab es schon 1493 Reliquien dieses Kindes in Ebersberg. Das Kloster erwies Herzog Christoph damit seinen Dank, dass es für ihn, als er im folgenden Jahr bei der Rückkehr aus dem Heiligen Land auf Rhodos starb, ein feierliches Totengedenken abhielt, wie für ein Mitglied der Totenbruderschaft. 1495 schenkte Herzog Albrecht IV. einen silbernen Pfeil mit heiligen Reliquien. 1496 wurde das wunderschöne Werk einer altarartigen Monstranz fertiggestellt, das Abt Sebastian für die Aufnahme der verehrungswürdigsten Reliquien in Auftrag gegeben hatte. Es wurde aus reinem Silber – nicht aus Münchner Münzen, wie sie das Volk opfert – vom Wasserburger Goldschmied Lasla angefertigt.[91] Im gleichen Jahr konnte der Abt Eisen von einem der Pfeile, mit denen der Körper des heiligen Sebastian einst durchbohrt worden war, nach Ebersberg bringen. 1498 wurde von einem Unbekannten eine kleine silberne, vergoldete Monstranz geschenkt, in der zur Zeit der Abfassung der Historia ein Finger des heiligen Vincencius aufbewahrt wurde. Abschließend berichtet die Historia zur Amtszeit des Abtes Sebastian Häfele, dass von ihm, als er schon 27 Jahre die Abtei geleitet hatte, Rechenschaftsablage über seine ganze Verwaltung gefordert wurde. Der Abt kam dieser Aufforderung nach und legte alle Aufwendungen offen, die im Einzelnen wiedergegeben werden. Zum Abschluss zitiert die Historia die Angabe eines Ebersberger Geschichtsschreibers, ohne dessen Namen zu nennen, dass Abt Sebastian der Sohn eines Töpfers aus Vilsbiburg bei Landshut war und nach seiner Resignation noch vier Jahre und zwei Monate lebte. 1504 starb Abt Häfele inmitten der Kriegswirren, die ganz Bayern erfasst hatten.[92] Er bekam einen Grabstein aus rotem Marmor nahe beim Taufbecken im mittleren Kirchenschiff.
In der Handschrift, die uns bisher als Leitfaden zur Geschichte des Klosters Ebersberg nach dem von Williram dargestellten Zeitabschnitt diente, tritt mit dem Tod des Abtes Sebastian ein markanter Wechsel ein, der sich formal durch eine neue Schrift und inhaltlich darin bemerkbar macht, dass zu den einzelnen Äbten nur mehr sehr kurze Angaben gemacht werden. Offensichtlich benutzte jener 1600 schreibende, mit Namen nicht bekannte Jesuit bis zum Tod des Abtes Sebastian das oben erwähnte Geschichtswerk, das er dann bis zum Einzug der Jesuiten recht kärglich fortsetzte. Ab der Darstellung der Übergabe an die Jesuiten zeigt sich der Verfasser wieder gut informiert. Von Abt Häfele wissen wir nicht nur, dass er einen Bibliothekssaal erbaute, sondern auch, dass er Bücher anfertigen ließ. Berühmt ist die Bildchronik, die Abt Häfele in Auftrag gab und die aus den letzten Jahren des 15. Jahrhunderts stammt. Diese in Deutsch und Latein abgefasste, reich illustrierte Handschrift, die nach dem Tod ihres Auftraggebers abbricht, bildete fraglos eine der Stützen des Autors der Historia.[93] Ob dieser für seine Darstellung daneben noch auf eine weitere, ausführlichere, möglicherweise ebenfalls auf Betreiben Abt Sebastians entstandene und gänzlich lateinisch verfasste Geschichte seines Klosters zurückgreifen konnte, ist bislang unbekannt, jedoch sehr wahrscheinlich.[94]

Abb. 31:
Deckplatte des von Abt Sebastian Häfele beim Bildhauer Wolfgang Leb in Auftrag gegebenen Hochgrabes für das Ebersberger Grafenpaar Ulrich und Richardis.

Die letzten Äbte und die Administratoren

Die Angaben zu den letzten Äbten Ebersbergs wurden also offensichtlich 1600 nachgetragen und erweisen sich als recht dürftig.[95] Hatte die Historia für das Wirken des Abtes Sebastian Häfele von 1472 bis 1500 vier umfangreiche Kapitel verwendet, so ist die Tätigkeit der neun weiteren Äbte von 1500 bis 1590 in einem einzigen Kapitel dargestellt. Von dem 1500 gewählten Leonhard I. weiß der Verfasser des Nachtrags nicht einmal den Familiennamen („cognomen"). Wir erfahren nur, dass er in seiner Amtszeit von neun Jahren das noch von seinem Vorgänger in Auftrag gegebene Stifterhochgrab aufstellen (Abb. 32) und eine silberne Monstranz mit mehreren Reliquien der heiligen Jungfrau anfertigen ließ, in deren Basis der Name Leonhard eingraviert wurde. Die Klosterannalen zeigen sich über Abt Leonhard I. genauer informiert. Deren Verfasser zog die „Raittungen" (Rechnungen) des Klosters heran und berichtet, dass Abt Leonhard I. ausweislich seiner ersten Rechnung von 1500 einer Frau von Schwillach wegen ihres Manns „Todfall" ein Ross gegeben habe. Er weiß unter anderem weiter, dass er vierundsechzig Fuder Kuchlholz in Reichenhall und zwei Teile Zehent zu Rottmann (LK Erding) erworben habe. Einer Ebersberger Klosterurkunde vom 15. Oktober 1500 lässt sich entnehmen, dass der Groß- und Kleinzehent zu Rottmann aus dem Erbe der Neuchinger stammte.[96] Auch die Angabe der Annalen, dass Herzog Albrecht 1503 mit dem Kloster etliche Erbgejaide vermarkt habe, lässt sich anhand der Klosterurkunden überprüfen; danach verlieh Herzog Albrecht IV. am 11. März 1503 dem Kloster das Jagdrecht zwischen Kreith, Thailing und der Hecke der Frauenberger.[97]

Vom nächsten Abt, Vitus, 1509 nach der Resignation Leonhards I. gewählt, weiß die Historia nur, dass er drei Jahre amtierte. Die Annalen berichten, dass er das Klinger-Gut zu Aßlkofen erkauft habe. – Zum darauffolgenden Abt, Leonhard II., bemerkt die Historia trotz seiner 33 Jahre Amtszeit nur, dass von ihm nichts bekannt sei, während die Annalen einige Besitzgeschäfte nennen, darunter den Tausch eines Gutes zu Sondermeiling (Mailing bei Beyharting, LK Rosenheim) gegen ein Gut zu Haidling im Jahre 1524. – Zum Nachfolger Leonhards II., zu Abt Wolfgang, können weder die Historia noch der Abtkatalog Mitteilungen machen, allerdings berichtigt die Historia die Angabe Christoph Gewolds in seiner Historia Metropolis Salisburgensis, Wolfgang sei 1540 gewählt

Abb. 32: Kurz nach 1500 kam es unter Abt Leonhard I. (1500-1509) zur Aufstellung des Stifterhochgrabes für den Grafen Ulrich und seine Gemahlin Richardis. Am Rand der Deckplatte brachte sich deshalb auch Abt Leonhard mit dem Schriftzug „Leonhardus Abbas" in Erinnerung. Dabei ist allerdings zu erkennen, dass man wohl noch zu Lebzeiten seines Vorgängers Sebastian Häfele versuchte, diese Schrift wieder auszumeißeln, was aber nicht vollständig glückte. Man gestand wohl dem Abt Leonhard, der ja „nur" die Aufstellung des Hochgrabes veranlasst hatte, nicht das Recht zu, auf dem Stifterhochgrab für immer verewigt zu sein.

Abb. 33: Rotmarmor-Epitaph für Abt Joachim Rieder (1568-1580). Die Inschrift lautet übersetzt: „Im Jahre 1580 am 23. Januar ist zum letzten Ausgang dieses Lebens fromm gerufen worden der in Christus verehrungswürdige Vater und Herr Joachim, dieses ehrwürdigen Klosters pflichtbewusster und umsichtiger Abt, dessen Seele in Gott lebe."

worden, auf das Jahr 1545.⁹⁸ – Nach Wolfgangs dreieinhalbjähriger Amtszeit wurde 1548 Johannes Nebel zum 39. Abt gewählt. Von ihm wird nur angegeben, dass er zwei Jahre Abt war.
Übereinstimmend geben Historia und Annalen die Jahre 1551 bis 1568 für den 40. Abt, Jakob Sandtner, an. Zu seiner Zeit drang, wie unsere Quelle berichtet, die Lutherische Irrlehre in einige Orte Bayerns ein. Herzog Albrecht schrieb deswegen einen Brief an Abt Jakob, in dem er ihn ernsthaft ermahnte, die Grundholden des Klosters, die zur Freistift auf ihren Gütern säßen, zu kontrollieren. Beim Verdacht der Abweichung vom katholischen Glauben solle eine Untersuchung gehalten werden und bei Bestätigung des Verdachts solle ihnen der Abt die Güter abnehmen und diese an Rechtgläubige geben. Abt Jakob führte den Befehl des Fürsten aus und bestrafte einige in der ihm aufgetragenen Weise. Die Annalen berichten nichts über diesen Kampf gegen die reformatorische Bewegung, sondern führen nur Besitzgeschäfte an, darunter den Erwerb des Zapfens zu Grafing.
41. Abt war von 1568 bis 1580 Joachim Rieder. (Abb. 33) Er ließ nach der Historia einen kostbaren kleinen Silberaltar anfertigen und seinen Namen daraufsetzen. Dieser Abt stand beim Herzogshaus noch in großem Ansehen: Er durfte für Herzog Albrecht IV. die Totenmesse zelebrieren. Die Annalen sind wieder nur an den Besitzgeschäften interessiert und berichten von einem Tauschgeschäft des Abtes mit dem Landschaftskanzler Hieronimus Pronner zu Eichbichl.⁹⁹ – Joachims Nachfolger war von 1580 bis 1584 Sigmund Kulbinger. Er errichtete einen Altar zu Ehren von Christus in der Rast („altare Christi passi requiescentis") und stiftete eine Gedenkmesse für sich. Die Annalen erwähnen wieder nur Besitzgeschäfte, nach den Klosterurkunden gab er dem Herrn Pronner Güter zu Lehen.¹⁰⁰
43. und letzter Abt des Klosters Ebersberg war Johannes II. Schmauser von 1585 bis 1590. Die Historia schiebt den Verfall der klösterlichen Disziplin und die Vernachlässigung der Güterverwaltung auf die Krankheit dieses Abtes, der fast ständig im Bett gelegen sei. So wurden vom Bischof und von Herzog Wilhelm V. angesehene und kundige Männer nach Ebersberg geschickt, die das Kloster visitieren sollten. In der Meinung, dass dem Missstand vom Kopf her abzuhelfen sei, bewegten sie Abt Johannes II. zur Resignation. Da sie dann unter den Religiosen Ebersbergs keinen fanden, den sie für geeignet hielten, das Kloster wieder in die Höhe zu bringen, sollte der Abt von Andechs zum Administrator bestimmt werden. Da dieser zur Übernahme dieser Aufgabe nicht bereit war, wurde die Administration dem Prior des Klosters Thierhaupten übertragen. Er trat sein Amt im September 1590 an und übte es bis 1592 aus. Weil es aber mit dem Kloster immer noch nicht bergauf ging, wurde der Abt von Niederaltaich gebeten, Bernhard Hilz zu schicken, der dort mehrere Jahre den Wirtschaftsbetrieb geleitet hatte. Der Abt entsprach dem Wunsch und ordnete zwei weitere Mönche ab, von denen der eine als Prior, der andere als Subprior dem Administrator beistehen sollte. Aber schon nach einem halben Jahr wurde Bernhard Hilz nach dem Tod des Abtes von Niederaltaich dorthin als Nachfolger zurückgerufen. Dritter Administrator wurde 1593 Cyriacus Empl, ein Profess aus Ebersberg. Da es nach der Darstellung der Historia auch ihm nicht gelang, das Kloster wieder in die Höhe zu bringen, wurde eine ganz neue Lösung ins Auge gefasst.

Der Übergang Ebersbergs an die Jesuiten

Der große Einschnitt in der Geschichte des Klosters Ebersberg, den die Übergabe an die Jesuiten bedeutete, wird in der Historia dadurch herausgehoben, dass ein neues Buch („liber IV."), geschrieben von einem neuen Schreiber, beginnt.
Die Darstellung der Jesuitenzeit in Ebersberg fängt mit Herzog Wilhelms Plänen an, das Kloster den Benediktinern zu nehmen und den Jesuiten zu übergeben.¹⁰¹ Auf diese Pläne habe der Orden, vor allem der Pater Provinzial, mit Bedenken reagiert, weil er befürchtet habe, dass dann – wie das Beispiel der Aufhebung Biburgs und die Zuweisung an das Kolleg in Ingolstadt gezeigt habe – dem Jesuitenorden Missgunst entgegengebracht werde.¹⁰² Herzog Wilhelm richtete am 20. Mai 1595 ein Schreiben an den Ordensgeneral, in dem er versicherte, dass die Ängste des Ordens vor etwa entstehenden Schwierigkeiten unbegründet seien. In seinem Antwortschreiben vom 17. Juni 1595 erklärte General Aquaviva, dass ihn die Versicherung des Herzogs beruhige. Mittlerweile hatte sich der Herzog schon bei Papst Clemens VIII. durchgesetzt, der in einer Bulle vom 19. Mai 1595 die Einverleibung des Klosters Ebersberg in das Jesuitenkolleg in München aussprach.¹⁰³ (Abb. 34) Die Historia gibt an, dass die päpstliche Bulle mit dem Befehl, das Kloster anzunehmen, bei Wiguleus Hundt in der Metropolis Salisburgensis gedruckt sei. Herzog Wilhelm erreichte auch die Zustimmung des Freisinger Bischofs – und damit des Domkapitels. Bischof von Freising war des Herzogs Bruder Ernst, der auch Kurfürst von Köln war. In einem Schreiben vom 19. Februar 1597 an seinen Bruder rechtfertigte der Herzog in München die Übergabe. Die Freisinger Rechte wurden mit Geld abgelöst. Die Ebersberger Religiosen wurden auf andere Klöster verteilt¹⁰⁴ und Christophorus Marianus übernahm am 28.

Abb. 34: In einer Bulle vom 19. Mai 1595 sprach Papst Clemens VIII. die Einverleibung des Klosters Ebersberg in das Jesuitenkolleg in München aus.

Oktober 1596 das Kloster mit den auf 7000 Gulden geschätzten jährlichen Einkünften im Namen des Jesuitenordens und des Münchner Kollegs. Trotz der Übernahme verweilten 1596 noch keine Jesuiten auf Dauer in Ebersberg, erst 1598 kam mit Pater Egolphus Alther ein ständiger Leiter hierher.

Die erste Zeit der Jesuitenresidenz

Wie zu den Zeiten der Benediktiner hatte auch die Ebersberger Geschichtsschreibung zu jesuitischer Zeit ein besonderes Interesse an Reliquien und Ablässen. 1599 schenkte Herzog Wilhelm Reliquien der Gefährtinnen der heiligen Ursula. Ebersberg bekam auch aus Köln Reliquien des heiligen Gereon. 1601 verlieh Papst Clemens VIII. einen vollkommenen Ablass für „die Ausrottung der Ketzerei". Die Klosterannalen sind auch in der neuen Jesuitenzeit besonders an der wirtschaftlichen Entwicklung interessiert. Sie erwähnen unter anderem, dass das Kloster 1597 die Hofmark Taufkirchen erhielt und die Schrobenhausener zur Stift kamen. Dass der Verfasser der Annalen gerade die Wirtschaftsquellen Ebersbergs heranzog, zeigt sich in dem Satz, dass nach dem Weggang von Christoph Marianus nicht wenige Leib- und Übergabbriefe im Namen des Provinzials Pater Otto Eisenreich und des Vizerektors Pater Heinrich Gangenrieder ausgefertigt wurden. Weiter erwähnen die Annalen, dass Ebersberg 1599 von Herzog Maximilian der Aufschlag für 64 Fuder Salz erlassen wurde. Erwähnenswert erscheint noch, dass im Jahre 1599 eine Hofratsentscheidung in der Irrung zwischen Ebersberg und dem Landgericht Schwaben wegen des Dorfgerichts Hohenlinden gefällt wurde:[105] Dem Jesuitenkollegium verblieb der 1485 dem ehemaligen Kloster gegebene Freibrief über das Dorfgericht, dabei vor allem die Verbriefung von Rechtsgeschäften, die Grund und Boden betreffen; die Urteile über Personen, die Inventur, die Vormundschaft und die Führung der Rechnungen darüber wurde dem Landgericht zugesprochen. In den Annalen erwähnt ist auch die Erweiterung der Hofmark Ebersberg, die das Kolleg um 1.600 Gulden vom Herzog bekam. Die Urkunde darüber wurde am 9. Mai 1599 ausgestellt.[106] Die Societät der Jesuiten in München bekam als Inhaber der Hofmark Ebersberg eine Erweiterung der Hofmarksfreiheit auf 7 Höfen, 31 Huben, 5 Lehen und 19 Sölden. Das Jesuitenkollegium musste dafür unter anderem auf die Niedergerichtsbarkeit im Gericht Kling, vor allem im Dorf Aham, verzichten.

1603 fand das Kollegium einen Verwendungszweck für die Klostergebäude darin, dass es sie zum Aufenthaltsort für die Novizen bestimmte, die am Ende ihrer Ausbildung standen. Ebersberg wurde also Terziat. So kamen zwölf Probanden mit dem Novizenmeister Pater Rupert Reindel nach Ebersberg. Bemerkenswert erschien der Historia auch, dass 1603 neben der Hirnschale des heiligen Sebastian auch ein völlig kunstloses Bild des am Kreuz sterbenden Heilands ausgestellt wurde, das von den Frommen für wundertätig gehalten wurde. Der Verfasser der Historia will die vielen Wunderheilungen, die sich in den Aufzeichnungen vorfanden, nicht im Einzelnen anführen und begnügt sich mit einem summarischen Überblick über die vielen Krankheiten, bei denen dem heiligen Sebastian die Heilung verdankt wurde. Auch die Wechsel bei den Patres, die Ebersberg leiteten, die die Historia genau verzeichnet, brauchen hier nicht wiedergegeben zu werden.

Wichtig sind die Besitzgeschäfte und die baulichen Maßnahmen an der Kirche, die Rektor Jakob Keller vornahm. 1608 verkaufte er die Hofmark Abshofen (LK Rottal-Inn)[107] an das Kloster Aldersbach und kaufte dafür am 25. April des gleichen Jahres von Johann Jakob Pronner von Eichbichl zu Prantshausen, dem herzoglichen Kastner zu Aibling, Schloss und Hofmark Eichbichl um 11.000 Gulden.[108] (Abb. 35) 1609 kaufte Jakob Keller von den Kuratoren der Gläubiger des verstorbenen Albrecht Pronner um 15.400 Gulden Schloss und Gut Tegernau mit der Hofmarkgerechtigkeit.[109] 1610 ließ Rektor Keller die Klosterkirche umgestalten und dabei das „odaeum", einen lettnerartigen Chor, der sich vor dem Hochaltar von der einen Kirchenwand zur anderen erstreckte und der früher dem Chorgesang gedient hatte, abbrechen, um den Gläubigen einen freien Blick auf den Zelebranten am Hochaltar zu ermöglichen. Auch wurde ein neuer Hochaltar errichtet, den die Historia als den größten Schmuck der Kirche bezeichnet. Insgesamt soll die Kirche ein völlig neues Aussehen erhalten haben.

Abb. 35: Das Hofmarksschloss Eichbichl, das die Ebersberger Jesuiten im Jahre 1608 erwarben, in einer 1812 von Alois Sebastian von Reichl gefertigten Lithographie.

1613 schenkte Albrecht von Bayern sein Hochzeitskleid aus Gold und grüner Seide nach Ebersberg, um daraus ein Messgewand anfertigen zu lassen. Beim Reliquiar, das die Hirnschale des heiligen Sebastian enthält, ließ der Münchner Bürger Georg Schobinger das Haupt des Heiligen mit einer silbernen Krone schmücken. Dieser Kaufmann Schobinger schickte jedes Jahr auch mehrere weiße Kerzen, um sie vor dem Reliquiar anzünden zu lassen. Und nun schreibt der Chronist, dass Schobinger diesen schönen Brauch der jährlichen Gabe noch in dem Jahr geübt habe, in dem er dieses schreibe. Es war das Jahr 1628.

Die Historia fährt weiter mit den vielen Wohltaten, die der Ebersberger Patron den Kranken und pestgefährdeten Menschen zukommen ließ. 1613 erklärte Erzherzog Maximilian von Österreich, auf dem Reichstag in Regensburg mit seinem Gefolge von einer Seuche frei geblieben zu sein, weil sie alle aus der Hirnschale des Heiligen getrunken hätten. In den folgenden Jahren erwähnt die Historia immer wieder Schenkungen von Goldschmiedearbeiten, von Messgeräten und von weiteren Kunstwerken. Besonders bemerkenswert ist eine große, ovale Goldmünze aus reinem Gold mit einer goldenen Kette, die 1617 vom Abt von Schäftlarn geschenkt wurde und die am Reliquiar des heiligen Sebastian angebracht wurde. 1618 bekam Ebersberg zwei gedrechselte, mit Elfenbein verzierte Reliquienkapseln, von denen die eine den heiligen Sebastian, die andere die Taufe Jesu zeigte, und in seiner Kreuzkapelle einen neuen Altar mit der Darstellung der Kreuzabnahme. 1621 wurde den Jesuiten „nach dem Sieg über die Rebellen in Böhmen" – dies der erste Hinweis in der Historia auf den Dreißigjährigen Krieg – ein silbernes, vergoldetes Kreuz geschenkt, das an die größere Silberstatue des heiligen Sebastian gehängt wurde. 1621 errichteten die Jesuiten für ihre Brauerei neue Malztennen; hier ist nachzutragen, dass Herzog Maximilian 1617 dem Rektor Jakob Keller die Braugerechtigkeit auf dem Brauhaus zu Ebersberg bestätigt hatte, dazu das Recht, das Bier „unter dem Reifen" zu vertreiben, auszuschenken und die eigenen Tafernen damit zu beliefern.[110] 1622 wurde die Gräfin von Schwarzenburg in der von ihr ausgestatteten Mauritiuskapelle bestattet; sie hatte die Societät als Erben eingesetzt und bekam dafür ein Marmorepitaph an der Wand dieser Kapelle. Die Historia zählt auch die Reliquiare auf, die die Gräfin an Ebersberg geschenkt hatte. Der Verfasser dieses Teils der Historia gibt an, dass die Vita dieser Gräfin in Pater Matthäus Raders „Bavaria pia" nachgelesen werden könne. Raders Heiligenleben, deren genauer Titel „Bavaria sancta" ist, erschien 1615 bis 1627. 1623 litt ein Mitpater an einem schweren Lungenleiden. Er wurde wundersam geheilt, aber nicht vom heiligen Sebastian, sondern vom heiligen Ignatius. Deutlich wird, wie von den Jesuiten die Verehrung ihres Gründers immer mehr betont wurde. 1624 wurde ein stattliches neues Zellengebäude, das sich nach Norden erstreckte, gebaut.

Im November wurde der neue Altar des heiligen Mauritius vom Freisinger Weihbischof Scholl geweiht. 1625 gab es, da die Pest in mehreren Orten herrschte, wieder einen stärkeren Zulauf zum heiligen Sebastian. 1626 stiftete der Bierbrauer Schilcher 100 Gulden für einen neuen Altar zu Ehren seines Namenspatrons Georg. 1627 wurde die Stephanskapelle erneuert und dann der Altar dem Heiligen Ignatius geweiht. Nach dem Ordensheiligen wurde die Kapelle dann auch benannt. Zu Beginn des Jahres 1629 lebten nach der Historia 30 Ordensangehörige in Ebersberg: 24 Geistliche – davon 5 alte Patres und 19 Probanden, die im dritten Jahr ihrer Ausbildungszeit standen (Terziaren) – und 6 Laienbrüder („adiutores"). Weiterhin sind viele Seiten mit Darstellungen von Heilungen, von Votivgaben, von Bittgängen und mit den Lebensbeschreibungen verstorbener Patres gefüllt. In den Angaben zum Jahr 1630 fällt wieder ein kurzes Streiflicht auf den Großen Krieg: Tilly opferte durch einen Hauptmann („capitaneus") für die Gesundheit seines Heeres dem heiligen Sebastian 100 Taler. 1632 folgen wieder viele Beispiele für Wunderheilungen. Bemerkenswerterweise hatte der Dreißigjährige Krieg bis dahin anscheinend das Leben in Ebersberg nicht einschneidend betroffen. Es scheint nach der Historia seinen gewohnten Gang gegangen und weiter von Wallfahrten, Baumaßnahmen und dem Erwerb von Kunstwerken bestimmt gewesen zu sein.

Abb. 36:
Der berühmte Dichter und Jesuit Jakob Balde hielt sich öfter in der Ebersberger Residenz auf.

Der Dreißigjährige Krieg trifft Ebersberg

1632 aber traf der Krieg die Jesuiten in Ebersberg mit voller Härte. Die Bemühungen und Anstrengungen machte, wie es die Historia formuliert, großenteils der schwedische Mars zunichte. Er bedrohte nicht nur das Vaterland mit Verwüstung, sondern brachte diese ganz unmittelbar über Ebersberg. Die Angst vor dem Krieg trieb die Bauern umher, bis am 11. Januar die Kunde von der Aushebung der wehrfähigen jungen Männer und am 4. Februar vom Ausrücken der Landwehr zu Pferde kam. Nachdem schon am 7. April die Einwohner Münchens ihre Wertsachen in die Berge in Sicherheit gebracht hatten und die kurfürstliche Familie die Stadt verlassen hatte, wurden am 17. April die Ebersberger Patres mit den Münchnern in sichere Orte entlassen, nur die Patres Johann Hickher und Cyprian Manicor blieben mit dem Laienbruder Blasius Schölling zurück. Am 18. Mai erreichten einige schwedische Reiter das Gebiet von Zorneding und brachten große Unruhe unter die Bauern. Im Juni besiegten die Feinde das bayerische Aufgebot und fielen in einem wilden Ansturm in Ebersberg und seiner Umgebung ein. Die Kirche verwendeten sie als Stall, was ihnen im Weg stand, schlugen sie entweder entzwei oder sie raubten es. Sie schonten weder die Heiligenbilder noch die in den Altären eingeschlossenen Reliquien, ja nicht einmal die allerheiligste Eucharistie, die wegen der Schnelligkeit des Angriffs nicht in Sicherheit hatte gebracht werden können. Nach der Plünderung blieb nichts als Schmutz zurück. Die zwei oben genannten Patres, die sich nach Eichbichl zurückgezogen hatten, kehrten Anfang Juni nach Ebersberg zurück, wurden dort von den Schweden gefangen, gefesselt nach Neuburg verbracht und schließlich mit 200 Gulden freigekauft. Blasius Schölling, der ebenfalls den Schweden in die Hände gefallen war, wurde grausam getötet. Im Juli sammelten sich die Patres wieder in Ebersberg und hatten dort sehr mit dem Hunger zu kämpfen.

Im folgenden Jahr 1633 beruhigte sich die Lage; die Rückkehr zum normalen Leben zeigt sich vor allem darin, dass die Hirnschale des heiligen Sebastian wieder nach Ebersberg zurückgebracht wurde. Im Jahre 1634, in dem, wie schon in vergangenen Jahren, Zahl und Namen der in Ebersberg weilenden Patres genannt werden, unter ihnen der berühmte Dichter Jakob Balde (Abb. 36), musste Ebersberg wieder schwer unter den Folgen des großen Krieges leiden. (Abb. 37) Der geistliche Chronist bemerkt, dass schwer zu entscheiden sei, ob dem Kloster von den Waffen der Feinde oder von den eigenen Leuten größerer Schaden zugefügt wurde. Die Wirren begannen damit, dass sich die Bauern – verärgert über das unverschämte Verhalten der Soldaten in den früheren Jahren – weigerten, den Soldaten Winterquartiere zur Verfügung zu stellen und hartnäckige und gewaltsame Gegenwehr bei Zwangseinquartierungen beschlossen. So rotteten sich die Bauern zusammen, plünderten ankommende militärische Einheiten aus und töteten sogar unbewaffnete Soldaten. Weder vom Kurfürsten in den Ebersberger Raum geschickte Boten noch die Ermahnungen der Jesuiten in Ebersberg konnten die Lage beruhigen. Unverhohlen hätten die Bauern geprahlt, es müssten zuerst die Soldaten vertrieben und alle Behörden mit den Geistlichen vernichtet werden, dann müsse man gegen den Feind losziehen. Ein besonders Böswilliger schleuderte ein Geschoss („bombarda") in den Raum, in dem die Patres zur Rekreationszeit saßen, das dort auch explodierte, aber keinen größeren Schaden anrichtete. Durch die Ermordung von Sol-

Abb. 37: Eine von Markus Krammer sen. für den Schwedenanger in Ebersberg gemalte Holztafel erinnerte einst an neun schwedische Reiter, die von den Ebersbergern im Jahre 1634 überwältigt und bei lebendigem Leib im Boden eingegraben wurden und auf deren Köpfe mit eisernen Kanonenkugeln ein Kegelscheiben veranstaltet wurde.

schindeln gedeckt. 1639 wurde Ebersberg vom Kurfürsten Maximilian mit seiner Frau und zweimal von seinem Bruder Albrecht mit seinen zwei Söhnen besucht. Der eine davon, Maximilian Heinrich, war Erzbischof von Köln und Bischof von Hildesheim, Lüttich und Münster, der andere, Albrecht Sigmund, war Bischof von Freising und Regensburg. Von den Ereignissen des Jahres 1640 scheint die Aufführung eines Krippenspiels der Erwähnung wert, zeigt das Spiel doch, dass auch im Krieg die für die Jesuiten bezeichnenden kulturellen Aktivitäten weitergingen. Von 1641 soll die Errichtung zweier Altäre, von 1642 die Feststellung angeführt werden, dass Schafe gesund geblieben seien, wenn sie Wasser getrunken hätten, in das ein Pfeil des heiligen Sebastian eingetaucht worden sei. 1644 wurde die Kurfürstin bei einem erneuten Besuch mit einem der Weihnachtszeit angepassten Musikdrama begrüßt („salutata Musico Dramate temporibus Natalitiis accomodato"); außerdem wurde ein Trauerspiel („drama lugebre") am Heiligen Grab aufgeführt, das die Zuschauer zu Tränen und Seufzern rührte. 1645 wurde auf dem Hauptaltar eine neue Sebastiansstatue aufgestellt, 1647 wurde die Hirnschale des heiligen Sebastian innen mit einer Silberschicht überzogen. Außerdem besuchte die kurfürstliche Familie bei der Rückkehr von Wasserburg nach München wieder den heiligen Sebastian. 1648, im letzten Jahr des Dreißigjährigen Krieges, wurde Ebersberg noch einmal vom Krieg schwer getroffen. Wegen der herumziehenden französischen und schwedischen Truppen verließen die damals

daten spitzte sich die Situation weiter zu. Am 18. Januar marschierten auf Befehl des Kurfürsten Cronbergische Truppen auf, die bei einem plötzlichen Angriff auf die Bauern mehr als 300 niedermetzelten; mehr als 20 rebellische Bauern kamen ums Leben, als ein Haus, in dem sie sich verschanzt hatten, niederbrannte. Kein Alter, kein Rang fand jetzt noch Schonung. Die Soldaten stürmten auch die Jesuitenresidenz und töteten, als ihnen von den Geistlichen die Tür geöffnet wurde, den Verwalter. Auch der Pförtner wäre durchbohrt worden, wenn er sich nicht tot gestellt hätte. Die Patres selbst mussten zwar keine Toten beklagen, wohl aber große Schäden in ihrer Ökonomie hinnehmen. (Abb. 38) Im Herbst folgte die ständige Begleiterin des Kriegs, die Pest. Auch hier half der heilige Sebastian.
In den folgenden Jahren finden sich wieder die üblichen Namen der Patres und die Heilungen. Eigens anzuführen ist, dass im Februar 1638 ein starker Sturm herrschte, der einen im Klosterhof stehenden Wagen hochschleuderte und im Forst große Schäden anrichtete. Der den Nordwinden besonders ausgesetzte Teil des Kirchendaches wurde nicht mehr mit Ziegeln, sondern mit Holz-

Abb. 38: Handschriftliche Aufzeichnungen über den Bericht des Forstverwalters Nikolaus Lehner von der Jesuitenresidenz Ebersberg über den Bauernaufstand 1633/34.

12 Patres mit ihren 7 Dienern im Mai das Kloster, das am 9. August von 200 schwedischen Reitern geplündert wurde. Vorgezeigte Schutzbriefe der obersten Heerführer Turenne und Wrangel machten keinen Eindruck auf die Soldaten. Wenn auch Gefangene gemacht wurden, so waren doch keine Toten zu beklagen. Insgesamt kann der Chronist feststellen, dass Ebersberg mit Hilfe Gottes und des heiligen Sebastian den Krieg unzerstört überstand.

Die Entwicklung nach dem Dreißigjährigen Krieg

Aus den ersten Jahren nach dem Krieg berichtet die Chronik nichts Nennenswertes; das normale Leben scheint nur langsam zurückgekehrt zu sein. 1655 wurde das Kloster von 29 Personen bewohnt, darunter 12 Studierende aus den polnischen und litauischen Ordensprovinzen, die wegen der Verwüstungen ihrer Länder durch die Schweden nach Ebersberg gekommen waren, um scholastische Theologie zu hören. Im gleichen Jahr wurde die Klosterkirche gänzlich neu ausgeweißt und die mittelalterlichen bunten und dunklen Glasfenster wurden durch neue, helle ersetzt. 1656 stiftete der Wittelsbacher Albrecht einen neuen Altar für den heiligen Korbinian. 1660 finden wir die volkskundlich interessante Nachricht, dass ein Mann aus Erding, der Heilung suchte, sein ganzes Haus als Wachsvotivgabe formen ließ und es dem heiligen Sebastian opferte. Überhaupt kam das Wallfahrtswesen wieder in Schwung; Braunau und Eggenfelden nahmen in diesem Jahr ihre traditionellen Wallfahrten nach Ebersberg wieder auf. 1661 wurde zu Ehren des auf Besuch weilenden Freisinger Bischofs ein deutsches Schauspiel über den leidenden Christus aufgeführt, der am Kreuz den neuen Bund begründet hatte: also eine Art Passionsspiel. 1666 ist ein wichtiges Datum in der Geschichte des Klosters Ebersberg: Am 19. April wurde nach Abbruch des alten Klostergebäudes vom Münchner Rektor Christoph Schorrer der Grundstein für den Neubau gelegt. Als der ausführende Maurermeister Michael Beer aus Vorarlberg bei einem Besuch seiner Heimat erkrankte, führte sein Vetter Johannes Mosprugger den Bau zu Ende. (Abb. 39) 1670 ließen die Jesuiten die Kirche in Tegernau, die im Vorjahr unter ihre Jurisdiktion gekommen war,[111] abbrechen und legten am 20. Mai den Grundstein für den Neubau. (Abb. 40)

1671 fällte, wie schon erwähnt, ein gewaltiger Sturm die uralte Linde im Klostergarten, richtete sonst aber keinen Schaden an. Im selben Jahr wurde in der Sebastianskapelle ein neuer Marmorhochaltar aufgerichtet. Der Marmor für die neuen Baumaßnahmen wurde von Salzburg bis Wasserburg auf Schiffen, dann auf 34 Lastkarren transportiert. 1677 wurde die Hirnschale des heiligen Sebastian, um sie vor Schäden zu schützen, in zwei vergoldete Silberblätter eingeschlossen. 1678 macht die Historia eine ihrer seltenen Angaben zu den allgemeinen Ereignissen; sie erwähnt die Teuerung aufgrund der schlechten Witterung. 1680 erreichte Kurfürst Max Emanuel vom Papst einen Ablass, um die Pest vom Vaterland abzuwenden. Außerdem besuchte der Kapuziner Markus von Aviano Ebersberg. Die Historia bezeichnet den Kapuziner als einen im Rufe der Heiligkeit stehenden Vertrauten des Wittelsbachers Maximilian Philipp und seiner Gattin. Er war auch der einflussreichste Berater Kaiser Leopolds I. und war als entschiedener Prediger gegen die Türkengefahr bekannt. 1685 wird der heilige Sebastian wieder als Wundertäter bei den verschiedensten Krankheiten gerühmt, so beim „Ungarischen Fieber"; die Historia bemerkt in diesem Zusammenhang, dass der Kurfürst wieder ins Ungarische ziehe, um gegen die Türken zu kämpfen. 1687 wird der Sieg des Kurfürsten beim Berg Harsan in Ungarn erwähnt. In den Aufzeichnungen zu diesem Jahr zeigt sich wieder das Bemühen der Jesuiten, ihren eigenen Gründerheiligen hervorzuheben: „nach dem hl. Sebastian zeigte sich auch unser heiliger Stammvater Ignatius gnädig". 1688 brachten die Jesuiten die Bauern dazu, weniger zu fluchen. „Sie fluchen beinahe bei jedem dritten Wort", wird an ihnen kritisiert. Auch in diesem Jahr erwies sich der heilige Ignatius wiederum als großer Wohltäter für alle, die sich ihm anvertrauten. Durch heiliges Wasser, das auf seinen Namen geweiht war, wurde Krankheit von Mensch und Vieh abgewehrt („sacro latice eius nomine benedicto et ab hominibus et a pecoribus morbi et morborum pericula depul-

Abb. 39: Eine kolorierte Xylographie im „Kalender für katholische Christen auf das Jahr 1869", die der Ansicht Ebersbergs in dem 1690 erschienenen 2. Teil des Ertlschen Chur-Bayerischen Atlasses nachempfunden ist, zeigt das Kloster Ebersberg nach dem von den Jesuiten vorgenommenen Neubau des Konventgebäudes.

si"). Bilder von ihm vertrieben aus vielen Häusern Gespenster und Trugbilder. Seine heiligen Reliquien halfen öfters auch bei einer schweren Geburt. Natürlich wurde weiterhin die Verehrung des heiligen Sebastian gefördert. 1688 brachte einer der Patres ein Büchlein mit dem Titel „Divus Sebastianus Eperspergae Boiorum Propitius" heraus, dessen Sinn es war, Anfang und Entwicklung der Verehrung des heiligen Sebastian darzustellen. 1688 wurde auch der letzte mittelalterliche Altar, der einzig übrige von zwölf, aus der Kirche entfernt. 1689 suchte man die Verehrung der zwei Jesuitenheiligen Franz Xaver und Stanislaus (Kostka) zu verbreiten: jeder von den beiden bekam einen eigenen Altar. 1695 wird die Geschichte eines unglücklichen, aber doch teilweise auch wieder glücklichen Säufers erzählt, der zu einer solchen Geistesverwirrung verkommen war, dass er immer wieder rief: „Komm Teufel! Komm! Hol mich!" Und tatsächlich: Plötzlich erschien vor den Augen der Hausgenossen ein schauerliches Feuer, in dem ohne Zweifel der gerufene Satan verborgen war, schon bereit den Säufer zu holen, wenn ihn nicht die Anwesenheit der frommen Frau und der unschuldigen Kinder gehindert hätte. Als die Frau anfing, für den schon Verzweifelnden das Gebet des Herrn und den Englischen Gruß zu beten, wurde ihr Mann wieder geistig gesund. Auch von den Gebetserhörungen des Jahres 1696 verdient eine wiedergegeben zu werden: Eine adelige Mutter fürchtete, dass ihr Sohn in der Blüte der Jugend auch die Blüte der Unschuld verliere, und wandte sich deshalb mit heißen und inständigen Bitten an die Gottesmutter. Während sie eine ganze Nacht hindurch die Mutter der Barmherzigkeit anflehte, sah sie bei der Morgenröte ein glänzendes Licht wundersam aufscheinen und hörte eine helle Stimme, die ihr sagte: „Bete! Bete! Hartnäckiges Bitten ist vonnöten." Auch diese Mutter wurde erhört.

1702 bricht die Handschrift ab; die letzten Einträge, die besondere Erwähnung verdienen, stammen aus dem Jahr 1701. Neben den üblichen Angaben über die Zahl der in der Residenz wohnenden Personen, neben den Lebensläufen zweier verstorbener Jesuiten, neben der Zahl der Beichten und Kommunionen, neben den durchgeführten Missionen und neben den Gebetserhörungen wurde auch eine Baumaßnahme aufgezeichnet: Als besonders schöner Schmuck für die Kirche wurde im Chor ein rotweißer Marmorboden gelegt und aus dem gleichen geschliffenen Material wurden die zwei Stufen zum Hochaltar neu verlegt.

Wie bedauerlich das Abbrechen der Historia ist, die in so ausführlicher Weise über die Geschichte des Klosters und der Jesuitenresidenz informiert, zeigte sich schon bei Franz Xaver Paulhuber, der für die Folgezeit fast keine Nachrichten mehr bringt.[112] Dabei ist in der Spätzeit der Jesuiten Bemerkenswertes zu verzeichnen.

Abb. 40: In den Jahren 1670 bis 1672 wurde von den Ebersberger Jesuiten die Johannes dem Täufer geweihte Kirche in Tegernau neu errichtet.

Die Jesuitenresidenz im 18. Jahrhundert

Im Jahre 1711 zählte die Residenz 26 Personen, darunter 9 Terziaren und 8 Brüder. Die Einkünfte aus Zehnten, Fischweihern, Gütern und besonders aus der Brauerei betrugen im Ganzen 6.000 Gulden, wie bei Duhr nachzulesen ist.[113] Damit mussten vier Pfarrvikare, mehrere Beamte und viele auswärtige Gäste unterhalten werden, was sich insgesamt auf gut 1.500 Gulden summierte. Die Zahl der in der Residenz lebenden Personen und die Höhe der Einkünfte blieben nach den Angaben Duhrs in den folgenden Jahren im Wesentlichen gleich. Für 1770, also in der Zeit unmittelbar vor der Aufhebung des Jesuitenordens, wird ein Personenstand von 48 angegeben, darunter 11 Terziaren und 21 Brüder. Von den Einkünften, die nach Abzug der Unkosten 8.000 Gulden betrugen, mussten auch die Gehälter der Pfarrvikare und der Unterhalt von fünf Musikknaben und anderen Musikern

Abb. 41: Bei einer im November 2001 am Ebersberger Schlossplatz von der Stadt Ebersberg durchgeführten Grabung für eine neue Wasserleitung konnten im Boden verschiedene, jahrhundertealte Kulturschichten abgelesen werden. Der Schüler Lukas Riddermann deutet auf die in 60 Zentimeter Tiefe zu Tage getretene, horizontal verlaufende verkohlte Schicht, die vom Brand des Klosters aus dem Jahre 1781 stammt.

sowie von den Dienern und Gästen bestritten werden. Duhr unterrichtet auch über die seelsorgerlichen Aktivitäten der Jesuiten im 18. Jahrhundert. Er nennt die Orte in der näheren und weiteren Umgebung, in denen Patres in der Seelsorge aushalfen oder Missionen durchführten. Beachtenswert ist auch die Zahl der Kommunionen, die für 1701 mit 34.200, für 1771 mit über 48.000 angegeben wird. Zu den Hauptaufgaben der Jesuiten gehörten die Predigten, darunter auch für die vielen Wallfahrerzüge, die nach Ebersberg kamen, und die Katechese. Auch die Bruderschaft des heiligen Sebastian stand in der Spätzeit der Jesuiten noch in voller Blüte. Noch 1767 konnte sie ihre Mitgliederzahl um über 100 steigern. Insgesamt ergibt die Endzeit der Jesuiten ein ganz anderes Bild als die Endzeit der Benediktiner. Die Residenz Ebersberg war Mittelpunkt einer vielfältigen religiösen Wirksamkeit, die in die ganze Umgebung ausstrahlte.

Trotz der Lasten im Spanischen und im Österreichischen Erbfolgekrieg, in dem die Residenz vom Februar bis Juli 1742 die Offiziere von über 14.000 Mann österreichischer Truppen unterbringen oder zumindest verköstigen musste, unternahmen die Jesuiten auch im 18. Jahrhundert große Baumaßnahmen. Die alte Klosterkirche wurde im Sinne des Rokoko umgestaltet.[114] 1733/1734 wurden die Säulen der Kirche in sehr eleganter Weise ummantelt, die Gewölbe wurden stuckiert und die Emporen und Balkone neu eingezogen. Außerdem wurden neue Beichtstühle, eine neue Kanzel und ein neuer Hochaltar in Auftrag gegeben; 1770 war der Hochaltar fertiggestellt. 1763 wurde eine neue Orgel eingebaut. 1739 begann man mit dem Neubau der Residenz, der 1471 vollendet wurde. Duhr bringt eine Beschreibung des Neubaus: „Derselbe zählte drei Stockwerke mit je 28 Fenstern. Über dem obersten Stock lag ein doppelter Kornspeicher, der eine über dem andern. [...] Der unterste Stock enthielt außer dem mit großen Kosten wieder hergestellten Bräuhaus gewölbte Vorratskammern. Im mittleren und obersten Stock befanden sich 34 Zimmer. [...] Im mittleren Stock war außer dem Zimmer des Obern die sehr geräumige und bequeme Apotheke, in dem obersten Stock außer dem Zimmer des Provinzials und der Bibliothek eine Reihe von einfachen Zimmern für die Patres und Gäste. Im Jahre 1743 wurde der Neubau erweitert."

Die Aufhebung des Jesuitenordens und die Malteserzeit

Wenn man auch in Ebersberg den Jesuiten ein erfolgreiches und tatkräftiges Wirken bescheinigen muss, in Europa wurde die Stellung der Gesellschaft Jesu im 18. Jahrhundert immer umstrittener. Ihr großer politischer Einfluss ließ die Jesuiten vielen Menschen verdächtig werden. Nachdem der Orden schon in einzelnen Ländern verboten war, hob Papst Clemens XIV. ihn am 21. Juli 1773 ganz auf.[115] Kurfürst Max III. Josef setzte eine Aufhebungskommission ein, die am 31. August 1773 nach Ebersberg kam. Der Jesuit Johann Michael Dollmann, der als Pfarrvikar die seit alters dem Kloster inkorporierte Pfarrei Sankt Valentin betreute, hat einen handschriftlichen Bericht über die Tätigkeit der Kommission hinterlassen. Im November 1773 setzte der Kurfürst eine Fundationsgüterdeputation ein, die die Jesuitengüter, beziehungsweise deren Einkünfte zugunsten der bayerischen Schulen verwalten sollte. Nach der Aufhebung des Jesuitenordens konnten noch einige Ex-Jesuiten in Ebersberg bleiben, um die Wallfahrt aufrechtzuerhalten; sie mussten allerdings im „Wallfahrtshaus" wohnen, die Residenz blieb zunächst versperrt. Sie konnten aber nicht verhindern, dass die Wallfahrten deutlich abnehmen.

Am 20. Mai 1781 brach das nächste große Unglück über

Ebersberg herein. Ausgehend von der Brauerei des ehemaligen Klosters erfasste ein Großbrand die ganze Residenz, die Sebastianskirche und den Getreidekasten. Drei Tage wütete das Feuer, am fünften Tag brach der verkohlte Kirchendachstuhl zusammen, fiel auf das Gewölbe des Kirchenschiffes und brachte dieses zum Einsturz. (Abb. 41) Der neue Kurfürst Karl Theodor, der die 1777 ausgestorbene altbayerische Linie der Wittelsbacher beerbt hatte, schenkte gemäß Donationsurkunde vom 14. Dezember 1781 die Brandruine – wie die gesamten ehemaligen Jesuitengüter in Bayern – an den Malteserorden, um einen bayerischen Zweig dieses Ordens zu gründen. Am 13. August 1782 nahm der Orden an sich Ebersberg in Besitz und am 22. August 1783 übernahm es Graf Johann Baptist von Flachslanden für den Malteser-Großprior Karl August von Bretzenheim. Ebersberg diente damit der Versorgung dieses unehelichen Sohnes des neuen Kurfürsten.

Die Malteser gingen tatkräftig an den Wiederaufbau. Schon 1783 wurde das Kirchenschiff wieder geschlossen und mit neuen Fresken geschmückt. Dabei war der Malteserorden durchaus daran interessiert, seine neue Herrschaft in Ebersberg zum Ausdruck zu bringen: Der Münchner Maler Franz Kirzinger stellte im Hauptschiff die Armen- und Krankenpflege des Malteserordens dar. (Abb. 42) Unter anderem ist auch auf dem noch erhaltenen Chorgestühl das Kreuz des Malteserordens, der ursprünglich Johanniterorden hieß, zu sehen. Da dieser Ritterorden unter dem Schutz des Zaren stand, entging er der Säkularisation von 1803. Im Zuge der Verschlechterung der Beziehungen Napoleons zu Russland, die sich auch auf das damals stark von Frankreich abhängige Bayern auswirkten, fiel dieser Schutz weg und so wurde durch königliches Dekret vom 8. September 1808 auch der Malteserorden säkularisiert.[116] (Abb. 43) Die Sebastianskirche ist seit 1807 Pfarrkirche an Stelle der 1806 abgebrochenen Valentinskirche, die Gebäude und Ländereien der Malteser gingen in den Besitz des bayerischen Staates über. Ein Teil der ehemaligen Klostergebäude nahm die Ämter auf, die ab 1811 von Schwaben nach Ebersberg verlegt wurden, den restlichen Teil, das Brauhaus und die gesamte Ökonomie mit den dazugehörigen Gütern und Höfen erwarb 1817 der bayerische Bankier Simon Freiherr von Eichthal.

Damit war die fast 900 Jahre währende Geschichte geistlicher Gemeinschaften in Ebersberg zu Ende gegangen. Stift, Kloster, Residenz und Kommende waren zwar stets auch Herrschaftsmittelpunkte und wichtige kulturelle Zentren gewesen, doch war Ebersberg mit seiner Wallfahrt zum heiligen Sebastian zu allen Zeiten vor allem ein Ort religiöser Ausstrahlung, der dem ganzen Ebersberger Raum besondere Bedeutung gab.

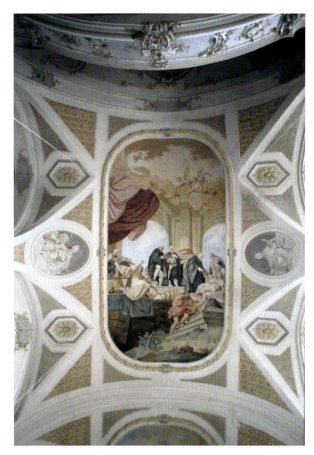

Abb. 42: Der Münchner Maler Franz Kirzinger schuf im Auftrag der Malteser im Jahre 1783 ein Deckenfreko, das die Ordensmitglieder bei der Betreuung von Kranken zeigt.

2157 Königlich-Baierisches 2158

Regierungsblatt.

LIV. Stück. München den 21. September 1808.

Allgemeine Verordnungen.

(Die Aufhebung des Johanniter-Ordens betreffend.)

Wir Maximilian Joseph, von Gottes Gnaden König von Baiern.

In der Erwägung, daß auf der einen Seite der Johanniter-Orden mit der Auflösung, welche er durch die Ereignisse der Zeit in seinen wesentlichsten innern und äussern Beziehungen erlitten, zugleich den eigenthümlichen Zweck seines Fortbestandes verloren hat, und daß auf der andern Seite die Erhaltungsmittel worauf derselbe in Unsern Staaten gegründet war, theils von den Bedürfnissen des öffentlichen Unterrichts, zu dessen Beförderung sie schon ursprünglich verwendet wurden, theils von andern wichtigen Staatszwecken und Anordnungen in dringenden Anspruch genommen werden, haben Wir beschlossen, nach dem vorausgegangenen Beispiele mehrerer Staaten, den genannten Orden in Unserm Reiche aufzuheben, und das gesamte Vermögen desselben dergestalt einzuziehen, daß jedoch den jezigen Mitgliedern und Genossen des Ordens der Betrag ihres bisherigen Bezüges gesichert bleiben, und dabei zur Sicherstellung der Zwecke, wozu jenes Gesamtvermögen künftig bestimmt ist, dasselbe nicht allein unveräussert erhalten, sondern auch von dem übrigen Staatsvermögen abgesondert, und als für sich bestehend, behandelt werden soll.

Zu diesem Ende verordnen Wir, wie folgt:

I. Der Johanniter-Orden wird in Unserm Reiche hiemit aufgehoben, und darin überall von seinem gesamten Vermögen, jenes des Großpriorats nicht ausgeschlossen, in Unserm Namen Besitz ergriffen.

II. Alle Vorräthe, Kassen, Archive und Registraturen werden daher sogleich unter Siegel, und die Beamten in Unsere Pflicht genommen. Alle bewegliche oder unbewegliche Habe wird getreulich beschrieben, oder wenn eine Beschreibung davon bereits vorhanden ist, diese nach dem gegenwärtigen Zustande berichtigt.

III. Die Kasse des Provinzialkapitels, und des Großpriorats wird nach vorgenommenen förmlichen Umsturze sogleich an Unsere Central-Staatskasse übergeben, und von dieser nach den unten folgenden nähern Bestimmungen abgesondert geführt.

142

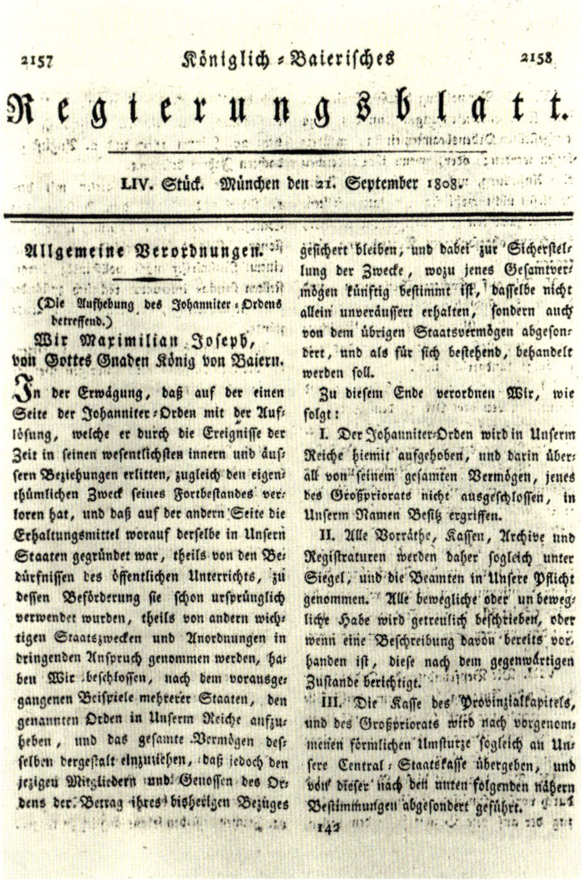

Abb. 43: Verordnung über die Aufhebung des Johanniterordens zum 8. September 1808 im Königlich-Baierischen Regierungsblatt.

Anmerkungen

1. Die wichtigsten aus der Klosterzeit erhaltenen Archivalien sind zusammengestellt bei Hemmerle, Josef: Die Benediktinerklöster in Bayern, (Germania Benedictina II), Augsburg 1970, S. 81.
2. Siehe Arndt, Wilhelm (Ed.): Chronicon Eberspergense, in: Monumenta Germaniae Historica, Scriptores, Bd. XX, Hannover 1868, S. 9-16. Das Original der Quelle findet sich im Bayerischen Hauptstaatsarchiv (BayHStA) unter der Signatur KL Ebersberg 2.
3. Bayerische Staatsbibliothek (BSB), Clm 1351 Historia Eberspergensis.
4. Dies zeigt die lateinische Wiedergabe des Namens mit „Aprimons". Siehe dazu Puchner, Karl: Landkreis Ebersberg, (Historisches Ortsnamenbuch von Bayern, Oberbayern 1), München 1951, S. 18f., Nr. 74.
5. Nach den Worten des Chronicon wurde Hunfried Vorsteher der vereinigten Kleriker: „clericis coadunatis Hunfridum prefecit". Die Wissenschaft spricht von Klerikergemeinschaften. Siehe Moraw, Peter: Über Typologie, Chronologie und Geographie der Stiftskirche im deutschen Mittelalter. Untersuchungen zu Kloster und Stift, (Veröffentlichungen des Max-Planck-Instituts für Geschichte 68 = Studien zur Germania Sacra 14), Göttingen 1980, S. 9-37. Die regulierten Augustiner-Chorherren, von denen die späte Ebersberger Geschichtsschreibung spricht, haben keine Grundlage in den frühen Quellen. Auch das Traditionsbuch im Ebersberger Cartular spricht nur von „adunati clerici". Siehe Hundt, Friedrich Hector Graf von (Hg.): Das Cartular des Klosters Ebersberg. Aus dem Fundationsbuche des Klosters unter Erörterung der Abtreihe, dann des Übergangs der Schirmvogtei auf das Haus Scheyern-Wittelsbach, sowie des Vorkommens von Mitgliedern dieses Hauses, München 1879, S. 22, Nr. I/1. Die Augustiner-Chorherrn verbreiteten sich in Bayern erst im Zusammenhang mit Kirchenreform und Investiturstreit im 11. Jahrhundert.
6. Siehe Tyroller, Franz: Genealogie des altbayerischen Adels im Hochmittelalter in 51 genealogischen Tafeln mit Quellennachweisen, einem Anhang und einer Karte, in: Wegener, Wilhelm (Hg.): Genealogische Tafeln zur mitteleuropäischen Geschichte, Göttingen 1962-1969, S. 45-524, Tafel 2, Die Grafen von Ebersberg (Kühbach).
7. Die Lücke zeigt sich nach dem Abbrechen des Satzes „Eberhardus vero duxit Adelheidem Saxonem, quae tres genuit filios, quorum biennio vix," auf den unvermittelt der neue Satz „anno dominicae incarnationis 972 Hunfridus moritur, quem Dietgerus sequitur" folgt. Die Monumenta-Ausgabe des Chronicon spricht in einer Anmerkung zu dieser Passage von einer anscheinend verderbten Stelle („locus vi videtur corruptus").
8. Siehe Arndt (wie Anm. 2), S. 14: „Heinricus tercius rex Francorum libertate donavit monasterium Adalperonis petitione, et electionem abbatis cum carta fratribus concessit."
9. Siehe BayHStA, KL Ebersberg 2; ediert in Arndt (wie Anm. 2), S. 15f.
10. Siehe Müntefering, Robert (Bearb.): Die Traditionen und das älteste Urbar des Klosters St. Ulrich und Afra in Augsburg, (Quellen und Erörterungen zur bayerischen Geschichte NF 35), München 1986, Verlorene Urkunden Nr. 1 u. 2.
11. Siehe Krammer, Markus: G'schichten aus Ebersberg, Ebersberg 2000, S. 231-235.
12. Siehe Müntefering (wie Anm. 10), S. 60, Vorbemerkung.
13. BayHStA, KU Ebersberg 7. Siehe hierzu auch die kommentierte Edition in Monumenta Germaniae Historica (MGH), Diplomata (DD), Heinrich III., 15.
14. Ein angebliches Diplom Heinrichs VI. vom 18. Mai 1193, das nur in einem Transsumt König Rudolfs von Habsburg vom 17. Juni 1275 erhalten ist, ist eine Fälschung wohl aus der Zeit kurz vor 1275. Ebersberg ging es in der Fälschung um eine Regelung der vogteilichen Kompetenzen des bayerischen Herzogs, dessen Familie – trotz des Ebersberg 1040 bestätigten Rechts auf freie Vogtwahl – die Erbvogtei erlangt hatte. Siehe dazu Acht, Peter: Die Tegernsee-Ebersberger Vogteifälschungen, in: Archivalische Zeitschrift 47 (1951), S. 135-188.
15. Siehe Acht, Peter (Bearb.): Die Traditionen des Klosters Tegernsee 1003-1242, (Quellen und Erörterungen zur bayerischen Geschichte NF 9/1), München 1952, Nr. 1b, mit Graf Adalbero von Kühbach und Eberhard von Ebersberg an der Spitze der Zeugenreihe.
16. Vergleiche folgende Stelle aus dem Text der Urkunde Heinrichs II. (MGH DD Heinrich II., 230) von 1011 für Kühbach: „Adalbero [...] quoddam monasterium puellarum ad regulam sancti Benedicti in honorem vero sancti Magni confessoris in loco nomine Chuiback in comitatu Hertesusa de predio et collaborato suo fundavit et pro suo libitu deo asspirante perfectum sanctique Magni ministerio et nomini dedicatum in nostram potestatem libertandi gratia transfudit et sue suorumque proprietati ac potestati deinceps in futurum eo tenore abalienavit [...]" mit der entsprechenden Stelle aus dem Diplom Heinrichs III. von 1040 für Ebersberg: „Adalbero consentiente uxore sua Rihclinda ... quoddam monasterium monachorum ad regulam sancti Benedicti in honorem vero sancti Sebastiani martyris in loco nomine Eberesberhc in comitatu Steinheringa de predio et de collaborato suo fundavit et pro suo libitu deo asspirante profectum sanctique Sebastiani ministerio et nomini dedicatum in nostram potestatem libertandi gratia transfudit et suae suorumque proprietati ac potestati deinceps in futurum eo tenore abalienavit [...]."
17. Die Schenkungen der Ebersberger im Raum des späteren Landgerichts Schwaben sind zusammengestellt bei Mayr, Gottfried: Ebersberg. Gericht Schwaben, (Historischer Atlas von Bayern, Teil Altbayern I/48), München 1989, S. 112-115.
18. Siehe Arndt (wie Anm. 2), S. 15. Im Katalog der Äbte von Ebersberg finden sich am Anfang die Namen der Ebersberger Grafenfamilie, aufgeteilt in Herren und Frauen. Unter den Namen der Gruppe „Rihkart", „Rihlind", „Adalheit" steht „Nonnen zu Geisenfeld" („Gisinvelt sanctimoniales").
19. Siehe Hundt (wie Anm. 5), S. 27, Nr. I/30.
20. Im Vorwort zum Chronicon Eberspergense schreibt der Editor Wilhelm Arndt: „Sapit enim totus opusculi tenor scriptorem laudati saeculi, qui quamvis magis fabulas, quibus populus delectabatur, sequens, itaque mirum in modum permultas res gestas confudendo cum fictis traditionibus, nobis tamen servavit notas historicas haud spernendas reverendaeque antiquitatis." Siehe Arndt (wie Anm. 2), S. 9.
21. Zu den religiösen Motiven im Chronicon Eberspergense siehe Kastner, Jörg: Historiae fundationum monasteriorum. Grundformen monastischer Institutionsgeschichtsschreibung im Mittelalter, (Münchner Beiträge zur Mediävistik- und Renaissance-Forschung 18), München 1974, S. 133-143.
22. Zu Abt Williram siehe u.a. Störmer, Wilhelm: Williram, in: Lexikon für Theologie und Kirche, Bd. 10, Freiburg 1965, S. 1214f. (mit Literatur) u. Witzel, Kilian: Dichter und Schriftsteller, in: Der Landkreis Ebersberg, Raum und Geschichte, hg. v. d. Kreissparkasse Ebersberg, Stuttgart 1982, S. 286-307, S. 286-290.
23. Siehe Schützeichel, Rudolf / Meineke, Birgit (Hg.): Die älteste Übersetzung von Williams Kommentar des Hohen Liedes. Edition, Übersetzung, Glossar, (Studien zum Althochdeutschen 39), Göttingen 2001.
24. Hundt (wie Anm. 5), S. 22, Nr. I/1: „Predia vero ipsi monasterio

25 Siehe MGH DD Arnulf 5.
26 Siehe Puchner (wie Anm. 4), S. 54, Nr. 234.
27 Siehe MGH DD Arnulf 144.
28 Siehe MGH DD Arnulf 158.
29 Eine vierte Schenkung Arnulfs ist zu erschließen aus MGH DD Otto I. 78.
30 Zu den politischen Hintergründen des Streits um die Weihe der Kirche in der Burg Ebersberg siehe Störmer, Wilhelm: Adelsgruppen im früh- und hochmittelalterlichen Bayern, (Studien zur bayerischen Verfassungs- und Sozialgeschichte IV), München 1972, S. 172.
31 Willibirg nennt Bischof Ulrich „meinen Sohn" („filiolus meus").
32 Davon, dass Adalbero die Grafschaft („comicia") Persenbeug (Niederösterreich) dem heiligen Sebastian übereignete, weiß das Cartular – sonst bei Gütergeschäften naturgemäß zuverlässiger als das Chronicon – nichts. Diese Nachricht findet sich nur im Chronicon und dazu in Teilen auf Rasur. Zur Vorsicht bei dieser behaupteten Schenkung rät auch die Tatsache, dass Agnes, die Witwe Kaiser Heinrichs III., dem 1067 bei Passau gegründeten Kloster St. Nikolai den „Neunten" ihrer Einkünfte in Persenbeug schenkte. Vermutlich erhielt das Kloster Ebersberg 1045 nur die Burg, während die Grafschaft an das Reich zurückfiel. Die Burg zu Persenbeug hatten später die Herzöge von Österreich von Ebersberg zu Lehen. Siehe Hundt (wie Anm. 5), S. 69, Anm. 1 (zu Persinpiugun).
33 BayHStA, KL Ebersberg 1.
34 BSB, Clm 1351 (wie Anm. 3).
35 Siehe BayHStA, KU Ebersberg: über 3000 Urkunden von 888-1773, regestiert von Richard Hipper.
36 MGH DD Heinrich III. 15.
37 Siehe Hundt (wie Anm. 5), S. 10-18: Die Schirmvögte des Klosters Ebersberg.
38 Siehe Flohrschütz, Günther: Der Adel des Ebersberger Raumes im Hochmittelalter, (Schriftenreihe zur bayerischen Landesgeschichte 88), München 1989, S. 130-152.
39 Siehe Hundt (wie Anm. 5), S. 53, Nr. III/35.
40 Siehe Flohrschütz (wie Anm. 38), S. 136.
41 Siehe MGH DD Heinrich III. 334.
42 Siehe Hundt (wie Anm. 5), S. 32, Nr. I/82.
43 Siehe Flohrschütz (wie Anm. 38), S. 320-325.
44 Die Formulierung der Historia „Walthero in oriente vita functo" zeigt, dass das Cartular als Quelle diente, das vom Tod des Grafen Walther „in oriente" berichtet. Siehe Hundt (wie Anm. 5), S. 50, Nr. III/18.
45 Siehe ebd., S. 54, Nr. III/38.
46 Siehe ebd., S. 54, Nr. III/39.
47 Siehe ebd., S. 21.
48 Siehe ebd., S. 55, Nr. III/42.
49 Siehe Mayr (wie Anm. 17), S. 47.
50 Siehe Hundt (wie Anm. 5), S. 55f., Nr. III/43, III/44, III/45 u.III/46. Nr. III/43 und Nr. III/45 betreffen die Stiftungen von Jerusalemfahrern, Nr. III/46 betrifft eine Sühnestiftung des Grafen Berthold von Andechs für ein Unrecht, das er dem heiligen Sebastian und seinen Dienern zugefügt hatte.
51 Siehe ebd., S. 9f. Vgl. dagegen Hemmerle (wie Anm. 1), S. 80.
52 Siehe Hundt (wie Anm. 5), S. 58, Nr. III/58.
53 Siehe ebd., S. 59, Nr. III/63.
54 Siehe ebd., S. 59, Nr. III/64.
55 Siehe ebd., S. 60f., Nr. III/72.
56 Siehe ebd., S. 22, Nr. I/3: „addidit aream Ratispone iuxta mercatum sitam, ea scilicet pactione, ut omnis pensio, que de ea solvi possit, in ture daretur, quo Deus ritu christiano in ipsa basilica placetur."
57 Das Cartular nennt das Grundstück Lederstain. Siehe ebd., S. 61, Nr. III/73.
58 Im Cartular, in dem ein ausführlicher Bericht über die Rückgewinnung der Lederbank vorliegt, wird der Verlust einem Abt H. zugeschrieben, den Hundt mit Abt Heinrich auflöst (siehe ebd.). Da die Historia den vollen Namen Hartwig nennt, dürfte diese Angabe zutreffen.
59 Siehe Mayr (wie Anm. 17), S. 123.
60 Siehe Mayr, Gottfried: Die Wittelsbacher als Wallfahrer und Kreuzfahrer im Heiligen Land, in: Grad, Toni (Hg.): Die Wittelsbacher im Aichacher Land, Aichach 1980, S. 139-145, S. 142.
61 Das Gut in Tödtenberg schenkte Pfalzgraf Friedrich nach seinen Jerusalemfahrten. Siehe Hundt (wie Anm. 5), S. 63, Nr. III/83.
62 Siehe Puchner (wie Anm. 4), S. 47f., Nr. 206.
63 Das Cartular nennt eine Schenkung zu Rudersdorf (Ruhensdorf) in der Zeit des Abtes Heinrich II. Siehe Hundt (wie Anm. 5), S. 59, Nr. III/65. Diese Schenkung erwähnt auch der Äbtekatalog, der auch eine von der Historia, aber nicht vom Cartular angeführte weitere Schenkung zu Rudersdorf angibt.
64 Siehe ebd., S. 62, Nr. III/75a.
65 Siehe BayHStA, KU Ebersberg 9.
66 Siehe Hundt (wie Anm. 5) S. 64, Nr. III/86: „in presentia Ottonis ducis Bawarie et advocati nostri, nec non et Friderici fratris sui, quondam advocati."
67 Zu diesem Kauf siehe ebd., S. 65, Nr. III/90 u. BayHStA, KU Ebersberg 10.
68 Im Gegensatz zur Historia spricht die im Original erhaltene Urkunde (BayHStA, KU Ebersberg 11) korrekter von Mitra.
69 Siehe Hundt (wie Anm. 5), S. 66, Nr. III/95 u. III/97.
70 Siehe BayHStA, KU Ebersberg 15.
71 Siehe Fleischer, Bruno: Das Verhältnis der geistlichen Stifte Oberbayerns zur entstehenden Landeshoheit, Diss., Berlin 1934, S. 85.
72 Der Äbtekatalog der Annales Eberspergenses gibt an: „Zwei Fuder Salz waren seiner Zeit 1290 von jeder Pfanne zu Reichenhall S. Sebastiano verschafft." In der Urkunde (BayHStA, KU Ebersberg 35) selbst steht, dass die Bürger von Reichenhall die Seelgerätstiftung ihrer Vorfahren erneuern, die der Kirche zu Ebersberg jährlich zwei Fuder Salz zu geben versprochen haben.
73 Auch der Äbtekatalog der Annales Eberspergenses lässt die Amtszeit des Abtes Ulrich Moser 1287 beginnen und setzt diese auf 11 1/2 Jahre an. Übereinstimmend damit wird 1298 als Beginn der Amtszeit des nachfolgenden Abtes Otto angegeben. Damit ist die eindeutige Angabe der Historia, des Äbtekatalogs und der Klosterurkunde Nr. 35 unvereinbar, dass die Reichenhaller Salzstiftung 1290 unter Abt Petrus erfolgte. Die genaue Festlegung der Amtszeiten der mittelalterlichen Äbte gehört zu den großen Problemen der Geschichte des Klosters Ebersbergs.
74 Siehe Hemmerle (wie Anm. 1), S. 80. Die Äbteliste bei Hemmerle trennt auch zwischen einem Meinhard als dem unmittelbaren Nachfolger des Abtes Otto Siegersdorfer und einem auf Meinhard folgenden Wernhard. Für die Historia und für den Äbtekatalog ist Meinhard / Wernhard eine Person.
75 Siehe BayHStA, KL Ebersberg 54.
76 Diese Angabe trifft nicht ganz zu: die Heiligste Dreifaltigkeit und das Lebenspendende Kreuz finden sich nicht unter den 934 genannten Patronen. Siehe Hundt (wie Anm. 5), S. 22, Nr. I/1.
77 „Oblei" (von lat. „oblegium" oder „obleia") bedeutet ein Sonderopfer oder eine Sonderstiftung.

78 Der Äbtekatalog der Annales Eberspergenses formuliert: „Bracht die Erzherzogen von Österreich in sein Lehenpflicht."
79 Siehe zum Folgenden Mayr (wie Anm. 17), S. 147-150: Die Entwicklung Ebersbergs vom Reichskloster zum landsässigen Kloster.
80 Siehe BayHStA, KU Ebersberg 106.
81 Siehe BayHStA, KU Ebersberg 289. Zum Prozess gegen Abt Simon Kastner siehe auch Müller, Werner: Die Klosterreform in Bayern und der Prozeß gegen Abt Simon Kastner von Ebersberg vor dem Konzil von Basel (1431-1449), in: Das bayerische Inn-Oberland 54 (1999), S. 209-219 sowie den Beitrag Otto Feldbauers über die Kirchenreformen im Kloster Ebersberg in vorliegendem Band.
82 Siehe BayHStA, KU Ebersberg 298.
83 Siehe BayHStA, KU Ebersberg 303.
84 Siehe BayHStA, KU Ebersberg 306; siehe auch KU Ebersberg 307a, 313 u. 332.
85 Siehe BayHStA, KU Ebersberg 308.
86 Zu Abt Sebastian Häfele siehe Krammer, Markus: Abt Sebastian Häfele von Ebersberg (1472-1500), ein bayerischer Prälat des 15. Jahrhunderts, Ebersberg 1984.
87 Siehe BayHStA, KU Ebersberg 674.
88 Siehe BayHStA, KU Ebersberg 893.
89 Siehe BayHStA, KU Ebersberg 779. Zur Einordnung dieser Urkunde siehe Mayr (wie Anm. 17), S. 149f..
90 Siehe Trenner, Florian: Ebersberg, in: Dehio, Georg / Gall, Ernst (Hg.): Handbuch der Deutschen Kunstdenkmäler, Bayern IV, München und Oberbayern, München – Berlin 1990, S. 201-205, S. 204.
91 Die Abbildung dieser Reliquienmonstranz in der auf Abt Sebastian Häfele zurückgehenden Bildchronik ist bei Krammer (wie Anm. 86), S. 36, wiedergegeben.
92 „In mediis quasi bellorum totius Boiariae tumultibus", womit der Landshuter Erbfolgekrieg gemeint ist.
93 Stadtarchiv München, Zim. 123 Chronik von Ebersberg.
94 Siehe Bauerreiß, Romuald: Das „Chronicon Eberspergense posterius", in: Studien und Mitteilungen zur Geschichte des Benediktiner-Ordens und seiner Zweige 49 (1931), S. 389-396.
95 Allein schon die Überschrift mit ihrer Formulierung „Die übrigen Äbte dieses Klosters" („De reliquis huius monasterii abbatibus") zeigt, dass dem Schreiber der Historia mindestens ein bis zum Tod des Abtes Häfele reichendes Geschichtswerk vorlag.
96 Siehe BayHStA, KU Ebersberg 1143.
97 Siehe BayHStA, KU Ebersberg 1172.
98 Christoph Gewold gab 1620 die 1582 erschienene Metropolis Salisburgensis des Wigulleus Hundt neu heraus.
99 Siehe BayHStA, KU Ebersberg 1855, 1856 u. 1857.
100 Siehe BayHStA, KU Ebersberg 1992 u. 1993.
101 Die Vorgeschichte der Übernahme Ebersbergs durch die Jesuiten ist dargestellt bei Duhr, Bernhard: Geschichte der Jesuiten in den Ländern deutscher Zunge, Bd. 1, Geschichte der Jesuiten in den Ländern deutscher Zunge im XVI. Jahrhundert, Freiburg im Breisgau 1907, S. 376-379.
102 In BayHStA, KL Ebersberg 47 liegt ein Schreiben eines Jesuiten an eine Klosterfrau über die Umgestaltung des Benediktinerklosters Ebersberg in ein Jesuitenkolleg vor, in dem ausführlich auf die den Jesuiten gemachten Vorwürfe eingegangen wird.
103 Siehe BayHStA, KU Ebersberg 2558 u. 2559.
104 Die anderen Quellen berichten nichts von einer Verteilung der letzten Mönche, sondern von ihrer Umsiedlung nach Mallersdorf.
105 Siehe BayHStA, KU Ebersberg 2647.
106 Siehe BayHStA, KU Ebersberg 2657.
107 Um 1040 schenkte Graf Eberhard „praedium, quod dicitur Tetilingun" (Abteshoven). Siehe Hundt (wie Anm. 5), S. 27, Nr. I/30. Abshofen war also ursprünglich eine Rodungssiedlung im Siedlungskomplex Tetilingun, heute (Frauen-, Martins-)Tödling bei Egglham. Das mitgenannte Sneckinhoven dürfte mit Schnecking westlich von Oberegglham zu identifizieren sein. Hundt bestimmte unrichtig Tetilingun mit Thailing, Abteshoven mit Abersdorf und Sneckinhoven mit Scheckenhofen (?) bei Moosburg. Die Hofmark Abshofen war im ganzen 15. Jahrhundert ein Streitobjekt zwischen den Grafen von Ortenburg und dem Kloster Ebersberg, bis Herzog Albrecht 1480 endgültig das Besitzrecht Ebersberg zusprach. Siehe zu diesem Streit Jungmann-Stadler, Franziska: Landkreis Vilshofen. Der historische Raum der Landgerichte Vilshofen und Osterhofen, (Historischer Atlas von Bayern, Teil Altbayern I/29), München 1972, S. 206f.
108 Siehe BayHStA, KU Ebersberg 2819.
109 Siehe BayHStA, KU Ebersberg 2840.
110 Siehe BayHStA, KU Ebersberg 2917.
111 Siehe BayHStA, KU Ebersberg 3103: Kurfürst Ferdinand Maria gibt 1669 die Johanneskirche von Tegernau an Ebersberg.
112 Siehe Paulhuber, Franz Xaver: Geschichte von Ebersberg und dessen Umgegend in Oberbayern, Burghausen 1847.
113 Siehe Duhr, Bernhard: Geschichte der Jesuiten in den Ländern deutscher Zunge, Bd. 4/2, Geschichte der Jesuiten in den Ländern deutscher Zunge im XVIII. Jahrhundert, München – Regensburg 1928, S. 235f.
114 Siehe Schlüter, Helmut: Die Kunstdenkmäler, in: Der Landkreis Ebersberg. Raum und Geschichte, hg. v. d. Kreissparkasse Ebersberg, Stuttgart 1982, S. 248-285, S. 257-261.
115 Zur Aufhebung des Jesuitenordens und zum Einzug der Malteser siehe Krammer (wie Anm. 11), S. 240-243.
116 Siehe Dickopf, Karl: Von der Monarchie zur Diktatur, in: Der Landkreis Ebersberg. Raum und Geschichte, hg. v. d. Kreissparkasse Ebersberg, Stuttgart 1982, S. 136-229, S. 141.

Abbildungsnachweis
Bayerisches Hauptstaatsarchiv, München: Abb. 1, 7, 13, 15 u. 34.
Bayerische Staatsbibliothek, München: Abb. 19.
Markus Krammer, Ebersberg: Abb. 1-33, 36-37, 39 u. 41-43.
Bernhard Schäfer, Jakobneuharting: Abb. 35 u. 40.
Stadtarchiv München: Abb. 2-6, 8-12, 14, 16-18, 20-21 u. 23-25.

Spezialbeiträge

Walter Sage

Klostergeschichte, die im Boden steckt – Ergebnisse der Ausgrabungen in der ehemaligen Grafenburg zu Ebersberg

Die Geschichte des Klosters Ebersberg und seiner Vorgängerin, der Grafenburg zu Ebersberg, gilt als gut und zuverlässig schriftlich, also historisch im engeren Sinn, dokumentiert.[1] Allerdings entstanden Klosterchronik und Cartular des Klosters als Grundlage der weiteren Überlieferung, und deshalb bis in die Gegenwart, zum Beispiel in den historischen Beiträgen dieses Bandes, genutzt und interpretiert, erst um oder nach Mitte des 11. Jahrhunderts. Ihre Angaben über die Ursprünge der Burg und die Gründung des Klosters, erstere in die Zeit Karlmanns (876-880) datiert, letztere mit der Nennung eines ersten Propstes in der 934 einsetzenden Liste der Pröpste und Äbte indirekt zu fassen, könnten also legendenhaft verfremdet oder „geschönt" sein, war doch nicht einmal das Jahr der Besetzung des Klosters mit Benediktinermönchen bisher einwandfrei festzustellen. Darüber hinaus erscheint gerade die Schilderung der Anfänge generell lückenhaft, da man hier wie anderswo so triviale Dinge wie beispielsweise Baumaßnahmen kaum einmal um ihrer selbst willen der Erwähnung wert fand – ein Umstand, der uns den heute gern auch ins Zentrum archäologischer Forschung gerückten Blick auf das „tägliche Leben" von einst beträchtlich erschwert. Freilich bildet die Ebersberger Überlieferung insofern fast eine Ausnahme, als sie nicht nur gelegentliche Weihedaten oder dergleichen, sondern für die Jahre 933/34 den Übergang von der Holz- zur Steinbauweise bei der Burg, andererseits die Verlegung des Klosters vom Südteil auf den bis dahin wohl noch mit zur Burg gehörigen Bauten besetzten, viel geräumigeren Teil des Schlossberges nördlich der Kirche kurz vor 1200 nach Christus festgehalten hat.[2] Diese Vermerke boten wesentliche Ansatzpunkte für die Entwicklung eines archäologischen Forschungsvorhabens auf dem Ebersberger Schlossberg. (Abb. 1, 2, 3 u. 4)

Abb. 1: Der Ebersberger Schlossberg mit der Pfarrkirche Sankt Sebastian und dem ehemaligem Kloster in einem von Westen her aufgenommenen Luftbild (1994).

Dass nur dieser besonders nach Osten und Süden, zumindest heute weniger deutlich auch nach Norden steil abfallende „Sporn" am östlichen Rand eines längeren Höhenrückens für die Lokalisierung der frühmittelalterlichen Befestigung in Frage kam, nicht aber die sich südlich anschließende kleinere Höhe mit dem heutigen Amtsgericht, wie Franz Xaver Paulhuber vermutet hatte, wurde klar, als bei Bauarbeiten 1952 ein mächtiger Halsgraben angeschnitten wurde, der einst das von Burg, Kirche und Kloster eingenommene Gelände gegen den heutigen Marktplatz und die westlich davon wieder ansteigende Höhe sichern sollte. Dieser Graben war nach außen hin mit acht bis zwölf Meter langen Bohlen versteift, während sich burgseitig eine aus großen Findlingsblöcken gefügte Mauer fand. Dies deutete man zunächst als unmittelbaren Beweis für die schriftlich überlieferte Ablösung einer Holz- durch die jüngere Massivumwehrung,³ doch dürfte das so kaum zutreffen; sehen wir einmal von der Schwierigkeit ab, mächtige Bohlen mit der Beschreibung „silva flexa munitur" in Übereinstimmung zu bringen, blieb das gleichzeitige Nebeneinander hölzerner und gemauerter Befestigungsteile im ganzen Mittelalter und darüber hinaus gebräuchlich. Leider standen aber vor rund 50 Jahren naturwissenschaftliche Datierungshilfen wie Dendrochronologie oder Radiokarbonaltersbestimmung noch kaum zu Gebote, die uns heute die genaue zeitliche Einordnung derartiger Holzfunde wahrscheinlich einfach machen würden, so dass auch unsere vermutungsweise Zuordnung der Bohlenaussteifung zur endgültigen Ausbauphase der Burg nicht exakt abzusichern ist.

Die einstige Existenz einer früh- bis hochmittelalterlichen Wehranlage auf dem Schlossberg wurde eindrucksvoll bestätigt, als beim Neubau der Marienapotheke am Vorplatz der Kirche 1976 der Halsgraben wiederum angeschnitten wurde. An dieser Stelle erwies er sich als mit Massen von Bauschutt verfüllt, die erst nach dem großen Brand von 1305 hierher gelangt sein konnten, wie die Einschlüsse an Kleinfunden belegten.⁴ Die schon für Graf Ulrich bezeugte Schleifung der Burg scheint demnach den Burggraben nicht oder wenigstens nicht auf seiner ganzen Länge betroffen zu haben. Vielleicht hatte sie überhaupt mehr symbolischen Charakter besessen, wie das im Mittelalter häufiger vorkam. Die Beobachtungen im Westen unserer Grabungsschnitte könnten allerdings bedeuten, dass die massive Wehrmauer

Abb. 2: Luftaufnahme des Schlossberges mit Sebastianskirche und vormaligem Kloster von Süden.

Abb. 3: Der Schlossberg aus der östlichen Vogelperspektive.

tatsächlich schon während der Existenz von Kloster I durch einen einfachen Holzzaun ersetzt wurde, wie weiter unten noch geschildert wird.

Der Schlossberg kann heute, nachdem die Bebauung auch in Ebersberg längst die über Jahrhunderte gültigen Grenzen gesprengt hat, bestenfalls noch in der Ansicht von Osten, vom Ebrachtal her, einen schwachen Eindruck von einstiger Wehrhaftigkeit vermitteln. Im frühen Mittelalter aber bot er bei entsprechendem Ausbau, zum Beispiel mit Wall und Graben, zweifellos hinreichenden Schutz gegen die damals verhältnismäßig bescheidenen landesüblichen Angriffswaffen, nicht unbedingt aber auch gegen die spezielle Taktik der Ungarn und vor allem gegen ihre weittragenden (Brand-)Pfeile.[5] Mit maximaler Ausdehnung von rund 130 Metern in West-Ost- und mindestens 200 Metern in Nord-Süd-Richtung bot er genügend Platz für die Anlage einer „Mittelpunktsburg",[6] die an dieser Stelle von den Ebersberger Herren offensichtlich auch geplant war, wie nicht zuletzt die Errichtung eines „Hausklosters" innerhalb der Umwehrung verdeutlicht.

Anlass, Ziele und Durchführung der Ausgrabungen

Der Bericht über die Verlegung der Klostergebäude auf die Nordseite der Kirche in den Jahren gegen 1200 und der Umstand, dass der Südteil des Schlossberges in Spätmittelalter und Neuzeit allem Anschein nach nicht mehr in nennenswertem Umfang überbaut worden war, ließen das Areal südlich der Sebastianskirche geradezu als Forschungsreservoir erscheinen, wenn man auch einräumen musste, dass die wichtigeren Teile der Burg und Überreste des um 1200 errichteten, vermutlich recht stattlichen Klosters II an dieser Stelle nicht zu fassen waren. Ob freilich von beiden bei Ausgrabungen dort noch viel zu finden wäre, scheint angesichts der umfangreichen Um- und Neubauten auf dem Nordteil des Schlossberges mehr als fraglich. Auch in der Sebastianskirche selbst stehen die Chancen

Abb. 4: Blick von Südosten auf den Schlossberg mit der Sebastianikirche.

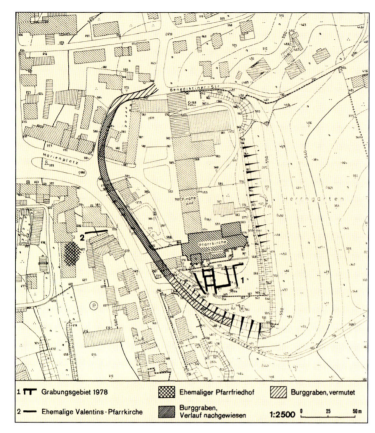

Abb. 5: Der Ebersberger Schlossberg und seine engere Umgebung mit Ausgrabungs- und Fundstellen. Plan, gezeichnet auf der Grundlage der Flurkarte SO 3-13, Ortsblatt Ebersberg.

für interpretierbare Bodenaufschlüsse schlecht, wie Berichterstatter bei der Überprüfung größerer Eingriffe unter dem rezenten Fußboden 1967 feststellen musste; eines der vielen Beispiele dafür, dass es vorerst kaum möglich ist, im Bereich der Mittelalterarchäologie Regeln allgemeiner Gültigkeit aufzustellen, denn anderen Ortes haben sich größere Kirchen öfter als gute „Konservatoren" frühmittelalterlicher und älterer Siedlungsspuren erwiesen.[7]

Als die Katholische Kirchenstiftung Ebersberg nach längeren Verhandlungen die Genehmigung für die Errichtung eines neuen Pfarrhofes eben auf dem als Bodendenkmal so wichtigen Südteil des Schlossberges erhalten hatte, sah sich das Bayerische Landesamt für Denkmalpflege gezwungen, dem geschichtlichen Rang des nunmehr von größerer Veränderung bedrohten Objekts angemessene Ausgrabungen zu organisieren. Da die Archäologie von staatlicher Seite in Bayern lange Zeit sehr stiefmütterlich behandelt wurde, galt es zunächst, Drittmittel in ausreichender Höhe einzuwerben, ehe in zwei getrennten Kampagnen 1978 und 1979 Ausgrabungen einigermaßen hinreichenden Umfangs stattfinden konnten.[8]

Die im Rahmen dieses Forschungsvorhabens wichtigsten Fragestellungen seien, der Zeitfolge nach rückwärts schreitend, kurz zusammengestellt:

– Gab es südlich der Sebastianikirche Gebäudereste, die man mit hinlänglicher Sicherheit einer – in sich womöglich mehrperiodigen – Klosteranlage zuordnen konnte?

– Ließen sich noch eine oder gar mehrere zeitlich gestaf-

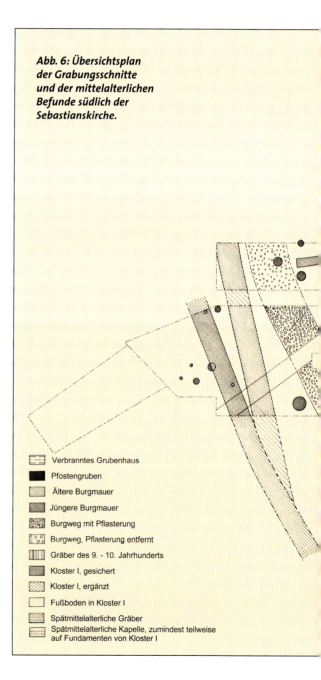

Abb. 6: Übersichtsplan der Grabungsschnitte und der mittelalterlichen Befunde südlich der Sebastianskirche.

felte Umwehrungen samt zugehöriger Binnenbebauung aus der Zeit der frühmittelalterlichen Burg fassen und damit vielleicht auch die in den Quellen überlieferte Abfolge von Holz- und Massivbauweise bestätigen?
- Wie hoch war schließlich das tatsächliche Alter der Ebersberger Burg anzusetzen, deren Anfänge mit dem historisch bezeugten Zeitpunkt keineswegs übereinstimmen mussten?

Wen die letzte Frage verwundert, der sei darauf verwiesen, dass gerade der Einsatz der Mittelalterarchäologie nicht selten den Nachweis dafür zeitigt, dass die kontinuierliche Besiedlung oder Nutzung eines Platzes beträchtlich über dessen historische Erstnennung zurückreicht. Damit sind natürlich nicht jene Fälle gemeint, in denen die zufällige Überlagerung vor- und frühgeschichtlicher Siedlungsrelikte durch mittelalterliche Neugründungen nachgewiesen wurde, sondern Beispiele ununterbrochener Kontinuität zurück in „historisch unbekannte" Zeiten. Solche bieten etwa die beiden fast gleichzeitig im frühen 12. Jahrhundert erstbezeugten Wittelsbacher Burgen Wartenberg und Oberwittels-

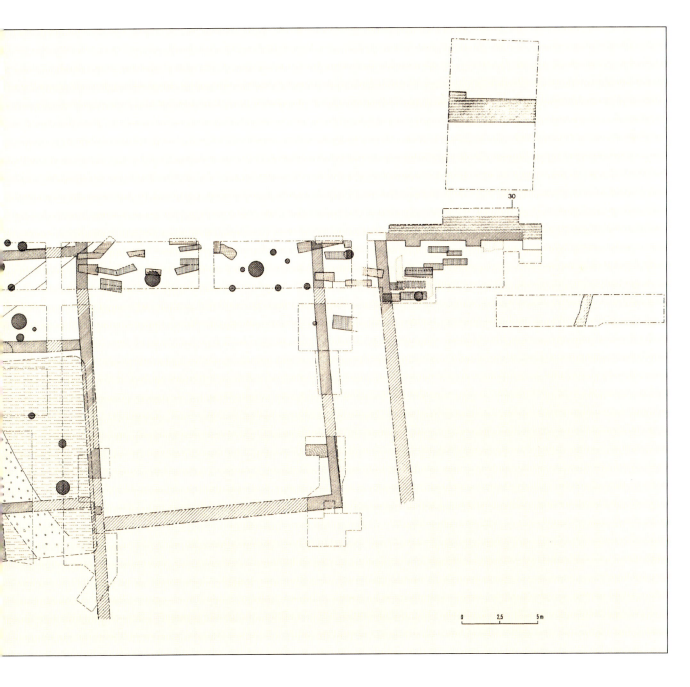

Abb. 7: Blick vom Turm der Sebastianskirche auf die westlichen Grabungsflächen von 1978.

bach, die jeweils auf bescheidenere Anlagen aus dem 11. oder sogar 10. Jahrhundert zurückgehen; noch überraschender waren die Verhältnisse auf dem Bamberger Domberg, der 902 erstmals genannten Babenburg, die in ihrem Kern spätestens seit dem mittleren 7. Jahrhundert ständig besiedelt war und seit der Karolingerzeit auch über eine große, massiv gebaute Kirche verfügte, die in den schriftlichen Quellen bis in die Tage der Bistumsgründung nach 1000 keine Erwähnung fand.[9] Beobachtungen dieser Art machen wohl auch dem Laien deutlich, wie lückenhaft der Quellenbestand selbst aus uns im Grund noch gar nicht so ferne liegenden Zeiten ist – und sie warnen nachdrücklich vor der allzu raschen Verknüpfung archäologisch gesicherter Befunde mit bestimmten für den Fundplatz überlieferten historischen Daten oder Ereignissen.

Die Hoffnung auf eindeutige und vor allem rasche Beantwortung der oben genannten Fragen mussten wir im Verlauf der Untersuchungen allerdings zurückschrauben. Das Unternehmen litt während seiner gesamten Dauer trotz aller Unterstützung seitens des zuständigen Arbeitsamtes und des Einsatzes studentischer Helfer an erheblichem Arbeitskräftemangel, und darüber hinaus war insbesondere die Kampagne 1978 von anhaltenden Schlechtwetterperioden geprägt, die nicht nur die Arbeiten generell sehr verzögerten und manche wünschenswerte Detailuntersuchungen verhinderten, sondern sogar zur vorzeitigen Zerstörung einiger gerade freigelegter Befunde führten. Am Ende der beiden Grabungsperioden war schließlich nicht viel mehr an Fläche erforscht, als wir schon für das erste Grabungsjahr geplant hatten, woraus sich die für einen mit den Verhältnissen nicht vertrauten Leser vielleicht unverständliche Verteilung der Grabungsschnitte erklärt. (Abb. 5, 6, 7 u. 8)

Auch eine für befestigte Höhensiedlungen gerade aus dem Mittelalter nahezu typische Art von Geländeveränderung trug das Ihre zur Verunklärung der Befunde bei: das Bestreben, einerseits die Hänge entsprechend der Entwicklung wirksamerer Belagerungsmethoden immer stärker zu „versteilen" und damit die eigentliche Verteidigungslinie immer höher zu legen, andererseits aber auf der Höhe selbst durch Abtragen von Unebenheiten möglichst viel Platz innerhalb des Beringes zu schaffen. Diese Tendenzen lassen sich vielerorts nachweisen; das Material für die Hangversteilung gewann man häufig aus dem Aushub der ebenfalls immer größere Dimensionen annehmenden (Hals-)Gräben oder respektive und durch die Beseitigung älterer Schichten beim Planieren des umwehrten Gipfels selbst. Letzteres geschah auf dem Schlossberg in solchem Ausmaß, dass an manchen Stellen nicht nur alle älteren Kulturschichten, sondern auch ein Teil des den natürlichen Untergrund bildenden Lehms fehlte; nur besonders stark eingetiefte Spuren wie Gräber, Pfosten- oder Fundamentgruben hatten sich in solchen Bereichen erhalten. Die erste dieser im Wortsinn „einschneidenden" Maßnahmen erfolgte übrigens im Zusammenhang mit der Errichtung der ersten Kloster- oder Stiftsgebäude.

Stratigraphische Verhältnisse – das Ost-West-Profil

Ehe wir uns den Befunden aus den verschiedenen Nutzungsphasen zuwenden, sei zum besseren Verständnis der Situation zunächst das Ost-West-Profil (Abb. 9) kurz erläutert, das allerdings nicht in einer einzigen Schnittebene verläuft, sondern den aussagekräftigsten Profilen unserer nördlichen Grabungsschnitte folgt:

Auf den ersten Blick ist zu erkennen, dass sich nur im Westen und Osten der Anhöhe auf dem natürlichen eiszeitlichen Lehm (Abb. 9/1) eine typische Oberflächenschicht aus stärker humosem Material (Abb. 9/2) erhalten hat. Sie fällt im Westen zunächst recht sanft, dann aber stärker gegen Südwest, während sie im Osten auf zehn bis zwölf Metern Länge fast eben verläuft, um dann beinahe stufenartig abzusacken. Schon diese Schicht dürfte freilich nicht oder nur teilweise noch der vor jeder menschlichen Einwirkung entstandenen natürlichen Oberfläche des Schlossberges entsprochen haben, da sie einige der frühen Pfostengruben (Abb. 9/3) überzog. Dementsprechend müsste sie sich also mindestens in Teilen während der ersten Nutzungsphase der Anhöhe gebildet haben. Ihr abruptes Abfallen an der Ostkante des Plateaus könnte auf die einstige Existenz eines Hanggrabens an dieser Stelle deuten. Derartige Gräben treten vielfach an frühmittelalterlichen Wehranlagen auf, entweder als vorgelagertes Annäherungshindernis oder an weniger exponierten Seiten auch – oft in Verbindung mit einer Palisade – als einzige Art von Befestigung. Da wir 1978/79 die Untersuchung nicht weiter nach Osten ausdehnen konnten, wäre es wünschenswert, diese Seite des Schlossberges bei einer sich künftig bietenden Gelegenheit gründlicher zu erforschen.

Ebenso auffällig ist die oben bereits angesprochene Kappung der meisten, im Mittelteil des Profils sogar aller historisch aussagefähigen Straten, an deren Stelle eine ziemlich starke neuzeitliche Humusschicht (Abb. 9/18) getreten ist, unter der sich stellenweise eine „Infiltrationszone" (Abb. 9/17) entwickelt hatte, wie sie unter Humus in längerer Zeit durch Auswaschung, Wurzellöcher oder auch Kleintierbauten entsteht. Wo, wie im Mittelteil des abgebildeten Profils, gerade noch die untersten Reste einzelner Pfostenlöcher, Mauern oder Gräber erhalten sind, versagen natürlich selbst die modernsten Methoden der Archäologie, doch erwies sich die Situation nicht allenthalben als derart unerfreulich, da die Bergkuppe wohl von Anfang an nicht gleichmäßig gewölbt, sondern mehr oder minder unregelmäßig beschaffen war.

Deshalb fand sich auf den erhalten gebliebenen Partien der ältesten Oberflächenschicht auch jene markante Brandschicht, die im Profil am Westhang als dickes Band aus Holzkohle, Asche und angeziegeltem Lehm, (Abb. 9/4) ferner als kleines Stück auch östlich des jüngeren Baukomplexes (Abb. 9/11) zu erkennen ist. Diese typische Hinterlassenschaft eines heftigen und offensichtlich großflächigen Feuers kennzeichnet das Ende der ersten Siedlungsphase, während der es zumindest auf dem von uns untersuchten Teil des Schlossberges keine steinernen Bauwerke gegeben haben kann.

Die nächste Entwicklungsstufe war für uns nur am Westhang der Anhöhe zu fassen, wo Rudimente einer Ringmauer (Abb. 9/6) und ein diese im Burginneren begleitender Weg (Abb. 9/5) den Übergang zur Steinbauweise belegen, allerdings wohl in ungeschickter Art und Weise, denn die Mauer ist offenbar schon bald zusammengefallen; ihr Versturz (Abb. 9/7) zog sich weit den Abhang hinunter. Auf ihm wurde eine zweite Mauer (Abb. 9/8 u. 9/10) errichtet, was entweder in zwei getrennten, aber rasch aufeinander folgenden Arbeitsgängen oder aber mit deutlich später erfolgter Verstärkung geschah. Letztere (Abb. 9/10) müsste dann schon in die nächste Entwicklungsperiode gehören, während der ältere Teil (Abb. 9/8) nach Aussage des Profils noch davor einzuordnen wäre, schien dieser Ausbruchgraben doch mit dem gleichen Material verfüllt, das außer im mittleren Abschnitt über das ganze Profil hin als Aufplanierung (Abb. 9/9) zu erkennen ist, die ihrerseits der Errichtung der ersten steinernen Binnengebäude an dieser Stelle voraufgegangen war. Leider hatte man gerade die Mauerzüge des Berings bis auf geringe Reste ausgebrochen, was angesichts der Knappheit geeigneter Bausteine im Moränengebiet zwar nicht verwundert, die Deutbarkeit der Befunde aber sehr einschränkte.

Der aus den Fundamentzügen (Abb. 9/11) und der Planierschicht (Abb. 9/9) gebildete Komplex markiert die eigentlich hochmittelalterliche Nutzungszone auf dem Schlossberg-Südteil. Dass im Osten viel Mauerschutt in die Auftragung eingelagert war, während im Westen

Abb. 8: Ausgrabung 1978: Situation im Bereich der frühen Wehrmauern und des Burgweges, etwa von Westen gesehen.

zumindest ein Teil der Wehrmauer-Ausbruchgräben mit Material aus der Planierschicht verfüllt schien, könnte auf (Teil-)Abtragung der Umwehrung bereits während dieser Periode hinweisen und würde die Überlieferung von der Schleifung der Burg unter Graf Ulrich stützen.[10] Was darüber folgt, sind im Westen und ganz im Osten spätmittelalterliche Relikte. Sie werden durch eine im Westabschnitt wiederum sehr deutlich ausgeprägte Brandschicht (Abb. 9/12) von den älteren Befunden getrennt. Nach Aussage des Fundspektrums muss dieser Horizont mit dem Ebersberger Großbrand im Jahr 1305 in Verbindung gebracht werden. Unser Profil verdeutlicht schließlich, in welchem Umfang nach dieser Katastrophe nochmals Anschüttungen (Abb. 9/13) stattgefunden haben. Trotzdem kam es an dieser Stelle nur zur Errichtung eines kleineren Gebäudes mit flach gegründeten Fundamenten (Abb. 9/14). Östlich davon entstand noch einmal ein Friedhof (Abb. 9/15) und über allem eine ziemlich starke Humusschicht (Abb. 9/18), die von der Nutzung des Geländes als Garten oder Park in der Neuzeit Zeugnis ablegt.

Die erste Periode menschlicher Niederlassung auf dem Schlossberg

Wie soeben betont, kann es während der ersten Nutzungsphase im Grabungsbereich und dem unmittelbar nach Norden und Süden anschließenden Gelände nur Holzbauten gegeben haben. Das gilt gleichermaßen für die Umwehrung wie von den Gebäuden im Inneren der Burg und darf wohl auch von der Gesamtanlage angenommen werden, obwohl während der Karolingerzeit auch im östlichen Frankenreich manche Burgen ganz oder großenteils in Massivbauweise errichtet wurden.[11] Die Anzeichen einer solchen Bebauung bestanden vor allem aus einer größeren Anzahl sogenannter Pfostenlöcher, also jener Verfärbungen, die die untersten, in die Erde eingelassenen Teile – sozusagen die Fundamente – von in entsprechender Technik errichteten Holzbauwerken hinterlassen haben. (Abb. 10) Sie waren keineswegs einheitlich beschaffen, denn neben auffallend großen Gruben, in denen die Pfosten beim Einsetzen eigens mit Steinen verkeilt wurden, gab es Einsatzgruben normaler Größe sowie die typischen Spuren in den Boden gerammter, meist unten angespitzter Pfosten – allesamt freilich nicht mehr in Holzsubstanz, sondern nur als Verfärbungen erhalten. Die ohne zuvor ausgehobene Grube in den Boden getriebenen Hölzer fanden sich vorzugsweise am südwestlichen Höhenrand, weshalb man sie gerne einer Palisade als Brustwehr zurechnen möchte,

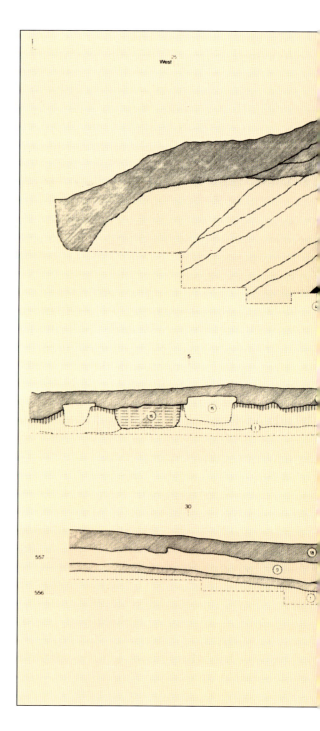

doch verbieten der im Verhältnis zur gesamten Burg winzige Grabungsausschnitt und die vielen jüngeren Veränderungen des Geländes jeden Versuch, Pfostenspuren ähnlicher bis gleicher Art auch nur probeweise in den Zusammenhang irgendwelcher Grundrisse zu zwängen. Dies gilt für die in den Boden gerammten Pfähle genau so wie für die steinverkeilten Pfosten in ihren großen Gruben, die innerhalb „ihres" Verbandes gewiss

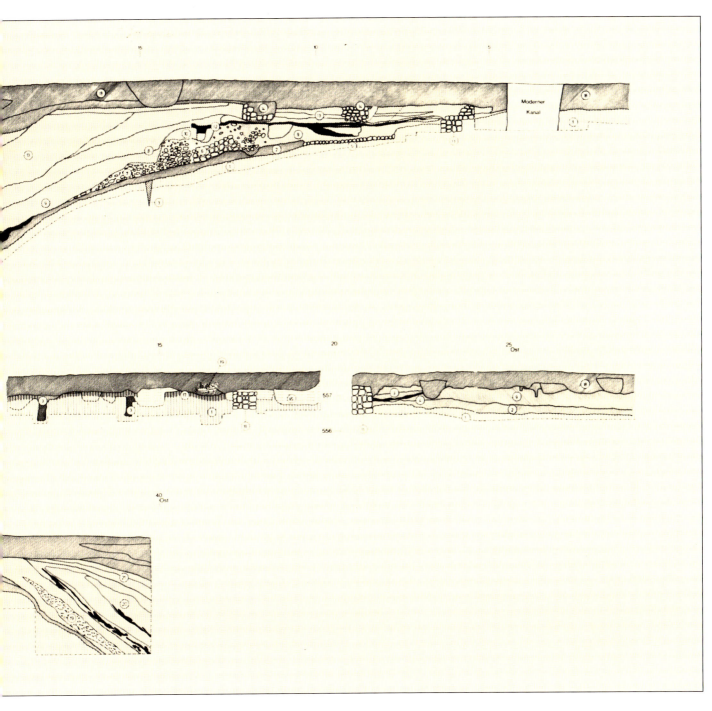

Abb. 9: West-östlicher Schnitt durch das Grabungsgelände auf dem Schlossberg. – 1 Anstehender Lehm. – 2 Humusschicht = alte Oberfläche. – 3 Pfostengruben. – 4 Brandschutt auf der alten Oberfläche. – 5 Gepflasterter Weg. – 6 Fundamentreste und Schutt der ersten Wehrmauer. – 7 Verstürzter Mauerschutt, wahrscheinlich zu 6 gehörig. – 8 Ausbruchgraben einer jüngeren Wehrmauer. – 9 Aufplanierung, vor Bau des Klosters I aufgebracht. – 10 Ausbruchgraben, vielleicht von dritter Ringmauer. – 11 Fundamente des Klosters I. – 12 Brandschicht von 1305. – 13 Spätmittelalterliche Anschüttungen. – 14 Spätmittelalterliche Fundamente. – 15 Spätmittelalterliche Gräber. – 16 Grab unsicherer Zeitstellung. – 17 Infiltrationszone zwischen anstehendem Lehm und junger Humusdecke. – 18 Neuzeitliche Humusschicht und Backsteinfundamente. – 19 Im Osten in Horizont 9 eingelagerter Mauerschutt. – 20 Auffüllschichten, wohl Schicht 13 am Westhang entsprechend, mit Brandschutt und humoser Oberfläche. – 21 Vorbarocke Oberfläche, im Oberteil stark humos. – 22 Fundament- oder Ausbruchgräbchen.

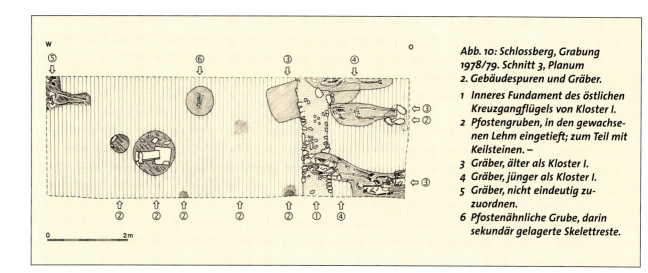

Abb. 10: Schlossberg, Grabung 1978/79. Schnitt 3, Planum 2. Gebäudespuren und Gräber.
1 Inneres Fundament des östlichen Kreuzgangflügels von Kloster I.
2 Pfostengruben, in den gewachsenen Lehm eingetieft; zum Teil mit Keilsteinen. –
3 Gräber, älter als Kloster I.
4 Gräber, jünger als Kloster I.
5 Gräber, nicht eindeutig zuzuordnen.
6 Pfostenähnliche Grube, darin sekundär gelagerte Skelettreste.

besondere statische Aufgaben zu erfüllen hatten. Die Interpretation dieser Art von Gebäudespuren wird übrigens auch dort, wo man große zusammenhängende Flächen aufdecken kann, durch den Umstand erschwert, dass frühmittelalterliche Bauleute ihre Pfosten nur selten nach Tiefe und Beschaffenheit ingenieurmäßig exakt setzten.[12] Sicher ist in unserem Fall nur, dass alle mit den frühen Pfostenspuren zu verbindenden Bauwerke durch Feuer zerstört und ziemlich rasch von Anlagen ganz anderer Art abgelöst wurden.

Dies trifft auch auf das einzige im Grundriss nahezu vollständig erfasste Gebäude zu, ein rund sieben Meter breites und mindestens zehn, eher aber gegen zwölf Meter langes, nordsüdlich gerichtetes Haus, dessen Nordteil etwa 50 bis 60 Zentimeter in den anstehenden Lehm eingetieft war. (Abb. 11) Sein südliches Ende hatte infolge des natürlichen Geländeabfalls nur wenig oder gar nicht unter die seinerzeitige Oberfläche und schon gar nicht in den Lehm hinabgereicht, und deshalb ließ sich die Länge nicht sicher ermitteln. Ebenerdige Häuser mit vergleichbaren Dimensionen sind im Gebiet zwischen Alpen und Nordrand der Mittelgebirgszone aus dem frühen bis hohen Mittelalter trotz insgesamt schlechten Forschungsstandes nicht ungewöhnlich, aber fast nur dort zu identifizieren, wo die Gebäude noch in der urtümlichen Pfostenbauweise oder aber bereits auf Sockelmauern errichtet wurden. Hölzerne Schwellenkränze oder Schwellriegel lassen sich, abgesehen von Feuchtbodengebieten mit ihren für organische Substanzen günstigen Erhaltungsbedingungen, nur dann nachweisen, wenn sie entsprechend tief in den Boden eingelassen waren; ebenerdig verlegte Schwellen oder ohne Unterlegsteine auf dem Boden errichtete Ständer sind dagegen für den Archäologen praktisch nicht zu fassen,

wie sich bei Ausgrabungen immer wieder bestätigt. Anders als ebenerdige, sind auf ganzer Länge oder teilweise eingetiefte Gebäude der genannten Größe bisher nur in geringer Zahl bekannt geworden. Sie haben mit den massenweise auftretenden und vor allem das Bild bäuerlicher Siedlungen im Binnenland während des 1. Jahrtausends nach Christus prägenden Grubenhütten und -häusern nicht direkt zu tun. Letztere dienten im germanisch-frühdeutschen Bereich bei meist etwa rechteckigem Grundriss und einer 15 bis 20 Quadratmeter selten übersteigenden Grundfläche als Nebengebäude eines Gehöfts, vielfach zur Vorratshaltung (in dieser Funktion wurden sie seit dem Hochmittelalter von den Kellern abgelöst), nicht selten auch als Werkstätten für unterschiedliche Tätigkeiten, insbesondere für die Produktion von Textilien („Webhütten"). Auch bei den Slawen waren Grubenhäuser weit verbreitet, dienten hier aber bevorzugt Wohnzwecken und waren deshalb im Regelfall beheizbar, obwohl auch ihre Größe kaum einmal 20 bis 25 Quadratmeter überschritt. Ihr Grundriss war meist etwa quadratisch, die Wände oft, jedoch keinesfalls ausschließlich in Blockbauweise errichtet.[13]

Im germanischen Teil Mitteleuropas begnügte man sich bei den Grubenbauten lange mit der einfachen Pfostenbauweise, die aufwändigere Verstrebungen der Gefüge unnötig machte und bis zum Verschwinden dieser Gebäudegattung nie ganz aus der Übung kam. Daneben traten aber relativ früh eingetiefte Hütten oder Häuser ohne Pfostengruben auf, also solche, deren tragende Teile nicht in den Boden eingelassen wurden. In seltenen Fällen hatten sich in derartigen Grubenbauten einzelne Steine oder (Trocken-)Mauern als Sockel für Ständer- oder gar Schwellkonstruktionen erhalten, gelegentlich auch einmal eine regelrechte Steinwand statt der wohl am meisten verbreiteten Sicherung der Grubenränder durch Flechtwände oder Holzbohlen. Da die verschiedenen technischen Möglichkeiten im profanen Bauwesen generell sehr lange nebeneinander her benutzt wurden, lassen sie sich allerdings allenfalls nach ihrer zu- oder abnehmenden relativen Häufigkeit chronologisch auswerten, wobei ohnehin interpretierbare Spuren von Wandaussteifungen in Grubenhäusern nur selten erhalten blieben; gerade die einfacheren Konstruktionen aus organischem Material sind offenbar vielfach nach Aufgabe der Hütten zusammen mit deren oft ebenfalls stark organisch durchsetzten Sekundärfüllungen vergangen. Das Fehlen von dem Hausgefüge sicher zuzuordnenden Pfostengruben verwundert jedenfalls bei unserem eingetieften Ebersberger Haus nicht weiter, das vermutlich andere Aufgaben zu erfüllen hatte als die kleinen Grubenhütten ländlicher Gehöfte. Jochen Haberstroh hat in seiner Magisterarbeit auf die augenblicklich bekannten Parallelen verwiesen, die – vielleicht mit Ausnahme eines mittelgroßen Grubenhauses in der Wüstung Fritzlar-Geismar (Hessen) – nicht dem rein agrarischen Sektor angehören: eingetiefte Häuser etwas geringerer Größe (etwa 45 Quadratmeter) als in Ebersberg auf der Burg Schiedberg / Graubünden, ein elf bis zwölf Meter langes eingetieftes Gebäude in der Nähe des Südtores von Kloster Hersfeld, „Tuchmachereien" mit Längen bis über 29 Metern auf der Vorburg der Pfalz Tilleda am Kyffhäuser und schließlich ein eingetieftes Gebäude von sechs auf zwölf Metern Ausdehnung im Kloster Sázava bei Prag, das aus dem 11. Jahrhundert stammen und von deutschen Vorbildern beeinflusst sein soll.[14]

Das zumindest an einem Ende deutlich eingetiefte Ebersberger Haus stellt demnach keinen ausgesprochenen Einzelfall dar, und die kleine Zahl vergleichbarer Gebäude fand sich vorzugsweise in Anlagen „gehobenen" Ranges, zu denen man die Burg Ebersberg gewiss ebenfalls rechnen darf. Ob ihm innerhalb der frühen Wehranlage mehr als eine untergeordnete Funktion zukam, muss freilich Vermutung bleiben, denn die Übereinstimmung im Grundriss mit einem Raum des ersten Kloster-Westtraktes kann durchaus auf Zufall beruhen.

Auf dem Laufhorizont dieses der ersten Brandkatastrophe auf dem Schlossberg zum Opfer gefallenen Gebäudes lagen größere Mengen von Asche und Holzkohle, der lehmige Untergrund war fast überall von Hitze gerötet bis angeziegelt – auch dies ein Hinweis auf die Holz- oder Fachwerkkonstruktion des untergegangenen Gebäudes und das Ausmaß der Feuersbrunst im 10.

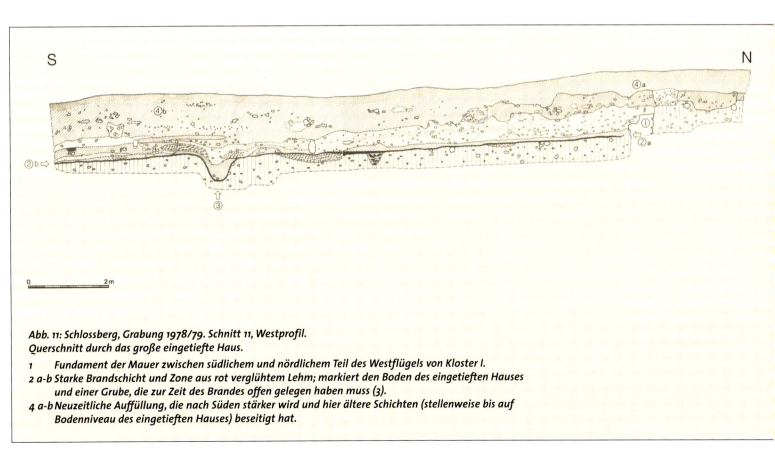

Abb. 11: Schlossberg, Grabung 1978/79. Schnitt 11, Westprofil. Querschnitt durch das große eingetiefte Haus.

1   Fundament der Mauer zwischen südlichem und nördlichem Teil des Westflügels von Kloster I.
2 a-b Starke Brandschicht und Zone aus rot verglühtem Lehm; markiert den Boden des eingetieften Hauses und einer Grube, die zur Zeit des Brandes offen gelegen haben muss (3).
4 a-b Neuzeitliche Auffüllung, die nach Süden stärker wird und hier ältere Schichten (stellenweise bis auf Bodenniveau des eingetieften Hauses) beseitigt hat.

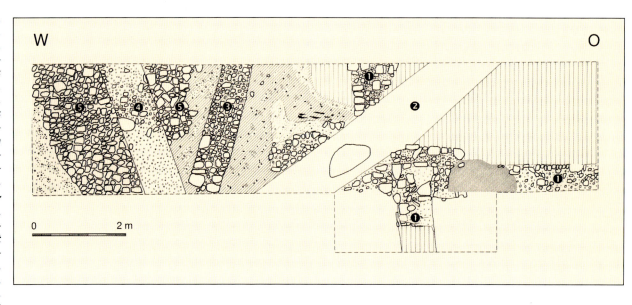

Abb. 12: Schlossberg, Grabung 1978/79. Schnitt 5, Planum 2. Befunde am Südwestrand des Grabungsgeländes. 1 Kloster I, Westtrakt. Ansatz der etwas nach West vorspringenden nördlichen Räume mit nachträglicher Eckverstärkung innen. 2 Moderner Abwasserkanal. 3 Spätmittelalterliches Fundament über dem Brandschutt von 1305. 4 Desgleichen, Ausbruchgrube. 5 Verstürztes Mauerwerk der hochmittelalterlichen Umwehrung.

Jahrhundert.

Die meist nur dünne, aber typische Brandschicht fanden wir – wie oben schon vermerkt – überall auf der alten Oberfläche, sogar in den weiter von allen durch die Grabung unmittelbar erfassten Holzbauresten entfernten Schnitten. Sie zog in den östlichen Flächen auch über mehrere Gräber hinweg, die demnach zusammen mit weiteren, auf andere Weise in Nutzungsphase 1 datierbaren Bestattungen zu einem frühen Friedhof auf dem Schlossberg gehörten. Diese Beobachtung ist in mehrfacher Hinsicht aufschlussreich. Existenz und Verteilung der einfachen Erdgräber weisen auf ein nördlich des Grabungsgeländes, am ehesten unter der heutigen Sebastianskirche gelegenes Gotteshaus. Das bedeutet, dass schon vor dem ersten großen Brand innerhalb der Burg eine Kirche vorhanden gewesen sein muss, bei der es sich vermutlich um ein Holzgebäude gehandelt haben wird, wie wir sie inzwischen auch aus dem südlichen Bayern in einiger Zahl kennen.[15] Wegen des zu ihr gehörigen eigenen Bestattungsplatzes dürfte sie von der südlich des heutigen Marktplatzes gelegenen einstigen Valentinskirche (Abb. 5) mit zugehörigem Friedhof für die „zivile" Siedlung Ebersberg unabhängig gewesen sein. Ob diese sicherlich unbefestigte Siedlung mit ihrer Kirche aber tatsächlich älter war als die gleichnamige Burg, lässt sich anhand der zur Zeit vorliegenden archäologischen Materialien nicht entscheiden, obwohl einer solchen Annahme einige Wahrscheinlichkeit zuzubilligen ist.[16]

Im Fundspektrum aus den Jahren 1978/79 spricht nichts gegen eine Datierung der ersten Nutzungsphase auf dem Schlossberg in das 9. Jahrhundert. Das gilt für die aus den bescheidenen Schichtresten freilich nur in geringer Zahl vorliegende Keramik (Abb. 16 u. 17), trifft aber auch auf die einzige „Grabbeigabe" (streng genommen handelt es sich um Trachtbestandteile) aus dem frühen Friedhof zu, das Paar bronzener Ohrringe (Abb. 22 u. 23) aus dem Mädchengrab 24, das übrigens zu den vom Fußboden des ersten Klosters überzogenen Gräbern zählte. Man kann das Paar einer großen Gruppe von Ohr- oder – je nach Tragweise – Schläfenringen aus Bronze und gelegentlich Silber zuordnen, die noch vor dem Erlöschen der allgemeinen Beigabensitte in der späten Merowingerzeit in Gebrauch kamen und dann größere Verbreitung in der Randzone des merowingisch-fränkischen Reichs fanden, wo sie unter anderem aus Gräberfeldern Oberfrankens und der Oberpfalz in beachtlicher Zahl vorliegen und überwiegend in das 8. und 9. Jahrhundert datiert werden.[17] Wenn auch im südlichen Bayern Belege für gelegentliches Fortleben der Beigabensitte über das beginnende 8. Jahrhundert hinaus noch rar sind,[18] wird man die Ebersberger Ringe am ehesten dem 9. Jahrhundert zuweisen dürfen, womit die Überlieferung hinsichtlich des Gründungsdatums der Burg im Prinzip bestätigt wäre, vielleicht jedoch mit zeitlicher Verschiebung mehr zur Mitte oder ersten Hälfte dieses Jahrhunderts hin.

Der Ausbau der Burg in Stein

Wenn man in der Klosterchronik liest, die Ungarn hätten sich 933 nach einem vergeblichen Überfall „unter Wutgeheul" von der kurz zuvor in Stein ausgebauten Burg Ebersberg zurückgezogen, dann wirken die Baubefunde am Westrand des Schlossberges durchaus wie eine

Bestätigung dieser Überlieferung. Sie lassen uns darüber hinaus mit den über dem ältesten Siedlungshorizont ausgebreiteten Brandschichten aber auch den mutmaßlichen Anlass für die Umgestaltung erkennen: Die erste – hölzerne – Burg war niedergebrannt, und das kann natürlich im Zuge eines früheren und erfolgreichen ungarischen Angriffs geschehen sein. Unklar bleibt zunächst, ob eine solche Zerstörung in die Frühphase ungarischer Überfälle etwa vor 915 fiel, wofür sprechen könnte, dass Bayern nach diesem Zeitpunkt länger verschont blieb,[19] oder ob der Wiederaufbau als unmittelbare Reaktion auf die Brandschatzung und womöglich unter beachtlichem Zeitdruck erfolgte. Dass bei den Ausgrabungen nur wenige Relikte von Waffen oder anderem Kriegsgerät einschließlich der Ausstattung von Ross und Reiter geborgen wurden, die obendrein nur vereinzelt aus dem ältesten Siedlungs- und Brandhorizont stammen, besagt in dieser Hinsicht wenig, denn der unmittelbare und eindeutige archäologische Nachweis ungarnzeitlicher wie überhaupt frühmittelalterlicher Kampfhandlungen ist noch immer schwierig. Wenn andererseits die Klosterchronik in diesem Punkt schweigt, dann ließe sich dies zwanglos mit der Absicht des Verfassers erklären, dem Ruhm der Gründerfamilie abträgliche Ereignisse aus dem Gedächtnis verschwinden zu lassen – ganz abgesehen davon, dass wir auch andere präzise Hinweise auf die weitere bauliche Entwicklung von Burg und Kloster dort vergeblich suchen.[20] Vieles spricht also auch im archäologischen Befund dafür, dass zur überlieferten Zeit unter Graf Eberhard I. tatsächlich ein Neubau der Burg in Stein erfolgte; die Datierung der in Resten erhaltenen ältesten Massivumwehrung in die Jahre um 933/34 liegt durchaus im Bereich des Wahrscheinlichen. Man wird deshalb auch die Nachricht vom Bau einer Kirche zwischen 928 und 934 und der Gründung eines Kanonikerstifts akzeptieren, obwohl dieses Gotteshaus vorerst und angesichts der oben geschilderten Erhaltungsbedingungen vielleicht für immer dem Zugriff der Feldforschung entzogen bleibt. Überreste einer ersten Wehrmauer haben sich dagegen, jedoch nur an der Westseite des Schlossberges, identifizieren lassen, während im Osten wenig vor dem schon bei Beschreibung des Querprofils erwähnten steilen Abfall der ältesten Oberflächenschicht nur ein rund 50 Zentimeter breiter Ausbruchgraben zu verzeichnen war. (Abb. 9/6 u. 9/22) Er reichte zwar durch die Aufplanierung für Kloster I bis auf die alte Oberfläche, was der Sohltiefe der erheblich dickeren westlichen Wehrmauer entsprechen würde, und eine entsprechend schwache Mauer hätte zusammen mit einem vorgelagerten Graben an dieser feindlichem Zugriff weniger ausgesetzten Stelle vermutlich ausreichenden Schutz gewährt,

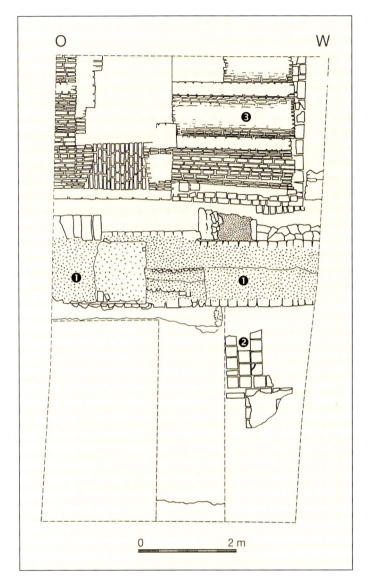

doch verbietet der Mangel an datierenden Kleinfunden jede eindeutige Zuweisung; die stratigraphischen Verhältnisse lassen auch die Annahme späterer Entstehung, insbesondere während der Existenz des ersten Klosters, zu. Die älteste mörtelgebundene Mauer im Westen hatte sich an einzelnen Stellen bis zu vier Steinlagen hoch erhalten und besaß eine Stärke von maximal zwei Metern. (Abb. 9/6) Sie gründete ohne besonderes Fundament unmittelbar auf der alten Oberfläche, stellenweise auch auf dem Brandhorizont. (Abb. 9/4) Das allein wäre noch nicht verwunderlich, denn bei tragfähigem Untergrund, zu dem man den Lehm des Schlossberges rechnen darf, hat man während des Mittelalters auch anderswo Gebäude oder sogar Stadtmauern ohne tief reichende Fundamentierung errichtet.[21] Und zur Ungarnzeit musste man noch kaum gegen das später

Abb. 13: Schlossberg, Grabung 1978/79. Schnitt 14, 1. Planum. Bereich der ehemaligen Doppelkapelle neben dem Chor der Sebastianskirche.
1 Fundament der Trennwand zwischen den beiden Kapellen.
2 Reste des Fußbodens aus meist quadratischen Ziegelplatten in der südlichen Kapelle.
3 Gruftanlage aus Backsteinen unter der nördlichen Kapelle.

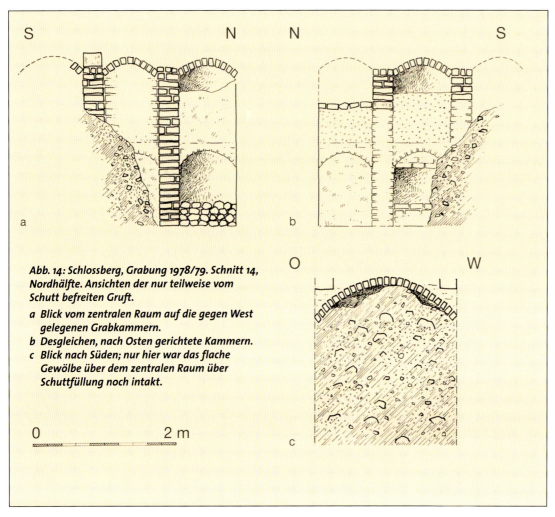

Abb. 14: Schlossberg, Grabung 1978/79. Schnitt 14, Nordhälfte. Ansichten der nur teilweise vom Schutt befreiten Gruft.
a Blick vom zentralen Raum auf die gegen West gelegenen Grabkammern.
b Desgleichen, nach Osten gerichtete Kammern.
c Blick nach Süden; nur hier war das flache Gewölbe über dem zentralen Raum über Schuttfüllung noch intakt.

mit dieser Maßnahme für höhere Standfestigkeit der nächsten Ringmauer sorgen. Auf jeden Fall wurden umfangreiche Reparaturen notwendig, die sich im abgebildeten Profil allerdings nur in Form von zwei Absätzen als „Negativ" abzeichnen, da man hier die jüngere Mauer später wieder bis in den älteren Versturz hinein abgetragen hatte; (Abb. 9/8 u. 9/10) an anderen Stellen waren immerhin Reste der inneren oder der äußeren Mauerschale aus Kalktuffbrocken erhalten geblieben. Es ist aber nicht ganz sicher, dass die jüngere Umwehrung wirklich in einem Zuge in ihrer vollen Stärke erbaut wurde; vielleicht muss man auch mit einer nochmaligen Veränderung oder Verstärkung rechnen, denn gerade das abgebildete Profil ließe auch diese Möglichkeit zu, wie oben schon vermerkt wurde. Neben den eingangs geschilderten allgemeinen Schwierigkeiten störte an gerade in dieser Frage entscheidenden Stellen der tief eingeschnittene Graben für eine

übliche Untergraben von Mauern Vorsorge treffen; so etwas entsprach weder der Taktik noch der technischen Ausrüstung jener Reiterkrieger. Aber dass man sich nicht einmal die Mühe machte, wenigstens für die horizontale Lage der Mauersohle zu sorgen, fällt auch im Vergleich mit dem gleich zu beschreibenden „Burgweg" auf und könnte für große Hast beim Bau des Beringes sprechen, also für Arbeit bei drohender Gefahr und somit vielleicht auch für das rasche Aufeinander von Brandzerstörung und Wiederaufbau. Die Eile oder Unerfahrenheit der Bauleute scheint sich zudem bitter gerächt zu haben: Die erste Wehrmauer kippte offensichtlich, und zwar womöglich ohne äußere Gewalteinwirkung, nach außen, wo sich der von ihrem Einsturz stammende Schutt allenthalben mehrere Meter weit hangabwärts verteilt hatte. (Abb. 9/7) Angesichts des sonst am Ort üblichen Ausräumens selbst der Fundamente fällt es schon auf, dass die recht ansehnlichen Schuttmassen an Ort und Stelle belassen wurden; vermutlich wollte man

rezente Entwässerungsleitung zusätzlich die Befunde. Angesichts der vielen sekundären Veränderungen ist es ferner keineswegs völlig sicher, dass die erste Wehrmauer tatsächlich unserem Plan entsprechend geradlinig nach Südost zog, (Abb. 5) sie könnte vielmehr ähnlich ihrer Nachfolgerin etwa im Bereich der neuzeitlichen Kanaltrasse stärker nach Südost eingeschwenkt und etwa parallel zum „Burgweg" verlaufen sein.
Letzterer war eine recht auffällige Anlage; überall sorgfältig und mit möglichst ebener Sohle meist bis in den gewachsenen Lehm eingetieft, besaß er an ungestörten Stellen eine dichte Packlage aus Steinen („Rollierung"), die vor allem in unserem Schnitt 5 großflächig erhalten war und von uns anfänglich als Substruktion für eine – vielleicht nur geplante – Holz-Erde-Befestigung angesehen wurde. Das Fehlen aller auf einen derartigen Aufbau deutenden Spuren und der auffällige Bezug auf die stratigraphisch gleich alte vermörtelte Wehrmauer zeigten aber, dass die Rollierung als Weg gedient haben

muss, wie er zum raschen Erreichen der Verteidigungslinie auf einer besonders bedrohten Seite des Schlossberges durchaus zweckmäßig erscheint. (Abb. 9/5) Dieser Weg durchschnitt die Reste des abgebrannten eingetieften Hauses und wurde seinerseits von den südwestlichen Räumen des Klosters I überlagert, weshalb er, je nach Datierung der letzteren, nur einige Jahre oder allenfalls wenige Jahrzehnte in Benutzung gewesen sein kann. Auch sein Steinmaterial war übrigens auf weite Strecken zur Wiederverwendung abgetragen worden.

Kloster I

Bevor der Bau jener Mauerzüge begann, die wir als Überbleibsel des ersten Ebersberger Klosters ansprechen, wurde das Gelände erstmals in für uns großflächig feststellbarer Weise verändert: Dort, wo schon damals die älteren Schichten weichen mussten, unmittelbar auf dem gewachsenen Lehm, überwiegend aber auf der älteren Oberfläche aufliegend, fand sich eine Aufplanierung, die im Westen stärker mit Humus und Schutt durchsetzt war, die Mulde des Burgwegs ausfüllte und hinter, vielleicht sogar bis über die ersten beiden Wehrmauern einen deutlichen Höhenausgleich nach oben bewirkte. (Abb. 9/1, 9/2 u. 9/9) Vergleichbare Schichten zogen auch den westlichen Hang hinab und füllten die Ausbruchgräben von Mauer 2, was bedeuten könnte, dass der Bering an dieser Stelle noch während des Bestehens der ersten Klosteranlage geschleift wurde. Sollten die Pfosten eines über der ehemaligen Wehrmauer errichteten Zaunes (Abb. 9/3) jedoch erst 1305 abgebrannt sein, wofür einige Befunde sprechen, wird diese Umfriedung schwerlich bis in das 11. Jahrhundert zurückreichen; in die Erde eingelassene Pfosten überdauern im Freien nicht so lang. Zumindest begann aber in dieser Phase das später fortgesetzte Anschütten des (süd-)westlichen Berghanges.
Während auf dem mittleren Teil der Kuppe auch die gesamte Auffüllschicht für Kloster I jüngeren Eingriffen zum Opfer gefallen war, hatte sie sich nach Osten hin mit durchschnittlich 50 Zentimetern Stärke erhalten, war hier allerdings weniger mit Schutt durchsetzt und zog in beträchtlicher Mächtigkeit auch über den Ansatz des Steilabfalls zum Ebrachtal hinweg. Dort, also über dem mutmaßlichen frühen Hanggraben, waren wiederum ausgeprägte Schuttpakete (Abb. 9/19) in sie eingelagert, so dass man besonders an dieser Stelle den Eindruck gewinnen konnte, man habe mit den Auftragungen um jeden Preis, auch zu Lasten der Verteidigungsfähigkeit, mehr Platz schaffen wollen.

Alle dem neuen Gebäudekomplex zuzuweisenden Mauerzüge wurden solide gegründet; die Sohle der Fundamentgräben reichte stets durch die Aufplanierung ein Stück in den gewachsenen Lehm. Die den Graben überall vollständig ausfüllenden Grundmauern selbst waren sorgfältig aus Geröllen in reichlich Mörtel gefügt. Kalktuff fand sich hier selten, öfter aber im Abbruchschutt aus verschiedenen Bauphasen. Dieses in der weiteren Umgebung Ebersbergs an mehreren Stellen anstehende und relativ leicht zu bearbeitende Material hatte man also vorzugsweise für das Aufgehende der Gebäude verwendet. Der Mörtel für den Bau des Klosters wurde übrigens – wie üblich – dicht am Bauplatz zusammengemischt; im Südwesten des Grabungsgeländes stießen wir auf eine jener typischen „Mörtelwannen", wie sie in den letzten Jahren mehrfach, öfter mit Spuren des Rührwerks und zum Teil auch römischen Ursprungs, nachgewiesen werden konnten.[22]

Die Anordnung der recht einheitlich beschaffenen, wenn auch stellenweise ähnlich den älteren Mauern tiefreichend ausgeplünderten oder neuzeitlich gestörten Fundamentzüge ergibt folgendes Bild eines freilich recht unvollständigen Grundrisses: Im Westen lag eine Reihe aus mehreren Räumen, die gegen Osten mit einheitlicher, etwa in Höhe der Mitte des zweiten Raumes von Norden leicht nach Osten ausschwenkender Mauer abschlossen. (Abb. 12) Die beiden nördlichen Gemächer sprangen gegenüber dem nach Süden weiterführenden

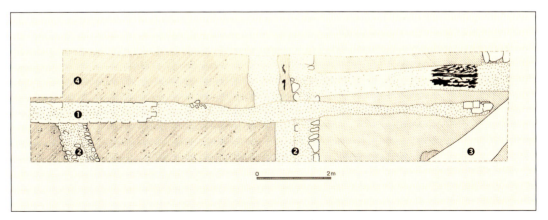

Abb. 15: Schlossberg, Grabung 1978/79. Schnitt 1, Planum 1. Reste frühneuzeitlicher Beeteinfassungen als jüngste „Baureste".
1 Teilweise wieder ausgebrochene Backstein-Einfassungsmauer.
2 Ältere Mauern oder Ausbruchgräben. – 3 Rezenter Kanalgraben.
4 Nachmittelalterliche bis rezente Humusschicht.

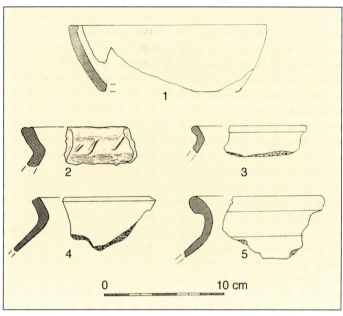

Abb. 16: Schlossberg, Grabung 1978/79. Schale und Topfränder der Keramikgruppen T 1 grobe handgeformte und (teilweise) nachgedrehte Ware (1, 2 u. 4) und T 2 feinere handgeformte und nachgedrehte Ware (3 u. 5). Aus den Nutzungshorizonten I und II (hölzerne u. steinerne Burg), nur (4) aus Schichten zu Kloster I.

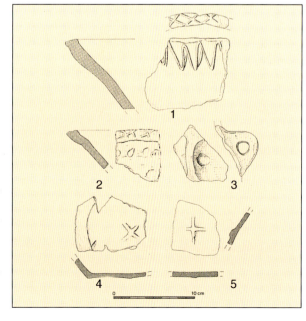

Abb. 17: Schlossberg, Grabung 1978/79. Keramik der früh- bis hochmittelalterlichen Warenarten T 1 (1 u. 3) und T 2 (2, 4 u. 5). Schüsselränder und Ösenhenkel sowie Bodenscherben mit erhabenen Marken. Außer dem verlagerten Boden (4) alle aus den Nutzungsphasen I und II vor Gründung des Klosters I.

Trakt etwa um Mauerstärke nach Westen vor, wobei das südliche in voller Größe mit etwa 5,1 auf 7,4 Metern lichter Weite aufgedeckt wurde, wogegen wir vom nördlich anschließenden Raum nur die Ansätze der in Richtung auf die Sebastianskirche weiterlaufenden West- und Ostwand erfassten.

Während die leider von einem modernen Kanalgraben gestörte Südwestecke dieses leicht vorspringenden Gebäudeteils gerade noch innerhalb des „Burgwegs" blieb, überschnitt der nach Süden anschließende Flügel die Wegtrasse. Er besaß eine lichte Breite um 5,5 Meter, die Länge seines nördlichen Raumes lag bei etwas über 9,5 Metern, während jene des südlichen mindestens 7 Meter betragen haben muss. (Abb. 6) Ob mit dessen Südwand auch die Südgrenze des Westtraktes oder des ganzen Gebäudekomplexes erreicht wäre, bleibt offen. Innerhalb des Westflügels hatte sich kein einziger Rest eines Fußbodens erhalten, der diesem Gebäudetrakt zuzuweisen gewesen wäre; die späteren Veränderungen reichten demnach überall unter den damaligen Laufhorizont. Dagegen fiel eine nachträgliche Fundamentverstärkung in der etwas nach Westen vorspringenden Ecke des Nordteils dieses Traktes auf, die allerdings ebenso wenig einer bestimmten aus den schriftlichen Quellen zu erschließenden Baumaßnahme – etwa im Jahr 1037 – zuzuschreiben war, wie der Rücksprung der Außenmauer südlich dieser Ecke als zuverlässiges Zeichen für die Errichtung des Westflügels in zwei zeitlich weiter auseinander liegenden Etappen zu werten wäre; völlig auszuschließen ist eine solche Möglichkeit trotz der einheitlichen Ostwand allerdings auch nicht.

Im Osten fällt ein langgestreckter, nach dem Grabungsbefund nicht unterteilter Raum ins Auge, der bei mehr als 17 Metern nachgewiesener Länge nur eine lichte Breite von 3,2 bis 3,75 Metern besaß. Er stand im Süden mit einem wohl ähnlich beschaffenen, im Westen gegen die Fundamente des Westtraktes laufenden Baukörper in Verbindung. Die von der West- respektive Nordwand dieser „Gänge" gebildete Ecke im Südosten einer zu jener Zeit offensichtlich unbebauten, hofartigen Fläche wurde in relativ guter Erhaltung angetroffen, die gegen Süden hin zu erwartende Wand des West-Ost gerichteten Ganges blieb für uns unerreichbar. (Abb. 6) Trotz der unvollständigen Erfassung legt dieser Befund den Gedanken an einen entweder nur rudimentär entwickelten oder im Westen einst aus einer nicht mehr nachweisbaren Holzkonstruktion bestehenden Kreuzgang nahe, zumal sich an seinen Südflügel, über den der Westtrakt des Komplexes ja hinausreichte, sehr wahrscheinlich, im Osten eindeutig weitere Räumlichkeiten anschlossen. Im Norden bildete offenbar jener Mauerzug die Begrenzung des östlichen Kreuzgangflügels und eines nach Osten an ihn anschließenden, vermutlich besonders großen Raumes, der in Verlängerung der Trennwand zwischen den beiden Nordwesträumen und etwas spitzwinklig zum Kreuzgang selbst nach Osten zog. (Abb. 6) Diese Mauer schien zwar im Spätmittelalter für die Gründung einer neben dem Chor der Klosterkirche errichteten Kapelle stärker verändert, enthielt im Fundament aber noch hochmittelalterliche Teile.

Im Winkel zwischen diesem Fundament und der östlichen Wand des Kreuzganges hatten sich die einzigen einwandfrei den Bauten aus dem 10. bis 12. Jahrhundert zuzuordnenden Fußbodenreste erhalten: eine in reichlich Kalkmörtel verlegte Rollierung, die wahrscheinlich nur den Unterbau für den einst vorhandenen eigentlichen Laufboden, wohl einen Mörtelestrich, gebildet hatte. Der Fußboden überzog die hier gelegenen Gräber des frühmittelalterlichen Fußbodens, darunter Grab 24 mit den bereits erwähnten Ohrringen, wurde selbst aber von spätmittelalterlichen Bestattungen durchschlagen, auf die wir später noch zu sprechen kommen. Die Verteilung der erhalten gebliebenen Rollierungsflächen zeigte, dass der östlich an den Kreuzgang anschließende Baukörper eine lichte Breite von mindestens 7,5 Metern besessen haben muss; wenn es nicht doch eine für uns unzugängliche Unterteilung (in West-Ost-Richtung) gegeben hat, dürfte an dieser Stelle also der größte unter den bei der Grabung erfassten Räumen gelegen haben. (Abb. 6)

Obwohl die archäologischen Untersuchungen nur einen relativ kleinen Ausschnitt aus einem größeren Gebäudekomplex zu Tage förderten, lassen sich die eben beschriebenen Teile hinlänglich sicher mit dem ersten Kloster auf dem Ebersberger Schlossberg gleichsetzen: Wir haben einen Kreuzhof, freilich nicht mit regulär gebildetem oder aber teilweise in Holz erbautem Kreuzgang (wie oben beschrieben), an den im Osten ein besonders breiter und wohl auch langer Raum anschloss, an der Stelle also, an der normalerweise der Kapitelsaal, vielleicht auch eine Wärmestube lag(en), also für das Leben einer klösterlichen Gemeinschaft höchst wichtige Räume. Im Westflügel ergibt sich eine Abfolge von mindestens vier unterschiedlich großen Gemächern, die an dieser Stelle, wie so oft in anderen Klöstern, auch unterschiedlichen, vorrangig jedenfalls wirtschaftlichen Zwecken gedient haben dürften.

Bei der Beurteilung des Ebersberger Befundes darf man natürlich nicht von exakt nach einem klaren und im Grundriss möglichst rechtwinkligen Schema angelegten Klöstern ausgehen, wie sie – als „Idealfall" und Anleitung für die Unterbringung aller bei einer großen Mönchsgemeinschaft erforderlichen Einrichtungen – auf dem seiner Einmaligkeit wegen so berühmten Sankt Galler Klosterplan aus karolingischer Zeit dargestellt sind,[23] oder wie wir sie in weitgehend mittelalterlicher Prägung etwa im ehemaligen Zisterzienserkloster Maulbronn antreffen,[24] um nur ein allbekanntes Beispiel zu erwähnen. Tatsächlich aber gab es anfänglich keine festen Regeln für die Grundrissdisposition eines Klosters, und auch das ganze Mittelalter hindurch wurden Vorschriften, wie sie gewiss spätestens seit der Zeit des Sankt Galler Plans existierten, überall dort nicht oder nur teilweise befolgt, wo die Topographie des Platzes oder auch besitzrechtliche Hindernisse das Streben nach Einhaltung der Idealvorstellungen einschränkten. So finden wir etwa die westlich der Kirche gelegene Klausur nicht nur in der Frühzeit, sondern auch im späteren Mittelalter, und zwar gar nicht einmal selten.[25] Keineswegs immer lagen ferner Kreuzgang und Klausur südlich oder nördlich parallel neben dem Langhaus der Kirche, es gab vielmehr manche spezielle Lösungen, etwa Schiefwinkligkeit der um den Kreuzgang gescharten Bauten in sich oder erheblichere Abweichungen von der Kirchenachse; selbst unvollständig ausgebildete Anlagen sind häufiger, als man ohne genaueres Nachforschen annehmen möchte.[26]

Die Entwicklung nach der Verlegung des Klosters

Innerhalb einer als Festung und „Residenz" weiter existierenden Burg mussten sich Kanoniker und später Benediktinermönche beim Bau ihres Domizils sicher in besonderem Maß mit Kompromissen abfinden; es verwundert eigentlich nur, dass sie dies noch lange über das Aussterben der Stifterfamilie hinaus taten, obwohl die politische Bedeutung Ebersbergs seitdem sehr gesunken war. Aber es gibt keine Befunde, die auf nennenswerte Umbauten oder Erweiterungen innerhalb des ein-

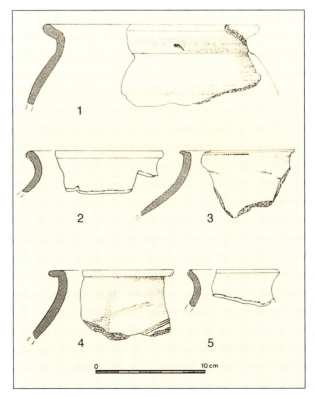

Abb. 18: Schlossberg, Grabung 1978/79. Gefäßränder entwickelter Form von Töpfen der Warenart T 2. Außer dem verlagerten Rand (1) alle aus Nutzungshorizont II (steinerne Burg).

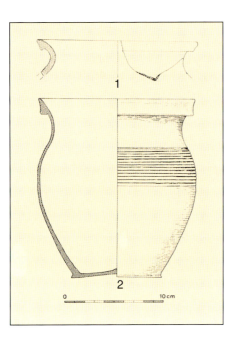

Abb. 19: Schlossberg, Grabung 1978/79. Topf der dünnwandigen grauen Drehscheibenware T 3; nach Form und Art typisch für die seit dem 14. Jahrhundert massenweise auftretende Gebrauchskeramik. Die zugehörigen Scherben lagen wie alle ihrer Art auf dem Schlossberg oberhalb des Brandhorizonts von 1305.

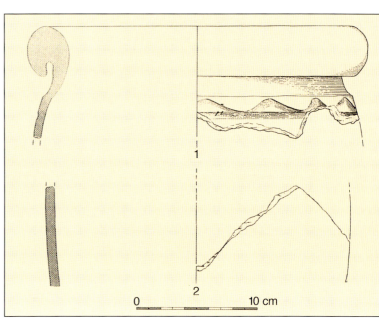

Abb. 20: Schlossberg, Grabung 1978/79. Rand- und Wandungsteile eines großen Vorratsgefäßes aus Graphitton der Warenart T 4 („Schwarzhafnerware"). Spätmittelalterlich bis frühneuzeitlich. Aus neuzeitlicher Abfallgrube.

mal geschaffenen Komplexes hinweisen. Eindeutig am Befund abzulesen ist dagegen, dass die Gebäude auf der Südseite des Schlossberges nach der Verlegung des Klosters gegen 1200 wirklich abgetragen und nur durch ein paar ganz bescheidene Pfostenbauten (!) ersetzt wurden. Möglicherweise entstand auch der schon oben erwähnte Pfostenzaun oberhalb der abgetragenen Wehrmauer im Westen erst jetzt. Diese hölzernen Baulichkeiten scheinen wenigstens zum Teil dem Brand von 1305 zum Opfer gefallen zu sein; jedenfalls waren sie wie der aus dem Abbruch des Klosters stammende und an Ort und Stelle verbliebene Schutt von der am Beginn des 14. Jahrhunderts auch südlich der Kirche in beträchtlicher Stärke abgelagerten Brandschicht (Abb. 9/12) überzogen worden, worauf schon bei der Beschreibung des Hauptprofils hingewiesen wurde.

Nach der Brandkatastrophe von 1305 wurde nicht nur der Halsgraben gegen den Ort hin endgültig verfüllt, auch im ausgegrabenen Teil des Schlossberges erfolgten Anschüttungen beträchtlichen Umfangs. (Abb. 9/13) Gerade am Osthang war die Auffüllung stark mit Brandschutt durchsetzt, und darüber hatte sich eine humose Oberflächenschicht entwickeln können, was bedeutet, dass der nunmehr sanft geneigte Hang für geraume Zeit so liegen blieb, wie er sich nach den Schuttablagerungen dargestellt hatte.

Es könnte natürlich sein, dass man den 1305 gewiss in Massen angefallenen Schutt einfach dort loswerden wollte, wo er nicht weiter störte; vielleicht sprechen die Anplanierungen auf dem Südzipfel des Schlossberges aber auch für die Absicht, diese verhältnismäßig umfangreiche Fläche wieder intensiver baulich zu nutzen. Realisiert hat man solche Pläne, falls sie wirklich bestanden hatten, freilich nicht mehr. Im gesamten Grabungsareal entstand nur noch ein kleineres Gebäude; es lag über dem einstigen Burgweg nahe dem mittlerweile beträchtlich nach Westen vorgeschobenen Rand des Plateaus. Seine vermörtelten Fundamente (Abb. 9/14) reichten nicht einmal bis auf die 1305 entstandene Brandschicht hinab und werden deshalb auch nur einen leichten Aufbau aus Holz oder Fachwerk getragen haben, der spätestens zu dem Zeitpunkt wieder verschwunden war, als südlich der Kirche ein frühneuzeitlicher Garten oder kleiner Park angelegt wurde.

Beginnend etwa auf der Flucht der Ostwand des einstigen Klosterwesttraktes, deren Fundament von einigen Gräbern gestört war, und weit nach Osten streuend fanden sich außerdem Bestattungen in einiger Zahl. Sie können mit dem Friedhof aus dem Frühmittelalter nichts zu tun haben, da sie – sofern entsprechende Erhaltungsbedingungen herrschten – stets aus dem untersten Streifen des Deckhumus heraus alle älteren Befunde und Schichten durchschlugen. Aber genau wie auf dem älteren Bestattungsplatz hatten auch jetzt wieder Männer, Frauen und Kinder hier ihre letzte Ruhestätte gefunden, weshalb man wohl davon ausgehen darf, dass es sich um eine Sepultur für Klosterbedienstete, nicht aber für Mönche gehandelt hat. Da sich die östlichsten dieser Gräber auffallend nahe an die Südwand der Kapelle neben dem Chor der Sebastianskirche anschlossen, ohne dass es zu gegenseitigen Überschneidungen gekommen wäre, lässt sich die Datierung der Bestattungen etwa auf das 15. bis 16. Jahrhundert eingrenzen. Der Humus aus der Zeit der Gartennutzung zog überall ungestört über die Grabschächte, doch datierende Funde oder gar Beigaben waren in ihnen nicht enthalten.

Es war bekannt, dass es südlich neben dem Chor der nach 1305 unter Beibehaltung der spätromanischen Westtürme (oder wenigstens ihrer Untergeschosse) alsbald wieder aufgebauten und im 15. Jahrhundert veränderten Klosterkirche eine Stephans- und Marienkapelle gegeben hat, deren erstere zeitweilig als Familiengrablege der Pienzenauer diente.[27] Sie sollen zusammen mit der Vergrößerung des Chores unter Abt Eckhard (1446-1472) errichtet worden sein und wurden nach dem Kirchenbrand von 1781 abgebrochen. Auf einer von Michael Wening geschaffenen Ansicht des Klosters von Osten sind die beiden parallel zum Chor gelegenen Kapellen mit gesonderten Dächern und – offenbar wie an der Kirche selbst – polygonalen Chorabschlüssen abgebildet.[28] Der Grabungsbefund scheint dieser Darstellung insoweit zu entsprechen, als sowohl 1978 die südliche Außenwand der Doppelkapelle als auch im Folgejahr das rund 1,5 Meter starke Fundament für die gemeinsame Längs-Zwischenwand erfasst wurde. (Abb. 13)

Innerhalb der südlichen Kapelle stießen wir auf Reste eines Fußbodens aus 20 auf 20 Zentimeter großen Ziegelplatten, den wir an Ort und Stelle beließen. Unterhalb des Bodenniveaus der nördlichen Kapelle fanden wir dagegen eine umfangreiche Gruftanlage. Sie war aus Backsteinen errichtet und bestand, so weit von uns aufgedeckt, aus zehn tonnengewölbten Kammern von je etwa einem Meter maximaler Breite und 75 Zentimetern Höhe im Lichten. Die Grabkammern waren von West und Ost auf einen größeren, ursprünglich ebenfalls mit flacher Backsteintonne überwölbten Raum von 2,2 Metern größter Höhe und 2 Metern Breite ausgerichtet. (Abb. 14) Dieser Nord-Süd verlaufende Zentralraum war völlig mit Bauschutt verfüllt, den wir aus Zeitmangel nur teilweise entfernen konnten. Deswegen bleibt unklar, ob diese uneingeschränkt begehbare Kammer den Zugang vom Chor der Kirche beziehungsweise aus einer unter diesem gelegenen (weiteren) Gruft vermittelte oder ob der Eingang unmittelbar aus der nördlichen Kapelle in den Zentralraum führte. Im letzteren Fall hätte es sich jedenfalls um eine selbstständige Begräbnisstätte gehandelt.

Nach Art ihrer Anlage, der Ziegelbauweise und den Backsteinformaten dürfte die Gruft aus der Barockzeit stammen, aus einer Zeit also, während der auch innerhalb der Sebastianskirche und unter ihrer Vorhalle größere Grabanlagen entstanden sind.[29] In der von uns angetroffenen Gestalt ist sie als die 1655 neu geschaffene Gruft der Pienzenauer anzusprechen, die an die Stelle der spätmittelalterlichen Grablege der Familie trat.[30] Als frühneuzeitliche Spuren baulicher Anlagen im Süden des Schlossberges sind schließlich noch einige schwache Backsteinmauern zu erwähnen, die in die an Ort und Stelle in beträchtlicher Stärke zuoberst anstehende Humusschicht eingelassen, ihrerseits aber stellenweise schon wieder bis auf geringe Mörtelspuren verschwunden waren. (Abb. 15) Ihre Lage und der vielfach unterbrochene Verlauf lassen keinen zusammenhängenden „Grundriss" mehr erkennen, nur hier und da deuten die Fragmente auf ehemalige Beeteinfassungen. Eine Darstellung des Schlossberges vom Süden könnte diese Vermutung bestätigen, zeigt sie doch südlich der Kirche eine bescheidene Parkanlage mit fest eingerahmten Beeten.[30]

So viel ist seitens der Archäologie nach den räumlich begrenzten Ausgrabungen in den Jahren 1978/79 zur Geschichte von Burg und Kloster Ebersberg beizutragen. Wenn auch der nicht eben üppige Bestand an Kleinfunden, die zudem oft aus mehrfach umgelagerten Schichten stammen und deshalb für Datierungszwecke wenig hergeben, weiterhin vor der allzu direkten Verknüpfung einzelner Befunde mit bestimmten Details der historischen Überlieferung warnen muss, zeichnet sich in den Befunden immerhin eine grundsätzliche Bestätigung der

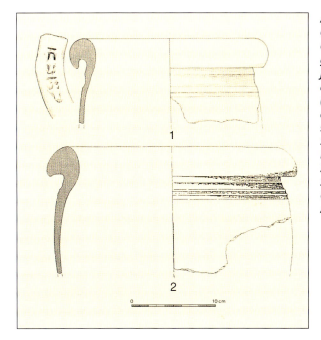

Abb. 21: Schlossberg, Grabung 1978/79. Oberteile von zwei großen Vorratsgefäßen aus Graphitton der Warenart T 4 („Schwarzhafnerware"), eines mit Randstempel (Töpfermarke?). Spätmittelalterlich bis frühneuzeitlich. Zusammen mit Resten zahlreicher ähnlicher Gefäße aus neuzeitlicher Abfallgrube geborgen.

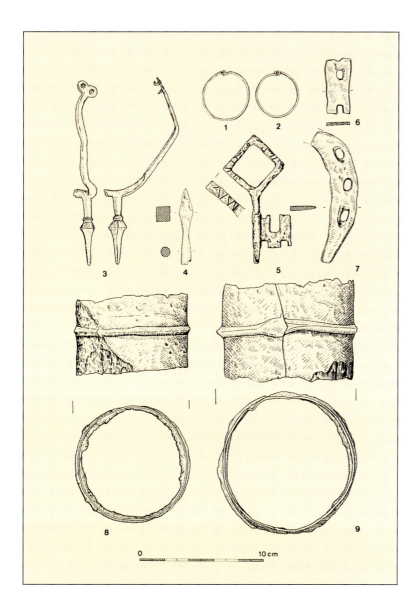

Abb. 22: Schlossberg, Grabung 1978/79. Metallfunde.
1-2 *Paar Ohrringe aus Bronzedraht mit Hakenverschluss. Grab 24, Nutzungsphase I.*
3 *Bruchstück eines eisernen Stachelsporns. Aus Grenzschicht zwischen den Nutzungsphasen III und IV, wohl Ende 12. Jahrhundert.*
4 *Eiserne Bolzenspitze. Phase III, wahrscheinlich 12. Jahrhundert.*
5 *Eiserner Schlüssel. Phase IV, 13. Jahrhundert.*
6-7 *Fragmente von flachen Hufeisen; das kleinere (verlagert) vielleicht hochmittelalterlich, das größere eher spätmittelalterlich.*
8-9 *Zwei von mehreren eisernen Nippeln mit außen anhaftenden Holzresten. Diese Verbindungsstücke einer (?) ehemaligen hölzernen Wasserleitung waren fast alle in jüngere Schichten verlagert; eines fand sich in zu Kloster I gehörenden Auftragungen und könnte auf eine recht frühe Wasserversorgungseinrichtung dieser Art deuten.*

vom Kloster Ebersberg getreulich bewahrten Tradition der Entwicklung bis zum späten Mittelalter ab. Das ist ein erfreuliches, weil keineswegs selbstverständliches Ergebnis.

Zu den Kleinfunden

Den größten Anteil am Fundmaterial aus mittelalterlichen Siedlungen, Burgen und Klöstern stellen im Regelfall „Scherben" – zu Bruch gegangenes tönernes Geschirr. Dabei war allerdings der Besitz an Irdenware im Früh- und beginnenden Hochmittelalter auf wenige Stücke pro Haushalt und ganz bestimmte Typen, meist Töpfe und Näpfe, beschränkt, zu denen in Ebersberg noch relativ viele Schalen kamen. Erst im späteren Mittelalter entwickelte sich die Keramik zur Massenware, die in großen Stückzahlen und vielfältigen, den jeweiligen Zwecken angepassten Formen Verwendung fanden. Gleichzeitig verbesserten sich Material und handwerkliche Qualität; baute man anfänglich noch die Gefäße meist frei aus mäßig vorbereitetem Ton und groben Zuschlägen auf und formte oft nur Rand und eventuell Schulterpartie auf einer langsam drehenden Handtöpferscheibe nach, so kam man über das „Nachdrehen" ganzer Gefäße am Beginn des Spätmittelalters zum generellen Gebrauch der fußbetriebenen schnell laufenden Töpferscheibe. Das verbesserte Material erlaubte zudem höhere Brenntemperaturen; der Scherben wurde fester und dichter und konnte dabei sehr dünnwandig sein, ohne die Festigkeit des Gefäßes nachteilig zu beeinflussen. Schließlich entwickelte man auf ganz bestimmte ‚5Zwecke spezialisierte Warenarten, so zum Beispiel das Steinzeug für Trink- und Schankgefäße, Irdenware im engeren Sinn als Kochgeschirr und dergleichen mehr. Diese Entwicklung spiegelt sich ansatzweise im Ebersberger Fundgut: Aus Schichten der beiden frühen Nutzungsphasen, grob gesagt, aus dem 9. und 10. Jahrhundert, liegen nur wenige, meist klein zerscherbte Gefäßreste der von Jochen Haberstroh charakterisierten Warenarten T 1 und T 2 vor, beide in Form handgefertigter und mehr oder minder nachgedrehter Stücke. Dabei hat die gröbere, unregelmäßig gebrannte Warenart 1 ihren Schwerpunkt in der frühesten, die feiner zusammengesetzte und gleichmäßiger (reduzierend) gebrannte Warenart 2 aber in der zweiten Nutzungsphase. (Abb. 16, 17 u. 18) Dass beide Gruppen noch in Schichten der jüngeren Phasen streuen, mag zum Teil auf Verlagerung (z.B. durch wühlende Tiere) beruhen, entspricht aber auch der allgemeinen Erfahrung, dass im Mittelalter bewährte Formen und Techniken nicht abrupt, sondern sehr allmählich durch Neuerungen abgelöst wurden. So

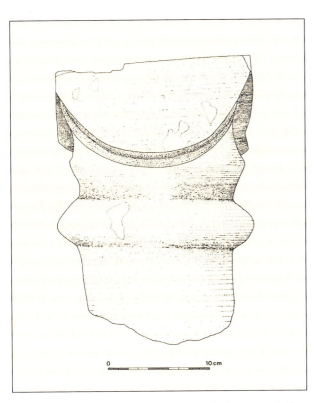

Abb. 23: Bruchstück einer Säule mit angearbeitetem Kapitell; roter Sandstein. 1984 beim Bau der Garage für den neuen Pfarrhof geborgen. Der Größe wegen (erhaltene Höhe 27 cm) wohl von einer mehrteiligen Fensteröffnung aus romanischer Zeit.

tauchen einzelne Fragmente echter Drehscheibenware mit hart gebranntem und fein gemagertem grauem Scherben erstmals in Schichten des 13. Jahrhunderts (Nutzungsphase IV), in größeren Mengen dann in den nach 1305 erfolgten Anschüttungen auf. (Abb. 19) „Spezialkeramik fand sich bei den Grabungen vor allem in Gestalt der überwiegend in der Passauer Gegend hergestellten „Schwarzhafner"- oder Graphittonware, die vom 15. bis ins 19. Jahrhundert recht weit verbreitet war. (Abb. 20 u. 21) Der im zweiten Namen angesprochene Graphitzusatz machte die Gefäße einerseits feuerfest, andererseits auch weitgehend wasserundurchlässig, woraus sich ihre besondere Eignung einmal für Schmelztiegel, zum anderen auch als Vorratsgefäße ergab. In Ebersberg fand sich Schwarzhafnerware nur in neuzeitlichen Schichten, insbesondere in einer Grube, in der man offensichtlich die Trümmer vieler derartiger Vorratsgefäße teilweise beachtlicher Größe „entsorgt" hatte. Anders als zerbrochenes Tongeschirr ließen sich unbrauchbar gewordene Objekte aus Metall erneuter Verwendung zuführen. Selbst nach größeren Katastrophen sammelte man vor allem Bunt- und Edelmetalle sorgsam auf, und so findet man bei Ausgrabungen meist kleinere Gegenstände, die einst der Suche entgingen, oder Fragmente, die das Aufheben gar nicht lohnten. Auch vom Schlossberg gibt es außer Nägeln und oft undeutbaren Bruchstücken aus verrostetem Eisen oder vereinzelt auch Bronze nur wenig Ansehnlicheres zu erwähnen: An erster Stelle die frühmittelalterlichen Bronzeohrringe aus Grab 24, ein paar Reste von Waffen, ein verbogener Sporn aus dem 12. Jahrhundert und einige Fragmente von Hufeisen, von denen einzelne recht früh (10./11. Jahrhundert) anzusetzen sein dürften. Besonderes Interesse verdienen auch die Eisennippel, die einst die Teile einer aus längs aufgebohrten Holzbalken bestehenden Wasserleitung verbunden hatten. Möglicherweise war diese Leitung schon im 11./12. Jahrhundert entstanden, die meisten Verbindungsstücke fanden sich allerdings in Sekundärlage, und die Hölzer selbst waren vergangen. (Abb. 22 u. 23)

Funde aus anderen Materialien, wie etwa Glas oder Bein, spielen im Ebersberger Bestand keine Rolle, während ein Säulenfragment mit angearbeitetem beschädigtem Kapitell als bestes unter mehreren Architekturbruchstücken erst 1984 beim Garagenbau am Rand des Grabungsgeländes gefunden wurde. (Abb. 24) Das aus Sandstein gefertigte Stück könnte von einem Biforium der romanischen Klosterkirche stammen; vergleichbare Fenster sind am Kirchturm heute wieder sichtbar.

Anmerkungen

[1] Jochen Haberstroh hat in seiner leider noch ungedruckten Magisterarbeit über die Kleinfunde der Ausgrabungen in der ehemaligen Grafenburg zu Ebersberg in den Jahren 1978/79 alle für die Interpretation der Grabungsfunde wichtigen Quellen diskutiert. Dank seines freundlichen Entgegenkommens können sich die nachfolgenden Ausführungen weitgehend auf seine Angaben zu Datierungsfragen und insbesondere zur Bewertung der Kleinfunde stützen, ohne dass in jedem Einzelfall eigens darauf hingewiesen wird. Siehe Haberstroh, Jochen: Die Kleinfunde der Ausgrabungen in der ehemaligen Grafenburg zu Ebersberg / Oberbayern 1978/79, Magisterarbeit, Bamberg 1990.

[2] Siehe Arndt, Wilhelm (Ed.): Chronicon Ebersbergense, in: Monumenta Germaniae Historica. Scriptores, Bd. XX, München 1868, S. 9-16, S. 10-11. (Beginn zur Zeit Karlmanns; Bautätigkeit um 933/34; Verlegung des Klosters unter Abt Burkhard (1184-1204).) – Interessant, wenn auch gewiss nicht authentisch ist die Darstellung des Klosters in der Bildchronik des Abtes Sebastian Häfele (1472-1500). Siehe Krammer, Markus: Abt Sebastian Häfele von Ebersberg (1472-1500), ein bayerischer Prälat des 15. Jahrhunderts, Ebersberg 1984, S. 32-43. Siehe auch Paulhuber, Franz Xaver: Geschichte von Ebersberg und dessen Umgegend in Oberbayern, Burghausen 1847, S. 362 u. 404, ferner S. 202 mit Anm. 1 zur Lokalisierung der Burg.

[3] Siehe Guggetzer, Martin / Kastner, Heinrich / Meyer, Otto: Elfhundert Jahre Ebersberg, Ebersberg 1957, S. 69 u. Kastner, Heinrich: Ebersberg, in: Der Landkreis Ebersberg in Geschichte und Gegenwart. Ein Heimatbuch, hg. v. Verlag Bayerische Heimatbücher, München 1960, S. 48-61, S. 49-50. Kritisch schon Dannheimer, Hermann / Torbrügge, Walter: Vor- und Frühgeschichte im Landkreis Ebersberg, Kallmünz in der Oberpfalz 1961, S. 58 mit Anm. 52. Betreffs naturwissenschaftlicher Altersbestimmungen siehe einführend Leute, Ulrich: Archaeometry. An Introduction to Physical Methods in Archaeology and the History of Art, Weinheim 1987 u. Siebenlist-Kerner, Veronika: Information zur dendrochronologischen Datierungsmethode, Bad Birnbach 1988.

[4] Siehe den Bericht von Markus Krammer bei den Ortsakten des Bayerischen Landesamtes für Denkmalpflege, Abteilung Vor- und Frühgeschichte.

[5] Siehe Sage, Walter: Auswirkungen der Ungarnkriege in Altbayern und ihr archäologischer Nachweis, in: Sitzmann, Gerhard-Helmut (Hg.): Jahresbericht der Stiftung Aventinum über das Jahr 1989, (Jahresberichte der Stiftung Aventinum 4), Abensberg 1990, S. 5-35. Hier auch weitere Literatur.

[6] Der Begriff „Mittelpunktsburg" wurde vor über 30 Jahren unter dem Eindruck erfolgreicher Burgengrabungen in Nordhessen geprägt – siehe Gensen, Rolf: Frühmittelalterliche Burgen und Siedlungen im nördlichen Hessen, in: Ausgrabungen in Deutschland 1950-1975, T. 2, Römische Kaiserzeit im freien Germanien. Frühmittelalter, (Monographien des Römisch-Germanischen Zentralmuseums Mainz 1/2), Mainz – Bonn 1975, S. 313-337 und alsbald zur Definition von „Burgentypen" in Bayern übernommen, so vor allem von Schwarz, Klaus: Der frühmittelalterliche Landesausbau in Nordostbayern archäologisch gesehen, in: Ebd., S. 338-407. – Da zum damaligen Zeitpunkt Wurzeln und Entwicklung der so benannten Anlagen in kaum einem Fall archäologisch erkundet waren, sollte man die Bezeichnung nur noch dort verwenden, wo man inzwischen sowohl die ursprüngliche Art als auch die Gründer einer solchen Burg und damit wohl auch die Zweckbestimmung der Objekte kennt. Für Ebersberg trifft beides im Wesentlichen zu. Siehe hierzu auch Mayr, Gottfried: Von den Agilolfingern zu den bayerischen Königen, in: Der Landkreis Ebersberg. Raum und Geschichte, hg. v. d. Kreissparkasse Ebersberg, Stuttgart 1982, S. 102-135, hier besonders S. 114-117.

[7] Siehe den Bericht über die Befunde in Sankt Sebastian in den Ortsakten des Bayerischen Landesamtes für Denkmalpflege, Abteilung Vor- und Frühgeschichte. Trotzdem sollte künftig jeder Bodenaufschluss in und nördlich der Kirche kontrolliert werden, denn Teilbereiche innerhalb des ehemaligen Klosters könnten sich immer noch als ähnlich aufschlussreich erweisen, wie es die Schichtenpakete etwa unter den Domen zu Bamberg und Eichstätt oder unter Sankt Peter in Straubing waren. Siehe Sage, Walter: Die Ausgrabungen in den Domen zu Bamberg und Eichstätt 1969-1972, in: Jahresberichte der Bayerischen Bodendenkmalpflege 17/18, (1976/77) (1978), S. 178-234 u. Ders.: Die Ausgrabungen in der ehemaligen Pfarrkirche St. Peter zu Straubing, in: Jahresberichte des Historischen Vereins Straubing 79 (1976), S. 113-128.

[8] Die Drittmittel kamen in erster Linie von der Deutschen Forschungsgemeinschaft und der Bundesanstalt für Arbeit / Arbeitsamt Ebersberg, Zuschüsse von der Kreissparkasse Ebersberg und der Volksbank Grafing, technische Hilfe von örtlichen Behörden, insbesondere der Stadt Ebersberg. Die örtliche Grabungsleitung lag in den bewährten Händen des inzwischen leider verstorbenen Grabungstechnikers Wilhelm Charlier.

[9] Zu Oberwittelsbach und Wartenberg siehe Sage, Walter: Ausgrabungen an mittelalterlichen Burgen Südbayerns, in: Archäologisches Korrespondenzblatt 11 (1981), S. 255-269 u. Koch Robert: Die Ausgrabungen in Oberwittelsbach, in: Hillar, Irmgard (Hg.): Altbayern in Schwaben. Landkreis Aichach-Friedberg 1979/80, Friedberg 1980, S. 99-120. Zum Bamberger Domberg siehe Sage, Walter: Zur Bedeutung des Bamberger Domberges für die Geschichte des Obermaingebietes im frühen Mittelalter, in: Eichler, Ernst (Hg.): Hans Walther zum 70. Geburtstag, (Onomastica Slavogermanica 19), Berlin 1990, S. 39-50 u. Henning, Lothar (Hg.): Geschichte aus Gruben und Scherben. Archäologische Ausgrabungen auf dem Domberg in Bamberg, Eine didaktische Ausstellung des Historischen Museums Bamberg und des Lehrstuhls für Archäologie des Mittelalters und der Neuzeit an der Universität Bamberg, 20. Juni – 31. Oktober 1993, (Schriften des Historischen Museums Bamberg 26), Bamberg 1993.

[10] Mangels auf das Jahrzehnt genau datierbarer Kleinfunde bleibt dies aber unsicher.

[11] Siehe Anm. 6 u. 9.

[12] Das zeigt sich deutlich an vielen Grubenhäusern, bei denen die Einsatztiefe der wenigen Pfosten bis zu mehr als einem halben Meter variieren kann. Die Bestimmung des Grundrisses ebenerdiger Pfostenhäuser ist aus diesem Grund überall dort nahezu unmöglich, wo man diese Gebäude wegen ihrer geringen Lebensdauer mehrfach am gleichen Platz neu errichtet hat. Siehe hierzu z.B. Sage, Walter: Die fränkische Siedlung bei Gladbach, Kr. Neuwied, (Rheinisches Landesmuseum Bonn, Kleine Museumsführer 7), Düsseldorf 1969; Kind, Claus-Joachim: Ulm-Eggingen. Die Ausgrabungen 1982 bis 1985 in der bandkeramischen Siedlung und der mittelalterlichen Wüstung, (Forschungen und Berichte zur Vor- und Frühgeschichte in Baden-Württemberg 34), Stuttgart 1989, besonders S. 287-360; Böhme, Horst W. (Hg.): Siedlungen und Landesausbau zur Salierzeit, (Monographien des Römisch-Germanischen Zentralmuseums Mainz 27 u. 28), Sigmaringen 1991 u. Zimmermann, Wolf Haio:

Pfosten, Ständer und Schwelle und der Übergang vom Pfosten- zum Ständerbau, in: Probleme der Küstenforschung im südlichen Nordseegebiet 25 (1998), S. 9-240.

[13] Obwohl der Bestand an ausgegrabenen Objekten zugenommen, manche Datierung und Interpretation sich mittlerweile geändert hat, bietet die Arbeit von Donat, Peter: Haus, Hof und Dorf in Mitteleuropa vom 7. bis 12. Jahrhundert. Archäologischer Beitrag zur Entwicklung und Struktur der bäuerlichen Siedlung, (Schriften zur Ur- und Frühgeschichte 33), Berlin 1980, noch immer einen brauchbaren Überblick über Art und Rolle der Grubenhäuser im westlichen und im slawischen Bereich Mitteleuropas.

[14] Geismar: Gensen, Rolf: Die ländliche Siedlung bei Geismar, in: Roth, Helmut (Hg.): Hessen im Frühmittelalter. Archäologie und Kunst, Ausstellung des Museums für Vor- und Frühgeschichte, Sigmaringen 1984, S. 67-69; Schiedberg: Meyer, Werner: Die Ausgrabungen der Burgruine Schiedberg, (Schweizer Beiträge zur Kulturgeschichte und Archäologie des Mittelalters 4), Olten 1977, S. 76, Fig. 23; Hersfeld: Gensen, Rolf: Der Stiftsbezirk Hersfeld. Archäologie des mittelalterlichen Klosterbezirks von Bad Hersfeld, Kr. Hersfeld-Rotenburg, (Archäologische Denkmäler in Hessen 45), Wiesbaden 1985, S. 13; Tilleda: Grimm, Paul: Tilleda. Eine Königspfalz am Kyffhäuser, T. 2, Die Vorburg und Zusammenfassung, (Schriften zur Ur- und Frühgeschichte 40), Berlin 1990, S. 24-64; Sázava: Sommer, Petr.: Ostrov by Davle and Sázava – Excavations in medieval monasteries. Archeology in Bohemia 1981-1985, 1986, S. 209-211, Abb. 11.

[15] Beispielsweise Aschheim, Landkreis München: Dannheimer, Hermann: Aschheim im frühen Mittelalter, T. I, Archäologische Funde und Befunde, (Münchner Beiträge zur Vor- und Frühgeschichte 32/1), München 1988, S. 46-69; Bad Wörishofen-Schlingen: Sage, Walter: Ausgrabungen in der Pfarrkirche St. Marin zu Schlingen, Stadt Bad Wörishofen (Ver. Unterallgäu) in: Jahrbuch der Bayerischen Denkmalpflege 30 (1975/76), S. 105-106; Barbing-Kreuzhof, Stadt Regensburg: Osterhaus, Udo: Oberparbing-Kreuzhof östlich Regensburg. Ausgrabungsnotizen aus Bayern 1977/82; Herrsching am Ammersee: Keller, Erwin: Der frühmittelalterliche Adelsfriedhof mit Kirche von Herrsching am Ammersee, in: Berichte der Bayerischen Bodendenkmalpflege 32/33, (1991/92 (1995)), S. 7-68; Pliening, Landkreis Ebersberg: Codreanu-Windauer, Silvia: Pliening im Frühmittelalter. Bajuwarisches Gräberfeld, Siedlungsbefunde und Kirche, (Materialhefte zur bayerischen Vorgeschichte A 74), Kallmünz 1997, S. 122-128, Abb. 26-30; Straubing, Landkreis Kelheim: Christlein, Rainer: Das Reihengräberfeld und die Kirche von Straubing bei Weltenburg, in: Archäologisches Korrespondenzblatt 1 (1971), S. 51-55. – Allgemein zu frühen Kirchen: Sage, Walter: Kirchenbau. Zu Typen und Bauweise, in: Dannheimer, Hermann / Dopsch, Heinz (Hg.): Die Bajuwaren. Von Severin bis Tassilo 488-788, Gemeinsame Landesausstellung des Freistaates Bayern und des Landes Salzburg, Rosenheim / Bayern, Mattsee / Salzburg, 19. Mai bis 6. November 1988, München – Salzburg 1988, S. 293-299 u. Codreanu-Windauer, Silvia / Wanderwitz, Heinrich: Die frühe Kirche in der Diözese Regensburg, in: Morsbach, Peter (Red.): 1250 Jahre Kunst und Kultur im Bistum Regensburg, (Kunstsammlungen des Bistums Regensburg. Kataloge und Schriften 7), München 1989, S. 9-45.

[16] Beigabenlose Gräber jenes Friedhofs wurden mehrfach bei Bauarbeiten angeschnitten, zuletzt bei der Sparkassenerweiterung und der Kanalverlegung südlich des „Neuwirts" 1973/74; an der letztgenannten Stelle fand sich auch ein Fundament, das einst die Südwand der Kirche getragen haben dürfte. Siehe den Bericht von Markus Krammer bei den Ortsakten des Bayerischen Landesamtes für Denkmalpflege, Abteilung Vor- und Frühgeschichte; Sage, Walter: Ausgrabungen in der ehemaligen Grafenburg zu Ebersberg, Oberbayern, im Jahr 1978, in: Jahresbericht der bayerischen Bodendenkmalpflege 21 (1980), S. 214-228, S. 228 mit Anm. 37 u. Paulhuber (wie Anm. 2), S. 237-238 mit Anm. 1.

[17] Jochen Haberstroh hat die Ohrringe in Anlehnung an das Chronologieschema von Klaus Schwarz eingeordnet, jedoch mit Blick auf die schriftliche Überlieferung verhältnismäßig spät datiert. Der Ohrringtyp tritt ja nicht nur schon in rein merowingischen Gräberfeldern, also noch vor 700 nach Christus auf, vielmehr gilt es inzwischen als wahrscheinlich, dass die Masse der „karolingisch-ottonisch" genannten Friedhöfe schon während des 9. Jahrhunderts endet. Siehe Haberstroh (wie Anm. 1), S. 79-80 mit Anm. 221-224 u. Schwarz, Klaus: Frühmittelalterlicher Landesausbau im östlichen Franken zwischen Steigerwald, Frankenwald und Oberpfälzer Wald, (Monographien des Römisch-Germanischen Zentralmuseums Mainz 5), Sigmaringen 1984, S. 36-84.

[18] Während eine späte Phase der beigabenführenden Reihengräber gerade in Bayern gut vertreten scheint (Stein, Frauke: Adelsgräber des achten Jahrhunderts in Deutschland, (Germanische Denkmäler der Völkerwanderungszeit A 9), Berlin 1967; Dannheimer, Hermann: Lauterhofen im frühen Mittelalter, (Materialhefte zur bayerischen Vorgeschichte 22), Kallmünz in der Oberpfalz 1968; Ders. (wie Anm. 15); Diepolder, Gertrud: Aschheim im frühen Mittelalter, T. II, Ortsgeschichtliche, siedlungs- und flurgenetische Beobachtungen im Raum Aschheim, (Münchner Beiträge zur Vor- und Frühgeschichte 32/2), München 1988), jedoch in der Schlussdatierung etwas strittig ist (z.B. Christlein, Rainer: Das alamannische Reihengräberfeld von Marktoberdorf im Allgäu, (Materialhefte zur Bayerischen Vorgeschichte 21), Kallmünz in der Oberpfalz 1966; Freeden, Uta von: Das frühmittelalterliche Gräberfeld von Moos-Burgstall, Ldkr. Deggendorf, in Niederbayern, in: Berichte der Römisch-Germanischen Kommission 68 (1987), S. 495-637), fehlen südlich der Donau die in Nordostbayern häufigeren „karolingisch-ottonischen" Friedhöfe mit ihrem andersartigen Beigabenspektrum offenbar (noch?) völlig. Eine Ausnahme bildet der unter Sankt Peter zu Straubing aufgedeckte, in die Zeit vor dem frühen 11. Jahrhundert gehörende Friedhof, doch passen die aus ihm stammenden Fibeln überhaupt nicht zu dem nordostbayerischen Beigabengut, sondern allenfalls zu Fibeln aus dem „Burgfriedhof" unter dem Bamberger Dom (9./10. Jahrhundert; siehe Anm. 7 u. 9).

[19] Angesichts der zahlreichen Berichte über ungarische Raubzüge in anderen Gebieten, etwa dort, wo der von Heinrich I. geschlossene Frieden nicht galt, möchte man das Ausbleiben entsprechender Zeugnisse aus Bayern nur ungern als reine Überlieferungslücke betrachten. So schon Reindel, Kurt: Bayern vom Zeitalter der Karolinger bis zum Ende der Welfenherrschaft (788-1180) – I. Die politische Entwicklung, in: Spindler, Max (Hg.): Handbuch der bayerischen Geschichte, 1. Bd., Das alte Bayern. Das Stammesherzogtum bis zum Ausgang des 12. Jahrhunderts, 2., überarb. Aufl., München 1981 (1967), S. 249-349, hier besonders S. 277-302.

[20] Zum Nachweis von Kampfhandlungen siehe Sage (wie Anm. 5). – Die einzige scheinbar präzise Beschreibung eines Gebäudes, nämlich jene der 934 fertiggestellten Kirche als „kreuzförmiger Bau von 50 Fuß Breite und 80 Fuß Länge" wird man schon im Hinblick auf die angeblich nur acht Tage dauernde Bauzeit mit größter Vorsicht betrachten müssen; außerdem ist auch der Begriff „kreuzförmig" mehrdeutig. Ohne im Gelände nachgewiesene Befunde liefert selbst eine derartige Beschreibung für die Bauforschung wenig mehr als einen Datierungsanhalt.

[21] So bei Teilen des Klosters Scheyern, dessen Backsteinwände nur zwei bis drei Ziegellagen unter dem rezenten Niveau enden, oder an der Befestigungsmauer auf der Südwestseite des Schlossberges zu Neuburg an der Donau. Siehe die entsprechenden Berichte in den Ortsakten des Bayerischen Landesamtes für Denkmalpflege, Abteilung Vor- und Frühgeschichte.

[22] Als Beispiel aus etwa vergleichbarer Zeit sei das karolingische „Mörtelmischwerk" vom Münsterhof in Zürich angeführt. Siehe Gutscher, Daniel / Schneider, Jürg E.: Ein karolingisches Mörtelmischwerk, in: Schneider, Jürg E. (Hg.): Der Münsterhof in Zürich. Bericht über die Stadtkernforschungen 1977/78, (Schweizer Beiträge zur Kulturgeschichte und Archäologie des Mittelalters 9), Olten 1982, S. 69-75, mit weiteren mittelalterlichen Funden. Die Überreste in Ebersberg waren nicht groß genug und zu schlecht erhalten, um sie einem ähnlichen Mischwerk zuschreiben zu können. Einfache Kalklösch- oder Mörtelzubereitungsgruben finden sich häufiger.

[23] Der Sankt Galler Plan ist immer wieder interpretiert und zumindest innerhalb der Karolingerzeit wechselnd datiert worden. Immerhin herrscht heute weitgehend Einigkeit darüber, dass er nicht den Grundriss eines real existierenden Klosters wiedergibt. Siehe Hecht, Konrad: Der St. Galler Klosterplan, Sigmaringen 1983.

[24] Siehe Knapp, Ulrich: Das Kloster Maulbronn. Geschichte und Baugeschichte, Stuttgart 1997.

[25] In (früh-)karolingische Zeit gehören u.a. Eichstätt: Sage (wie Anm. 5) u. Ders. (wie Anm. 15), S. 296 mit Abb. 196 (Rekonstruktionsversuch), S. 461-462; Fulda: Oswald, Friedrich / Schaefer, Leo / Sennhauser, Hans Rudolf: Vorromanische Kirchenbauten, (Veröffentlichungen des Zentralinstituts für Kunstgeschichte 3), München 1966/71, S. 84-87; Dies.: Vorromanische Kirchenbauten. Nachtragsband, München 1991, S. 132-133; Müstair: Sennhauser-Girard, Marèse / Sennhauser, Hans Rudolf / u.a.: Das Benediktinerinnenkloster St. Johann in Müstair, Graubünden, (Schweizer Kunstführer 384/385), Bern 1986; Oswald / Schaefer / Sennhauser II (wie Anm. 25), S. 195-196. – Als bekanntes hochmittelalterliches Beispiel sei genannt: Großcomburg bei Schwäbisch Hall. Grundriss z.B. in Wischermann, Heinfried: Romanik in Baden Württemberg, Stuttgart 1987, S. 312-313. Die Situation dort ist in etwa mit Ebersberg vergleichbar, da auch dieses Kloster innerhalb einer als solche bei Baubeginn 1078 allerdings schon aufgegebenen Burg entstand und die schmale Höhe keinen Platz für eine „regelhafte" Anlage bot.

[26] So liegt z.B. das Domkloster in Eichstätt seit dem 11. Jahrhundert ohne unmittelbaren Anschluss neben dem Ostchor der Kathedrale, weil man von der damals ebenfalls geplanten Verlegung des Doms nach Osten wieder Abstand genommen hat. Andere Parallelen hat bereits Jochen Haberstroh (wie Anm. 1), S. 91 mit Anm. 16-18, aufgezählt: Stift Elten am Niederrhein (Bauphase IV), Damenstift Freckenhorst und Kloster Frauenchiemsee. Diese keineswegs falsche Auswahl könnte allerdings die Vorstellung begünstigen, Irregularität von Klosteranlagen sei insgesamt selten. Um den Nachweis des Gegenteils an dieser Stelle nicht zu einer überlangen Liste ausarten zu lassen, wird nur auf zwei ausgewählte Publikationen verwiesen, die jeweils eine größere Zahl von Klöstern hoch- bis spätmittelalterlicher Entstehung aus ganz verschiedenen Regionen behandeln und einen ersten Überblick über die Vielfalt an Grundrisslösungen bieten: Schumacher, Eduard: Die Bauanlage des Nonnenklosters Zeven und die norddeutschen Frauenklöster, (Studien zur Bauforschung), Bonn 1989 u. Grunder, Karl (Red.): Zisterzienserbauten in der Schweiz. Neue Forschungsergebnisse zur Archäologie und Kunstgeschichte, (Veröffentlichungen des Instituts für Denkmalpflege an der Eidgenössischen Technischen Hochschule Zürich 10.1-2), Zürich 1990.

[27] Siehe Hager, Georg: Kunstgeschichte des Klosters Ebersberg, in: Ders.: Heimatkunst, Klosterstudien, Denkmalpflege, München 1909, S. 207-253, S. 216-217; Kastner (wie Anm. 3), S. 58, 61 u. Krammer, Markus: Die Pienzenauer im Ebersberger Raum, in: Der Landkreis Ebersberg. Geschichte und Gegenwart 1, hg. v. d. Kreissparkasse Ebersberg, Stuttgart 1986, S. 66-81, S. 66-70 u.ö..

[28] Den Stich Michael Wenings siehe im Beitrag von Rotraut Acker in vorliegendem Band.

[29] Seit dem ausgehenden Mittelalter fanden vor allem aus Backstein gemauerte Einzelgräber weite Verbreitung, doch auch geräumigere Grüfte für mehrere oder viele Bestattungen kamen bald in Gebrauch. Ein ungewöhnliches Beispiel der letzteren Art beschrieb Haas, Walter: Eine Gruftanlage für die sitzende Bestattung in der Klosterkirche Benediktbeuern, in: Studien und Mitteilungen zur Geschichte des Benediktinerordens 84 (1973), S. 158-169.

[30] Siehe Anm.27

[31] Die besagte Darstellung findet sich auf dem Epitaph des Benediktinerabtes Sigmund Kulbinger (1580-1584) in der heutigen Herz-Jesu-Kapelle der Sebastianskirche. Abbildung im Beitrag von Rotraut Acker in vorliegendem Band.

Abbildungsnachweis
Bayerisches Landesamt für Denkmalpflege, München Abb. 1-6 u. 8-23.
Markus Krammer, Ebersberg: Abb. 7. Klaus Leidorf, München: Abb. 1.

Brigitte Schliewen

Überlegungen zur mittelalterlichen Baugeschichte der Ebersberger Klosterkirche

Aus historischer Distanz lassen sich zwischen dem ersten aus Stein errichteten Kirchenbau und jenem zur Zeit der Auflösung des Klosters Ebersberg im Jahr 1808 (Abb.1) mehrere Phasen lebhafter Bautätigkeit ablesen, die immer wieder von Ruheintervallen unterbrochen wurden. Bezeichnenderweise war ein echter „Bauwurmb", wie im Zeitalter des Barock die Baulust in ihrem Gemisch aus künstlerisch gestaltender Ambition und Herrschaftsdarstellung genannt wurde, wohl nur unter den Jesuiten der Anstoß für die Umwandlung der alten Benediktinerkirche und von Teilen der Konventbauten in eine repräsentative Barockresidenz (von ca. 1610-1671)[1] und später noch einmal um 1750 für eine Anpassung an den zeitgenössischen Rokokostil.

Die übrigen Baumaßnahmen erfolgten nach unterschiedlichen Gesichtspunkten, die liturgisch und baufunktionell bedingt oder durch Raumprobleme infolge wachsender Pilgerströme erforderlich geworden waren. So kann der Bau der ersten aus Stein errichteten, dreischiffigen Kirche ebenso wie der spätere gotische Chor- und Sakristeiumbau (1450-1455) mit der Wallfahrt zur hochverehrten Schädelreliquie des heiligen Sebastian in Verbindung gebracht werden, die Augustinerpropst Hunfried 931 aus Rom nach Ebersberg geholt hatte.[2] Der Besitz der kostbaren Reliquie – Reliquien waren im Mittelalter zwar für den einzelnen Pilger Andenken an verehrte Heilige, deren Hilfe ersehnt wurde, für geistliche und weltliche Machthaber bildeten sie jedoch ein nicht zu unterschätzendes Politikum – löste einen ersten überregionalen Wallfahrerzustrom aus, dem die von Graf Sieghard innerhalb der Burg errichtete Marienkapelle nicht gewachsen sein konnte.[3] Im Zuge der Melker Reformbewegung erweckte fünfhundert Jahre später der Benediktinerabt Eckhard (1446-1472) mit der Gründung einer Sebastiansbruderschaft die Wallfahrtsbewegung zu

neuem Leben. Die Masse der daraufhin in die Kirche strömenden Pilger wurde jetzt durch einen Lettner zwischen neuerrichtetem Chorbau und Kirchenschiff von den Konventualen getrennt, so dass die Mönche ihre Stundengebete ungestört verrichten konnten.
Raummangel und wiederkehrende statische Probleme durch den nahen, südwestlich der Sebastianskirche gelegenen, vermutlich durch Quellwasser zusätzlich instabilen Berghang[4] führten unter Abt Burkhard (1184-1201) zu einem umfassenden Klosterumbau, der insbesondere einer Verlegung des Kreuzganges von der Süd- auf die Nordseite galt.[5] Nur knapp dreißig Jahre nach diesem Großprojekt schloss sich unter Abt Ulrich (1217-1231) der Plan zur Errichtung einer Doppelturmfassade im Westen der Kirche an, ein Vorhaben, das aber durch den Tod des Abtes bei einem Turm, dem Südturm, steckenblieb. Die für mittelalterliche Verhältnisse relativ geringe Zeitdifferenz zwischen beiden Bauvorhaben lässt den hypothetischen Gedanken aufkommen, dass ursprünglich ein Gesamtplan für beide Projekte vorgelegen haben wird, der jedoch infolge ihrer relativ kurzen Amtsperioden von verschiedenen Äbten ausgeführt wurde. – Die Brandkatastrophe von 1305 erforderte einen nahezu völligen Neubau von Kirche und Konventgebäuden unter Abt Otto von Siegersdorf (1299-1343). Auch im Jahr 1781 zwang ein Kirchenbrand zur Erneuerung des eingestürzten Kirchengewölbes unter den Maltesern.

Sieht man von den baulichen Veränderungen unter den Jesuiten im 17. und 18. Jahrhundert ab, so wurden – im Rückblick betrachtet – die größeren Bauphasen des Klosters durch Umbauprojekte infolge wachsender Pilgerströme, durch liturgische Vorgaben und statische Probleme sowie durch Neubauten nach substanzgefährdenden Brandschäden geprägt.

Zu den frühen Kirchen in Ebersberg

Die Valentinskirche

Das anstelle einer älteren, im Burgbezirk gelegenen Marienkapelle 928 bis 934 gebaute, doch erst 970 von Erzbischof Friedrich von Salzburg geweihte Ebersberger Gotteshaus[6] war nicht die älteste Kirche Ebersbergs; denn schon Graf Sieghard soll in der Nähe eine alte Valentinskirche restauriert haben.[7] Diese offenbar bereits im 9. Jahrhundert reparaturbedürftige kleine Kirche wird ebenso aus Holz bestanden haben wie die erste Burg, von der es im Chronicon heißt: „[...] lignis oppidum construitur [...] et flexa silva munitur"[8] und in einer Schriftquelle aus dem 17. Jahrhundert: „oppidum de lignis ibi construitur, moenia similiter erigvitur [...]"[9]. Ihr Patron, der heilige Valentin, legt es nahe, den ersten Bau zurück in das 8. Jahrhundert zu datieren, denn die Gebeine des besonders in Tirol und Bayern beliebten Missionsbischofs, der ein verkrüppeltes Kind geheilt haben soll, wurden 761 von Herzog Tassilo von Trient nach Passau überführt.[10] Im Gefolge dieser Reliquientranslation dürfte dann eine allgemeine Verehrung des Heiligen eingesetzt haben.

Im Jahr 1305 brannte die Valentinskirche – trotz ihrer relativen Entfernung zum Kloster – mit fast allen Gebäuden des mauerumwehrten Komplexes ab, doch Abt Otto von Siegersdorf ließ sie bis 1312 wieder aufbauen.[11] Heute ist die alte Pfarrkirche verschwunden, nach ihrem Abriss im Jahre 1807 entstand 1808 an ihrer Stelle ein Gasthaus, der „Neuwirt". – Wir kennen zwar den Kirchturm aus

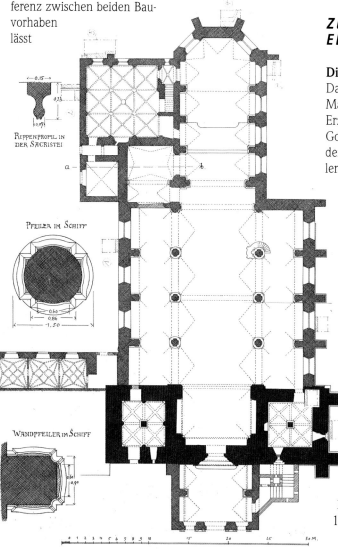

Abb. 1: Ebersberg, Sankt Sebastian. Undatierter Grundriss, wohl um 1900.

alten Ansichten[11a], doch wie sah das Schiff der Kirche aus, nach welchem Grundriss war die Kirche konzipiert? In Chronikberichten stößt man auf einige Formulierungen und Restaurierungsbeschreibungen, die stutzig machen. Zuerst einmal ist die Rede davon, dass Abt Sebastian (1472-1500) 1472 die gesamte Kirche mit beiden Chören („chorumque utrumque") habe ausmalen, – wahrscheinlich freskieren – lassen.[12] Das ist für mittelalterliche Kirchen nicht ungewöhnlich. Doch steht in dem Bericht auch, dass der hintere Chor („chorum posterium") restauriert werden und „die südliche Mauer mit der westlichen durch eiserne Bänder"[13] verbunden werden musste, da die südliche, von Abt Otto wegen Erweiterung der Kirche angebaute Mauer, dem Druck des Gewölbes nachzugeben drohte. Die Verbindung von „hinterem Chor" und westlichem Mauerwerk evoziert die Vorstellung einer Kirche mit Ost- und Westchor. Aufschlussreich erscheint in diesem Zusammenhang die Erwähnung einer Basilika in einer Chronik des 17. Jahrhunderts: „Basilicam S. Valentini in ambitum Monasterii comprehensam [...]."[14] Selbst wenn bei der Auslegung des Wortes „Basilika" in barocken Schriften Vorsicht geboten ist, lassen die Begriffe Basilika und Doppelchörigkeit zusammengenommen an den klassisch-strengen, vorromanischen Bautypus einer dreischiffigen Säulenbasilika denken, der allerdings zu Lebzeiten Abt Ottos durch aufkommende gotische Stileinflüsse bereits überholt gewesen sein dürfte. Vielleicht ließ der Abt 1312 die neue Kirche aber nach einem in der Höhenstaffelung modifizierten Basilika-Schema wiedererrichten, zusätzlich mit einer Erweiterung nach Süden. Zu dieser Überlegung könnte eine Notiz Paulhubers passen, nach der schon 1023 eine zweite Valentinskirche gebaut wurde, die bedeutend größer als die Vorgängerin gewesen und mit zahlreichen Stiftungen bedacht worden sein soll. Entgegen der Meinung Paulhubers müsste sie dann unter Abt Reginbold (nach Hundt: 1013-1024) entstanden sein.[15] Wenn nicht der Zufall durch eine bis heute unentdeckte Quelle Klarheit verschafft, wird wohl die Bauform der ersten Ebersberger Kirche nicht mehr genau zu eruieren sein, da das Grundstück durch den Gasthof „Neuwirt" überbaut und damit für Grabungen unzugänglich geworden ist. Noch zwei Relikte erinnern möglicherweise an die im Zuge der Säkularisation abgerissene Kirche. In der Vorhalle der Sebastianskirche hängt heute ein 240 auf 180 Zentimeter großes Gemälde von Johann Christoph Storer (1620-1671) mit der Darstellung des „Hl. Valentin als Krankenpatron", das einst wohl das Altarblatt des Choraltares der Valentinskirche war.[16] – Außerdem werden im Stadtarchiv Ebersberg zwei 20 auf 20 Zentimeter große und circa sechs Zentimeter starke Ziegelsteine mit lanzettförmigen Blattmotiven[17] verwahrt, deren Herkunft ungeklärt ist. (Abb. 2) Sie stimmen exakt mit dem Fliesendekor eines kleinen Raumes oberhalb der Sakristei[18] in der Sebastianskirche überein, das große Ähnlichkeit mit spätgotischen Ornamentfußböden besitzt.[19] Da in der um 1600 geschriebenen Chronik unter den von Abt Sebastian für die Kirche Sankt Valentin ausgeführten Reparaturen ausdrücklich die Verlegung eines dritten Fußbodens genannt wird,[20] könnten die beiden gebrannten Steine von dorther stammen, vor dem Abbruch der Kirche gerettet und später in das – 1925 abgebrannte – Museum im Ebersberger Rathaus verbracht worden sein.

Abb. 2: Spätgotische Ziegel mit Lanzettornament.

Frühe Marienkapellen

Nach Guggetzer / Kastner / Meyer wurde schon im Jahr 880 von Bischof Arnold von Freising eine von Graf Sieghard erbaute Marienkapelle aus Holz geweiht.[21] Bereits Paulhuber nahm an, dass diese innerhalb des Burggeländes gelegene Marienkapelle[22] eine Vorgängerkirche der Klosterkirche gewesen sei.[23] Durch die von Walter Sage 1978/79 ausgeführten Grabungen ist man offenkundig auf mittelalterliche Fundamente einer 1781 abgebrochenen, südlich des Chores der Sebastianskirche, aber wohl östlich des ersten Kreuzganges gelegenen spätgotischen Marienkapelle (und Stephanuskapelle?) gestoßen,[24] womit die schon von Georg Hager 1901 unternommenen Untersuchungen zur Lage vieler

Marienkapellen in Klosteranlagen bestätigt wurden.[25] Seit wann allerdings an der Chorsüdseite eine Marienkapelle stand, bleibt unklar. Nur soviel ist nach der schriftlichen Überlieferung erwiesen, dass das Patrozinium der Gottesmutter vorrangig beim Bau der ersten von Graf Eberhard aus Stein erbauten Klosteranlage genannt wurde, denn im Cartular des Klosters Ebersberg heißt es, dass die Grafenbrüder Eberhard und Adalbero „monasterium construxerunt in honorem Dei et sanctae Mariae genetricis eius sanctorumque martyrum Sebastiani, Cyriaci [...]."[26] Der Märtyrer Sebastian wurde erst an dritter Stelle nach Christus und seiner Mutter zum Schutz seiner Kirche angerufen.

Eine der Gottesmutter geweihte Kapelle mit Marienaltar existierte in jedem Fall, wenn man den barocken Schriftquellen trauen darf, in der 970 dem heiligen Sebastian geweihten Klosterkirche. Ob die Vorgängerkapelle abgerissen worden war oder um sie herum eine Kirche aus Steinen aufgerichtet wurde, bleibt dahingestellt. In dem retrospektiven Bericht des jesuitischen Chronisten heißt es, schon Graf Eberhard habe Kapelle und Altar des heiligen Stephanus „inter chorum templi et sacellum Diuae Virginis erexit". Nach dieser Schilderung standen Kapelle und Altar des heiligen Stephanus zwischen Chor und Marienkapelle, was bedeutet, dass sich vormals eine Marienkapelle am Chorscheitel, wohl in der Apsis[27], befand,[28] zumal es an anderer Stelle bei der Aufzählung der geweihten Choraltäre heißt, „extra cancellos chori in medio, sola Diva Maria",[29] dass also ein Marienaltar außerhalb der Chorschranken, aber in der Mitte (!) des Chores gestanden habe. Immerhin können wir nach diesem Bericht annehmen, dass es in dem früheren Bau Chorschranken, vielleicht einen Chorumgang gab. Wahrscheinlich gab es außerdem südlich neben der Stephanuskapelle an der südlichen Chorseite schon eine weitere Maria geweihte Kapelle, was vielen uns bekannten barocken Abbildungen entsprechen würde[30] und nicht ungewöhnlich wäre. In jedem Falle ist die Existenz mindestens einer Marienkapelle im Laufe des Mittelalters immer wieder bezeugt worden. Von den Päpsten Urban IV. (1261-1264) und Johann XXII. (1316-1334) wurden Ablässe für die Marienkapelle verliehen,[31] darunter für einen „Englischen Gruß". Paulhuber erwähnt „eine besondere Vorliebe für die Mutter-Gottes-Kapelle" bei Abt Ulrich III. (1287-1298).[32] Erstaunlicherweise scheint diese Kapelle bei dem verheerenden Klosterbrand von 1305 als einziger Bauteil erhalten geblieben zu sein, doch muss sie größere Schäden erlitten haben, denn 1455 fand unter Abt Eckhard die Weihe einer neu erbauten Marienkapelle sowie der Stephanuskapelle, der bevorzugten Grablege der Pienzenauer, statt,[33] wobei sich erneut die Frage stellt, zu welcher Zeit die Marien- und die Stephanuskapelle an der südlichen Chorseite errichtet wurden und ob sie an die Stelle von früheren Chorkapellen getreten sind. Jedenfalls befanden sich in der Marien- oder Frauenkapelle die Grablegen der Äbte Stephan (gest. 1385)[34] und Eckhard (gest. 1474)[35] sowie das Hochgrab des Abtes Philipp Höhenberger (gest. 1412), dessen stark behauene Deckplatte bei einem Fund während einer Kirchenrestaurierung im Jahr 1966 unter den Chorstufen der Pfarrkirche wiederentdeckt werden konnte.[37]

Zur sogenannten Kreuzform der vorromanischen Klosterkirche

Die Schriftquellen vom 11. bis zum 17. Jahrhundert berichten übereinstimmend von einer Kreuzform der ersten, 934 von Graf Eberhard aus Stein erbauten Klosterkirche in Ebersberg: „aecclesia in crucis modum"[38]; „ein kyrchen ward gepawt in maß als ein chreutz"[39]; „ecclesia in crucis modum aedificatur"[40]; "Fecit [Hunfridus] autem Basilicam ipsam in formam crucis"[41]. Vermutlich stützten sich die jüngeren Chronisten in der Hauptsache auf den Text des Chronicon Ebersperngense, den sie ja teilweise wörtlich zitieren, der Schreiber des Clm. 1351 beruft sich dabei ausdrücklich auf „nostri Chronographi"[42]. Gemessen an der sonst für diese frühe Zeit dünnen Quellenlage, bedeutet die mehrfache Beschreibung des ersten Kirchengrundrisses einen Glücksfall. Bei Grabungen konnte jedoch bisher kein Hinweis auf eine Kreuzform gefunden werden. Während der in den fünfziger Jahren des 20. Jahrhunderts vorgenommenen Baumaßnahmen zur Anlage einer Kanalisation im Bereich der ehemaligen Konventgebäude (heute: Finanzamt) sowie zur Kirchenentwässerung wurden zwar Schürfgruben an der Nord-, Ost- und Südseite des Chores gelegt,[43] doch konnte ich zur Grundrissform der vorromanischen Kirche keine weiterführenden Angaben finden. Ebenso brachten die Befundberichte zu den 1966 durchgeführten Grabungen im Chorbereich anlässlich der Installierung einer Kirchenheizung keine für diese Thematik relevanten Ergebnisse. Auch die späteren, bis 1978/79 unter Leitung von Walter Sage durchgeführten Grabungen, die allerdings fast nur den Teil südöstlich bis südwestlich / westlich der Kirche berücksichtigen konnten, brachten zwar wichtige Erkenntnisse im Hinblick auf die verschiedenen Bauphasen der Ebersberger Burganlage,[44] nicht aber auf den Grundriss der ersten Ebersberger Kirche.

Es erhebt sich die Frage, ob der Verfasser des Chronicon wirklich eine kreuzförmige Kirche im Typus und im Sinne frühchristlicher Kreuz-Kirchen meinte oder ob er nicht eher an eine Basilikaform dachte, deren Presbyterium im Osten von zwei Nebenräumen (Pastophorien) flankiert wurde, so dass die Kirche durch ein Querhaus automatisch als „Dreizellenanlage" eine kreuzartige Gestalt erhielt.[45] Dabei dürfte der Einfluss der Kanoniker, denen schon Graf Eberhard im Jahr 911 ein erstes Kloster gebaut haben soll,[46] auf den Entwurf der ersten Ebersberger Steinkirche von Bedeutung gewesen sein; denn die Herkunft ihrer Kongregation weist mit dem 766 gestorbenen heiligen Chrodegang, dem Begründer der Kanoniker-Regel und Bischof von Metz,[47] nach Westen. Ins westliche Frankenreich weisen ebenfalls Namen wie Sebastian, Martin und Vitus, unter deren Schutz 970 in Ebersberg Kirche und Hochaltar gestellt wurden:[48] Die Gebeine des heiligen Sebastian sollen der Überlieferung nach – abgesehen von seinem 931 von Propst Hunfried nach Ebersberg überführten Cranium –[49] in die Klosterkirche Saint-Médard in Soissons gekommen sein.[50] Der 397 gestorbene heilige Martin bekleidete das Amt des Bischofs von Tours und wurde zum fränkischen Nationalheiligen; die Reliquien des Märtyrers Vitus (Veit) brachte man vor 784 nach Saint-Denis.[51]

Schon für sich genommen ergeben die Namen der Patrone des „altare principale" deutliche Anhaltspunkte für eine Orientierung der Kanoniker an den karolingischen Westen. In Verbindung mit den engen verwandtschaftlichen Beziehungen des Ebersberger Grafengeschlechtes zum karolingischen Herrscherhaus – Graf Sieghard war wohl verwandt mit der Mutter Arnulfs von Kärnten, des späteren Kaisers –[52] stößt man deshalb nicht unerwartet auf mögliche merowingische und karolingische Architekturanalogien zu Ebersberg. Sie zeigen sich im Grundriss der Grabeskirche von Saint-Germain-des-Prés aus dem 6. Jahrhundert, deren mittelalterliche Beschreibung sich fast mit der Ebersberger deckt: „in modum crucis aedificare disposuit"[53], oder in dem der Basilika mit Querhaus von Saint-Denis (erbaut 754-775).[54] Schließlich weist der sogenannte Idealplan von Sankt Gallen[55] diese Kirchenform – allerdings mit einem östlichen und westlichen Querhaus – aus.

Wie Sankt Gallen gehörte das Kloster Reichenau, dessen karolingischer Handschriftenbestand zwar fast vollständig verloren ist, aus dessen Scriptorium jedoch suggestiv abstrahierende Werke der ottonischen Buchmalerei hervorgegangen sind, zu den Eliteschmieden der karolingischen Kaiser und ihrer sächsischen Nachfolger. Zeitlich und historisch nicht sehr weit von dem bislang nur durch Schriftzeugnisse zu belegenden Ebersberger Kirchentypus entfernt, lässt sich der 896 mit Reliquien ausgestattete Erstbau der Kirche Sankt Georg in Reichenau-Oberzell zu einem Vergleich der Bauformen heranziehen. (Abb. 3) Die Kirche besaß ein Querhaus, das „im Osten in beiden Armen ursprünglich in großen Konchen [...] in Mauerverband mit den Seitenschiffwänden endete".[56] Es hatte inklusive Vierung von 6,8 Metern eine Mittelschifflänge von 25,6 Metern und eine Mittelschiffbreite von 8,1 Metern (ohne Seitenschiffe).[57] Nach dem Chronicon maß die Ebersberger Kirche in der Länge 80 Fuß, in der Breite 50 Fuß („50 pedum latitudine, 80 pedum longitudine"). Bei einem annähernden Verhältnis

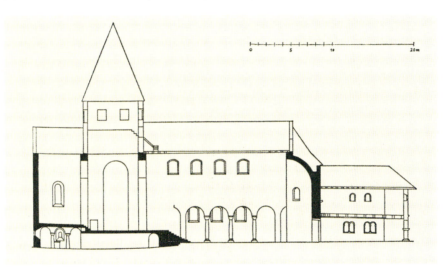

Abb. 3: Reichenau-Oberzell, Sankt Georg. Längsschnitt von Kirche und Krypta.

von etwa 3 Fuß entsprechend 1 Meter[58] muss nach dieser Quelle die erste Ebersberger Klosterkirche ungefähr 26,6 Meter lang und 16,6 Meter breit gewesen sein und damit in etwa die Länge der Reichenauer Klosterkirche besessen haben.

Zum Baukörper der Reichenauer Kirche gehörten ursprünglich zwei, eher vermutlich drei[59] mit Altären besetzte Konchen (Nischen) an den Seitenschiffen und eine 6 auf 6 Meter große Krypta. Für einen Vergleich mit Ebersberg schließen sich damit zwei zusätzliche Fragen zur Bauform und zur Plazierung der Altäre in der ersten Kirche an, geht man von ihrem kreuzförmigen Grundriss aus:

I) Besaß die Kirche in Mittelschiff und Querhäusern Apsiden? Nach den Angaben in der Jesuiten-Chronik Clm. 1351 besaß die Kirche bei ihrer Weihe im Jahr 970 fünf Altäre sowie eine „neue Kapelle" mit einem den Heiligen Stephanus und Maternus geweihten Altar:

1) Einen Hauptaltar mit den Patrozinien der Trinität, des Heiligen Kreuzes, der Gottesmutter sowie der Heiligen Sebastian, Martin, Vitus und Cyriacus; 2) einen zweiten Hauptaltar „rückwärts", der Johannes dem Täufer und Johannes dem Evangelisten geweiht war; 3) einen Maria geweihten Altar „in der Mitte außerhalb der Chorschranken"(„extra cancellos chori in medio")[60]; 4) zur Rechten des Chores einen Allerheiligenaltar und 5) zu seiner Linken einen Petrusaltar.[61] Die hier geschilderte Plazierung der Altäre evoziert die Vorstellung vom Standort des Marienaltares in einer, wahrscheinlich etwas größeren, Chorapsis und zwei Nebenapsiden mit den Petrus und allen Heiligen geweihten Altären. Der Hauptaltar mit der Reliquie des heiligen Sebastian, des Trägers von Kirchen- und Altarpatrozinium, befand sich traditionsgemäß im Chor, wobei die Bemerkung Hagers hilfreich ist, dass sich „die Apsis nicht direkt an das Querschiff [...] legte, sondern an einen über dieses hinaus verlängerten Chorraum."[62]

Dabei muss es sich um einen Altar mit einer Confessio, einer Vorkammer zur Aufbewahrung der Reliquien unter der Mensa, gehandelt haben, denn der Verfasser des Chronicon beschreibt sehr genau, wie die Messe an diesem Altar gefeiert wurde: dabei wurde eine geweihte Tafel aus Marmor, die die Reliquien Sankt Sebastians enthielt, auf den Altar gestellt („Tabula consecratum marmor habens super aram ponitur continens sancti Sebastiani reliquias [...]").[63] Noch ausführlicher geht der Chronist aus dem ausgehenden 15. Jahrhundert auf diesen Altar ein: „[...] legt man ainen viereckattn alterstain auf den altar der geweicht was und in dem altarstain was verschlossn das wirdig hailtum sand Sebastian [...]".[64] Und aus der Beschreibung des Autors der im 17. Jahrhundert verfassten Chronik lässt sich Material, Form und Beschaffenheit dieser Altartafel genau ablesen: „altariola Deo sacrata, ex perpolito marmore ligneis margini-

Abb. 4: Tafelförmiger Tragaltar, 12. Jahrhundert.

bus immißo comparata, portatilia vocant" („der Gott geweihte Altar, Portatile genannt, war aus einer in einen Holzrahmen eingelassenen feinpolierten Marmorplatte gearbeitet").[65] Damit wissen wir, dass es sich um eine Altartafel handelte, die, bei der Messe auf die Altarmensa oder, wenn sie auf Reisen mitgenommen wurde, bei der Feier der Eucharistie auch auf behelfsmäßige Altartische gestellt werden konnte. (Abb. 4) Die wohl wichtigste Schlussfolgerung aus diesem Textzitat für die berühmte Ebersberger Sebastiansreliquie ist jedoch die nun gewonnene Kenntnis von Art und Gestalt des kostbaren Behältnisses, in dem sie (mit noch anderen Reliquien) verwahrt wurde, bevor ein gotischer Goldschmied das bekannte silbervergoldete Büstenreliquiar des Märtyrers Sebastian fertigte. Nicht klar ist allerdings, ob der jüngere Chronist das erste Reliquiar, den Tragaltar, noch nach eigenem Augenschein beschreiben konnte oder ob er sich auf eine unbekannte Überlieferung stützte.[66] – Der Standort des Johannes dem Täufer und Johannes dem Evangelisten geweihten Altares „retro summam"[67] wird sich auf der Rückseite des Hauptaltares im Chor befunden haben. – Schwieriger ist die Lage des ersten Stephanusaltares zu eruieren; denn in der Chronik Clm. 1351 wird die Stelle, an der Graf Eberhard den Stephanusaltar errichtete, zwar exakt mit den Worten „inter chorum templi et sacellum D. Virginis" beschrieben, doch bleibt die Plazierung der Ebersberger Marienkapelle mit ihrem Altar im 10. Jahrhundert unsicher. (Siehe oben!) Seine Stellung zwischen Chor und Marienkapelle kann auch auf einen Platz im Chorumgang hinweisen, dessen Existenz jedoch nur aus den „cancellos chori"[68] zu erschließen ist.

II) Besaß die von Graf Eberhard errichtete Kirche eine Krypta? Eine zwar geographisch, nicht aber zeitlich weit entfernte Basilika in Kreuzform mit einem in der Flucht der Seitenschiffe liegenden Querhaus bietet sich hier als Vergleichsbeispiel für die erste Ebersberger Kirche an: die Stiftskirche von Gernrode in Sachsen-Anhalt mit dem Patrozinium des heiligen Cyriacus, der auch einer der Nebenpatrone von Ebersberg war. (Abb. 5) Der um 961 begonnene Bau der Basilika wurde als Memorialkirche des Markgrafen Gero und seines frühverstorbenen Sohnes errichtet. Im Unterschied zu Ebersberg besitzt die Kirche noch heute eine Ostkrypta, also einen begehbaren Raum unter dem Chor, in dem die Armreliquie des heiligen Cyriacus aufbewahrt wurde. Ob sich auch in Ebersberg unter dem Chor der Sebastianskirche eine ähnliche Krypta befand, kann ohne eine in die Tiefe gehende wissenschaftliche Grabung unter dem Presbyterium nicht beurteilt werden.[69] Spätere Abmauerungen unter dem östlichen Mittelschiff könnten jedoch als Anhaltspunkt für starke bauliche Veränderungen während des Chorneubaus unter Abt Eckhard zu werten sein oder in jüngerer Zeit auf Umbauten für die Jesuitengrüfte hinweisen.[70] Außerdem deuten die mehrfachen Hinweise auf einen Hauptaltar im Chorraum mit den in dem Portatile eingeschlossenen Reliquien darauf hin,

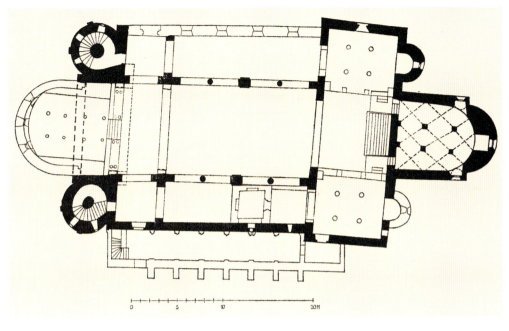

Abb. 5: Gernrode, Grundriss der Stiftskirche.

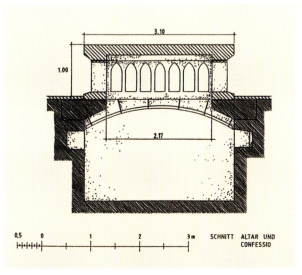

Abb. 6: Regensburg, Dom. Rekonstruktion von Hochaltar und Confessio.

dass der Altar rückwärtig eine Confessio, das heißt einen Raum unter dem Altartisch besessen haben wird. Durch eine nischenartige Öffnung der Altarmensa konnten die Wallfahrer dort vor den im Tragaltar verborgenen Reliquien beten und ihn mit kleinen Tüchern bedecken, die sie als indirekte Berührungsreliquien zur ständigen Verehrung mit nach Hause nahmen.[71] Ähnlich der Rekonstruktion einer unterirdischen Confessioanlage im Regensburger Dom, kann zudem eine schmale seitliche Treppe hinab in die Krypta unter dem Chor geführt haben.[72] (Abb. 6) Vorläufig bleibt diese Überlegung jedoch Spekulation, solange die archivalischen Hinweise keine Bestätigung durch eine Grabung unter dem Chorbereich gefunden haben.

Die Gernroder Kirche fällt mit ihrem Baubeginn von 961 in die Zeit zwischen Bau- und Weihephase der Sebastianskirche (934-970). Wie Graf Eberhard, war Gero ein Gefolgsmann Ottos I., der als Markgraf die Ostgrenzen des Reiches verteidigte, aber auch durch Bistumsgründungen (z.B. Magdeburg u. Havelberg) die Mission nach Osten ausdehnte. Wie Graf Eberhard, der im Jahr 931 das Cranium des heiligen Sebastian durch Propst Hunfried nach Ebersberg bringen ließ, erwarb Gero ebenfalls in Rom eine Reliquie des heiligen Cyriacus für seine Kirchengründung. Ähnlich ist im Vergleich auch die Entstehungsgeschichte des Klosters, wonach Eberhard Kanoniker nach Ebersberg holte, Gero Kanonissen nach Gernrode für das dortige adelige Stift. Am erstaunlichsten erscheint uns als auf materielle Absicherung Bedachte, dass so zukunftsgerichtete Kirchengründungen wie die in Ebersberg in eine höchst instabile, kriegerische Umbruchszeit mit wüsten Verheerungen fielen, in der die karolingisch-fränkische Reichspolitik endgültig zugrundegegangen war. Die existentielle Gefahr für die christliche Kultur des lateinischen Westens wurde erst mit dem Sieg König Ottos, des nachmaligen „Sachsenkaisers", im Jahr 955 über die Hunnen endgültig beseitigt. Insofern erweisen sich, abgesehen von den bischöflichen Querelen mit Graf Eberhard, auch unter diesem Aspekt die nach der Fertigstellung des Kirchenbaues auffallend späte Weihe der ersten Sebastianskirche, aber auch der Gernroder Baubeginn sechs Jahre nach dieser für die europäische Geschichte positiven Zäsur als verständlich. Darüber hinaus macht der Vergleich der frühen Kirchenbauten Reichenau / Ebersberg oder Gernrode / Ebersberg deutlich, wie sehr die Ebersberger Grafen durch ihre ideelle und reale Bindung an das jeweilige Kaiserhaus, ob karolingisch oder sächsisch, geprägt waren. Insofern gewinnt die Bemerkung Hagers über die Rolle der Ebersberger Kirche „in Kreuzform" in ihrem Verhältnis zu den in der Regel sonst querschifflosen romanischen Basiliken Oberbayerns eine besondere Bedeutung.[73]

Zum Problem des doppelt gewölbten Chores

Gemessen an der mageren historischen Quellensituation anderer Kirchen, deren Baugeschichte bis zu vorromanischen Anfängen zurückreicht, besitzt Ebersberg einen soliden Fundus an Urkunden und anderen Dokumenten. Je weiter sie an die neuere Geschichte heranreichen, desto lebhafter sprudeln natürlich die Schriftzeugnisse. So konnte Georg Hager zum Chorneubau der Sebastianskirche Textpassagen aus drei Chroniken beziehungsweise Annalen veröffentlichen,[74] die, obwohl sie aus unterschiedlichen Zeiten stammen, relativ konkrete Aus-

Abb. 7: Erfurt, Predigerkirche. Blick auf Lettner und dahinterliegenden Mönchschor.

kunft zu Konzept und Aufbau des von Abt Eckhard initiierten Bauprojektes geben können. In der Handschrift Clm. 5969 ist es ein Zeitzeuge, der schreibt: „chorus ecclesie cum quibusdum suis altaribus [...] cum testudine infra et supra [...] funditus est erectus" („der Chor der Kirche wurde mit seinen Altären und dem unteren und oberen Gewölbe von Grund auf erbaut").[75] Um 1600, wohl kurz vor dem Abriss, beschreibt ein Chronist diesen Chorbau mit den Worten: „excitare coepit [...] chorum insuper templi [...] cum duplici testudine seu fornice, quarum inferiori superimposuit chorum pro cantandis a fratribus horis atque officiis divinis" („er begann in der Kirche einen Chor mit doppeltem Gewölbe zu bauen, indem er den Chor, der den Mönchen zum Absingen des Stundengebetes und zur Messfeier diente, auf den unteren setzte").[76] 1610 schreibt ein jesuitischer Verfasser, nachdem der Chor bereits abgerissen worden war: „odeum, quod prope summum altare ab uno ad alterum murum transmissum [...], destructum" („das Odeum, das sich in der Nähe des Hauptaltares von der einen zur anderen Kirchenmauer erstreckte, wurde abgerissen").[77] Wir besitzen damit eigentlich genügend Beschreibungen, um uns ein Bild von dem verlorenen Chorbau machen zu können. Das Problem liegt jedoch in der Interpretation der Texte. Hager deutete die Bausituation in den Denkmälerinventaren mit folgenden Worten: „Der obere Chor, auch Brüder- oder Mönchschor genannt, war also ein tiefer Lettner, ein Odeum, im westlichen Theile des Presbyteriums neben der jetzigen Herz-Jesukapelle."[78] Hier wurden zwei Begriffe miteinander verschränkt: der eines Lettners und der eines Mönchs- oder Psallierchores.

Der jesuitische Chronist des 17. Jahrhunderts bezeichnete den Mönchschor mit einem Choraltar im Osten und seitlichem, einander gegenüberliegendem Chorgestühl, dessen Anordnung sich aus dem Wechselgesang der Mönche erklärte, als „Odeum", damit aus seiner Sicht als Ort liturgischer Inszenierungen. Mittelalterliche Osterspiele und Prozessionen fanden im Kirchenraum bis zum Lettner statt. Nur Klerikern als Akteuren geistlicher Spiele war es erlaubt, den „Bühnenplatz" vor dem Lettner vom Chorraum aus zu betreten.[79] Nach mittelalterlicher Auffassung diente der sich als Raumteiler von Chorwand zu Chorwand erstreckende und bezeichnenderweise hier abgebrochene Lettner jedoch einer anderen Funktion. Seine Vertikale trennte den Psallierchor („chorus psallentium") vom Laienraum der Kirche. (Abb. 7) Dabei fungierte der balkonartig erweiterte Laufgang des Lettners im oberen, durch eine rückwärtige Treppe[80] zu erreichenden Stockwerk zur Lesung (Lettner = „lectorium" = Lesepult) von Evangelien, Epistel und zur Predigt, aber auch zur Schaustellung von kostbar gefassten Heiltümern,[81] über die Ebersberg in reichem Maße verfügte. War zusätzlich ein durch Schranken abgegrenzter Vorchor vorhanden, wie ihn als rare Beispiele noch die Domlettner von Havelberg / Mark Brandenburg und Magdeburg bezeugen, konnten hier auch mit Prozessionen verbundene Passionsspiele stattfinden.[82]

Lettner, die ihrer Funktion nach hauptsächlich in Ordenskirchen errichtet wurden, waren trotz ihrer Vertikalkonstruktion auch räumlich konzipiert und besaßen in der Regel die Tiefendimension von einem Joch. Nach dem Vorbild französischer Lettner[83] bestanden sie aus zwei Bauelementen: einer (im Hochmittelalter) massiven östlichen Mauer, die von einem in der Kirchenachse liegenden oder zwei seitlichen Choreingängen durchbrochen war, und einer vorgelagerten offenen Arkadenreihe. Mauer und Arkaden waren durch Kreuzgewölbe, im Spätmittelalter durch Netzgewölbe miteinander verbunden, wodurch sie einen hallenartigen Charakter erhielten.[84] Über der so gewölbten Arkadenreihe erhob sich die breite Empore. Besonders eindrucksvolle Beispiele noch erhaltener Lettner haben sich in Deutschland im Dom zu Naumburg (1. Hälfte des 13. Jhs.), in der Erfurter Predigerkirche (nach 1400, ehem. Dominikanerkirche), im Münster zu Breisach (nach 1490) und im Dom zu Halberstadt (Weihe 1491) erhalten.

Geht man zurück zur Ausgangsfrage, was in Ebersberg unter dem Begriff der „duplici testudine"[85] zu verstehen sei, könnte – vom Mittelschiff aus gesehen – die Arkadenwölbung des Lettners zusammen mit der darüberliegenden Einwölbung des Mönchschores tatsächlich das Bild einer doppelten Wölbung suggeriert haben. So hat es in einer alten Zeichnung auch der Benediktinerpater, Werkmeister, Maler und Dichter Gabriel Bucelin (1599-1681) gesehen, der in Weingarten die Ansicht des spätgotischen Chor- und Lettnergewölbes in der vom Ulmer Münsterbaumeister Moritz Ensinger konzipierten Klosterkirche klar als optische Einheit einer doppelten Wöl-

*Abb. 8:
Zeichnung von Gabriel Bucelin (1599-1681). Blick auf den Lettner des zweiten Münsterbaues von Weingarten.*

Abb. 9: Ebersberg, Sankt Sebastian. Sakristeiportal, erbaut 1450 bis 1452.

Abb. 10: Landshut, Heiliggeist. Sakristeiportal.

bung wiedergegeben hat.[86] (Abb. 8)

Allerdings lässt der Ausdruck der „doppelten Wölbung" in den Formulierungen „cum testudine infra et supra" und „cum duplici testudine seu fornice" auch andere Deutungen zu. So kann das obere Gewölbe Ergebnis des Umbaues von Abt Eckhard gewesen sein, der zwischen 1450 und 1452 den Chor vermutlich durch eine spätgotische Gewölbefiguration geschlossen haben wird. Sollte Abt Otto nach dem Klosterbrand von 1305 die Klosterkirche noch einmal nach dem Vorbild des Vorgängerbaues wiedererrichtet haben, wird die neue, unter Abt Eckhard gebaute Baukonstruktion einen hochromanischen halbrunden Chorschluss durch eine im Schnittpunkt von Mittelschiff und Querhaus liegenden Vierung ersetzt haben.[87] Für eine zweite Wölbung einer unter dem Chor gelegenen Krypta bietet sich in der Chronik Clm. 1351 in der Standortbeschreibung der Altäre ein wichtiger Anhaltspunkt. Dort beschreibt der Chronist die Lage des Allerheiligenaltares als „a dextris chori ascendendo", also als „zur Rechten des ansteigenden Chores".[88]

Für solch eine zwiefache Gewölbekonstruktion bietet sich Abt Sugers von Saint-Denis (ca. 1081-1151) anschauliche Beschreibung seiner nach eigenen Vorstellungen vergrößerten Klosterkirche an, die heute in der Kunstgeschichte als Urform der französischen Kathedralgotik betrachtet wird: „Mit Bedacht wurde daher entschieden, jene der höheren ungleiche Wölbung, die oben die Apsis abschloß [...] abzutragen bis zur oberen Bedeckung der Krypta, der sie anhaftete [...]." Und: „Es wurde [...] dafür gesorgt, daß durch die oberen Säulen und mittleren Bogen, die den unteren, in der Krypta gegründeten, aufgesetzt werden sollten [...] die Mitte des alten Gewölbes der Kirche der Mitte der neuen Vergrößerung angeglichen [...] werde [...]."[89] In Saint-Denis wie in Ebersberg war mit dem Kirchenumbau eine Translation der Reliquien verbunden. In der französischen Königsabtei fand eine Übertragung der hochverehrten Reliquien des heiligen Dionysius und anderer Heiliger aus der Krypta auf die von verschiedenen Bischöfen neu geweihten Choraltäre statt.[90] Diese Situation erscheint vergleichbar mit der in einer Beschreibung des Ebersberger Verfassers aus dem 15. Jahrhundert, der ausführlich von Aufstellung und Weihe von sechs neuen Choraltären nach dem Umbau der Sebastianskirche im Jahre 1452 berichtet,[91] zu dem 1475 noch als siebenter ein Altar der heiligen Ursula kam. Die kostenintensive und aufwändige Umgestaltung der Ebersberger Klosterkirche hing ursächlich mit der von Abt Eckhard 1446 gegründeten Sebastiansbruderschaft und der damit verbundenen Renaissance der Wallfahrtsbewegung zusammen,[92] deren Ziel die Verehrung der Schädelreliquie des heiligen Sebastian war. Zu fragen bleibt, ob das uns heute bekannte silbervergoldete Büstenreliquiar des Märtyrers erst aus Anlass der Altar-Neuweihe in Auftrag gegeben wurde. Außer Mutmaßungen ist weder etwas über seinen Schöpfer noch über die Entstehungszeit der kostbaren Goldschmiedearbeit bekannt. Es kann wohl nur vorausgesetzt werden, dass das Cranium zu Abt Eckhards Zeit nicht mehr verborgen im Tragaltar des 10. Jahrhunderts verwahrt wurde, sondern – dem gewandelten Zeitgeist entsprechend – bei besonderen Festen und Prozessionen auch auf der Lettnerempore zur Schau gestellt wurde. Nach einer Zeichnung in der Ebersberger Chronik Zim. 123 stand gegen Ende des 15. Jahrhunderts auf dem Sebastiansaltar ein ganzfiguriges, gefasstes Bildwerk des an einen Baumstamm gefesselten Heiligen,[93] ähnlich der noch heute vorhandenen, jedoch holzsichtigen Skulptur in der Sakristei der Sebastianskirche.

Als dritte Deutungsvariante steht mit der Formulierung „duplici testudine" die Unterscheidung von vorderem und rückwärtigem statt unterem und oberem („infra et supra") Gewölbe in Anlehnung an den Chorneubau der Klosterkirche Tegernsee zur Diskussion. Dort wurde nach seinem Einsturz von 1429 der östliche Chorteil mit zusätzlicher Befestigung der Krypta „bis zu den Stufen zwischen dem oberen und dem alten unteren Chor" 1429 neu geweiht.[94] 1449 folgte die Weihe des „unteren Chores von den Stufen bis zum Ansatz der Basilika" („a gradibus usque ad dictam basilicam").[95] Bei dem unteren muss es sich demnach um den vorderen Teil des Chores gehandelt haben, der vom östlichen Mittelschiff bis zu den Stufen des Mönchschores reichte, dem sich dahinter der durch Stufen erhöhte Psallierchor mit Hauptaltar und Chorgestühl anschloss. Ob die Tegernseer Chororganisation auf Ebersberger Verhältnisse übertragen werden kann, kann wohl erst eine Erforschung der unklaren Bausituation vor dem Umbau 1450 bis 1452 in Verbindung mit einer notwendigen wissenschaftlichen Grabung im Chorbereich erbringen.

Trifft der Vergleich mit Tegernsee – einem Kloster, dem Ebersberg eng verbunden war – zu, kann auch in Ebersberg nach dem Umbau tatsächlich ein doppeltes, im Sinne eines von West nach Ost abgestuften Gewölbes existiert haben, etwa durch eine dem erhöhten Chor vorgelagerte Vierungswölbung.[96] Diese Deutung provoziert allerdings wieder neue Fragen, etwa nach dem Grundriss des Chores, einer möglichen Vierung zwischen Schiff und Chor, nach den Maßverhältnissen des Chorneubaues mit einer wohl bereits projektierten doppelstöckigen Sakristei. Nur soviel ist bis jetzt klar geworden, dass sich hinter der Formulierung der „duplici testudine" drei uns vorläufig nicht schlüssig zu interpretierende Wölbungssysteme verbergen können: 1. eine übereinanderliegende Lettnerarkaden- / Chorwölbung, 2. eine Krypten- / Chorwölbung oder 3. zwei hintereinander gestaffelte Vierungs- / Hochchorgewölbe.

Mit Sicherheit benötigte der schwierige Chorumbau unter Abt Eckhard, noch dazu auf beengtem Grund in der Nähe eines Abhanges, die Phantasie und die Bauplanung eines geübten Werkmeisters, um hier eine für Konventualen und Wallfahrer, die zur Reliquie des Märtyrers Sebastian pilgerten, optimale Lösung zu finden. Wer die Konzeption der – wie auch immer gearteten – zwiefachen Ebersberger Gewölbe entwickelte, war bislang unklar. Erhalten hat sich vom Chorneubau nur das gotische, heute weiß übertünchte Sakristeiportal. Georg Hager machte 1902 auf stilistische Übereinstimmungen in den Sakristeiportalen von Ebersberg und Landshut (Spitalkirche) aufmerksam,[97] deren fast identischer Formenreichtum verblüfft: er reicht vom Gesamtentwurf über die Gestaltung der Zwickelfiguren bis zu den mit einem Weinlaub- und Weinrebenfries besetzten Archi-

Abb. 11: Ebersberg, Sankt Sebastian. Sakristeiportal, Detail mit zwei Propheten.

Abb. 12: Landshut, Heiliggeist. Sakristeiportal, Detail mit Sibylle und Prophet.

volten. (Abb. 9, 10, 11, 12). Darüber hinaus weist auch das Portal der Altdorferkapelle in der Landshuter Sankt Martinskirche große Ähnlichkeiten mit den beiden vorgenannten Portalgestaltungen auf. Bedenkt man, dass vom gotischen Ebersberger Portal nur ein Fragment des Gesamtentwurfes geblieben ist, zu dem der 1452 vollendete Chorbau mit dem sich von 1452 bis 1455 anschließenden Neubau der doppelgeschossigen Sakristei und ihrer eigenwilligen Treppenhauslösung, der Bau der Marien-, Stephanus- und Mauritiuskapelle sowie der Bau von Kreuzgang und Konventbauten[98] gehörten, kann es sich bei diesem umfangreichen Projekt nur um eine Gesamtplanung unter der Leitung eines erfahrenen Werkmeisters gehandelt haben.

In die fünfjährige Bauzeit fällt die Ebersberger Beurkundung eines Richtspruches vom 31. Januar 1454, in der ein „maister Hanns stainmecz purger zu Landshut" als Gerichtsbeisitzer fungierte.[99] In Verbindung mit den nahezu identischen Portalgestaltungen kann es sich bei diesem Namen nur um den des Landshuter Werkmeisters, Steinmetz und Malers Hanns Stethaimer gehandelt haben, der nach dem Tod seines Onkels Hanns Purghauser oder Hans von Burghausen den Bau der Landshuter Spitalkirche[100] wie auch einzelne Bauabschnitte der Kirche Sankt Jakob in Wasserburg[101] fortführte und die beiden westlichen Joche der Altdorferkapelle von Sankt Martin baute. Seine Funktion als Zeuge eines Klosterdokumentes spricht für ein bewährtes Vertrauensverhältnis zwischen Konvent und Werkmeister: Mit großer Wahrscheinlichkeit wurde er von Abt Eckhard berufen, die Gesamtplanung des Kloster- und Kirchenchorumbaues zu übernehmen, von dem heute nur noch das Ebersberger Sakristeiportal als Teil dieser Architekturkonzeption zeugen kann. Zu seinem Werktrupp mag schon der junge Landshuter Steinmetz Ulrich Ränftl gehört haben, der ab 1475 mehrfach in Ebersberger Archivalien genannt wird[102] und vielleicht unter der Leitung des Werkmeisters Erhard Randeck an diversen Bauprojekten des Abtes Sebastian mitgewirkt hat.

Soviel meine hypothetischen Überlegungen auch an neuen Fragen in Zusammenhang mit der Bauform der Vorgängerkirchen aufgeworfen haben, sie sollen als Denkanstoß für weitere Forschungen dienen, in der Hoffnung, dass eines Tages durch neue wissenschaftliche Grabungen mehr Klarheit über die Baugeschichte der Sebastianskirche in Erfahrung zu bringen sein wird.

Bei allen Nachforschungen kann man davon ausgehen, dass es die großen Ebersberger Äbte verstanden haben, sich für neue künstlerische Projekte immer der fähigsten Köpfe und Hände ihrer Zeit zum Ruhm ihres Schutzheiligen und seines Klosters zu versichern. Abgesehen von noch unentdeckten Meisternamen zählten zu ihnen im Spätmittelalter die Werkmeister / Architekten Hanns Stethaimer, Erhard und Ulrich Randeck, die Münchener Glasmalerwerkstatt oder sogenannte Herzogenwerkstatt des Hanns Winhart, der Bildhauer Wolfgang Leb, der Schnitzer und Ingenieur Erasmus Grasser und vermutlich der Maler Jan Polack. Diese Tradition setzte sich im 17. / 18. Jahrhundert unter den Jesuiten fort mit dem Schöpfer des Prototyps der sogenannten Wandpfeilerkirche, dem Vorarlberger Baumeister Michael Beer und seinem Vetter Johann Moosbrugger, dem Maler Johann Christoph Storer sowie den Waldseer Bildschnitzerbrüdern Martin und Michael Zürn.

Anmerkungen

[1] Der Abriss des Lettners allerdings ist eher als Folge der Beschlüsse des Tridentinums zu werten, das eine stärkere Einbindung der gläubigen Laien in die liturgischen Rituale vorschrieb. Siehe Jedin, Hubert: Trient, in: Lexikon für Theologie und Kirche (LThK), Bd. 10, Freiburg 1965, Sp. 341-352, Sp. 350.

[2] Siehe Arndt, Wilhelm (Ed.): Chronicon Ebersbergense, in: Monumenta Germaniae Historica. Scriptores, Bd. XX, München 1868, S. 9-16, S. 11; Paulhuber, Franz Xaver: Geschichte von Ebersberg und dessen Umgegend in Oberbayern, Burghausen 1847, S. 301-314; Guggetzer, Martin / Kastner, Heinrich / Meyer, Otto: Elfhundert Jahre Ebersberg, Ebersberg 1957, S. 24; Guggetzer, Martin / Schnell, Hugo: Die Pfarrkirche Sankt Sebastian in Ebersberg, (Schnell & Steiner, Kleine Kunstführer 113), 3., neubearb. Aufl., München – Zürich 1970 (1935), S. 2 u. Krammer, Markus: Die Wallfahrt zum heiligen Sebastian nach Ebersberg, Ebersberg 1981, S. 8-21.

[3] Siehe Paulhuber (wie Anm. 2), S. 237-238; Guggetzer / Kastner / Meyer (wie Anm. 2), S. 23.

[4] Siehe hierzu Sage, Walter: Ausgrabungen in der ehemaligen Grafenburg zu Ebersberg, Oberbayern, im Jahr 1978, in: Jahresbericht der bayerischen Bodendenkmalpflege 21 (1980), S. 214-228, S. 221, Anm. 27. Zu den Ergebnissen der Ausgrabungen von 1978/79 hinsichtlich der Geschichte des Klosters Ebersberg siehe auch den Beitrag von Walter Sage in vorliegendem Band.

[5] Die Bemerkung Paulhubers (wie Anm. 2), S. 404, Anm.1, die Versetzung sei u.a. Folge eines zu stark der „Sonnenhitze" ausgesetzten Kreuzganges im Süden gewesen, dürfte eine phantasievolle Erklärung sein, da – wie man heute weiß – eher umgekehrt die hohe Sterblichkeitsrate unter noch jungen Konventualen nicht zuletzt auf die harten Lebensbedingungen in kalten und feuchten, obendrein schwer heizbaren Klostermauern zurückzuführen war.

[6] Siehe Arndt (wie Anm. 2), S. 11; Paulhuber (wie Anm. 2), S. 291; Hager, Georg: Aus der Kunstgeschichte des Klosters Ebersberg, in: Bayerland 6 (1895), S. 399-401, 413-416, 423-425, 435-439, 449-453, S. 400 u. Guggetzer / Kastner / Meyer (wie Anm. 2), S. 24 und 75.

[7] Paulhuber (wie Anm. 2), S. 237, berichtet, dass möglicherweise schon Bischof Korbinian das Kirchlein erbaut habe. Er schildert den Grund für die frühe Kircheninstandsetzung mit folgenden Worten: „[...] das St. Valentins Kirchlein stand verlassen und verfallen im wilden Dickicht des Waldes". Siehe auch Guggetzer / Kastner / Meyer (wie Anm. 2), S. 28. Ebenso hält Sage (wie Anm. 4), S. 216, Anm. 8, die Existenz einer „westlich von Burg und Kloster gelegene spätere Leutekirche" für möglich, zumal bei Ausgrabungsarbeiten im Jahr 1973 wahrscheinlich „das südliche Langhausfundament der Valentinskirche selbst" freigelegt worden war. Siehe Sage (wie Anm. 4), S. 228, Anm. 37.

[8] Arndt (wie Anm. 2), S. 10.

[9] Bayerische Staatsbibliothek, (BSB), Cgm. 3085 Sammelhandschrift, fol. 77v. Die Grabungen Walter Sages haben inzwischen bestätigt, dass der erste Burgbau tatsächlich aus Holz bestand. Siehe Sage (wie Anm. 4), S. 218. – In der nach 1496 geschriebenen Chronik von Ebersberg wird geschildert, wie diese hölzerne Anlage von Graf Eberhard später zusätzlich gegen die Hunnenüberfälle gesichert wurde: „[...] sein gschloß Ebersperg ließ er umfuren mit einer maur und mit vormaurn und postem ließ er es wol bewren und all graben austragen und weitter machen." Stadtarchiv München (StadtAM), Zim. 123 Chronik von Ebersberg, fol. 37. Diese Chronik bietet auch eine sehr anschauliche, wohl auf älteren Schriftquellen basierende Schilderung von den Hunneneinfällen des 10. Jh., die bis zur Schlacht auf dem Lechfeld (955), an der Graf Eberhard von Ebersberg unter König Otto I. teilnahm, den Süden des Reiches verheerten.

[10] Siehe Keller, Hiltgart L.: Lexikon der Heiligen und der biblischen Gestalten, Stuttgart 1975, S. 495.

[11] Siehe Hartig, Michael: Die oberbayerischen Stifte. Die großen Heimstätten deutscher Kirchenkunst, Bd. I, Die Benediktiner-, Cistercienser- und Augustiner-Chorherrenstifte, München 1935, S. 38.

[11a] Während in „Ertls Churbayerischem Atlas" um 1650 eine Zwiebelhaube gezeichnet ist, trägt die Kirche auf Michael Wenings Kupferstich um 1701 einen Spitzhelm mit dem charakteristischen Kreuzzeichen. Ihre spitze Helmform spricht für eine spätgotische Konzeption. Die Frage stellt sich, ob hier Phantasie in der Wiedergabe im Spiegel war oder ob sich die Zwiebelhaube auf eine jüngere (?) Friefhofskapelle bezieht, wie sie noch auf Katasterplänen von 1811 nach dem Abriß der Valentinskirche vermerkt ist.

[12] Siehe StadtAM, Ms. 314 Historia Ebersbergensis, fol. 117. (Die Chronik ist derzeit aus konservatorischen Gründen leider nicht einzusehen.) Nach Hager, der sich auf eine Urkunde stützt, fand die Weihe bereits 1470 statt, fiele damit noch unter die Regierung Abt Eckhards. Siehe Hager, Georg: Kunstgeschichte des Klosters Ebersberg, in: Ders.: Heimatkunst, Klosterstudien, Denkmalpflege, München 1909, S. 207-253, S. 219.

[13] In der Übersetzung von Hager (wie Anm. 12), S. 219.

[14] BSB, Clm. 1351 Historia Ebersbergensis, S. 119.

[15] Siehe Paulhuber (wie Anm. 2), S. 579. Die Stichhaltigkeit dieser Mitteilung konnte ich nicht überprüfen. Nach Paulhuber soll sie von Abt Eticho (1045-1047) gebaut worden sein, was aber nicht mit dem von ihm angegebenen Baudatum übereinstimmt.

[16] Siehe Hager (wie Anm. 6), S. 453 u. Appuhn-Radke, Sibylle: Visuelle Medien im Dienst der Gesellschaft Jesu. Johann Christoph Storer (1620-1671) als Maler der Katholischen Reform, München 2000, S. 238-239. – Storer hat auch für die Jesuiten in Landshut, St. Ignatius, 1662 das Hochaltarblatt sowie einen Seitenaltar für dieselbe Kirche gearbeitet. Siehe Hoffmann, Richard: der Altarbau im Erzbistum München und Freising in seiner stilistischen Entwicklung vom Ende des 15. bis zum Anfang des 19. Jahrhunderts, ([?]), München 1905, S. 78.

[17] Die Prägung erfolgte durch „einen Holzmodel, der das Muster gleich einem Backmodel im Negativ zeigt. In diesen Model wurde der Ton eingeknetet." Siehe Landgraf, Eleonore: Fliesen, in: Reallexikon der Deutschen Kunstgeschichte (RDK), Bd. IX, München 1997, Sp. 1221-1269, Sp. 1225-1226).

[18] Der Lageort der Fliesen in einem Abstellraum in der mittleren Etage neben dem heutigen Treppenaufgang lässt an den Fußbodenbelag des oberen Geschosses der spätgotischen doppelstöckigen Sakristei oder sogar des ehemals noch darübergelegenen Scriptoriums denken. Diese aus dem 15. Jahrhundert stammenden Strukturen wurden durch den Umbau unter den Jesuiten mit der Einziehung einer (Stuck-)Decke in der Sebastianskapelle verunklärt.

[19] Eine ganz ähnliche Lanzettform besitzen die vor 1956 geborgenen Bodenfliesen aus der mittelalterlichen Marienkapelle des Klosters Weingarten, allerdings in rosettenförmiger Anordnung. Siehe Hecht,

Roland: Die mittelalterlichen Bauten des Klosters, insbesondere die beiden ersten Münster, in: Spahr, Gebhard (Hg.): Festschrift zur 900-Jahr-Feier des Klosters 1056-1956, Weingarten 1956, S. 254-327, S. 303, Abb. 18. – Möglicherweise stammen aber die Bodenfliesen, die anlässlich der Arbeiten an einer Heizungsinstallation unter den barocken Stufen gefunden wurden, sogar aus dem gotischen Chor der Ebersberger Kirche. Allerdings stimmt das dort angegebene Maß von 26 x 26 cm nicht mit dem der im Stadtarchiv verwahrten Ziegelplatten überein. Siehe Bayerisches Landesamt für Denkmalpflege (BLfD), Ortsakten Ebersberg, Befundbericht 1966.

[20] Siehe StadtAM, Ms. 314 (wie Anm. 12), fol. 117r: „solum templi tertio pauimentari".

[21] Siehe Guggetzer / Kastner / Meyer (wie Anm. 2), S. 23.

[22] Siehe Sage (wie Anm. 4), S. 220.

[23] Siehe Paulhuber (wie Anm. 2), S. 237-238. Guggetzer / Kastner / Meyer (wie Anm. 2), S. 24, formulieren vorsichtiger: „die erste größere Kirche neben der Marienkapelle".

[24] Siehe Sage (wie Anm. 4), S. 225. – Im ottonischen Bau der Stiftskirche von Bad Gandersheim, in der im Jahr 995 Herzog Heinrich II. von Bayern, "der Zänker" und Bruder der Äbtissin Gerberga II. beigesetzt wurde, befindet sich südlich des Chores die Marienkapelle, nördlich die Stephanskapelle. Siehe Feiste, Ulla: Bad Gandersheim. Kirchenführer der Stiftskirche, München – Berlin 1998, S. 10. – Auf einem vermutlich für Abt Sigmund Kulbinger (1580-1584) gemeißelten, stark fragmentierten Epitaph in der Klosterkirche ist deutlich in einem südlichen Anbau an den Chor eine kleine Kapelle mit Dachreiter und Glockenstuhl, auf dem Kupferstich von Michael Wening (1645-1718) sind an gleicher Stelle zwei Kapellen zu erkennen.

[25] Siehe Hager, Georg: Zur Geschichte der abendländischen Klosteranlage, in: Ders.: Heimatkunst, Klosterstudien, Denkmalpflege, München 1909, S. 341-388.

[26] Hundt, Friedrich Hector Graf von (Hg.): Das Cartular des Klosters Ebersberg. Aus dem Fundationsbuche des Klosters unter Erörterung der Abtreihe, dann des Überganges der Schirmvogtei auf das Haus Scheyern-Wittelsbach, sowie des Vorkommens von Mitgliedern dieses Hauses, München 1879, S. 22.

[27] Dafür könnte eine Initiale zum Kirchweihfest in einem Ebersberger Graduale des späten 15. Jhs. sprechen, die eine eintürmige Kirche mit südlichem Seitenschiff und einer runden Chorapsis zeigt. Ob es sich dabei allerdings um eine Darstellung der Klosterkirche handelt, ist unklar; denn sie steht isoliert auf grünem Grund ohne Klostergebäude. Siehe BSB, Clm. 23045 Graduale de sanctis, fol. 266r.

[28] Siehe BSB, Clm. 1351(wie Anm. 14), S. 17r. In frühmittelalterlichen Kirchen befand sich der Marienaltar häufig im Chorscheitel, auch im St. Gallener Idealplan im östlichen Chorteil. Im ersten, wohl im 9. Jahrhundert erbauten Kölner Dom stand er auf der Linie der Kirchenachse in der Hauptapsis. Vgl. auch Hager (wie Anm. 25), S. 358-360.

[29] BSB, Clm. 1351 (wie Anm. 14), S. 33r.

[30] Die Nachricht des jesuitischen Chronisten deutet wohl eher auf eine zeitgenössisch eingefärbte Betrachtungsweise als auf historische Genauigkeit hin. Siehe hierzu die entsprechenden Abbildungen im Beitrag von Rotraut Acker in vorliegendem Band.

[31] Siehe Paulhuber (wie Anm. 2), S. 536.

[32] Siehe ebd., S. 369.

[33] Siehe StadtAM, Zim. 123 (wie Anm. 9), fol. 73v; Hager (wie Anm.12), S. 214-219 u. Hartig (wie Anm. 11), S. 39. Möglicherweise wurde bei dem Brand auch eine alte Marienkapelle in der Apsis vernichtet und nur die „neue", nicht so stark beschädigte, weiter benutzt und später von Abt Eckhard ganz neu erbaut.

[34] Siehe Paulhuber (wie Anm. 2), S. 372-373.

[35] Siehe StadtAM, Zim. 123 (wie Anm. 9), fol. 73v u. Paulhuber (wie Anm. 2), S. 374.

[36] Siehe Arndt (wie Anm. 2), S. 11.

[37] Siehe BLfD, Ortsakten Ebersberg, Archäologischer Befundbericht Herbst 1966.

[38] Arndt (wie Anm. 2), S. 11.

[39] StadtAM, Zim. 123 (wie Anm. 9), fol. 40v.

[40] BSB, Cgm. 3085 (wie Anm. 9), fol. 80v.

[41] BSB, Clm. 1351(wie Anm. 14), S. 16.

[42] Ebd., S. 17.

[43] Aus den Aufzeichnungen vom 29.09.und 04.10.1958 in den Ortsakten Ebersberg des BLfD geht hervor, dass man auf Fundamentmauern bis zu 3,1 m Tiefe und an der Ostseite der Sakristei sowie an der Südseite des Chores in Höhe des ersten Strebepfeilers auf Gräber in ca. 1 m Tiefe stieß.

[44] Siehe Sage (wie Anm. 4), S. 216.

[45] Siehe Bandmann, Günter: Mittelalterliche Architektur als Bedeutungsträger, Berlin 1951, S. 190. Auch Hager (wie Anm. 12), S. 210, schließt auf ein Querschiff, sogar mit verlängertem Chorraum.

[46] „Das Closter Ebersberg hat zu pawen angefangen Herr Eberhart Grawen zu Sembt und S. Augustins orden zugeaignet im Jar Christi 911 lauth des uralltten unnd bewerthen Fundations bouchs N° 56." Bayerisches Hauptstaatsarchiv (BayHStA), KL Ebersberg 1 Annales Eberspergensis 888-1600. Undat., wohl Anfang 17. Jh., Dozentenliste im Anhang bis 1721. Siehe auch Guggetzer / Kastner / Meyer (wie Anm. 2), S. 24.

[47] Siehe Böhner, Winfried: Chrodegang, in: LThK, Bd. 2, Freiburg 1958, Sp. 1184.

[48] Siehe Paulhuber (wie Anm. 2), S. 322.

[49] Agostino Amore spricht dementgegen von einer durch Inschrift bezeichneten Schädelreliquie Sebastians in der römischen Kirche SS. Quattro Coronati. Siehe Amore, Agostino: Sebastian, in: LThK, Bd. 9, Freiburg 1964, Sp. 558.

[50] Siehe Beissel, Stephan: Die Verehrung der Heiligen und ihrer Reliquien in Deutschland im Mittelalter, Reprint, Darmstadt 1988 (1890/92), S. 78-79.

[51] Siehe ebd., S. 74 u. Oswald, Josef: Vitus, in: LThK, Bd. 10, Freiburg 1965, Sp. 825-827, Sp. 826.

[52] Siehe Mayr, Gottfried: Ebersberg. Gericht Schwaben, (Historischer Atlas von Bayern, Teil Altbayern I/48), München 1989, S. 96.

[53] H. Paulus, zitiert nach Bandmann (wie Anm. 45), S. 197.

[54] Siehe Müller, Werner / Vogel, Gunther (Bearb.): Atlas zur Baukunst. Tafeln und Texte. Baugeschichte von der Romanik bis zur Gegenwart, Bd. 2, München 1981, S. 359.

[55] Dieses „Denkmodell", wie es in einem zeitgenössischen Brief an den Abt von St. Gallen heißt, ist nur noch in einer vermutlich im Kloster Reichenau hergestellten Kopie erhalten. Siehe ebd., S. 359.

⁵⁶ Jacobsen, Werner / Schäfer, Leo / Sennhauser, Hans Rudolf: Vorromanische Kirchenbauten. Katalog der Denkmäler bis zum Ausgang der Ottonen, München 1991, S. 344-345.

⁵⁷ Siehe Oswald, Friedrich / Schäfer, Leo / Sennhauser, Hans Rudolf: Vorromanische Kirchenbauten. Katalog der Denkmäler bis zum Ausgang der Ottonen, München 1966/71, S. 282-283: Breite des nördlichen Seitenschiffes 4,20 m, des südlichen 4,50 m.

⁵⁸ Siehe Müller / Vogel (wie Anm. 54), S. 361.

⁵⁹ Jacobsen / Schäfer / Sennhauser (wie Anm. 57), S. 344-345.

⁶⁰ Paulhuber (wie Anm. 2), S. 322, schreibt Chorgitter statt Chorschranken.

⁶¹ Siehe BSB, Clm. 1351 (wie Anm. 14), S. 33.

⁶² Hager (wie Anm. 12), S. 210.

⁶³ Arndt (wie Anm. 2), S. 11.

⁶⁴ StadtAM, Zim. 123 (wie Anm. 9), fol. 40v. Dabei befanden sich die Reliquien in einem Hohlraum des hölzernen Rahmengestelles, der darübergelegte Stein diente zugleich als Verschluss. Siehe Braun, Joseph: Der christliche Altar in seiner geschichtlichen Entwicklung, Bd. 1, München 1924, S. 425.

⁶⁵ Siehe BSB, Clm. 1351 (wie Anm. 14), S. 18.

⁶⁶ Unter den vier Kästchen bzw. Reliquienschreinen, die in der Ende des 15. Jahrhunderts verfassten Chronik von Ebersberg (StadtAM, Zim. 123, fol. 16v) gelegentlich der Behandlung des Ebersberger Heiltumsschatzes abgebildet sind, scheint sich, vertraut man den Zeichnungen, kein Tragaltar des 10. Jahrhunderts befunden zu haben, wie ihn z.B. der Tragaltar des Kaisers Arnulf in der Reichen Kapelle der Münchener Residenz oder der – allerdings noch zusätzlich mit kostbaren Schnitzereien aus Walrosszahn geschmückte – etwas jüngere Tragaltar aus dem 11. Jahrhundert im Kloster Melk / Niederösterreich zeigen. Ein anderes prominentes Beispiel ist der Abdinghof-Tragaltar des Roger von Helmarshausen im Domschatz von Paderborn, um 1100. – In der Schrift Abt Sugers von Saint-Denis „De administratione" (wohl zwischen 1144 u. 1150) wird ein der Trinität geweihter Tragaltar aus der Zeit Ludwigs des Frommen so beschrieben: „Der Altarstein aus Porphyr, der auf diesem Altar ist – sehr passend sowohl durch die Qualität seiner Farbe wie durch das Ausmaß seiner Größe – war umschlossen von einem konkaven, mit Gold überzogenen Holz, welches selbst durch die inzwischen vergangene Zeit seines Alters ziemlich zerstört war; man glaubte, daß dank feinsinniger Gestaltung der Höhlung im vorderen Teil [des Altars] ein Arm des heiligen Apostels Jakobus seinen Platz gefunden habe, da dies innen eine Inschrift bezeugte, wobei klarster Kristall durch eine Öffnung Einblick gewährte." Siehe Speer, Andreas / Binding, Günther (Hg.): Abt Suger von Saint-Denis. Ausgewählte Schriften, Darmstadt 2000, S. 349 u. 351 (Übersetzung von Speer). – Etwas später wurden die Holzrahmen mit kostbaren Gold- und Emailarbeiten zu Themen aus der christlichen Ikonographie ausgestattet.

⁶⁷ BSB, Clm. 1351(wie Anm.14), S. 175.

⁶⁸ Ebd., S. 33r.

⁶⁹ Die Grabung von 1966 erreichte nur eine Tiefe von ca. 1 m. Im Chorbereich wurden dabei Fundamente und Stufen aus Backsteinen gefunden sowie je eine „etwa 0,80 m starke Mauer, die (mit den gotischen Mauerresten nicht übereinstimmte)". Sie „verlief nördlich und südlich der (Benediktinergruft), die sich vom östlichen Mittelschiffjoch her in den Chor erstreckt". Siehe BLfD, Ortsakten Ebersberg, Bericht der archäologischen Ausgrabungen 1966. Wichtig ist dabei noch der Zusatz: „Die Mauerreste sind im Boden erhalten, sodaß sich der Befund später überprüfen läßt."

⁷⁰ Durch eine herausnehmbare Platte im östlichen Mittelschiff vor dem Chorbereich sind die unterirdischen Abmauerungen unter diesem Teil der Kirche gut zu erkennen.

⁷¹ Siehe Beissel (wie Anm. 50), S. 13-14 u. Braun, Joseph: Altar (in der katholischen Kirche), in: RDK, Bd. I, Stuttgart 1937, Sp. 412-429, Sp. 418-420. Vgl. Anm. 63, 64, 65.

⁷² Siehe Hubel, Achim / Schuller, Manfred: Der Dom zu Regensburg, Regensburg 1995, S. 23.

⁷³ Siehe Hager (wie Anm. 12), S. 210.

⁷⁴ Siehe Bezold, Gustav von / Riehl, Berthold / Hager, Georg: Die Kunstdenkmale des Regierungsbezirkes Oberbayern, 2 T., Stadt München, Bezirksämter Erding, Ebersberg, Miesbach, Rosenheim, Traunstein, Wasserburg, (Die Kunstdenkmale des Königreiches Bayern vom elften bis zum achtzehnten Jahrhundert I/2), München 1902, S. 1342 u. Hager (wie Anm. 12), S. 215.

⁷⁵ BSB, Clm. 5969 Sammelhandschrift, fol. 64v.

⁷⁶ StadtAM, Ms. 314 (wie Anm. 12), fol. 109.

⁷⁷ BSB, Clm. 1351 (wie Anm. 14), S. 211.

⁷⁸ Bezold / Riehl / Hager (wie Anm. 74), S. 1342.

⁷⁹ Siehe hierzu das Beispiel des Lettners von Havelberg/Mark Brandenburg dargelegt in Lichte, Claudia: Die Inszenierung einer Wallfahrt. Der Lettner im Havelberger Dom und das Wilnacker Wunderblut, Worms 1990, S. 122-124.

⁸⁰ Im Marienmünster von Reichenau-Mittelzell gibt es Spuren von einem Durchgang in der Wand des nördlichen Choranschlusses zu einer Wendeltreppe direkt auf den Lettner. Siehe Fehrenbach, Theodor: Reichenau-Mittelzell. Kirchenführer, Ottobeuren 1983, S. 10. Auch die Predigerkirche in Erfurt hatte über einen Turm mit Treppenspindel im südöstlichen Chor eine Verbindung zu den Konventgebäuden. Siehe Kaiser, Gerhard: Erfurt. Kirchenführer der Predigerkirche, Regensburg 1996, S. 12. Ebenso gelangte man in Kloster Weingarten durch eine Pforte von der Lettnerempore zum nördlichen Flügel des Kreuzganges. Siehe Hecht (wie Anm. 19), S. 216. In Ebersberg lässt der Turmrest zwischen südöstlichem Chor und ehemaliger Marien(?)-Kapelle auf dem Epitaphfragment des Abtes Sigmund Kulbinger auf einen früheren Durchgang zu Chor und Lettner schließen.

⁸¹ Siehe Kirchner-Doberer, Erika: Die deutschen Lettner bis 1300, Dissertation, Wien 1946, S. 209; Imesch-Oehry, Kornelia: Die Kirchen der Franziskanerobservanten in der Lombardei, im Piemont und im Tessin und ihre „Lettnerwände", Essen 1991, S. 35 u. Artikel „Lettner", in: Lexikon des Mittelalters, Bd. V, S. 1914-1915.

⁸² Siehe Lichte (wie Anm. 79).

⁸³ Siehe Imesch-Oerig (wie Anm. 81), S. 42.

⁸⁴ Ob der Ebersberger Lettner zum Typus des Hallenlettners gehörte, kann, wenn überhaupt, erst durch eine wissenschaftliche Grabung auf Grundlage der Beobachtungen während der Grabung von 1966 nachgewiesen werden. Möglich ist auch eine Anlage wie in Benediktbeuern, deren Fundamente westlich der Chorstufen Walter Sage 1970 freigelegt hat. Dabei handelte es sich um eine Variation des Hallenlettners, einen 1494 geweihten, sechsjochigen Zellenlettner, der durch den Einbau von Zwischenwänden in die Arkadenjoche für die Aufstellung von Altären entstand. Siehe Haas, Walter: Beob-

achtungen zur spätmittelalterlichen Lettneranlage und weitere Befunde an der Klosterkirche in Benediktbeuern, in: Weber, Leo (Hg.): Benediktbeuern. Gegenwart und Geschichte, Benediktbeuern 1981, S. 131-156, S. 132, 138. Man hat aus den ergrabenen Abmessungen geschlossen, dass der Lettner eine Höhe von ca. 4-5 m und eine Tiefe von etwa 3 m besessen haben muss. Siehe ebd., S. 136, Plan Nr. 2.

[85] Otto Lehmann-Brockhaus publizierte 14 Sequenzen zu einer „testudine", darunter war nicht eine „duplici testudine". Siehe Lehmann-Brockhaus, Otto: Schriftquellen zur Kunstgeschichte des 11. und 12. Jahrhunderts für Deutschland, Lothringen und Italien, 2 Bde., Berlin 1938.

[86] Siehe Hecht (wie Anm. 19), S. 285.

[87] Der Befundbericht des BLfD von 1966 weist darauf hin, dass es sich bei einer „Rundung" vor der ersten Wandvorlage „um Reste eines quadratischen oder rechteckigen romanischen Chores mit Halbkreisapsis" gehandelt haben könne.

[88] BSB Clm. 1351 (wie Anm. 14), S. 175.

[89] Speer / Binding (wie Anm. 66), S. 225.

[90] Ebd., S. 247.

[91] Siehe BSB, Clm. 5969 (wie Anm. 75), fol. 64. Diese Altäre waren den hll. Sebastian, Johann Evangelist, Mauritius, Petrus sowie Allen Heiligen und dem Heiligen Kreuz geweiht und enthielten deren sowie vielen anderen Heiligen zugeschriebene Reliquien. – Obwohl ein beträchtlicher zeitlicher Abstand zu Saint-Denis bestand, dürften die liturgischen Abläufe in beiden Benediktinerklöstern selbst bei einigen veränderten formalen Parametern kaum eine wesentliche Wandlung erfahren haben.

[92] Siehe Hartig (wie Anm. 11), S. 39 u. Krammer (wie Anm. 2), S. 18.

[93] Siehe StadtAM, Zim. 123 (wie Anm. 9), fol. 47v.

[94] Siehe Lampl, Sixtus: Die Klosterkirche Tegernsee, in: Oberbayerisches Archiv 100 (1975), S. 5-141, S. 59.

[95] Siehe ebd., S. 61.

[96] Die Rudimente von zwei Vierungspfeilern lassen sich – dem Augenschein nach – am Choreingang erkennen. – Im Befundbericht des BLfD von 1966 wird von „zwei Sockel[n] für achtkantige Pfeiler" auf einer „aus hochkant gestellten Backsteinen gebildete[n] Stufe, die von Wandvorlage zu Wandvorlage durchlief" berichtet.

[97] Siehe Bezold / Riehl / Hager (wie Anm. 74), S. 1317 u. Hager (wie Anm. 12), S. 217-218.

[98] Siehe StadtAM, Zim. 123 (wie Anm. 9), fol. 73v; Hager (wie Anm. 6), S. 413; Hager (wie Anm. 12), S. 216-217 u. Hartig (wie Anm. 11), S. 39.

[99] BayHStA, KU Ebersberg 431.

[100] Siehe Dehio, Georg / Gall, Ernst (Hg.): Handbuch der Deutschen Kunstdenkmäler, Bayern II: Niederbayern, München –Berlin 1988, S. 305, 307. Da das Gewölbe der – wie in Ebersberg – doppelstöckigen Sakristei bereits 1415 unter der Leitung des Hans von Burghausen eingewölbt wurde, wird auch der Portalentwurf auf diesen Werkmeister zurückgehen. So kann man davon ausgehen, dass Hanns Stethaimer das noch von seinem Onkel entworfene Portal zu Ende arbeitete, genauso wie er sich dann in Ebersberg auf die Purghausersche Portalkonzeption gestützt haben wird. Siehe hierzu auch Niehoff, Franz (Hg.): Vor Leinberger. Landshuter Skulptur im Zeitalter der Reichen Herzöge 1393-1503, Ausstellungskatalog, 2 Bde., (Schriften aus den Museen der Stadt Landshut 10), Landshut 2001, Bd. 1, Nr. 11 u. Bd. 2, S. 342-345.

[101] Siehe Dehio, Georg / Gall, Ernst (Hg.): Handbuch der Deutschen Kunstdenkmäler, Bayern IV: München und Oberbayern, München – Berlin 1990, S. 1249.

[102] Siehe Schliewen, Brigitte: Ulrich Ränftl – Ein Landshuter Steinmetz in Ebersberg, in: Land um den Ebersberger Forst 1 (1998), S. 6-10.

Abbildungsnachweis
Bayerisches Landesamt für Denkmalpflege, München: Abb. 1.
Roland Hecht, Weingarten: Abb. 3, 8.
Achim Hubel u. Manfred Schuller, Regensburg: Abb. 6.
Toni Ott, Landshut: Abb. 10, 12.
Ludwig Puttrich, Leipzig, Abb. 5.
Brigitte Schliewen, Vaterstetten: Abb. 2, 7, 9, 11.
Staatliche Museen zu Berlin – Preußischer Kulturbesitz, Kunstgewerbemuseum, Berlin: Abb. 4.

Brigitte Schliewen

Die figurierten spätgotischen Glasbilder in den Kirchen des Landkreises Ebersberg

Im Landkreis Ebersberg haben sich aus spätgotischer Zeit sechzehn figurierte Glasbilder[1] erhalten, darunter eine Rundscheibe sowie fünf Wappenscheiben, von denen vier eine Medaillonform besitzen. Die ältesten dieser Glasmalereien befinden sich in der 1489 von Abt Sebastian Häfele (1472-1500) erbauten Kirche Mariae Heimsuchung in Hohenlinden, zwei der insgesamt vier Scheiben sind mit dem Erbauungsdatum der Kirche versehen. Aus dem Jahr 1497 stammen acht figurierte Scheiben sowie ein Glasmedaillon mit halbfiguriger Madonna-Kind-Darstellung und eine Wappenscheibe in der Sankt-Anna-Kirche in Traxl. Ein Jahr danach folgten weitere fünf Scheiben in der Kirche Sankt Margaretha in Haselbach. Zwischen 1500 und 1509 entstanden in der Kirche Sankt Koloman in Kirchseeon-Dorf mit zwei Wappen-Rundscheiben die jüngsten der gotischen Ebersberger Glasbilder.[2] Angesichts der Verluste der durch Brand, Kriegseinwirkungen, nicht zuletzt durch Alterung verlorengegangenen fragilen Kunstwerke in europäischen Kirchen bildet ein Bestand von insgesamt einundzwanzig erhaltenen spätmittelalterlichen Werken an der Peripherie der ehemaligen Residenzstadt München einen bemerkenswerten Schatz.

Ihr Überleben in den Luftangriffen des Zweiten Weltkrieges verdankten die Glasbilder trotz ihrer Nähe zur Großstadt einer relativen Abgeschiedenheit der Kirchen, besonders jedoch der vorausschauenden Umsicht von Denkmalpflegern und Pfarrern. So wurden die Scheiben in Haselbach und Traxl im Winter 1941/42 aus ihren Metallrahmen genommen und – soweit nicht privat verwahrt – mit anderen Kunstwerken im unteren Geschoss des Südturmes der Sebastianskirche in Ebersberg „splittersicher" verwahrt,[3] die Kirchseeoner Wappenbilder im dortigen Pfarrhaus.[4]

Der Erhaltungszustand der leuchtendfarbigen Scheiben

ist insgesamt relativ gut, sieht man von einigen Nachdunkelungen und Zersetzungen des Schwarzlotauftrages, wie etwa in Haselbach, ab.[5] In Traxl wurden allerdings 1910 mehrere Teile an Gewändern und den floralen Rahmungen ergänzt.[6] Das Farbenspektrum der Glasmalereien erstreckt sich vom Steinweiß der Blattwerkarkaden über leuchtendes Goldgelb der Nimben, Haare und Gewandbordüren, über die klaren Blau-, Rot- und Grüntöne von Gewändern und Vorhängen bis zu den Mischtönen Violett und Braun. Die Inkarnate von Heiligen und Stiftern bleiben weiß.

Durch Schriftquellen überlieferte Glasmalereien

Unwiederbringliche Verluste erlitten die gotischen Farbverglasungen zuerst durch einen Bewusstseinswechsel im Zeitalter des Barock, als das mittelalterlich-mystische Dämmerlicht in den Kirchen der Klarheit der sich ankündigenden Aufklärung weichen musste. Zuvor symbolisierte der Kerzenschein eines in Anlehnung an die Zahl der Apostel häufig zwölftürmigen Radleuchters das vom himmlischen Jerusalem erhoffte Licht. In der Ebersberger Sebastianskirche führte dieser Wandel zur Vernichtung des gesamten mittelalterlichen Bestandes an Glasmalereien. Die Kirche sollte – weiß gekalkt – in eine strahlende, lichtdurchflutete Halle verwandelt werden, wie der Annalist im Jahr 1655 notierte: „Templum nostrum dealbari curassimus. Fenestrae in veterum seculorum morem varijs coloribus infectae, recentibus usque translucidis rotalis instructibus non levi sumpta fuerunt."[7] Danach kosteten die neuen, mit durchsichtigen Rundscheiben versehenen Fenster, die die verschiedenfarbigen der alten Zeiten ersetzten, „nicht wenig".

Überliefert ist, dass während des Chorumbaues und nach seiner Vollendung (1450-1452) unter Abt Eckhard (1446-1472) drei Glasbilder von bayerischen Herzögen gestiftet wurden: zwei Scheiben im Jahr 1451 von Herzog Ludwig dem Reichen von Landshut (1450-1479), eine weitere im Jahr 1452 von seiner Frau Margarete von Brandenburg.[8] Nachdem der Umbau des Langhauses

Abb. 1: Hohenlinden, Kirche Mariae Heimsuchung, erbaut 1489.

(1481-1484) unter Abt Sebastian abgeschlossen war, stifteten Erzherzog Sigismund von Österreich („der Münzreiche"; 1439-1490) mit seiner Frau Katharina und die Knappschaft von Schwaz[9] sowie Herzog Georg der Reiche von Landshut (1479-1503) je ein Glasbild[10] für die Südwand der Sebastianskirche. Wahrscheinlich stiftete Herzog Albrecht IV. (1467-1508) ein weiteres Fenster dazu, jedenfalls deutet eine heute in der Südwand eingelassene Steinplatte mit der Jahreszahl 1484 auf eine Schenkung hin.[11]

Noch eine weitere Münchener Schenkung ist überliefert. Balthasar Pötschner, im Jahr 1475 Bürgermeister von München[12] und ab 1479 Rat Herzog Albrechts sowie Besitzer der ersten Münchener Papiermühle,[13] der in die Sebastianskirche auch ein „Sandt Sebastians pild an dem pfeiler" und sein „her Walthauser Pötschners grebnuß darbey" gestiftet hatte, bezahlte 1490 „dem glaser von Sandt Gregori erscheinung und mich in harnasch und in mainem klainat in der capeln neben des fürsten gemach bey der argl" 15 Gulden rheinisch.[14] Nach dem Umbau der westlichen Vorhalle mit der darüberliegenden Orgelempore und der Nikolaus-, Heilig-Geist- und Abtkapelle hat demnach Balthasar Pötschner für eine Kapelle in der Nähe der Orgel eine Glasmalerei mit der Darstellung der Messe des heiligen Gregor gestiftet, die Christus mit den Leidenswerkzeugen auf dem Altar stehend zeigte sowie Pötschner selbst als Donator mit Harnisch und Helmzier. Nach der Ikonographie des Glasbildes zu schließen, kann es sich dabei nur um die Heilig-Geist-Kapelle gehandelt haben.

Außer der Gregorsmesse ist nur das Motiv auf der von der Schwazer Knappschaft gestifteten Scheibe, ein Bild des Propheten Daniel, überliefert. Von den Bildinhalten der übrigen Glasfenster ist nichts bekannt, auch gibt es keine Angaben, ob es sich bei den Stiftungen um kleine Scheiben oder um ganze, übergreifend aus einzelnen Bildteilen zusammengesetzte Fenster in Anlehnung an die wandhohen Darstellungen in der Münchener Frauen- und Salvatorkirche handelte. Die fürstlichen Fensterstiftungen sprechen in jedem Fall für die Bedeutung, die die regierenden Herzöge der Wallfahrtskirche zum heiligen Sebastian beigemessen haben.

Die Glasbilder von Hohenlinden

Die von Ulrich Randeck 1489, im Jahr der ersten Wunderheilung von Altötting, in Hohenlinden an der Pilgerstraße München – Altötting erbaute Kirche Mariae Heimsuchung[15] (Abb.1) besitzt zwei 0,50 auf 0,30 Meter große Glasscheiben[16] und zwei Glasmedaillons mit einem Durchmesser von 0,33 Meter[17]. Heute haben

Abb. 2   Abb. 3

die gegenständig in die Fenster eingesetzten Glasmalereien mit den Bildern der „Madonna in der Strahlenglorie" und des heiligen Sebastian, neben dem sein gleichnamiger Donator, der Ebersberger Abt, kniet, ihren Platz über dem Choraltar. Darunter befinden sich die Rundscheiben mit Steinmetzzeichen und Stiftungsdatum des Werkmeisters „Ulrich randök stain[metz] 1489" und dem Handwerkszeichen des Glasmalers „Hanns winhart glaser 1489". 1937 befanden sich die Scheiben an der Südwand der Kirche[18] bis sie 1943 aus den Armierungseisen genommen und vor Bombenangriffen sicher untergebracht wurden und schließlich 1971 an ihren heutigen Platz gesetzt wurden.[19] Im Jahr 1992 unterzog man die figurierten Scheiben einer Konservierung.[20]
In Anspielung auf die Heiligengeschichte des vormals Vertrauten Kaiser Diokletians und Prätorianers seiner Palastgarde hält der blondgelockte, jugendliche Sebastian in vornehmer Patrizierkleidung[21] – einem gefälteten,

weißen Hemd mit der Bordüreninschrift IHS (Jesus), rotem langärmeligen Gewand und darüber einer grünen, kostbar mit Pelz verbrämten Schaube (ärmelloser Mantel) – sein Marterwerkzeug, den Pfeil, in den Händen. Vor ihm, mit Blickrichtung zur gegenüberstehenden Madonna, kniet barhäuptig Abt Leonhard (1500-1509) mit Pedum (Krummstab) und seinem Wappen, darunter die (z.T. verdeckte) Inschrift „dns [dominus] Lienhardus abbas 1502". Die Darstellung ist ebenso wie die der danebenstehenden Madonna von steinfarbenen Säulen mit Polsterkapitellen gerahmt, aus denen kräftiges Laubwerk wächst und sich bogenartig über ihnen schließt. Das insbesondere im 15. Jahrhundert in zahllosen Varianten verbreitete Andachtsbild der „Madonna in der Strahlenglorie" geht auf den Text in der Offenbarung 12,1 zurück, in dem es unter anderem heißt: „Ein Weib mit der Sonne bekleidet, den Mond unter ihren Füßen [...]." Die visionäre Kraft dieser poetischen Aussage führ-

Abb. 2: Hohenlinden, Kirche Mariae Heimsuchung. Mondsichelmadonna. Glasmalerei, wohl 1501.

Abb. 3: Privatbesitz. Mondsichelmadonna. Aus einer Kapelle im Landkreis Rosenheim. Glasmalerei, wohl um 1489.

Abb. 5: Traxl, Kirche Sankt Anna. Doppelscheibe der heiligen Anna Selbdritt und Maria mit Kind sowie mit dem Stifterpaar Martin und Margareth Drächsel. Datiert 1497.

te im Mittelalter zur bildlichen Darstellung einer Mondsichel unter den Füßen Mariae und zur Bildung einer ovalen Aureole um die ganze Gestalt der Gottesmutter. Das in Hohenlinden auf ihrem rechten Arm sitzende Kind tändelt mit der Mutter und umhalst sie zärtlich. Die Mutter-Kind-Gruppe unter ihren goldenen Nimben wie der ebenfalls einen Heiligenschein um sein Haupt tragende Sebastian stehen vor einem violetten Brokatvorhang mit juwelenbesetzter Bordüre, ein tiefblauer, blütenübersäter Hintergrund beschließt die Heiligendarstellung. (Abb. 2)

Abb. 4: Traxl, Kirche Sankt Anna, erbaut 1497.

Auffälligerweise trägt Maria hier einen weißen, grüngefütterten Mantel – statt des üblichen blauen Umhanges – über einem tiefblauen Kleid. Die von der Regel abweichenden Farben stimmen mit denen auf den Marienmänteln des sogenannten „Speculumfensters" (Speculum humanae salvationis = Heilsspiegel) in der Münchener Frauenkirche (dat. 1480) und auf den Anna-Selbdritt-Scheiben in der Traxler Annakirche (1497) und in der Haselbacher Margarethenkirche (1498) überein. Diese Farbgebung dürfte ihre Wurzeln in den „Revelationes" (Offenbarungen) der Birgitta von Schweden (1303-1373) gehabt haben, in denen es heißt, dass Maria „mit einem weißen Mantel angetan" sei.[22] Durch Birgittas Offenbarungen hatte die ohnehin starke Marienverehrung in Verbindung mit der 1475 in Köln von Jakob Sprenger gegründeten Rosenkranzbruderschaft, die in Deutschland ein promptes, anhaltendes Echo auslöste, zusätzliche Nahrung erhalten.[23]

Die Glasbilder von Traxl

Im Jahr 1497 errichtete der Münchener Salzhändler Martin Drächsel in Traxl seine Grabkirche Sankt Anna [24] (Abb. 4) und stattete sie reich mit Kunstwerken aus, die sich auf das Bekenntnis zum christlichen Glauben und auf den Tod beziehen: 1.) Einen der heiligen Anna geweihten Altar im Chor (von dem nur noch das rückwärtige Predellenbrett und das Anna-Selbdritt-Relief erhalten sind). 2.) Einen Kreuzaltar (dessen geschnitzte Flügel 1969 gestohlen wurden) und 3.) wahrscheinlich einen spätgotischen Marienaltar als Vorgänger des barocken gleicher Thematik an der Südseite des Kirchenschiffes. 4.) Zehn jugendliche, langgelockte Köpfe, wohl Engelsköpfe, schauen von den Gewölbeanfängen hinunter in das Kirchenschiff auf die vor dem Chor eingelassene Grabstätte Drächsels und seiner zweiten Frau Barbara. Der eindrucksvollste Schatz der Kirche besteht jedoch 5.) aus einem Zyklus von acht

Abb. 6: Traxl, Kirche Sankt Anna. Doppelscheibe mit Vesperbild und dem heiligen Sebastian mit seinem Stifter, Abt Sebastian, 1497.

0,55 auf 0,39 Meter großen Glasmalereien,[25] deren Ikonographie sich noch einmal auf die Überzeugungskraft des christlichen Glaubens bezieht und die Heiligen um Beistand in Todesnot anruft. Gestiftet wurden die Glasbilder vom Bauherrn und seiner ersten Frau Margareth, dem Ebersberger Abt Sebastian sowie zwei Münchener Patriziern und ihren Frauen: dem Magister[26] und Direktor des Münchener Bruderhauses von Sankt Jakob und seiner Frau Elsbeth und dem vereidigten Münchener Baumeister Ulrich Ramsauer und dessen Frau Elsbeth.[27] Da die acht Bilder des Traxler Zyklus bereits hinreichend beschrieben wurden, beschränke ich mich an dieser Stelle auf eine Kurzinformation zu den Donatoren und zu den Bildinhalten. Das Ehepaar Drächsel kniet mit beider Familienwappen zu Füßen der gekrönten und nimbierten Gottesmutter mit dem sie – wie in Hohenlinden – zärtlich umarmenden Kind[28] und blickt zur gegenüberliegenden Anna-Selbdritt-Gruppe.[29] (Abb. 5) – Das südöstliche Chorfenster zeigt in einer weiteren Doppelscheibe den tonsurierten Abt Sebastian Häfele mit Pedum und Familienzeichen – einem „Hafen" –, wie er betend vor seinem eigenen und des Klosters Schutzpatron kniet, den Blick auf das ihm gegenüberliegende Vesperbild gerichtet. (Abb. 6) – Das dritte Doppelbild auf der nordöstlichen Chorseite stiftete das Ehepaar Gietler. Durch Familienwappen und bildübergreifende Überschrift „Cristof gietler Elspett sein / Hausfraw Anno 1497 iar" ausgewiesen, beten die Eheleute auf ihren Knien getrennt auf zwei Scheiben zu Füßen der bildfüllenden Namenspatrone, dem heiligen Christophorus dem Bewahrer vor jähem Tod und dem heiligen Matthias, der fest zu seinem Glauben stand. (Abb. 7) – An der südlichen Kirchenwand stehen sich nach Art der „Sacra conversazione", einem Disput der Heiligen, die vier Märtyrer und Bekenner Barbara, Katharina und Sebastian sowie Wolfgang in zwei Scheiben gegenüber. Es fehlen hier zwar die Darstellungen der Stifter, doch werden sie in ebenfalls bildübergreifender Inschrift auf dunklem Grund und versehen mit ihrem jeweiligen Familienwappen, ihrem Namen und dem Stiftungsjahr bezeichnet: „Wlrich ramsauer / Elspett sein hausfraw 1497". (Abb. 8) Gemeinsam sind allen Glasmalereien die Bildrahmungen aus steinfarbenen Baumstämmchen mit abgehackten Trieben, aus deren Kronen schwellendes Blattwerk sprießt und, aufeinander zuwachsend, sich über den Köpfen der Heiligen zu einer Arkade schließt. Ebenso zeichnet ein tiefblauer Bildgrund mit Wolkenfalbeln die acht Scheiben gleichermaßen aus.

Von subtiler Bedeutung ist die Ikonographie der Ornamentzeichnungen auf fünf Scheiben; denn hinter den Bildern von Gottesmutter, Anna Selbdritt, der Pietà, den heiligen Sebastian und Matthias spannt sich ein grün- beziehungsweise rotdamaszierter Brokatvorhang, der an der oberen Kante von einer goldenen Bordüre gesäumt wird. Die Borte ist mit einem Fries aus einer rhythmisch wechselnden Doppelperle und einem weißen Cabochon besetzt. Die gleichen Schmuckelemente zeichnen auch die beiden Hohenlindener Glasmalereien aus. Der weiße Cabochon, mit dem nur ein Diamant gemeint sein kann, und die Perlen weisen auf Christus und seine Heilsbotschaft hin. Vom Diamanten heißt es im „Physiologus", einem berühmten und vielbenutzten, wohl im 2. oder 3. Jahrhundert geschriebenen Naturkundebuch, das Begriffe aus der Natur christlich interpretiert: „Der Diamant ist unser Herr Christus. Wenn du also ihn hast in deinem Herzen, o Mensch, wird dir nichts Übles jemals

Abb. 7: Traxl, Kirche Sankt Anna. Doppelscheibe der heiligen Christophorus und Matthäus mit dem Stifterpaar Christoph und Elsbeth Gietler. Datiert 1497.

Abb. 8: Traxl, Kirche Sankt Anna. Doppelscheibe mit den heiligen Barbara und Katharina sowie Sebastian und Wolfgang. Gestiftet von dem Ehepaar Ulrich und Elsbeth Ramsauer, datiert 1497.

widerfahren."[30] Und Perlen versinnbildlichen nach der Offenbarung 21, 21 die Tore des himmlischen Jerusalem: „Und die zwölf Tore waren zwölf Perlen, und ein jegliches Tor war von einer einzigen Perle [...]." – Mit der Ikonographie einer weißen Rose, die das Jesuskind seiner – bezeichnenderweise wieder in einen weißen Mantel gehüllten – Mutter reicht, spielt das Anna-Selbdritt-Bild auf den „Freudenreichen Rosenkranz" an, der sich bei den Rosenkranzbruderschaften in der Nachfolge der Kölner Gründung wachsender Beliebtheit erfreute.[31] Zwei Rundscheiben ergänzen den achtteiligen, und damit für Landkirchen selten umfangreich erhalten gebliebenen Glasmalereizyklus: im Westen ein Tondo mit der – leider verrestaurierten – Halbfigur einer Maria mit Kind, im Chorhaupt das jetzt isoliert stehende, vermutlich den Drächsel-Bildern zuzuordnende Medaillon mit dem Berufswappen Martin Drächsels, dem Salzfass, auf saphirblauem Grund.

Die Glasbilder von Haselbach

Nur ein Jahr nach den Traxler Stiftungen schenkten drei der vier Donatoren erneut Glasbilder in eine Ebersberger Kirche, diesmal für die Margarethenkirche „die zue Haslpach erweytert",[32] vermutlich mit einem Choranbau und einem Netzgewölbe von Abt Sebastian versehen wurde. (Abb. 9) Der ehemals wahrscheinlich sechsteilige Zyklus umfasst heute noch fünf 0,63 auf 0,30 Meter große, relativ gut erhaltene Scheiben.[33] Sie wurden 1898 restauriert[34] und 1941 zum Schutz vor Bombenangriffen aus ihren Rahmungen genommen,[35] schließlich 1990/91 gesäubert, die Malereien mit einer Schutzverglasung versehen und nach jahrelang irrtümlicher Zuordnung inhaltlich wieder zusammengehörend in die Metallarmierungen gesetzt.[36]

Abb. 9: Haselbach, Kirche Sankt Margaretha, vergrößert und gewölbt 1498.

Abb. 10 : Haselbach, Kirche Sankt Margaretha. Der heilige Christophorus mit Stifterinschrift des Christoph Gietler. Glasmalerei von 1498.

Im südöstlichen Chor steht auf dem linken Bild einer Doppelscheibe in ganzfiguriger Darstellung der jugendliche heilige Sebastian mit gelockten blonden Haaren, wieder reich in einen roten, hermelinverbrämten Mantel über grünseidenem Brokatwams mit farblich zum Mantel passendem Barett gekleidet, in der Rechten hält er zwei Pfeile. Ihm gegenüber auf dem rechten Bild kniet vor einem grünen Damastteppich Abt Sebastian in einem roten Pluviale (Chormantel), das von einer goldenen mit Doppelperlen sowie gemugelten Edelsteinen bestickten Borte gesäumt wird. Mit Mitra, Pedum und Pontifikalhandschuhen sowie seinem Familienwappen und der Inschrift „Sebastianus abbas 149[?]" auf einer Banderole stellt sich der Abt im Festornat dar.

Die heiligen Christophorus und Margarethe stehen sich im nordöstlichen Chorfenster gegenüber. (Abb. 10 u. 11) Der weißhaarige und vollbärtige Christophorus trägt über kniclangem, grünem Gewand einen kurzen roten Mantel mit goldgelbem Futter, das Kind auf seiner rechten Schulter eine lange, blaue Tunika. Unter den Füßen des Christophorus beginnt auf weißem Schriftband die Inschrift „krisstof gietler und elsspet", der sich nach heutiger Zuordnung die Banderole mit der Schriftergänzung „sein hausfrau 1498" unter der Darstellung der heiligen Margarethe auf der zweiten Scheibe anschließt. Die

Abb. 11: Haselbach, Kirche Sankt Margaretha. Die heilige Margaretha mit Stifterinschrift der Elsbeth Gietler. Glasmalerei von 1498.

gekrönte, blonde Heilige ist in ein bodenlanges rotes Kleid unter weitem grünen Mantel gekleidet. Mit der Rechten stößt sie den Kreuzstab in den Stoßzahnbewehrten Rachen des in schmutzigem Grau gemalten Drachen. – Da die erste Frau Martin Drächsels Margareth hieß, bleibt zu überlegen, ob nicht eher sie ihrer Namenspatronin zuzuordnen ist anstelle von Elsbeth Gietler,[37] deren Name keinen Bezug zu der Heiligen zu haben scheint. Weil die Gietler-Scheiben, noch mehr die Drächsel-Scheibe, beschnitten sind, zudem von der Drächsel-Inschrift nur die erste Silbe vom Namen seiner Frau Margareth erhalten ist, wird es kaum eine befriedigende Klärung geben können.

Ähnlich wie in Traxl, ist an der Südwand des Kirchenschiffes die leider stark beschnittene Anna-Selbdritt-Gruppe dargestellt, nur trägt Maria hier unter ihrem weißen Mantel – wie in Hohenlinden und Traxl – ein blaues Kleid. (Abb. 12) Der grüne Mantel der heiligen Anna, die ein weißes Kopftuch trägt, fällt über ein weites rotes Gewand. Das Kind zwischen Mutter und Großmutter reicht auch hier Maria die weiße Rose des „Freudenreichen Rosenkranzes". Unterhalb der Gruppe ist auf weißem Grund die fragmentierte Inschrift „martan dräcksl und mar" zu erkennen. Die zugehörige sechste Scheibe ist verschollen. – Alle fünf Haselbacher, von goldgelben Nimben hinterfangenen Heiligenbilder stehen wie in Traxl unter Blattwerkarkaden, deren „Säulen" aus Baumstämmchen mit abgehackten Zweigen gebildet sind.

Stilfragen

Mehr noch als die inhaltlichen Analogien auf den spätgotischen Glasbildern der drei Ebersberger Landkirchen – Marientypen, weiße Marienmäntel, weiße Rosen und Edelsteinallegorese – fallen stilistische Ähnlichkeiten und Eigenheiten ins Auge. Alle figürlichen Darstellungen stehen unter steinfarbenen Blattwerkarchitekturen, nur in Hohenlinden sind die dünnen Stämmchen durch Säulen ersetzt. Sämtliche Bildgründe sind von leuchtendem Blau, wenn auch in sich unterschiedlich gemustert. Von den sechzehn figürlichen Scheiben sind sieben Heiligenbilder von Brokatvorhängen oder kostbar damaszierten Teppichen hinterfangen. Die blonden Marienhäupter mit modisch hohem, ausrasiertem Haaransatz stimmen in Hohenlinden und Traxl überein. Ihr Gesichtstypus lehnt sich eng an die Darstellung auf einer um 1485 in Straßburg entstandenen Verkündigungsscheibe im Augsburger Dom[38] an.

Den Übereinstimmungen stehen jedoch mehrere stilistische Widersprüche gegenüber. Die Physiognomien, deren Nasen auffallend groß bis kräftig gezeichnet sind, unterliegen zwar durchgehend dem Schematismus einer – bis auf das Hohenlindener Kind – Halbprofilbildung,

Abb. 12: Haselbach, Kirche Sankt Margaretha. Die heilige Anna Selbdritt mit Inschriftfragment des Stifters Martin Drächsel und seiner Frau Margareth. Beschnittenes Glasbild, wohl 1498.

doch weichen die Binnenzeichnungen voneinander ab. Wiederkehrend punktförmige Pupillen, strichartige Oberlippen über fast habsburgisch vorgeschobenen Unterlippen charakterisieren die Gesichter in Traxl, während die Mund-, Augen- und Wangenpartien in Hohenlinden[39] und beim Haselbacher Christophorus differenzierter herausmodelliert sind. Diese Abweichungen in der Ausarbeitung der Binnengestaltung sind jedoch möglicherweise auf eine unterschiedliche Erhaltung der Schwarzlotzeichnungen zurückzuführen. – Komposition und Haltung der beiden Anna-Selbdritt-Gruppen lassen zumindest eine gleiche Vorlage, wenn nicht einen gleichen „Karton" (Schablone) vermuten. Die Binnenzeichnung scheint dagegen mit der plastisch herausmodellierten Faltenorganisation der Traxler Anna-Gruppe und der graphisch gezeichneten Gewanddarstellung in Haselbach einer gleichen Malerhand zu widersprechen. Auch die Zeichnung der Heiligennimben weist teilweise gravierende Abweichungen innerhalb einer Gruppe auf; denn sie reicht von strahlenförmigen über grob segmentierte bis zu flachen, unornamentierten Scheiben, deren einziger Schmuck aus einem geritzten Randstreifen besteht.

Ausschnitt aus Abb. 3.

Zu Technik und Werkstattpraxis

Das Schwarz- oder Braunlot (Eisen- bzw. Kupferoxyd) war der Zeichenstift des Glasmalers. Mit dieser Farbe, die er auf fertig vorbereitete, durch Bleibänder untereinander verbundene Glaszuschnitte verschiedenen Kolorits auftrug, zeichnete und modellierte er Feinschattierungen in Gesichtskonturen und schuf Plastizität in Körper- und Gewandbildungen. Erst nach dem Brand verband sich das Schwarzlot mit seinem Trägermaterial, dem Glas.

Bei der Herstellung von Glasbildern entwickelte die aus fünf Malern bestehende „Straßburger Werkgemeinschaft" (1477-1481) – die namhafteste, weil schulbildende Werkstatt im 15. Jahrhundert – eine besonders subtile Fertigkeit im Umgang mit dem Schwarzlot. Durch „Stupfen mit dem Pinsel im getrockneten, aber noch nicht eingebrannten Schwarzlot"[40] oder durch Radieren mit dem Federkiel verliehen die Glasmaler den Gesichtern Leben und individuellen Ausdruck. Doch vor dem ersten Pinselstrich mit dem Schwarzlot mussten die Farbgläser als Träger der Zeichnung nach einem „Karton" aus Holz, Pergament oder Papier im Verhältnis 1:1 zugeschnitten und durch Bleinetze (mit tiefem Falz) zu Bildkonturen zusammengefügt werden. Diese Schablonen wurden nach sogenannten Scheibenrissen (Entwürfen) gefertigt, die vom Glasmaler selbst oder einem anderen Maler stammten.

Aus dem Fertigungsprozess erhellt, wie sehr Maler, Zeichner und Glasmaler aufeinander angewiesen waren. Durch den gestiegenen Bedarf an künstlerisch gestalteten Gläsern in den rasch wachsenden Städten des 15. Jahrhunderts legten die Malerzünfte zum Schutz vor Missbrauch und unredlicher Konkurrenz die Tätigkeit und Ausbildung der Glasmaler, Glaser und Maler in Satzungen (Ordnungen) fest: in Salzburg 1494[41], Ulm 1496[42], Konstanz 1514[43], Straßburg 1516[44], Landshut 1564[45]. In München wurde bereits 1448 in einer ersten Satzung der Malerzunft die Fertigung eines Meisterstückes der Glasmaler bestimmt: „ain glaser [sol ...] ain Mariapild von geferbtem glas machen".[46] In einem Nachtrag von 1461 heißt es: „[...] und ain schlechter glaser [einfacher Glaser] ain Stück von scheiben und ains von rauten [...]". Außerdem „sol auch ain jedlicher [...] nit raiten [rechnen], geben oder nennen [...] waldglaß oder scheiben glas für venedisch glas [...]"[47], das heißt er soll kein billiges Glas für Qualitätsglas verkaufen.

Unter den Münchener Glasmalern war nach den Forschungen Susanne Fischers eine offenbar vom Herzog privilegierte Werkstatt führend, die deshalb in der Kunstgeschichte kurz „Herzogenwerkstatt" genannt wird. Ihr wurden unter anderem in der Münchener Frauenkirche das 1480 datierte Speculum- und das wohl nach 1484 entstandene Herzogenfenster[48] sowie die Scheiben in der Blutenburger Schlosskapelle zugeschrieben.[49] Das Verdienst dieser wissenschaftlichen Arbeit besteht im Nachweis von drei Glasmalernamen, die die Werkstatt in Generationenfolge leiteten: Meister Martin (erstmals 1431 in Münchener Steuerbüchern genannt), Sohn Franz (nach Fischer ist seine Tätigkeit in München das erste Mal im Jahr 1457 bezeugt) und schließlich als Erbe der Werkstatt von Martin und Franz der Glasmaler Hans Winhart, der als „statglaser" bis 1535 nicht weniger als fünfzehnmal „Zunftvierer", also Zunftvorstand war.[50]

Für Ebersberg ist das Speculumfenster von besonderem Interesse, das noch nach altertümlicher Art die Lebens- und Leidensphasen Christi in Einzelscheiben aufzählt und simultanen Leidensszenen des Alten Testamentes gegenüberstellt. Altertümlich, weil etwa zur gleichen Zeit als umwälzende Neuerung im Herzogenfenster der Frauenkirche e i n Thema – die Madonna mit weiblichen Heiligen unter kapellenartigem Baldachin und Christus im Gesprenge – aus einzelnen Scheiben zusammengesetzt wandfüllend dargestellt wurde. Die Rahmenarchitekturen der einzelnen Bilder aus steinfarbenen Blattwerkarkaden wiederholen sich nicht nur in den wohl 1497 entstandenen beiden Verkündigungsscheiben der Blutenburger Schlosskapelle[51] und den zwei gegenständigen Bildern mit wappenhaltenden Engeln von 1499 in der Untermenzinger Kirche Sankt Martin, sie decken sich auch mit den Blattwerkrahmungen in Hohenlinden, Traxl und Haselbach, wobei sich die Hohenlindener allerdings durch Säulen von den Baumstämmchen in Traxl und Haselbach unterscheiden. – Auch die Figurengestaltung der Madonnen mit langgelocktem, blondem Haar, spitz ausrasiertem Haaransatz und – im Speculumfenster noch tellerartig gewölbtem – Nimbus, von dem in Hohenlinden allein der Rand erhalten ist, ist auffallend ähnlich.

Darüber hinaus stimmt die Ikonograhie des weißen Marienmantels auf sämtlichen Bildscheiben des Speculumfensters mit den entsprechenden Darstellungen in den drei Ebersberger Kirchen überein.[52] Auch die an Bedeutung so reiche Schmuckborte des Pluviale-tragenden Verkündigungsengels in dem Münchener Fenster wiederholt sich in ihrem Rhythmus aus Doppelperle-Cabochon-Doppelperle in den Vorhangbordüren der Hohenlindener und Traxler Scheiben. Schließlich belegt die übereinstimmende Polychromie Blau-Weiß-Gelbgold von Speculumfenster, Hohenlindener Marienglasbild und den zwei Untermenzinger Engelscheiben eine nahe Verwandtschaft der Glasmalereien.

Die von Susanne Fischer in ihrer Dissertation vermuteten Beziehungen des Speculummeisters zur Straßburger Werkgemeinschaft[53] treffen auch auf den Meister der Glasbilder in den drei Ebersberger Landkirchen zu. Die Bilderfindung, figürliche Glasmalereien mit Blattwerkarkaden zu rahmen,[54] fand etwa zur gleichen Zeit auf Ulmer und Tübinger Fenstern Straßburger Provenienz Anwendung: auf dem 1480 datierten Ratsfenster im Ulmer Münster mit den heiligen Antonius und Vicentius,[55] den zwei etwa 1480/85 entstandenen Scheiben der heiligen Katharina und Barbara sowie des heiligen Hieronymus in der Bessererkapelle des Ulmer Münsters[56] und den zwei Scheiben mit Graf Eberhard von Württemburg und dem heiligen Georg in der Tübinger Stiftskirche.[57] Die Glasbilder wurden von der Straßburger Werkgemeinschaft gefertigt und nach Ulm exportiert. – Auch die mehrfach benannte edelsteinbesetzte Bordüre mit ihrer kennzeichnenden rhythmischen Anordnung aus Doppelperlen und Cabochon kehrt auf dem Diakonshabit des heiligen Vicentius im Ulmer Ratsfenster wieder.

Schon die wenigen hier aufgezeigten ikonographischen und stilistischen Zusammenhänge zwischen den Hohenlindener, Traxler und Haselbacher Scheiben einerseits und dem Speculumfenster andererseits belegen, dass deren Meister in bisher unbekannter Beziehung zur Straßburger Werkgemeinschaft gestanden haben muss. Bisher konnte immerhin ein Glaseraustausch zwischen Straßburg und München nachgewiesen werden.[58]

Die Meisterfrage

Die ältere Herzogenwerkstatt wurde von Meister Martin und seinem Sohn Franz geleitet, die jüngere von beider Erben, dem Meister Hans Winhart.[59] Der Letztgenannte stiftete 1489 eine Rundscheibe mit seinem Namen und Berufszeichen zum Abschluss der Bauarbeiten in die Marienkirche von Hohenlinden. Eine zweite Medaillonscheibe für die Kirche, versehen mit seinem Steinmetzzeichen, gab im gleichen Jahr der Werkmeister Ulrich Randeck in Auftrag.[60] Mit gutem Grund kann man davon ausgehen, dass beide Scheiben eine Art Signatur von Werkmeister und Glasmaler bilden, da sich Ulrich Randeck mit seinem Steinmetzzeichen auch an einem der westlichen Langhauskragsteine als Erbauer der Kirche auswies. Dass Winhart nach dem Hohenlindener Bau ebenfalls weiter für das Kloster Ebersberg arbeitete, bestätigt nicht nur sein Name als Siegelbittzeuge unter einer Ebersberger Urkunde mit einer Gemeinschaftsstiftung für Hohenlinden,[61] einige Jahre später erscheint außerdem ein Eintrag in das Ebersberger Rechnungsbuch über die Kosten der Glasfenster in der Haselbacher Margarethenkirche: „Haslpach 1498. Winhartn glaser III r.fl." Winhart erhielt also für die Haselbacher Fenster drei Gulden rheinisch (um 1490 kostete ein Ochse in Kloster Baumburg drei Pfund Pfennig in Silbermünzen, also etwas weniger als drei Goldgulden[63]). – Für Traxl konnte bisher kein Beweis gefunden werden, der bestätigen könnte, dass auch dort die acht Scheiben von Hans Winhart stammen. Eine Zuschreibung an ihn wird von Susanne Fischer aus stilistischen Gründen abgelehnt.[64] Mit Georg Hager bin ich jedoch aus mehreren Gründen der Ansicht, dass die Traxler Malereien in der Werkstatt Winharts entstanden sind. Nicht nur die Bildrahmungen stimmen mit Haselbach, weitgehend auch mit Hohenlinden, darüber hinaus mit den Blutenburger und Untermenzinger Blattwerkarkaden überein. Die Figurenkonturierung der Anna-Selbdritt-Gruppe ist in Traxl und Haselbach identisch bis in Haltung und Bewegung des Kindes, auch die Ikonographie der weißen Rose stimmt überein. Dagegen weicht die Ausmodellierung der Physiognomien, die in Haselbach in den Gesichtern der heiligen Anna und des heiligen Christophorus gegenüber Traxl von einem sensibleren künstlerischen Talent zeugt, voneinander ab eben so wie die Art der Faltengestaltung, die in Haselbach einem graphischen Duktus, in Traxl einer eher malerischen Ausführung folgt. Kurz, die Binnenzeichnung der Glasbilder in Haselbach und Traxl differiert. Auch die

Inschriften unterscheiden sich, außerdem stehen sie im Ramsauer-Fenster der Sankt-Anna-Kirche auf schwarzem Grund im Gegensatz zu den anderen Inschriftenbändern mit weißem Fond. Die hier aufgezeigten, scheinbar widersprüchlichen Beobachtungen sprechen dafür, dass in den drei Dorfkirchen zwar dieselben Kartons (Werkstattbesitz) benutzt wurden, die individuelle Ausgestaltung aber in verschiedenen Malerhänden lag. Es kann deshalb wohl davon ausgegangen werden, dass die Winhart-Werkstatt auch die vier Traxler Stifteraufträge übernommen hat,[65] denn nach der Münchener Zunftordnung der Maler durfte jeder Betrieb zwar nur zwei Lehrlinge ausbilden, über die Zahl der übrigen Maler-Mitarbeiter, meist Gesellen, wird bezeichnenderweise nichts gesagt.[66]

Die Herzogenwerkstatt wurde jedoch nicht erst unter der Leitung von Hans Winhart in die überaus rege Ebersberger Bautätigkeit einbezogen. Ein Dokumentenfund mit dem Namen des Siegelbittzeugen „maister Franz, glaser zu München" unter einer Ebersberger Urkunde vom 20. Januar 1456[67] beweist, dass bereits die ältere Herzogenwerkstatt Glasmaler-Aufträge für das Ebersberger Benediktinerkloster ausführte. Da der Glasmaler Franz hier bereits mit „Meister" tituliert wird, muss er in dieser Zeit etwa zwischen zweiundzwanzig und fünfundzwanzig Jahre alt gewesen sein.[68] Susanne Fischer konnte einen ersten Beleg seiner Tätigkeit in München für das Jahr 1457 nachweisen. Seine Funktion als Siegelbittzeuge einer Ebersberger Beurkundung, die ein Vertrauensverhältnis mit Abt Eckard voraussetzte, fällt schon ein Jahr früher in die Zeit der abgeschlossenen Bauarbeiten an Chor, Lettner, Marien- und Stephanuskapelle sowie Sakristei. In der Zeit von 1451 und 1452 erfolgte die Stiftung von drei Glasfenstern für die Ebersberger Sebastianskirche.[69] Da sie von den Münchener und Landshuter Herzögen in Auftrag gegeben wurden, wird man nicht fehl in der Annahme gehen, dass hier die ältere Herzogenwerkstatt unter dem Vater Meister Martin und Sohn Franz mit diesen Aufträgen betraut worden ist.

Die Aufträge der älteren und jüngeren Herzogenwerkstatt unter den Meistern Franz und Hans Winhart für das Ebersberger Kloster zeigen, dass die Werkstatt auch für den Münchener Export arbeitete. Zwei hier vorgestellte Scheiben mit Malereien, die aus einer 1463 erbauten Kapelle im Landkreis Rosenheim stammen (heute in Privatbesitz), belegen, wie groß der Arbeitsradius dieser Werkstatt war; denn die Glasbilder mit den Darstellungen einer Mondsichelmadonna und eines heiligen Antonius besitzen deutliche Stilmerkmale der Herzogenwerkstatt. Abgesehen von der Krone und einem hier roten statt blauen Kleid, zeigt das Bild der Madonna auf der Mondsichel unter steinfarbenen Blattwerkarkaden enge Verwandtschaft mit dem der Hohenlindener Apokalytischen Frau und wird wohl etwa zur gleichen Zeit wie sie entstanden sein. (Abb. 2 u. 3) Die Binnenzeichnung mit der graphischen, teilweise zackenbildenden Faltengebung deutet allerdings auf eine andere Hand in derselben Werkstatt, denn bei gleichem Umriss besitzt der Mantel der Hohenlindener Madonna einen wesentlich weicher gezeichneten Faltenwurf. – Für das wahrscheinlich in der Erbauungszeit der Kapelle gefertigte Glasbild des heiligen Antonius gibt es im Landkreis Ebersberg keine vergleichbare Scheibe. (Abb. 13) Doch zeigt die Malerei Ähnlichkeiten mit dem Heiligen auf dem Ulmer Ratsfenster, das 1480/81 in der Straßburger Werkgemeinschaft gefertigt wurde, obwohl sie in Einzelheiten wie Frontal- statt Halbprofildarstellung, einem geöffneten statt eines geschlossenen Evangelienbuches und einer rotbraunen statt einer weißen Kutte abweicht. Auch tragen hier Pfeiler statt der Säulen oder Baumstämmchen den Arkadenbogen, dessen goldgelbe schlichte Zwickel vermutlich Produkt einer späteren (ehrlichen) Ergänzung sind. Die stilistische Nähe zu dem um etwa siebzehn Jahre jüngeren Ulmer Fenster ist wohl durch eine gemeinsame Vorlage zu erklären.

Die bisher über mehrere Generationen nachgewiesene Tätigkeit der Herzogenwerkstatt für das Kloster Ebersberg und seine Filialkirchen zeigt, wie sehr die Äbte Eckard und Sebastian neben ihrer erfolgreichen, durch die Neubelebung der Sebastianswallfahrt initiierten Wirtschaftspolitik auch um eine konstante Kulturpolitik bemüht waren. Ob hier freundschaftliche Kontakte mitgespielt haben, sei dahingestellt. Faktum ist, dass beide Äbte generationsübergreifend mit zwei Unternehmerfamilien zusammenarbeiteten: mit den Werkstätten der Werkmeister Erhard und Ulrich Randeck und der Münchener Glasmalerfamilie Martin und Franz sowie Hans Winhart. Von Randecks Familie konnte darüber hinaus 1477 eine Anstellung des Pfarrers Augustin Randeck in Oberndorf nachgewiesen werden, der im Zuge seiner Karriere später bis zu einem kaiserlichen Notar aufstieg.[70]

Abb. 13: Privatbesitz. Der heilige Antonius, aus einer Kapelle im Landkreis Rosenheim. Glasmalerei, wohl um oder nach 1463.

Anmerkungen

[1] Eine wesentlich ältere, leider stark nachgedunkelte Scheibe mit einer Darstellung der Madonna mit Kind befindet sich in der Kirche Heilig-Kreuz-Auffindung in Ebrach, Gem. Pfaffing. Dieser Ort liegt zwar in unmittelbarer Nähe des ehemaligen Klosters Ebersberg, gehört aber heute zum Lkr. Rosenheim.

[2] Siehe Fischer, Susanne: Die Münchener Schule der Glasmalerei. Studien zu den Glasgemälden des späten 15. und frühen 16. Jahrhundert im Münchner Raum, (Arbeitshefte des Bayerischen Landesamtes für Denkmalpflege 90), München 1997, S. 66.

[3] Laut Brief des Bayerischen Landesamtes für Denkmalpflege (BLfD) vom 01.10.1941.

[4] Siehe Fischer (wie Anm. 2), S. 66.

[5] Siehe ebd., S. 63.

[6] Durch die Fa. Zettler, München. Siehe Schliewen, Brigitte: St. Anna in Traxl – Eine spätgotische Landkirche als bürgerliche Grablege, in: Jahrbuch der Bayerischen Denkmalpflege 44 (1990) S. 34-59, S. 55-56, Anm. 131.

[7] Bayerische Staatsbibliothek (BSB), Clm 1351 Historia Eberspergensis, S. 270 (irrig 170).

[8] Siehe ebd., S. 174; Hager, Georg: Aus der Kunstgeschichte des Klosters Ebersberg, in: Bayerland 6 (1895), S. 399-401, 413-416, 423-425, 435-439, 449-453, S. 436 u. Fischer (wie Anm. 2), S. 95.

[9] Siehe Egg, Erich: Die Haller Glasgemälde, Sonderdruck, o.O. o.J. [vor 1945?], S. 89.

[10] Siehe Staatsarchiv München (StadtAM), Ms. 314, Historia Eberspergensis, fol. 118; Hager (wie Anm. 8), S. 436 u. Fischer (wie Anm. 2), S. 95.

[11] Ob sich dieses Fenster, wenn überhaupt, im Langhaus befand, ist fraglich; vorausgesetzt, dass der Chorscheitel noch nicht durch eine vorangehende Stiftung besetzt war, bildet die Plazierung eines Glasbildes an dieser Stelle für die Schenkung eines regierenden Donators die überzeugendere Variante, wie das Beispiel der Münchener Frauenkirche zeigt.

[12] Siehe Monumenta Boica, Bd. XXI, München 1813, Nr. LXXXVI.

[13] Siehe Stahleder, Helmuth: Chronik der Stadt München, Bd. 1, Herzogs- und Bürgerstadt. Die Jahre 1157-1505, München 1995, S. 476.

[14] Siehe Hartig, Otto: Münchner Künstler und Kunstsachen, in: Münchner Jahrbuch der Bildenden Kunst, NF 3 (1926), S. 343, Nr. 367.

[15] In den Schriftquellen werden unterschiedliche Marienpatronate genannt: 1.) Mariae Himmelfahrt (1490: Bayerisches Hauptstaatsarchiv (BayHStA), KU Ebersberg 985; 2.) Unsere Liebe Frau (1490: BayHStA, KU Ebersberg 974; 3.) Maria Schnee (1818: nach Notizen des Mittbacher Chronisten in der Hohenlindener Pfarrchronik); ob die in den Sunderndorfferschen Matrikeln von 1524 genannte Kapelle (Sacellum) St. Elisabeth in Hohenlinden Vorgängerin der Marienkirche gewesen ist, bleibt unklar. Siehe Deutinger, Martin von (Hg.): Die älteren Matrikeln des Bisthums Freysing, 3. Bd., München 1850, S. 382.

[16] Die Größenangaben schwanken, da die Scheiben teilweise beschnitten sind.

[17] Maßangabe nach Fischer (wie Anm. 2), S. 64.

[18] Siehe BLfD, Registratur, Notiz vom 17.12.1937.

[19] Siehe ebd., Notiz vom 01.09.1971.

[20] Nach Angabe des Erzbischöflichen Ordinariates München-Freising (Kunstreferat) wurden die Maßnahmen von der Münchener Restaurierungswerkstatt van Treek vorgenommen.

[21] Nach der Legenda aurea trug er ein „ritterlich Kleid", Siehe Legenda Aurea des Jacobus de Voragine, aus dem Lateinischen übersetzt von Richard Benz, Heidelberg 1979, S. 127.

[22] Siehe Bäumer, Remigius / Scheffczyk, Leo (Hg.): Marienlexikon, 6 Bde., St. Ottilien 1988-1994, Bd. 1, S. 49.

[23] Siehe Schliewen, Brigitte: Madonna in der Strahlenglorie in: Süddeutsche Zeitung / Ebersberger Neueste Nachrichten, 296 Weihnachten, 24./25./26.12.1997, S. [7].

[24] Er nannte sich viermal als Stifter der Kirche: auf einer Rotmarmor-Tafel an der äußeren, südlichen Kirchenwand; auf seiner Rotmarmor-Grabplatte vor dem Chor; auf dem noch erhaltenen Predellenbrett; auf einer (heute isoliert stehenden) Inschrift im Chorfenster. Siehe allgemein Schliewen (wie Anm. 6).

[25] Die Erhaltung entspricht bis auf teilweise Ergänzungen von Gewändern und Blattwerkrahmung im Jahr 1910 durch die Fa. Zettler wohl dem originalen Zustand. Siehe ebd., S. 55-56, Anm. 131.

[26] Siehe StadtAM, Zim. 20, Bruderschaftsbuch von St. Peter, fol. 22.

[27] Siehe Schliewen (wie Anm. 6), S. 36.

[28] Der Hohenlindener und der Traxler Madonna liegt ein Mischtypus nach den byzantinischen Vorbildern der sog. „Eleüsa" und „Glykophilousa" zugrunde, die jeweils in zärtlichem Spiel mit dem Christuskind dargestellt wurden.

[29] Susanne Fischer vermutet wohl zu Recht, dass die beiden Bildscheiben ursprünglich zu den Inschriftenfenstern im Chorscheitel mit dem Berufswappen des Salzhändlers, einem Salzfass, gehörten. Siehe Fischer (wie Anm. 2), S. 89.

[30] Der Physiologus, übertragen und erläutert von Otto Seel, Zürich – München 1976, S. 39.

[31] Siehe Bäumer / Scheffczyk (wie Anm. 22), Bd. 6, S. 257: Ein Jahr nach der Kölner Gründung im Jahr 1475 besaß Augsburg bereits dreitausend Mitglieder.

[32] StadtAM, Zim. 123 Chronik von Ebersberg, fol. 74r.

[33] Größenangabe nach Fischer (wie Anm. 2), S. 63.

[34] Nach dem Bericht von Martin Guggetzer in der Ebersberger Pfarrchronik, S. 229, wurde die Restaurierung von der Werkstatt der Fa. Zettler ausgeführt.

[35] Siehe BLfD, Registratur, Anweisung vom 01.10.1941.

[36] Nach den Unterlagen des Pfarrarchives Oberndorf wurden die Sicherungs- und Restaurierungsmaßnahmen von der Fa. van Treek durchgeführt.

[37] Allerdings scheint der Schriftduktus gegen diese Zuordnung zu sprechen.

[38] Siehe Roth, Michael: Bilder aus Licht und Farbe. Meisterwerke spätgotischer Glasmalerei. „Straßburger Fenster" in Ulm und ihr künstlerisches Umfeld, Ausstellungskatalog, Ulm 1995, S. 75.

[39] Die Physiognomie Sebastians lässt an eine präraffaelitische Ergänzung des 19. Jh. denken.

[40] Roth, Michael: … haben nie veracht oder sich nie geschembt, yr voräl-

⁴⁰ tern kunst vor sich zu nehmen und daruß zu lernen ..., in: Ders. (wie Anm. 38), S. 27.

⁴¹ Siehe Liedke, Volker: Salzburger Maler und Bildschnitzer sowie Bau- und Kunsthandwerker der Spätgotik und Renaissance in: Ars Bavarica 3 (1975), S. 33-56, 49.

⁴² Siehe Scholz, Hartmut: Entwurf und Ausführung. Werkstattpraxis in der Nürnberger Glasmalerei, in: CUMA. Deutschland Studien 1 (1991), S. 9.

⁴³ Siehe ebd., S. 10.

⁴⁴ Siehe ebd., S. 8.

⁴⁵ Siehe Liedke, Volker: Landshuter Tafelmalerei und Schnitzkunst der Spätgotik, in: Ars Bavarica 11/12 (1979), S. 1-150, S. 16.

⁴⁶ Hartig (wie Anm. 14), S. 167.

⁴⁷ Ebd., S. 194.

⁴⁸ Siehe Fischer (wie Anm. 2), S. 72-74.

⁴⁹ Siehe ebd., S. 58.

⁵⁰ Siehe ebd., S. 22-24.

⁵¹ Erichsen, Johannes (Hg.): Blutenburg. Beiträge zur Geschichte von Schloß und Hofmark Menzing, (Veröffentlichungen zur bayerischen Geschichte und Kultur 1), München 1985, S. 189.

⁵² Der Bezug zu den Offenbarungen der Birgitta von Schweden wird durch die Geburtsdarstellung auf dem Münchener Speculumfenster noch unterstützt, die entgegen der gängigen Ikonographie des in der Krippe liegenden Kindes ein auf der Erde liegendes Christuskind zeigt; denn nach der Vision der Birgitta sah sie „jenes glorreiche Kind nackt und leuchtend auf der Erde liegen". Zit. nach Bäumer / Scheffczyk (wie Anm. 22), Bd. 1, S. 492.

⁵³ Siehe Fischer (wie Anm. 2), S. 41.

⁵⁴ Michael Roth konnte einen Scheibenriss (Entwurfszeichnung) mit einer Blattwerkarkade im Besitz des Baseler Kupferstichkabinetts mit der Darstellung einer Wappenhalterin nachweisen. Siehe Roth (wie Anm. 38), S. 164, Nr. 43.

⁵⁵ Siehe ebd., S. 77, Nr. 1.

⁵⁶ Siehe ebd., S. 110, Nr. 19.

⁵⁷ Siehe ebd., S. 138, Nr. 29.

⁵⁸ Siehe Fischer (wie Anm. 2), S. 24.

⁵⁹ Siehe ebd., S. 22-23.

⁶⁰ Beide Rundscheiben sind heute unter die Glasmalereien mit den Heiligenbildern in die Fenster gesetzt. Nach einer alten Photographie hatten sie jedoch vor ihrer Auslagung im Zweiten Weltkrieg ihre Platzierung oberhalb der Malereien. Ihre Anordnung war damals identisch mit jener in den Fenstern der Blutenburger Schlosskapelle.

⁶¹ Siehe BayHStA, KU Ebersberg 974.

⁶² BayHStA, KL Ebersberg 23 ½. Das leider nicht foliierte Rechnungsbuch enthält für Haselbach noch zwei weitere Angaben zu Glaserarbeiten: „Haselbach 1498. Umb glaser III Schilling Pfennig. – Umb glaser XIII Schilling Pfennig". – Ein weiterer Hinweis auf Glasarbeiten für Ebersberg findet sich im Stiftbuch KL Ebersberg 23, fol. 43v von 1487 unter der Rubrik „Ausgaben": „Item glaser X r.fl. IIII Schilling XII Pfennig" (10 Gulden rheinisch 4 Schilling 12 Pfennig). – Siehe auch Schliewen, Brigitte: Zum 500. Geburtstag der Landkirche St. Margaretha in Haselbach. Die spätgotischen Bildfenster. Rechnung des Glasmalers Hans Winhart gefunden, in : Süddeutsche Zeitung / Ebersberger Neueste Nachrichten, 165, Di., 21.07.1998, S. 7.

⁶³ Siehe BayHStA, KL Baumburg 45, fol. 68v (alte Zählung).

⁶⁴ Siehe Fischer (wie Anm. 2), S. 90.

⁶⁵ Zumal eine von Susanne Fischer (wie Anm. 2), S. 59 angenommene Zusammenarbeit Winharts mit seinem – vermutlichen – Schwager Jan Polack in Blutenburg ebenso für Traxl durch das noch erhaltene, Polack zugeschriebene Predellenbrett bezeugt werden kann.

⁶⁶ Siehe Hartig (wie Anm. 14), S. 312, Nr. 167 u. 168 : „Item es sol auch ain jedlicher [Meister] nit mer haben, dann zwen knaben und ain jeglicher knab des hantwerchs sol geben LX pfennig in des hantwerchs püchsen ainsten".

⁶⁷ Siehe BayHStA, KU Ebersberg 440.

⁶⁸ Geht man davon aus, dass er, wie es üblich war, mit vierzehn Jahren seine Lehre begann, der dann mindestens drei, eher mehr Lehrjahre, obligatorische Wanderschaft und die Zeit für die Anfertigung eines Meisterstückes folgten.

⁶⁹ Siehe Anm. 8.

⁷⁰ BayHStA, KU Ebersberg 700; Schliewen (wie Anm. 6), S. 40.

Bildnachweis
Bernhard Schäfer, Jakobneuharting: Abb. 1, 4, 9.
Brigitte Schliewen, Vaterstetten, Abb. 2-3, 5-8, 10-13.

Brigitte Schliewen

Figurierte Stein- und Holzbildwerke in der ehemaligen Klosterkirche Ebersberg und ihrem Einflussgebiet

Weiße Flecken innerhalb kulturhistorisch erforschter Landschaften sind häufig übersehene „Schatzbehalter", in ihnen verbergen sich nicht selten Überraschungen. Von seiner Aufhebung im Jahre 1808 bis zu den systematischen Untersuchungen durch Georg Hager[1] fristete das um seine ehemalige Bedeutung gebrachte Kloster Ebersberg, gelegen zwischen den Kulturzentren der Stadt München und seiner Schlösser im Westen, der Stadt und Residenz Landshut im Norden, der fürstbischöflichen Residenz Salzburg im Osten und dem an Kunstwerken besonders reichen „Pfaffenwinkel" im Süden, ein bau- und kunsthistorisches Schattendasein. Die nach heutigem Verständnis brutale Beschlagnahme wertvollen Kulturgutes im Zuge der Säkularisation von Kirchenbesitz allein seines Materialwertes wegen – darunter viele Denkmäler christlicher Kunst aus Edelmetall, golddurchwirkte Paramente und liturgische, mit Blattgold ausgeschmückte Bücher – ließ langsam die über achthundert Jahre alte Ebersberger Klosterkultur in Vergessenheit geraten. Nach und nach kommen nun jedoch halbvergessene oder übersehene Kunstdenkmäler wieder zutage, die die ehemalige geistige Vitalität des Klosters, insbesondere seinen ursprünglichen Reichtum an Kunstwerken bezeugen.

Bildwerke aus Stein

Dabei stimmt der erhaltene Bestand an Steinbildwerken tröstlich, die ihr Überleben nicht nur dem schwer zu bewegenden Material verdanken, eher vermutlich ihrer Funktion als Grabsteine von teilweise überragender künstlerischer Qualität oder als fest mit der Architektur verbundene Steinmetzarbeiten. Die Sebastianskirche besitzt noch siebzehn alte Grabsteine und Epitaphien, davon neun mit figürlichen und szenischen Darstellungen. Dazu kommen neben der Klosterkirche in den Kirchen von Egglburg, Hohenlinden, Traxl und Haselbach individuell gestaltete Kragsteinköpfe beziehungsweise Gewölbeansätze mit Wappen- und Heiligendarstellungen, die nur deshalb überlebt haben, weil keine jüngeren Änderungen an den Gewölben vorgenommen wurden.

Mit siebzehn Grabdenkmälern verfügt die Sebastianskirche über einen beachtlichen Bestand an Kunstwerken aus Stein, die eine Zeitspanne vom 14. bis zum 17. Jahrhundert umfassen. Bis auf drei Platten aus Solnhofener Marmor[2] sind alle Grabsteine und Epitaphien aus Rotmarmor gemeißelt, davon sechs heraldische Wappensteine mit Namen und Inschriften. Acht Denkmäler erinnern in ganzfiguriger Darstellung oder in einer Kombination aus Andachtsbild und Familienmemorial an die Toten.

Abb. 1: Ebersberg, Sankt Sebastian. Grabstein des Otto von Pienzenau, gestorben 1371.

Steinmetz und Bildhauer

Figuren und Ornamente wurden in der Technik des Hoch- oder Flachreliefs aus dem teuren, rot-weiß gescheckten und vermutlich in den Steinbrüchen von Adnet bei Salzburg gewonnenen Marmor geschlagen. Bis ins 16. Jahrhundert war der Beruf eines Bildhauers nicht mit dem eines „freien Künstlers", wie wir ihn heute verstehen, zu vergleichen. Nach den für europäische Bauhütten des Mittelalters verbindlichen „Ordnungen" (Satzungen) der Regensburger Steinmetzenbruderschaft von 1459[3] hatte ein „bildhower" oder Steinmetz im Anschluss an eine sechsjährige Lehre eine obligatorische Wanderschaft von mindestens einem Jahr zu absolvieren. Im Unterschied zu städtischen, zunftgebundenen Handwerkern war ein Steinmetz damit relativ flexibel, denn seine Arbeit bei einer Bauhütte war nur an das „werch", das Bauprojekt, gebunden, danach musste er sich nach einer neuen Vertragsarbeit bei einer anderen Großbaustelle umsehen. Wollte sich ein ausgebildeter Steinmetz zu einem Werkmeister, einem Architekten, weiterbilden, hatte er weitere zwei Jahre in das Studium der Konstruktionslehre zu investieren. Die sich so mitunter bis zu zehn Jahre hinziehende Ausbildungszeit verschaffte einem Werkmeister ein hohes soziales Prestige, das sich nicht nur in beachtlichen Honoraren widerspiegelte, sondern auch dazu führte, dass er bei Beurkundungen gerne als Zeuge hinzugezogen wurde; ein Umstand, dem es zu verdanken ist, dass in Ebersberger Urkunden des 15. Jahrhunderts die Namen mehrerer Steinmetzen auftauchen, die unter den baufreudigen Äbten Eckhard (1446-1472) und Sebastian (1472-1500) als Zeugen bei Vertragsabschlüssen fungierten.

Der Münchener Werkmeister Erhard Randeck[4], der 1479 die Egglburger Kirche und zwischen 1481 und 1484 die Sebastianskirche umbaute und erweiterte, wurde 1460[5] und 1486[6] ausdrücklich „Steinmetz" genannt. Sein Sohn Ulrich erhielt von der Stadtkammer in München im Jahre 1494 „7 lb. für 8 fl. reinisch von 8 figuren in merblstain [!] gehauen in di marterseul vor unsers herrn tor".[7] Auch der Landshuter Steinmetz Ulrich Ränftl arbeitete für das Kloster, denn 1475 gehörte er zu den Zeugen einer Schlichtung in Ebersberg.[8] Ebenso hatte der „Steinmetz, Maurer und Werkmeister der Stadt Erding" Steffan Prunnauer 1479[9] und 1498[10] enge Kontakte zum Kloster. Neben Erhard Randeck ist Wolfgang Leb der einzige Steinmetz und Bildhauer, dessen Name mit seinem Werk verbunden werden kann, denn er signierte das für Ebersberg geschaffene Stifterhochgrab und datierte es mit der Jahreszahl 1500. Ob außer Leb auch einige der vorgenannten Steinmetzen an den zu ihrer Zeit entstandenen Grabplatten oder an dem fast gänzlich verlorenen Skulpturenschmuck der spätmittelalterlichen Sebastianskirche[11] mitgearbeitet haben, ist bisher nicht untersucht worden.

Acht figurierte Rotmarmorsteine gestatten einen faszinierenden Einblick in den Gang der Stilgeschichte vom Ende des 14. bis zum Ende des 16. Jahrhunderts, also in diejenige Zeitspanne, in der sich das Menschenbild in der Kunst von der idealtypisierenden Darstellung zu lösen begann, um dann im Laufe des 15. Jahrhunderts zu individuellem Ausdruck bis hin zum Portrait zu finden.

Die Frage, weshalb vorzugsweise Rotmarmor für die Grabsteine von Fürsten, Bischöfen und Äbten gewählt wurde, erlaubt mehrere Antworten. Natürlich hatten nur vermögende Auftraggeber die nötigen Geldmittel, den teuren importierten Stein zu bezahlen. Hinzu kam die Eigenschaft des harten, schwer zu bearbeitenden Steines, sich hochglänzend polieren zu lassen.[12] Der wichtigste Grund ist jedoch wohl in der mystifizierenden Wirkung des Lichtes zu suchen; denn die in wechselndem Tageslicht oszillierende Buntscheckigkeit des

Rotmarmors sollte den Toten – wenn schon nicht als lebend – so doch als nicht wirklich gestorben erscheinen lassen.[13] So beschreibt ein unbekannter Jesuit die Wirkung des Ebersberger Hochgrabes noch im Jahre 1715 mit den Worten „es steht diß Grab mitten in der Kirchen auß lebendigem und rothem Marmorstein".[14]

Figurierte Grabplatten und Epitaphien bis 1450

Die 2,88 auf 1,42 Meter große Grabplatte des 1371 mit achtzig Jahren gestorbenen „frommen Ritters" Otto von Pienzenau (Abb. 1) und die seiner 1374 verschiedenen Schwiegertochter Katharina von Waldeck (Abb. 2) im Format 2,47 auf 1,25 Meter repräsentieren in feierlicher Frontalität die Würde des alten Adelsgeschlechtes der Pienzenauer, die einst ihre Grablege in der Stephanuskapelle (später: Ignatiuskapelle) südlich des Chores der Ebersberger Sebastianskirche besessen hatten, ehe einige ihrer Grabplatten nach dem Brand des Jahres 1781 und der dabei erfolgten Zerstörung dieser Begräbnisstätte in der heutigen Herz-Jesu-Kapelle Aufstellung fanden.[15] (Abb. 3) Otto von Pienzenau trägt unter dem zeitgenössisch taillierten Waffenrock mit breitem, reich ornamentierten Schwertgurt ein langärmeliges Kettenhemd. Unter dem Spitzhelm wird das Eisengeflecht der Halsbrünne sichtbar, die Beine sind durch Eisenschienen und -schuhe, die Knie durch sogenannte Kacheln geschützt. Die Tartsche (Wappenschild) in seiner Linken zeigt die drei Kugeln[16] des Pienzenauergeschlechtes, die mit Eisenhandschuhen bewehrte Rechte hält eine Lanze. Zu Häupten des Ritters ist je ein Kübelhelm mit Kleinod und kurzer Helmdecke aus dem Stein gemeißelt. Katharina von Pienzenau trägt ein langes Gewand unter ihrem weiten, an den Säumen ondulierenden Mantel. Sie hat ihre Hände, die aus den modisch bis zum Handrücken reichenden Ärmeln schauen, gefaltet. Der Kruseler – die gestärkte, mehrfach gereihte Rüschenhaube – reicht bis auf die Schultern, was einen wichtigen Hinweis auf das Entstehungsdatum des Grabsteines bietet, denn kostümgeschichtlich lässt sich diese Frühform des Kruselers nur bis etwa 1380 nachweisen.[17] Auch Katharina hat zu beiden Seiten ihres Hauptes je einen Topfhelm mit Helmdecke, wobei der eine als Kleinod den Waldeck'schen Vogel, der andere den Pienzenauer'schen Kopf mit einer Gugel unter dem Spitzhut zeigt.[18]
Beide Pienzenauer sind liegend dargestellt, ihr Haupt ruht auf einem Kopfkissen, ihre Augen sind jedoch geöffnet. Damit sind sie dem Typus der „Gisants" (Liegenden) zuzuordnen. Sie scheinen noch aktiv mit dem Leben verbunden zu sein: Otto hält mit festem Griff Lanze und Schild, Katharina betet. Ihr realer Tod wird bewusst geleugnet, die scheinbaren Aktivitäten sollen die Hoffnung auf ihr Weiterleben im Jenseits ausdrücken, was durch die irrlichternde Scheckigkeit des Marmors noch unterstrichen wird.

Die beiden Grabsteine gehören zur großen Gruppe mittelalterlicher Grabdenkmäler aus der Zeit zwischen etwa 1400 und 1450, deren ganzfigurigen Reliefdarstellungen auf einer vertieft ausgearbeiteten Platte liegen, versehen mit den Wappenschilden, Helmen und Kleinodien der abgebildeten Adeligen oder bei Klerikern mit den Insignien ihrer geistlichen Macht. Philipp Maria Halm hat viele von ihnen bereits 1926 der – in weitem Sinne – von Salzburg abhängigen Chiemgauer Sepulkralkunst zugeordnet.[19] Dieser Typus wird überzeugend auch im Grabstein des 1425 gestorbenen, etwas nassforschen Ritters Peter Truchtlachinger in der Pfarrkirche von Truchtlaching[20] und in der Darstellung des Pfalzgrafen Aribo, des Klosterstifters von Seeon, auf der zwischen 1395 und 1400 entstandenen Grabtumba in der Seeoner Klosterkirche verkörpert.[21] In der anmutigen, in leichter S-Schwingung dargestellten Gestalt der Stifte-

Abb. 2: Ebersberg, Sankt Sebastian. Grabstein der Katharina von Pienzenau, gestorben 1374.

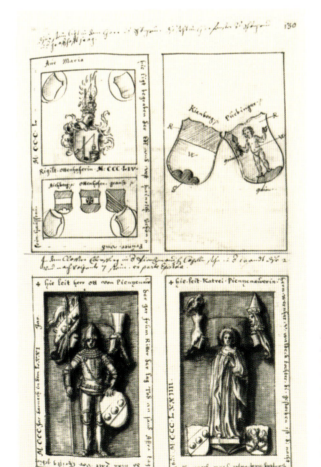

Abb. 3: Nachzeichnung der Grabsteine von Otto und Katharina von Pienzenau im Wappenbuch des Johann Franz Eckher von Karpfing und Lichteneck.

Abb. 4: Ebersberg, Sankt Sebastian. Fragment des Grabsteines von Abt Philipp Höhenberger, gestorben 1412 (Detail).

Abb. 5: Berchtesgaden, Stiftskirche. Pseudotumba des Propstes Petrus Pienzenauer, gestorben 1435 (Detail).

Abb. 6: Ebrach, Heilig-Kreuz-Auffindung. Epitaph des Alt Lampel, gestorben 1420.

rin des Klosters Baumburg, Adelheid von Sulzbach,[22] besitzt Katharina von Pienzenau eine nahe stilistische Verwandte, wenngleich ihre Haltung steifer dargestellt ist als die auf dem Grabstein der Baumburger Stifterin.

Einen Entwicklungsschritt weiter in der Darstellung geht die leider stark fragmentierte, erst 1967 bei Umbauarbeiten in der Sebastianskirche in Ebersberg entdeckte und zuvor als Baumaterial benutzte 2,17 auf 0,36 Meter große Deckplatte des ehemaligen Hochgrabes des 1412 gestorbenen Abtes Philipp Höhenberger (1385-1412).[23] (Abb. 4) Nicht mehr die Amtsinsignien wie Inful und Abtstab stehen hier im Vordergrund, sondern sein Antlitz, das virtuos gemeißelte Portrait eines gealterten Mannes. Um die geschlossenen Augen mit den gefurchten Lidern ziehen sich strahlenförmig Runzeln bis zur Schläfe, die Wangen hängen erschlafft hinunter und um den Mund haben sich zwei tiefe Falten eingegraben: das Gesicht eines vom Leben Ermüdeten, der im Todesschlaf ausruht. In dieser schonungslosen Sehweise stimmt die Darstellung mit der Pseudotumba, einer schräg in die Kirchenwand eingemauerten Grabplatte, des 1435 gestorbenen Propstes Petrus Pienzenauer in der Stiftskirche von Berchtesgaden überein, der, mit den Insignien Mitra, Bischofsstab und Pectorale (Brustkreuz) auf einem Quastenkissen ruhend, dem Ebersberger Abt Philipp geschwisterlich gleicht. (Abb. 5) Auch bei ihm zeigen Kerben auf der Stirn und tiefe, parallel zu Augen und Nasenflügeln hinablaufende Faltenzüge sichtbar die Spuren des Alters. Die physiognomische Ähnlichkeit in der Gestaltung der zwei Klerikerköpfe ist so überzeugend, dass beide zumindest in derselben Werkstatt, wenn nicht sogar von der Hand desselben Meisters gearbeitet sein müssen. Alexander Rauch[24] und Florian Trenner[25] halten denn auch beide Bildwerke für Arbeiten des „Meisters der Straubinger Albrechtstumba", von dem wohl auch das beeindruckende Grabrelief des Bürgermeisters Ulrich Chastenmayr[26] (gest. 1431) in der Sankt Jakobskirche in Straubing stammt. – Nur die wie in nassen Falten am Körper haftende Kasel des Berchtesgadener Propstes zeigt, dass sein Stein später als der des Ebersberger Abtes entstanden sein muss, dessen vor den Körper gezogene Muldenfalten noch die plastische Fülle eines locker fließenden Gewandes wiedergeben, wie sie die ausgehende Epoche des „Weichen Stiles" kennzeichnete.

Im Unterschied zum Ebersberger Relikt, das wohl um 1400 gearbeitet wurde, schätzt Halm, dass die Berchtesgadener Grabplatte 1415,[27] also noch zu Lebzeiten des Propstes, entstand. Beide Beispiele spiegeln damit ein allgemeines Problem der Grabsteindatierung wider, denn das Sterbedatum auf der umlaufenden Inschrift erweist sich oft nur scheinbar als hilfreich. Viele der vermögenden Auftraggeber ließen sich bereits zu Lebzeiten ihre Grabmäler arbeiten, was an den für das Todesdatum freigehaltenen Spatien zu erkennen ist. An diesen Stellen hatten die Nachkommen vergessen, das Sterbedatum einzusetzen.[28]

Wohl etwa um die gleiche Zeit entstanden ist das Flachrelief auf dem Rotmarmorepitaph des „Alt Lampel" (gest. 1420) und des „Kristannus barthofer" (gest. 1448) in der nahegelegenen Kirche Heilig-Kreuz-Auffindung in Ebrach. (Abb. 6) Der nur 0,78 auf 0,50 Meter große Gedenkstein zeigt den seine Wunden mit erhobenen Händen vorweisenden Auferstandenen. Parallel zum Kreuzstamm ist auf der rechten Seite die Bitte „Got erparm dich unser" in den Stein geschlagen. Auch die Rotmarmorplatte der Margarete Pulfinger (gest. 1469) in der Kirche Sankt Laurentius in Holzen bei Aßling, deren Mantel in dichten Falten weich am Boden umknickt, ist ein schönes Beispiel für eine Bildhauerarbeit vor oder um 1450.

Figurierte Grabplatten und Epitaphien bis 1500

Die Grabtumba des Abtes Eckhard, der dem Ebersberger Kloster durch die Revitalisierung der Sebastianswallfahrt wieder zu großer wirtschaftlicher Prosperität verhalf, ist verschollen.[29] Erhalten hat sich die stark abgetretene 2,20 auf 1,60 Meter große Grabplatte seines Nachfolgers, des baufreudigen Abtes Sebastian Häfele (gest. 1504), die ein zusätzliches Element in die Grabmalkunst bringt: der lebend dargestellte Abt mit Pedum (Abtstab) und Pannisellus (Schweißtuch) steht auf einem dreiseitig vorspringenden Podest unter einem Astwerkbaldachin. (Abb. 7) Unterhalb der Plattform sind in zwei Tartschen als „redende Wappen" das des Klosters mit einem aufsteigenden Eber und das des Abtes mit einem Topf („Hafen") gemeißelt. Die Dreifachgliederung in Wappen-, Bild- und Architekturelementen, besonders die Art der Astwerkgestaltung lässt an eine Entstehung in der Zeit zwischen 1480 und 1490 denken. Für diesen Zeitrahmen spricht auch das erst nach Abt Sebastians Tod sperrig in die umlaufende Inschrift eingesetzte Sterbejahr 1504.[30] Die Grabplatte wechselte dreimal ihren Standort. Nach Hager hatte sich der Stein ursprünglich „im Mittelschiff der Kirche vor dem Taufstein" befunden, ehe er später „innen an der Südwand der Kirche aufgestellt"[31] und schließlich an die Westwand der Herz-Jesu-Kapelle versetzt wurde.

Abb. 7: Ebersberg, Sankt Sebastian. Grabplatte des Abtes Sebastian Häfele, gestorben 1504.

Die Grabtumba der Stifter

In dem schon mehrfach beschriebenen Hochgrab der Klostergründer Graf Ulrich von Ebersberg und seiner Frau Richardis[32] zeigt sich überzeugend die Divergenz zwischen der realen Horizontale einer Grablege und der Scheinvertikalen der Darstellung. (Abb. 8)
Die schwere Deckplatte im Format 1,29 auf 1,61 Meter mit nahezu vollplastisch aus dem tiefgehöhlten Rotmarmor gemeißelten Reliefs liegt auf den vier Wänden der Grabtumba auf, die ihrerseits auf einem schweren Sockel stehen. Der ursprüngliche Standort des Stiftergrabes befand sich bis zum Brand von 1781 im Mittelschiff,[33] vermutlich vor dem Choreingang,[34] danach in der Herz-Jesu-Kapelle, bis es in den späteren 60er Jahren des vorigen Jahrhunderts seine heutige Aufstellung in der Eingangshalle fand.
Würde man die Deckplatte um neunzig Grad aufrichten, zeigte sie sich als Mittelschrein eines steinernen Flügelaltares, gebildet aus Predella, Schrein und Baldachin-Gesprenge. Nur: der Schrein enthält nicht ein übliches ikonographisches Altarprogramm mit Heiligenskulpturen und deren Assistenzfiguren, sondern eine szenische Inszenierung zum Gedenken an die Stifter des Klosters. Anstelle einer Predellendarstellung mit biblischen Motiven kniet in der Sockelzone Abt Sebastian Häfele mit Infulierung und aufgeschlagenem Evangelienbuch zwischen Wappen mit Spangenhelmen, Zimieren und Helmdecken des Grafen Ulrich von Ebersberg (gest. 1029) und seiner Frau Richardis von Kärnten (gest. 1013). Vor einem von zwei Engeln – nach dem Vorbild des Sterzinger Multscheraltares (1456-58) – gehaltenen, damaszierten Vorhang kniet darüber in der Mittelzone auf dreiseitig vorspringendem Sockel das Stifterpaar: Graf Ulrich mit geschiftetem Plattenharnisch, an seinem Gürtel Schwert, Dolch und Almosenbeutel, die gebeugten Knie auf dem „Schallern", einem der Mode entsprechenden, im Nacken spitz zulaufenden Helm. Richardis im perlengesäumten Kleid unter einem weiten, bordürengeschmückten Mantel, dessen Zipfel sie unter dem linken Arm festhält, auf dem Kopf eine modisch gefaltete Ballonhaube. Beide halten zwischen sich ein Kirchenmodell mit doppeltürmiger Westfassade, das allerdings nicht, wie Georg Hager[35] beobachtete, mit der im 13. Jahrhundert projektierten Sebastianskirche übereinstimmen, sondern wohl ein Phantasiemodell darstellt, das mit dem des Stiftergrabes von Attel absolut identisch ist. Über den vorhanghaltenden Engeln erscheint das Halbfiguren-

Abb. 8: Ebersberg, Sankt Sebastian. Deckplatte des von Wolfgang Leb geschaffenen Stifterhochgrabes, datiert 1500.

locus est hic atque creatus hac in scultura stat eorum pulc[h]ra figura".

Auf der untersten Ebene hocken an den Ecken und Längswänden in der Hohlkehle des Grabsockels sechs vollplastisch gemeißelte Mönche mit ihren Evangelienbüchern als Totenwächter und Trauernde, darunter ein Abt. (Abb. 10) Hier mag das von dem Niederländer Claus Sluter (etwa 1350-1406) aus schwarzem Marmor und Alabaster konzipierte und begonnene Grabmal für den burgundischen Herzog Philipp den Kühnen (heute: Dijon, Musée des Beaux-Arts) Pate gestanden haben. Sluter meißelte seine vierzig „Pleurants" (Weinenden) mit tief ins Gesicht gezogenen Kapuzen in einem langen, die Sockelzone des Hochgrabes unter Arkaden umschreitenden Trauerzug vollrund aus dem weißen Gestein.

Der Bildhauer des Ebersberger Stiftergrabes hatte eine Vorliebe für das Ornament. Sei es die Spannkraft in den

Abb. 9: Ebersberg, Sankt Sebastian. Seitenwand des Stiftergrabes mit Darstellung des Grafen Rathold (Detail).

bild der Gottesmutter im Typus des „Apokalyptischen Weibes" (Offenbarung 12, 1-6) im Strahlenkranz mit dem Christusknaben auf dem rechten Arm. Das Kind reicht mit einer Hand der Mutter den Apfel der Erlösung, mit der anderen greift es in ihren Schleier. Überwölbt wird die Szene von einer kapellenartigen Baldachinarchitektur aus ineinander verschränkten Blattranken, gebogenen Fialen und hängenden Laubwerk-Schlusssteinen. Seitlich begleiten der Kirchenpatron Sankt Sebastian auf der rechten und der Ordensgründer Sankt Benedikt auf der linken Seite die Darstellung. Beide stehen auf dünnen Säulen mit Blattwerkkapitellen, über sich kleine, fialengeschmückte Baldachine. Im Ganzen gesehen handelt es sich um einen Aufbau, der die Kenntnis von Michael Pachers Altar in Sankt Wolfgang am Abersee (1471-1481) oder des Hochaltares von Kefermarkt (vollendet wohl 1497)[36] verrät.

Abb. 10: Ebersberg, Sankt Sebastian. Sockelfigur eines trauernden Mönches vom Stiftergrab.

Sechs Halbfigurenreliefs mit Spruchbändern[37] auf den Seitenwänden begleiten die Darstellung auf der Deckplatte. (Abb. 9) Als sinnfälliger Unterbau dokumentieren sie die Abstammung des Grafenpaares. Jede Halbfigur wird jeweils auf einer Seite vom Sempter Wappen, auf der anderen von den Wappen Ebersbergs, Schwabens und Sachsens begleitet. Ein wellig die gesamte Hohlkehle der Deckplatte umziehendes Schriftband fasst die retrospektive Stifterinszenierung mit folgenden Worten zusammen: „Der edel wolgeborn graff Ulrich stiffter / disz goczhaus ebersperg einfürer des orden sand benedict mit seinem ge / mahl frawen Richardt / ligt da pegraben den got genädig sei a(m)en. per quos fundatus

Abb. 11: Ebersberg, Sankt Sebastian. Von Wolfgang Leb (?) gefertigtes Epitaph für die Kinder der Pienzenauer von Hartmannsberg, datiert 1496.

gezaddelten Helmdecken oder das kraftvoll eingerollte Blattwerk an Baldachinen und Kapitellen, seien es die Brokatmuster auf den Textilien oder die subtil geschnittenen Federchen der Engelsschwingen – der Bildhauer beherrschte Meißel und Drillbohrer wie ein Zeichner den Bleistift und scheint der spröden Härte des rotscheckigen Marmors gespottet zu haben. Dagegen konnte er menschliche Physiognomien nur in sich wiederholenden Standardtypen bilden. Seine Figuren besitzen überwiegend breitflächige Gesichter mit vorgewölbter Stirn und weit auseinanderstehenden Augen, wobei die Augäpfel mitunter froschähnlich vorquellen.

In seiner Laubwerkgestaltung zeigt sich nächste Verwandtschaft zu den Kupferstichen des noch immer anonymen Meisters E. S., dessen Herkunft aufgrund einiger Dialektformen seines bis heute erschlossenen Oeuvres aus Straßburg beziehungsweise vom Oberrhein vermutet wird.[38] Sein Stil und die überaus detailbetonende Technik seiner Arbeiten demonstrieren, wie hier die graphischen Elemente des E. S. von dem mittelalterlichen Steinmetz feinnervig in plastische Formen umgesetzt wurden, wobei seine Reliefschnik den Gebrauch des Drillbohrers voraussetzte.[39] Der Schluss, dass der Bildhauer des Ebersberger Stiftergrabes am Oberrhein, vielleicht sogar an der Bauhütte des Straßburger Münsters ausgebildet wurde, bleibt allerdings ohne biographische Daten Spekulation, da ein wandernder Steinmetz im 15. Jahrhundert graphische Vorlagen wie die Kupferstiche des E. S. auch auf Messen und Märkten erworben, zumindest gesehen haben könnte.

Der Bildhauer hat sich auf dem Rahmen der gekehlten Deckplatte selbst als „w. leb maister des bercks [Werks]" genannt und das Datum der Fertigstellung in die Hohlkehle des Sockels unterhalb des Stifterpaares gemeißelt: „M°. V°. [Millesimo quingentesimo, also 1500]".[40] Wolfgang Leb, wie er mit vollständigem Namen hieß, arbeitete das Grabmal vermutlich an Ort und Stelle und nicht in seiner Werkstatt, denn aus einer kürzlich von mir aufgefundenen Steuernotiz des Klosters Ebersberg aus dem Jahr 1499 geht hervor, dass er offenbar vor Ort bei der „Genswirtin" gewohnt hat. Unter ihrem Namen steht – eingeschoben – im Stiftbuch der Eintrag „Item dat maister wolfgang x ß dn".[41] Auch noch zwei Jahre nach Fertigstellung des Hochgrabes, im Jahre 1502, erhielt unter der Rubrik „Maurern, Stainmeczen, Zieglern" „Mayster Wolffgang 1 schaff korn, 2 Metzen wein"[42] an Naturalien vom Cellerar des Ebersberger Klosters.[43]

Der 1954 freigelegte, 1,30 auf 0,66 Meter große, ebenfalls Leb zugeschriebene Grabstein[44] mit der Inschrift „Hye ligen begraben / dy Jungen Pyenzn / auer zu Hadmans / sperg[45] / 1496 / Den got genädig sey" lässt mit dem Flachrelief eines in einem Dreipass stehenden Kindes wieder an Stiche des Meisters E. S. denken. (Abb. 11) An Vorlagen des Stechers, der gern stehende Jesuskinder unter anderem für Neujahrsgrüße darstellte, erinnert die kleine, nackte Gestalt mit den kurzen Ringellocken, die hier der Bildhauer lebensnah mit Hilfe des Drillbohrers in das Rotmarmorrelief umsetzte. Auch das wehende Spruchband, das sich um das rechte Ärmchen des Kindes gewickelt hat, ist ein häufig verwendetes Motiv des E. S. Ebenfalls sind mehrfach Schildhalter bei dem Kupferstecher zu finden, auf diesem Stein ist das

Abb. 12   **Abb. 13**

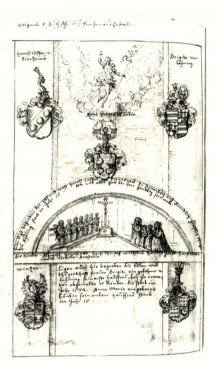

Kind sein eigener Schildhalter mit dem Wappen der Pienzenauer. Wie sehr der Bildhauer den Umgang mit dem Stechzirkel des Steinmetzen oder sogar Werkmeisters gewohnt war, zeigt die gekonnte Integrierung eines Dreipasses in das doppelt gerahmte Medaillon, das er wie ein Maßwerkelement nach oben kielbogenartig durchbrach.[46]

Im Jahr 1490, zehn Jahre vor der Fertigstellung des Stifterhochgrabes, notierte der vermögende Salzhändler und Münchener Bürgermeister Balthasar Pötschner in seinem Rechnungsbuch eine Zahlung für Arbeiten in der Ebersberger Sebastianskirche: „Sandt Sebastians pild an dem pfeiler und mein, her Walthauser Pötschners grebnuß darbey. Auch ainen grabstain bestelt umb sechs gulden."[47] Demnach bezahlte der Münchener neben einer Pfeilerfigur auch einen Grabstein für seine vermutlich in Chornähe gelegene Grabstätte.

Abb. 12: Ebersberg, Sankt Sebastian. Epitaph für Hans Caspar von Pienzenau, gestorben 1588, und seine Familie.

Abb. 13: Nachzeichnung des Epitaphs Hans Caspars von Pienzenau im Wappenbuch des Johann Franz Eckher von Karpfing und Lichteneck.

Figurierte Epitaphien des 16. Jahrhunderts

Etwa achtzig Jahre nach der retrospektiv inszenierten Darstellung auf dem von Wolfgang Leb gemeißelten Hochgrab knüpften zwei Familienepitaphien der Brüder Hans Caspar (2,46 x 1,19 m) und Christoph von Pienzenau (2,45 x 1,47 m) an den szenisch gestalteten Grabsteintyp an. Im Zentrum der Darstellung stehen die Repräsentanten einer einflussreichen und vermögenden Familie aus dem Geschlecht der Pienzenauer. Die Brüder mit ihren Familien sind von mehreren Wappenschildern umgeben, die ihnen als Ausweise ihrer Herkunft und ihres immensen Besitzes dienten. Das „Rollwerk" seitlich der Schriftblöcke gibt die eingerollten Ränder einer „steinernen Pergamenturkunde" auf den Epitaphien wieder, die ursprünglich in die Wände über den Grabstätten in der später abgerissenen Pienzenauer-Kapelle eingelassen waren.

Bezeichnenderweise sind alle Mitglieder der beiden Familien in spanischer Hoftracht dargestellt: Hans Caspar (gest. 1588)[48] im Harnisch, mit kurzgeschnittenem Haar und modischem Spitzbart, seine beiden Frauen Brigitta von Layming (gest. 1572) und Anna Maria Hundin (gest. 15..) mit dem zeitgenössischen Stuartkragen, auf dem Kopf die Toque, ein flaches Barett. Die sechs Söhne tragen kurze spanische Mäntelchen mit der Kröse (Halskrause). Unter einer Arkade mit der großen Wappenkartusche der Anna Maria Hundin knien in der Tradition spätmittelalterlicher Gedächtnistafeln die linear aufgereihten Familienmitglieder, von denen fünf zum Zeichen ihres Todes das Kreuz über ihren Häuptern tragen. In der Sockelzone befinden sich neben der Schrifttafel die Wappen Winczer und Closen. Etwa die Bildhälfte einnehmend, schließt sich nach oben über der Arkade zwischen den Wappen Pienzenau und Layming das Relief des triumphierend aus seinem Grab zwischen den geblendeten Wächtern Auferstehenden an, ein Motiv, das der unbekannte Bildhauer nach den Holzschnitten der „Großen Passion" (dat. 1510) von Albrecht Dürer als Vorlage benutzte.[49] Wie dort steht Christus auf dem Sargdeckel, in den die Worte „Vitam reduxit / Mortem destruxit" („Er erneuert das Leben, er besiegt den Tod") eingemeißelt sind.[50] (Abb. 12 u. 13)

Der gleichen Einteilung in drei Bildebenen folgt der Steinmetz auch bei dem Epitaph des Bruders Christoph Pienzenauer (gest. 1578), das seitlich von den Wappen Pienczenau, Winczer, Freyberg, Hechenrain (Höhenrain), Closen, Landau, Haag und Schenckenstain eingerahmt wird ist. Über der Schrifttafel[51] des unteren Bilddrittels knien, ebenfalls höfisch gekleidet, neben Christoph in der mittleren Ebene seine Frau Sophia von Closen (gest. 1586) und ihre sieben Kinder vor der Silhouette einer mauerbewehrten Stadt, die zwischen zwei von Burgen bekrönten Bergkuppen steht. Die Darstellungsmaßstäbe haben sich zugunsten einer realistischen Bildwiedergabe verschoben: Die im 15. Jahrhundert entwickelte Perspektivkonstruktion rückt die Familie Christophs von Pienzenau in ein natürliches Größenverhältnis zu der in der Ferne liegenden Stadt, die Personen unterliegen nicht mehr dem Bedeutungskanon mittelalterlicher Bilder. Auch die Landschaft ist zu einem selbstverständlichen Element der Bildkomposition geworden, seit sie im 15. Jahrhundert, von den Niederlanden kommend, mehr und mehr an Bedeutung für die Hintergrundgestaltung – anstelle der konservativen Goldgründe auf Tafelbildern – gewonnen hat. Wie bei der Familie Caspars tragen bis auf eine Tochter sämtliche auf dem Epitaph knienden Personen das Sterbekreuz über den Häuptern. Die überlebende Tochter dürfte demnach die Auftraggeberin für die steinerne Gedächtnistafel gewesen sein. Für das Motiv der Trinität im beherrschenden oberen Bildfeld griff der Steinmetz noch einmal auf Dürer zurück, der die Dreifaltigkeit auf einem Holzschnitt von 1511 mit dem tiaragekrönten Gottvater, dem gekreuzigten Sohn und der Taube des heiligen Geistes, umgeben von einem Band von Wolkenfalbeln, darstellte.[52] (Abb. 14)

Abb. 14: Ebersberg, Sankt Sebastian. Epitaph des Christoph von Pienzenau, gestorben 1578, und seiner Familie.

In eine idealbiblische Landschaft mit der Hintergrundszenerie der Kreuzigung auf dem Berg Golgatha und dem auferstandenen Christus über der leeren Grabkammer auf der – heraldisch – linken Bildseite eines Epitaphs setzte ein anderer Bildhauer die wahrscheinlich naturgetreue, von Süden gesehene Ansicht des Klosters Ebersberg. In äußerst zarter, kupferstichartiger Technik hat der Künstler die Klostergebäude mit zugehörigen Gartenanlagen in die – leider inschriftlose, weil fragmentierte – polierte Platte aus Solnhofener Marmor (0,57 auf 1,14 Meter) mehr geritzt als geschnitten. Die Vedute zeigt südlich an den vierjochigen Kirchenchor anschließend einen – heute nicht mehr vorhandenen – Kapellenanbau mit Dachreiter und Glockenstuhl sowie den unteren Teil eines polygonalen Treppenturms, der teilweise die Fensterfront des ebenfalls vierjochigen Langhauses verdeckt. Etwa dort, wo später die Vorhalle angebaut wurde, schließt sich ein kompakter Bau mit zwei großen, nebeneinanderstehenden Spitzbogenfenstern in Traufenhöhe an, darunter befindet sich vermutlich – nicht sicher erkennbar – eine Tür hinter einem kleinen, säulengestützten Portikus. Mit diesem Gebäudesegment sind schindelgedeckte Häuserteile und ein ebenfalls von Säulen gestützter Erker verbunden. Die kompakte Architektur kompiliert eine zugleich aus südlicher und westlicher Blickrichtung gesehene Ansicht der Klosterkirche mit Langhaus und Chor, Südturm, Westfassade, unvollendetem Nordturm mit der Nikolauskapelle im oberen Stockwerk und Teilen der westlichen Konventgebäude. Vor diesem bauhistorisch aufschlussreichen, vermutlich authentischen Architekturdokument des frühneuzeitlichen Ebersberger Klosters kniet, die vordere Bildmitte beherrschend, ein betender Abt mit den Insignien seiner Würde. Auf der rechten Bildseite hat der Bildhauer die Höhle mit dem leeren Grab Christi, darüber den auferstandenen Christus dargestellt. Nach dem Stil des Flachreliefs, insbesondere des Abtornates, kann es sich um einen der letzten Benediktineräbte vor der Übergabe des Klosters an die Jesuiten gehandelt haben. In der Literatur wird der Abt mit den energischen Gesichtszügen mit Sigmund Kulbinger (1580-1584) oder mit Johannes Schmauser (1585-1590) verbunden.[53] (Abb. 15)

Die figurierten Kragsteine

In den Kirchen von Ebersberg, Egglburg, Hohenlinden, Traxl und Haselbach haben sich dreiundfünfzig figurierte Kragsteine erhalten, von denen siebzehn ausschließlich Wappen tragen. Von diesen können an Familien- beziehungsweise Berufszeichen noch zehn identifiziert werden, die übrigen Wappen sind heute übertüncht. Abgesehen vom südlichen Turmuntergeschoß, der Eingangshalle und der sogenannten Oberen Kapelle[54] über der Sebastianskapelle sowie der Abt- und Nikolauskapelle (heute: Registratur des Finanzamtes) im unvollendeten Nordturm der ehemaligen Klosterkirche, befinden sich die in Kragsteine mündenden Gewölberippen in den Filialkirchen jeweils in Chor und Kirchenschiff.[55] – Als frühe Vorläufer figurierter Gewölbeanfänge aus der um 1230 zu datierenden romanischen Bauperiode haben sich vier hornförmige Kragsteine (zwei nur als Fragmente) aus Tuffstein im Untergeschoß des Ebersberger Südturmes erhalten, die wohl Salzburger Einfluss erkennen lassen.[56]

Ohne Ausnahme entstanden die erhaltenen gotischen Figurationen der genannten fünf Kirchen in der Regierungszeit des Abtes Sebastian Häfele. Die Egglburger Kirche Sankt Michael (1479) nimmt dabei mit ihrem Zyklus eigenwillig gestalteter, jetzt leider grau übermalter Kragsteine eine Sonderstellung ein. Von den Gewölbeansätzen des Chores blicken drei jugendlich-langhaarige Büsten – der Kragenform nach offenkundig in Mäntel gekleidet – in den Altarraum hinab. Ihre Deutung ist unklar. Die Gesichter ähneln stilistisch zwar den als Engelsköpfe interpretierten Physiognomien in der Vorhalle der Erdinger Johanneskirche und der Sankt Annakirche in Traxl,[57] auch den Schildhaltern in der Eingangshalle der Ebersberger Kirche, doch besagt das wenig über ihre Bedeutung innerhalb des Egglburger Zyklus. Ohne Frage knüpfen sie an die Tradition der einundzwanzig Parlerbüsten am Triforium des Prager Veitsdomes an. Die kaiserliche Stifterfamilie, die Dombaumeister und zwei Werkmeister (Architekten), darunter auch der durch seine geniale Chorbaukonzeption in ihre erlauchte Runde aufgenommene Werkmeister Peter Par-

Abb. 15: Ebersberg, Sankt Sebastian. Epitaph des Abtes Sigmund Kulbinger (?), gestorben 1584, Detail.

Abb. 16: Hinteregglburg, Sankt Michael, Chor. Kragsteinbüste eines jungen Mannes, 1479.

Abb. 17: Hinteregglburg, Sankt Michael. Kragsteinkopf eines Bärtigen, 1479.

Abb. 18: Hinteregglburg, Sankt Michael. Kragsteinkopf mit Barett-Träger, 1479.

ler, nehmen dort „in den Büsten [der] dargestellten Männer und Frauen in ewiger Andacht am Gottesdienst teil."⁵⁸ Über die Identität der drei jugendlichen Egglburger Büsten hätte vielleicht ein jetzt dick überstrichener Wappenschild im Chor Aufschluss geben können.⁵⁹ (Abb. 16)

Westlich schließt sich an den Chorbogen die Halbfigur eines bartlosen älteren Mannes mit Barett an, dem im Kirchenschiff zwei einander gegenüberliegende bärtige Köpfe mit Lederkappen, wie sie die Steinmetzen trugen, und der eines grimasseschneidenden bartlosen Mannes folgen, schließlich vier heute leere Wappenschilde im westlichsten Teil der Kirche. Unschwer lässt sich nach Kleidung und Plazierung der Steinskulpturen eine Rangfolge ausmachen, die auf die Mitglieder der Bauorganisation – Werkmeister, „parlier" (Polier), Geselle – schließen lässt. Seit dem 14. Jahrhundert pflegten sich so die am Bauprozess teilnehmenden Werkleute immer selbstbewusster in Erinnerung zu bringen.⁶⁰ (Abb. 17 u. 18)

Exkurs: Eine Sonderrolle nehmen in Egglburg die Schlusssteine ein: Wie im Chorgewölbe von Sankt Martin in Landshut folgen hier – von Ost nach West gesehen – die figurierten Gewölbeschlusssteine einer strikten Rangfolge: an den Kirchenpatron, den heiligen Michael, im Chor schließen sich das Wappen des Klosters (Eber) und das des Auftraggebers Abt Sebastian Häfele (Hafen) an. Eine männliche Grimasse mit der auf einen breiten Rahmen gemalten Jahreszahl 1479 im westlichen Schlussstein legt die Vermutung nahe, dass es sich um den Werkmeister, den leitenden Architekten des Kirchenumbaues, handelt. Ein skurriles Pendant findet sich in der von Prager Vorbildern beeinflussten Sakristei der Landshuter Spitalkirche Heiliggeist. Dort bläkt im Zentrum einer rotierenden Gewölbefiguration ein kurzhaariger Männerkopf mit ausgestreckter Zunge auf den verdutzten Betrachter hinab.⁶¹

In der Ebersberger Klosterkirche vermitteln – neben den Hornkonsolen der romanischen Epoche – sechs qualitätsvolle Kalksteinbüsten, drei Köpfe und zwei Laubwerkmasken eine vage Vorstellung von der Ausstattung mit Steinbildwerken vor dem Umbau im 17. Jahrhundert. In der Abtkapelle (heute: Finanzamt, Registratur) halten zwei jugendliche Engelbüsten Wappen in den Händen, in der darüberliegenden Nikolauskapelle des unvollendet gebliebenen Nordturmes (Finanzamt, Registratur) kaschieren eine leider jetzt kinn- und nasenlose Laubwerkmaske und – ihr gegenüber – ein noch stärker fragmentierterer Zwilling zwei Gewölbeansätze. (Abb. 19) Diese Arbeiten ähneln in frappierender Weise einigen Blattmasken in den Ajour-gestalteten Archivolten der

Abb. 19: Ebersberg, Sankt Sebastian, ehemalige Abtkapelle. Fragmentierte Laubwerkmaske, um 1484.

Abb. 20: Lanshut, Spitalkirche Heiliggeist, Nordportal Laubwerkkapitell, wohl vor 1461.

Portale von Sankt Martin und Heiliggeist in Landshut. (Abb. 20) Ebenfalls zur früheren Nikolauskapelle – durch eine Abmauerung jedoch diesseits der Kirchenseite geblieben – gehört ein heute knapp über Fußbodenniveau positionierter Kragstein mit dem Kopf eines Barett-Trägers. In der Oberen Kapelle befinden sich noch zwei weitere Kragsteine mit Gelehrtenköpfen; auch sie sitzen durch eine später eingezogene Decke jetzt unlogisch tief am Gewölbeanfänger. (Abb. 21) Diese sieben figurierten Kragsteine sind heute leider entstellend übertüncht. Nur die vier Halbfiguren im Westbau unter der Empore erlauben noch eine Vorstellung von der ursprünglich farbig gefassten Ausstattung des spätgotischen Gotteshauses mit Steinskulpturen. Dazu gehören die Büsten zweier langgelockter Schildträger (Abb. 22) mit geschmeidig verschlungenen Schriftbändern, von denen eines das Datum 1484 der Baufertigstellung trägt, außer-

Abb. 21: Ebersberg, Sankt Sebastian, Obere Kapelle. Kragsteinkopf eines Gelehrten (?), um 1484.

Abb. 22: Ebersberg, Sankt Sebastian, spätgotische Eingangshalle. Kragsteinbüste eines Wappenträgers, 1484.

Abb. 23: Ebersberg, Sankt Sebastian, spätgotische Eingangshalle. Kragsteinbüste mit dem Wappen des Abtes Sebastian Häfele, 1484.

Abb. 24: Ebersberg, Sankt Sebastian, spätgotische Eingangshalle. Kragsteinbüste mit dem Bildnis des Werkmeisters Erhard Randeck, 1484.

nach Altötting.⁶⁴ An den Chorraum schließen sich im Kirchenschiff zwei Bischofsköpfe an, (Abb. 25) danach ein bärtiger Kopf mit Krone (Abb. 26) und ihm gegenüber ein ebenfalls barttragender Kopf mit einer Sendelbinde. Die beiden letztgenannten Bildwerke stellen möglicherweise David und einen Propheten, also Gestalten des Alten Testamentes, dar. Am westlichsten, dem am weitesten vom Ort der Messfeier entfernten Platz schufen sich bescheiden der Bauherr, Abt Sebastian, mit seinem Architekten, dem Werkmeister Ulrich Randeck – kenntlich durch Familien- beziehungsweise Steinmetzzeichen im Wappenschild –, ein steinernes Erinnerungsmal.

Einen geschlossenen wenn auch auf einen Kopftyp beschränkten Zyklus von Kragsteinfigurationen zeigt unter den zur Regierungszeit Abt Häfeles gebauten Kirchen die Sankt Annakirche in Traxl (1497). Zehn Köpfe mit gelocktem Haar und leider jetzt leeren, wohl übertünchten Schriftbändern blicken von Chor und Schiff hinab in den Kirchenraum und lassen, ebenso wie die Blattmasken, den Einfluss Landshuter Steinmetzkunst erkennen. Mit gutem Grund glaubte Georg Hager in ihnen Engelsköpfe zu erkennen;⁶⁵ eine Vermutung, die sich inzwischen bestätigte, da die Kirche von Anfang an in ihrer Gesamtkonzeption als Begräbnisstätte des vermögenden Münchener Salzhändlers Martin Drächsel geplant worden war.⁶⁶

Die 1498 vergrößerte Filialkirche von Haselbach besitzt unter ihrer einheitlich weißen Farbabdeckung außer sechs Wappenschilden vor profilierten Kragsteinen keine weiteren figürlich gestalteten Gewölbeanfänger.

Zuammengefasst lassen die Kragsteinzyklen in den Kirchen von Egglburg, Hohenlinden und Traxl einen programmatischen Charakter erkennen, dem in den beiden erstgenannten Kirchen sicher nicht ohne Absicht die Zahl Zwölf als die Zahl der Apostel zugrunde gelegt wurde. Dienten die Büsten und Köpfe in Egglburg wohl eher zur Selbstdarstellung der stolz ihr Werk präsentierenden Bauleute, dokumentieren die Köpfe und Wappen in Hohenlinden einen hierarchisch gegliederten, kirchenpolitischen Anspruch, der sogar auf die Könige und Propheten des Alten Testamentes zurückgriff, um sich selbst als Bewahrer und

dem ein recht feistes, männliches Brustbild mit dem Familienzeichen des Abtes Sebastian Häfele, dem „Hafen",⁶² (Abb. 23) sowie die Halbfigur des Steinmetzes und Werkmeisters Erhard Randeck mit seinem Steinmetzzeichen. Er leitete zwischen 1481 und 1484 den Umbau von Langhaus und Westteil der Sebastianskirche unter Abt Sebastian. (Abb. 24)

Eine ungleich schlüssigere Konzeption als die in der klösterlichen Mutterkirche – hält man sich nur an ihre wenigen spätmittelalterlichen Fragmente – lässt die skulpturale Bauausstattung in der Filialkirche Hohenlinden (1489) erkennen. Ihr Schicksal zeigt, dass sich das Schattendasein abgelegener, durch die Jahrhunderte dahindämmernder und in der geschichtlichen Entwicklung verarmter Bauwerke ungewollt, aber für die Nachwelt effektiv als bester Denkmalschutz erweisen kann. In der Hohenlindener Kirche Mariae Heimsuchung blieben von ursprünglich zwölf figürlich gestalteten Kragsteinen noch zehn erhalten.⁶³ Darunter sind vier Köpfe mit Schriftbanderolen und sechs Wappenschilde (in der alten Form der Tartschen). Im Chorraum der Kirche dokumentieren die weltlichen und geistlichen Herren durch die Wappen Scheyern, Bayern, Freising und Ebersberg ihre kirchenpolitische Präsenz im 1489 fertiggestellten Kirchenbau – demselben Jahr, in dem es in Altötting zur ersten Wunderheilung kam – an der bis heute frequentierten Wallfahrtsstraße von München

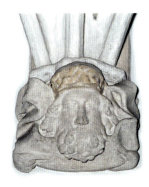

Abb. 26: Hohenlinden, Mariae Heimsuchung. Kragstein mit Kopf eines Gekrönten, 1489.

Verteidiger – Europa mobilisierte seine Kräfte gegen die Türkenangriffe – der christlichen Heilslehre darzustellen. In Traxl spricht aus den Engelsköpfen eine klare heilsgeschichtliche Botschaft, die in ihrer idealtypischen Uniformität wohl das geschlossenste Kragstein-Programm unter den Ebersberger Filialkirchen zeigt. Dagegen lässt sich aus den bis auf jenen in der Eingangshalle nur noch relativ zusammenhanglos überlieferten vereinzelten Kragsteinfigurationen der Sebastianskirche kein programmatischer Gesamtentwurf mehr erkennen. Dass er ursprünglich vorhanden gewesen sein muss, lässt sich mit großer Wahrscheinlichkeit aus der Konzeption der klösterlichen Tochterkirchen folgern.

Anders als bei dem virtuos gestalteten Portraitkopf des Abtes Philipp Höhenberger auf dem 1967 wiedergefundenen Grabsteinfragment fehlt es den Kragsteinköpfen an individuell gestalteten Wesenszügen, sieht man von vereinzelten Bildwerken in Hohenlinden ab. Es werden vielmehr Menschentypen dargestellt: der disziplinierte Gelehrte neben dem närrischen Gesellen, der irdischen Freuden zugetane Genießer im Bischofshabit neben dem kritischen Polier, der nachdenkliche Prophet neben dem wachsamen Schildhalter. Stilistisch lassen sich mindestens drei Gruppen von Köpfen oder Brustbildern zusammenstellen, aus denen man schließen darf, dass sie vermutlich von Mitgliedern derselben Werkstatt, wohl von Erhard und Ulrich Randeck gearbeitet wurden.[67] So bilden die betont schmalen Altmännerköpfe in

Abb. 25: Hohenlinden, Mariae Heimsuchung. Kragstein mit Bischofskopf, 1489.

Egglburg und Hohenlinden mit den großen Nasen unter einer hohen Stirn mit drei senkrechten Denkerfalten, den großen Augen hinter biesenartig herausgemeißelten Augenrändern und den langen, gewellten Bärten eine Gruppe, zu der möglicherweise auch das Schweißtuch-Relief mit dem Antlitz Christi in der Erdinger Sankt Johanneskirche zu zählen ist. (Abb. 27 u. 28) Die Köpfe unterscheiden sich im Wesentlichen nur durch verschie-

Abb. 27: Hinteregglburg, Sankt Michael. Kragstein mit Kopf eines Vollbärtigen, 1479.

Abb. 28: Erding, Sankt Johannes. Steinrelief mit Christusantlitz auf dem Schweißtuch der heiligen Veronika, um 1464.

Abb. 29: Untermenzing, Sankt Martin. Kragstein mit Kopf eines Papstes, 1499.

dene Mützen- beziehungsweise Barettformen.
Einer zweiten Gruppe gehören die übrigen Egglburger Köpfe mit flächigen Gesichtsformen, eher derben Nasen und vollen bis wulstigen und leicht geöffneten Lippen an; ebenso die beiden fülligen Bischofsköpfe in Hohenlinden und der eines Papstes in Untermenzing. (Abb. 25 u. 29) – Schließlich lassen sich die kurzgelockten Barett-Träger der Gewölbeansätze in der Ebersberger Oberen Kapelle[68] mit ihrem kantigen Kopf, leicht mandelförmigen Augen und energischem Mund mit einem sehr ähnlichen Kragsteinkopf in Untermenzing zu einer weiteren Gruppe verbinden. (Abb. 30)

Bildwerke aus Holz

Nur noch zwei gotische Flügelaltäre erinnern im Landkreis Ebersberg an die letzte Phase des ausklingenden Mittelalters: In der Sankt Annakirche in Traxl ein fragmentarisch erhaltener Kreuzaltar (dat. 1499) und ein kürzlich restauriertes Retabel aus der Georgskapelle des Schlosses Elkofen bei Grafing (dat. 1517 u. 1520; heute: München, Bayerisches Nationalmuseum, Inv. Nr. R 8835). Der nach schriftlicher Überlieferung in der Ebersberger Sebastianskirche bezeugte Bestand von mindestens sechzehn Altären in der Zeit zwischen 1452 und 1488,[69] davon allein sieben im Chor- und Lettnerbereich, sechs im Langhaus, vier in mehreren Kapellen, vermittelt eine Vorstellung vom verschwenderischen Reichtum, mit dem, wie in Ebersberg, viele mittelalterliche Kirchen einmal ausgestattet waren. Zugleich wird uns Nachkommen der Verlust an Kunstwerken durch Brände, Kriege, Alterung und – besonders drastisch – durch die Folgen kirchen- und staatspolitischer Reformen schmerzlich ins Bewusstsein gerufen.[70]
Einzelstehende gotische Bildwerke sind dagegen in der ehemaligen Klosterkirche, ihren Filialen sowie im übrigen Landkreis in beachtlichem Umfang erhalten geblieben. Die Diskrepanz zwischen verlorenen mittelalterlichen Altären und erhaltenen Schnitzfiguren befremdet auf den ersten Blick, denn die meisten der gotischen Skulpturen stehen in barocken Altarschreinen.[71] Die Ursache dieser Stilmelange allein in der Hinfälligkeit der Schreine durch Witterungseinflüsse und Holzwurmbefall zu suchen, greift gedanklich wohl zu kurz. Bedeutsamer haben sich wahrscheinlich die Folgen der Reformbeschlüsse des Trienter Konzils (1545-1563) ausgewirkt. Wurde während des Mittelalters das Allerheiligste in einem Sakramentshaus oder Wandtabernakel, jedenfalls außerhalb des Choraltares, aufbewahrt, verpflichtete das 1614 unter Papst Paul V. (1605-1621) veröffentlichte Rituale Romanum die Kleriker, den Tabernakel in den Altar zu integrieren.[72]
Diese Vorschrift dürfte ursächlich mit dem Verlust der meisten gotischen Flügelretabel in Chorräumen[73] zusammenhängen, weil in Folge der päpstlichen Direktive alte durch neue Altarschreine – trotz der Unwägbarkeiten des 30-jährigen Krieges – ersetzt werden mussten. Die vertrauten gotischen Heiligenfiguren, insbesondere die der Muttergottes, wurden in vielen Fällen übernommen und ebenbürtig neben zeitgenössische Barockbildwerke gestellt. Aus diesen Umsetzungen erklärt sich wahrscheinlich die große Zahl gut erhaltener frühbarocker Altäre, die nicht nur im Landkreis Ebersberg den Altarschreinern eine blühende Konjunktur in der ersten Hälfte des 17. Jahrhunderts bescherten.

Abb. 30: Untermenzing, Sankt Martin. Kragstein mit Kopf eines Gelehrten (?), 1499.

Die soziale Stellung der Bildschnitzer

Um so überraschender erscheint es, dass selbst aus dem 15. Jahrhundert, als ein mittelalterlicher Meister nicht mehr so selbstverständlich hinter seinem Werk verschwand wie Jahrhunderte zuvor, sondern ein neues künstlerisches Selbstbewusstsein zu entwickeln begann, nur wenige Namen von Schnitzern bekannt sind. Dagegen sind, nicht nur in Süddeutschland, archivalisch oder durch Signaturen gesichert, wesentlich mehr Namen von Malern zu belegen. Mag das in vielen Städten auch mit der Zugehörigkeit der Schnitzer zur Malerzunft zusammengehangen haben,[74] naheliegender ist wohl aber der höhere soziale Status des Malers[75] durch die von ihm zu verarbeitenden, oft kostbaren Materialien wie Gold, Silber und Azurit; denn im Spätmittelalter, ja selbst noch im 17. Jahrhundert wurde in der Regel die Arbeit des Malers und Fassmalers beträchtlich höher bezahlt als die eines „pildsniczers".[76] So gesehen erscheint es nur folgerichtig, dass Schnitzer jeweils nach Arbeitsanfall angedingt wurden. Die Abrechnung fand dann mit dem Werkstattbesitzer statt, der nur in Ausnahmefällen die übrigen Gesellen und anderen Handwerker namentlich erwähnte. Unter diesem Aspekt ist es vielfach ein ebenso schwieriges wie hilfloses Unterfangen, einen nicht einheitlichen Skulpturenstil in einem aus mehreren Elementen bestehenden Altar nach „Händen", sprich verschiedenen Schnitzern beziehungsweise Malern, unterscheiden zu wollen. Häufig ist der Versuch sinnvoller, den Verbreitungsradius einer Werkstattproduktion durch stilistische Zuordnung verstreuter Bildwerke, im Glücksfall durch archivalische Belege gestützt, zu bestimmen.

Eine niedrigere soziale Einstufung von Bildschnitzern zeigt sich auch im Ebersberger Klostergebiet. Nur vereinzelt taucht die Bezeichnung „sniczer" in Ebersberger Urbaren, Rechnungsbüchern oder Urkunden auf – im Gegensatz zu Kistlern (Schreinern), die in den mittelalterlichen Archivalien häufiger genannt werden. In den Urkunden des Heiliggeistspitals in München wird zwischen 1390 und 1398 ein Schnitzer in Harthausen genannt.[77] Am 12. März 1453 übergab der Pfarrer von Öxing die „Holczenpewnt" an „Magdalen die Snyczerin" als Leibgeding.[78] Magdalen war wahrscheinlich die Witwe eines ungenannten Bildschnitzers, wird aber nicht selbst geschnitzt haben. Zwei namentlich ebenfalls nicht genannte Schnitzer werden in einem im Münchener Stadtarchiv verwahrten Herdstättenverzeichnis unter der Ortsbezeichnung „Purfing" aufgeführt: „ein Stniczer pawt ain lech[e]n un[d] dient den Hailigen" sowie ein „Schniczer pawt ain Hueb und dient gen Munch[e]n dem wernstorff".[79] Die Datierung ist leider unklar, sie wird „gegen 1500" eingeschätzt.[80] 1538 schließlich lässt sich in einem Steuerbuch des Schwabener Landgerichtes ein „Hans Schnitzer" in der „Haubtmannschafft Pering" nachweisen,[81] der dort 1552 einen Lehenhof besaß.[82] Auch bei ihm lassen sich bisher keine weiteren Namenszusätze nachweisen.

Bildwerke bis 1500

Von hochmittelalterlichen Skulpturen und Plastiken[83] des Benediktinerklosters Ebersberg ist nichts mehr erhalten. Die gesamte Kirchenausstattung dieser Epoche wird bei dem Brand von 1305 zugrunde gegangen sein. Einziges mögliches Zeugnis aus dieser Zeit ist die auf einem hochlehnigen Thronsessel sitzende 0,60 Meter große, wohl aus Grafing stammende Madonna mit Kind, die mit ihrer strengen Frontalität und einer „nassen", also eng am Körper anliegenden Gewandzeichnung typische Stilmerkmale der ersten Hälfte des 13. Jahrhunderts besitzt (heute: München, Bayerisches Nationalmuseum, Inv. Nr. MA 679).[84] Erst aus dem 15. Jahrhundert ist ein reicher Bestand an Holzbildwerken, wenn auch sehr

Abb. 31: Kreuz, Mariae Geburt. Thronende Maria mit Kind, drittes Viertel des 15. Jahrhunderts.

Abb. 32: Frauenreuth, Sankt Maria. Thronende Maria mit Kind, zwischen 1470 und 1480.

unterschiedlicher Qualität, überliefert, der sich in zwei Kategorien gliedern lässt: Skulpturen mit individuell ausgeprägten Stilkriterien, die im Ebersberger Gebiet keinem vergleichbaren Schnitzwerk zugeordnet werden können und solche, die sich mit stilistisch verwandten Figuren desselben Gebietes zu Werkstattgruppierungen zusammenfassen lassen.

Bei Schnitzarbeiten der ersten Kategorie handelt es sich um qualitätvolle Figuren, die selbst dann, wenn der sinnliche Schmelz der polychromen gotischen Fassung – etwa in den Gesichtspartien von Madonnen und anderen Heiligen – durch spätere, oft vergröbernde Farbaufträge verdeckt wurde oder ganz verloren gegangen ist, noch ihre alte Faszination ausstrahlen. Dazu gehört die 0,89 Meter große gekrönte Sitzmadonna in der Kirche Mariae Geburt in Kreuz.[85] (Abb. 31) Die mädchenhafte Anmut, die aus Falten gebildeten Nester des Mantelstoffes zu ihren Füßen, nicht zuletzt der groß geratene Bambino auf ihren Knien dokumentieren eine nahe Verwandtschaft mit der wohl um 1450 annähernd zeitgleich zu datierenden Thronenden Madonna aus Feichten[86] und mit der etwas jüngeren Mondsichelmadonna des 1467 datierten, ehemaligen Hochaltares in der Kapuzinerkirche Sankt Peter in Laufen, die in der wissenschaftlichen Literatur der Werkstattnachfolge des Meisters der Seeoner Madonna (um 1430; heute: München, Bayerisches Nationalmuseum, Inv. Nr. MA 1126) zugeschrieben wurde.[87] – Auch die circa 1,20 Meter große Sitzmadonna in der Kirche Sankt Maria in Frauenreuth weist in das Salzachgebiet; denn der erfrischend vitale Ausdruck ihres fraulichen Gesichtes, die dicht und sperrig geschichteten Faltenstränge ihres Mantels besitzen frappierende Ähnlichkeit mit der Madonna auf dem Epitaph des Marx von Nußdorf und der Spornella von Seben in der Stiftskirche von Laufen, das dem Salzburger Bildhauer Hans Valkenauer zugeschrieben wird.[88] (Abb. 32) – Bezwingender Charme, eine sensible Bewegung in leichter S-Kurvatur und eine tief unterschnittene Faltengestaltung von Kleid und Mantel charakterisieren die 1,15 Meter große stehende Madonna in der Kirche Sankt Martin in Schlacht, die ihr Kind mit beiden Händen dem Gläubigen präsentiert.[89] Stil und Ikonographie der Statue könnten auf eine Landshuter Herkunft hindeuten, wo in der Theklakapelle eine Madonnenfigur mit ähnlichen Stilmerkmalen heute den Mittelpunkt des barocken Choraltares von Christian Jorhan dem Älteren bildet. (Abb. 33) – Schließlich zeigt die 0,82 Meter große Sitzmadonna in der Andreaskirche von Loitersdorf[90] mit ihrem spitz zulaufenden Mädchengesicht, dem kleinen Mund und mit der tief gehöhlten Faltendraperie des über die Knie gezogenen Mantels, auf dem ein lebhaftes Kind mehr zappelt als sitzt, große Nähe zu den Reliefschnitzereien in den Flügelaltären von Gelbersdorf, Heiligenstadt, Jenkofen und Maria Laach am Jauerling. Ob hier eine Landshuter oder eine vom Ulmer Stilkreis inspirierte Werkstatt tätig war, konnte bisher noch nicht eindeutig geklärt werden. (Abb. 34)

Eine Sonderstellung nimmt die 84,5 Zentimeter große, holzsichtige Sebastiansfigur in der dem Pestheiligen geweihten Kapelle der ehemaligen Klo-

Abb. 33: Schlacht, Sankt Martin. Stehende Maria mit Kind, Ende des 15. Jahrhunderts.

Abb. 34: Loitersdorf, Sankt Andreas. Thronende Maria mit Kind, um 1490.

sterkirche ein. Von vielen Kerzen rußgeschwärzt,[91] deutet die Skulptur auf ein hochverehrtes Andachtsbild hin, dessen originaler Standort nicht bekannt ist.[92] Auch ihre künstlerische Herkunft liegt im Dunkeln. Holzsichtigkeit und Gestaltung der Heiligenfigur (Abb. 35) können auf einen Kunstimport aus den Niederlanden hindeuten, wo sich verwandte Beispiele von Bildwerken aus Eichenholz finden, die, wie hier, nur mit einer transparenten Lasur überzogen sind,[93] darunter eine dem Meister Arnt von Zwolle (tätig im letzten Drittel des 15. Jahrhunderts) zugeschriebene Sebastiansfigur (Gent, Museum der Schönen Künste). – Die Ikonographie des nackten, von Pfeilen durchbohrten und an einen Baum gebundenen jugendlichen Heiligen sowie der leichtfüßige Bewegungstil der Figur und ihr von Locken umrahmter Gesichtstypus fand in zahlreichen Varianten während des 15. Jahrhunderts Verbreitung[94] und geht wohl auf einen Kupferstich des bisher nur durch seine Initialen bekannten oberrheinischen Meisters E. S. (tätig um die Mitte des 15. Jahrhunderts) zurück.[95] (Abb. 36) Damit kann man auf eine Entstehung der Figur etwa zur Regierungszeit Abt Eckhards schließen, der die Wallfahrt zu der im Kloster verwahrten Hirnschale des Märtyrers, die in ein kostbares, silbervergoldetes Büstenreliquiar gebettet ist, zielstrebig wiederbelebte.

Zu den wahrscheinlich im Einflussbereich des Klosters entstandenen Bildwerken der zweiten Gruppe zählt als eine ihrer eindrucksvollsten Skulpturen die farbig gefasste Idealgestalt eines 1,08 Meter großen heiligen Georg in der Kirche Sankt Martin in Sensau. Der nach den Stilmerkmalen seiner Rüstung in der Zeit zwischen 1470 und 1485[96] entstandene Ritterheilige trägt unter dem offenen Mantel einen Plattenharnisch mit geschiftetem Brustpanzer, einen Plattenschurz mit vier Bauchreifen, Knie- und Armkacheln sowie gefingerte Eisenhandschuhe und spiegelt damit das in Holz umgesetzte Meisterstück eines Plattners wider. (Abb. 37) Die Physiognomie des Heiligen mit schmaler Nase und mandelförmigen Augen, mit einer schulterlangen Lockenfrisur, die üppig unter einem turbanartig gewickelten Barett hervorquillt, ähnelt in ihrem anmutigen Ernst dem 0,93 Meter großen Evangelisten Johannes vom Choraltar der Johanneskirche in Englmeng, der wohl aus derselben Werkstatt stammt, soweit die spätere Farbfassung ein Urteil zulässt. Ebenso deuten drei stehende Madonnenfiguren mit ihren rundovalen, weichen Gesichtsformen und ihrem Grübchenkinn auf eine Herkunft aus dieser Werkstatt: die 1,02 Meter große Muttergottes aus der Martinskirche in Sensau, die ihr – selbst unter der entstellenden Farbfassung – geschwisterlich ähnelnde Madonna in der Sankt Johann-Baptist-Kirche in Münster von ebenfalls 1,02 Metern Größe (einschließlich Krone) und die qualitätvollste des Terzetts, die 1,12 Meter große Marienfigur in der Parsdorfer Kirche Sankt Nikolaus, die einen besonderen Liebreiz ausstrahlt.[97] (Abb. 38) Die drei Marienfiguren stimmen mit ihrer homogen gestalteten Frisur aus schematisch gewellten Haaren und einem langen, unter der Krone getragenen, quer über Schulter und Brust gezogenen Schleier, der den Kopf in einen malerischen Stoffrahmen

Abb. 35: Ebersberg, Sankt Sebastian. Holzsichtige Figur des heiligen Sebastian, um 1470.

Abb. 36: Meister E. S. Martyrium des heiligen Sebastian. Kupferstich, datiert 1473.

Abb. 37: Sensau, Sankt Martin. Der heilige Georg, um 1460/70.

Abb. 39: Niklasreuth, Sankt Ursula. Stehende Madonna mit lesendem Kind, Ende des 15. Jahrhunderts.

hüllt, überein. Gerade diese Haar- und Schleiergestaltung erinnert wieder, wie bei der Kreuzer Madonnenfigur, an eine Beeinflussung durch den Stil des Meisters von Seeon, der offenkundig im Ebersberger Kloster gut bekannt war. Die Übereinstimmung in den Stilmerkmalen der weiblichen und männlichen Heiligenfiguren dieser Gruppe erlaubt es, sie der Hand eines Schnitzers zuzuordnen, den ich nach seinen beiden Sensauer Figuren mit dem Notnamen „Meister von Sensau" bezeichnen möchte, da weder sein Taufname, noch seine Herkunft bekannt sind.

Wohl derselben Werkstatt, aber einer anderen Hand sind mehrere Holzfiguren in den Kirchen von Niklasreuth, Tulling und Pöring zuzuordnen. Bei ihnen fällt der runde, manchmal pausbäckig-kindliche Gesichtsschnitt mit punktartigen Augen auf. Auch ist die Vorliebe für den Drillbohrer an der schulterlangen Löckchenfrisur des 0,92 Meter großen heiligen Vitus in der Niklasreuther Ursulakirche wiederzuerkennen. In derselben Kirche ist eine ebenfalls 0,92 Meter große Madonna mit Kind von ungewöhnlicher Ikonogaphie (Mutter und Kind lesen jeweils in einem eigenen Evangelienbuch) dieser Gruppe zuzurechnen.[98] (Abb. 39) Auch in der unter dem Schutz des Wetterheiligen Pankratius stehenden Kirche in Tulling verdanken die drei unterlebensgroßen Holzfiguren der Muttergottes, eines Papstes (Cornelius?, Urban?) und des heiligen Pankratius ihre Entstehung derselben Werkstätte, ebenso wahrscheinlich die rundköpfige mittelalterliche Madonna in der Kirche Sankt Georg in Pöring.

Eine andere Hand verraten einige männliche Heiligenfiguren, die sich durch ihre sensiblen Gesichter mit fast schmerzlichem Ausdruck, schulterlange, aber nicht schematisierte Lockenfrisuren von einfacher Wellenzeichnung bis zu Stocklocken und durch gewellte bis zottige Vollbärte auszeichnen. Ihre Füße in der spätgotischen Tanzschrittstellung, der sogenannten Zweiten Position, weisen wahrscheinlich auf ihre unruhige bis aufgewühlte Verfassung hin, denen die Gestalt des heiligen Andreas vom Meister der Blutenburger Apostel in der Schlosskapelle von Blutenburg und des Erzengels Michael aus Weihenstephan (heute: Freising, Diözesanmuseum, Inv. Nr. P 32) als Vorbild gedient haben mag. Dieser Gruppe sind der etwa 0,84 Meter große heilige Jakobus in der Kirche Mariae Geburt in Berganger, (Abb. 40) die heiligen Johannes Evangelista und Andreas (von je 0,74 m Größe) in der Andreaskirche in Loitersdorf und die beiden Johann-Baptist-Figuren (0,93 m und 0,86 m) in den Kirchen gleichen Namens von Englmeng und Münster zuzuordnen.

Zwei stark restaurierungsbedürftige Bildwerke aus der Kirche Sankt Michael in Egglburg (heute: Ebersberg, Sebastianskapelle der Pfarrkirche) – eine 0,74 Meter große Anna Selbdritt und ein heiliger Ulrich von 0,85 Metern Höhe – sowie die 1998 restaurierte, 1,09 Meter große Schnitzfigur des Eremiten Antonius, (Abb. 41) deren Herkunft unbekannt ist, können vermutlich derselben Werkstatt zugeschrieben werden. Dafür sprechen ihre klaren, überlängten und leicht kantigen Gesichtsformen und die Gewanddraperien, deren Falten in steifen Röhren hinabfallen oder in den Brüchen hart geknickt sind. Ohne Angabe von Gründen wurde der Bischof dem Münchener Schnitzer Erasmus Grasser oder seiner Werkstatt zugeschrieben,[99] doch deutet der Vergleich mit einer – allerdings monumentaleren – Ulrichsstatue in der Pfarrkirche von München-Thalkirchen, die wahrscheinlich aus einer Ulmer Werkstatt stammt, eher auf

Abb. 38: Parsdorf, Sankt Nikolaus. Stehende Maria mit Kind, wohl nach 1473.

Abb. 40: Berganger, Mariae Geburt. Sankt Jakobus der Ältere, drittes Viertel des 15. Jahrhunderts.

TEIL II – SPEZIALBEITRÄGE

Abb. 43: Ebersberg, Sankt Sebastian. Muttergottes in der Sebastianskapelle, wohl 1485

Abb. 42: Hinteregglburg, Sankt Michael. Der heilige Michael, drittes Viertel des 15. Jahrhunderts.

eine Herkunft aus einer schwäbischen Werkstatt. In diesem Zusammenhang gewinnt die Überlegung Hans Ramischs an Bedeutung, ob nicht die dem Territorium Ebersbergs benachbarten Grafen von Haag als Mitstifter des 1482 in Auftrag gegebenen Thalkirchener Flügelaltares fungierten[100] und demnach Verbindungen nach Schwaben hatten.

Stilistische Analogien zu der unter einem neugotischen Baldachin stehenden heiligen Margaretha in der Haselbacher Kirche gleichen Patroziniums zeigen die 0,69 Meter große Sitzmadonna[101], deren Fassung stark beschädigt ist, und der 0,78 Meter große, frisch restaurierte Erzengel Michael aus der Egglburger Michaelskirche (heute in der Sebastianskapelle der Ebersberger Pfarrkirche sowie privat verwahrt). (Abb. 42 u. 43) Ihre Physiognomien mit breiter, gewölbter Stirn sind flächig gearbeitet und werden von einer schmalen, langen Nase bestimmt, die Gewandgestaltung ist phantasievoll variiert. Die Egglburger Skulpturen gehörten wahrscheinlich zu einem Altar, für den 1485 der Ebersberger Cellerar 32 Pfund Pfennig bezahlte.[102] – Einem eher fülligen Frauentypus, wohl von anderer Hand, gehören die heilige Margaretha (um 1498) im neugotischen Mittelschrein des Haselbacher Choraltares (Abb. 44) und die 1,15 Meter große mütterliche Sitzmadonna in der Kirche Sankt Kastulus in Meiletskirchen an.[103] Bei beiden Figuren wird die vollwangige weibliche Physiognomie bis dicht an die Form eines Hochrechtecks geführt.

Abb. 41: Ebersberg, Sankt Sebastian, Sebastianskapelle. Sankt Antonius, der Mönchsvater, drittes Viertel des 15. Jahrhunderts.

Bildwerke des 16. Jahrhunderts

Das Flügelretabel von Unterelkofen

Mit dem mütterlichen Frauentypus nähert sich die Zuordnung Ebersberger Heiligenfiguren mit ähnlichen bis übereinstimmenden Stilmerkmalen der Jahrhundertwende und damit der Zeit, in der vermutlich die Tätigkeit des Meisters des Hochaltares von Rabenden begann. Für den Landkreis Ebersberg hat gerade Hermann Beham dem Bildschnitzer eine Reihe von Skulpturen zugeschrieben und, angesichts der Fülle von Heiligenfiguren, erwogen, dessen Werkstattsitz im ehemaligen Territorium des Klosters zu suchen.[104] So verführerisch dieser Gedanke ist, doch gerade das Fehlen archivalischer Nachweise trotz der Fülle der ihm oder seiner Werkstatt mittlerweile zugeschriebenen Skulpturen nährt den Verdacht, dass der Meister nicht hier, sondern in höfischen Diensten stand und als sogenannter Hofbefreiter weder städtischen Zunftordnungen noch Steuerämtern unterstand, so dass sein Name in städtischen Rechnungsbüchern oder Steuerlisten vergeblich gesucht wird. Eine Anstellung in höfischen Diensten – etwa bei Herzog Wilhelm oder dem Bischof von Chiemsee – könnte die breite Streuung der ihm zugeschriebenen Bildwerke im Münchener Raum erklären.

Die Doppeldatierung des kürzlich restaurierten Flügelretabels aus der Georgskapelle der Burg in Unterelkofen (heute: München, Bayerisches Nationalmuseum, Inv. Nr. R 8835)[105] (Abb. 45 u. 46) erinnert wieder an den oben genannten sozialen Status eines spätmittelalterlichen Schnitzers; denn der Sockel unter der Madonnenfigur trägt die Jahreszahl 1517, die gemalten Flügel und die Predella sind später, nämlich 1520 datiert.[106] Es erhebt sich die Frage, ob der Maler nicht auch zugleich der Schnitzer der Altarfiguren war[107] und die drei Holzfiguren – die Gottesmutter sowie die heiligen Georg und Erasmus – in den Altar fügte, nachdem er sie und den Schrein farbig gefasst und vergoldet hatte. Dann nämlich wäre der Name des Schnitzers hinter dem des Malers verschwunden und eine Suche nach dem Schnitzer des Altares vergeb-

Abb. 44: Haselbach, Sankt Margaretha. Heilige Margarethe vom Choraltar, um 1498.

Abb. 45: Unterelkofener Altar mit geöffnetem Schrein aus der Werkstatt des Meisters von Rabenden, datiert 1517 und 1520.

die sich auch auf den gemalten Flügeln des Unterelkofener Altares, zum Beispiel auf der Anna-Selbdritt-Tafel, wiederholen. Bei männlichen Heiligen fallen ohrmuschelförmige Umschlagfalten, wie bei den zwei Evangelistenfiguren in der Plieninger Kirche Heilig-Kreuz-Auffindung und in der Kolomanskirche in Haslach, auf, die an großzügige Mantelsaumgestaltungen des Veit Stoß, etwa seines monumentalen Apostels Andreas in der Nürnberger Sebalduskirche, erinnern. Eine auffällige Gestaltung der sich unter den Gewändern deutlich abzeichnenden Knie- und Wadenbereiche kennzeichnet sowohl seine weiblichen wie männlichen Sitzfiguren. – Bodenständigen Realismus drücken die breiten, fast flossenartigen Füße der Evangelisten von Pliening und Haslach und des heiligen Christophorus aus Purfing (Abb. 47; heute: Freising, Diözesanmuseum, Inv. Nr. L 7205) aus, die merkwürdig mit den

lich. Das aber würde bedeuten, dass der Rabendener Meister wie etwa Michael Pacher zu einer der wenigen Doppelbegabungen seiner Zeit gehört hätte.
Der Stil des Rabendener Schnitzers erklärt sich aus einem Epochenknick. Er schuf in der allerletzten Phase der Spätgotik zwar noch typisierte Figuren nach mittelalterlicher Sehweise, doch ersetzte er ein bis dahin gewohntes Idealbild gotischer Heiliger durch recht diesseitige Menschendarstellungen mit individuellen Zügen. Bei den weiblichen Heiligen fällt zuerst die vollwangige Gesichtsbildung mit sehr hoher, breiter Stirn und weitem Augenabstand auf, ein Typus, den die Madonna in der Kirche Sankt Koloman in Haslach und eine heilige Margarethe (heute: Freising, Diözesanmuseum, Inv. Nr. L 7207) sowie die Madonna des Unterelkofener Altares repräsentieren. Die Physiognomien der männlichen Schnitzfiguren werden durch eine markant-breite Stirn und einen ebenfalls weiten Abstand zwischen den häufig sichelförmigen Augen gekennzeichnet, Stilmerkmale, die bei den Aposteln Simon und Judas Thaddäus in Rabenden wie bei dem Haslacher Evangelisten Johannes unter dem Kreuz wiederkehren. – In der Gewandbehandlung bevorzugt der Meister auf Madonnenmänteln parallel laufende, schlauchartige Faltenzüge mit unmotivierten Knitterzonen in Oberschenkel- oder Leibhöhe,

Abb. 46: Unterelkofener Altar mit geschlossenen Flügeln (Werktagsseite) aus der Werkstatt des Meisters von Rabenden, datiert 1517 und 1520.

Abb. 47: Freising, Diözesanmuseum. Heiliger Christophorus (aus der Kirche Sankt Laurentius in Purfing), zwischen 1515 und 1520.

„knochigen"[108], sehr ausdrucksstarken Händen vieler dem Rabendener Meister zugeschriebener männlicher Heiliger kontrastieren. Gerade die charakteristisch-sensible Durchgestaltung der Hände kann meines Erachtens bei strittigen Zuschreibungen als Indiz für eine Arbeit des Meisters von Rabenden gewertet werden.

Bildwerke aus der Jesuitenzeit

Der wirtschaftliche Niedergang des Benediktinerklosters Ebersberg nach der Ägide des Abtes Sebastian (1472-1500) findet seinen sichtbaren Niederschlag in einem künstlerischen Vakuum von knapp hundert Jahren, das nicht nur mit den Verlusten an beweglicher Kirchenausstattung durch die Zerstörungen des Dreißigjährigen Krieg zu erklären ist; denn früher entstandene Bildwerke sind genügend erhalten geblieben. Erst 1595 mit der Übernahme durch die Jesuiten begann eine neue Blüte für das nun „Jesuitenresidenz" gewordene Kloster, die hauptsächlich einer Wiederbelebung der Sebastianswallfahrt zu verdanken war.[109]

Um 1600 entstand ein Altargemälde, das vor einem in felsiger Landschaft mit mauerumwehrter Stadtarchitektur stehendem Kreuz das anrührende Hochrelief einer Pietà zeigt. Auf einem Felsblock steht die – dem Schrifttypus nach – wohl später angebrachte Datierung 1598. Diese für ein Altarblatt (im nördlichen Seitenschiff) eher seltene Kombination von Tafel- und Reliefbild geht vermutlich auf das Gemälde einer „Beweinung" von Willem Key (1515-1568) zurück, das nach einem Inventareintrag von 1585 zur Kammergalerie Maximilians I. von Bayern (heute: München, Bayerische Staatsgemäldesammlungen, Inv. Nr. 539) gehörte.[110] (Abb. 48) Ganz offensichtlich übte das niederländische Bild bis ins 18. Jahrhundert eine besondere Faszination auf die Bildhauer aus, denn ebenso wie das 1758 entstandene Hochrelief von Ignaz Günther (1723-1775) in der Pfarrkirche Sankt Rupertus in Eiselfing, Landkreis Rosenheim, dem das Ebersberger Altarbild wohl als unmittelbare Vorlage diente, verraten seine vollplastischen Vesperbildgruppen in der Pfarrkirche Sankt Peter und Paul in Weyarn (1764) und in Nenningen (Friedhofskapelle, 1774), aber auch die von Johann Peter Schwanthaler dem Älteren (1720-1795) gearbeitete Skulptur in der Pfarrkirche von Ried im Innkreis deutlich niederländischen Einfluss.[111]

Als problematisch erweist sich die Datierung und Zuordnung von fünf Ebersberger Statuen in dem 1891[112] und 1936[113] restaurierten Hochaltar zu einer namentlich bis heute nicht fassbaren Künstlerwerkstatt.[114] Zwischen den vergoldeten, etwas steifleinenen monumentalen Apostelgestalten der heiligen Petrus und Paulus sowie der Jesuitenheiligen Ignatius von Loyola (1491-1556) und Franz Xaver (1506-1552)[115] steht, an einen Baum gebunden und von Pfeilen durchbohrt, die Holzfigur des etwa in Lebensgröße dargestellten Märtyrers Sebastian. Die Datierung des in einem barock geschwungenen Schrein stehenden nackten Heiligen ist schwankend. Sie reicht von „um 1610"[116], „um 1630"[117] bis zu dem wohl berechtigt zugeschriebenen Jahr 1645, da zu dieser Zeit nach Auskunft einer von den Jesuiten geschriebenen Chronik eine neue Sebastiansstatue in den Hochaltar gestellt worden ist.[118] Ihr noch unbekannter Schnitzer wurde in der genannten Literatur im Stilkreis der Zürn-Brüder aus Waldsee vermutet, die 1638 die reich mit Figuren ausgestattete Kanzel in der Wasserburger Jakobskirche

Abb. 49: Ebersberg, Sankt Sebastian. Der Kirchenpatron vom Hochaltar, wohl 1645.

Abb. 48: Ebersberg, Sankt Sebastian. Vesperbild vom nördlichen Seitenaltar, 1598 (?).

Abb. 50: Ebersberg, Sankt Sebastian, Vorhalle. Der thronende heilige Sebastian in Verklärung, wohl 1645.

Abb. 51: Ebersberg, Sankt Sebastian, Sebastianskapelle. Stehender heiliger Sebastian, um 1700 (?).

geschnitzt haben;[119] eine Zuschreibung, der allerdings von Claus Zoege von Manteuffel aus stilistischen Gründen widersprochen wird.[120] (Abb. 49).
Doch scheint dieser Skulptur in Zusammenhang mit einer zweiten, heute über dem inneren Vorhallenportal in der Ebersberger Pfarrkirche postierten Sebastiansfigur von ikonographisch ausgefallenem Typus eine besondere Bedeutung zugekommen zu sein. Die Darstellung des thronenden, in Gold und Silber gefassten heiligen Sebastian wurde lange für eine Christusfigur gehalten, aber von Zoege von Manteuffel in Anlehnung an eine Michael Zürn zugeschriebene Sitzfigur im Bayerischen Nationalmuseum (Inv. Nr. 59/9) als Sebastian erkannt.[121] Der Heilige mit den üppig bis auf die Schultern hinabreichenden Locken und dem hochstehenden Haarschopf über der Stirn ist ganz auf Untersicht gearbeitet und blickt mit Augäpfeln aus farbigem Glasfluss auf den Eintretenden hinab. Sein voluminöser, in starker, fließender Faltenbewegung über beide Knie gezogener Mantel wird von zwei Engeln – wohl noch in Anlehnung an das traditionelle mittelalterliche Vorhangschema – gehalten. Auffallend ist der anatomisch exakt herausgearbeitete Brustkorb des besonders in und nach den Pestepidemien des 17. Jahrhunderts hochverehrten und um Schutz vor der Seuche angerufenen Heiligen. (Abb. 50)
Die von Zoege von Manteuffel aufgestellte Hypothese, dass beide Figuren vielleicht „im Zusammenhang der Wiederbegründung der Sebastiansbruderschaft 1644 [...] zu ein und demselben Altar gehörten",[122] könnte nicht nur durch den Chronistenvermerk von 1645 ihre Bestätigung finden, sondern auch durch die von Paulhuber 1847 erwähnte Überlieferung, dass die Sitzfigur „früher in einer Nische über dem Hochaltar aufgestellt" gewesen sei.[123] Damit wäre – vorausgesetzt, Paulhubers Anmerkung trifft zu – eine doppelte Aufstellung der Figuren nach dem Vorbild des 1637 von den Brüdern Martin und Michael Zürn mit der gleichen Figurenkonstellation geschaffenen, aber 1826 abgebrochenen und seither verschollenen Wasserburger Sebastiansaltares denkbar.[124] Ähnlich dem Aufbau des monumentalen, 1489 vollendeten Krakauer Marienaltares von Veit Stoß mit dem Tod und der Himmelfahrt Mariens im Schrein und ihrer Krönung im Gesprenge, hätten demnach die Jesuiten ihren Ebersberger Choraltar in logisch vertikaler Abfolge szenisch mit Hilfe von Schnitzern, Malern und Schreinern inszeniert: das Martyrium des Pestheiligen im Altarschrein und darüber seine Verklärung im Auszug, der quasi himmlischen Ebene.
Ein dritte 1,86 Meter große, polychrom gefasste Aktfigur des an den Baum gefesselten christlichen Märtyrers gehört mit dem gezwirbelten Bart und den langgelockten Haaren einem Modebild an, das man zur Zeit König Philipps IV. in spanischen Hofkreisen bevorzugte. Die schwierige kunsthistorische Einordnung bewegt sich zwischen einer angeblichen Herkunft der Skulptur aus der Mindelburg bei Mindelheim mit der Datierung „um 1700"[125] und der Auskunft Markus Krammers, die Figur stamme von dem Bildhauer Sebastian Osterrieder (1864-1932)[126]. (Abb. 51)
Aus dem 18. Jahrhundert befinden sich als Relikte einer Kreuzigungsgruppe noch das Kreuz und eine 0,77 Meter große „Schmerzhafte Muttergottes" im Besitz der Ebersberger Pfarrkirche.[127] Soweit die jüngere, desolate und wahrscheinlich eine ältere Farbschicht abdeckende Fassung ein Urteil zulässt, zeigt die Gottesmutter in Ausdruck und physiognomischen Details, in der ödematösen Gestaltung der Hände[128] und in der Gewanddraperie nahe Verwandtschaft mit einer Pietà (1785) in der Pfarrkirche von Ried im Innkreis[129] und mit der Maria einer Kreuzigung (1789) in der Pfarrkirche von Aspach in Oberösterreich[130]. Beide Gruppen stammen von Johann Peter Schwanthaler dem Älteren (1720-1795). Zusätzlich unterstützt wird die Wahrscheinlichkeit einer künstlerischen Herkunft der Ebersberger Schmerzensmutter aus der Schwanthaler-Dynastie durch ein kleines, aber auffälliges Stilmerkmal: die lässig gebauschte Form des Stoff-

Abb. 52: Ebersberg, Sankt Sebastian, Obere Kapelle. Die möglicherweise von Johann Peter Schwanthaler dem Älteren geschaffene Schmerzhafte Muttergottes aus einer Kreuzigungsgruppe, um 1785.

knotens, mit dem der Marienmantel seitlich oder vor der Brust zugehalten wird, stimmt in Ebersberg wie in Ried und Aspach überein. (Abb. 52)

Nicht aus tradiertem Kirchenbesitz, sondern von dem Kunstkenner und Pfarrer Martin Guggetzer angekauft wurden zwei farbig gefasste, leider in desolatem Zustand befindliche Figuren, die trotz des ernsten Hintergrundes ihrer Botschaft verspieltes Rokoko vermitteln. Adolf Feulner vermutete, dass die wohl um 1760[131] entstandenen, auf geschweiften Volutensockeln knienden Figuren der Maria Magdalena mit dem Totenschädel (Abb. 53) und des Franziskanermönches Antonius von Padua zu einem Tabernakel gehörten[132] und schrieb sie Ignaz Günther zu. Peter Volk hingegen hält sie für „Varianten der Komposition aus der Günther Nachfolge".[133]

Der hier beschriebene, wenn auch nicht restlos erfasste Bestand an Bildwerken in der Ebersberger Pfarrkirche und den Kirchen ihres Einflussgebietes erweist sich trotz der immensen Verluste aufgrund der Klosterauflösung von 1808 noch als relativ bedeutend, ist allerdings durch teilweise gravierende Qualitätsunterschiede gekennzeichnet. Während hochmittelalterliche Skulpturen und Plastiken ganz verloren sind, ergibt sich erstaunlicherweise ein überproportionaler Anteil an spätgotischen Bildwerken. Dagegen sind die zu einem jüngeren Zeitpunkt entstandenen barocken Kunstwerke wieder nur marginal vertreten, was mit dem Materialwert der vielfach aus Edelmetallen getriebenen und gegossenen Plastiken zusammenhängen wird, auf die die Sonderkommissionen der „Churfürstlichen General & Landes Direktion" zur Beschlagnahme wertvoller Kunstwerke ein besonders scharfes Auge geworfen hatten. Es wäre lohnend, durch soziologische Studien herauszufinden, in welchen Nischen und hinter welchen Vorwänden versteckt doch noch viele sakrale Bildwerke den hier von Regierungsebene aus verordneten Bildersturm überstehen konnten.

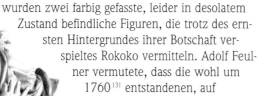

Abb. 53: Ebersberg, Sankt Sebastian, Sebastianskapelle. Von Ignaz Günther geschaffene Maria Magdalena, um 1760.

Anmerkungen

[1] Hager, Georg: Aus der Kunstgeschichte des Klosters Ebersberg, in: Bayerland 6 (1895), S. 399-401, 413-416, 423-425, 435-439, 449-453 u. Ders., Kunstgeschichte des Klosters Ebersberg, in: Ders.: Heimatkunst, Klosterstudien, Denkmalpflege, München 1909, S. 207-253. Franz Xaver Paulhuber hatte vorher nur summarisch auf einige Kunstdenkmäler hingewiesen. Siehe Paulhuber, Franz Xaver: Geschichte von Ebersberg und dessen Umgegend in Oberbayern, Burghausen 1847.

[2] Eine Abt Sigmund Kulbinger (gest. 1584) zugeschriebene Platte, eine des Stiftsbaumeisters Abraham Metsch (gest. 1687) und eine für den „Stiftshausknecht Hans Smit" (gest. 167?).

[3] Siehe Binding, Günther: Baubetrieb im Mittelalter, Darmstadt 1993, S. 291-292.

[4] Siehe Bezold, Gustav von / Riehl, Berthold / Hager, Georg: Die Kunstdenkmale des Regierungsbezirkes Oberbayern, T. 2, Stadt München, Bezirksämter Erding, Ebersberg, Miesbach, Rosenheim, Traunstein, Wasserburg, (Die Kunstdenkmale des Königreiches Bayern vom elften bis zum achtzehnten Jahrhundert I/2), München 1902, S. 1317-1318; Schliewen, Brigitte: St. Anna in Traxl – Eine spätgotische Landkirche als bürgerliche Grablege, in: Jahrbuch der Bayerischen Denkmalpflege 44 (1990), S. 34-59, S. 39-40 u. Beham, Hermann: Ebersberg und die Randecks, in: Ders.: Texte II, Ebersberg 1996, S. 63-64.

[5] Siehe Bayerisches Hauptstaatsarchiv (BayHStA), KU Ebersberg 487.

[6] Siehe Bezold/Riehl/Hager (wie Anm. 4), S. 1318.

[7] Zit. nach Hartig, Otto: Münchner Künstler und Kunstsachen, in: Münchner Jahrbuch der Bildenden Kunst NF 3 (1926) S. 339, Nr. 349.

[8] Siehe BayHStA, KU Ebersberg 665.

[9] Siehe BayHStA, KU Ebersberg 806.

[10] Siehe BayHStA, KL Ebersberg 26 Stiftbuch des Klosters Ebersberg, fol. 78.

[11] Siehe Schliewen, Brigitte: Ulrich Ränftl – Ein Landshuter Steinmetz in Ebersberg, in: Land um den Ebersberger Forst 1 (1998), S. 6-10, S. 8.

[12] Siehe Halm, Philipp Maria: Studien zur süddeutschen Plastik, Bd. 1, Altbayern und Schwaben, Augsburg 1926, S. 19.

[13] Siehe Czerny, Wolfgang: Spätgotische Grabplatten und Epitaphien in der Diözese Salzburg von Hans Paldauf und Hans Eybenstock ?, in: Österreichische Zeitschrift für Kunst und Denkmalpflege, Heft 1/2, XLVII, 1993, S. 35. Bekanntestes Beispiel für diese Lichtwirkung ist das Krakauer Grabmal des Jagiellonenkönigs Kasimir IV. von Veit Stoß. Abb. in: Veit Stoß in Nürnberg. Werke des Meisters und seiner Schule in Nürnberg und Umgebung, hg. v. Germanischen Nationalmuseum Nürnberg, 1983, S. 12.

[14] Zit. nach Krammer, Markus: Abt Sebastian Häfele von Ebersberg (1472-1500), ein bayerischer Prälat des 15. Jahrhunderts, Ebersberg 1984, S. 61.

[15] Siehe Hager II (wie Anm. 1), S. 217. In den Wappenbüchern des Johann Franz Eckher von Karpfing und Lichteneck sind beide Grabplatten vereinfacht nachgezeichnet. Siehe Bayerische Staatsbibliothek (BSB), Cgm 2267/II, fol. 130r. Diesen freundlichen Hinweis verdanke ich Bernhard Schäfer.

¹⁶ Siehe Wiedemann, Theodor: Die Pienzenauer, in: Oberbayerisches Archiv 49 (1895/96), S. 200-286, 347-407, S. 225.

¹⁷ Nach Rühl, Anna: Der Schrenkaltar von St. Peter in München, in: Oberbayerisches Archiv 122 (1998), S. 57-133, S. 75-76, umrahmt der Kruseler später nur das Gesicht ohne auf die Schultern zu fallen.

¹⁸ Die Umschriften um beide Grabplatten bei Wiedemann (wie Anm. 16), S. 217 u. 225.

¹⁹ Siehe Halm (wie Anm. 12), S. XIII.

²⁰ Siehe ebd., S. 24, Abb. 19.

²¹ Siehe ebd., S. 4, Abb. 2.

²² Siehe ebd., S. 22, Abb. 17.

²³ Seine Grabstätte befand sich in der südlich vom Chor gelegenen, später abgerissenen Marienkapelle. Quelle: Stadtarchiv München (StadtAM), Ms. 314 Historia Ebersergensis, fol. 107r. Paulhuber (wie Anm. 1), S. 372-373, berichtet von einer Grabtumba „zur rechten Seite an der Wand" der Frauenkapelle.

²⁴ Rauch, Alexander: Berchtesgaden, in: Dehio, Georg / Gall, Ernst (Hg.): Handbuch der deutschen Kunstdenkmäler, Bayern IV: München und Oberbayern, München – Berlin, 1990, S. 112.

²⁵ Trenner, Florian: Ebersberg, in: Dehio, Georg / Gall, Ernst (Hg.): Handbuch der deutschen Kunstdenkmäler, Bayern IV: München und Oberbayern, München – Berlin, 1990, S. 205.

²⁶ Siehe Leonhardt, Karl Friedrich: Spätgotische Grabdenkmäler des Salzachgebietes, Leipzig 1913, S. 48, Abb. 30.

²⁷ Halm (wie Anm. 12), S. 27.

²⁸ Wie das Beispiel des Drächsel-Grabsteines in Traxl zeigt, in dem der Raum für das Todesdatum seiner zweiten Frau Barbara unbeziffert blieb.

²⁹ Nach Hager I (wie Anm. 1), S. 416, befand sich die ursprüngliche Begräbnisstätte ebenfalls in der Marienkapelle.

³⁰ Siehe ebd., S. 451: „Reverendus pater dominus Sebastianus Abbas huic loco pfuit viginti septem Annis octo mensibus Et cessit Abbacie Et obyt Anno domini 1504".

³¹ Ebd., S. 451.

³² Hauptsächlich: Paulhuber (wie Anm. 1), S. 418-424; Hager I (wie Anm. 1), S. 438-439 u. 449-451; Halm (wie Anm. 12), S. 139-145; Krammer (wie Anm. 14), S. 53-65; Ders.: „Es stehet diß Grab mitten in der Kirchen". Das Hochgrab des Grafenpaares Ulrich und Richardis als meisterliche mittelalterliche Bildhauerarbeit (I): in: Süddeutsche Zeitung / Ebersberger Neueste Nachrichten, 250, Sa./So., 29./30.10.1994, S. 2 u. Ders.: Wolfgang Leb – „maister des vercks". Das von Abt Häfele in Auftrag gegebene Hochgrab für die Stiftskirche in Ebersberg kam erst nach 1500 zur Aufstellung (II), in: Süddeutsche Zeitung / Ebersberger Neueste Nachrichten, 253, Do., 03.11.1994, S. 2.

³³ Siehe Hager I (wie Anm. 1), S. 439.

³⁴ Eine schwere Steinplatte verschließt heute – vermutlich am Ort der ursprünglichen Aufstellung der Grabtumba – eine Gruft mit Grabstätten des 17. Jahrhunderts. Krammer (wie Anm. 14), S. 61, gibt die erste Situierung des Hochgrabes wie folgt an: „[...] in der Mitte der Kirche zwischen den beiden ersten Säulen bei der Kanzel. Seine Vorderkante schloß mit den beiden Säulen ab." Unklar ist, ob dieselbe Gruft bereits als eigentliche Grabstätte der Stifter des 10./11. Jahrhunderts diente, über die dann im 15. Jahrhundert möglicherweise die von Leb gearbeitete Grabtumba gesetzt wurde. 1967 wurde dort bei der Versetzung des Stiftergrabes in die Vorhalle neben Gebeinen von mehreren Toten auch ein wohl barocker Glasbehälter, wahrscheinlich mit Gewebe- und Haarresten, gefunden. Siehe Bayerisches Landesamt für Denkmalpflege (BLfD), Ortsakten Ebersberg, Untersuchungsbericht des Doerner-Institutes v. 16.10.1967. Ob es sich dabei um Körperreliquien aus der ersten Stiftergrablege handelt oder um Reliquien in Zusammenhang mit der Sebastiansverehrung, ist nicht zu unterscheiden.

³⁵ Hager I (wie Anm. 1), S. 451.

³⁶ Siehe Krone-Balcke, Ulrike: Der Kefermarkter Altar. Sein Meister und seine Werkstatt, München – Berlin 1999, S. 49.

³⁷ Die Inschriften sind bei Hager I (wie Anm. 1), S. 449, publiziert.

³⁸ Siehe Meister E. S. Ein oberrheinischer Kupferstecher der Spätgotik. Ausstellungskatalog, hg. v. der Staatlichen Graphischen Sammlung, München 1986/87, S. 7 u. Appuhn, Horst (Hg.): Meister E. S. Alle 320 Kupferstiche, Dortmund 1989, S. 8.

³⁹ Siehe Ulmann, Arnulf von: Bildhauertechnik des Spätmittelalters und der Frührenaissance, Darmstadt 1994, S. 40-42.

⁴⁰ Hager I (wie Anm. 1), S. 450, hat als erster die Datierung entdeckt und damit irrige Zeitangaben wie 1492 bzw. 1496 korrigieren können.

⁴¹ BayHStA, KL Ebersberg 26 Stiftbuch des Klosters Ebersberg, fol. 117v. Aufgrund des von ihm 1500 signierten Hochgrabes darf man davon ausgehen, dass mit dem „maister wolfgang" der Bildhauer Wolfgang Leb gemeint ist.

⁴² Nach Solleder, Fridolin: München im Mittelalter, München 1938, S. 147, beinhaltet 1 Schaff 445 Liter und 1 Metzen 37,06 Liter.

⁴³ Siehe BayHStA, Landshuter Abgabe, Rep. 48, Nr. 1, fol. 120.

⁴⁴ Siehe BLfD, Ortsakten Ebersberg, Aktennotiz: „Am 26.2.54 haben wir einen Kindergrabstein der Pienzenauer, datiert 1496, freigelegt, der sehr wahrscheinlich ein eigenhändiges Werk des Wolfgang Leb ist." u. Dehio/Gall (wie Anm. 25), S. 205.

⁴⁵ Es dürfte sich hier um Schloss Hartmannsberg bei Bad Endorf handeln, das zum Besitz der Pienzenauer gehörte. Siehe Lampl, Sixtus: Hartmannsberg, in: Dehio, Georg / Gall, Ernst (Hg.): Handbuch der deutschen Kunstdenkmäler, Bayern IV: München und Oberbayern, München – Berlin, 1990, S. 405.

⁴⁶ Vom Meister E. S. existieren zahlreiche Blätter mit Darstellungen in Doppelrahmen, die als „Ex libris" in Bücher geklebt wurden. Siehe Appuhn (wie Anm. 38), S. 362.

⁴⁷ Zit. nach Hartig (wie Anm. 7), S. 343, Nr. 367.

⁴⁸ Inschrift bei Wiedemann (wie Anm. 16), S. 245-246.

⁴⁹ Abb. in Appuhn, Horst: Albrecht Dürer. Die drei Großen Bücher, Dortmund 1979, S. 71, Abb. 11.

⁵⁰ Schematisierte Nachzeichnungen der Platten sind in BSB, Cgm 2267/II Wappenbuch des Johann Franz Eckher von Karpfing und Lichteneck, fol. 130v, aufgeführt. Siehe Anm. 15.

⁵¹ Inschrift bei Wiedemann (wie Anm. 16), S. 247.

⁵² Siehe Friedländer, Max J.: Albrecht Dürer, Leipzig 1921, S. 133.

⁵³ Siehe Hager I (wie Anm. 1), S. 452 u. Bezold/Riehl/Hager (wie Anm. 4), S. 1350. Dehio/Gall (wie Anm. 25), S. 205, schreibt die Tafel Sigmund Kulbinger zu.

54 Wie schon Hager I (wie Anm. 1), S.436, beobachtete, sitzen die Kragsteine dort ungewöhnlich tief über dem Bodenniveau, was auf die im 17. Jahrhundert eingezogene Decke über der Sebastianskapelle zurückzuführen ist. Ursprünglich saßen sie natürlich höher unter den Gewölbeanfängen.

55 Mit Sicherheit wird die Sebastianskirche an den Chorjochen, bevor die Gewölberippen für den großen barocken Umbau abgeschlagen wurden, wahrscheinlich auch an den Säulenkapitellen jeweils zwei gegenüberliegende Kragsteinfigurationen besessen haben, wenn man von der Ausstattung der Filialkirchen, aber auch der Münchener Frauenkirche, an der ein Randeck mitarbeitete, auf die der Mutterkirche schließt.

56 Bezold/Riehl/Hager (wie Anm. 4), S. 1315 u. Dehio/Gall (wie Anm. 25), S. 203, nennen als Vergleichsbeispiele die Franziskanerkirche in Salzburg, den Kreuzgang des dortigen Klosters St. Peter, dazu die Kapitelle in den Kreuzgängen von St. Nikolaus in Reichenhall und der Altöttinger Stiftskirche. Gemalte Hornkapitelle findet man auch in der Annakapelle des Dominikanerinnenklosters Altenhohenau. Außerdem zeigt ein allerdings jüngeres Fresko in der Grafinger Leonhardskirche ebenfalls das Hornmotiv im Wappen des Adelsgeschlechtes der Pretschlaipfer, das Georg Hunklinger als „silberweißes Jagdhorn" deutete. Siehe Hunklinger, Georg: Die Leonhardi-Kirche in Grafing b. M., (Grafinger heimatkundliche Schriften 6), Grafing 1972, S. 25.

57 Siehe Bezold/Riehl/Hager (wie Anm. 4), S. 1394; Trenner, Florian: Traxl, in: Dehio, Georg / Gall, Ernst (Hg.): Handbuch der deutschen Kunstdenkmäler, Bayern IV: München und Oberbayern, München – Berlin, 1990,Dehio 1990, S. 1185 u. Schliewen (wie Anm. 4), S.39, 50.

58 Gerstenberg, Kurt: Die deutschen Baumeisterbildnisse des Mittelalters, Berlin 1966, S.40-41, 43.

59 Möglicherweise stehen die drei jungen Männer für die ehemals mitregierenden bzw. regierenden herzoglichen Brüder Johann (gest. 1463), Sigmund (dankte 1467 ab) und Albrecht (1467-1508). Die Wittelsbacher Familie hat sich wiederholt als Stifter kostbarer Glasfenster und Reliquiare für die Ebersberger Klosterkirche ausgewiesen.

60 Gerstenberg (wie Anm. 58), S. 96.

61 Abb. in: Niehoff, Franz (Hg.): Vor Leinberger – Landshuter Skulptur im Zeitalter der Reichen Herzöge, Ausstellungskatalog, Bd. 1 S. 242, Nr. 10.

62 Es ähnelt verblüffend einem von fünf geretteten Köpfen aus der Münchener Frauenkirche (heute: Freising, Diözesanmuseum, Inv. Nr. 577).

63 Wie in Egglburg und Traxl fielen zwei Kragsteine dem späteren Einbau einer Empore zum Opfer.

64 Siehe Schliewen, Brigitte: Madonna in der Strahlenglorie, in: Süddeutsche Zeitung / Ebersberger Neueste Nachrichten, [296], Weihnachten, 24./25./26.12.1997.

65 Siehe Anm. 55.

66 Siehe Schliewen (wie Anm. 4), S. 50.

67 Nach Auskunft von Urkunden waren beide ausgebildete Steinmetzen. Ulrich kann 1494 sogar eine bildhauerische Arbeit nachgewiesen werden: „Item 7 Pfund für 8 Gulden reinisch zalt dem Ranndeck maurer von 8 Figuren in merblstain [Marmor] gehauen in di marterseull vor unsers herrn thor." Zit. nach Hartig (wie Anm. 7), S. 339, Nr. 349. Bei „Unsers Herrn tor" handelte es sich um das ehemalige Schwabinger Tor, das „wegen einer Salvatorkapelle unmittelbar vor der Stadtmauer auch „Unsers Herrn Tor" genannt" wurde. Siehe Schattenhofer, Michael, München, in: Bosl, Karl (Hg.): Handbuch der Historischen Stätten Deutschlands, Bd. IV, Bayern, Stuttgart 1961, S. 468. – Hager II (wie Anm. 1), S. 225, vermutet aufgrund einer bestimmten Form von Schriftbändern und durch die sowohl in Hohenlinden als auch in der St. Martinskirche in Untermenzing (die Ulrich Randeck erwiesenermaßen 1499 baute) nachgewiesenen rechteckigen, ins Gewölbe eingelassenen Platten, dass die Kragsteine in beiden Kirchen von Ulrich Randeck stammen.

68 Nach BLfD, Ortsakten Ebersberg, Notizen v. 10.05.1990, befinden sich unter der weißen Übertünchung farbige Fassungen.

69 Siehe Hager I (wie Anm. 1), S. 413, 416.

70 Nach den Berechnungen von Egg, Erich: Gotik in Tirol. Die Flügelaltäre, Innsbruck 1985, S. 80, haben von rund zweitausend Altären nur „Spuren" von ca. dreihundert Altären, also rund sieben Prozent, die Jahrhunderte überdauert.

71 Siehe Schliewen, Brigitte: Mittelalterliche Madonnen im Landkreis Ebersberg, in: Jahrbuch des Vereins für Christliche Kunst in München 18 (1990), S. 9-76, S. 11.

72 Siehe Ulm, Benno: Das Konzil von Trient und die Kunst, in: Die Bildhauerfamilie Zürn 1585-1724, Ausstellungskatalog, Braunau 1979, S. 39.

73 Ausnahmen wie das 1493 von einem Mitglied der Familie Roritzer gemeißelte Sakramentshäuschen im Regensburger Dom können die Regel nur bestätigen (freundlicher Hinweis von Dr. Renate Kroos, München).

74 Das zeigen u.a. die Zunftordnungen der Maler in München (1448), Landshut (1494), Salzburg (1494), Passau (1510) und Augsburg (1522).

75 Dürer urteilte über Schnitzer, sie seien „gewaltiglich und unbedechtiglich". Zit. nach Reitzenstein, Alexander von: Veit Stoß, in: Das Meisterwerk, Berlin 1938, S. 7.

76 Der Maler Michael Wolgemut erhielt für das Vergolden von Sebald Schreyers nach Schwäbisch-Gmünd gestifteten Altar 19 Gulden, der Schnitzer 11 Gulden, der Schreiner 10 Gulden. Siehe Strieder, Peter: Zur Struktur der spätgotischen Werkstatt, in: Der Schwabacher Hochaltar, Arbeitshefte des BLfD, Heft Nr. 11, München 1982, S. 24). – Aber auch noch 1676 bekam der Bildschnitzer Thomas Schwanthaler für die Figuren des Hochaltares in der Pfarrkirche Mattighofen / OÖ. nur 615 Gulden, der Maler 1123 Gulden, der Schreiner 359 Gulden. Siehe Oberwalter, Gertrude: Die Schwanthaler der Barockzeit, in: Wurzel, Otto (Hg.): Die Bildhauerfamilie Schwanthaler 1633-1843, Ausstellungskatalog, Stift Reichersberg 1974, S. 114. – In ihrer Analyse: Early Netherlandish Carved Altarpieces 1380-1550. Medieval Tastes and Mass Marketing, Cambridge 1998, kommt auch Lynn F. Jacobs zu dem Ergebnis, dass die Kosten in nachgewiesenen Fällen für Fassung und Vergoldung 60 % der Gesamtkosten betrugen. Zit. nach: Kunstchronik, Heft 3, März 2000, S. 100.

77 Siehe Vogel, Hubert: Die Urkunden des Heiliggeistspitals in München 1250-1500, Bd. 2, München 1960, S. 62, Nr. 593.

78 BayHStA, KU Ebersberg 425.

79 StadtAM, Fremdbestände, Herdstättenverzeichnis, 21/IV, Gericht Schwaben, fol 14. – 1484 besaß ein Urban Wernstorffer ein Haus in der Kaufingergasse in München. Siehe Stahleder, Hellmuth: Herzogs- und Bürgerstadt. Die Jahre 1157-1505, (Chronik der Stadt München 1), München.1995, S. 506. – Eine Hube entsprach einem halben, ein Lehen einem viertel Hof. Siehe Mayr, Gottfried: Ebersberg. Gericht Schwaben, Historischer Atlas von Bayern, Teil Altbayern I/48), München 1989, S. 129.

80 Freundliche telefonische Auskunft von Horst Gehringer vom Stadtarchiv München (1993).

81 Siehe BayHStA, Kurbayern Geheimes Landesarchiv 1189, fol. 221.

82 Siehe BayHStA, Kurbayern Geheimes Landesarchiv 1189, fol. 421. Ob sein Name vielleicht mit dem des „Hannsen pildschnitzers von Landshut" in der Münchener Stadtkammerrechnung von 1535 identisch ist, der versuchsweise mit Hans Leinberger verbunden wurde, bleibt offen.

83 Plastiken sind im Gegensatz zu gemeißelten oder geschnitzten Skulpturen gegossene, getriebene oder modellierte Bildwerke.

84 Abb. bei Schliewen (wie Anm. 71), S. 17-18, Abb. S. 19.

85 Siehe Schliewen, Brigitte: Eine spätgotische Madonna in der Wallfahrtskirche Kreuz bei Glonn, in: Das Münster 2 (1987), S. 145-147 u. Dies. (wie Anm. 71), S. 32-33. Wenn nicht anders vermerkt, beziehen sich alle angegebenen Maße auf Angaben bei Bezold (wie Anm. 4) oder bei Schliewen (wie Anm. 71).

86 Siehe Schliewen, Brigitte: Die Muttergottes auf der Thronbank. Zur Darstellung spätgotischer Sitzmadonnen im Landkreis Ebersberg aus dem zweiten Drittel des 15. Jahrhunderts, in: Land um den Ebersberger Forst 3 (2000), S. 8-14.

87 Zuletzt Ramisch, Hans K.: Ulm und die Salzburger Plastik im 15. Jahrhundert. Hanns Sweicker von Ulm, der Bildhauer der Pröpste von Chiemsee in der Zeit von 1430-1467, in: Kahsnitz, Rainer (Hg.): Skulptur in Süddeutschland 1400-1770. Festschrift für Alfred Schädler, (Bayerisches Nationalmuseum, Forschungshefte 15), München –Berlin 1998, 17-50, S. 49, Abb. 35.

88 Siehe Schliewen, Brigitte: Studien zur Schnitzkunst vor Leinberger im Gebiet von Ebersberg – Die Madonnen von Frauenreuth und Loitersdorf, in: Schultes, Lothar (Hg.): Der Meister des Kefermarkter Altares. Die Ergebnisse des Linzer Symposions, (Studien zur Kulturgeschichte von Oberösterreich 1), Linz 1993, S. 93-101; Abb. bei Krone-Balcke, Ulrike: Der Kefermarkter Altar, München – Berlin 1999, S. 183, Abb. 114.

89 Siehe Schliewen (wie Anm. 71), S. 58-60; ob die kostbare Schnitzfigur schon immer in dieser – heute nur noch aus einem Chorraum bestehenden – Kirche stand oder aus einer anderen stammt, ist bisher nicht zu eruieren. Möglicherweise ist bei dem heutigen Aufstellungsort auch an eine Notverwahrung im Zuge der Säkularisierung zu denken, um eine Beschlagnahme zu verhindern.

90 Siehe Schliewen (wie Anm. 71), , S. 56-58 u. Dies. (wie Anm. 88), S. 93-101.

91 Die von Paulhuber (wie Anm. 1), S. 416, geäußerte Vermutung, die Heiligenfigur habe den Brand von 1305 rußgeschwärzt überlebt, ist aus stilistischen Kriterien ausgeschlossen.

92 Bei Bezold/Riehl/Hager (wie Anm. 4), S. 1348, wird sie als „sehr mäßige, spätgothische Holzfigur" vor dem Hochaltar erwähnt. In den Anweisungen des Denkmalamtes vom 1.10.1941 zur Sicherung Ebersberger Kunstwerke vor Luftangriffen wird von einer Sebastiansfigur von 1480 gesprochen, die „vor dem Hochaltar im Chor steht". Siehe BLfD, Ortsakten Ebersberg. Auch Krammer, Markus: Die Wallfahrt zum heiligen Sebastian nach Ebersberg, Ebersberg 1981, S. 17, beschreibt den (letzten) Aufstellungsort mit „Einst auf einer schmiedeeisernen Konsole beim Kommuniongitter". Siehe hierzu auch den Beitrag von Markus Krammer im vorliegenden Band.

93 Allerdings scheint die Holzart gegen einen Import aus den Niederlanden zu sprechen, da das dort bevorzugte Eichenholz hier wohl ausgeschlossen werden kann (frdl. Hinweis von Martin Kolbeck, Frauenneuharting).

94 Die sehr ähnliche Zeichnung einer Sebastiansfigur befindet sich in StadtAM, Zim. 123 Chronik von Ebersberg, fol. 47v. Der nackte Heilige, in fast identischer Bewegung an einen Baumstumpf gefesselt, ist auf einer Altarmensa stehend dargestellt. Allerdings ist er hier im Unterschied zur Ebersberger Figur farbig gefaßt. – . Das weitere Beispiel einer Sebastiansfigur mit ähnlicher Bewegung befindet sich in dem der Ebersberger Chronik vorgebundenen Heiltumsbuch, StadtAM, Zim. 123, fol.16: hier als Silberfigur „ymago argentea", darunter die Jahreszahl 1493.

95 Siehe Appuhn (wie Anm. 38), Abb. 159 u. 160.

96 Für seine briefliche Auskunft bin ich Dr. Matthias Pfaffenbichler, Wien, zu Dank verpflichtet.

97 Siehe Schliewen (wie Anm. 71), S. 36-37,42-43 u. 45-46.

98 Siehe ebd., S. 49, Abb. S. 47.

99 Siehe Otto, Kornelius: Erasmus Grasser und der Meister des Blutenburger Apostelzyklus. Studien zur Münchner Plastik des späten 15. Jahrhunderts, (Miscellanea Bavarica Monacensia 150), München 1988, S. 129, Anm. 250.

100 Siehe Ramisch, Hans: Zur Münchner Plastik und Skulptur im späten Mittelalter, in: Steiner, Peter / Hahn, Sylvia (Red.): Münchner Gotik im Freisinger Diözesanmuseum, (Diözesanmuseum in Freising. Kataloge und Schriften 21), Regensburg 1999, S. 25-67, S. 54.

101 Siehe Schliewen (wie Anm. 71), Abb. S. 67.

102 Siehe BayHStA, KL Ebersberg 23 1/2 (nicht fol.): „Dem maler um dy tafl XXXII Pfd. d." Zum Vergleich: 1513 erhielt der um 1470 im Allgäu geborene Bildschnitzer Jörg Lederer für einen Flügelaltar mit Gespränge die Summe von 32 Goldgulden „auf zit und zil" (Baxandall, Michael: Die Kunst der Bildschnitzer, München 1984, S. 128), also nach Arbeitsfortschritt (32 Goldgulden entsprachen etwa 39 Pfund in Silbermünzen). Eine Vorstellung vom Kaufkraftwert dieser Summe vermittelt der Preis für ein Reitpferd, das nach einem Rechnungsbuch des Klosters Baumburg um das Jahr 1505 12 rheinische Gulden kostete (BayHStA, KL Baumburg 45). Zu der Berufsbezeichnung „maler" siehe hier S. 100. Der Ausdruck „tafl" stand im Spätmittelalter gewöhnlich für einen Altaraufsatz auf der geweihten Mensa. – Der Weihbischof erhielt übrigens 1485 sein Honorar für die Weihe in Egglburg nicht in Silbermünzen, sondern in Form von 9 rheinischen Goldgulden (BayHStA, KL Ebersberg 23 1/2).

103 Abb. bei Schliewen (wie Anm 71), S. 67.

104 Siehe Beham, Hermann: Der Meister von Rabenden und der Landkreis Ebersberg, in: Land um den Ebersberger Forst 2 (1999), S. 36-55. Dagegen vertritt Sigmund Benker erneut und mit Nachdruck die in der Kunstwissenschaft wiederholt diskutierte Hypothese eines Werkstattsitzes in München. Siehe Kunstchronik, 53. Jg., H. 12/2000, S.587.

105 Der Altar wird in der wissenschaftlichen Literatur der Werkstatt des

Meisters von Rabenden zugeschrieben : Siehe Halm, Philipp Maria: Der Meister von Rabenden und die Holzplastik des Chiemgaus, in: Jahrbuch der Königlich preußischen Kunstsammlungen 32 (1911), S. 76-77, 82; Müller, Theodor: Die Bildwerke in Holz, Ton und Stein von der Mitte des XV. bis gegen Mitte des XVI. Jahrhunderts., (Kataloge des Bayerischen Nationalmuseums München XIII,2), München 1959, S. 234; Dehio, Georg /Gall, Ernst: Handbuch der deutschen Kunstdenkmäler, Oberbayern, München – Berlin 1964, S. 174; Rohmeder, Jürgen: Der Meister des Hochaltars in Rabenden, (Kunsthistorische Abhandlungen 3), München – Zürich 1971, S. 77 u. Trenner, Florian: Unterelkofen, in: Dehio, Georg / Gall, Ernst (Hg.): Handbuch der deutschen Kunstdenkmäler, Bayern IV: München und Oberbayern, München – Berlin, 1990, S. 1207.

[106] Bei der kürzlich im Bayerischen Nationalmuseum in München abgeschlossenen Restaurierung kam in der Reflektographie noch einmal die Datierung 1520 über dem Nimbus der sog. „Ägyptica" im oberen Teil des linken Standflügels zum Vorschein. Diesen wichtigen Hinweis verdanke ich Restaurator Stefan Schuster.

[107] Bereits Halm (wie Anm. 105), S. 76-77, hatte über diese Möglichkeit nachgedacht, die aber Jürgen Rohmeder (wie Anm. 105), S. 77, ablehnte.

[108] Halm (wie Anm. 105), S. 69.

[109] In dem wohl gegen Ende des 17. Jahrhunderts geschriebenen Inventar des Ebersberger Kirchenschatzes sind allein achtzehn silberne Skulpturen bzw. Plastiken des hl. Sebastian aufgeführt, davon drei silbervergoldete Kunstwerke. Siehe BayHStA, KL Ebersberg 44, fol. 91-114.

[110] Siehe Bachtler, Monika / Diemer, Peter / Erichsen, Johannes: Die Bestände von Maximilians I. Kammergalerie. Das Inventar von 1641/1642, in: Glaser, Hubert (Hg.): Quellen und Studien zur Kunstpolitik der Wittelsbacher vom 16. bis zum 18. Jahrhundert, München – Zürich 1980, S. 228, Abb. Tafel II.

[111] Siehe Achleitner, Helga: Johann Peter d. Ä. Schwanthaler 1720-1795. Der bayerisch-österreichische Rokokobildhauer, Ried / Innkreis 1991, S. 57, Abb. 56.

[112] Nach einer Nennung in einem Restaurierungsantrag des Pfarramtes Ebersberg vom 22.01.1936 an das Denkmalamt. Siehe BLfD, Ortsakten Ebersberg.

[113] Nach einem Brief Pfarrer Martin Guggetzers an das Landratsamt Ebersberg vom 18.04.1936. Siehe Kreisdokumentation des Landkreises Ebersberg. Demnach führte der Maler Karl Weinzierl aus Isen die Fass- und Vergolderarbeiten aus.

[114] Bezold/Riehl/Hager (wie Anm. 4), S. 1348, datiert den Hochaltar „um 1780"; Dehio (wie Anm. 105), S. 169, „um 1770" und „vielleicht von Meister Hildebrand aus Markt Schwaben"; Guggetzer, Martin / Schnell, Hugo: Die Pfarrkirche Sankt Sebastian in Ebersberg, (Schnell & Steiner, Kleine Kunstführer 113), 3., neubearb. Aufl., München – Zürich 1970 (1935), S. 12, „vor 1773"; Krammer, Markus: Katholische Pfarrkirche St. Sebastian in Ebersberg, (Schnell & Steiner, Kleine Kunstführer 113), 5., völlig neu bearb. Aufl., München – Zürich 1986, S. 18, „aus dem ersten Drittel des 18. Jh."; Dehio/Gall 1990 (wie Anm. 25), S. 204, „aus der Mitte des 18. Jahrhunderts".

[115] Nach Paulhuber (wie Anm. 1), S. 622, wurden die beiden Jesuitenstatuen 1623 aufgestellt.

[116] Siehe Krammer (wie Anm. 92), S. 24.

[117] Siehe Guggetzer (wie Anm. 114), S. 12 u. Dehio/Gall 1990 (wie Anm. 25), S. 204.

[118] In der Chronik heißt es : „Nova S. Sebastiani Statua, eleganti opere sculpta, summae arae inserta est [...]." Siehe BSB, Clm 1351 Historia Ebersperensis, S. 156 u. Bezold/Riehl/Hager (wie Anm. 4), S. 1343. Damit ist zwar nicht gesagt, dass es sich wirklich um die heute im Altar stehende Figur handelt. Nach ihrem Größenverhältnis zur – wenn auch später gearbeiteten – Schreinarchitektur und nach ihren auf die erste Hälfte des 17. Jahrhunderts deutenden Stileigenschaften passt die „neue Statue" im Hochaltar zu der Chronikaufzeichnung von 1645.

[119] Siehe Manteuffel, Claus Zoege von: Die Bildhauerfamilie Zürn 1606-1666, Bd. 2, Weißenhorn 1969, S. 340-342.

[120] Für seine sehr hilfreichen Hinweise danke ich Professor Claus Zoege von Manteuffel herzlich (Brief vom 25.03.2000).

[121] Siehe Manteuffel (wie Anm. 119), S. 420.

[122] Siehe ebd., S. 342.

[123] Siehe Paulhuber (wie Anm. 1), S. 416.

[124] Siehe dazu Manteuffel (wie Anm. 119), S. 340-342.

[125] Nach einem Vermerk in der Photothek des Zentralinstitutes für Kunstgeschichte, München, stammt die Photographie wohl aus der Zeit „zwischen 1939 und 1947". Diese Angabe stimmt mit der Legende unter einer Photographie des BLfD (Photothek) überein.

[126] Freundliche Auskunft von Kreisheimatpfleger Markus Krammer vom 28.07.2000. Danach soll die Figur von Pfarrer Martin Guggetzer erworben worden sein. Der aus den beiden Datierungen „um 1700" und der Wende zum 20. Jahrhundert resultierende stilistische Spagat kann wohl erst nach einer Untersuchung der Skulptur durch einen Restaurator eine befriedigende Aufklärung finden. Schließlich war Osterrieder ein bekannter Krippenschnitzer, der sich gern barocker Vorbilder für seine Krippenfiguren bediente. Von ihm stammt auch die heute wieder zu Weihnachten in der Ebersberger Pfarrkirche aufgestellte Krippe. Wenn überhaupt, hat er den Heiligen möglicherweise nach einer Vorlage des 17. Jahrhunderts (?) geschnitzt.

[127] Die Marienfigur wird in der Oberen Kapelle verwahrt. Der zugehörige Evangelist Johannes ist verschollen.

[128] Die Gestaltung der Hände kann auch Ergebnis unsachgemäßer Grundierung durch Restaurierungsmaßnahmen des 19. Jhs. sein. Siehe Achleitner (wie Anm. 111), S. 84.

[129] Siehe Dies., S. 57, Abb. 56.

[130] Siehe Dies., S. 63, Abb. 63.

[131] Siehe Dehio (wie Anm. 105), S. 169

[132] Siehe Feulner, Adolf: Ignaz Günther. Der große Bildhauer des Bayerischen Rokoko, München 1947, S. 56, Abb. 56 u. 57. Feulner zieht zum Vergleich die Engelsfiguren des Tabernakels von Kloster Attel heran.

[133] Siehe Volk, Peter: Ignaz Günther. Vollendung des Rokoko, Regensburg 1991, S. 267.

Abbildungsnachweis
Bayerisches Landesamt für Denkmalpflege, München (Photo Sowieja): Abb. 1, 2, 4, 7, 11, 18, 27, 29, 30, 53.
Bayerisches Nationalmuseum, München, Bildarchiv: Abb. 45, 46.
Bayerische Staatsbibliothek, München: Abb. 3, 13.
Diözesanmuseum Freising, Bildarchiv (Photo Vicenti): Abb. 47.
Erzbischöfliches Ordinariat, München, Bildarchiv (Photo von der Mülbe): 31, 32, 33, 34, 38.
Hubert Häusler, Schönberg: Abb. 8.
Brigitte Schliewen, Vaterstetten: Abb. 5, 6, 9, 10, 12, 14, 16, 17, 19, 20, 21, 22, 23, 28, 35, 36, 37, 39, 40, 41, 42, 43, 44, 48, 50, 51, 52.
Verlag Hannes Oefele, Ottobeuren: Abb. 49.
Anja Renata Walz, Grafing: Abb. 15, 25, 26
Zentralinstitut für Kunstgeschichte, München (Photo Behrens): Abb. 24.

Brigitte Schliewen

Ave rosa speciosa –
Zum Buchschmuck in Ebersberger Chorbüchern
des 15. Jahrhunderts

Dank Gutenbergs Erfindung des Buchdrucks konnte seit etwa 1450 jede Handschrift mit Hilfe von beweglichen Lettern aus Metall beliebig vervielfältigt und damit wesentlich kostengünstiger hergestellt werden als durch die händische Arbeit eines Schreibers und Buchmalers. Wenn im 15. Jahrhundert trotzdem riesenhafte[1] und kiloschwere Messbücher, aber auch handlichere Stundenbücher (Gebetbücher) weiter mit der Hand geschrieben und mit Gold und teuren Farben wie dem aus pulverisierten Lapislazuli hergestellten „lazur"[2] ausgeschmückt wurden, geschah es überwiegend zum Lobe Gottes – doch war eine derart luxuriöse Ausstattung nur durch die Finanzierung wohlhabender Fürsten, Patrizier, Bischöfe oder Äbte reicher Klöster möglich, das Gros des Volkes konnte sich solch eine Pretiose nicht leisten.
Aus der Bibliothek des Klosters Ebersberg sind sieben solch kostbar illuminierte Chorbücher überliefert. Davon befinden sich fünf in der Münchener Universitätsbibliothek: 2° Cod. ms. 174, 2° Cod. ms. 177, 2° Cod. ms 178, 2° Cod. ms. 158 und 2° Cod. ms. 167 sowie zwei in der Bayerischen Staatsbibliothek München: Clm 23044 und Clm 23045. 2° Cod. ms. 177 ist 1453 datiert und stammt wohl mit 2° Cod. ms. 174 aus der Zeit Abt Eckhards (1446-1472), die anderen fünf entstanden während der Regierung Abt Sebastians (1472-1500). Es ist sicherlich kein Zufall, dass die frühesten Codices aus dem Jahr 1453 stammen; denn 1452 war mit der Errichtung von Chor und Lettner der erste Teil des großen Kirchenumbaues unter Abt Eckhard abgeschlossen: der „cantor" konnte bereits von der Lettnerbühne herab singen und der Konvent den Gottesdienst im Psallierchor feiern. Ein großes Bauvorhaben verschlingt viel Geld, und das Kloster verfügte zu jener Zeit über wenig finanzielle Mittel. Erst mit der Neugründung

der Sebastiansbruderschaft im Jahre des Amtsantrittes Abt Eckhards und der damit verbundenen Wallfahrtsbewegung zur Schädelreliquie des Märtyrers Sebastian begann es allmählich wirtschaftlich wieder zu florieren. Das ist an der noch mageren Ausstattung der Handschriften 2° Cod. ms. 174 und 2° Cod. ms. 177 gut zu verfolgen, die sparsam mit Gold ausgestattet sind und nur in 2° Cod. ms. 174, fol. 1r über eine Bildinitiale auf Goldgrund verfügen. Der wachsende Wohlstand zeigte sich dann in der zunehmend üppigeren Ausstattung der Messbücher, die in dem künstlerisch besonders reizvollen Initial- und seitenumlaufenden Rankenschmuck von Clm 23044 und Clm 23045 ihren Höhepunkt erreichte.

Die Einbände

Die sieben liturgischen Bücher sind in mit hellem Leder bezogene Holzdeckel gebunden. 2° Cod. ms. 167 besitzt noch fünf runde Metallbeschläge und zwei Metallschließen,[3] 2° Cod. ms. 177 zwei defekte[4] und 2° Cod. ms. 178 noch intakte Lederschließen ohne Gegenschließen,[5] Clm. 23045 den Rest einer Schließe mit der Gravur „Ave". Spuren von vermutlich metallenen Buckeln finden sich auf den Buchdeckeln von 2° Cod. ms. 177[6] und 2° Cod. ms. 178[7] sowie auf Clm 23044 mit einem Durchmesser von circa 10 Zentimetern auf Vorder- und Rückseite sowie auf Clm 23045 mit 12,5 Zentimetern Durchmesser.
In den Lederdeckel von 2° Cod. ms. 177 sind Hirsch-, Blatt- und Blütenmotive, auch die heraldische Lilie geprägt,[8] ebenso in den von 2° Cod. ms. 158;[9] auf 2° Cod. ms. 174 kommen noch die Motive Löwe und Adler dazu.[10] In Clm 23044 verläuft am unteren Buchdeckelrand ein Fries mit einem nach links springenden Löwen. Auf dem Vorder- und Rückendeckel von Clm 23045 ist das Leder in einer inneren umlaufenden Bordüre aus Eberwappen, Eicheln, Rosetten und Banderolen mit dem Namenszug „Ebersperg" geprägt, die äußere zeigt Stempel mit Palmetten- und Rautenornament.

Zu den liturgischen Büchern

Der Bestand der sieben illuminierten Chorbücher setzt sich aus vier Antiphonarien (2° Cod. ms. 174, 2° Cod. ms. 177, 2° Cod. ms. 178, 2° Cod. ms. 167), zwei Gradualien (Clm 23044, 23045)[11] und einem Psalterium (2° Cod. ms. 158) zusammen. Die liturgischen Bücher waren mit den unterschiedlichen liturgischen Abläufen zu den Festen und Feiern des Kirchenjahres verbunden und bildeten Sammelbände, in denen inszenatorisch Art und Reihenfolge der Gesänge zu den jeweiligen Gottesdiensten festgelegt waren.
Antiphonarien sind Choralbücher mit – nach der Überlieferung zuerst von Papst Gregor I. (590-604) in seiner Gesangsschule gelehrten – Wechselgesängen, deren Texte sich auf die Psalmen und andere Bibelabschnitte stützen.[12] Die sich gegenüberliegenden Chorstuhlreihen im „chorus psallentium" entsprachen in Ordenskirchen in sinnfälliger Funktion den alternierend vorgetragenen Gregorianischen Gesängen der Mönche. – Dagegen sind im Graduale Sologesänge verzeichnet, die der Subdiakon zwischen Lesung und Evangelium von den Stufen („gradus") des Lettners herab allein oder mit einem anderen Sänger vortrug.[13] Am Blattrand des Ebersberger Graduale Clm 23044, fol. 154r ist wie in einer Regieanweisung der Einsatz von zwei Solisten nach dem Gebet des Priesters[14] vermerkt: „Finita collectam. Cantor cum socio cantat." – Das Missale („missa" = Messe) vereinte die Texte und liturgischen Formeln des Priesters sowie die Bücher für die unterschiedlichen Messformulare in der Reihenfolge des Kirchenjahres.[14]
Das Psalterium, kurz der Psalter, gehört mit seinen einhundertfünfzig Psalmen und Hymnen nicht nur zu den wichtigsten Büchern des Alten Testamentes, er entwickelte sich auch im Lauf der Jahrhunderte zum beliebtesten Gebetbuch überhaupt. Nach der Benediktinerregel, Kapitel 18, sollte der vollständige Psalter mit allen Versen einmal in der Woche gebetet werden, was „über die Liturgievorschriften der römischen Kirche [...] zur Regel [wurde]".[16] Aufgrund seiner genialen zeichnerischen Umsetzung vieler Wortspiele und Metaphern in den einhundertfünfzig Psalmen geriet – als vielleicht berühmtestes Beispiel – der zwischen 816 und 835[17] geschriebene und gezeichnete Utrecht-Psalter[18] zu einem einzigartigen intellektuellen Kompendium der Wortillustration, der konkreten Umsetzung eines Wortes in ein Bild. Dagegen wirken die mit der Feder in die Cadellen der Hufnagelnotationen (mittelalterliches Notensystem) skurril gezeichneten Fabelwesen des Ebersberger Psalters 2° Cod. ms. 158, fol. 8r und seine einzige, goldunterlegte Initiale mit der Darstellung des Harfe spielenden Königs David recht brav.

Die illuminierten Initialen

Initialen, in Größe, Farbe und Form unterschiedlich gemalte oder gezeichnete Anfangsbuchstaben eines Wortes, markieren Textabschnitte etwa zwischen den einzelnen Psalmen oder innerhalb der Messtexte. Die einfachen roten Rubriken[19] und die größeren roten oder blauen Lombarden, gotische Majuskelbuchstaben,[20] sowie die häufig mit Basilisken und Fratzen ausgefüllten schwarzen Cadellen schrieb beziehungsweise zeichnete in der Regel der Schreiber, der sich mitunter am Ende der Handschrift im Explicit (Schlussformel) erleichtert und stolz über die endlich fertig gewordene, oft mehrjährige Schreibarbeit mit seinem Namen und manchmal mit einer humorvollen Bemerkung oder einer Bitte verabschiedete. Im Antiphonar 2° Cod. ms. 177, fol. 323v beendete der Schreiber seine Arbeit mit den Worten: „Finitus est liber iste per me fratrem Maurum professum huius monasterii. In die Petri ad vincula Anno millesimo quadringentesimo quinquagesimo tercio. Orate pro me" („Fertig geworden ist das von Frater Maurus, Profess dieses Klosters, geschriebene Buch am 1. August 1453. Betet für mich"). Im Psalterium 2° Cod. ms. 158 nannte sich der vermutlich selbe Schreiber schon Pater Maurus.

Anders und in gekonnter Verbindung aus Phantasie und Talent verhielt es sich mit dem Illuminator [21] der sogenannten historisierten oder erzählenden Initialen, der zwar kleine, aber keineswegs unbedeutende Kunstwerke so geschickt in Buchstaben hineinzumalen verstand, dass ihm die Balken und Hasten des Initialkörpers als Handlungsträger dienten. Nur in Ausnahmefällen oder durch Stilvergleich und Rückschluss kann man in Einzelfällen seinen Namen in Erfahrung bringen. Weil das so ist, geraten Kunsthistoriker mitunter in Versuchung, im mittelalterlichen Schreiber auch zugleich den Maler von Initialen und Buchschmuck zu erblicken. Eine Doppelfunktion im Betrieb eines mittelalterlichen Scriptoriums war zwar möglich, aber nicht die Regel. Diese ungeklärte Situation spiegelt sich auch in dem Ebersberger Messbüchern, die in den Gradualien Clm 23044 und besonders in Clm 23045 mit seinen achtzehn historisierten Initialen aus dem Themenkreis des Neuen Testamentes, der Marienlegenden, der Heiligenviten und der Andachtsbilder neben mehreren einfachen, aber goldhinterlegten Anfangsbuchstaben ausgestattet sind. In ihnen findet sich ebenfalls kein Hinweis auf einen Buchmaler, wohl aber in Clm 23044 auf den schon bekannten Schreiber Frater Maurus (fol. Iv). Die historisierten Initialen in den sieben liturgischen Büchern sind – bis auf 2° Cod. ms. 167, fol. 1r – von einer gleichen, nur farblich differierenden Bildleiste

Abb. 1: Initiale mit dem Christuskind in einem „Antiphonarium de Tempore" aus dem Kloster Ebersberg (UBM, 2° Cod. ms. 178, fol. 52v).

gerahmt, (Abb. 1) wobei das Wort Rahmen wörtlich zu nehmen ist, denn es handelt sich durchgängig um profilierte Bildleisten, die in der Mitte jeden Schenkels durch gegenständige Deckfarbenmalerei in den wiederkehrenden Farbkombinationen Dunkelaltrosa/Grün, Altrosa/Blau, Blau/Grün geteilt sind.[22] Den plastischen Eindruck von Rahmenprofilen erzielen weiß-silbrige Höhungen, die mit dem Pinsel auf die matten Deckfarben aufgetragen sind. Zusätzlich wurden auf einige Rahmen spiralig gedrehte Schnüre gemalt (2° Cod. ms. 158, fol. 8r; Clm 23044, fol. 1r). Durch zarte Weißhöhungen modellierte Akanthusranken, die auf mattblauem, weinrotem oder pflanzengrünem Grund stehen, füllen die Buchstabenglieder der Initialen. Mitunter formt sich dabei das Fleuronée aus Akanthusranken zu Blattmasken (Clm 23044, fol. 133v).

Die gerahmten Bildinitialen stehen in inhaltlichem Zusammenhang mit den Goldgründen, die den Hintergrund bilden; denn die Goldauflage, sei sie aus Blattgold oder poliertem Pulvergold, wurde nicht unter dem Gesichtspunkt einer luxuriösen Ausgestaltung des Codex auf das Pergament aufgetragen, vielmehr sollte ganz im Gegenteil das Edelmetall konkret und in frommer Überzeugung die geistige, immaterielle Kraft der christlichen Heilsbotschaft durch seine Leuchtkraft versinnbildlichen. In Ebersberg wurden zusätzlich Rautenornamente in die Goldgründe graviert und mit kleinen Motivpunzen Eicheln und Rosetten in die Rautenfelder geschlagen – vielleicht ein bescheidener Hinweis auf die Provenienz des Buches aus dem Kloster inmitten des damals reicher mit Eichen besetzten Ebersberger Forstes.

In den erzählenden Initialen sind in der Hauptsache die Stationen aus dem Marienleben und der Passion Christi, derer im Laufe des Kirchenjahres gedacht wird, Gegenstand der Buchmalerei. In 2° Cod. ms. 178, fol. 1r ist die Verkündigung des Engels an Maria in den Buchstaben „E(cce)" gesetzt, in Clm 23044, fol. 16v und Clm 23045, fol. 12r die Geburt Christi. Dabei ist in letztgenannter Initiale eine ungewohnte Ikonographie in den Buchstabenkörper „D(ominus)" integriert: Maria kniet anbetend ohne Joseph auf einer hügeligen Wiese vor dem auf der Erde liegenden, nur von einem Zipfel ihres blauen Mantels geschützten Kind. Einige Blätter weiter wird die Geburtserzählung auf fol. 15r in gewohnter Weise mit Joseph im Buchstaben „P(uer natus est)" wiederholt. Eine Einzeldarstellung des Christkindes findet sich in 2° Cod. ms. 178, fol. 52v. (Abb. 1) Auch die Epiphanias-Darstellung ist erzählerisch in einen Buchstaben sowohl in Clm 23044, fol. 23v als auch Clm 23045, fol. 23r gesetzt, ebenso die Darbringung im Tempel in der Initiale „S" in Clm 23045, fol. 77R und der Tod Mariae, die hier – wohl aus Platzgründen – nur von drei Jüngern betrauert wird, auf fol. 94r.

Die Passion ist mit der Auferstehung Christi aus dem Grabe und den schlafenden Wächtern im Buchstaben „R(esurrexi)" in Clm 23044, fol. 133v und Clm 23045, fol. 37r dargestellt. Im Vesperale 2° Cod. ms. 167, fol. 1r ist in der Initiale „A(lleluia)" Christus mit den Wundmalen gerade im Begriff, aus seinem Grab zu steigen. Ein Engel sitzt im Buchstaben „A(ngelus)" des Antiphonars 2° Cod. ms. 174, fol.1r an dem nach frühchristlicher Ikonographie überkuppelten, von Säulen gestützten Grab. In Anlehnung an byzantinische Vorbilder sieht man in Clm 23044, fol. 151r und Clm 23045, fol. 56r im Himmelfahrtsbild die Jünger Petrus, Jakobus und Johannes am Berg Tabor in der Initiale „V(iri galilei)" vor dem nur mit seinen Füßen sichtbaren, in einer Wolke zum Himmel auffahrenden Christus, (Matth. 17, 1-9) dessen Fußabdruck sich noch im Felsen abzeichnet. Die Pfingstdarstellung mit Maria im Kreise der Jünger mit den roten Flämmchen des Heiligen Geistes über ihren Häuptern ist in die Initiale „S(piritus domini repleuit orbem)" von Clm 23044, fol. 155r und Clm 23045, fol. 59r gesetzt.

Neben den neutestamentlichen Themen sind in Clm 23044, fol. 1r und Clm 23045, fol. 4r [23] zwei wohl nach gleicher Vorlage, aber von verschiedenen Miniatoren ausgeführte Bilder des Jüngsten Gerichtes in den Buchstaben „A(d te leuaui)" integriert. In Clm 23044 thront Christus mit Schwert und Lilie auf dem von wucherndem Akanthus fast verhüllten Regenbogen, zu Häupten flankiert von zwei fliegenden Engeln, zu Füßen Maria und Johannes der Täufer in Fürbitte für die aus den Gräbern steigenden Toten. (Abb. 2) Sehr ähnlich ist die Darstellung in Clm 23045, doch fehlen hier die Engel, und die Toten steigen aus einem Gräberfeld vor der Kulisse einer mauerbewehrten Stadt, auch hat sich das dichte Akanthusfleuronée zu einer Arkadenranke ausgedünnt. Diese Form der Weltgerichtsikonographie fand mit ihrer Vermischung von Maiestasdarstellung und Deesis (Fürbitte) insbesondere auf den Rückseiten von zahlreichen

Abb. 2: Darstellung des Jüngsten Gerichts in einem Graduale aus dem Kloster Ebersberg (BSB, Clm 23044, fol. 1r).

Flügelaltären Verbreitung.²⁴ – Das Andachtsbild der Trinität in Form des Gnadenstuhles, auf dem Gottvater das Kreuz mit seinem toten Sohn in Händen hält, ist in Clm 23044, fol. 161r und Clm 23045, fol. 67r in die Initiale „B(enedicta sit sancta trinitatis)" gesetzt.
Hinzu kommen verschiedene Heilige, die in Clm 23045 in den Buchstabenkörper integriert sind: Johannes der Täufer mit dem liegenden Lamm auf dem Evangelienbuch (fol. 88r), die Apostel Petrus und Paulus (fol. 90r) und Petrus allein mit großem Schlüssel (fol. 101v), das Bild des von acht Pfeilen getroffenen Märtyrers Sebastian in der Initiale „D(iem agat celebrem preciosum martirem recollens ecclesia)" am kahlen Baumstamm, aus dem oben jedoch grüne Triebe sprießen (fol. 189v). (Abb.3) Das „Antiphonarium de tempore" 2° Cod. ms. 178 besitzt zwei Heiligendarstellungen: das Bild des heiligen Stephanus (fol. 64r) und des Evangelisten Johannes (fol. 70r). Die oben vorgestellten Bildinitialen haben in der Regel ein quadratisches Format, das sich zwischen einer leicht schwankenden Schenkellänge von 8,5 bis 9,5 Zentimetern bewegt. Einige Bilder halten sich jedoch nicht an diese Größe, sondern beanspruchen mit einer Bildhöhe bis zu 17,2 Zentimetern mehr Platz.²⁵ Abgesehen von der abweichenden Größe halten sie sich auch in ihrer Ikonographie nur noch bedingt an traditionell illuminierte Vorbilder in der Buchmalerei; denn sie verlassen das gewohnt typisierte Bild des Menschen, stellen ihn in konkreter Situation dar und beziehen die realistisch wiedergegebene Landschaft in die Darstellung mit ein. Auf fol. 174r ist ein Hirte mit Stock, Hut, kurzem braunen Rock und zerrissenen Beinlingen in einer sich nach hinten weitenden Landschaft dargestellt, der sich, offenkundig ermattet, an einem mit Steinen übersäten Weg niedergesetzt hat und sich mit seinem aufmerksam vor ihm sitzenden, schwarz-weiß gefleckten Hund unterhält. Über der Szene wölbt sich ein azurblauer Himmel, aus dem ein Engel mit der Banderole „Gloria in excelsis Deo" herabschaut; eine etwas eigenwilligere Darstellung als die übliche „Verkündigung an die Hirten auf dem Felde" in der Weihnachtssequenz. – Ebenso entfernt von einer Stilisierung ist die in den Buchstaben „D(ominus)" auf fol. 73r gemalte Bibelsequenz Markus 1, 16-18 mit dem Gleichnis vom Menschenfischer. Christus steht links im Bild auf einem mit Blattpflanzen bewachsenen Rasenstück am Ufer, während im „Galiläischen Meer" die Apostel Petrus und Andreas ihr Netz aus dem Boot werfen. Im Bildgrund erkennt man eine gebirgige Landschaft mit Stadtansicht und darübergelegener Burg. (Abb. 4) Diese Beispiele zeigen, wie fließend im 15. Jahrhundert die Grenze zwischen der Buchmalerei und der sich entwickelnden „freien" Malerei geworden war. Von den Niederlanden ausgehend, befreite sich nördlich der Alpen allmählich die Buchmalerei von den hölzernen Buchdeckeln, zwischen denen sie jahrhundertelang behütet lag, und entdeckte erst die Holztafel und später die Leinwand als neuen Bildträger. Eine Entwicklung, die von der sich immer energischer durchsetzenden Buchdruckerkunst gefördert wurde

und die Buchmaler zu Briefmalern degradierte die – nun gedruckte – Initialen lediglich austuschten; doch konnten sich künstlerische Talente jetzt von der üblichen Textillustration lösen und frei gestalten.

Abb. 3: Initiale mit dem heiligen Sebastian in einem Graduale aus dem Kloster Ebersberg (BSB, Clm 23045, fol. 189v).

Zum Rankenwerk

Blatt- und Blütenranken, die sich um die Randstreifen von Pergamentblättern schlingen, treten in den sieben Ebersberger Chorbüchern stets in Zusammenhang mit einer Schmuckinitiale auf, die einen neuen Textabschnitt ankündigt. In dem frühen Antiphonar 2° Cod. ms. 174 trat sie noch schüchtern, aber versehen mit dem Wappen des Klosters, dem Eber, in Erscheinung. Das von Frater Maurus geschriebene und 1453 datierte „Antiphonarium de Sanctis" 2° Cod. ms. 177 besitzt keinen Ran-

kenschmuck. Erst der Winterteil des Antiphonars 2° Cod. ms. 178 bringt auf dem Initialenblatt fol. 1r eine Vollbordüre mit Blattranken und Flechtwerk. In den Gradualien Clm 23044 und Clm 23045 mit ihrem erhöhten Anteil an Bild- oder Schmuckinitialen steigert sich auch die Zahl der Bordürenseiten, die Ranken gewinnen weiter an Plastizität.
Anders als der hecken- und manchmal gespinstartige Charakter der mit verstreuten Blumen, Blättern, Vögeln locker die Initialen und den Textblock umspielenden Malereien in niederländischen und französischen Stundenbüchern (Gebetbüchern) sind es plastische Akanthusranken, die in den Ebersberger Messbüchern mal um zwei Blattränder, mal um die ganze Buchseite herumwachsen und unterwegs mehrere kleine Seitentriebe mit Blattachseln aus poliertem Gold bilden. (Abb. 2) Der Ebersberger Buchmaler stilisierte die Spannkraft der kräftigen Blätter des gefingerten Akanthus und gab den Blüten von Akelei, Kornblumen, Nelken und Rosen ein leuchtendes Kolorit. In San Clemente in Rom schlingt sich im Apsismosaik von 1127 eine Akanthusranke um das Kreuz. In der umlaufenden Inschrift wird sie verglichen mit dem „Weinstock, der durch Christi Erlösungstat erblüht".[26]
Besonders das Motiv des Granatapfels hatte es dem Maler angetan, denn es kehrt auf jeder Ranke wieder.

Abb. 4: Petri Fischzug in einem Missale aus dem Kloster Ebersberg (BSB, Clm 23045, fol. 73ʳ).

Dabei wandte der Illuminator im Zuge der Stilisierung den Trick an, die Pflanze blühen und gleichzeitig eine reife bis aufplatzende Frucht spenden zu lassen. Gemäß der Auslegung des Hohen Liedes 4, 13 ist sie nach den Worten des unter anderem in Paris wirkenden Philosophen und Theologen Alanus ab Insulis (ca. 1120-1202) prädestiniert, die christliche Heilsbotschaft zu symbolisieren, denn „der Granatapfel ist äußerlich rötlich, in einer Schale hat er eine Vielzahl von Körnern: So wird in der Jungfrau die Vielzahl guter Werke in dem Glauben an das Leiden des Herrn eingeschlossen gehalten."[27] – Die Akelei versinnbildlicht in ihrem entfernt an einen Vogel erinnernden Blütenblatt die Taube des Heiligen Geistes[28] und Rose und Lilie werden im „Marienlob" des Kirchenlehrers Bonaventura (1217/18 -1274) Maria zugeordnet: „ave celeste lilium/ Ave rosa speciosa [...]."[29]
Auf besonders prunkvoll gestalteten Seiten sind auf die blühende Akanthusranke zusätzlich Harfe spielende Engel, Prophetenbüsten in Blumenkelchen (2° Cod. ms. 178, fol. 1r, Clm 23044, fol. 1r, Clm 23045, fol. 4R) und der Ebersberger Schutzpatron, der an einen Baumstamm gefesselte heilige Sebastian, gesetzt, auf den zwei Bogenschützen zielen (Clm 23044, fol. 1r). Auf einigen Blütenranken haben sich Stieglitze, Meisen und Pfauen niedergelassen (Clm 23044, fol. 1r, Clm 23045, fol. 4r,73r, 77r, 94r), ein Hund jagt einem Hirsch nach (Clm 23045, fol. 189v), ein Jäger bläst in sein Horn, über ihm springt ein Reh in die Blätter (Clm 23044, fol. 1r) und am Ende einer zwei Seitenränder umschlingenden Ranke hockt ein menschengesichtiger, an eine Kugelkette gelegter Pavian (Clm 23045, fol. 94r).
Wie viele Pflanzen wurden auch Tiere häufig mit der christlichen Heilsbotschaft verbunden. Nach der Sentenz „Wie der Hirsch lechzt nach frischem Wasser, so schreit

meine Seele, Gott, zu dir" im Buch der Psalmen 42, 2, steht der Hirsch als Symbol für Christus schon im Godescalc-Evangelistar,[30] einer Handschrift aus der Hofschule Karls des Großen, am Lebensbrunnen zusammen mit anderen Tieren. Nach Jesaja 56, 10 gilt der wachsame Hund als Wächter des Glaubens,[31] der Stieglitz begleitet auf vielen spätgotischen Gemälden und Skulpturen das Christkind, und der Pfau versinnbildlicht die Auferstehung, weil seine abgeworfenen Federn immer wieder nachwachsen.[32] Auch er steht schon in der karolingischen Miniatur des Godescalc-Evangelistars mit anderen Vögeln dicht am Brunnen des Lebens. – Im Gegensatz zu den positiven Assoziationen mit der Heilsbotschaft wird der an die Kette gelegte Affe mit dem gefesselten Bösen schlechthin identifiziert. Auf dem Pergament fol. 94r in Clm 23045 hockt er am Ende der Akanthusranke und blickt auf die Bildinitiale, die im Buchstaben „G" den Tod der Maria mit drei Aposteln zeigt. An die Kette gefesselt, wartet der Teufel vergeblich auf die Seele Mariens.

Einige der hier untersuchten illuminierten Handschriften zeigen Flechtwerkornament (2° Cod. ms. 178, fol. 1r, 2° Cod. ms. 158, fol. 8r, 2° Cod. ms. 167, fol. 1r, Clm 23045, fol. 12r, 15v, 37r, 56r). In Form von drei- und vierreihigen Doppelschlingen ist es um einen Pflanzenstab gewunden, der auf dem inneren Rand der Buchseite in das umlaufende vegetabile Rankenwerk integriert ist. (Abb. 5) Ob es sich bei diesem Buchschmuck um ein Relikt aus der Hochzeit der insularen Buchmalerei des 7. und 8. Jahrhunderts handelt, die ganze „Teppichseiten", insbesondere vor Evangeliaren, mit subtil verschlungenem Flechtwerk ausgefüllt hatte, ist möglich, aber nicht geklärt; denn es könnte sich auch um einen phantasievoll variierten Abkömmling der Unterfertigungszeichen (Rekognitionszeichen) in hochmittelalterlichen Königsurkunden handeln, die natürlich den Schreibern geläufig waren.

Ob die zahlreichen über die Seitenränder verstreuten goldenen Füllpunkte mit Käfer- oder Spinnenbeinchen aus roter Tinte eine andere als nur dekorative Bedeutung besaßen, ist ebenfalls unklar. Sie eignen sich für uns immerhin dort, wo sie zusätzlich noch mit Silber (heute geschwärzt) übermalt wurden, zum Studium des in mehreren Schichten aufgetragenen Pigmentes, das teilweise abfällt und wieder die Goldpunkte darunter durchschimmern lässt.

Die Rankenbordüren von Clm 23044 und Clm 23045 sind in einer subtilen Technik ausgeführt. In feinsinnig aufeinander abgestimmter Polychromie stehen neben einem satten Blattgrün kräftige Töne von verschiedenen Rotschattierungen, insbesondere Altrosa, Blau, Gelb bis zu hellem Oliv. Dabei bleiben die Akanthusranken nicht immer bei dem saftigen Grün der Deckfarbe, sie können im Verlauf der Rankenwindungen auch in andere Farbtöne übergehen. Der Zauber ihrer leuchtenden Farbigkeit wurde, wenn man die Angaben des sogenannten Göttinger Musterbuches[33] zugrunde legen darf, durch bis zu fünf übereinandergemalte Schichten von Deck- und Transparentfarben erzeugt. Die lebensnahe Körperlichkeit der Akanthusblätter, von denen mehrere in den Rankenschlingungen zu männlichen Masken mit teilweise portraitähnlichen Zügen mutieren (Clm 23045, fol. 4r, 12r, 13r, 23r, 56r, 152r, 189r), wurde durch differenzierte Farbschattierungen, durch umgeschlagene („umslag") und eingerollte Blätter („laupp"), zuletzt durch weiß-silbrige Farbhöhungen erreicht, die fein wie in Ziseliertechnik mit der Pinselspitze zur Zeichnung der Blattrippen und -äderungen auf die darunterliegende Deckfarbe aufgetragen wurden. Um die Plastizität einiger, an bevorzugter Stelle stehender Akanthusblätter noch zu erhöhen, tuschte der Buchmaler die Abseite in einer kontrastreichen Farbe – ein Effekt der Stilisierung, den man an windigen Tagen auch bei manchen Pappelarten beobachten kann, wenn die graugrünen Blätter in ein silbriges Weiß umschlagen.

Trotz der abstrahierenden Stilisierung seiner Akanthusranken spricht aus der Mischung naturnaher Beobachtung von Pflanzen und Tieren, die in liebevoller Detailzeichnung die Akanthuswindungen rund um die Blattseiten bevölkern, eine große Lust des Buchmalers am farbigen Fabulieren.

Zur künstlerischen Herkunft der Buchmalerei in Clm 23044 und Clm 23045

Hinweise auf einen Schreiber finden sich in den Schlussformeln des Antiphonars 2° Cod. ms. 177, das 1453 datiert ist, im Psalterium 2° Cod. ms. 158 und in Graduale 23044. Im Explicit von 2° Cod. ms. 177, fol. 232v, nennt sich der Schreiber „frater Maurus", ebenso auf dem ersten Blatt von Clm 23044, das 1458 geschrieben wurde, in 2° Cod. ms. 158 aber „pater maurus". Vermutlich handelt es sich in allen Fällen um ein und dieselbe Person, die, als sie den Psalter schrieb, schon die Priesterweihe erhalten hatte. Richtet man den Blick weiter auf die Initial- und Rankenmalerei in 2° Cod. ms. 158, fol. 8r und vergleicht sie mit dem Vesperale 2° Cod. ms. 167, fol. 1r, dessen Entstehungszeit Berthold Riehl nach 1480 ansetzt,[34] fallen – trotz des abgegriffenen und abgeriebenen – Pergamentes Übereinstimmungen ins Auge: Beide Blätter besitzen an der inneren Blattseite den gleichen Flechtbandstab aus vierreihigen

Abb. 5: Flechtwerk in Akanthusranke in einem Vesperale aus dem Kloster Ebersberg (UBM, 2° Cod. ms. 167, fol. 1r).

Doppelschlingen und sind am unteren Teil der umlaufenden Ranke mit Vögeln und Schmetterlingen besetzt, beide Ranken schließen mit der identischen Darstellung eines auf den Text schauenden Pfaus ab. Nur der merkwürdig zweistufig zugeschnittene Blumentopf am rechten oberen Rand von fol. 1r des Vesperale fehlt auf fol. 8r des Psalteriums. Riehl schreibt beide Codices der Hand des Ebersberger Schreibers Maurus zu,[35] Clytus Gottwald[36] weist 1968 dagegen auf eine mögliche Herkunft von 2° Cod. ms. 167 aus Dießen oder Polling hin. Der merkwürdig stilisierter Pflanzentopf (eine Araukarie?) am oberen Rand von fol. 1r steht in genau gleicher Form und an gleicher Stelle auf einem Blatt in einem Missale aus dem Besitz der Münchener Frauenkirche.[37]

Bei einem Vergleich der beiden Chorbücher Clm 23044 und Clm 23045, die von Riehl noch an das Ende des 15. Jahrhundert datiert,[38] vom Bestandskatalog der Bayerischen Staatsbibliothek vorsichtiger an die Wende 15./16. Jahrhundert gesetzt wurden, ergibt sich eine Fülle formaler und ikonographischer Gemeinsamkeiten, die zwar nicht das Problem „Schreiber gleich Buchmaler oder Schreiber und Buchmaler" lösen können, aber viel über die künstlerische Herkunft der Illuminationen aussagen: alle Zier- und Bildinitialen sind von profilierten Leisten gerahmt, die gegenständig in zwei Farben geteilt sind. Die Goldgründe dieser Initialen sind von gravierten Rautenornamenten bedeckt, in deren Felder Rosetten und Eicheln punziert wurden. Kräftiges Akanthusfleuronée füllt die Buchstabenkörper. Die Rankenbordüren um den Text- beziehungsweise Notationenblock sind von gleicher plastischer Vitalität und tragen auch die gleiche Blütenauswahl an Akeleien, Nelken, Rosen, Kornblumen, vor allem aber in jeder Ranke die auf gleiche Art stilisierten Granatapfelblüten und- früchte in kräftiger Deckfarbenmalerei.

Die hier aufgezählten Charakteristika in der Buchmalerei der Ebersberger Chorbücher stimmen stilistisch bis ins Kolorit mit dem Buchschmuck in einer Gruppe von exegetischen Texten und Chorbüchern des Klosters Tegernsee überein. Durch das Explicit mehrerer Messbücher, in denen er sich wiederholt mit Namen und Herkunft nannte, kennen wir den Schreiber der Tegernseer Codices[39]: „Hainrich Molitor de Augusta". Berthold Riehl konnte dem Augsburger Schreiber eine Tätigkeit zwischen 1448 und 1475 nachweisen,[40] Erich Steingräber ermittelte Arbeiten bis 1479 und Steuerbüchereinträge bis 1483.[41] Nachweislich hat Molitor auch mehrere Messbücher für Kloster Scheyern geschrieben. Entgegen Riehl, der Molitor für den Schreiber und Illuminator aller Tegernseer und Scheyerner Schriften hielt,[42] schloss Steingräber aus der seiner Meinung nach abweichenden

Entwicklung der Miniaturen- und Rankenmalerei, dass Molitor die frühen Chorbücher schrieb und mit Malereien versah, die späteren Bücher zwar von ihm geschrieben, jedoch von einem anderen Illuminator farbig ausgestaltet wurden.[42]

Im Vergleich mit dem Stil der Akanthusranken- und Granatapfelbildungen, der Zier- und Bildinitialen mit ihrem Akanthusfleuronée und den auffallenden Bildrahmungen in der Tegernseer Handschrift Clm 18025, 1, den „Moralia" des Kirchenvaters Gregor, ist eine Übereinstimmung mit dem Buchschmuck der Ebersberger Messbücher Clm 23044 und Clm 23045 bis in Details von Komposition, Zeichnung und Kolorit zu erkennen. Die einzige Differenz besteht in der kleineren Blattgröße des Tegernseer Buches. Dort nennt Molitor neben seinem Namen das Entstehungsjahr des Codex: „Scripsit codicem sub Conrado abbate Hainricus Molitoris in Augusta[44] 1477."[45] Man darf aufgrund der identischen Merkmale davon ausgehen, dass auch die Ebersberger Codices Clm. 23044 und Clm. 23045 zwischen 1470 und 1480 mit Miniaturen ausgestattet worden sind, obwohl Clm. 23044 bereits 1458 geschrieben wurde. Mehrere mittelalterliche Handschriften mit Textaussparungen für zwar vorgesehene, aber nicht ausgeführte Buchmalereien bekunden, dass Text und Bild nicht in grundsätzlich analogem Arbeitsgang entstanden sind. Das Miniatorenproblem ist vorerst nicht zu lösen, solange keine Gewissheit über die Person des Buchmalers in den Tegernseer und Scheyerner Chorbüchern besteht, die zumindest ausführlich Herkunft und Namen des Schreibers sowie das Entstehungsdatum dokumentieren. Doch ist aus den stilistischen Einzelvergleichen als kleinster gemeinsamer Nenner zu schließen, dass der Ebersberger Buchschmuck augsburgischer Provenienz ist, wobei unbeantwortet bleibt, ob ein Augsburger Miniator die Malereien im Ebersberger Scriptorium ausführte oder ob die Messbücher in einem Augsburger Schreiberatelier entstanden. Verbindungen mit Augsburg besaß das Kloster nicht wenige, wobei allein schon die Überlieferung der mit dem heiligen Ulrich, Abt des Augsburger Klosters Sankt Ulrich und Afra, verbundenen Ebersberger Klostergründung stets von besonderer Bedeutung für die Beziehung Ebersberg – Augsburg gewesen sein wird.

Anmerkungen

[1] Die Maße der aus Ebersberg stammenden liturgischen Bücher in der Bibliothek der Ludwig-Maximilians-Universität in München (UBM) nach Gottwald, Clytus: Die Musikhandschriften der Universitätsbibliothek München, (Die Handschriften der Universitätsbibliothek München 2), Wiesbaden 1968, S. 14-16, 23, 36, 38-39. In Klammern die Anzahl der Pergamentblätter nach Angabe der Kataloge der UBM und der Bayerischen Staatsbibliothek (BSB): 1) UBM, 2⁰ Cod. ms. 177: 57,5 x 40 cm (311); 2) UBM, 2⁰ Cod. ms. 174: 55,5 x 40 cm (133); 3) UBM, 2⁰ Cod. ms. 178: 58,5 x 39,5 cm (178); 4) UBM, 2⁰ Cod. ms. 158: 60,5 x 42 cm (233); 5) UBM, 2⁰ Cod. ms. 167: 51,5 x 38 cm (293); 6) BSB, Clm 23044: 56,2 x 36 cm (228); 7) BSB, Clm 23045: 56,7 x 36,7 cm (233).

[2] Roosen-Runge, Heinz: Buchmalerei, in: Ders. / Kühn, Hermann / u.a.: Handbuch der künstlerischen Techniken, Bd. 1, Stuttgart 1988, S. 55-124, S. 93-95.

[3] Siehe Gottwald (wie Anm. 1), S. 23-24.

[4] Siehe ebd., S. 38.

[5] Siehe ebd., S. 39.

[6] Siehe ebd., S. 38.

[7] Siehe ebd., S. 39.

[8] Siehe ebd., S. 38.

[9] Siehe ebd., S. 14-16.

[10] Siehe ebd., S. 36.

[11] Das in alter Bezeichnung missverständlich „Missale de Festis" genannte Graduale Clm 23045 (freundlicher Hinweis von Dr. Bernhold Schmid, dem ich auch die Kenntnis des Schreibernamens von Codex Clm 23044 verdanke) beginnt erst auf fol. 120 (gotische Folierung) und endet auf fol. 347. Es bildet damit nur einen Teil eines umfangreichen Chorbuches, dessen vorangehende Textzählung fehlt. Das Buch ist zu einem unbekannten Zeitpunkt offenkundig geteilt worden, möglicherweise unter der Regierung der Jesuiten. Darauf deuten zugefügte Notenblätter späterer Zeit hin. Die hier genannten Blattbezeichnungen in Clm 23045 beziehen sich auf die neue Zählung.

[12] Siehe Bomm, Urbanus: Choralbücher, in: Lexikon für Theologie und Kirche (LThK), Bd. 2, Sp. 1079 u. Plotzek, Joachim M. (Hg.): Biblioteca Apostolica Vaticana. Liturgie und Andacht im Mittelalter, Ausstellungskatalog, Stuttgart 1992, S. 35.

[13] Siehe Plotzek (wie Anm. 12), S. 35.

[14] Siehe Bomm, Urbanus: Graduale, in: LThK, Bd. 4, Sp. 1059.

[15] Siehe Brinktryne, Johannes: Missa, in: LThK, Bd. 7, Sp. 447-450, Sp. 449-450 u. Plotzek (wie Anm. 12), S. 33.

[16] Siehe Plotzek (wie Anm. 12), S. 52.

[17] Siehe Mütherich, Florentine / Gaehde, Joachim E.: Karolingische Buchmalerei, München 1976, S. 22.

[18] Bibliothek der Rijksuniversiteit Utrecht, Cod. 2⁰ Cod. ms. Bib. Rhenotraiectinae I, Nr. 32.

[19] Die in der Quellenliteratur „minium rubeum" genannte und aus Mennige mit Eiweiß gebundene Farbe führte zum Begriff der Miniatur in der Buchmalerei, da der Schreiber mit Mennige Linien zog und Buchstaben schrieb. Siehe Roosen-Runge (wie Anm. 2), S. 79.

[20] Siehe Bischoff, Bernhard: Paläographie des römischen Altertums und des abendländischen Mittelalters, Berlin 1979, S. 287.

[21] „Illuminare" bedeutet nach Theophilus Presbyter, dem Autor eines vermutlich schon im 10. Jh. verfassten Lehrbuches der künstlerischen Techniken, „auflichten" durch aufhellendes Modellieren mit Farben und weist in der substantivierten Form „Illuminator" für Buchmaler auf die spezifische Technik des Farbauftrages hin. Siehe Roosen-Runge (wie Anm. 2), S. 67.

[22] Das Altrosa tendiert dabei zum Bläulichen, das Blau zum stumpfen Blaugrau.

[23] Auffälligerweise beginnt Missale Clm 23045, dessen Einband stark reparaturbedürftig ist, erst mit der (alten) Seitenzählung auf fol. 120. Entweder waren die übrigen 119 Pergamentfolien ursprünglich in einen Extraband gebunden oder – dem ohnehin schweren – Folianten vorgebunden. Siehe Anm. 11 – Der Erhaltungszustand der Buchmalereien ist recht gut, jedoch zeigen mehrere Malereien wegen der Wellung einzelner Pergamentseiten unterschiedliche Grade von Abrieb. Die Gefahr größerer Schäden ist dadurch in Zukunft – wenn keine Restaurierung erfolgt – erheblich.

[24] Rothenburg ob der Tauber, St. Jakob; Nördlingen, St. Georg; Freising, St. Georg; Gelbersdorf, St. Georg. Auch in Traxl zeugt das (abgeschnittene) Predellenbrett mit der Darstellung des aus seinem Grab Auferstehenden von der Existenz eines Flügelaltares mit rückwärtiger Weltgerichtsdarstellung.

[25] Siehe Clm 23044, fol. 1r, 133v, 151r u. Clm 23045, fol. 4r, 73r, 174r.

[26] Siehe Schmidt, Margarete: Warum ein Apfel, Eva? Die Bildsprache von Baum, Frucht und Blume, Regensburg 2000, S. 89.

[27] Zitiert nach Behling, Lottlisa: Die Pflanze in der mittelalterlichen Tafelmalerei, Weimar 1957, S. 152.

[28] Siehe ebd., S. 36.

[29] Siehe ebd., S. 41.

[30] Bibliothèque Nationale Paris, Nouv. acq. lat. 1203, fol. 3v. Abb. bei Mütherich (wie Anm. 7), S. 36, Tafel 2.

[31] Siehe Lipffert, Klementine: Symbolfibel, Kassel 1964, S. 34.

[32] Siehe ebd., S. 39.

[33] Universitätsbibliothek Göttingen, Cod. 2° Cod. ms. Uffenb. 51. Nach Angaben bei Roosen-Runge (wie Anm. 2), S. 65, 118.

[34] Siehe Riehl, Berthold: Studien zur Geschichte der bayerischen Malerei des 15. Jahrhunderts, in: Oberbayerisches Archiv 49 (1895/96), S. 1-160, S. 110.

[35] Siehe ebd., S. 111.

[36] Siehe Gottwald (wie Anm. 1), S. 23-24.

[37] Ohne Signatur, heute: Archiv des Erzbistums München und Freising.

[38] Siehe Riehl (wie Anm. 34), S. 110-112.

[39] Nach dem Handschriftenkatalog der BSB: Clm 18025, 1 (1477), Clm 18025, 2 (1479), Clm 18093 (1474), Clm 18074 (1475), Clm 18075 (1448) u. Clm18076 (1451).

[40] Siehe Riehl (wie Anm. 34), S. 87-94.

[41] Siehe Steingräber, Erich: Die kirchliche Malerei Augsburgs um 1500, Basel 1956, S. 14-19, hier S. 14.

[42] Siehe Riehl (wie Anm. 34), S. 88.

[43] Siehe Steingräber (wie Anm. 41), S. 17-18.

[44] Zu diesem Zeitpunkt lebte Molitor wieder als steuerzahlender Bürger in Augsburg, nachdem er vorher wohl in den Klöstern, für die er arbeitete, gewohnt hatte. Siehe Riehl (wie Anm. 34), S. 94 u. Steingräber (wie Anm. 41), S. 14.

[45] BSB, Clm 18025, 1, fol. 189.

Abbildungsnachweis
Bayerische Staatsbibliothek, München: Abb. 2, 3, 4.
Bibliothek der Ludwig-Maximilians-Universität München: Abb. 5.
Brigitte Schliewen, Vaterstetten: Abb. 1.

Bernhold Schmid

Musik in der Benediktinerabtei Ebersberg

Bis zur Mitte des 15. Jahrhunderts lässt sich nur wenig über die Musikgeschichte des Klosters Ebersberg sagen, da Quellen so gut wie ganz fehlen beziehungsweise nur als Fragmente erhalten sind, von denen noch nicht einmal mit letzter Sicherheit gesagt werden kann, dass sie tatsächlich alle aus Ebersberg stammen. Für Ebersberg trifft sicherlich zu, was auch für andere Benediktinerklöster gilt. Überall hat man gregorianischen Choral gesungen. Vielfach wurden die Gesänge durch Tropen ausgeschmückt (textliche wie musikalische Zusätze, die im Mittelalter in großer Anzahl zu finden sind). Für einfache, schon ab dem 9. Jahrhundert gepflegte Mehrstimmigkeit im Bereich der Liturgie ist im deutschsprachigen Raum insbesondere im 14. und frühen 15. Jahrhundert eine gewisse Anzahl von Quellen zu finden. Dies bedeutet jedoch nicht, dass nicht schon früher oder nur dort, wo einschlägige Belege aufgefunden wurden, mehrstimmig gesungen worden wäre. Aus einer Anzahl von theoretischen Texten weiß man, auf welche Weise Mehrstimmigkeit improvisiert werden konnte, so dass einfache zweistimmige Sätze oft nicht oder erst in später Zeit notenschriftlich festgehalten wurden.[1] Ab dem frühen 15. Jahrhundert ist mit einer starr rhythmisierten Einstimmigkeit zu rechnen: es handelt sich dabei um neu geschaffene Melodien, die sich rasch verbreiteten und oftmals auch in älteren Quellen nachgetragen wurden. Derartige Melodien waren auch in Ebersberg bekannt, wie sich in späteren Handschriften zeigt (siehe unten). Auch mit Orgelspiel hat man im klösterlichen Bereich schon im Hochmittelalter zu rechnen, wobei auch hierfür die Quellen selten und relativ spät sind (siehe ebenfalls unten); für Ebersberg haben wir die frühesten Hinweise aus der Mitte des 15. Jahrhunderts. Wollte man spekulieren, so könnte für die Zeit Abt Willirams (1048-1085) eventuell eine hochstehende Musikpflege ange-

nommen werden. Zum einen gilt die Zeit Willirams als erste Blütezeit des Klosters, zum anderen kam er vom Michelsberg bei Bamberg nach Ebersberg, und für Michelsberg ist durch den dort ansässigen Frutolf († 1103) die Pflege zumindest von Musiktheorie bezeugt.
Wieso setzen nun die Quellen (von Fragmenten abgesehen) erst 1450 ein beziehungsweise warum fehlen sie für die frühere Zeit? In Ebersberg wurde (nach früheren Visitationen ab 1426[2]) seit 1450 unter Abt Eckhard (1446-1472) die sogenannte Melker Reform durchgeführt. Visitator war der Tegernseer Abt Kaspar Ayndorfer (1426-1461). Dabei wurde auch die liturgische Musik größeren Veränderungen unterworfen. Dies hatte zur Folge, dass ab der Mitte des 15. Jahrhunderts eine Anzahl von Choralhandschriften neu geschrieben wurde, die für die reformierte Liturgie eingerichtet waren, weswegen wir über die Zeit nach 1450 sehr gut über die Musikpflege in Ebersberg unterrichtet sind. Die älteren Handschriften hingegen waren nicht mehr brauchbar und wurden, da neue Handschriften zur Verfügung standen, auch nicht mehr verwendet. Über ihren weiteren Verbleib ist nicht viel bekannt; jedenfalls finden sich Fragmente älterer Codices in späteren Handschriften als Bindematerial, von denen (wie gesagt) noch nicht einmal ganz sicher ist, dass sie tatsächlich alle aus alten Beständen der Ebersberger Klosterbibliothek stammen, wiewohl auch nichts Konkretes dagegen spricht. Die Zerstörung älterer Handschriften musste noch nicht einmal einen besonderen Anlass wie Reformbestrebungen haben; auch unabhängig davon konnten ältere Codices zu Makulatur werden, beispielsweise weil man sie durch neue, in moderner Notenschrift abgefasste ersetzt hatte.

Für die Zeit bis zur Mitte des 15. Jahrhunderts haben wir also im Prinzip keine Quellen, wenn man von Fragmenten aus älteren Handschriften absieht, die als Bindematerial in einiger Anzahl in 28 Ebersberger Codices zu finden sind. Werfen wir einen Blick auf das fragmentarisch Erhaltene: Blätter aus Codices mit Gesängen zur Messe und zu den Stundengebeten wurden als Vorsatz- oder Nachsatzblätter verwendet. In anderen Fällen wurden Blätter innen auf die Holzdeckel der Bücher geklebt, so dass jeweils nur mehr eine Seite lesbar ist, wollte man sie nicht vom Buchdeckel ablösen. Streifen aus alten Folien wurden zur Befestigung des Buchblocks auf die Holzdeckel aufgeklebt und so weiter. Verschiedene dieser Fragmente stammen aus größerformatigen Büchern als diejenigen, in die sie eingebunden sind: sie wurden also bei ihrer Verwendung als Bindematerial zerschnitten, die Seiten sind deshalb nicht mehr vollständig erhalten. So ist in Clm 5862 der Bayerischen Staatsbibliothek München ein Stück von etwa fünf Zentimetern Höhe und sieben Zentimetern Breite enthalten. Umgekehrt wurden aber auch ganze Doppelblätter kleinformatiger Bücher auf die Deckel größerer Codices geklebt, was im Fall von Clm 5851 der Staatsbibliothek geschah. Meist handelt es sich um Stücke aus ähnlichen, eventuell zusammengehörigen Codices, mitunter sogar aus ein und derselben Handschrift (siehe unten zu einem Graduale), die sich als Bindematerial auf mehrere Bücher verteilen. Jede Handschrift beherbergt meist nur Fragmente aus einem älteren Codex. Nur in Ausnahmefällen wurden Teile aus mehreren Handschriften in einen Codex eingebunden. Alle Notenfragmente sind in Neumen ohne Notenlinien geschrieben, die Tonhöhen sind also nicht lesbar beziehungsweise nur durch spätere Parallelüberlieferungen zu erschließen. Die Notenformen entwickelten sich bei den spätesten Fragmenten in Richtung der sogenannten Hufnagelnotation (etwa bei den Fragmenten mit Gesängen zum Stundengebet, die in Clm 5858 als Vorsatz- bzw. Nachsatzblatt eingebunden sind). Karolingische Minuskel oder gotische Schrift wurde für die Texte verwendet. Insgesamt stammen die Fragmente im Wesentlichen aus zwei chronologisch unterschiedlichen Gruppen von Handschriften: die ältere Schicht dürfte der Textschrift nach zu urteilen ins 12. Jahrhundert zurückreichen, während die jüngeren Fragmente ins 13., einige vielleicht schon ins 14. Jahrhundert zu datieren sind.

Auf einen Fall sei näher eingegangen: Es wurde schon erwähnt, dass sich Fragmente aus einer Handschrift in mehreren späteren Codices finden lassen. So sind neun oder zehn Blätter aus einem Graduale aus der jüngeren Fragmentengruppe als Vorsatz- beziehungsweise Nachsatzblätter auf insgesamt sechs Handschriften verteilt, bei denen mit Ausnahme eines Fragments jeweils die Foliierung erhalten geblieben ist:

Clm 5884 enthält:	fol. 18 und fol. 23,
Clm 5869 „ :	fol. 26 und fol. 31,
Clm 5870 „ :	fol. 59 und fol. 62,
Clm 5872 „ :	fol. 68,
Clm 6016 „ :	fol. 102 (sehr stark beschnitten),
Clm 6014 „ :	fol. 103 und fol. ? (sehr stark beschnitten; auf dem Nachsatzblatt ist keine Foliierung erhalten; vielleicht stammt das Nachsatzblatt ebenfalls aus fol. 103, da es sich inhaltlich unmittelbar anschließt).

Dass wir es mit einem Graduale zu tun haben, zeigt sich an den aufgezeichneten Gesängen, die ausschließlich zur Messe und nicht zu den Stundengebeten zählen: Auf fol. 18r ist unter anderem der Introitus zum Fest der Heiligen Agathe (15. Februar) notiert: „Gaudeamus omnes in Domino [...] Agathe martyris". (Abb. 1) Fol. 31r und 31v enthalten Gesänge zum dritten Fastensonntag mit dem Introitus „Oculi mei semper ad Dominum", dem Graduale „Exsurge Domine", dem Tractus „Ad te levavi oculos meos", dem Offertorium „Iusticiae Domini" sowie der Communio „Passer invenit". Auf fol. 62 finden sich Gesänge zum Fest der Apostel Philipp und Jakob (3. Mai) et cetera. Außer Propriumsgesängen (wie den genannten) sind selbstverständlich auch Ordinariumsteile enthalten. Auf fol. 103v ist das IV. gregorianische Kyrie aufgezeichnet, das sogenannte „Kyrie cunctipotens genitor". Es ist nach dem mit dieser Melodie meist verbundenen Tropus benannt, in unserem fragmentarischen Codex ist diese Melodie jedoch ohne diesen Textzusatz aufgezeichnet. Dagegen enthält das als Nachsatzblatt in Clm 6014 eingebundene Fragment Kyrie-Tropen. Tropen waren in den Klöstern Melker Observanz von Ausnahmen abgesehen verpönt; das Graduale war nach dem Beginn der Reform schon deshalb nicht mehr verwendbar. Schließlich bleibt festzuhalten, dass dieses zu Bindematerial zerschnittene Graduale tatsächlich aus Ebersberg stammt: Auf fol. 18r findet sich rechts von einer Hand des 15. Jahrhunderts in gotischer Fraktur der Name Maurus. (Abb. 1) Frater Maurus war der Hauptschreiber der Handschriftengruppe, die ab 1450 für Ebersberg neu erstellt wurde. Es liegt nahe, dass das damals noch nicht zerschnittene Graduale eine der Vorlagen war, aus denen Maurus abschrieb; eventuell um eine neue Feder auszuprobieren, trug er seinen Namen in die alte, zukünftig nicht mehr gebrauchte Handschrift ein.

Eine letzte Beobachtung zu den Fragmenten sei angeführt: Spezielle, zu Ehren des Klosterpatrons Sebastian entstandene Gesänge sind in den Fragmenten nicht zu finden, was aber sicherlich mit der Zufälligkeit der fragmentarischen Erhaltung bestimmter Quellen zu erklären sein dürfte.

„In nomine sancte et individue trinitatis patris et fili et spiritus sancti incipit graduale de tempore secundum consuetudinem Romane curie et sacri specus pro praesenti monasterio sancti Sebastiani nostris in ebersperg. Anno domini Millesimo quadringentesimo Quinquagesimo octavo presidente et procurante reverendo in xpisto patre domino Eckhardo abbate Erasmo priore existente inchoatum per me fratrem Maurum ibidem professum." – Diese Worte stehen zu Beginn des Graduale Clm 23044 aus Ebersberg. Daraus erfahren wir einiges Wesentliche: Zunächst den Namen des Schreibers, der sich am Ende des zitierten Eintrags selber nennt; es ist jener schon erwähnte Frater Maurus, der im Kloster ansässig war („ibidem professum") und mehrere Handschriften schrieb. Sodann ist die Handschrift auf 1558 datiert, genannt werden Abt Eckhard (1446-1472) und

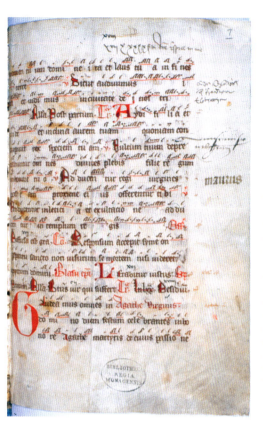

Abb. 1: Abgebildet ist fol. 18 aus einem alten Ebersberger Graduale. Das Blatt wurde als Vorsatzblatt in Clm 5884 verwendet. Als man ab 1450 neue Choralhandschriften anfertigte, die den Gepflogenheiten der Melker Reform entsprachen, wurden die alten Codices nicht mehr gebraucht und deshalb einer sekundären Verwendung als Bindematerial zugeführt; vom alten Graduale lassen sich einige Blätter als Bindematerial in Ebersberger Handschriften nachweisen. Am rechten Rand ist deutlich zu lesen „Maurus". Maurus ist der Hauptschreiber der neuen Handschriftengruppe. Offenbar schrieb er aus dem anschließend als Bindematerial benutzten Codex ab. Seinen Namen schrieb er wohl, um eine neue Feder auszuprobieren. In der dritten Zeile von unten findet sich der Beginn des Introitus zum Fest der Heiligen Agathe. Es ist außerdem in Clm 23045, fol. 79v (Abb. 2) enthalten.

Prior Erasmus. Schließlich lesen wir noch, dass es ein Graduale nach dem Brauch der römischen Kurie ist („secundum consuetudinem Romane curie"), aber auch den Gepflogenheiten des Ebersberger Klosters entspricht („et sacri specus pro praesenti monasterio sancti Sebastiani nostris in ebersperg"). Damit ist klar, dass wir eine derjenigen Handschriften vor uns haben, die eigens für das nach Melker Vorbild ab 1450 unter Abt Eckhard reformierte Kloster angefertigt wurden; zeitgleich übrigens mit dem Neubau des Chorraums in der Kirche (1450/52). Der römische Ritus wurde verbindlich (während in älterer Zeit bei den Benediktinern regionale Traditionen gepflegt wurden), gewisse Eigenbräuche blieben aber erlaubt. Der Reform verdankte Ebersberg eine ganze Anzahl neuer liturgischer Handschriften. Es wäre lohnend, genauere Untersuchungen vorzunehmen. Aus einer Durchsicht der meisten Quellen lässt sich nur ein vorläufiger Überblick erstellen. Es sind zunächst zwei Bücher mit Messgesängen: Der soeben genannte Clm 23044 von 1458 sowie der dazugehörige Clm 23045. Clm 23044 ist ein (nach Auskunft des Etiketts auf dem Buchdeckel „Missale de festis") Graduale de tempore, das heißt die Handschrift enthält die Gesänge für die Sonntagsmessen beziehungsweise für die beweglichen Feste. In Clm 23045, einem Graduale de sanctis (ebenso lautet Etikett auf dem Deckel) sind hingegen die für die

Abb. 2: Clm 23045, eines der im Zusammenhang mit der Melker Reform für Ebersberg geschriebenen Gradualia, enthält auf fol. 79v ab der fünften Zeile ein „Gaudeamus omnes", das nach Auskunft der Rubrik in der Zeilenmitte der Introitus zum Fest der Heiligen Agathe war. Die Rubrik lautet: „In sancte agathe virginis et martiris Introitus." Der in einem älteren, zu Bindematerial verarbeiteten Graduale (Abb. 1) in linienlosen Neumen geschriebene Gesang ist jetzt in die auch heute noch für den gregorianischen Choral gebrauchte Quadratnotation mit eindeutig lesbaren Tonhöhen umgeschrieben.

Heiligenfeste bestimmten Messgesänge aufgeschrieben. Diese zweite Handschrift ist weder datiert noch nennt sich der Schreiber. Die Schreiberhände wechseln; teilweise war auch hier Maurus am Werk, wie sich an der Schrift zeigt. Ein Incipitvermerk (wie der oben zitierte aus Clm 23044 fehlt, eine alte Foliierung beginnt mit 120, die Handschrift entstand vermutlich also nicht geschlossen wie Clm 23044. Die Datierung in die Zeit um 1458 ergibt sich daraus, dass es sich inhaltlich um den Clm 23044 ergänzenden Codex handelt, da wir mit beiden Handschriften insgesamt das Repertoire an Messgesängen für ein ganzes Kirchenjahr vor uns haben. Zum anderen ist eine Anzahl von Antiphonarien zu nennen, Bücher, die die Gesänge für die Stundengebete enthalten; auch diese sind wieder zu unterscheiden in solche, die für die Sonntage beziehungsweise die beweglichen Feste zu verwenden waren (de tempore) und solche, die für die Heiligenfeste (de sanctis) bestimmt waren: Clm 5801a, geschrieben von Johannes Glost 1450; Clm 5801b aus dem Jahr 1452, Schreiber war wiederum Maurus. Aufzuzählen sind noch drei heute in der Bibliothek der Ludwig-Maximilians-Universität in München aufbewahrte Antiphonarien: 2° Cod. ms. 177, ein Antiphonarium de sanctis, das Maurus 1453 schrieb; 2° Cod. ms. 174 und 2° Cod. ms. 178, die zusammen ein Antiphonarium de tempore bilden, wobei die zweite Handschrift die Gesänge für das Winterhalbjahr enthält, die erste das Sommerhalbjahr abdeckt. Dem Katalog der

Musikhandschriften der Münchner Universitätsbibliothek[3] zufolge entstand 2° Cod. ms. 174 im Jahr 1453, für 2° Cod. ms. 178 fehlt eine Datierung, für beide Codices ist kein Schreiber genannt. Da aber die drei Handschriften 2° Cod. ms. 177, 2° Cod. ms. 178 und 2° Cod. ms. 174 eine in sich geschlossene Gruppe bilden, die das gesamte Repertoire an Gesängen für die Stundengebete enthält, kann angenommen werden, dass der nicht datierte Codex 2° Cod. ms. 178 ebenfalls um 1453 geschrieben wurde, außerdem, dass Maurus möglicherweise auch an 2° Cod. ms. 174 und 2° Cod. ms. 178 beteiligt war. Wir haben also einen gesamten neu geschriebenen Satz an Handschriften für die liturgischen Gesänge vor uns, die, soweit sie datiert sind, alle in den Jahren 1450 bis 1458 geschrieben wurden. Ungeheuer muss die Schreibleistung von Frater Maurus gewesen sein, da er in den Jahren 1452 bis 1458 drei Codices ganz geschrieben und bei der Erstellung dreier weiterer mitgewirkt haben dürfte. Und noch im Jahr 1480 war er tätig: das Psalterium 2° Cod. ms. 158 der Universitätsbibliothek München wurde ebenfalls von Maurus geschrieben.

Die neuen Choralbücher wurden aber nicht nur den Melker Gepflogenheiten angepasst, sie repräsentieren generell das Notationsstadium der Zeit, da die Noten im Gegensatz zu denjenigen der Fragmente jetzt auf Linien geschrieben wurden, das heißt die Tonhöhen sind exakt lesbar. Bemerkenswert ist, dass im Jahr 1453 ein Notationswechsel stattfand: Clm 5801a, Clm 5801b, 2° Cod. ms. 177 und 2° Cod. ms. 178 (1450-1453) sind in gotischer Choralnotation geschrieben, die im deutschsprachigen Raum üblich war, 2° Cod. ms. 174, Clm 23044, Clm 23045 sowie 2° Cod. ms. 158 (1453-1480) hingegen in der bis heute für den Choral gebrauchten Quadratnotation. Auch das dürfte mit der Melker Reform zu erklären sein: da der Choral in der Fassung der römischen Kurie verbindlich wurde, übernahm man zwar nicht schon 1450, aber ab 1453 die außerhalb Mitteleuropas, also auch in Italien verwendete Quadratnotation. Wie zeigt sich nun die Reform in den Quellen? Die Verbindlichkeit des römischen Ritus brachte nicht nur die Einführung der römischen Melodiefassungen mit sich, sie hatte auch zur Folge, dass ein bestimmter, im deutschsprachigen Bereich ansonsten weit verbreiteter Melodietypus in die Handschriften nicht oder nur ausnahmsweise aufgenommen wurde: Jene seit dem frühen 15. Jahrhundert beliebte rhythmische Einstimmigkeit, neu geschaffene Melodien mit einem exakt messbaren Rhythmus, der notenschriftlich meist in einer Mischung aus der traditionellen Choralnotation und Zeichen aus der mehrstimmigen Mensuralmusik dargestellt wurde. Benediktinische Quellen für derartige Melodien sind verschiedentlich erhalten: genannt sei das 1539 bis 1544 geschriebene Graduale des Fridolin Himmelkron aus Sankt Blasien (heute in Sankt Paul im Lavanttal, Kärnten; Signatur: 67.1), außerdem Sankt Gallen, Stiftsbibliothek 546 von 1507-1514, eine der Hauptquellen für die rhythmische Einstimmigkeit. Insbesondere Credomelodien wurden in dieser Art gestaltet. In Ebersberg fehlt dieser sogenannte Cantus fractus fast vollständig. Die beiden Gradualien Clm 23044 und 23045 enthalten (von Nachträgen abgesehen, siehe unten) lediglich auf fol. 201v beziehungsweise fol. 170r jeweils ein Credo im Cantus fractus, wobei sich die Quadratnotation mit mensuralen Schriftmitteln mischt; eine Seltenheit, da sonst in der Regel die einheimische gotische Choralnotation als Basis zur Rhythmisierung diente. Neben der Verbindlichkeit des römischen Chorals, der letztlich auch die Quadratnotation mit sich gebracht haben mag, fällt das Fehlen von Tropen auf, die in älteren Zeiten sicherlich in großer Zahl vorhanden gewesen sein dürften. „Item cantus in tropis seu sequenciis vel prosis obmittatur [...]", ist in einer die reformierten Ebersberger Hausgebräuche enthaltenden Handschriften festgelegt.[4] Tropen waren also verboten worden, ebenso Sequenzen, doch dazu später. Wenn sich dennoch ein Tropus findet, nämlich das „Spiritus et alme" zum Mariengloria in Clm 23045 auf fol. 167v bis 169r (siehe auch unten zur Orgelmusik) und Clm 23044 (ab fol. 197v)[5], dann ist das damit zu erklären, dass dieser Tropus nahezu den Status eines regulären liturgischen Textes hatte. Seine extreme Verbreitung, sein generelles Vorkommen an Marienfesten in mehreren Melodien sowie die ihm verschiedentlich beigefügten erweiternden Tropierungen (der Tropus wird selbst tropiert) machen das wahrscheinlich.[6]

Die Einführung des römischen Chorals dokumentiert sich außerdem durch neue Psalmtöne. Man übernahm in den Klöstern Melker Observanz die Psalmtöne aus Subiaco, einem der benediktinischen Stammklöster.[7] Die Psalmen wurden nach bestimmten Modellen gesungen: rezitiert wurde im Wesentlichen auf einer Tonhöhe, die Zäsuren im Text (also Satzanfang, Satzende, bzw. durch Kommata markierte Binnenzäsuren) wurden jedoch melodisch ausgestaltet, wobei sich die Formeln zur Ausgestaltung von Tonart zu Tonart unterscheiden. So enthält Clm 6002 auf fol. 88v bis 93v eine Sammlung von Modellen für die Psalmen nach Tonarten geordnet. Die Quelle stammt zwar erst aus dem Jahr 1529, ist aber trotzdem der Melker Observanz zuzurechnen.[8] Schon im Brevier Clm 6034 aus der zweiten Hälfte des 15. Jahrhunderts sind auf den ersten Blättern Psalmtöne und dergleichen notiert.

Generell verboten war seit der Melker Reform die vorher mit einiger Wahrscheinlichkeit gepflegte oder wenigstens bekannte Mehrstimmigkeit,[9] die in Choralhandschriften allerdings nur in Ausnahmefällen zu finden ist (etwa im sog. Moosburger Graduale, ca. 1360). Auswirkungen hatte die Reform auch auf das Orgelspiel, zu dem sich Hinweise im Graduale Clm 23045 finden lassen (siehe unten). Schließlich waren Laien, Knaben oder Scholaren anstelle von Mönchen für die Ausführung der liturgischen Gesänge nur in Ausnahmen erlaubt.[10] Festgelegt war ferner die Art und Weise der Ausführung von Psalmen.[11] Alle diese Regeln fanden sich in den sogenannten Consuetudines, die für Ebersberg in Clm 8138 und weiteren Codices (siehe Anm. 4) überliefert sind.

Die Consuetudines ließen aber Eigengebräuche zu: So sind in den Regelwerken Ausnahmen angegeben,[12] des Weiteren hatten die entsprechenden Erlasse keine Rechtsverbindlichkeit im modernen Sinn.[13] Auch wenn in den Jahren um 1472 Johannes Schlitpacher in Ebersberg Prior war, der sich 1465 bis 1472 stark für eine Vereinheitlichung der verschiedenen Reformen (also derjenigen von Melk, Kastl und Bursfeld) einsetzte,[14] ließ sich eine gewisse Eigenständigkeit nicht verhindern. Aus

Abb. 3: Anfangsseite des Ebersberger Sebastiansofficiums (BSB, Clm 23045, fol. 221), also derjenigen Gesänge, die in Ebersberg nach römischem Vorbild speziell für das Fest des Heiligen Sebastian (20. Januar) bestimmt waren. Dies geht aus der „Rubrik", dem rotgeschriebenen Text rechts oben auf der Seite hervor: „De sancto Sebastiano martire officium prout habetur Rome in ipsius Monasterio." – „Officium des heiligen Märtyrers Sebastian, so wie es im Sebastiankloster in Rom Brauch ist." Beachtenswert die vorzügliche Ausführung der Notenschrift (sogenannte Quadratnotation auf vier Linien geschrieben im Gegensatz zu den linienlosen Neumen der Abb. 1) sowie des Buchschmucks.

Notenbeispiel 1

Ebersberg hat sich zum Beispiel eine große Anzahl von Sequenzen erhalten, die von der Reform eigentlich verpönt waren: sie finden sich in den Gradualien Clm 23044 (ab fol. 205v) und Clm 23045 (ab fol. 174r). Darunter sind zwei auf den Klosterpatron Sankt Sebastian bezogene: „Dignis extollamus laudibus" und „Diem agat celebrem" (Clm 23045 fol. 189v-192v), die jeweils auch in den zeitgenössischen Missalien Clm 5912 (ab fol. 160v) und Clm 6016 (ab fol. 93) enthalten sind. Das Sebastiansfest wurde gerade in der Reformzeit hochgehalten: Abt Eckhard führte die heute noch bestehende Sebastiansbruderschaft ein, am 9. Juni 1452 wurde von Nicolaus Cusanus der Hochaltar Sankt Sebastian geweiht. Von musikalischer Seite gehörte eine Anzahl von Gesängen zur Verehrung des Heiligen: so im Antiphonar Clm 5801a fol. 290v bis 292v sowie eine ihm gewidmete Messe, die im Graduale Clm 23045 auf fol. 221r enthalten ist und deren nähere Untersuchung und Edition eine lohnende Aufgabe wäre. (Abb. 3)

1595 verfügte Wilhelm V. die Auflösung der Benediktinerabtei, am 29. September 1596 zogen die Jesuiten ins Kloster ein, was auf die Handschriften- und Musikalienbestände Auswirkungen hatte. Jeweils auf der ersten Seite wurde eingetragen, dass die Handschriften nun den Jesuiten gehörten. Dass zumindest einige Codices weiterhin benutzt wurden, zeigen Nachträge aus dem 17. Jahrhundert: Clm 23044 beispielsweise enthält auf der ersten Seite ein mit „Tempore paschali Credo" überschriebenes Glaubensbekenntnis in jener Art rhythmischer Einstimmigkeit wie oben besprochen. Und schließlich findet sich in Clm 23045 auf fol. 232r unten die Rubrik „In Festo Sancti Ignatij Fundatoris S. I. Introitus", anschließend mit Noten versehen „In nomine Iesu omne genu flectatur [...]".

War die Verwendung von Mehrstimmigkeit für liturgische Gesänge im engeren Sinn seit der Melker Reform im spätmittelalterlichen Ebersberg ausgeschlossen, so findet sich doch aus der Zeit während oder nach der Erneuerung der Liturgie im Bereich des volkssprachigen geistlichen Liedes ein Beispiel von Zweistimmigkeit: Der Ebersberger Codex 6034 (heute in der Bayerischen Staatsbibliothek), ein Breviarium aus der zweiten Hälfte des 15. Jahrhunderts, enthält auf fol. 89r bis 90r das berühmte Kirchenlied „Mitten in dem Leben sind wir vom Tod umfangen" (in Ebersberg: „En mitten in des lebens zeyt"). (Abb. 4, 5 u. 6, Notenbeispiel 1) Es geht zurück auf die zuerst im 11. Jahrhundert nachweisbare Antiphon „Media vita in morte sumus", die sowohl mit lateinischem Originaltext als auch in deutscher Übersetzung mit verschiedenen Melodien überliefert und 1524 unter Martin Luthers Namen ins Erfurter Enchiridion eingegangen ist. Die Ebersberger Überlieferung dürfte eine der ältesten deutschen Aufzeichnungen sein, jedenfalls haben wir die älteste zweistimmige Fassung vor uns.[15]

Das Notenbeispiel zeigt, dass die Ebersberger Version sowohl von der heute gebräuchlichen deutschen als auch von der üblichen lateinischen Form abweicht. Die Mehrstimmigkeit, ein einfacher Satz Note gegen Note ohne rhythmische Komplikationen, bewegt sich meist im Abstand imperfekter Konkordanzen, Sexten oder auch Dezimen. Die Klanglichkeit des frühen Stimmkreuzungsorganums, wie es der Theoretiker Johannes Cotto um 1100 beschrieben hatte und die gerade im mitteleuropäischen Raum noch um 1400 immer wieder vorgekommen war, war also überwunden und hatte einer moderneren Zweistimmigkeit Platz gemacht. Die Schlüsselung (C-Schlüssel auf der untersten beziehungsweise auf der dritten Linie von unten im vierlinigen System, wobei die Schlüssel gelegentlich wechseln) lässt vermuten, dass ein Tenor und ein Knabensopran als Sänger in Frage kamen. Dies korrespondiert mit der oben schon erwähnten Tatsache, dass in Klöstern Melker Observanz Schüler als Sänger in Ausnahmen erlaubt waren.

Nicht nur dieses eine Lied ist in Clm 6034 enthalten, es finden sich dort insgesamt sechs in meist korrekter weißer Mensuralnotation geschriebene Kirchenlieder verschiedener Art, die schon August Heinrich Hoffmann von Fallersleben für seine „Geschichte des deutschen Kirchenliedes bis auf Luthers Zeit" und weitere Liedforscher herangezogen haben:[16]

1. fol.83-84/2   Ich grus dich lemtigs hostia
2. fol.85   Der Tag der ist so freidenreich
3. fol.86v-87   O suesser vater Herre got (Überschrift: Dy zehen pott)
4. fol.88-89   Fraw von hertzen wir dich gruessen (Überschrift: Salve regina mise[ricordie])
5. fol.89-90   En mitten in des lebens zeyt (zweistimmig; Überschrift: Media vita in morte sumus)
6. fol.90v   Kom heiliger geist herre got (Überschrift: Veni sancte spiritus)

Die beiden erstgenannten Lieder sind Übersetzungen des John Peckham zugeschriebenen Hymnus „Ave vivens hostia" beziehungsweise des „Dies est laetitiae", 4, 5 und 6 sind Bearbeitungen respektive Paraphrasen, Nummer 3 ist eine Neuschöpfung, Nummer 6 findet sich noch heute in geringfügig abweichenden Fassungen sowohl im katholischen „Gotteslob" als auch im Evangelischen Gesangbuch.

Auch diese Liederhandschrift scheint mit der Melker Reform oder wenigstens ihrem Umkreis in Verbindung zu stehen, was mehrere Indizien wahrscheinlich machen: Das „Media vita" findet sich in verschiedenen anderen Quellen aus der Zeit nach der Mitte des 15. Jahrhunderts in Benediktinerklöstern Melker Observanz: lateinisch in Cgm 716 der Bayerischen Staatsbibliothek München (Tegernsee, 3. Viertel des 15. Jh., fol. 127v) und in Clm 5023 derselben Bibliothek (Benediktbeuern, 1495, fol. 99v)[17]. Die deutsche Übersetzung schließlich ist enthalten in Salzburg, Sankt Peter, b. IX. 28 (1476, fol. 128v-129v, hier allerdings mit einer anderen als der Ebersberger Melodie) und in Michaelbeuern, Stiftsbibliothek, Mc 1 (vermutlich 2. Hälfte des 15. Jh., aus St. Peter in Salzburg, fol. 82v; diese Quelle enthält übrigens jenen Subiaco-Melker Tonar, der auch in der Ebersberger Handschrift Clm 6002 nachweisbar ist).[18] Die zuletzt genannte Quelle unterstreicht die Wahrscheinlichkeit, dass in Klöstern, die der Melker Reform unterzogen worden waren, deutsches Liedgut verbreitet und beliebt war: Angerer[19] ediert teils in Umschrift, teils als Faksimile folgende zur Ebersberger Handschrift konkordanten Lieder:

1. fol. 70v-71   Fraw von herczen wir dich gruessen (= Clm 6034, Nr. 4)
2. fol. 82   Chum heiliger geist herre got (Überschrift: Das Veni sancte; = Clm 6034, Nr. 6)
3. fol. 82   O Süesser vater herre got (Überschrift: Dy zehen pot; = Clm 6034, Nr. 3)
4. fol. 82v   En mitten unsers lebens zeit (einstimmig; Überschrift: Das Media vita; = Clm 6034, Nr. 5)

Nur weniges lässt sich zum Orgelspiel beziehungsweise zur Orgelgeschichte im Ebersberger Kloster sagen. Die Verwendung der Orgel während der Gottesdienste im mönchischen Tagesablauf in Benediktinerklöstern wurde nicht ausschließlich durch die Melker Reform geregelt, von dieser aber mitbestimmt. Beim Konzil von Basel (1431-1449), dessen einschlägige Verordnungen sicherlich von den Vorstellungen der Melker Reform beeinflusst waren, wurde Orgelspiel in mäßigem Umfang gestattet.[20] Zu dieser Zeit waren Orgeln in Benediktinerklöstern schon relativ weit verbreitet: Instrumente sind belegt für Augsburg 1060, Petershausen und Konstanz 1160, für Einsiedeln und Engelberg 1314, für Kempten im 10. Jahrhundert, um einige sehr frühe Beispiele zu nennen.[21] Die älteste aus Ebersberg bisher bekannte Orgel stammte zwar erst aus der Zeit um 1484, also deutlich nach der Reform, als Sebastian Häfele Abt war (1472-1500). Häfe-

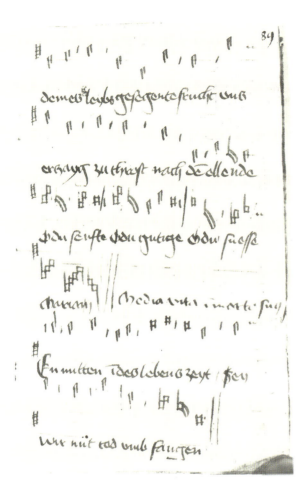
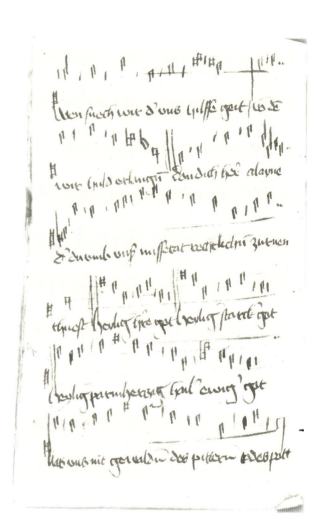

Abb. 4, 5 u. 6: „En mitten in des lebens zeyt" aus Clm 6034 der Bayerischen Staatsbibliothek München. Auf fol. 89r steht in der drittletzten Zeile als Überschrift der Beginn des lateinischen Originaltextes „Media vita in morte su[m]us". Das zweistimmige Stück ist in Einzelstimmen notiert. Die beiden letzten Zeilen von fol. 89r sowie die ganze Seite fol. 89v enthalten die Oberstimme. Auf fol. 90r findet sich die Unterstimme, von der jedoch am Schluss zwei Töne fehlen; der Beginn dieser zweiten Stimme ist wiederum durch eine Überschrift „Media vita" (oben auf der Seite) markiert. Bei der Notenschrift handelt es sich um ein relativ schlichtes Stadium der sogenannten weißen Mensuralnotation.

le ließ von 1481 bis 1484 die Kirche umbauen; in diese Zeit fällt auch der Bau einer Orgel, wie einer Chronik zu entnehmen ist: „circa hoc tempus idem crediter Abbas curasse fieri nova organa, eo quo nunc visuntur loco". Erbaut wurde sie möglicherweise von einem Landshuter Orgelbauer namens Clemens.[22] Jedoch lässt ein Hinweis auf die Verwendung von „discantibus organis" im Ebersberger Visitationsbericht von 1450 auf das Vorhandensein einer älteren Orgel schließen, wenn man Angerer folgend den Terminus „organum" als Orgel interpretiert,[23] und nicht als Ausdruck für einfache Mehrstimmigkeit. Zwei Belege finden sich aus Ebersberg für die Verwendung der Orgel: ein „Magnificat" in deutscher Orgeltabulatur in Clm 5963 der Bayerischen Staatsbibliothek, fol. 240r und jenes oben schon erwähnte Mariengloria mit dem Tropus „Spiritus et alme" in Clm 23045, fol. 107v bis 109r. Beim Gloria stehen mitten im Notentext an manchen Abschnittsenden offensichtlich nachgetragene Custoden, die jeweils den Anfangston des übernächsten oder eines späteren Melodieabschnitts anzeigen; die Sänger mussten bei der Aufführung solche Stellen also überspringen. Diese Passagen wurden jedoch nicht einfach weggelassen, sondern wurden von der Orgel gespielt, wie sich aus diversen anderen Quellen für das Mariengloria nachweisen lässt.[24] In einer der bedeutendsten Choralhandschriften vom Beginn des 16. Jahrhunderts, dem Codex 546 der Sankt Galler Stiftsbibliothek, ist bei den drei dort enthaltenen Marienglorias das Alternieren zwischen Chor und Orgel durch die Einträge "chorus" bzw. "organum" angegeben. Und das Buxheimer Orgelbuch (etwa 1460/70, Süddeutschland, evtl. aus dem alemannischen Raum), die umfangreichste Sammlung mit Orgelmusik aus dieser Zeit,[25] enthält (quasi als Komplementärquelle) auf fol. 81v bis 83v für die Orgel gesetzte Abschnitte des Marienglorias, wobei die Abfolge Chor / Orgel allerdings nicht mit derjenigen in Ebersberg übereinstimmt. Insgesamt gibt es nur wenige praktische Quellen aus dem 15. Jahrhundert für Orgelmusik, lediglich in einer Anzahl von Traktaten wird beschrieben, wie einstimmige liturgische Melodien in einfacher Mehrstimmigkeit von der Orgel vorgetragen werden können. Eine der seltenen notenschriftlichen Aufzeichnungen ist eben jenes „Magnificat" in der Ebersberger Handschrift Clm 5963.[26] Das Manuskript stammt aus dem 15. Jahrhundert und enthält verschiedene Traktate, zum Beispiel zur Astronomie, auf fol. 131v bis 146v auch Musiktraktate (siehe unten), und schließlich auf fol. 240r als Nachtrag das zweistimmige Orgelstück: die Choralmelodie, die so noch heute im Antiphonale Romanum zu finden ist, ist im Original in Buchstaben geschrieben, darüber auf Notenlinien eine Zusatzstimme, die jeweils aus viertönigen Melodieformeln besteht. (Abb. 7, Notenbsp. 2)

In dieser Art werden wohl auch die von der Orgel vorgetragenen Passagen des Glorias zu den Marienfesten gespielt worden sein, während die Orgelsätze zum Mariengloria im Buxheimer Orgelbuch in ihrer Dreistimmigkeit ein etwas komplizierteres Stadium darstellen.

Zu erwähnen bleiben schließlich einige Quellen zur Musiktheorie, die im Besitz des Klosters Ebersberg waren und zum Teil auch dort entstanden.[27] Einen bekannten und weit verbreiteten Text beinhaltet Clm 6006 der Bayerischen Staatsbibliothek aus dem letzten Viertel des 15. Jahrhunderts: die „Musica speculativa" von Johannes de Muris in abgekürzter Form. Johannes de Muris (ca. 1300-1350) verfasste den Traktat 1323, die insgesamt 44 Quellen belegen eindrucksvoll, dass die Schrift im universitären Lehrbetrieb eine gewichtige Rolle spielte.[28] Ebenfalls weithin bekannt sind die „Flores musicae" von Hugo Spechtshart von Reutlingen (ca. 1285-1359/60), entstanden 1332/42, die der in Ebersberg 1529 geschriebene Codex latinus 6002 (Bayerische Staatsbibliothek) in Auszügen enthält. (Es ist diejenige Handschrift, in der sich auch der mit der Melker Reform im Zusammenhang stehende Tonar findet.) Hugo Spechtharts Text beschäftigt sich im Wesentlichen mit der Lehre vom gregorianischen Choral. Weitere, allerdings anonyme und ansonsten nicht bekannte Traktate zum Choral sind überliefert in folgenden Handschriften der Bayerischen Staatsbibliothek: Clm 5947 aus den Jahren 1492/93 und Clm 5963 aus dem 15. Jahrhundert. Der letztgenannte Codex, übrigens die Quelle für das oben erwähnte Orgel-„Magnificat", enthält darüber hinaus einen Traktat zur Mensurallehre, das heißt zur Lehre von der rhythmischen Notenschrift. Bleibt noch Clm 6037, 1448 in Ebersberg entstanden, mit einem Text zur Solmisation (einer Methode, Tonschritte durch Merksilben zu veranschaulichen) sowie einer Abhandlung zu den Intervallen und Tonarten.

Es fällt schwer, die Bedeutung des mittelalterlichen und frühneuzeitlichen Klosters Ebersberg für die Musikpflege einzuschätzen beziehungsweise deren Niveau zu beurteilen. Zum einen fehlen aus der Zeit vor 1450 die Quellen fast vollständig, da, wahrscheinlich bedingt durch die Melker Reform, von älteren Musikhandschriften nur mehr Fragmente erhalten sind, so dass über das Repertoire an Tropen oder eventuell ausgeübte Mehrstimmig-

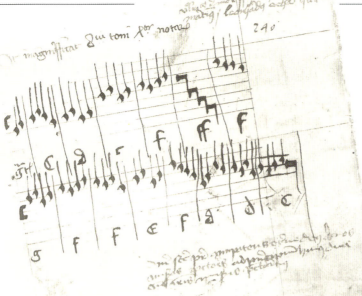

Abb. 7: Clm 5963 der Bayerischen Staatsbibliothek München enthält auf fol. 240r (moderne Folierung: 248r) ein „magnifficat 8vi toni 4or notarum", wie über den Noten zu lesen ist. Niedergeschrieben ist eine Orgelbearbeitung des Anfangs des Magnificat. „8vi toni" besagt, dass die in Buchstaben geschriebene Unterstimme im achten Kirchenton steht, in der hypomixolydischen Tonart also. „4or notarum" verweist auf die Gruppen von vier Tönen in jedem Takt der Oberstimme. Typisch für die Aufzeichnung von Orgelmusik ist die Mischung aus Buchstaben und Noten sowie die Einteilung in starr vorgegebene Takteinheiten zu vier oder mehr Tönen.

keit nicht viel Konkretes gesagt werden kann beziehungsweise nur Vermutungen anzustellen sind. Zum anderen schränkten die Melker Consuetudines die Musikausübung bis zu einem gewissen Grad ein, da die Musik nur der Liturgie dienen und keinerlei Selbstzweck haben sollte, weswegen Mehrstimmigkeit ab circa 1450 sicherlich keinen Platz in der Liturgie hatte. Tropen gab es im Spätmittelalter ohnehin nur noch wenige, die (mit Ausnahme des „Spiritus et alme" beim Mariengloria) in Ebersberg vollständig zu fehlen scheinen, lediglich eine Anzahl von Sequenzen ist auch aus der Reformzeit überliefert. Von größtem Wert ist jedoch das relativ große Corpus an Reformhandschriften, weswegen die praktische Umsetzung der Melker Bestrebungen quellenmäßig vorzüglich belegt ist. Hinzuweisen ist auf das Sebastiansoffizium und schließlich auf das Repertoire an deutschen Kirchenliedern in Clm 6034, von denen das „En mitten in des lebens zeyt" in einer zwar schlichten, aber durchaus zeitgemäßen Zweistimmigkeit vorliegt. Dies dokumentiert, dass außerhalb oder am Rand der Liturgie die Musikausübung in Ebersberg einen nicht zu unterschätzenden Stellenwert gehabt haben dürfte.

Notenbeispiel 2

Anmerkungen

1. Siehe Göllner, Theodor: Frühe Mehrstimmigkeit im liturgischen Gesang und Orgelspiel, in: Münster, Robert / Schmid, Hans (Hg.): Musik in Bayern, Bd. I, Bayerische Musikgeschichte, Tutzing 1972, S. 97-102.

2. Siehe Angerer, Joachim F.: Lateinische und deutsche Gesänge aus der Zeit der Melker Reform, (Forschungen zur älteren Musikgeschichte 2), Wien 1979, S. 41.

3. Gottwald, Clytus: Die Musikhandschriften der Universitätsbibliothek München, (Die Handschriften der Universitätsbibliothek München 2), Wiesbaden 1968, S. 36 u. 39.

4. Siehe Angerer, Joachim F.: Die liturgisch-musikalische Erneuerung der Melker Reform. Studien zur Erforschung der Musikpraxis in den Benediktinerklöstern des 15. Jahrhunderts, (Österreichische Akademie der Wissenschaften, Philosophisch-historische Klasse, Sitzungsberichte, 287. Bd., 5. Abhandlung / Veröffentlichungen der Kommission für Musikforschung 15), Wien 1974, S. 94: Bayerische Staatsbibliothek (BSB), Clm 8138 (fol. 84v). Weitere Ebersberger Handschriften mit Consuetudines Melker Observanz: BSB, Clm 5951, Clm 5850 u. Clm 5913. Siehe Angerer (wie Anm. 2), S. 41, Anm.38.

5. Ohne Noten enthalten in BSB, Clm 5912 (fol. 88r) u. Clm 6016 (fol. 11v-12r).

6. Siehe Schmid, Bernhold: Der Gloria-Tropus Spiritus et alme bis zur Mitte des 15. Jahrhunderts, (Münchner Veröffentlichungen zur Musikgeschichte 46), Tutzing 1988, S. 69.

7. Siehe Angerer (wie Anm. 2), S. 29.

8. Siehe ebd., S. 41-42, Edition: S. 54-63.

9. Siehe Angerer (wie Anm. 4), S. 108.

10. Siehe ebd., S. 115-124. Für Ebersberg besonders S. 121 mit Anm. 174.

11. Siehe ebd., S. 145.

12. Siehe ebd., S. 150.

13. Siehe ebd., S. 164.

14. Siehe Freund, Stephan: Schlitpacher, Johannes v. Weilheim, in: Lexikon des Mittelalters, Bd. 7, München 1995, Sp. 1490-1491.

15. Siehe Lipphardt, Walther: „Mitten wir im Leben sind". Zur Geschichte des Liedes und seiner Weise, in: Jahrbuch für Liturgik und Hymnologie 8 (1963), S. 99-118; lateinische Quellen S. 101-102, deutsche Quellen S. 106-107 sowie 110-113.

16. Dazu und zum Folgenden siehe Stephan, Rudolf: Die Lieder der Ebersberger Handschrift, jetzt Clm 6034, in: Jahrbuch für Liturgik und Hymnologie 2 (1956), S. 98-104; dort auch eine Wiedergabe des Notentexts, der allerdings beim „En mitten in des lebens zeyt" beide Stimmen in denselben Tonraum verlegt und nicht berücksichtigt, dass es sich um Stimmen verschiedener Lage handelt.

17. Siehe Angerer (wie Anm. 2), S. 150 unter Verweis auf Lipphardt (wie Anm. 15), S. 101.

18. Siehe Angerer (wie Anm. 2), S. 150 u. Lipphardt (wie Anm. 15), S. 106. Zur Michaelbeuerer Handschrift siehe Angerer (wie Anm. 2), S. 39.

19. Siehe Angerer (wie Anm. 2) S. 142-143 u. 148-149.

20. Siehe Angerer (wie Anm. 4), S. 105-108.

21. Aufzählung nach ebd., S. 100-101.

22. Die Angaben zur Orgel aus Brenninger, Georg: Die Orgelgeschichte der Stadtpfarrkirche in Ebersberg, in: Beiträge zur altbayerischen Kirchengeschichte 32 (1979), S. 145-151, S. 146.

23. Siehe Angerer (wie Anm. 4), S. 97-98 (Anm. 79) u. 99.

24. Siehe Schmid (wie Anm. 6), S. 110.

25. Beschreibung und weitere Literatur bei Göllner, Marie Louise: Bayerische Staatsbibliothek, Katalog der Musikhandschriften, Bd. 2, Tabulaturen und Stimmbücher bis zur Mitte des 17. Jahrhunderts, (Kataloge Bayerischer Musiksammlungen 5/2), München 1979, S. 159-171.

26. Beschreibung und weitere Literatur bei Göllner (wie Anm. 25), S. 3. Die Orgelpraxis ist beschrieben bei Göllner, Theodor: Formen früher Mehrstimmigkeit in deutschen Handschriften des späten Mittelalters, (Münchner Veröffentlichungen zur Musikgeschichte 6), Tutzing 1961, S. 84-86; das folgende Notenbeispiel nach S. 85.

27. Zum folgenden Huglo, Michel / Meyer, Christian: The Theory of Music, Vol. III, Manuscripts from the Carolingian Era up to c. 1500 in the Federal Republic of Germany. Descriptive Catalogue (Répertoire international des sources musicales B III, 3), München 1986, siehe das Inhaltsverzeichnis IX-X.

28. Falkenroth, Christoph: Die musica speculativa des Johannes de Muris, (Beihefte zum Archiv für Musikwissenschaft 34), Stuttgart 1992, S. 2 u. 61-62.

Abbildungsnachweis
Bayerische Staatsbibliothek, München: Abb. 1-7.

Robert Münster

Musik im Kloster Ebersberg zur Zeit der Jesuiten und Malteser

Nachrichten über die Musikpflege in Ebersberg seit dem Einzug der Jesuiten fließen nur sehr spärlich. Musikalien blieben am Ort nicht erhalten, erst aus dem Ende des 18. Jahrhunderts, nach der Aufhebung des Jesuitenordens, fanden sich einige wenige versprengte Werke aus dem kirchenmusikalischen Repertoire Ebersbergs. Der Bayernherzog Wilhelm V. (1548-1626) hatte Ebersberg 1595 mit Einwilligung von Papst Clemens VIII. den Jesuiten überlassen. Schon am 15. Oktober 1597 übergab er die Regierung seinem Sohn Maximilian I. (1573-1651). Wilhelm V. besuchte Ebersberg zusammen mit seiner Gemahlin Herzogin Renate (1544-1602) mehrmals. So hielten sich beide im Jahr 1598 für mehrere Tage dort auf. Wilhelm veranlasste damals eine Frühmesse für die Landleute, ehe sie zur Arbeit gingen, und die Abhaltung eines gesungenen Amtes an allen Sonn- und Feiertagen.[1] Sicherlich erklang in Ebersberg um diese Zeit Musik von Orlando di Lasso. Der 1594 verstorbene Münchner Hofkapellmeister stand bei den Münchner Jesuiten in hohem Ansehen. Er hatte veranlasst, dass Wilhelm V. dem Internat des Kollegs, dem Seminarium Gregorianum, eine Stiftung zuwandte, damit dort Knaben für den Musikchor an der Kirche Sankt Michael ausgebildet werden konnten. Lassos Werke standen zahlenmäßig an der Spitze der in Sankt Michael aufgeführten Kompositionen.[2] Die Kollegia der Jesuiten, vor allem das in München, waren die führenden musikalischen Ausbildungs- und Pflegestätten in Bayern. Unzählige Musiker und Komponisten, namentlich viele Klostermusiker, erfuhren hier eine grundlegende Schulung. Dabei hatte der Jesuitenorden selbst nur wenige eigene Komponisten aufzuweisen. Umso größer war die Zahl der Hofmusiker und Komponisten aus nah und fern, mit denen der Orden in Verbindung stand, sei es durch deren Heranziehung als Lehrkräfte, sei es durch die Vergabe von Kompositionsaufträgen. Sicherlich konnte davon auch die Musik in Ebersberg repertoiremäßig profitieren.

Nachdem Papst Clemens VIII. der Kirche zu Ebersberg

Abb. 1: Sankt-Sebastians-Gesang „Wundergroßer Tugendheld" aus dem Augustiner-Chorherrenstift Weyarn. Handschrift des Musikdirektors Lorenz Justinian Ott, um 1780 (Dombibliothek Freising, WEY 517, Nr. 6).

einige Privilegien verliehen hatte, kamen im Jahr 1601 aus München die beiden marianischen Kongregationen, die Congregatio Latina B.V. Mariae als die größere lateinische Kongregation für die fortgeschrittenen Schüler am Lyceum, Adelige und Beamte, und die kleinere Kongregation für die Schüler der Gymnasien, in feierlichem Zug nach Ebersberg. Vor dem Ort wurden sie von den Jesuiten in Chorröcken empfangen und in die Kirche geleitet. Dort wohnten alle einem gesungenen Hochamt bei, „unter dem eine herrliche Musik ertönte."[3]

Schon 1599 war in Ebersberg eine eigene Marianische Kongregation gegründet worden. Sicherlich boten auch die zahlreichen Besuche fürstlicher Personen im Kloster immer wieder Anlässe für musikalische Darbietungen.[4]

Während des Dreißigjährigen Krieges hausten die Schweden bei ihren Einfällen in Ebersberg mehrmals böse. Nach dem Ende des Krieges aber blühte das von den Jesuiten sehr geförderte Wallfahrtswesen bald wieder auf. Hier wurden auch Wallfahrtslieder zu Ehren des heiligen Sebastian gesungen. Im Kloster Weyarn, das mit den Ebersberger Jesuiten in Verbindung stand, haben sich zwei um 1780 vom Chorherrn Lorenz Justinian Ott niedergeschriebene Sankt-Sebastians-Gesänge mit Orgelbegleitung erhalten: „Wundergroßer Tugendheld" und „Blutzeug Christi".[5] (Abb. 1 u. 2) Nach 1651, unter der Regierung des Kurfürsten Ferdinand Maria (1636-1679), führten die Jesuiten in ihren Kirchen verschiedene Andachten und geistliche Zeremonien neu ein, so die Jahresschlussfeier mit Predigt unter Aussetzung des Allerheiligsten, wobei das Te Deum, der ambrosianische Hymnus „Gott, dich loben wir", – sicherlich mit Instrumentalbegleitung – gesungen wurde. Eingeführt wurden auch das vierzigstündige Gebet an den drei letzten Tagen des Faschings sowie ein Amt mit Predigt am 21. Juni, dem Fest des seligen und 1726 heiliggesprochenen Aloisius von Gonzaga, mit nachmittäglicher Prozession der Schüler der deutschen und lateinischen Schulen und einer neuntägigen Oktav. Feierlich mit einer Oktav begangen wurden auch die Feste des heiligen Franz Xaver am 3. Dezember und das Fest des Ordensheiligen Ignaz von Loyola am 4. März. Zu all diesen Festen wurden instrumental begleitete Litaneien gesungen. Dies wurde bis zuletzt so gehalten.[6] 1772, ein Jahr vor der Aufhebung des Ordens wurde in der Oktav zum Fest des heiligen Aloisius von Gonzaga die Litanei zu Ehren des heiligen Johannes Nepomuk mit Figuralmusik abgesungen.[7] Musik fehlte auch nicht bei den alljährlichen Missionen in den umliegenden Orten wie Haag, Schwaben, Schwabsoyen, Grafing, Steinhöring oder Frauenneuharting. Im Kloster befand sich ein eigenes Zimmer für die zu den Missionen nötigen Unterlagen. Erhalten ist ein „Catalogus Librorum spectantium Ad Missionem Bavaricam", mit Zusatz von anderer Hand: „Secundum Ordinem, quo prostat in Cistis Cubiculi Missionis Ebersergae".[8] Im gleichen Archivbestand befinden sich drei Kompositionen in handschriftlichen Stimmen, die anlässlich der Missionen erklangen. Ob sie aus Ebersberg stammen oder dort verwendet wurden, ist allerdings nicht sicher. Es handelt sich um ein anonymes Te Deum „Ad Missionem J.S. Bavaricam" C-Dur für 4 Singstimmen, 2 Violinen und Orgel, mit nachträglich hinzugefügten 2 Clarini und Pauken. Das Werk konnte, wo diese Besetzung nicht verfügbar war, auch in reduzierter Besetzung mit Sopran, Bass und Orgel allein aufgeführt werden. Auch der Pfingsthymnus „Veni Sancte Spiritus" C-Dur für 4 Singstimmen, 2 Violinen, 2 Clarini, Pauken und Orgel konnte im Bedarfsfall mit kleinster Besetzung, nämlich mit Sopran und Orgel allein, wiedergegeben werden. Als Komponist ist hier ein Sig. Gerbel genannt. Ob er mit dem Augsburger Domkapellmeister Philipp Gerbl (1719-1804) identisch ist, steht nicht fest. Schließlich ist noch eine weitere Vertonung desselben Textes „Ad Missionem Bavaricam", ein anonymes „Veni sancte Spiritus breve" für 4 Singstimmen, 2 Violinen und Orgel, vorhanden, in welchem Sopran, Alt und Bass auch kurze Soli übernehmen. Die drei Handschriften stammen etwa aus der Mitte des 18. Jahrhunderts. Gelegenheit für den Austausch von Musikalien boten Kontakte zu den anderen Klöstern, die durch Nachrichten über prominente Besuche belegt sind. So waren im Jahr 1690 die Äbte der Benediktinerabteien Attel und Rott am Inn sowie die Pröpste der Augustiner-Chorherrenstifte Beyharting und Sankt Georg in Augsburg unter den Gästen. 1711 las Propst Ignatius Wantschl von Beyharting das Hochamt zum Patrozinium.[9] Im Jahr 1722 feierte Abt Praesidius Held vom Augustiner-Chorherrenstift Weyarn mit den Patres das Hochamt zum Fest des Kirchenpatrons. An diesem Festtag wurde auch das Te Deum gesungen.[10]

Wie überall in ihren Niederlassungen waren die Jesuiten nicht selbst die Träger der Musikpflege, wie etwa die Konventualen in den Prälatenklöstern. Für die Kirchenmusik war jeweils ein weltlicher Chorregent angestellt, der in der Regel zugleich auch Lehrer in der Schule war. Die instrumental begleitete Kirchenmusik gewährleistete ein in der Regel wohl nur kleines Laienorchester. Fest angestellt scheinen der Chorregent, der Organist, ein Tenorist und ein Bassist gewesen sein, wahrscheinlich auch einige wenige Chormusiker. Auch wurde ein Kalkant zum Treten des Orgelblasebalgs benötigt. Für die Oberstimmen Sopran und Alt im Chor, wie auch für die Soli, standen, wohl schon zu Zeiten der Benediktiner und auch noch nach dem Auszug der Jesuiten, Singknaben zur Verfügung. Im Jahr 1781 waren es fünf, eine Zahl die auch der Regel von vier bis fünf Knaben in den Prälatenklöstern entsprach. Diese Singknaben erhielten in der Schule eine besondere musikalische Ausbildung. Aus dem 18. Jahrhundert sind mehrere dieser Knaben namentlich bekannt.[11] Wie auch andernorts üblich wurden bei größeren Aufführungen wohl zusätzlich benötigte Musiker aus dem Ort und aus der Umgebung herangezogen.

Die Namen der Lehrer und Chorregenten sind vom Ende des 17. Jahrhunderts an großenteils überliefert. Um 1681 starb der Chorregent und Schulhalter Philipp Haindl. Sein Sohn Johann Sebastian (1645-1732) wurde Kapellknabe in München, war dann in der Folge Tenorist in Altötting, Hofmusiker in München, Kapellsänger am Damenstift in Hall in Tirol und ab 1683 Chorregent in Altötting. Dort wurde diesem 1727 ein Sohn namens Franz Sebastian geboren. Derselbe wurde 1752 Premier Violiniste in der Hofmusik des Herzogs Clemens Franz von Bayern. Nach dessen Tod 1770 war er bis 1778 Kammermusikus im Kurfürstlichen Hoforchester. Zuletzt stand er von 1785 bis 1803 als erster Geiger der Hofmusik im Dienst des Fürstbischofs von Passau. Er starb am 23. April 1822 in Passau. Franz Sebastian Haindl war ein bemerkenswerter Komponist, der wieder Beachtung finden sollte. An handschriftliche Kompositionen sind Sinfonien (Bayerische Staatsbibliothek München, Zisterzienserkloster Stams / Tirol, Benediktinerabtei Einsiedeln / Schweiz), ein Flötenkonzert (Augustiner-Chorherrenstift Neustift bei Brixen / Südtirol), und mehrere Sakralwerke (Dom Passau, Stams, Tiroler Landesmuseum Ferdinandeum Innsbruck, Prämonstratenser-Chorherrenstift Wilten bei Innsbruck) erhalten.[12] Einer der Nachfolger des Chorregenten Philipp Haindl war der am 5. März 1746 verstorbene, aus Ried im Innkreis stammende Hermann Sebastian Nöggler. Ein Bewerber konnte in der Regel eine Stelle nur erhalten, wenn er die Witwe oder Tochter des Amtsinhabers heiratete. So ehelichte die 1724 geborene Tochter Nögglers 1746 den in Trostberg geborenen Nachfolger Ludwig Reiter. Als dieser 1763 starb, heiratete seine Witwe im Jahr darauf nochmals, nämlich den nachfolgenden Lehrer und Chorregenten Joachim Grimm von Heilig-Blut bei Erding, der am 23. September 1793 verstarb. Dessen Stieftochter vermählte sich 1786 mit Johann Baptist Dausch.[13] Dieser Mann verdient nähere Beachtung, da er auch als Komponist und Notenkopist belegt ist.

Dausch wurde am 10. September 1759 in Dösingen bei Kaufbeuren geboren. 1774 trat er als Rudimentist in das kurfürstliche Gymnasium zu München ein, das bis zum vorangegangenen Jahr von Jesuiten geleitet worden war, durchlief die Gymnasialklassen als Seminarist des Gregorianums bis zur Logikklasse. Dort genoss er einen ausgezeichneten Musikunterricht. 1774 sang er als Solist in der vorletzten Fastenmeditation der Größeren Lateinischen Kongregation. Im Jahr 1779 bat er um Aufnahme in die Benediktinerabtei Rott am Inn und wurde am 5. Oktober als Frater Meinrad eingekleidet. Er scheint noch im Novitiatsjahr wieder ausgetreten zu sein.

Abb. 2: Sankt-Sebastians-Gesang „Blutzeug Christi" aus dem Augustiner-Chorherrenstift Weyarn. Umschrift einer Handschrift des Musikdirektors Lorenz Justinian Ott, um 1780 (Dombibliothek Freising, WEY 517, Nr. 7).

Abb. 3: Karl August von Bretzenheim (1769-1823), erster Großprior der bayerischen Zunge des Malteserordens. Ölgemälde von Heinrich Carl Brandt (Neckarhausen, Rathaus).

Dausch war Sänger, Geiger und Trompeter.[14] Von 1781 bis 1783 wirkte er, schon nach dem Auszug der Jesuiten, als Stiftmusikant und Tenorist am Kloster Ebersberg. Unter dem 14. Oktober 1788 ist Dausch im Ebersberger Taufbuch als „scholarum Germanorum professor", also als Lehrer an der deutschen Schule, genannt. 1795 betrugen seine Einkünfte als Lehrer 184 Gulden, dazu als Chorregent rund 140 Gulden. Davon musste er für einen Schulgehilfen mit Kost und Lohn 100 Gulden und für die Unterstützung seiner Schwiegermutter 84 Gulden bezahlen. Es blieb ihm also herzlich wenig für seine eigene Lebensführung. So ist verständlich, dass sich Dausch zeitweise ein Zubrot als kurfürstlicher Lottoeinnehmer zu verdienen suchte. Das Lottounternehmen war 1775 verstaatlicht worden und unterstand dem kurfürstlichen Kabinett. Jährlich gab es 40 Ziehungen. Ein Waisenknabe zog die fünf Gewinn-Nummern aus dem Rad. In den achtziger und neunziger Jahren betrugen die Einlagen nicht selten 11.000 bis 12.000 Gulden pro Ziehung. Dausch war einer der im ganzen Land tätigen etwa 2.000 Lottoeinnehmer.[15] Als Lehrer und Chorregent trat er im Jahr 1819 zugunsten seines Schwiegersohnes Joseph Berger zurück, der am 28. November seine Tochter Amalie geheiratet hatte. Berger, Sohn eines Organisten und Wirts, war zuvor Lehrer in Steinhöring gewesen, er wirkte bis 1835.[16] Dausch aber war weiterhin als Nebenlehrer und Chormusikant tätig. Er starb im Jahr 1840.

Der Jesuitenorden wurde 1773 aufgehoben. Im Jahr 1781/82 wurde eine bayerische Zunge des Malteserordens mit einem Großpriorat des Malteserordens mit Sitz in München und Ebersberg errichtet. Erster Großprior wurde Karl August von Bretzenheim mit 26.000 Gulden Jahreseinkünften. (Abb. 3) Der damals erst Zwölfjährige, ein natürlicher Sohn des Kurfürsten Karl Theodor, hatte 1777 in Mannheim von Wolfgang Amadeus Mozart persönlich Klavierunterricht erhalten, als sich dieser vom 14. Juli 1777 bis zum 14. März 1778 dort aufhielt. Mozart stellte seinerzeit für Karl August die leichteren aus seinen 1774 komponierten Klaviervariationen über ein Menuett von Johann Christian Fischer (KV 179/189a) zusammen, wobei er Kurfürst Karl Theodor glauben machte, sie seien eigens für seinen Sohn geschrieben.[17] Der Jugend Karl Augusts wegen führte die Geschäfte sein mit Recht auf Nachfolge eingesetzter Stellvertreter Johann Baptist Freiherr von Flachslanden, seines Zeichens „Großkreuz Kommenthur und General der Galeeren von Malta".[18] Dem bayerischen Zweig des Malteserordens wurde vom Kurfürsten „die Pflicht auferlegt, aus seinen Dotations-Mitteln die Jesuiten-Kirchen nebst dem in denselben herkömmlichen Gottesdienste mit aller Würde im guten Stand zu halten."[19] Dies bezog sich auch auf die Kirchenmusik.

Musikhandschriften aus Ebersberg

Einige wenige Ebersberger Musikhandschriften aus der Zeit der Malteser lassen Rückschlüsse zu auf das kirchenmusikalische Repertoire vor 1800, auf mögliche Verbindungen zu bestimmten Komponisten und auf die gegebenen Besetzungsmöglichkeiten. Es handelt sich um Vokal- und Instrumentalstimmen, die als Abschriften von Johann Baptist Dausch erstellt wurden. Sie befinden sich heute im Notenbestand der Stadtpfarrkirche Sankt Jakob in Wasserburg (jetzt Leihgabe der Kirchenstiftung in der Dombibliothek Freising):[20]

EPP, Franz Xaver SJ   WS 1034
Lytaniae lauretanae C-Dur für Sopran, Alt, Tenor, Bass, 2 Violinen, Viola, 2 Flöten, 2 Oboen, 2 Hörner, 2 Trompeten (Clarini), Pauken und Orgel.
„Pro Choro S. Sebastiani Ebersbergae".
Geschrieben ca. 1790 von J. B. Dausch und anderen.

GLEISSNER, Franz   WS 1054
Missa Es-Dur für Sopran, Alt, Tenor, Bass, 2 Violinen,

Viola und Orgel.
(Viola unvollständig).
Geschrieben 1789 von J. B. Dausch. 2 Hörner später von Christoph Zweckstetter in Wasserburg ergänzt.

HOLZINGER, Benedikt WS 427
Missa pastoritia G-Dur für Sopran, Alt, Tenor, 2 Violinen, 2 Hörner und Orgel.
„Pro Choro Sti. Sebastiani Ebersbergae 1788".
Geschrieben 1788 von J. B. Dausch.

PAUSCH, Eugen WS 1177
Lytaniae lauretanae G-Dur für Sopran, Alt, Tenor, Bass, 2 Violinen, Viola, 2 Hörner, Orgel.
Geschrieben um 1800 von J. B. Dausch.
1 Flöte und 2 Trompeten (Clarini) später von Christoph Zweckstetter in Wasserburg ergänzt.

SCHREINER, (Joseph?) WS 1208
Missa C-Dur für Sopran, Alt, Tenor, Bass, 2 Violinen, Viola, 2 Hörner, 2 Trompeten (Clarini) und Orgel.
„Pro Choro Scti. Sebastiani Ebersbergae 1789".
Geschrieben von J. B. Dausch.

WS 1209
Missa pastoritia F-Dur für Sopran, Alt, Tenor, Bass, 2 Violinen, 2 Hörner, 3 Trompeten (Clarini) und Orgel.
„Pro Choro S. Sebastiani Ebersbergae 1790".
Geschrieben 1790 von J. B. Dausch.

Kompositionen von **Franz Xaver Epp** sind Rarissima. Bisher sind nur zwei weitere bekannt. Neben der lauretanischen Litanei aus Ebersberg existiert noch eine andere in D-Dur im Musikarchiv Sankt Augustin in Wien. Eine Aria pastorita „Una est ovicula" aus dem Jahr 1761 befindet sich im Kloster Einsiedeln. Sie stammt aus dem Jesuitenkolleg in Luzern, wo Epp um diese Zeit Lehrer der Humaniora war. Franz Xaver Epp war eine vielseitige Persönlichkeit. Als Komponist betätigte er sich offenbar nur gelegentlich. Geboren wurde er am 8. Dezember 1733 in Schongau. 1753 trat er in den Jesuitenorden ein. Nach der Promotion zum Doktor der Philosophie wurde er Lehrer für Mathematik und Physik am Münchner Lyceum, wo er als Erster deutschsprachige Vorlesungen hielt. Im Jahr 1770 wurde dort ein schönes, von ihm komponiertes Singspiel „Otto Imperator, Hunnos debellans" aufgeführt.[21] „In der Musik war er Meister, und sein musikalisches Gehör war so leicht zu beleidigen, daß er nicht im Stande war, bey einer schlechten Musik eine Messe zu lesen, weswegen er sich die Officiatiorsstelle verbat."[22] Epp wurde Mitglied der Bayerischen Akademie der Wissenschaften und widmete sich besonders der Meteorologie. So regte er die landesweit vergleichende Wetterbeobachtung an. Unter seinen Schriften erschien unter anderem eine „Systematische Beschreibung einer Sonnenfinsterniß [...] im Jahr 1778". Für die letzte, bereits ein Jahr nach der Aufhebung des Jesuitenordens im Kongregationssaal des Münchner Kollegs veranstaltete Folge von Fasten-Meditationen der größeren lateinischen Kongregation mit dem Titel „ Peccatum argumentum trium Meditationum quas in Adamo et Adami posteris" verfasste er die Texte zum Schauspiel und zur Musik.[23] Die Musik ist verloren, der Text erschien im Druck.[24] Im Jahr 1783 wurde der kurfürstliche Wirkliche Geheime Rat Epp Stadtpfarrer von Heilig Geist in München. Dort führte er 1783 zu Ehren seines ehemaligen Ordensheiligen eine neuntägige Xaveri-Andacht ein. Sie bestand aus einer täglichen Segensmesse und schloss mit einem feierlichen Hochamt, wie dies wohl auch der vorausgegangenen jesuitischen Praxis entsprochen hatte.[25] Nur wenige Jahre später, am 25. Dezember 1789, starb er.[26] Mit der Litanei Epps gelangte eines der ganz wenigen musikalischen Werke eines Angehörigen des Jesuitenordens nach Ebersberg. Es ist anzunehmen, dass dies nicht ohne Zutun des Komponisten geschehen war. (Abb. 4)

Franz Gleissner war zu seiner Zeit einer der besten

Abb. 4: Titelblatt der „Lytaniae lauretanae" C-Dur von Franz Xaver Epp, Abschrift um 1790 (Dombibliothek Freising, Bestand Wasserburg / Sankt Jakob WS 1034).

Abb. 5: Titelblatt und Canto, S. 1, der Missa G-Dur von Johann Baptist Dausch, Autograph 1790 (Dombibliothek Freising, Bestand Wasserburg / Sankt Jakob WS 158).

Komponisten in München. Geboren 1761 im oberpfälzischen Neustadt an der Waldnaab, begann er seine Studien im Münchner kurfürstlichen Gymnasium, noch unter dessen jesuitischer Leitung. Im Seminar komponierte er bereits 1778 ein Requiem auf den Tod des Kurfürsten Max III. Joseph. Von 1784 an war er sechs Jahre lang Militärmusiker. Sein Titel „Maestro di Capella" des Prinzen Maximilian Joseph von Birkenfeld-Zweibrücken, dem späteren bayerischen König Max I., erscheint nur auf der Ebersberger Handschrift von 1789. Im Jahr 1790 wurde Gleissner Kontrabassist im Münchner Hoforchester. Von dieser Zeit an begannen Werke von ihm im Druck zu erscheinen. Besondere Verbreitung fanden seine jeweils sechs Messen op. 1 (1793) und op. 2 (1798), die zusammen mit handschriftlichen Kirchenwerken aus seiner Feder in fast jedem der bayerischen Klöster zu finden waren. Die Ebersberger Messe blieb ungedruckt und ist nach aktueller Kenntnis ein Unikat. Beliebt war Gleissner auch als Komponist von Singspielen und Balletten. Besondere Verdienste aber erwarb er sich in Zusammenarbeit mit Alois Senefelder um die Einführung der Lithographie. Ein gemeinsamer Friedhofsbesuch hatte die beiden beim Anblick der geätzten Inschriften auf den Grabsteinen auf die Idee gebracht, das Verfahren für den Notendruck zu verwenden. 1798 erfand Senefelder in Gleissners Wohnung, wo eine Presse aufgestellt war, den chemischen Druck auf Stein. Die frühesten Drucke waren Kompositionen von Gleissner. Nach der Entlassung aus dem Hoforchester 1803 widmete sich dieser ganz der Einführung der Lithographie und ihrer praktischen Anwendung. 1818 starb er 57-jährig an den Folgen eines Schlaganfalls.[27]

1788 schrieb Dausch für den Ebersberger Kirchenchor die Stimmen einer Missa pastoritia G-Dur von **Benedikt Holzinger** ab. Der Komponist war Benediktiner in Andechs. Er wurde 1747 in Aichach geboren, legte 1766 in Andechs die Ordensgelübde ab und wurde 1771 zum Priester geweiht. Im Kloster wirkte er als Chorregent und tat sich auch als virtuoser Geiger hervor. Nach der Säkularisation blieb er in Andechs und betätigte sich in der Seelsorge der Pfarrei bis zu seinem Tod 1815. Pater Benedikt Holzinger war ein guter, einfallsreicher Komponist. Andernorts sind von ihm zwei lateinische und eine deutsche Messe, eine Vesper, 26 Vesperpsalmen und 17 Marianische Antiphonen erhalten (Fundorte sind die Dombibliothek Freising mit den Beständen Wasserburg, Sankt Jakob und Weyarn, die Pfarrkirchen Benediktbeuern und Schnaitsee, sowie Sankt Michael in München).[28] Auch Holzingers Missa pastoritia aus Ebersberg, eine klein besetzte Weihnachtsmesse, ist Unikat.[29]

Undatiert ist die um 1800 oder etwas früher entstandene und von Dausch in Abschrift gebrachte lauretanische Litanei von **Eugen Pausch**, der einzigen Litanei, die bisher von diesem Klosterkomponisten bekannt ist. Pater Eugen Pausch war Zisterzienser in Walderbach. Er wurde 1758 in Neumarkt in der Oberpfalz geboren und trat nach Studien in Amberg, Eichstätt und Ingolstadt 1777 ins Kloster ein und wurde 1784, ein Jahr nach seiner Priesterweihe, als Professor an das ehemalige Jesuitengymnasium Burghausen berufen, wo er mehrere Jahre wirkte. Vor 1794 kehrte er nach Walderbach zurück und war dort zeitweise Chor- und Seminardirektor. Nach der Säkularisation leitete Pausch für ein Jahr als Direktor das Amberger Seminar und lebte dann in seiner Vaterstadt Neumarkt, wo er 1838 verstarb.[30] Seine zahlreichen im Druck wie auch handschriftlich verbreiteten Werke waren einst sehr beliebt. In Burghausen schrieb Pausch mehrere Singspiele für das Gymnasium. Wir dürften nicht fehlgehen in der Annahme, dass seine Litanei aufgrund persönlicher Kontakte nach Ebersberg gelangte. Im Jahr 1784 wurde Andreas Schlaner, zuvor Professor in Burghausen, für ein Jahr Pfarrer in Ebersberg, bevor er Pfarrer in Riding wurde.[31] Vielleicht spielte er bei der Vermittlung eine Rolle.

Zwei Messen, eine C-Dur und eine Missa pastoritia F-Dur, die in Stimmen von 1789 und 1790 von Dauschs Hand erhalten sind, stammen von einem Komponisten namens **Schreiner**. Verfasser war möglicherweise der Weihenstephaner Benediktiner Pater Joseph Schreiner, der 1744 in Friedberg geboren wurde und 1765 die Ordensgelübde ablegte. Er starb bereits am 25. Januar des Jahres 1800. Über ihn ist bisher weiter nichts bekannt. Weniger wahrscheinlich als Autor ist der Indersdorfer Organist und Lehrer Joseph Schreiner (1753- nach 1803), der erst später als op. 1 (1794) und op. 3 (1798) jeweils sechs Messen bei Lotter in Augsburg im Druck veröffentlichte.

Ungeklärt ist, wie die genannten Handschriften aus Ebersberg nach Wasserburg gelangten. Der Wasserburger Stadtschreiber und Stadtgerichtsschreiber Christoph Zweckstetter (1772-1836), der sich wesentliche Verdienste um die Bereicherung des Musikalienbestands der Pfarrkirche Sankt Jakob erwarb, fertigte um 1815 einen „Musik-Katalog" mit insgesamt 110 zumeist mit Notenincipits versehenen Eintragungen.[32] Gleissners Messe WS 1024 ist darin als Nummer 24 eingetragen, die übrigen Handschriften von Epp, Holzinger, Pausch und Schreiner aber fehlen. Es scheint, dass der Transfer dieser Handschriften nach Wasserburg erst unter Dauschs Nachfolger Joseph Berger erfolgte, jedenfalls aber noch zu Lebzeiten Zweckstetters. Dieser erweiterte bei zwei Werken die Bläserbesetzung. Zu Gleissners Messe fügte er Stimmen für 2 Hörner hinzu, die Litanei von Pausch wurde von ihm um 1 Flöte und 2 Trompeten bereichert. Die zusätzlich im Bestand von Sankt Jakob zu Wasserburg erhaltenen eigenen Kompositionen von **Johann Baptist Dausch** entstanden aus Erfordernissen der Ebersberger kirchenmusikalischen Praxis und besitzen nur lokale Bedeutung. Auch sie gelangten erst nach 1815 nach Wasserburg beziehungsweise wurden dort abgeschrieben. Je eine Komposition ist für die drei Hauptfeste Weihnachten, Ostern und Pfingsten bestimmt. Ferner erhalten sind zwei Messen und eine Ölbergkantate für die Karwoche.[33]

WS 155

„Der Tag, der ist so freudenreich" C-Dur, Predigtgesang de Nativitate Domini für Sopran, Alt, Tenor, Bass, 2 Trompeten (Clarini), Pauken und konzertierende Orgel. Abschrift um 1810.

WS 154

„Christus ist erstanden" C-Dur, Predigtgesang zur österlichen Zeit für Sopran, Alt, Tenor, Bass, 4 Trompeten („Klarinen"), Pauken und Orgel. Autograph 1795.

WS 156

„Komm heiliger Geist" C-Dur für Sopran, Alt, Tenor, Bass, 3 Trompeten, Pauken und Orgel. Abschrift des Wasserburger Chormusikers Franz Kriset um 1800.

WS 157

Missa D-Dur mit Offertorium „Jubilate omnis terra" für Sopran, Alt, Tenor, Bass, 2 Violinen, 2 Trompeten (Clarini) und Orgel. Abschrift des Wasserburger Organisten Michael Stadler und anderer um 1800.

WS 158

Missa G-Dur (Abb. 5) für Sopran, Alt, Tenor, Bass, 2 Violinen, Viola, 2 Trompeten (Clarini), Pauken und Orgel. „Pro Choro Sancti Sebastiani Ebersbergae 1790". Autograph 1790.
(Auf der Innenseite des Umschlags: „Herrn Johann Dausch cfl. Lotto Einnehmern Ebersberg").

WS 159

Ölberg-Kantate D-Dur für Sopran, Bass, 2 Bratschen, 2 Flöten, 2 Hörner und Orgel. Autograph 1795.

Den Handschriften zufolge stand für die Aufführungen ein sicherlich nur klein besetztes Begleitorchester mit 2 Violinen, Viola, 2 Hörnern, 2 Trompeten, Pauken und Orgel zur Verfügung. Stimmen für Violoncello und Kontrabass sind vorhanden. An Holzblasinstrumenten erscheinen bei der Litanei von Epp auch 2 Flöten und 2 Oboen. Bei den Kompositionen von Dausch kamen bis zu 4 Trompeten zum Einsatz.
Zwei bedeutende bayerische Orgelbauer arbeiteten zur Zeit der Jesuiten für die Klosterkirche Ebersberg. Christoph Egedacher aus Straubing (gest. 1661) stellte 1640 eine Orgel auf,[34] deren Disposition nicht überliefert ist. Der vielbeschäftigte Münchner Orgelbauer Anton Bayr (gest. 1791) lieferte 1763 eine neue Orgel, von der der Prospekt erhalten ist. (Abb. 6) Die Disposition lautete:
I. Manual (C-c′′′, 45): Principal 8′, Copel 8′, Viola da Gamba 8′, Oktav 4′, Flöte 4′, Quint 3′, Superoktav 2′, Cornett 3-fach, Mixtur 3-fach.
II. Manual (C-c′′′, 45): Copel 8′, Salicional 8′, Fugara 8′.
1978 erhielt die Kirche ein neues Werk durch die Orgelbaufirma Anton Staller, Grafing.[35]

Abb. 6: Originalprospekt der Orgel des Münchner Orgelbauers Anton Bayr in der Kirche Sankt Sebastian in Ebersberg (1763).

Anmerkungen

[1] Siehe Lipowsky, Felix Joseph: Geschichte der Jesuiten in Baiern, II. T., München 1816, S. 21.
[2] Siehe Stubenvoll, Beda: Geschichte des Königl. Erziehungs-Instituts für Studierende, München 1874, S. 180.
[3] Lipowsky (wie Anm. 1), S. 64.
[4] Siehe Kopf, Franz Xaver: Historia Provinciae Societatis Jesu Germaniae Superioris, Pars IV, ab anno MDCXI ad annum MDCXXX., München 1746, S. 15: „Principes Ebersbergae complures visunt".
[5] Siehe Münster, Robert / Machold, Robert: Thematischer Katalog der Musikhandschriften der ehemaligen Klosterkirchen Weyarn, Tegernsee und Benediktbeuern, (Kataloge bayerischer Musiksammlungen 1), München 1971, S. 72. Signatur WEY 517, Nr. 6 u. 7.
[6] Siehe Archivum Monacense Societatis Jesu (AMSJ), Ms. I 46 Litterae Annuae, S. 713 (1772): „Culta Sanctorum Ignatii, Xaverii, Francisci Regis, Alosii move aliis annis consuere fuit promota per Litanias [...] cantatas."
[7] Siehe ebd., S. 721. Siehe dazu auch: T. S.: Neuntägige Andacht zu Ehren deß Seligen Aloysius Gonzaga S.J., München 1715, 253 S., mit Text einer „Litaney von dem Seligen Aloysio Gonzaga".
[8] Bayerisches Hauptstaatsarchiv, GR Fasc. 782 Nr. 50: „Die aus Kirchengeldern zu Unterstützung der Missionen gewonnene Kapialien." Den Hinweis verdanke ich Herrn Oberarchivrat i. R. Dr. Max Josef Hufnagel.
[9] Siehe AMSJ, Ms. I 46 Litterae Annuae, S. 241 (1711).
[10] Siehe ebd., S. 343 (1722): „Rev^{mus} Weyarensem post cantatum in festo S. Patris solenne officium convivamus".
[11] Freundliche Mitteilung von Kreisheimatpfleger Markus Krammer, Ebersberg. Die Namen der Singknaben finden sich in dem im Pfarrarchiv in Ebersberg verwahrten Eintragsbuch der Sebastians-Bruderschaft. Siehe auch Kastner, Heinrich: Ebersberg, in: Der Landkreis Ebersberg in Geschichte und Gegenwart, Ein Heimatbuch, hg. v. Verlag Bayerische Heimatbücher, München 1960, S. 48-61, S. 54.
[12] Siehe Senn, Walter: Haindl, Franz Sebastian, in: Die Musik in Geschichte und Gegenwart 5 (1956), Sp. 132f. u. Scharnagl, August: Haindl, Franz Sebastian, in: The New Grove 8 (1980), S. 31.
[13] Siehe Held, Heinrich: Altbayerische Volkserziehung und Volksschule, Bd. II, München 1926, S. 258f.
[14] Siehe Ruf, Martin: Profeßbuch des Benediktinerstiftes Rott am Inn, (Studien und Mitteilungen zur Geschichte des Benediktinerordens, 31. Ergänzungsband), St. Ottilien 1991, S. 336.
[15] Siehe Koch, Johann Thomas: Geschichte des Lotteriewesens in Bayern, München 1908.
[16] Siehe Krammer, Markus: „Und werd ich mich in mein trauriges Schicksal fügen", in: Süddeutsche Zeitung / Ebersberger Neueste Nachrichten, 95, Fr., 24.04.1992, S. 2 u. Held (wie Anm. 13), S. 258.
[17] Siehe Bauer, Wilhelm A. / Deutsch, Otto Erich (Hg.): Mozart. Briefe und Aufzeichnungen. Gesamtausgabe, Bd. II, Kassel 1962, S. 109f., 146, 154, 160f. Zwei ebenfalls von Mozart in Mannheim unterrichtete Schwestern Karl Augusts, Eleonore von Bretzenheim (1771-1803) und Friederike Fürstin von Bretzenheim, Äbtissin zu Lindau (1771-1816), erscheinen in der Subskribentenliste der Erstausgabe (1795/96) des Klavierauszugs der für München 1781 geschriebenen Mozart-Oper „Idomeneo": Karoline (1768-1786), die dritte der Schwestern, lebte damals nicht mehr.
[18] Siehe Doeberl, Michael: Entwicklungsgeschichte Bayerns, 2. Bd., 3., erweiterte Aufl., München 1928, S. 356.
[19] Lipowsky, Felix Joseph: Karl Theodor, Churfürst von Pfalz-Bayern, Sulzbach 1826, S. 156.
[20] Siehe Anm. 32.
[21] Siehe Stubenvoll (wie Anm. 2), S. 214. In der Bayerischen Staatsbibliothek befindet sich die Perioche eines Spiels mit ähnlichem Titel von 1771: „Otto Imperator, Hunnorum Victor", komponiert von dem Eichstätter Hofkapellmeister Johann Adam Bachschmidt (4 Bavar. 2196,VIII-64). Ob hier eine Verwechslung vorliegt, kann mangels des Textes von 1770 nicht festgestellt werden.
[22] Baader, Klement Alois: Das gelehrte Baiern I, Nürnberg – Sulzbach 1804, S. 293.
[23] Siehe Münster, Robert: Die Münchner Fastenmeditationen 1724 bis 1774 und ihre Komponisten, in: Brusniak, Friedhelm (Hg.): Quaestiones in Musica. Festschrift für Franz Krautwurst zum 65. Geburtstag, Tutzing 1989, S. 413-441, S. 416 u. 441.
[24] München 1774, 42 Bl.
[25] Siehe Huhn, Adalbert: Geschichte des Spitals, der Kirche und der Pfarrei zum hl. Geiste in München. München 1893, S. 422.
[26] Siehe Allgemeine Deutsche Biographie, Bd. 6, Leipzig 1877.
[27] Siehe Münster, Robert: Für die Kompositionen die Lithographie miterfunden, in: Bayernkurier, 01.03.2001. Vier Kirchensonaten Gleissners sind, hg. vom Verfasser dieses Beitrags, 1973 im Verlag Katzbichler, München, erschienen.
[28] Siehe Kataloge Bayerischer Musiksammlungen, Bde. 1, 2, 7, 10 u. 18, München 1971-1993.
[29] Siehe Münster, Robert: Die Musik im Kloster Andechs, in: Bosl, Karl / u.a. (Hg.): Andechs. Der Heilige Berg. Von der Frühzeit bis zur Gegenwart, München 1993, S. 221.
[30] Siehe Scheglmann, Alois Maria: Geschichte der Säkularisation im rechtsrheinischen Bayern, III/2, Regensburg 1906, S. 229f. u. Lipowsky, Felix Joseph: Baierisches Musiklexikon, München 1811, S. 237f.
[31] Siehe Reithofer, Franz Dionys: Chronologische Geschichte der königl. baierischen Städte Landsberg und Weilheim, des Fleckens Ebersberg und des Klosters Ramsau, München 1815, S. 49.
[32] Original im Pfarrarchiv Wasserburg, St. Jakob.
[33] Die Abschriften und eigenen Werke von Dausch sind verzeichnet in: Thematischer Katalog der Musikhandschriften der ehemaligen Benediktinerinnenabtei Frauenwörth und der Pfarrkirchen Indersdorf, Wasserburg am Inn und Bad Tölz. Unter der Leitung von Robert Münster bearb. v. Ursula Bockholdt, Robert Machold u. Lisbet Thew, (Kataloge bayerischer Musiksammlungen 2), München 1975 u. Bockholdt, Ursula / Holl, Monika / Thew, Lisbet: Thematischer Katalog der Musikhandschriften der Kollegiatstifte Laufen und Tittmoning, der Stiftskirche Berchtesgaden und der Pfarrkirchen Neumarkt-St.Veit, Teisendorf und Wasserburg am Inn [ergänzender Bestand], (Kataloge bayerischer Musiksammlungen 10), München 2002.
[34] Siehe Brenninger, Georg: Christoph Egedacher, in: Die Musikforschung 29 (1976) S. 56-60, S. 56f.
[35] Siehe Ders.: Orgeln in Altbayern, 2. Aufl., München 1982, S. 47, 176 u. 202.

Abbildungsnachweis

Dombibliothek Freising: Abb. 1, 4 u. 5.
Alexander Heinzel, München: Abb. 2.
Stadt Edingen-Neckarhausen: Abb. 3.
Anja Walz, Grafing: Abb. 6.

Hans Ulrich Ziegler

Das Historische Gesamtwerk des Abtes Williram von Ebersberg (1048 – 1085)

Das 934 als Chorherrenstift gegründete und 1013 als Benediktinerkonvent neu errichtete Kloster Ebersberg lag etwa in gleichmäßig weiter Entfernung von anderen Klostergemeinschaften, die schon vorher im Umkreis bestanden hatten oder Jahrzehnte nach den verheerenden Ungarneinfällen etwa zur selben Zeit wieder begründet wurden. Die nächstgelegenen Niederlassungen des Benediktinerordens waren im Westen Wessobrunn und Benediktbeuern, im Norden Weihenstephan bei Freising, im Osten die Klöster Chiemsee und Seeon und im Süden Tegernsee. Dazu sind als nächstgelegene kirchliche Zentren noch das Kathedralkapitel zu Freising und das Chorherrenstift in Isen zu nennen. Hierbei erfüllte das Kloster Ebersberg seit seiner Umwandlung und in gewissem Sinne schon vorher die Funktion eines geistigen Zentrums in dieser bislang von den anderen Ordensniederlassungen aus relativ unerschlossenen Region. Man hatte schon bei seiner Neuerrichtung den ursprünglich aus Sankt Gallen stammenden Mönch Reginbold zum ersten Abt berufen, der die dort in hohem Ansehen stehende Gelehrsamkeit, insbesondere wohl die Kunst des Bücherschreibens und auch die der damals noch führenden Sankt Galler Chronistik, nach Ebersberg brachte.[1] Dieses literarisch-wissenschaftliche Niveau sollte Ebersberg über die Abberufung seines ersten Benediktinerabtes zum Vorsteher des Reichsklosters Lorsch und späteren Bischof von Speyer hinaus erhalten bleiben, denn als fünfter Abt trat 1048 ein gewisser Williram in Erscheinung. Dieser war, wenn man die gesamte ihm zugeschriebene literarische Hinterlassenschaft betrachtet, ein durchwegs eigenwilliger Geist, der gerne Neues wagte, damit aber erfolgreich war und, im Unterschied zu seinem Literatkollegen Otloh von Sankt Emmeram, der in der Geschichtsschreibung gleichfalls neue Wege einschlug, vor allem in seinen literarischtheologischen Werken noch bei seinen Zeitgenossen hohe Anerkennung fand. Zur Förderung der Gelehrsamkeit in Ebersberg trug neben Willirams geistiger Eigenleistung sicherlich auch seine umfassende Bildung grundlegend bei. Durch sein Wirken blieb Ebersberg im geistigen Niveau ganz auf der Höhe der Zeit und wurde in nicht geringer Hinsicht sogar zu einem führenden geistigen Zentrum. Wer war nun dieser Williram?[2]

Soweit wir sicher über ihn wissen oder in Weiterfolgerung dessen wohl mit hoher Wahrscheinlichkeit erschließen können, stammte Williram aus einem vornehmen fränkischen Geschlecht, war mit dem gelehrten Bischof Heribert von Eichstätt verwandt, weiterhin sogar mit den Bischöfen Heribert von Köln und Heinrich von Würzburg und wurde in der Klosterschule von Fulda erzogen, damals eines der führenden Bildungszentren im Reich. Dort lernte er insulare Gelehrsamkeit kennen, die dem ehemaligen angelsächsischen Missionskloster zu höchster Anerkennung verholfen hatte. Von dort aus kam er dann an das Kloster Michelsberg zu Bamberg, an dem er vermutlich auch Scholaster wurde und das von dieser Zeit an die Bedeutung der bislang sehr hoch angesehenen Bamberger Domschule – nach zeitgenössischen Berichten der bedeutendsten im ganzen Reich – einzuholen begann. Williram hatte somit seine Ausbildung an den hervorragendsten Schulen erhalten und wohl auch teilweise in deren Nähe gewirkt. Nach Ausweis historisch-biographischer Notizen wie auch aufgrund seiner Verwandtschaft zum Reichskanzler Heribert von Köln war er ein Mann aus der näheren Umgebung Kaiser Heinrichs III., dessen Gunst ihm offenbar zuteil wurde. Möglicherweise war Williram damit auch Mitglied der königlichen Hofkapelle zu Goslar, was jedenfalls seinem Stand entsprochen hätte und seine besondere Nähe zum engeren Gefolge des Kaisers erklären würde. Als Hofkapellan müsste er folglich auch mit dem Urkundenwesen in der Reichskanzlei enger vertraut gewesen sein, hätte vielleicht sogar als Notar einige Zeit in dieser gedient. Irgendwann, entweder bereits unter der Regierung Heinrichs III. oder wohl eher erst unter der seines Nachfolgers Heinrich IV. versiegte die Quelle der kaiserlichen Gunst für Williram. Die genauen Gründe hierfür sind unklar. Vielleicht wegen seiner etwas zu stark reformpäpstlichen Haltung nicht in den erwünschten Rang eines Reichsbischofs emporgehoben – die Kaiser wollten aufgrund ihrer mitverantwortlichen Stellung für die Kirche wesentlich zu deren Reform beitragen, was die Reformpäpste jedoch alleine als ihre Aufgabe betrachteten – und 1048 zum Abt von Ebersberg ernannt, der er Zeit seines Lebens bleiben sollte, widmete er sich als solcher intensiv seinen verwaltungstechnischen und literarischen Interessen.[3]

Willirams Werke

Das gesamte literarische Schaffen Willirams, so wie dieses in der Forschung bislang mit hinlänglicher Sicherheit der Zuweisung an ihn umreißbar scheint, bezieht sich auf drei Bereiche:

Sichere Kunde haben wir von seiner theologisch-literarischen Arbeit, für die sein Name in den Quellen belegt ist. Nach Ausweis mehrerer Kopisten verfasste Williram eine Auslegung des Hohen Liedes Salomons in lateinisch-deutscher Mischprosa, dazu auch eine Widmung des Bibelkommentars an Kaiser Heinrich IV. und sein eigenes Epitaph (Nachruf) in Versen. Wegen der Bezeichnung der Werke als solche des „Williramus abbas" durch die Kopisten lassen sich diese aufgrund ihrer Abfassungszeit, die sich wiederum durch Zeitbestimmung des Schriftstiles der erhaltenen Überlieferungen erschließen lässt, deutlich auf Abt Williram aus Ebersberg beziehen.[4] Der Bibelkommentar fand in vielen Kopien Verbreitung, von denen die ältesten erhaltenen Exemplare in ihrer Abfassungszeit noch dicht bis an die Entstehungszeit des Werkes heranreichen; vielleicht entstanden noch eines oder einige wenige davon zu Lebzeiten und damit unter der Aufsicht Willirams, was nur durch eine aufwändige Schriftuntersuchung geklärt werden könnte.[5]

Die zweite Williram zugeschriebene Gruppe betrifft das historische Werk. Dieses besteht insbesondere aus der Klosterchronik, die mit der Vorgeschichte der Errichtung des Klosters, der Geschichte des Grafenhauses von Sempt-Ebersberg ab dem 9. Jahrhundert, beginnt und mit dem Jahr 1045 beziehungsweise einem kurzen Nachspann bis zu Abt Eckbert, dem unmittelbaren Vorgänger Willirams, endet.[6] Die Zuweisung dieser Chronik an Williram beruht bislang nur auf der zeitlichen Übereinstimmung und der Tatsache seiner Vorsteherschaft des Klosters. Daneben sind noch einige weitere historische Arbeiten in demselben Kodex erhalten, der die Chronik in ihrer ältesten Niederschrift überliefert. Diese sind ein Kalendar (Verzeichnis von Jahrtagen) des Klosters, eine Aufstellung der Fränkischen Könige und Kaiser von den Karolingern bis zu Heinrich II. und eine damit im engen Zusammenhang stehende Arbeit, eine Konkordanz dieser, nun aber in ihrer Liste bis zu Heinrich IV. geführt und mit ihren Regierungsjahren bezeichnet, mit den Listen der Grafen von Ebersberg, deren Ehegattinnen und schließlich den Äbten des Klosters.[7] (Abb. 1) Über die Urheberschaft dieser drei kleineren Werke ist außer der Tatsache, dass sie im Kloster entstanden sein müssen, bislang nichts Näheres bekannt. Die dritte Williram zugeordnete Gruppe betrifft das bislang ebenfalls nur mit hinlänglicher Wahrscheinlichkeit

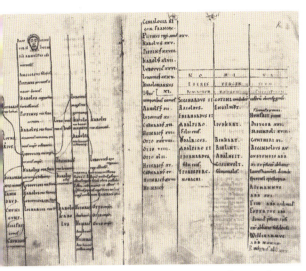

Abb. 1: Das älteste Verwaltungshandbuch des Klosters Ebersberg, das Historische Gesamtwerk des Abtes Williram; hier: die Regententafel, entstanden wohl mit eigenhändiger Beteiligung Willirams (BayHStA, KL Ebersberg 2, fol. k).

zuweisbare dokumentarische Werk. Es besteht aus einem Traditionskodex (Sammlung der Aufzeichnungen von Traditionen = Schenkungen an das Kloster) und einem Tauschkodex. Beide Kodizes sind in demselben Buch überliefert, das daneben auch das gesamte historisch-literarische Werk enthält.[8] Es handelt sich somit um einen eigenen Gesamtkodex für die historischen und dokumentarischen Angelegenheiten des Klosters, hier der Einfachheit halber als Historisches Gesamtwerk bezeichnet. Während gewöhnlich alle Teile auf eigenen Faszikeln beginnen, die dann zusammengeheftet wurden, oder wenigstens auf neuen Seiten, so wird das dokumentarische Werk durch eine nochmalige Kurzfassung der Klosterchronik eingeleitet, an deren Ende sich unmittelbar der Traditionskodex anschließt. Beide dokumentarischen Kodizes, deren Einträge undatiert sind, reichen nach Ausweis der aus den Namen und dem Schriftstil erschließbaren Datierungen bis in das 12. Jahrhundert hinein. Bezüglich der Zuweisung an Williram war man bislang nur von einer pauschalen Vermutung seines Wirkens im Kloster aus Enttäuschung über die nicht erfolgte Beförderung auf einen Bischofssitz ausgegangen, die einzig auf den realen Daten der Abfassung von Chronik und damit im fließenden Übergang auch des dokumentarischen Werkes nach 1045 in Verbindung mit der Annahme ihrer Herstellung durch den Leiter der Klostergemeinschaft beruhte.

Die Charakteristik der einzelnen Werke Willirams hängt daher grundlegend mit dem Erfordernis ihrer möglichst sicheren Zuweisung zusammen. Sie korrespondiert aber möglicherweise auch mit gemeinsamen charkteristischen Grundmerkmalen seines Gesamtwerkes. Über sein theologisch-schriftstellerisches Werk sind bereits zahlreiche Abhandlungen erschienen, die einesteils seine Stellung in der Sprachgeschichte, andernteils die Charakteristika seiner Schaffensinhalte und schließlich die ihrer literarischen Form hervorheben, die Williram so bekannt gemacht haben.[9] Wer war nun dieser Williram, wie arbeitete er und worin lag das Geheimnis seines Erfolges in der Sicht seiner Zeitgenossen, sowie aus unserer heutigen Sichtweise?

Einige Wesenszüge seiner literarischen Werke

Zum besseren Verständnis seiner gesamten Schaffensweise sei zunächst in wenigen knappen Stichpunkten nochmals an einige Grundcharakteristika seines literarischen Werkes erinnert; denn unter diesem Aspekt wird eine Gesamtwürdigung seines historisch-dokumentarischen Werkes vorzunehmen sein. Grundsätzlich aber bildet die Einzelanalyse jedes Werkes für sich die Basis seiner Beurteilung. Dafür stehen zeitlich-korrelative, strukturell-anlagetechnische, stilistische und schrifttechnische Aufschlussmöglichkeiten zur Bestimmung des Verfassers und zur Charakteristik seines Werkes zur Verfügung. Das gewöhnlich sicherste dieser Indizien, der Schriftbefund, kann hier jedoch keine volle Bestimmung des Verfassers ermöglichen, da die hohe Wahrscheinlichkeit besteht, dass Williram seine Chronik nach Diktat durch andere Schreiber erstellen ließ. Dafür spricht die Herstellung seines theologischen Werkes. Der Schriftbefund wird somit eine nachrangige Stellung einnehmen.

In seiner Auslegung des Hohen Liedes Salomons, die sich gleichermaßen durch eigene Gedanken wie ausgefallene Form auszeichnet, verwendet Williram eine Mischsprache aus Latein und Frühmittelhochdeutsch. Damit will er nach seinen eigenen Worten bewusst eine Interpretationshilfe zu seiner Bibelexegese leisten, fällt aber hiermit stilistisch freilich ganz aus dem Rahmen zeitgenössischer literarischer Arbeitsweise. Zwar knüpft er hiermit an den etwa vierzig Jahre früher wirkenden Notger von Sankt Gallen an, doch immerhin als erster nach relativ langer Zeit eines im ganzen Reichsgebiet im Allgemeinen unbedeutenden Literaturschaffens und ebensolchen Verstummens der althochdeutschen Literatursprache, profiliert sich aber mit seinem Neuansatz durch die Weiterentwicklung von Notgers lateinisch-deutscher Mischprosa in substantieller Hinsicht der Sprachgestaltung. Zugleich wagt er gänzlich neue Thesen bei seiner Beurteilung der wissenschaftlichen Disziplinen der Theologie und der Philosophie in ihrer Bedeutung zueinander, wobei er gegen die bisher gültige allgemeine Ansicht letztere zur Hilfswissenschaft der erstgenannten erklärt. Doch hat sich Williram vor allem mit seinen theologischen Traktaten in sachlicher wie literarisch-formaler Hinsicht hohes Ansehen bereits unter seinen Zeitgenossen verschafft. Dies zeigt sich nicht nur in der Vielzahl der Kopien seines Kommentares zum Hohen Lied, die schließlich auch von einem Ebersberger Skriptorium zeugen, sondern auch darin, dass solche von hochgestellten Personen erbeten wurden. Vor allem darauf beruht sein Ruf, das Kloster Ebersberg weiterhin beziehungsweise noch mehr als sein Vorgänger Reginbold zu einem geistigen Mittelpunkt des weiteren Umkreises, auch über den oben abgesteckten Wirkungsraum der benachbarten Klöster und ihrer zum Teil ebenfalls bedeutenden Bildungseinrichtungen hinaus, gemacht zu haben.[10] (Abb. 2)

Hierin treten nun wichtige Wesenszüge seines Schaffens zutage, die zumindest für sein theologisch-literarisches Werk grundlegend sind: Williram wirft mit seiner Auseinandersetzung über die Bedeutung der Disziplinen Konventionen über Bord, deren Sinn er selbst nicht zu ergründen vermag und versucht von der dominierenden Bedeutung seines theologischen wie von ihm auch ganzheitlich verstandenen Weltbildes aus gesehen, die Dinge auf die zentrale Wurzel alles Seins zu reduzieren und in logischer Weiterfolgerung von dieser Basis aus zu argumentieren. Von Bedeutung ist dabei auch ein Grundzug der Realitätsliebe, die willkürlich angesetzten Spekulationen keinen Freiraum bietet. Unter dieser Voraussetzung sollte letztendlich auch sein historisches Werk betrachtet werden, wenngleich dieser Aspekt auch für sich alleine durch seine Allgemeingültigkeit nicht als Aufschlussindiz dient. Aber noch ein weiterer Grundzug seiner schriftstellerischen Tätigkeit scheint hier bemerkenswert: Durch seine Mischsprache und besonders auch durch deren qualitativ bestrebte Anwendung versucht er zu präzisieren, wobei er auch hier Konventionen des üblichen Sprachgebrauches zweckgebunden außer Acht lässt, wenn sie seinem Grundziel nicht dienlich scheinen. Ein Bestreben nach Klarheit der Aussage liegt solchem Tun zugrunde, das schließlich auch mit einer Liebe zu wenig umschweifender elementarer Schilderung korrespondiert. Seine dreispaltige vergleichende Darstellung des ausführlichen Evangelientextes mit der Vulgata und mit seiner Kunstsprache letztlich dokumentiert eine Vorliebe zu klarer, übersichtlicher Darstellung, wie sie auch ein Grundzug ist für eine thematisch aufgegliederte Sammlung von Rechtstiteln gemäß ihres Typus oder einer spaltenförmigen Konkordanz von Regierungs- und Amtsdaten, wie sie in oben genannter Form im Ebersberger Kodex vorliegt. Lässt sich aber eine Autorschaft Willirams oder zumindest seine Teilhaberschaft am dokumentarisch-historischen Gesamtwerk, die hiermit sozusagen „in der Luft liegt", wirklich packen?

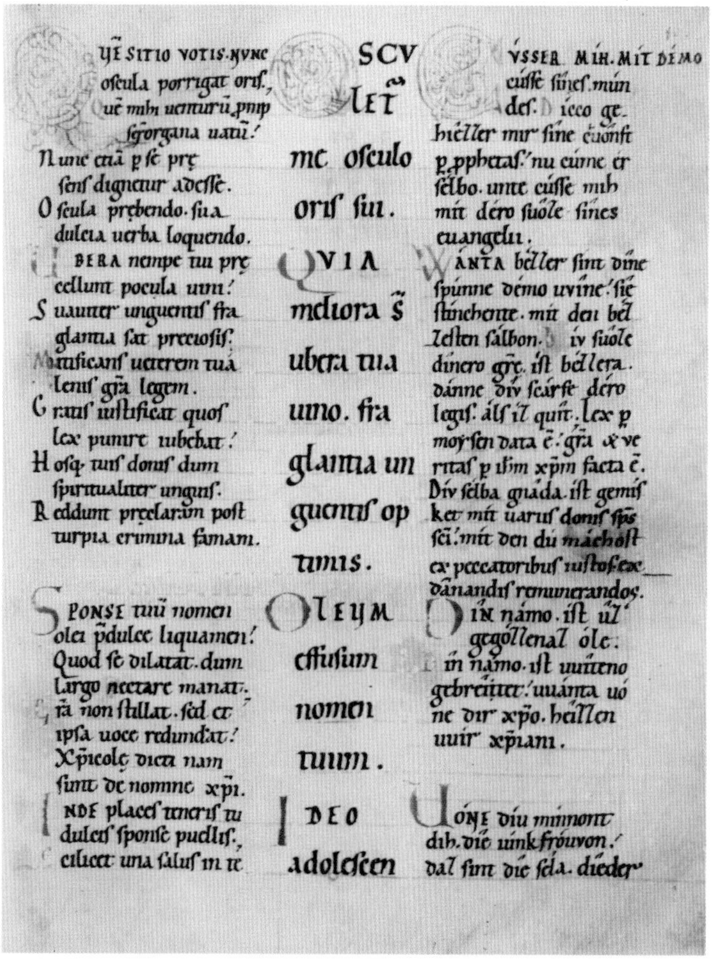

Abb. 2:
Das Hohe Lied der Liebe Salomons in einer wohl noch unter Abt Willirams Leitung in Ebersberg entstandenen Handschrift (BSB, Clm 10, fol. 10).

Das dokumentarische Werk

Hierbei erscheint zunächst eine Beobachtung interessant, die sich im Zusammenhang mit der oben geschilderten Biographie Willirams ergibt: Es erscheint möglich, dass er vor oder eventuell auch während seiner Tätigkeit als Scholaster zu Bamberg aktiv an der Urkundenausstellung im Dienste der Reichskanzlei tätig war. Auffällig ist jedenfalls, dass die Tätigkeit eines namentlich unbekannten und daher mit der anonymen Sigle „HA" bezeichneten Gelegenheitsschreibers der Reichskanzlei genau im Jahre 1048 endete, als Williram zum Abt von Ebersberg ernannt wurde.[11] Ob dieser nun wirklich Williram war, könnte nur durch einen Schriftvergleich geklärt werden, der sich wegen der im Mittelalter vorherrschenden Aufgliederung des Schriftwesens in verschiedene Schriftarten für Königsurkunden, Privaturkunden, Verwaltungshandbücher, Bibeltexte und zuletzt auch noch für Unterschriften und für Alltagsnotizen und der daraus resultierenden Probleme der Identifizierung unterschiedlicher Buchstabenformen als sehr aufwändig erweist.¹² Diese Frage aber kann zunächst auch noch dahingestellt bleiben, da es hier darum geht, die Konzeption seines Wirkens zu erklären, nachdem das dokumentarische Werk möglicherweise ohnehin nicht von seiner Hand stammt, obgleich es vielleicht von ihm verfasst oder zumindest redaktionell beeinflusst ist. Dies würde jedenfalls seiner Position als Abt entsprechen und auch mit anderweitigen Erfahrungen korrespondieren. Für seine redaktionelle Gestaltung aber genügt bereits das Wissen um seine Nähe zu König Heinrich III. als Beleg für sicher anzunehmende Kenntnisse im Urkundenwesen des Reiches.

Der zeitliche Ansatzpunkt des ebersbergischen Traditionskodexes ist aus seiner Historischen Einleitung bereits klar: er muss nach 1045 entstanden sein. Eine Beurteilung des Schriftstiles, der schließlich das ganze Zeitalter unserer Schriftkultur hinweg stetigem Wandel unterliegt, erlaubt eine genauere Bestimmung seiner Grundanlage für den Zeitraum von um bis circa 30 Jahre nach der Jahrhundertmitte. Seine Anlageabsicht und Redaktion durch den 1048 berufenen Abt Williram ist damit höchst wahrscheinlich. Dasselbe gilt für den Tauschkodex, der alleine die Tauschurkunden zu den einzelnen durch Schenkung bei der Grundausstattung erhaltenen Klostergütern enthält. Beide Kodizes wurden nach ihrer umfangreichen Grundanlage, die ein Schreiber etwa bis zum Ende des 11. Jahrhunderts hin besorgte, von verschiedenen Händen bis ins 12. Jahrhundert hinein weitergeführt.

Ein Traditionskodex ist die dem bayerischen Rechtskreis eigene Form der Beurkundung von Schenkungen an ein Kloster. Anstelle der Ausfertigung einer förmlichen Urkunde, die zu dieser Zeit im bayerischen Raum aufgrund einer sich lange haltenden Tradition mündlicher und symbolischer Rechtshandlungen nur für die Rechtsgeschäfte hoher Würdenträger und Landesherren üblich war, wurde vom Empfänger, dem Kloster, eine Notiz in ein Buch geschrieben, die zusätzlich zum Rechtsgeschäft die wichtigen Zeugennennungen beinhaltet, die alleine den Beweiswert bildeten beziehungsweise diesen beschafften. Die formale Gestaltung solcher Schenkungsurkunden an ein Kloster war bereits in der aus dem frühen Mittelalter stammenden Lex Baiuvariorum vorgeschrieben worden, wobei dort deutlich auf den Vollzug des Rechtsgeschäftes durch symbolische Handlung über dem Altar und auf den Zeugenbeweis verwiesen war. Da im Unterschied zu den anderen Stammesherzogtümern königliche Bestimmungen zum Urkundenbeweis in bayerisches Volksrecht nicht eindrangen, waren hier auch weitere schlichte Aufzeichnungen ohne Zeugennennung im Grunde genommen nichts anderes als ebensolche Gedächtnisstützen.¹³

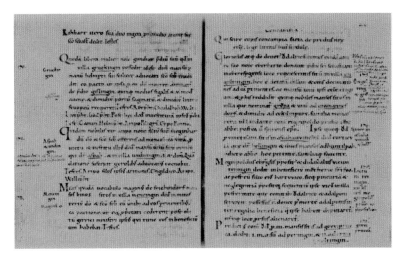

Abb. 3:
Der Anfang des Tauschkodexes im ältesten noch zu Zeiten Abt Willirams entstandenen Verwaltungshandbuch des Klosters Ebersberg (BayHStA, KL Ebersberg 2, fol. 26).

Im Ebersberger Traditionskodex findet sich nun, wie bereits dargelegt, eine eigene Abteilung für Tauschnotizen, die anfangs ohne Zeugennennung sind. (Abb. 3) Eigentlich handelt es sich um zwei verschiedene Kodizes auf Einzelfaszikeln, die nachträglich zusammengeheftet wurden. Die Schriftzüge der Grundanlage beider Kodizes stammen von derselben Hand, womit eine gemeinsame Gesamtredaktion beider Werke nochmals verbürgt ist. Für derartige Rechtsaufzeichnungen der Tauschgeschäfte aber war die in der Lex Baiuvariorum vorgeschriebene Bestimmung des Zeugenbeweises nicht explizit gültig. So ist es auch erklärbar, dass diese in Freising zum Beispiel, wo schon über ein Jahrhundert zuvor ein Verwaltungs„beamter" des Hochstifts einen solchen eigenen Tauschkodex neben dem bischöflichen Traditionskodex angelegt hatte, im Unterschied zu letzterem ohne Zeugennennungen sind. In den eingangs genannten Klöstern der näheren Umgebung aber findet sich eine solche Aufteilung nicht; auch nicht in jenen, die sich anderweitig als literarische Geisteszentren auszeichnen, wie etwa Tegernsee oder Seeon. In diesen finden sich vielmehr solche Tauschnotizen mit Zeugennennung und ohne bemerkenswertem Unterschied der Formulare unter die Traditionsnotizen gemischt vor.¹⁴ Der Ebersberger Kodex nimmt hier eine Mittelstellung ein: Er ist separat abgefasst, wie in Freising, seine Einträge sind aber mit Ausnahme der ersten drei durchwegs mit der Zeugenformel ausgestattet. Da die ersten drei Einträge alle die Zeit vor 1045 betreffen und zum Teil noch sehr viel weiter zurückliegen, waren die Zeugen dieser möglicherweise nur mehr mündlich oder aus Besitztradition überlieferten Rechtsgeschäfte vielleicht nicht mehr bekannt. Jedenfalls stammen die nachfolgenden Einträge mit der Zeugenformel von derselben Hand und auch ein zeitlicher Abstand ist den Schriftzügen nach nicht zu erkennen, womit die Annahme der nicht mehr bekannten Zeugen sicher erscheint. Damit aber erweist sich der Redaktor des Dokumentenwerkes als konservativ dem lokalen Kulturkreis angepasst; eine Entlehnung von Vorbildern der progressiven Tauschurkunde in den Bistümern Freising und Bamberg, die sich beiderorts gleichermaßen aus jener schlichten bayerischen Zeugennotiz heraus über dieses ihr eigenes Formular allmählich zur schlichten Beweisurkunde weiterentwickelt hatte und deren Bezeugungswert nun in der Niederschrift der Aufzeichnung selbst zu liegen begann, fand hier in Ebersberg wie im Umkreis nicht statt.[15] Dabei musste seinem Redaktor, wenn er schon die Freisinger Buchaufteilung benutzte und damit auch teilweise das dortige Urkundenformular, wie sich in der Wendung „E contra" als Satzbeginn zeigt, und wenn er ferner auch die Urkundenentwicklung in Bamberg kannte, die sich dort besonders auch in den letzten Jahren seines Wirkens deutlich manifestiert hatte, eben diese Entwicklung des Privaturkundenwesens zur schlichten Beweisurkunde geläufig gewesen sein. Hinzu kommt noch eine weitere Auffälligkeit: Zu einer Tauschnotiz, die ein Rechtsgeschäft zwischen Kaiser Konrad II. und dem Hochstift Freising aufzeichnet, fügte der Ebersberger Kodexschreiber den erläuternden Vermerk zur Form der Urkunde hinzu, dass diese keine Zeugen enthalte, da die Königsurkunde beziehungsweise die königliche Autorität solcher nicht bedürfe.[16] Dies bedeutet, dass der Redaktor der ebersbergischen Verwaltungskodizes, der hier inmitten des großen Reichsforstes nicht auf viele eigene Muster erhaltener Königsurkunden zurückgreifen konnte, die königlichen Beurkundungsbräuche nicht nur kannte, sondern auch hintergründig zu erklären wusste. Vielleicht ist es kein Zufall, dass diese Bemerkung in die Regierungszeit des von Williram wegen persönlicher Enttäuschung nicht geschätzten Kaisers Heinrich IV. fiel, unter dessen Herrschaft die Zeugenformel in die Königsurkunde einzudringen begann. Galt doch die Schelte der Beweiskraft einer Königsurkunde bislang als ein unmöglicher Vorgang. Dieses Wissen konnte Williram aus Bamberg mitgebracht haben, wo Kaiser Heinrich III., sein früherer Gönner, besonders häufig Hof gehalten hatte und im Anschluss an die frühere Entwicklung des Verwaltungswesens in der bischöflichen Kanzlei und der ehemals dort ansässigen italienischen Abteilung der Reichskanzlei, deren Vorstand der Bamberger Bischof war, dieser Ort einen traditionellen Mittelpunkt auch der Beschäftigung mit dem Urkundenwesen bildete. Verfasste doch noch um 1120 dort der Bamberger Scholaster Udalrich, selbst Mitglied der Reichskanzlei und Hauptnotar der Bischofskanzlei, ein Formularbuch zur Vermittlung der Kunst des Urkundenschreibens.[17] Die Ursache für Willirams gemischt progressiv-konservatives Verhalten lag somit sicherlich nicht in einer Unkenntnis der allgemeinen Entwicklung des Privaturkundenwesens, wie schon seine gelehrte Bemerkung zum Urkundenwesen des Reiches zeigt. Sie konnte somit nur in einer bewussten Verhaltensweise begründet sein, und zwar entweder in einer gewissen persönlichen Eigenwilligkeit – vielleicht mit dem Zweck, die Privaturkunde nicht in Berührung mit vereinzelten scheinbaren äußeren Ähnlichkeiten von Eigenschaften der Königsurkunde gelangen zu lassen? – oder auch in einer bewussten Förderung lokaler Schrifttradition, wie sie insbesondere für die Klöster in der Umgebung Ebersbergs typisch ist. An diese hielten sich in Ebersberg auch die späteren Schreiber, die die Urkundenschrift beherrschten und noch zu Beginn des 12. Jahrhunderts Einträge oder Nachträge vornahmen. Interessant in diesem Zusammenhang ist auch Willirams Anwendung eines inzwischen veralteten und ebenfalls noch im Umkreis üblichen Stils der Zeugenformel mit der Formulierung „testes per aures tracti sunt" („die Zeugen wurden an den Ohren gezogen"), die auf einen alten bayerischen Brauch zurückging. Allerdings sollte auch das Sicherungsmotiv noch im Auge behalten werden.[18]

Pauschal aber kann für die Tatsache der Gesamtredaktion in zwei verschiedene Kodizes das gedankliche Grundprinzip klarer Informationsvermittlung und Sachlagenergründung erkannt werden. Diese grundlegenden Abstrakta werden nebensächlich auch mit jenen bereits festgestellten seines theologisch-literarischen und mit den weiteren seines historisch-literarischen Werkes zu vergleichen sein.

Das tabellarisch-historische Werk

Das historische Werk, das Williram ebenfalls bislang mit ermangelnder Sicherheit zugeschrieben wird, besteht eigentlich aus zwei formal verschiedenartigen Teilen, einem tabellarischen und einem literarischen historischen Werk. Ersteres beinhaltet die beiden oben genannten Konkordanztafeln, letztgenanntes die beiden Fassungen der Klosterchronik, die ausführliche und ihre Wiederholung in Kurzfassung zur Einleitung des Traditionskodexes.[19]

Die beiden tabellarischen Konkordanzen sind in einer kalligraphischen (schönschriftlichen) Minuskel (Schrift, überwiegend aus Kleinbuchstaben bestehend) hergestellt, die in der Eleganz ihres Duktus (Eigentümlichkeiten der Bewegungsführung) und in einigen Merkmalen des Formentypus ihrer Ausprägungen der Urkundenminuskel sehr nahesteht. Zu Hervorhebungszwecken wurde diese von einer Majuskelschrift (Schrift in Großbuchstaben), die von derselben Hand herrührt, abwechselnd ersetzt. In diesem, der Urkunde sehr nahestehendem

Schriftcharakter aber unterscheidet sich das tabellarische Werk grundlegend vom Haupttext des literarischen, das in seiner Grundanlage in einer recht ordentlichen, allerdings im dokumentarischen Teil nicht streng kalligraphischen Buchminuskel gestaltet ist, die in ihren kalligraphischen Abstufungen eben ganz den Textinhalten für Darstellungen säkularer Schriftinhalte entspricht. Einige wenige spachtelförmige Ansätze der Oberlängen in der Minuskel des tabellarischen Werkes erinnern an ein Schriftcharakteristikum, das die kontinentalen Nachfolgeschriften in Klöstern auszeichnet, die einst insulare Gründungen waren. Die Ähnlichkeiten allerdings sind nicht signifikant stark und können deshalb, wie aufgrund möglicher weiterer Verwandtschaft nicht sicher für eine bestimmte Nähe zu einem solchen einstigen Missionskloster in Anspruch genommen werden. Doch ist hier ein anderes, sehr auffälliges Merkmal zu verzeichnen: Die zweite Tabelle, die in ihrer vierten Spalte die Liste der Ebersberger Äbte mit den Angaben ihrer Amtszeiten enthält, endet mit Abt Rupert, dem Nachfolger Willirams. Der letzte Eintrag zu Abt Rupert aber ist als einziger von anderer Hand nachgetragen. Folglich gelangte die Texthand der beiden Konkordanztabellen bis zu Abt Williram, wobei auffällt, dass noch das erste Element „x" des römischen Zahlzeichens für 37 – so lange leitete Williram den Konvent – noch von der Haupthand stammt, während bereits die weiteren Ziffern dieser Jahresangabe der Nachtragshand zuzurechnen sind. Eine Rasur liegt nicht vor. Der Schreiber beider Werke fügte somit den während seiner Lebenszeit möglichen und erwartbaren Zeichenbestand hinzu. Diese Feststellung passt recht gut zu Williram, von dem wir wissen, dass er auch sein eigenes Epitaph[20] bereits selbst fertigte. Aufgrund der Nähe der Schrift zu Fulda und zu jener der Reichskanzlei soll dieser Spur durch eine Schriftanalyse noch genauer nachgegangen werden, doch erst zum Ende der Erörterungen.[21]

Über das System der Anlage dieser Konkordanzen aber ist zu sagen, dass beide, jene der Könige und Kaiser und die der Ebersberger Grafenfamilie und Äbte, getrennt angelegt wurden, um die Übersichtlichkeit nicht zu stören. Da die Konkordanz der Könige und Kaiser, auch im Hinblick auf die Querverweise, zu verschachtelt für eine Gegenüberstellung gewesen wären, wurden die für den östlichen Reichsteil relevanten Regentendaten nochmals in einer eigenen Spalte zur zweiten Aufstellung exzerpiert. Ähnlich wie bei der Aussonderung der Tauschgeschäfte, die nach den getroffenen Feststellungen nicht aufgrund einer rechtlich-formalen Unterscheidung des Urkundenmaterials, sondern aufgrund sachlicher Kriterien vorgenommen wurde, um die Übersichtlichkeit der Erwerbsnachweise und ihrer späteren Änderungsverfügungen zu fördern, sollte auch mit dieser Maßnahme der Konkordanzgestaltung ein sachlicher Überblick zum Zweck einer optimalen Orientierung über die historischen Daten begünstigt werden. Dies ist dem Redaktor auch recht gut gelungen. Hiermit unterscheidet er sich schließlich von manch anderen Zeitgenossen, die sich um solche Maßnahmen gar nicht erst bemühten. Letztlich ist auch zu bedenken, dass eine solche schriftstellerische Technik hinsichtlich der damals durch teures Pergament beschränkten Übungsmöglichkeiten, wie allgemein auch im Hinblick auf den damaligen Stand geistig-evolutiver (im Verlauf langer Zeit sich vollziehender) Entwicklung, die uns heute aufgrund unserer zunehmenden Routine geistiger Arbeit als relativ selbstverständlich erscheinen mag, für die damalige Zeit aber, wenn auch nicht in ihrer tatsächlichen Errungenschaft, so doch in der relativen Schwierigkeit ihrer Bewerkstelligung eine beachtliche Leistung darstellt.[22]

Das literarisch-historische Werk

Dieses besteht, wie bereits genannt, aus einer vier Seiten umfassenden Chronik des Klosters, die dem oben genannten Traditionskodex vorangeheftet ist, und einer nochmaligen, stark verkürzten Fassung derselben als Einleitung zum Schenkungskodex.[23] (Abb. 4) Hierdurch sollte nicht etwa, wie im Beispiel des Zeitgenossen Otlohs aus Sankt Emmeram, die bislang unübliche Verknüpfung einer Historia mit Dokumentenbelegen versucht werden; vielmehr versteht sich diese Einleitung als ein etwas ausführlicherer Ersatz für eine allgemein bisher schon übliche Gründungsnotiz. Ihr Verfasser steht damit vor allem auch im beschriebenen regionalen Bereich durchaus noch im Einklang mit dem stark traditionsgebundenen Umfeld einer Klostergeschichtsschreibung einerseits und der einer ebenso traditionellen Art von

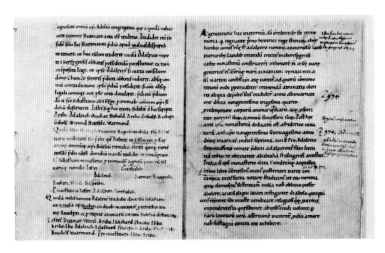

Abb. 4:
Die erste Seite des Traditionskodexes der Benediktinerabtei Ebersberg mit einer verkürzten Fassung der Klosterchronik als Einleitung (BayHStA, KL Ebersberg 2, fol. 9).

Abb. 5-10: Das Chronicon Eberspergense in der ältesten Verwaltungshandschrift des Klosters Ebersberg (BayHStA, KL Ebersberg 2, fol. 1-6).

Rechtssammlungen in Form solcher Schenkungsbücher andererseits.[24] Ein Unterschied allerdings besteht darin, dass Williram seine Klostergeschichte recht ausführlich mit realem Geschichtswissen zu füllen vermochte, was den meisten schon vor den Ungarnstürmen gegründeten Klöstern im Umkreis wegen des Verlustes an historischer Überlieferung kaum mehr gelang. So existiert zum Beispiel nur eine inhaltlich sehr dürftige und stark fabelhafte Gründungsnotiz des Klosters Wessobrunn, das bei den Ungarneinfällen verwüstet worden war und nachher wieder neu begründet werden musste. Im Falle des Klosters Ebersberg liegt nun der glückliche Umstand vor, dass die gräfliche Burg dank der Voraussicht und Tüchtigkeit des Ebersberger Grafenhauses den kriegerischen Wirren nach Ausweis der Überlieferung standhielt und, durch diesen Umstand begünstigt, eine verhältnismäßig reiche Überlieferung historischen Wissens aus weit vor die Kloster- beziehungsweise Stiftsgründung zurückreichender Zeit in der Chronik überliefert werden konnte.

Dennoch kommt auch sie nicht ohne fabelhaftes Beiwerk aus, das eben nicht nur als Füllwerk, sondern darüber hinaus als ein literarisches Merkmal der Epoche zu gelten hat.

Die Niederschrift der Chronik geschah von einer Hand, die nach paläographischen (schriftkundlichen) Kriterien der Zeit zwischen ungefähr 1050 und etwa 1070 bis 1080 zuzuweisen ist. Nach 1045 muss sie gemäß Ausweis eines überlieferten Datums entstanden sein. Dieses wurde aber, wie ein weiteres Datum, eine sachliche Ergänzung und eine grammatikalische oder stilistische Verbesserung, korrigiert. Die Korrekturhand scheint, soweit die dürftigen Einträge eine sichere Aussage über die Schrift zulassen, im Zeitstil fortschrittlicher zu sein. Ob es sich bei dieser Korrektur um eine nur wenig oder viel spätere Ausbesserung oder auch Interpolation (Verfälschung) handelt, kann alleine aus diesem Befund nicht sicher entschieden werden, zumal aufgrund der durch die engen Lücken teilweise gedrängten Schrift, die in ihrem Schreibduktus durch die Aufrauhung des Pergamentes der radierten Stellen zudem sichtlich beeinträchtigt erscheint, eine sichere Schriftbestimmung erheblich erschwert wird.[25]

Bisweilen werden auch Zweifel gehegt, ob Williram überhaupt der Verfasser dieser im Vergleich zum Hohe-Lied-Kommentar sprachlich weit weniger befriedigenden, relativ kurzen und überwiegend lokalgeschichtlichen Chronik sein könne.[26] Immerhin aber erweist sich, um dies hier kurz vorwegzunehmen, diese in ihrer Farbigkeit und Lebendigkeit der Darstellung im engeren Rahmen lokaler Schrifttradition als ebenso progressiv-originell, wie dies in ähnlichem Maße der Hohe-Lied-Kommentar durch seine sprachliche Auslegungstechnik und das urkundliche Werk durch seine strukturelle Darstellungsform sind. Auf Williram als den Verfasser oder zumindest Redaktor verweisen zahlreiche Indizien zeitlicher Übereinstimmun-

gen mit der Entstehungszeit, die mit seinen ersten Jahren als Abt sowie mit der Anlage des urkundlichen Werkes zusammenfallen. Alle drei Gruppen des Historischen Gesamtwerkes wurden auf einzelnen Faszikeln angelegt, die zu einem Kodex zusammengebunden sind. Einige bewusst gelassene Lücken, die dann von der Texthand ausgefüllt wurden, sofern es sich hier nicht um Korrekturen dieser selbst handelt, deuten neben dem Unterschied zur Hand des tabellarischen Werkes ebenfalls darauf hin, dass der Schreiber der Chronik wohl nicht Williram selbst war.[27] Doch ist für eine Sicherstellung seiner Verfasserschaft oder auch seines Anteils daran eine textkritische Untersuchung unerlässlich. Sie dient aber zugleich der näheren Charakteristik des historisch-literarischen Werkes.

Der Inhalt der Chronik[28] bezieht sich zunächst auf die Geschichte des Grafenhauses, dann auf die Klostergründung, deren Motiv durch fabulöse Geschehnisse erklärt wird, ferner auf weitere Heilserfahrungen des Klosters und des Grafenhauses in den Ungarnstürmen, verbunden mit einer Schilderung des Kriegsgeschehens und der Erfolge der Ebersberger Grafen bei der Gefangennahme hoher ungarischer Heeresführer, die zum Kaiser nach Regensburg verbracht wurden, aber auch auf Verfehlungen einiger Mitglieder der Grafenfamilie, die exempelhaft eine Warnung davor sind, dem Kloster Güter zu entfremden. Weitere wesentliche Inhaltspunkte betreffen zeitgemäße Auseinandersetzungen der herzoglichen Gewalt mit der königlichen und die Treue des Klosters zum Reichsadel im Allgemeinen mit Ermahnungen, dann eine Klage über rechtlose Zustände der Zeit und schließlich die besitzrechtliche Aufteilung des gräflichen Vermögens nach dem Aussterben des Ebersberger Adelshauses im Mannesstamme, denen noch einige dürftige Notizen zum weiteren Fortbestand des Klosters folgen. (Abb. 5-10)

Der Gehalt der Klosterchronik ist damit vielgestaltig thematisiert und lässt in seiner eigentümlichen Ausgewogenheit zwischen überkommenen wie weiterentwickelten literarischen Aspekten gegenüber den realen, auf die sozialen, verfassungsmäßigen und politischen Hintergrundverhältnisse beziehbaren Elementen keine eindeutigeren Präferenzen erkennen, sofern eine solche Unterscheidung bei den oft recht allgemein beispielhaft gestalteten Inhaltsargumenten im Einzelnen durchführbar ist. Er betrifft in der Summe jene Gesamtthematik, die Ludwig Traube dazu veranlasste, für solche Literaturgattung den Begriff der „kirchlichen Institutionengeschichtsschreibung" zu erwägen und für den Hans Patze dann den Begriff der „adeligen Stifterchronik" prägte.[29] Dabei handelt es sich hier um ein recht frühes Beispiel dieser Literaturgattung, womit die Frage ihrer Herleitung oder Entstehungsverhältnisse von besonderem Interesse ist. Während Karl Hauck in seinen relativ knappen, aber wegweisenden Ausführungen zu dieser speziellen Thematik von

einer insbesondere literaturgeschichtlichen Ableitung dieser „neuen" Gattung ausgeht, dabei aber eine erhebliche Rolle überkommener sozialer und kulturgeschichtlicher Grundlagen gleichsam betont,[30] setzt Hans Patze in seiner etwas späteren Untersuchung des Gegenstandes den Akzent hauptsächlich auf die politisch-verfassungsmäßigen Zeitverhältnisse, die seiner Meinung nach zum Entstehen dieser Literaturgattung anregten. Eine gänzlich kontroverse Haltung wird aber von keiner der beiden Seiten gegeneinander eingenommen. Das vorliegende Beispiel der Ebersberger Chronik schließlich erweist sich, um dies hier nochmals zusammenfassend zu erwähnen, als ein sehr frühes dieser Gattung aufgrund seiner gewissen Originalität und jedenfalls seines inhaltlichen Mischcharakters beziehungsweise seiner topischen Eigentümlichkeiten (Stoffgruppierung), die ungeachtet des individuellen typologischen und inhaltlichen wie formalen Grundcharakters, den sämtliche Geschichtsschreibung jener Epochen auszeichnet, im Gesamtzusammenhang doch erwähnenswert sind. Aufgrund ihrer Abfassungszeit unmittelbar nach dem Aussterben der adeligen Stifterfamilie und nicht zuletzt auch aufgrund der abstrakten typologischen Gemeinsamkeiten mit dem urkundlichen Werk erscheint eine Einzelbetrachtung der näheren Entstehungsumstände der Chronik besonders bedeutsam. Doch ist es nur schwer möglich, aus ihrer Gestaltung alleine eine eindeutige Entstehungsmotivation zu erkennen, die als kausale oder auch nur mitgetragene wiederum einen bedeutenden Baustein zum Verständnis der Entwicklung dieser Literaturgattung neben ihrer formalen Ableitung bilden würde. Die zentrale Frage der folgenden Erörterungen lautet demnach: Wie sind im vorliegenden Einzelfall die kausalen und strukturell-typologischen Entwicklungsumstände motiviert beziehungsweise strukturiert? Welches Gewicht oder vielmehr welches Bedeutungscharakteristikum zeichnet sie gegeneinander aus? Diese Fragen können nur aus einer Gesamtkoordination aller damit zusammenhängenden Gegebenheiten des Inhalts, der Struktur, der Form und des Bezuges zu anderen Werken beantwortet werden. Damit ist es erforderlich, neben der Gestaltung der Chronik auch die einschlägigen Entstehungsdaten, das urkundliche Werk und die allgemeine Hintergrundsituation der Entstehung genauer zu beleuchten und alle Daten untereinander auszuloten.

Zunächst zum formalen Grundbestand: Die Chronik ist in engem Zusammenhang mit dem Traditionsbuch überliefert. Ihre nochmalige Kurzfassung bildet dessen Einleitung und in der ausführlichen separaten Fassung sind einige solche Traditionen (Schenkungen) der Adelsfamilie an des Kloster nochmals in literarischer Form eingebunden. Dies hatte bereits Otto Meyer dazu veranlasst, solche Geschichtsschreibung als eng im Dienste der klösterlichen Rechtsaufzeichnungen stehend zu betrachten.[31] Damit ist neben einer gewissen Gemeinsamkeit mit den späteren Ausführungen Patzes aber noch ein dritter Aspekt gegeben, der sogar eine stärkere redaktionelle Einheit beider Gattungen betont.

Und nun zum historischen Datenbestand: Die Chronik entstand in den ersten Jahren der Abtszeit Willirams und einige Jahre nach dem Aussterben der adeligen Stifterfamilie im Mannesstamm sowie nach dem wohl mißglückten Versuch einer Übertragung des Adelsbesitzes an eine weiter verwandte Linie. Sie wurde aber auch erst nach bereits erfolgter Erhebung des Klosters zur Reichsabtei verfasst, womit wohl kein erhebliches Bedürfnis zu ihrer nachträglichen Anfertigung für diesen Zweck bestanden haben dürfte. Zur persönlichen Situation Willirams wurde bereits von Wattenbach / Holtzmann / Schmale festgestellt, dass dieser sich nach möglicher Enttäuschung darüber, dass er trotz der Widmung seines Hohe-Lied-Kommentars an Kaiser Heinrich IV. keine Rangerhöhung erfahren hatte, wie es für seine Person opportun gewesen wäre, nun verstärkt den wirtschaftlichen Belangen des Klosters gewidmet habe. Dies kann jedoch nicht der Anlass zur Abfassung der Chronik gewesen sein, da das Historische Gesamtwerk nach den zu erschließenden Daten bereits etliche Jahre vor Regierungsantritt Heinrichs IV. (1056) entstanden sein muss. In weiterer Literatur schließlich wird in Anlehnung an Otto Meyer die Meinung vertreten, dass die Chronik ein erster Beleg für das Herauswachsen solcher Klostergeschichten aus dem Bedürfnis der rechtlichen Sicherung des Klosters sei, wobei es für die damalige Zeit durchaus opportun gewesen sei, derartige Berichte in ihrem Aussagewert urkundlichen Belegen gleichzusetzen.[32] Dieser Ansicht könnten im Ebersberger Beispiel zum einen die ungewisse Situation nach dem Aussterben der Hausvögte und in formaler Hinsicht die einleitende Kurzfassung zum urkundlichen Werk entsprechen. Vom formalen Bestand her ist aber auch zu berücksichtigen, dass die ausführliche Fassung der Chronik ursprünglich auf getrenntem Faszikel angelegt war.

Doch lassen sich aus der allgemeinen geistigen Situation der Zeit heraus mehrere diesem Sachverhalt naheliegende Tendenzen erkennen, die zum Teil ganz in der Nähe der literarischen Betätigung in Ebersberg liegen. So entsprach das Wirken des bereits genannten Mönches Otloh von Sankt Emmeram mit seiner durch eingestreute Dokumente untermauerten Vita (Lebensbeschreibung) des heiligen Bonifatius einem ausgeprägten Bewusstsein um einen gleichbedeutenden Aussagewert literarischer und urkundlicher Quellen.[33] Aber auch im schriftlichen Rechtsleben zeigten sich entsprechende Wandlungen:

Die Traditionsbücher, die zunächst nur Abschriften von Zeugennotierungen zu einem Rechtsgeschäft zum Zweck ihrer Herbeirufung für den Fall eines erforderlichen Beweises der geschehenen Rechtshandlung enthielten, begannen allmählich allgemeinere Beweiskraft durch ihre Sammlung in Buchform zu erlangen, die sich dann in unmittelbar folgender Zeit nochmals durch das Erreichen eines gewissen Beweiswertes der Aufzeichnung für sich verstärken sollte.[34] Auch die Ebersberger Chronik stützte sich bereits gelegentlich auf die Erwähnung urkundlicher Zeugnisse. Einer literarischen Erwähnung und Beschreibung der vorhandenen Dokumente aber hätte es neben der Anlage des urkundlichen Werkes zur Rechtssicherung eigentlich nicht mehr bedurft. Allenfalls konnte es als Leitfaden für das bessere Begreifen der Rechtsverläufe von größerer Bedeutung sein.[35] Wegen der damit nur schwer erklärlichen Konkurrenz der Hauptfassung mit ihrer Kurzfassung aber scheint der Chronik wohl vielmehr anstelle einer solchen Rechtssicherung oder eines Leitfadens eher ein Wert für den Beleg der Ehrwürdigkeit und damit vielleicht in dieser Hinsicht auch der Schutzwürdigkeit des Klosters und seiner Rechte zugekommen zu sein, sofern sich eine solche Vermutung erhärten lassen sollte. Eine Gefährdung des Besitzes und der Rechtsstellung des Klosters konnte hauptsächlich nur von den allgemeinen politischen Wandlungen der Vogteiverhältnisse ausgehen. Erste Erscheinungen von Machtbestrebungen des Adels zeigten sich bereits zu dieser Zeit. Sie sollten noch in der ersten Hälfte des 12. Jahrhunderts allgemein zu starken Auseinandersetzungen der Ordensgemeinschaften mit ihren Schutzvögten führen. Schon zur Zeit Willirams wandten sich Reformgemeinschaften von Klöstern auch gegen diese Beeinträchtigungen in den weltlichen Angelegenheiten.[36] Einer dieser führenden Personen war der bekannte Abt Wilhelm von Hirsau. Sein Vorgänger Friedrich war auch gelegentlich bei Williram zu Gast. Dies konnte seinen Weitblick oder auch sein Engagement für die entsprechenden Anliegen gefördert haben. Von konkreten unbotmäßigen Übergriffen der Vögte konnte damals allerdings noch nicht die Rede sein, nachdem die Vogteiregelungen zum Abfassungszeitpunkt der Chronik eben erst getroffen worden waren, die politischen Verhältnisse, wie gesagt, damals noch nicht in diesem Maße eskaliert waren und die Abtei ihre Reichsständigkeit schließlich bis zum Beginn des 14. Jahrhunderts hinein erfolgreich behaupten konnte. Freilich wären aus dem Bereich der allgemeinen Zeitverhältnisse noch andere äußere Anlässe für die Anfertigung oder Gestaltung der Chronik denkbar. Als reichsfreies Kloster war dessen Haltung am Vorabend des Investiturstreites in dieser die damalige Welt stark in Anspruch nehmenden Auseinandersetzung gewissermaßen vorbestimmt, und die Möglichkeit einer entsprechend publizistischen Motivierung der Chronik ist damit theoretisch nicht auszuschließen. Auch muss Williram, der vom Kaiser hier als Abt eingesetzt worden war, unabhängig von seiner bestimmten Beziehung zur politischen Komponente der Hirsauer Reform grundsätzlich als ein Parteigänger des Kaisers gelten. Eine zumindest begleitende Intention der Ausrichtung dieser Chronik auf jene Problematik am Vorabend des Investiturstreites muss jedoch mit in Erwägung gezogen werden. Aber noch in ganz anderer Weise können spezifisch Ebersberger Positionen, vielleicht sogar in nicht ganz nebensächlicher Hinsicht, in die Anlagenintention hineingespielt haben: Die Ebersberger Grafen hatten im politischen Machtgerangel dem Reich die Treue erwiesen und ihre Beteiligung am Aufstand des Bayernherzogs Heinrich II., „des Zänkers", gegen den deutschen König abgelehnt. Vom Kloster ist natürlich eine ähnliche Grundhaltung zu erwarten, die als allgemeiner Wunsch an die Um- und Nachwelt beziehungsweise als Ermahnung allgemeiner Art mit der Rede des letzten Grafen in die Chronik eingeflossen wäre und ihre Anlagenintention mitbestimmt haben könnte. Auch an eine nur begleitende Unterstützung der bereits bestehenden Reichsfreiheit des Klosters, auf die sich wesentliche inhaltliche Anteile der Chronik beziehen ließen, wäre zu denken. Letztlich sollten auch auswärtige Bezugspunkte nicht außer Acht gelassen werden. Solche ergeben sich durch die Nennung mehrerer Mitglieder der Stifterfamilie in den Nekrologien der Reichsabtei Einsiedeln oder auch in dem schon vor Willirams Zeiten bestehenden Kontakt zur Abtei Sankt Gallen, der bereits schriftkundliche Gelehrsamkeit nach Ebersberg gebracht haben dürfte.[37]

Zur eingehenden Besprechung der Entstehungsmotivation ist an dieser Stelle nochmals bezugnehmend auf das urkundliche Werk Willirams zurückzukommen. Die genannte chronikalische Einleitungsnotiz des Traditionsbuches enthält eine Angabe über den Zweck seiner Anlage: Zum einen sollte hiermit das Andenken der Schenker im Gebet festgehalten werden, zum anderen sollten die Güter hierdurch vor unrechtmäßiger Entfremdung geschützt werden. Das Traditionsbuch, wie auch das Tauschbuch, jeweils auf eigenen Faszikeln angelegt, stellen in ihrer Grundanlage Sammlungen der ursprünglich auf Einzelpergament verzeichneten Notizen dar, die einen Zeitraum von einigen Jahren umfassen und in jeweils einem Arbeitsgang aufgezeichnet wurden. Noch zu Zeiten Willirams aber ging man zu protokollarischer Führung der Kodizes über, wodurch diese sozusagen Amtsbuchcharakter erreichten, der sich etwas günstiger für die Glaubwürdigkeit der Schenkungen auch nach Ableben der Zeugen auswirken konnte, da hiermit sozusagen eine gewisse Ersatzglaubwürdigkeit festgelegt wurde. Mit dieser protokolarischen Führung ist Williram seiner Zeit um ein gutes halbes Jahrhundert voraus, da sich in der engeren Umgebung des bayerischen Rechtskreises, wie auch in Bamberg oder Fulda zu dieser Zeit keine vergleichbaren Beispiele finden. Auch für die separate Aufzeichnung von Tauschgeschäften finden sich, wie bereits gesagt, Beispiele in der Umgebung – mit Ausnahme von Freising – erst circa ein ganzes Jahrhundert später. Beide Eigentümlichkeiten zusammen aber belegen ein besonderes Interesse des Redaktors an der Entgegnung zeitgemäßer Rechtsunsicherheiten und damit wohl auch für aktuelle politisch-historische Zeiterscheinungen, die sich aus den eigenen sozialgeschichtlichen Belangen des Klosters heraus ergeben. Deutlich bestärkt wird diese Annahme noch dadurch, dass Williram im Unterschied zu seinem Freisinger Vorläufer auch bei den Tauschurkunden Wert auf die Zeugennennungen legte, wo immer sie ihm auch noch bekannt waren.[38] Außer der Möglichkeit einer sozusagen autonomen Steigerung der schrifttechnischen Qualitäten, vielleicht aufgrund konkreter Anforderungen der Absicherung, könnte dies aber auch eine Vorsichtsmaßnahme vor in weiterer Zukunft aus politischen Gründen drohender Enteignung durch etwaige Unbotmäßigkeit künftiger Vögte bedeuten. Solche Vorfälle waren andernorts bereits im Entstehen begriffen und sollten noch in der ersten Hälfte des 12. Jahrhunderts zu regelrechten schweren Auseinandersetzungen zwischen der Klostergeistlichkeit und ihren Vögten führen, die um Förderung beziehungsweise Stützung ihrer eigenen Adelsherrschaft zu Lasten der von ihnen betreuten Klöster bemüht waren. Gegen diese Verhältnisse hatten sich die Reformorden gemeinsam engagiert, wobei sie im Zusammenhang mit ihrer kirchlichen Klosterreform auch diesen weltlichen Existenzproblemen durch Maßnahmen entgegenzusteuern versuchten. Jedenfalls gilt es für die weiteren Ausführungen festzuhalten, dass jenen besonderen Eigenschaften des urkundlichen Werkes aufgrund ihres außerordentlich frühen Vorkommens wie auch ihrer Gesamtstruktur besonderes Gewicht zukommt. Sie zeugen dominant von einer ausgeprägten Aufgeschlossenheit für politisch-soziale Hintergrundfaktoren der klösterlichen Verwaltungstätigkeit oder überhaupt der Existenz des Klosters.

Die Gesamtmotivation des literarisch-historischen Werkes hingegen kann sich auf sehr unterschiedliche Einzelmotive beziehen. Die beiden zentralen Motive der Gründung der Kirchenfestung am Platz des Ebers und jenes zweite der traumhaften Prophezeiung des Schutzes der Burg sind theoretisch verschieden auslegbar. So kann sich das Ebermotiv als namengebendes Leitmotiv des Geschlechts – eine beliebte literarische Beschäftigung in dieser Epoche – zusammen mit der Traumprophezeiung, die den göttlichen Schutz und somit den Erfolg dieses Geschlechts propagiert – womit sie dem alten „Adelsheil" entspricht – sehr wohl auf eine Ableitung der Chronik aus jenem überkommenen Gedankengut beziehen. Die breite Ausmalung dieser beiden Motive könnte des Weiteren darauf verweisen. Zu denken wäre gewiss auch an eine rein historische Absicht der Vermittlung mündlichen Überlieferungsgutes ohne einen beabsichtigten oder gar bereits kritischen Sinn für die Auswahl der Inhalte, deren Darlegung außerhalb historisch-informierender Absicht eventuell auch zur reinen Formsache gewohnheitsmäßig-üblicher Legendenbildung abgleiten könnte, doch ist dies im Hinblick auf die Gesamtdarstellung sehr unwahrscheinlich. Eher noch könnte stattdessen eine andere Intention eine Rolle gespielt haben, wenn man den intensiv lehrhaften Charakter des Textes beachtet. Dabei drängen sich dem Leser etwa allgemein pastorale oder speziell erbauende Absichten geradezu auf. Hiermit zeigen in letztgenannter Hinsicht die Wunderberichte eine Nähe zur hagiographischen Topik (Darstellungsart erbaulich-beispielhafter Heiligenleben) auf. In erstgenannter Hinsicht könnte der Anspruch pastoraler Leitung als ein allgemeines Anliegen erkannt werden, das aber unter Umständen auch auf die allgemeinen politischen Ereignisse des bevorstehenden Investiturstreites mit bezogen werden kann. Ein solches Ansinnen würde dann einen wohl sogar beabsichtigten Gegenpol zur grundsätzlich vertretenen Reichstreue bilden, die der Verfasser der Chronik somit zwar einerseits energisch, doch andererseits nur unter der Einschränkung ihrer pastoralen Leitung vertreten möchte. Eine jedenfalls nicht besonders konkret zum Ausdruck gelangende, aber sicherlich unterschwellig enthaltene Intention einer wenn auch begrenzten publizistischen Wirkung lässt gewiss einen Freiraum für mehrere mögliche Belehrungsmotive. Doch scheint von der Gesamtkombination sich ergänzender Lehren und von der wiederholten Behandlung des Problems der adeligen Schutzvogtei her gesehen, die einmal als negatives und einmal als positives Beispiel und schließlich nochmals als neutral besprochenes Problem dargeboten wird, und schließlich in Bezug auf die anderweitigen hier getroffenen Feststellungen des dokumentarischen Werkes, das zentrale Motiv neben einem allgemein-pastoralen Wirken doch auch mit in dem genannten politisch-pastoralen Aspekt zu liegen.

In ähnlichem Sinne einer angenommenen Gesamtintention formuliert auch Jörg Kastner bei seiner Untersuchung der Ebersberger Chronik im Vergleich zu anderer Klostergeschichtsschreibung seinen Eindruck einer Entstehungsintention des Werkes.[39] Dabei hebt er unter anderem die kirchliche Anweisungsautorität, das gute Exempel der Schenkung an das Kloster als Aufforderung zur Nachahmung, die zu erwartende Strafe bei illegalem Entzug und mit der Klage des Vogtes über die schlechten Zeiten im Rechtsleben der Epoche auch den Appell an die moralische Verantwortung hervor. Zugleich betont er die erkannte Absicht der Chronik, steriles Recht lebendig zu machen. Die Urheberschaft der Chronik spricht er angenommenermaßen Williram zu, mit dessen allegorisch-symbolischer Exegese ihre Textgestaltung sehr wohl übereinstimme.

Doch lassen sich bei einer Analyse der Zeitabfolge ihrer Entstehung zwei Phasen unterschiedlicher Topik, Farbigkeit und Stilistik deutlicher voneinander abheben. Der erste Teil der Chronik entspricht in seinem stark fabelhaften Charakter, seiner noch stärkeren Farbigkeit, seines ebenso gekünstelten Sprachstiles und in seiner Topik stärker jenen älteren Beispielen, wie sie unter anderem etwa in der relativ gleichzeitig entstandenen, kürzeren Wessobrunner Gründungsnotiz vorliegen.[40] Auch scheinen in der Ebersberger Chronik diesbezüglich gewisse Anklänge an die ältere Sankt Galler Historiographie durchzuschimmern. Hierfür würden sich gewisse Anklänge von formalen Bezügen zur Chronik Hermanns von Sankt Gallen oder zu der etwa zur selben Zeit entstandenen „casus sancti Galli" Ekkehards anführen lassen, die freilich ein inzwischen verbreitetes Allgemeingut waren. Im Hinblick auf ehemalige personelle Beziehungen Ebersbergs zu Sankt Gallen und im Hinblick auf die geteilte inhaltliche Topik und stilistische Gestaltung könnte dies aber von Bedeutung für eine entwicklungstypologische Analyse der Literaturgattung sein. Diese allgemeinen Bezüge äußern sich abgesehen vom formalen Grundmuster vor allem in der Lebendigkeit der Darstellung unter Verwendung wörtlicher Rede. Anders als in Sankt Gallen aber vermeidet der Ebersberger Chronist in seiner Eigenschaft als Berichterstatter eigenen Kommentar der Ereignisse. Hierdurch wird die adelige Stifterfamilie als handelndes Element stärker in den Mittelpunkt gerückt, was sich neben einer Propagierung des Adelsheils, wenngleich dieses auch von der Bedeutung der kirchlichen Belehrungen übertroffen wird, vor allem auch positiv für eine publizistische Wirkung in beiderlei Hinsicht bezüglich der Förderung der Altehrwürdigkeit und damit der Schutzwürdigkeit des Klosters auswirkt. Überkommene Elemente werden so geschickt in Richtung auf die vorliegende Zielsetzung nuanciert. Die zweite Hälfte des Textes hingegen ist stilistisch knapper, zwar auch noch farbig und beispielhaft-belehrend beziehungsweise auslegend, doch nicht mehr so fabelhaft und in der Topik geringfügig anders abgefasst. Der Text wirkt nun insgesamt progressiver, vor allem auch bereits auf die Richtung der publizistischen Literatur hin orientiert, wie sie einige Zeit später zum Markenzeichen der Auseinandersetzungen im Investiturstreit werden sollte. Ein Anhaltspunkt für eine Abfassung zunächst durch einen Mönch des Ebersberger Klosters und dann eine redaktionelle Beteiligung Willirams lässt sich allerdings textlich nicht mit Bestimmtheit fixieren, und vom paläographischen Befund her gesehen scheint das ganze Werk wohl, von einem Federwechsel abgesehen, in einem Zuge geschrieben. Aus der Sicht der wahrscheinlichen Abfassung des tabellarisch-historischen, des dokumentarischen und der literarischen Werke scheint es allerdings auch angebracht, Williram eine stilistische Variationsbreite zuzugestehen. Sollte er die Redaktion der gesamten Chronik vorgenommen haben – wobei auch die gleichzeitige Berücksichtigung eines eventuellen Wunsches bestimmter andenkenmäßig geschätzter mündlicher Überlieferungen von Seiten der Klostergemeinschaft wohl nicht auszuschließen wäre – so läge nach den Worten Hans Patzes in diesem frühesten Beispiel solcher Art jenes oben genannte Entstehen der neuen Literaturgattung aus der genannten älteren vor, wobei sich in diesem Elemente einer kirchlichen Institutionengeschichtsschreibung und einer adeligen Stifterchronik zu vereinen scheinen.

Ein äußerer Anlass ihres Entstehens in solch ausführlicher Form könnte darin liegen, dass in dieser Zeit literarischen Aufzeichnungen ganz allgemein deutlicherer Beweiswert zukommt. Auch in diesem Sinne wirkt sich hier die objektive Berichterstattung ohne Kommentar des Redaktors gegenüber älteren Vorbildern vorteilhaft aus. Dazu ist die aus der Anlage des urkundlichen Werkes zu verspürende Sorge um die Sicherung von Existenz und Wirtschaftsgrundlage des Klosters zu berücksichtigen. Doch ist gemäß hier getroffener Aufschlüsse unbeschadet des Faktums, dass eine oder einige vorrangige Motivationen ihrer Abfassung vorzuliegen scheinen, die Tatsache unterschiedlich stark mitschwingender Begleitmotivationen zu beachten, die ohnehin oder auch geplant auf einer Linie mit vorrangigen Darstellungsabsichten liegen. Dies geht aus der Gesamtredaktion und weiteren Einzelbeobachtungen hervor; so spricht in manchen Fällen die Breite der Ausmalung jener Nebenmotive und in anderen die Häufigkeit und unterschiedliche Fassung ihres abstraktsubstantiellen Gehaltes dafür.

Zusammenfassend lässt sich somit festhalten, dass neben einer wohl umfassenden Gesamtmotivation ihrer Abfassung einige etwas vorrangigere Motivationen zu verzeichnen sind, von denen jene der kirchlichen Leitungsautorität im allgemeinen Sinne eines pastoralen Anliegens – gegenüber politischem Machtgerangel – mit der Sorge um Sicherung von Existenz und Wirtschaftslage des Klosters wohl an oberster Stelle liegen. Dabei gestaltet sich letztere nicht in der direkten Entsprechung zum Dokumentenwerk, sondern sozusagen als Gegenpol eines eventuell nötigen anders begründeten Schutzes durch die Betonung der Altehrwürdigkeit und damit der moralisch wie insbesondere unter Berufung auf göttliche Gebote begründeten Schutzwürdigkeit beziehungsweise Unantastbarkeit des Klosters.

Der Redaktor des Historischen Werkes, als der Williram nach der Gesamtheit aller spezifischen Indizien beziehungsweise der Häufigkeit ihrer Übereinstimmung und Bezüglichkeit gelten kann, zeigt somit auch allgemeine Charakteristika, die mit jenen des ihm gleichfalls zuzuschreibenden urkundlichen und schließlich mit denen seines theologischen Werkes übereinstimmen: Allen gemeinsam ist die sach- und zweckgebundene Ausrichtung unter Verwendung auch bislang kaum üblicher, progressiver Gestaltungstechniken. Aber auch konservative Elemente werden genutzt, wenn sie der Sache besonders dienlich sind. Hierdurch und durch seinen gleichermaßen bemerkenswerten Gestaltungsreichtum an formalen, stilistischen und strukturellen Elementen zeichnet sich Williram gegenüber vielen anderen Zeitgenossen aus, selbst gegenüber jenen, die in einer Hinsicht progressiv wirken.

Abschließende Bemerkung zum Schriftbefund

In dem genannten Kodex, der das tabellarische, das literarisch-historische und das urkundliche Gesamtwerk beinhaltet, liegt die Originalhandschrift aus der Zeit Willirams vor. Sie enthält wahrscheinlich auch seine eigenhändigen Schriftzüge. Dies ergibt jedenfalls eine Schriftanalyse, die allerdings nur unter eingeschränkten Bedingungen geführt werden konnte und daher nur unter dem Vorbehalt des Irrtums hier angeführt werden kann, da dem Autor die originalen Quellen für diese Untersuchung nicht zur Verfügung standen.[41]

Um das wahrscheinliche Ergebnis vorwegzunehmen: Williram hat vermutlich den dritten und vierten Teil des tabellarischen Werkes, die Genealogie der Frankenkönige und die Konkordanz der Ebersberger Grafen und Äbte, eigenhändig geschrieben. Dies ergibt sich aus einer wahrscheinlichen Identität wesentlicher Schriftcharakteristika beider Teile in relativ deutlicher Übereinstimmung mit jenen einer von dem Notar der italienischen Abteilung der Reichskanzlei gefertigten Datumszeile einer Urkunde Kaiser Heinrichs III. für einen italienischen Empfänger.[42]

Die Aufschlusskraft dieser einstweiligen Vorermittlung würde sich, deren grundlegenden Befund als sicher gegeben vorausgesetzt,[43] aufgrund der starken oben genannten Koinzidenzen weiterer Indizien als schlüssig erweisen. Damit stünde jedenfalls die eigenhändige Beteiligung Willirams am Gesamtwerk fest, was zugleich auch kaum mehr einen Zweifel an seiner wenigstens redaktionellen Beteiligung an der Chronik zuließe. Diese ist zwar von anderer Hand, gemäß ihres Schriftcharakters von einem Ebersberger Mönch geschrieben.[44]

Der Text zeigt neben den Verbesserungen der Schreiberhand aber auch häufige Korrekturen der Datumsangaben und einiger einzelner Worte, dazu aber auch zwei umfangreichere Korrekturen, die mehrere Worte umfassen. Diese stammen von anderer, zeitlich später einzuordnender Hand. Die erste der beiden längeren Korrekturen stammt von einer Hand des späten 13. oder des 14. Jahrhunderts, die zweite vermutlich von einer Hand aus dem späten 12. oder ebenfalls dem 13. Jahrhundert. Sie beinhaltet die Worte „sancto Sebastiano dedit comitiam in Persinpeuga cum omnibus appendiciis suis" – („er übertrug dem heiligen Sebastian die Grafschaft Persenbeug mit allen Zugehörungen"). Der Einschub ist trotz gedrängter Schrift länger als der radierte Platz. Damit liegt hier möglicherweise eine Interpolation aus späterer Zeit vor, die den Zweck gehabt haben könnte, dem Kloster den durch andere Urkunde nicht nachweisbaren Besitz der Grafschaft Persenbeug zu belegen.[45]

Unerklärlich erscheinen hingegen auf den ersten Blick die Verbesserungen sämtlicher Jahresangaben, die von einer Hand des 13. Jahrhunderts herzurühren scheinen. Wenn Williram nun der Redaktor der Chronik war oder wenigstens von ihrer Abfassung wissen musste, was als gesichert gelten kann, nachdem er sich gemäß Ausweis seines tabellarischen Werkes ohnehin für die Historie interessierte, so werden ihm wohl die Daten der Vorgeschichte des Grafenhauses noch besser bekannt gewesen sein als einem Korrektor einer viel späteren Generation. Außerdem ist seltsamerweise auch das Datum des Unfalls zu Persenbeug von derselben Hand auf Rasur korrigiert, wobei diese Korrektur sogar den auch andernorts belegten Sachverhalt wiedergibt. Eben dieses Ereignis aber, bei dem Abt Altmann von Ebersberg im Jahre 1045 durch den Einsturz eines Speisesaals zusammen mit Richlind, der Witwe des letzten Ebersberger Grafen und dem Bischof von Würzburg ums Leben kam, als sie der Belehnung von Richlinds Verwandten Welfhard mit einem Teil der Ebersberger Grafengüter durch Kaiser Heinrich III. beiwohnen wollten, musste als ein bedeutendes Geschehen mit seinem Jahresdatum sowohl dem Klosterschreiber, als auch Williram, der damals noch Notar des Kaisers war und dessen Hofkapelle angehörte, bekannt gewesen sein. Bei näherer Betrachtung der Rasur fällt aber auf, dass entgegen der Gewohnheit des Chronikschreibers, der sonst immer die ausführlichere Jahresbezeichnung „anno dominice incarnationis" („In Jahreszählung nach der Geburt des Herrn") anwandte, die er bisweilen auch abkürzte, hier nur mehr das Wort „anno" und eine kleine Lücke dahinter stehen blieben. Wahrscheinlich hatte der Schreiber wegen der auf „anno" noch folgenden Abkürzung nur mehr die einzelnen Jahre ohne der vorangehenden ‚Tausend' in den knappen Zwischenraum geschrieben. Während somit bei den übrigen korrigierten Jahresangaben möglicherweise eine Interpolation vorliegt, deren Grund noch näher untersucht werden müsste, so handelt es sich in diesem Fall wohl um den – überflüssigen – Versuch, die Jahresangabe vollständig zu präzisieren, da sie in engem Zusammenhang mit dem Ereignis der Grafschaftsübertragung zu Persenbeug stand.

Das Chronicon Eberspergense – Edition und Übersetzung

Edition (von Hans Ulrich Ziegler)

Überlieferung: BayHStA, KL Ebersberg 2, fol. 1-6 (A); Abschrift 19. Jahrhundert, ebd., KL Ebersberg 2 1/2 (B). Druck: Arndt (wie Anm. 20), S. 10-15; dort Angaben zu weiteren älteren Drucken.

Zu den Ortsnamen siehe ebd. sowie Puchner, Karl: Landkreis Ebersberg, (Historisches Ortsnamenbuch von Bayern, Oberbayern 1) München 1951; ferner, auch zu den Personennamen, Mayr (wie Anm. 1).

Im Gegensatz zur Ausgabe der MGH, die aus der späteren Überlieferung (B) schöpft, wurde hier die Originalfassung der Chronik (A) zugrunde gelegt (s. Abb. 5-10). In dieser zeigen sich deutlich die Unsicherheiten des Schreibers, die ebenfalls dafür sprechen, dass dieser wohl kaum Williram selbst war. Die Abfassung dieser Chronik ist den Zeitmerkmalen des Schriftstiles gemäß im letzten Viertel des 11. Jahrhunderts anzusetzen. Die Schriftzüge wirken bezüglich ihres Schulcharakters etwas uneinheitlich. Vor allem aber zeigt die Niederschrift in den Zeitmerkmalen des Schriftstiles starke Diskrepanzen. So wird z.B. häufig in antiquierter Weise die Worttrennung noch nicht beachtet; neben älteren Buchstabenformen zeigt die Schrift in ihrem Duktus stärker jüngeren Schriftstil. Neben vielfach älteren Buchstabenformen werden häufig auch im Typus stark fortschrittliche Formelemente angewandt. Die Chronik ist geschrieben von der Hand A des sich anschließenden Traditionskodexes.

„TEMPORE KAROLOMANNI CAESARIS IN NORICA REGIONE

quidam preses erat nomine Sigihardus, qui fiscale forum habuit secus emporia fluvii Semnaha, unde locus equivocum nomen sortitus est. Qui Sigihardus autumnali tempore causa venandi proximum nemus petens, repperit ad australem eius partem insolitae magnitudinis vel singularem aprum silvarum, intra arenatium lapidem et tiliam iacentem, qui abactus inde nocteque recurrens per aliquot dies capi non potuit, demum vero pagum effugiens omnem conaminis eorum spem delusit. Quam rem cum ipsi fantasticam esse dicerent, lateque pro miraculo narrarent, famosae religionis clericus Chounradus de Hewa[x], quod est oppidum iuxta Potanticum lacum, famam audiens, Sigihardo demandavit ita: ‚Eruncari iube locum de quo singularis inter arenatium lapidem et tiliam iacens egre depulsus est, quia per Dei manifestationem predico illum divino servitio sublimandum et a Dei servis colendum, qui satan populos venenoso dente ledentem expellant; si basilicam edivicaveris mundo separatim loco[a] construe iuxta morem antiquorum, qui religionis non esse dixerunt prope lectisternia aecclesiam visitare. Si sumptus suppetit, maenia construe, quia sicut Deus unum flagelli nervum Ermanrici Egidiique patricii regno, videlicet Attilam regem Hunorum, induxit; ita presenti generationi delictis exigentibus secundum flagelli nervum incutiet.' Ipso tempore aliqui de argentina urbe venientes similem a Gebehardo ibidem inclusu prophetiam acceptam de provehendo loco retulerunt. In signum haec credendi predixit in nemore singulares deficere, quod sub Oudalrico nepote suo contigit per nivem maximam. Post haec ipse locus eruncatur, lignis oppidum construitur, quod Eberesperch vocatur et flexa silva munitur. Arnolfus ergo caesar filius Karolomanni, [fol. 1v] quia consanguineus erat, Sigihardum multis ditans prediis, ad novi castri supplementum dedit tres mansos in villa Chagininga, et tres in villa Otinga cum omnibus ad eos pertinentibus, traditionem firmans testamento regale sigillum habente. Anno dominice incarnacionis nongentesimo sexto[b] Sigihardus obiens Eberspergensem locum filio Ratoldo dedit, qui in divinis secularibusve rebus erat nimis strenuus, ob quod ei caesar Karentinos terminos tuendos commisit. Hic Chounradi prophetiae memor castri suburbana ampliavit, omnibus sumptibus locum cumulavit. Hic gignitur[c] Eberhardum, Adalperonem, Willibirgam. Obiens vero Ebersperch dedit Eberhardo, ac iuvavio sepelitur in aecclesia sancti Amandi ad occidentem anguli, qui madescit ex corporibus sanctorum. Hoc tempore Hunis qui et Ungri, orientales terminos devastantibus, Eberhardus castrum muro circumdare, fossas ampliare caepit; sed dum quadam nocte dormiret, gallo canente evigilans, iterumque dormitans, estimavit se cum multitudine militum ac ministrorum suorum in castro gradientem, operariis suis demonstrare quales turres et officinas unoquoque loco construi vellet, ac gallum excitatorem suum in egeni effigie conversum, qui se opilionem testatur orientalium esse, dicere sibi: ‚castrum hoc quod construis, inimicorum patet insidiis, si non in eo mansionem qua vigil eius commaneat edificaveris. Sed si mihi thus vinum et oleum dabis, ego munia suscipio custodis, ut tu ipse tutus nullius, qui tecum mihi haec comportat, damnum patiaris.' Dum igitur anxius in somnis propter haec dicta custodes oppido cursim delegaret donec custodi mansionem sumptibus longe conquirendis exstrueret, et thus cum vino et oleo, quibus vigil conduceretur, nimio forent precio comparanda, pre lassitudine sudans et tremebundus evigilavit. [fol. 2] Sollicitus vero ne somnium aliud mali presagiret, convocato Hunfrido clerico suo laicisque sapientibus somnium dixit, sed singulis secundum quod sibi visum est coniectantibus, minus autem animo eius coniecturs eorum placentibus, Hunfridus dixit: ‚Gallus qui de ovo matre fovente generatur, quique declinata nocte diem propinquare nunciat, multis scripturae documentis Ihesum de virgine natum significat, qui homines iubet tenebras, hoc est mala opera fugere, et diem, idest opera bona, diligere. Ipse pro nobis egens ac indigens in hoc mundo; iuxta illud: Vulpes foveas habet. Ipse opilio sicut per Ezechielem: Sicut pastor visitat, et ipse in evangelio: Ego sum pastor bonus, orientalium, id est christianorum, qui ab ipso cuius nomen est Oriens, propheta teste, orientales vocantur. Civitatem vero, in qua ipse vigil non est, hostibus patere etiam psalmista testatur, dicens: Nisi dominus custodierit. Thus autem, quod eo incenditur, rectam fidem et devotionem oraminis significat: Dirigatur oratio apocalypsis incensum est orationes[d] sanctorum. Vinum, amaritudinem penitentie signum[e]: Potasti nos vino compunctionis. Oleum, quod languores depellit lucemque administrat, bona opera significat; unde virgines oleo carentes regno caelorum exclusae sunt.' His auditis Eberhardus ait: ‚Si mille coniecturae mihi super hoc somnium possent proferri, omnes comparatione illius, qui de divinis libris dicitur, pro nihilo computarem. Ut ergo deus meorum oblitus peccatorum caelestem dignetur mihi gratiam prebere, rectam fidem, cordis compunctionem, cum bonis operibus eum in me nunc deprecor augere: Et si dignabitur mihi vitam prolongare quousque ei templum edificem visibiliter, tus vinum et oleum ad servitium eius dabo.' Et sequenti die ipse tres lapides in loco, quo fundamentum orientale iaci voluit, super arenatium lapidem posuit. Sed Hunfridus domum Dei dixit super firmam petram [fol. 2v] potius quam super arenam fundari debere, aufferreque lapidem arenatium tiliamque deicere, quae[f] vulgus quasi sanctam venerabatur. Quibus secundum eius dicta ablatis, aecclesia in crucis modum 50 pedum latitudine, 80 pedum longitudine edificatur, diebus 8 intermissis omne cementicium opus consummatur, quem numerum in veteri novaque lege non pauca mysteria Hunfridus continere demonstravit. Tabula consecratum marmor habens super aram ponitur continens sancti Sebastiani reliquias, in cuius nomine Deo ad serviendum dedit aream Ratispone in platea rerum venalium, ad tus emendum, vineam 4 iugerorum in Ascah, Winchil, Chapfas, locum qui dicitur Ad Semitaha, Cleteheim, ecclesias 2 dotatas cum decimis ad Tegerenpach et Ongoltingun et decimationem venationum et cedendarum arborum in nemore. Aheim quoque dare voluit, sed consensum fratris ad hoc non habuit. Clericis coadunatis Hunfridum prefecit. Quo tempore Huni 8 annis Noricum vastantes, in 9. numerum excedentes per Noricum dispersi sunt. Quorum legio ad orientem castri Eberspergensis in equis accurrens, ac sagittas pro omine contra castrum emittens, et id tutum per omne sentiens, cum gannitu ab eo profugit. In qua re vigilantiam custodis nundinati Eberhardus se cognoscere dixit. Exercitu vero Hunorum ipso itinere prope fluvium Lehc a Heinrico rege et filio eius Ottone devicto, milites Eberhardi sororisque eius Willibirgae, que tunc in sepe dicto castro morabatur, Sur regem et Leli ducem Ungrorum cum aliis Ungris ad Ebersperch detulerunt; sed regem et ducem Ratisponam regibus remittentes, reliquos Ungros iaculatos ingenti fosse inmiserunt. Tunc Willipirgis ait: ‚Nimis credula sum verbis illorum, qui locum istum die servitio magnificandum predixerunt, quia malorum principes aecclesiam die devastantes, ab honorem [fol. 3] loci dominus huc vinctos perduxit.' Et Eberhardus primitias tollens de torquibus aureis et tintinnabulis in imis vestium pendentibus tres libras auri ad calicem fabricandum, crucemque argenteam, quae in scuto regis infixa fuit, et aliud argentum ad aecclesiastica ornamenta dedit. Sentiens post haec mortem propinquam, misit post fratrem suum, qui tarde veniens dixit: ‚Frater meus liberis carens, cum sua predia clericis vult dare, petiit me ad se festinare, non cogitans esse melius prediis, que mihi hereditate contingunt, filios meos ditari, quam alios iniuste predari.' Et Eberhardus dixit: ‚Deus mihi miserere et erga locum istum voluntatem tuam operare'; et fratre suo tarde veniente mortuus est et Frisingis sepelitur. Frater autem eius moenia consummavit; qui septem filios habuit elegantes, et octavum, quem sanctus Oudalricus baptizans equivocum sibi fecit, occultavit hospitibus propter ignaviam suam et deformitatem. Ob quam rem amita eius Willibiric ait: ‚Indubitanter nostris exigentibus peccatis iste privatus est sospitate, cum omnes a filiolo meo Oudalrico aliqua benedictione sacrati, gaudeant integro sensu et corporis sanitate; nam ut de ceteris taceam, cum ego eum adhuc adolescentulum in monasterio sancti Galli, quo nutritus est, visitans orarem, ut edentulae matrinae suae, quae mortem pre inedia timerem, misereretur, ille aliqua velut iocularia ad haec respondens: Tandem ad tua, ait, remea; petitio tua felicem efficatiam assequetur.' Iuxta cuius dicta mihi repatrianti, dentes contra naturam veteranae succrescunt, et maior quam ante capitis sanitas abinde perseverat. Unde scio, quod episcopale baptisma non parvam conferret ei prosperitatem, si delicti nostri non obstaret enormitas. Procura ergo placare deum ac sanctum Sebastianum, cui frater noster Eberhardus predium Aheim dare promisit, de cuius pensionibus [fol. 3v] thuris vini et olei votum suum voluit solvi.' Quo consilio percepto, frater eius Oudalrici caput super aram sancti Sebastiani posuit predium Teigingun atque duos mansos ad Huntilipach sitos dedit, 30 quoque denarios dans, totidem se aut puerum annuatim daturum spopondit, quos ipsi et Adalpero post ea usque ad mortem solverunt. Post haec spassat, praepollet, ac inter multa prelia, quae gessit, invulnerabilis extitit. Patrem ac matrem Lutecardem mortuos Frisingis sepelit, ac pro animarum eorum requie sancto Sebastiano predium nomine Risun dedit. Post haec dux uxorem Rihcardem sororem Marhwardi presidis de Carinthia cui ipse suam in coniugium vocabulo Hademuodem dedit, quae post obitum mariti cuncta sua pro Dei nomine derelinquens in Palestinae partibus mortua plurimis signis declaratur. Quo tempore Frisingensis episcopus Abraham Eberspergensem basilicam dedicare denegat, quia Oudalricus Ottoni puero tercio regi fidelis, Heinrico duci Bawariorum, cui pontifex idem favebat, ad rebellandum regi non consensit. Idem enim dux ungui se faciens in regem, preliis multis Oudalricum attemptabat, sed iustitia prevalente victus est ab eo. Episcopus quoque prefatus qui eum depredatus est, equali facto in tantum coarvatus est, ut Frisingis adiutorio regali obsessus caperetur ac in custodiam a rege detruderetur. Dux etiam propter haec in Patavia ad deditionem cogitur et in custodiam mittitur. Ex qua emissi amicitiam cum Oudalrico firmant, ita ut dux Eberspergense castrum petens copiosam peccuniam et 9 ministros suos sancto Sebastiano delegaret. Dixit enim sibi Treveris, ubi custodiebatur, per visum a sancto Materno manifestatum esse, non prius solvi carceris sui angustias, quam promitteret se beati Sebastiani [fol. 4] interventum petiturum et Oudalrici amicitiam habiturum. Episcopus ergo, quoniam olim deiuravit Oudalrici aecclesiam a se numquam benedicendam esse, dedit ei licentiam consecrandi eam a quolibet episcopo. Convocatur ergo Fridericus Iuvavensis aecclesiae presul, qui consecravit eam anno dominicae incarnationis 970 indictione[g] ac villa Ruothartesperc in dotem datur. Post haec Oudalricus genuit Adalperonem, Eberhardum, Willibirgam et alias tres filas[h]. Adalpero duxit uxorem Rihlindem, filiam Rudolfi suevi, sororem Welfhardi comitis, qui rebellavit Heinrico regi secundo; haec sterilis fuit. Eberhardus vero duxit Adalheidem Saxonem, quae tres genuit filios, quorum[i] biennio vix, anno dominicae incarnationis 972,[j] Hunfridus moritur, quem Dietgerus sequitur. Post quem Meginpoldus subrogatur 16 annis. Quo tempore Gunzo successit, Grecis ac Latinis litteris doctus, qui erat conscolasticus Gerberti pape, prefuitque annos 11. Anno dominice incarnationis 990[j] Reginpoldus Augustensis abbas adunatis monachis preficitur, cui quidam miles Eberhardus suum filium, Altmannum vocabulo, monastice educandum dedit, quem genuit de Ruottrude, quae fuit Oudalrici filia ex concubina. Reginpoldus vero cum 11 annis Eberspergensi abbatiae prefuisset ab Heinrico rege II. Francorum ad Lorsam abbatiam regendam sustollitur, et Altmannus ab eo monachis Eberspergensibus preficitur, aliquantisper Oudalrico renuente propter florem primae iuventutis; annorum enim 20 erat, sed incredibili ingenii astutia morumque maturitate pollebat. Oudalricus ergo nullam ex filiis prolem videns preter unam virginem, Hadamuoden vocabulo, neptem suam de filia Willibirga, praedia haec: Sevun, Otacheresperc, aecclesiam dotatam [fol. 4v] in villa quae dicitur ad Niuunchirchun cum decimis, et duos mansos ad Huntilpach sancto Sebastiano dedit, ut eius interventu benigno Deus inpune sibi prolique suae concederet usum predii Ahaheim, quod patruus suus divinis devovit servitiis, et ut felicem mereretur posteritatem; quam petitionem cum effectum consequi non posse videret, vel in senecta sua peccatis suis deputans quod exaudiri non meruit, toto nisu in amorem Dei monasteriis et egenis pecunias distribuit, posteaque pauper ipse pauperibus ministravit, mundum etiam relinquere peregreque proficisci voluit. Sed laicus quidam, Adalgerus nomine, pro sancto habitus, id decere contradixit, dicens: sibi in divina voce dictum, de posessis bonis elemosynam assidue annuatim dare melius esse, quam semel omnibus relictis nil postea conferre pauperibus. Talibus verbis credulus acceptis, animo se retraxit; qui cum sequenti tempore in Tinchove moraretur, coniunx eius Rihcard Deo devota, quadam die petiit eum, ut secum Eberspergense castrum pro sibi necessaria causa visitaret. Quam causam dum ille requireret, dixit ei, actu potius quam verbis illam se intimaturam. Cuius petitioni cum annuens castrum adiret, alia die fortuitu accidit eam solam sedere in ceta, qua pedis saeque solitae fuerant operari, ubi pulcherrima virgo, niveis induta fulgoroso vultu apparuit, ei dicens: ‚O Rihcart domina carissima, quomodo te sedere solam contigit, quod antea numquam vidimus; hoc tuam disciplinam, hoc tuam reverentiam non deceret. Ego autem, ut tui custos sim, veni.' Quo dicto disparuit, quam visionem uni presbytero duobusque[k] pedissequis sibi familiaribus dixit, et quod discessum suum portenderet, intimavit; quae statim infirmata 10. Die [fol. 5] obiit 9 kal. Maii et in eodem castro sepulta est anno dominicae incarnationis 1013[l] a filiis sunt[m]. Quibus pater ait: ‚Ego nescius si ultra vos conspiciam, paucis admoneo, quae sigillet in cordibus vestris memoria diei, quo mater vestra terrae commendata est; in hoc enim asciscitis Dei placorem et mundialem honorem. Regi numquam rebelletis, vel domum ulla occasione vocetis, quia tunc opes vestri disperdentur.' Igitur a pascha post quod Rihcart defuncta est, Oudalricus carne abstinuit, venationibus, verbis otiosis omnibusque iucundis; adversa mundi prosperis cariora ferebat. Unde quodam tempore cum in Eberspergensi castro cum familiaribus sederet, atque de succrescentibus mundi malis sermocinaretur, contra beati Sebastiani altare conquiniscens ait: ‚Cum maximos dolores animo meo prius ingereret, quod nepotibus careo, modo tibi Deus, tibique mi possessor Sebastiane magnas proinde gratias ago. Quod cur diceret dum ab assidentibus interogaretur, ait: Cum mundanae res ita constarent, ut quisque tranquille sua retinere posset ac decenter vivere, gauderem si mihi Deus propaginis concederet. Isto vero tempore quia malis multiplicatis aut ignominiose degere quisque cogitur aut male facere, carius habeo nepotibus carere, quam eos absque sui honore vel Dei gratia habere. Sed causa vobis enarro venturam, quae sequentem generationem poste[n] malo acrioris infortunii est depressura. Cum Romani terrarum orbi imperarent, ita moderamine legum scripto regebat[o], ut nulli impune crederet factum, quod lex vetuerat. Postquam vero Germanum regnum a Romanis recesserat Sigipertus et Theodericus ac deinde Carolus iura [fol. 5v] dictabant, quae siquis potens ac nobilis legere nesciret, ignominiosus videbatur, sicut in me coevisque meis, qui iura dididimus[p], apparet. Moderni vero filios suos neglegunt iura docere; qui quandoque pro suo libitu et possibilitate mendoso iure quosque iuvant aut deprimunt et per exlegem temeritatem.' Oculum sinistrum in senecta doluit, quem non curari voluit. Guntherius heremita post secretam confabulatur[q] predixit eum ante sese moriturum et predia eius de multis aggregata in multos sed non in suos cognatos partri. Obiit senex 4. Idus Martii anno dominicae incarnationis 1029[r] indictione 11, et sepultus est Ebersperc iuxta coniugem. Pro cuius animae requie filius Adalpero praedium Hasalpah dedit. Anno 1031 Chuonradus obiit, adoptivus filius Rihlindis amitae eius, quo obiit[s] Heinricus tercius rex Francorum libertate donavit monasterium Adalperonis petitione, et electionem abbatis cum carta fratribus concessit. Anno 1037, anno 1036 sua aedificia diruens novum claustrum construxit ad austrum basilicae. Anno 1045[t] obiit in castro Persinpiuga, omnia committens coniugi recte tractanda, quae pro anima eius sancto Sebastiano dedit comitiam in Persinpeuga cum omnibus attinentiis suis[u], pro quia[v] suscipienda Altmannus abbas ivit cum Rihlinde, quae contra consilium Oudalrici caesarem convocat domum in Persinpiuga ut beneficia comitatumque Adalperonis committeret[w] Welfhardo duci, filio fratris sui, quod ad explendum cum caesar ferulam abbatis Welfhardo porrigeret, de loco cedende columna lignei caenaculi, in quo sederunt, ceciderunt in locum [fol. 6] balnei, quod aqua super montem ducta congruo tempore complevit. Ex quo casu Rihlint et Altman egrotantes mortui sunt. Fratres electionem abbatis a caesare consecuti, Gerwicum eligunt, sed missi fraudulenter a nesciente caesare Euticum abbatem impetrant prelaudatum ab Altmanno. Hic prefuit anno uno et dimidio, conversus de clerico, consanguineus Adalperonis. Dehinc Ekkibertus de Herisvelte Tegrenseuvensis abbas anno dimidio, et preficitur Fuldensibus monachis. Reginpolt, Altman, Etich, Ekkibertus omni laude digni in monasticis et saecularibus rebus."

[a] (B) eam separatim in mundo loco construe. [b] anno – sexto auf Rasur, von Hand des 14. Jahrhunderts. [c] verschrieben für gignit. [d] Dirigatur oratio sicut incensum. Apocalypsis: Orationes sanctorum.(B). [e] signat (B). [f] quam (B). [g] Zahlen auf Rasur, wahrscheinlich von einer Hand des 12./13. Jahrhunderts. [h] verschrieben für filias [i] Textstelle fehlerhaft; ... filios. In eodem biennio, vix anno post basilicae Eberspergensis consecrationem, domini incarnationis 972. Hunfridus primus praepositus, qui 29 annis praefuerat, moritur, et Dietgerus eidem ecclesiae in praepositum subrogatur (B). [j] Zahlen auf Rasur. [k] duobus (B). [l] Zahlen in freigelassene Lücke nachträglich eingesetzt. [m] verschrieben für suis. [n] verschrieben für postea. [o] regebatur (B). [p] verschrieben für didicimus. [q] confabulationem (B). [r] Die Zahlen von etwas jüngerer Hand auf Rasur. [s] Ob. mit Kürzungszeichen geschrieben, das gewöhnlich für (ob)iit steht. Korrekt wäre zu lesen: obeunte. [t] Zahlen auf Rasur. [u] comitiam – suis auf Rasur von einer Hand des 13. Jahrhunderts. [v] korrekt: qua. [w] auf Rasur. [x] Der Laut „w" wird hier durchwegs noch nicht mit dem Konsonanten w, sondern durchaus zeitgemäß, wenn auch im Bereich einer größeren Spanne zeittypischer Merkmale – hier in ihrer Entwicklungsreihe aufgezählt – als uu, uv oder selten vv wiedergegeben.

Übersetzung (nach Heinrich Kastner)

„In der Zeit des Kaisers Karlmann war ein gewisser Edler im norischen Gebiet, Sieghard mit Namen, der einen königlichen Markt sowie Stapelplätze am Fluss Sempt besaß, von dem der gleichlautende Ort seinen Namen hat. Dieser Sieghard durchstreifte einst in der Herbstzeit den nahen Forst, um zu jagen. Dabei stieß er im östlichen Teil des Forstes auf einen Waldeber von ungewöhnlicher Größe, einen Einzelgänger, der unter einem Sandsteinfelsen bei einer Linde lag und verscheucht wurde. Derselbe kehrte nachts wieder zurück, konnte mehrere Tage nicht erlegt werden und verließ zuletzt die Gegend und machte so alle Bemühungen zunichte. Da die Leute sagten, die Sache sei nicht geheuer und es weithin als Wunder erzählten, hörte ein Priester von bekannter Gottesfurcht, Konrad von Hewen – dies ist eine Burg am Bodensee – die Kunde und erklärte dem Sieghard also: ‚Befiehl, den Ort zu zerstören, an dem der Einzelgänger zwischen einer Sandsteinhöhle und einer Linde verschwunden ist, weil ich gemäß Gottes Offenbarung prophezeie, dass jener (Ort) durch göttlichen Dienst erhöht und von den Dienern Gottes bewahrt werden soll, die den Teufel austreiben, der die Menschen mit giftigem Zahn verwundet. Wenn Du eine Basilika auf einem eigenen Platze erbaut haben wirst, errichte sie nach der Sitte der Alten, die sagten, es diene nicht der Gottesfurcht, neben dem Opfermahl eine Kirche zu besuchen. Wenn es die Mittel erlauben, baue Festungswerke, denn wie Gott zu Zeiten des Ermanrich und des Vaters Egidius eine Geißel geschickt hat, nämlich Attila, den König der Hunnen, so wird er dem gegenwärtigen Geschlecht nach Maßgabe ihrer Sünden eine zweite Geißel senden.'
Zu derselben Zeit brachten Leute, die von der Stadt Straßburg kamen, eine ähnliche Prophezeiung, die sie von dem dort lebenden Klausner Gebehard über den entstehenden Ort erhalten hatten. Zum Zeichen, dass dies glaubwürdig sei, sagte dieser voraus, dass im Forst alle Einzelgänger verschwinden werden, was unter seinem Enkel Ulrich infolge sehr starken Schneefalls geschah. Darauf wurde jener Ort zerstört, eine Burg aus Holz erbaut, die Ebersberg genannt und mit dichtgefügten Baumstämmen befestigt wurde.
Kaiser Arnulf, der Sohn des Karlmann, der mit Sieghard blutsverwandt war, beschenkte diesen mit vielen Gütern. Zum Unterhalt der Burg gab er drei Höfe in dem Dorf Kaging und drei in dem Dorf Ötting mit allem, was dazu gehörte, und bekräftigte die Schenkung mit einer Urkunde, die das königliche Siegel trug. Im Jahre der Fleischwerdung des Herrn 906 starb Sieghard und er übergab Ebersberg seinem Sohn Rathold, der in weltlichen und geistlichen Dingen sehr strebsam war, weshalb ihm der Kaiser die Grenzen von Kärnten zur Überwachung anvertraute. Dieser war der Prophezeiung Konrads eingedenk und verstärkte die Festungswerke der Burg und vergrößerte den Ort mit allem Aufwand. Dieser zeugte Eberhard, Adalbero und Willibirg. Als er starb, gab er Ebersberg dem Eberhard und er wurde in Salzburg in der Kirche der heiligen Amanda begraben, und zwar im Westen jenes Winkels, der vom Blute der Heiligen getränkt ist.
In dieser Zeit, als die Hunnen, die auch Ungarn genannt werden, die östlichen Grenzen verwüsteten, begann Eberhard, die Burg mit einer Mauer zu umgeben und die Gräben zu vertiefen. Als er eines Nachts schlief und beim Hahnenschrei erwachte, schlief er wiederum ein. Da erschien es ihm, als ob er mit einer großen Anzahl Soldaten und Knechten in der Burg umherging und seinen Arbeitern zeigte, wie er die Türme und Lagerhallen an jedem Ort gebaut haben wolle. Da verwandelte sich der Hahn, der ihn erweckt hatte, in eine sehr ärmliche Gestalt, die sich ihm als orientalischer Schafhirte zu erkennen gab und sagte zu ihm: ‚Die Burg, die Du erbaust, wird den Nachstellungen der Feinde offen stehen, wenn Du nicht eine Wohnung errichtest, in der ihr Wächter haust. Aber wenn Du mir Weihrauch, Wein und Öl geben wirst, werde ich die Aufgabe des Wächters übernehmen und Du wirst sicher sein und von keinem, der für mich mit Dir dies herbeischafft, Schaden erleiden.' Während er also wegen dieser Worte im Traum voller Angst eiligst Wächter für die Burg bestimmte und den Wächtern mit lange gesammelten Mitteln eine Behausung erbaute und Wein, Weihrauch und Öl, mit denen der Wächter gewonnen werden sollte, die zu allzugroßem Preis beschafft werden mussten, wachte er matt und in Schweiß gebadet und zitternd auf. In der Furcht, dass der Traum ein schlechtes Vorzeichen bedeute, rief er seinen Priester Hunfried und weise Laien, denen er den Traum erzählte. Hunfried deutet den Traum nach Gleichnissen der Heiligen Schrift und meint, Eberhard soll einen Tempel Gottes bauen, damit Gott selbst Wächter über die Burg sein wird.
Als Eberhard dies gehört hatte, sagte er: ‚Wenn mir tausend Deutungen über diesen Traum vorgebracht werden könnten, so erachte ich doch im Vergleich zu dem, was in den heiligen Büchern gesagt wird, alle für nichts. Damit aber Gott mir in Vergebung meiner Sünden die himmlische Gnade gewähre, bitte ich ihn jetzt mit guten Werken, er möge mir den rechten Glauben und die Zerknirschung des Herzens mehren und wenn er mich wür-

digt, mein Leben zu verlängern, bis ich ihm einen sichtbaren Tempel erbaue, werde ich ihm Weihrauch, Wein und Öl zu seinem Dienst geben.'

Und am folgenden Tag setzte er drei Steine an den Platz, wo er das östliche Fundament gesetzt haben wollte, über den Sandstein. Aber Hunfried sagte, dass das Gotteshaus besser über einem massiven Felsen als über einem Sandstein begründet werden müsse und man diesen Sandstein entfernen und die Linde fällen müsse, da das Volk sie gleich einem Heiligtum verehrte.

Nachdem dies gemäß seinen Worten vollbracht war, wurde eine Kirche in Form eines Kreuzes gebaut, 50 Fuß breit und 80 Fuß lang und im Verlauf von 8 Tagen wurde das ganze Mauerwerk vollendet, von welcher Zahl Hunfried bewiesen hatte, dass sie nach Altem und Neuem Gesetz nicht wenige Geheimnisse berge. Eine geweihte Marmortafel, die er besaß, wurde auf den Altar mit den Reliquien des heiligen Sebastian gesetzt. In dessen Namen schenkte er zum Gottesdienst ein Grundstück in Regensburg am Marktplatz zum Kaufe von Weihrauch und 4 Joch Weinberge in Aschach, Winkl, Kaps und einem Ort, der Sempt genannt wurde, Klettham und zwei Kirchen, die mit Zehent ausgestattet waren, zu Tegernbach und Zorneding und den Jagd- und Holzzehent. Auch Aham wollte er geben, aber er hatte nicht die Zustimmung seines Bruders dafür. Den vereinigten Klerikern setzte er Hunfried vor. In dieser Zeit, als die Hunnen 8 Jahre lang Noricum verwüstet hatten, verbreiteten sie sich im neunten in gewaltiger Zahl über Norikum. Deren Heer ritt gegen die Ostseite der Ebersberger Burg an und schoss als Drohung Pfeile gegen die Burg. Aber da die Ungarn diese für durchaus geschützt hielten, zogen sie mit Geheul wieder ab. Eberhard sagte darauf, daran erkenne er die Wachsamkeit des geworbenen Wächters. Als aber das Heer der Hunnen auf seinem Weg zum Lechfluss von König Heinrich und seinem Sohn Otto besiegt war, brachten die Soldaten Eberhards und der Schwester Willibirg, die damals auf der oft genannten Burg weilte, den König Sur und den Heerführer Lele mit anderen Ungarn nach Ebersberg. Den König und den Herzog schickten sie nach Regensburg zum Kaiser zurück und die übrigen erlegten Ungarn warfen sie in einen riesigen Graben. Da sagte Willibirg: ‚Ich glaube den Worten jener, die vorhersagten, dieser Ort sei zum Lobpreis und zum Dienst Gottes bestimmt, weil der Herr die Fürsten des Bösen, die die Kirche Gottes verwüsteten, zur Ehre Gottes besiegt hierher geführt hat.' Und Eberhard nahm die besten Stücke der goldenen Geschmeide und der Schellen, die im Innern der Kleidung hingen, insgesamt drei Pfund Gold, zur Herstellung eines Kelches und ein silbernes Kreuz, das am Schild des Ungarnkönigs befestigt war, und anderes Silber, zur Zierde der Kirche. Als er später fühlte, dass der Tod nahe sei, sandte er nach seinem Bruder, der aber zu spät kam und sagte: ‚Mein Bruder, der keine Kinder hat, möchte, dass ich zu ihm eile, da er seine Güter den Klerikern geben will. Er denkt nicht daran, dass es besser sei, mit den Gütern, die mir der Erbschaft wegen zustehen, meine Söhne zu beschenken, als sie ungerechterweise anderen zu geben.' Und Eberhard sagte: ‚Gott erbarme Dich meiner und bezüglich jenem Ort tue nach Deinem Willen.' Und während sein Bruder zu spät kam, starb er und wurde in Freising begraben. Der Bruder aber vollendete seine Festungswerke. Dieser hatte sieben stattliche Söhne, aber den achten, dem der heilige Ulrich bei der Taufe seinen Namen gegeben hatte, verbarg er den Gästen wegen seiner Schwachheit und Missbildung. Deshalb sagte seine Tante Willibirg: ‚Zweifellos ist jener wegen unserer begangenen Sünden seiner Gesundheit beraubt, da alle, die von meinem Neffen (Bischof) Ulrich mit einem gewissen Segen geweiht sind, sich eines klaren Sinnes und körperlicher Gesundheit erfreuen. Denn, um von anderem zu schweigen, als ich ihn, der im Kloster des heiligen Gallus heranwuchs, wo er erzogen wurde, dort besuchte, sagte ich zu ihm, er möge sich seiner zahnlosen Tante erbarmen, die ich den Hungertod fürchte.' Da sagte jener scherzhaft: ‚Kehre nun zu den Deinigen zurück. Deine Bitte wird einen günstigen Erfolg erreichen. Gemäß seinen Worten wuchsen mir bei der Rückkehr in die Heimat gegen die Natur des Greisenalters die Zähne nach und besser als je zuvor ist meines Hauptes Wohlbefinden. Deshalb weiß ich, dass jenem (Grafensohn Ulrich) die Taufe des Bischofs keinen geringen Nutzen bringen würde, wenn die Größe unserer Sünden nicht dagegen stünde. Sorge dafür, Gott und heiligen Sebastian auszusöhnen, dem unser Bruder Eberhard das Gut Aham zu geben versprach und von dessen Ertrag er sein Gelöbnis wegen Weihrauch, Wein und Öl erfüllen wollte.' Ihr Bruder legte auf diesen Rat hin das Haupt des Ulrich auf den Altar des heiligen Sebastian und gab das Gut Taing und zwei Höfe in Hündelbach und schenkte zugleich dreißig Pfennige und versprach außerdem, dass das Gleiche er oder sein Sohn jährlich geben wollen, was sie selbst und Adalbero später bis zum Tode durchführten.

Nach dieser Zeit wurde er (Ulrich) siegreich und mächtig und ging aus vielen Gefechten, die er führte, unverwundet hervor. Den Vater und die Mutter Lutecard bestattete er, nachdem sie gestorben waren, in Freising und zur Ruhe ihrer Seelen gab er dem heiligen Sebastian ein Gut in Reisen. Hernach nahm er Richardis, die Schwester des Markward, des Statthalters von Kärnten, als Gemahlin. Ihm gab er selbst seine Schwester, Hadamud mit

Namen, zur Ehe, die nach dem Tode ihres Gatten im Namen Gottes ihr gesamtes Eigentum verließ und im Lande Palästina starb und durch viele Wunder ausgezeichnet wurde. In jener Zeit weigerte sich Bischof Abraham von Freising, die Ebersberger Kirche zu weihen, weil Ulrich Otto, dem Königsknaben, Otto III., treu war und mit Herzog Heinrich von Bayern, den dieser Oberhirte begünstigte, bei seiner Erhebung gegen den König nicht eines Sinnes war. Jener Herzog, der sich zum König salben ließ, griff Ulrich in vielen Gefechten an. Da aber die gerechte Sache stärker war, wurde er von jenem besiegt. Besagter Bischof aber, der ihn beraubte, wurde durch die gleiche Tat so in die Enge getrieben, dass er, als Freising mit königlicher Hilfe in Besitz genommen und er gefangen, vom König ins Gefängnis geworfen wurde. Der Herzog wurde in Passau zur Unterwerfung gezwungen und ins Gefängnis geschickt. Nach der Entlassung daraus schlossen sie Freundschaft mit Ulrich, dass sogar der Herzog zur Burg Ebersberg eilte und reiche Geldspenden und neun Diener dem heiligen Sebastian gab. Er sagte nämlich, in Trier, wo er gefangen gehalten wurde, sei ihm durch ein Gesicht geoffenbart worden, er könne nicht früher aus der Not des Kerkers gelöst werden, als bis er verspreche, die Hilfe des heiligen Sebastian zu erbitten und die Freundschaft Ulrichs zu suchen. Der Bischof, der einst geschworen hatte, er wolle die Kirche Ulrichs niemals weihen, erlaubte ihm jedoch, sie von irgendeinem Bischof weihen zu lassen. Deshalb wurde der Salzburger Kirchenfürst Friedrich herbeigerufen, der sie im Jahre 970, im Indiktionsjahr [...], weihte, wofür er das Dorf Hörmannsdorf als Geschenk erhielt. Später zeugte Ulrich Adalbero, Eberhard und Willibirg und drei andere Töchter. Adalbero heiratete Richlind, die Tochter des Schwaben Rudolf und Schwester des Grafen Welfhard, der sich gegen König Heinrich II. erhoben hatte. Diese war unfruchtbar. Eberhard aber heiratete die Sächsin Adelheid, die drei Söhne gebar. In diesem Zeitraum von zwei Jahren, im Jahre der Fleischwerdung des Herrn 972 starb Hunfried, dem Dietger folgte. Nach ihm wurde Meginbold auf 16 Jahre gewählt. Nach dieser Zeit folgte Gunzo, der griechischen und lateinischen Schrift kundig, der ein Mitschüler des Papstes Gerberg war und elf Jahre als Propst dem Kloster vorstand. Im Jahre 990 wurde der Augsburger Abt Reginbold den vereinigten Mönchen vorgesetzt, dem ein Ritter Eberhard seinen Sohn Altmann zur priesterlichen Erziehung gab, den er von der Rotraud hatte, die des Ulrichs Tochter aus wilder Ehe war. Reginbold stand der Ebersberger Abtei elf Jahre vor. Dann wurde er von König Heinrich II., dem Frankenkönig, nach Lorsch zur Übernahme der Abtwürde berufen und von ihm wurde Altmann den Ebersberger Mönchen vorgesetzt, obwohl Ulrich wegen dessen Jugendlichkeit widersprach. Denn er war erst 20 Jahre alt, aber stark an unglaublicher Schärfe des Geistes und Reife des Charakters. Ulrich jedoch, der von seinen Söhnen keine Nachkommen sah, außer eine Jungfrau, Hadamud mit Namen, seine Enkelin von der Tochter Willibirg, gab folgende Güter dem heiligen Sebastian: Seeon, Ottersberg und eine mit Zehnten ausgestattete Kirche in dem Dorf, das Neukirchen genannt wird und zwei Huben in Hündlbach, damit durch seine Fürbitte ihm und seiner Nachkommenschaft die Nutzung des Gutes Aham unbestraft belassen werde, das sein Onkel dem kirchlichen Dienst gelobt hatte und damit er sich eine glückliche Nachkommenschaft verdiene. Als er sah, dass diese Bitte keine Erhörung finden konnte, sei es, dass er in seinem Greisenalter annahm, er werde wegen seiner Sünden nicht erhört, verteilte er mit seiner ganzen Kraft Gott zuliebe Geld an Kloster und Arme und hernach diente er selbst als Armer den Armen. Auch wollte er sich aufmachen, um die Welt in der Fremde zu verlassen. Aber ein Laie Adalger mit Namen, der im Ruf der Heiligkeit stand, sagte, es zieme sich nicht, indem er sprach: ihm sei durch eine himmlische Stimme gesagt worden, es wäre besser, von den erworbenen Gütern jährlich eine Kleinigkeit zu schenken, als auf einmal alles und für die übrigen Armen hernach nichts mehr zu haben. Er glaubte diese Worte und fand sich in seiner Seele wieder zurecht. Als er in der Folgezeit in Tittenkofen weilte, bat ihn eines Tages seine Gattin Richardis, die sich Gott geweiht hatte, dass er mit ihr wegen eines zwingenden Grundes die Burg Ebersberg besuche. Als jener nach dem Grund fragte, sagte sie zu ihm, das sei besser durch Taten als durch Worte beizubringen. Ihrer Bitte nachgebend besuchten sie die Burg. Am anderen Tage ergab es sich zufällig, dass sie alleine in jenem Gemach weilte, wo gewöhnlich die Kammerfrauen waren, um zu arbeiten. Dort erschien ihr eine sehr schöne Jungfrau, schneeweiß gekleidet und mit strahlendem Antlitz, die sagte: ‚Oh Richardis, liebste Herrin, wie kommt es, dass Du einsam bist, was wir früher nie sahen? Das geziemt Deiner Zucht und Deiner guten Sitte nicht. Ich aber kam als Deine Wächterin.' Nach diesen Worten verschwand sie und Richardis glaubte, dass dies ihren Tod prophezeie. Sie starb alsbald an Schwäche nach zehn Tagen, und zwar am 9. Mai und sie wurde in der gleichen Burg von ihren Söhnen im Jahre 1013 bestattet. Ihnen sagte der Vater: ‚Ich weiß nicht ob ich Euch wiedersehe, deshalb ermahne ich Euch mit wenigen Worten, die in Euren Herzen das Gedenken an diesen Tag einprägen sollen, an dem Eure Mutter der Erde übergeben worden ist. Dadurch empfangt Ihr die Gnade Gottes und irdische Ehre. Erhebt Euch nie gegen den König und ruft ihn auch nie bei irgend einer Gelegenheit ins Haus, weil dann Eure Macht vernichtet wird.' Nunmehr enthielt sich Ulrich von dem Sonntag, nachdem Richardis verschieden war, des Fleisches, der Jagd, schlechter Reden und aller angenehmen Dinge. Die Widerwärtigkeiten der Welt trug er lieber als das Glück. Nachher, als er einmal in der Ebersberger Burg mit seinen Angehörigen war und sich über das wachsende Übel in der Welt unterhielt, sagte er, sich gegen den Altar des heiligen Sebastian zuneigend: ‚Da er meiner Seele die größten Schmerzen bereitete, weil ich der Enkel entbehre, sage ich Dir, Gott und Dir, mein Herr Sebastian, trotzdem großen Dank dafür.' Von den Anwesenden befragt, warum er solches spreche, sagte er: ‚Wenn die weltlichen Dinge so stehen, dass jeder das Seine ruhig behaupten kann und mit Anstand leben, würde ich mich freuen, wenn Gott mir Nachkommen gewähren würde. Weil in dieser Zeit jedoch jeder gezwungen ist, mit vielfachen Übeln oder ohne Ehre zu leben oder Schlechtes zu tun, habe ich es lieber, keine Enkel zu besitzen, als diese ohne eigene Ehre und ohne Gottes Gnade zu sehen. Aber ich erzähle Euch die künftige Ursache, die die spätere Generation mit dem Übel größeren Ungemachs niederdrücken wird. Als die Römer über den Erdkreis herrschten, wurde mit dem geschriebenen Gesetz regiert, damit keine Tat ungestraft bleibe, die das Gesetz verbot. Später, als vollends das germanische Reich von den Römern verlassen worden war, haben Sigibert und Theoderich und später Karl die Gesetze bestimmt. Und wenn ein mächtiger oder Edler diese nicht lesen konnte, so galt er als unfähig. So erschien es mir und meinen Altersgenossen, die wir Recht lehrten. Die Zeitgenossen aber vernachlässigten es, ihren Kindern die Gesetze zu lehren. Diese tun nach Gelüst ihrer Macht durch fehlerhafte Gesetze alle fördern oder unterdrücken, wie es ihrer gesetzlosen Willkür gut dünkt.' Das linke Auge erkrankte im Greisenalter und er ließ sich nicht behandeln. Der Einsiedler Guterius prophezeite nach einer geheimen Aussprache, dass jener vor ihm sterben werde und seine Güter, von vielen angesammelt, unter viele, aber nicht an seine Verwandten, verteilt werden würden. Er starb am 12. Mai im Jahre 1029, im 11. Indiktionsjahr und wurde in Ebersberg neben der Gattin bestattet. Für die Ruhe seiner Seele gab der Sohn Adalbero das Gut in Haselbach.

Im Jahre 1031 starb Konrad, der Adoptivsohn der Richlind, seiner Tante, nach dessen Tod der Frankenkönig Heinrich III. auf Bitten Adalberos das Kloster mit der Freiheit beschenkte und den Brüdern mit einer Urkunde freie Abtwahl zugestand. Im Jahre 1037 baute er ein neues Kloster im Süden der Kirche, nachdem er 1036 seine Gebäude niedergelegt hatte. Im Jahre 1045 starb er in der Burg Persenbeug, alle Rechtsgeschäfte seiner Gattin überlassend, die für seine Seele dem heiligen Sebastian die Grafschaft in Persenbeug gab, mit allem was dazu gehörte. Abt Altmann war mit Richlind dorthin gegangen, um sie in Empfang zu nehmen. Diese hatte gegen den Rat Ulrichs den Kaiser in das Schloss Persenbeug gerufen, damit sie die Güter und die Grafschaft des Adalbero dem Herzog Welfhard übergebe, dem Sohn ihres Bruders. Als der Kaiser, um dieses auszuführen, die Rute des Abtes dem Welfhard überreichte, brach die Säule des hölzernen Speisesaales, wo sie saßen, und sie fielen in den Baderaum, der gerade mit Wasser angefüllt war, das über den Berg geleitet wurde. Infolge dieses Sturzes erkrankten Richlind und Altmann und starben.

Die Brüder, die vom Kaiser die freie Abtwahl erhalten hatten, wählten Gerwich zum Abt, aber erhielten irrtümlich vom Kaiser, der nichts davon wusste, den vom Abt Altmann empfohlenen Etich vorgesetzt. Dieser stand eineinhalb Jahre dem Kloster vor, war ein Blutsverwandter des Adalbero und als Weltgeistlicher eingetreten. Daraufhin war Eckbert von Hersfeld, aus Tegernsee kommend, ein halbes Jahr Abt. Dann wurde er den Mönchen in Fulda vorgesetzt. Reginbold, Altmann, Etich und Eckbert waren jedes Lobes würdig, sowohl in klösterlichen wie in weltlichen Dingen."

Anmerkungen

1. Zur Geschichte des Klosters Ebersberg siehe als neuere Arbeiten allgemeinerer Art Der Landkreis Ebersberg. Raum und Geschichte, hg. v. d. Kreissparkasse Ebersberg, Stuttgart 1982 sowie Mayr, Gottfried: Ebersberg. Gericht Schwaben, (Historischer Atlas von Bayern, Teil Altbayern I/48), München 1989, mit den entsprechenden Quellenbelegen und weiterführender Literatur.
2. Zu Williams theologischem Werk und dessen literarischer Gestaltung ist eine Vielzahl von Untersuchungen erschienen. Zu Williram im Allgemeinen siehe Störmer, Wilhelm: Williram, in: Lexikon für Theologie und Kirche (LThK), Bd. 10, Freiburg 1965, Sp. 1214f., sowie Wattenbach, Wilhelm / Holzmann, Robert / Schmale, Franz Josef: Deutschlands Geschichtsquellen im Mittelalter, 3 Bde., Darmstadt 1967-1971, insbesondere S. 557f. Zu Otloh siehe ebd., S. 270-275, u.a.
3. Für diese Untersuchung einschlägige Veröffentlichungen zu Williram sind v.a. auch Manitius, Max: Geschichte der Lateinischen Literatur des Mittelalters, 3 Bde., (Handbuch der Altertumswissenschaft 9/2), München 1911-1931, hier Bd. 2, S. 592-598; Witzel, Kilian: Dichter und Schriftsteller, in: Der Landkreis Ebersberg. Raum und Geschichte, hg. v. der Kreissparkasse Ebersberg, Stuttgart 1982, S. 286-307, S. 286-290; Kastner, Jörg: Historiae Fundationum Monasteriorum. Frühformen monastischer Institutionengeschichtsschreibung im Mittelalter, (Münchner Beiträge zur Mediävistik- und Renaissance-Forschung 18), München 1974 u. Schupp, Volker: Studien zu Williram von Ebersberg, (Bibliotheca Germanica 21), Bern – München 1978.
4. Willirams Werke sind in mehrfachen Kopien überliefert, von denen eine in Bresslau, eine andere in Darmstadt gefunden wurde. Zur Gesamtüberlieferung siehe Seemüller, Josef: Die Handschriften und Quellen Willirams, in: Quellen und Forschungen 24 (1878), S. 2, 5 u. 47-49. Dies zeugt von der weiten Verbreitung seiner Schriften und in Verbindung damit auch des Ebersberger Skriptoriums. Siehe auch den Beitrag Hans Ulrich Zieglers über die mittelalterliche Schreibstube des Klosters Ebersberg in vorliegendem Band.
5. Eines der ältesten Exemplare ist erhalten in Bayerische Staatsbibliothek (BSB), Cgm 10, der aus dem 11. Jahrhundert stammt und Korrekturen einzelner Buchstaben und Worte erkennen lässt. Sehr wahrscheinlich handelt es sich hier um eine noch unter Leitung Willirams in Ebersberg entstandene Handschrift. Siehe auch Anm. 41.
6. Bayerisches Hauptstaatsarchiv (BayHStA), KL Ebersberg 2, fol. 1-6.
7. BayHStA, KL Ebersberg 2, fol. g^V-h. Diesen Teilen geht noch ein Papstkatalog voran, der aus der Wende zum 12. Jahrhundert oder eher etwas danach stammen dürfte. Er stammt von einer Hand, die zeitlich nach dem Schreiber der Grundanlage von Chronik, Traditionskodex und Tauschkodex wirkt, jedoch noch nah an die Zeit Willirams heranreicht.
8. Traditionskodex: BayHStA, KL Ebersberg 2, fol. 1-25^V; Tauschkodex: ebd., fol. 26ff.
9. Sogar von hochgestellten Persönlichkeiten wurden Abschriften seines Kommentars zum Hohen Lied erbeten. Insgesamt sind etwa 40 Überlieferungen dessen erschließbar, die im weiten Umkreis angefordert wurden, wie aus zahlreichen Bibliothekskatalogen entnommen werden kann. Siehe dazu allgemein auch Schupp (wie Anm. 3).
10. Von diesen hatte das Kloster Seeon schon im 10. Jahrhundert eine bedeutende Schreibschule, auch war man in Seeon mit dem bedeutenden alten Bildungszentrum der Reichenau in Verbindung gestanden. Siehe hierzu Kirmaier, Josef / Schütz, Alois / Brockhoff, Evamaria (Hg.): Schreibkunst. Mittelalterliche Buchmalerei aus dem Kloster Seeon, (Veröffentlichungen zur Bayerischen Geschichte und Kultur 28/94), Augsburg 1994. Auch Tegernsee hatte sich seit seiner Wiedererrichtung nach den Ungarnstürmen allmählich zu einem Bildungszentrum entwickelt. Siehe Wattenbach / Holtzmann / Schmale (wie Anm. 2), Register S. 275*. Schließlich ist noch an Sankt Emmeram in Regensburg und an Freising zu erinnern. Siehe ebd. S. 272* u. 249*.
11. Dies bemerkte bereits Schupp (wie Anm. 3), S. 18. Zu „HA" siehe Monumenta Germaniae Historica (MGH), Diplomata (DD), Heinrich. III., Einleitung S. XXXIIf.
12. Bislang lassen sich innerhalb einer Schriftart Identifikationen von Schreibern sicher vornehmen. Da bei den einzelnen Schriftarten nicht nur Buchstabenformen, sondern auch der Duktus (Eigentümlichkeiten der persönlichen Bewegungsführung) wechselt, sind für eine sichere Zuweisung in solchen Fällen auch grundlegende methodische Studien als Vorarbeiten erforderlich, da bislang noch keine entsprechend sicheren Bestimmungsverfahren entwickelt sind. Vom Autor sind seit längerer Zeit solche in Bearbeitung. Auf dieser Basis wird in absehbarer Zeit eine Schriftanalyse mit noch höherem Sicherheitsgrad für solche Fälle in Aussicht gestellt werden können.
13. Zur Frage der Beweiskraft von Urkunden sind in der diplomatischen (urkundenwissenschaftlichen) Literatur bis in jüngste Zeit viele Abhandlungen erschienen. Noch immer gültig im grundlegenden Bereich der hier besprochenen Sachverhalte sind die Ausführungen von Bresslau, Harry: Handbuch der Urkundenlehre, 3 Bde., Berlin – Leipzig 1912-1931, Bd., 1, S. 93-101 u. Bd. 2, S. 293f.
14. Siehe die entsprechenden Editionen in den Monumenta Boica und den Quellen und Erörterungen zur Bayerischen Geschichte, Alte und Neue Folge.
15. Zu Freising siehe Bresslau (wie Anm. 13); zu Bamberg u. Freising siehe Ziegler, Hans Ulrich: Das Urkundenwesen der Bischöfe von Bamberg von 1007-1139. Mit einem Ausblick auf das Ende des 12. Jahrhunderts, in: Archiv für Diplomatik 27 (1981), S. 1-110 u. 28 (1982), S. 58-189, hier 27 (1981), S. 100-106.
16. Siehe BayHStA, KL Ebersberg 2, fol. 27.
17. Siehe Ziegler, Hans Ulrich: Der Kompilator des Codex Udalrici – ein Notar der Bamberger Bischofskanzlei?, in: Archiv für Diplomatik 30 (1984), S. 258-281.
18. Siehe hierzu ebenfalls Bresslau (wie Anm.13). Zum Sicherungsmotiv ist zu bemerken, dass im Falle einer Anfechtung des eingetauschten Besitzes die Zeugen für den Gegenwert vorhanden sind, womit eine einfache Rechtssicherheit gewährt wird. Freilich erbringen weitere Zeugen für die Tauschhandlung die doppelte Sicherheit. Allgemein aber gilt es hier zu bemerken, dass Williram gewiss kein Lokalpatriotismus unterstellt werden kann. Gemeint ist hier vielmehr eine allgemeine Anpassung an vorhandene lokale Rechtsbräuche. Doch ist das Faktum einer überlagerten Motivation sehr wohl zu beachten. Eine Sache, die mehr Sicherheit bringt, kann aus diesem Motiv und zugleich aus einem weiteren des allgemeinen lokalen Gebrauches gehandhabt werden. Schwer entscheidbar kann dabei mitunter die Frage nach der vorrangigen Motivation sein.
19. Die Kurzfassung folgt nach eingeschobenen Traditionsnotizen aus späterer Zeit auf fol. 9.
20. Siehe Cgm 10, fol. 1; gedruckt bei Arndt, Wilhelm (Ed.): Chronicon Ebersbergense, in: Monumenta Germaniae Historica, Scriptores, XX, Hannover 1868, S. 9-16, S. 16, u. Witzel (wie Anm. 3), S. 287.
21. In diesem ist auch der Hinweis enthalten: „correxi libros" („ich habe Bücher korrigiert"). Auch diese Aussage korrespondiert gewissermaßen mit dieser Feststellung.
22. Zu dieser, in den Quellenwissenschaften bislang nicht entsprechend berücksichtigten Frage vgl. die grundlegenden methodischen Ausführungen Ziegler, Hans Ulrich: Neue Techniken formaler Kanzleibuchanalyse und -interpretation, in: Archiv für Diplomatik 43 (1997), S. 355-412.

[23] Siehe Anm. 19.
[24] Siehe Wattenbach / Holtzmann / Schmale (wie Anm. 2) u. Kastner (wie Anm. 3) sowie die Vorbemerkungen zu den Editionen der mit Gründungsnotiz oder Historia ausgestatteten Traditionsbücher in den Quellen und Erörterungen zur Bayerischen Geschichte.
[25] Siehe hierzu auch die Ausführungen unten, im letzten Abschnitt.
[26] Siehe hierzu Schupp (wie Anm. 3), S. 1-18. Siehe v.a. auch Manitius (wie Anm. 3), S. 593.
[27] Siehe auch die Ausführungen unten, im letzten Abschnitt. Der Zeit entsprechend und im Hinblick auf das von ihm eingerichtete Klosterskriptorium (Schreibbetrieb zur Bücherherstellung in eigener Sache und für fremde Auftraggeber) wäre es nicht üblich gewesen, dass er seine Klosterchronik selbst geschrieben hätte.
[28] Ediert von Arndt (wie Anm. 20), S. 10-15. Übersetzung bzw. inhaltliche Wiedergabe bei Paulhuber, Franz Xaver: Geschichte von Ebersberg und dessen Umgegend in Oberbayern, Burghausen 1847 u. bei Guggetzer, Martin / Kastner, Heinrich / Meyer, Otto: Elfhundert Jahre Ebersberg, Ebersberg 1957. Neuerliche Edition und Übersetzung des Chronicon Ebersbergense am Ende dieses Beitrages.
[29] Patze, Hans: Adel und Stifterchronik. Frühformen territorialer Geschichtsschreibung im hochmittelalterlichen Reich, in: Blätter für Deutsche Landesgeschichte 100 (1964), S. 8-81 u. 101 (1965), S. 67-128. Dort auch Angaben zu Traube. Zur umfangreichen Literatur über Geschichtsschreibung siehe z.B. auch Grundmann, Herbert: Geschichtsschreibung im Mittelalter. Gattungen – Epochen – Eigenart, Göttingen 1978.
[30] Siehe Hauck, Karl: Haus- und sippengebundene Literatur mittelalterlicher Adelsgeschlechter von Adelsatiren des 11. und 12. Jahrhunderts her erläutert, in: Lammers, Walther (Hg.): Geschichtsdenken und Geschichtsbild im Mittelalter, (Wege der Forschung 21), Darmstadt 1965, S. 165-199.
[31] Siehe Meyer, Otto: Die Klostergründung in Bayern und ihre Quellen, vornehmlich im Hochmittelalter, in: Zeitschrift für Rechtsgeschichte, kanonische Abteilung 20 (1931), S. 123-201.
[32] So auch Patze (wie Anm. 29). Dies belegen Daten des Traditionskodexes, sowie vor allem auch die Beendigung der Chronik mit Notizen zu Abt Eckbert, dem Vorgänger Williams.
[33] Siehe Wattenbach / Holtzmann / Schmale (wie Anm. 2), Register zu „Freising".
[34] Siehe Breslau (wie Anm. 13).
[35] So Kastner (wie Anm. 3), S. 142f.
[36] Siehe z.B. Wattenbach / Holtzmann / Schmale (wie Anm. 2), S. 385ff.
[37] Siehe z.B. Hemmerle, Josef: Die Benediktinerklöster in Bayern, (Germania Benedictina II), Augsburg 1970, zu „Ebersberg", ferner Wattenbach / Holtzmann / Schmale (wie Anm. 2) zu „St. Gallen", u.a.
[38] Siehe Bitterauf, Theodor (Bearb.): Die Traditionen des Hochstifts Freising, 2 Bde., (Quellen und Erörterungen zur bayerischen Geschichte NF 4 u. 5), München 1905/09; zu den Tauschurkunden siehe Bd. 1, S. 618-789.
[39] Siehe Kastner (wie Anm. 3), S. 142f.
[40] Siehe Höppl, Reinhard (Bearb.): Die Traditionen des Klosters Wessobrunn, (Qellen und Erörterungen zur bayerischen Geschichte NF 32/1), München 1984, S. 99*-122* (Einleitung).
[41] In diesem Fall der komplexen Sachlage verschiedenartiger Schriftcharaktere ist eine ausführliche Untersuchung am Original und anhand einzelner fotografischer Vergrößerungen von Schriftdetails unerlässlich. Dies gilt insbesondere auch für die relativ kleine Schrift des tabellarischen Werkes sowie für die Untersuchung der unten genannten Rasur bezüglich der Grafschaftsverleihung an das Kloster. Im ersten Fall wäre die Einsicht des Originals für die Bestimmung der eigenhändigen Beteiligung Willirams am Kodex unerlässlich, im zweiten Fall für die Klärung der Zeit, in der die Korrektur bzw. Interpolation ausgeführt wurde. So wäre dabei zu klären, ob die dick gezeichneten Schattenstriche und insbesondere das gedrungene „t", aber auch gewisse Biegungen der Schaftenden auf der Zeile gotischen Schattenstrichen und Brechungstendenzen entsprechen oder vielleicht durch Verfließen der Tinte und rauhes Hindernis für den Strichzug verursacht wären.
[42] Die von HA geschriebenen Urkunden betreffen durchwegs italienische Empfänger und lagern heute in italienischen Archiven zu Rom, Florenz, u.a. Alleine eine von ihm geschriebene Datumszeile in MGH, DD Heinrich III., 179, von 1047 I 3 ist in Abbildung im Archivio Paleographico Italiano, Bd. III, Fasz. 25 Nr. 97 benutzbar. Das nach Ausweis der MGH von ihm geschriebene Privileg Papst Clemens II. für das Bistum Bamberg von 1047 IX 24, JL 4149, ist das einzige auf deutschem Boden lagernde Original einer Urkunde von seiner Hand.
[43] Grundsätzlich müssten alle Urkunden mit dem dokumentarisch-historischen Kodex und mit allen Korrekturen in zeitnahen Überlieferungen der theologischen Werke miteinander verglichen werden. Sobald das dokumentarisch-historische Werk wieder zur Benutzung im Original freigegeben ist, wird vom Autor eine umfassende Schriftanalyse vorgenommen. Zum Schriftstil des genealogischen Werkes ist noch zu bemerken, dass dessen Zeitmerkmale erheblich fortgeschrittener sind. Dies lässt sich aber neben dem konservativen Stil der Schriften in Kaiserurkunden vor allem durch die Herkunft Williams als noch zu vertretende Diskrepanz gegenüber den Zeitkriterien süddeutscher Schriften erklären. Dennoch sollte auch vor einem abschließenden Urteil des Zeitstils eine Autopsie des Originals vorgenommen werden.
[44] Von Willirams Hand stammen auch die Korrekturen in der Vorlage von BSB, Cgm 10. So zeigt insbesondere das auf Rasur stehende „n" von „nectare" in Zeile 26 auf folio 10 die für den Duktus des HA bzw. Williram typische Verbindung von Bogen und zweitem Schaft, deren charakteristische Biegung als ein relativ bedeutendes Zuweisungsindiz im Falle ihres häufigeren Vorkommens zu erachten ist. Zwar liegt hier der Negativbefund der Ebersberger Klosterhand in ebensolcher Regelmäßigkeit vor, wie der positive in der genannten Datierungszeile des HA in D 179, doch wäre auch die Einsicht der anderen Urkunden des HA für einen wahrscheinlicheren Aufschluss erforderlich; außerdem kann eine Schreiberidentität aufgrund nur eines Merkmales nicht behauptet werden. Immerhin aber spricht eine gewisse Wahrscheinlichkeit dafür.
[45] Die Rasuren und die darauf angebrachten Korrekturen aus späterer Zeit wurden schon in der Ausgabe von Arndt (wie Anm. 20) bemerkt.

Abbildungsnachweis
Bayerisches Hauptstaatsarchiv, München: Abb. 1 u. 3-10.
Bayerische Staatsbibliothek, München: Abb. 2.

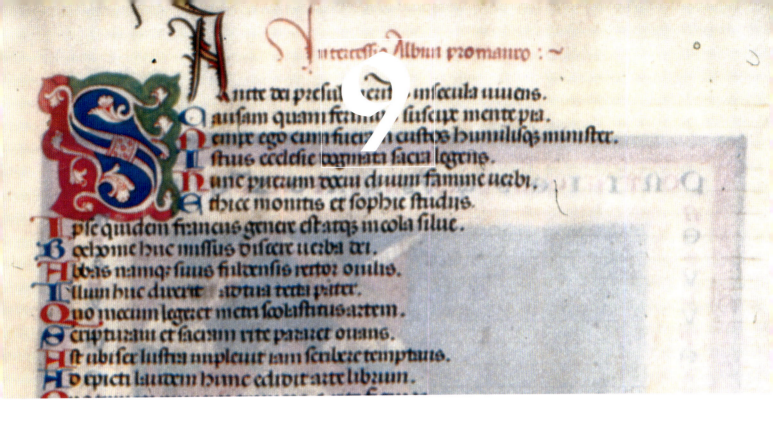

Hans Ulrich Ziegler

Die mittelalterliche Schreibstube des Klosters Ebersberg zur Bücherfertigung im Dienste von Bildung und Wissenschaft

Mittelalterliche Klöster hatten unter anderem die Funktion von Bildungszentren; entsprechend war der Bücherbedarf, der nicht nur liturgische und theologische Werke umfasste. Namentlich in späterer Zeit lassen sich neben den Interessen der eigenen Bildung hauptsächlich in Theologie, Philosophie, Rechtswesen und Medizin dann auch die Klosterschulen und später, zum Ende der frühen Neuzeit hin, auch die Pfarrschulen deutlicher in den historischen Quellen erfassen. Eine Vorreiterrolle hatten von Natur aus die ehemaligen irischen und angelsächsischen Missionsklöster, die nach den Stürmen der Völkerwanderungszeit neben den spärlichsten Überresten christlich-römischer Bildungseinrichtungen, die sich aus ehemaliger römischer Kolonialherrschaft in unserem Großraum etwa noch am ehesten in Augsburg vermuten lassen, die christliche und allgemeine Bildung wieder zum Leben erweckten und daher auch noch im Hochmittelalter ein traditionsgemäß hohes Bildungsniveau hatten. Von diesen war etwa Fulda eines der angesehensten Bildungszentren im Reich. Bald entwickelten sich auch an den Hochstiften sogenannte Kathedralschulen, die schließlich im Hochmittelalter das höchste Bildungsniveau im Reich verkörperten, sozusagen als Vorläufer der erst seit Kaiser Karl IV. gegründeten Universitäten (Prag 1348). Eine der bedeutendsten und zur Zeit Willirams wohl sogar die angesehenste im Reich war Bamberg, wenn man etwa dem Preislied des Abtes Gerhard von Seeon oder auch den etwas nüchterneren aber objektiven Worten des italienischen Gelehrten Anselm von Besate aus der Lombardei oder anderer bedeutender zeitgenössischer Persönlichkeiten folgt.[1] Nicht alleine aufgrund seiner Herkunft aus Fulda und seiner wahrscheinlichen, wenn auch nur durch Indizien zeitlicher Konkordanz stärker begründbaren Tätigkeit als Scholaster an der

Abb. 1: Abschrift der Dekretalen Burchards von Worms mit Beteiligung von Hand 2 (BSB, Clm 5801c, fol. 5).

Schule des Klosters Michelsberg zu Bamberg, sondern wesentlich auch aufgrund seiner im vorangehenden Beitrag festgestellten wahrscheinlichen Eigenschaft als Notar der Reichskanzlei und damit sicher auch als Mitglied der königlichen Kapelle zu Goslar, einer Nachfolgeinstitution der von Kaiser Karl dem Großen gegründeten Pfalzkapelle zu Aachen, an der im 9. Jahrhundert die besten Gelehrten aus ganz Europa wirkten, ist von Williram zu vermuten, dass er auch noch als Abt von Ebersberg gelehrten Interessen nachging. Diese naturgegebenen oder durch seine Laufbahn verstärkt geweckten Interessen dürften wohl sicherlich nicht durch seine Enttäuschung über Heinrich IV. abgeklungen sein und wohl auch nicht dadurch, dass er seine Position in der Abgeschiedenheit des großen Reichsforstes – wenn auch als Vorsteher einer Abtei auf dem Boden einer ehemals durch engere verwandtschaftliche Beziehungen zum Kaiserhaus ausgezeichneten Reichsgrafschaft – vielleicht als einen Ort der Verbannung empfunden haben mochte. Welchen Umfang die Klosterbibliothek damals hatte, wissen wir nicht. In einem Ebersberger Bücherkatalog des 13. Jahrhunderts ist eine mittlere Anzahl von Werken im Besitz des Klosters verzeichnet.[2] Allerdings können solche Kataloge wegen möglicher Verluste zu jeder Zeit nicht als absolut sichere Auskunftsbasis für weiter zurückliegende Zeiträume gelten. Immerhin aber wird erst zum Jahre 1305 von einem Klosterbrand berichtet.[3]

Zum Zeitpunkt der Klostergründung und jedenfalls noch im ersten Jahrhundert danach gilt das Ebersberger Kloster nach allgemeiner Ansicht trotz der nicht geringen Zahl von Ausstattungsgütern als eine vergleichsweise eher gering begüterte Abtei. Viel Geld zum Ankauf teurer Bücher wird man vermutlich nicht zur Verfügung gehabt haben. Vielleicht wurde deshalb so manches weitere Exemplar auswärts nur ausgeliehen und im Klosterskriptorium kopiert. Dies war neben dem Bucherwerb, dem gegenüber Schenkungen zumeist nur geringeren Umfang einnahmen, eine bedeutende Beschaffungsweise und gängige Praxis. Solche Klosterskriptorien hatten daneben aber noch die Aufgabe, Bücher sozusagen gewerbsmäßig herzustellen, um sie an andere Auftraggeber zu verkaufen. Von einem derartigen Skriptorium als Kennzeichnung einer bedeutenderen klösterlichen Institution kann man sprechen, wenn sich die Schreibstube durch laufende Anfertigung von Büchern, oft auch für fremde Auftraggeber, auszeichnete. Solche auswärtige Dienstleistung oder auch interne Routinearbeit, die auf die Existenz eines Skriptoriums hinweist, kann bisweilen aber auch durch Verstreutheit der Bestände und die damit verbundene Schwierigkeit ihrer Identifikation, letztlich auch durch Verluste von Bibliotheksbeständen bisweilen heute nicht oder kaum mehr erkennbar sein. In solchen Fällen aber sind vermutungsweise Rückschlüsse darauf eventuell dann möglich, wenn der Schriftcharakter als besonders kalligraphisch (ausgeprägt gleichmäßig und schönschriftlich) gelten kann, ein begabter Künstler zur Anfertigung der verzierten und bisweilen sogar mit reichem Bildschmuck ausgestatteten Initialen (Anfangsbuchstaben von Textabschnitten, Auszeichnungsbuchstaben) zur Verfügung stand oder auch ein theologisch gebildeter Kommentator oder Literat zur Auslegung der Bibel oder für weitere Abhandlungen begehrt war und somit ein Indiz oder ein Grund für eine mögliche planmäßige Bücherherstellung erkennbar wäre.

Lag eine gepflegte literarische Buchproduktion, insbesondere im Zusammenhang mit einer institutionalisierten Schuleinrichtung vor, so zeichnen sich die Schreibprodukte solcher Skriptorien oft durch einen mehr oder weniger charakteristischen Schriftstil aus, anhand dessen sich Exemplare unbekannter Herkunft beziehungsweise Entstehungsheimat im häufigen Falle des Fehlens eindeutiger Besitzeinträge und Schreibervermerke zuordnen lassen; denn in früherer Zeit waren solche persönlichen Zusätze nicht opportun, um den Namen des Schreibers nicht etwa gegenüber der Bedeutung eines Werkes zu betonen. Die Zuordnung eines Werkes an eine bestimmte Entstehungsheimat ist allerdings somit zumeist an eine aufwändigere paläographische Schulbestimmung (Schriftstilbestimmung) geknüpft, da die einzelnen Schulkriterien recht unterschiedlich sein können. Sie betreffen bisweilen den Typus der Buchstabenformen, dann häufiger bestimmte Formvarianten, andernfalls dagegen eine bestimmte Ausprägung des Schriftstiles (z.B. hoch, breit, gewölbt, und andere mehr), schließlich aber auch oft bestimmte Eigenheiten des Duktus (Eigentümlichkeiten der Bewegungsführung) eines Schreibers beziehungsweise Lehrmeisters, dessen Charakteristika oft treffend kopiert wurden und aufgrund der häufigeren Allgemeingültigkeit bestimmter Form- oder Stilkriterien nicht selten das ausschlaggebende Indiz für eine Schulzuweisung bilden. Bei größeren Schulen oder Skriptorien können bisweilen auch gleichzeitige oder häufiger zeitlich aufeinander folgende unterschiedliche Kriterien beziehungsweise Schriftverwandtschaften festgestellt werden, womit die Identifizierung einer Stilrichtung die gleichzeitige Zugehörung einer weiteren, wenn vielleicht auch vereinzelten, nicht generell ausschließt. So konnten im Kloster Michelsberg zu Bamberg für zum Teil recht kurze Zeiträume verschiedene Stilepochen festgestellt werden.[4] Dieser Sachverhalt, der einerseits die Erforschung eines Klosterskriptoriums erschwert, erlaubt aber andererseits auch kulturgeschichtliche Aufschlüsse über den Konvent. So pflanzten sich beispielsweise in Fulda insulare Schriftcharakteristika über Jahrhunderte hinweg fort; in einem mittleren Konvent wiederum kann eine starke Schulgemeinsamkeit aller gleichzeitig wirkenden Schreiber Aufschluss auf die Bedeutung beziehungsweise den Einfluss eines Lehrmeisters geben. Auch Verzierungen von Initialen (vergrößerte Anfangsbuchstaben) oder von Versalien (mäßiger vergrößerte Auszeichnungsbuchstaben von Kapitelanfängen) können ein Indiz für den Entstehungsort von Handschriften bilden. Nach bisweilen getroffenen Feststellungen jedoch können diese auch von geschätzteren Miniaturenmalern aus anderen Konventen ausgeführt sein, womit derartige kunsthistorische Aufschlüsse nicht unbedingt in jedem Fall ein Skriptorium zu erschließen vermögen.

Aus dem Bestand der Ebersberger Klosterbibliothek sind nach den Katalogen der Jesuiten und der Königlichen Hofbibliothek, in die die Klosterbibliothek nach Aufhebung des Jesuitenordens großenteils gelangte – vorher schon waren einige geringere Teile der ehemaligen benediktinischen Klosterbibliothek mit der Versetzung der Mönche nach Mallersdorf dorthin gebracht worden – heute 258 Bücher im geschlossenen Block aus der Zeit vom 11. bis zum 19. Jahrhundert vorhanden. Hinzu kommen noch einige verstreute Exemplare in verschiedenen Beständen der Bayerischen Staatsbibliothek, die die einschlägigen Bücherschätze des Säkularisationsgutes aus der Königlichen Hofbibliothek übernahm. Jener Kompaktbestand repräsentiert somit nicht den Fundus der ehemaligen Ebersberger Schreibstube, da viele der Werke angekauft und viele andere in Ebersberg entstandene Schriften für verschiedene Auftraggeber hergestellt sein könnten, die heute, sachbedingt ohne einen ebersbergischen Besitzeintrag, in den verschiedensten Bibliotheken lägen. Die vollständige Erschließung eines eventuellen Ebersberger Skriptoriums würde damit einen hohen Forschungsaufwand erfordern. Im Folgenden soll jedoch versucht werden, die Tätigkeit der Ebersberger Schreibstube in den einzelnen Epochen der benediktinischen Zeit sporadisch zu skizzieren, soweit im Rahmen dieser Untersuchung Aufschlüsse möglich sind.

Ebersberger Schriftwesen im 11. Jahrhundert

Über ein möglicherweise schon vor der Zeit Willirams, etwa unter dem aus Sankt Gallen stammenden gelehrten Abt Reginbold existierendes Klosterskriptorium ist nichts mehr bekannt, doch dürfte eine begrenzte Schreibtätigkeit im Ebersberger Kloster schon für die damalige Zeit zu vermuten sein.

Somit bildet die Zeit des Abtes Williram gemäß seiner Biographie, die weitere gelehrte Interessen auch während seiner Ebersberger Abtzeit doch vermuten lässt, wie auch aufgrund einiger zeitgenössischer Berichte über die Anforderung seines Kommentares zum Hohen Lied, den Anfang dieser Untersuchung. Es drängt sich daher

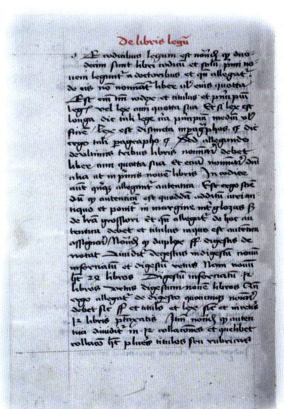

Abb. 2: Sakramentarfragment. Vermutlich eine der bekannten Handschriften aus der mittleren Zeit des Ebersberger Skriptoriums (BSB, Clm 5964, fol. 72v).

geradezu auf, seine Spuren noch genauer zu verfolgen, als dies bislang geschehen ist, und zwar vor allem im Bereich der Schriftbefunde.[5]

Wie im vorangehenden Beitrag bereits festgestellt, stammen von seiner Hand nach Schriftbefund eine Reihe heute noch im Original erhaltener Kaiserurkunden für italienische Empfänger und das rechtlich umfassende Privileg Papst Clemens' II. für das Bistum Bamberg sowie in der ebenfalls bislang noch im Original erhaltenen ältesten Verwaltungshandschrift des Klosters Ebersberg als literarische Schriften das tabellarisch-historische Werk der Genealogie der Fränkischen Könige und Kaiser und der Konkordanz zu den Abt- und Herrscherdaten bezüglich des Klosters.[6] Von seinem Kommentar zum Hohen Lied hatte sich nach zeitgenössischem Bericht der Bischof von Trient ein Exemplar erbeten, weitere lagern heute in entfernten Bibliotheken in Breslau, Darmstadt und andernorts.[7] Das in der Münchner Staatsbibliothek erhaltene Exemplar aus dem Kloster kann auf eine Entstehungszeit um die Wende vom 11. zum 12. Jahrhundert festgelegt werden.[8] Die Korrekturen der Handschrift zeigen, wie bereits erwähnt, deutlichen Bezug zur hier identifizierten Hand Willirams. Da auch die Texthand starke Anklänge an seinen Schriftstil zu erkennen gibt, liegt hier eine Schulverwandtschaft eindeutig vor. Dasselbe aber gilt auch für die im Bayerischen Hauptstaatsarchiv lagernde Verwaltungshandschrift.[9] Ihr erster Schreiber, er sei mit der Sigle „A" bezeichnet, besorgte die Niederschrift der Klosterchronik, die gemäß der hier getroffenen Feststellungen von Williram redaktionell maßgeblich mit beeinflusst sein dürfte. Von ihr stammt aber auch der Beginn des Traditionskodexes, in dessen Niederschrift sich ab und zu eine zweite Hand „B" einmischte, die schließlich alleine dessen Rest übernahm und den gesamten sich anschließenden Tauschkodex schrieb, soweit dieser jedenfalls in den Zeitrahmen der Amtszeit Willirams fällt.[10] Denn neben diesen beiden Händen, die ihres Zeitstiles gemäß dem 11. Jahrhundert zuzuordnen sind, fallen alle weiteren sich anschließenden, auch auf ursprünglich leeren Seiten dazwischen schreibenden Hände nach dem Schriftbefund eindeutig in das 12. Jahrhundert. Beide Hände A und B zeigen nun erhebliche Schriftverwandtschaft mit Williram.[11] Während Hand A dabei eine gepflegte, wenn auch nicht für literarische Schriften adäquat kalligraphische Buchminuskel (Schriftart für Bücher gewöhnlichen bis wichtigeren Inhalts) anwandte, schrieb Hand B eine mehr dem Aktualitätsbezug des Inhaltes gemäße schlichtere, doch auch gepflegte Buchminuskel, deren Schriftduktus stärkere Zugeständnisse an die Urkundenschrift macht. Auch Willirams Schrift im tabellarischen Werk[12] zeigt eine urkundliche, doch

Abb. 3: Sakramentar. Vermutlich eine der bekannten Handschriften aus der mittleren Zeit des Ebersberger Skriptoriums (BSB, Clm 5841, fol. 1).

mehr der Literaturschrift ähnelnde Stilisierung. Abgesehen davon aber entsprechen sich diese und Hand B in den individualspezifischen Charakteristika weitaus stärker als beide mit Hand A. Die gemeinsamen Charakteristika aller drei Schriften zusammen aber sind so stark, dass erkennbar wird, dass die dominierende Rolle Willirams in den kulturellen Belangen seines Konvents auch die Schrift gründlich erfasste. Offenbar passten sich die bereits ansässigen Mönche seinem Schriftstil erheblich an. Am deutlichsten zeigt sich dies in jenen markanten Eigentümlichkeiten, die Williram offenbar aus Fulda mitgebracht hatte: In nicht geringer Hinsicht lassen sich Stilelemente feststellen, die den insularen Schriftcharakteren ähneln. Die spachtelförmigen Ansätze der Oberlängen und die starken Rundungen des Bogens des h, des Schaftes des t und zum zweiten Schaft des n, gelegentlich auch des m, sind Charakteristika, die insularen Schriftelementen gleichen. Abschleifungen ihrer Deutlichkeit lassen sich mit der Entfernung von ihrem Ursprung in zeitlicher wie räumlicher Hinsicht erklären und erscheinen auch in dieser Hinsicht dem festgestellten Sachverhalt gerecht zu werden. So ist ihre Ausprägung hier naturgemäß noch wesentlich schwächer als selbst in Fulda, könnte aber gerade in dieser Hinsicht die bislang in der Literatur immer noch bezweifelte Reihenfolge der Stationen Willirams von Fulda aus, wo er wohl seine Ausbildung erhalten hatte, nach Bamberg, wo er wohl als Scholaster wirkte, endlich fixieren.

Doch ist diese Feststellung darüber hinaus von weiterem Belang. Ein anderer Kodex der Münchner Staatsbibliothek aus dem Ebersberger Bestand, der die Dekretalen des Bischofs Burchard von Worms enthält,[13] wurde ebenfalls von zwei Händen geschrieben, die dieselben Einflüsse und insgesamt auch ebersbergische Schulmerkmale aufweisen. Ja, sie gleichen sich darüber hinaus sogar in der Feststellung dieser literarisch-textlichen und literarisch-urkundlichen Stilisierung und zugleich in ihren näheren identitätsspezifischen Bezügen zu den Händen A und B, wobei letztere der Hand B des Verwaltungskodex am stärksten ähnelt. Auch sie zeigt hier deutlichere Bezüge zur Schrift Willirams in seinem Konkordanzwerk, so dass eine Identität mit seiner Hand möglich erscheint. Wiederum auch schrieb diese zweite Hand den wegweisenden Teil des Dekretalenwerkes, nämlich einen wesentlichen Teil der Kapitelübersicht und zu jedem Textkapitel am Rand den Betreff, ähnlich der Funktion von Hand B im Verwaltungskodex, die den von Williram angelegten, für die Mönche der Umgebung „neuen" Typus des Tauschkodexes und einige wichtigere Teile des Traditionskodexes schrieb. (Abb. 1) Neben einer möglichen Schreiberidentität aber ergibt sich jedenfalls hinsichtlich der festgestellten Schriftverwandtschaft, dass jener Kodex mit dem Dekretalenwerk einem Ebersbergischen Skriptorium und zugleich einer ebersbergischen Schreibschule entstammt. Die Dekretalensammlung Burchards übrigens, die später Grundlage für weitere bedeutende kirchliche Rechtsbücher wurde, beinhaltet die erste angelegte Rechtssammlung nach den Ungarnstürmen (um die Mitte des 10. Jahrhunderts) und ist somit ein wichtiges Werk auch der klösterlichen Verwaltung, wie insgesamt der Rechtswissenschaft dieser Zeit.[14] Ihre Abschrift für das Ebersberger Kloster fügt sich gut zum oben festgestellten Verwaltungseifer Willirams für sein Kloster und zu den intellektuellen Interessen seiner hier gleichfalls skizzierten Biographie. Insgesamt betrachtet ergibt sich hinsichtlich des kopierten Kodexes der Dekretalen und der mehrfachen Anfertigungen des Kommentars zum Hohen Lied neben dem Verwaltungskodex ein Schreibbetrieb, den man als ein Skriptorium bezeichnen kann. Bezüglich des Schriftcharakters lässt sich in diesem Zusammenhang feststellen, dass trotz des stark schwankenden Duktus und des variablen Schriftstiles, die geradezu charakteristisch für die Hand Willirams sind und sogar eine sehr enge Schriftbeziehung zur Hand B des Verwaltungskodexes wie auch zur Hand 2 des Rechtskodexes nahelegen, bei den weiteren Schreibern charakteristische Schulgemeinschaften in Formmerkmalen und Duktus hervortreten, die sich als sehr dominant erweisen.[15] Dasselbe gilt von einer weiteren zeitgenössischen, wohl um die Jahrhundertwende beziehungsweise etwas davor tätigen Hand, die den Papstkatalog im Verwaltungskodex anfertigte,[16] sofern diese nicht mit der im Unterschied zu den Buchschrift-Händen ebenso wie Williram im Duktus schwankenden Hand B oder 2 identisch ist. Man kann hier mit Recht von einer gut durchorganisierten Schreibstube sprechen.

Ebersberger Schriftwesen im 12. Jahrhundert

Diese Feststellung erhält noch größeres Gewicht, wenn man die Schriftcharaktere des 12. Jahrhunderts im Verwaltungskodex betrachtet. Auch hier ergibt sich das Bild einer ebersbergischen Schulrichtung, die sich im Bereich der Buchminuskel als enge Anlehnung an die Schriftweisen der Hand A des Verwaltungskodexes oder der Hand 1 des Rechtskodexes aus der Zeit Willirams, die vielleicht ebenfalls identisch sind, äußert. Dabei treten noch immer leichte Anklänge an Individualcharakteristika Willirams zutage. So zeigt der gesamte Verwaltungskodex bis in die zweite Hälfte des 12. Jahrhunderts hinein, soweit er fortgeführt wurde, dasselbe einheitliche Bild. Dies gilt auch für die Überlieferung des Kommentars zum Hohen Lied in der Münchner Handschrift Cgm 10, wohl einer Kopie des frühen 12. Jahrhunderts,[17] in der sogar die Korrekturen Willirams noch stark – deutlicher als in der Textschrift – seinem persönlichen Duktus angeglichen sind. Dennoch bildeten sich hier bereits zum Ende des 12. Jahrhunderts hin differente Schriftcharaktere heraus, obgleich auch diese noch die dominanten Eigenheiten Willirams, nun zwar nicht mehr durchgängig in jeder Hinsicht, aber als solche einer eigenen Reliktgruppe von Einzelmerkmalen ausgeprägt zeigen. Mitbedingt hierdurch, vor allem aber

Abb. 4: Eine vom Ebersberger Konventualen Maurus Ende des 15. Jahrhunderts geschriebene Handschrift (BSB, Clm 706, fol. 3).

im Zusammenhang mit den scheinbar hohen Verlusten literarischer Handschriften, die offenbar doch auf den Klosterbrand von 1305 zurückzuführen sind, wenn auch diesbezüglich keine spezielle Nachricht in den Quellen vorliegt, lässt sich die Weiterentwicklung von Skriptorium und Schreibschule im 12. Jahrhundert nur mühsam bestimmen; denn bislang sind nur wenige Fragmente (Bruchstücke) literarischer Handschriften aus diesem Zeitraum bekannt, und auch im Bereich des Verwaltungswesens fehlen solche bis zum Jahre 1328, wo deren Überlieferung dann wieder reichlich einsetzt. Dementsprechend schwierig gestaltet sich besonders für diese beiden Zeiträume des 12. und 13. Jahrhunderts die Bestimmung der Schulcharakteristika, da sich jene am Ende des 12. Jahrhunderts abzeichnende Differenzierung der Schriftstile nicht kontinuierlich weiterverfolgen lässt. Sogar für die Bestimmung der Schulcharaktere der im 14. Jahrhundert wieder reichlicher einsetzenden literarischen Überlieferung wirkt sich dieser Sachverhalt noch negativ aus. Wenn überhaupt, so ließen sich sichere Zuweisungen für das 12. und 13. Jahrhundert nur durch einen sehr hohen Forschungsaufwand erzielen, der neben einer subtilen und methodisch aufwändigen Schriftanalyse vor allem auch den Negativbefund der wesentlichen Unterschiede zu den Schriftcharakteren aus sämtlichen umliegenden Klöstern, so vor allem Tegernsee, dem gleichfalls durch Brandschaden schwer getroffenen Seeon, Rott, Schäftlarn, Beyharting und vielleicht noch einigen weiteren im Umkreis als unverzichtbare Bestimmungshilfe mit einbeziehen müsste. Zu bedenken ist auch, dass der Handel mit Büchern, wie die Ausführungen oben zu Williram zeigen, bisweilen fast international sein konnte. Von literarischen Fragmenten sind aus dem 12. Jahrhundert folgende Stücke vorhanden, die aufgrund der Buchbindung, aus deren Deckeln sie abgelöst wurden oder der Vorbesitzer der (aus späterer Zeit stammenden) Handschrift sowie vor allem der erhaltenen Verzierungen von Initialen oder des allgemeinen Schriftcharakters dem süddeutschen Raum zuzuweisen sind und in manchen Fällen vielleicht näher dem Ebersberger Skriptorium zugesprochen werden könnten. Namentlich handelt es sich um ein Sakramentarfragment (Buch zu den Sakramenten) aus dem Ende des 12. Jahrhunderts,[18] (Abb. 2) dann ein Antiphonarfragment (Messgesangbuch bestimmter Wechselgesänge) aus dem zweiten Viertel des 12. Jahrhunderts,[19] des Weiteren ein Sakramentar aus der Mitte des 12. Jahrhunderts[20] (Abb. 3) und schließlich ein Psalterfragment aus dem Ende des 12. Jahrhunderts.[21] Ersteres zeigt im Duktus und in einzelnen Formkriterien noch deutliche Bezüge zum Ebersberger Exemplar des Hohe-Lied-Kommentars, wobei auch manche Versalien deutlich einer gesamten ebersbergischen Stilrichtung zuordenbar scheinen, wenngleich solche ihrem Typus nach einer sehr allgemeinen, im gesamten süddeutschen Raum und darüber hinaus verbreiteten Ornamentik entsprechen. Aber auch die Initialen mit ihrem Rankenflechtwerk stehen in deutlicher Beziehung zu jenen des genannten Kodexes, womit eine Entstehung des Sakramentarfragmentes in Ebersberg nach dem Befund des im abgesteckten Rahmen vorliegenden Forschungsaufwandes durchaus möglich, ja, eher sogar als wahrscheinlich erscheinen möchte. Demgegenüber verweisen Versalien und Initialen des Antiphonarfragmentes auf eine Entstehung in Tegernsee oder in Ebersberg unter starkem Tegernseer Einfluss, während sich in den Schriftmerkmalen des Fragmenttextes doch deutliche Bezüge zu den oben herausgearbeiteten ebersbergischen Charakteristika ergeben. Insbesondere der schlanke hohe Löwe, der eine Initiale des „I" stilisiert, ist ebersbergischen Handschriften auch in der Folgezeit fremd. Das Antiphonar könnte wohl in Ebersberg unter Mitwirkung einer Tegernseer Fachkraft für Auszeichnungsschriften entstanden sein. Das Sakramentarfragment aus der Mitte des 12. Jahrhunderrts und das Psalterfragment schließlich stammen aus dem Vorbesitz des Schulmeisters Martin Mergetheimer, der Ende des 15. Jahrhunderts in Ebersberg wirkte. Er hatte in Erfurt studiert und war dann der Reihenfolge nach in Klöstern und Stiften zu Ebersberg, Rott, Beyharting und München als Schulmeister tätig. Einige seiner persönlichen Bücher vermachte er dem Kloster Ebersberg. Alleine aufgrund unsicherer Aufschlüsse der Bindung wird eine eventuelle Entstehung des Fragments in Ebersberg in Erwägung gezogen, während die Initiale nur als ganz allgemein süddeutsch bestimmt werden kann. Sie zeigt zwar vom Rankenmotiv her gewissen Bezug zu den ebersbergischen, kann aber nicht sicher eingeordnet werden. Ein

Abb. 5: Ein vom Ebersberger Konventualen Maurus Ende des 15. Jahrhunderts geschriebenes Graduale (BSB, Clm 23044, fol. 1v).

ähnlicher Befund ergibt sich allerdings auch für die Schrift: Gewisse Bezüge zu Ebersberg sind denkbar, erweisen sich jedoch nach bisheriger Forschungslage aufgrund ihres möglicherweise etwas stärkeren Allgemeinbezuges nicht als aussagekräftig genug für eine Zuweisung. Etwas deutlicher fällt wiederum in jeder Hinsicht der Befund für das Psalterfragment aus: Die Bindung des Kodexes verweist hier deutlicher auf einen Ort im Raume des Bistums Freising, auch das Rankenornament der Initiale könnte in deutlicherem Bezug dazu stehen und schließlich zeigt auch der Schriftcharakter in erstaunlich gleichartigem Maße der Deutlichkeit etwas engeren Bezug zu Duktus und Formeigenheiten der jüngeren Hände in der Ebersberger Verwaltungshandschrift. Dennoch kann auch hier eine Zuweisung nach dem vorliegenden Untersuchungsbefund nicht sicher vorgenommen werden. Sollte es nicht so sein, dass die genannten schwachen Anklänge an den ebersbergischen Stil darauf beruhen, dass man in einem anderen Kloster Ebersberger Werke kopiert hätte und die Schuleigenheiten damit nur schwächer eingeflossen wären, was auch hinsichtlich der Überlieferung der Fragmente in Ebersberg kaum wahrscheinlich sein dürfte, so handelt es sich hier entweder um ehemals angekaufte Werke, deren Schriftcharakteristika in ihrer allgemeinen Ausprägung zufällig auch ebersbergischen gleichen, oder um Werke, die in Ebersberg entstanden und nicht mehr die Dominanz einer Schulcharakteristik, wie sie einst von Williram ausgegangen war, aufweisen. In letztgenanntem Fall hätte sich zum Ende des 12. Jahrhunderts hin vielleicht schon eine grundlegende Änderung der Ebersberger Schulart ergeben, nachdem die genannten Schreiberhände des 12. Jahrhunderts in der Verwaltungshandschrift mit ihren noch ausgeprägteren Charakteristika der Zeit bis zur Mitte des 12. Jahrhunderts und etwa noch dessen drittem Viertel angehören. Die nachfolgenden Ausführungen könnten diese Vermutung eventuell bestärken.

Ebersberger Schriftwesen im 13. Jahrhundert

Für das 13. Jahrhundert sind wohl im Allgemeinen nur pauschale Zuweisungen an die Region des Bistums Freising möglich. Daneben fällt eine Gruppe von Handschriften mit eventuell Tegernseer Stilbezug und jedenfalls italienischem Schrifteinfluss auf, die von einem kulturellen Wechselbezug mit italienischen Orten zeugt. Auf Ebersberg verweist nach bisherigen Feststellungen nur ein Antiphonarfragment, das aus ebersbergischen Buchdeckeln ausgelöst wurde.[22] Seine Entstehungsheimat ist damit freilich nicht geklärt. Die Schrift ist nach dem bisherigen Forschungsstand noch nicht näher bestimmbar.

Ebersberger Schriftwesen im 14. Jahrhundert

Aus dem 14. Jahrhundert sind ebenfalls nur einige Bruchstücke vorhanden, die in einen möglichen Bezug zu Ebersberg gebracht werden können. Sie bilden zusammen ein Brevierfragment, das dem ersten Viertel des 14. Jahrhunderts zuzuschreiben ist. Die einzelnen Teile stammen aus drei Handschriften, von denen zwei einen ebersbergischen Besitzvermerk vom Jahre 1596 tragen.[23] Die Verzierungen der Initialen finden kein Gegenbeispiel in anderen Ebersberger Handschriften, und für die Schrift muss einstweilen die selbe Feststellung wie für die Exemplare des 13. Jahrhunderts gelten.

Abb. 6 u. 7: Zwei im Ebersberger Skriptorium entstandene Handschriften mit den in Ebersberger Werken öfter wiederkehrenden Rautenornamenten (BSB, Clm 5803 u. 5805).

Teil II – Spezialbeiträge

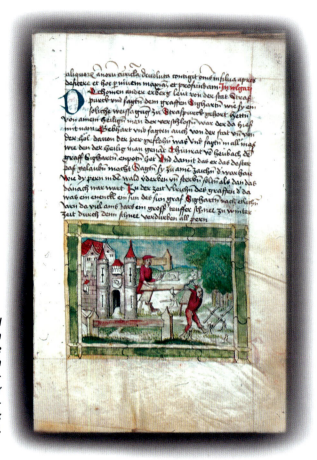

Abb. 8: Graf Rathold lässt die Burgmauern verstärken. Kolorierte Federzeichnung in der Ende des 15. Jahrhunderts im Kloster Ebersberg entstandenen Bildchronik (StadtAM, Zim. 123).

Ebersberger Schriftwesen im 15. Jahrhundert

Eine starke Überlieferung von Handschriften setzt aber im 15. Jahrhundert für Ebersberg ein.[24] Nun nennen sogar Schreiber bisweilen ihren Namen; zu bestimmen sind ihre Werke damit jedoch nicht minder schwer. Dies liegt einerseits an unvollständigen Schreibernennungen, andererseits zum nicht geringen Teil auch am Schriftstil, der für bestimmte Schriftarten in diesem und den folgenden Zeiträumen oft stereotyp gleichmäßigen Charakter annimmt, als seien die Einzelstücke wie von einer Maschine gefertigt. Gemeint ist hiermit speziell die Schrift für liturgische Werke (Messbücher), die sich auch in ihrer Größe von den anderen Schriftarten abhebt. Ihrem Charakter gemäß wird sie auch Textura (gewebte Schrift) genannt. Eine in Normalgröße gefertigte und weniger extreme Schriftart ist die zur gleichen Gattung zu zählende Textualis. Als erste bislang fassbare und markante Persönlichkeit tritt der Schreiber Maurus hervor, der sich einmal auch explizit als Ebersberger Klosterbruder bezeichnet.[25] (Abb. 4) Von ihm stammen in solcher Textura gefertigt zwei großformatige Antiphonare aus den Jahren 1452 und 1453,[26] ein zweibändiges Graduale (liturgisches Buch für sämtliche Messgesänge) aus dem Jahre 1458,[27] (Abb. 5) ein weiteres Werk, das in den Jahren 1471 bis 1472 entstand,[28] und zwei stattliche Psalterien mit Antiphonen und Hymnen von 1482.[29] Seine Tätigkeit beginnt unter Abt Eckhard (1446-1472), der die Melker Reform in seinem Konvent einführte und somit als Förderer der theologischen wie auch allgemeinen geistigen Belange des Klosters hervortrat.[30] Von den Auswirkungen dieser Reform zeugt beispielsweise auch besonders das von Maurus hergestellte Ebersberger Missale (Messbuch), das den zweiten Teil des oben genannten Graduale von 1453 bildet. Maurus wirkte auch noch unter Abt Eckhards Nachfolger Sebastian Häfele (1472-1500), der neben seiner Bautätigkeit auch ausgesprochenen Sinn für Kunstwerke hatte. Von Abt Sebastian wurde auch ein Neubau der Klosterbibliothek vorgenommen.[31]

Eckhard zeigte sich allgemein sehr um den Ausbau seiner Bibliothek bemüht, wie die datierten Besitzeinträge zeigen. So sind drei weitere liturgische Bücher 1458 im Umkreis des Maurus entstanden, wie ihre Schriftzüge verraten.[32] Damit ist für dieses Jahrhundert wieder die Existenz eines Skriptoriums und einer Schreibschule belegt. Von letzterer zeugen insbesondere auch zwei weitere Werke, die im Jahre 1454 in Bastarda, einer Mischschrift zwischen Kursive und Textualis, entstanden.[33] Es handelt sich um unterschiedliche pastorale und theologisch-philosophische Schriften, darunter auch ein Werk des bekannten Scholastikers Thomas von Aquin. Beiden Büchern gemeinsam sind charakteristische Initialornamente, die den Anfangsbuchstaben des Werkes vor einem in einen Mauerrahmen gesetzten rautenförmigen Bleiglasfenster, das hell mit rötlichem Licht erleuchtet ist, darstellen. Die Strichzüge der Initiale gehen an ihren Enden in weit ausladende Eichenlaubranken über, die in unterschiedlichen Farben gezeichnet sind. (Abb. 6 u. 7) Durch das charakteristische Motiv und ihre genaue typologische und formale Übereinstimmung einerseits, wie durch die Korrespondenz der einzelnen in den Werken auftretenden Schriften von zwar unterschiedlicher Stilrichtung aber gewissen Formgemeinsamkeiten andererseits sowie drittens aufgrund der genauen Übereinstimmung eines Schriftabschnittes mit nahezu identischen Charakteristika vor allem auch des Duktus mit dem in einer Verwaltungshandschrift des Klosters[34] erkennbaren Schriftstil, können diese beiden Werke einwandfrei dem Ebersberger Skriptorium zugeordnet werden. Hinzu kommt noch ein weiterer Bezug des genannten Schreibers zu einem außerhalb der geschlossen überlieferten ebersbergischen Handschriftengruppe aufgefundenen Kodex, der eine Abschrift der Ebersberger Chronik und Urkunden des benachbarten Adelsgeschlechtes der Fraunberger enthält.[35] Über die hier vertretenen Rankenansätze der Versalienornamentik schließt sich wieder der Kreis zu den früheren hier besprochenen Handschriften des 12. Jahrhunderts. Sind diese künstlerischen Motive aufgrund ihrer möglichen weiteren Verbreitung auch als ein relativ schwaches Erkennungsindiz zu werten, so erweist sich doch der charakteristische Duktus seiner Hand als ein zuweisungskräftiges Erkennungskriterium. Der Schreiber zeichnet in breiten Strichzügen eine nur wenig schwungvolle, fast gerade und relativ klobig wirkende Bastarda, die aber nichtsdestoweniger kalligraphisch ausgeführt ist, womit er den in seinen Werken beteiligten Kollegen, die eine zierlichere Bastarda schreiben, qualitätsmäßig gleichkommt. Dasselbe Charakteristikum weist schließlich noch eine weitere Handschrift auf, die ebenfalls außerhalb dieser Gruppe überliefert ist und zum Teil Urkunden ebersbergischer Betreffe enthält.[36] Zwar mag es vielleicht nur eine unbedeutende, eher kunsthistorisch interessante Feststellung sein, dass die in dieser Handschrift enthaltenen Zeichnungen betont erscheinende Gitterfenster gleicher Rautenart wie die oben genannten Initialornamente aufweisen; doch begegnen auch in dieser Handschrift die genannten verschiedenartigen Schriftstilisierungen. Diese unterschiedlichen Stilrichtungen der hier vorkommenden Schriften, die daneben auch eine schwungvolle, aber ebenso kalligraphisch genau bemessene, eine gedrungene, aber in feinen Schwüngen ausgeführte und eine schlanke, schwungvoll-ebenmäßige Stilisierung vorweisen, begegnen schließlich ihrem Typus nach, wenn zum großen Teil auch nur vereinzelt, in den Verwaltungshandschriften des Klosters. Somit ist eine Reihe zusammengehöriger Handschriften bestimmt, die die oben ausgesprochene Annahme eines Klosterskriptoriums absichert. Anstelle einer ehemals einheitlicheren, wenn auch schon immer durch Stilisierungen unterschiedlichen Schulgemeinschaft der Hände tritt nun eine noch stärker zu ausgeprägter Stilvariante neigende Schulverwandtschaft. Dies ist gewiss durch die allgemeinen Züge der Schriftepoche bedingt, zeugt aber doch auch von der souveränen Gestaltungsbreite und Größe des Skriptoriums.

Dasselbe gilt für die kostbare Bildchronik des Klosters, die im Auftrag des Abtes Sebastian Häfele erstellt wurde.[37] Ihre Schrift steht in gewissem Bezug zu jener des gleichzeitig von der Beurkundungskanzlei geführten Kopialbuches[38], einer geschäftsmässigen Sammlung von Urkundenabschriften, ist jedoch nicht ganz so kursiv und hat daher einen der Bedeutung des Werkes angemessenen stärker literarischen als dokumentarischen Charakter. Neben der doch ziemlich gepflegten Schrift zeugen hier insbesondere die hervorragenden Illustrationen vom Literatur- und Kunstsinn des Abtes, der sicherlich einer größeren, noch weiter zu erforschenden

Abb. 9: Graf Eberhard liegt im Sterben. Kolorierte Federzeichnung in der Ende des 15. Jahrhunderts im Kloster Ebersberg entstandenen Bildchronik (StadtAM, Zim. 123).

Bedeutung seines Skriptorium förderlich war. (Abb. 8 u. 9) Erwähnt sei zuletzt noch ein unter Häfeles Amtszeit entstandenes Medizin- und Apothekerbuch des Klosters,[39] das nach dem Schreibervermerk vom Ebersberger Mönch Vitus Auslasser gefertigt wurde, der aus Vomp bei Schwaz stammte. Sein gemalter Kräutergarten, mit dem er sich als ein bedeutender bayerischer Botaniker auszeichnet, kann als ein weiteres hervorragendes Beispiel Ebersberger Buchmalerei gelten. Die Analyse seiner Schrift müsste freilich auch jene der Tiroler Abtei mit einbeziehen.

Ebersberger Schriftwesen im 16. Jahrhundert

Darin kündigen sich deutlich die zahlreichen Verflechtungen an, die bereits seit dem beginnenden Spätmittelalter im Entstehen begriffen waren und nun in der Folgezeit die Landschaft der Schulzugehörigkeiten beherrschen. Unterschiedliche Herkunft der Mönche, die bereits von ihrem Mutterkloster aus des Schreibens kundig waren, erfordert, nicht zuletzt auch aufgrund der möglichen gegenseitigen Stilbeeinflussung, eine erweiterte Definition des Begriffes Schulgemeinschaft. Außerdem sind im 16. Jahrhundert, aus dessen erster Hälfte sich ebenfalls noch relativ viele Buchhandschriften aus dem Klosterbesitz erhalten haben, nun häufiger, wie schon in der zweiten Hälfte des 15. Jahrhunderts, Bücherschenkungen an das Kloster von Pfarrern, auswärtigen Kaplänen oder Privatpersonen bekannt, aufgrund deren die Weiterverfolgung eines Skriptoriums oder auch einer Schreibschule hohen Forschungsaufwand erforderte. Dadurch aber zeichnet sich die pauschale Vermutung ab, dass sich mit den verstärkenden Differenzierungen von Schriftcharakteren einerseits, den Schenkungen und wesentlich auch durch den nach der glanzvollen Amtszeit von Sebastian Häfele immer stärker sich abzeichnendem Niedergang des Klosters andererseits, die Existenz oder jedenfalls die Qualität des ehemaligen Klosterskriptoriums sowie der Schriftschule wohl allmählich im Sande verlief. Erst wieder aus der Zeit der Jesuiten ist eine nachhaltige Buchproduktion, wenn auch besonders im Bereich der Klosterverwaltung, zu verzeichnen.

Anmerkungen

[1] Siehe Wattenbach, Wilhelm / Holtzmann, Robert / Schmale, Franz Josef: Deutschlands Geschichtsquellen im Mittelalter, 3. Bde., Darmstadt 1967-1971, S. 216 f.

[2] Gedruckt in Glauche, Günter: Münchner Bibliothekskataloge, Bd. IV, München 1979, S. 616.

[3] Zur Geschichte des Klosters im Allgemeinen siehe Hemmerle, Josef: Die Benediktinerklöster in Bayern, (Germania Benedictina II), Augsburg 1970, S. 79-82, und speziell zur Überlieferung Glauche (wie Anm. 2), 612-616.

[4] Siehe Dengler-Schreiber, Karin: Skriptorium und Bibliothek des Klosters Michelsberg in Bamberg von den Anfängen bis 1105, (Studien zur Bibliotheksgeschichte 2), Graz 1979.

[5] Zur Zeit vor Williram siehe Hemmerle (wie Anm. 3). Zur Überlieferung der Handschriften des Kommentars zum Hohen Lied von Williram siehe Seemüller, Josef: Die Handschriften und Quellen Willirams, in: Quellen und Forschungen 24 (1877), S. 2, 5 u. 47-49. Zu Williram siehe auch den Beitrag Hans Ulrich Zieglers zu dessen Historischem Gesamtwerk in vorliegendem Band.

[6] Von ihm geschrieben sind nach Ausweis von Harry Bresslau in Monumenta Germaniae Historica (MGH), Diplomata (DD), Heinrich III. (H III), Einleitung, S. 32, die Urkunden MGH, DD H III 177, 185, 187 ganz u. teilweise bzw. jeweils das Eschatokoll (die Schlussformel) der Urkunden MGH, DD H III 178-181, 183, 184, 183 sowie das von ihm geschriebene Privileg Clemens' II. von 1047 IX 24: JL 4149. Das tabellarische Werk, bzw. die Konkordanz findet sich in Bayerisches Hauptstaatsarchiv (BayHStA), KL Ebersberg 2, fol. k. Zu den Zuweisungen siehe den Beitrag Hans Ulrich Zieglers über das Historische Gesamtwerk Willirams in vorliegendem Band.

[7] Siehe Glauche (wie Anm. 3) und Seemüller (wie Anm. 5).

[8] Siehe Witzel, Kilian: Dichter und Schriftsteller, in: Der Landkreis Ebersberg. Raum und Geschichte, hg. v. d. Kreissparkasse Ebersberg, Stuttgart 1982, S. 286-307, S. 290, u. Klemm, Elisabeth: Die romanischen Handschriften der Bayerischen Staatsbibliothek, T. 2, Die Bistümer Freising und Augsburg, verschiedene deutsche Provenienzen, Wiesbaden 1988, S. 28. Die Zeitmerkmale der Schrift, die bislang zu erheblichen Schwierigkeiten in der Datierung geführt hatten, sind aufgrund der Herkunft Willirams, die einen weitaus fortgeschritteneren Zeitstil voraussetzt, und aufgrund seines Schuleinflusses auf die nach konservativem süddeutschen Stil arbeitenden ansässigen Schreibermönche vermischt. Da man nicht weiß, wie weit sich diese neben den in starkem Maße übernommenen individual- und schulspezifischen Schriftcharakteristika auch von dessen progressivem Zeitstil beeinflussen ließen bzw. diesen zu imitieren vermochten, ist eine Entstehung des Kodex noch zu Lebzeiten Willirams oder kurz danach schwierig zu beurteilen. Ich möchte mich trotz des zeitlich extrem fortgeschrittenen Schriftcharakters Willirams in seinem tabellarischen Werk, der nach süddeutschem Maßstab eher erst auf die Mitte des 12. Jahrhunderts hinweisen würde, und der daher starken Sogwirkung auf die ansässigen Schreibermönche, der Meinung Klemms anschließen und die Anfertigung des Hohe-Lied Kommentars im Exemplar der Münchner Überlieferung doch erst auf die Zeit um 1100 festlegen. Hierzu veranlasst nicht zuletzt auch die schon von Klemm bemerkte Tatsache, dass sich Unterschiede des Duktus zwischen Korrektur- und Schreiberhand kaum deutlich genug ermitteln lassen. Dennoch will ich mir vorbehalten, diese ganze Problematik um die Bestimmung der Verwaltungshandschrift BayHStA, KL Ebersberg 2, der Urkunden des Notars HA und der ältesten Überlieferungen des Kommentars zum Hohen Lied nach Vorlage aller Fotos und möglichem begleitenden bzw. weitestgehendem Vergleich mit den Originalen, gründlich zu

bearbeiten, um dann ein definitiv sicheres Ergebnis vorzulegen. Doch stehen unabhängig davon schon jetzt mit hoher Wahrscheinlichkeit die Kernaussagen eines weiteren oder engeren individual- oder schulspezifischen Schriftbezuges und einer ungefähren Zeitbestimmung fest.

[9] BayHStA, KL Ebersberg 2.
[10] BayHStA, KL Ebersberg 2, fol. 26-34, bzw. auch fol. 24 ff. u. verstreut schon vorher.
[11] Die mit Willirams Hand gleichgesetzte Schrift zeichnet sich durch extreme Variation des Duktus und der Formgestaltung, zum Teil auch der typologischen Formmerkmale aus. Dies ist auch mitbedingt durch eine häufigere Federdrehung während des Schreibvorgangs, was bei den Buchschreibern nicht zu beobachten ist, da diese im Interesse hoher Kalligraphie eine konstante Federhaltung beibehalten. Die erstgenannten Variationen in Duktus und Formgebung aber sind durchwegs in der genannten Datierungszeile des HA (siehe hierzu den Beitrag Hans Ulrich Zieglers über Willirams Historisches Gesamtwerk in vorliegendem Band), in den Schriften von Hand B des Verwaltungskodexes, in denen der Hand 2 des Rechtskodexes und schließlich auch im tabellarischen Werk zu beobachten. Am stärksten sind sie in den Schriften von Hand B und Hand 2. Dadurch unterscheidet sich diese Gruppe von den als Buchschreiber zu charakterisierenden weiteren Händen, die zwar auch in der Formgebung, doch nicht ganz so stark, aber nicht im Duktus entsprechend variieren. Solche beidseitigen Variationseigenheiten wurden schon bei anderen höher gestellten und hoch gebildeten Schreibern beobachtet, deren Zuweisungen daher sehr erschwert sind und in bisheriger Literatur vielfach zu Fehlurteilen geführt hatten. Siehe dazu Ziegler, Hans Ulrich: Der Bamberger Erzpriester Gotebold, in: Mitteilungen des Österreichischen Instituts für Geschichtsforschung 92 (1984), S. 35-72, u. Ders.: Der Kompilator des Codex Udalrici – ein Notar der Bamberger Bischofskanzlei?, in: Archiv für Diplomatik 30 (1984), S. 258-281.
[12] BayHStA, KL Ebersberg 2, fol. k. Trotz des hier etwas stärker hervortretenden Buchschriftstiles ist bei diesem der Stil einer Urkundenschrift doch dominant zu erkennen, der den anderen Schriften dieser Zeit fehlt. Auch ein Wechsel des Schriftstiles ist einer Hand wie der des Williram sehr wohl zuzutrauen, wie analoge Beispiele im Falle des Bamberger Erzpriesters Udalrich zeigen, die, wie vielfach auch andere Zuordnungen analoger Fälle, in der bisherigen Literatur oft verkannt wurden. Durch eine subtile individualspezifische Schriftanalyse lassen sich derartige Zuweisungen unter verschiedenen Schriftstilen, wenn auch mit hohem Aufwand, doch sicher ermitteln.
[13] Bayerische Staatsbibliothek (BSB), Clm 5801c.
[14] Es gibt z.B. auch Auskunft über die Rechtsstellung der Klosterhörigen zu ihrer Herrschaft. Zu Burchard von Worms und seiner Gesetzeskodifikation siehe z.B. Wattenbach / Holtzmann / Schmale (wie Anm. 1), S. 902-912 u.a., sowie Lexikon für Theologie und Kirche (LThK) unter „Burchard".
[15] Typisch für die Williram zugewiesenen Individualcharakteristika sind z.B.: Spachtelförmige Ansätze an Oberlängen und Schäften; stark gebogenes h, nur bisweilen stark gerundeter zweiter Schaft des n am Ansatz der Bogenverbindung und charakteristischer Wechsel der Biegung und Parallelität von Schäften des m und n; schräg zusammengesetztes o mit Treffunsicherheit der Bogenzüge; kurzstreckig hochgezogener Verlauf der unteren Schriftzeile unter horizontaler Beibehaltung der oberen; bisweilen starke und betonte s-Form des zweiten Schaftes von u; überaus fortgeschrittenes Zeitmerkmal der Oberlängenansätze in Form des „Elefantenrüssels"; charakteristischer Wechsel zwischen spitzer Federhaltung und Schattenstrichen; u.a.m. Eine Reihe solcher Individualcharakteristika werden von anderen Schreibern in gewisser Abänderung und unter anderem Duktus als Schulmerkmale übernommen.

[16] BayHStA, KL Ebersberg 2, fol. a.
[17] Siehe Anm. 8. Die anschließenden Ausführungen folgen zum Teil Klemm (wie Anm. 8), S. 27 ff.
[18] BSB, Clm 5964.
[19] BSB, Clm 29316(22.
[20] BSB, Clm 5841.
[21] BSB, Clm 5819.
[22] BSB, Clm 29316(76. Zu den Ausführungen zum 13. Jahrhundert sieh Klemm (wie Anm. 8), S. 42 ff.
[23] BSB, Clm 5969, Clm 5916 u. Clm 5924. Siehe hierzu Hernand, Béatrice: Die gotischen Handschriften deutscher Herkunft der Bayerischen Staatsbibliothek, T. 1, Textband, Wiesbaden 2000, S. 52.
[24] Siehe hierzu insbesondere Glauche (wie Anm. 2), S. 612-615.
[25] Siehe BSB, Clm 706.
[26] BSB, Clm 5801b u. Bibliothek der Ludwig Maximilians-Universität München (UBM), 2° Cod. ms. 177. Zur künstlerischen Ausgestaltung des letztgenannten Kodexes siehe auch den Beitrag von Brigitte Schliewen über den Buchschmuck in Ebersberger Chorbüchern des 15. Jahrhunderts in vorliegendem Band.
[27] BSB, Clm 23044 u. 23045. Zur künstlerischen Ausgestaltung dieser beiden Kodizes siehe auch den Beitrag von Brigitte Schliewen über den Buchschmuck in Ebersberger Chorbüchern des 15. Jahrhunderts in vorliegendem Band.
[28] BSB, Clm 706.
[29] UBM, 2° Cod. ms. 158. Zur künstlerischen Ausgestaltung dieses Kodexes siehe auch den Beitrag von Brigitte Schliewen über den Buchschmuck in Ebersberger Chorbüchern des 15. Jahrhunderts in vorliegendem Band.
[30] Siehe Glauche (wie Anm. 2), S. 613, sowie Klemm (wie Anm. 8), S. 27f., u. Hemmerle (wie Anm. 3), S. 80.
[31] Zu Abt Sebastian Häfele und seine Kunsttätigkeit siehe auch Krammer, Markus: Abt Sebastian Häfele von Ebersberg (1472-1500), ein bayerischer Prälat des 15. Jahrhunderts, Ebersberg 1984. Zur Bibliothek siehe ebd., S. 25.
[32] BSB, Clm 5801a, UBM, 2° Cod. ms. 174 u. 2° Cod. ms. 178. Zur künstlerischen Ausgestaltung der beiden letztgenannten Kodizes siehe auch den Beitrag von Brigitte Schliewen über den Buchschmuck in Ebersberger Chorbüchern des 15. Jahrhunderts in vorliegendem Band.
[33] BSB, Clm 5803 u. 5805.
[34] BayHStA, KL Ebersberg 55.
[35] BSB, Cgm 527.
[36] BSB, Cgm 414.
[37] Stadtarchiv München (StadtAM), Zim. 123.
[38] BayHStA, KL Ebersberg 3.
[39] BSB, Clm 5905.

Abbildungsnachweis

Bayerische Staatsbibliothek, München: Abb. 1-7.
Markus Krammer, Ebersberg: Abb. 8-9.
Stadtarchiv München: Abb. 8-9.

Hans Ulrich Ziegler

Die schriftliche Klosterverwaltung

Die Schriftlichkeit im Kloster bezieht sich auf drei Bereiche, die literarische Tätigkeit, identisch mit dem Skriptorium, über das hier bereits gehandelt wurde,[1] die rechtliche Tätigkeit der Urkundenausfertigung, ausgeübt durch die Klosterkanzlei,[2] und schließlich die Verwaltungstätigkeit, ausgeübt durch die einzelnen Klosterämter. Letztere soll den Gegenstand der folgenden Erörterungen bilden.

In frühester Zeit waren, gemäß der Größe des Konvents und der anfallenden Schrifttätigkeit, die einzelnen oben genannten Bereiche noch nicht voneinander getrennt. Früher oder später erst bildeten sich allgemein diese drei gesonderten Aufgabenbereiche heraus, was sicher durch die zunehmende Schriftlichkeit zumindest grundsätzlich vorbedingt war. Doch lässt sich häufig bei großen Abteien im späteren Mittelalter bereits eine zunehmende Institutionalisierung dieser einzelnen Bereiche erkennen, die wohl auf andere Faktoren zurückzuführen ist. Dies kann ganz allgemein durch eine zur Neuzeit hin zunehmende öffentlich-rechtliche Funktion großer Grundherrschaften bedingt sein, andererseits aber auch durch zunehmende innere Tendenzen einer angestrebten qualitativ gesteigerten Territorialherrschaft. Freilich bedingt auch die Größe eines Konventes bereits von sich aus eine Aufgabenteilung. In den erzählenden Geschichtsquellen wird kaum von solchen begleitenden Motivationen einer Ämterorganisation oder nur selten von der begleitenden rechtlichen Qualität des Verwaltungsschriftgutes gesprochen.[3] Zur genaueren Beleuchtung der begleitenden Sachverhalte verbleibt damit nur die Möglichkeit einer allgemeinhistorischen Untersuchung der Entwicklung des Konventes in Verbindung mit einer Analyse der formalen Gestaltungseigenschaften des Verwaltungsschriftgutes von Seiten der Quellenkunde, die in dieser Hinsicht einen sehr wesentlichen, oft

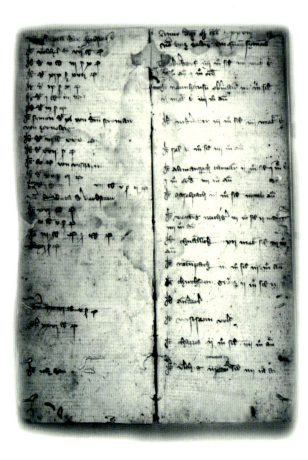

Abb. 1: Das älteste erhaltene Urbarbuch des Klosters Ebersberg von 1328 (BayHStA, KL Ebersberg 8, fol. 2).

entscheidenden Beitrag einer Interpretationshilfe zu leisten vermag. So konnte beispielsweise festgestellt werden, dass die in der Qualität ihrer formalen Gestaltung stark verbesserten Verwaltungshandbücher der Grafen von Tirol im 14. Jahrhundert, in einer Zeit, in der die Grafschaft eine gesteigerte Qualität der Landesherrschaft erlangt hatte, in wesentlichen konkreten Gestaltungsmerkmalen norditalienischen Kulturbezug erkennen lassen.[4] Andernfalls konnte bei einer Untersuchung von Büchern der wirtschaftlichen Klosterverwaltung der Benediktinerabtei Michelsberg zu Bamberg festgestellt werden, dass die Kodizes, die die steuerlichen Einnahmen aus der Grundherrschaft verzeichnen, in dem Zeitraum an der Grenze des Spätmittelalters zur Neuzeit in jenem Maße bürokratisch-gleichmässiger angelegt wurden, in dem sich das Lehenswesen von einem aktiven Bezug zum Grundherrn mit persönlichem Abhängigkeitsverhältnis und persönlicher Dienstleistung zu einer rein formal-„staatlichen" Einrichtung mit einer gleichsam steuerähnlichen Abgabe entwickelte. Diese Verdinglichung und Versachlichung des Lehenswesens lässt sich eben nicht nur an der Ablösung von Naturalleistungen durch Geldbeträge erkennen, sondern in ihrem Zeitverlauf und ihrer Intensität durch die formale Gestaltung der Wirtschaftsbücher in der damaligen Zeit besser ver-

folgen. Auffallend ist dabei auch ein Unterschied, der sich zu der großen Benediktinerabtei Sankt Peter zu Salzburg ergibt, in deren Buchführung und Herrschaft unter dem im Gegensatz zum Bamberger Bistum schon früh zur Landeshoheit aufgestiegenen Erzbistum Salzburg sich keine vergleichbaren Tendenzen im jeweils sehr unterschiedlichen Verlauf dieser formalen Gestaltungsänderungen erkennen lassen.[5] Aber auch in manch anderer Hinsicht lassen sich aufgrund der abstrakten und damit für vielfache mögliche Bezugnahmen überprüfbaren Materie der formalen Gestaltungseigenheiten interessante Aufschlüsse aus der Wirtschafts- und Verwaltungsbuchführung der Klöster gewinnen, weshalb deren Erforschung nicht etwa eine „trockene" Materie bedeutet, die alleine den Fachhistoriker in seinem abstrakten Labor der Wissenschaft interessierte, sondern vielmehr auch dem an einzelnen konkreten historischen Fakten der Klostergeschichte oder anderer Fragestellung wie Familien- oder Besitzgeschichte historisch interessierten Laien den Hintergrund beleuchtet, unter welchen Rahmenbedingungen seine konkreten Einzelfakten existierten, ob beispielsweise ein Vorfahre dieser Zeit oder sein Besitz unter den Bedingungen eines noch lebendigen oder bereits formal erstarrten Lehenswesens ihr Dasein hatten.

Aber auch für den ausschließlich internen Bereich der Klosterverwaltung sind Aufschlüsse durch formale Quellenanalyse möglich, wie ein vergleichendes Beispiel zur Hochstiftsverwaltung des Bistums Bamberg zeigt. So können etwa analog zum Beispiel des Bamberger Erzpriesters Gotebold, der sich bereits in der zweiten Hälfte des 12. Jahrhunderts auf die Beurkundungen von Rechtsentscheidungen spezialisierte, während sein Kollege Udalrich die Gütergeschäfte beurkundete, womit bereits ein früher Ansatz zur Entwicklung amtlicher und danach behördlicher Institutionen des Bistums festgestellt werden kann, auch im Bereich des Ebersberger Klosters aus den Schrift- und Diktatzuweisungen der zahlreichen Urkunden die Kanzleiorganisation und ihr näherer institutioneller Charakter erschlossen werden.[6] Die mögliche Vielfalt von Aufschlüssen aus der formalen Schriftlichkeit kann im Rahmen dieses Beitrags nicht dargelegt werden. Ebenso ist es aufgrund der reichen Überlieferung an Verwaltungsschriftgut nicht möglich, die Materie hier voll aufzuarbeiten. Selbst ein Gesamtüberblick würde die vorangehende nahezu vollständige Bearbeitung aller Einzelheiten erfordern. Doch soll ein kurzer Streifzug über die Materie hinweg einige grobe Rahmendaten darlegen, die in Anlehnung an oben genannte Beispiele grundlegender Interpretationsmöglichkeiten eine Basis für eigene Gedanken schaffen, die sich um den einen oder anderen Aspekt ranken können, vielleicht auch Anregung zu manch weiterem Versuch einer näheren Beschäftigung mit dieser Materie geben; und selbst die Erkenntnis darüber, welche Aspekte noch nicht bekannt sind, bereichert unser historisches Wissen auch insofern, als eine vermeintlich festgefügte, doch nicht der vollen Realität entsprechende Vorstellung des Klosterwesens aufgrund dürftigeren Erkenntnisstandes vermieden wird.

Einige speziellere Einzelheiten zum Verwaltungsschriftgut des Klosters im Überblick

Das Verwaltungsschriftgut des Klosters betrifft, wie allgemein, im Wesentlichen drei Gruppen, nämlich zunächst die Wirtschaftsführung, das die Aufzeichnung von Besitz und Einkünften und hier als Nebengruppe auch die Abrechnungen, zum Beispiel Geldausstände von zahlungspflichtigen Untertanen, und Ähnliches umfasst; hierzu zählen etwa Urbare, das sind Besitz- und Einkünfteverzeichnisse, sowie Zinsbücher, die im Wesentlichen stärker die Einkünftebasis betonen und Stifts- und Gültbücher, deren Titel alleine die Spezialisierung der Einkünfte- beziehungsweise Abgabenarten umfasst. Eine zweite Gruppe betrifft die rechtliche Seite. Sie enthält Kopial- oder Registerbücher, auch Lehenbücher, in denen der urkundliche Rechtsverkehr des Klosters, darunter auch die Privilegien an die Untertanen bezüglich ihrer Abhängigkeitsart, festgehalten werden. Die dritte Gruppe schließlich umfasst Briefprotokolle und Gerichtsbücher. In diesen werden Amtshandlungen, privatrechtliche Handlungen der Untertanen, wie zum Beispiel Erbregelungen, Klagen, Gerichtsverfahren und anderes festgehalten.

Gewiss ist es in erster Hinsicht historisch bedingt, welcher Typus des Schriftgutes ab wann in Erscheinung tritt, denn dies hängt eng mit den sich entwickelnden Rechtsverhältnissen zusammen. So werden beispielsweise Freistifts- und Leibgedingsbriefe erst im Spätmittelalter, etwa ab dem 14. Jahrhundert, in großer Zahl ausgestellt, womit auch eine eigene Art des rechtlich-dokumentativen Schriftgutes für solche Angelegenheiten erforderlich wird. Die Entwicklung hatte von der Geldnot größerer weltlicher Landesherrschaften ihren Ausgangspunkt genommen, die die Zeitleihe eines Gutes ihrer Untertanen gegen Bezahlung eines einmaligen Sonderbetrages in Erbleihe umwandelten. Es war damit aber nur eine Frage der Zeit, wie lange sich die geistlichen Grundherrschaften diesem Sog widersetzen konnten, und so geben die Daten des ersten Auftretens solcher differenzierter Kodexarten – eine gepflegte Buchführung vorausgesetzt – Auskunft über die lokale historische Situation im Vergleich zum allgemeinen Gesamtrahmen.[7] Andererseits aber erlauben Beobachtungen der feineren formalen Entwicklung einer solchen Kodexart für sich – im Vergleich zu den in Bezug dazu setzbaren abstrakten Eigenschaften der anderen – die Feststellung einer differenzierten oder pauschalen Wahrscheinlichkeit von Entsprechungstendenzen mit allgemein-historischen Hintergründen verschiedenster Art, nicht zuletzt aber auch rein kulturelle Aufschlüsse auf die Zunahme der Qualität einer solchen Klosterverwaltung. Besonders für Ebersberg ergibt sich hier der Aspekt einer begleitenden Interpretationsbasis der genaueren Verhältnisse des bekannten Niedergangs der Klosterverwaltung zum Ende des 16. Jahrhunderts hin. Auch ein Vergleich zu den anderweitig erzielbaren biographischen Daten einiger Äbte kann unter Auslotung des mehr oder weniger starken Zutreffens anderer Bezüglichkeiten im wechselseitigen Vergleich ein genaueres Bild der gesamten historischen Sachlage erbringen. Ebenso sind für die interne Verwaltungsorganisation des Klosters die Fragen relevant, inwieweit eine Trennung zwischen Kanzlei und Verwaltungsstube oder auch dem Skriptorium bestand, die sich an den Schriftstilen der Schreibermönche erkennen lässt. Eine Reihe weiterer Sachfragen und Kriterien wäre denkbar. Für diesen Streifzug sollen jedoch diese

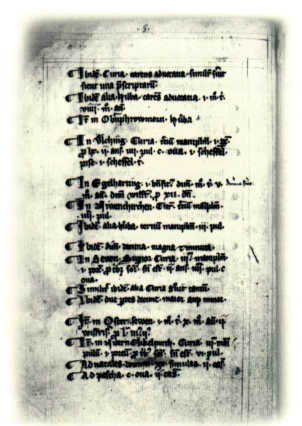

Abb. 2: Ein jüngeres Gesamturbar der Benediktinerabtei Ebersberg vom Ende des 14. Jahrhunderts (BayHStA, KL Ebersberg 11, fol. 5).

Abb. 3: Das älteste Kopialbuch des Klosters Ebersberg, begonnen 1453 unter Abt Eckhard (BayHStA, KL Ebersberg 3, fol. 1).

drei Hauptgruppen der Kodexarten, ihrer inneren Anlagequalität und der kompetenzmäßigen Ressorteinteilung in der vorliegenden Grobrasterung für diesen kurzen Streifzug genügen.

Die Überlieferung der Kanzleibücher und Differenzierung der Kodexarten

Wirtschaftliche Aufzeichnungen aus der Frühzeit haben sich nicht erhalten. Das erste erhaltene Einkünfteverzeichnis, als Gültbilanz bezeichnet, stammt aus dem Jahre 1328.[8] (Abb. 1) Gewiss ist man gerne geneigt, Verluste von Archivmaterial für das Fehlen früherer Schriftquellen verantwortlich zu machen, wofür auch die nur fragmentarische Überlieferung aus dem Skriptorium für diesen Zeitraum sprechen könnte.[9] Doch gibt andererseits die Erhaltung der damals noch einzelnen Werke des Verwaltungshandbuches Willirams und die Erhaltung der Urkunden des Klosters und des früheren Ebersberger Grafenhauses bis zum Jahre 888 nach Christus zurück Grund zum Überdenken einer solchen Annahme.[10] Eine nähere Betrachtung der Kodizes scheint unerlässlich; und kann sie vielleicht auch nicht die Lösung der Frage präsentieren, so erhalten wir möglicherweise aus ihrer Analyse, die gleichwohl hier nur in einigen rudimentären Eckpunkten geführt werden kann, doch einen gewissen Einblick in Möglichkeiten der Überlieferungsverhältnisse. Urbare, die den Besitz und die Rechte des Klosters mitsamt den daraus resultierenden Einnahmen verzeichnen, entwickeln sich erst im 13. Jahrhundert neben den Traditionskodizes, die nur Schenker und Gut sowie die Zeugen benennen und von den Urbarbüchern um diese Zeit allmählich abgelöst werden. Nachdem die Einträge im Verwaltungshandbuch aus der Zeit Willirams mitsamt allen Nachträgen nur bis zum Ende des 12. Jahrhunderts reichen, müsste mit einem ehemals vorhandenen, heute verlorenen Traditionskodex oder auch einem Urbar allerdings doch zu rechnen sein.[11] Denn das sogenannte Gültbilanzbuch nennt bereits 230 Orte in sieben Ämtern, und dies ist zuviel für eine Verwaltung aus dem Gedächtnis. Solche Gültbilanzen mit ihrem fortgeschritteneren Formular, das auf eine schnelle Erfassung der finanziellen Einträge abzielt, setzen gewöhnlich die Zwischenstufe eines Urbars voraus. Die Annahme einer direkten Aufeinanderfolge von Traditionskodex und Zinsbuch würde einen zu starken Bruch in der Entwicklungsstufe bedeuten. Außerdem ist das Gültbilanzbuch in einer ausgeprägt geschäftsmäßigen Bastarda geschrieben, die Überschriften sind nicht hervorgehoben, auch die Ämter nicht konsequent bezeichnet oder abgesetzt. Dies weist ebenfalls auf einen Folgekodex eines vorangehenden übersichtlichen Urbars hin, das durch diesen nur aktualisiert wurde.

Abt Philipp Höhenberger[12], der das Kloster von 1385 bis 1412 leitete und dem auch die Betreuung der Wallfahrt auf dem Heiligen Berg von Andechs aufgrund der dort aufgefundenen Heiltümer anvertraut wurde, muss aber neben seinem religiösen Engagement auch einen ausgeprägten Sinn für wirtschaftliche Belange seines Klosters gehabt haben; denn unter seiner Amtszeit wurden bereits ein jüngeres Gesamturbar und vier neue Zinsbücher angelegt, in denen er die Einnahmen nach ihren Arten geordnet, als Zehnten, Stiftgelder und Gült genau verzeichnen ließ.[13] (Abb. 2) Die von ihm angeregte Grundanlage der Kodizes war kalligraphisch und geordnet, unter seinem Nachfolger Simon Kastner[14] aber, der dem Kloster von 1412 bis 1442 vorstand, nahm die Sorgfalt der Bucheinträge zunächst ab, bis diese in einem Zins- und Gültbuch[15], das die Jahre 1416 bis 1420 umfasst, abrupt wieder stark einsetzte. Gegen Simon Kastner war wegen des Vorwurfs der Verschwendungssucht und diktatorischen Wesens ein Amtsenthebungsverfahren eingeleitet worden, das 1427 zu seiner Suspensation führte, die er jedoch durch Fürsprache des Kaisers umgehen konnte. Der Freisinger Generalvikar Johannes Grünwalder hatte zuvor zusammen mit dem Melker Benediktiner Petrus von Rosenheim die Verhältnisse untersucht. Eine genauere Analyse aller ebersbergischen Klosterhandschriften dieses Zeitraums könnte den Verdacht bestätigen, dass der genannte Kodex unter dem Einfluss dieser Untersuchungskommission vielleicht um 1420 mit Nachtrag der früheren Jahre entstanden sei. Jedenfalls setzen ab 1420 die Abrechnungen ein, die neben den Zinsbüchern eine eigene Serie bilden. Ein Parallelfall in Scheyern zeigt, dass dort die Abrechnungen nicht aus autonomer Entwicklung der Buchführungstechnik entstanden, sondern von einer Untersuchungskommission zur Prüfung des beschuldigten Abtes im Zusammenhang mit einem schwebenden Amtsenthebungsverfahren eingeführt wurden.[16]

Doch unter seinem übernächsten Nachfolger Eckhard, der das Kloster von 1446 bis 1472 leitete und als Förderer des Skriptoriums hervortrat, wurden solche Abrechnungen, sicher freiwillig, erneut angelegt; denn er versuchte mit Hilfe der Melker Reform das Kloster – wie es scheint mit Erfolg – zu regenerieren.[17] Die unter seiner Regierung entstandenen literarischen Handschriften des Klosterschreibers Maurus zeugen von seinen Interessen für eine gepflegte Schriftlichkeit im Kloster. Zu den unter seiner Amtszeit entstandenen Literalien ist schließlich auch der Kodex zu rechnen, der die historischen Aufzeichnungen mit den Skizzen Ebersbergs enthält.[18] Vielleicht waren diese allgemein-geistigen und insbesondere dem Kloster und seiner Rechtsstellung zugewandten Interessen ausschlaggebend für die unter seiner Abtszeit einsetzende Serie der Kopialbücher[19], die die Abschriften der wichtigen Dokumente für das Kloster enthalten. (Abb. 3) Das durch seine Weisung angelegte Kopiar zeichnet sich durch gute Ordnung nach Jahresabschnitten mit hervorgehobener Kennzeichnung der Kurzbetreffe für jede Urkunde, hohe Konsequenz der inneren und äußeren Gestaltungsmerkmale und kalligraphische Schriftgestaltung aus. Sicherlich hätte dieses von der Sachmaterie her aus historischen Gründen ebenso etwas früher oder später angelegt werden können; ein besonderer Anlass aus politischen Gründen ist nicht zu erkennen. Damit erweisen sich in jeder Hinsicht zumindest in einer Reihe von Fällen die Biographien der Äbte als ein ausschlaggebendes Element für die globale und in einer Reihe der Fälle auch im Wesentlichen formale Herstellung der Verwaltungshandbücher. Die Serie wurde bis zur Auflösung des Benediktinerkonvents und darüber hinaus kontinuierlich weitergeführt.

Unter Eckhards Nachfolger Sebastian Häfele, der von 1472 bis 1500 regierte und sich ebenfalls als ein großer Förderer des Klosters, wenn auch nun in ganz anderer Weise, durch sein besonderes Kunstinteresse und seine verstärkte Bautätigkeit, erwies,[20] setzte ein erneuter Schub der wirtschaftlich und besitzverwaltend ausgerichteten Buchführung ein. Dies äußert sich in den während seiner Regierungszeit entstandenen acht Zinsbüchern[21], die die gesamte Gütermasse nach differenziert aufgegliederten Aspekten zu erfassen versuchten. Neben der Kurzfassung der besitzrechtlichen Einzelheiten zugunsten einer Betonung des Zahlungsverkehrs äußert sich dies auch in der nun weitaus häufigeren Bildung von Summen verschiedener Art, als Gesamt- oder Zwischensummen beziehungsweise Abschnittssummen. Gleichzeitig begann unter seiner Amtszeit eine neue Buchserie, die Grundbeschreibungen[22]. Diese waren im Unterschied zu den rein wirtschaftlich ausgerichteten Zinsbüchern stärker auf die Erfassung der Substanz des Besitzes in seinen Details ausgerichtet. Aus seiner Amtszeit ist schließlich das erste eigentliche Spezialkopiar[23] überliefert, in das die vom Kloster an die Hörigen erteilten Urkunden aus den Jahren 1481 bis 1490 aufgenommen sind. Damit ist die eingangs erwähnte historische Entwicklung von der Freistift zur Leibstift hier im Wesentlichen vergleichsweise spät anzusetzen.

Danach finden sich nur noch vereinzelte Zinsbücher der Außenämter des Klosters[24]. Wenn ein kursorischer Überblick der Materie nicht täuscht, so hat es den Anschein, dass unter den Nachfolgern Häfeles mangels einer überhaupt vorhandenen oder zumindest sehr wesentlich abgeflauten Wirtschaftsbuchführung der Zentrale, nur in den einzelnen auswärtigen Klosterämtern, die schon seit

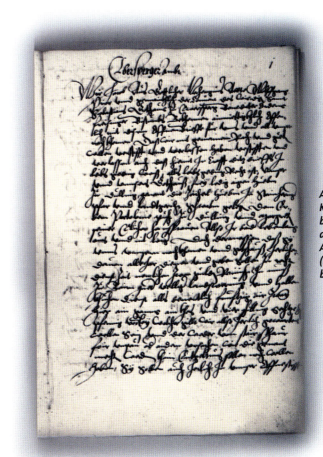

Abb. 4: Das zweite Kopialbuch der Ebersberger Benediktiner, angelegt 1552 unter Abt Wolfgang (BayHStA, KL Ebersberg 4, fol. 1).

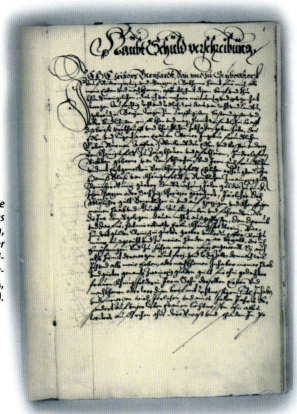

Abb. 5: Das dritte Kopialbuch des Stiftes Ebersberg, angelegt 1591 unter der administratorischen Klosterverwaltung (BayHStA, KL Ebersberg 5, fol. 1).

Die Anlagequalität der Kanzleibücher

Über die für einzelne Äbte spezifische Anlagequalität wurde oben schon gesprochen. Doch gilt es auch, das Archivmaterial nach durchgängigen, allgemeineren Kriterien der inneren beziehungsweise konzeptionellen und äußeren beziehungsweise kalligraphischen Merkmale zu untersuchen. Dabei fällt zunächst auf, dass die Kalligraphie in der Kopialbuchserie aus der Zeit nach Häfele nachlässt, aber auch die sporadische Buchführung aus dieser Zeit einen allgemein sehr nachlässigen, ungepflegten Eindruck hinterlässt. (Abb. 4 u. 5) Auch für einige Zeitphasen zwischen den der schriftlichen Verwaltung besonders zugeneigten Äbten konnte dies festgestellt werden. In gewissem Sinne zeigt sich auch hierin der Bezug der Schriftführung zu den Klostervorstehern, während doch allgemein auch eine nicht unerhebliche Kontinuität in mancher Hinsicht, so bei der Führung der Kopialbücher, beobachtet werden konnte. Dies kann aber auch daran liegen, dass dieses Ressort eventuell der Beurkundungskanzlei unterstellt war, die vielleicht autonomer arbeitete. Dies müsste jedoch erst durch eine gründliche Untersuchung des Urkundenwesens geklärt werden. Hierüber sei im nächsten Abschnitt gesprochen. Eine wichtige Beobachtung bestünde auch in der Frage nach einer autonomen Verbesserung der Kanzleibücher einerseits und einer von der historischen Umfeldsituation beeinflussten Qualität der Anlagetechnik andererseits. In Hochstiften und großen Abteien, wie auch in großen weltlichen Landesherrschaften Frankens, Bayerns und Österreichs konnten beide Erscheinungen festgestellt werden, während sich solche in landsässigen Konventen mittlerer Größe in Bayern nach anderen Untersuchungen offenbar kaum ermitteln ließen.[28] Außerdem scheint hier – unter Vorbehalt möglicher Korrekturen aufgrund der hier nur kursorisch durchgeführten Untersuchung – festzustehen, dass es den Schreibern der Verwaltungshandbücher zu Beginn des 14. Jahrhunderts noch kaum gelungen war, eine konsequente Gliederung in Ämter vorzunehmen und darüber hinaus auch überhaupt nicht, die Rangunterschiede zwischen Haupt- und Unterüberschriften herauszuheben. Dies besserte sich erst allmählich seit dem Ende des 14. Jahrhunderts. Seit Einführung der Melker Reform wurde diese Technik schubweise stark gefördert, wie das unter Abt Eckhard entstandene Zinsbuch[29] zeigt. Immer noch aber hatten Schreiber in der Folgezeit dies nicht immer voll adaptiert, was aber nun vielleicht eher an einer gewissen Nachlässigkeit in den der Verwaltungsbuchführung nicht besonders günstigen Zeiten lag. Insgesamt aber lässt sich auch hier offenbar eine gewisse Steigerungstendenz her-

dem 14. Jahrhundert nachzuweisen sind, ein finanzieller und besitzmäßiger Überblick durch die Tätigkeit der diesen vorstehenden Pröpste aufrecht erhalten blieb beziehungsweise aktualisiert wurde. Erstaunlich ist, dass dies für jeden seiner Nachfolger zuzutreffen scheint.
Unter den Jesuiten traten dann plötzlich starke Veränderungen beziehungsweise Neuerungen ein. So begannen nun die Briefprotokolle[25], die bis dahin kaum spürbar in Erscheinung getreten waren. Als zweite neue Gattung traten nun die Urkundenverzeichnisse[26] auf und als dritte die gemischten Amtsbücher[27] in einer bisher nicht dagewesenen Art. Sie fassten die Geschichte des Klosters, wichtige Rechtstitel und Handlungsanweisungen sozusagen als ein überblicksmäßiges Kompendium zur Handhabung dieses neuen Besitzkomplexes zusammen. Bemerkenswert aber erscheint, dass die Jesuiten auch eine gewisse Kontinuität walten ließen und zum Beispiel die Kopialbuchserie zumindest bis zum Jahre 1646 nahezu unverändert fortsetzten. Es wäre denkbar gewesen, diese durch eine andere Art von Kurzregistern zu ersetzen. Insgesamt erscheint ihre Buchführung von Anfang an recht konsequent, was sich bis zum Ende ihrer Herrschaft hin noch steigern sollte. Als auffälliges Merkmal ihrer Amtsbuchführung ist noch ein gewisser öffentlich-rechtlicher Amtscharakter zu verzeichnen, der aus ihren gerichtlichen Briefprotokollen spricht und inzwischen zeitgemäß war.

auslesen, die jedoch nicht durch allgemein-historische (politische, verfassungsgeschichtliche und andere) Gegebenheiten beeinflusst scheint. Dies müsste jedoch durch vergleichende Untersuchung noch genauer geprüft werden. Sollte sich dieser Befund so erhärten, dann läge hier wie in anderen bayerischen Klöstern die Tatsache vor, dass die kleineren und mittelgroßen Konvente oder jedenfalls die, die nicht beabsichtigt hatten, sich zu eigener Territorialherrschaft emporzuschwingen, in diesen abstrakten Merkmalen der Gestaltungstechnik ihrer Buchführung auch nicht auf die allgemeinen politischen Gegebenheiten reagierten, wohingegen die konkreten inhaltlichen Merkmale, etwa der Aufnahme einer neuen Urkundengattung, durchaus der realen Umfeldsituation entsprachen.

Als ein wesentliches Faktum wäre noch der Besitzumfang und die Streuung des Besitzes mit der Entwicklung der Anlagetechnik zu vergleichen. Auch hier scheint auf den ersten Blick eines kursorischen Überblicks kein deutlicherer Einfluss zu bestehen, denn der Klosterbesitz war von seinen Anfängen her bereits ungefähr in der gegebenen Streuung festgelegt und Zuwächse um diese Kristallisationspunkte konnten die gesamte Regionalstruktur seiner schriftmäßigen Erfassung nicht sehr wesentlich verändern. Auch nahm der Besitz von seinem Gesamtumfang her ab dem frühen 14. Jahrhundert offenbar nicht mehr in einem für die Buchführung drastischen Ausmaß zu. Gewisse autonome Fortschrittstendenzen der Anlagetechnik scheinen sich somit doch entwickelt zu haben, soweit sie nicht zum wesentlichen Teil durch Maßnahmen der Äbte, die Sinn für die Buchführung entwickelt hatten, begünstigt waren. Insgesamt aber lässt sich, auch die Maßnahmen dieser Äbte eingeschlossen, eine gewisse allgemeine Verbesserung der Buchführungstechnik im Gesamtzeitraum des Benediktinerkonvents ermitteln. Ohne jeden Zweifel liegt eine allgemeine autonome Verbesserung der Buchführung in der Benediktinerzeit vor, und für die Zeit der Jesuitenherrschaft lässt sich eine stetige und starke Steigerung der Fortschrittlichkeit der Buchführung ermitteln, wie ein kursorischer Überblick ergab.

Die kompetenzmäßige Komponente der Buchführung

Wie bereits aufgrund des vorliegenden kursorischen Überblicks sicher festgestellt werden kann, lagen wohl zumindest keine sehr bedeutenden ressortübergreifenden Schreiberaktivitäten während der gesamten benediktinischen Zeit ab dem 14. Jahrhundert vor. So könnte auf den ersten Blick zunächst nur ein Schreiber des Skriptoriums benannt werden, dessen Duktus in den individualspezifischen (auf die Identität seiner Person hinweisenden) Merkmalen in sehr enger Beziehung zu einigen Kodizes der Verwaltung steht.[30] Aber auch allgemein vom Schriftstil her betrachtet, wurden, abgesehen von der selbstverständlichen Wahrung der Stilgrade für Verwaltungsakten, Dokumente, literarische und schließlich theologische Handschriften, in den Stilausprägungen schulspezifisch-ressortmäßiger Art keine engeren Bezüge unter den drei Bereichen der Beurkundungskanzlei, des Skriptoriums und der Amtsstube hergestellt. Selbst der oben erwähnte Schreiber- oder Stilbezug scheint aus inhaltlichen Gründen eine Ausnahme darzustellen, da er in der literarischen Handschrift für die chronikalischen Aufzeichnungen und die Urkundenabschriften zutage tritt, also wiederum seiner Bestimmung treu bleibt. Diese Beobachtungen gelten unabhängig von den in vorangehendem Beitrag festgestellten allgemeinen ebersbergischen Schriftchrakteristika, die als rudimentäre Grundmerkmale nicht mit einer differenteren Stilbeziehung aller Handschriften innerhalb eines Ressorts untereinander identisch sind und somit gewisse Stilunterschiede zwischen diesen drei Grundressorts bewahren.

Innerhalb der Amtsstube der Klosterverwaltung fällt auf, dass eher in späterer Zeit eine Zuständigkeit einer Hand für ein Amt oder für einen Jahresumfang bei den nach Jahren eingeteilten Einträgen auftritt, abgesehen von gewissen Ausnahmen eines plötzlichen Abbruchs einer Hand mitten im Text. Dies deutet auf eine zunehmende Differenzierung und Institutionalisierung des Verwaltungsbetriebes hin. In der jesuitischen Zeit ist dieses Faktum dann besonders ausgeprägt. Für weitere solche Detailbeobachtungen, aus denen sich schließlich ein genaueres Bild der gesamten Organisation der Schriftlichkeit im Kloster gewinnen ließe, so zum Beispiel aus der Feststellung eventueller Aufgabenteilung einer Schreiberzuständigkeit in bestimmte thematische beziehungsweise sachliche Angelegenheiten, ihrer eventuellen Hierarchie, ihrer Arbeitsweise und weiterer Detailaspekten, wären jedoch sehr umfangreiche Untersuchungen von Seiten der Quellenkunde erforderlich. Im Hinblick auf die damit erzielbaren Ergebnisse eines Einblicks in die gesamte Amtsorganisation und das Schriftwesen des Klosters, die nicht nur lokal oder vergleichend kulturgeschichtlich, sondern auch im Vergleich mit den lokalen und umfeldbezogenen historischen Verhältnissen interessant wären, würde die quellenkundliche Analyse des Urkundenwesens, des gesamten Amtsbuchwesens und der gesamten literarischen Buchherstellung gewiss eine sehr reizvolle und insbesondere kulturgeschichtlich, aber auch allgemeingeschichtlich interessante Ergebnislage erbringen.[31]

Anmerkungen

[1] Siehe den Beitrag des Autors über die mittelalterliche Schreibstube des Klosters Ebersberg in vorliegendem Band.

[2] Für sämtliche Urkunden, die im Ebersberger Raum bis zum Jahre 1818 entstanden beziehungsweise auf ihn bezogen angefertigt wurden, ist eine Edition vom Autor dieses Beitrags in Bearbeitung. Das „Ebersberger Urkundenbuch" wird damit auch alle historischen Rechtsdokumente des Klosters umfassen. Der erste Teilband, der die einschlägigen Bestandsregister enthält, wird voraussichtlich im Winter dieses Jahres erscheinen.

[3] Über die öffentlich-rechtliche Glaubwürdigkeit von Amtsbüchern, die sich im Allgemeinen im 16. Jahrhundert ergab, siehe Kroeschell, Karl: Zur rechtlichen Bedeutung der Amtsbücher vom 16. bis 18. Jahrhundert, in: Götz, Volkmar / Schneider, Hans / Weber, Eckhart (Hg.): Im Dienst an Recht und Staat, Festschrift für Werner Weber, Berlin 1974, S. 69-101, S. 80-86. Zur rechtlichen Bedeutung der Amtsbücher siehe insbesondere die Abschnitte III u. IV.

[4] Siehe hierzu Haidacher, Christoph: Die älteren Tiroler Rechnungsbücher (Ic 277 und Mc 8). Analyse und Edition (Tiroler Archiveditionen 33), Innsbruck 1993, Zusammenfassung. Dabei wird die Feststellung kultureller Anlässe der Kodexgestaltung bei Ziegler, Hans Ulrich: Neue Techniken formaler Kanzleibuchanalyse und –interpretation, in: Archiv für Diplomatik 43 (1997) S. 355-412, durch konventionelle Aufschlüsse indirekt untermauert. Diese waren bisher von Theo Kölzer (in unveröffentlichter Mitteilung) völlig verkannt worden.

[5] Dies ergab eine umfangreiche, noch nicht im Druck erschienene Untersuchung des Autors dieses Beitrags über formale Gestaltungskriterien mittelalterlicher Kanzleibücher im süddeutsch-alpenländischen Raum. Eine kurze Zusammenfassung der Ergebnisse wurde veröffentlicht in Ziegler (wie Anm. 4).

[6] Aus der zentralen Amtsstube des Klosters sind ca. 80 Verwaltungshandbücher erhalten; weitere ca. 40 Stück kommen aus den einzelnen Außenämtern des Klosters hinzu. Die Überlieferung der erhaltenen Originalurkunden des Klosters beläuft sich auf ca. 4.000-4.500 Stück. Hinzu kommen mehrere hundert kopial überlieferte Urkunden. Siehe hierzu auch Anm. 2. Zu den Bamberger Beispielen siehe Ziegler, Hans Ulrich: Das Urkundenwesen der Bischöfe von Bamberg von 1007-1139. Mit einem Ausblick auf das Ende des 12. Jahrhunderts, in: Archiv für Diplomatik 27 (1981), S. 1-110 u. 28 (1982), S. 58-189, insbesondere 28 (1982), S. 158. Diese sind sehr frühe Beispiele einer beginnenden Institutionalisierung des Urkunden- und Kanzleiwesens in Bayern. Doch kann ab dem 13. Jahrhundert allgemein häufiger mit dem allmählichen Beginn der Entwicklung festerer Amtsorganisationen gerechnet werden.

[7] Siehe hierzu Wild, Joachim: Beiträge zur Registerführung der bayerischen Klöster und Hochstifte im Mittelalter, (Münchener Historische Studien, Abteilung Geschichtliche Hilfswissenschaften 12), Kallmünz in der Oberpfalz 1973, insbesondere S. 17f.

[8] Bayerisches Hauptstaatsarchiv (BayHStA), KL Ebersberg 8.

[9] Siehe hierzu den Beitrag des Autors über die mittelalterliche Schreibstube des Klosters Ebersberg in vorliegendem Band.

[10] Einen Überblick ermöglicht am besten das Zettelrepertorium „Ebersberger Urkunden" im BayHStA.

[11] Ein sehr frühes Beispiel urbarieller Aufzeichnung bzw. einer Übergangsform aus dem Traditionsbuch ist der aus dem Kloster Weyarn überlieferte Kodex der Grafen von Falkenstein aus dem 13. Jahrhundert. Siehe Noichl, Elisabeth (Bearb.): Codex Falkensteinensis. Die Rechtsaufzeichnungen der Grafen von Falkenstein, (Quellen und Erörterungen zur bayerischen Geschichte NF 29), München 1978. Weitere Beispiele von frühen Verwaltungshandbüchern finden sich in kommentierter Edition in der Reihe der Quellen und Erörterungen NF.

[12] Eine Äbteliste und knappe biographische Kurznotizen finden sich bei Hemmerle, Josef: Die Benediktinerklöster in Bayern, (Germania Benedictina II), S. 79-82. Die folgenden Ausführungen nehmen auch darauf Bezug.

[13] BayHStA, KL Ebersberg 11, 9, 13, 14 u. 15.

[14] Siehe Hemmerle (wie Anm. 12).

[15] BayHStA, KL Ebersberg 17.

[16] BayHStA, KL Ebersberg 19 u. 20. Zur Begebenheit in Scheyern siehe Stephan, Michael (Bearb.): Die Traditionen des Klosters Scheyern, (Quellen und Erörterungen zur bayerischen Geschichte NF 36/1) München 1986, S. 36*f.

[17] Siehe Hemmerle (wie Anm. 12).

[18] Bayerische Staatsbibliothek (BSB), Cgm 414.

[19] BayHStA, KL Ebersberg 3; weitere aus späterer Zeit: BayHStA, KL Ebersberg 4 u. 5.

[20] Siehe Hemmerle (wie Anm. 12). Siehe hierzu auch die ausführliche Biographie von Krammer, Markus: Abt Sebastian Häfele von Ebersberg (1472-1500), ein bayerischer Prälat des 15. Jahrhunderts, Ebersberg 1984.

[21] BayHStA, KL Ebersberg 21, 22, 22a, 23, 23 1/2, 24, 25 u. 26.

[22] BayHStA, KL Ebersberg 26 1/2.

[23] BayHStA, KL Ebersberg 55.

[24] Z.B. BayHStA, KL Ebersberg 26 u. 27 1/2 vom Amt Hornbach von 1556 und 1597.

[25] BayHStA, Briefprotokolle Hofmarken Ebersberg, Aham, Hornbach u.a.

[26] BayHStA, KL Ebersberg 56b u. 42a. Das ausführlichere Register BayHStA, KL Ebersberg 53 1/2, das Urkunden der Jahre 1432 und 1453 enthält, ist eher als Vorläufer der Kopialbücher zu verstehen und wohl unter der Regierung des Abtes Eckhard entstanden.

[27] BayHStA, KL Ebersberg 58.

[28] Siehe hierzu Ziegler (wie Anm. 4) u. Wild (wie Anm. 7).

[29] BayHStA, KL Ebersberg 18.

[30] Siehe BSB, Cgm 414 u. den Beitrag des Autors über die mittelalterliche Schreibstube in vorliegendem Band.

[31] Eine grundlegende Voraussetzung dafür bietet künftig die Sammlung der Ebersberger Klosterurkunden im Rahmen des vom Autor bearbeiteten Ebersberger Urkundenbuches (für den Landkreis Ebersberg). Zur darin geplanten Edition der Urkunden wird auch ihre Sammlung im Lichtbild im Kreisbildungswerk Ebersberg vorgenommen.

Abbildungsnachweis
Bayerisches Hauptstaatsarchiv, München: Abb. 1-5.

11

Wilhelm Volkert / Otto-Karl Tröger

Ebersberger Siegel

Siegel sind Symbole für die Rechtsgültigkeit der in Urkunden niedergelegten Sachverhalte, sie verkörpern in Umschrift und Bilddarstellung die Person des Siegelinhabers, sei es, dass sie eine natürliche Person oder eine Korporation (juristische Person) symbolisieren sollen. Daher steht das primäre Forschungsinteresse an der sphragistischen Überlieferung unter rechtsgeschichtlichen Vorzeichen. Die Siegel sind aber auch wichtige Quellen für andere geschichtliche Fragestellungen, vor allem auch kunstgeschichtlicher Art, weil auf ihnen in oftmals hervorragender Weise Denkmäler der Kleinplastik erscheinen für eine Zeit, aus der außer der Buchmalerei sonst wenige vergleichbare Objekte erhalten sind. Kaum sonstwo findet man für die hoch- und spätmittelalterliche Epoche eine solche Fülle von meist recht genau datierbaren Darstellungen von Personen, Gebäuden, Tieren und Gegenständen aller Art wie auf Siegeln, die darum erstklassige Quellen für die Erforschung der Entwicklung aller möglichen Lebensbereiche bieten. Die Erschließung und Veröffentlichung der großen Siegelschätze der bayerischen Archive ist durch Publikationen in den letzten Jahrzehnten gefördert worden; diese Arbeiten haben aber, aufs Ganze gesehen, das große Überlieferungsmaterial in wenig systematischer Weise angegangen, so dass man heute noch recht weit davon entfernt ist, über größere Teilgebiete der Siegelüberlieferung umfassende und schnelle Information zu finden.[1] Am besten ist es noch um die Bearbeitung der bischöflichen Siegel bestellt, wo für Freising die ältere Arbeit von Clemens Siferlinger vorliegt und für Salzburg dessen großes Urkundenbuch wenigstens für die Zeit bis 1200 gute Abbildungen der Bischofs- und Domkapitelssiegel bringt.[2] Auch Augsburgs ältere Bischofssiegel bis 1250 sind untersucht worden.[3] Eine Zusammenfassung für die acht Diözesen im Raum des heutigen Bayern bis zur

Abb. 1: Ab dem zweiten Stempel Abt Ottos (1299-1343) trugen die Ebersberger Abtsiegel das Eberwappen.

Mitte des 13. Jahrhunderts liegt nunmehr mit der Arbeit von Robert Steiner vor.[4] Das große und wichtige Gebiet der bayerischen Herzogssiegel ist noch nicht so zusammenfassend bearbeitet, wie es dieses Thema verdiente. Eine letztgültige und umfassende Arbeit liegt allein für die in der Mark Brandenburg im 14. Jahrhundert wirkenden Wittelsbacher vor.[5] Für die in Bayern regierenden Herzöge von der Mitte des 13. bis zur Mitte des 15. Jahrhunderts ist diese Lücke weitgehend durch die Publikationen von Siegfried Hofmann, Ludwig Schnurrer und Klaus Freiherr von Andrian-Werburg geschlossen.[6] Noch sind aber die wichtigsten Gebiete der vorwittelsbachischen Herzogssphragistik[7] und der reichen Siegelüberlieferung seit dem 15. Jahrhundert nicht hinreichend erschlossen. Kaiser Ludwigs des Bayern Typare sowie die von Ruprecht von der Pfalz und Karl VII. haben in dem großen Werk der deutschen Kaiser- und Königssiegel Berücksichtigung gefunden.[8]

Anders als die Siegel zweier sozialer Gruppen, namentlich die der Bürger Regensburgs und die des fränkischen Niederadels, die in jüngeren Untersuchungen eine eingehende Auswertung erfahren haben,[9] harren die außerordentlich reichen Siegelbestände der bayerischen Klöster weithin noch der genauen Untersuchung und Veröffentlichung im Bild. Das grundlegende Werk über die bayerische Klosterheraldik von Eduard Zimmermann geht zwar auf die Siegel der Äbte und Pröpste der von ihm bearbeiteten Klöster und Stifte ein; wegen seiner primär wappenkundlichen Anliegen kann aber eine volle Ausschöpfung und Bearbeitung der Siegelüberlieferung von diesem wertvollen Band nicht erwartet werden.[10] Die von Brigitte Schröder vorgelegte Arbeit über die Wappen der Klöster und Stifte in der Diözese Würzburg berücksichtigt ausgiebig auch die sphragistische Überlieferung, doch steht auch hier in der Systematik die heraldische Fragestellung im Vordergrund.[11] Zimmermann hat die in Ober- und Niederbayern, in der Oberpfalz und im bayerischen Regierungsbezirk Schwaben gelegenen Herrenklöster, die bis zur Säkularisation am Anfang des 19. Jahrhunderts bestanden, heraldisch untersucht. Das alte bayerische Benediktinerkloster Ebersberg ist dabei nicht berücksichtigt, weil es zu Ende des 16. Jahrhunderts aufgehoben und dem Münchener Jesuitenkolleg übergeben worden war. (siehe unten!). Nach der Aufhebung des Jesuitenordens in Bayern 1773 kam es unter die Verwaltung des Malteserordens (1781), wie dies bei den meisten der ehemaligen Jesuitengüter der Fall war. Zur Zeit der Säkularisation bestand es also nicht mehr als Abtei; es fehlt darum im Werk von Zimmermann. Ebersberg, eine Gründung der Grafen von Sempt, entstand im 10. Jahrhundert zunächst als Chorherrenstift, das dann um 1013 durch die Ansiedlung von Benediktinermönchen aus Sankt Ulrich und Afra in Augsburg dem ältesten Mönchsorden angeschlossen wurde.[12] Noch im 11. Jahrhundert kam das Kloster nach dem Aussterben der Gründerfamilie unter den Einfluss der Grafen von Scheyern-Wittelsbach, deren Herrschaftsanspruch sich Abt und Konvent auf die Dauer nicht entziehen konnten.[13] Obwohl ursprünglich durchaus die Möglichkeit bestanden hätte, dass das Kloster den Charakter der Reichsabtei beibehielt, kam es schließlich, letztlich zur Zeit Kaiser Ludwigs, unter die Botmäßigkeit des bayerischen Herzogtums; es wurde ein landsässiges Kloster. Die geistig-geistliche Ausstrahlung der mittelalterlichen Abtei war groß,[14] nicht zuletzt deshalb, weil man sich in

Abb. 2: Unter Abt Eberhard (1440-1446) erreichte die Architekturdarstellung auf den Ebersberger Abtsiegeln ihre reichste Ausgestaltung.

Ebersberg rühmte, bereits seit dem 10. Jahrhundert eine Reliquie des heiligen Sebastian, die Hälfte von dessen Hirnschale, zu besitzen.[15] Das übte große Anziehungskraft auf viele Wallfahrer aus, so dass Ebersberg zum bedeutendsten Sebastians-Kultort im alten Reich wurde. Dies spiegelt sich in der Kult- und Kunstgeschichte des Klosters aufs Deutlichste und ist im heutigen Kirchenbau vielfach zu erkennen: Gründung der Sebastiansbruderschaft (1446), Sebastianskultplastik (Mitte 15. Jh.), silbernes Büstenreliquiar (um 1480), Sebastiansfigur auf dem Stiftergrabmal (1500), thronender Sebastian über dem Hauptportal (1610/20), Hochaltar mit Sebastiansfigur (um 1630), Sebastianskelch (um 1660), Sebastianskapelle (1668).[16] Auch auf den Siegeln der Äbte und des Konvents kehren die Bilder und Attribute des Klosterpatrons wieder.

Die Siegel der Äbte

Die frühesten Belege für die Verwendung von Siegeln durch die Vorsteher des Klosters Ebersberg stammen noch aus dem 12. Jahrhundert. Kurz vor 1197 entschieden der Abt Burkhard von Ebersberg und der Propst Konrad von Sankt Andreas in Freising als päpstliche Schiedsrichter einen Streit zwischen den Klöstern Gars und Au am Inn um eine Kapelle in Pürten.[17] Die undatierte, zeitlich nur nach dem Sachzusammenhang des Streites um diese Kirche einreihbare Urkunde wurde von den beiden Schiedsrichtern besiegelt; das Dokument zeigt noch die Einschnitte im Pergament, aber die Siegel fehlen. Mit diesem Nachweis ist der Gebrauch des Siegels in Ebersberg für eine Zeit beglaubigt, aus der noch nicht allzu viele Belege für Klostersiegel vorliegen.[18]
Das früheste, wenn auch nur in stark beschädigtem Zustand erhaltene Siegel eines Ebersberger Abtes ist von Abt Konrad II. (1231-1247) aus dem Jahr 1236 (siehe Katalog Nr. I, 1) überliefert. Hier wie bei den folgenden Abtsiegeln liegt der Typus des Porträtsiegels vor, das den Siegelinhaber in der Form des Thronsiegels zeigt. Die Bildentwicklung der Abtsiegel folgt der der Bischofssiegel, bei denen im 12. Jahrhundert der Übergang vom Brustbildsiegel zum Thronsiegel vollzogen war.[19] Gut zu beobachten ist dies bei den Siegeln der Bischöfe von Freising, von denen noch Heinrich I. (1098-1137) die ältere Form des Brustsiegels verwendete, während Bischof Otto I. (1138-1158) bereits ein Thronsiegel besaß. Auch bei den Siegeln der Erzbischöfe von Salzburg[20] und der Bischöfe von Augsburg ist dieselbe Entwicklung in der ersten Hälfte des 12. Jahrhunderts zu beobachten.[21]
Die Urkunde von 1236 trägt neben dem Siegel des Ausstellers, des Abtes Konrad, noch ein weiteres Siegel, das ein, leider vorläufig unlösbares, Rätsel aufgibt. Dieses beschädigte Siegel, dessen Umschrift abgebrochen ist, ein Rundsiegel von etwa 45 Millimeter Durchmesser, zeigt eine stehende Figur in lang wallendem Gewand, die in der erhobenen rechten Hand einen senkrecht stehenden Krummstab hält. Danach möchte man vermuten, dass es sich um ein Abt- oder Bischofsiegel handelt. Die Urkunde ist von Abt Konrad II. ausgestellt; sie enthält die Bestätigung von Güterübertragungen an den Konvent von Ebersberg; ein Teil der Güter war von Abt Ulrich I. (1217-1231), Konrads Vorgänger, als Jahrtagsstiftung den Brüdern überlassen worden. In der Siegelankündigung ist nur von einem Siegel die Rede („presens scriptum sigilli nostri munimine decrevimus insigniri"), womit zweifellos das an erster Stelle hängende Siegel Konrads gemeint ist. Daneben ist das fragliche Siegel angehängt, und zwar mit dem Bild zur Urkundenrückseite. Schließlich zeigt die Urkunde an dritter Stelle noch Einschnitte im Pergament, an denen offensichtlich ein drittes Siegel befestigt war, das jetzt fehlt, das aber auf der Rückseite des Blattes Abdruckspuren zurückgelassen hat, die vermuten lassen, dass es sich hierbei um ein Rundsiegel, wohl das des Konvents, handelte. Die drei Siegel wurden ursprünglich zugleich angebracht, wie die Anordnung der Einschnitte im Pergament erkennen lässt. Gegen die Annahme, dass das an zweiter Stelle hängende Siegel das Konventssiegel ist, spricht die bildliche Darstellung; denn der heilige Sebastian, der stets auf den Konventssiegeln abgebildet ist (siehe unten), wurde nie als Bischof oder Abt wiedergegeben. Es bleibt also die Vermutung, dass es sich bei dem zweiten Siegel um das des Abtes Ulrich handelt. Von der sphragistischen Überlieferung her wäre das ungewöhnlich; denn sogenannte Standbild-

Abb. 3: Auch Abt Sebastian (1472-1500) verwendete noch den kunstvoll gearbeiteten Stempel des Abtes Eberhard II. (1440-1446). Wie das Siegel zeigt, wurde lediglich der Name abgeändert.

Abb. 4: Das Siegel Abt Simons (1412-1440) zeigt neben dem Klosterwappen das Wappen seiner Familie.

Abb. 5: In der Zeit Abt Philipps (1385-1412) fand im Kloster Ebersberg erstmals ein Sekretsiegel Verwendung.

siegel (um ein solches handelt es sich hier) gibt es in Deutschland verhältnismäßig selten bei Bischöfen oder Äbten,[22] in der Ebersberger Überlieferung fehlen Rundsiegel mit einer stehenden Figur. Wenn es sich bei diesem Stück tatsächlich um das Siegel des Abtes Ulrich handelt, dann wäre dies zudem ein Beleg dafür, dass im Hochmittelalter die Gewohnheit, das Siegel beim Tod des Inhabers unbrauchbar zu machen, noch nicht allgemein gebräuchlich war,[23] und dass man sich des Stempels des Verstorbenen bediente, wenn Rechtsgeschäfte, die auf seine Regierungszeit zurückgingen, bestätigt wurden.[24]

Die aus dem 13. Jahrhundert erhaltenen Siegel der Äbte Heinrich IV. (1261-1276; I, 2), Peter (1284-1286; I, 3) und Otto (1299-1343; I, 4a) zeigen in der gewohnten spitzovalen Form den Siegelinhaber auf einem Faldistorium sitzend mit der Inful, in den Händen Stab und Buch haltend. Die Umschrift nennt den Namen des Abtes und den Ort des Klosters. Vom zweiten Stempel Ottos an (I, 4b) sind auf den Abtsiegeln stets Wappen zu finden mit dem von dem apokryphen Stifterwappen abgeleiteten Bild des steigenden oder schreitenden Ebers (siehe unten). (Abb. 1) Mit dem dritten Stempel Ottos (I, 4c) beginnt die Entwicklung der Architekturdarstellung über der sitzenden Figur; die reichste Ausgestaltung zu einem vielfach gegliederten spätgotischen Gehäuse, in dem die Figur des Siegelinhabers sitzt, zeigt der Stempel des Abtes Eberhard II. (1440-1446; I, 8a). (Abb. 2) Dieses Typar ist das letzte der Ebersberger Thronsiegel; es bleibt bis zum Tod von Abt Leonhard II. (1512-1544; I, 13a) in Gebrauch. Auf den Abdrucken ist gut zu erkennen, wie bei diesem hervorragend schönen Stempel in der Umschrift lediglich der Name des Abtes durch auskratzen getilgt wurde, wobei man jedesmal an dieselbe Stelle den Namen des folgenden Abtes setzte (vgl. I, 9a u. I, 10a). (Abb. 3) Die Qualität der Schriftgestaltung ließ dabei deutlich nach.[25]

Neben dem Klosterwappen erscheinen auf den Siegeln der Äbte Philipp (1385-1412; I, 6a u. b) und Simon (1412-1447; I, 7) auch deren Familienwappen auf einem zweiten Schildchen (siehe unten). (Abb. 4) Sonst sind persönliche Wappen der Äbte von Ebersberg auf Siegeln nicht nachzuweisen.

Aus der Zeit um 1400 ist erstmals ein Sekretsiegel eines Ebersberger Abtes überliefert, das des Abtes Philipp (I, 6b). (Abb. 5) Es handelt sich um ein kleines Rundsiegel, das in der Legende ausdrücklich den Terminus „Secretum" enthält. Schon im 13. Jahrhundert kommen in Deutschland die Sekretsiegel vor; wahrscheinlich waren sie zunächst Sondersiegel für besonders geheim zu haltende Botschaften.[26] Ihre Funktion wandelte sich bald zum Gebrauch als reines Geschäftssiegel, das wegen seiner geringeren Größe und seiner leichteren Handhabung mehr und mehr verwendet wurde. Im geistlichen Bereich benutzte man Sekretsiegel vorwiegend für Beurkundungen im Gebiet der Grund- und Lehenherrschaft,[27] besonders auch bei Fremdbesiegelungen, wo der Abt Urkunden seiner Hintersassen auf deren Bitte hin mit seinem Siegel zur Beglaubigung versah.[28] Bezeichnet wird das Sekretsiegel im Text dieser Urkunden als „klaineres insigel", „secret", „insigel" oder „secretinsigel". Das altüberlieferte Siegel der Äbte erscheint seit dem Aufkommen des Sekrets unter der Bezeichnung „unser prelatur insigel", „sigillum prelature", „sigillum abbacie" oder „sigillum maius" vornehmlich an Urkunden geistlichen Inhalts, wie an den Verbrüderungsurkunden für Asbach[29], Au am Inn[30], Frauenchiemsee[31] und Niederaltaich[32] oder an Urkunden über Frühmessstiftungen in Ebersberg[33] und in den Filialkirchen der Pfarrei Öxing[34].

Beim Sekretsiegel Philipps (I, 6b) ist die Darstellung des vor einem Altar mit Kelch knienden Abtes besonders bemerkenswert. Dieses Motiv kommt gelegentlich in der geistlichen Sphragistik vor, auch beim niederen Klerus schon im 13. Jahrhundert.[35] Ein weiteres Bildsekret ist von Abt Eberhard II. (1440-1446; I, 8b) erhalten, welches als Bild den Klosterheiligen Sebastian zeigt. Es ist das einzige Ebersberger Abtsiegel, das den Klosterpatron bildlich darstellt, gekennzeichnet durch das Attribut (Pfeil), die Kopfbedeckung (Herzogshut) und die Gestaltung des Gewandes (siehe unten). (Abb. 6) In der Darstellung mag es das Vorbild für das dritte Konventsiegel im 16. Jahrhundert gewesen sein (II, 3; vgl. unten).

Das seit Eberhards Nachfolger Eckhard (1446-1472) bis 1565 gebrauchte Sekret ist ein Wappensiegel.³⁶ Im Wappenschild ist, heraldisch gestaltet, ein auf einem schräg gestellten Dreiberg klimmender Eber dargestellt. Die auf einem schwungvoll gelegten Spruchband angebrachte Umschrift nennt am Schluss die Jahreszahl der Siegelherstellung: 1446. (Abb. 7) Mit der Aufnahme der Jahreszahl in die Umschrift erscheint bei den Abtsiegeln eine Gewohnheit, die bei den Konventsiegeln schon seit 1429 festzustellen ist (siehe unten). Das Typar von 1446 war nahezu 120 Jahre in Gebrauch; die Namen der Äbte wurden vielfach geändert, die Jahreszahl nur einmal, nämlich 1472, als Abt Sebastian die Regierung antrat (I, 10b). An verschiedenen Namensformen erscheinen Eckhard (1446-1472), Sebastian (1472-1500), Leonhard (1500-1509) und Veit (1509-1512). Dieser Name blieb stehen, auch als sich die Äbte Leonhard II. (1512-1544), Wolfgang (1545-1549), Johann (1550-1551) und Jakob (1551-1567) dieses Stempels bedienten. Vor allem bei den mit der Namensform „Viti" versehenen Abdrucken ist deutlich zu erkennen, wie der freie Raum vom Siegelstecher mit der kurzen Namensform nicht gefüllt werden konnte. Die sichtbare Erhebung an dieser Stelle zeigt, dass bei der Beseitigung der alten Namen das Metall des Typars stark eingetieft wurde.

1561 ließ schließlich Abt Jakob (1551-1567) ein neues Sekret anfertigen, das in Bild und Umschrift ganz ähnlich der Vorlage ist, stilistisch jedoch das spätgotische Siegel mit der in Fraktur-Minuskel ausgeführten Legende durch ein renaissancehaftes Werk mit einer Umschrift in Antiqua-Majuskeln ersetzt. Die Jahreszahl steht wiederum am Ende der Umschrift. (Abb. 8) In unveränderter Weise übernahm Administrator Joachim während seiner Administratorenzeit diesen Stempel; erst als er Abt geworden war, beschaffte er ein neues Typar, wobei die Jahreszahl 1568 über dem Schild angeordnet wurde (I, 17b). (Abb. 9) Aus der Regierungszeit des Abtes Sigismund (1579-1584) sind zwei Wappensiegel in der Art der vorangehenden Sekretsiegel erhalten, von denen das eine die Jahreszahl 1580 über dem Schild aufweist (I, 18a). Der zweite Stempel (I, 18b) wurde vom Nachfolger, dem Abt Johannes (1584-1590), weiterverwendet, nachdem der Name geändert worden war (I, 19). In gleicher Weise trifft dies für die beiden folgenden Administratoren Johannes (1590-1592) und Cyriacus (1593-1596) zu; es wurde hier die Amtsbezeichnung „ABBAS" in „ADMIN[istrator]" geändert (I, 20 u. I, 21). Administrator Cyriacus bemühte sich nicht mehr, bei dem Siegelstempel den Namen ändern zu lassen; ein eindrucksvolles Zeichen dafür, dass das einstmals so berühmte Kloster der Benediktiner nicht mehr lebensfähig war. (Abb. 10)

Herzog Wilhelm V. von Bayern war die treibende Kraft bei der Aufhebung der Benediktinerabtei und der Übertragung von deren Besitz auf das Münchener Jesuitenkolleg.³⁷ Im Mai 1595 verfügte Papst Clemens VIII. den Übergang des Klosters Ebersberg auf die Niederlassung der Gesellschaft Jesu in München und transferierte die dort noch lebenden fünf Konventualen in das Benediktinerkloster Mallersdorf.³⁸ Die förmliche Inkorporation fand 1596 statt,³⁹ nachdem Herzog Wilhelm und dessen Bruder, Erzbischof Ernst von Köln, zugleich Administrator von Freising, sich damit einverstanden erklärt hatten,⁴⁰ und schließlich zwischen Bayern und der

Abb. 6: Das Bildsekret Abt Eberhards II. (1440-1446) bietet als einziges Ebersberger Abtsiegel eine bildliche Darstellung des Klosterheiligen Sankt Sebastian.

Abb. 7: Nach seinem Amtsantritt ließ Abt Eckhard (1446-1472) einen Stempel für ein rundes Sekretsiegel mit Eberwappen anfertigen.

Abb. 8: Den Gestaltungsvorstellungen seiner Zeit entsprechend, beschaffte Abt Jakob (1551-1567) im Jahre 1561 ein neues, renaissancehaft gearbeitetes Sekret.

Abb. 9: Das neue, 1568 gefertigte Typar Abt Joachims von Ebersberg (1567-1579).

bischöflichen Kurie in Freising die näheren Einzelheiten über die Wahrung der bischöflichen Rechte ausgehandelt waren.[41]

Die Siegel des Konvents

Abb. 10: Der letzte Administrator der Benediktinerabtei Ebersberg, Cyriacus (1593-1596), sah keine Veranlassung mehr, den Siegelstempel seines Vorgängers auf seinen Namen hin abändern zu lassen.

Bei den Benediktinerklöstern war es seit dem 11. Jahrhundert üblich, dass die Vereinigung der Mönche, der Konvent, sich eines eigenen Typars bediente. Aus zahlreichen Klöstern sind schriftliche Belege für die Verwendung eines Konventsiegels und auch Siegelabdrücke erhalten.[42] 1235 bestimmte Papst Gregor IX. ausdrücklich, dass Verträge von Klöstern zur vollen Rechtsgültigkeit neben dem Abtsiegel auch das Siegel des Konvents tragen sollten.[43] Die älteste Erwähnung eines Konventsiegels von Ebersberg enthält eine Urkunde von 1286, bei der das Siegel jedoch fehlt.[44] Möglicherweise war auch schon die Urkunde von 1236 mit einem Konventsiegel versehen,[45] wie man vielleicht aus den Abdruckspuren auf der Rückseite des Pergaments erschließen kann (siehe oben).

Die sphragistische Überlieferung des ersten Konventsiegeltyps setzt um 1300 ein (II, 1); entstanden ist das Typar aber sicher schon gegen die Mitte des 13. Jahrhunderts, worauf die stilistische Form, vor allem auch der Schriftcharakter, schließen lassen. Das große Rundsiegel zeigt in guter Darstellung eine stehende, nimbierte Figur mit langem Mantel, rechts eine Fahnenlanze haltend, die linke Hand auf einen Schild gestützt. Die Umschrift nennt den Klosterpatron, den Märtyrer Sebastian; (Abb. 11) es ist dies die übliche Art, wonach die Konventsiegel als die eigentlichen Klostersiegel auf den Namen des Heiligen lauten. Mit diesem Werk süddeutscher Goldschmiedearbeit ist eine frühe ikonographische Sebastiansdarstellung überliefert (siehe unten). Das zweite Konventsiegel (II, 2), das sich in der Legende als erneuertes Sebastianssiegel bezeichnet, wurde 1429 angefertigt;[46] es zeigt den vornehm gekleideten Heiligen, nun mit einer herzogshutähnlichen Kopfbedeckung unter dem Nimbus. Durch die Fahnenlanze in der rechten Hand und den Schild, den er links trägt, ist er als Ritter gekennzeichnet. Nun sind auch die Heiligenattribute, zwei Pfeile, zu sehen. (Abb. 12) Abdrucke dieses schönen Typars sind zwischen 1449 und 1527 überliefert; seit dem Anfang des 16. Jahrhunderts war daneben noch ein weiteres Konventsiegel in Gebrauch (II, 3). Dieses Rundsiegel entspricht in der Größe mehr den Sekretsiegeln der Äbte als den älteren Konventsiegeln; wahrscheinlich ist die Abkürzung „S" der Legende daher auch als „Secretum" und nicht als „Sigillum" aufzulösen. Die Umschrift bezieht sich nicht mehr auf den Klosterheiligen, sondern

Abb. 11: Ebersberger Konventsiegel aus dem 13. Jahrhundert mit der Darstellung des Klosterheiligen, des Märtyrers Sebastian.

durch die Wendung „fratrum" auf den Konvent. (Abb. 13) Die Mehrzahl der erhaltenen Abdrucke ist wenig sorgfältig angefertigt, besonders die Schrift ist vielfach nicht lesbar. Bei einem der wenigen gut erhaltenen Stücke[47] sind im Anschluss an das Wort „anno" zwei i-Schäfte zu erkennen. Vielleicht sollte damit die Jahreszahl „[15]11" angegeben werden, wiewohl zu bedenken ist, dass die Angabe nur der minderen Zahl in der Siegelumschrift recht ungewöhnlich ist. Das Bildsiegel enthält wieder eine Sebastiansdarstellung, diesmal ein Brustbild mit dem Attribut des Heiligen, einen Pfeil. Bis zum Ende des Benediktinerkonvents 1596 blieb es in Gebrauch.

Das Siegel der Jesuitenresidenz

Nach der von Herzog Wilhelm V. von Bayern betriebenen, von Papst Clemens VIII. verfügten und schließlich 1596 durchgeführten Inkorporation des Klosters Ebersberg in das Kolleg der Jesuiten von München wurden die von den Benediktinern gebrauchten Siegelstempel aus dem Verkehr gezogen.[48] Die Tradition der Benediktinerheraldik Ebersbergs lebte jedoch fort; das noch 1596 beschaffte Typar der „Societas Iesu Ebersbergensis" (III) unterscheidet sich von den sonst bei den Jesuiten üblichen Schriftsiegeln, die allein das Jesus-Monogramm „IHS" als Siegelbild zeigten.[49] In das Ebersberger Siegel wurden dazu noch zwei Wappen aufgenommen: Im ersten Schild ist das Martyrium des heiligen Sebastian dargestellt (siehe unten), der zweite enthält das überlieferte Ebersberger Klosterwappen mit dem Eber. (Abb. 14) So sind auf diese Weise die Motive der von den Benediktineräbten und der vom Konvent geführten Siegel durch die neuen Herren übernommen und bis zum Ende der Jesuitenresidenz verwendet worden.[50]

Zum Klosterwappen von Ebersberg

Die Gewohnheit, Wappen als Persönlichkeits-, Eigentums- und Herrschaftssinnbilder zu verwenden, fand in Kreisen der Geistlichkeit naturgemäß später Eingang als beim Adel, von dessen sozialer Position in der Wehrverfassung das Wappenwesen seinen Ausgang genommen hatte. Voraussetzung für die Verwendung von Wappen durch Geistliche war einmal, dass der Ausgangspunkt, die Kennzeichnung des gepanzerten Ritters, nicht mehr als der wesentliche Sinn des Wappens gelten musste, so dass sich also die waffenlose Geistlichkeit eines solchen Symbols bedienen konnte. Das Wappen musste ganz allgemein ein Persönlichkeitszeichen, ein Symbol für eine natürliche oder juristische Person, geworden sein. Zum andern musste das Siegelwesen, vor allem gefördert durch die Entwicklung des Prozessrechtes, besonders des kanonischen Rechtsverfahrens, an Breitenwirkung gewonnen haben, sodass man allgemein auf den Siegeln die Wappensymbole anbringen wollte, um denjenigen, der unter dem Siegel eine Verpflichtung einging, eindeutig zu kennzeichnen.[51] Im Gefolge der Entwicklung an den bayerischen Bischofshöfen war dies bei den Klöstern in der zweiten Hälfte des 13. Jahrhunderts der Fall.[52]

Den bisher ermittelten frühesten Beleg überhaupt für ein Klosterwappen, das auf einem Konventsiegel erscheint, zeigt das erste Konventsiegel von Ebersberg aus dem 13. Jahrhundert (II, 1). Der heilige Sebastian stützt sich auf einen Schild, der in heraldischer Stilisierung einen auf einem Dreiberg stehenden Eber zeigt, fortan die Wappenfigur des Klosters. In variierter Form kehrt dieses Bild auf dem zweiten Konventsiegel wieder; jetzt ist der Eber auf einem Dreiberg klimmend dargestellt.[53] Das Jesuitensiegel von 1596 übernimmt dieses Bild.

Seit dem Anfang des 14. Jahrhunderts kommt das Eberwappen auch auf den Abtsiegeln vor, wie es der dritte Stempel von Abt Otto, nachgewiesen seit 1308, zeigt (I, 4c). Von da an tragen alle Thronsiegel der Äbte bis in das 16. Jahrhundert ein kleines Schildchen mit dem Wappentier.[54] Auch das Sekretsiegel von Abt Philipp (1385-1412) verzichtet nicht auf das Klosterwappen (I, 6b), neben dem noch das persönliche Wappen des Abtes, das seiner Familie, steht. Philipp gehörte zur österreichischen Familie der Herren von Höhenberg, wie schon der Abtkatalog des 15. Jahrhunderts berichtet.[55] Die sphragistische Darstellung bringt offensichtlich eine Variante des Familienwappens.[56] Ein persönliches Wappen verwendete auch Abt Simon (1412-1440) auf seinem Siegel (I, 7). Durch das originelle Wappenbild, einen wachsenden Löwen, der sich ein Schwert in den Rachen stößt, ist er als Angehöriger der altbayerischen Landsassenfamilie der Taufkircher von Taufkirchen gekennzeichnet.[57] Die von den Äbten seit 1446 gebrauchten Sekrete sind reine Wappensiegel, die zur Kennzeichnung neben der Umschrift nur das Eberwappen in den verschiedenen Stilformen von der Spätgotik bis zum frühen Barock wiedergeben.

Das bereits seit der zweiten Hälfte des 13. Jahrhunderts nachgewiesene Klosterwappen mit dem Eber scheint zur Gruppe der redenden Wappen zu gehören. Nun zeigt aber ein Vergleich mit anderen Klosterwappen, dass diese Gewohnheit der Wappenschöpfung in der Klosterheraldik nicht vor dem Ende des 14. Jahrhunderts auf-

Abb. 12: Zweites Ebersberger Konventsiegel aus dem Jahre 1449 mit der Darstellung des heiligen Sebastian als Ritter.

Abb. 13: Seit Anfang des 16. Jahrhunderts verwendetes Rundsiegel des Ebersberger Konvents mit Brustbild des heiligen Sebastian.

kommt; Beispiele dafür sind Tegernsee (Seeblätter seit 1395) und Seeon (Seeblatt seit 1412), Rottenbuch (Buche seit 1433) und Baumburg (Burg mit Baum seit 1488) sowie Thierhaupten (Tier seit 1449).[58] Das nach dem Ebersberger Wappen älteste heraldische Klostersymbol stammt aus Scheyern; seit 1352 ist dort der Zickzackbalken aus dem Wappen der Gründerfamilie, der Scheyern-Wittelsbach, nachgewiesen.[59] Weitere Stifterwappen in Klostersymbolen sind für Indersdorf (frühes 15. Jh., ebenfalls der Scheyern-Wittelsbach), Ensdorf (desgleichen seit 1472) und Reichenbach (apokryphes Drachenwappen der Diepoldinger seit 1447) festzustellen. Die dritte Möglichkeit der Wappengestaltung von Klöstern, die heraldische Verwendung von Heiligenkennzeichen, ist ebenfalls seit der zweiten Hälfte des 14. Jahrhunderts nachgewiesen, so für Sankt Emmeram in Regensburg (Märtyrerpalme u. Schlüssel seit 1358) und Berchtesgaden (Schlüssel seit 1384).

Für Ebersberg liegt offensichtlich ebenfalls ein apokryphes Stifterwappen vor, das heißt ein Wappen, das man im 13. Jahrhundert den Klostergründern zudachte, denn die Grafen von Sempt-Ebersberg starben bereits 1045, in vorheraldischer Zeit also, aus. Der beste Hinweis darauf, dass es sich um ein der Gründersippe zugeordnetes Wappen handelt, ist die Darstellung auf dem hervorragenden Stiftergrabmal in der Klosterkirche, das von dem Wasserburger Bildhauer Wolfgang Leb um 1500 geschaffen wurde.[60] Dort ist neben dem Eberwappen mehrfach noch ein zweiter Schild angebracht, der einen mit drei senkrecht gestellten Stufensparren belegten Balken zeigt. Dieses Bild wurde später, schon von Apian, als Schachbalken angesehen[61] und fand in dieser Form als Wappen der Grafen von Sempt Eingang in die jüngeren Wappenbücher.[62] Als Bauplastik findet sich das Eberwappen schon aus der zweiten Hälfte des 15. Jahrhunderts an Gewölbekonsolen unter der Westempore der Klosterkirche; auch hier wollte man die Klostergründer darstellen.[63]

Zur Sebastians-Ikonographie

Die Geschichte des heiligen Sebastian, eines römischen Offiziers, der unter Kaiser Diokletian das Martyrium erlitten haben soll, ist erst seit dem 5. Jahrhundert mit stark legendären Zügen überliefert.[64] Die militärische Stellung sowie die Erzählung der Legende, dass er mit Pfeilen gemartert worden sei, bilden die Ansatzpunkte für die mittelalterliche und neuzeitliche Darstellung des Heiligen. Die frühesten Abbildungen im deutschen Bereich stammen aus dem 12. Jahrhundert; sie zeigen Sebastian in ritterlicher Kostümierung wie auch auf den beiden älteren Konventsiegeln Ebersbergs aus dem 13. und dem 15. Jahrhundert.[65] Eine interessante Parallele dazu bietet das Siegel des Domkapitels von Chiemsee, dessen Patron ebenfalls Sebastian war, von dem der älteste Abdruck aus dem Jahr 1260[66] stammt: Sebastian mit Schwert, Fahne und Schild, auf dem ein Kreuz abgebildet ist. Ein neuer Stempel des Kapitels von Chiemsee, der sicher aus dem 14. Jahrhundert stammt, zeigt den Heiligen in gleicher Weise; in der rechten Hand hält er hier eine Märtyrerpalme. Das Kreuz auf dem Schild und auf der Fahne ist als sogenanntes Tatzenkreuz ausgeführt; der Heilige sollte demnach als Kreuzritter dargestellt werden.[67]

Eine weitere Form der Sebastiansdarstellung ist die Wiedergabe als vornehm gekleideter jüngerer Mann mit baretartiger Kopfbedeckung, die gelegentlich auch in der Form einer für einen Herzog üblichen Krone, einem sogenannten Herzogshut, ausgeführt ist, wobei der Heilige die Marterwerkzeuge, die Pfeile, in Händen hält. Parallelen dazu finden sich auf dem Abtsekret von 1443 (I, 8b) und dem dritten Konventsiegel (II, 3). Interessant ist die Anordnung der Pfeile auf dem zweiten Konventsiegel von 1429 (II, 2): Sebastian hält einen Pfeil in der linken Hand, der andere Pfeil zielt auf die Brust des Heiligen.

In der bildenden Kunst der Zeit finden die auf den Siegeln wiedergegebenen Motive vielfache Parallelen im altbayerischen Raum. Auf einer Glasmalerei in der Kirche von Jenkofen, Landkreis Landshut, ist Sebastian als Krieger mit dem Pfeil in der Hand dargestellt.[68] Die spezielle Form der Kopfbedeckung findet sich bei Altarfiguren in Pildenau um 1470[69] und Singerhof um 1510[70]. Auch Darstellungen mit Ritterrüstung begegnen häufig, so etwa in Guteneck um 1510[71] oder, als interessanter sphragistischer Beleg, auf dem Siegel des Propstes Johann von Chiemsee (1602-1613)[72]. Diese überlieferte Form der Sebastiansdarstellung war im 17. Jahrhundert noch üblich, als längst schon von Italien her seit der Mitte des 15. Jahrhunderts die neue ikonographische Mode sich nach Deutschland ausbreitete, die den Heiligen nun in der speziellen Martyriumsszene darstellte: der nur mit einem Lendentuch bekleidete Mann ist an einen Baum oder Pfahl gebunden und von Pfeilen durchbohrt. Ebersberg selbst besaß bereits in der zweiten Hälfte des 15. Jahrhunderts eine derartig gestaltete Kultfigur;[73] auf der Stiftertumba (um 1500) findet sich dazu eine Parallele.[74] Aus dem Augsburger Umkreis ist eine Silberstatuette des Sebastiansmartyriums von 1474 erhalten.[75] Albrecht Dürers Blatt von 1495/96 mit dem gemarterten Sebastian ist dagegen in Venedig unter dem Einfluss italienischer Renaissance entstanden.[76] Der berühmte Sebastiansaltar Hans Holbeins des Älteren mit dem nackten Jüngling, der von Pfeilen durchbohrt ist, entstand um 1515.[77] Auch aus dem Umkreis Altdorfers und der Donauschule sind vergleichbare Darstellungen überliefert,[78] wie sich solche auch in den altbayerischen Dorfkirchen von Feichten (Leinberger-Umkreis)[79] und Kriestorf[80] finden. In die Benediktinerheraldik Ebersbergs ist diese neuere Form der Sebastians-Ikonographie nicht eingedrungen; diese zu übernehmen blieb den Jesuiten von München vorbehalten, die ihrem Siegel von 1596 eine zwar recht kleine, aber doch künstlerisch bewegte Wiedergabe des heiligen Sebastian in seinem Martyrium einfügen ließen. Auch für dieses Motiv gibt es ein weiteres Beispiel in der altbayerischen Siegelüberlieferung, die auf das Domstift Chiemsee zurückgeht; Propst Rupert (1653-1688) führte auf seinem reich gestalteten Sekretsiegel als Schildhalter die Märtyrergestalt Sebastians.[81]

Zusammenfassung

Die allgemeine sphragistische Entwicklungslinie der Abttypare lässt sich auch am Ebersberger Material instruktiv verfolgen. Auf das Porträtsiegel mit dem auf einem Thron sitzenden Siegelinhaber folgt das Porträtsiegel mit Wappen, das dann schließlich von dem Wappensiegel in der Form des Sekrets abgelöst wird. Bis zur Mitte des 15. Jahrhunderts sind zahlreiche Stempel nachzuweisen, die jeweils von den Äbten neu beschafft wurden; dann setzt eine erstaunliche Sparsamkeit ein. Nach der Mitte des 15. Jahrhunderts wird kein großes Typar mehr angeschafft, man begnügt sich vielmehr damit, in der Umschrift den Namen des Siegelinhabers, gelegentlich auch die Jahreszahl und die Amtsbezeichnung zu ändern. Dies lässt sich an den vorhandenen Abdrucken gut verfolgen; ein Stempel ist nicht mehr erhalten. Dies gilt auch von den Konventsiegeln, die zunächst allein auf den Klosterheiligen lauten und die uns die frühesten Belege für ein bayerisches Klosterwappen überliefern, das von einem der Stifterfamilie zugeschriebenen apokryphen Wappen abgeleitet ist. Die Bilder auf den Siegeln enthalten wichtige Beiträge zur ikonographischen Überlieferung; die Siegel führen die verschiedenen Möglichkeiten der Heiligenabbildung vor, sie greifen aber neue Gedanken der kunstgeschichtlichen Entwicklung erst verhältnismäßig spät auf, obwohl der Ebersberger Kirchenschatz schon frühzeitig die von Italien her eindringenden neuen Sebastiansdarstellungen in guten Beispielen aufweist.

Die Sphragistik der Gesellschaft Jesu wird durch das Siegel der Residenz in Ebersberg um eine interessante Variante bereichert, die die Übernahme der von den Benediktinern gepflegten Tradition in neuem Gewand dokumentiert.

Genauerer Untersuchung bedarf noch die Frage der Herkunft der Siegel; möglicherweise kann hierzu die kunstgeschichtliche Stilkritik Ergebnisse beisteuern, wenn erst einmal die Siegelüberlieferung in größerem zeitlichen, sachlichen und regionalen Umfang aufgearbeitet ist.[82] Das Material dazu aus dem engen Bereich eines altbayerischen Klosters aufbereitet zu haben, sollte der Zweck dieser Studie sein.

Abb. 14: Das 1596 gefertigte Siegel der Jesuitenresidenz Ebersberg bewahrte in seiner Gestaltung die Tradition des Ortes.

Katalog

I. Abtsiegel

1. Abt Konrad II. (1231-1247)
   Spitzoval, etwa 55 : 40 mm.
   Sitzender Abt mit Stab in der rechten und Buch in der linken Hand; Stuhl mit Tierköpfen.
   Umschrift: ...... DI GR.......G.....
   Einziger Nachweis 1236 (KU Ebersberg 12, stark beschädigt); Regest: Regesta Boica, Bd. 2, S. 254.

2. Abt Heinrich IV. (1261-1276)
   Spitzoval.
   Sitzender Abt mit Inful, Stab in der rechten, Buch in der linken Hand.
   Umschrift: ... HAIN......
   Einziger Nachweis um 1268 (KU Seeon 24, Bruchstück); die zeitliche Einreihung ergibt sich aus dem Sachzusammenhang, der zu der Urkunde Papst Clemens' IV. von 1268 April 4 gehört (KU Seeon 13; A. Potthast: Regesta Pontificum Romanorum, Bd. 2, 1875, Nr. 20308).

3. Abt Peter (1284-1286)
   Spitzoval; etwa 70 : 40 mm.
   Sitzender Abt mit Inful, Stab in der rechten, Buch in der linken Hand.
   Umschrift: .... ETRI DEI ....
   Einziger Nachweis 1286 Mai 31 (KU Benediktbeuern 95, beschädigt); Regest: Regesta Boica, Bd. 4, S. 310.

4. Abt Otto (1299-1343)
   a. Spitzoval, 72 : 48 mm.
   Sitzender Abt mit Inful, Stab in der rechten, Buch in der linken Hand; Stuhl mit Tierköpfen.
   Umschrift: + S OTTOИIS DEI GRACIA ABBATIS Iη EBERSPERG.
   Einziger Nachweis um 1300 (KU Benediktbeuern 123); Regest: Regesta Boica, Bd. 4, S. 726.
   b. Spitzoval, 68 : 43 mm.
   Sitzender Abt mit Inful, Stab in der rechten, Buch in der linken Hand vor dem Körper haltend; Stuhl mit Tierköpfen auf einem Sockel stehend, darunter Dreieckschild (Höhe 15 mm) mit einem steigenden Eber.
   Umschrift: .... ONIS DEI GRA ABBATIS ECCLEE IN EBERSPE...
   Einziger Nachweis 1300 Mai 26 (KU Fürstenfeld 58).
   (Abb. 1)
   c. Spitzoval, 75 : 54 mm.
   Sitzender Abt mit Inful, Stab in der rechten, Buch in der linken Hand; Stuhl mit Tierköpfen auf einem Sockel stehend, darunter schräg gestellter Dreieckschild (Höhe 12 mm) mit steigendem Eber; über der Figur dreiteilige gotische Architektur; Feld schräg gegittert.
   Umschrift: S · OTToηIS · DEI · GRA · ABBATIS · ECCE · I · EBERSPERCh.
   Nachgewiesen zwischen 1308 März 20 (KU Ebersberg 45; Regest: Regesta Boica, Bd. 5, S. 131) und 1329 Januar 4 (KU Fürstenfeld 210).

5. Abt Meinhard (1343-1354)
   Spitzoval; 68 : 46 mm.
   Sitzender Abt mit Inful, Stab in der rechten und Buch in der linken Hand auf dem linken Knie aufstützend; Stuhl mit Tierköpfen; über der Figur dreiteilige gotische Architektur; Feld schräg gegittert.
   Umschrift: + S · MÆNHARDI · DE .... BERSP ....
   Einziger Nachweis 1343 Juli 21 (StAM, Hofmark Wildenholzen, Urkunde 1343 VII 21, früher: GU Schwaben 701, beschädigt).

6. Abt Philipp (1385-1412)
   Spitzoval, 80 : 58 mm.
   a. In gotischem Gehäuse sitzender Abt mit Inful, Stab in der linken, Buch in der rechten Hand; unten nebeneinander zwei Schilde (Höhe 9 mm); I. auf schräg gestelltem Dreiberg klimmender Eber; II. aus Dreiberg wachsender Löwe.
   Umschrift: Sigillv · dni · Philipi · abbatis monasteri ·p in · Ebersperch.
   b. Nachgewiesen zwischen 1390 September 22 (RU Regensburg 3002; Regest: Regesta Boica, Bd. 10, S. 275) und 1395 März 21 (KU Beyharting 90).
   Rundes Sekretsiegel, 37 mm Durchmesser.
   Vor Altar, darauf ein Kelch, Abt mit Inful kniend im Profil, den Stab mit beiden Händen haltend; darunter nebeneinander zwei Schilde (Höhe 8 mm); I. auf schräg gestelltem Dreiberg klimmender Eber; II. aus Dreiberg wachsender Löwe; Feld gegittert.
   Umschrift: Secretv · dni · Philippi · abbatis · mo · i · eberspch.
   Nachgewiesen zwischen 1401 September 1 (KU Ebersberg 194) und 1407 April 24 (KU Ebersberg 209).
   (Abb. 5)

7. Abt Simon (1412-1440)
   Spitzoval, 75 : 53 mm.
   Sitzender Abt mit Inful, Stab in der rechten und Buch in der linken Hand, in gotischem Gehäuse, darin (heraldisch) rechts Schild (Höhe 9 mm) mit nach links gewendetem, wachsendem Löwen, der sich ein Schwert in den Rachen stößt; (heraldisch) links Schild (Höhe 9 mm) mit schräg gestelltem Vierberg, darauf ein klimmender Eber.
   Umschrift: + S x^x Simonis ^{x} dei ^{x} gracia abbacis ^{x} monaſterii ^{x} eberſpergenſis.
   Nachgewiesen zwischen 1421 Februar 6 (Kurbaiern U 24227; Regest: Regesta Boica, Bd. 12, S. 361) und 1424 August 27 (KU Ebersberg 271). Die verschollene Urkunde von 1426 November 25 war mit diesem Siegel versehen (siehe Drucknachweis bei II, 1).
   (Abb. 4)

8. Abt Eberhard II. (1440-1446)
   a. Spitzoval, 78 : 50 mm.
   In gotischem Gehäuse, zu dessen beiden Seiten Rankenwerk, sitzender Abt mit Inful, Buch in der rechten und Stab in der linken Hand haltend; darunter Schild (Höhe 8 mm) mit schräg gestelltem Dreiberg, darauf ein klimmender Eber.
   Umschrift: ^{x} Sigillvm eberhardi dei gracia abbatis monaſteri in eberſperg.
   Einziger Nachweis: 1440 Juli 14 (KU Ebersberg 336).
   (Abb. 2)
   b. Rundes Sekretsiegel, 31 mm Durchmesser.
   Brustbild des hl. Sebastian mit Nimbus und Krone, in der linken Hand einen Pfeil haltend.
   Umschrift: ^{x} secret eberh abat' in eberſperc.
   Einziger Nachweis 1443 Juni 24 (KU Ebersberg 349).
   (Abb. 6)

9. Abt Eckhard (1446-1472)
   a. Spitzoval, 78 : 50 mm.
   Siegelbild identisch mit I, 8a.
   Umschrift: ^{x} Sigillvm egkhardi dei gracia abbatis monaſteri in

eberſperg.
Es handelt sich um den von Abt Eberhard II. beschafften Stempel, bei dem lediglich der Abtname geändert wurde.
Nachgewiesen zwischen 1449 (KU Tegernsee 798) und 1468 März 10 (KU Attel 201).
b. Rundes Sekretsiegel, 29 mm Durchmesser.
Wappen mit einem auf einen am rechten Schildrand ansteigenden Berg klimmenden Eber.
Umschrift auf Spruchband: Secretv egkhardi abat: i eberſp·:·1446.
Nachgewiesen zwischen 1448 Januar 8 (KU Ebersberg 384) und 1470 Juni 23 (KU Ebersberg 589).
(Abb. 7)

10. Abt Sebastian (1472-1500)
a. Spitzoval, 78 : 50 mm.
Siegelbild identisch mit I, 8a.
Umschrift: Sigillvm sebaſtiani dei gracia abbatis monaſteri in eberſperg.
Änderung des Abtnamens nach I, 9a.
Nachgewiesen zwischen 1475 (KU Ebersberg 664) und 1499 Juli 23 (KU Ebersberg 1130).
(Abb. 3)
b. Rundes Sekretsiegel; 29 mm Durchmesser.
Siegelbild identisch mit I, 9b.
Umschrift auf Spruchband: Secretv ſebaſtiani abat: i eberſp·:·1472.
Es handelt sich um den von Abt Eckhard 1446 beschafften Stempel, der nach Änderung des Abtnamens und der Jahreszahl weiterverwendet wurde.
Nachgewiesen zwischen 1477 Januar 22 (KU Ebersberg 750) und 1498 August 19 (KU Ebersberg 1118).

11. Abt Leonhard I. (1500-1509)
Rundes Sekretsiegel, 29 mm Durchmesser.
Siegelbild identisch mit I, 9b.
Umschrift auf Spruchband: Secretv leonhardi abat: i eberſp·:·1472.
Änderung des Abtnamens nach I, 10b.
Nachgewiesen zwischen 1501 April 27 (KU Ebersberg 1147) und 1509 Oktober 4 (KU Ebersberg 1228).

12. Abt Veit (1509-1512)
Rundes Sekretsiegel, 29 mm Durchmesser.
Siegelbild identisch mit I, 9b.
Umschrift auf Spruchband: Secretv viti abat: i eberſp·:·1472.
Änderung des Abtnamens nach I, 11.
Nachgewiesen zwischen 1510 Januar 23 (KU Ebersberg 1232) und 1565 März 11 (KU Ebersberg 1762); siehe I, 13b, 14, 15 u. 16a.

13. Abt Leonhard II. (1512-1544)
a. Spitzoval, 78 : 50 mm.
Siegelbild identisch mit I, 8a.
Umschrift: Sigillvm lienhardi dei gracia abbatis monaſteri in eberſperg.
Änderung des Abtnamens nach I, 10a.
Nachgewiesen zwischen 1512 Dezember 4 (KU Ebersberg 1286) und 1527 April 24 (KU Ebersberg 1375).
b. Weiterverwendung des unveränderten Sekretsiegels I, 12; die Namensform „viti" ist gut erkennbar bei KU Ebersberg 1315 von 1518 September 1.

14. Abt Wolfgang (1545-1549)
Weiterverwendung des unveränderten Sekretsiegels I, 12; die Namensform „viti" ist gut erkennbar bei KU Ebersberg 1536 von 1549 Januar 15.

15. Abt Johann (1550-1551)
Weiterverwendung des unveränderten Sekretsiegels I, 12. Alle vorhandenen Abdrucke sind in der Umschrift undeutlich.

16. Abt Jakob (1551-1567)
a. Weiterverwendung des unveränderten Sekretsiegels I, 12; die Namensform „viti" ist gut erkennbar bei KU Ebersberg 1660 von 1558 Juli 22. Letzter Nachweis: 1565 März 11 (KU Ebersberg 1762).
b. Rund, 28 mm Durchmesser.
Wappen mit schreitendem Eber auf schräg gestelltem Dreiberg.
Umschrift: S · IACOBVS · ABBAS · IN EBERSPERG · 1561.
Nachgewiesen zwischen 1561 Januar 8 (KU Ebersberg 1708) und 1567 März 21 (KU Ebersberg 1788) sowie unter Administrator Joachim (I, 17a).
(Abb. 8)

17. Administrator und Abt Joachim (1567-1579)
a. Weiterverwendung des unveränderten Siegels I, 16b. Letzter Nachweis: 1568 August 11 (KU Ebersberg 1809).
b. Rund, 31 mm Durchmesser.
Wappen mit springendem Eber auf schräg gestelltem Dreiberg.
Umschrift: S · IOACHIM · ABBAS · IN · EBERSPERG. Über dem Schild die Jahreszahl 1568.
Nachgewiesen zwischen 1569 Januar 25 (KU Ebersberg 1817) und 1579 November 30 (KU Ebersberg 1979). KU Ebersberg 1796 von 1567 September 12 wurde erst nachträglich mit dem 1568 angefertigten Siegel versehen, da Joachim als Administrator (bis 1568) noch das Siegel seines Vorgängers benutzte (I, 16b).
(Abb. 9)

18. Abt Sigismund (1579-1584)
a. Rund, 30 mm Durchmesser.
Wappen mit schreitendem Eber auf schräg gestelltem Dreiberg.
Umschrift: ·:· SIGMVNDVS ·:· ABBAS ·:· IN EBERSPERG. Über dem Schild die Jahreszahl 1580.
Nachgewiesen 1580 April 3 (KU Ebersberg 1982); die von Abt Joachim 1579 Dezember 21 ausgestellte Urkunde (KU Ebersberg 1980) wurde nachträglich mit diesem Siegel versehen.
b. Rund, 30 mm Durchmesser.
Wappen mit schreitendem Eber auf schräg gestelltem Dreiberg.
Umschrift: S · SIGISMVNDVS · ABBAS · IN · EBERSPERG.
Nachgewiesen zwischen 1580 März 26 (KU Ebersberg 1981) und 1584 Februar 24 (KU Ebersberg 2043).

19. Abt Johannes (1584-1590)
Rund, 30 mm Durchmesser.
Siegelbild identisch mit I, 18b.
Umschrift: S · IOHANNES · ABBAS · IN · EBERSPERG.
Änderung des Abtnamens nach I, 18b.
Nachgewiesen zwischen 1584 November 2 (KU Ebersberg 2047) und 1590 Januar 27 (KU Ebersberg 2102).

20. Administrator Johannes (1590-1592)
Rund, 30 mm Durchmesser.
Siegelbild identisch mit I, 19.
Umschrift: S · IOHANNES · ADMIN · IN · EBERSPERG.
Änderung der Amtsbezeichnung nach I, 19.

Nachgewiesen zwischen 1590 Juli 31 (KU Ebersberg 2110) und 1592 Dezember 31 (KU Ebersberg 2137).

21. Administrator Cyriacus (1593-1596)
Weiterverwendung des unveränderten Siegels I, 20. Letzter Nachweis 1596 Oktober 18 (KU Ebersberg 2186).
(Abb. 10)

II. Konventsiegel

1. Rund, 77 mm Durchmesser.
Stehender Heiliger mit langem Mantel, in der rechten Hand eine Lanze mit dreilatziger Fahne haltend, die linke Hand auf einen Dreieckschild (Höhe 23 mm) stützend, darin ein auf einem Dreiberg stehender Eber.
Umschrift: + S · SCI : SEBASTIANI · IN · EBERSPERC · M (Sigillum sancti Sebastiani in Ebersperc martyris).
Nachgewiesen zwischen ca. 1300 (KU Benediktbeuern 123) und 1395 März 21 (KU Beyharting 90, beschädigt). Dieses Siegel hing auch an der heute verschollenen Urkunde von 1426 November 25 des Pfarrarchivs St. Peter in München (siehe Monumenta Boica, Bd. 19, 1. Aufl., 1810, S. 114-116, Nr. 66; Siegelabbildung auf Tafel V; Monumenta Boica, Bd. 19, 2. Aufl., 1850, S. 105-107, Nr. 66; Siegelabbildung auf Tafel V).
(Abb. 11)

2. Rund, 73 mm Durchmesser.
Stehender Ritter mit Nimbus und Krone, links am Gürtel ein Schwert, in der rechten Hand eine Lanze mit eingekerbter Fahne haltend, in der linken Hand einen Halbrundschild (Höhe 11 mm), darin auf schräg gestelltem Dreiberg schreitend ein Eber; auf die Brust des Ritters zielt ein Pfeil, in der linken Hand hält der Ritter einen nach schräg links gerichteten Pfeil; das Feld ist schräg gegittert.
Umschrift: sigillv · s · ſebaſtiani · in eberſperg · et · renouatu · eſt · sub · ano · dni · m⁰cccc⁰xxix⁰.
Nachgewiesen zwischen 1449 (KU Tegernsee 798) und 1527 April 27 (KU Ebersberg 1375).
(Abb. 12)

3. Rund, 37 mm Durchmesser.
In Gehäuse nach links gewendetes Brustbild des hl. Sebastian mit Nimbus und Krone, in der linken Hand einen Pfeil haltend.
Umschrift: S' frvm moſterii eberspergn ano i. i (Secretum fratrum monasterii ebersperensis anno [15]11).
Nachgewiesen zwischen 1512 Dezember 4 (KU Ebersberg 1263) und 1596 Oktober 14 (KU Ebersberg 2185).
(Abb. 13)

III. Siegel des Stifts Ebersberg unter dem Eigentum des Jesuitenkollegs München

Rund, 37 mm Durchmesser.
In Strahlen-Kranz IHS-Monogramm unter Abkürzungsstrich über drei Nägeln, darunter nebeneinander zwei Schilde (Höhe 17 mm); I. an einen Baumstumpf gebundene nackte Heiligenfigur, die von sieben Pfeilen durchbohrt ist; II. auf einem schräg gestellten Dreiberg schreitend ein Eber; das Ganze von einem Blätterkranz umgeben.
Inschrift: S I E (Societas Jesu Ebersperensis).
Nachgewiesen zwischen 1596 Dezember 18 (KU Ebersberg 2561) und 1770 Juni 30 (GR Fasz. 744 Nr. 104, unter Papierdecke).

Anmerkungen

Durchgesehene und von Otto-Karl Tröger aktualisierte Fassung eines zuerst in Archive. Geschichte – Bestände – Technik. Festgabe für Bernhard Zittel, hg. v. d. Generaldirektion der Staatlichen Archive Bayerns, (Mitteilungen für die Archivpflege in Bayern, Sonderheft 8), München 1972, S. 34-54, Tafeln VII-X, erschienenen Aufsatzes Wilhelm Volkerts. – Die zitierten Urkunden und Akten befinden sich im Bayerischen Hauptstaatsarchiv, Abt. I, soweit nicht andere Archive angegeben sind. Abkürzungen: GL = Gerichtsliteralien; GR = Generalregistratur; GU = Gerichtsurkunden; KU = Klosterurkunden; RU = Reichsstadturkunden; StAM = Staatsarchiv München.

[1] Bibliographischer Überblick: Kittel, Erich: Siegel, (Bibliothek für Kunst- und Antiquitätenfreunde 11), Braunschweig 1970, S. 466-509; siehe auch Wichmann, Hans: Bibliographie der Kunst in Bayern, Bd. 1, München 1961, S. 376-418, Nr. 8506-9397; siehe ferner die laufende Bibliographie in Blätter für deutsche Landesgeschichte, zuletzt 134 (1998), sowie Henning, Eckart / Jochums, Gabriele: Bibliographie zur Sphragistik. Schrifttum Deutschlands, Österreichs und der Schweiz bis 1990, (Bibliographie der Historischen Hilfswissenschaft 2), Köln – Weimar – Wien 1995.

[2] Siferlinger, Clemens: Die Siegel der Bischöfe von Freising, Diss., München 1925; Hauthaler, Willibald / Martin, Franz: Salzburger Urkundenbuch, Bd. 2, Salzburg 1916, Tafel I-III. Über die älteren Passauer Bischofssiegel (1065-1164) siehe Mitis, Oskar Freiherr von: Studien zum älteren österreichischen Urkundenwesen, Wien 1912, S. 229-239.

[3] Feist, Valerie / Helleiner, Karl: Das Urkundenwesen der Bischöfe von Augsburg von den Anfängen bis zur Mitte des 13. Jahrhunderts (897-1248), in: Archivalische Zeitschrift 37 (1928), S. 80-85.

[4] Steiner, Robert: Die Entwicklung der bayerischen Bischofssiegel von der Frühzeit bis zum Einsetzen des spitzovalen Throntyps, (Quellen und Erörterungen zur bayerischen Geschichte, NF 40), München 1998.

[5] Bier, Hermann: Märkische Siegel, 1. Abt., Die Siegel der Markgrafen und Kurfürsten von Brandenburg, 2. T., Die Siegel der Markgrafen von Brandenburg aus dem Hause Wittelsbach 1323-1373, (Veröffentlichungen der Historischen Kommission für die Provinz Brandenburg und die Reichshauptstadt Berlin VI), Berlin 1933. – Die Arbeiten von Primbs, Karl: Siegel der Wittelsbacher in Bayern bis auf Max III. Joseph, in: Archivalische Zeitschrift NF 2 (1891), S. 1-26, und NF 3 (1892), S. 156-175 sind als Materialsammlungen brauchbar, behandeln diesen Problemkreis aber noch nicht abschließend.

[6] Hofmann, Siegfried: Urkundenwesen, Kanzlei und Regierungssystem der Herzöge von Bayern und Pfalzgrafen bei Rhein von 1180 bzw. 1214 bis 1255 bzw. 1294, (Münchener Historische Studien, Abt. Geschichtliche Hilfswissenschaften 3), Kallmünz 1967, S. 49-54, 78-82 u. 137-139; Andrian-Werburg, Klaus Freiherr von: Urkundenwesen, Kanzlei, Rat und Regierungssystem der Herzoge Johann II., Ernst und Wilhelm III. von Bayern-München (1392-1438), (Münchener Historische Studien, Abt. Geschichtliche Hilfswissenschaften 10), Kallmünz 1971, S. 31-35 u. Schnurrer, Ludwig: Urkundenwesen, Kanzlei und Regierungssystem der Herzöge von Niederbayern 1255-1340, (Münchener Historische Studien, Abt. Geschichtliche Hilfswissenschaften 8), Kallmünz 1972, S. 35-60. Ettelt-Schönewald, Beatrix: Kanzlei, Rat und Regierung Herzog Ludwigs des Reichen von Bayern-Landshut (1450-1479), (Schriftenreihe zur Bayerischen Landesgeschichte 97/1 u. 2), München 1996-1999, geht auf die Siegelführung nicht mehr ein.

[7] Rall, Hans: Die Urkunden der Herzoge von Bayern und Pfalzgrafen bei Rhein als verfassungsgeschichtliche Aussage, in: Hofmann (wie

Anm. 6), S. 1-18, referiert über die diplomatische und auch sphragistische Erforschung der vorwittelsbachischen Herzöge von Bayern und führt weitere maschinenschriftliche Dissertationen einschlägiger Art für das 13. und 14. Jahrhundert an. Siehe auch Volkert, Wilhelm: Die Bilder in den Wappen der Wittelsbacher, in: Glaser, Hubert (Hg.): Die Zeit der frühen Herzöge. Von Otto I. zu Ludwig dem Bayern. Beiträge zur Bayerischen Geschichte und Kunst 1180-1350, (Wittelsbach und Bayern I/1), München – Zürich 1980, S. 13-27, Tafeln 1-4 u. Ders.: Die Wappenabzeichen des Landes Bayern („Insignia armorum terrae Bavariae"), in: Zeitschrift für bayerische Landesgeschichte 44 (1981), S. 675-692.

[8] Posse, Otto: Die Siegel der deutschen Kaiser und Könige von 751-1913, Bd. 1, Dresden 1909, S. 27-28, Tafel 50-52 (Ludwig der Bayer), Bd. 2, Dresden 1910, S. 6-7, Tafel 10 u. 11 (Ruprecht), Bd. 4, Dresden 1913, S. 13-14, Tafel 13 u. 14 (Karl VII. Albrecht), Bd. 5, Dresden 1913, S. 37-38, 44 u. 85. Neudruck der fünf Bde. Leipzig 1981.

[9] Urbanek, Peter: Wappen und Siegel Regensburger Bürger und Bürgerinnen im Mittelalter (bis 1486), Diss., Regensburg 1988 (Microfiches); Ders.: Die Kennzeichnung von Wappenfarben auf Siegeln Regensburger Bürger im Mittelalter, in: Verhandlungen des Historischen Vereins der Oberpfalz 130 (1990), S. 171-184; Ders.: Über das Siegelwesen der Regensburger Bürger bis zum Ende des 14. Jahrhunderts, in: Archiv für Diplomatik, Schriftgeschichte, Siegel- und Wappenkunde 38 (1992), S. 217-234; Vahl, Wolfhard: Fränkische Rittersiegel. Eine sphragistisch-prosopographische Studie über den fränkischen Niederadel zwischen Regnitz, Pegnitz und Obermain im 13. und 14. Jahrhundert, (Veröffentlichungen der Gesellschaft für fränkische Geschichte, Reihe IX, 44/1 u. 2), Neustadt an der Aisch 1997. – Vahl bemüht sich auch um neue Wege in der sphragistischen Typologie und Terminologie sowie um verstärkte statistische Auswertung der Befunde. Siehe Ders.: Beschreibung und Auswertung mittelalterlicher Siegel, in: Archiv für Diplomatik, Schriftgeschichte, Siegel- und Wappenkunde 42 (1996), S. 489-524 u. Ders.: Fränkische Rittersiegel und Regensburger Bürgersiegel im 13. und 14. Jahrhundert – ein Vergleich, in: ebd. 44 (1998), S. 377-443.

[10] Siehe Zimmermann, Eduard: Bayerische Klosterheraldik. Die Wappen der Äbte und Pröpste der bis zur allgemeinen Säkularisation in Ober- und Niederbayern, der Oberpfalz und bayerisch Schwaben bestandenen Herrenklöster, München 1930. – Abbildungen und Beschreibungen von Klostersiegeln enthalten teilweise die Urkundeneditionen der bayerischen Klöster in den Quellen und Erörterungen zur bayerischen Geschichte; siehe Bd. 10/II (1957) Schäftlarn (Alois Weißthanner); 14 (1958) Weltenburg (Matthias Thiel); 15 (1960) St. Veit (Helmut Hör / Ludwig Morenz); 16/I (1960) Heiliggeistspital in München (Hubert Vogel); 17/I u. II (1959/60) Raitenhaslach (Edgar Krausen); 19 (1961) Neustift (Hermann-Joseph Busley); 20 (1961) Münchsmünster (Matthias Thiel / Odilo Engels); 21 (1966) Rohr (Hardo-Paul Mai); 22/I u. II (1967) Dießen (Waldemar Schlögl); 23 (1969) Asbach (Johann Geier); 28 (1975) Regensburg – St. Johann (Matthias Thiel); 31 (1983) Gars (Heinrich Hoffmann); 33 (1985) Osterhofen (Johann Gruber); 34 (1986) Regensburg – St. Paul (Johann Geier) u. 36/I u. II (1986-88) Scheyern (Michael Stephan). Siehe auch Schuhmann, Günther / Hirschmann, Gerhard: Urkundenregesten des Zisterzienserklosters Heilsbronn, Bd. I, 1132-1321, Würzburg 1957; Hoffmann, Hermann: Die Urkunden des Reichsstiftes Kaisheim 1135-1287, Augsburg 1972; Scherzer, Walter: Urkunden und Regesten des Klosters und Stiftes St. Gumbert in Ansbach 786-1400, (Veröffentlichungen der Gesellschaft für fränkische Geschichte, Reihe III, 5), Neustadt an der Aisch 1989; Thiel, Matthias: Urkundenbuch des Stifts St. Peter und Alexander zu Aschaffenburg, Bd. 1, 861-1325, Aschaffenburg 1986; Wagner, Heinrich: Regesten der Zisterzienser-Abtei Bildhausen 1158-1525, Würzburg 1987; Tröger, Otto-Karl: Kloster Prüll: Die Benediktineräbte (997-1484) und ihre Siegel, in: Karg, Franz (Hg.): Regensburg und Ostbayern. Max Piendl zum Gedächtnis, Kallmünz 1991, S. 21-52 u. Hoffmann, Hermann: Die Urkunden des Reichsstiftes Ottobeuren 764-1460, Augsburg 1991.

[11] Siehe Schröder, Brigitte: Mainfränkische Klosterheraldik. Die wappenführenden Mönchsklöster und Chorherrenstifte im alten Bistum Würzburg, Würzburg 1971. Siehe hierzu auch Johanek, Peter: Die Frühzeit der Siegelurkunde im Bistum Würzburg, (Quellen und Forschungen zur Geschichte des Bistums und Hochstifts Würzburg 20), Würzburg 1969.

[12] Zur Geschichte des Klosters Ebersberg allgemein siehe u.a. Hemmerle, Josef: Die Benediktinerklöster in Bayern, (Germania Benedicta 2), München 1970, S. 79-82 (mit Quellen u. Literatur). Zur Kunstgeschichte siehe u.a. Trenner, Florian: Ebersberg, in: Dehio, Georg / Gall, Ernst (Hg.): Handbuch der deutschen Kunstdenkmäler. Bayern IV: München-Oberbayern, München – Berlin 1990, S. 201-205; Guggetzer, Martin / Schnell, Hugo: Die Pfarrkirche Sankt Sebastian in Ebersberg, (Schnell & Steiner, Kleine Kunstführer 113), 4., neubearb. Aufl., München – Zürich 1980 (1935) u. Krammer, Markus: Katholische Pfarrkirche St. Sebastian in Ebersberg, (Schnell & Steiner, Kleine Kunstführer 113), 5., völlig neu bearb. Aufl., München – Zürich 1986. Weiteres bei Wichmann (wie Anm. 1), S. 750, Nr. 17056-17070.

[13] Siehe Prinz, Friedrich: Bayern vom Zeitalter der Karolinger bis zum Ende der Welfenherrschaft (788-1180). II. Die innere Entwicklung: Staat, Gesellschaft, Kirche, Wirtschaft, in: Spindler, Max (Hg.): Handbuch der bayerischen Geschichte, Bd. 1, Das alte Bayern. Das Stammesherzogtum bis zum Ausgang des 12. Jahrhunderts, 2., überarb. Aufl., München 1981 (1967), S. 352-518, S. 409, 465, 493-494 u. Mayr, Gottfried: Ebersberg. Gericht Schwaben, (Historischer Atlas von Bayern, T. Altbayern I/48), München 1989, S. 95-122 u. 147-150.

[14] Siehe im Besonderen Person und Wirken von Abt Williram (1048-1085): Glaser, Hubert / Brunhölzl, Franz / u.a.: Bayern vom Zeitalter der Karolinger bis zum Ende der Welfenherrschaft (788-1180). III. Das geistige Leben, in: Spindler (wie Anm. 13), S. 519-665, S. 548, 595, 621-622; Langosch, Karl (Hg.): Die deutsche Literatur des Mittelalters. Verfasserlexikon, Bd. IV, Berlin 1953, S 985-996; Lexikon des Mittelalters, Bd. IX, München 1998, S. 216-217; Boor, Helmut de: Geschichte der deutschen Literatur von Karl dem Großen bis zum Beginn der höfischen Dichtung, bearb. v. Herbert Kolb, 9. Aufl., München 1979, S. 114-118 u. Manitius, Max: Geschichte der lateinischen Literatur des Mittelalters, Bd. II, München 1923, S. 592-598.

[15] Siehe Guggetzer / Schnell (wie Anm. 12), S. 2; Krammer (wie Anm. 12), S. 3 u. Hartig, Michael: Die oberbayerischen Stifte, Bd. 1, München 1935, S. 37. Die Überlieferung der Kirchenweihe in der ersten Hälfte des 10. Jahrhunderts nennt Sebastian als Patron. Siehe Arndt, Wilhelm (Ed.): Chronicon Ebersbergense, in: Monumenta Germaniae Historica, Scriptores, Bd. 20, Hannover 1868, S. 9-16, S. 11 u. Hundt, Friedrich Hector Graf von (Hg.): Das Cartular des Klosters Ebersberg. Aus dem Fundationsbuche des Klosters unter Erörterung der Abtreihe, dann des Übergangs der Schirmvogtei auf das Haus Scheyern-Wittelsbach, sowie des Vorkommens von Mitgliedern dieses Hauses, München 1879, S. 22, Nr. 1. – Der Schädelknochen wurde im 15. Jahrhundert unter Abt Sebastian (1472-1500) in einem Büstenreliquiar gefasst. Siehe Schnell, Hugo/Schalkhauser, Erwin (Hg.): Bayerische Frömmigkeit, Ausstellungskatalog, München 1960, S. 196-197, Nr. 309, Tafel 72. Das im Bayerischen

Hauptstaatsarchiv verwahrte Kircheninventar von 1561 nennt ebenfalls diese Reliquie. Siehe Jesuitica 1605, fol. 13. Zum Sebastianskult in Ebersberg siehe Krausen, Edgar: Die Pflege religiös-volksfrommen Brauchtums bei Benediktinern und Zisterziensern in Süddeutschland und Österreich, in: Studien und Mitteilungen zur Geschichte des Benediktinerordens und seiner Zweige 83 (1972), S. 274-290, S. 276-277 u. 289.

[16] Siehe Krammer, Markus: Die Wallfahrt zum heiligen Sebastian nach Ebersberg, Ebersberg 1981; Trenner (wie Anm. 12); Guggetzer / Schnell (wie Anm. 12) u. Krammer (wie Anm. 12). Siehe hierzu auch den Beitrag von Markus Krammer in vorliegendem Band.

[17] Siehe KU Gars 7, zwischen 1196 Dezember 11 u. 1197 Juni 12; Druck: Hoffmann, Heinrich (Bearb.): Die Traditionen des Klosters Gars, (Quellen und Erörterungen zur bayerischen Geschichte, NF 31), München 1983, S. 98-99, mit Diskussion und Literatur.

[18] Siehe Kittel (wie Anm. 1), S. 398-400 u. 413-414.

[19] Siehe ebd., S. 394.

[20] Siehe Hauthaler / Martin (wie Anm. 2), Tafel I u. II.

[21] Steiner (wie Anm. 4), S. 320-325, diskutiert ausführlich den Wandel im kanonischen Rollenverständnis der Bischöfe, der sich in diesem Übergang zeigen soll. Siehe auch ebd., S. 344, Tabelle 1.

[22] Siehe Kittel (wie Anm. 1), S. 394 u. für Bayern Steiner (wie Anm. 4).

[23] Ein Beispiel dafür aus Augsburg: Volkert, Wilhelm: Die Gründungsgüter des Frauenstifts bei St. Stephan in Augsburg, (Beiträge zur Heimatkunde des Landkreises Augsburg 5), Augsburg 1969, S. 25. Siehe auch Ders.: Das Typar eines Abtsiegels aus Scheyern, in: Mitteilungen für die Archivpflege in Bayern 15 (1969), S. 1-8. – Über die Vernichtung von Stempeln siehe Bresslau, Harry: Handbuch der Urkundenlehre für Deutschland und Italien, Bd. 2, 3. Aufl., Berlin 1958, S. 557.

[24] Insgesamt gesehen, ist die Befestigung der Siegel an dieser Urkunde einer genaueren Betrachtung wert. So wäre beispielsweise zu erwägen, ob die „gestürzte" Anbringung auf den bereits erfolgten Tod des Siegelinhabers hinweisen soll oder ob es sich um ein reines Versehen handelt. Und wie sind die beidseits der Pressel des mittleren Siegels vorhandenen Löcher zu erklären, die doch zunächst eine Siegelbefestigung mittels Schnur und nicht mit Pressel vermuten lassen?

[25] Über die Änderung von Namen auf Typaren siehe Bresslau (wie Anm. 23), S. 556. Siehe auch Posse (wie Anm. 8), S. 5, 43 u. 142 (Karl IV. u. Wenzel).

[26] Siehe Kittel (wie Anm. 1), S. 147-149.

[27] Siehe KU Ebersberg 750 (1477 Januar 22, Abt Sebastian), 855 (1483 April 26, Abt Sebastian); KU Altenhohenau 436 (1482 Juni 3, Abt Sebastian).

[28] Siehe KU Ebersberg 578 (1468 Oktober 10, Abt Eckhard), 589 (1470 Juni 23, Abt Eckhard), 769 (1477 November 27, Abt Sebastian), 771 (1477 Dezember 6, Abt Sebastian), 808 (1480 Januar 25, Abt Sebastian); KU Altenhohenau 443 (1487 Januar 20, Abt Sebastian).

[29] Siehe KU Asbach 283 (1476 Dezember 30).

[30] Siehe KU Au am Inn 187 (1488 Dezember 31).

[31] Siehe KU Frauenchiemsee 881 (1498 Februar 14).

[32] Siehe KU Niederaltaich 1013 (1485 Februar 1).

[33] Siehe KU Ebersberg 783 (1487 Juli 20).

[34] Siehe KU Ebersberg 892 (1485 Dezember 8).

[35] Siehe Ewald, Wilhelm: Siegelkunde, (Handbuch der mittleren und neueren Geschichte, Abt. IV), Berlin 1914, Tafel 39, Nr. 10 zu 1267 u. Kittel (wie Anm. 1), S. 195 u. 410-411.

[36] Siehe Katalog, Nr. I, 9b, 10b, 11-15 u. 16a.

[37] Siehe Albrecht, Dieter: Staat und Politik 1314-1745. V. Das konfessionelle Zeitalter. Zweiter Teil: Die Herzöge Wilhelm V. und Maximilian I., in: Spindler, Max (Hg.): Handbuch der bayerischen Geschichte, 2. Bd., Das alte Bayern. Der Territorialstaat vom Ausgang des 12. Jahrhunderts bis zum Ausgang des 18. Jahrhunderts, 2., überarb. Aufl., München 1988 (1969), S. 393-457, S. 395 u. Ders.: Die innere Entwicklung bis 1745: Staat, Gesellschaft, Kirche, Wirtschaft. IV. Die kirchlich-religiöse Entwicklung. Zweiter Teil: 1500-1745, in: ebd., S. 702-735, S. 721-722. Zu Ebersbergs Quellen zur Geschichte während der Jesuitenzeit siehe Hufnagel, Max Joseph: Quellen zur Geschichte der bayerischen Jesuiten im Staatsarchiv München, in: Archive. Geschichte – Bestände – Technik. Festgabe für Bernhard Zittel, hg. v. d. Generaldirektion der Staatlichen Archive Bayerns, (Mitteilungen für die Archivpflege in Bayern, Sonderheft 8), München 1972, S. 55-72. Die dort vorgestellten Bestände befinden sich heute weitgehend im Bayerischen Hauptstaatsarchiv.

[38] Siehe KU Ebersberg 2558/1.

[39] Siehe KU Ebersberg 2559 c u. KU Ebersberg 2560/1-3.

[40] Siehe KU Ebersberg 2559 u. KU Ebersberg 2559a.

[41] Siehe KU Ebersberg 2559d sowie KU Ebersberg 2559e u. f.

[42] Siehe Kittel (wie Anm. 1), S. 416 u. Ewald (wie Anm. 35), S. 220.

[43] Siehe Kittel (wie Anm. 1), S. 414.

[44] Siehe KU Benediktbeuern 95.

[45] Siehe KU Ebersberg 12.

[46] Jahreszahlen sind auf den Siegellegenden vor dem 15. Jahrhundert nicht nachgewiesen. Siehe Kittel (wie Anm. 1), S. 203. Auf dem Ebersberger Abtsekret erscheinen sie seit 1446 (I, 9b).

[47] Siehe KU Ebersberg 1982.

[48] Die Stempel sind nicht mehr erhalten; sie kamen nicht, wie dies bei vielen in der Säkularisation aufgehobenen Klöstern der Fall war, als Museumsstücke in die kurfürstlichen bzw. königlichen Archive, sondern wurden vermutlich eingeschmolzen. Siehe Glasschröder, Franz Xaver: Originalsiegelstöcke ehem. Bayerischer Klöster und Kollegiatstifte in K. b. allgemeinen Reichsarchiv, in: Archivalische Zeitschrift NF 20 (1914), S. 157-210 u. ebd. 3. F 1 (1915), S. 103-187.

[49] Das Siegel des Kollegs München trägt um das Jesus-Monogramm die Umschrift „RECT(or) : COLLEGY · MONACHENSIS · SOC(ietatis) · IESV". Siehe z.B. GL Fasz. 3655, Nr. 5, Abdruck von 1694.

[50] Das hochovale (2,1 cm x 1,5 cm) Sekretsiegel des Lehenpropstamtes Ebersberg weist dagegen nur die üblichen Symbole der Societas Jesu auf: Kreuz, IHS-Monogramm und drei Nägel (Abdrucke unter Papierdecke von 1770 in GR Fasz. 744, Nr. 103 u. 104).

[51] Siehe außer den genannten Arbeiten von Kittel (wie Anm. 1) u. Ewald (wie Anm. 35) auch Heim, Bruno: Wappenbrauch und Wappenrecht in der Kirche, Olten 1947, S. 29 u. 33.

[52] Siehe Volkert II (wie Anm. 23).

[53] Den stehenden Eber übernahm 1955 der Landkreis Ebersberg, den klimmenden im 19. Jahrhundert der Markt Ebersberg in sein Wappen. Siehe Stadler, Klemens: Deutsche Wappen, Bd. 1, Bremen 1964, S. 29 u. Bd. 4, Bremen 1965, S. 43.

[54] Dies dürfte auch bei dem nur in einem beschädigten Exempar überlieferten Siegel Abt Meinhards (1343-1354) der Fall gewesen sein; das untere Drittel, wo das Wappen zu vermuten ist, fehlt (I, 5).

[55] Siehe Arndt (wie Anm. 15), S. 16.

[56] Zu der 1529 ausgestorbene Familie siehe Kneschke, Ernst H.: Neues allgemeines deutsches Adels-Lexikon, Bd. 4, Leipzig 1863, S. 395 u. Siebmacher, Johann: Großes und allgemeines Wappenbuch. Niederösterreichischer Adel, Bd. 1, Nürnberg 1909, S. 194-195, Tafel 92. Hier wird ein aufspringender Panther als Wappentier angegeben, während anderwärts (z.B. Hupp-Kartei, Bd. 134) das Wappentier als Löwe angesprochen wird.

⁵⁷ Zur Familie siehe Lieberich, Heinz: Die bayerischen Landstände 1313/40-1807, (Materialien zur Bayerischen Landesgeschichte 7), München 1990, S. 69; zum Wappen: Hupp-Kartei, Bd. 52. Der Abtkatalog rechnet Simon zur Familie Kastner. Siehe Arndt, S. 15-16. Die Kastner, ebenfalls bayerische Landstände, führten jedoch ein anderes Wappen (Schrägbalken). Siehe Lieberich (wie Anm. 57), S. 61. Eine genauere biographische Untersuchung der Abtreihe von Ebersberg im 15. Jahrhundert wird hier Klarheit bringen.

⁵⁸ Belege für die bayerischen Klosterwappen bei Zimmermann (wie Anm. 10).

⁵⁹ Siehe Volkert II (wie Anm. 23), S. 7.

⁶⁰ Siehe Guggetzer / Schnell (wie Anm. 12), S. 3 u. 8 sowie Krammer (wie Anm. 12), S. 11-12.

⁶¹ Siehe die in der Hupp-Kartei, Bd. 253, gesammelten Belege.

⁶² Siehe Siebmacher, Johann: Großes und allgemeines Wappenbuch. Ausgestorbener bayerischer Adel, Bd. 1, Nürnberg 1884, S. 97, Tafel 95.

⁶³ Siehe Trenner (wie Anm. 12), S. 204; Guggetzer / Schnell (wie Anm. 12), S. 13 u. Krammer (wie Anm. 12), S. 9. Die moderne farbige Fassung (schwarzer Eber in Rot auf grünem Dreiberg) ist wenig schön. Ob die für das Klosterwappen angenommene Farbgebung „in Gold schwarzer Eber auf grünem Dreiberg" (Hemmerle [wie Anm. 12], S. 82) von der durch die Züricher Wappenrolle schon für die erste Hälfte des 14. Jahrhunderts nachgewiesenen farbigen Fassung des entsprechenden Wappens der schwäbischen Herren von Ebersberg (Kreis Ravensburg) abgeleitet wurde, sei dahingestellt. Siehe zu dieser Familie Alberti, Otto von: Württembergisches Adels- und Wappenbuch, Bd. 1, Stuttgart 1889-1898, S. 144 u. Merz-Hegi,: Die Wappenrolle von Zürich, Zürich – Leipzig 1930, S. 48, Tafel VI, Nr. 96.

⁶⁴ Siehe Bibliotheca Sanctorum, Bd. 11, Rom 1968, S. 775-801; Doyé, Franz: Heilige und Selige der römisch-katholischen Kirche, Bd. 2, Leipzig 1929, S. 296 u. Künstle, Karl: Ikonographie der Heiligen, Freiburg i. Br. 1926, S. 524-526. Siehe auch Lexikon für Theologie und Kirche, Bd. 9, 2. Aufl., Freiburg im Breisgau 1964, S. 557 u. Braunfels, Wolfgang (Hg.): Lexikon der christlichen Ikonographie, Bd. 8, Rom – Freiburg – u.a. 1990, S. 318-324.

⁶⁵ Siehe Braun, Joseph: Tracht und Attribute der Heiligen in der deutschen Kunst, Nachdruck, Stuttgart 1964 (1943), S. 642-649 u. Vogt, A.M.: Grünewalds Sebastiantafel und das Sebastiansthema in der Renaissance, in: Zeitschrift für Schweizerische Archäologie und Kunstgeschichte 18 (1958), S. 172-174.

⁶⁶ Siehe KU Rott am Inn 44.

⁶⁷ Metallabgusssammlung, Chiemsee. Siehe Schnell/Schalthauser (wie Anm. 15), S. 285, Nr. 786.

⁶⁸ Siehe Kunstdenkmäler von Bayern, Niederbayern 2, Bezirksamt Landshut, München 1914, S. 140.

⁶⁹ Siehe Kunstdenkmäler von Bayern, Niederbayern 10, Pfarrkirchen, München 1923, Tafel IX.

⁷⁰ Siehe Kunstdenkmäler von Bayern, Niederbayern 17, Deggendorf, München 1927, S. 298, im Text als St. Vitus bezeichnet.

⁷¹ Siehe Kunstdenkmäler von Bayern, Niederbayern 8, Eggenfelden, München 1923, S, 87.

⁷² Siehe Lackabdrucksammlung, Chiemsee.

⁷³ Siehe Guggetzer / Schnell (wie Anm. 12), S. 11 u. Krammer (wie Anm. 12), S. 12. Eine ähnliche Martyriumsdarstellung, die mit „Bayerisch, um 1410-1420" datiert wird, enthält ein über das Kloster St. Zeno in Reichenhall überlieferter Einblattholzschnitt. Siehe Wegner, Wolfgang (Red.): Fünf Jahrhunderte europäische Graphik, Ausstellungskatalog, München 1965/66, S. 5, Nr. 3, Abb. S. 8.

⁷⁴ Siehe Guggetzer / Schnell (wie Anm. 12), S. 3.

⁷⁵ Siehe: Hans Holbein d. Ä. und die Kunst der Spätgotik in Augsburg, Ausstellungskatalog, Augsburg 1965, S. 203-204, Nr. 276; vgl. auch S. 101, Nr. 64.

⁷⁶ Siehe Heiden, Rüdiger an der (Hg.): Albrecht Dürer 1471-1971, Ausstellungskatalog, Nürnberg 1971, S. 110, Nr. 189 u. Hütt, Wolfgang (Hg.): Albrecht Dürer 1471-1528. Das gesamte graphische Werk. 1. Handzeichnungen, München 1971, S. 175.

⁷⁷ Siehe : Alte Pinakothek München, Katalog II, München 1963, S. 102-104, Abb. 248.

⁷⁸ Siehe Wutzel, Otto (Hg.): Die Kunst der Donauschule 1490-1540, Ausstellungskatalog, Linz – St. Florian 1965, S. 50, Nr. 65, Abb. 9, S. 43, Nr. 44.

⁷⁹ Siehe ebd., S. 263, Nr. 616, Abb. 46.

⁸⁰ Siehe Kunstdenkmäler von Bayern, Niederbayern 14, Vilshofen, München 1926, Tafel XI.

⁸¹ Siehe Lackabdrucksammlung, Chiemsee. Hierzu auch Zimmermann (wie Anm. 10), S. 89.

⁸² Zur kunstgeschichtlichen Bedeutung der Siegel siehe Stadler, Klemens: Das Siegel als Geschichtsquelle und Kunstdenkmal, in: Mitteilungen für die Archivpflege in Bayern, Sonderheft 1 (1958), S. 7-12, Tafel I-III; für Nürnberg: Kohlhaussen, Heinrich: Nürnberger Goldschmiedekunst des Mittelalters und der Dürerzeit (1240-1540), Berlin 1968, berücksichtigt ausführlich die Tätigkeit der Goldschmiede als Siegelstecher; für Ober- und Niederrhein: Kahsnitz, Rainer: Typare und Wachssiegel im Rheinischen Landesmuseum Bonn, (Führer des Rheinischen Landesmuseums in Bonn 26), Düsseldorf 1970; Ders.: Spätgotische Siegel am Nieder- und Oberrhein, in Archivalische Zeitschrift 67 (1971), S. 133-150; Ders.: Siegel als Zeugnisse der Frömmigkeitsgeschichte, in: Arnold, Udo/Bott, Gerhard (Hg.): 800 Jahre Deutscher Orden, Ausstellungskatalog, Gütersloh – München 1990, S. 368-405 sowie im Allgemeinen: Kittel (wie Anm. 1), S. 197-198 u. 477 (mit weiterer Literatur).

Abbildungsnachweis
Bayerisches Hauptstaatsarchiv, München: Abb. 1-14.

12

Bernhard Schäfer

Ludwig der Bayer und das Kloster Ebersberg

Ludwig der Bayer gilt in der historischen Forschung gemeinhin als großzügiger Förderer der bayerischen Klöster. Die wohlwollende Politik des ersten Wittelsbachers auf dem Thron der römischen Könige und Kaiser gegenüber den Klöstern und allgemein gegenüber der Kirche in Bayern sei dabei zwar – so der Grundtenor der Historiographen – durchaus in seine gesamte Kirchenpolitik eingebettet gewesen und mithin auch vom Kampf gegen die Kurie und von den kirchen-politischen Geschehnissen im Reich beeinflusst worden, doch habe ihr in erster Linie eine territorialpolitische Intention zu Grunde gelegen, die auf eine Stärkung und einen Ausbau der landesherrlichen sowie dynastischen Machtposition ausgerichtet gewesen sei. Als zentrales Unternehmen der Kirchenpolitik Ludwigs in Bayern erscheine in diesem Zusammenhang die Vereinheitlichung der jurisdiktionellen Kompetenzen der oberbayerischen Klöster und die Neuordnung des Verhältnisses, in dem diese hierbei zum Herzogtum standen.[1] (Abb. 1)

Ausgehend von dieser Charakterisierung der Klosterpolitik Ludwigs in Bayern soll nachstehend an Hand der urkundlichen Überlieferung die Beziehung des Herrschers zum Kloster Ebersberg näher untersucht werden. Um den für die Einordnung der Darlegungen notwendigen Hintergrund zu schaffen, wird dabei den Ausführungen zu Inhalt und Bedeutung der überlieferten Ludwigsurkunden für das Kloster Ebersberg ein knapper Abriss des Lebensweges Ludwigs des Bayern vorangestellt. Am Ende des Beitrages steht dann die Frage zur Beantwortung, inwieweit die allgemeine Bewertung der bayerischen Klosterpolitik des Wittelsbachers im konkreten Falle Ebersbergs ihre Bestätigung findet.

Abb. 1: Stifterrelief Ludwigs des Bayern und seiner Gemahlin Margarete aus der ehemaligen Lorenzkirche zu München.

Der Lebensweg Ludwigs des Bayern – eine Skizze

Ludwig IV., der Bayer, wurde wohl um die Jahreswende 1281/82 in München geboren. Seine Eltern waren Herzog Ludwig II. (der Strenge) von Oberbayern und Mechthild von Habsburg, eine Tochter König Rudolfs I. von Habsburg. Nach dem Tod seines Vaters 1294 wurde er von seiner Mutter an den Habsburger Hof nach Wien geschickt, wo er gemeinsam mit den Söhnen seines Onkels Albrecht von Österreich standesgemäß erzogen werden sollte. Unterdessen trat sein älterer Bruder, der 1274 geborene Herzog Rudolf I., die Herrschaft über das väterliche Erbe an. Nach seiner Rückkehr nach Bayern musste sich Ludwig die Beteiligung an der Regierung der oberbayerisch-pfälzischen Stammlande in heftiger Auseinandersetzung mit seinem Bruder Rudolf geradezu erkämpfen. Die geschwisterlichen Differenzen blieben auch noch bestehen, nachdem König Albrecht I. dem jüngeren Bruder 1301 zur Mitregierung im Herzogtum verholfen hatte. 1310 kam es sogar zur Teilung der Herrschaft. Diese hielt bis zum Sommer 1313 an, als es wegen der Vormundschaft über die noch unmündigen Kinder der Herzöge Stephan I. († 1309) und Otto III. († 1312) von Niederbayern zu einer vorübergehenden Annäherung zwischen den Brüdern kam. Obwohl Ludwig das Sorgerecht übertragen worden war, begaben sich die beiden niederbayerischen Herzoginwitwen nämlich unter den Schutz der verwandten Habsburger, die hieraus wiederum einen Anspruch auf die Regentschaft in Niederbayern ableiteten. Der Krieg, der daraufhin um die Vormundschaftsfrage ausbrach und in dem sich Ludwig und sein einstiger Wiener Spielkamerad Friedrich der Schöne von Habsburg gegenüberstanden, wurde am 9. November 1313 in der Schlacht bei Gammelsdorf zu Gunsten des Wittelsbachers entschieden, der sich damit die Regentschaft in Niederbayern sicherte.

Der Erfolg Ludwigs des Bayern veranlasste die luxemburgische Partei im Reich, diesen bei der Königswahl, die nach dem Tod Kaiser Heinrichs VII. notwendig geworden war, als Kandidaten gegen das Haus Habsburg zu unterstützen. Das Resultat war die Doppelwahl vom Oktober 1314. Während Ludwig, von der Mehrheit der Kurfürsten gewählt, am 27. November des Jahres in Aachen die Königswürde empfing, wurde sein Konkurrent, Friedrich der Schöne von Österreich, von einer fürstlichen Minderheit auserkoren, am selben Tag in Bonn zum König gekrönt. Der durch diese Doppelbesetzung ausgelöste Thronkampf zog sich über nahezu acht Jahre hin und konnte von Ludwig erst am 28. September 1322 in der Schlacht bei Mühldorf, in der die habsburgischen Truppen vernichtend geschlagen wurden, zu seinen Gunsten entschieden werden. (Abb. 2) Der unterlegene Thronprätendent wurde gefangen genommen und in der Folge bis zum Frühjahr 1325 auf der oberpfälzischen Burg Trausnitz in Haft gehalten.

Nach seinem Sieg bemühte sich Ludwig der Bayer von Papst Johann XXII., der in den zurückliegenden Jahren

Abb. 2: Ludwig der Bayer als siegreicher Feldherr nach der Schlacht bei Mühldorf im Jahre 1322. Darstellung im Freskenzyklus des Münchner Hofgartens.

des Thronstreits eine neutrale Haltung eingenommen hatte, die Anerkennung als römischer König zu erlangen. Dieser dachte indes nicht daran, den Wittelsbacher die Approbation zu erteilen, weil er nicht gewillt war, sich seine Handlungsfreiheit auf italienischem Boden nehmen zu lassen, die er unter Berufung auf das päpstliche Reichsvikariat für Italien bislang dazu genutzt hatte, die dortige kuriale Position auszubauen. Um die Fortdauer der für ihn günstigen ungeklärten Situation im Reich zu erreichen, bot er Ludwig lediglich an, zwischen ihm und den Habsburgern zu vermitteln. Dieser nahm daraufhin in seinem weiteren politischen Vorgehen eine deutlich antipäpstliche Haltung ein und griff vor allem die traditionelle Italienpolitik der römisch-deutschen Könige wieder auf. Papst Johann XXII., der sich dadurch in seinen Zuständigkeiten beschnitten sah, eröffnete hierauf am 8. Oktober 1323 ein juristisches Verfahren gegen Ludwig, in dem diesem vor allem das angeblich widerrechtliche Führen des königlichen Titels, die Ausübung der Reichsregierung ohne vorherige päpstliche Approbation und der Umgang mit Ketzern vorgeworfen wurden.

Die Antwort Ludwigs des Bayern auf die kurialen Vorwürfe ließ nicht lange auf sich warten. Sie erfolgte in Form zweier Appellationen, namentlich der „Nürnberger Appellation" vom 18. Dezember 1323 und der „Frankfurter Appellation" vom 7. Januar 1324, in denen der Wittelsbacher dem päpstlichen Gericht die Zuständigkeit in den fraglichen Punkten absprach und ihm zudem Befangenheit vorhielt. Von den Berufungen unberührt, verhängte Johann XXII. am 23. März 1324 wegen Missachtung der Kurie über den König den Kirchenbann und verband diese Sanktion mit der Drohung der Aberkennung aller auf Grund der Königswahl erworbenen Rechte und Ansprüche. Diesen päpstlichen Angriff konterte Ludwig seinerseits wiederum mit der sogenannten Sachsenhäuser Appellation vom 24. Mai 1324, in der die Rechtgläubigkeit des Papstes in Zweifel gezogen und infolgedessen, wie schon in den beiden vorangegangenen Appellationen, der Gedanke der Einberufung eines Konzils entwickelt wurde. Doch auch auf die dritte königliche Berufung ging man in Avignon nicht ein; vielmehr sprach Johann XXII. jetzt dem gebannten König am 11. Juli 1324 alle aus der Königswahl resultierenden Rechte im Reich ab.

Im Anbetracht der offenbar unverrückbaren Frontstellung zwischen Papsttum und Königtum bemühte sich Ludwig der Bayer nunmehr um eine Aussöhnung mit dem Haus Habsburg; ein Bemühen, das in den „Münchner Vertrag" vom 5. September 1325 mündete. In diesem Kontrakt erkannte Ludwig seinen vormaligen Kontrahenten Friedrich den Schönen als seinen Mitregenten an und sicherte den Habsburgern darüber hinaus den ungeschmälerten Besitz aller ihrer während des Thronkampfes gemachten Erwerbungen zu. Nur vier Monate später, am 7. Januar 1326, erklärte sich der Wittelsbacher im „Ulmer Vertrag" sogar zum Verzicht auf die königliche Würde bereit, falls die Kurie den Habsburger als rechtmäßigen Herrscher im Reich anerkennen würde. Ein solches Versprechen konnte Ludwig bedenkenlos abgeben, da ihm wohl klar war, dass der auf Erhalt der päpstlichen Macht in Italien bedachte Johann XXII. auf einen derartigen Vorschlag nicht bereit sein würde, einzugehen.

Die Verständigung mit den Habsburgern eröffnete Ludwig dem Bayern schließlich die Möglichkeit des persönlichen Eingreifens auf dem italienischen Schauplatz. Nachdem die Verbindungslinien nach dem Norden durch Absprachen gesichert waren und die Zusammenarbeit mit den antikurialen Kräften südlich der Alpen intensiviert war, brach Ludwig 1327 zum Italienzug auf. Am 17. Januar 1328 empfing er in Rom die Kaiserkrone, und zwar – in bewusster Negierung des althergebrachten päpstlichen Krönungsanspruches – aus den Händen eines Vertreters des römischen Volkes. (Abb. 3) Drei Monate später, am 18. April, wurde Johann XXII. auf den Stufen von Sankt Peter für abgesetzt erklärt und am 12. Mai des Jahres der Minorit Petrus von Corvaro durch das römische Volk und den örtlichen Klerus als Nikolaus V. zu seinem Nachfolger erwählt.

Wenn auch Ludwig der Bayer mit der Absetzung Papst Johanns XXII. sein Ziel nicht erreichte, dass dieser end-

Abb. 3: Kaiserkrönung Ludwigs des Bayern in Rom im Jahre 1328. Darstellung im Freskenzyklus des Münchner Hofgartens.

lich ein Generalkonzil einberief, sondern seinen langjährigen Gegner damit lediglich dazu veranlasste, ihm das Herzogtum Bayern und alle anderen Rechte und Würden abzuerkennen sowie ihn als notorischen Ketzer zu verurteilen, so wurde sein vom päpstlichen Zugriff gelöstes Kaisertum nach seiner Rückkehr aus Italien im Jahre 1330 doch allgemein respektiert. In aller Deutlichkeit zeigte sich dies, als nach dem Tod Johanns XXII. 1334 und einer kurzen Phase der Beruhigung, die in den ersten Regierungsjahren des neuen avignonesischen Pontifizes Benedikt XII. eintrat, der Konflikt zwischen Kaiser und Papst – nicht zuletzt angestachelt durch den französischen Königshof – in alter Schärfe wieder ausbrach. Die Kurfürsten, Bischöfe, Domkapitel, Städte und der niedere Adel des Reiches stellten sich nunmehr 1338/39 in einer Abfolge von Versammlungen, Synoden, Stände- und Reichstagen demonstrativ auf die Seite des Wittelsbachers. Doch selbst das unter dem 16. Juli 1338 abgefasste „Rhenser kurfürstliche Weistum", das betonte, dass bei der Königswahl im römisch-deutschen Reich das Mehrheitsrecht der Fürsten gelte und der Gewählte keiner Approbation durch den Papst bedürfe, führte zu keiner Klärung der verfahrenen Situation.
Die Lage verschärfte sich vielmehr dadurch, dass nun die Luxemburger immer unverhohlener Thronansprüche anmeldeten. Hatte es Ludwig der Bayer nach dem Tod Friedrichs des Schönen noch verstanden, durch den mit dessen Brüdern am 6. August 1330 ausgehandelten Vertrag von Hagenau ein Wiederaufleben des alten Thronstreits zu unterbinden, so schien jetzt ein neuer Kampf um die Herrschaft im Reich unausweichlich. Vorausgegangen waren dieser brisanten Entwicklung zwei hausmachtpolitische Maßnahmen des Wittelsbachers, die dessen beharrlich verfolgtem territorialpolitischem Konzept entsprungen waren, das auf eine Konsolidierung der Position der eigenen Familie und einen konsequenten Ausbau des eigenen Landes abzielte, letztlich aber auch eine Stärkung der eigenen Stellung im Reich zeitigen sollte: Zum einen war es Ludwig 1340/41 gelungen, nach dem Aussterben der mit dem Haus Luxemburg verwandtschaftlich verbundenen niederbayerischen Herzogslinie die Wiedervereinigung der bayerischen Lande unter seiner Regierung zu bewerkstelligen, zum anderen hatte er 1342 auf dem Wege der Heiratspolitik die Grafschaft Tirol, die bis dahin in luxemburgischen Händen gewesen war, an sein Haus gebracht.
Speziell das fragwürdige Vorgehen Ludwigs des Bayern in der Tiroler Angelegenheit lieferte den verdrängten Luxemburgern nun eine hinreichende Argumentationsgrundlage, um im Reich über den Kaiser Klage führen und sich selbst in Position bringen zu können. Entscheidend unterstützt wurden sie in ihrem anti-wittelsbachischen Propagandafeldzug vom eben erst auf den Stuhl Petri erhobenen Papst Clemens VI., der die Kurfürsten 1343 aufforderte, einen neuen König zu wählen. Tatsächlich fand dann nach längeren ergebnislosen Verhandlungen zwischen den gegnerischen Parteien am 11. Juli 1346 eine Neuwahl statt, bei der der aus dem Hause Luxemburg stammende Markgraf Karl von Mähren zum Gegenkönig gewählt wurde. Der sich aus dieser Situation entspinnende Krieg blieb ohne Entscheidung im Waffengang, da der unerwartete Tod Ludwigs des Bayern am 11. Oktober 1347 auf der Bärenjagd in der Nähe des Klosters Fürstenfeld einer unumgänglichen Entscheidungsschlacht zuvorkam.[2]

Die Ludwigsurkunden für das Kloster Ebersberg – ihr Inhalt und ihre Bedeutung

Für das Kloster Ebersberg sind 16 Urkunden Ludwigs des Bayern überliefert. Von diesem Bestand haben sich neun im Original erhalten, drei liegen in Abschriften vor und vier ließen sich erschließen. Alle Urkunden sollen nun nachstehend in chronologischer Abfolge in ihrem Inhalt vorgestellt und in ihrer Bedeutung beurteilt werden, so dass alsdann eine abschließende Bewertung des Verhältnisses Ludwigs des Bayern zum Kloster Ebersberg vorgenommen werden kann.

München, 6. Juli 1314
Am Samstag nach Sankt-Ulrich-Tag des Jahres 1314 bestätigten die Herzöge Rudolf I. und Ludwig IV. von Oberbayern für sich und als Vormünder ihrer drei noch minderjährigen Vettern, der niederbayerischen Herzöge

Abb. 4: Ludwig der Bayer und sein Bruder Rudolf bestätigen dem Kloster Ebersberg 1314 die Niedergerichtsrechte über dessen niederbayerischen Besitzungen.

Heinrich XIV., Otto IV. und Heinrich XV., dem Abt Otto und dem Konvent des im Oberland gelegenen Klosters Ebersberg für dessen niederbayerische Besitzungen („infra terminos dominii, districtus et territorii terrarum predicttorium patruorum nostrorum") die Freiheit des Gerichts und der Gerichtsbarkeit mit Ausnahme der drei die Todesstrafe nach sich ziehenden Delikte (Diebstahl, Notzucht, Totschlag; „tribus casibus dumtaxat exceptis, quod iudicium sangwinis et mortem hominum sapere dinoscuntur"), die von diesen durch die Entrichtung der Steuer („per sollitionem stivre"), um die einst die Herzöge Otto III. und Stephan I. gebeten hätten, rechtmäßig erworben und gekauft worden seien („juste seu legaliter comperauerint et emerint").³ (Abb. 4)

Das Kloster Ebersberg verfügte im Herzogtum Niederbayern über nicht unbedeutende Besitzungen. Diese konzentrierten sich in den Landgerichten Erding und Rottenburg und gingen größtenteils noch auf seine Fundationsausstattung durch die Ebersberger Grafenfamilie zurück.⁴ Als das niederbayerische Herzogshaus zu Beginn des 14. Jahrhunderts in eine schwere Finanzmisere geriet und Herzog Otto III. gegen die Bewilligung einer Notsteuer den adeligen und geistlichen Grundherren seines Landes in der „Ottonischen Handfeste" von 1311 für deren grund- und vogtherrlichen Einflussbereich die niedere respektive hofmärkische Gerichtsbarkeit zugestand und damit erstmals eine klare Grenzziehung zwischen der Jurisdiktionsgewalt der Landgerichte und derjenigen des Adels und der Geistlichkeit vornahm,⁵ nützte auch das Kloster Ebersberg die sich bietende Gelegenheit und erwarb die Einnahmen verheißende und die eigene Machtposition sichernde Niedergerichtsbarkeit über ihre niederbayerischen Grundholden. Den so erlangten Rechtstitel ließ sich die Benediktinerabtei dann 1314 von den Herzögen Rudolf I. und Ludwig IV. bestätigen, nachdem Letzterer den niederbayerischen Vormundschaftskampf erfolgreich für sich entschieden und mithin den Fortbestand seiner Regentschaft in Niederbayern gesichert hatte. Dem Bemühen um die herzogliche Rückversicherung dürften dabei, wie die nachstehend behandelte Urkunde, die am selben Tag wie das eben besprochene Dokument ausgestellt wurde, zeigt, ganz konkrete Motive zu Grunde gelegen haben.

München, 6. Juli 1314

Am Samstag nach Sankt-Ulrich-Tag des Jahres 1314 befahlen die Herzöge Rudolf I. und Ludwig IV. von Oberbayern, auch in ihrer Funktion als Vormünder der niederbayerischen Herzöge Heinrich XIV., Otto IV. und Heinrich XV., auf die Klagen des Abtes und des Konvents des Klosters Ebersberg hin, dem Richter und den Bürgern zu Erding, die sich die in der Nähe der Stadt liegenden, der Benediktinerabtei gehörigen Gärten und Äcker als Stift- und Zinsgüter angeeignet hätten, wodurch auch ihr eigenes Vogtrecht („ius advocaticium") beeinträchtigt worden sei, dies in Zukunft zu unterlassen. Ferner sollten alle Bürger, die solche Güter inne hätten, alljährlich auf Aufforderung des Abtes zur Besprechung der Pflichten und Rechte der Hintersassen in das „Pawtaedinch" kommen. Des Weiteren wiesen die Herzöge die Erdinger Bürger an, flüchtige Eigenleute („servi fugitivi") des Klosters nicht mehr als Mitbürger („concives") aufzunehmen und bereits aufgenommene der Abtei wieder zurückzugeben, insbesondere einen gewissen Heinrich von Grub, der durch die Aufgabe („recessus") der von ihm bislang betreuten klösterlichen Liegenschaften die Verödung von sechs Huben, deren Vogtrecht ihnen, den Herzögen, zustehe („sex hube quorum ius advocaticium nobis pertinet"), verursacht habe.⁶

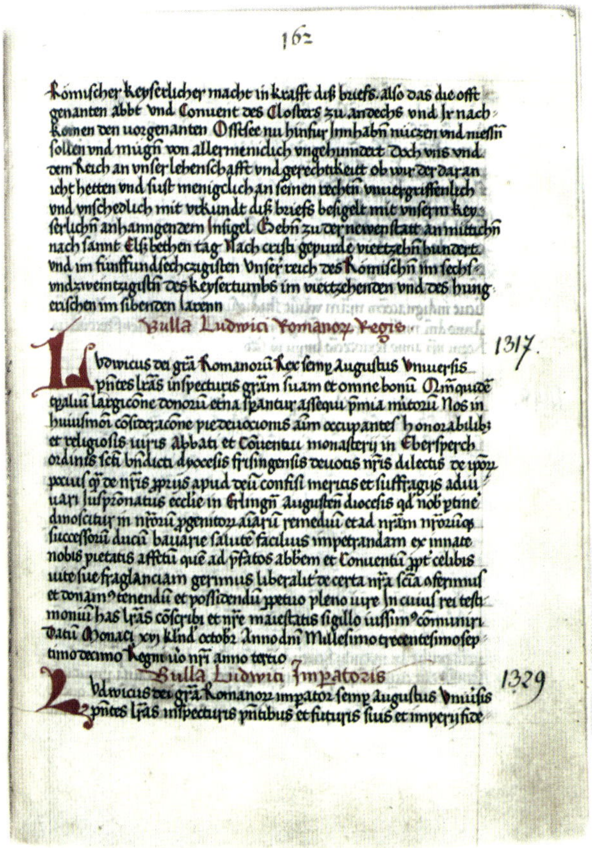

Das Kloster Ebersberg hatte offensichtlich um das Jahr 1314 Schwierigkeiten, die Rechte an seinen im Landgericht Erding gelegenen Besitzungen zu wahren. Da die Wittelsbacher seit dem 12. Jahrhundert die Vogtei über die Benediktinerabtei besaßen,⁷ war es von Abt und Konvent nur konsequent, sich in dieser Situation an Ludwig den Bayern und dessen Bruder zu wenden. Von dieser Seite war nicht zuletzt auch deshalb Abhilfe zu erwarten, als durch die Erdinger Vorgänge auch das in der

Abb. 5: Ludwig der Bayer überträgt der Benediktinerabtei Ebersberg im Jahre 1317 das Patronatsrecht über die Pfarrkirche Sankt Vitus in Erling.

Urkunde dezidiert angesprochene herzogliche Vogtrecht, eine einträgliche Einnahmequelle, beeinträchtigt wurde. Schließlich war wohl auch das Verbot der Landflucht, die damals im Gefolge der Lockerung der grundherrschaftlichen Abhängigkeitsverhältnisse in verstärktem Maße einsetzte und bald schon so manches Kloster in seiner ökonomischen Existenz bedrohte, nicht frei von herzoglichem Eigeninteresse, denn der Landesherr musste ja an wirtschaftsfähigen und steuerkräftigen Klostergütern interessiert sein.[8]

München, 16. September 1317
Unter dem Datum des 16. September 1317 übertrug König Ludwig dem Abt und dem Konvent des Benediktinerklosters Ebersberg das Patronatsrecht über die („inspatronatus") in der Diözese Augsburg gelegene Kirche zu Erling, und zwar zu seinem, seiner Vorfahren und Nachfolger als Herzöge von Bayern Seelenheil.[9] (Abb. 5)

Das von Ludwig dem Bayern nach dem Rückzug seines Bruders von der Mitregierung (26.02.1317) der Benediktinerabtei Ebersberg verliehene Patronatsrecht über die Erlinger Pfarrkirche Sankt Vitus brachte dem Kloster neben dem Recht, den dortigen Pfarrer zu bestimmen, den Anspruch auf den vor Ort von den Gläubigen zu leistenden Pfarrzehnt ein.[10] Gemeinsam mit dem zwölf Jahre später verliehenen Vogtrecht über die Vituskirche in Erling (siehe unten) bildete das Patronatsrecht die Ausgangsbasis für den Eigentumsstreit, den das Kloster Ebersberg Ende des 14. Jahrhunderts mit den bayerischen Herzögen hinsichtlich des sogenannten Andechser Heiltumsschatzes führte, der 1388 in der nahe Erling gelegenen und damals offenbar vom Pfarrer der Vituskirche mitbetreuten Nikolauskapelle auf dem Berg zu Andechs gefunden wurde.[11]

Zwischen dem 14. Februar 1321 und 13. Februar 1325
Während oder nach Beendigung des Thronkampfes verpfändete König Ludwig Werner dem Schotten, seinem Bürger zu München, für den verstorbenen Hermann von Haltenberg auf vier Jahre die jährliche gewöhnliche Steuer des Benediktinerklosters Ebersberg von 80 Pfund Münchner Pfennigen.[12]

Werner der Schotte verfügte offensichtlich über einen Rechtstitel gegenüber Ludwig dem Bayern, den er beim Tod Hermanns von Haltenberg von diesem übernommen hatte. Um den Ansprüchen des Münchner Bürgers, die wohl – wie die nachstehend behandelte Urkunde zeigt – aus der Zeit des Thronkampfes herrührten, gerecht zu werden, überließ ihm Ludwig der Bayer auf vier Jahre die jährliche gewöhnliche Steuerleistung der Abtei Ebersberg, die sich auf 80 Pfund Münchner Pfennige belief.

München, 13. Februar 1325
Am Mittwoch vor Fastnacht 1325 bestimmte König Ludwig, dass Abt und Konvent der Benediktinerabtei Ebersberg ihre jährliche gewöhnliche Steuerleistung in Höhe von 80 Pfund Münchner Pfennigen, die er seinem Bürger zu München, Werner dem Schotten, für den verstorbenen Hermann von Haltenberg auf vier Jahre als Ersatz für Schaden und Brand, den seine Feinde, namentlich die Diener von Salzburg, verursacht hätten, verpfändet habe, „als die brief sagent, die er von vns darueber hat", nun mit der Zustimmung Werners des Schotten acht Jahre lang von Pfandbeginn an gerechnet mit einem jährlichen Betrag von 40 Pfund Münchner Pfennigen und aufgeteilt auf einen Herbst- und einen Maitermin zahlen sollten. Gleichzeitig versprach er dem Kloster, es nach Erfüllung des Pfandgeschäftes von der getroffenen Regelung zu befreien.[13]

Hermann von Haltenberg war allem Anschein nach im Verlauf der Auseinandersetzungen um den römischen Königsthron, in denen die Truppen des Salzburger Erzbischofes auf der Seite der Habsburger gekämpft hatten, ein größerer Schaden entstanden, für den Ludwig der Bayer die Verantwortung zu übernehmen sich bereit erklärt hatte. Die anstehende Entschädigungszahlung leistete der Wittelsbacher, indem er Werner dem Schotten, bei dem es sich wohl um den Rechtsnachfolger des inzwischen verstorbenen Geschädigten handelte, auf mehrere Jahre die herkömmliche Steuerleistung des Klosters Ebersberg überließ.

München, 15. August 1325
An Mariae Himmelfahrtstag 1325 teilte König Ludwig seinen Viztumen, Richtern und sonstigen Amtleuten mit, dass er dem Abt und dem Konvent des Klosters Ebersberg als Entschädigung für Kost und Logis, die diese auf sein Geheiß hin seinem Oheim Herzog Friedrich dem Schönen von Österreich und dessen Gesinde während deren Fahrt nach München und von dort zurück („auf vnd abe") gegeben hätten, von kommenden Weihnachten an auf die Dauer von vier Jahren die Leistung des Vogthafers und der Vogtlämmer erlassen habe, weswegen er ihnen gebiete, die genannten Abgaben in der gesetzten Zeit weder einzufordern noch gar mit Gewalt einzutreiben.[14] (Abb. 6)

Als sich Ludwig der Bayer 1325 um eine Aussöhnung mit den Habsburgern bemühte, ließ er den in der Burg Trausnitz festgesetzten Herzog Friedrich den Schönen

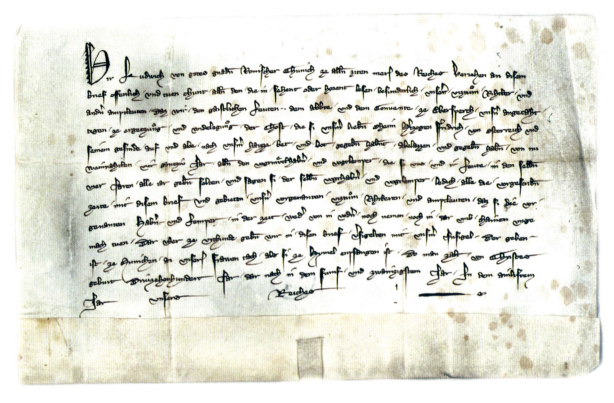

Abb. 6: Ludwig der Bayer erlässt dem Kloster Ebersberg 1325 auf vier Jahre die Leistung des Vogthafers und der Vogtlämmer.

zu Verhandlungen nach München kommen, die letztlich in den „Münchner Vertrag" vom 5. September 1325 mündeten. Während der An- und Rückreise des vormaligen Gegenkönigs gewährte das Kloster Ebersberg diesem Quartier, wofür sich der Wittelsbacher als Vogt der Abtei durch einen mehrjährigen Erlass der von den Ebersberger Benediktinern an ihn zu leistenden Abgaben erkenntlich zeigte.

Trient, 29. Dezember 1329

Während seines Italienaufenthaltes übertrug Kaiser Ludwig dem Abt und dem Konvent des Benediktinerklosters Ebersberg das Vogteirecht („ins advocatie") über die Pfarrkirche in Erling samt der damit verbundenen Leute und Einnahmen. Gleichzeitig untersagte er seinen Amtleuten, die Empfänger in dem diesen gewährten Recht zu beeinträchtigen.[15]

Nachdem Ludwig der Bayer der Benediktinerabtei Ebersberg bereits im Jahre 1317 das Patronatsrecht über die Erlinger Sankt Vituskirche übergeben hatte, war es nicht ohne innere Konsequenz, dem Kloster auch das Vogteirecht über das Gotteshaus zu überlassen. Wenn sich die Ebersberger Mönche nun in der Folge auch der mit den verliehenen Rechten verbundenen Einnahmen erfreuen konnten, so war mit den ihnen in dieser Form gewährten Wohltaten doch gleichwohl keine Übertragung des Eigentumsrechtes an der Pfarrkirche Sankt Vitus verbunden. Dieses verblieb vielmehr auch weiterhin beim Herzogshaus.[16]

München, 23. April 1330

Am Sankt-Georg-Tag des Jahres 1330 befreite Kaiser Ludwig um seines und seiner Vorfahren Seelenheil willen die Prälaten und Klöster zu Tegernsee, Benediktbeuern, Ebersberg, Seeon, Rott, Scheyern, Steingaden, Dießen, Schäftlarn, Vogtareuth, Wessobrunn, Rottenbuch, Dietramszell, Attel, Polling, Indersdorf, Bernried und Beyharting, die in seinem Viztumsamt Oberbayern lagen, sowie deren Leute und Güter von allen seinen, seiner Erben, Nachkommen, Viztume, Richter, Schergen und Amtleute Forderungen an Steuern, Abgaben und sonstigen Leistungen, und zwar wegen der großen Schäden, die sie in Kriegszeiten erlitten hätten und wegen der enormen materiellen Bedrückung, der sie ausgesetzt gewesen seien. Ferner befreite der Kaiser die genannten Gotteshäuser sowie deren Leute und Güter auch von seinem, seiner Erben und seiner Amtleute Gericht, es seien Eigen-, Lehen- oder Geldangelegenheiten, mit Ausnahme der drei todeswürdigen Delikte Diebstahl, Notzucht und Totschlag, die dem Landesherrn und seinen Beamten vorbehalten bleiben sollten. Des Weiteren bestimmte der Herrscher, dass die Prälaten in allen nicht die Todesstrafe nach sich ziehenden Fällen künftig selbst als Richter über ihre Leute und Güter auftreten sollten, und zwar so, wie es seine Amtleute bisher getan hätten und auch

Abb. 7: *Das große Gerichtsprivileg Ludwigs des Bayern für die oberbayerischen Klöster aus dem Jahre 1330.*

weiterhin in den Gerichten seines Landes tun würden. Schwerverbrecher, die den Tod verdient hätten, so fuhr Ludwig fort, seien von den Amtleuten der Prälaten auf Aufforderung hin seinen Landrichtern zu überantworten, wobei die Güter der Delinquenten den Klöstern verbleiben sollten. Schließlich untersagte der Wittelsbacher seinen seinerzeitigen und zukünftigen Viztumen, Richtern, Schergen und Amtleuten noch, die Empfänger der mit der Urkunde gewährten Gnade in deren diesbezüglichen Rechten zu beeinträchtigen, vorbehaltlich einer Mehrung oder Minderung der gegebenen Privilegierung durch ihn selbst.[17] (Abb. 7)

Das Benediktinerkloster Ebersberg wurde Anfang des 11. Jahrhunderts, nach neuesten Erkenntnissen im Jahre 1011,[18] als Reichsabtei gegründet. Der Bedeutung, die im damit verbundenen Status der Immunität, speziell im Recht der freien Abt- und Vogtwahl begründet lag, entsprechend, bemühten sich die Ebersberger Benediktiner in der Folgezeit um die Wahrung der Reichsunmittelbarkeit ihres Klosters. Im Laufe des 12. Jahrhunderts übernahmen die Wittelsbacher, die 1180 die bayerische Herzogswürde erlangten, die Vogtei über die Reichsabtei. Der Tatbestand, dass sich von dieser Zeit an das Amt des Vogtes in den Händen des Landesherrn befand, beeinträchtigte die reichsunmittelbare Stellung Ebersbergs zunächst nicht. Vielmehr bestätigte König Rudolf von Habsburg dem Kloster noch 1275 und 1277 die althergebrachten Privilegien und Regalien und mithin die Reichsunmittelbarkeit; ein in Urkunden niedergelegtes herrschaftliches Handeln, das im ersten Fall auch vom bayerischen Herzog bezeugt wurde.

Doch schon 1311/14 waren Abt und Konvent des Reichsklosters Ebersberg bereit, für die Bewilligung einer Steuer aus herzoglichen Händen die Niedergerichtsbarkeit über ihre niederbayerischen Besitzungen in Empfang zu nehmen. (siehe oben) Durch das Eingehen auf diesen Handel, der letztlich die der Abtei ursprünglich vom König verliehene weltliche Gerichtsbarkeit ad absurdum führte, gaben die Ebersberger Benediktiner zu erkennen, dass sie die Macht des Faktischen anerkannten und den über die Ausübung der Vogtei erfolgten Übergang des Rechtes, Jurisdiktionsgewalt zu verleihen, auf den Landesherrn akzeptierten. Der sich hier manifestierende schleichende Abstieg des Klosters Ebersberg zur Landsässigkeit hatte wohl schon um die Mitte des 13. Jahrhunderts eingesetzt, als mit dem Interregnum eine dramatische Schwächung der Reichsgewalt eintrat, die die bayerischen Herzöge geschickt zum Ausbau ihrer eigenen Machtpositionen zu nutzen wussten. Die sich hieraus ergebende machtpolitische Überlegenheit ermöglichte es den wittelsbachischen Herrschern schließlich, ihre Landesherrschaft nach und nach auch über die in ihrem Herzogtum gelegenen Reichsabteien auszudehnen. Mit seinem großen Gerichtsprivileg für die oberbayerischen Klöster brachte Ludwig der Bayer 1330 diese für Ebersberg nicht unbedeutende Entwicklung zum Abschluss. In seiner Eigenschaft als Reichsoberhaupt und Landesherr gestand er den bisherigen Reichsabteien Benediktbeuern, Ebersberg und Tegernsee dezidiert nur mehr all diejenigen Gerichtsrechte zu, die er auch den landsässigen Klöstern gewährte, wohingegen er die Hochgerichtsbarkeit der landesherrlichen Jurisdiktion vorbehielt. Die Herabstufung zur Landsässigkeit bedeutete für die Ebersberger Mönche zunächst keinen Nachteil. Solange sie sich nämlich in einem guten Einvernehmen mit dem Landesherrn befanden – wie dies unter Ludwig dem Bayern fraglos der Fall war –, konnten sie unbehelligt ihre einträgliche niedere Gerichtsbarkeit ausüben, die unangenehmen Blutgerichtsfälle von sich schieben und sich zudem des Schutzes durch den Herzog erfreuen. Problematisch musste es für sie aber dann werden, wenn sich das Verhältnis zum Landesherrn abkühlte oder gar negativ entwickelte, denn ein Rückzug auf den einstigen Status der Reichsunmittelbarkeit war nun nicht mehr möglich.[19]

München, 6. Februar 1335

Am Montag nach Lichtmess 1335 überließ Kaiser Ludwig Abt und Konvent des Klosters Ebersberg seinen

Weiher zu Altenburg samt uneingeschränktem Fischereirecht, das diese bis auf Widerruf durch ihn oder seine Erben innehaben sollten. Gleichzeitig gebot er seinen seinerzeitigen und zukünftigen Amtleuten, Viztumen und Richtern in seinem Land zu Bayern, dass sie die Empfänger in den diesen gegebenen Rechten nicht beeinträchtigen sollten.[20] (Abb. 8)

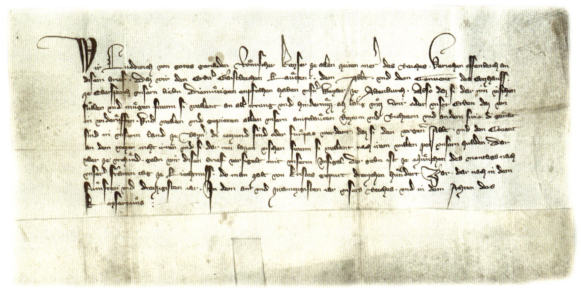

Um dem in der für sie maßgeblichen Benediktinerregel festgehaltenen Fastengebot gerecht werden zu können, bedurften die Ebersberger Mönche eines beträchtlichen Quantums an Fisch. Insofern war es für sie fraglos eine kaiserliche Wohltat, wenn sie, zusätzlich zu ihren im näheren Umfeld ihres Klosters gelegenen Fischgewässern, aus den Händen Ludwigs des Bayern den Fischweiher bei Altenburg, wohl den heutigen Steinsee, zu ihrer freien Verfügung erhielten.[21]

München, 20. Mai 1339
Am Donnerstag der Pfingstwoche des Jahres 1339 gebot Kaiser Ludwig seinem seinerzeitigen und zukünftigen Kastner zu Aibling, Abt und Konvent des Klosters Ebersberg den Zehnten, der diesen von alters her vom Kasten zu Aibling zufalle und zu Recht zustehe, jährlich zu entrichten, und untersagte ihm, die Ebersberger Mönche in der Wahrnehmung ihres Rechtes zu behindern.[22]

Wenn auch die Hintergründe, die zur Ausstellung dieser Urkunde führten, nicht bekannt sind, so zeigt sich hier doch, dass Ludwig der Bayer nach der von ihm 1330 im Viztumsamt Oberbayern vorgenommenen Klärung und Vereinheitlichung der Rechtsprechungskompetenzen, die das Kloster Ebersberg endgültig um seine einstige reichsunmittelbare Stellung gebracht hatten, durchaus gewillt war, die nun gänzlich seinem Schutz und Schirm als Landesherr und Vogt unterstellte Benediktinerabtei in ihren althergebrachten Rechten selbst gegenüber seinen eigenen Amtsträgern zu verteidigen.

München, 20. Mai 1339
Am Donnerstag der Pfingstwoche des Jahres 1339 gebot Kaiser Ludwig seinem seinerzeitigen und zukünftigen Kastner zu Schwaben, Abt und Konvent des Klosters Ebersberg den Zehnten, der diesen von alters her vom Kasten zu Schwaben zufalle und zu Recht zustehe, jährlich zu entrichten.[23] (Abb. 9)

Wie bei vorstehend behandelter Urkunde, die unter dem gleichen Datum ausgestellt wurde, gilt es auch hier, das Bemühen Ludwigs des Bayern festzuhalten, alte Rechtstitel seiner „lieben Dimütigen" Mönche zu Ebersberg gegen alle Anfechtungen in Schutz zu nehmen.

München, 24. Februar 1341
Am Sankt-Mathias-Tag des Jahres 1341 gebot Kaiser Ludwig seinen seinerzeitigen und zukünftigen Richtern zu Erding und Rottenburg, Abt und Konvent des Klosters

Abb. 8: Ludwig der Bayer überlässt Abt und Konvent des Klosters Ebersberg im Jahre 1335 den Fischweiher zu Altenburg.

Abb. 9: Ludwig der Bayer sichert der Benediktinerabtei Ebersberg im Jahre 1339 ihren Zehnten vom Kasten zu Schwaben.

Abb. 10: Im Jahre 1343 trifft Ludwig der Bayer Regelungen hinsichtlich des Verhältnisses der landesherrlichen Gerichtsbarkeit zur klösterlichen Gerichtsbarkeit der Ebersberger Benediktiner.

Ebersberg in deren Rechten, die diese überall in den Gerichten zu Erding und Rottenburg hätten, in keiner Weise zu beeinträchtigen und auch deren Amtleute in Zukunft an den Stätten und in der Weise richten zu lassen, als dies von alters her üblich sei und als dies deren Brief und Handfeste sage.[24]

Nach dem Aussterben der niederbayerischen Herzogslinie trat Ludwig der Bayer Ende 1340 in Niederbayern endgültig die Herrschaft an. Dies bot den Ebersberger Benediktinern die Gelegenheit, ihren 1311 über die „Ottonische Handfeste" erworbenen und 1314 von Ludwig und dessen Bruder Rudolf bestätigten Niedergerichtsrechten über ihre niederbayerischen Besitzungen erneut Nachdruck zu verleihen. Da diese zwischenzeitlich offenbar nur mehr bedingt durchsetzbar gewesen waren, ließen sich die Mönche ihre einst über eine Steuerbewilligung erstandenen Ansprüche durch den neuen Herrn in Niederbayern bekräftigen.[25]

München, 11. März 1341
Am 11. März des Jahres 1341 übertrug Kaiser Ludwig Abt und Konvent des Klosters Ebersberg jene sechs Schillinge, die sein Kastenamt zu Schwaben bislang jährlich von den armen Leuten im Dorf Ebersberg einzunehmen hatte und bestimmte den Betrag für die Klosterküsterei, die davon Wandlungskerzen vor dem Sebastiansaltar unterhalten sollte.[26]

Über die Beweggründe der hier gegebenen Stiftung ist nichts bekannt, doch ist an dieser Stelle zu bemerken, dass Ludwig der Bayer in seinem Privatleben ein durchaus frommer Mensch war, dem die Sebastiansverehrung in Ebersberg nicht nur bestens vertraut, sondern auch ein persönliches Anliegen gewesen sein dürfte.[27]

München, 23. August 1343
Am Sankt-Bartholomäus-Abend des Jahres 1343 bestimmte Kaiser Ludwig auf Grund einer mit unzweifelhaften Briefen und Urkunden belegten Erinnerung des Abtes und des Konvents des Klosters Ebersberg, dass keiner seiner Amtmänner, Pfleger, Viztume oder Richter in seinem Land zu Bayern Eigenleute oder Diener des Klosters, die auf dessen Eigengütern und Urbaren auf dem Land oder in den Märkten ansässig seien, höher als bis zu einer Strafe von einem halben Pfund Pfennigen verurteilen dürfe, mit Ausnahme der drei todeswürdigen Delikte, bei denen wie gegen jeden, der im Land Bayern wohne, zu verfahren sei. Ferner legte er fest, dass Amtleute oder Dienstmannen des Klosters von seinen Amtleuten und Richtern vor Gericht nur bis zu einer Höhe von sechs Schilling Pfennigen verurteilt werden dürften. Und schließlich bestimmte er noch, dass die Richter des Klosters in den Märkten zu Pfeffenhausen und Ebersberg in allen Fällen wie von alters her gewohnt unbeeinträchtigt handeln und richten dürften.[28] (Abb. 10)

Da das Verhältnis der klösterlichen und landesherrlichen Gerichtsbarkeit im Herzogtum (Ober-)Bayern grundsätzlich bereits im Gerichtsprivileg von 1330 geregelt war, dürfte es Ludwig dem Bayern hier wohl um Bekräftigungen, Präzisierungen und Klarstellungen gegangen sein. Insbesondere scheint die Urkunde eine Antwort auf die Frage geben zu wollen, wie in gegebenem Fall mit Inhabern von einschichtigen, das heißt außerhalb der Niedergerichtsbezirke der Abtei gelegenen Gütern des Klosters Ebersberg zu verfahren sei.[29]

München, 23. August 1343
Am Sankt-Bartholomäus-Abend des Jahres gebot Kaiser Ludwig seinem seinerzeitigen und zukünftigen Mautner zu Rattenberg, dass dieser – gemäß einer von ihm diesbezüglich gewährten Freiheit – in Zukunft allen Wein des Abtes und Konventes des Klosters Ebersberg, den diese im Gebirge besäßen und dessen sie in ihrer Abtei bedürften, zollfrei führen lassen solle, entsprechend weder Maut noch Zoll fordern noch einnehmen solle und schließlich noch weder sie noch ihre Diener, die den Wein transportierten in dieser Angelegenheit beeinträchtigen solle.[30] (Abb. 11)

Die Ebersberger Benediktiner verfügten bereits seit der Mitte des 11. Jahrhunderts über Weingutbesitz bei Bozen, der mit dem Aussterben der Grafen von Ebersberg im Jahre 1045 aus deren Erbe an sie gelangt war.[31]

Über Tauschgeschäfte, Schenkungen und Erwerbungen gelang es den Mönchen in der Folgezeit diesen Ausgangsbesitz im Bozener Becken nach und nach um zahlreiche weitere Weingärten zu vermehren.[32] Der Transport des in den Ebersberger Weingütern bei Bozen gewonnenen Weines nach Bayern erfolgte durch Diener des Klosters, die ihre Fracht zunächst auf dem Landweg über den Brenner durch die Alpen bis ins Inntal führten[33] und anschließend auf dem Inn bis nach Wasserburg verbrachten. Für die Beförderung des Weines auf dem Fluss stellte Herzog Rudolf I. Abt Otto im Jahre 1308 und dann nochmals 1309 eigens ein Holzfloß zur Verfügung.[34] Von Wasserburg aus nahm der Südtiroler Rebensaft dann wieder den Landweg bis nach Ebersberg. Um die Kosten für den wegen seiner Qualität beliebten „welschen Wein", der keineswegs nur bei der Liturgie Verwendung fand, sondern auch als alltägliches Lebens- und Genussmittel verbraucht wurde, möglichst gering zu halten, hatten die Ebersberger Benediktiner schon im Jahre 1281 bei Herzog Ludwig II. eine Befreiung vom Weinzoll bei Rattenberg erreicht.[35] Wenn nun Ludwig der Bayer 1343 ebenfalls eine diesbezügliche Befreiung gewährte, so stellte er sich gleichsam in die Tradition seines Vaters.

Abb. 11: Ludwig der Bayer bestätigt Abt und Konvent des Klosters Ebersberg 1343 die Maut- und Zollfreiheit ihres Weines aus Südtirol.

7. August bis 31. Dezember 1346

Im Jahre 1346 befreite Kaiser Ludwig die Benediktinerabtei Ebersberg weiterhin von Zoll und Abgaben für zwei Wägen Salz aus Reichenhall.[36]

Im Jahre 1290 machten die Reichenhaller Salzsieder an das Kloster Ebersberg eine Jahrtagsstiftung über zwei Karren Salz aus ihren Salzpfannen. Für diese nicht unbedeutende Stiftung an „weißem Gold", deren nähere Hintergründe nicht bekannt sind, hinter der aber möglicherweise verwandtschaftliche Beziehungen der Ebersberger Stifterfamilie nach Reichenhall standen, ließen sich die Ebersberger Mönche die vordem gewährte Zoll- und Abgabenfreiheit bestätigen.[37]

Ludwig der Bayer – ein großer Förderer des Klosters Ebersberg?

Betrachtet man abschließend die Urkunden Ludwigs des Bayern für das Kloster Ebersberg im Überblick, so zeigt sich, dass es sich in den meisten Fällen um Akte der Wahrung beziehungsweise Bestätigungen hergebrachter Rechtsansprüche handelt, die das Kloster Ebersberg mit einem gewissen Grad der Selbstverständlichkeit von Ludwig dem Bayern sei es als Reichsoberhaupt, Landesherr oder Vogt erwarten durfte. Zieht man von den verbleibenden Urkunden diejenigen ab, die sich mit Finanztransaktionen respektive Entschädigungsleistungen befassen, so verbleiben nur noch sehr wenige Dokumente, die den Charakter einer Förderung der Ebersberger Benediktinerabtei in sich tragen. Zu nennen wären hier die Verleihung des Patronats und Vogtrechts über die Sankt-Vitus-Kirche in Erling, die Übertragung des Fischweihers zu Altenburg und nicht zuletzt natürlich das große Gerichtsprivileg vom Jahre 1330 mit seiner Befreiung von Steuern, Abgaben und sonstigen Lasten. Gerade Letzteres aber war für das Kloster Ebersberg mit der endgültigen Einbuße der einstigen Reichsunmittelbarkeit verbunden, so dass sich der Wert des Diploms für die Ebersberger Mönche in einem gewissen Maße auch wieder relativierte. Insgesamt gesehen lässt sich, was das Engagement Ludwig des Bayern für das Kloster Ebersberg betrifft, feststellen, dass dieser der Benediktinerabtei gegenüber zwar als wohlwollender Schutz- und Schirmherr auftrat, nicht jedoch als deren großer Förderer.

Anmerkungen

[1] Zur bayerischen Klosterpolitik Ludwigs des Bayern siehe u.a. Fleischer, Bruno: Das Verhältnis der geistlichen Stifte Oberbayerns zur entstehenden Landeshoheit, Diss., Berlin 1934, S. 116-160; Holzfurtner, Ludwig: Die Grenzen der oberbayerischen Klosterhofmarken. Eine Studie zur Verfassungsgeschichte des Mittelalters, in: Zeitschrift für bayerische Landesgeschichte 50 (1987), S. 411-439; Angermeier, Heinz: Bayern in der Regierungszeit Kaiser Ludwigs IV. (1314-1347), in: Spindler, Max (Hg.): Handbuch der bayerischen Geschichte, Bd. 2, Das alte Bayern. Der Territorialstaat vom Ausgang des 12. Jahrhunderts bis zum Ausgang des 18. Jahrhunderts, 2., überarb. Aufl., München 1988 (1969), S. 149-195, S. 170-172; Menzel, Michael (Bearb.): Regesten Kaiser Ludwigs des Bayern (1314-1347) nach Archiven und Bibliotheken geordnet, H. 3, Die Urkunden aus Kloster- und Stiftsarchiven im Bayerischen Hauptstaatsarchiv und in der Bayerischen Staatsbibliothek München, Köln – Weimar – Wien 1996, S. IX-XIV; Holzfurtner, Ludwig: Zur Kirchenpolitik Ludwigs des Bayern, in: Zeitschrift für bayerische Landesgeschichte 60 (1997), S. 127-134; Klemenz, Birgitta: "Denkmal väterlicher Bußgesinnung". Kaiser Ludwig der Bayer und Fürstenfeld, in: Mundorff, Angelika / Wedl-Bruognolo, Renate (Hg.): Kaiser Ludwig der Bayer 1282-1347, Ausstellungskatalog, Fürstenfeldbruck 1997, S. 34-52; Pfister, Peter: Staatsfrömmigkeit und Privatfrömmigkeit Ludwigs des Bayern in seinem bayerischen Herrschaftsgebiet, in: Mundorff, Angelika / Wedl-Bruognolo, Renate (Hg.): Kaiser Ludwig der Bayer 1282-1347, Ausstellungskatalog, Fürstenfeldbruck 1997, S. 53-76 u. Sagstetter, Maria Rita: Hoch- und Niedergerichtsbarkeit im Spätmittelalterlichen Herzogtum Bayern, (Schriftenreihe zur bayerischen Landesgeschichte 120), München 2000, S. 132-181.

[2] Zur Biographie Ludwigs des Bayern siehe u.a. Angermeier, Heinz: Kaiser Ludwig der Bayer und das deutsche 14. Jahrhundert, in: Glaser, Hubert (Hg.): Die Zeit der frühen Herzöge. Von Otto I. zu Ludwig dem Bayern. Beiträge zur Bayerischen Geschichte und Kunst 1180-1350, (Wittelsbach und Bayern I/1), München – Zürich 1980, S. 369-378; Schütz, Alois: Ludwig der Bayer, in: Neue Deutsche Biographie, Bd. 15, Berlin 1987, S. 334-347; Angermeier (wie Anm. 1); Prinz, Friedrich: Ludwig der Bayer – München, Avignon und Rom oder Wittelsbachs Schicksalsstunde, in: Ders.: Bayerische Miniaturen, München – Zürich 1988, S. 48-66; Hundt, Barbara: Ludwig der Bayer. Der Kaiser aus dem Hause Wittelsbach 1282-1347, Esslingen – München 1989; Schmid, Alois: Ludwig IV. der Bayer, in: Lexikon des Mittelalters, Bd. 5, München – Zürich 1991, Sp. 2178-2180; Thomas, Heinz: Ludwig der Bayer (1282-1347). Kaiser und Ketzer, Regensburg 1993; Benker, Gertrud: Ludwig der Bayer. Ein Wittelsbacher auf dem Kaiserthron. 1282-1347, 2. Aufl., München 1997 (1980); Schütz, Alois: Ludwig der Bayer. Landesherr und Kaiser, in: Mundorff, Angelika / Wedl-Bruognolo, Renate (Hg.): Kaiser Ludwig der Bayer 1282-1347, Ausstellungskatalog, Fürstenfeldbruck 1997, S. 16-33 u. Menzel, Michael: Ludwig der Bayer. Der letzte Kampf zwischen Kaisertum und Papsttum, in: Schmid, Alois / Weigand, Katharina (Hg.): Die Herrscher Bayerns. 25 historische Portraits von Tassilo III. bis Ludwig III., München 2001, S. 106-117 u. 395.

[3] Siehe Bayerisches Hauptstaatsarchiv (BayHStA), KU Ebersberg 56 (Orig., lat., Perg.). Regesten: Regesta Boica (RB), Bd. 5, S. 284 u. BayHStA, Regesten KU Ebersberg 56. Zum Inhalt siehe u.a. auch Mayr, Gottfried: Ebersberg. Gericht Schwaben, (Historischer Atlas von Bayern, Teil Altbayern I/48), München 1989, S. 148 u. Sagstetter (wie Anm. 1), S. 85-86.

[4] Siehe Mayr (wie Anm. 3), S. 111-115 u. Sagstetter (wie Anm. 1), S. 86.

[5] Siehe Sagstetter (wie Anm. 1), S. 37-131.

[6] Siehe BayHStA, KU Ebersberg 57/1 u. 2 (Orig., lat., Perg.). Regest: BayHStA, Regesten KU Ebersberg 57/1 u. 2. Zum Inhalt siehe auch Fleischer (wie Anm. 1), S. 122-123 u. Mayr (wie Anm. 3), S. 148.

[7] Siehe Hundt, Friedrich Hector Graf von (Hg.): Das Cartular des Klosters Ebersberg. Aus dem Fundationsbuche des Klosters unter Erörterung der Abreihe, dann des Ueberganges der Schirmvogtei auf das Haus Scheyern-Wittelsbach sowie des Vorkommens von Mitgliedern dieses Hauses, München 1879, S. 15-21; Mayr (wie Anm. 3), S. 117, 122-123 u. 147 sowie Flohrschütz, Günther: Der Adel des Ebersberger Raumes im Hochmittelalter, (Schriftenreihe zur bayerischen Landesgeschichte 88), München 1989, S. 211 u. 217.

[8] Siehe Fleischer (wie Anm. 1), S. 121-123.

[9] Siehe BayHStA, KL Andechs 1, fol. 162r (lat. Abschrift auf Perg. in einem Kopialbuch des 15. Jh.). Druck: Schütz, Alois: Das Geschlecht der Andechs-Meranier im europäischen Hochmittelalter, in: Kiermeier, Josef / Brockhoff, Evamaria (Hg.): Herzöge und Heilige. Das Geschlecht der Andechs-Meranier im europäischen Hochmittelalter, (Veröffentlichungen zur Bayerischen Geschichte und Kultur 24/93), Regensburg 1993, S. 21-185, S. 180-18. Regesten: Kraft, Benedikt: Andechser Studien, Bd. 1, (Oberbayerisches Archiv 73 (1937)), München 1937, S. 132 u. Menzel (wie Anm. 1), S. 32, Nr. 61.

[10] Siehe Bauerreiß, Romuald: Das "Chronicon Eberspergense posterius", in: Studien und Mitteilungen zur Geschichte des Benediktiner-Ordens und seiner Zweige 49 (1931), S. 389-396, S. 390 u. Hlawitschka, Eduard: Die geschichtlichen Einträge im Andechser Missale, in: Ders. / Hlawitschka-Roth, Ermengard: Andechser Anfänge. Beiträge zur frühen Geschichte des Klosters Andechs, (Andechser Reihe 4), St. Ottilien 2000, S. 47-97, S. 81-83.

[11] Zum Streit um den Andechser Heiltumsschatz, der uns hier nicht näher zu interessieren braucht, siehe zuletzt u.a. Schütz (wie Anm. 9), S. 165-185; Hlawitschka, Eduard: Der Andechser Heiltumsschatz in Geschichte und Legende, in: Ders. / Hlawitschka-Roth, Ermengard: Andechser Anfänge. Beiträge zur frühen Geschichte des Klosters Andechs, (Andechser Reihe 4), St. Ottilien 2000, S. 9-45 u. Ders. (wie Anm. 10).

[12] Urkunde erschlossen aus BayHStA, KU München-Jesuiten, 13.02.1325 (dt. Abschrift auf Pap., 15. Jh.). Regest: Menzel (wie Anm. 1), S. 79, Nr. 164.

[13] siehe ebd.

[14] Siehe BayHStA, KU Ebersberg 76 (Orig., lat., Perg.; = Kaiser-Ludwig-Selekt (KLS) 304). Drucke: Riezler, Siegmund von (Bearb.): Urkunden zur bairischen und deutschen Geschichte aus den Jahren 1256-1343, in: Forschungen zur deutschen Geschichte 20 (1880), S. 233-275, S. 254, Nr. 26; Monumenta Germaniae Historica (MGH), Constitutiones (Const.) VI/1, S. 67, Nr. 98. Regesten: RB, Bd. 6, S. 170; Böhmer, Johann Friedrich (Bearb.): Die Urkunden Kaiser Ludwigs des Baiern, König Friedrich des Schönen und Johanns von Böhmen, Frankfurt 1839, S. 48, Nr. 829; Erben, Wilhelm: Berthold von Tuttlingen, Registrator und Notar in der Kanzlei Kaiser Ludwigs des Baiern, Wien – Leipzig 1923, S. 150, Nr. 722; Gross, Lothar: Die Regesten der Herzoge von Österreich sowie Friedrichs des Schönen als deutschen Königs von 1314-1330, (Regesta Habsburgica 3), Innsbruck 1922, S. 194, Nr. 1569; BayHStA, Regesten KU Ebersberg 76; Bansa, Helmut: Studien zur Kanzlei Ludwigs des Bayern vom Tag der Wahl bis zur Rückkehr aus Italien (1314-1329), (Münchener Historische Studien, Abteilung Geschichtliche Hilfswissenschaften 5), Kallmünz 1968, S. 162 u. Menzel (wie Anm. 1), S. 83, Nr. 173.

[15] Siehe BayHStA, KL Andechs 1, fol. 162r-v (lat. Abschrift auf Perg. in einem Kopialbuch des 15. Jh.). Druck: Schütz (wie Anm. 9),

S. 180, Anm. 5. Regesten: Kraft (wie Anm. 9), S. 132 u. Menzel (wie Anm. 1), S. 104, Nr. 219.
16 Siehe Bauerreiß (wie Anm. 9), S. 390 u. Hlawitschka (wie Anm. 10), S. 81-83.
17 Urkunde erschlossen aus BayHStA, KU Tegernsee 126 (Orig., dt., Perg; = KLS 405/V). Drucke: Oefele, Andreas Felix: Rerum Boicarum scriptores, Bd. 2, Augsburg 1763, S. 90; Lori, Johann Georg von: Der Geschichte des Lechrains zweyter Band, München 1765, S. 48, Nr. XXXI u. Monumenta Boica (MB), Bd. 6, S. 248. Regest: Menzel (wie Anm. 1), S. 108, Nr. 230. Zur weiteren Originalüberlieferung siehe ebd., S. 109ff. u. Sagstetter (wie Anm. 1), S. 132, Anm. 1.
18 Siehe hierzu den Beitrag von Gottfried Mayr in vorliegendem Band.
19 Siehe Fleischer (wie Anm. 1), S. 79-87 u. 116-160; Mayr (wie Anm. 3), S. 147-149 u. Sagstetter (wie Anm. 1), S. 134.
20 Siehe BayHStA, KU Ebersberg 88 (Orig. dt., Perg.; = KLS 578). Regesten: RB, Bd. 7, S. 102; Böhmer (wie Anm. 14), S. 103, Nr. 1649; BayHStA, Regesten KU Ebersberg 88; Moser, Peter: Das Kanzleipersonal Kaiser Ludwigs des Bayern in den Jahren 1330-1347, (Münchener Beiträge zur Mediävistik- und Renaissance-Forschung 37), München 1985, S. 105 u. Menzel (wie Anm. 1), S. 159, Nr. 339.
21 Siehe Paulhuber, Franz Xaver: Geschichte von Ebersberg und dessen Umgegend in Oberbayern, Burghausen 1847, S. 442, 659 u. 667.
22 Siehe BayHStA, KU Ebersberg 95 (Orig., dt., Perg.; = KLS 706). Regesten: RB, Bd. 7, S. 247; Böhmer (wie Anm. 14), S. 125, Nr. 1993; BayHStA, Regesten KU Ebersberg 95; Moser (wie Anm. 20), S. 93 u. Menzel (wie Anm. 1), S. 178, Nr. 390.
23 Siehe BayHStA, KU Ebersberg 96 (Orig., dt., Perg.; = KLS 706a). Regesten: Böhmer (wie Anm. 13), S. 372, Nr. 3437; BayHStA, Regesten KU Ebersberg 96; Moser (wie Anm. 20), S. 114 u. Menzel (wie Anm. 1), S. 179, Nr. 391.
24 Siehe BayHStA, KU Ebersberg 102 (Orig., dt., Perg.; = KLS 783). Regesten: RB, Bd. 7, S. 300; Böhmer (wie Anm. 14), S. 135, Nr. 2143; BayHStA, Regesten KU Ebersberg 102 u. Menzel (wie Anm. 1), S. 197-198, Nr. 434.
25 Siehe Fleischer (wie Anm. 1), S. 126, Anm. 52 u. Mayr (wie Anm. 3), S. 149.
26 Urkunde erschlossen aus BayHStA, KL Ebersberg 55 1/2, fol. 7r (dt. Eintragung auf Pap. in ein Repertorium von 1700) u. BayHStA, KL Ebersberg 56 1/3, S. 137 (dt. Eintragung auf Pap. in ein Repertorium von 1702).
27 Siehe Pfister (wie Anm. 1).
28 Siehe BayHStA, KU Ebersberg 106 (Orig., dt., Perg.; = KLS 926). Regesten: RB, Bd. 7, S. 377; Böhmer (wie Anm. 14), S. 147, Nr. 2348; BayHStA, Regesten KU Ebersberg 106; Moser (wie Anm. 20), S. 122 u. Menzel (wie Anm. 1), S. 242, Nr. 528.
29 Siehe Mayr (wie Anm. 3), S. 149.
30 Siehe BayHStA, KU Ebersberg 107 (Orig., dt., Perg.; = KLS 927). Druck: Winkelmann, Eduard (Bearb.): Acta Imperii inedita seculi XIII. et XIV. Urkunden und Briefe zur Geschichte des Kaiserreichs und des Königreichs Sicilien in den Jahren 1200-1400, Bd. 2, Innsbruck 1885, S. 392, Nr. 645. Regesten: RB, Bd. 7, S. 377; Böhmer (wie Anm. 14), S. 147, Nr. 2349; BayHStA, Regesten KU Ebersberg 107; Moser (wie Anm. 20), S. 122 u. Menzel (wie Anm. 1), S. 242, Nr. 529.
31 Siehe Hundt (wie Anm. 7), S. 27, Nr. I/35.
32 Siehe ebd., S. 39, Nr. I/121 u. S. 46, Nr. II/28. Die Weingütererwerbungen der Benediktinerabtei Ebersberg im Bereich von Bozen fanden ihren Niederschlag in zahlreichen Urkunden des Klosters. Für den hier interessierenden Zeitraum seien aufgeführt: BayHStA, KU Ebersberg 20, 21, 37, 39, 41, 42, 44a, 46 u. 63.
33 Siehe Nössling, Josef: Bozens Weinhandel im Mittelalter und in der Neuzeit, in: Oppl, Ferdinand (Hg.): Stadt und Wein, (Beiträge zur Geschichte der Städte Mitteleuropas 14), Linz 1996, S. 181-191, S. 184 u. Ders.: Die Bedeutung der Tiroler Weine im Mittelalter, in: Schrenk, Christhard / Weckbach, Hubert (Hg.): Weinwirtschaft im Mittelalter. Zur Verbreitung, Regionalisierung und wirtschaftlichen Nutzung einer Sonderkultur aus der Römerzeit, (Quellen und Forschungen zur Geschichte der Stadt Heilbronn 9), Heilbronn 1997, S. 193-203, S. 196.
34 Siehe BayHStA, KU Ebersberg 44 u. 47.
35 Siehe BayHStA, KU Ebersberg 32.
36 Urkunde erschlossen aus Bayerische Staatsbibliothek, Clm 1351, S. 159 (lat. Eintragung auf Papier in eine Historia Eberspergensis aus dem 17./18. Jh.).
37 Siehe Paulhuber (wie Anm. 21), S. 528; Wanderwitz, Heinrich: Studien zum mittelalterlichen Salzwesen in Bayern, Schriftenreihe zur bayerischen Landesgeschichte 73), München 1984, S. 156-157 u. Jahn, Wolfgang: Die Saline Reichenhall vom Spätmittelalter bis zum Beginn des 19. Jahrhunderts, in: Treml, Manfred / Jahn, Wolfgang / Brockhoff, Evamaria (Hg.): Salz Macht Geschichte, Aufsätze, (Veröffentlichungen zur Bayerischen Geschichte und Kultur 29/95), Augsburg 1995, S. 83-92, S. 83 u. 91, Anm. 6.

Abbildungsnachweis
Bayerisches Hauptstaatsarchiv, München: Abb. 4-11.
Bernhard Schäfer, Jakobneuharting: Abb. 1-3.

13

Markus Krammer

Die Verehrung des Heiligen Sebastian in Ebersberg

„Es ist ein Schnitter, heißt der Tod,
hat G'walt vom großen Gott.
Heut wetzt er das Messer,
es schneidt schon viel besser,
bald wird er dreinschneiden,
wir müssens erleiden.
Hüt dich, schöns Blümelein!"

Zu einer der schrecklichsten Geißeln der Menschheit zählte in früheren Jahrhunderten die Pest, von der vor allem der asiatische, orientalische und ab 1347 auch der europäische Raum befallen war. Mit genuesischen Schiffen wurde die Epidemie über Italien nach Europa eingeschleppt. Der „Schwarze Tod" verwandelte ganze Landstriche in öde Leichenfelder und rottete buchstäblich die Menschheit aus. So wird in einer Chronik aus dem 15. Jahrhundert über das Jahr 1349 berichtet: „Dis vorgenanten jars erhub sich ein großer und grausamer Pestilenz durch alle Lant, das kaum der dritte Mensch belieb, etliche stat und dorffer ler beliben."
In den Nürnberger Annalen vom Anfang des 17. Jahrhunderts heißt es: „In diesem Sterben sein viel Städte und Dörfer, sonderlich in Frankreich und Welschland [Italien] ausgestorben. Man hat Schiff auf dem Meer gefunden, mit Waaren stattlich beladen, auf denen kein lebendiger Mensch gewest, sondern sein alle von der Seuche hingezückt worden, wie denn auch etliche Insuln gar ausgestorben."
Allein im Jahr 1634 sollen in München von damals 22.000 Einwohnern ganze 7.000 vom „Schwarzen Tod" dahingerafft worden sein, und in Nürnberg waren es 18.000, die an der Pestilenz starben.
Das Sterberegister der Stadt Mühldorf weist allein im Jahre 1611 399 Todesfälle auf, was rund ein Viertel der Bevölkerung ausmachte. Auch 1634, also während des Dreißigjährigen Krieges, hielt der Tod in der Innstadt

Abb. 1: Auf diesem Andachtsbild aus dem 19. Jahrhundert sind vor der Silhouette Ebersbergs Wallfahrer mit einer langen Fahne zu sehen, die den Sandberg herauf zur Kirche Sankt Sebastian ziehen.

reichlich Ernte, sodass die Einwohner gelobten, wegen der drohenden Pestilenz alle drei Jahre mit einem Wallfahrtszug nach Ebersberg zum heiligen Sebastian, dem Patron gegen die Pest und den jähen Tod zu pilgern.[1]
Im Mai des Jahres 1645 war es wieder einmal soweit. Viele Mühldorfer Bürgerinnen und Bürger hatten sich zu dieser Wallfahrt zusammengefunden und gingen nun schon Stunden betend auf der staubigen Landstraße dahin. Der Wallfahrtszug hatte gerade Steinhöring verlassen und bog links zur Bärmühle ein, als ein Raunen durch die ganze Pilgerschar ging. Von hier aus nämlich konnten die Wallfahrer bereits die Silhouette des Klosters Ebersberg auf der Anhöhe im Westen erblicken. Sebastian Kreittenhuber, der das erste Mal bei dieser Wallfahrt dabei war, beschleunigte beim Anblick des nahen Zieles unwillkürlich seine Schritte, obwohl er schon reichlich müde war. Langsam ging es auf der alten Poststraße den Berg nach Oberndorf hinauf und auf der anderen Seite des Ortes wieder in das Ebrachtal hinunter. Gleich nach Langwied bog der Pilgerzug von der Hauptstraße ab in den uralten, von zwei Baumreihen eingesäumten Wallfahrerweg am Fuße eines langgezogenen Hügels, des sogenannten Rosskopfes. Auf diesem hatten die Ebersberger Jesuiten für die Gläubigen drei Kreuze in der Art des Kalvarienberges aufgerichtet.
Das Gebet der Mühldorfer wurde nun, da sie der Sankt Sebastianskirche immer näher kamen, fast übertönt durch das Läuten der Glocken, die den Wallfahrerzug im Markt Ebersberg ankündigten. Die letzten zweihundert Meter ging es noch steil bergauf, an der Sohle des ehemaligen Burggrabens entlang, bis die Pilger endlich mit ihrer großen, 70 Pfund schweren und schön bemalten Votivkerze durch das weit geöffnete Portal in die Wallfahrtskirche schritten und diese am Sebastiansaltar niederlegten. Gemeinsam mit dem von den Ebersberger Jesuiten extra angestellten „Votivkerzenanzünder" stellten die Mühldorfer die große Wachskerze alsdann im linken Seitenschiff auf, wo bereits eine ganze Reihe solcher Votivkerzen aus anderen Städten und Märkten brannten.
Müde und abgekämpft setzte sich Sebastian Kreittenhuber, wie die anderen Pilger auch, erst einmal in eine Kirchenbank und dankte Gott und dem heiligen Sebastian, dass er trotz der unruhigen Kriegszeiten gesund an diesem Gnadenort angekommen war. Er hatte sich das Innere der Ebersberger Wallfahrtskirche bisher eigentlich nur von den begeisterten Schilderungen der Mitpilger her vorstellen können, die schon einmal bei einem solchen Wallfahrtszug mitgemacht hatten. Sebastian Kreittenhuber war beeindruckt von der Pracht der seinem Namenspatron geweihten Stiftskirche.
Schon beim Betreten des Gotteshauses war ihm die über den Portalflügeln thronende Skulptur des heiligen Sebastian ins Auge gefallen, der man als Attribute in die Rechte einen Pfeil und in die Linke eine Märtyrerpalme beigegeben hatte. Besonders beeindruckt aber war der Wallfahrer und Bittsteller von der in Lebensgröße dargestellten Statue des Kirchenpatrons am Hochaltar, einem Schnitzwerk, das die Jesuiten im ersten Drittel des 17. Jahrhunderts in Auftrag gegeben hatten. Man sah dort einen jugendlichen Sebastian, der, nur mit einem Lendenschurz bekleidet, mit Stricken an einen Baum gebunden war und mit Pfeilen beschossen wurde.
Nach kurzem Gebet verließ Sebastian Kreittenhuber die Kirche wieder und schaute sich erst einmal im Markt um eine Herberge für die bald hereinbrechende Nacht

um. Beim Kiermayerwirt am Marktplatz bekam er schließlich für ein paar Kreuzer Unterkunft.
Am andern Morgen bereitete sich Kreittenhuber schon früh auf die Beichte vor und verrichtete auch gleich das Ablassgebet. Nach Empfang der heiligen Kommunion und zum Abschluss der Messe, während der jeder einzelne Pilger dem heiligen Sebastian seine Anliegen zu Füßen legte und um Hilfe bat, kam der Höhepunkt für die Wallfahrer. Einer der Patres ging zum Hochaltar, auf dem die altehrwürdige gotische Silberbüste des Heiligen aufgestellt war und entfernte die Kopfbedeckung derselben. Im Innern einer nun zum Vorschein kommenden Metallfassung war die Hirnschale des Pestheiligen eingeschlossen. Ein zweiter Pater goss nun Wein in die Hirnschale und mit 22 Zentimeter langen silbernen Röhrchen, sogenannten Fistulae, konnten dann die Pilger diesen geweihten Wein zum Schutz gegen die Pest und den jähen Tod daraus trinken.
Schon seit langem war es auch Brauch, dass kleine Silber- und später Bleipfeile mit der Reliquie berührt wurden, die dann die Gläubigen zum bleibenden Schutz mit nach Hause nehmen konnten. Auch Sebastian Kreittenhuber hatte einige dieser wunderwirkenden Pfeile im Kloster für sich und seine Angehörigen erstanden. Nachdem er sich noch in die Sebastians-Bruderschaft hatte aufnehmen lassen, sammelten sich die Mühldorfer schon wieder vor der Kirche und unter Glockengeläute traten sie, nunmehr frohen Mutes und zuversichtlich, dass ihnen die Pest nichts mehr anhaben könne, den Heimweg an.[2]

Legende und Frühzeit

Schon seit nunmehr über eintausend Jahren ziehen die Wallfahrer zum heiligen Sebastian nach Ebersberg, um von ihm Schutz und Fürsprache bei Gott vor Pest, Krankheit, Not, jähen Tod und in sonstigen Anliegen zu erbitten.
Nach der Legende kam Sebastian in der zweiten Hälfte des 3. Jahrhunderts in Narbonne, im heutigen Frankreich zur Welt. Seine Jugend verbrachte er in Mailand, wo seine Mutter herstammte. Schon früh zog es Sebastian zum Militär. Er kam nach Rom und wurde dort Befehlshaber der prätorianischen Leibwache des Kaisers Diokletian (284-305). Da er schon früh mit den Christen in Verbindung trat und auch selbst Christ wurde, konnte er auf Grund seiner Stellung vielen gefangenen Christen helfen und beistehen. Bei einer der letzten großen Christenverfolgungen wurde auch Sebastian wegen seines Glaubens angeklagt. In einer um 1700 erschienenen Heiligenlegende heißt es dazu weiter:

Abb. 2: Ostansicht des Klosters Ebersberg zur Zeit der Erbauung der Sebastianskapelle (1668-1671). Links vom Rosskopfhügel, auf dessen Kuppel die Jesuiten ein Kreuz aufstellen ließen, sieht man auf dem Wallfahrerweg einen Pilgerzug zur Stiftskirche Sankt Sebastian ziehen.

„Endlich ist auch der H. Sebastianus verrathen und vor den Kayser Diocletianum beruffen worden / der ihme vorgeworffen also: ich hab dich allzeit unter die Vornehmste meines Hoffs gezehlt; und du so undankbar hast dich bishero wider mein Heyl zur Unbild meiner Götter verborgen gehalten. Der H. Sebastianus sprach: Umb deines Heyls wegen hab ich allzeit Christum verehrt / und umb den Wohlstand deß gantzen Römischen Reichs hab ich jederzeit denjenigen / so im Himmel ist / angebetten / in Erwegung daß es eitel und unverständig seye / Hülff zu begehren von den Steinen. Hierauff ergrimmete der Kayser wider ihn / befahle / ihn hinauß ins freye Feld zu führen / allda anbinden / und mit Pfeilen zu erschiessen. Welches aber nach dem Befelch ist vollzogen worden / also daß sein Leib so voller Pfeil stacke / als wie ein Igel voller Stachel; die Schützen hielten ihn für todt / und gingen darvon. Dahin begabe sich nächtlicher Weil des Castuli Wittib / mit Namen Irene / umb den Leichnamb hinweg zunemmen und zu begraben: als sie ihn aber noch lebendig gefunden / liesse sie ihn in ihre Behausung bringen / pflegte seiner bester massen / daß er innerhalb wenig Tagen wiederumb gantz genesen. Demnach solches die Christen erfahren / besucheten sie ihn fleissig und rieten ihm die Flucht zu nehmen. Er aber nach verrichtem Gebett zu Gott / gienge hinauß / und stellete sich auff den offenen Platz / allwo der Kayser pflegte vorbey zugehen: im vorbey gehen / sprach er freymüthig zu ihm: Euere Majestät werden von ihren Götzen-Pfaffen fälschlich hintergangen / erdichten wider die Christen unwahre Ding / in dem sie vorbringen / als wann die Christen euerem Reich zu wider und schädlich: das Gegentheil befindet sich aber / dann durch der Christen Vorbitt bey dem wahren Gott wird euer Reich verbessert und nimbt zu. Diocletianus sprach: Bist du der Sebastian / den ich nächster Tagen befohlen / mit Pfeilen zu erschiessen! Der H. Held antwortete: Mein Herr Jesus Christus hat mich zu dem End wiederumb auffzuer-

wecken sich gewürdigt / daß ich zu euer Majestät mich begebe / und deroselben offentlich vor jedermann verweise / daß ihr wider die Diener Christi ein ungerechtes Urtheil gesprochen und vollzogen habt. Auff diese Wort befahle der Tyrann / ihn auff dem Reitplatz vor seinem Palast so lang zu prügeln / bis er seinen Geist auffgebe. Nach dessen Tod haben die Schergen seinen Leichnamb in den nechst gelegenen Pful bey nächtlicher Weil / damit nicht etwan die Christen ihn hinweg trugen / und ein Martyrer auß ihm macheten / geworffen. Der H. Sebastian erschiene im Schlaff einer gar frommen Matronen / Namens Lucina / und sprach zu ihr: Da und dort in einem Pful wirst du meinen Leib an einem Haken hangend finden / nehme ihn herauß / und bringe ihn zu den Catacumben / und begrabe denselben gleich am Eingang selbiger Höhlen neben den Aposteln. Welchem allem die Lucina treulich nachgelebt / auch innerhalb dreyssig Tag nicht von dessen Begräbnuß entwichen [...]."

Papst Damasus (366-384) ließ im Jahre 367 an dieser Stelle eine der sieben Hauptkirchen Roms, die heutige Kirche San Sebastiano erbauen. (Abb. 3) Lange Zeit wurden dort auch die Gebeine der Apostel Petrus und Paulus verehrt. Erst Anfang des 19. Jahrhunderts erbrachten archäologische Grabungen unterhalb von San Sebastiano die Bestätigung, dass hier, wie in der Überlieferung berichtet, schon in früheren Jahrhunderten die Apostelfürsten verehrt wurden. Auf dieser uralten Tradition fußend, begannen Mönche von San Sebastiano mit Grabungen. Bald darauf fand man Tonscherben mit der griechischen Inschrift „Petrus und Paulus" sowie Wandbilder, aus denen auf diese Tradition zu schließen war.[3]

Abb. 3: Eingang zur Kirche San Sebastiano, die zu den sieben Hauptkirchen Roms zählt.

Seit dem Jahre 354 wird das Fest des heiligen Märtyrers Sebastian am 20. Januar gefeiert. Erst ab etwa 680 tritt der Heilige als Patron gegen die Pest auf. Damals wurde Rom von dieser Geißel der Menschheit heimgesucht. Als sich das Volk in seiner Not dem Märtyrer Sebastian zuwandte und ihm zu Ehren einen Altar errichten ließ, hörte, so berichtet uns die Legende, die Pest auf. Seither wird der Heilige meist an einen Baum gebunden und von Pfeilen durchbohrt dargestellt. Als Attribut ist ihm deshalb auch ein Pfeil beigegeben. Die Basilika San Sebastiano wurde im 13. und 17. Jahrhundert umgebaut. An der kunstvoll ausgeführten Decke ist das Martyrium des Heiligen dargestellt. Gleich nach dem Eingang zur Kirche befindet sich die „Capella di San Sebastiano" mit einer von Antonio Giorgetti im 17. Jahrhundert geschaffenen Liegefigur des Heiligen. Die Kapelle steht nach der Überlieferung direkt über dem Sebastiansgrab.

Die älteste Erwähnung des heiligen Sebastian steht im Kalender der römischen Kirche am Anfang des 4. Jahrhunderts: „Sebastiani in Catacumbas". Im 1. Jahrhundert nannte man in Rom eine tiefe Talsohle an der heutigen Via Appia Antica, wo jetzt die Kirche San Sebastiano steht, „ad catacumbas". Die ersten Bestattungen fanden hier zwischen 69 und 79 nach Christus statt. Von diesem Namen leitete man später die Bezeichnung der umfangreichen unterirdischen römischen Grabanlagen, die Katakomben, ab. Am Eingang der dortigen Krypta „bei den Spuren der Apostel Petrus und Paulus" wurde Sebastian also bestattet.

Noch um das Jahr 800 feierte Papst Leo III. (795-816) die Hauptgedenkgottesdienste über dem Grab des heiligen Sebastian. Im Jahre 826 ließ Papst Eugen II. (824-827) die Gebeine des Heiligen zum Vatikan überführen und in einem eigenen Altar im Oratorium des heiligen Gregor des Großen unterbringen. Einen geringen Teil der Reliquien bekam die Kirche des heiligen Medardus von Soissons. Die gesamte Kopfreliquie des heiligen Sebastian wurde schließlich von Papst Leo IV. (847-855) zusammen mit anderen im Hauptaltar von Santi Quattro Coronati auf dem Caelius-Hügel eingeschlossen. Rund vierhundert Jahre später ließ Papst Honorius III. (1216-1227) die übrigen Sebastians-Reliquien vom Vatikan wieder nach San Sebastiano zurückbringen, die Kopfreliquie aber blieb in Santi Quattro Coronati.

Diese Kirche ist ein ziemlich versteckt liegender, fast burgartig angelegter Sakralbau an der Via dei Santi Quattro Coronati auf dem Monte Celio. Sie befindet sich zwischen der Lateran-Basilika San Giovanni und dem Colosseum, in unmittelbarer Nähe von San Stefano Rotondo, der Titular-Kirche des derzeitigen Münchner Kardinals Friedrich Wetter. Über eine Toreinfahrt durch den im Jahre 1113 errichteten Turm kommt man in den ersten und dann in einen weiteren offenen Vorhof. Die erste Basilika ließ Papst Leo IV. (847-855) errichten, wobei damals der zweite Vorhof in den Kirchentrakt mit einbezogen war. Wohl zur Einweihung ließ der Papst die bedeutende Kopfreliquie des heiligen Sebastian, die einer seiner Vorgänger in einem silbernen Behältnis hatte fassen lassen, vom Vatikan in die Kirche der „Vier gekrönten Märtyrer" überführen.

Obgleich die Klosterkirche mit Krypta und Kreuzgang allein schon vom Bau, aber auch von der Ausstattung her kunstgeschichtlich von überragender Bedeutung ist, interessiert uns im Zusammenhang mit dem heiligen Sebastian besonders ein an der linken Seitenwand stehender Marmoraltar, da in ihm die Kopfreliquie des Heiligen verwahrt ist. Bei diesem Altar fällt auf den ersten Blick die große Ähnlichkeit der Gesamtkomposition mit dem in der Sebastianskapelle in Ebersberg auf, zumal beide etwa in der gleichen Zeit aus verschiedenfarbigem Marmor von hervorragenden Steinmetzen geschaffen wurden. Beim Altar in Rom befindet sich zwischen zwei, auf annähernd quadratischen Sockeln stehenden Säulen mit korinthischen Kapitellen ein Ölgemälde, das den heiligen Sebastian in sitzender Haltung, den Blick zum Himmel gerichtet, zeigt. Zwei Frauen, nach der Legende war es die Witwe Irene mit ihrer Dienerin, ziehen ihm die Pfeile aus dem Körper, mit denen er im Auftrag des römischen Kaisers Diokletian beschossen und gemartert worden war. Dieses Altarbild stammt von Giovanni Baglione und entstand um 1640. Darunter befindet sich, direkt auf der Mensa aufgesetzt, eine mit zwei Messingtüren und einem dahinterliegenden starken Eisengitter verschlossene dunkle Nische.

Im Inneren ist schemenhaft ein kugelförmiger Messingbehälter zu sehen, der mit einem Kreuz bekrönt ist. An der Nahtstelle zieht sich um die Mitte ein Schriftband, das wörtlich auf „HIERONIMUS CARDINALIS VIDONUS ANNO MDCXXXII [1632]" Bezug nimmt. Dieser hatte die Reliquie seinerzeit in diesen Behälter verbringen und vierfach versiegeln lassen. Die gesamte Kostbarkeit steht auf einem aus Holz geschnitzten, vergoldeten und unten mit vier Voluten versehenem Sockel. Zwischen dem Altarbild und der Reliquiennische ist eine schwarze Marmortafel angebracht, auf der in lateinischen Großbuchstaben in freier Übersetzung zu lesen steht: „Zur Ehre des Hauptes des heiligen Märtyrers Sebastian, das von Gregor IV. (827-844) in einem silbernen Behältnis verborgen und von Papst Leo IV. (847-855) in dieser Kirche aufbewahrt sowie von Johannes Garsia, Kardinal Milino seiner Titularkirche aufgefunden wurde, hat an dieser Stelle Hieronimus Kardinal Vidonus in derselben Titularkirche ehrfürchtig aufbewahrt anno

Abb. 4: In der römischen Kirche Santi Quattro Coronati befindet sich oberhalb der Mensa dieses Altares hinter einer zweifachen Vergitterung in einem kugelförmigen Messingbehälter die Kopfreliquie des heiligen Sebastian.

1632 unter der Regierung des Papstes Urban VIII. (1623-1644) im neunten Jahre seines Pontifikates."[4] (Abb. 4)

Die Reliquie kommt nach Ebersberg

Als im Auftrag der Ebersberger Grafen Eberhard und Adalbero der Augustinerpropst Hunfried im Jahre 931 nach Rom reiste, bekam er dort von Papst Stephan VIII. (928-931) eine wertvolle Reliquie, die Hirnschale des heiligen Sebastian ausgehändigt. Man musste dazu eigens in der römischen Basilika Santi Quattro Coronati den Behälter mit der ganzen Kopfreliquie des Pestheiligen öffnen, um das heute in Ebersberg befindliche Cranium abtrennen zu können. Drei Jahre vorher schon hatten die Ebersberger Grafen, die Enkel des Ortsbegründers von Ebersberg, mit dem Bau einer neuen Kirche begonnen und dabei auch den Augustiner-Kanonikern an der Südseite dieses Sakralbaues ein kleines Kloster errichten lassen. Beide Bauwerke wurden 934 fertiggestellt.

Bei Ausgrabungen, die durch das Bayerische Landesamt für Denkmalpflege 1978/79 auf der Südseite der heutigen Pfarrkirche erfolgten, konnten die Grundmauern des ersten Klosters freigelegt werden und damit die Berichte früher Chronisten Bestätigung finden.[5] (Abb. 5) Im Ebersberger Cartular, einem Pergamentband aus dem 11. Jahrhundert, ist dazu festgehalten: „Von dieser Generation bis ewig sei den an Gott Glaubenden in Erinnerung, dass unter der Regierung des Frankenkönigs Heinrich I. der Graf Eberhard und sein Bruder, Adalbero mit Namen, nach dem Beispiel des Patriarchen Jakob in der Ebersberger Burg aus Steinen ein Münster errichtet haben zu Ehren Gottes und seiner Gebärerin Maria und der heiligen Märtyrer Sebastian, Cyriacus, Vitus und des heiligen Bekenners Christi und Bischofs Martin. Um deren Gedächtnis dort für immer zu erhalten, haben sie den vereinten Klerikern einiges von ihren Gütern übergeben im Jahre 934 seit Geburt des Herrn, für das Heil ihrer Leiber und Seelen und zum Nutzen ihrer Eltern und aller ihrer Nachfolger [...]."[6]

Noch während der Bauzeit von Kirche und Kloster also brachte Hunfried die wertvolle Sebastiansreliquie nach Ebersberg. Der Chronist einer zu Ende des 15. Jahrhunderts angefertigten Bildchronik schreibt über den damaligen Kirchenneubau: „[...] nach den worttern Hunfridi des cappelan ward da gelegt dy grundtfest und ein Kyrchen ward gepawt in maß als ein Chreutz nach christi gepurd so man schreib Newnhundert und in dem acht und tzwaintzigisten Jaren [...]." Drei Jahre nach Baubeginn legte „man ainen viereckett'n altarstain auf den altar der geweicht war und in dem altarstain war verschlossen das wirdig heiltum sand Sebastian [...] In des namen und eren er [Graf Eberhard I.] dye kirch'n het lassen pawen. Und gab vil Hueb und Hoff unnd lannd zw dem Gotzhauß das der gotzdienst möcht verpracht werden und machet da ein Closter mit geystlichen prüdern dy da ward'n Augustiner orden [...]."[7]

Die Aufzeichnungen der Bildchronik lehnen sich vom Wortlaut her überwiegend an die erste Ebersberger Chronik an, die in der Zeit des Abtes Williram (1048-1085) entstand. Man hält sogar den Abt selbst für den Verfasser dieses Werkes. Der Wahrheitsgehalt der ersten Aufzeichnungen über die Geschichte Ebersbergs dürfte allein schon wegen der unmittelbaren zeitlichen Nähe des Chronisten zu den Ebersberger Gründungsereignissen sehr groß sein.

Auf Grund politischer Wirren wurde die 934 fertiggestellte Kirche allerdings erst im Jahre 970 durch Erzbischof Friedrich von Salzburg geweiht. Seit dieser Zeit nun ist Ebersberg Wallfahrtsort zum heiligen Sebastian, dem Patron gegen die Pest, den jähen Tod und viele sonstige Gebrechen und Krankheiten, denen Mensch und Tier ausgesetzt sind.[8]

Über die Echtheit der Hirnschale des heiligen Sebastian

Im Laufe der Jahrhunderte kamen immer wieder Zweifel auf, ob die Ebersberger Reliquie wirklich echt sei, zumal ja in vier Kirchen jeweils der ganze Körper des Heiligen verehrt wurde und wird, namentlich in Rom, in Soissons, Piligny bei Nantes und Narbonne.

Dass man in Ebersberg tatsächlich einen Teil des echten Hauptes des heiligen Sebastian besitzt, dafür spricht in erster Linie die über eintausendjährige ungebrochene Tradition. Franz Xaver Paulhuber, ehedem Kooperator und Chronist in Ebersberg, bemerkt dazu in seiner im Jahre 1847 herausgegebenen „Geschichte von Ebersberg und dessen Umgegend": „Allein wer soll hier betrogen haben? Graf Eberhard? dann wäre es sonderbar, daß er sein ganzes Vermögen zur Ehre dieser fingierten Reliquie des hl. Sebastian verwendete, und es hätte ein ziemlich hoher Grad von Verblendung dazu gehört, wenn man einem falschen unechten Gebeine zu Ehren einen Tempel und ein Kloster errichtet hätte." Paulhuber weiß auch noch von einem Priester namens Hermann Banvik aus Rom zu berichten, der in einer Abhandlung über die Reliquien der sieben Hauptkirchen Roms eigens erwähnt, dass das Cranium des heiligen Sebastian sich in Ebersberg befinde. Auch die Päpste

Abb. 5: Die Grundmauern des ersten, an der Südseite der heutigen Kirche angelegten Klosters traten anlässlich des Neubaues des Pfarrhofes bei vorherigen Ausgrabungen des Bayerischen Landesamtes für Denkmalpflege in den Jahren 1978/79 zu Tage.

Pius II. (1458-1464) und Clemens VIII. (1592-1605) bestätigten ausdrücklich die Echtheit der Ebersberger Reliquie, wobei der Letztere sogar mit allem Nachdruck während der Übernahme des Klosters durch die Jesuiten im Jahre 1595 die Hirnschale zurückverlangte. Der bayerische Herzog Wilhelm V. (1579-1598) erreichte dann aber doch noch, dass die Reliquie in Ebersberg verbleiben konnte.[9]

Im Jahre 1928 fand die letzte gründliche Untersuchung in dieser Angelegenheit statt. Auf Betreiben Kardinal Michael Faulhabers und Papst Pius' XI. (1922-1939) untersuchte der Direktor der Münchner Gesellschaft für Anthropologie, Universitätsprofessor Dr. Ferdinand Birkner, im Beisein des gesamten Ebersberger Klerus die Reliquie. Über diese Untersuchung, „aufgenommen in der Sebastianskapelle zu Ebersberg am 8. Juli 1928, nachmittag 6 Uhr" wurde folgendes Protokoll verfasst:

Abb. 6:
Die in einem barocken, mit Schaugläsern ausgestatteten Behältnis eingeschlossene Reliquie des heiligen Sebastian.

„Praesentes:
  Se. Eminenz der Hochwürdigste Herr
  Kardinal Dr. Michael Faulhaber;
  Universitätsprofessor
  Dr. phil. F. Birkner;
  Pfarrer und Schuldekan
  Dr. phil. Jos. Zeiller;
  Pfarrer Martin Guggetzer;
  Benefiziat Albert Binsteiner;
  Kooperator Dr. Joh. Wirthsmüller;
  Kooperator Karl Seeböck.

Das in Ebersberg verehrte Schädeldach des hl. Sebastian besteht aus drei Teilen, die an der Kranznaht und Pfeilnaht sich voneinander getrennt haben. Es sind vorhanden der Rest des Stirnbeines und Reste des Scheitelbeines. Um die Teile etwas zusammen zu halten und eine Lücke zu verdecken, ist eine aus Gold gefertigte ovale Zwinge mit der Darstellung des hl. Sebastian angebracht. Die Ansicht von oben zeigt, dass der Schädel einen brachykephalen Typus hat, wie er am Rande der Alpen häufig ist. Der Schädel macht den Eindruck, dass er einem Manne im kräftigsten Alter angehörte. Die Oberfläche zeigt verschiedenfarbige Patina und durch frühere Bandfassung arrondierte Stellen. Das Schädeldach ist seinerzeit sachgemäss mit einem scharfen Instrument vom übrigen Schädel abgeschnitten worden. An etwa drei Stellen des Sägeschnittes wurden nachträglich kleinere Stücke weggenommen. [Abb. 6]
Das Innere des Schädeldaches weist eine durch Arrosion hervorgerufene Auflockerung der harten Knochensubstanz auf und zeigt mehrere Sprünge. Die äussere Patina und die Arrosionserscheinungen, sowie einige noch vorhandene Pechspuren, deuten darauf hin, dass das Schädeldach vor der Herstellung der silbernen Fassung direkt als Trinkgefäss

Verwendung fand. Es ist nicht ausgeschlossen, dass die Sprünge der inneren Compacta darauf zurückzuführen sind, dass nach der Überlieferung der hl. Sebastian durch Schläge getötet wurde.
Es wurden durch Herrn Prof. Dr. Birkner eine Umrisszeichnung des Sägeschnittes angefertigt und die Dicke der Knochenwandung mittels eines Schiebezirkels festgestellt und in der Zeichnung zur Darstellung gebracht. Auffällig ist die Verschiedenheit der Knochendicke an der Schnittfläche. Prof. Dr. Birkner wird einen Abguss des Schädeldaches herstellen lassen.

  Prof. Dr. Birkner
  M. Card. Faulhaber
  Dr. Jos. Zeiller, Pfr.
  M. Guggetzer, Pfr.
  Alb. Binsteiner, Bfat.
  Dr. Joh. Wirthsmüller, Koop.
  K. Seeböck, Koop.

Die Übereinstimmung der Abschrift mit dem Original bestätigt:
  Ebersberg, 11. Juli 1928.
  K. Pfarramt Ebersberg
  M. Guggetzer, Pfr."[10]

In seiner handgeschriebenen Chronik von Ebersberg fasst Pfarrer Martin Guggetzer das Untersuchungsergebnis wie folgt zusammen: „Südgallischer Typ; kräftigstes Mannesalter; vorzüglich abgesägt von einem, der mit der Knochensäge ausgezeichnet umzugehen versteht, wie nur in Rom. Die Sprünge im Innern scheinen zu bestätigen, daß der Heilige zuletzt erschlagen wurde. Eine

Abb. 7: Titelblatt des im Jahre 1688 von Adam Widl herausgegebenen Buches über den heiligen Sebastian, den „Gnadenspender zu Ebersberg im Bayernland".

Knochenverletzung bei der goldenen Zwinge deutet darauf hin, daß hier ein Splitter ins Gehirn gedrungen [sein könnte]. Die Innenfläche durch Weinsäure angegriffen; dieses und die Spuren von ehemaligen Metallbändern zeigen, daß früher der Wein direkt in die Hirnschale gegossen wurde. Kardinal Faulhaber ließ auch noch einen naturgetreuen Abdruck von der Hirnschale anfertigen und diesen dann in Rom in der Kirche Quattro Coronati mit dem übrigen Teil des Hauptes vergleichen, wobei die Echtheit nochmals bestätigt werden konnte."[11]

Dazu fand sich im Pfarrarchiv Ebersberg ein von Kardinal Michael Faulhaber an den Ebersberger Pfarrer Martin Guggetzer am 10. Januar 1929 gerichtetes Schreiben, in dem der Kardinal bestätigte, dass er das „Facsimile der Hirnschale des heiligen Sebastian, das von Herrn Universitätsprofessor Dr. Birkner mit einer wissenschaftlich exakten Feinheit hergestellt war [...]", bei seiner letzten Romfahrt dem Heiligen Vater vorgelegt und daraufhin die Erlaubnis erhalten habe, die „übrigen Reliquien des heil. Sebastian in Rom einzusehen." Zur Begutachtung seien dann die Archäologen Belvederi und Prälat Wilpert hinzugezogen worden.[12]

In der „Literarischen Beilage zum Klerusblatt" vom 1. Januar 1931 schreibt Professor Birkner bezüglich der angeblich vier ganzen Körper des heiligen Sebastian, „daß das Volk unter einem hl. Leib oder einem hl. Haupt den ganzen Leib und das ganze Haupt verstehe, weil es die Reliquie in sein Ganzes eingefügt sehe. In Wirklichkeit befindet sich freilich an den einzelnen Wallfahrtsorten nur immer ein Teil, und zwar immer ein anderer Teil des heiligen Leibes oder des heiligen Hauptes – das übrige wird kaschiert und gilt als Ausstattung der Reliquie. Wir haben es also nur mit einem Sprachgebrauch des Volkes zu tun, von einer ‚pia fraus' kann keine Rede sein." – In der römischen Kirche Santi Quattro Coronati ist jedenfalls, so haben die Untersuchungen ergeben, der obere Teil des Kopfes des heiligen Sebastian künstlich ergänzt.[13]

Die Frühzeit der Wallfahrt nach Ebersberg

Bald nachdem bekannt geworden war, dass sich in der Klosterkirche von Ebersberg die Hirnschale des heiligen Sebastian, des Patrons gegen die Pest und den jähen Tod befinde, kamen die ersten Wallfahrer, und im Laufe der Jahrhunderte stieg Ebersberg zum meist besuchten Wallfahrtsort in Altbayern auf. Wunder und Mirakel ereigneten sich und bald darauf zogen Kaiser und Herzöge, Handwerker und Bauern, Mägde und Knechte, Arm und Reich nach Ebersberg, um vom heiligen Sebastian Fürsprache bei Gott in den vielfältigsten Nöten zu erbitten.

Über die Frühzeit der Wallfahrt berichtet uns ein von dem Jesuiten Adam Widl verfasstes und im Jahre 1688 in München veröffentlichtes, umfangreiches Buch mit dem Titel „DIVUS SEBASTIANUS EBERSPERGAE BOIORUM PROPITIUS, SEU CULTUS EIUSDEM GLORIOSI MARTYRIS A PRIMA LOCI FUNDATIONE AD NOSTRAUSQUE TEMPORA PROPAGATUS" („Heiliger Sebastian, Gnadenspender zu Ebersberg im Bayernland oder Die Verehrung dieses glorreichen Märtyrers von den Anfängen der Ortsgründung bis in unsere Zeit").[14] (Abb. 7)

Christel Rzepka, die 1989 im Rahmen ihrer Latein-Facharbeit am Gymnasium Vaterstetten dieses Werk untersuchte, fand über den Verfasser heraus, dass dieser mit 17 Jahren in die Gesellschaft Jesu eintrat und in der Folge als Gymnasiallehrer in Hall in Tirol, Eichstätt, Regensburg und Konstanz tätig war. Später wirkte Widl 17 Jahre lang als Prediger in Altötting und Ebersberg und schrieb mehrere in Latein verfasste Bücher, darunter auch das über den heiligen Sebastian und die Wallfahrt nach Ebersberg. Gemäß der Übersetzung Rzepkas stellte Widl seinem Werk folgende Widmung voran:

„Glück den hochedlen, unermüdlichen, erlauchtesten und hochgelehrten Herren – den Herren Bürgermeistern der kurfürstlichen Hauptstadt München und – den übrigen Ratsherren, den Vätern der Vaterstadt!
Indem der hl. Sebastian – seit vielen Jahrhunderten ein Gnadenspender zu Ebersberg im Bayernland – in Gestalt des Werkes meiner Feder nach einem Schirmherrn sucht, unter dessen Schutzherrschaft er an die Öffentlichkeit treten kann, wendet er sich mit vielen Namen an Euch, edelste Männer und eilt geraden Weges nach München. Das hat er sich zum Ziel seiner auserlesenen Pfeile gesetzt, um sich erkenntlich zu zeigen. Damit vergilt er Euch, daß Ihr ihn in einem früheren Jahr unter großartigem vielstimmigen Bitten von viertausend Menschen zu Ebersberg besucht habt. Ihr wart zu ihm als eifrige Wallfahrer gekommen, er kommt jetzt zu Euch zurück als Gast oder, wie ich lieber sagen möchte, als Euer Vertrauter, da er ja innerhalb der weitläufigen Mauern Eurer Stadt und der turmbewehrten Paläste selbst zwei Kirchen besitzt, Altäre aber in verschiedenen Gotteshäusern eine ganze Anzahl als Zeichen des Sieges über die einst überwundene Pest und ebensoviele als Zufluchtsstätten bei künftigem Unheil. Diesem unserem echten Heimatheiligen habt Ihr selbst einst schon durch eine vortreffliche kostbare Gabe – sechs Leuchter geziemender Größe aus Silber kundig getrieben und dem Altar von Ebersberg dargebracht – bezeugt, daß die tragische Pest, die Euere Stadt 1634 entvölkerte, ausgemerzt war. Immer noch ragen vor dem Sendlinger Tor auf einer allgemeinen schmucklosen Begräbnisstätte, einer weithin sichtbaren Erhebung, zwei große Hügel wie Wälle empor, welche zu jener Pestzeit die Leichenhaufen aufgenommen haben. Auf Euere Bitten und Gelübde kam Euch Sebastian voll Zuneigung wohltätig zu Hilfe in der Überzeugung, daß es sofort zu handeln galt, da im Falle einer Verzögerung Gefahr zu bestehen schien, daß das Herz der Stadt aus der Stadt hinausgetragen würde. Es half, so sage ich, rechtzeitig der berühmte Arzt, und das Unheil stand still. Ihr habt unverzüglich den Arzt anerkannt und die empfangene Wohltat nicht, wie das Undankbare tun, unter einen dunklen Scheffel gestellt, sondern auf einen Leuchter. Ja einer war nicht genug! Ihr habt insgesamt sechs ausgewählt, in denen Euere Freigebigkeit erstrahlte, und zugleich Euer Glaube glühte.
Diese Euere ausgezeichnete Frömmigkeit verdient von der Feder, die der Gnadengeschenke gedenkt, einen Lobpreis, ja ein Buch. Das war der Grund, daß ich vorliegende Abhandlung Euerem Namen widme, in welcher nicht nur das, was der hl. Sebastian glorreich wirkte, nachgelesen werden kann, sondern auch Euere einzigartige Liebe zum Heiligen , Euer öffentliches in der ganzen Provinz bekannt gewordenes Beispiel und Euere sonstigen Zierden und Tugenden. Hinzu kommt ferner auch ein persönlicher Grund Eueres Bürgers, aus dem ich mich zu Recht an Euch wende: Ich verdanke München meine Geburt, deshalb schulde ich Euch Achtung und Verehrung. In Euerer Stadt erblickte ich den ersten Tag. In Euch, hochgelehrte Herren, erblicke ich als eine durchaus freundliche Brechung des Lichts die wohltätigen Strahlen der heimatlichen Sonne, mit welchen Ihr gnädig auf alle Ordensleute blickt und vor allem auf die in Euerer Stadt ansässige geringste Gesellschaft Jesu, so daß man mit dem Dichter sagen kann: Metamorphose VIII, Car. 9: ‚Zu allem gesellen freundliche Mienen sich bei.'
Wenn Ihr mit diesen so klaren und huldvollen Augen auch dieses mein Büchlein, das Euch gütig gewidmet ist, wie Ihr es sonst zu tun pflegt betrachtet, werde ich mich überaus freuen – nicht nur über die ausgezeichneten Schutzherren, die ich für dieses kleine Werk gefunden habe, sondern auch darüber, daß wenigstens ein Zeichen und Denkmal meines Euch dankbaren Herzens zurückbleibt.
Der dreimal allgütige höchste Gott möge Euch, Euere Stadt und ihre guten Menschen ganz lange gesund erhalten und unversehrt bewahren. Das wünscht Euerer hochedlen und unermüdlichen Herrschaft geringster Diener in Christo

Adam Widl S. J." [15]

Im Vorwort an den geneigten Leser bemerkt Widl der Übersetzung Rzepkas folgend:

„Mit wenigen Worten will ich Dir, freundlicher Leser, das Thema dieser meiner Schrift erklären.
Ebersberg ist ein Ort himmlischer Gunst und Gnaden in Bayern, wo alljährlich vor allem im grünenden Frühling und im Sommer sehr viele Wallfahrer zum hl. Sebastian, dem gütigen Helfer der kranken Menschen, zusammenströmen, überaus zahlreich und nicht minder fromm. Diese fragen oft einmal aus frommer Wißbegier nach dem Ursprung des Orts, nach den Gründen und dergleichen und sind sehr daran interessiert, etwas über die Ebersberger Geschichte, über die Verehrung des hl. Sebastian bis in unsere Zeit zu erfahren. Damit ihrer löblichen frommen Gesinnung wenigstens in gewisser Weise genüge getan werde und auch angesichts des Wunsches, ja des Befehls angesehener Freunde, schien es der Mühe wert, in einer so erwünschten und heiligen Angelegenheit die Feder zu ergreifen, damit

sie aus unseren alten Urkunden ein Streiflicht jener Geschichte wie einen hellen Funken aus einem dunklen Stein aufleuchten lasse. Dabei verfahre ich mit ihnen ganz und gar mit der Zuverlässigkeit, mit der unsere Urkunden ursprünglich niedergeschrieben wurden und um der Überlieferung der verehrungswürdigen Geschichte willen, die in alter Fassung auf uns gekommen sind.

In dieser Beziehung sind uns in ganz Bayern Orte, die wegen ihrer Frömmigkeit und Wallfahrt berühmt sind, beispielhaft vorangegangen: Ihre Gründer, die von diesen vollbrachten Taten und die vom Himmel empfangenen Gnaden sind dank der Drucktechnik ins Licht der Öffentlichkeit gerückt und allenthalben bequem zur Hand.

Ebendieses verdienen die Gründer Ebersbergs, die Grafen von Sempt, die mit dem königlichen Stammbaum Karls des Großen ganz nah verwandt sind, damit sie, durch deren Freigebigkeit Ebersberg einst entstand, der späten Nachwelt bekannt seien.

Vor allem verdient das der hl. Sebastian, der edelste Märtyrer in der Kirche Gottes, dessen kostbare Hirnschale Ebersberg schon seit mehr als siebenhundert Jahren auf gleiche Weise in höchster Verehrung bewahrt, rundum glücklich über den so großen Schatz und von ihm beglückt. Das und vieles andere mehr soll Dich, geneigter Leser, das vorliegende Büchlein lehren – in aller Kürze, wie ich hoffe, stilistisch glatt und fehlerfrei, durch seinen Gegenstand herzerfreuend. Hier und jetzt spricht es Dich freilich in lateinischer Sprache an, damit es einer größeren Zahl dienen kann. Wenig später wird es vielleicht auch die einfachen Wallfahrer, die kein Latein verstehen, in ihrer eigenen Muttersprache ansprechen, sobald der schon bereitstehende Übersetzer sein Können zum gemeinen Nutzen eingesetzt haben wird.

Du indes, der Du das liest, sei um Deiner menschlichen Milde willen, dieser unseren Arbeit, wie sie auch sein mag, gnädig und erfreue Dich daran." [16]

Bis zum Jahre 1715 dauerte es allerdings, ehe das Werk Adam Widls „Auß dem Latein mit kurtzem Begriff in das Teutsch zusamm gezohen" wurde und in München im Druck erschien. Der Titel dieses nunmehr auch vom nicht so gebildeten Wallfahrer zu lesenden Buches lautet: „Unabläßiger Gnaden-Schutz Deß Gut- und Wunderthätig – Heiligen Helden – und Martyrerss Sebastiani zu Ebersperg in Bayrn / Wider die Pest / und allerley Kranckheiten / Von erster Orths-Stiftung an / biß auf jetzige Zeit fortgesetzet /".[17] (Abb. 8)

Bis auf geringe Abweichungen und Kürzungen wurden die Reihenfolge der einzelnen Kapitel sowie der Gesamtinhalt wie bei Widls lateinischer Fassung belassen. Der Übersetzer selbst blieb allerdings anonym und bezeichnete sich nur als „Priester der Gesellschaft Jesu". Der erste Absatz der deutschen Ausgabe befasst sich mit der Vita des heiligen Sebastian und der Frage, ob dieser „jung oder alt gewesen" sei, als er gemartert wurde, ferner mit der Überbringung der Reliquie von Rom nach Ebersberg und dem Brauch „zu Ebersperg auß der Hirnschaal deß Heil. Sebastiani zu trinken."[18] Dazu zitiert der Schreiber aus den „Ältesten Jahrsgeschichten" des Klosters „daß dieses andächtigen Gebrauchs Urheber der gottseeligste Graff von Sempten / Ulrich der Erste / gewesen seye / welcher zu ersten die Heil. Hirnschaal an sich selbsten / dem Ansehen und Gestalt nach / schon hohl auf Weiß und Form einer Trink-Schaalen mit vergoldetem Silber hat kleiden / und überziehen lassen [...]. Es glaubte der andächtige Herr / daß eben so vil Krafft der heiligen Hirnschaalen wider die Pest geben seye / als jedem andern Weltlichem Becher / so nach der Artzney-Kunst zu bereitet / und den Krancken gereichet wird."[19]

Über den bereits Jahrhunderte währenden Brauch, den Wallfahrern aus der Hirnschale des heiligen Sebastian geweihten Wein zu Trinken zu geben, meint der Schreiber schließlich noch: „Für wahr den andächtigen Grafen hat sein Hoffnung nit betrogen: dann von selbiger Zeit an so vil Gutthaten zu Ebersperg wider die Pest und gemeine Sucht die Krancke erhalten / daß den Mundschenck und Erfinder deß heiligen Trinck-Geschirrs die Erfindung nicht gereuet hat. Und jener biß auff diese Zeiten fortgesetzter heilsamer Brauch lasset annoch nicht nach / in die Gesundheit der Seelen und Leiberen einzufliessen / und sich außzugiessen / welchen Gesund-Becher / in dem ich allen / so den Heil Sebastian verehren / und anhero wallfahrten / von Hertzen zubringe / wünsche ich / daß selbiger durch himmlische Krafft gesegnet / ihnen auf Wunder-sprießliche Weiß wohl bekomme."[20]

Ganze sechs Kapitel widmet der Schreiber der Gründungsgeschichte Ebersbergs und den Begebenheiten zu Zeiten der Grafen Sieghard, Rathold, Eberhard I., Adalbero I., Ulrich, Eberhard II. und Adalbero II. In den letzten Kapiteln befasst sich der Übersetzer, den Ausführungen Widls folgend, mit „Alte[n] Denkwürdigkeiten" und „Etliche[n] Besonderheiten von der Ehr deß Heil. Sebastiani zu Ebersperg" und berichtet über „Göttliche Gutthaten / oder meistentheils Gesundheit-Wunderwerck / so durch die Vorbitt deß Heil. Martyrers Sebastiani den pressthafften Menschen seynd verlyhen worden:"[21]

Am Schluss des 272 Seiten umfassenden Buches ist ein „Register Der Städten / Märckten / und anderen Orthen / welche zu Ebersperg grössere Kertzen haben / und Jährlich / oder zu gewisen Zeiten zu den Heil. Sebastian Proceßion anzustellen pflegen." Darunter sind aufgeführt:

„Aibling, Marckt / Albaching / Althaim, Zu gewiser Zeit / Alt-Arding / Alt-Müldorff / Arding-Stadt / Amerang / Antzing / Arger / Aschheim / Attl / Auffkirchen / Aßling / Babelsheim, In drey Jahren / Braunau Stadt, In zehen Jahren / Crainburg, Marckt, In dreyen Jahren / Dorffen Markkt / Duntenhausen / Ebersperg / Eggenfelden, Marckt / Elmosen / Egmating / Emering / Englsperg, In drey Jahren. / Entlhausen / Erharding, Mit Niederpergkirchen, in drey Jahren. / Eutting / Felden, Marckt, In zwey Jahren. / Flossing, In drey Jahren. / Freysing, Stadt, Zu ungewisem Jahr. / Gars / Glaßkern / Glonn / Gräffing, Marckt. / Grienthal / Haag, Marckt / Hochstett / Hochenbrunn / Hoitzen / Humeln / Inding / Ismaring / Iser / Jettenbach, Zu ungewisem Jahr / Kirchdorff / Kirchhaim / Langenpreisingen / Lendorff / Möring / Mettenhaimb, In drey Jahren. / Müldorff-Stadt, In drey Jahren / Mittbach / Mosen / Mosen, Bey Altburg / Mosburg-Stadt, In drey Jahren / München-Stadt, Zu ungewisem Jahr / Neumarckt, Marckt. / Neu-Oettingen Stadt, in vier Jahren / Oberndorff / Oberföhring / Oberhaching / Obing / Ostermünchen / Ottendichel / Otterfing / Pemering / Pechlern / Peter am Hard / Perlach / Pfaffing / Pocheren / Pogenhausen / Prugg / Puech / Reuttkirchen / Riding / Rosenhaim, Marckt / Schnaitzing / Schwaben, Marckt / Schwindau / Schwindkirch, In zwey Jahren / Sigersbrun / Steinering / Steinkirchen / Tauffkirchen / Tegernbach / Trostberg, Marckt, In siben Jahren / Veldkirch / Waging / Wald-Pfarr bey Oettingen / Walpertskirch / Warnbach / Wartenberg / Wasserburg, Stadt / Wörth / Wünering, Zu ungewiser Zeit. / Zornolding /
Wo nichts angemercket / selbige kommen alle Jahr".[22]

Abb. 8:
Titelseite der im Jahre 1715 herausgegebenen Übersetzung des von Adam Widl 1688 verfassten Buches mit dem Titel „DIVUS SEBASTIANUS EBERSPERGAE BOIORUM PROPITIUS ...".

Da das umfangreiche Übersetzungswerk wohl nicht für jedermann bezahlbar war, nahm man dies 1747 zum Anlass für die Herausgabe eines kleineren Buches, das für die überwiegende Mehrheit der Wallfahrer erschwinglich war. Auch der Autor dieser in Ingolstadt gedruckten Schrift stellt sich nicht namentlich vor, dürfte aber wegen seiner guten Kenntnisse der Ebersberger Wallfahrt ebenfalls der örtlichen Jesuitenresidenz angehört haben. Der Titel des Werkes lautet: „Kurtze und nutzliche Unterweisung / Denen nach Ebersberg zu dem Heiligen Sebastian gehenden Wallfarteren / Auch allen dortigen Inn- und Beywohneren erklärend / Erstens: Was diese Wallfart seye / Zweytens: Was bey dieser zu verrichten".[23]

Im Vorbericht schreibt der Verfasser: Dieweil wegen der Menge der Wallfarter / so das gantze Jahr hindurch zu dem Heil. Sebastian nach Ebersperg gehen / Ihro Päbstlichen Heiligkeit Benedicto XIV. im Jahr Christi 1745 gnädigist gefallen / denen selben / ja allen Inn- und Beywohnern von Ebersperg einen täglichen vollkommenen Ablaß / welchen sie an einem ihnen beliebigen Tag einmal das Jahr hindurch / in der Ebersperigschen Stifft-Kirch bey dem Heil. Sebastian gewinnen können / zu verleyhen / also hab ich für nutzlich zu seyn erachtet / zu größerer Ehr Gottes / und seines Heiligen Blutzeugens Sebastian, zu fernerem Aufnahm dieser so berühmten Wallfart denen lieben Wallfarteren die zwey vor angezogenen Stück in diesem kleinen Büchlein etwas mehrers zu erklären [...]."[24]

Das erste Kapitel, „was diese Wallfart seye", gibt auch in dieser Schrift, wie schon in den vorangegangenen Werken, Aufschluss über das Leben des heiligen Sebastian und berichtet von der Überführung der kostbaren Reliquie des Märtyrers nach Ebersberg. Sodann zählt der Verfasser eine ganze Anzahl von Mirakeln auf: „Unter die erste sonderbar ist zu zehlen / daß auf die kräftige Fürbitt des Heil. Sebastiani das Schloß / und Wohnsitz der Grafen von Sempt / und Ebersperg von denen gantz Bayrland überschwemmenden Hunnen nit habe können überwältiget werden. Dieses erkannte gar wohl Eber-

Abb. 9: Nachdem man den kränklichen Sohn des Grafen Adalbero, namens Ulrich, auf den Altar mit der Reliquie des heiligen Sebastian gelegt hatte, wurde dieser als späterer Graf Ulrich „stark und mächtig". Dieses Wunder ist an der Nordwand des Presbyteriums der Ebersberger Klosterkirche durch einen Maler um die Mitte des 18. Jahrhunderts bildlich festgehalten worden.

Abb. 10: Auch Kaiser Otto II. hatte sich, als er in Seenot geraten war, an den heiligen Sebastian nach Ebersberg erfolgreich um Hilfe gewandt, wie ein Freskant des 18. Jahrhunderts dramatisch dargestellt hat.

hard der so fromme / als tapfere Graf: derohalben hat er die völlige von denen auf dem Lechfeld geschlagenen Hunnen erhaltene Beuth / wie auch denen fünf Hunnischen Königen abgenommene goldene Ketten sambt fünf Pfund Gold / einen silbernen Schild / ja diese gefangene Könige selbst zu Ebersperg dem Heil. Sebastian zu Füssen geleget."[25]

Dieses Ereignis würdigt auch der Chronist des 15. Jahrhunderts mit den Worten: „Graff Eberhard nam dy gesmeit, dy er genomen het von dem Hals des Kunigs Sur und dye schelln dye gehangen wurden an den sawmen der klaider von den nam er Drew pfundt golt und ließ darauß machen aine Kelch. Auch das silbrem chreutz das an dem schilt des Kunigs Sur war und anders Silber das gab er alles got und zu zier seines gotzhaus."[26]

Im Prebyterium der Pfarrkirche von Ebersberg sind an den Wänden Fresken, die von Wundertaten durch den heiligen Sebastian berichten. So ist an der Nordseite zu sehen, wie ein Knabe auf den Altar des Heiligen gelegt wird. Darunter steht auf einem Schriftband zu lesen: „Ein Lebensstifter seines Stiffters Ulrich des Jüngsten Graffen von Sempt und Ebersberg".[27] Graf Adalbero, auf den nach dem Tode seines Bruders Eberhard der gräfliche Besitz übergegangen war, hatte viele Kinder. Sein jüngster Sohn aber war krank und schwächlich. Im Vertrauen auf die Kraft des Heiligen trug er „das chindt zu dem altar sandt Sebastian und legt des chindts Haupt auff den altar und gab mer Hoff und Hueb dartzu sand Sebastian und gab darüber [hinaus] dreyssig Pfennig die er legt auf den altar [...] darumb nam auff das chindt Ulrich an chrafft und an macht und an weishait vor allen seinen bruedern. Und auch in vill kriegen und streytten war er allain der unverwundt belaib." So beschreibt der spätmittelalterliche Chronist dieses Wunder.[28] (Abb. 9) Nachdem die Brüder Ulrichs alle früh verstorben waren, ging der ganze Besitz an ihn über. Auch Ulrich zeigte sich, wie seine Vorfahren, als großer Wohltäter für die Kirche. Insbesondere zur Einweihung der Kirche im Jahre 970 stattete er diese mit vielen Gütern aus. Zu dieser Zeit soll auch der bereits erwähnte Brauch, aus der Hirnschale des heiligen Sebastian geweihten Wein zu trinken, erstmals aufgekommen sein.[29]

Um das Jahr 990 verließen die Augustiner-Kanoniker Ebersberg und Graf Ulrich berief die Benediktiner in sein Hauskloster.[30] Der Zulauf zum heiligen Sebastian wurde immer größer. Sogar Kaiser Konrad II. (1027-1039) kam 1028 nach Ebersberg, wie uns der Autor des Wallfahrtsbüchleins von 1747 berichtet, und „hat disen grossen Heiligen wegen erwiesenen Gutthaten [...] selbst persönlich besucht / eyffrigist verehret / aus der Hirnschal getrunckhen und sich danckbahrlich mit herlichem Geschänk gleichwie zuvor Otto II. eingestellet." Wie auf einem Fresko beim Hochaltar gezeigt wird, war Kaiser Otto II. (973-983) in Seenot geraten und hatte den heiligen Sebastian um Schutz und Hilfe angerufen. (Abb. 10) Eine ganze Reihe weiterer Fresken an den Wänden im Presbyterium künden von der Vielfalt der Nöte, in denen der Heilige angerufen wurde. „Ein Schirmer wider den Blitz", „Ein Zuflucht der Menschheit", „Ein Retter des Schiffbruch", „Ein Wiederbringer der Verlornen", „Ein Vater des Vaterland", „Ein Feld-Arzt im Gesund-Trunk" sind als Bildunterschriften zu lesen. Der Schreiber des Wallfahrtsbüchleins vermerkt weiter: „Noch mehreren Aufnahm aber hat dieser Wallfahrt der Heil. Sebastianus selbst durch seine Wunderthaten gemacht / vile Dorffschaften / vil Märckt / und Städt nacher Ebersperg gezogen / vil hundert in selben von unterschidlichen Krankheiten des Leibs und der Seel erlediget / oder die letzte und beste Gnad eines glückseeligen Tods zuwegen gebracht / wie es neben anderen Waltherius Graf / der in das Heilige Land gezogen / in Orient erfahren / als welcher befohlen / daß man seinen Leichnam durch so vil Meil Weegs nacher Ebersperg führen sollte als ein Schlacht- und Dankopfer für den guten Tod / so er von dem Heil. Sebastian zu erhalten verhoffet / und auch erhalten."[31]

Um die Mitte des 11. Jahrhunderts ging ein Großteil des Besitzes der Grafen von Ebersberg an das Kloster über, da das Geschlecht im Mannesstamm ausgestorben war. Als eines der markantesten Mirakel der folgenden Jahrhunderte erwähnt der Übersetzer Adam Widls eine Brandkatastrophe im Jahre 1305, als am Tag des heiligen Florian, dem 4. Mai, ein „Pater Conradum Prebyterum, so von Sünnen khommen, alles in ainer Nacht in Grundt verprand [...]."[32] Auch dieses denkwürdige Ereignis hat der Freskant des 18. Jahrhunderts mit einem Bild im Presbyterium der Pfarrkirche Sankt Sebastian der Nachwelt überliefert. Man sieht darauf die brennende Kirche, aus der ein Mann in Begleitung eines Priesters die unversehrte Silberbüste mit der Hirnschale des heiligen Sebastian auf dem Arm herausträgt. Daneben erkennt man zwei Knechte, die gerade eine Sebastiansskulptur mit Stangen aus dem Feuer bergen. „Ein Sieger des Feurs" schreibt der Maler zu diesem Mirakel. (Abb. 11) Dazu vermerkt der Schreiber der Schrift von 1747: „Da gähling das gantze Closter sambt Kirch / und allen Zugehörigen biß auf Unser lieben Frauen Capellen abgebrunnen / hat der Heil. Sebastian seine Hirnschal sambt seinem silbernen Brust-Bild / und noch einer kleineren höltzernen Sebastian Bildnuß / so jetzt an dem Chor Gatter stehet / völlig mitten in Flammen unverletzt erhalten."[33] Mit dem damals aus den Flammen geborgenen „silbernen Brust-Bild" kann allerdings nicht die Silberbüste gemeint sein, in der seit Jahrhunderten die Reliquie verwahrt ist, da diese erst in der Spätgotik, wohl zur Zeit des Benediktinerabtes Eckhard (1446-1472), von einem unbekannten Goldschmied angefertigt wurde.

Noch bis in die sechziger Jahre des letzten Jahrhunderts herauf stand im Presbyterium unterhalb des Chorbogens auf einem kunstvoll geschmiedeten barocken Podest eine kleine gotische, allerdings erst um 1400 geschnitzte Skulptur, die von den Wallfahrern als die verehrungswürdige Sebastiansfigur angesehen wurde, die man im Jahre 1305 neben der Reliquie unversehrt aus dem Feuer bergen konnte. Dies war auch der am Podest angebrachten kleinen Schrifttafel zu entnehmen, auf der man lesen konnte: „Anno 1305 als diese Kirche völlig abbrannte, ist dieses Bildnis im Feuer unversehrt erhalten worden." (Abb. 12) In der Tat ist die Skulptur dunkel gefärbt, was aber nicht durch Feuer, sondern eher durch rußende Kerzen, die über Jahrhunderte von den Pilgern darunter abgebrannt und geopfert wurden, verursacht worden war. Vermutlich aber gab es früher tatsächlich eine im Jahre 1305 aus dem Feuer gerettete und rußgeschwärzte Sebastiansfigur, die dann allerdings später durch eine neue ersetzt wurde.[34] Jedenfalls ist in dem 1715 herausgegebenen Wallfahrtsbuch über dieses Ereignis verzeichnet, dass „[...] eben dieses Heiligen elenbogen-hohes Bild / das unter den glühenden Kohlen gefunden / aber von selben unbeschädigt / und anderst nicht / davon von dem Rauch ein wenig berührt / hernach zu der Geschicht ewiger Gedächtnuß offentlich in der Kirchen ober dem eysernen Gatter / so den vordern Kirchen-Chor einschliesset / gestellet / annoch von andächtigen Wallfahrtern verehret wird / mit auffge-

Abb. 11: Auf diesem Fresko an der Nordwand des Presbyteriums der Ebersberger Stiftskirche wird der heilige Sebastian beim Brand der Kirche im Jahre 1305 als „Ein Sieger des Feurs" gepriesen, da die Reliquie des Heiligen sowie eine Sebastiansskulptur unversehrt aus dem Feuer geborgen werden konnte.

Abb. 12: Zu einem der markantesten Mirakel zählte, dass beim Brand der Ebersberger Stiftskirche im Jahre 1305 eine Holzskulptur des Pestheiligen unversehrt aus dem Feuer geborgen werden konnte. Lange Zeit hielt man die hier abgebildete, tatsächlich allerdings erst um 1400 entstandene Sebastiansfigur wegen ihrer von Opferkerzen verursachten rußgeschwärzten Erscheinung für die auf wundersame Weise aus dem Brandschutt gerettete Statue.

henckten gemahlten Titul / der auf die Gestalt eines Schild gemacht worden / so den gantzen Verlauff der Geschicht mit kurtzer Überschrifft in Teutscher Sprach erkläret [...]."³⁵

Aus einer Stifterurkunde mit dem Siegel Kaiser Ludwigs des Bayern (1328-1347) geht hervor, dass dieser 1341 den „ehrwürdigen geistlichen Herren Abt und Konvent" sechs Schillinge vermachte, „daß man darum Wandelkerzen vor dem St. Sebastiansaltar unterhalten soll."
Ebersberg war zu dieser Zeit der wohl berühmteste Wallfahrtsort im ganzen südbayerischen Raum, bis man im Mai des Jahres 1388 in Andechs einen Reliquienschatz entdeckte. Die nunmehr aufkommende Wallfahrt zu den Heiltümern nach Andechs wurde kurze Zeit dem Kloster Ebersberg übertragen. Der Ebersberger Abt Philipp Höhenberger (1385-1412) dachte sogar daran, die Andechser Reliquien nach Ebersberg zu holen. Tatsächlich waren sie auch kurze Zeit in der Sebastianskirche, bis man sie auf besonderen Wunsch der bayerischen Herzöge in die herzogliche Residenzkapelle Sankt Laurentius nach München überführte.

Kurz nach dem Beginn der Amtszeit des Benediktinerabtes Eckhard (1446-1472) wurde die Sebastians-Bruderschaft eingeführt, in die sich bis heute herauf viele Gläubige vom höchsten bis zum niedrigsten Stand haben eintragen lassen. In der Zeit der Gründung der Bruderschaft entstand wohl auch die Silberbüste des heiligen Sebastian, eine der besten spätmittelalterlichen Silberschmiedearbeiten. (Abb. 13) Sie steht auf einem Sockel, getragen von vier kleinen Löwen und ist besetzt mit Glas und Edelsteinen. In der Brust stecken drei Pfeile, das Attribut des Heiligen. Innerhalb des abnehmbaren Fürstenhutes ist das Cranium in einer später angefertigten, mit Schaugläsern versehenen Fassung untergebracht, aus der die Pilger geweihten Wein zu trinken bekamen. Noch bis zur Mitte des 17. Jahrhunderts tranken die Wallfahrer den Wein direkt aus der Hirnschale, dann ging man dazu über, den Pilgern mit silbernen Röhrchen diesen aus einem eigens angefertigten, kunstvoll gearbeiteten und vergoldeten Kelch darzubieten.³⁶ (Abb. 14)

Erzherzog Maximilian von Österreich weiß 1613 über die Wundertätigkeit des heiligen Sebastian zu berichten: „Daß wir in unserem auf Regenspurg durchraisen aus der heiligen Hirnschale S. Seb. getrunkhen, auch seine geweihten Pfeillen mit uns hinweckh getragen, Ist unns zu großer wolfahrt und nutz khommen, dann khainer auß unserm Hofgesindt, welches wenig anderen dort wohnenden Fürsten widerfahren, an der besen hochschwebender Krankheit mit Tod abgangen."³⁷

Wie der Erzherzog schon erwähnt, war es bei den Pilgern und Wallfahrern auch der Brauch, zum Schutz gegen die Pest kleine, aus Blei gegossene Pfeile, die mit der Reliquie berührt worden waren, zu erwerben. Man ging sogar daran, den geweihten Wein oder geweihtes Wasser und die Bleipfeile zu verschicken, wie zum Beispiel um die Mitte des 17. Jahrhunderts an den kaiserlichen Hof nach Wien, an den kurfürstlichen Hof nach München oder zum Erzbischof von Köln. Noch bis 1923 bekamen die Wallfahrer aus dem Sebastianskelch Wein gereicht, dann übte man diesen uralten Brauch wohl wegen der immer geringer werdenden Zahl an

Abb. 13: Im abnehmbaren Helm der wohl um 1450 durch den Benediktinerabt Eckhard (1446-1472) in Auftrag gegebenen Silberbüste befindet sich die Hirnschale des heiligen Sebastian.

erfuhr die Wallfahrt zum Pestheiligen wiederum einen großen Aufschwung.

Anfang des 16. Jahrhunderts hatte die Pest bereits mehrere Opfer im Münchner Angerkloster und „in dem Bittrich-Regel-Hauß" gefordert. Erst auf ein „zu dem Hl. Sebastian gemachtes Gelübd", so vermerkt der Jesuitenpater 1747, sei die Krankheit verschwunden. „Wegen disen und dergleichen 100 andern Gutthaten hat diese Wallfahrt durch gantz Bayrn / und andern benachbarten Länderen einen ungemein grossen Aufnahm und Wachßtum bekommen."[40]

Im Laufe der Jahrhunderte ließen vor allem die Benediktineräbte durch Gold- und Silberschmiede wertvolle Reliquienbehälter in Form von Monstranzen und kleinen Altärchen für den heiligen Sebastian anfertigen.[41] Kaiser und Kurfürsten, aber auch sonstige reiche Bittsteller brachten kunstvolle Weihegeschenke zum Pestpatron nach Ebersberg, wogegen der einfache Votant als Dank für die Gebetserhörung meist vom Dorfkistler ein einfaches Votivbild malen ließ oder auf dem Markt eine Wachsvotivgabe erstand, die er dem Heiligen opferte.[42] Der Klosterschatz wuchs also im Laufe der Jahrhunderte fast ins Unermessliche an und der Zulauf zum heiligen Sebastian wurde immer größer, zumal besonders am Patroziniumstag und zum Titularfest der Sebastians-Bruderschaft die herausragenden Heiltümer von den Priestern dem Volk vorgezeigt wurden.

Die Wallfahrt unter den Jesuiten

Nachdem die Benediktiner Ende des 16. Jahrhunderts den Ort ihres über 600-jährigen Wirkens verlassen hatten, zog auf Betreiben des bayerischen Herzogs Wilhelm V. (1579-1598) und des Papstes Clemens VIII. (1592-

Abb. 14: *Ab der Mitte des 17. Jahrhunderts wurde den Wallfahrern aus dem Sebastianskelch geweihter Wein gereicht, den sie mit zwei, heute leider verschollenen silbernen Röhrchen, sogenannten Fistulae, zu trinken bekamen.*

Wallfahrern nicht mehr aus. Geweihte Bleipfeile allerdings kann man heute noch in der Sakristei bekommen. Außer dem Schutz gegen ansteckende Krankheiten sollen sie nach dem Volksmund auch bewirken, dass einem im Geldbeutel das ganze Jahr über das Geld nicht ausgeht.[38] (Abb. 15)

Noch im 15. Jahrhundert kam es nach dem Wallfahrtsbüchlein von 1747 zu vielen Gebetserhörungen, wie zum Beispiel „1466, da die Pest in Oesterreich starck wütete / ist von selber Guilielm von Enzensdorff samt seiner Frau Gemahlin wunderlich durch angeruffene S. Sebastian-Fürbitt / und durch das Eisen eines Pfeils / mit dem der Heilige durchschossen / augenblicklich erlediget worden / welchen eisernen Spitz sie auch zur Danksagung nacher Ebersperg geschicket."[39] (Abb. 16) Auch unter dem auf Abt Eckhard folgenden Abt Sebastian Häfele (1472-1500), der als einer der baufreudigsten Klostervorsteher in die Geschichte Ebersbergs einging,

Abb. 15: *Seit dem Ende des 16. Jahrhunderts ist es bis heute herauf Brauch, den Wallfahrern kleine, früher aus Silber, heute aus Blei gegossene Pfeile mitzugeben, die vorher mit der Reliquie des heiligen Sebastian berührt wurden.*

Abb. 16: Auch kunstvoll verzierte schmiedeeiserne Pfeile brachten die Votanten dem heiligen Sebastian als Dank für die Errettung aus ihren vielfältigen Nöten dar.

1605) 1596 der Orden der Gesellschaft Jesu in Ebersberg ein. Das Kloster wurde Jesuitenresidenz mit einem Superior als Ordensvorstand und war dem Münchner Jesuitenkolleg angegliedert.[43]

Pater Rektor Jakob Keller ließ Anfang des 17. Jahrhunderts die Kirche umgestalten und einen neuen Hochaltar mit der heute noch bestehenden lebensgroßen Skulptur des heiligen Sebastian anfertigen. Die Wallfahrt nahm nun einen ungeheuren Aufschwung, hauptsächlich hervorgerufen durch die immer wieder aufflammende Pest. 1608 zog deshalb die ganze Gemeinde Braunau nach Ebersberg und opferte dem heiligen Sebastian ein rotes Messkleid, wobei gelobt wurde, alle zehn Jahre die Wallfahrt zu wiederholen.

Sechs Jahre vorher, so berichtet das Wallfahrtsbüchlein von 1747, „hat ein eintziger schlechter / doch an der Heil. Hirnschal hier angerührter Pfeil bey dem ganzen Reiter Regiment des Schlesischen Fürsten von Teschin großes Wunder in Hungarn erwürckt. Dann da die üble Sucht in selbes eingerissen / hat dises Regiments Catholischer Feld-Pater allen Soldaten / obwohlen die meiste lutherisch waren / ja dem Fürsten selbst von dem Wasser / in welches der Pfeil hinein gehenckt wurde / doch mit ihrer größten Vertrauen auf die Vorbitt des Heil. Sebastiani zu trincken gegeben. Sihe Wunder! kein eintziger ist gestorben. Das ware das eintzige Mittel zur Gesundheit des Leibs / ja auch der Seelen / die weil nebst vilen Soldaten der lutherische Fürst selbst durch dieses Wunder bewöget den wahren Catholischen Glauben / für welchen dieser wunderthätige Held Sebastian gestorben / mit Freuden angenommen hat."[44]

1611 und 1612 bedrohte die Pest Mühldorf und dessen Umgebung wie auch den Markt Kraiburg. Beide Orte nahmen Zuflucht zum heiligen Sebastian und gelobten, alle drei Jahre nach Ebersberg zu ziehen. Sehr viele Wallfahrtszüge kamen 1613 nach Ebersberg. Darunter war auch ein Zug mit allein 2.800 Gläubigen. Von Juni bis September waren es 35 Wallfahrtszüge, die jeweils bis zu 100 Pfund schwere Votivkerzen opferten. (Abb. 17)

Sechzig Pilgerzüge gelangten im Jahre 1615 im Markt an. Auch der unselige 30-jährige Krieg hielt die Wallfahrer nicht davon ab, nach Ebersberg zu pilgern. 1632 kamen erstmals die raubenden und mordenden Schweden nach Ebersberg. Nur noch zwei Jesuitenpatres und ein Laienbruder waren hier geblieben. Den durch die vielen Opfergaben im Laufe der Jahrhunderte fast ins Unermessliche angewachsenen Klosterschatz hatte man vorher nach Salzburg in Sicherheit bringen können. Der ganze Ort und die Residenz wurden geplündert, die Kirche als Pferdestall benützt und schließlich noch der Laienbruder Blasius Schölling, der den Kirchenschatz verraten sollte, auf das Grausamste gemartert und zu Tode gequält. Nachdem die Schweden wieder abgezogen

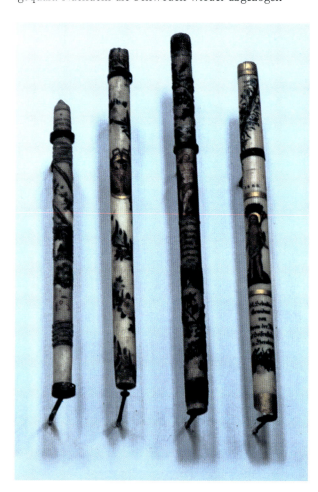

Abb. 17: Vier bemalte Votivkerzen aus dem 19. Jahrhundert.

waren, kamen bald wieder die ersten Wallfahrtszüge an. Die Stadt Hall in Tirol opferte 1635 einen kostbaren Kelch und im gleichen Jahr kamen 3.500 Gläubige aus München und brachten sechs silberne Leuchter als Opfergaben.⁴⁵

Allein in den Jahren 1637 und 1638 „haben acht Durchlauchtigste Fürsten / worundter auch der Churfürst von Cölln / und ein Herzog von Lothringen an dem Heil. Sebastian-Tag alle zu Ebersperg die Heil. Sacramenta der Beicht und Communion offentlich empfangen."

Der Schreiber des Wallfahrtsbüchleins von 1747 führt als weitere höher gestellte Besucher Ebersbergs und Bittsteller beim heiligen Sebastian auf: „Ferdinand III. Römischer Kayser", „Maximilian I. Churfürst in Bayrn", (Abb. 18) „Albert Landgraf von Leuchtenberg, der 1635 mit seinen gantzen Hof Staab nach Ebersperg kommend / seinen wunderthätigen Erretter von der Pest mit seinem kostbaristen Hochzeyt-Kleyd / und silbernen Bildnuß beschencket", „Graf Johann Tzerclas von Tilly", „Die Grafen von Herberstein", „Haunsberg", „von Fugger", „Frey-Herren von Muggenthal", „von Ruepp", „Neuhauß", „Bodman" et cetera.

Besonders Personen, die mit den an der Pest Dahingeschiedenen in direkten Kontakt kamen, wie Bader, Totengräber, Ärzte und sonstige Amtspersonen, wandten sich vertrauensvoll an den heiligen Sebastian um Schutz und Schirm gegen diese Krankheit. So vermerkt der Schreiber: „Johannes Georgius Staudinger / da er noch als ein Schreiber / und auff Befehl des Raths bey jenen gefährlichen Zeiten den schriftlichen letsten Willen / und Inventarien / wie mans nennet / auch in den angesteckten Häusern / allwo die unbegrabene Leichnamb lagen / so durch die Pest hingerissen waren / aufsetzete / hat er doch nichts jemahlen von der Kranckheit an sich gezohen / oder durch die Gemeinschaft angenohmen / weilen er durch ein Gelübd zu dem Heil. Sebastian sich vorsichtiglich versehen hat."⁴⁶

Weiter berichtet das Wallfahrtsbuch, dass 1613 „Maximilian Ertz-Hertzog in Oesterreich sambt seiner gantzen Hofstatt zu Regenspurg durch einen Trunck aus der Heil. Hirnschal von der Pest errettet worden" und „1640 hat das in gantzen benachbarten Gebürg an der Sucht fast schon hinfallende Vih durch das eingenomme Wasser / in welchem ein geweyhter Heil. Sebastian-Pfeil gelegen / wie auch 1650 und 51 eine unzahlbare Menge Menschen / augenscheinliche Wunder-Hülff erfahren [...]."⁴⁷

„1639 hat der Heil. Sebastian eine armen Tochter / welche der Teufel wegen den Fluch der Mutter in Gestalt eines Reiters hat hollen wollen / 1686 eine Jungfrau / so eben dieser Höllen-Geist in Gestalt eines Mannsbild hat zur Unkeuschheit häfftigist angereitzet / auch eine andere von unkeuschen Leben / und Nachstellungen dieses höllischen Feinds / von welchem sie alle Nacht jämmerlich gebriglet worden / auf eyffriges Anruffen höchst verwunderlich von disem üblen Gast befreyet [...]."⁴⁸

„Eine andere kunte bey dem Communion-Gatter die Heil. Hosti mit keinen Gewalt hinunter bringen / sie ruffte endlich den Heil. Sebastian um Hülff an. Es fiele ihr alsobald eine Sünd ein / so sie niemals gebeichtet. Erwecket derohalben eine vollkommene Reu / und kunte alsobald das Heil. Sacrament hinunter schlucken."⁴⁹

Allein im Jahr 1662 „zehelte man in der Kirch des Heil. Sebastian 24000 Communicanten / welche im Jahr 1678 biß auf 32000 gestigen seynd."⁵⁰

Insgesamt waren es bis zur Mitte des 18. Jahrhunderts 98 „Städt / Märck / Hofmarchen / Dorffschafften welche zu Ebersberg Centnerschwäre große Wax-Kertzen unterhalten und entweders alle Jahr / alle 3. Jahr oder noch zu anderen Zeiten hieher mit dem Creutz" kamen.⁵¹

Obgleich nach Ebersberg besonders zu Zeiten der immer wieder aufflammenden Pestepidemie Tausende an Wallfahrern zum heiligen Sebastian pilgerten und damit durch diese großen Massenansammlungen aus allen möglichen Gegenden die Gefahr der Ansteckung durch von der Pest bereits infizierte Personen in erhöhtem Maße gegeben war, scheint der Ort unter dem besonderen Schutz des hiesigen Kirchenpatrons gestanden zu haben. Jedenfalls sind in den Aufzeichnungen aus dem 15. Jahrhundert als auch bei Adam Widl (1688) und dessen Übersetzung (1715) sowie im 1747 herausgegebe-

Abb. 18:
Dieses Votivfresko an der Nordwand des Presbyteriums der Ebersberger Stiftskirche erinnert an den bayerischen Kurfürsten Maximilian I., der besonders zur Zeit des Dreißigjährigen Krieges den heiligen Sebastian als Fürsprecher bei Gott anrief.

nen Wallfahrtsbüchlein, aber auch in den allerdings erst mit dem Jahr 1686 beginnenden Sterbebüchern der Pfarrei Ebersberg keine Vermerke über eine derartige Heimsuchung des Ortes zu finden, in dem der Patron gegen die Pest selbst in Form der wundertätigen Reliquie anwesend war. Darüber wundert sich auch der Übersetzer Adam Widls, wenn er schreibt: „Das 1639ste Jahr hat an dem Fest deß Heil. Sebastiani selbsten eine große Menge der Wallfahrtern zu Ebersperg gezehlet / und was wunderlich zu seyn gedunken kunnte / obwohlen die Pilgram dick an einander stunden / hat man doch nicht erfahren / daß einer den anderen angesteckt habe. Alle waren Schaden-loß / ob man gleich vermerckt / daß etlicher Geschwaer in der Kirchen selbsten aufgebrochen / geflossen / und die Sucht angebotten haetten."[52]

Abb. 19: Erst durch einen geheimen Mechanismus öffnet sich der Brustpanzer des figürlich gestalteten Schließblechs an der schmiedeeisernen Türe der Ebersberger Sebastianskapelle und gibt mit einem barocken Schlüssel den Zugang zu dem prächtig gestalteten Sakralraum frei.

Bau der Sebastianskapelle

Nach dem Ende des 30-jährigen Krieges kam es in Ebersberg wie im ganzen Lande zu einem gewaltigen Aufschwung. Not und Elend hatten vorläufig ein Ende, oder wie sich ein Ebersberger Chronist ausdrückt: „Als dergestalten das Ungewitter des langwürigen Kriegs vergangen / seynd darauf frölichere Zeiten gefolget."[53] Am 19. April 1666 begannen die Jesuiten mit dem Abbruch des mittlerweile ruinös gewordenen Ostflügels des alten Konventgebäudes. Rektor Christoph Schorrer legte am 24. Mai desselben Jahres den Grundstein zum Neubau. Als Architekt hatte man den „Bau- und Maurmaister M[eister]. Michael Beer von der Au im Bregentzer Waldt" verpflichtet, der aber, wie in den Hausannalen als Randnotiz vermerkt ist, „so doch gleich nach 4 Tägn haimbgeraißet und under weegs Vertrunkhen. Ist nach Ihme angenommen worden sein Vätter Johannes Mosprugger, so auch diesen Pau Vollendet."[54] Als Zimmermeister hatte man Melchior Geißlmoser aus Ebersberg verpflichtet. Zugleich mit dem Neubau des östlichen Klostertraktes wurde der Eingangsbereich der Stiftskirche barockisiert. Links vom Kircheneingang entstand dabei ein kapellenähnlicher Bau, auf dem im Giebelfeld, unterbrochen durch das Jesus-Monogramm, die Jahreszahl 1666 abzulesen ist. In der Nische befindet sich oben ein spätgotisches

Abb. 20: Auf der überreich stuckierten Decke der Sebastianskapelle erinnern auch Bogen und Pfeile im Köcher an das Martyrium des heiligen Sebastian.

Brustbild des Kirchenpatrons, der in der rechten Hand als Attribut einen Pfeil hält. Darunter ist die Kreuzigung Christi im Relief dargestellt. Beide Kunstwerke sind aus Rotmarmor gearbeitet. Früher befand sich in der Nische ein Wassergrand, der von einem rückwärts im Garten befindlichen Brunnen gespeist wurde.
Im Anschluss an den Konventsneubau wurde 1668 mit dem Bau der Sebastianskapelle oberhalb der gotischen Sakristei begonnen. Dazu konnten die Jesuiten ihren Laienbruder und Baumeister Heinrich Maier verpflichten. Der Zugang zu dieser „Sacellum Sancti Sebastiani" war wohl ursprünglich vom linken Seitenschiff der Stiftskirche aus über die heute noch hinter dem linken Seitenaltar befindliche, durch einen Eichenholzschrank verstellte große Rundbogenöffnung oder aber vom östlichen Konventsbau aus gegeben. Wohl hauptsächlich durch den im Jahre 1781 nach dem Brand abgetragenen Ostflügel des Klosterbaues veränderte sich die Zugangssituation, so dass man heute zur Sebastianskapelle nur über eine schmale Stiege beim vorderen Sakristeieingang oder über ein später eingebautes Treppenhaus gelangt. Schon die große schmiedeeiserne Türe lässt erahnen, dass sich dahinter ein besonderer Raum befinden muss. Die einflügelige, an drei Angeln hängende Türe besteht aus zehn dicken handgeschmiedeten und aneinandergenie-

teten Eisenplatten und verzierten sowie ziselierten Bändern und Beschlägen. Als Schließblech hat der Kunstschmied eine stilisierte Figur angebracht, bei der sich in einer Art Geheimverschluss erst durch die Verschiebung eines unscheinbaren Nietenkopfes der Brustpanzer löst und damit das Schlüsselloch zum Einführen des barocken Schlüssels freigibt. (Abb. 19) Allein schon das Schloss mit dreifacher Verriegelung stellt ein Kunstwerk für sich dar. Auch der Schlossblock ist mit figürlichen Motiven verziert. Erst durch das Öffnen einer weiteren, zweiflügeligen Holztüre, mit aufgesetzten Kassettenrahmen und prunkvoll geschnitzter Schlagleiste, gelangt man in den lichterfüllten Kapellenraum. Als erstes ist man fast überwältigt vom barocken Prunk des Sakralraumes. Das Rundbogengewölbe und die Wände sind überreich mit Stuckornamenten in Form von Bändern, Muscheln, üppigen Fruchtgehängen, Blütenkelch-, Lorbeer- und Blattgirlanden, Rosetten, Fruchtkörben und Engelsköpfen geziert. An der Decke befinden sich in medaillonförmigen Stuckumrahmungen die Initialen „MRA" für Maria, die Gottesmutter, „IHS" für Jesus als Zeichen der Jesuiten und „SBS" mit zwei gekreuzten Pfeilen innerhalb eines Lorbeerkranzes für den Kirchenpatron Sankt Sebastian. Köcher mit Pfeilen und Bogen weisen auf das Martyrium des Pestpatrons hin. (Abb. 20) Zwischen den Pilastern und auf beiden Seiten des Altares sind prunkvoll geschnitzte Schränke mit zweiflügeligen, butzenscheibenverglasten Türen eingebaut, in denen sich einst die vielen, von den Wallfahrern über die Jahrhunderte herauf dargebrachten Weihegeschenke sowie die Heiltümer des Klosters befanden. Heute sind darin barocke Reliquienaltärchen, Kanontafeln, Monstranzen, Kelche, Kerzenleuchter, Kreuze und Skulpturen von der Gotik bis zum Rokoko herauf aufgestellt. (Abb. 21)

Im oberen Bogenfeld der Südwand befinden sich drei mit Stuckrahmen versehene, auf Leinwand gemalte Ölbilder, von denen das linke den Ordensgründer der Jesuiten, Ignatius von Loyola darstellt. Im mittleren Rundbild ist Sebastian, der Hauptmann der Leibgarde des römischen Kaisers Diokletian, an einen Baum gebunden zu sehen, wie er von drei Soldaten mit Pfeilen beschossen wird. Im rechten Ovalbild erkennt man den Jesuitenheiligen Franz Xaver, der einen Heiden tauft. (Abb. 22) Unten rechts ist der Märtyrer Sebastian in sitzender Haltung an einen Baum gelehnt zu erkennen, während eine Frau die Pfeile aus dem zerschundenen Körper zieht, eine zweite die Wunden mit einem Tupfer säubert und eine dritte Samariterin Salbe darauf streicht. (Abb. 23) Gegenüber liegt Sebastian vor der römischen Stadtkulisse am Boden und versucht drei Schergen abzuwehren, die mit Keulen auf ihn einschlagen. Von den übrigen im Stuck eingelassenen Ölbildern, auf denen zwei weibliche Heilige, Gott Vater und Landschaften dargestellt sind, ist das in der Westwand oberhalb des Schrankes eingelassene Ovalbild für die Ortsgeschichte von großer Bedeutung. Es zeigt die Ostansicht der Jesuitenresidenz Ebersberg mit der Stiftskirche zur Zeit der Erbauung der Sebastianskapelle, also um 1670. Deutlich ist dabei der nach drei Seiten natürlich geschützte Bergsporn zu erkennen, auf dem bis zum Jahre 1037 außer der Kirche auch die Burg der Grafen von Ebersberg stand. Erst Abt Burkhard (1184-1201) verlegte die Konventsgebäude von der Südseite der Kirche auf die geräumigere Nordseite. Auf der Abbildung sind auch noch die beiden am Chor angebauten Kapellen, namentlich die Ignatius- und die Marienkapelle, sowie der östliche Klostertrakt zu erkennen, die beim Brand im Jahre 1781 ein Raub der Flammen wurden. Die Straße beim sogenannten Friesberg herauf ziehen Wallfahrer, die zum Pestpatron Sankt Sebastian pilgern. Auf der Spitze des Hügels im Vordergrund, der den Namen „Rosskopf" trägt, stand damals ein Kreuz, zu dem ein Weg mit Kreuzwegstationen führte.

Pfarrer Martin Guggetzer nahm an, dass die Ölbilder in der Sebastianskapelle von der damals im Aiblinger- und Ebersberger Raum ansässigen Malerfamilie Vicelli stammen könnten. Die Vicellis waren eine alteingesessene Malerfamilie aus Tirol, die meist mit Fassarbeiten von Altären und Skulpturen betraut wurden. Auch im Eintragsbuch der Sebastians-Bruderschaft ist unter dem 12. März 1690 „der Ehrnvest und Kunstreiche Herr Antonj Vicellj, Maler alhier zu Ebersperg" zu finden. Wie Hans Rohrmann in seiner Abhandlung über „Die Wessobrunner des 17. Jahrhunderts" berichtet, war es der Jesuiten-

Abb. 21: Zwischen den Pilastern und zu beiden Seiten des Altares der Sebastianskapelle stehen prunkvollst geschnitzte Schränke, in denen einst die wertvollen Heiltümer aufbewahrt wurden.

Abb. 22: Die Südwand der Sebastianskapelle mit Bildern aus der Legende des Heiligen, der Stifterinschrift des Bischofs Albrecht Sigismund (unten Mitte) sowie den Darstellungen der Jesuitenheiligen Ignatius von Loyola und Franz Xaver (oben links und rechts).

Abb. 23: Dem heiligen Sebastian werden die Pfeile herausgezogen und seine Wunden mit Arzneien behandelt. Ölgemälde von Antonius Vicelli (?) in der Sebastianskapelle.

Laienbruder Heinrich Mayer, der beim Bau der Sebastianskapelle als Architekt und Bauleiter fungierte. Mayer, der das Kistlerhandwerk erlernt hatte und hier auch in seiner Profession als Schreiner arbeitete, fertigte nach seinen Entwurfzeichnungen selbst die zwischen den Pilastern befindlichen, kunstvoll geschnitzten Schränke für die Aufnahme der wertvollen Heiltümer sowie auch die unter den Fenstern situierten Bücherschränke. Eng mit ihm zusammen arbeitete der zum Kreis der Wessobrunner zählende Stuckateur Michael Schmuzer (1639-1676), der mit seinen Gehilfen die Stuckdekoration der Sebastianskapelle ausführte.[55] In den Hausannalen ist erwähnt, dass die „Gypsatoren" im Jahre 1669 ihre Arbeiten in der Sebastianskapelle abgeschlossen hatten.[56] Als der bayerische Herzog und Bischof Albert Sigismund von Freising am Mariä-Himmelfahrtstag des gleichen Jahres die Ebersberger Jesuiten-Residenz besuchte, war er von den Arbeiten für die Kapelle so angetan, dass er spontan 2.000 Gulden für den Neubau stiftete. Zum Dank dafür wurde ihm im Zentrum der Südwand eine mit üppiger Stuckdekoration umrahmte ovale Schrifttafel gewidmet, auf der in freier Übersetzung aus dem Latein Folgendes abzulesen ist: „Diese, dem hl. Sebastian geweihte Kapelle hat zu dieser sichtbaren Feinheit gefördert der erlauchteste und verehrungswürdigste Fürst Albert Sigismund, Bischof von Freising und Regensburg, beider Bayern und der Oberpfalz Herzog, Landgraf von Leuchtenberg. Aus seinem Vermögen künden der Marmoraltar, die aus Gips aufgerichteten Wände und die beiden Silberbilder des hl. Sebastian und Rochus von seiner Hoheit freigebiger Gesinnung, mit der der erlauchteste und verehrungswürdigste Fürst seines Patrons Patron und Schutzgenosse zur himmlischen Verehrung H.M.P. 1670."

Zum Zeichen seiner besonderen Verbundenheit hinterließ Albert Sigismund für die Sebastianskapelle auch noch ein Porträt, auf dem er als weißgekleideter Bischof abgebildet ist. Der Würdenträger ließ dazu unterhalb des Bildes folgende Zeilen setzen: „Serenissimus, ac Reverendissimus Princeps D.D. ALBERTUS SIGISMUNDUS Episcopus Frisingensis & Ratisbonensis ex Serenissima Domo Bavarica." (Abb. 24)

Auch der Bruder des Freisinger Bischofs, Maximilian Heinrich, Erzbischof und Kurfürst von Köln, hatte über Albert Sigismund vom Neubau der Sebastianskapelle in Ebersberg erfahren und stiftete hierauf für den heiligen Sebastian ein kostbares Messgewand, auf dem in Goldbrokat vor gekreuztem Schwert und Krummstab, gekrönt mit Mitra und Kreuz sein Wappen aufgestickt ist. Im Schriftband oberhalb des Wappens ist zu lesen: „SS SEBASTIANO ET ALIIS PATRONIS IN PESTE 1668." (Abb. 25)

Im Gegensatz zu den Altären im unteren Kirchenraum ist der Altar in der Sebastianskapelle aus Marmor gearbeitet. Wie in den Hausannalen dazu vermerkt ist, ließ man den Marmor von Salzburg aus mit Schiffen bis Wasserburg und von dort mit Wägen über die Poststraße herauf nach Ebersberg bringen.⁵⁷ Die Anzahl der Wägen, mit denen man die Steine nach Ebersberg transportierte, lässt vermuten, dass es sich um rohe Marmorblöcke handelte, die der Bildhauer und Steinmetz erst an Ort und Stelle bearbeitete. Hauptsächlich verwendete der Meister verschieden strukturierten Rotmarmor, aber auch den helleren, fleischfarbenen Untersberger Marmor. Die beiden korinthischen Kapitelle sowie zwei aus Früchten gestaltete Rosetten und eine von drei Engeln umrahmte Tafel mit der Inschrift „S. SEBASTIANE ORA PRO NOBIS" sind aus weißem Carrara-Marmor gearbeitet; ebenso ein Engel oberhalb des Altarbildes. (Abb. 26) Das Altarblatt stellt den heiligen Sebastian an einen Baum gebunden dar. In seinem Körper stecken viele Pfeile, die ihm von kleinen Engeln herausgezogen werden. Zwei in den Lüften schwebende Engel halten über dem Märtyrer die Krone mit dem Palmzweig. Der Kunsthistoriker Richard Hofmann schrieb das qualitätsvolle Ölgemälde dem schon 1625 in Augsburg verstorbenen Maler Johann Rottenhammer zu. Demnach also wäre dieses Bild älter als der Altar.

Das Herzstück der Kapelle aber, die gotische Silberbüste des heiligen Sebastian mit der seit über eintausend Jahren hochverehrten Reliquie des Pestpatrons, der Hirnschale des Heiligen, befindet sich im Zentrum des Altares in einem sogenannten Boulleschrein. Dieser verglaste Schrein besteht vom Rahmen her aus dunklem Holz, das mit ornamentalen und figürlichen Metalleinlagen aus Messing und Silber in Intarsienmanier kunstvoll verziert ist.⁵⁸

Über die Silberbüste schreibt der Übersetzer Adam Widls: „In diesem Altar stechet immerdar hervor das uralte / auß Silber zierlich außgearbeitete Brust-Bild deß Heil. Sebastiani, in welchem die köstliche Hirnschaal auf Weiß und Stellung deß Menschlichen Hauptes eingefasset ist / jedoch also / daß wann es der Gebrauch erfordert / darvon abgehebt / und nach Gelegenheit herauß genommen werden kann. Ober dem Haupt deß silbernen Bilds stehet der Hertzogliche Huth / auß Silber gemacht / in welchem noch darüber ein Cron auß Edelgestein und Berillen eingeflochten ist / und ober dem Huth ein wenig hervor sihet. Das Beleg oder Circul deß Huths wird mit unterschidlich-köstlich-und vielfärbigen Steinen / so Wunderschön glantzen / umbgeben. Den Halß und Brust umringen theils guldene / theils Coralline Ketten / auch hangen gulden-und silberne Müntz oder Gnaden-Pfennig von altem Schlag herab / der vornehmeren Gutthätern Opffer und Schankungen. Das Brust-Bild selbsten wird mehr wegen Güte des Silbers / als wegen der Kunst geschätzet / und eben darumb / Alters halber höher verehret [...]."⁵⁹

Nachdem am 21. Mai 1671 die Handwerker noch das Marmorpflaster in der Sebastianskapelle verlegt hatten, nahm der Münchner Jesuitenrektor Christoph Schorrer die Benediktion vor. Die offizielle Weihe aber fand im Herbst des Jahres durch den Freisinger Weihbischof Kaspar Kühner statt, der zugleich zur Konsekration der von den Jesuiten erbauten Kirche von Tegernau in die Ebersberger Gegend gekommen war.⁶⁰

Abb. 24: Der Freisinger Bischof und bayerische Herzog Albert Sigismund stiftete für den Bau der Sebastianskapelle (1668-1671) nicht nur 2.000 Gulden, sondern hinterließ auch noch zum Zeichen seiner besonderen Verbundenheit sein Porträt.

Abb. 25: Der Bruder des Freisinger Bischofs, Maximilian Heinrich, Erzbischof und Kurfürst von Köln, stiftete anlässlich des Baus der Sebastianskapelle ein kostbares Messgewand, auf dem in Goldbrokat sein Wappen eingestickt ist.

Die Sebastiansverehrung im 17. und 18. Jahrhundert

Auf Grund des großen Zulaufes zum heiligen Sebastian über Jahrhunderte hinweg könnte man annehmen, dass sich in der Stiftskirche noch viele Weihe- und Votivgaben der Votanten und Bittsteller aus vergangenen Zeiten befinden müssten. Der Sturm der Säkularisation aber hat sie bis auf wenige Ausnahmen alle hinweggerafft. So sind nur noch eine Votivtafel aus dem Ende des 17.

Abb. 26: Marmoraltar der Sebastianskapelle.

Jahrhunderts, vier weitere aus dem 19. Jahrhundert sowie aus der gleichen Zeit einige bemalte Votivkerzen vorhanden. Auf der erstgenannten, herzförmig geschnitzten Tafel ist zu lesen: „Ex Voto – Attestation aus der Ebersbergischen Relation – Ich Carolus Vogl, Burger un Peekh [Bäcker] zu Hallein pekenne das ich anno 1664 an Seel und Leib in großer Betriebnus gewest. Derowegen St. Sebastianskirchen anhero ain solche Kruzifixbildnus Samt den Creuz versprochen machen zu lassen wan ich darvor erlediget würde und weil ich soliches durch die Hilfe Gottes erlangt, so habe ich die Schuldigkeit meinem liebn gekreizigten Jesu abgelegt und aufgeopfert im MDCLXXXIX [1689]." (Abb. 27) Bei dem vom Votanten erwähnten Kreuz dürfte es sich mit großer Wahrscheinlichkeit um das heutige Missionskreuz, unter dem die Votivtafel hängt, handeln.⁶¹

Als weitere Mirakel sind schriftlich festgehalten: „1681, Da die nach Alten-Oetting auf dem Inn-Strohm fahrende Wasserburger Schiffbruch gelitten / ruffte eine fromme Magd den H. Sebastian von Ebersperg um Hülff an / gähling siehet sie ein grosses Crucifix-Bild auf disem Fluß schwimmen / disen schwamme sie nach / schreye beständig: Heil. Sebastian hilff mir: erlanget endlich solches / haltet sich an selbem vest ein / kommet mit selben glücklich an das Gestatt / und hernach wiederum nach Ebersperg zu ihrem mächtigen Vorbitter." Auch dieses Mirakel hat ein Freskant an der Südwand des Presbyteriums der Pfarrkirche im 18. Jahrhundert im Bild festgehalten mit dem Hinweis, dass der heilige Sebastian dabei als „Ein Retter des Schiffbruch" aufgetreten sei.⁶²

Auch in der Zeit der Türkenkriege wandten sich bedrängte Bittsteller an den heiligen Sebastian. So schreibt der Chronist:

„Das Jahr Christi 1687 ware der Kirchen zu Ebersperg sonderbar denkwürdig / der Ehr halber / welche sie von der Stadt München empfangen; Beyde Bruderschaften die von dem Titel des Heil. Creutzes zu Forstenried / und den Heil. Sebastiani, so zu München aufgerichtet wurden / haben sich an dem Vorabend der Heil. Mariae Magdalenae nach Ebersperg begeben in einer Zahlreichen Proceßion von viertausend Personen mit besondere Ehrbarkeit und Andacht. Es begleiteten selbige nicht allein das gemeine Volck / sondern auch die erste Häupter / und Hoffs-Zierden / die geheime Räth / Grafen und Frey-Herrn / die Burgermeister und Stadt-Rath. Das fürnehmste Zihl und End der Volck-reichen Proceßion durch die Andacht ware dem gemeinen Weesen zum Besten angesehen / daß unseren Soldaten / die in Ungarn den Krieg Gottes führten / herrliche Sig wider die Türcken mit einhelligem Gebett von dem Herrn der Heerschaaren erlangt wurden. Welches hernach der glückliche Außgang bewisen / da der Türck bey Mohatz nahmhafft geschlagen wurden; Welcher Sig hernach der gantzen Kirch so erfreulich und glorwürdig / dem Feind aber sehr kläglich gewesen ist."⁶³

Gemäß den Aufzeichnungen wurde der heilige Sebastian unter anderem bei folgenden Leiden und Gebrechen angerufen: „beim grossen Sterben / laidige Sucht / Pestilenz / laidige Infection / Ungarisches Fieber / Ungarische Krankhait [Pest] / hefftige Sucht / bey Zusetzen des Teufels / schwerer Vich-Sucht / aufgeschwollen Finger / in Kindsnöthen / jahrelanges Seitenstechen / Fuhrwerksunfälle / gegen Unwetter / tödlichem Krebs / unmäßiges Blutsschwaissen aus der Nasen / bey Schiffbruch / hitziges Fieber / Rothen-Ruhr / Ausdörrung / Unsinnigkeit / Geschwulsten / Aussatz / stumme per-

sohnen / Frais / Erstarrung der Glieder / Hauptwehe / Taubheit / Feurs-Brunsten / Schlaganfälle / Podagra / Auffindung von Verschollenen / Gliederbrüche / bei einem verwildertem Pferd" und so weiter.
Wie der Übersetzer Adam Widls 1715 schreibt, könne er gar nicht alle Mirakel aufzählen, und „klaubt deshalb wenig auß vilen herauß." So sei im Jahre 1660 „ein gut-gesinntes Weib gewesen / welches nach einer zweytägigen Reiß anhero kommen / allein der Ursachen willen / daß sie einen Pfeil deß H. Sebastiani für sich empfienge: dann selbe denjenigen / so sie gehabt / verlohren / mit welchem sie (nach eigener Aussag / auch bereit die Sach mit einem Schwur zu bezeugen) das Getrunck gemischet / und darmit so viel Jahr lang das Seithen-stechen und andere Kranckheiten so wohl von ihr / als anderen glücklich abzuwenden gepfleget."[64]

Auch Fuhrwerker und Knechte, die mit ihren bespannten Wägen Unfälle erlitten hatten, wendeten sich vertrauensvoll an den heiligen Sebastian. So unter anderem um 1670: „Andreas Spitzhut von Tegernau / ein Knecht und Fuhrmann im Ebersperger Hoff / ist neben einem schwaer beladenen Wagen durch einen Mißtritt nider gefallen / und von den Rädern / so mit gantzer Schwaere über den mittern Leib gangen / armseelig zugericht / und zertretten worden. Nachdeme er aber ein Gelübd-Tafel deß gantzen Verlauffs Anzeichen bey sich zu dem Hl. Sebastian versprochen / hat er dessen Fürbitt vertrauet / und also gleich ohne Zerknirschung einiges Glieds gesund worden. Es hanget die Tafel / ein Zeug der grossen Gutthat / bey deß Heiligen Altar / und mit dem Pensel bekennet sie die empfangene Hülff." Fast ebenso erging es dem Caspar Hirl zu Moosen, der „in der Ruckkehr von München einen mit Getrayd beladenen Wagen geführet / welchem er / durch einen Mißtritt und Fall mit gantzem Leib unterworffen / nicht entweichen kunnte. Derohalben die zwey hintere Räder seinen lincken Fuß / den sie auß Gelegenheit ertappet / armseelig zerbrochen; nach einem Gelübd erfreuet sich der gute Mann / daß es sich mit ihme gebesseret / und unter dem glückhafften Wund-Artzten die Bein ohne abscheulichen Schaden oder Mangel deß Leibs oder Füß zusammen gehailet seyen / welches er mit einer aufgehenckten Tafel hernach bezeuget hat."[65]

Nicht nur der geweihte Wein, sondern auch die mit der Reliquie des Heiligen berührten Sebastiani-Pfeile wurden verschickt, wie in der Wallfahrtsschrift von 1715 bezeugt wird, wo es heißt: „Die Pfeil / welche im Namen / und Anrührung der Heil. Hirnschaal geweyet werden / haben von einem hohen Stands-Herrn / nach-

Abb. 27: Auf der ältesten Votivtafel aus dem Jahre 1689 bekennt Carolus Vogl aus Hallein, dass er „anno 1664 an Seel und Leib in großer Betriebnus gewest" sei und sich deshalb vertrauensvoll an den heiligen Sebastian gewandt habe.

dem selbige nach Böhem / zu dessen Gütter / welche er allein besitzet / verschicket worden / ihr Lob und Sig wegen der vertribnen Pest darvon getragen / und die Ehr deß gnädigen Heiligen an eben selbigen Orth nicht wenig beförderet."[66]

Franz Xaver Paulhuber, der die „Geschichte von Ebersberg und dessen Umgegend in Oberbayern" verfasste,

Abb. 28: Auf diesem, aus der Mitte des 18. Jahrhunderts stammenden Fresko an der Nordwand des Presbyteriums der Kirche Sankt Sebastian ist ein Wallfahrtszug vor den Toren des Gotteshauses dargestellt.

Abb. 29: Nur noch die oberhalb der Orgel angebrachte Darstellung Sebastians vor Kaiser Diokletian erinnert heute noch an die ehedem zahlreichen Darstellungen aus der Legende des Pestpatrons.

erwähnt im Quellenverzeichnis zu seinem Werk unter anderem auch einen handschriftlichen „Codex E" mit dem Titel „Ebersperg. Des H. Sebastiani Gottshauß etc. – Was für merkliche Gnaden und Wunderzaichen, daselbsten nun etliche Jahr her, auf Fürbitt des H. Sebastiani geschehen seindt. Anno 1604." sowie eine diesem Codex beigebundene Handschrift mit dem Titel „Benefactores Templi S. Sebastiani, Anno 1596". Die beiden Manuskripte waren seinerzeit Eigentum des Ebersberger Lehrers Joseph Schwab.[67] Der zweiteilige handschriftliche Band gelangte im späteren 19. Jahrhundert aus dem Nachlass des Schulmannes in das Archiv des Historischen Vereins von Oberbayern und wird heute unter der Signatur Ms. 312 im Stadtarchiv München verwahrt. In dem umfangreichen Werk sind angefangen vom Jahre 1520 bis 1725 herauf weitere Mirakel aufgezeichnet, die man damals der Fürbitte des heiligen Sebastian zusprach. So ist diesen Aufzeichnungen nach im Jahre 1604 „Carolus Fürst, Graff von Arnberg [...] in Engellandt im grossen sterben durch fürbit des H. Sebastiani sambt andern vilen erhalten worden, wie seine eigene Brief, sambt dem grossen silbern Sebastian Bildt drumb Zeugnuß geben." Im gleichen Jahr verlobte sich „Melchior Mair von Adlzhausen bey Augspurg, hat die Fraiß biß ins vierte Jahr gehabt [...] alhero zu S. Sebastian mit einer möß, wirt alß bald erlediget das ers seithero niemandts gespürt."[68]

Auch „Gertraudt, des Schmaussers von Sigerstorff Tochter, in Oberndorffer Pfarr" verlobte sich 1604 zum heiligen Sebastian, denn sie „hat das Vergifft acht tag gehabt, das sy Nindert khain bleiben, auch zu lest nit mer gehen khinden, verhaist sy zu S. Sebastian mit einem Wäxen Khranz, und vier pfennig in den Stockh zu legen, hat sy von stundt an verlassen [...]." Im selbigen Jahr opferte „Caspar Hörmann, ein viertl Maill aus der Grafschaft Haag in schwerer Kranckheit [...] ain Wäxn Khopf und Khranz [...] da Ihme niemandts das Leben verhaissen [...] ist also mit Gottes Hülff besser worden, er waiß aber nit, was für ain Khranckhait gewest seie." Ebenfalls 1604 war „Barbara Frelichin aus der [...] Pfäffinger Pfarr [...] sambt irem Mann, Khinder und Hausgesindt an der Ungerischen Khranckhait [Pest] gelegen. Erscheint ir der Heilige Sebastian, sie soll sich gehen Ebersperg mit der Beicht und Communion versprechen, ist von stundt an besser worden." Am 3. Mai 1606 „opfert Magdalena Mayrin aus Weindshaimer Pfarr, ain Wäxen fueß welchen sie verlobt, weil sie einen fueß durch einen fahl verletzt, ist also gesundt worden."[69]

Vor allem Wachsopfergaben, aber auch gemalte Votivtafeln waren es, die vom einfachen Volk zum Dank für Gebetserhörungen zu Füßen des heiligen Sebastian gelegt wurden. Wertvollere Weihegaben, wie zum Beispiel 1634 „ein schön köstliches Sebastians-Bild aus Silber an einem schwarzen Stamm auf einem Postament, von Belin zu Salzburg gemacht, gesetzt auf 100 fl." oder Perlenrosenkränze, silberne Kronen, vergoldete Schalen, goldene Ringe, silberne Statuen und Leuchter, einen „ganz gulden Kelch zu 2 1/2 Pfund mit 240 Böhmischen Granaten versetzt", den 1639 Johannes Mändl, kurfürstlich-bayerischer Hofpräsident, im Namen „Ihro Kayserlichen Maiestät Ferdinand III. von Wien herauf" brachte, stammten von höhergestellten Persönlichkeiten.[70]

Auch im 18. Jahrhundert fanden viele Wallfahrtszüge den Weg nach Ebersberg. (Abb. 28) In einem Bamberger Gesangbuch vom Jahre 1707 ist dazu zu lesen:

„Aus Baiern werden Pfeile geführt,
da deine Hirnschal mit berührt.
Die solche Pfeile tragen,
Nichts nach der Peste fragen."[71]

13 Die Verehrung des Heiligen Sebastian

Abb. 30-40: Aus der Mitte des 18. Jahrhunderts stammende Vorlagezeichnungen der Freskanten Joseph Ignaz und Felix Nepomuk Schilling für Darstellungen aus der Legende des heiligen Sebastian, die von den beiden Künstlern im Auftrag der Jesuiten in der Ebersberger Stiftskirche aufgemalt wurden.

Abb. 30: Sebastian wird von Kaiser Diokletian zum Hauptmann der Leibwache ernannt.

Der heilige Sebastian hatte also bisher bei den Gläubigen noch wenig an Popularität als Fürsprecher bei Gott eingebüßt. Wohl um die immer noch zahlreichen Wallfahrer schon beim Eintritt in die Stiftskirche auf den Kirchenpatron besonders einzustimmen, ließen die Jesuiten etwa um die Mitte des 18. Jahrhunderts die Gewölbe der Seitenschiffe und des Mittelschiffes sowie den Eingangsbereich mit neuen Fresken ausmalen. Brigitte Sauerländer, die die barocken Deckenfresken in Bayern untersuchte, fand für diese, heute allerdings in den beiden Seitenschiffen durch spätere Übermalung verdeckten Bilder in der Staatlichen Graphischen Sammlung in München die Original-Vorlagezeichnungen des damaligen Freskanten. Sie konnte diese Vorlagezeichnungen dem 1702 in Villingen geborenen und später zum „Meister und Hoftheatermaler in München" aufgestiegenen Künstler Joseph Ignaz Schilling sowie dessen Sohn Felix Nepomuk Schilling zuordnen.[72] Gemäß diesen Bildvorlagen bezogen sich in der Stiftskirche in Ebersberg alle Deckenfresken einschließlich der des Mittelschiffes auf die Legende des Kirchenpatrons Sebastian. Von diesen Malereien existiert heute nur noch die oberhalb der Orgel angebrachte Darstellung des heiligen Sebastian vor Kaiser Diokletian, da dieser Teil des Gewölbes beim Brand im Jahre 1781 nicht einstürzte. (Abb. 29)

Die Bilder zur Vita des heiligen Sebastian begannen in einem der beiden Seitenschiffe mit dessen Ernennung durch Diokletian zum Hauptmann der kaiserlichen Leibgarde. (Abb. 30) Das zweite Fresko bezog sich auf die Taufe des Claudius oder Tiburtius. (Abb. 31) Im dritten Bild sah man den hammerschwingenden Sebastian, der zusammen mit dem Priester Polycarp im Haus des römischen Statthalters auf Sockeln stehende Abbildungen heidnischer Götter zerschlug. (Abb. 32) Sebastian

Abb. 31: Taufe des Claudius oder Tiburtius.

Abb. 32: Sebastian und der Priester Polycarp zerschlagen Götzenstatuen.

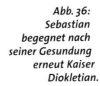

Abb. 33: Sebastian besucht Christen im Gefängnis.

Abb. 36: Sebastian begegnet nach seiner Gesundung erneut Kaiser Diokletian.

besuchte gemäß dem nächsten Bild im Gefängnis schmachtende Gefangene, die an Hals und Gliedern angekettet waren, und sprach ihnen Trost zu. (Abb. 33) Weiter berichtet die Legende, dass Sebastian auf Grund seines Einsatzes für die Christen vor den Kaiser zitiert wurde, wie auf dem Fresko oberhalb der Orgel heute noch zu sehen ist. Der Despot ließ sodann seinen Hauptmann an einen Baum binden und ihn von Bogenschützen mit Pfeilen beschießen. (Abb. 34) Diese Szene könnte, der in der entsprechenden Vorlagezeichnung angedeuteten, besonders geformten Stuckumrahmung nach zu schließen, in der Vorhalle der Stiftskirche aufgemalt gewesen sein, um den Pilger gleich im Eingangsbereich auf das Martyrium des Heiligen einzustimmen. Die Stuckumrahmung ist heute noch vorhanden, die Bildfläche aber ist leer. Nur durch eine gründliche Untersuchung könnte geklärt wer-

Abb. 35: Sebastian liegt schwer verwundet unter dem Marterbaum.

den, ob sich das Fresko noch unter der Kalk- und Putzschicht befindet und lediglich übermalt wurde.

Die Bildergeschichte führte weiter über das Mittelschiff der Kirche, wo der schwer verwundete Sebastian unter dem Marterbaum zu sehen war. Um ihn herum standen die römischen Bogenschützen und Militärs mit Fahnen und Standarten, über dem Gemarterten aber schwebte

Abb. 34: Sebastian wird mit Pfeilen beschossen.

ein Engel mit Märtyrerkrone. (Abb. 35) Die Fortsetzung der Legende war dann im anderen Seitenschiff zu suchen, wo Sebastian, der von frommen Frauen gesundgepflegt worden war, wiederum vor den Kaiser trat, um ihm nochmals Vorhaltungen wegen seiner an Christen verübten Grausamkeiten zu machen. (Abb. 36) Daraufhin ließ dieser seinen ehemaligen Hauptmann mit Keulen erschlagen und den Leichnam in die Cloaca Maxima werfen, was in weiteren zwei Bildern dargestellt war. (Abb. 37 u. 38) Das letzte Deckenfresko im Seitenschiff stellte Lucina dar, die den Leichnam des Märtyrers bergen und in den Katakomben bestatten ließ. (Abb. 39) Das zweite Fresko im Mittelschiff zeigte Gott Vater, der vom Himmel herab Pfeile auf die sündige Welt schleuderte, die der Menschheit Krankheiten, Pest und Krieg bringen sollten. Unter dem erzürnten Gott saß der heilige Sebastian auf einer Wolke und wehrte mit Schutzschilden, an denen die Gottespfeile abprallten, die Gefahr ab. Auf Erden aber kamen von allen Seiten Wallfahrtszüge mit zahlreichen Pilgern, die lange Fahnen, Kerzen und Kreuze vorantrugen, zum Pestpatron nach Ebersberg. Im Hintergrund war die Stiftskirche Sankt Sebastian und in der Ferne der Münchner Liebfrauendom zu erkennen. (Abb. 40) Wie bei der im Jahre 1960 durchgeführten Restaurierung der Kirche durch das Kunstmaler-Ehepaar Toni und Alban Wolf festgestellt werden konnte, stecken jedenfalls in den Gewölben der Seitenschiffe unter den heutigen Gemälden, die nach dem Brand von 1781 vom Münchner Maler Franz Kirzinger im Auftrag der Malteser aufgemalt wurden und an Beispielen von Heiligen die Sieben Barmherzigkeiten aufzeigen, die oben erwähnten Bilder.[73] (Abb. 41)

Abb. 37: Sebastian wird mit Keulen erschlagen.

Abb. 38: Der Leichnam Sebastians wird in die Cloaca Maxima geworfen.

Abb. 39: Lucina lässt den Leichnam Sebastians in den Katakomben bestatten.

Abb. 40: Gott Vater schleudert vom Himmel Pfeile in Form von Krankheiten auf die sündige Welt, die der heilige Sebastian aber mit Schilden abwehrt. Auf Erden ziehen aus allen Richtungen Pilgerzüge zur Wallfahrtskirche nach Ebersberg.

Abb. 41: Nach dem Brand der Ebersberger Klosterkirche im Jahre 1781 übermalte Franz Kirzinger im Auftrag der Malteser die alten Fresken in den beiden Seitenschiffen mit Darstellungen der Sieben Barmherzigkeiten an Beispielen von Heiligen.

Die Wallfahrt in der Endphase des Klosters Ebersberg

Am 21. Juli 1773 hob Papst Clemens XIV. (1769-1774) auf politischen Druck hin die Gesellschaft Jesu auf. In der Folge dieser Entscheidung mussten die Jesuiten auch ihre Residenz in Ebersberg verlassen.[74] Dass daraufhin zwar der Wallfahrtsbetrieb in der Stiftskirche Sankt Sebastian rapide zurückging, aber in begrenztem Maß trotzdem aufrecht erhalten blieb, zeigen uns die Eintragungen in den Kirchenbüchern aus der Zeit nach der Auflösung der Ordensniederlassung. Es kamen immer noch viele Pilger nach Ebersberg, so dass – gemäß vorliegender Rechnungen – eine nicht unbeträchtliche Anzahl an „Sebastiani-Pfeiller" für die Wallfahrt beschafft werden musste.

Da die Pfarrvikare für Oberndorf und Ebersberg seit alters her vom Kloster Ebersberg, also zuletzt von den Jesuiten abgeordnet wurden, kam es nach Aufhebung des Ordens bei beiden Geistlichen zu Unsicherheiten bezüglich der zukünftigen seelsorglichen Betreuung ihrer Pfarrangehörigen. Johann Michael Dollmann war mit Zustimmung des Freisinger Bischofs im Juni des Jahres 1747 vom „Rector des Collegii der Societät Jesu" in München, Pater Rudolphus Burckhart, dem auch die Ebersberger Jesuitenresidenz unterstand, als Pfarrvikar für die dem Stift Ebersberg inkorporierte Pfarrei Sankt Valentin berufen worden. Dollmann betreute also schon seit Jahrzehnten seine Pfarrei und musste nunmehr erleben, dass im Juli 1773 durch das päpstliche Breve „Dominus ac Redemptor noster" die Societas Jesu, der er selbst angehörte, aufgehoben wurde. Da der Pfarrvikar ja bisher dem Jesuiten-Rektor in München und dem Pater Superior in Ebersberg direkt unterstanden hatte, richtete er voller Sorge um sein weiteres Fortkommen am 2. September 1773 an den Freisinger Bischof Ludwig Joseph ein Schreiben, in dem er auf „das traurige Schicksal der Societät" hinwies. Gleichzeitig äußerte er die „unterthänigst gehorsamste Bitt, Höchst Dieselben wollen gnädigst geruhen, in dieser äußersten Verlegenheit und verwirrten Umständen mich gnädigst zu verfügen oder zu ordnen, daß mir anderwärtig eine Seelsorg mit hinreichend Verpflegung möge beschafft werden." Die erst ein paar Tage vorher in der Ebersberger Jesuiten-Residenz erschienene kurfürstliche Aufhebungskommission hatte nämlich kurzerhand den Pater Superior als Pfarrer eingesetzt, ohne dabei auf den nun schon seit 26 Jahren vor Ort tätigen Pfarrvikar Rücksicht zu nehmen. Die von Kurfürst Max III. Joseph (1745-1777) im September 1773 für die Verwaltung der eingezogenen Jesuitengüter eingesetzte „Fundations Güter-Deputation" versicherte daraufhin Pfarrvikar Dollmann, dass die Bezahlung wie bisher bleibe. Dieser machte aber weiter keinen Hehl daraus, dass er „kein andern Obern erkenne, als meinen Hochwürdigsten Bischoff, nit aber die churfürstl. Deputation." Mit der Zeit aber musste sich Dollmann mit den Gegebenheiten abfinden und die „Fundations Güter-Deputation" anerkennen.

Der Pfarrvikar war indes nicht nur in eigener Sache aktiv geworden, sondern hatte sich auch dafür eingesetzt, dass einige weitere Ex-Jesuiten in Ebersberg bleiben durften, so dass wenigstens der Wallfahrtsbetrieb aufrechterhalten und der Ökonomiehof weiterhin betreut werden konnte. Man hatte jedoch anfänglich den Patres verboten, im Residenzgebäude zu wohnen. Aus diesem Grund setzte sich schließlich selbst Kurfürst Max III. Joseph in einem Schreiben vom 4. März 1776 beim Bischof von Freising für die Ebersberger Ex-Jesuiten ein: „Nachdeme für die nach Ebersperg destinierte Priester, und Exjesuiten deren wenigist zehen zur bestreitung der dortigen zahlreichen Wahlfahrt unumgänglich vonnöthen seyn, kein anders bequem, und ehrliches Unterkommen, ausser der dortigen Residenz in dem Markt ausfündig zu machen ist, so ersuche Euer Liebden, das ergangene Inhibitorium, kraft dessen die darin wohnende Exjesuiten von der Curam animarum [Seelsorge] ausgeschlossen seyn sollen, um so unbedenklicher wiederum aufzuheben, als der Eberspergisch-Pfarrvicarius zu gleichmässiger Beziehung ermeldten Residenz angewiesen, und die dortige Exjesuiten pro Cappelanis erklärt werden konnten."

Einigen Ex-Jesuiten im „Wallfahrtshaus Ebersberg" erteilte daraufhin Bischof Ludwig Joseph die „Curam animarum", allerdings jeweils nur auf zwei Jahre befristet. Gemäß einem Schreiben vom 17. Oktober 1779 waren damals folgende Ex-Jesuiten im „Wallfahrtshaus" untergebracht: Anton Niedermayr, Georg Geigenberger, Ignaz Gast, Joseph Weigl, Leonhard Bremer, Ludwig Gruber, Pankraz Niedermayr, Paul Gebhardt, Sebastian Hörand und als „Haußwirtschafts-Rechnungs-Führer" Anton Pamler.

Nachdem das Kloster Ebersberg im Mai 1781 einer verheerenden Feuersbrunst zum Opfer gefallen war, übernahm am 22. September desselben Jahres die eben erst von Kurfürst Karl Theodor (1777-1799) gegründete bayerische Zunge des Malteserordens die Brandstatt mit allem Zubehör. Nach der Übernahme machten sich die Ordensritter unverzüglich daran, die großen Brandschäden an Kirche und Konventsgebäude zu beseitigen. Im eingestürzten Mittelschiff des Gotteshauses wurde ein neues Rundgewölbe eingezogen. Sodann bekam der Kunstmaler Franz Kirzinger den Auftrag, die Gewölbe der Stiftskirche neu auszumalen, wobei er aber genau das ihm vom Statthalter der Malteser, dem Grafen

Johann Baptist von Flachslanden, vorgegebene Bildprogramm einhalten musste. Ein einziges Gemälde bezog sich dabei auf den Kirchenpatron. Es befindet sich im Chor und stellt die Verherrlichung und Glorie des heiligen Sebastian dar. Über dem mit kranken und bresthaften Menschen gefüllten Weltenschiff schwebt in den Wolken der Kirchenpatron und tritt für die gequälte Menschheit als Fürsprecher bei Gott auf. Am unteren Rand des Bildes findet sich dabei die Signatur des Künstlers: „F. Kirzinger pinxit 1783." Das mittlere Bild im Kirchenschiff zeigt den Patron der Malteser, Johannes den Täufer, der Jesus am Jordan tauft. Im hinteren Deckenfresko sind die Malteserritter bei ihrer vornehmlichen Tätigkeit, der Versorgung und Betreuung von Kranken, Armen und Pilgern in einem prachtvoll mit Bögen, Säulen und verschiedenen Stufenpodesten ausgestatteten Raum dargestellt.[75]

Der Ebersberger Klosterschatz

Von dem legendären Ebersberger Klosterschatz sind heute leider nur noch die Silberbüste des Heiligen sowie einige kleine Reliquienaltärchen vorhanden. Um diesen Schatz, der 1799 an die kurfürstliche Hofkammer abgeliefert werden musste, ranken sich heute noch Gerüchte. So soll der Überlieferung nach eine von den 14 Kisten, in die man den Klosterschatz vor seinem Abtransport verpackt hatte, im Auftrag der Malteserritter durch den „Pulvermaurer" eingemauert worden sein. Mit verbundenen Augen, so weiß der Volksmund weiter zu berichten, habe man den Maurer in einem Labyrinth von Gängen umhergeführt und erst als man sicher gewesen sei, dass dieser die Orientierung gänzlich verloren gehabt habe, habe man ihn von der Binde befreit und er habe mit der Arbeit beginnen können. Hartnäckig hat sich dieses Gerücht, wie um so manchen verschwundenen Schatz, bis in die heutige Zeit gehalten. Dass in dieser geheimnisvollen Geschichte aber durchaus ein Körnchen Wahrheit steckt, geht aus einem zeitgenössischen Dokument, das im Ebersberger Pfarrarchiv verwahrt wird, hervor. Darin wird nämlich unter anderem erwähnt, dass man den Schatz bereits einmal eingemauert habe. Der Verfasser dieses bis ins Detail gehenden Berichtes ist nicht bekannt, dürfte aber sicher in einer der mit dem Einpacken der Wertgegenstände beauftragten Personen zu suchen sein. Konkret lesen wir:

*„Es war der 24. Juli des verhängnisvollen Jahres 1796, an dem die hiesige Gemeinde davon Zeugnis erhalten soll, wie sehr man von höherer Seite bemüht war, den bei den dortmaligen Kriegszeiten in Ebersberg befindlichen Kirchenschatz mit größter Sorgfalt zu verpacken und zur größeren Sicherheit nach München zu bringen. Es wurde daher im Pflegamte Ebersberg der gemessenste Auftrag erteilt, schleunigst das Geschäft des Einpackens zu beginnen, jedoch zu diesem Geschäfte niemand andern, als vertraute Männer, herrschaftliche Diener, und zwar den Kirchendiener Loibl, Chorregenten Dausch, Organisten Berger und des Kirchendieners Ehefrau zu nehmen. Ferners wurde dem Pfleger bedeutet, das Einpacken geräuschlos und in möglichster Stille bei verschlossenen Kirchtüren zu beginnen und dasselbe mit größter Aufmerksamkeit, rastlosem Fleiße und Eifer zu vollenden. Wie sehr dem Pflegamte daran gelegen, obigem Befehle nachzukommen, wie eifrig es bemüht war, den Schatz der hiesigen Kirche in sicheren Verwahr zu bringen, beweiset das unmittelbar nach Empfang obigen Befehls abgeschlossene Protokoll vom 25. und 26. Juli 1796, nach welchem alsogleich im Beisein der vertrauten Männer Dausch, Loibl, Berger und der Mesnerin bei verschlossenen Türen das Einpacken begonnen und bis Nachts elf Uhr fortgesetzt wurde. Allein, so geheim das Geschäft war, so vertraut die Männer der Kommission waren, die Bewohnerschaft Ebersbergs argwohnte gar bald was geschehen, und schon in der Nacht vom 26. auf den 27. Juli rotteten sich die Leute zusammen und von Haus zu Haus ging die für Ebersberg keineswegs erfreuliche Kunde, daß der Schatz hiesiger Kirche bereits eingepackt sei, um für immer in Sicherheit gebracht zu werden. Früh morgens 5 Uhr, den 27. Juli, zog nun eine Menge hiesiger Hofmarkleute in den Residenzhof, drangen in das Zimmer des Hochfürstl. Hofrats und Großpriorats-Administrators v. Fischer, und forderten, daß der Schatz hier bleibe, indem derselbe durch den Transport nach München leicht zu Grunde gehen könnte, und im solchen Falle der ganze Ort durch Entgang der Nahrung in die elendesten Umstände gebracht würde. Vergebens suchte Administrator v. Fischer und Pfleger Beck das aufgereizte Volk zu beschwichtigen, vergebens suchten beide, die triftigsten Gründe für die Sicherstellung des Kirchenschatzes der aufgeregten Masse beizubringen; das empörte Volk bestand auf seiner Forderung und drohte, mit Gewalt jeglichen Versuch zur Fortschaffung des Schatzes abzuweisen. In Ermangelung der gerichtlichen Gewalt mußte nun gleichwohl jeder Vergleichsweg von Seiten des Pflegamtes eingeschlagen werden, um die vor der Residenz lagernde ungestüme Schar zu entfernen, und es wurde daher der versammelten Gemeinde zugesichert, daß zwar mit dem Einpacken des Schatzes im Beisein mehrerer Gemeindeglieder fortgefahren, jedoch der Schatz abwechselnd von den Männern der hiesigen Gemeinde bewacht werde.
Mittlerweile war das kostbarste der St. Sebastiani-Kirche in*

vierzehn Kisten gepackt und von Seite des hohen Malteser-Ordens der Befehl ergangen, daß die Schätze alsogleich und durch sicheres Geleite nach München abgeführt werden sollen. Da traten vor die hochlöbliche Großpriorats-Administration die hiesigen Gemeindemänner Georg Glas, Hofwirt, Peter Forstner, Kiermair, Joseph Marbacher, Franzlbäck, Johann Altinger, Jaklmetzger und Paul Schermel, Melcherbäck, und baten in Gegenwart des Pflegamtes erfurchtsvoll und in aller Bescheidenheit, man möchte doch den Schatz nicht nach München abführen. Man sei wohl von den hochgnädigen guten Absichten einer hohen Herrschaft genügend überzeugt, könne jedoch nicht umhin, den Verlust des Schatzes und mit ihm den Verfall der Wallfahrt und den Ruin des Ortes zu befürchten; auch hätten sich nicht nur die Einwohner Ebersbergs, sondern auch die Männer und Burschen von Grafing, Tuntenhausen und der ganzen benachbarten Gegend bereits erklärt, sich der Hinwegführung der Kostbarkeiten und Heiltümer nach Möglichkeit zu widersetzen.

Obigen Gemeindemännern wurde entgegnet, daß man sich einerseits freue, es diesmal mit ordentlichen Leuten und nicht wie vor kurzem mit einer Schar roher, unbändiger Menschen zu tun zu haben, daß man übrigens sehr wenig Verstand dazu brauche, um einzusehen, daß das Wegbringen oder Hierlassen des Schatzes nicht von dem Willen der Gemeinde abhänge, indem solche ja keinen Anspruch auf obigen Schatz zu machen habe, daß man das Silber wohl in einem Gewölbe habe unterbringen wollen, jedoch dasselbe gar bald von den mit dem Einmauern Vertrauten sei entdeckt worden.

Die Gemeindemänner stellten hierauf die Bitte, ihr Gesuch um Belassung des Schatzes dem Großprior, Durchlaucht Fürsten von Brezenheim persönlich vortragen zu dürfen, welche ihnen auch gewährt wurde und worauf dieselbe alsobald nach München abgingen. Dortselbst angekommen, waren sie wirklich so glücklich, die einstweilige Belassung der Kostbarkeiten in Ebersberg zu erwirken und kehrten voller Freude mit solch froher Botschaft nach Hause zurück. Allein diese Freude dauerte nicht lange, denn schon unterm 22. August 1796 erhielt das Pflegamt Ebersberg den strengsten Befehl, schleunigst den Schatz durch Mayerschaftsfuhren nach München bringen zu lassen, und es wurde zu diesem Ende Großpriorats-Revisor Reinsdorf beauftragt, alsogleich nach Ebersberg abzureisen, gemeldten Kirchenschatz zu übernehmen und nach München transportieren zu lassen. Sollte jedoch der Transport unmöglich werden, so sei die ganze Gemeinde vor Amt zu rufen und derselben die Haft dafür aufzubürden. Die gefürchtete Unmöglichkeit trat auch wirklich ein, denn als am 23. August nachmittags 2 Uhr der versammelten Gemeinde der Beschluß des hohen Großpriorats kund gemacht wurde, erklärte dieselbe einstimmig, daß sie bei dem früher gefaßten Entschluß bleiben und mit Beihilfe der Bewohner von Haag und Grafing sich der Wegführung des Schatzes auf das äußerste widersetzen werde. Revisor Reinsdorf äußerte hierauf, daß, wenn die Gemeinde hartnäckig darauf bestünde, den Schatz hier zu behalten, nichts anderes zu tun wäre, als deßfalls ein eigens Protokoll zu verfassen, indessen aber die geeignetsten Anstalten zur Sicherheit desselben zu treffen, und es wurden, der Gewalt nachgebend, zu diesem Behufe acht Gemeindemänner gewählt, welche für die Zukunft die zur Sicherstellung des Schatzes notwendigen Vorkehrungen zu bestimmen und zu leiten hätten. Diese Männer waren: Chirurg Kastenmüller, Binder Ringlspacher, Sattler Franz Eunisch, Simmerschmied Waltner, Platzschmied Kaspar Winkler, Jaklmetzger Johann Altinger, Franzlbäck Joseph Marbacher, Melcherbäck Paulus Schermel. Das Protokoll [...] wurde schleunigst an das Großpriorat gesendet und hatte zur Folge, daß unterm 20. Oktober 1796 das Pflegamt Ebersberg beauftragt wurde, wieder auszupacken und die Kisten fleißig aufzubewahren. Welche Freude diese Nachricht in Ebersberg und der ganzen Umgebung hervorbrachte, läßt sich wohl nicht beschreiben und der 20. Oktober, der Tag, an welchem die Heiltümer wieder zutage befördert wurden, war ein wahrer Festtag für Jung und Alt im hiesigen Orte. Die damals zur Wegführung eingepackten Gegenstände waren:

Kiste I.
1. Ein 3 Fuß hohes Muttergottesbild, Statue aus Silber samt dem Christuskinde, mit silbernem Gehäng, guten Steinen etc.
2. eine 1 Schuh hohe Statue des hl. Sebastian aus Silber,
3. eine kleine silberne Statue des hl. Franziskus,
4. ein Korallenbaum,
5. eine silberne Statue des hl. Stephanus,
6. eine silberne Statue höhere des hl. Franz Seraph,
7. eine silberne Statue kleinere des hl. Laurentius,
8. eine silberne Statue des hl. Franz Seraph,
9. eine 1 Fuß hohe Statue der Muttergottes, samt Christus-Kindlein,
10. eine größere silberne Statue der Mutter Gottes,
11. eine kleine silberne Statue,
12. eine silberne Statue des hl. Sebastian an vergoldetem Baume.

Kiste II.
13. Ein großes silbernes Brustbild des hl. Sebastian,
14. Ein großes silbernes Brustbild des hl. Rochus,
15. eine 9 Zoll hohe Statue des hl. Sebastian mit vergoldetem Kreuze und Rade,

16. eine kleine silberne Statue S. S. an silbernem Baume,
17. eine silberne größere mit vergoldetem Baume,
18. eine silberne Statue S. S. 1/2 Fuß an einem Korallenbaume,
19. eine detto in Silber,
20. eine 1/2 Schuh mit silbernem und vergoldetem Scheine,
21. eine 5 1/2 Zoll hohe Statue S. S. aus Silber, in der Linken einen Palmenzweig, in der Rechten eine aus der Wunde Sebastians gezogene Pfeilspitze haltend,
22. eine kleine silberne Statue S. S.,
23. eine silberne Oblatenbüchse,
24. ein silber-vergoldetes Kreuz auf silbernem Postament,
25. ein silbernes Klinsel mit 4 Glocken,
26. ein silbernes Löschhörndl,
27. ein silberner Weihbrunnkessel,
28. ein silbernes Herz,
29. eine silberne, 1 Fuß hohe Monstranz mit Reliquien und Perlen,
30. eine silberne größere gothische Monstranz mit Reliquien,
31. zwei silberne Tafeln mit den Bildnissen des hl. Petrus und Ignatius.

Kiste III.
32. Das zum großen Muttergottesbild gehörige silberne Postament,
33. eine 2 Fuß hohe silberne Statue S. S. (ex voto Vilsbiburg 1649),
34. eine 1 1/2 Fuß hohe silberne Statue S. Seb. mit 4 silb. Pfeilen,
35. ein großes silbernes Kreuz mit 4 Crystoch und Kreuzpartikel,
36. eine 1 Fuß hohe silb. Statue S. S.,
37. ein 1 Fuß hohes ganz silbernes Kruzifix samt 4 silb. Nägeln,
38. vier 1 Fuß hohe silberne Leuchter.

Kiste IV.
39. Eine große silberne Monstranz von künstl. gothischer Arbeit mit den schön gearbeiteten Figuren aller hl. Apostel und deren Reliquien,
40. eine große ganz silberne Monstranz in goth. Weise gearbeitet, mit einem Teil des Schweißtuches Christi,
41. eine große gothische Monstranz aus Silber mit zwei Dornen aus der Krone Christi,
42. eine Monstranz, altgothische Arbeit, mit Reliquien der hl. Jungfrau Maria, deren vergoldetes Bildnis, Unterschrift: me fieri fecit Leonhardus Abbas,
43. eine 1 1/2 Fuß hohe silberne Monstranz mit einer Figur des hl. Georg,
44. eine 1 1/2 Fuß hohe silberne Monstranz mit vergoldetem Bildnis des Herrn beim Abendmahle, Reliquie vom Kalvarienberg enthaltend.

Kiste V.
45. Ein silbernes Altärl mit zwei Türen und den silbernen Figuren St. Sebastian, St. Ulrich und St. Benedikt,
46. eine Monstranz gothisch, 1 1/2 Fuß hoch mit dem Finger des hl. Vincenz,
47. eine zwei Fuß hohe Monstranz mit Reliquien, von Ebersberg 1557 verehrt,
48. ein Kruzifix von Silber, 10 Zoll hoch,
49. ein Kruzifix 9 Zoll mit silbernem Totenkopf,
50. eine silberne Votivtafel vom Markte Kraiburg,
51. eine silberne Votivtafel vom Gerichtsschreiber in Haag 1750,
52. eine silberne Tafel mit der heiligen Dreifaltigkeit,
53. eine silberne Tafel mit" einem Marienbilde,
54. eine große silberne Tafel von der Stadt Neuötting,
55. zwei mit Silber beschlagene Flügel.

Kiste VI.
56. Ein ganz goldener Kelch mit Schmelzarbeit und einer Menge Rubinen samt goldener Patene,
57. ein großer silberner Kelch mit Schmelzarbeit,
58. ein silberner vergoldeter Kelch,
59. detto,
60. ferner ein solcher,
61. weiters ein solcher,
62. mehrmals ein gleicher,
63. vier größere von Silber und vergoldet mit Figuren verzierte Kelche,
64. elf größere und kleinere Patenen Silber und vergoldet.

Kiste VII.
65. Zwei 2 1/2 Fuß hohe silberne Leuchter von der Stadt München 1734,
66. ein Paar silberne Meßkändl mit Teller,
67. ein Paar silberne vergoldete Meßkändl mit Teller von getriebener Arbeit,

68. ein Paar detto,
69. ein Paar von getriebener Arbeit von der Stadt Braunau 1747 verehrt,
70. drei Paar silberne Kändl mit silbernen Tellern.

Kiste VIII.
71. Sechs ganz silberne Leuchter, 2 1/2 Fuß hoch, von der Stadt München verehrt 1747,
72. zwei Meßbücher mit Silber beschlagen,
73. ein silberner und vergoldeter Speisebecher, 10 Zoll hoch,
74. ein silberner Weihbrunnkessel mit silbernem Weihwedel,
75. ein silbernes und vergoldetes Ciborium samt silbernem Deckel,
76. ein kupfernes, vergoldetes Monstranzl mit guten Perlen besetzt,
77. eine silberne Büchse zur Aufbewahrung des hl. Oels,
78. 16 silberne Votivtafeln.

Kiste IX.
79. Sechs Meßkleider aus schweren Stoffen, weiß mit rotem Mittelstreifen und guten Borten,
80. fünf weiße Meßkleider aus guten Stoffen, mit goldenen Blumen und goldenen Borten,
81. sechs Meßkleider vom schönsten roten Sammet mit großen Borten,
82. zwei Levitenröcke, rotsamt mit goldenen Borten,
83. zwei Levitenröcke mit goldenen Blumen und goldenen Borten,
84. ein reiches grünes Meßgewand mit guten Borten,
85. detto ein blaues,
86. detto ein rotes mit Gold und Silber gestickt und silbernen Borten,
87. ein hellrotes mit guten Borten,
88. ein weißes aus reichem Zeuge mit guten Borten,
89. fünf feine Alben mit Spitzen,
90. zwanzig gewöhnliche Spitzen,
91. drei Schleieralben, worunter eine mit goldenen Spitzen,
92. dreißig Humeralia.

Kiste X.
93. Sechs silberne Leuchter.

Kiste XI.
94. Ein Altärl mit Holz und silberner Arbeit,
95. ein silbernes Kruzifix,
96. ein großes silbernes und vergoldetes Ciborium,
97. zwei Fußgestelle und eine Kuppel von rotem Samt mit Gold gestickt.

Kiste XII.
98. Ein Verschlag, worin ein mit guten Steinen und Perlen verzierter Helm des hl. Sebastian.

Kiste XIII.
99. Eine große silberne Büste des hl. Sebastian mit der Hirnschale des Heiligen mit drei silbernen Pfeilen.

Kiste XIV.
100. Ein Verschlag mit einer großen silbernen Ampel.

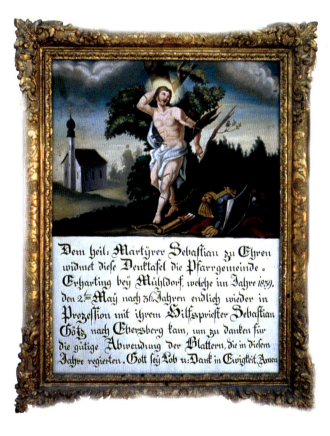

Abb. 42: Votivtafel der Pfarrei Erharting aus dem Jahre 1839.

So hatten also Ebersbergs Bewohner den seit Jahrhunderten treu bewahrten Schatz, die von nah und fern hochverehrten Heiltümer wieder in ihrer Mitte. Doch gar bald wurde das dem Ort Glück und Segen bringende Heiligtum der Einwohnerschaft entrissen, denn als in den Frühlingsmonaten des Jahres 1799 das ganze Land von den Kriegsvölkern Österreichs angefüllt, der Lech von den Feldherrn Frankreichs überschritten, der Staatsschatz erschöpft, das Volk durch ältere und neuere Kriege geschwächt war, da erging ein Befehl der Churfürstlichen Hofkammer am 18. März 1799, an alle Lieben und Getreuen des Reichs, das in den Kirchen vorhandene Silber schleunigst nach München zu senden. Diesem gnädigsten Befehl schleunigst nachzukommen, wurden also die vorhin aufgezählten Kostbarkeiten mit Ausnah-

Abb. 43: Reliquienprozession anlässlich des 1000-jährigen Wallfahrtsjubiläums Ebersbergs im Jahre 1931.

me der Büste mit der Hirnschale des hl. Sebastian nebst einiger Kirchenwäsche mit 738 fl. 1Kr. 2 dl. Gotteshausgelder und 327 fl. 1 Kr. 2 dl. Depositen zur Churfürstl. Hofkammer abgesendet, obwohl Peter Forstner, Kyrmayrwirt und Joseph Marbacher, Bäck von hier im Namen der ganzen Gemeinde Ebersberg ein unterthänigstes Anlangen um gnädigste Lizenz zur Behaltung oben verzeichneter Kirchenschätze bis zur höchsten Nothzeit eingereicht hatten."⁷⁶

Der Verfasser dieses denkwürdigen und dramatischen Schreibens schließt mit den Worten: „Möge der Himmel uns jener Zeit näher rücken, wo die gnädigste Zusicherung: daß die sämtliche diesen Gotteshäusern und Bruderschaften, die durch obige Einschmelzung erzeugte und von dem Münzamte bescheinigte Summe seiner Zeit nach Ort und Verwendung entweder von unserer Hauptkasse oder durch Purifikation wieder vergütet werden soll, dies ist aller sehnlichster Wunsch."⁷⁷

Die Zeit nach der Säkularisation

Nachdem die meisten Klöster in Bayern bereits im Zuge der Säkularisation der Jahre 1802/03 aufgehoben worden waren, erfolgte am 8. September 1808 schließlich auch die Aufhebung der bayerischen Zunge des Malteserordens, deren Besitz in der Folge von der „kgl. bayer. Generaladministration der ehemaligen Johanniter-Ordensgüter" verwaltet wurde.

Die Wallfahrt zum heiligen Sebastian nach Ebersberg kam nunmehr fast ganz zum Erliegen. Die Zeit der Aufklärung war hereingebrochen und mit ihr der Vernichtung wertvollsten Kulturgutes Tor und Tür geöffnet. Von den ehedem zahlreichen Votivbildern und Votivgaben ist nur wenig übrig geblieben. Lediglich ein paar Bilder und Votivkerzen aus dem 19. Jahrhundert künden von der nach und nach wieder zaghaft anlaufenden Wallfahrt nach Ebersberg. Erst 1839 kam die Pfarrgemeinde Erharding wieder mit einem Wallfahrtszug und stiftete eine Kerze und ein Votivbild, auf dem zu lesen ist: „Dem heil. Martyrer Sebastian zu Ehren widmet diese Denktafel die Pfarrgemeinde Erharding bey Mühldorf welche im Jahre 1839 den 2ten May nach 36 Jahren endlich wieder in Prozession mit ihrem Hilfspriester Sebastian Götz nach Ebersberg kam, um zu danken für die gütige Abwendung der Blattern, die in diesem Jahr regierten. Gott sei Lob und Dank in Ewigkeit. Amen." (Abb. 42)

Die meisten der früheren Wallfahrtszüge blieben indes auch in der Folgezeit aus und nur noch wenige erinnerten sich ihrer einstmals in Notzeiten gemachten Versprechen. Das vom 16. bis 18. Oktober 1931 abgehaltene tausendjährige Wallfahrtsjubiläum rief dann noch einmal die Erinnerung an frühere glanzvolle Zeiten wach. Pfarrer Martin Guggetzer hatte alles nur Mögliche aufgeboten, um die Feierlichkeiten würdevoll zu gestalten. Die Kirche wurde außen und innen mit über tausend Metern Girlanden geschmückt. Am Kirchenvorplatz, beim „Neuwirt" und an allen Straßenzufahrten zum Marienplatz stellte man Triumphbögen auf. Vom Kirchturm leuchtete bei Nacht die Zahl 1000.

Am Freitag, den 16. Oktober war der Tag der „Frauen

Abb. 44: Der Katholische Gesellenverein Ebersberg führte 1911 im Oberwirtssaal die „Martyrertragödie Sebastian" auf.

und Jungfrauen", am Samstag der Tag der „Männer und Jungmänner" und am Sonntag allgemeiner Festtag. „Alle Tage", so schreibt Guggetzer in seiner Chronik, „war um halb neun Uhr Festpredigt mit leviertiertem Pontifikalamt, nachmittags Andacht und Reliquienprozession. Am Freitag beteiligten sich über 1000 Frauen und Mädchen bei der Prozession. Das Pontifikalamt hielt Domdekan Dr. A. Scharnagl. Domkapitular Dr. Sebastian Fischer, ein ehemaliger Ebersberger Kooperator zelebrierte am Samstag das Hochamt. An diesem Tag erschienen auch Wallfahrtszüge von Oberndorf, Steinhöring, Kirchseeon und Zorneding. Bei der Reliquienprozession beteiligten sich an die 700 Männer." Nach der Aufführung eines Totentanzes vor dem Rathaus zogen alle Beteiligten und Gäste „unter den feierlichen Klängen der Sebastiansglocke in die festlich geschmückte und beleuchtete Kirche zum Abendgebet."

Am Sonntag hielt anstelle des dienstlich verhinderten Kardinals Michael von Faulhaber Weihbischof Dr. Johannes Schauer das Pontifikalamt und die Reliquienprozession: „Wegen der ungeheuren Volksmenge mußte die Predigt am Marienplatz im Freien abgehalten werden." Bei der Prozession beteiligten sich an die 2.000 Gläubige, wobei etwa 3.000 Zuschauer geschätzt wurden. (Abb. 43) Der Bericht Guggetzers endet mit dem Satz: „Ganz Ebersberg war in dieser Woche in gehobener Festtagsstimmung und bedauerte, daß nun wieder der nüchterne Alltag beginnen sollte."

Eines der letzten Relikte, die an die ehedem weitum berühmte, heute aber fast in Vergessenheit geratene Wallfahrt erinnerten, waren die vereinzelt noch bis kurz nach dem Zweiten Weltkrieg aufgeführten sogenannten Sebastiansspiele. Zu den glanzvollsten Aufführungen zählten dabei diejenigen des Jahres 1911, in denen der Katholische Gesellenverein Ebersberg am 2., 3., 9. und 16. April jedesmal vor ausverkauftem Haus im Oberwirtssaal die von Amalie Ringseis verfasste „Martyrertragödie Sebastian" aufführte. Im Anschluss an diese Aufführungen stellten sich die 36 in historische Kostümierung gewandeten Schauspieler vor der Kulisse einer Säulenhalle dem Fotografen für ein Erinnerungsfoto. Der als römischer Kaiser Diokletian kostümierte Schauspieler, der nach der Legende seinen Hauptmann der prätorianischen Leibgarde wegen dessen Bekenntnis zum Christentum martern und schließlich mit Keulen erschlagen ließ, saß dabei inmitten seiner Soldaten mit martialischem Gesichtsausdruck auf dem Thron. Aber auch Sebastian war umgeben von Mitchristen beiderlei Geschlechts. Im Vordergrund saßen vier Bogenschützen, die nach der Legende den an einen Baum gebundenen Sebastian mit Pfeilen beschossen hatten. (Abb. 44)

Zum letzten größeren Wallfahrtszug nach Ebersberg

kam es am Christi-Himmelfahrtstag des Jahres 1936, der damals auf den 21. Mai fiel. Aufgerufen dazu hatten die katholischen Münchner Elternvereinigungen. Mit zwei Extrazügen fuhren an die 2.200 Wallfahrer nach Grafing und zogen von dort aus zu Fuß, geordnet nach Pfarreien und begleitet von Tragekreuz und Fahnen, betend und singend nach Ebersberg. Weitere 200 Gehbehinderte kamen mit dem fahrplanmäßigen Zug an und an die 100 Teilnehmer fuhren teils mit dem Ebersberger Überlandbus, teils aber auch mit dem Fahrrad von München nach Ebersberg. (Abb. 45)

Dichtgedrängt lauschten die 2.500 Wallfahrer in der Pfarrkirche während der Festmesse der Predigt des Domkapitulars Irschl. Nachmittags wurde eine Maiandacht abgehalten und um halb fünf Uhr predigte der Prior der Münchner Karmeliten. Pfarrer Martin Guggetzer bemerkt dazu: „Ein erhebender Tag für Ebersberg. [...] Von 10 Uhr bis $^1/_2$ 7 Uhr abends ständige Kirchenführungen durch den Pfarrer. 285 Führer durch die Pfarrkirche verkauft und ungefähr 3450 Sebastianipfeile. Die

Abb. 45: Zum letzten größeren Wallfahrtszug kam es 1936, als 2.000 Wallfahrer der katholischen Münchner Elternvereinigungen zum heiligen Sebastian nach Ebersberg pilgerten.

Wallfahrer waren alle entzückt über die Schönheit der Ebersberger Pfarrkirche. [...] Mit großer Freude wurden besonders gerne Rosenkränze, Medaillen etc. mit der Hirnschale des hl. Sebastian berührt. Möge die Wallfahrt allen Teilnehmern Segen bringen."
Heutigentags finden nur noch wenige Wallfahrtszüge den Weg zum heiligen Sebastian, dem seit nunmehr über tausend Jahren in Ebersberg hochverehrten Patron und mächtigen Fürsprecher bei Gott gegen Krankheit und Pest, jähen unvorbereiteten Tod und sonstige Gebrechen der Menschen.[78]

Die Sebastians-Bruderschaft von Ebersberg

„Nach ym [Abt Eberhard (1442-1446)] wardt erweld Abbt Eckart der XXXIII Abbt und hat regiert pey XXVI Jarn. Und darnach gab er dy Abbtei auff von alters wegn und lebet darnach pis in das drit iar und starb anno MCCCCLXXIII iar. An dem zwantzigsten tag des monetz Octobris und ist pegraben in unser frawen Capellen vor dem altar [ehemaliger Kapellenanbau an der Südseite des Presbyteriums der Ebersberger Kirche]. Item der obgenannt Abbt Eckhartt hat eingefurtt dye geystlichkayt der reformation mit dem gesanck und mit den Ceremonis und mit andern werchen geystlicher zucht nach form und gewonhait des Klosters Melk. Item er hat auch vast von new gepawt all gemacht des Gotzhawß nemlich den chor und dy zwo Capellen darneben, dy zwen Sagran und den chrytzganck mitsambt aller Conventgemacht ausgenomen das münster." [79]

Mit diesen Worten beschreibt der Verfasser der Ende des 15. Jahrhunderts entstandenen Bildchronik des Klosters Ebersberg, die heute zu den bedeutendsten archivalischen Schätzen des Historischen Vereins von Oberbayern zählt,[80] die herausragenden Verdienste des Ebersberger Benediktinerabtes Eckhard (1446-1472) um die von diesem geführte Abtei. Eckhard, der als großer Verehrer des heiligen Sebastian galt und von einem Chronisten als „Gottseeliger, frommer wolhausender Mann"[81] bezeichnet wird, war es wohl auch, der um 1450 bei einem Goldschmied die Silberbüste für die Kopfreliquie des Märtyrers anfertigen ließ. Auf ihn geht aber auch die im Jahre 1446 erfolgte Gründung der Sebastians-Bruderschaft zurück, in die sich bald darauf viele Gläubige vom höchsten bis zum niedrigsten Stand eintragen ließen. Ein entsprechendes Dokument, das darüber zu dieser Zeit im Kloster angefertigt wurde, befindet sich heute unter der Signatur „Kurbayern, Äuß. Archiv 4091" im Bayerischen Hauptstaatsarchiv.[82] In gotischer Kursive beginnt das Schreiben mit den Worten:
„Wier Egkhardt von Gottes verhengnüs Abbte des würdigen Gotzhauß Sant Sebastians zu Ebersperg unnd gemainchkhlich aller unnd ganntzen Convent desselbigen Gotzhauß Sant Benedictiner Orden Freisinger Pisthums thain khundt wissenlich in disem hernach verschriben Register allen unnd jedlichen, besunder den Durchleuchtigen Hochgebornnen Fürsten, Herrn, Graffen, Freyen, Rittern unnd Khnechten, Edeln, Burgern, Paurn, Armen und Reichen, Mannen und Frauen, dy sy besunder, in des heilligen Herrn und Ritters S. Sebastians Gotzhauß Inn unser Pruederschafft [...] angenomen unnd gewilligt Ein zue schreiben haben [...]." (Abb. 46)
Aus dem Dokument geht weiter hervor, dass für die verstorbenen Bruderschaftsmitglieder zu bestimmten Zeiten Messen zu lesen sind. Nach einigen in Latein verfassten Psalmen ist in gotischer Minuskel weiter zu lesen: „In dem Namen Gottes unnd des Heilligen Herren Ritters unnd himelfürsten Sant Sebastian haben wir Abbte unnd gmain Convent unser Bruederschaft in vorgeschriebener mass gegeben unnd mitgethailt, den hernach benenten Durchleuchtigen hochgebornen Fürsten unnd Herren nach Ierer Genaden bittenden begerrn." Nun folgen in dem Dokument die entsprechenden Eintragungen derjenigen Personen, die sich in die Bruderschaft haben aufnehmen haben lassen:
„Item den Ersten dem durchleuchtigen unnd hochgebornen Fürsten Herrn Herrn Albrechten von Gottes genaden Pfalzgraven bey Rein Hertzogen In Obern und Nidern Bayern unnd Graven zu Wochenburg [...] unnserm Allergnädigsten Herrn.
Item haben wir Eingenommen unnd gegeben unnser Pruederschaft dem Durchleuchtigen Hochgebornen Fürsten unnd Herrn Herrn Ludwigen Pfaltzgraven bey Rein unnd Hertzog zu Nidern und Obern Bayern unnser Allergnädigster Herr.
Item nachmalen die durchleuchtigen Hochgebornen Fürsten unnd Herren Johansen und Herren Sigismunden Herrn Christoffen Herrn Albrechten und Herrn Wolfgangen all gebrüeder des Egenanten hochgebornen Fürsten unnd Herrn Herrn Albrechten Söne."
Es folgen nun noch eine ganze Anzahl von Fürsten, Herzögen und Grafen, darunter auch Fürst Sigismund, Erzherzog zu Österreich, Bayern und Tirol, mit seiner „Gemachel" sowie 1490 „Serenissimus Rex Romanorum Maximilianus".
Der nächste Absatz ist überschrieben mit: „Item in diesem Capitl sind verschriben die hochgeboren fürstin unnd frawen die sy nach begern und bette in unnser Brüederschafft verzaichent haben." Als erstes folgt nun Anna von Braunschweig, die Herzog Albrecht III. 1437 in zweiter Ehe heiratete, nachdem seine erste Frau, die

bürgerliche Baderstochter Agnes Bernauer 1435 in die Donau gestoßen worden war. Des Weiteren haben sich in die Bruderschaft eintragen lassen: Margreth von Brandenburg, Margreth und Elisabeth, die ehelichen Töchter der Anna von Braunschweig, und Katharina von Österreich, Markgräfin zu Baden. Ferner „die lebentigen unnd Totten von dem Hauß Schaunberg", darunter „Graf Ulrich, Graf Sigmundt, Graf Wollffgang, Graf Georg, Graf Friedrich" sowie deren Frauen.

Nun folgen in dem Verzeichnis „die wolgeboren und Edlen Graven, Freyen und Herren Ritter und Khnecht die sy mit zeitlichen bette In unnser Brüederschaft begeben haben unnd etlich mit Iren hausfrauen Sönn unnd Töchtern." Unter den annähernd 160 Eintragungen befinden sich bekannte und unbekannte „wohlgeborne und edle Ritter" aus dem ganzen bayerischen Raum, wie „Wilhelm Graf zu Öttingen, Georg Fraunberger zu Haag, Oswald Törringer von Stain, Hainrich von Rechperg, Hanns von Egloffstain, Hannß von Wolffstain, Sebastian Graf zu Ortenberch, Georg Spilberg von Elchofen, Wolfgang von Stubenberg".

Ein eigenes Kapitel ist den „Ersamen unnd Hochwürdig Herren unnd brister die wir in unnser Brüederschaft haben genommen", gewidmet. Hier sind unter anderem vermerkt: „Item der hochgelerd maister Liebhardt Pfarrer zu Inding [Forstinning]. Item der hochgelerd maister Marquardt Pfarrer zu Holzen. Item der Ersam Herr Oswald Schwalb Cappelan zu Altenburg. Item der Ersam Herr Ulrich Hofschneider Capellan zu ärding." Insgesamt sind es bis zum Jahre 1498 31 Priester, die um Aufnahme in die Sebastians-Bruderschaft nachgesucht haben.

Der letzte Absatz des interessanten Dokumentes widmet sich den „Erbaren weisen unnd beschaiden Burger und Burgerin aus den Steten unnd sunst arm unnd reich auf dem Lande." Aus ganz Bayern und darüber hinaus sind hier bis zum Jahre 1503 zahlreiche Eintragungen vorgenommen worden; darunter aus dem Jahre 1463 ein „maister Hannß von München unnd sein Hausfrau" sowie „Hannß Stetner und Katherina sein Hausfrau". Ob es sich beim Eintrag „maister ulrichen" um den Baumeister Ulrich Randeck handelt, der vor allem für den Nachfolgerabt Sebastian Häfele (1472-1500) tätig war, kann nur vermutet werden.

Der Schreiber dieses ersten Bruderschaftsbuches schließt mit den Worten: „Laus Deo trino et uni et deparae Mariae".[83]

In der Folgezeit scheint die Bruderschaft zum heiligen Sebastian in Vergessenheit geraten zu sein, da weitere diesbezügliche Dokumente bisher nicht aufgefunden werden konnten. Erst der Superior der Jesuitenresidenz in Ebersberg Pater Georg Reeb gab im Herbst des Jahres 1643 den Anstoß, die Sebastians-Bruderschaft wiederum neu ins Leben zu rufen. Er berichtete darüber dem Pater Rektor Georg Spaiser in München und dieser versicherte, dass er sich beim Ordensprovinzial dafür einsetzen werde. Reeb verständigte von seinem Vorhaben auch mehrere Männer aus dem Bereich der Ebersberger Klosterhofmark. Am 11. Februar 1644 kam der Ordensprovinzial für Oberdeutschland, Pater Nikasius Widmann selbst nach Ebersberg, um sich in dieser Sache persönlich unterrichten zu lassen. Einen Monat später entschied er, dass die Bruderschaft ins Leben gerufen werden könne.

Schon am 1. April kam man zu einer Versammlung im Kloster zusammen. Ein prvisorischer Magistrat wurde aufgestellt. Zum ersten Präfekten der Bruderschaft wählte man den Ebersberger Pfarrvikar Paul Bittner. Der Forstmeister und Gerichtshalter Johann Hausknecht sowie Pfarrvikar Johann Stadler von Oberndorf wurden Assistenten. Zu „Consultoren" wählte man den Hofwirt Sebastian Riß, den Wirt Wolfgang Kirmaier, den Organisten Lorenz Pröll, den Krämer Peter Maier, den Wirt Andreas Leopold und den Residenzpförtner Balthasar Kreuzer. Dem Schulmeister und Chorregenten Philipp Haindl übertrug man das Amt eines Bruderschafts-Sekretärs. Drei Tage später war die erste öffentliche Zusammenkunft in der Frauenkapelle vor dem Sankt-Ignatius-Altar.

In einem „Bruderschafts-Büchlein", das 1766 in Druck gegeben wurde, heißt es über die Neugründung der Bruderschaft:

Abb. 46: Mit diesem Dokument, das mit dem Satz „Wier Egkhardt von Gottes verhengnüs Abbte des würdigen Gotzhauß Sant Sebastians zu Ebersperg ..." beginnt, begründete der Benediktinerabt Eckhard 1446 die Ebersberger Sebastians-Bruderschaft.

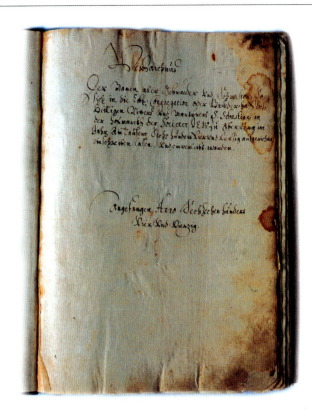

Abb. 47: Titelseite des im Jahre 1644 angelegten Eintragsbuches für die Mitglieder der Ebersberger Sebastians-Bruderschaft.

„Weilen allhier zu Ebersberg (Oberbayrn) in dem würdigen Gottshaus und Stiftkirchen die heilige und wunderthätige Hirnschalen des glorwürdigen Martyrers Sebastiani nunmehr über die siebenhundert Jahr aufbehalten, und von vielen Kaysern, Königen und Herzogen in Bayern und andern Potentaten mit sonderer Andacht verehrt wird: als hat es die Patres der Gesellschaft Jesu für gut angesehen, eine Löbliche Bruderschaft unter dem Schutz und Schirm, ehrengemeltes Hl. Martyrers Sebastiani zur Beförderung mehrerer Andacht aufzurichten, welche gute Gedanken so weit ins Werk gerichtet, daß solche Bruderschaft samt ihrer Regel, von dem Hochwürdigsten Fürsten und Herrn Herrn Vito Adamo, Bischofen zu Freising etc., im Jahr Christi 1644 bekräftiget und bestättiget auch eben selbiges Jahr von Ihro Päpstlichen Heiligkeit Urban dem Achten, und hernach von Alexander dem Siebenden mit vollkommenen und andern Ablässen begnadet worden. Dannenher diese löbliche Versammlung also, Gott Lob zugenommen, daß nicht allein von nächstgelegenen sondern auch fernen Orten, hohen und niedern Standt-Personen sich häufig und nunmehr über die tausend haben einschreiben lassen." [84]

Auch die damaligen Bruderschaftsregeln sind in diesem Büchlein, das 1829 in überarbeiteter Form neu aufgelegt wurde, abgedruckt:

1.) In diese Bruderschaft können sich auch Personen beyderley Geschlechtes, sie mögen in Ebersberg, oder in anderen Orten seyn, einschreiben lassen.
2.) Der Herr Pfarrer von Ebersberg ist beständiger Präses, und der Lehrer des Ortes beständiger Sekretär der Bruderschaft; wer sich also in dieselbe einschreiben lassen will, hat sich bey dem Lehrer zu melden, von welchem er sodann einen, mit dem Bruderschafts-Siegel ausgefertigten Brief gegen Erlag von 3 Kreuzer erhält, welche 3 kr. auch der Bruderschaft von demselben verrechnet werden müssen. Auf Absterben eines Mitglieds unserer Bruderschaft soll dieser Brief (im Vermögensfalle mit einem Meßgeld – wo kein Vermögen ist – ohne Geld) dem Ortspfarrer oder dem Sekretär zu Ebersberg zugeschickt werden, damit am nächsten Monat-Sonntag das verstorbene Mitglied öffentlich verkündet, und für dasselbe das allgemeine Gebeth verrichtet, und die Bruderschafts-Messe gelesen werden kann.
3.) Das Ziel und Ende dieser Bruderschaft ist hauptsächlich dieses: daß der allgütig- und barmherzige Gott durch die Vorbitte des großmüthigen und standhaften Martyrers und Blutzeugen Sebastian unser Vaterland, und auch alle Mitglieder der Bruderschaft vor dem gähen und unversehenen Tode, von der Pest, von schweren und ansteckenden Krankheiten, vor Krieg und Hunger und allen Uebeln des Leibes und der Seele gnädig behüten und bewahren wolle.
4.) Allzeit der zweyte Sonntag eines jeden Monats ist ein Bruderschafts-Sonntag, wo Vormittags unter dem Amte zum Opfer gegangen wird. An eben diesen Monats-Sonntagen ist Nachmittags um 2 Uhr die Vesper, darauf die Predigt, nach derselben die Vertheilung der Monatheiligen und das Opfer für dieselben. Nach diesem wird die Prozession mit dem Hochwürdigsten in der Kirche gehalten, und somit die monatsonntägliche Andacht beschlossen. An jedem Monats-Sonntage kommt sowohl das vor- als nachmittägliche Opfer zu der Bruderschaft, und ist nie Eigenthum des Ortspfarrers.
5.) An jedem Quatember-Freytag ist um 8 Uhr früh ein Seelenamt für die verstorbenen Mitglieder der Bruderschaft. Bey diesen jährlichen Quatemberämtern wird zum Opfer gegangen, und kommt das anfallende Opfer gleichfalls zur Bruderschaft.
6.) Am zweyten Sonntag nach St. Ulrich wird das Titularfest unserer Bruderschaft auf folgende Art feyerlich begangen. Um halb 6 Uhr Morgens ist Frühmesse, um 8 Uhr feyerliches Hochamt und Predigt, und um 10 Uhr die letzte hl. Messe. Nachmittags um 2 Uhr wird die Vesper und darauf die Predigt gehalten. Nach der Predigt werden die Monatheiligen vertheilt, und sonach der neue Bruderschafts-Präfekt aus denjenigen Dreyen durch das Los erwählet, die von den Konsultoren dazu vorgeschlagen worden sind. Während der Vertheilung der Monatheiligen werden die Formeln

mit einer beliebigen Geldeinlage verschloßner [?] geopfert; dann wird der neugewählte Präfekt samt den Assistenten und Konsultoren öffentlich unter Trompeten- und Paukenschalle verlesen. Sodann werden von dem Sekretär die Verstorbenen und die Neuaufgenommenen verlesen, die Bruderschafts-Formel vom Herrn Pfarrer laut vor- und von dem Magistrate nachgebetet. Die ganze Feyerlichkeit dieses Bruderschaftsfestes wird mit der Prozession um den Platz unter Vortragung des Hochwürdigsten beschlossen.

7.) *Am Montag darauf ist um 8 Uhr Vormittags der allgemeine Jahrtag mit einem feyerlichen Seelenamte und Libera für alle verstorbenen Brüder und Schwestern der Bruderschaft. Endlich*

8.) *Soll jedes Mitglied an jedem Monatssonntage, es mag in Ebersberg oder anderswo seyn, 5 Vaterunser und Ave für die verstorbenen Mitglieder unserer Bruderschaft bethen, jedoch ist dazu unter einer Sünde Niemand verbunden. Da übrigens die Bruderschaft ohne Kapitalien ist, und blos von den fallenden Opfern an Monatssonntagen, Quatember-Gottesdiensten und von den Formelgeldern am Titularfeste bestehen kann: so bitten wir sämtliche Mitglieder die milde Renovation der Formeln ja nicht zu vergessen, damit die Ausgaben der Bruderschaft bestritten, und der Überrest zum Ornat unserer äußerst mittellosen St. Sebastians Pfarrkirche verwendet werden kann. Durch die mächtige Fürbitte unsers glorreichen Martyrers und Schutzpatrons Sebastian wird der allgütige Gott gewiß eines jeden noch so geringe Gabe, wenn dieselbe nur mit gutem Willen und reinem Herzen gegeben wird, tausendmal segnen."* [85]

Der Ebersberger Chronist Franz Xaver Paulhuber weiß zu berichten, dass sich gerade zu der Zeit, als die Bruderschaft erst kurz wieder ins Leben gerufen worden war, in Taglaching ein Mirakel zugetragen habe: „Dort lag nämlich Ulrich Baumann, leiblicher Bruder des Balthasar Meier, Bürgers und Malers zu Grafing schwer krank. Da kam ihm nächtlicherweile mehrmalen vor, daß er sich, wollte er gesund werden, in die Sebastiani-Bruderschaft zu Ebersberg einschreiben lassen solle. Der Knabe gelobte es, und in auffallend kurzer Zeit war er völlig hergestellt." [86]

Mittlerweile hatte man in der Residenz ein Buch angelegt mit dem „Verzaichnnus der Namen aller Gebrueder und Schwester, so sich in die lobl. Congregation oder Bruederschaft deß Heiligen Ritters und Martyrers S. Sebastiani in der Hofmarckh der Societet Jesu zu Ebersberg im Jahr aintausent Sechshundert Vierundvierzig aufgerichtet einschreiben lassen, und einverleibt wurden." In diesem Bruderschaftsbuch, das sich heute noch im Pfarrarchiv Ebersberg befindet, wurden über 200 Jahre lang bis 1853 herauf die aufgenommenen Mitglieder aus nah und fern, darunter Edelleute, Bischöfe, Handwerker, Bürger, Hausfrauen und Knechte eingetragen. (Abb. 47) Bei den Ebersberger Mitgliedern der Bruderschaft erscheinen viele Namen, die oft heute noch, meist als alte Hausnamen, in Erinnerung sind.

Bereits im Juli 1644 zählten 212 Mitglieder zur Sebastians-Bruderschaft. Noch im gleichen Jahr fand eine offizielle Wahl innerhalb der Mitglieder statt. Präfekt wurde der kurfürstliche Pflegsverwalter Martin Brandhueber aus Markt Schwaben. Zu Assistenten wählte man Johann Haußknecht und Paul Bittner. Alle Jahre fand nun eine Neuwahl statt. Im August 1644 erhielt die Bruderschaft ein eigenes Siegel. Ein Jahr später kam man überein, dass die Mitglieder zum Konventtage und bei sonstigen feierlichen Anlässen in Ebersberg rote Bruderschaftskutten tragen sollten. (Abb. 48)

Auf den ersten Seiten des Bruderschaftsbuches begann man nun, da sich immer mehr eintragen ließen, für die einzelnen Orte wie Grafing, Wasserburg, Steinhöring, Markt Schwaben, Glonn und Bruck mehrere Seiten für Einträge vorzusehen. Bald aber kam man von dieser Methode wieder ab, da bis von weither die Pilger nach Ebersberg kamen und sich einschreiben ließen. Ab 1645 änderte man deshalb diese Form der Eintragung. In dem umfangreichen Werk, das für den Volkskundler eine wahre Fundgrube darstellt, erscheinen nunmehr in chronologischer Reihenfolge nacheinander Fürsten und Bettelleute, Bischöfe und Handwerker, Bauersleute und Bürger, Knechte und Taglöhner, Männer und Frauen, ganz ohne Ansehen des Standes. Am 7. März 1649 ließen sich „Ihre Firstliche Gnaden Frau Frau Johanna Äbbtissin deß

Abb. 48: Votivschild der Mitglieder der Sebastians-Bruderschaft aus der Zeit um 1800. Links die männlichen Mitglieder in roten Bruderschaftskutten, rechts die Frauen in der damals üblichen Tracht mit pelzbesäumten Hauben.

Abb. 49: Andachtsbild aus dem von dem Ebersberger Lehrer und Sekretär der Sebastians-Bruderschaft Johann Baptist Dausch verfassten und 1829 erschienenen „Bruderschafts-Büchlein für die St. Sebastian Bruderschaft zu Ebersberg".

wirdig Closterß auf dem Nonnenberg zue Salzburg, geborne Gräffin zue Wolckenstein [...] sambt ihrem ganzen Ehrw. Convent" in die Sebastians-Bruderschaft aufnehmen. Alle 219 Mitglieder der Sebastians-Bruderschaft zu Tittmoning wurden unter dem 22. März 1671 namentlich auch „in allhiesige St. Sebastians Bruderschaft [...] einverleibt". Eine ganze Seite widmete der Schreiber des Buches dem „Durchleuchtigist Fürst und Herr Herr Albrecht Pfalzgraff bey Rhein, Hertzog in Ober- und Nidern Bayrn" (Albrecht VI., der Leuchtenberger, Landgraf von Leuchtenberg, Reichsgraf von Haag, Bruder Kurfürst Maximilians I.) und dem „Hochwürdigist und Durchleuchtigist Fürst und Herr Herr Albrecht Sigmund, Pfaltzgraff bey Rhein, Hertzog in Ober- und Nidern-Bayrn, deß Hochen Stiffts Freising bestätigter Coadjutor" (Sohn Albrechts VI., Bischof von Freising und Regensburg, Propst des Kollegiatstifts Altötting). Beide ließen sich am 24. August 1650 mit ihrem Gefolge, wie „Camerherr", „obrister Jäger", „Stallmeister" und so weiter, in die Bruderschaft aufnehmen.

Freilich waren es vor allem „Mannen und Frauen" aus Ebersberg und seinem engeren Umland, die sich in die Bruderschaft eintragen ließen. Aber auch Pilger aus Österreich und Tirol, aus Oberbayern, Niederbayern und Schwaben sowie vereinzelt auch aus ferneren Gegenden, wie 1695 aus Bonn, sind im Bruderschaftsbuch verzeichnet. Unter dem Jahr 1698 finden sich unter anderem die Namen von „Joannes Jacobus Claußner von Stainhering, Joannes Franz Antonj Schich von Schonstätt gebürtig, Johannes Schwaiger von Rosenhaimb, Joseph Sellmair von Forsting, Thomas Braitl Tagwercher zu Ebersperg". Bei diesen Personen ist als Todesjahr 1705 angegeben, was die Vermutung nahelegt, dass diese in den damaligen Auseinandersetzungen während des Spanischen Erbfolgekrieges, wahrscheinlich sogar in der Sendlinger Bauernschlacht umkamen.

Ab dem Jahre 1700 tauchen in den Eintragungen immer wieder zu einzelnen Namen die Hinweise „derzeit Residenz Sing Knab alhie" oder „ein Singknab in der Residenz alhie" auf. Daraus ist zu schließen, dass die Jesuiten in Ebersberg Singknaben und wohl für die geistlichen Gesänge in der Stifts- und Wallfahrtskirche einen kleinen Singknabenchor unterhielten. So finden sich im Bruderschaftsbuch unter dieser Bezeichnung im Jahre 1700 folgende Namen: „Jüngling Maria B. Kellner von Ursprung", „Johann Christoph Höll von Rosenhaimb", „Jüngling Maria Kastulus Kellner von Mosburg".

Im Jahre 1704: „Joseph Lechner von Wasserburg", „Nicolaus Märtl von Rosenhaimb".
Im Jahre 1707: „Frantz Antoni Wittman von Trostberg", „Joseph Schaufler von Schwaben", „David Dominicus Lutz von Wasserburg".

Abb. 50: Das vom Buchbindermeister Josef Schromm 1996 anlässlich der Wiederbelebung der Ebersberger Sebastians-Bruderschaft mit Ledereinband und Golddruck gestaltete neue Einschreibbuch.

Im Jahre 1715:	„Anonius Ebersperger von Tauffkirchen", „Joseph Zellner von Ebersberg", „Joseph Zäpp von Rosenhaimb".
Im Jahre 1716:	„Jacob Vogl von Rosenhaimb", „Simon Silbernagl alhie".
Im Jahre 1736:	„Joseph Buberle, derzeit Singknab alhie, sonsten in der Pfalz gebürtig".
Im Jahre 1739:	„Joseph Göggler, nun Mesner und Schulhalter in Obing", „Thomas Täffmayr von Mülldorf", „Felix Hütter von Wasserburg".
Im Jahre 1751:	„Joachim Grim von Ebersberg, nun Chorregens alda".[87]

Da das wiederholt erwähnte Wallfahrtsbüchlein von 1747 zu Beginn des 19. Jahrhunderts längst vergriffen war, machte sich der damalige Ebersberger Lehrer und Chorregent Johann Baptist Dausch daran, unter Vorlage der alten Schrift ein neues Werk zu verfassen. Im Pfarrarchiv Ebersberg befindet sich heute noch ein Exemplar dieses in Gebetbuchformat gedruckten Werkes mit dem Titel „Bruderschafts-Büchlein für die St. Sebastian Bruderschaft zu Ebersberg". Dausch vollendete seine Schrift, wie er in der Vorrede erwähnt, „am St. Stephanstag, den 27ten Dezember im Jahre nach Christi Geburt 1828, im 70ten Jahre meines Lebens und im 49ten Jahre meines Daseyns in Ebersberg" als Sekretär der Sebastians-Bruderschaft.

Als Andachtsbild ist der Schrift eine Litographie vorangestellt, auf der, umgeben von Engeln, die Nachbildung der gotischen Büste des Pestheiligen in den Wolken schwebt. Darunter sind Pilger und Kranke zu sehen, die sich auf dem Weg zu der im Hintergrund erkennbaren Wallfahrtskirche befinden. Unterhalb der Büste halten zwei Engel ein Medaillon, auf dem zu lesen ist: „Wahre Abbildung der Hirnschale Sankt Sebastian so uralt aufbehalten, in Ebersberg." (Abb. 49) Nach der Vita des heiligen Sebastian folgen in dem Büchlein die Regeln der Bruderschaft sowie Andachtstexte, Litaneien und sonstige Gebete.[88]

Im Laufe der vergangenen Jahrhunderte fanden die meisten Eintragungen in die Sebastians-Bruderschaft zum Titularfest am ersten oder zweiten Sonntag nach Ulrich (Anfang Juli), oder aber zum Patroziniumsfest des Heiligen, am 20. Januar statt. Mit der Zeit nahm auch das Vermögen der Bruderschaft zu, da von vielen Seiten Stiftungen, wie Fahnen, Leuchter, Messkleider, Skulpturen oder aber auch Zuwendungen in Form von Bargeld erfolgten.

Nach den Eintragungen im zweiten Bruderschaftsbuch (1853-1986) waren es zum Titularfest im Jahre 1855 941 Mitglieder. Elf Jahre später sind es 1167 Gläubige, die darin verzeichnet sind.[89]

Zum 550-jährigen Jubiläum der Sebastians-Bruderschaft kam es 1996 unter Stadtpfarrer Pater Josef Königer zu einer neuerlichen Wiederbelebung der Bruderschaft. Pfarrer Königer hatte dazu die Bruderschaftsregeln neu überarbeitet und durch den Generalvikar des Erzbischöflichen Ordinariates in München, Dr. Robert Simon, genehmigen lassen. Der Bruderschaftsbrief, der jedem Mitglied bei der Eintragung ausgehändigt wird, wurde neu in Text und Gestaltung in Druck gegeben. Zudem fertigte der Ebersberger Buchbindermeister Josef Schromm ein neues, mit kunstvollem Ledereinband und Golddruck gestaltetes Einschreibbuch, in das Ludwig Winkler in Kalligraphie-Schrift die damals 130 Mitglieder der Sebastians-Bruderschaft eintrug.[90] (Abb. 50)

Abb. 51: Die Fahne der Sebastians-Bruderschaft während einer Fronleichnamsprozession vor der Pfarrkirche in Ebersberg.

Anmerkungen

1 Siehe Eisenhofer, [N.]: Über die Pest in Mühldorf während des 17. Jahrhunderts, in: Der Inn-Isengau 1924, H. 8, S. 9-14.

2 Vorstehende auf Quellen basierende historisch-fiktive Darstellung ist dem Werk Krammer, Markus: Die Wallfahrt zum heiligen Sebastian nach Ebersberg, Ebersberg 1981, S. 1-2, entnommen.

3 Siehe Weyl, Bruno: Das Geheimnis der Basilika von San Sebastiano, in: Italien. Monatsschrift für Kultur, Kunst und Literatur 3 (1930), H. 4, S. 182-184.

4 Siehe Krammer (wie Anm. 2), S. 2-7; Ders.: Die Verehrung des hl. Sebastian in Ebersberg. Eine heute noch 200 Mitglieder zählende Bruderschaft erinnert an die frühere Bedeutung der Kreisstadt als berühmter Wallfahrtsort, in: Süddeutsche Zeitung / Ebersberger Neueste Nachrichten, 148, Do., 02.07.1987, S. 8; Ders.: Die Sebastiansverehrung in der Kreisstadt. Als Wallfahrtsort hatte Ebersberg einst auch einen berühmten Sebastianimarkt, in: Süddeutsche Zeitung / Ebersberger Neueste Nachrichten, 16, Sa./So., 20./21.01.1990, S. 3; Ders.: St. Sebastian, „eine Zuflucht der Menschheit". Ebersberg zählte einst zu den berühmtesten Wallfahrtsorten Südbayerns, in: Süddeutsche Zeitung / Ebersberger Neueste Nachrichten, 12, Do., 16.01.1992, S. 3 u. Ders.: Eine Bruderschaft für Mannen und Frauen. Vor gut einem halben Jahrtausend gründete Abt Eckhard die Sebastians-Bruderschaft in Ebersberg, in: Süddeutsche Zeitung / Ebersberger Neueste Nachrichten, 150, Fr., 03.07.1998, S. 2.

5 Siehe Sage, Walter: Ausgrabungen in der ehemaligen Grafenburg zu Ebersberg, Oberbayern, im Jahr 1978, in: Jahresbericht der bayerischen Bodendenkmalpflege 21 (1980), S. 214-228. Siehe hierzu auch den Beitrag des genannten Autors in vorliegendem Band.

6 Freie Übersetzung des lateinischen Textes in Bayerisches Hauptstaatsarchiv (BayHStA), KL Ebersberg 2 Cartulare Ebersbergense. Siehe auch Hundt, Friedrich Hector Graf von (Hg.): Das Cartular des Klosters Ebersberg. Aus dem Fundationsbuche des Klosters unter Erörterung der Abtreihe, dann des Überganges der Schirmvogtei auf das Haus Scheyern-Wittelsbach, sowie des Vorkommens von Mitgliedern dieses Hauses, (Abhandlungen der königlich bayerischen Akademie der Wissenschaften, III. Classe 14,3), München 1879, S. 22.

7 Stadtarchiv München (StadtAM), Zim. 123 Chronik von Ebersberg.

8 Siehe Krammer (wie Anm. 2), S. 8-10 u. Ders.: „Ein Kyrchen ward gepawt". Seit mehr als eintausend Jahren ziehen Wallfahrer zum heiligen Sebastian nach Ebersberg, um Schutz zu erbitten, in: Süddeutsche Zeitung / Ebersberger Neueste Nachrichten, 13, Sa./So., 17./18.01.1998, S. 2.

9 Siehe Paulhuber, Franz Xaver: Geschichte von Ebersberg und dessen Umgegend in Oberbayern, Burghausen 1847, S. 309-312, Zitat auf S. 309. Hierzu u. zum Folgenden auch Krammer (wie Anm. 2), S. 11-12.

10 Pfarrarchiv Ebersberg (PfarrAE), Protokoll über die Untersuchung der Hirnschale des hl. Sebastian v. 08.07.1928.

11 Guggetzer, Martin: Chronik von Ebersberg.

12 PfarrAE, Schreiben Kardinal Michael Faulhabers an Pfarrer Martin Guggetzer v. 10.01.1929.

13 Siehe Krammer (wie Anm. 2), S. 12.

14 Widl, Adam: DIVUS SEBASTIANUS EBERSPERGAE BOIORUM PROPITIUS, SEU CULTUS EIUSDEM GLORIOSI MARTYRIS A PRIMA LOCI FUNDATIONE AD NOSTRASQUE TEMPORA PROPAGATUS, München 1688.

15 Rzepka, Christel: „Divus Sebastianus Eberspergae Boiorum Propitius auctore Adamo Widl Monachij MDCXXXVIII". Eine Vorstellung des Werkes nach Zweck, Inhalt und sprachlichen Besonderheiten, Facharbeit im Fach Latein, Gymnasium Vaterstetten 1989, S. 23-24.

16 Ebd., S. 25.

17 Unabläßiger Gnaden-Schutz Deß Gut- und Wundertätig – Heiligen Helden – und Martyrers Sebastiani zu Ebersperg in Bayrn / Wider die Pest / und allerley Kranckheiten / Von erster Orths-Stiftung an / biß auf jetzige Zeit fortgesetzet /, München 1715.

18 Siehe ebd., Titelblatt.

19 Ebd., S. 65-66.

20 Ebd., S. 67.

21 Siehe ebd., S. 209-217.

22 Ebd., S. 271-272.

23 Kurtze und nutzliche Unterweisung / Denen nach Ebersberg zu dem Heiligen Sebastian gehenden Wallfarteren / Auch allen dortigen Inn- und Beywohneren erklärend / Erstens: Was dieses Wallfart seye / Zweytens: Was bey dieser zu verrichten, Ingolstadt 1747.

24 Ebd., S. 6-7.

25 Ebd., S. 10-11.

26 StadtAM, Zim. 123 Chronik von Ebersberg.

27 Siehe Krammer, Markus: Ebersberg als Wallfahrtsort (Teil I): Die Hirnschale des Heiligen Sebastian. Der Augustinerpropst Hunfried brachte die wertvolle Reliquie 931 aus Rom mit, in: Süddeutsche Zeitung / Ebersberger Neueste Nachrichten, 17, Fr., 22.01.1993, S. 2.

28 StadtAM, Zim. 123 Chronik von Ebersberg.

29 Siehe Krammer (wie Anm. 2), S. 13-14.

30 Siehe Krammer, Markus: Abt Reginbald, der Heilige aus Ebersberg, in: Ders.: G'schichten aus Ebersberg, Ebersberg 2000, S. 231-235.

31 Kurtze und nutzliche Unterweisung (wie Anm. 23), S. 14-15.

32 Unabläßiger Gnaden-Schutz (wie Anm. 17), S. 209-217.

33 Kurtze und nutzliche Unterweisung (wie Anm. 23), S. 15.

34 Siehe Krammer, Markus: Katholische Pfarrkirche St. Sebastian in Ebersberg, (Schnell & Steiner, Kleine Kunstführer 113), 5., völlig neu bearb. Aufl., München – Zürich 1986, S. 4 u. 22.

35 Unabläßiger Gnaden-Schutz (wie Anm. 17), S. 211.

36 Siehe Krammer (wie Anm. 2), S. 18-20.

37 Unabläßiger Gnaden-Schutz (wie Anm. 17), S. 249.

38 Siehe hierzu und zum Folgenden Krammer (wie Anm. 2), S. 21-22.

39 Kurtze und nutzliche Unterweisung (wie Anm. 23), S. 15.

40 Ebd., S. 16.

41 Siehe StadtAM, Zim. 123 Chronik von Ebersberg.

42 Siehe Krammer, Markus: Kapellen und Kirchen – Steinkreuze, Martersäulen und Gedenksteine, (Der Landkreis Ebersberg. Geschichte und Gegenwart 7), Stuttgart 2000, S. 90-92.

[43] Siehe Krammer, Markus: Der Geisterchor, in: Ders.: G'schichten aus Ebersberg, Ebersberg 2000, S. 236-239, S. 238-239.
[44] Kurtze und nutzliche Unterweisung (wie Anm. 23), S. 21-22.
[45] Siehe ebd.
[46] Ebd., S. 18-19
[47] Ebd., S. 22-23
[48] Ebd., S. 23
[49] Ebd., S. 23-24
[50] Ebd., S. 17.
[51] Ebd., S. 51.
[52] Unabläßiger Gnaden-Schutz (wie Anm. 17), S. 252.
[53] Kurtze und nutzliche Unterweisung (wie Anm. 23), S. 51.
[54] Bayerische Staatsbibliothek (BSB), Clm 1351 Historia Eberspergensis.
[55] Siehe Rohrmann, Hans: Die Wessobrunner des 17. Jahrhunderts. Die Künstler und Handwerker unter besonderer Berücksichtigung der Familie Schmuzer, St. Ottilien 1999.
[56] Siehe BSB, Clm 1351 Historia Ebersperpensis.
[57] Siehe ebd., S. 292 u. 299.
[58] Siehe Krammer, Markus: Die Silberbüste des hl. Sebastian, in: Ders.: Abt Sebastian Häfele von Ebersberg (1472-1500), ein bayerischer Prälat des 15. Jahrhunderts, Ebersberg 1984, S. 4-7.
[59] Unabläßiger Gnaden-Schutz (wie Anm. 17), S. 229.
[60] Siehe Krammer (wie Anm. 34), S. 6 u. 20-22 sowie Ders.: „Besonders kostbar und zierlich". Vor 325 Jahren erbauten die Jesuiten in Ebersberg mit der Sebastianskapelle ein barockes Kleinod, in: Süddeutsche Zeitung / Ebersberger Neueste Nachrichten, 204, Di., 05.09.1995, S. 2.
[61] Siehe Krammer (wie Anm. 2), S. 32-33.
[62] Kurtze und nutzliche Unterweisung (wie Anm. 23), S. 24-25.
[63] Unabläßiger Gnaden-Schutz (wie Anm. 17), S. 268-269.
[64] Ebd., S. 261.
[65] Ebd., S. 263.
[66] Ebd., S. 266.
[67] Siehe Paulhuber (wie Anm. 9), S. XI.
[68] StadtAM, Ms. 312 Ebersberg. Des H. Sebastiani Gottshauß.
[69] Ebd..
[70] Ebd.. Siehe hierzu auch Betz, Gerhard: Die Verehrung des hl. Sebastian in Ebersberg, Zulassungsarbeit zur Lehramtsprüfung, 1967.
[71] Bamberger Gebetbuch, 1707.
[72] Mündliche Mitteilung von Brigitte Sauerländer.
[73] Siehe Krammer (wie Anm. 34), S. 14-18.
[74] Siehe hierzu Krammer, Markus: Auflösung des Jesuitenordens, in: Ders.: G'schichten aus Ebersberg, Ebersberg 2000, S. 240.
[75] Siehe Krammer, Markus: Einzug der Malteser, in: Ders.: G'schichten aus Ebersberg, Ebersberg 2000, S. 241-243.

[76] PfarrAE, Kurtze Beleuchtung der Sicherstellung hiesigen Klosterschatzes in den Jahren 1796-1801.
[77] Ebd. Siehe hierzu auch Krammer (wie Anm. 2), S. 34-37; Ders.: Ebersberg als Wallfahrtsort (Teil II): „Das empörte Volk droht mit Gewalt". Vor 200 Jahren mußte der legendäre Kirchenschatz an die Hofkammer abgegeben werden, in: Süddeutsche Zeitung / Ebersberger Neueste Nachrichten, 18, Sa./So., 23./24.01.1993, S. 2 u. Ders.: Geheimnisse um die Hirnschale des Pestheiligen. Der eingemauerte Klosterschatz ist bis heute nicht entdeckt. Wie die Stiftskirche Sankt Sebastian in Ebersberg einst ihre wertvollen Weihegeschenke verlor, in: Süddeutsche Zeitung / Ebersberger Neueste Nachrichten, 210, Mo., 12.09.1994, S. 2.
[78] Siehe Guggetzer (wie Anm. 11); Krammer (wie Anm. 2), S. 38-44 u. Ders.: Volkskunde und Brauchtum, in: Der Landkreis Ebersberg. Raum und Geschichte, hg. v. d. Kreissparkasse Ebersberg, Stuttgart 1982, S. 308-357, S. 352-357.
[79] StadtAM, Zim. 123 Chronik von Ebersberg.
[80] Siehe Krammer, Markus: Die Bildchronik des Klosters St. Sebastian, in: Ders.: Abt Sebastian Häfele von Ebersberg (1472-1500), ein bayerischer Prälat des 15. Jahrhunderts, Ebersberg 1984, S. 32-43.
[81] BayHStA, KL Ebersberg 1 Annales Ebersperpenses.
[82] BayHStA, Kurbayern, Äuß. Archiv 4091 Gründungsdokument der Sebastians-Bruderschaft.
[83] Ebd.
[84] Bruderschaftsbüchlein für die St. Sebastians-Bruderschaft zu Ebersberg, München 1829, S. 14-16.
[85] Ebd., S. 10-21.
[86] Paulhuber (wie Anm. 9), S. 652.
[87] Siehe PfarrAE, Eintragsbuch der Sebastians-Bruderschaft, 1644-1853.
[88] Siehe Bruderschaftsbüchlein für die St. Sebastians-Bruderschaft zu Ebersberg, München 1829.
[89] Siehe PfarrAE, Eintragsbuch der Sebastians-Bruderschaft, 1853-1986.
[90] Siehe Krammer (wie Anm. 2), S. 45-56; Ders.: „Bürger und Bürgerin, arm und reich". Zum morgigen Titularfest der Sebastians-Bruderschaft in Ebersberg wurden die Regeln der heutigen Zeit angepaßt und die Bruderschaft mit neuem Leben erfüllt, in: Süddeutsche Zeitung / Ebersberger Neueste Nachrichten, 149, Sa./So., 01./02.07.1995, S. 2; Ders.: „Des Ritters Pruederschaft". Vor 550 Jahren gründete Abt Eckhard Ebersbergs Sebastians-Bruderschaft, in: Süddeutsche Zeitung / Ebersberger Neueste Nachrichten, 9, Fr., 12.01.1996, S. 2; Ders.: „Sebastian, eine Zuflucht der Menschheit". Die in Ebersberg begründete Sebastians-Bruderschaft zählt heute noch mehr als 100 „Frauen und Mannen" als Mitglieder, in: Süddeutsche Zeitung / Ebersberger Neueste Nachrichten, 152, Sa./So., 05./06.07.1997, S. 2 u. Ders.: Eine Bruderschaft für „Mannen und Frauen, Arm und Reich". Siet gut eintausend Jahren ist Ebersberg Mittelpunkt der Sebastiansverehrung in Bayern, in: Süddeutsche Zeitung / Ebersberger Neueste Nachrichten, 148, Fr., 30.06.2000, S. 2.

Abbildungsnachweis
Bayerisches Hauptstaatsarchiv, München: Abb. 46.
Markus Krammer, Ebersberg: Abb. 1-29, 41-45, 47-51.
Staatliche Graphische Sammlung, München: Abb. 30-40.

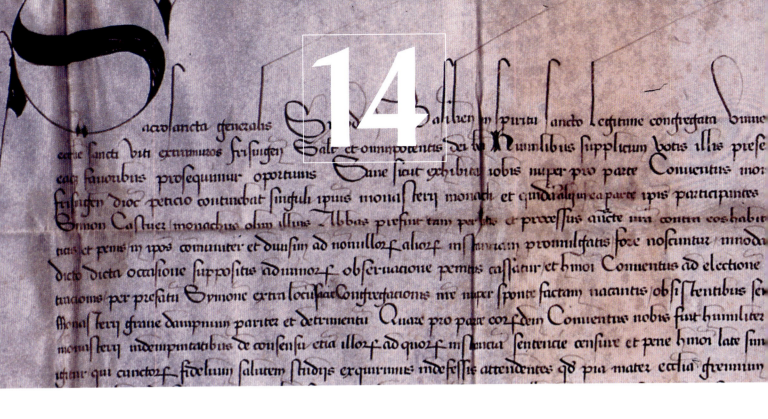

Otto Feldbauer

Geschichte der Kirchenreformen im Kloster Ebersberg im Spätmittelalter und in der Frühen Neuzeit 1427 – 1773

Eine der wichtigsten Entwicklungen in der Geschichte des Mittelalters und der Frühen Neuzeit waren die permanenten Versuche, die christliche Kirche an „Haupt und Gliedern" zu reformieren. Dieser Prozess begann im Spätmittelalter. 1378 ereignete sich das große Schisma, eines der dunkelsten Kapitel in der Geschichte der römisch-katholischen Kirche. Zwei Päpste beanspruchten, der einzig legitime Vertreter Christi auf Erden zu sein, Clemens VII. in Avignon und Urban VI. in Rom. Der Riss, der durch die oberste Hierarchie der Kirche ging, setzte sich nach unten fort; einige Staaten, Bischöfe und so weiter standen auf der Seite Avignons, andere auf der Seite Roms; einige Klöster hatten zwei Äbte und Prioren, einige Gemeinden zwei Pfarrer,[1] und so könnte man die Geschichte fortsetzen.

Diese Zerrissenheit der Kirche innerhalb Europas erforderte eine Antwort. So entwickelte sich als Reaktion „eine Konzilsbewegung, deren Hauptziel es war, das Große Schisma zu beenden" und die daneben „das Papsttum und die Kirche reformieren" wollte.[2] In regelmäßigen Zusammenkünften allgemeiner Konzilien sah man „das" Heilmittel, um die Krise der Kirche zu beenden. Allerdings sollten diese Konzilien nicht wie bisher unter päpstlicher Führung stehen, „sondern neben dem Papst, ja am Ende über ihm."[3]

So trat 1409 in Pisa ein erstes Konzil zusammen. Dieses setzte Gregor XII. (Rom) und Benedikt XIII. (Avignon) ab, die konkurrierenden Päpste, die sich beide als legitime Vertreter Christi auf Erden sahen. Als neuen Papst wählte man Alexander V. Da sich aber die abgesetzten Päpste weigerten zurückzutreten, gab es nun drei Päpste.

Diese unerquickliche Situation mit drei Päpsten, drei Kurienverwaltungen, drei Kardinalskollegien und dem übrigen Apparat, der sich aus einer dreifachen Führerschaft der Christenheit ergab, verschärfte die Situation aber noch. Schon 1410 starb Alexander V. und eine neue Papstwahl wurde notwendig. Man wählte Johannes XXIII., einen glänzenden militärischen Führer, Feldherrn und General. Aber von einem solchen Papst konnte keine Versöhnung der feindlichen Lager erwartet werden. So sann man weiter auf Abhilfe.

Für das Jahr 1414 wurde ein neues Konzil einberufen, das am 5. November 1414 in Konstanz unter dem Vorsitz Johannes' XXIII. mit seinen Sitzungen begann. Dieser Konzilsversammlung gelang es das Große Schisma zu beenden. 1417 wurde Martin V. zum neuen Papst gewählt, der wieder die ganze römisch-katholische Kirche repräsentierte.

In dieser „Sattelzeit um die Wende des 14./15. Jahrhunderts" gab es auch eine „chronologische Massierung" von Reformansätzen, die vor allem von Klöstern ausgingen, etwa die monastischen Reformbewegungen von Kastl und Melk.[4]

Diese universalhistorischen Ereignisse sollen den Ausgangspunkt der Geschichte der Kirchenreformen im Kloster Ebersberg bilden. Denn mit dem Konzil von Konstanz und der Beendigung des Großen Schismas verdichteten sich die Kirchenreformen, die schließlich zur Reformation führten und erst mit der endgültigen Konfessionsbildung im 18. Jahrhundert zu Ende gingen.

Der Fall Simon Kastner

Die kirchlichen Reformen im Gefolge der Konzilien von Konstanz (1414-1418) und Basel (1431-1449) beschränkten sich im bayerischen Raum vor allem auf die Klöster. Die Zustände der bayerischen Klöster beschreibt schon eine Bulle Papst Martins V. von 1426 nicht sehr rosig. Hier heißt es: „Wir haben nicht ohne großes Missfallen von glaubwürdiger Seite erfahren, dass in euren Diözesen in sehr vielen Männer- und Frauenklöstern des Benediktiner-, Augustiner- und auch anderer Orden auf Antreiben des Urhebers der bösen Werke die Beobachtung der Ordensregel in klösterlichem Leben und Wirken sehr nachgelassen hat, der Gottesdienst vernachlässigt wird und die Fehler und Ausschreitungen der Klostervorstände und Professen ungestraft bleiben." Deshalb sollten die Bischöfe entweder selbst oder von ihnen Beauftragte die Klöster besuchen oder besuchen lassen. Dies galt auch für die exemten Stifte. Die Visitatoren sollten wenigstens zwei oder mehrere in Sitten- und Lebenswandel erprobte Professen desselben Ordens und einer oder zwei Magister der heiligen Theologie oder Doktoren des kanonischen Rechtes sein. Sie sollten die Visitation an Haupt und Gliedern, in geistlichen und weltlichen Dingen kraft apostolischer Autorität vornehmen.

Der Versuch der nach Ebersberg abgeordneten Kirchenreformer, die Verhältnisse im Kloster zu reformieren, ist relativ ausführlich dokumentiert; es handelt sich dabei um den Fall Simon Kastner. Mit ihm soll deshalb unsere Darstellung beginnen.

Simon Kastner war im Oktober 1412 auf Druck Herzog Stephans von Bayern-Ingolstadt, in dessen Landesteil die Abtei lag, von den Konventualen zu ihrem Klostervorsteher gewählt worden. Dabei war wohl auch Bestechung im Spiel. Angeblich hatte Kastner Herzog Stephan heimlich in Wasserburg besucht und ihm 200 Dukaten versprochen, wenn er durch dessen Hilfe gewählt würde. Herzog Stephan drohte darauf dem Konvent brieflich, sollte Kastner nicht Abt werden, werde man dem Kloster Siegel, Briefe und andere Privilegien nehmen.[5]

Die Amtsführung Kastners gab jedoch ständig Anlass zu Klagen; Ermahnungen Bischof Hermanns von Freising, einer Salzburger und einer Freisinger Synode sowie Generalvikar Johann Grünwalders und selbst Herzog Wilhelms III. hatten keinen Erfolg. Deshalb forderte der Erzbischof von Salzburg schließlich den Generalvikar auf, Ebersberg zu visitieren und zu reformieren. Dies geschah auch im Zuge der groß angelegten Klosterreformationskampagne von 1426/27.[6]

Die Visitation fand vom 4. bis 8. Oktober 1427 statt. Sie zeigt uns nicht nur die Ebersberger Verhältnisse, sondern „beleuchtet blitzartig die Zustände in manchen Klöstern der damaligen Zeit und die Schwierigkeiten, gegen welche die Visitatoren [...] anzukämpfen hatten."[7]

Am 4. Oktober 1427 erschien also ein Aufgebot von ungefähr 60 Personen vor den Pforten des Klosters. Darunter befanden sich illustre Persönlichkeiten. Herzog Wilhelm von Bayern war persönlich mit 40 Bewaffneten erschienen. Von kirchlicher Seite gehörten zu diesem Aufgebot unter anderem der Freisinger Generalvikar Johann von Grünwalder, der Benediktiner Leonhard Vettinger vom Kloster Sankt Michael zu Weihenstephan und der bekannte und fanatische Kirchenreformer Petrus von Rosenheim, Konventual des Klosters Melk, Bistum Passau.[8]

Nachdem feierlich ein Bittgottesdienst zum heiligen Geist zelebriert worden war, verlas der Notar Johann Entzinger von Rosenheim die Reformbulle Martins V. vom 11. April 1426 und die Subdelegationsurkunde des Freisinger Bischofs Nikodemus de la Scala. Danach befragte man die Konventualen und den Abt, ob sie sich bereitwillig der Visitation unterziehen wollten. Angesichts der drohenden Schar von Bewaffneten, die in das Kloster eingefallen war, konnten diese nur zustimmen, was noch mit einem Eid bekräftigt werden musste.

Anschließend verhörte man die zehn Klosterinsassen und Petrus von Rosenheim protokollierte die Aussagen. Das Verhör fand in der Marienkapelle der Klosterkirche statt; den Eingang versperrten Wachen.

Das Ergebnis des Verhörs der Professen belastete Abt Simon Kastner schwer. Er habe große Schuld auf sich geladen, unterstellte man ihm, er habe Simonie betrieben, sei ein öffentlicher Konkubinarier, verschleudere das Klostereigentum (er hatte selbst die silberne Büste des heiligen Sebastian verpfändet[9]) und benutze dabei heimlich das Klostersiegel. Zu diesem Zweck hatte er sich von einem Münchener Schlosser einen Schlüssel fertigen lassen, um jederzeit das Siegelhäuschen, das in der Sakristei aufbewahrt war, öffnen zu können; später nahm er das Siegel in seine Wohnung.[10] Daneben zeichneten seine Untergebenen ein äußerst negatives Charakterbild von ihm: Er sei politisch ungemein verschlagen, sittenlos wie ein Heide und gegen Widerstrebende äußerst gewalttätig. Um den schlechten Eindruck abzurunden, den er auf die Visitatoren machte, legte er sich auch noch mit seinem Examinator an, dem berühmten Petrus von Rosenheim. Er soll gegen ihn „große Heftigkeit und Widersetzlichkeit" an den Tag gelegt haben und dies „in Gegenwart des Konventes und des Generalvikars."[11]

Sein Verhalten und die Vorwürfe seiner Mitbrüder genügten den Visitatoren. Am Dienstag, den 8. Oktober, zur Zeit der Vesper, wurde Abt Simon wegen Verweigerung der Resignation abgesetzt, gefangen genommen und am 9. Oktober die Neuwahl eines Abtes angesetzt. Man wählte als neuen Abt Christian Harder. Dieser hatte früher schon als Professus zum Ebersberger Konvent gehört, war aber wegen Abt Simon in das Benediktinerkloster Sankt Peter nach Salzburg geflüchtet. Man hatte nun also einen Abt, der den neuen Reformbestrebungen zugänglicher zu sein schien als Simon Kastner. Um die Erwartungen auf Besserung zu bekräftigen, hielt Petrus von Rosenheim am 14. Oktober auf Befehl Grünwalders eine Collatio an den versammelten Konvent über die Beachtung der klösterlichen Regeln und die Einführung der Reform. In den Augen der Kirchenreformer konnte man die Zukunft des Klosters optimistisch betrachten. Aber die Geschichte war keineswegs zu Ende.

Simon Kastner hatte nicht die Absicht kampflos aufzugeben. Er wurde am 24. April oder Juni 1428 aus der Haft entlassen. Im September kehrte er mit Waffengewalt und Unterstützung Herzog Heinrichs des Reichen von Landshut in sein Kloster zurück, verjagte Christian Harder und strengte im Herbst sogar in Rom gegen Petrus von Rosenheim und die Visitatoren einen Prozess wegen widerrechtlicher und gewaltsamer Wegnahme seiner Pfründe an. Am 19. November begannen die Verhandlungen vor dem Auditor der Rota Romana Johann Wallinger.

In diesem Prozess wurden auch Petrus von Rosenheim, Johann Entzinger und andere als Zeugen vernommen. Am 10. März 1430 drängten die Prokuratoren beider Parteien auf eine Entscheidung. Schließlich verkündete das päpstliche Gericht sein Urteil. Die Richter verkündeten, es sei von Simon Kastner verwegen gewesen und zum Präjudiz der Streitsache unternommen worden, Christian Harder abzusetzen und die Abtei wieder in Besitz zu nehmen. Damit wurde Christian Harder wieder als Abt eingesetzt und Simon zur Herausgabe der inzwischen vorweggenommenen Einkünfte verurteilt. Gegen dieses Urteil appellierte Simons Prokurator an Papst Martin V. und dieser bewilligte die Revision des Prozesses; aber das Urteil gegen Simon wurde ein zweites und drittes Mal bestätigt. Ende 1430 wurde über ihn die Exkommunikation verhängt, von der er aber am 31. Januar 1431 wieder losgesprochen wurde; er hatte sich persönlich in Rom eingefunden, um seine Sache wirksamer vertreten zu können.

Am 20. Februar 1431 starb Papst Martin V. Seinem Nachfolger Eugen IV., dem ehemaligen venezianischen Kardinal Gabriel Condulmaro, unterbreitete Simons Prokurator die Bitte, den ganzen Prozess und die ergangenen Urteile zu revozieren und zu annullieren. Neue Zeugen wurden gerufen, die zu Simons Gunsten aussagten. So erging 1431 schließlich ein neues Schlussurteil, das Simon Kastner wieder in sein Amt einsetzte.[12]

Dieser Ausgang des Prozesses in Rom hinterließ natürlich einen verhängnisvollen Eindruck bei den Kirchenreformern, bei Herzog Wilhelm von Bayern, unter dessen Schutz die Visitation seinerzeit stattgefunden hatte, am bischöflichen Hof zu Freising und in den Melker Reformkreisen. Ihr Ansehen war sehr geschädigt worden.[13]

Deswegen wandten sich die wichtigsten betroffenen Kirchenreformer Herzog Wilhelm, Vikar Grünwalder und Petrus von Rosenheim an das soeben eröffnete Konzil von Basel und griffen am 23. Juli 1432 den Ebersberger Prozess dort wieder auf. Das Konzil von Basel zog häufig geistliche und weltliche Prozesse an sich, nicht zuletzt mit der Absicht, seine Bedeutung und sein Ansehen in der Auseinandersetzung mit Eugen IV. zu steigern. Allerdings handelten die Konzilsväter zumeist nicht aus eigener Initiative, sondern auf Antrag von außen, wie auch im vorliegenden Fall.[14]

Das Konzil fasste sofort den Beschluss, nach summarischer Information diesen Fall den Richtern des Konzils vorzulegen, den Abt persönlich und unter Strafandrohung vor das Konzil zu zitieren und alle Prozesse, soweit sie gegen den Vikar Grünwalder im Gange waren, bis zum Ende des Streites niederzuschlagen.[15]

Letzteres war natürlich kein Wunder, weil Grünwalder ein eifriger Anhänger der Konziliaristen war, die das Konzil beherrschten.

In Basel waren Berengar, Bischof von Petrikau, und Rudalfinus, Bischof von Parma, die Richter des Konzils. Die erste Untersuchung fand jedoch vor dem Freisinger Bischof Nikodemus della Scala statt. Schon am 13. August 1432 wurde Petrus, Prior von Melk, vorgeladen, über 13 Artikel verhört und vereidigt, nämlich über die simonistische Wahl des Simon Kastner, seine Konkubinen und Kinder, seine Güterveräußerungen, seine Gelage mit seinen Weibern und Kindern im Kloster, dessen baufälligen Zustand und so weiter. Die Aussagen des Petrus gipfeln in seiner Zusammenfassung: „Wegen dem Abfall des Herrn Abts blühten alle Laster: nämlich Hurerei, Fleischeslust, mangelnder Gehorsam im Kloster, keine Klausur, Nichthaltung des Schweigegebots noch irgendeiner der Regeln des heiligen Benedikt."[16]

Vom 7. bis 16. Dezember 1432 fanden vor Magister Hugo von Farcelles, Promotor des Konzils, große Verhöre in der Ebersberger Angelegenheit statt. Vernommen wurden unter anderem Johannes Kastner, Kleriker von Freising, Petrus von Rosenheim, Abt Eberhard von Weihenstephan, Friedrich Ischeder, Sekretär Herzog Wilhelms und schließlich Herzog Wilhelm selbst. Am 7. Januar 1433 wurde auch noch der Freisinger Bischof Nikodemus verhört.

Die Hauptverhandlung am 27. März 1433 vor dem Promotor Hugo und den Bischöfen Konrad von Regensburg und Kuno von Olmütz als Konzilsdeputierten ergab die Annullierung und Kassierung des Prozesses; Abt Simon wurde aus der Haft entlassen „ob defectum iurisdictionis et aliunde contra omnis iuris ordinem servatum [...] quia ipsa causa non est criminaliter intentata et sic non potuit nec debuit."

Dagegen beantragte der Reformer Johannes von Grünwalder schärfste Strafen und Verurteilung zu den Kosten. Die Sache ging an die erste Instanz, den Bischof von Olmütz, der schon am 28. März den Prozess neu aufnahm und am 26. Juni Abt Simon wieder in Haft nehmen ließ. Gleichwohl bemerkte ein Zeuge bei den letzten Verhören am 20. August, dass er den Abt frei auf den Plätzen der Stadt Basel umhergehen sehe. Das Urteil in erster Instanz war erfolgt am 7. April, wogegen am 30. April Abt Simon abermals appelliert hatte.

Am 21. August unterbreitete im Auftrag des Konzilsprotektors, Herzog Wilhelm von Bayern, Nikolaus von Kues dem Konzil den Prozess gegen den Abt von Ebersberg mit dem Antrag, die Sache dem Kardinal von Sankt Eustach zu überantworten, der summarisch vorgehen solle.

Dieser zweite Akt begann am 23. August und dauerte bis Dezember. Auch gegen das Urteil der zweiten Instanz appellierte der Abt; denn am 8. Februar 1434 überwies man die „causa Ebersperg" dem Patriarchen von Antiochia. Das Urteil dieser dritten Instanz vom 2. März 1434 bestimmte, der vormalige Abt sei als Verschwender der klösterlichen Güter, öffentlicher und notorischer Beischläfer sowie vielfach behaftet mit anderen Verbrechen, auch dem der Simonie, zur Führung seines Amtes ungeeignet und daher abzusetzen. Ferner setzte man die Prozesskosten auf 135 Gulden fest und bestimmte Fristen für deren Bezahlung sowie für Kastners Resignation. Im Falle des Ungehorsams wurde die Exkommunikation angedroht. Sollte auch diese keine Wirkung zeigen, war Gefangennahme durch den weltlichen Arm angekündigt.[17] Aber Simon Kastner gab den Kampf keineswegs auf. Er appellierte erneut an den Apostolischen Stuhl, wo er 1431 schon einmal in letzter Instanz gesiegt hatte.

Aber auch das Konzil von Basel reagierte wieder auf diesen Affront. Am 6. März 1434 wurde der „deputatio pro communi", in der auch Grünwalder saß, folgender Antrag unterbreitet: Die Deputation solle über jene beschließen, die nach drei ergangenen Urteilen, noch dazu in Reformsachen, appellieren, wie der Abt von Ebersberg. Am letzten Donnerstag sei in der Reformdeputation beschlossen worden, der Patriarch von Antiochia solle im Namen des Konzils mit Strafen vorgehen gegen jene, die in Reformationssachen freventlich von diesem Konzil aus an den Apostolischen Stuhl appellierten.

Aber für Simon Kastner hatte dies scheinbar keine relevanten Auswirkungen. In Rom ging die Sache offenbar ihren Gang, denn am 3. April erhielt Herzog Wilhelm von Bayern, die Ebersberger Sache betreffend, die Nachricht, sie sei nach übereinstimmendem Beschluss der drei Deputationen dem Kardinallegaten Julian Cesarini übergeben worden.

So endete der berühmte Ebersberger Visitationsprozess, der in siebenjähriger Dauer drei Instanzen in Rom und drei in Basel durchlaufen hatte. Über den weiteren Verlauf des Prozesses in Rom ist nichts mehr bekannt. Aber wir wissen, dass der Abt siegte, denn er kam wieder in den Besitz seiner Abtei. „Entweder wußte er sich in Rom wieder Recht zu verschaffen, wie schon 1431 in dritter Instanz, oder er zog Vorteil aus der Schwäche des Konzils, der starken Beschäftigung der Münchner Reformfreunde zu Basel und aus dem Schutze des Landshuter Herzogs wie ehemals 1428."[18]

Für die Schwäche des Konzils spricht auch folgender Umstand: 1439 informierte ein vom Konzil in Basel als einziger Exekutor beauftragter Konstanzer Kanoniker den Erzbischof von Salzburg sowie die Bischöfe von

Abb. 1:
Bitte aus dem Jahre 1440 um Aufhebung des Interdikts, das wegen Abt Simon Kastner über das Kloster Ebersberg verhängt worden war (BayHStA, KU Ebersberg 334).

Augsburg, Freising, Passau und Regensburg, dass in einem auf Antrag von Prokuratoren neuerlich geführten Prozess das Urteil ergangen sei, gegen Kastner bei weiterem Ungehorsam erneut mit der Exkommunikation vorzugehen.

Offensichtlich beeindruckten diesen aber weder Bann noch Interdikt, „denn 1440 ermächtigte das Konzil auf Bitten eines Ebersberger Mönchs den Propst des Stiftes St. Veit bei Freising, den Bittsteller und dessen Anhänger sowie alle übrigen Mönche, wenn sie darum bäten, von den verhängten Kirchenstrafen zu befreien, damit sie für den bisherigen vom Konzil exkommunizierten Abt eine Neuwahl vornehmen könnten. Im übrigen gereiche das über das Kloster verhängte Interdikt diesem zu großen Schaden."[19] (Abb. 1)

Auch Abt Simon Kastner taucht 1442 noch einmal in den Quellen als „allter kranckher Mann" auf, der sich von seinem Nachfolger „ein erbern und zimlichen Stand und Narung" sichern wollte. Dies wurde ihm offenbar auch bewilligt, denn er sollte nach seiner Abdankung unter anderem „ain Pettgewandt mit allem Zuegehör", drei Scheffel Roggen, ein Schöffel Weizen und „wölschen" Wein bekommen.[20]

Warum aber scheiterte diese Reform? Vor allem der Schutz der Landshuter Herzöge wird in der neuesten Forschung stark herausgestellt. So schreibt Werner Müller: „Schon bei seiner [Kastners] Wahl zum Vorsteher seines Konvents hatte sich gezeigt, daß er die Gunst des Ingolstädter Herzogs besaß, wie später auch die des Landshuters, womit bereits eine klare Frontstellung gegen die Münchner Herzöge gegeben ist. Die gezeigte erstaunliche Resistenz Kastners gegen alle Urteile und Zensuren ist zweifellos im Zusammenhang mit dieser Konstellation zu sehen und anders nicht erklärbar. Der ‚Fall Ebersberg' ist deshalb nicht zuletzt vor dem Hintergrund der Streitigkeiten unter den bayerischen Herzögen zu beurteilen. Simon Kastner verstand es meisterhaft, diese für seine persönlichen Zwecke auszunutzen, während besonders Ludwig, dessen erklärter Feind Johann Grünwalder und die Münchner Herzöge reichlich Gelegenheit fanden, den gegenseitigen Animositäten freien Lauf zu lassen."[21]

Neben diesem säkularen politischen Faktor, der innerfamiliären Rivalität der Wittelsbacher, muss noch eine zweite Ursache für den Erfolg Simon Kastners erwähnt werden: der Dualismus von Papsttum und konziliarer Bewegung innerhalb der katholischen Kirche des 15. Jahrhunderts. Waren die Reformer, Herzog Wilhelm, Johannes Grünwalder oder Petrus von Rosenheim, mehr oder weniger entschiedene Anhänger des Konziliarismus, so musste an der Kurie in Rom Simon Kastner und seine Renitenz gegen die Reformforderungen in einem um so günstigeren Licht erscheinen, was natürlich dem Widerstand Kastners und seiner Sympathisanten neuen Auftrieb gab.

Jedenfalls aber kann man festhalten, dass der erste große

bekannte Versuch, die Verhältnisse im Kloster Ebersberg zu reformieren, gescheitert war. Wie aber sollte es nun weiter gehen?

Die Cusanische Reform

Mit dem Tode Simon Kastners waren die Reformbemühungen innerhalb der katholischen Kirche natürlich nicht zu Ende. Auch das Kloster Ebersberg geriet wieder in das Fadenkreuz der Reformer.
Auf dem Provinzialkonzil vom 8. Februar 1451 in Salzburg erließ der Kardinallegat Nikolaus Cusanus[22] eine Verordnung an den Ordensklerus dieser Kirchenprovinz, innerhalb Jahresfrist zur alten Strenge der Ordensregel zurückzukehren.[23] Offenbar hatten die Visitationen der 1420er Jahre wenig bewirkt oder waren wieder vergessen worden, sonst wäre die Cusanische Forderung kaum begreifbar.
Da Cusanus, durch verschiedene Aufträge in Anspruch genommen, der Ordensreform nicht jene Aufmerksamkeit widmen konnte, die diese schwierige Aufgabe verlangte, bestimmte er für die einzelnen Orden eigene Visitatoren. Diese sollten die einzelnen Klöster der Reihe nach untersuchen und die vorgefundenen Missstände abstellen.
Als Visitatoren der Klöster des Benediktinerordens bestellte man am 3. März Martin, Abt des Schottenklosters in Wien, Laurenz, Abt zu Mariazell im Wienerwalde, und Stephan, Prior in Melk. Stephan wählte man aber am Anfang der Visitation zum Abt seines Klosters, deswegen wurde er durch den neuen Melker Prior Johann Schlitpacher ersetzt.
Mit dieser Reformtätigkeit sollte wieder an die Melker Reform angeknüpft werden. Wie Ignaz Zibermayr erklärte, war „es die klar hervortretende Absicht des Legaten [Cusanus] die Melker Regel in allen Konventen des gesamten Metropolitansprengels Salzburg einzuführen, um so auf ihrer Grundlage eine Einheitlichkeit der Lebensgewohnheiten in den einzelnen Ordenshäusern herzustellen."[24] Die mit der Legation des Kardinals Nikolaus Cusanus verbundene Visitation zeigt uns die Melker Union auf dem Höhepunkte ihres Ansehens und ihrer Macht.
Da das Kloster Ebersberg zum Salzburger Kirchensprengel gehörte, blieb es natürlich auch von dieser Visitation nicht verschont. Nach den Aufzeichnungen Schlitpachers beurteilten die Visitatoren die Zustände in unserem Kloster folgendermassen: „Item Monasterium intra bienium auctoritate Ordinario visitatum non floruit sufficinter in observancia regulari, in temporalibus tamen in statu fuit competenti, omnes tamen emendacium promi-

serunt."[25] Vor allem stand es also mit den geistlichen Sachen des Klosters noch immer nicht zum Besten, insbesondere die Beachtung der Klosterregeln ließ zu wünschen übrig. Hier sollte natürlich Abhilfe geschaffen werden. Wie weit dies allerdings gelang, wissen wir nicht. Allerdings galt Abt Eckhard als aufgeschlossener Reformer, so gründete er auch die Sebastiansbruderschaft. Damit war eine Reformära erst einmal vorbei; für die nächsten hundert Jahre haben wir kaum mehr Informationen über die Zustände im Kloster.

Die Visitation von 1560

Erst ab 1560 sprudeln die Quellen wieder reichlicher. Inzwischen hatte allerdings ein weltgeschichtlicher Wandel stattgefunden, zumindest in Europa, die Reformation mit ihren Folgewirkungen, vor allem der Herausbildung der Konfessionen. Diese Konfessionalisierung des Lebens der europäischen Gesellschaften gab auch den Reformanstrengungen katholischer Eliten neue Nahrung. Dies galt gerade für das Herzogtum Bayern, war es doch eine Speerspitze der katholischen Reform und Gegenreformation. Auch in dieser Zeit spielte das Reforminstrument Visitation eine wichtige Rolle. Und eine solche liefert uns auch wieder wichtige Informationen über die Zustände im Kloster Ebersberg. Es handelt sich dabei um das Protokoll der Generalvisitation von 1560, das auch gedruckt vorliegt.[26]
Die Generalvisitation von 1560 war eine der umfangreichsten Bestandsaufnahmen des Zustandes der Priesterschaft und der Klöster im Bistum Freising in der frühen Neuzeit. Schon auf der Salzburger Konferenz von 1558 hatte man eine genaue Instruktion und ein umfangreiches und klar gegliedertes Interrogatorium (Frageschema) für die gemischte Kommission der Visitatoren verabschiedet.[27] Das Ziel und die Motive dieser Visitatoren umriss der Salzburger Erzbischof Michael von Kuenberg so:

„Nachdem wir in crafft unnserer tragenden ertzbischöflichen unnd lanndsfürstlichen Ambter bey unns gnediglich betracht und erwegen, was beschwerlicher, nachtailliger grosser Manngel und abgang nun etliche Jar heer der Pharrer und seelsorger halben unnsers Districts unnd fursten thombs erschienen und vor augen sind, also das wir nit on geringe beschwarung unnser gemueter erindert worden, das an mer ortten die hoch schedlichen secten, irrthumben unnd zwispalt in unserm heyligen allgemainen christlichen glauben bey geistlichen und weltlichen, hoch und niders stannds personen dermassen uberhandt genommen und einge-

rissen seyen, daneben auch bei den geistlichen, seelsorgern, gsellpriestern, beneficiaten, closterleuten und andern solch ungeistlich und unbriesterlich leben, auch so ergerliche, hinlessige und verachtliche außrichtung des dienst Gottes und administration der hochheyligen sacrament gespurt wirdet, das zu besorgen, wo nicht zeitlich einsehen und wendung beschicht, das solche beschwerliche unnd hochnachtailige menngl unnd ergerlichs wesen und leben noch verrer einreissen unnd anders nichts als ein haidnisch vichisch thun daraus ervolgen mochte. Solchem aber zufurkhommen unnd damit die sachen wider in ain ordenlichen cristlichen, gotseligen wanndl und leben dirigiert und gebracht, auch sollliche beschwerlichkaiten durch ain cristliche reformation wider abgestelt und gebessert, auch der gerecht zorn Gottes von unns abgewendet werde, haben wir verrer nit umbgeen sollen noch mögen, samentlich ain geistliche visitation furzenemen [...]."[28]

Diese Instruktion legt nicht nur die Motive dieser Visitation offen, sondern stellt auch die Intentionen des Reformprozesses in unserem Raum klar. Im christlichen Glauben herrschte Zwiespalt, Glaubensirrtümer und „hochschedliche secten" (gemeint sind natürlich die konkurrierenden Konfessionen) breiteten sich aus. Daran war gerade auch der Klerus nicht unschuldig, denn er führte ein ungeistliches und unpriesterliches Leben und vernachlässigte die Seelsorge. Deshalb war auch für die katholische Kirche eine christliche Reformation notwendig, um wieder ein ordentliches, gottgefälliges Leben möglich zu machen und den Zorn Gottes abzuwenden, der nach den damaligen vergeltungstheologischen Vorstellungen[29] Teuerung, Krieg, Missernten und Pestilenz brachte, wenn Gottes Geboten nicht gehorcht wurde.

Um aber dieser Diagnose die richtige, wirksame Therapie folgen lassen zu können, musste man die Dinge erkunden, man musste Wissen sammeln. Deswegen hatte man einen umfangreichen Fragekatalog entwickelt (mehr als 120 Fragen), der den Visitatoren vorgegeben war.

Wie sahen nun die Zustände in unserem Kloster aus? Abt des Klosters Ebersberg war damals Jakob Santner, der 1551 gewählt worden war;[30] er wurde als Erster verhört. Er gab an, neben ihm würden noch neun Priester und drei Subdiakone im Kloster leben, obwohl das Kloster ursprünglich für 24 Priester und sechs Jünger (wohl Subdiakone) gestiftet gewesen sein solle. Der Abt war seit zwölf Jahren Priester und im Kloster primiziert. Er behauptete, die vorgeschriebenen Zeremonien, Horae Canonicae und Gottesdienste würden fleissig gehalten; auch die Regel werde täglich verlesen. Sonst bemerken die Visitatoren noch wohlwollend, der Abt „verantwurt sonst alle articl specialis visitationis wol." Es wurde also vom Oberhaupt des Klosters ein recht positives Bild gezeichnet.

Allerdings scheint doch nicht alles so in Ordnung gewesen zu sein, wie es am Anfang ausgesehen hatte. Denn bei den Verhören seiner Mitbrüder stieß man auch auf kritische Bemerkungen.

So warf sein Mitbruder Wolfgang Sartor, der auch als Prior fungierte, dem Abt vor, er mache „vil schulden mit gepeuen, die er on noth et sine consensu conventus anfacht." Weiter erzählte Sartor den Visitatoren, der Schreiber und der Koch säßen immer beisammen und tränken. So werde also dem „Convent vil abbrochen" und das Kloster „durch diese bede beschwert." Der Koch rühme sich, „er gewinn alle jar 100 fl, ist doch sein Besoldung nur bei 10 fl." Außerdem habe der Prälat „dem Schreiber ain Haus paut, csst bei 300 fl."

Frater Martinus Puechenberger berichtete, ein Christophorus Tirckhenstainer, Presbyter, und ein Andreas Negelin, accolitus, seien „sine licentia hin weckh geloffen." Auch der Vorwurf, der Abt arbeite zu sehr mit Leuten außerhalb des Konvents zusammen, ermögliche diesen ökonomische Vorteile und schade so dem Kloster, tauchte wieder auf. So beschrieb der Subdiakon Frater Bartholomeus Star, den Abt zwar als „exemplaris", warf ihm aber vor, „der Khoch, Krump, Thorwärtl, ain Schmidknecht aus Österreich und der Hofschreiber regiern schier das gantze Cloister. Prelat thue was sy wellen. Sein wider das Convent, hausen in iren Sackh."

Der Subdiakon Frater Casparus Stumpf schlug in dieselbe Kerbe. Er monierte, der Prälat „helt sich gegen den Convent streflich genug. Hat 4 Personen, so vorgemelt, im Cloister. Hausen dem Cloister zu Schaden und inn iren Sackh." Der Prälat handele wenig mit Vorwissen des Konvents. Außerdem bezeichnete Stumpf seinen Mitbruder Martinus Puechenberger als Denunzianten; dieser „verschwetz die andern gegem Prelat."

Und Frater Georgius Tanner, der die Pfarrei Oberndorf verwaltete, bestätigte die Vorwürfe gegen den Abt. Zwar verhalte sich der Abt exemplarisch, aber der „Probst, Hofschreiber, Thorwärtl und Melchior, Koch, cossten den Prelaten mit pauen und anderm mer als das Conventh alles. Hab nur derselben rath, traw dem Convent gar nichts mer." Der Koch habe das Kelleramt in seinen Händen. Er hätte auch das Kastenamt gerne, zumal zur Zeit kein Kastner vorhanden sei. Der Prälat lasse dem „Prior kain gewalt mer. Hab kain gnad bei ime." Und dann folgte das bittere Resümee, das Tanner aus dem Verhalten des Abtes zog: „Prelat hab des Convents rath nit mer, wie vor preuchig gewest. Hab seine weltlich reth. Dadurch kombt das Cloister in verderben."

Analysiert man also die Aussagen, die den Visitationsprotokollen zu entnehmen sind, so gab es im Kloster Ebersberg, vor allem im weltlichen Bereich, ein großes Problem. Dem Abt und damit dem Oberhaupt des Klosters war zwar in geistlicher Hinsicht wenig vorzuwerfen, aber er hatte sich seinem Konvent weitgehend entfremdet. Ein Kreis weltlicher Angestellter (Koch, Torhüter, Hofschreiber) hatte sich um ihn versammelt; diese steuerten sein Verhalten, vor allem in wirtschaftlicher Hinsicht. Dieser Einfluss verschaffte der weltlichen Clique mancherlei ökonomische Vorteile, man denke an das Haus, das der Abt dem Schreiber gebaut haben soll. Offenbar war der Prior, der zweite Mann des Klosters, mit dem Verhalten des Abtes ganz und gar nicht einverstanden. Dies führte aber nur dazu, dass der Prior jeden Einfluss auf die Entscheidungen des Prälaten verlor, was natürlich die Position der Gruppe um den Hofschreiber noch stärkte. Diese ökonomische Ausbeutung wirtschaftlicher Ressourcen durch erwähnten Kreis ging natürlich auf Kosten des Klosters. Damit war der weitere Weg vorgezeichnet; die Behauptung Tanners, dass das Kloster „in verderben" komme, erwies sich als prophetische Weitsicht, wenn wir uns die weitere Geschichte des Klosters anschauen.

Die katholische Reform, Wilhelm V. und das Benediktinerkloster Ebersberg: Eine gescheiterte Reform

Die Zustände und Probleme des Klosters Ebersberg, die man dem Bericht der Visitation von 1560 entnehmen kann, weisen schon voraus auf die größte Zäsur der Klostergeschichte in Spätmittelalter und früher Neuzeit: das Ende des Benediktinerklosters Ebersberg. Den näheren Umständen dieses Ereignisses wollen wir uns nun zuwenden.
Gegenüber 1560 hatte es wieder einige makrohistorische Veränderungen gegeben. 1563 war das Konzil in Trient zu Ende gegangen. Es hatte die katholische Kirche endgültig als „neuzeitliche Konfessionskirche" formiert. Hier „hatte ein neuzeitlich formierter Katholizismus Gestalt angenommen. Die häufig vagen oder bewußt offengehaltenen Lehrsätze der mittelalterlichen Kirche waren in antithetischer Abgrenzung von der evangelischen Häresie entschieden formuliert und zu einer konzisen Dogmatik zusammengefaßt worden."[31]
Daneben war nun auch die rigide bayerische konfessionelle Kampfpolitik in vollem Gange. Sie war schon in den 50er Jahren des 16. Jahrhunderts vom bayerischen Herzog Albrecht V. eingeleitet worden: War das Verständnis der Religion vorher „defensiv vorkonfessionell" gewesen, wenn auch bereits kirchenreformerisch, so trat jetzt eine „aktive konfessionelle" Orientierung der alten Religion in den Vordergrund.[32] Im Laufe der Jahre 1548 bis 1571 verschärfte der Abwehrkampf der Regierung gegen die Kelchbewegung, die „zweite Reformationswelle" in Bayern, die bayerische Konfessionspolitik noch.[33] Außerdem kann man bei den politischen Eliten Bayerns in der zweiten Hälfte des 16. Jahrhunderts eine mentale Verhärtung konstatieren,[34] die unter Wilhelm V., dem man nicht umsonst den Beinamen „der Fromme" gab, einen ersten Höhepunkt erreichte. Diese neue Mentalität der Reformeliten war geprägt von einer pessimistischen, asketisch getönten Stimmungslage, einer mentalen Disposition, in die eben die dunklen Schatten am Zeithorizont: der rastlos agierende Teufel, der strafende, erzürnte Gott und die drohenden apokalyptischen Reiter der erwarteten oder ersehnten Endzeit, eingegangen waren und ihr eine dunkle Grundierung gaben. Der dogmatischere, puritanischere Katholizismus der nachtridentinischen Konfessionskirche und die verhärtete Mentalität der bayerischen Reformeliten wirkten zusammen, um mit Wilhelm V. auch in Bayern diejenigen Prozesse zur vollen Entfaltung zu bringen, die man in der Forschung Sozialdisziplinierung und Konfessionalisierung nennt. Unter diesen Voraussetzungen muss also auch die Klosterpolitik Wilhelms V. in den 1580er und 1590er Jahren gesehen werden; vor diesem Hintergrund muss man das Ende der Benediktiner in Ebersberg begreifen.
1589 fand wieder eine Visitation unseres Klosters statt. Das Ergebnis scheint verheerend gewesen zu sein, denn der Geistliche Rat[35] in München berichtete im Oktober 1589 dem Herzog Wilhelm V.: „[...] was E. ft. Gn. von derzeit gen Ebersperg abgeordnete Commissari irer Verrichtung und wie sie ains und anders gefunden ir underthenige Relation gethan, haben wir [...] vernommen und befinden angeregte Relation also beschaffen, das es billich E. ft. Gn. und ainer ieden catholischen und christlichen Obrigkhait zue Herzen geen solle, deren es vor dem Gesicht Gottes zu verantworten stehe, da sie dergleichen Undergang und verderben der gottseligen Stifftung sovil sie khinden nit fürkhomen und abstellen."[36]
Wilhelm V. war also zu Reformen aufgefordert. Dem konnte er sich auch nicht entziehen: einmal gehörte er ja zu den eifrigsten Vertretern eines rigiden Reformkatholizismus, für den gerade die Klöster, als Abgrenzungsmerkmal zu konkurrierenden Konfessionen, eine hohe Bedeutung besaßen. Dies wurde ihm auch noch von seinen geistlichen Beratern eingeschärft, denn an anderer Stelle schrieben sie: „ob es nit bey unsern Widersachern, den Khözern, ain selzam ansehen habe, das die, so gottlob catholisch sein, und von meniglich darfir

erkhent unnd gehalten werden, die Clester als der cristlichen Khirchen sonderbare Zier, also ab: und zu grundegeen lassen, dardurch dann in irem Unfueg und Unrecht thuen gestherckht werden."³⁷ Da konnte es der bayerische Herzog schwarz auf weiß nachlesen: Wer aber seine Symbole nicht mehr ehrt und in Ordnung hält, verliert auch in den Augen seiner Gegner an Achtung und stärkt diese damit.
Außerdem dürfte auch Wilhelm V. seine Klöster, wie Maximilian I.,³⁸ als herzogliche Kammergüter betrachtet haben. Als Landesherr hatte er aber dafür zu sorgen, dass seine Güter in einem ordentlichem Zustand waren. Wie gesagt, die bayerische Regierung stand also unter Entscheidungsdruck. Was aber konnte, musste und sollte wie reformiert werden?
Was waren das für Mängel, die die Visitatoren und Obrigkeiten so schockierten? Einmal wurde „eine merklich groß Schuldenlast"³⁹ moniert; man sprach von über 20.000 Gulden.⁴⁰ Hier scheint also die 1560 konstatierte negative Entwicklung kontinuierlich weitergegangen zu sein. Auch sei nicht „ainicher Vorrath auf dem Casten oder in dem Kheller"⁴¹, die Mönche hatten also ungeachtet des nahenden Winters sorglos getrunken und geprasst oder die letzte Ernte verkauft. (Abb. 2) Außerdem wurde der schuldige Gottesdienst, dem alle „Sachen glicklicher folgen", nicht der „gebür nach" verrichtet und überhaupt die geistlichen Pflichten, die aus den Ordensregeln des heiligen Benedikt folgten, nicht mehr besonders ernst genommen.⁴² So hatten einige Mönche ein eigenes Einkommen, was ganz und gar nicht den erwähnten Regel entsprach.⁴³
Wegen der schlimmen Zustände sollte nicht allein der Prälat, Johann Sartor, dem auch „Leibsschwachheit" vorgehalten wurde,⁴⁴ seiner „Dignitet priviert" werden, sondern auch die „Conventualen gebierende Straff wol verwircht haben." Auch sollte alle weltliche Gewalt einem Verwalter übergeben werden. Für den geistlichen Bereich wollte man einen geeigneten Kandidaten aus einem anderen Kloster gewinnen; dorthin sollte sich stattdessen der abgesetzte Abt zurückziehen.⁴⁵
Die Geistlichen Räte strebten also eine Doppelspitze an: weltliche und geistliche Herrschaft sollten getrennt werden. Allerdings nicht für immer, denn „daraus dann auch dieses nun zehoffen, das der Prälat des Klosters sachen erfahren und wol hausen lernen würde, das ain solcher nit alspald in abbatem confirmiert würde, sondern ain zeitlang Administrator blibe. Da er sich nun umb Geist: und weltlichs inskhunfftig annäme, das ime die völlige Administration zuvertrauen, mechte man Ine alsdan confirmirn, und den verwalter zu ersparung des uncostens abschieben."⁴⁶
Der geistliche Administrator sollte sich also vom weltlichen Verwalter das ökonomische Handwerkszeug beibringen lassen, eine Forderung, die angesichts der offensichtlichen Misswirtschaft nicht verwunderlich war. Hatte er das notwendige Wissen erlernt, wollte man die Doppelspitze wieder abschaffen; der geistliche Verwalter sollte als Abt beide Funktionen wieder in einer Hand vereinigen, der weltliche Verwalter entlassen werden, um den Lohn zu sparen, eine Maßnahme, die wegen der hohen Schuldenlast auch verständlich scheint.
Man begann auch sogleich mit den Reformen. Wilhelm V. schrieb an die Prälaten der Klöster Tegernsee und Seeon, sie sollten ihm einen Konventualen ihrer Klöster nennen, „der sich ain Zeitlang in ainem andern Closter Eures Ordens pro Administratione gebrauchen liesse. Der mieste fürnemblich des Ordens Regel und Statuten khundig und erfahren sein, damit er dieselb den Conventualen wol einbildet, zumal solche bei Inen schier gar in Vergössenheit khummen. Dan Gotts-, Kirchen Caeremonien und anders des Ordens gebrauch nach wieder aufrichten und in pössern Stand und Wösen pringen khinde."⁴⁷
Der Herzog versuchte also einen fähigen Reformer nach Ebersberg zu holen. Dieser sollte die Ordensregeln des heiligen Benedikt wieder in Erinnerung rufen, die renitenten und verweltlichten Mönche disziplinieren und so

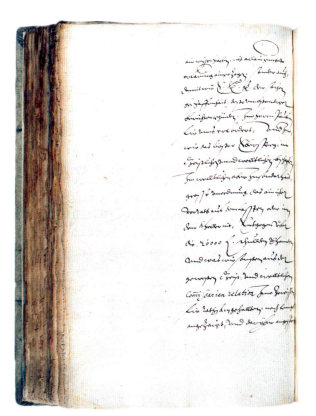

Abb. 2: Auszug aus einem 1590 verfassten Schreiben des Geistlichen Rates, betreffend die desolate Situation des Klosters Ebersberg (BayHStA, Kurbayern, Geistlicher Rat, Nr. 12).

Ebersberg wieder zu einem Kloster im Sinne der katholischen Reformeliten machen.

Aber das ganze begann mit einem Misserfolg. Ein Frater Paulus, ein „frumer" und „eingezogener" Mann, der offenbar vom Abt von Tegernsee, Quirin Rest, vorgeschlagen worden war, lehnte das angebotene Amt ab. Er gab „Leibsschwachhait" an und meinte außerdem, er habe nie einen Konvent regiert, daraus sei „leichtlich zu schließen, das er bei disen ungeschickhten, groben und ungezembten Conventualen wenig ausrichten würde."[48] Nachdem der Versuch gescheitert war, aus dem Kloster Tegernsee einen Geistlichen zu gewinnen, der zum Reformer befähigt war, musste sich Wilhelm V. nach einem anderen Kandidaten umsehen. Diesen hatte er auch alsbald gefunden, denn im April 1590 schrieb er: Damit seine (des früheren Prälaten) „Stöll ersözt, und dem Closter in Zeit: und geistlichem widerumben aufgeholffen werden mechte [...] ist uns hiezue, nach gestalt und glegenhait der eingerissene Mißbrauch unnd Unordnung hier, der wirdig in Gott, unser lieber getrewer David, Abbte unsers Klosters Heiligperg eingefallen als der bisher im Werckh gezaigt, das er der sei, der ein im Geistlichen und Weltlichen zerfallnes Closter erheben und aufrichten khinde."[49]

Der Abt des Klosters Andechs sollte also nun „die Kastanien aus dem Feuer holen". Man bot ihm die Stelle für ein oder zwei Jahre an und der Abt sagte auch zu, „unns zue gehorsamen Ehrn und disem Orden zue Guettem."[50] David Aichler[51], 1545 in Mindelheim geboren, war schon als Reformer bekannt. Noch in jungen Jahren, 1571, berief man ihn als Abt an das Kloster Sankt Mang in Füssen, um dort die eingerissenen Missstände zu beseitigen. Allerdings konnte er sich gegen die vielfachen Widerstände nicht durchsetzen, so dass er 1577 sein Vorhaben aufgab. Doch elf Jahre später erinnerte man sich wieder an ihn. Herzog Wilhelm holte ihn, angeregt vom Augsburger Fürstbischof Marquard, als Reformer nach Andechs. Am 10. Mai 1588 wurde er in Gegenwart von Maximilian, den sein Vater Wilhelm dorthin abgeordnet hatte, zum Abt gewählt.

In der Hoffnung nun einen verlässlichen Reformer gefunden zu haben, war Wilhelm V. jetzt auch bereit, die Strafe zu mildern, die er dem bisherigen Abt von Ebersberg zudiktiert hatte, denn Ende April 1590 teilt er dem Geistlichen Rat in Freising mit, er sei auch mit einer förmlichen freiwilligen Resignation einverstanden.[52]

Doch Herzog Wilhelm V. hatte sich zu früh gefreut, denn in einem Brief seiner geistlichen Räte vom Juni 1590 lesen wir: „Und khumbt uns anfangs vom Prälaten auf dem heiligen Perg was fremd und selzsam für, das er über fr. gn. gethanes Zusagen, auch erlangten Consens von seinem Ordinario, die Administration des Closters nit auf sich genomen."[53] Aus Gründen, die wir nicht kennen, hatte sich also David Aichler schließlich geweigert, das Kloster Ebersberg zu reformieren.

Man stand nun wieder am Anfang, aber die Suche nach einem Reformer wurde fieberhaft fortgesetzt. In dem zitierten Brief vom Juni 1590 forderte der Geistliche Rat, dass „alspald und unverlangt, zuemahl der vorige Abbt alberait resigniert, ain anderer taugliche Vorsteher dahin geordnet werde, damit nit in angestelltem Interregno das Closter gar zugrund und in Rauch aufgee." Die geistlichen Herren konnten auch schon einen Kandidaten präsentieren und zwar den bisherigen Prälaten zu Asbach, Wolfgang Faber, „der unsers Berichts in weinig Jarn dasselbs Closter nit allain aus der Schuldenlast gebracht, sondern gar fein erpaut, und in geistlichem und weltlichem also gebössert, das grosse Hoffnung, er gen Ebersperg gar wol taugen würde."[54]

Doch auch der Prälat von Asbach lehnte dieses Angebot wohl ab, wie aus einem Brief derselben Behörde vom August 1590 hervorgeht. Die geistlichen Räte teilten dem Herzog darin mit, sie hätten bei dem „Herrn Prälaten zu Tierhaubten" angefragt, „ob er niemands under seinen Conventualen hat, der einem in weltlichen und geistlichem paufälligen Closter wieder aufhelffen und der gebir nach vorsten khan." Der habe daraufhin seinen Prior Johann Weinhart vorgeschlagen.[55]

Aber der Prior von Thierhaupten mochte die Reformation des Klosters Ebersberg nicht allein übernehmen. Sein Prälat Benedikt Gaugenrieder meinte, „Ime [dem Prior] mecht allain neben dem geistlichen, welches, wie hievor zue mehrmaln vermelt in höchster Unordnung ist, das weltlich zueverwalten zue schwer fallen, an disem aber nit weniger als am Geistlichen gelegen, solches auch in schlechter Unordnung und Zerrittlichkait steet, das es auch aines aignen Reformatorens, iezt anfangs wol bedörffte."[56] Die Idee einer Doppelspitze, einer Trennung von weltlicher und geistlicher Reform, tauchte also wieder auf.

Diesmal hatte die Suche nach einem neuen geistlichen Oberhaupt des Klosters Ebersberg Erfolg. Ende August 1590 schrieb Wilhelm V. an den Prälaten zu Thierhaupten und nahm zufrieden zur Kenntnis, „dass Ir unns zue gehorsamen Ehrn, Euren Priorem zue Widererhöbung aines im geistlichen und zeitlichen paufälligen Closters Eures Ordens pro Administratione auf ain Zeitlang hergeben wöllet."[57]

Auch einen neuen weltlichen Verwalter fand man jetzt. Es handelte sich dabei um einen gewissen Wolfgang Möhringer, den der Geistliche Rat unter verschiedenen von der Hofkammer vorgeschlagenen Kandidaten ausgewählt hatte.[58]

Die beiden Verwalter, Johann Weinhart oder Winhart für den geistlichen und Wolfgang Möhringer für den weltlichen Bereich, wurden auch alsbald in ihre Ämter eingeführt. Das Kloster Ebersberg hatte nun wieder eine reformorientierte, leistungsfähige Führung. Und in der Tat, das Kloster schien auf dem Weg der Besserung zu sein.

Doch die Konventualen akzeptieren die fremden Administratoren nur grollend. Vor allem gegen den weltlichen Administrator, der auch für die Weinzuteilung zuständig war, scheint sich Widerstand geregt zu haben. Es sollen die „Trowortte" gefallen sein, man „wolle gern den Weltlichen sehen, der ihnen den Wein herfürgebe." Die staatliche Obrigkeit drohte daraufhin jedem an, der sich dem weltlichen Verwalter und Richter auch nur im Geringsten widersetze, „ihn auf die Galeern zu schikkhen."[59]

Auch mit anderen Maßnahmen versuchte Wilhelm V. weiter den Disziplinierungsdruck zu erhöhen. In einem Brief vom 20. Dezember 1590 forderte er seinen Sekretär Riegler auf, nach Ebersberg zu reisen, das Silbergeschirr des dortigen Klosters zu konfiszieren, nach München zu bringen und da zu verkaufen. Dann fügte er noch besonders boshaft hinzu: „Und dieweil in der Relation fürkhomen, das die Conventualen daselbst, auch etliche Silbergeschirr haben, sie aber umb Ihres bisher üblhaltens willen aus Silber zutrinckhen nit verdient, also ist auch unser bevelch, daß du derselb Silbergeschirr auch zue dir nemest." Aus dem Erlös dieses Verkaufs sollten die „Currentschulden und Interesse etlichermassen gstilt und abgezalt werden."[60]

Doch dies konnte den Widerstand des Konvents nicht brechen. Im Januar 1591 berichteten die geistlichen Räte Wilhelm V., der jetzige Administrator zu Ebersberg habe sich „wider seine Conventualen" beschwert und bitte „deren etliche auf ain Zeitlang in andere regulirte, dagegen andere der Regel khundig und erfarne Religiosen in sein Kloster zethun." Diese Forderung zeigt einmal mehr, wie schwierig es selbst für eifrige Reformer war, den Zustand eines Klosters wieder christlichen Idealen anzupassen, wenn der Konvent oder zumindest ein beträchtlicher Teil der Konventualen andere Vorstellungen von einem idealen Leben hatte. Der Administrator, wohl Johann Weinhart, wusste sich nicht anders zu helfen, als besonders renitente Mitbrüder abzuschieben. Der Geistliche Rat empfahl daher auch, dem Wunsch des Administrators nachzugeben.[61]

Auch Wilhelm V. war nicht gewillt dem Widerstand der Reformgegner nachzugeben. Man hatte ihm mitgeteilt, dass die Konventualen mit der Maß Wein zur Mahlzeit, die ihnen die Visitationskommission zugebilligt hatte, nicht zufrieden seien, sondern ihrem alten Brauch nach, gerade an den „fürnembsten Festen, wann man am andächtigsten sein solle, extra Ordinari Wein haben wellen." Dieses Ansinnen lehnte der Herzog ungnädig ab und bemerkte bissig: „wissen wir unns aus unserer Commissarien underschidlichen relationen woll zuerinnern, das Sie sich also verhalten, das Inen billich der Wasserkrug fürgesezt und der Wein denen gegeben werden solle, die es umb Gott bösser verdienen." Daneben erging an beide Verwalter zu Ebersberg der Befehl, sollten sich die rebellischen Konventualen gegen diese Ablehnung ihrer Wünsche „zusammenrotten, conspiriren und auch zu starckh sein wollen, wist Ir uns dessen bei tag und Nacht zuberichten, sollen sie alsdan sechen, das Sie zu gebürender Straff gebracht werden."[62] Der Herzog befürchtete also sogar, die Mönche könnten sich gegen diesen Befehl „zusammenrotten", was offene Rebellion impliziert hätte.

Angesichts der Renitenz der Konventualen gegen die Änderung ihres Lebensstiles unterstützte Herzog Wilhelm den Vorschlag Weinharts, einige der Ebersberger Mönche gegen auswärtige Ordensbrüder auszutauschen. So schrieb er Anfang 1591 an den Prälaten zu Thierhaupten: „Uns hat zue sondern gn. Gefallen geraicht, das Ir Eurn Priorn, Herrn Johann gen Ebersberg, wie er sich dan alda zue unsern gn. Gefallen woll anlest, weil aber die Nottufft erfordert, etliche seiner Conventualen in andere regulirte Clöester auf ain Zeitlang auszethailen, also wollen wir uns versehen, Ir werdet Euch nit zuwider sein lassen, ain auf ain Jar oder anderthalbs einzenemen, damit Er alda die clesterliuche Disziplin und Ordensgebrauch erlerne. Unnd da ir dagegen ains andern Priester entpern khundet, solle Ime dem jezigen Administrator nit zuwider sein, denselben solanng dagegen zue Ebersperg zuebehalten."[63]

Die Initiative der katholischen Reformer, das Problem Ebersberg zu lösen, indem man die renitentesten Konventualen abschob, schien einen guten Anfang zu nehmen, denn am 8. Februar 1591 schrieb Herzog Wilhelm an Weinhart, dass die Klöster Tegernsee und Benediktbeuern zugesagt hätten, Konventualen aus Ebersberg aufzunehmen. Diese sollten ihren neuen Dienst am ersten Fastensonntag antreten, „auf welche Zeit ohne das die clösterliche Disziplin was strenger ze sein pflegt."[64]

Dieser Austausch wurde auch vollzogen; Benediktbeuern scheint sogar für den aufgenommenen Mönch aus Ebersberg den gewünschten Prior geschickt zu haben, der Weinhart bei seinen Reformen unterstützen sollte, weil Anfang 1592 der Abt von Benediktbeuern seinen ausgeliehenen Prior wieder zurück haben wollte.[65]

In einem Schreiben vom Juni 1592 wurde bestätigt, dass nicht nur obiger Prior, sondern auch ein vom Kloster

Tegernsee abgeordneter Konventual in sein Heimatkloster zurückgekehrt war.⁶⁶

Kurze Zeit später erhielt das Kloster Ebersberg offenbar Besuch von herzoglichen und bischöflichen Abgesandten, die die Rechnungen des Klosters prüfen und auch sonst nach dem Rechten sehen sollten, denn Anfang Juli 1592 erhielt Wilhelm V. von seinem Geistlichen Rat einen Bericht über die Zustände im Kloster Ebersberg. Dieser informierte ihn, die Visitatoren seien zu der Ansicht gekommen, „das dieser Religiosus [Johann Weinhart] zur Administration gar nit taugt." Außerdem hätten sie schwere Vorwürfe gegen ihn erhoben. Er sei seinem „Berueff gar nit nachkhomen, die Mönch den alten Trab in Verrichtung des Gotsdienst hingen lassen, selbst selten celebrirt, wie auch die Metten und horas besucht." Weiter habe er das „auslauffen der Convetualen, das übrig Trinckhen und eingerissene Misbreich nit allein nit abgestellt, sonndern da er nur khind, wie aus deme, was er gethan zuersechen, gemehrt hette, in hoffnung dardurch Ir gunnst und die Confirmation zu erlangen. Also das das Geistliche eben in der Zerritlichkeit und Unrichtigkeit, wie ers angetreten, gefunden worden."⁶⁷

Aber auch sein Verhalten im weltlichen Bereich gab zu schweren Rügen Anlass. Man beschuldigte ihn, „wan er in des weltlichen [Administrators] Abwesen nur ain gelt under die Henden bringen khinden, dasselb bald verschmalzt. Also das sich in Rechnung befindt, das Er die Zeit, Er alda, allain aus seinen Henden über 700 fl ausgeben. Würden auch [...] hinfüran die Uhrmacher, Maler, Goldschmidt und dergleichen Künstler ein gueten Thail des Closters einkhomen darvon und zuwegen bringen." Auch soll er schriftlich angekündigt haben, „wann er schon zur völligen Administration käme, von allen Schulden nit allain nichts abzalen, sondern allerlay noch pawen wolle."⁶⁸

Was das Schuldenmachen betrifft, hatte also Weinhart genau die Linie fortgesetzt, die wir schon 1560 beim Abt Jakob Santner konstatieren konnten. Außerdem konterkarierte Weinhart mit seiner Politik die Anstrengungen seines weltlichen Kollegen Wolfgang Möhringer. Dieser scheint ein tüchtiger Reformer gewesen zu sein, denn in dem erwähnten Bericht lobte man, Möhringer habe in den „anderhalb Jar hero [...] über jezgehörte sein des geistlichen Freygiebigkheit, in die 9000 fl abgezalt, auch habe er an Traudt und Wein ain grossen Vorrath" angelegt.⁶⁹

Ein Reformer, der nur daran dachte, Abt zu werden, um dann die Politik und das Wirtschaften seiner Vorgänger fortsetzen zu können, war natürlich nicht im Sinne der staatlichen und kirchlichen Reformkreise. Deshalb forderte man, Administrator Johann wieder in sein Kloster zurückzuschicken, mit allem, was er nach Ebersberg mitgebracht hatte.⁷⁰ Weinhart musste sich dieser Forderung wohl oder übel fügen.⁷¹

Fast zwei Jahre waren nun seit der Visitation von 1589 vergangen. Der erste Versuch das Kloster zu reformieren war wieder dramatisch gescheitert. Sollte sich das Debakel von 1427 wiederholen? Aber diesmal war die staatliche Obrigkeit als Reformer stärker und zielstrebiger. Die gelehrten und an tridentinischen Normen orientierten Herren im Geistlichen Rat hatten schon einen neuen Kandidaten zur Hand. Es handelte sich dabei um Bernhard Hilz, den Kastner des Klosters Niederaltaich, einen „eingezognen, exemplarischen Mann, zimblichen Alters und Ansechens, [...] auch der Regul und Ordens Statuta ganz erfahren und geübt."⁷²

Aber der erwähnte Kastner zögerte zuerst, er wolle „in diesem seinem Stand und Closter sein Löben [...]. beschliessen." Nach einigem Zureden und sanftem Druck von Seiten der geistlichen Räte erklärte er sich dann allerdings doch bereit, diese Aufgabe zu übernehmen. Außerdem vereinbarte man, dass Hilz einen geeigneten Mitbruder nach Ebersberg mitbrächte, der ihm dort als Assistent, Prior und Beichtvater für den ganzen Konvent dienen sollte.⁷³ (Abb. 3)

In der Tat brachte Bernhard Hilz nicht nur seinen Prior Wilhelm, sondern auch den dritten Mann des Klosters, Frater Johann, mit nach Ebersberg. Dafür sollten zwei Konventualen aus diesem Kloster zur Besserung ihres Lebens nach Niederaltaich geschickt werden, „fürnemblich die, so etwann des Concubinats oder anderer Laster am maisten verdacht sein."⁷⁴

Dass nun ein schärferer Wind wehen sollte, zeigt auch die Anordnung, dass „umb erhaltung des angeenden Administratoris und Prioris glimpf willen, die Zellen besichtigt und ob die also beschaffen, das der angeende Prior, so oft er will und die Notturft erfordert, die eröffnen und visitieren khunde", nachzusehen sei.⁷⁵

Mit Hilz schien man in der Tat den lange gesuchten Reformer gefunden zu haben, wie ein Schreiben Wilhelms V. vom 26. Oktober 1592 zeigt, in dem er den Reformer in den höchsten Tönen lobte: „Wir haben auf unnser fleißig Nachfrag vor der Zeit gern verstanden, wie das Ir die Conventuales unnsers Closter Ebersperg durch eur Dexterität und Beschaidenheit, wie auch das Geistlich die khurze zeit Ir alda gewesen, zu sollich Richtigkheit unnd Wohlstandt gebracht, das verhoffentlich fürtherhin der Gottsdienst der gebür und Ordensgebrauch nach verricht und ohne Abgang gehalten werden wirdet, wie wir Euch dann hiemit vermant haben wellen, das Ir in angefangnem fleiß verharren, unnd nit allain das Geistlich wie bisher in gueter Ordnung halten, sondern auch des Zeitlichen also gewahr nemmen wellet."⁷⁶

Hilz hatte also die geistliche Disziplin im Kloster wieder weitgehend hergestellt und sollte sich jetzt auch mehr den weltlichen Angelegenheiten widmen, um auch das Amt Möhringers zu übernehmen, der „leibsschwach" und amtsmüde war.

Doch die katholischen Eliten um Wilhelm V. hatten sich zu früh gefreut. Am Weihnachtsfest 1592 starb der Abt von Niederaltaich, Quirin Grasenauer, der erst im selben Jahr diese Würde erlangt hatte, beim Chorgebet an einem Schlaganfall.[77] Einige Tage später, am 2. Januar 1593, also fast an Neujahr, benachrichtigte die Regierung zu Straubing den Geistlichen Rat vom Tod des Abtes.[78] Bernhard Hilz war von Anfang an als sein Nachfolger im Gespräch.[79] Zwar versuchte ihn Wilhelm V. in Ebersberg zu halten – er schlug den Prior Wilhelm, der mit Hilz nach Ebersberg gekommen war, als neuen Abt Niederaltaichs vor –[80], aber ohne Erfolg, denn wir lesen Ende Februar 1593 in einem Brief des Geistlichen Rates an den Domdekan zu Passau: „[Wir haben] auch sonsten vernommen, das unsers Closters Ebersperg gewester Administrator Fr. Bernhardus ainhellig und durch gesambte Vota zue bemelter Praelatur [des Klosters Niederaltaich] elegiert unnd erwöhlt."[81] Damit hatte Ebersberg wohl seinen fähigsten Reformer des 16. Jahrhunderts verloren, einen Mann der vielleicht die gewünschte Sozialdisziplinierung im Kloster durchsetzen und die tridentinischen Ideale hätte verwirklichen können.

Nachfolger Hilzens als geistlicher Administrator in Ebersberg wurde Cyriacus Empel[82], über dessen Wahl wenig bekannt ist; in den Protokollen des Geistlichen Rates taucht sie gar nicht auf. Unter Empel scheint die Disziplin im Kloster wieder nachgelassen zu haben, was etwa folgender Fall zeigt. Im März 1594, also etwa ein Jahr nach dem Weggang Hilzens, schrieb Wilhelm V. an die geistlichen Räte in Freising: „Wir khumen in glaubwirdige Erfarung, wie so woll ueber Eurn als unsern beim Closter Ebersperg angewendten vleis, sonderlich im Geistlichen noch ganz uebl und ergerlich gehaust werde, sich etliche der Conventualen gegen den geistlichen Administrator ganz ungehorsamb unnd trozig erzaigen, bey nechtlicher Weil aus dem Closter in die Wirths- und Lumpenhäuser lauffen, wie dann sollichs unsers berichts von Ime Administrator Euch wider Frm Sebastianum und Mauritium zuegeschriben und geclagt."

Die beiden Mönche scheinen zwar in Freising verhaftet und bestraft worden zu sein, aber beeindruckt hat sie das offenbar nicht. Denn auf der Hin- und Rückreise nach Freising sollen sie auf Kosten des Klosters fröhlich gezecht haben; sie vertranken in Erding 6 Gulden und etliche Pfennige, in Inning 3 Gulden etliche Kreuzer und beim Melchior Weinhart, Hofwirt auf der Gassen, kurz vor ihrer Rückkehr ins Kloster, 3 Gulden 14 Kreuzer. Auf Vorhaltungen des Administrators hätten sie diesem „spötlich unnd truzig under Augen gesagt, wann er mehr übriges gelt habe, soll ers mehr gehn Freising schickhen."

Um diesen Mönchen ihr undiszipliniertes Verhalten auszutreiben schlug Wilhelm V. ein Mittel vor, das wir schon kennen. Man solle die beiden Übeltäter zur Besserung in andere regulierte Klöster schicken.[83]

Aber einstweilen dürfte nicht viel geschehen sein, die beiden Hauptunruhestifter Sebastian und Maurus scheinen weiter im Kloster Ebersberg gesessen zu haben, denn Ende Juni 1594 hören wir von Wilhelm V. in einem Schreiben an die beiden Verwalter zu Ebersberg: „Ir habt von unsern zue geistlichen Sachen verordneten Räthen verstanden, aus was Ursachen wir beede euer Conventuales Fratres Sebastianu und Maurum nit allain alher erfordern, sondern Ihnen anbringen lassen, das Sie durch Ihren bishero geübten Muetwillen, Halsstarrigkeit und Ungehorsamb, das Sie sich auch an ainiche Straff nit bekört, woll verdient, das mans auf Gallern schmiden und ernstliche Leibsstraff gegen Ihnen fürnemen solle. Wie aber deme, so wölle man noch den mittern Weg sechen unnd Irer Verbösserung mit disem versuechen erwarten, daß Sie sich beede alspald [...] auf den Weg begeben, der Maurus sich in Closter Weichenstöphan, der Sebastian zue Farnbach anmelde und der Orthen dis

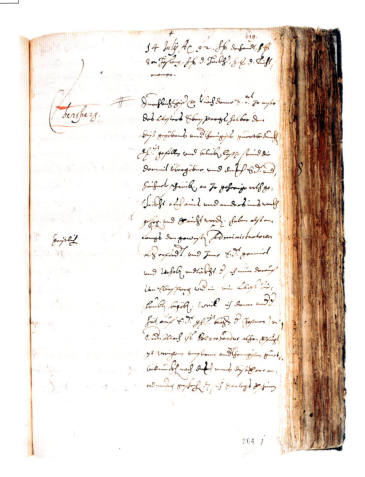

Abb. 3:
Bericht aus dem Jahre 1592 über die Unterredung des Geistlichen Rates mit Bernhard Hilz zwecks Übernahme der geistlichen Administration des Klosters Ebersberg (BayHStA, Kurbayern, Geistlicher Rat, Nr. 14).

Ordens Regul und Disciplin erlernen."[84]

Die beiden „Rädlfiehrer" des Widerstandes gegen die angestrebten Klosterreformen waren nun also aus dem Verkehr gezogen; man erhoffte sich davon auch eine disziplinierende Wirkung auf ihre Mitbrüder und meinte, „sie werden sich ob disem Exempel spieglen und pösern." Auch wurde aus dem Kloster Tegernsee ein neuer Prior geholt, der den Disziplinierungsprozess weiter vorantreiben und stärken sollte.[85]

Doch auch Mathias Kurz, der erwähnte Prior, erwies sich nicht als tridentinisch gesinnter Reformer. Kaum nämlich verstarb etwas später Quirin Rest, der schon genannte Prälat von Tegernsee, machte sich Kurz mit einem Konventualen des Klosters Ebersberg auf den Weg nach Tegernsee, nicht ohne in München eine Zeche von mehr als 10 Gulden zu machen und sich im Wirtshaus zu Sauerlach „frech und ohnbeschaidenlich" als angehenden Abt von Tegernsee zu rühmen. Man forderte deshalb vom neuen Tegernseer Abt, Paulus Widmann, den Prior dort zu behalten und ihn wegen seines Mutwillens zu bestrafen.[86]

Nach diesen Enttäuschungen sann Wilhelm V. wieder auf ein altes Heilmittel. Er erhoffte sich einmal mehr Hilfe vom Kloster Andechs; das Kloster Ebersberg sollte von diesem übernommen werden. Dagegen erhob jedoch der Geistliche Rat in einem Schreiben vom 6. Oktober 1594 eine Reihe schwerer Bedenken.[87] Einmal sei der „iezige Administrator Fr. Cyprianus auf Abtretung des gewesten Castners und an jetzt confirmierten Herrns zu Nidernaltaich von dem ganzen Convent per unanimia vota, in beysein der Freysingischen Abgesandten" gewählt worden. Diese nun wollten keineswegs gestatten, „das man dem Closter ein Frembden, so lang darinn ain qualificierte Person vorhanden, wider Ir habende Privilegien unnd alt Herkhomen, überpürden soll."

Außerdem wollten die Herrn Bischöfe keineswegs zulassen, „das one erhebliche und rechtmessige Ursachen, dariber Sye, die Ordinarii zue iudiciern haben, von andern Orten, sonderlich aus andern Bistumen, Leit und alberait confirmierte Abt postulirt werden, weil Inen solches unter Tax und Jurisdiction schädlich und abbrüchig, und ain ainige Person zwayen Ordinariis, die underschidlichen Metropolitanis underworffen zue einer Zeit, wie sich offt begibt, gebirenden gehorsam nit laisten khon."

Die geistlichen Räte in München fürchteten offenbar, man würde den Freisinger Bischof brüskieren und verärgern, wenn ohne schwerwiegenden Grund ein Abt abgesetzt würde, den seine Gesandten und der ganze Konvent einstimmig gewählt hatten. Daneben gehörte das Kloster Andechs zu einem anderen Bistum beziehungsweise Erzbistum als Ebersberg, nämlich zum Bistum Augsburg und Erzbistum Mainz. Wäre nun der Abt von Andechs auch Herr des Klosters Ebersberg, müsste er zwei Herren dienen. In diesem Fall fürchtete die geistliche Obrigkeit offenbar Loyalitätskonflikte und eine Beeinträchtigung Ihrer jurisdiktionellen Rechte. Vor allem letztere Sorge wog schwer, war doch die bischöfliche Jurisdiktion ein eifersüchtig gehütetes Gut im ständigen Kampf gegen die Bevormundungen der bayerischen Herzöge und ihrer Ratgeber.

Noch ein drittes Argument gegen die Vereinigung der Klöster Andechs und Ebersberg brachten die Berater Herzog Wilhelms vor. Beide Klöster hätten genug eigene Sorgen und Schwierigkeiten, lägen zudem neun Meilen auseinander, weswegen man nicht sehe, wie der Abt von Andechs „disen beden Clestern fieglich nuz- und hailsamlich vorsteen khönde, vielmehr sei nichts gewissers, da der Praelat bei dem ainen zuesechen, das bei dem andern, so wol in Geist: als Weltlichem alles und über sich gehen würde." Man bezweifelte also schlicht, ob der erwähnte Abt, es handelte sich immer noch um David Aichler, in der Lage sei, zwei Klöster, die beide in Schwierigkeiten steckten, effizient zu verwalten. Der Herzog konnte sich auch diesen Argumenten nicht verschließen, so dass der ganze Plan unausgeführt blieb.

Die Zustände in unserem Kloster scheinen sich aber nicht gebessert zu haben. Anfang des Jahres 1595 erfahren wir, dass Frater Sebastianus, einer der Rädelsführer der Opposition gegen die beabsichtigte Reform, wieder nach Ebersberg zurückgekehrt war. Zwar ordnete der Geistliche Rat an, man solle diesen wieder umgehend an einen anderen Ort schicken, „auf ain Jar 2 oder 3 bis bey Euch die clesterliche Disciplin in bessern Stand und Wesen khumbt." Sollte er sich diesem Befehl verweigern, müsse er von der geistlichen Obrigkeit gebührend bestraft werden.[88]

In den ersten Monaten des Jahres 1595 starb auch der recht tüchtige weltliche Administrator Wolfgang Möhringer. Zum Nachfolger ernannte man seinen Sohn Georg, „einen frommen, eingezognen jungen Mann", der schon einige Zeit de facto dieses Amt mit „Rhuem und Ehrn" ausgeübt hatte, da sein Vater wegen „Laibsschwachhait" dieser Aufgabe nicht mehr gewachsen gewesen war.[89] Der junge Möhringer konnte also die erfolgreiche Reformarbeit seines Vaters fortführen, denn immerhin hatte dieser die Schuldenlast des Klosters auf etwa 12.000 Gulden gedrückt.[90]

Im ökonomischen Bereich scheint also die Reform des Klosters Ebersberg zum Teil gelungen zu sein. Die Schuldenlast war beträchtlich verringert worden, wohl zum ersten Mal seit langer Zeit; mit den Vorräten und anderen materiellen Ressourcen des Klosters ging man wieder sorgsam um, die Rechnungsführung scheint wieder in Ordnung gewesen zu sein und man versuchte auch bei der Eintreibung ausstehender Einnahmen wieder mehr Druck zu machen.[91] Diesen Erfolg kann man der Familie Möhringer zuschreiben.

Der Übergang des Klosters an die Jesuiten

Aber die geistlichen Angelegenheiten hatten sich keineswegs gebessert. Die Mönche, die noch im Kloster ausharrten, schienen keinesfalls geneigt, die neuen tridentinischen Verhaltensnormen zu übernehmen. So verlor Anfang 1595 Wilhelm V. endgültig die Geduld. Er entschloss sich, das Kloster Ebersberg den Jesuiten zu geben, also dem Orden, den man zu Recht als Speerspitze der katholischen Reform und Gegenreformation bezeichnen kann.

Die Jesuiten waren anfangs gar nicht begeistert von dem Plan Wilhelms V. So schrieb der Jesuitengeneral Claudius Aquaviva am 11. März 1595, die gewünschte Einverleibung dürfe auf keinen Fall zugelassen, geschweige den erbeten werden.[92] Aber Wilhelm V. drängte die Jesuiten weiter, seinem Plan zuzustimmen. Wegen der misslichen Zeitverhältnisse könne er für das Münchner Kolleg nicht hinreichend auf andere Weise sorgen. Schließlich lenkte auch Aquaviva ein. Im Juni 1595 versprach er dem Herzog, dass er dessen Plan zustimmen werde, zumal die Befürchtungen, die er mit vielen anderen Patres geteilt habe, nach den Versicherungen des Herzogs unbegründet seien, und Wilhelm ja beabsichtige, eine entsprechende Entschädigung zu geben und die Einwilligung der bayerischen, besonders der geistlichen Stände einzuholen. Deswegen werde er auch die Jesuiten in Bayern mahnen, sie sollten sich damit zufrieden geben.

Auch der Papst war inzwischen für diesen Plan gewonnen worden. Clemens VIII. hatte bereits unter dem Datum des 19. Mai 1595 eine Bulle ausfertigen lassen, die die Einverleibung des Klosters Ebersberg in das Jesuitenkolleg in München guthieß. Im Eingang der Bulle hob der Papst die unermüdliche Arbeit der Gesellschaft Jesu hervor, weshalb er es nicht nur für geziemend, sondern auch für eine Verpflichtung halte, die Kollegien der Gesellschaft Jesu zu stützen, auch wenn dabei weniger nutzbringende Klöster unterdrückt werden müssten. Deshalb habe er die Bitte des Herzogs von Bayern, das Benediktinerkloster Ebersberg bei München, in dem nur noch einige Mönche ein wenig erbauliches Leben führen und keine Hoffnung auf Besserung zeigen würden, dem Jesuitenkolleg in München einzuverleiben, gerne gewährt. (Abb. 4)

Nach der Übergabe des Klosters an die Jesuiten ging der letzte geistliche Administrator, Cyriacus Empel, nach Weltenburg; dort wählte man ihn 1598 zum Prälaten. Die übrigen Ebersberger Benediktiner[93] schob man in das Kloster Mallersdorf ab, das fast verödet war.[94] (Abb. 5)

Die Gründe für seinen Entschluss, das Kloster Ebersberg den Jesuiten zu geben, nannte Wilhelm V. in einem ausführlichen Schreiben vom 19. Februar 1597 an seinen Bruder Ernst, den Kurfürsten von Köln und Bischof von Freising.[95]

Er behauptete, „das es mit Ebersperg ain löblich guets Werckh gewest." Dafür führt er einige interessante Gründe an: „Erstlich von wegen des schendlichen, ergerlichen und über die massen gottlosen Lebens, welches die haillosen Münch vil Jar zu Ebersperg getriben, wie dann Irer fürstl. Drt. und mein Commissarios so hochstreffliche und schendliche Laster gefunden, unnd so gar, weil sie in dem Closter gewest, sich dergleichen mit Aus: und Einsteigen an den Laittern bey nechtlicher weil verordnete Sachen geübt, das ainem grauset, der es heret erzelen." Außerdem hätten sie „verporgne dieffe Grueben under der Erden oder dem pretterten Fußpo-

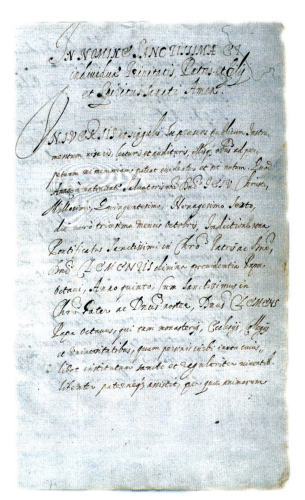

Abb. 4:
Notariatsinstrument von 1596 zur Übergabe des Benediktinerklosters Ebersberg an die Jesuiten (BayHStA, Kurbayern, Urkunden, Nr. 1356).

Abb. 5: Verzichtserklärung der restlichen Ebersberger Benediktinermönche auf ihre Ansprüche auf das Kloster Ebersberg aus dem Jahre 1596 (BayHStA, Kurbayern, Urkunden, Nr. 1356).

den gehabt, darin sie Ir Schelmereyen verübt und verporgen, wie sie dann ainsthails die Commissariis selbs darin (dieweil sie sich daselbs hin versteckht gehabt) gefunden, geschweigens viler anderer Unthaten." Und zum Dritten sei „nit allein alles Walfahrten, welches vor Jarn zu disem Gozhaus von wegen der Reliquien des heiligen Sebastian vil und gros gewesen, ganz und gar erloschen, sondern an dessen Statt ain gemaines Laster: und Huerenhaus daraus worden. Daraus dan schir im ganzen Land grosse ergernus entstanden."[96]

Wilhelm V. hatte also geglaubt, es gäbe keine Möglichkeit mehr, die Benediktinermönche und ihren Lebenswandel zu reformieren. Dieses von ihm „gemaines Laster: und Hurenhaus" gescholtene Kloster in andere Hände zu geben, sei deswegen ein gutes Werk gewesen. Die Jesuiten waren nach seiner Meinung zu dieser Reformarbeit besonders geeignet. Er lobte ihre Arbeit in den höchsten Tönen und verwies auf ihre Erfolge in anderen Gegenden. Vor allem führte er ihre Erfolge in Schwaben an, „alda ich unlengst den mehrern thail und die fürnnembsten Clöster mit meinen selbs Augen dermassen reformiert und in ainem solchen Wolstand gesechen, daß es ainem von Herzen erfreyete [...]. Mich hat (wan ich in ain solches wol reformiertes Closter khomen) gedünckhet, ich sehe die recht alte Ordnung, den alten Eifer und Gottsforcht, wie sie ohne Zweifl anfangs gewest alls sie sind aufgericht worden und in alten Büchern beschriben sein. Wie dann dieselben Religiosi, als ich selbs von Inen verstanden solche Reformation und Verbösserung nach Gott niemandts anderem zuschriben, den eben den Patribus und fürderlich dem Collegio zu Dillingen."[97]

Diese Stelle zeigt einmal mehr, warum der Herzog die Jesuiten in Ebersberg haben wollte. Er hatte in Schwaben mit eigenen Augen die erfolgreichen Klosterreformen gesehen, die die Jesuiten dort von ihrem Zentrum Dillingen aus durchgeführt hatten. Hier meinte er, seien die alten goldenen Zustände der frühen Kirche wiederhergestellt. Was lag näher als auch in Oberbayern, seinem Stammland, mit Hilfe der Jesuiten diese archaisierende Utopie zu verwirklichen. Dazu aber mussten auch hier die Jesuiten gefördert werden, indem man auch ihre ökonomischen Ressourcen und ihre öffentliche Präsenz stärkte. Dazu eigneten sich Klöster als Zentren ganzer Landstriche besonders gut.

Natürlich waren aber auch dem Landesherrn hier gewisse Grenzen gesetzt, wie wir noch sehen werden. Er musste Rücksicht auf die Rechte und Empfindlichkeiten traditioneller Orden, zum Beispiel der Benediktiner, nehmen. Er musste darauf bedacht sein, die Bischöfe nicht

Gottes auf mönchische Weise singen thäten." Diese Sage hat sich bis in die heutige Zeit überliefert.[98]

Allerdings zeigen schon die zeitgenössischen Quellen, dass die Übergabe unseres Klosters in weiten Kreisen nicht auf viel Gegenliebe stieß. So wurde im März 1597 der Weihenstephaner Abt Benedikt Kiener von Herzog Wilhelm rüde gerügt. Er solle neulich das Gerücht ausgestreut haben „alls begerten die Patres der Societet Jesu in München" sein Gotteshaus „sambt anderen mehr Clöstern an sich zebringen und Er derowegen Irer ft. Drt. Herrn Brudern, deme Herrn Churfürsten zu Cölln geschrieben, das solliche Patres starckh im Werckh sein sollen, In und seine Conventsbrueder mit ihren listigen [...] Practikhen aus seim Aigenthumb zuvertreiben und Inen das Closter mit dessen Ein: und Zuegehörungen underwürffig zemachen."[99]

Die Übergabe Ebersbergs an die Jesuiten hatte also offenbar die Eliten der traditionellen Orden im oberbayerischen Raum aufgeschreckt. Sie befürchteten von den Jesuiten und ihren Gönnern am Münchner Hof an den Rand gedrängt zu werden. Deswegen wandten sie sich an Bischof Ernst, den Bruder Wilhelms V., Kurfürst von Köln und Bischof von Freising. Dieser sollte ihnen gegen die vermuteten Pläne der Jesuiten und des Herzogs zu Hilfe eilen. Vielleicht entbehrte diese Befürchtung auch nicht jeder Grundlage, soll doch ein Prediger der Societatis Jesu „an einem Jarstag [...] auf der Canzl, alls er [...] die fürgangne Mutation des Closters Ebersperg vertaidigt, wie wir bericht werden, mitlauffen haben lassen [...], wie das es bey disem nit werde verbleiben."[100] Wilhelm V. leugnete aber in einem Schreiben an seinen Bruder Ernst strikt, dass es diese Pläne je gegeben habe. Er beschuldigte Kiener, dass „Er zu dem allem das angeregte Geschray, von Einziechung mehrer Clöster, wo nit selbs aufgebracht und verursacht, jedoch nit ohne grosse Ergernus bisher erhalten und genehrt hat."[101]

Ein ausufernder Streit im eigenen Haus Wittelsbach war ihm sichtlich unangenehm, weswegen er im erwähnten Brief auch einlenkend bemerkte: „Wie man dann villeicht nunmehr zu Rom und anderstwo nit ohne Irer Cur. und frt. Drt. Verklainerung und schaden vermueten und glauben würde, es seyen dieselben in vilen Dingen zugegen und zuwider."[102] Wilhelm V. versuchte ein gewisses Bild innerdynastischer Harmonie aufrechtzuerhalten; auch die Rücksicht auf dynastische Verbindungen gehörte also zu den Grenzen, die der Religionspolitik Wilhelms V. gezogen waren.

Dass der erwähnte Abt in seiner Opposition gegen die Religionspolitik Wilhelms V. nicht allein stand, zeigt uns auch der Vorwurf, er habe versucht, „auch noch andere rhüerige und Irer Drt. demüetig ghorsame" Äbte aufzuwiegeln.[103]

allzu sehr zu reizen, die nur zu schnell eine Beeinträchtigung ihrer Herrschaft witterten. Deswegen konnte er die Jesuiten mit Pfründen nicht immer so versorgen, wie er es wohl gern getan hätte. Aber die aus seiner Sicht heillosen Zustände im Kloster Ebersberg gaben ihm die Legitimation, einmal keine Rücksicht auf alte Interessen nehmen zu müssen.

Die Jesuitenresidenz Ebersberg

Aber trotz allem gab es mannigfache Widerstände und Konflikte. „Die Gesellschaft Jesu habe den Benediktinern das Kloster gewalttätig entrissen", so äußerte sich eine Benediktinerin gegenüber einem Jesuiten noch 150 Jahre später. Auch im Volk hinterließ die rüde Entfernung der Benediktiner tiefe Spuren. Es entstand die Sage vom Geisterchor von Ebersberg. Martin Zeiller erzählt in Matthäus Merians 1644 herausgegebener Topographia Bavariae, dass „nämlich zu gewissen Jahreszeiten [...] bey eiteler Nacht, die Seelen der längst verstorbenen [Benediktiner] Mönche, gleichsam als wann sie vom Schlaf er weckt wären, aus ihren Cellen oder Schlafkämmerlein mit vernehmlichen Geräusch herfür, und in deß tempels Chor gehen, und daselbst das Lob

Mit dem Bemühen innerhalb des Prälatenstandes eine Allianz gegen die Religionspolitik des Herzogs zu schmieden, traf der Abt aber einen wunden Punkt des entstehenden frühabsolutistischen Staates, denn die staatliche Elite befürchtete ein Übergreifen der Opposition auf die Stände insgesamt. Deswegen warf sie dem Abt auch vor, dass aus seiner „Renitenz nit wol was anders ervolgen oder entstehen hett khönden, alls ein allgemainer Widerwillen und Nachred, sowol wider Ir ft. Drt. alls die Patres Societatis, erstlich bei den löblichen Stenden der Praelaten und Irer ft. Drt. ganzen getreuen lieben Landschafft, dann auch anderstwo und ausser Lands."[104]

Um dies zu verhindern und den unbequemen Abt politisch kalt zu stellen, sollte er deshalb für seine Person aller „Digniteten und Diensten, so sonst der Prälatenstand bey wolgemelter löblicher Landschaft hat, ausser Erscheinung zu einer ausgeschribnen Landschaft", enthoben sein. Deswegen durfte der „gedachte Abbt Benedict vortan und sein Leben lang zu khainem Ambt oder Stell, so die Landschafft sonst zu verleichen hat, erkhiest oder genommen" werden;[105] der Herzog versuchte also den unbequemen Opponenten in der Ständeversammlung zu isolieren und seines Einflusses zu berauben.

Doch nicht nur bei den traditionellen Orden gab es Opposition gegen die Jesuiten. Auch bei Teilen des normalen Pfarrklerus waren die Jesuiten nicht besonders wohl gelitten, was zu Streitereien führte. Ein besonders interessanter Fall ist relativ ausführlich dokumentiert und soll deshalb hier behandelt werden.

1608 lesen wir in den Protokollen des Geistlichen Rates in Freising, Jakob Keller, Rektor des Jesuitenkollegs in München, beschwere sich im „Namen der ganzen Societet wider den Herrn Pfarrer zu Inning vor dem Forst, wasmassen er Pfarrer den andern verschienen Monats Augusten in der Zehentfengung zu Weinpenig und Schwilbach, des Stiffts von Ebersperg bestellten Forstknecht nit allain sanbt seinem Mesner Armata manu in grosser Furiy überloffen, von Zechent fengen abgeschröckht und sollichen einen andern wegfieren lassen, sondern auch ganz schmechlich und ernrieriger Weis [...] ausgeschryen, was seine Herrn die Jesuiten sein, sie seyen Gottsdieb, Kirchendieb, der Zehent gehöre Ime und der kirchen zue." Diese Worte habe er auch später im Inninger Wirtshaus im Beisein der landesfürstlichen Obrigkeit des Gerichts Schwaben und vieler anderer unparteiischer Zeugen wiederholt. Deswegen solle der Pfarrer diese Beleidigungen öffentlich widerrufen und so die verletzte Ehre der Jesuiten wieder herstellen.[106]

Der Pfarrer weigerte sich zuerst tapfer, seine Anschuldigungen zurückzunehmen, sondern bestätigte sie sogar trotzig in Gegenwart des Rektors des Jesuitenkollegs in München Jakob Keller. Man übte aber starken Druck auf ihn aus, drohte ihm sogar an, „er werde umb Ehr wie auch die Pfarr khomen", so dass er schließlich nachgab und erklärte, was die Iniurien betreffe „daran hab ich den Ungrund gered und Unrecht gethan [...]. Wils auch hiemit dienstlich umb Verzeichnung gebetten haben."[107]

Aber trotz aller Opposition gegen die Jesuiten, diese hatten sich nun einmal in Ebersberg festgesetzt. Und im Sinne der katholischen Reformeliten waren deren Aktivitäten auch ein voller Erfolg. Dies verkündete auch Wilhelm V. bereits 1597 in dem oben erwähnten Schreiben, in dem er die Übergabe des Klosters an die Jesuiten verteidigt hatte. Er bemerkte hier stolz, es sei „durch die Patres die khurze Zeit, und do sie es noch nit recht inhaben, die alt Andacht zue demselben Ordt widerumb erneuert, wie auch trotz der kurzen Zeit alberait [...] Beichten, Communicieren und Walfahrten wieder in Blüte stünden."[108] So besuchten im Pestjahr 1599 30.000 Pilger Ebersberg. Sie empfingen dort auch wieder die Sakramente; im selben Jahr zählte man 1.800 Personen, die die Beichte empfingen, 1600 waren es schon 3.000.[109] Auch die relativ hohen Kommunikantenzahlen, die uns seit der Übernahme des Klosters durch die Jesuiten überliefert sind, zeigen den Aufschwung der Seelsorge. So wurden etwa für das Jahr 1601 4.300 Kommunikanten gezählt; 1645, also gegen Ende des Dreißigjährigen Krieges, erreichten die Kommunikantenzahlen einen ersten Höhepunkt (über 17.000) und Ende des 17. Jahrhunderts (1677/78) stiegen sie auf etwa 30.000.[110] Seit 1603 dehnten die Jesuiten die Katechese auch auf Orte der Ebersberger Umgebung aus, wirkten also ganz im Sinne der katholischen Reform als Vermittler des neuen tridentinischen Weltbildes. Aus diesem Grunde wurden auch in der Fastenzeit von Ebersberg aus viele Missionen gehalten, wobei man selbst die Bettler zur Beichte einlud.[111]

1644 gründeten die Jesuiten auch die Sebastiani-Bruderschaft wieder, die bald eine rege Tätigkeit entfaltete,[112] auch dies ein Zeichen voll entfalteter Konfessionalisierung, waren doch gerade auch Bruderschaften für die katholischen Reformer ein Mittel, um die Identität der nachtridentinischen katholischen Kirche zu stärken und ihre neue Moral nach unten in die Pfarrgemeinden durchzusetzen.

Mit der Übernahme des Klosters durch die Jesuiten war Ebersberg also zu einem Zentrum der Konfessionalisierung im oberbayerischen Raum geworden. Dies blieb auch so bis zum Ende des 18. Jahrhunderts. Doch dann ereilte die Jesuiten ein ähnliches Schicksal wie es die Benediktiner etwa 200 Jahre früher erlitten hatten. 1773 löste Papst Clemens XIV. den Jesuitenorden auf.

Die entsprechende päpstliche Bulle wurde am 23. Juli 1773 in allen Kirchen verlesen. Im September 1773 verkündeten kurfürstliche Kommissare „unter Hohn und Spott" die päpstliche Bulle im Kloster. Die Patres mussten ihr Ordenskleid ablegen und das Kloster verlassen. Die 32 Jesuiten, die damals in Ebersberg tätig waren, verloren so ihr Wirkungsfeld; soweit sie nicht in Schule und Seelsorge Verwendung finden konnten, bekamen sie eine Pension von 240 bis 400 Gulden.[113]

Damit war der Weg frei für den bayerischen Staat; der Machtverlust „des" katholischen Reformordens des konfessionellen Zeitalters ermöglichte „den Zugriff auf den reichsten Grundherrn" im Gebiet Schwaben / Ebersberg. Man unterstellte die Hofmark der kurfürstlichen Hofkammer und ihrer Fundationsgüter-Deputation; sie sollte dem Schulfond zufallen. Das Vermögen, das dem Fond auf diese Weise zufiel, soll sich immerhin auf 7.380.000 Gulden belaufen haben.[114] So endete die Herrschaft der Jesuiten, die 1595 mit so viel Glorie, staatlicher Förderung und Elan begonnen hatte.

Zwar übernahm 1781 Graf Johann Baptist von Flachslanden Ebersberg von der Hofkammer für den „Malteserorden als Statthalter für den ersten Großprior Karl August Graf von Bretzenheim; dieser aber war ein unehelicher Sohn des Kurfürsten Karl Theodor."[115] Der bayerische Staat behielt also das Heft in der Hand. Die Entfeudalisierung von Wirtschaft und Gesellschaft wie auch die Säkularisierung der Klöster kündigten sich langsam an; der Sprengstoff der konfessionellen Konkurrenzkämpfe hatte nachgelassen, weswegen man auch die Jesuiten entbehren konnte. Damit fand auch die Geschichte der kirchlichen Reformen unseres Klosters ein Ende.

Anmerkungen

[1] Siehe Ullmann, Walter: Kurze Geschichte des Papsttums im Mittelalter, Berlin – New York 1978, S. 280.
[2] Lambert, Malcolm: Ketzerei im Mittelalter, München 1981, S. 308.
[3] Boockmann, Hartmut: Stauferzeit und spätes Mittelalter. Deutschland 1125-1517, Berlin 1987, S. 281.
[4] Siehe Mertens, Dieter: Monastische Reformbewegungen des 15. Jahrhunderts: Ideen – Ziele – Resultate, in: Hlavacek, Ivan / Patschovsky, Alexander (Hg.): Reform von Kirche und Reich zur Zeit der Konzilien von Konstanz (1414-1418) und Basel (1431-1449), Konstanz 1996, S. 157-181, S. 171.
[5] Siehe Königer, August: Johann III. Grünwalder, Bischof von Freising, München 1914, S. 26.
[6] Siehe Müller, Werner: Die Klosterreform in Bayern und der Prozeß gegen Abt Simon Kastner von Ebersberg vor dem Konzil von Basel (1431-1449), in: Das bayerische Inn-Oberland 54 (1999), S. 209-219, S. 211.
[7] Thoma, Franz Xaver: Petrus von Rosenheim und die Melker Benediktinerreformbewegung, München 1927, S. 135.
[8] Siehe hierzu und zum Folgenden ebd., S. 135-138.
[9] Siehe Königer (wie Anm. 5), S. 26.
[10] Siehe ebd.
[11] Thoma (wie Anm. 7), S. 137.
[12] Siehe Königer (wie Anm. 5), S. 26, Anm. 6.
[13] Siehe hierzu Thoma (wie Anm. 7), S. 160.
[14] Siehe Müller (wie Anm. 6), S. 212.
[15] Siehe hierzu und zum Folgenden Thoma (wie Anm. 7), S. 160-164.
[16] „ob deffectum Domini Abbatis vigebant omnia vitia: videlicet fornicatio, esus carnium, monacorum nulla obedientia, nulla clausura, nulla silentium neque aliqua concernentia regulam Sancti Benedicti", zitiert nach Thoma (wie Anm. 7), S. 160f.
[17] Siehe Müller (wie Anm. 6), S. 213.
[18] Thoma (wie Anm. 7), S. 166.
[19] Müller (wie Anm. 6), S. 215.
[20] Bayerisches Hauptstaatsarchiv (BayHStA), Äußeres Archiv, Nr. 4091, fol. 10.
[21] Müller (wie Anm. 6), S. 215
[22] Es sei darauf hingewiesen, dass Nikolaus von Cusa nicht nur ein bekannter Kirchenpolitiker war, sondern auch heute noch zu den bekanntesten Philosophen des Spätmittelalters und der Frühen Neuzeit zählt.
[23] Siehe Zibermayr, Ignaz: Johann Schlitpachers Aufzeichnungen als Visitator der Benediktinerklöster in der Salzburger Kirchenprovinz. Ein Beitrag zur Geschichte der Cusanischen Klosterreformen (1451-1452), in: Mitteilungen des Instituts für Österreichische Geschichtsforschung 30 (1909), S. 258-259, S. 258.
[24] Ebd., S. 260.
[25] Ebd., S. 277, Nr.42.
[26] Landersdorfer, Anton (Hg.): Das Bistum Freising in der bayerischen Visitation des Jahres 1560, St. Ottilien 1986.
[27] Siehe ebd., S. 40.
[28] Ebd. S. 40f.
[29] Siehe Schmidt, Heinrich R.: Dorf und Religion. Reformierte Sittenzucht in Berner Landgerichten der frühen Neuzeit, Stuttgart – Jena – New York 1995, S. 10.
[30] Siehe hierzu und zum Folgenden das Protokoll in Landersdorfer (wie Anm. 26), S. 589-592.
[31] Schilling, Heinz: Aufbruch und Krise. Deutschland 1517-1648, (Das Reich und die Deutschen), Berlin 1988, S. 268.
[32] Siehe Ziegler, Walter: Reformation und Gegenreformation 1517-1648. Altbayern, in: Brandmüller, Walter (Hg.), Handbuch der bayerischen Kirchengeschichte, Bd. II, Von der Glaubensspaltung zur Säkularisation, St. Ottilien 1993, S. 1-64, S. 45.
[33] Siehe Rößler, Hans: Geschichte und Strukturen der evangelischen Bewegung im Bistum Freising 1520-1571, Nürnberg 1966, S. 183-185.
[34] Siehe Behringer, Wolfgang: Hexenverfolgung in Bayern. Volksmagie, Glaubenseifer und Staatsräson in der Frühen Neuzeit, München 1987, S. 112.
[35] Der Herzogliche Geistliche Rat in München, gegründet 1570, war die Zentralbehörde des bayerischen Herzogs für die kirchenhoheit-

lichen Rechte des bayerischen Staates. Siehe hierzu Heyl, Gerhard: Der Geistliche Rat in Bayern unter Kurfürst Maximilian I. 1598-1651 mit einem Ausblick auf die Zeit bis 1745, Diss., München 1956 u. Hopfenmüller, Amelie: Der Geistliche Rat unter den Kurfürsten Ferdinand Maria und Max Emmanuel von Bayern. 1651-1726, München 1985.

[36] BayHStA, Kurbayern, Geistlicher Rat, Nr. 11, fol. 297f.
[37] BayHStA, Kurbayern, Geistlicher Rat, Nr. 12, fol. 505.
[38] Siehe Weber, Leo: Im Zeitalter der Katholischen Reform und des Dreißigjährigen Krieges, in: Schwaiger, Georg (Hg.): Das Bistum Freising in der Neuzeit, München 1989, S. 212-288, S. 239.
[39] BayHStA, Kurbayern, Geistlicher Rat, Nr. 11, fol. 299.
[40] BayHStA, Kurbayern, Geistlicher Rat, Nr. 12, fol. 501.
[41] Ebd., fol. 501.
[42] Siehe BayHStA, Kurbayern, Geistlicher Rat, Nr. 11, fol. 302.
[43] Siehe BayHStA, Kurbayern, Geistlicher Rat, Nr. 13, fol. 18.
[44] Siehe BayHStA, Kurbayern, Geistlicher Rat, Nr. 12, fol. 617.
[45] BayHStA, Kurbayern, Geistlicher Rat, Nr. 11, fol. 299.
[46] Ebd., fol. 300.
[47] Ebd., fol. 302.
[48] BayHStA, Kurbayern, Geistlicher Rat, Nr. 12, fol. 502.
[49] Ebd., fol. 548f.
[50] Ebd., fol. 549.
[51] Zu David Aichler siehe Sattler, Magnus: Chronik von Andechs, Donauwörth 1877, S. 280-316.
[52] Siehe BayHStA, Kurbayern, Geistlicher Rat, Nr. 12, fol. 552.
[53] Ebd., fol. 608.
[54] Ebd., fol. 608f.
[55] Ebd., fol. 674.
[56] Ebd., fol. 675.
[57] Ebd., fol. 685f.
[58] Siehe ebd., fol. 696f.
[59] BayHStA, Jesuitica, Nr. 1414.
[60] BayHStA, Kurbayern, Geistlicher Rat, Nr. 12, fol. 808f.
[61] Siehe zu diesem Vorfall BayHStA, Kurbayern, Geistlicher Rat, Nr. 13, fol. 16f.
[62] Ebd., fol. 17f.
[63] Ebd., fol. 20.
[64] Ebd., fol. 41.
[65] Siehe BayHStA, Kurbayern, Geistlicher Rat, Nr. 14, fol. 442.
[66] Siehe ebd., fol. 581.
[67] Ebd., fol. 591.
[68] Ebd., fol. 592.
[69] Ebd., fol. 593.
[70] Siehe ebd., fol. 593.
[71] Siehe ebd., fol. 619 .
[72] Ebd., fol. 594.
[73] Siehe zu diesen Vorgängen ebd., fol. 620f.
[74] Siehe ebd., fol. 651.
[75] Ebd., fol. 651.
[76] Ebd., fol. 707.
[77] Siehe Stadtmüller, Georg / Pfizer, Bonifaz: Geschichte der Abtei Niederaltaich 741-1971, Augsburg 1971, S. 208.
[78] Siehe BayHStA, Kurbayern, Geistlicher Rat, Nr. 15, fol. 7.
[79] Siehe ebd., fol. 38.
[80] Siehe ebd., fol. 56f.
[81] Ebd., fol. 79f.
[82] Zu Cyriacus Empel siehe Paulhuber, Franz Xaver: Geschichte von Ebersberg und dessen Umgegend in Oberbayern, Burghausen 1847, S. 573.
[83] Siehe BayHStA, Kurbayern, Geistlicher Rat, Nr. 16, fol. 476f.
[84] Ebd., fol. 557f.
[85] Ebd., fol. 563.
[86] Ebd., fol. 614.
[87] Vgl. dazu und zum folgenden ebd., fol. 645f..
[88] BayHStA, Kurbayern, Geistlicher Rat, Nr.17, fol. 11f...
[89] Ebd., fol. 77.
[90] Siehe ebd., fol. 114.
[91] Darauf deutet zumindest die Klage der geistlichen Räte hin, die Untertanen beschweren sich bei der weltlichen Obrigkeit, dem Landgericht Schwaben, wenn man von ihnen ausstehende Gülten einzutreiben versuche. Siehe BayHStA. Kurbayern, Geistlicher Rat, Nr. 17, fol. 116.
[92] Siehe hierzu und zum Folgenden Duhr, Bernhard: Geschichte der Jesuiten in den Ländern deutscher Zunge im XVI. Jahrhundert, (Geschichte der Jesuiten in den Ländern deutscher Zunge 1), Freiburg im Breisgau 1907, S. 376f.
[93] Nach einer Urkunde im Bestand Kurbayern lebten außer Empel noch Fr. Benedictus Neumair, Fr. Casparus Siemer, Fr. Joannes Millauer, Fr. Mathias Seidl, Fr. Sebastianus Magnus, Fr. Hieronymus Hempelmeier, Fr. Maurus Rottenganger und Fr. Martinus Schmauser im Kloster. Bei Magnus und Rottenganger dürfte es sich wohl um die schon öfter erwähnten Fratres Sebastianus und Maurus gehandelt haben. Siehe BayHStA, Kurbayern, Urkunden, Nr. 1356.
[94] Siehe Paulhuber (wie Anm. 82), S. 573.
[95] Siehe BayHStA, Kurbayern, Geistlicher Rat, Nr. 19, fol. 59-64a.
[96] Ebd., fol. 63.
[97] Ebd., fol. 63.
[98] Siehe Breit, Stefan: Die ganze Welt in der Gemain. Ein paradigmatischer Fall aus Bayern, in: Below, Stefan von / Breit, Stefan: Wald – von der Gottesgabe zum Privateigentum. Gerichtliche Konflikte zwischen Landesherren und Untertanen um den Wald in der frühen Neuzeit, (Quellen und Forschungen zur Agrargeschichte 43), Stuttgart 1998, S. 57-236, S. 80.
[99] BayHStA, Kurbayern, Geistlicher Rat, Nr. 19, fol. 55.
[100] Ebd., fol. 27.
[101] Ebd., fol. 56.
[102] Ebd., fol. 56.
[103] Ebd., fol. 56.
[104] Ebd., fol. 56.
[105] Ebd., fol. 54.
[106] Archiv des Erzbistums München und Freising, GRPr. 30, fol. 116.
[107] Ebd., fol. 157.
[108] BayHStA, Kurbayern, Geistlicher Rat, Nr. 19, fol. 63.
[109] Siehe Duhr (wie Anm. 92), S. 402.
[110] Siehe Archivum Monacense Societatis Jesu, Mscr. I 45, fol. 86, 374, 620 u. 628.
[111] Siehe Duhr, Bernhard: Geschichte der Jesuiten in den Ländern deutscher Zunge in der ersten Hälfte des XVII. Jahrhunderts, 2. T., (Geschichte der Jesuiten in den Ländern deutscher Zunge 2/2), Freiburg im Breisgau 1913, S. 33.
[112] Siehe Guggetzer, Martin / Kastner, Heinrich / Meyer, Otto: Elfhundert Jahre Ebersberg, Ebersberg 1957, S. 44.
[113] Siehe ebd., S. 47.
[114] Siehe ebd., S. 47.
[115] Siehe Mayr, Gottfried: Ebersberg, Gericht Schwaben, (Historischer Atlas von Bayern, Teil Altbayern I/48), München 1989, S. 305 u. 363.

Abbildungsnachweis
Bayerisches Hauptstaatsarchiv, München: Abb. 1-5.

Otto Feldbauer

Alltagsleben in der Hofmark Ebersberg
1595 – 1773

Wenn man versucht, einen Aufsatz über die Geschichte des Alltagslebens zu schreiben, muss zuerst begrifflich bestimmt werden, was Alltag bedeutet, denn im normalen Sprachgebrauch bleibt der Begriff äußerst diffus. Jeder glaubt genau zu wissen, was Alltag ist, soll er das Wort jedoch definieren, beginnen sehr schnell die Schwierigkeiten.
Was wird nun in dieser Arbeit unter Alltag verstanden? Alltag ist die unmittelbare Behauptung und Reproduktion des Lebens, „ein Kampf um das nackte Leben, um einen besseren Platz innerhalb der Gemeinschaft, um den Platz innerhalb der Gesamtheit der Gesellschaft."[1] Der einzelne Mensch formt seine Welt als „seine unmittelbare Umgebung". Deshalb verläuft das alltägliche Handeln in dieser und bezieht sich auf diese; es geht dabei um materielle Reproduktion (etwa Ernährung und Kleidung) und soziale Selbstbehauptung (z.B. Ehre, Reputation und Status). Alltag ist also das geschichtliche und gesellschaftliche Handeln, das jeder unmittelbar erlebt und mit gestaltet, sei es König, Edelmann, Bauer oder Bettler; Mann, Frau oder Kind. Zu der unmittelbaren Umgebung, auf die sich der Alltag bezieht, gehören vor allem anthropologisch grundlegende Handlungsfelder, die auch in der geschichtswissenschaftlichen Forschung immer wieder thematisiert werden,[2] etwa Kleidung, Nahrung, Wohnung, Sexualität, Arbeit, Geselligkeit und vieles mehr.
Aufgrund des knappen Raumes kann ich hier natürlich nur einen kleinen Ausschnitt des Alltagslebens in der Hofmark Ebersberg anreißen. Thematisiert werden sollen vor allem, soweit es die Quellen erlauben, einige der wichtigsten Bereiche, die man in der Literatur unter dem Begriff Alltag zusammenfasst: Die materielle Kultur (Nahrung, Kleidung, Wohnung), also die Bereiche, die die Grundlage der materiellen menschlichen Reproduktion bilden, dann Sexualität, Gewalt, Konflikte um Nahrung und Generationenprobleme am Beispiel des Alters. Als Zeitraum habe ich die Jahre 1595 bis 1773 gewählt, also die Zeit der Jesuitenresidenz Ebersberg. Dies hat

Teil II – Spezialbeiträge

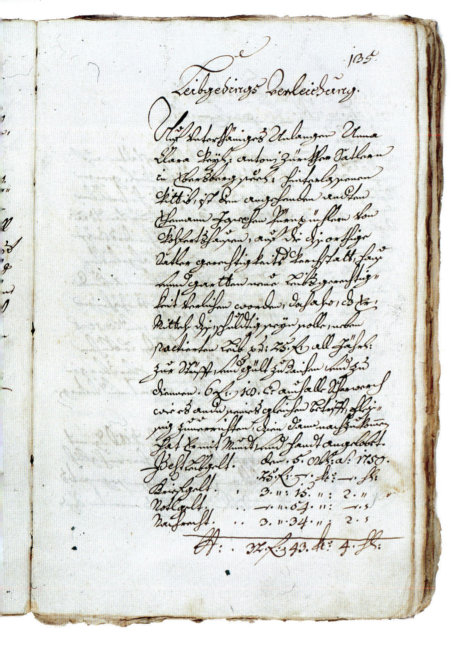

Abb. 1: Leibgedingsbrief für Joseph Pürnpächler von Wolfratshausen, zukünftigen Ehemann der Sattlerswitwe Anna Clara Zürckher von Ebersberg aus dem Jahre 1750 (BayHStA, Br. Pr. Fasz. 1423/187).

nichts damit zu tun, dass ich die Zeit der Jesuiten besonders hervorheben möchte, sondern mit der Quellenlage. Erst ab Ende des 16. Jahrhunderts gibt es reichlicher Verhörs- und Briefprotokolle, die meine Hauptquellen bilden. Außerdem bietet sich das Ende des 16. Jahrhunderts auch deswegen als Ausgangspunkt an, weil 1599 auf Bitten der Jesuiten die Hofmark Ebersberg erweitert wurde; zur Alten Hofmark Ebersberg kam die sogenannte Neue Hofmark Ebersberg,[3] zweifellos eine Zäsur in der Geschichte der Hofmark.

Aufgrund der Quellenlage und der Knappheit des Raumes musste leider bei der Darstellung eher synchron vorgegangen werden, obwohl natürlich eine diachrone, entwicklungsgeschichtliche Darstellung vorzuziehen gewesen wäre. Was die konkreten Beispiele betrifft, so stelle ich in der Regel Personen vor, die Untertanen der Hofmark Ebersberg waren oder beziehe mich auf Fälle, die in der Hofmark spielten. Nur in begründeten Ausnahmefällen werden Daten verwendet, die sich auf andere Hofmarken des Stifts Ebersberg beziehen, oder Personen genannt, die zwar Grunduntertanen des Stifts waren, aber keine Hofmarksuntertanen.

Der institutionelle Hintergrund: die Hofmark Ebersberg

Will man den Alltag der Menschen in der Hofmark Ebersberg schildern, so muss man zuerst das institutionelle Gefüge darstellen, innerhalb dessen die Menschen lebten und ihre Geschäfte verrichteten, kurz ihr eigenes Leben und ihre Stellung in der Gesellschaft behaupteten. Zu diesem strukturellen Hintergrund gehören vor allem zwei Institutionen: die Hofmark und die Grundherrschaft.

Hofmarken waren kennzeichnend für das politische Herrschaftssystem des frühneuzeitlichen Bayern. Man verstand darunter einen besonderen Herrschaftsverband in einer auf grundherrschaftlicher Bindung des Bodens beruhenden Agrarverfassung. Der Hofmarksherr war ein Grundherr, dem im Wesentlichen folgende dingliche Rechte, die sogenannten Hofmarksrechte zustanden: die niedere Gerichtsbarkeit innerhalb des räumlich geschlossenen Hofmarksgebietes, die Scharwerksgerechtigkeit mit dem Recht auf Frondienste der hofmärkischen Untertanen, Verwaltungs- und Vollzugsrechte für den Landesherren (besonders: Erhebung der Landsteuern, Musterung und Aushebung der Untertanen zum Militärdienst, Polizeifunktionen wie Feuerstellen- und Fleischbeschau, Überwachung von Maß und Gewicht u.ä.), die Verleihung von Gewerbebefugnissen, die Gewerbeaufsicht und Notariatsrechte.[4]

Den zweiten institutionellen Rahmen bildete die Grundherrschaft. Grundherr in unserem Raum war von 1595 bis 1773 der Jesuitenorden, genauer das Jesuitenkolleg in München. Dieses beanspruchte das Obereigentum an dem Besitz der Grunduntertanen, also der meisten Menschen, die in der Hofmark Ebersberg lebten. Es überließ ihnen Haus, Werkstatt sowie Grund und Boden – so die feudaljuristische Ausdeutung – zur Nutznießung. Für dieses Nutzungsrecht beanspruchte es regelmäßig bestimmte Leistungen und behielt sich dazu das Recht vor, die Wirtschaftsführung seiner Grundholden zu kontrollieren.[5] Doch Grundherrschaft war nicht gleich Grundherrschaft. Es gab verschiedene Rechtsformen, die unterschiedliche Rechte von Grundherrn und Grundholden begründeten. Friedrich Lütge unterschied zwischen

Erbrecht, Leibrecht, Freistift, Bauernlehen und Neustift.[6] Dabei waren Bauernlehen und Erbrecht die besseren, Leibrecht und Freistift die schlechteren Nutzungsrechte. Die Ebersberger Untertanen standen relativ schlecht da: hier dominierten Leibrecht und Freistift. Was bedeuteten diese Besitzrechte? Leibrecht hieß, dass das Gut dem Hintersassen bis zu seinem Tod verliehen wurde, „sein Leibs Leben lang, aber nicht ferner noch länger", wie es in den Quellen heißt. Starb der Inhaber der Leibgedingsgerechtigkeit, musste ein neuer Vertrag geschlossen werden. (Abb. 1) Beim Freistiftrecht war das Gut rechtlich nur auf ein Jahr verliehen. Deshalb konnte dem Freistifter „jedes Jahr und ohne besondere Gründe seine Gutsgerechtigkeit entzogen werden – entweder, indem die Grundherrschaft die Gerechtigkeit selbst zurückkaufte oder indem sie ihn zum Verkauf an einen neuen, einen anderen Meier zwang." Wegen der besonderen Machtstellung, die diese Rechtsform den Grundherren bot, nannte man sie auch „Herrengunst".[7]
Zumindest am Anfang unseres Zeitraumes scheint in der Hofmark Ebersberg das Freistiftrecht dominiert zu haben. Schaut man sich etwa einen Band der Grundherrschaftsbeschreibungen aus der ersten Hälfte des 17. Jahrhunderts an, so wird bei 28 Höfen Freistift als Rechtsform angegeben und bei 17 Höfen Leibrecht.[8] Dies scheint sich aber im Laufe der Zeit geändert zu haben. Eine stichprobenartige Durchsicht der Briefprotokolle von 1599 bis 1768 deutet nämlich darauf hin, dass sich bis Mitte des 18. Jahrhunderts weitgehend das Leibrecht durchgesetzt hatte.

Daneben gab es in der Hofmark auch noch die Institution der Leibeigenschaft, die von dem Vater auf die „Töchter fallet, und von der Mutter auf die Söhn."[9] Der Leibeigene war nur beschränkt rechtsfähig: er musste wesentliche Veränderungen im Zivilstand (etwa Geburt oder Eheschließung) dem Leibherrn anzeigen, er konnte nicht frei über seine Arbeitskraft verfügen, sondern musste einen Teil davon seinem Leibherrn in Form einer Dienstpflicht zur Verfügung stellen. Außerdem besaß er nur ein beschränktes Recht an dem ihm vom Leibherrn zur Verfügung gestellten Grundstücken und beweglichen Sachen (deswegen musste er beim „Todfall" einen Teil des Nachlasses dem Leibherrn überlassen). Auch die Freizügigkeit war eingeschränkt: er konnte nicht über seinen Wohnsitz und über seine berufliche Tätigkeit frei entscheiden; allerdings musste in Bayern nur die Zustimmung des Grundherrn eingeholt oder auch der Ortswechsel nur angezeigt werden.[10] Die Leibeigenschaft hielt sich in der Hofmark Ebersberg teilweise bis zum Ende unseres Zeitraumes. Noch 1771 werden für den Ort Ebersberg als Leibeigene unter anderen genannt: „Anna, Matthaisen Scherers, Mauerer zu Ebersperg Eheweib. Er frey, sie leibeigen, und hat Söhn." Oder, um noch ein Beispiel zu nennen: „Maria, des Georgen Piechler, sogenannten Jägers im Krautgarten Tochter. Hat ain lediges Kind, Anna mit Namen, erzaigt, so aber nicht leibeigen."[11]

Die Grunduntertanen mussten also für ihre vom Grundherrn geliehenen Anwesen bestimmte Leistungen erbringen. Wie sahen diese aus? Da gab es einmal Geld- und Naturalleistungen. Die wichtigste Geldleistung war in unserem Zeitraum die Gült, „praktisch der jährliche Mietpreis"[12] für das überlassene Gut. Dann gab es noch das Stiftgeld, „eine geringe Anerkennungsgebür für die jährliche Neuverleihung am Stifttag, als die Anwesen noch zu Freistiftrecht verliehen worden waren"[13], und das Vogteigeld. An Naturalabgaben sind der Küchendienst, eine „jährliche Abgabe, die an die Küche der Grundherrschaft zu liefern war"[14] und der Traiddienst, eine Naturalabgabe an Getreide, zu nennen. So musste etwa 1746 Franz Mayrhofer zu Forstseeon „jährlich zur Stüfftzeit raichen und dienen Gilt 17 kr 1 hl, Schweingilt 2 fl 17 kr 1 hl, Küchendienst 100 Ayr, 2 Käs, 4 Hennen, 2 Gäns, 2 Stüfftthennen, dan ain Fueder Rauch- und 8 Fueder Kuchelholz; an Getraidtdienst 1 1/2 Mezen Waizen, 4 Schefel Khorn, 1 1/2 Mezen Gersten und 4 Scheffel Haaber."[15]
Doch Mayrhofer und andere standen am oberen Ende der Abgabenlast. Es gab auch Grundholden, die weniger Lasten zu tragen hatten: von dem Bäcker Sebastian Obermayr aus Hohenlinden wird uns 1750 mitgeteilt, dass er für seine Bäckergerechtigkeit an Stift und Zins jährlich nur 2 Gulden 20 Kreuzer 4 Heller zahlen musste.
Neben diesen Abgaben an Geld und Naturalien mussten die Hintersassen oft auch noch Frondienste oder Scharwerke leisten, die aber meist nicht näher definiert waren. Wir wollen uns ein Beispiel ansehen. 1645 klagten sieben Grunduntertanen des Stifts Ebersberg gegen ihren Grundherrn. Sie sollten mit ihren Fuhrwerken dem Kloster Ebersberg Wein von Wasserburg nach München transportieren.[16] Dieses Fuhrscharwerk verweigerten sie unter anderem mit der Begründung, „daß selbige dem Stifft Ebersberg weiter khein Scharwerch oder Weinfuhr zuverrichten schuldig sein, bevorab weilen bei der Verstiftung Irer besitzenden Güter das geringste nit gemeldet worden." Außerdem behaupteten sie, dass ihnen diese zu verrichten auch wegen ihrer „schlecht bestellten Roß und Geferth ohne ihr eisserist verderben [...] unmöglich were, sondern entlichen sambt Weib und Khindt sich von heislichen Ehren an den laidigen Petlstab begeben miessen." Deswegen fügten sie noch die Drohung hinzu, wenn man sie mit den diversen Beschwerungen noch „hecher treiben will, das wir zeit-

lichen mit Weib und Khindt von Gietern abtretten, der Grundtherrschaft dieselb öd ligen lassen." Nun dürften nicht alle Scharwerksforderungen so dramatisch empfunden worden sein, aber trotzdem bildeten sie eine zusätzliche Belastung, die wohl kein Untertan gerne auf sich nahm.

Allerdings konnten diese Scharwerksforderungen auch mit Geldzahlungen abgegolten werden. So musste 1746 der Weber und Mesner Anton Mösner zu Englmehring für seine Sölde, die er zu Leibrecht besaß, neben 1 Gulden Gült 45 Kreuzer Scharwerksgeld bezahlen.[17] Auch die oben genannten Kläger hätten sich ihres Scharwerksdienstes für 42 Gulden entledigen können, was sie aber ebenfalls verweigerten.

Erfüllte der Hintersasse alle Forderungen, erhielt er das Nutzungsrecht für die verliehenen Güter auf Lebenszeit; dies galt de facto in der Regel wohl auch für Freistiftler. Entzogen konnten sie ihm gegen die vertraglichen Bestimmungen nur werden, wenn er die Bedingungen des Vertrages nicht erfüllte, etwa die Abgaben oder Scharwerke nicht bezahlte beziehungsweise verrichtete, das verliehene Gut verkommen ließ und so weiter.

Die materielle Kultur: Wohnung, Kleidung und Nahrung

Im Rahmen des oben beschriebenen institutionellen Hintergrundes muss man die materielle Kultur der Menschen in der Hofmark Ebersberg sehen. Hier geht es vor allem um die Befriedigung ihrer materiellen Grundbedürfnisse, um Wohnung, Nahrung und Kleidung. Will man diese Bereiche für die Hofmark untersuchen, stößt man allerdings auf ein Quellenproblem. Es fehlen die Nachlassinventare, die sonst gern als wichtige Quellengattung zur Alltagsgeschichte gerade in diesen Bereichen verwendet werden. Man muss sich also mit den bruchstückhaften Informationen begnügen, die Brief- und Verhörsprotokolle bieten.

Wohnen

Das Wohnen gehört zu den menschlichen Grundbedürfnissen. Wohnung schützte vor den Unbilden des Wetters; das Haus war Friedensbezirk und Stätte, die menschliche Intimität ermöglichte, „wo man sich den Blicken der Öffentlichkeit entziehen konnte."[18] Auch bedeutete „bis in die Neuzeit [...] in Europa ohne Haus zu leben, nicht nur gefährdet, sondern vor allem als rechtlos aus der ständischen Gesellschaft ausgeschlossen zu sein."[19]

Die Wohnungen in der Hofmark Ebersberg waren relativ bescheiden. So wohnte die Witwe des Söldners Caspar Wolf zu Mühlhausen um 1613 in einem alten einstöckigen Häusl mit einer Stube, zwei „Kämmerl", einer „Kuchl" und einem Stall, alles unter einem mit Schindeln und Stroh gedeckten Dach.[20] Balthasar Schneider von Hohenlinden hauste 1614 in einem kleinen einstöckigen Söldenhäusl mit einer Stube, einer Kammer, dem Fletz (Vorraum), einem Dreschboden und einem an das Häusl angebauten Stüberl. Georg Schwarz aus demselben Ort musste sich gar mit einer Stube und einer Stubenkammer zufriedengeben. An den Wohnteil war noch der Kuhstall gebaut. Aber auch der Inhaber der Schusterhube zu Kreith, eines größeren Hofes, musste sich mit einer einstöckigen hölzernen Behausung begnügen, die aus einer Kammer, der „Kuchl" und dem Fletz bestand. Wohnteil, Stall und Heustadel befanden sich unter dem gemeinsamen Dach, das mit Schindeln gedeckt war. An der Badstube war allerdings noch ein „Kämmerl" angebaut. Vorherrschend in dieser Gegend scheinen damals jedenfalls einstöckige Holzhäuser gewesen zu sein, mit Schindeln und Stroh oder nur mit Stroh gedeckt, die unter ihrem Dach sowohl den Wohn- als auch den Wirtschaftsteil des Gutes beherbergten. An dieser grundlegenden Wohnsituation dürfte sich wahrscheinlich auch bis in die 1770er Jahre wenig geändert haben.

Stellt man sich vor, dass in diesen Räumen Familien wohnten, auch wenn es sich nicht um Großfamilien handelte, kann sich jeder selbst ausmalen, wie beengt die Wohnverhältnisse waren. Waren mehrere Kinder vorhanden, konnte längst nicht jedes Familienmitglied in einem eigenen Bett schlafen.[21] Ein Beispiel möge schlaglichtartig erhellen, wie gedrängt man zusammenlebte. Im März 1690 übergab Wolf Häbl, Tagwerker von Ebersberg, seine am 14. März 1650 leibgedingsweise an sich gebrachte Sölden an seinen Sohn Wolf Häbl. Unter der Rubrik „Übergabebedingungen" lesen wir: „Und weillen nebem dem Guettsübernehmer noch ain ledige Schwester, namens Margaretha vorhanden, so nunmehr ein altes Mensch, als solle selbige nit weniger die zeit ihres Lebens allein die Herberg und Ligerstatt in besagter Hinderfloez Camer bey dem Vattern haben."[22] Die Raumverhältnisse der Häbls waren so knapp, dass die unverheiratete Schwester des Hofübernehmers gemeinsam mit ihrem Vater in einem einzigen kleinen Raum wohnen und schlafen musste – und dies obgleich sie verschiedenen Geschlechts waren.

Überhaupt gab es in unserem Raum fast keine Austragshäuschen, in denen die Übergeber für sich hätten wohnen und leben können. Paul Münch konnte also kaum die Lage in der Hofmark Ebersberg meinen, als er die Form der Altersvorsorge im Wohnungsbereich so beschrieb: „Der Bauer übergab in einem Vertrag, der

regional verschiedene Namen trug – Ausgedinge, Altenteil, Leibzucht, Übergab –, seine Wirtschaft an den Erben und zog sich dann in eine Altenwohnung zurück. Ein solches separates kleines Häuschen hieß zum Beispiel: Ausnahmhäusl, Nahrungshäusl, Pfründerhaus oder Ellerhaus."[23] Dieser Mangel an Wohnungen, die von der Unterkunft des Übernehmers getrennt waren, trug zweifellos dazu bei, dass in unserem Raum die Wohnungssituation noch prekärer war als in anderen Gegenden.
Holz war also „der" Baustoff für die Häuser. Doch das brachte auch Gefahren für die Bewohner. Holz ist ein leicht entflammbarer Stoff, vor allem wenn es trocken und ausgedörrt ist. Außerdem hantierte man in unserem Zeitraum oft mit offenem Feuer, man denke nur an die Beleuchtung. Deswegen war die Gefahr von Feuersbrünsten besonders groß. Um diese Bedrohung einzudämmen, hatte man eigens eine Feuerüberwachung geschaffen. Die Hofmarksobrigkeit inspizierte die Häuser ihrer Untertanen, um zu überprüfen, ob die feuerpolizeilichen Vorschriften auch eingehalten wurden. Dass die Bevölkerung die Brandgefahr oft auf die leichte Schulter nahm beziehungsweise anderen Interessen als der Verhütung von Feuersbrünsten Vorrang einräumte, zeigen uns wieder die Verhörsprotokolle. Wenn wir uns eine Statistik aus den Jahren 1737 bis 1739 ansehen, so lagen Verstöße gegen feuerpolizeiliche Anordnungen an vierter Stelle (27 Fälle) hinter Raufhändeln (73 Fälle), Schuldforderungen (61 Fälle) und Sexualdelikten (31 Fälle).[24]
So liest man in einem Eintrag von 1738: „Bey Benedicten Stainschmidt zu Vorstseon hat sich bey vorgenommener Feuerbeschau bezaigt, daß sein Eheweib den Haar oder Flax umb den Ofen herumb gehenckht. Weillen nun dises ein gefehrliches undernemmen, als wirdet ihme solches geschörpften Ernsts verwisen, bessern Obsorg aufzetragen und zur wohlverdienten Straff 25 kr 5 hl dictiert."[25] Die Steinschmidts benutzten also ihren Ofen, um den Flachs schneller zu trocknen; dieser musste ja einige Trocknungsvorgänge durchlaufen, bevor er weiterverarbeitet werden konnte.[26] Wahrscheinlich erkannten sie die Gefährlichkeit ihres Handelns, aber wirtschaftliche Interessen oder Zwänge verlangten andere Prioritäten. Andere hatten Späne oder Holzprügel auf den Herd gelegt wie 1737 Mathias Hilger, Hechenberger zu Hechenberg. Er wurde deswegen um 34 Kreuzer 2 Heller bestraft. (Abb. 2) Eine weitere Strafe von 2 Schilling Pfennig war ihm schon etwas früher zu diktiert worden, „weillen seyn Eheweib bey dohrtmallen vorgenommener Feuerbeschau, den Rigel vor die Tür geschoben und den Ambtman nit eingelassen."[27] Und so könnte man fortfahren.
Wie sah nun die Wohnungseinrichtung aus? Gerade hier macht sich das Fehlen von Nachlassinventaren besonders schmerzlich bemerkbar, aber trotzdem können einige Bemerkungen dazu gemacht werden. Ich stütze mich dabei vor allem auf die Briefprotokolle. In Verträgen wurde nämlich festgelegt, welche Aussteuer die Kinder im Fall einer Heirat bekommen sollten; deswegen nannte man hier auch Möbelstücke.
Bei der Aufzählung der Aussteuer wird fast jedesmal eine „Truchen" erwähnt. Die Truhe diente vor allem als Behälter für Wäsche, Geld, wichtige Urkunden und anderen wertvollen Besitz. In der zweiten Hälfte des 18. Jahrhunderts kam allmählich noch der Kasten hinzu, wohl eine Vorform des Kleiderschranks.
Eines der wichtigsten Möbelstücke in den Wohnungen der frühen Neuzeit war das Bett. Da das Schlafen in Betten sehr stark sozial und historisch bestimmt war, kann es besonders gut dazu dienen, den Lebensstandard in einem Sozialgefüge zu einem bestimmten Zeitpunkt zu markieren. Auch bietet die Untersuchung des Bettenbestandes die Möglichkeit mentale Strukturen und deren Wandlungen zu skizzieren.[28] Am vornehmsten schlief man dabei im Himmelbett, wie Thomas Knubben konstatierte, der die Alltagsbewältigung in der Reichsstadt Rottweil in der zweiten Hälfte des 17. Jahrhunderts untersuchte. Dieses fand man dort in vielen Haushalten, wenn auch zumeist nur in Einzelstücken, die für die Eltern reserviert waren. In größerer Zahl kamen Himmelbetten nur in Gasthäusern und reicheren Familien vor.[29]
Ähnlich dürfte es auch in Ebersberg gewesen sein; in den Aussteuerbeschreibungen werden immer wieder Himmelbetten erwähnt. So sollten 1747 die drei Töchter des Niklas Pöttinger zu Niederpframmern, Maria, Theresia und Magarete, bei ihrer Verheiratung „jedes ain gerichtes Pött mit doppeltem Überzug, als ein härben und ein rupfen, dan 1 Himmelpöttstatt" bekommen.[30] Himmelbetten waren also ein wichtiges Element der Aussteuer. Sie sind in unserem Zeitraum schon typisch für die bäuerliche Kultur, allerdings stehen sie „ausschließlich dem Ehepaar, der Herrschaft des Hauses" zu und „zwar vollkommen unabhängig vom Reichtum der Familien."[31]
Wie schliefen aber die übrigen Bewohner eines Hauses. Eigene Betten für die Kinder sind in unseren Quellen nicht erwähnt, das könnte aber auch an der Art der Quellen liegen; vielleicht schliefen sie aber auch, zumindest in jüngeren Jahren, bei den Eltern.
Wir wissen nicht genau, ob die Dienstboten, ledigen Geschwister oder zumindest älteren Kinder in fichtenen Betten geschlafen haben,[32] aber es ist kaum wahrscheinlich, dass die alte Jungfer Margaretha Häbl, wir begegneten ihr weiter oben, in einem Himmelbett schlief. Die

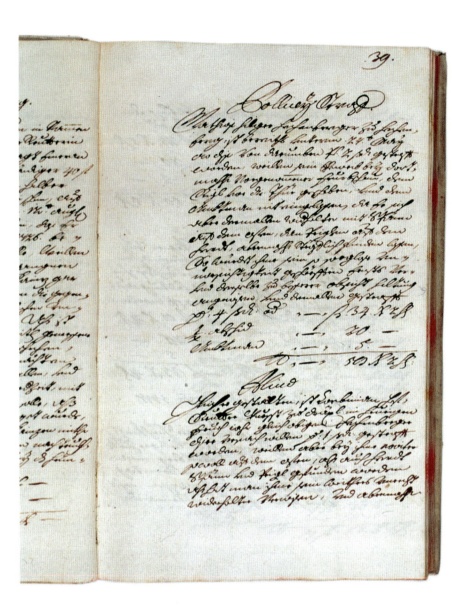

Abb. 2: Feuerbeschau bei Mathias Hilger, Hechenberger zu Hechenberg im Jahre 1737 (BayHStA, Br. Pr. Fasz. 1420/175).

Betten dieser Personengruppe waren wohl einfacher, soweit sie überhaupt eine solche Liegestatt hatten. So zeigt sich damit einmal mehr, dass auch der Schlafplatz in einen sozialen Kontext von Rang und Status eingeordnet war, was ja auch Knubben für die von ihm untersuchte Reichsstadt feststellte.

Die Töchter des Niklas Pöttinger sollten bei ihrer Heirat nicht nur je ein Himmelbett bekommen, sondern dazu auch „härbene" (feineres Tuch aus Haar, „flächsernem" Garn) und „rupfene" (gröberes Tuch aus „wergenem" Flachsgarn) Bettüberzüge, also Bettwäsche. Diese war besonders wertvoll, weil sich der Reichtum der bäuerlichen Wohnkultur weniger im Mobiliar oder im Hausrat konzentrierte, „sondern in erster Linie im Stoffvorrat und den Textilien, besonders in der Bettwäsche."[33] An anderer Stelle hören wir auch von „spinathenen" Überzügen;[34] sie scheinen noch wertvoller gewesen zu sein als die Überzüge aus Flachsgarn. Neben der Bettwäsche wurden auch schon, zumindest Mitte des 18. Jahrhunderts, Tisch- und Handtücher benutzt.[35]

Wegen des relativ kalten Klimas in Mitteleuropa, vor allem im Winter, war es notwendig, die Häuser auch zu heizen. Die Art der Öfen, mit denen geheizt wurde, wird in den Briefprotokollen leider nicht genannt. Man sprach nur allgemein von einem „warmen Winkl in der Stuben", von einer „beheizten Stube" und Ähnlichem. Allerdings erfährt man an anderer Stelle, dass in unserem Raum auch Kachelöfen verbreitet waren. In einem Verhörsprotokoll von 1690 lesen wir: „Hans Urban von Hechenlinden und Susana sein Weib clagen Georg Huetterer von Pürckha verschienen Sontag 8 Tag sei der Beclagte dem Cleger abents umb 7 Uhr fürs Haus gangen, ain Schaidt alda genomen, ain fenster, ain Rädl [wohl ein Spinnrad], 4 Weidling [Milchgefäße], 2 irden Schisslen zerschlagen, dann mit einer Gewandtstangen 2 Kacheln im Ofen eingestossen."[36] Da die Urbans von Hohenlinden nicht zur Oberschicht der Hofmark gehörten, dürfte der Kachelofen relativ weit verbreitet gewesen sein.

Außerdem können wir dieser Stelle noch entnehmen, dass man irdenes Geschirr verwendete. Andere Stellen zeigen aber auch den Gebrauch von Geschirr aus Holz (etwa Holzteller und hölzerne Löffel) und Metall (Pfannen, Tiegel, Becher, Teller oder Krüge aus Eisen, Kupfer, Zinn und Messing).[37] Auch das Spinnrad wird oft in den Aussteuerlisten erwähnt, war doch das Spinnen eine wichtige Beschäftigung der Frauen damals.

In der Forschung wird häufig darauf hingewiesen, dass mit der Konfessionalisierung auch der religiöse Wandschmuck in die Wohnhäuser Einzug gehalten habe.[38] Ob das auch in der Hofmark Ebersberg der Fall war, lässt sich wegen der Quellenlage schwer beurteilen. Allerdings nennt 1750 eine Austragsliste für Margaretha Käser, Wirtin zu Inning, ein „Bildtnus unser Lieben Frauen von Dorffen", das die zukünftige Austräglerin auch im Alter um sich haben mochte.[39] Dieses Indiz dürfte dafür sprechen, dass auch hier im 18. Jahrhundert religiöser Wandschmuck zum Wohninventar gehörte. Gestützt wird diese Vermutung von einem weiteren Umstand: In den Krämerlisten für die Sebastians- und Osterdulten der Jahre 1724 bis 1731 findet man immer wieder Händler, die auf diesen Märkten Bilder, Rosenkränze und Bücher feilboten, allein sieben auf der Osterdult von 1731.[40] Die angebotenen Bücher und Bilder dürften dabei vor allem religiöser Natur gewesen sein. Kaufte man Bilder mit religiösen Inhalten, fanden diese wohl ihren Platz an den Wänden der diversen Wohnungen.

Kleidung

Zur materiellen Kultur gehört auch die Kleidung. Auch sie bot Schutz gegen die Unbilden des Wetters. Sie diente aber auch der Selbstdarstellung und der Repräsentation. Sie konnte den Körper enthüllen oder verhüllen, in allen möglichen Abschattierungen darstellen, um etwa sexuelle Signale auszusenden oder zu vermeiden, ein besonders heikles Unterfangen in einer Zeit rigider Moralvorstellungen. Sie konnte bestimmte Zeitmodi ausdrücken, eine Zeit der Arbeit, der Besinnung oder des Festes. Und so könnte man die Bedeutung von Kleidung immer weiter auffächern.

Wie sah nun die Kleidung rund um Ebersberg aus? Wir haben dazu leider nur wenige Nachrichten, da gerade auch hier Nachlassinventare besonders wertvoll wären. Allerdings lässt sich trotz der spärlichen Quellen einiges aussagen. In einem Vertragsbrief, den Barbara Kottmiller, die Witwe Benno Kottmillers, des sogenannten Anderlmüllers in Ebersberg, mit ihren drei Kindern schloss, heißt es etwa, bei Verheiratung hätte jedes unter anderem „eine gebreichige Kürchenklaidtung"[41] zu bekommen; an anderer Stelle spricht man auch von einer „schwarzen Kürchenklaidtung". Was heißt nun „gebreichige Kürchenklaidtung"? Was bedeutet diese Bezeichnung, die in vielen Vertragsbriefen auftaucht? Es dürfte sich dabei um ein Kleidungsstück gehandelt haben, das nur an bestimmten Festtagen oder zu festlichen Gelegenheiten, etwa beim Kirchgang, getragen wurde; ein „Sonntagsgwandt" also, wie man noch im 20. Jahrhundert auf dem Land sagte. Solche Kleider hatten damals eine lange Lebensdauer, sollten wohl das ganze Leben halten und waren deswegen Heiratsgut. Entgegen der Meinung bestimmter Gelehrter[42], unterschieden die Menschen sehr wohl auch in ihrer Kleidung zwischen Arbeitszeit und Festzeit; für die Arbeit waren die einfachen Hosen, Joppen oder die „rupfenen Hemeter" bestimmt, für den Gang in die Kirche oder auf die Dult der Sonntagsanzug.

Eine wichtige Rolle spielten auch die Schuhe. In fast jedem Austragsbrief forderte man neben der notwendigen Kleidung auch die hinreichende „Beschuhung". Zwar wurde letztere selten genauer bestimmt, aber notwendige Beschuhung hieß wohl meistens, zumindest ein Paar Schuhe pro Jahr, wenigstens bei den wohlhabenderen Schichten (auch die schon erwähnte Margaretha Käser verlangte ein Paar saubere Schuhe im Jahr). Schuhe wären ja nur unter der Voraussetzung „unverwüstlich und über Jahre haltend" gewesen, dass die Menschen oft barfuß herumgelaufen wären oder sich wenig bewegt hätten, beides war aber nicht der Fall. Denn Bewegung hatte man in dieser Zeit genug, weil es fast immer Arbeit oder Freizeitbeschäftigungen gab, die Aktivität erforderten. Und außerdem: „Wer hinter dem Pflug schritt, im Stoppelfeld Getreide verlud oder gerade den Stall ausmistete, der tat das wohl selten mit nackten Füßen."[43] Das Wirtshaus dürften die Männer und Frauen der damaligen Zeit auch nicht mit nackten Füßen besucht haben. Die Schuster der Hofmark hatten also genug zu tun.

Auch den Händlerlisten des 18. Jahrhunderts kann man einige Informationen über die Kleidung dieser Zeit entnehmen. So schrieb Gislind M. Ritz: „Für das 18. Jahrhundert dokumentiert dann beispielsweise das gehäufte Auftreten der italienischen Florhändler im Augenblick des Wiedereinsetzens der Listen 1724 und später eine neue Situation in der Tracht, nämlich das Aufkommen des schwarzen Flortuches [aus Seide] anstelle des weißen Kragens." Außerdem bezeichnete „die Zahl der Bändelkrämer, die mit insgesamt 157 Händlern [im Zeitraum von 1724-1731] die weitaus größte Händlergruppe darstellte, ein bestimmtes Stadium der Kleidung, ja der Verschlußtechnik überhaupt: die Bedeutung des Bindens, das gegenüber dem Knöpfen eine ältere Schicht darstellt, dann aber auch die offenbar sehr vielfältige Anwendung von Bändern in der Schneidertechnik der Zeit als Besatz, Einfassung und Versäuberung."[44]

In unserem Zeitraum hatte der Bereich der Kleidung auch eine eminent politische Dimension. Immer wieder versuchte die Obrigkeit mit Kleiderordnungen das äußere Erscheinungsbild der Menschen zu normieren. Was waren die Gründe dafür? Das 16. bis 18. Jahrhundert war das Zeitalter der Ständegesellschaft. Die „Periode der Kleiderordnungen" war nun weitgehend mit dieser Zeitspanne identisch.[45] In dieser Gesellschaft sollten Standesschranken schon beim ersten Blick augenscheinlich werden. Was lag also näher als jedem Stand seine Kleidung vorzuschreiben: goldene Borten für den Adel und Schaf- oder Geißfelle für den Bauern, wie man der Kleiderordnung von 1626 entnehmen kann.[46] Neben dem Wunsch nach ständischer Differenzierung sind noch drei weitere Gründe zu nennen, warum die Obrigkeit hier massiv versuchte in das Alltagsleben der Menschen einzugreifen. Einmal gab es wirtschaftliche Gründe; die Obrigkeit meinte mit der Begrenzung von Kleiderluxus der Verarmung bestimmter gesellschaftlicher Gruppen, etwa der Bauern, vorbeugen zu können. Außerdem versuchte der Staat, den Prämissen einer merkantilistischen Wirtschaftspolitik folgend (es sollten mehr Waren aus- als eingeführt werden), damit den Import ausländischer Textilien zu begrenzen. Immer wieder wurde deshalb in den Kleiderordnungen bestimmten Bevölkerungsgruppen das Tragen ausländischer, also importierter Kleidung verboten; so untersagte ein Generalmandat von 1747 den Bürgern und Bauern ausländi-

Abb. 3: Schreiben von Maria Anna aus dem Jahre 1654, in dem sie monierte, dass das „Weibsvolck" beim Tanzen zu kurze Kleider trage (BayHStA, KL Ebersberg 77).

sche Stoffe, Spitzen, Strümpfe, Hüte, Knöpfe und Handschuhe zu tragen.[47] Waren damit die erwähnten italienischen Flor- und Seidenhändler von den Dulten in Ebersberg verbannt? Wir wissen es leider nicht. Und zum Dritten waren Kleiderordnungen auch ein Teil der moralisch-konfessionellen Disziplinierung, die die bayerische Obrigkeit vor allem seit der zweiten Hälfte des 16. Jahrhunderts durchzusetzen versuchte. So schrieb 1654 die bayerische Regentin Maria Anna an den Pflegsverwalter von Schwaben, dass in seinem Gericht und den darin liegenden Hofmarken (also auch der Hofmark Ebersberg) „die Weibspersonen under dem Paursvolckh auf dem Landt bey den Tänzen, zu nit geringer Ärgernus, in gar so khurzen Claidtungen erscheinen"; er solle diesen Missstand beseitigen und die Bevölkerung zur „Ehrbarkeit" ermahnen, sonst müssten diese Tänze wieder unterbunden werden.[48] (Abb. 3)

Nahrung

Zur klassischen Trias der materiellen Kultur gehört neben Wohnung und Kleidung die Nahrung. Jeder Mensch muss essen und trinken, um zu überleben. Nun bilden Essen und Trinken zwar ein zentrales Grundbedürfnis des Menschen, doch ging die Zubereitung der Nahrungsmittel bald über das Nötigste hinaus. Ebenso wie die Kleidung wurden sie „zu einer Ausdrucksform des kultivierten Lebens."[49] Nun war aber die Epoche zwischen dem 15. und dem 19. Jahrhundert eine Ära „riskierter Zeiten"[50], das heißt in der damaligen Gesellschaft herrschte eine latente Knappheit an Nahrung, die das Überleben der Menschen sichern konnte. Daneben war es auch eine Zeit der Kriege und Seuchen, die das Leben des Einzelnen noch riskanter machten. Die drei apokalyptischen Reiter: Hunger, Krieg und Pestilenz, lauerten ständig am menschlichen Erwartungshorizont. Deswegen war es keine Selbstverständlichkeit ausreichend essen zu können. „Unser tägliches Brot gib uns heute" alltäglich zu beten, „war nicht bloß fromme Gewohnheit. Zwar gab es immer wieder Jahre der Fülle, aber oft fielen die Ernten so schlecht aus, daß nicht einmal ausreichend Saatgut vorhanden war. Wenngleich die Reichen ebenfalls davon betroffen wurden, litten doch die Ärmsten und Besitzlosen am stärksten darunter."[51] Wie sah die Ernährung der Menschen in unserem Raum aus? Briefprotokolle und Güterbeschreibungen, aber auch Verhörsprotokolle geben uns einige Aufschlüsse darüber. Unter den oben beschriebenen Bedingungen war es verständlich, dass die meisten Menschen in der Hofmark zum großen Teil das aßen, was sie selbst anbauten und erzeugten. Da wäre natürlich zu allererst das Getreide zu nennen. Wenn man das Wort Weizen durch das Wort Getreide ersetzt, kann man, Fernand Braudel modifizierend, sagen: „Die Dreifaltigkeit Weizen, Mehl und Brot" zog sich wie ein roter Faden durch die Geschichte unseres Gebietes. Ihr galt die Hauptsorge der Menschen, „für die Leben gleichbedeutend war mit ‚Brot zu beißen' haben."[52] In den Übergabebriefen tauchen immer wieder dieselben Getreidesorten auf: Korn (Roggen), Weizen, Gerste und Hafer.[53] Während Hafer und Gerste weitgehend verfüttert worden sein dürften, fuhr man Weizen und Roggen zur Mühle, um Mehl zu erhalten. Das daraus gebackene Roggen- und Weizenbrot bildete ein Grundnahrungsmittel dieser Zeit. Weißbrot scheint dabei besonders begehrt gewesen zu sein, denn 1690 etwa formulierte Adam Halmberger von Mittershausen bei der Übergabe seiner Sölde, man solle ihm jährlich zu Weihnachten, Ostern und Pfingsten einen „weissen Laib Prodt" reichen.[54] Das Weißbrot sollte also an den höchsten Festen des Jahres gegeben werden. Allerdings gab es auch andere Vereinbarungen: Hans Kayser, Grundtmayr zu Grundt, verlangte alle „4 Wochen ainen weissen Layb Prodt."[55] Wahrscheinlich war der Genuss von Weißbrot um so weniger Festtagen vorbehalten, je mehr ökonomische Mittel in einem Haushalt vorhanden waren.

Neben dem Brot wird in den Quellen eine weitere wichtige Mehlspeise erwähnt: die Nudel. Unter „Nudl" darf man allerdings hier „weniger kleine und aus dünnem Teig geschnittene ‚Teigwaren'" verstehen, „sondern – und hier gehen die Bezeichnungen Nudel, Küchel, (Mehl-)Knödel etc. durcheinander – eine Vielzahl an Mehlspeisen unterschiedlichster Größe, Form und Zubereitungsweise. [...] Man kannte in Bayern Nudeln aus gegorenem Teig, und zwar entweder aus Hefe- oder aus Sauerteig, und Nudeln aus ungegorenem Teig, aus Mehl und Wasser (Milch), eventuell mit etwas Ei. Und all diese Teiggerichte konnten auf verschiedene Art zubereitet werden: in Wasser gekocht, in Milch gedämpft, in (Butter-)Schmalz ausgebacken oder auch zuerst gekocht und anschließend in Fett gebraten."[56]

Auch das Vieh war ein wichtiger Nahrungsmittellieferant. Natürlich wurde Fleisch gegessen, sowohl Schweine- als auch Rindfleisch. Doch auch Geflügel dürfte nicht gefehlt haben; das Stift Ebersberg verlangte ja Hühner und Gänse als Naturalabgabe, wie wir sahen. Allerdings lässt sich schwer einschätzen, wie oft Fleisch auf den Tisch kam, da in den Übergabeverträgen immer nur von der „gebräuchlichen Kost" gesprochen wird, ohne dass Näheres darüber zu erfahren wäre. In seltenen Fällen nannte man aber einen Ersatz für die tägliche Kost. So verlangte Hans Kayser unter anderem „ain Schäffl Weizen, 1 Schäffl Korn, ain Schäffl Gersten, den Genus von einer Khue und eine Imppen" (also einen Bienenstock, damit sich Kayser mit Honig das Leben versüßen konnte), wenn er „die Kost über Tisch nit geniessen" sollte.[57] Es wird hier ebensowenig Fleisch erwähnt wie in ähnlichen Fällen. Dies könnte dafür sprechen, dass auch in unserer Hofmark der Fleischkonsum ein „sehr punktuelles Ereignis war", Fleisch meistens nur an Festtagen gegessen wurde, wie auch an anderen Orten zu dieser Zeit.[58] Ausnahmen waren selten, und wenn, dann handelte es sich um Angehörige der wohlhabenden Schicht im Dorf, etwa die schon erwähnte Margaretha Käser, die sich als Austrag wöchentlich zwei Pfund Fleisch zusichern ließ.[59]

Neben dem Fleisch lieferte das Vieh, die Kühe, auch Milch. Diese wurde getrunken, aber auch zu Butter und Käse verarbeitet; auch Käse verlangte ja die Grundherrschaft als Zins. Auch Topfen, also Quark, dürfte hier gegessen worden sein. Wichtig war auch das Schmalz, von fast allen Austräglern gefordert, das sogar ein Maßstab für Armut oder Reichtum war, wie Rainer Beck treffend bemerkte: „Wer [...] viel Schmalz hatte, der war ‚reich', und ein ‚gutes' Essen, das war wohl vor allem ein gut geschmalzenes Essen – daher auch das Ansehen, das die 'Schmalznudel' genöß. Schmalzreiche Kost war daher – je schwerer die Arbeit, desto mehr – für eine halbwegs ausgewogene Ernährung unabdingbar; Schmalz war der wirklich ‚begehrte Artikel' der Ärmeren, und wer schon nicht in eine ‚Goldgrube' fiel, der wünschte sich wenigstens, in eine ‚Schmalzgrube' zu fallen."[60] Schließlich trug auch das Kleinvieh, abgesehen von seinem Fleisch, zur Ernährung mit bei. Eine Speise, die in fast keinem Austragsbrief fehlte, waren die Eier. Sie wurden wahrscheinlich hauptsächlich in den vielen Pfannen, die in den Briefprotokollen erwähnt werden, gebraten und dann als Rühr- oder Spiegelei verzehrt. Eine große Rolle spielte das Obst: Birnen, Äpfel, Pflaumen, Kirschen und Weichseln. Man aß es roh, eingemacht oder gedörrt. Der Garten war der zentrale Ort für die Obstbäume eines Anwesens. So wird 1614 über das Söldengütl des Balthasar Schneider von Hohenlinden, das er freistiftweise besaß, unter anderem berichtet: „Hindern Haus ain Paumgartten, bey 12 Tagwerch groß, darin etlich Piern- und Äpfelbaum, samt etlich khurzen Pifang zu Krautt und Rueben."[61] Der Garten diente damals also, im Gegensatz zu heute, weniger als Zier und Ornamentierung der Häuser, sondern stellte ein Stück bäuerlicher Ökonomie dar.

Zusammen mit den Obstbäumen werden hier noch zwei weitere wichtige Nahrungsmittel genannt: das Kraut und die Rüben. Zum Kraut wurde plastisch bemerkt: „Was die Küche als Drittes kennzeichnete, das war das Kraut. Mittags zu den Topfennudeln Sauerkraut, abends zu den Roggennudeln Sauerkraut – tagtäglich, 365mal im Jahr. Das Kraut war neben Getreide und Milch der dritte Pfeiler der ländlichen Küche."[62] Neben dem Kraut hören wir auch von Rüben. Dass beide Gemüse zusammen genannt werden, ist wohl kein Zufall. Denn, um mit Rainer Beck zu reden: „Das ‚Kraut' war nicht unbedingt aus Weißkraut, es konnte auch aus Rüben sein [...]. Entscheidend war, daß es sich um geschnittenes oder gehobeltes Kohl- oder Knollengemüse handelte, das gesalzen und durch eine natürliche Gärung gesäuert lange Zeit haltbar war, und damit das ganze Jahr über zur Verfügung stand."[63] Natürlich wissen wir nicht genau, ob auch in der Hofmark Ebersberg der Verbrauch von Kraut das exzessive Ausmaß erreichte, das Rainer Beck für Unterfinning beschrieb, aber eines der wichtigsten Lebensmittel dürfte es allemal gewesen sein; der erwähnte Hans Kayser nahm sich anstelle der täglichen Kost neben oben beschriebenen Lebensmitteln ja auch „nit weniger als 100 Krautt Köpf und ain Ackher halb Bayerisch und halb scheibete Rieben aus."[64]

Was die Getränke betrifft, so haben wir schon von der Milch gehört, aber auch Wasser dürfte ein wichtiges Getränk gewesen sein, vor allem für ärmere Leute, wenn auch die Quellen naturgemäß darüber schweigen. Doch Getränke dienen „seit jeher nicht nur zur Stillung

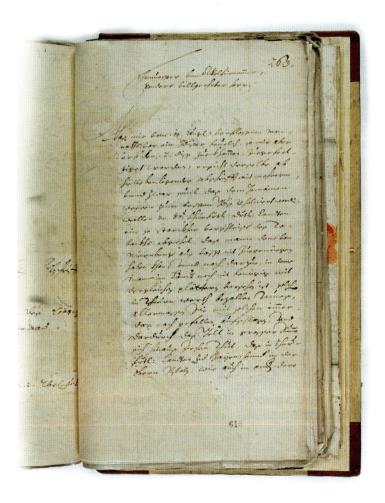

Abb. 4: Mandat von 1697, das dem Landmann den Tabakanbau freistellte (BayHStA, KL Ebersberg 77).

des Durstes, sondern auch als Betäubungs- und Rauschmittel."[65] So konsumierte man, wie in den meisten anderen Weltgegenden auch, in der Hofmark Ebersberg viel alkoholische Getränke. Man labte sich an Wein, Branntwein und natürlich an Bier, das in unserem Zeitraum unter den alkoholischen Getränken am häufigsten getrunken worden sein dürfte. Neben Weißbier trank man aber nicht das heutige helle Bier, sondern braunes Bier. In einer Leibgedingsverstiftung von 1690 wurde der Witwe des verstorbenen Oberwirtes zu Ebersberg, Georg Pienzenauer, und ihrem Ehemann Philipp Greissl aus Schwaben ein neuer Leibrechtsbrief für den bekannten Gasthof verliehen. Darin heißt es unter anderem: Der neue Inhaber dürfe das „zu seinem Gewerb bedürfftige praune Pier nirgents anders ablassen, zuefiehren oder verleithgeben Macht haben, dann von der Residenz Preustatt zu Ebersperg in die Hofmarch herein auf sein Tafern zubringen und sich auf Maß mit 1 d Gewin [....] vergniegen zulassen."[66] Die Residenzbrauerei zu Ebersberg hatte offenbar zu dieser Zeit ein Monopol für ihr Braunbier. Die Wirte der Hofmark mussten dieses Bier

abnehmen und ausschenken. Die Angaben in den Übergabebriefen und anderen Quellen scheinen auch darauf hin zu deuten, dass die alkoholischen Getränke weniger zu Hause als in Wirtshäusern konsumiert wurden. Allerdings gab es auch Ausnahmen; so verlangte 1755 Georg Mayr, Witwer von Siegertsbrunn, bei der Übergabe seines halben Hofes als Austrag unter anderem jedesmal zu Weihnachten einen Liter („Maas") Branntwein,[67] den er sich ganz sicher in seinem Austragsstübl munden ließ. Auch die Margaretha Käser, die einen „spinathenen" Bettbezug besaß und pro Woche zwei Pfund Fleisch verlangte, forderte täglich eine halbe Maß Bier als Austrag, die sie wohl nicht immer im Gasthaus trank.[68]

Das Bier und andere Alkoholika waren Lebensmittel, die nicht mehr zu Hause selbst hergestellt, sondern gekauft wurden. Doch auch andere Genuss- und Lebensmittel wurden gekauft. Auf den schon erwähnten Dulten tauchten immer wieder Zuckerbäcker und Lebzelter auf; so werden auf der Osterdult von 1724 die Lebzelter Franz Antoni Syrauer von Wasserburg, Franz Isinger von Wasserburg und Johann Isinger von Haag genannt.[69] Deren Tätigkeit beschrieb man folgendermaßen: „Mit seinen vielfältigen Erzeugnissen, wie sie die Münchner Lebzelterverordnung von 1694 definiert, greift dieses Handwerk in die verschiedenen Warenbereiche eines solchen Marktes ein: Ihr Handwerk befugt sie: Lebzelten und Leckerl zu backen, Meth zu sieden, Wachs ‚auszumachen' und zu bleichen, Kerzen zu ziehen und Bilder zu gießen. Der Handel mit Gebrauchsgütern, Genußmitteln, Devotionalien und Wallfahrtsandenken ist also gleichermaßen angesprochen."[70] Wir wissen zwar nicht genau, welche Mengen die Lebzelter von ihren jeweiligen Produkten verkauften, aber die Kunden kauften wohl nicht nur Wachs, Wachskerzen und Wachsbilder, sondern auch Lebzelten und andere süße „Leckerl"; dann boten hin und wieder ja auch Zuckerkramer ihre Süßigkeiten feil, etwa auf der Sebastianidult von 1691 ein Michael Prunthaler aus der Au bei München.[71] Diese Speisen blieben aber wohl nur besonderen Tagen vorbehalten, zum Beispiel den Markttagen.

Noch ein Faktum sei erwähnt. Ab 1724 konnte man auf den Ebersberger Märkten auch sogenannte Lemoni (Zitrusfrüchte) von italienischen Händlern kaufen;[72] doch auch an diesen seltenen und exotischen Speisen konnte man sich nur selten erfreuen. In einer Liste der Krämer, die auf der Osterdult von 1724 vertreten waren, erscheint zum ersten Mal eine ganz neue Warenart: ein Andreas Hofer von Vilsbiburg und ein Ignati von Landsberg boten Tabakwaren und Tabakspfeifen an.[73] Anfang des 18. Jahrhunderts hatte sich also auch in der Jesuitenhofmark Ebersberg die „trockene Trunkenheit des Tabaks"[74] durchgesetzt, das Rauchen war offenbar so alltäglich geworden, dass zwei Händler ihre Tabakwaren anboten und auch Gewinne erwarteten. (Abb. 4)

Die alltäglichen Konflikte

Die materielle Kultur einer Gesellschaft steht natürlich nicht isoliert im Raume. Der Umgang mit den Gütern, die die materielle Kultur ausmachen, ihre Verteilung und ihr Gebrauch führten im Bereich des alltäglichen Handelns und der Alltagsbewältigung zu vielfältigen Konflikten, denn gerade „die frühe Neuzeit war eine Epoche mit knappen Ressourcen, eine Zeit, die noch kaum mit Wachstum und Produktivität rechnete. Man glaubte, alle Güter auf der Erde seien begrenzt und prinzipiell nicht vermehrbar. Dies erklärt den hohen Rang, der Sachen und Dingen stets und überall eingeräumt wurde. Wer nicht viel hatte, musste sorgsam damit umgehen. Was man besaß, nutzte man solange wie möglich: Kleider mitunter ein Leben lang, Hausrat und Werkzeuge oft über Generationen. Jeder Rest wurde aufgehoben und bei Gelegenheit wieder hervorgeholt: Nägel, Schrauben, Knöpfe."[75]

Der Kampf um die knappen wirtschaftlichen Ressourcen

Unter den obigen Umständen kann man verstehen, dass die Auseinandersetzung und der Streit um die knappen Ressourcen zu den Hauptkonflikten dieser Zeit gehörten, auch in unserer Hofmark. Oft genügten schon kleinste Anlässe. So beklagte Georg Kotter von Ebersberg 1690 einen Balthasar Eberl, der Beklagte habe den Kläger bei dem Hausschneider sehr grob und „unleidenlich iniuriert". Eberl verteidigte sich: der Kläger habe ihn vorher einen „Kolrabi Dieb gescholten, weillen aber Eberl sich dessen unschuldig wüss, also habe er ihme solches widersprochen, und darauf einen Schelmen gescholten." Letzteres war besonders ehrenrührig, denn man unterstellte dem Beleidigten damit, „ein Verräter, Lügner und Betrüger zu sein, der nicht nur keine Ehre besitze, sondern schon in die Nähe der Unehrlichkeit und Infamie hochgerichtlicher Strafen gehöre und damit außerhalb der ehrbaren christlichen Gesellschaft stehe."[76] Der Beklagte leugnete, Eberl als Kohlrabi-Dieb beschimpft zu haben; er habe nur gesagt, sein, „Eberls Weib hab die Kohlräbi ausgezogen und stehlen wollen."[77] Es ist hier nicht so wichtig, den genauen Ablauf der Geschichte zu kennen, sondern die Wendung, die sie nahm. Aus einem relativ harmlosen Diebstahl, der nicht einmal gesichert war, wurde ein Injurienstreit, der oft die Vorstufe zu gewaltsamen Auseinandersetzungen bildete.

Oft waren Konflikte um wirtschaftliche Ressourcen auch mit Schuldforderungen verbunden. In unserer Zeit war das Schulden machen weit verbreitet; fast jeder Haushalt hatte irgendwann einmal Geld ausgeliehen, denn damals gehörte die „Aufnahme von Geldern, von Krediten, die sie über Bürgschaften und eine hypothekarische Belastung ihres Vermögens absicherten, [...] zum Handlungsspielraum der ländlichen Familien."[78] Diese Schuldenökonomie, eng verbunden mit dem Verteilungskampf um die lebensnotwendige „Nahrung", war natürlich äußerst konfliktbeladen. Ein solcher Fall sei deshalb hier vorgestellt. 1691 klagte Georg Erchinger von Hohenlinden gegen Hans Neumayr aus demselben Ort. Der Kläger argumentierte, Neumayr habe seit 20 Jahren einen Acker „in Genuß", der eigentlich zum Erchinger Gut gehöre. Der Grund dafür sei angeblich, dass Erchingers Mutter von Neumayr 10 Gulden geliehen und ihm dafür die Nutzung dieses Ackers gestattet habe, bis sie ihm sein Geld wieder zurückzahlen könne. Er wisse allerdings von diesen 10 Gulden nichts, weshalb er verlange, der Beklagte solle ihm den Acker wieder zurückgeben oder beweisen, dass er seiner Mutter 10 Gulden geliehen habe. Neumayr wollte aber den Acker erst dann übergeben, wenn er die 10 Gulden zurückbekommen habe. Das Gericht folgte im Ganzen dem Standpunkt des Beklagten, denn es entschied, dass er das Grundstück erst dann dem Kläger überlassen müsse, wenn dieser das geliehene Geld zurückbezahlt habe.[79] Hier entzündete sich der Streit nach einem Eigentümerwechsel. Der Übernehmer versuchte eine Altschuld loszuwerden, indem er deren Rechtmäßigkeit in Frage stellte; deswegen verlangte er einen Beweis, wohl in schriftlicher Form, aber er scheiterte mit seiner Absicht. Zum Schluss wollen wir uns noch einen dritten Fall anschauen, den Streit zweier Bäckerfamilien, Grabmayr contra Obermayr, in Hohenlinden. Im September 1737 beklagte Maria Grabmayr, gewesene Bäckerin zu Hohenlinden, Sebastian Obermayr, ihren „Abkauffer" von ebenda. Der Beklagte sei vor der Zeit nach dem Kauf ihres Anwesens in das Haus eingezogen, so dass sie ihre „Fahrnus" nicht mehr rechtzeitig habe heraus holen können, „und weillen dann Beclagter ihr Clägerin weder einiche Eisenstückl, 4 Eisenstangen, 1 Wünden [bzw. Windmühle][80], [....] 1 Graspanckh, 2 Schneidmesser, 1 Spinradl und die vorhanden gewesenen Getraidtssöckh nit ausvolgen lassen will", bitte sie die Obrigkeit ihr zu ihrem Eigentum zu verhelfen.[81] Das Gericht entschied, dass dem Käufer die strittige „Fahrnus" bleiben solle, außer den „Eisenstückl", der „Wünden" und den Getreidesäcken.
Damit war aber der Streit keineswegs beendet. Sebastian Obermayr hatte nämlich seinerseits geklagt. Die Grab-

mayrin habe ihn „öffters einen Schelmen, Schlittendieb und anders gescholten." Der beklagte Bäcker antwortete also auf die Forderung, bestimmte Güter, deren Eigentum umstritten war, herauszugeben, mit einer Gegenklage. Die Grabmayrin musste zugeben, dass sie die genannten Beleidigungen im Zorn ausgestoßen habe und zwar deswegen, „weillen Cläger ihr und ihrem Ehemann dem Kaufscontract zuwider einen schönen Schlitten widerrechtlich abgenommen hette." Es stellte sich aber heraus, dass ihre Anschuldigung an den Haaren herbeigezogen war, denn ihr Ehemann selbst hatte den Schlitten zerschlagen und verbrannt. Angesichts dieses Sachverhaltes braucht man sich über das Urteil des Gerichtes nicht zu wundern: „Der beclagten Grabmayrin würdet ihre Vermessenheit allen Ernsts verwisen, und weillen ihr gottloses Maull in der ganzen Nachbarschaft nur gar zu woll bekannt, so ist sye zu künfftiger Frid: und Sicherheithaltung obrigkeitl. angewisen und [...] ain Stund lang in der Geigen abgebüsst worden." Nun muss man natürlich fragen: was war die tiefere Ursache dieses bitteren Streits? Meist lassen uns hier die Quellen im Stich, aber in diesem Fall können wir die ernsten Hintergründe dieses Konfliktes erahnen, denn etwa neun Monate später, im Sommer 1738, begegnen wir dem Namen Grabmayr wieder. Einmal beklagte Mathias Kaser, Wirt zu Hohenlinden, Melchior Grabmayr, gewesenen Bäcker, der Beklagte habe ihn im „Würtshaus zu Neufahrn, auch zu Hechenlinden öffters einen Schelmen" gescholten. Obermayr gab die Injurien umstandslos zu, lieferte aber eine interessante Begründung. Er habe den Kläger deswegen geschmäht, weil dieser „ihne Beclagten umb sein völliges Vermögen bringen helffen, wie dann Cläger darzue gehollfen, daß kein anderer als der dermallige Obermayr nacher Hechenlinden kommen."

Es scheint also, als habe der beklagte Wirt geholfen, die Grabmayrs aus dem Bäckerhandwerk zu drängen, ihnen damit also die Nahrung zu nehmen. Dafür spricht auch die matte Verteidigung des Wirtes gegenüber diesen Vorwürfen. Er meinte nur, es sei in „seyn Clegers Macht nit gestanden, einen Beckhen aufzunemen, noch weniger zu verhindern, daß niemand anderer in die Hofmark kommen."[82] Noch ein weiteres Faktum weist in dieselbe Richtung. Zur selben Zeit beklagte auch Sebastian Obermayr wiederum Maria, die Frau des Melchior Grabmayr. Sie habe sich „jüngstens understanden, ihme Beclagten in seinem Feld den Haabern auszureissen, und da selbe durch die Schnablin von Pirckha ermanet worden, solches zu unterlassen, habe Sye, Beclagte, hierauf in Antwort versezet, der Schelm, nemblichen der Cleger, seye nit mehrer wert, habe sye Beclagte auch [...] umb ihr Sach gebracht."[83] Die Grabmayrin leugnete zwar, aber der Bäcker nannte einige Zeugen, so dass die Anklage wohl den Sachverhalt im Großen und Ganzen richtig wiedergab.

Auch die frühere Bäckerin Maria Grabmayr gab dem jetzigen Bäcker die Schuld an dem Verlust ihrer Nahrungsstelle, daher die Bitterkeit ihrer Attacken. Sie versuchte sich zu rächen, indem sie ihn 1) einen Schelmen nannte, ihm also jede Redlichkeit und Honorigkeit absprach, und 2) seine „Nahrung" attackierte, also seinen Hafer ausriss. Letzteres war zwar eher ein symbolischer Akt, da dadurch die ökonomische Basis des Bäckers kaum beeinträchtigt wurde, aber immerhin sollte dadurch auf das Unrecht, das Obermayr in den Augen der Grabmayrin begangen hatte, noch einmal verstärkt hingewiesen werden.

An drei Stellen sahen wir also die Konflikte im wirtschaftlichen Alltag aufleuchten: im Streit um kleinste Mengen von Lebensmitteln, in der Auseinandersetzung um geliehenes Geld und in der Konkurrenz um ganze Nahrungsstellen. Gewiss gäbe es viele weitere Konfliktfelder, aber es soll genug hierzu gesagt sein. Jedenfalls genügen diese Beispiele, um auch eine ihrer wichtigsten Folgeerscheinungen beleuchten zu können.

Gewalt und Alltag

Die vielfältigen Konflikte um „die Nahrung" erklären, warum Gewalt in unserem Zeitraum „ein Stück alltäglichen Lebens"[84] war. Letzteres galt auch für unsere Hofmark. Es wurde oben ja schon eine Statistik wiedergegeben, ermittelt aus Prozessen der Jahre 1737 bis 1739, die ein etwas überraschendes Ergebnis brachte: Raufhändel bildeten die stärkste Deliktgruppe.

Um den Mechanismus solcher Raufereien zu rekonstruieren, wählen wir den Fall Urban contra Huetterer, dem wir schon die Kenntnis über die Verbreitung von Kachelöfen verdanken. Das Ehepaar Urban beklagte also den Georg Huetterer: er sei vor ihrem Haus erschienen, habe einigen Hausrat beschädigt und zerschlagen, „sakramentiert", also geflucht, und die „Klägerin ain Hex, auch Unholt tituliert."[85] Der Angeklagte verteidigte sich, dies alles sei in „bezechter weis" geschehen; er behauptete also, betrunken gewesen zu sein. Allerdings warf er den Klägern auch vor, sie hätten ihn bezichtigt, seinem „Vatter 13 fl entfremdet" zu haben. Weil er aber unschuldig sei und diese Tat nicht begangen habe, bitte er das Gericht, den Klägern „aufzutragen, das Sie ihme seiner Ehrn Begehrung thun sollen." Die Klägerin, die übrigens eine Schwester des Beklagten war, bestritt, dass sie ihren Bruder des Diebstahls bezichtigt habe. Allerdings habe er sie „vorhero einmal als Huern und ihren Mann einen Schelmen iniuriert." Daraufhin habe sie „die Retorsion gegen Ihne gebraucht, mit Vermelden, seye selbst derjenige bis er die ausgegossne Inuirii auf die Cläger wahr mache."

Das Gericht versuchte einerseits mit einem Vergleich den Frieden wieder herzustellen: „Clegerin und Beclagter werden widerumb zu guetten Freunden gesprochen und weill sie ohnedas Geschwisterigeth, die gegenainander ausgestossnen Inurien aufgehebt", sollten aber „khünfftig Frid und Sicherhait ainander" halten. Andererseits kam der Angeklagte aber auch um eine Strafe nicht herum; für die „Einwerffung der Fenster" und die „Einstossung des Ofens", musste er 1 Pfund Pfennige als Strafe zahlen und für sein „Sakramentiern 3 Stundt im Stockh mit Hendten und Fiessen eingeschlagen" abbüßen.

Wir haben es hier mit einem typischen Ehrenstreit zu tun. Doch nicht allein; auch Reibereien ökonomischer Art hatten zu seiner Entstehung und Eskalation beigetragen. Oft gingen solchen Konflikten „lange schwelende Auseinandersetzung zwischen zwei Personen bzw. Familien voraus, meist um materielle Güter wie Erbschaften, Grundstücke, Schulden etc."[86], die bei bestimmten Anlässen immer wieder aufbrechen und sich hochschaukeln konnten.

Diese Charakterisierung trifft auch weitgehend auf unseren Fall zu. Die beiden Geschwister kannten sich wohl nur zu gut, zwischen ihnen schwelte ein alter Streit, dessen Ursache wir aber nicht kennen. Huetterer hatte seine Schwester als Hure bezeichnet, ein weit verbreitetes Schimpfwort für Frauen in der damaligen Zeit, und ihren Ehemann als Schelmen. Die Beleidigte rächte sich sofort, sie gebrauchte die „Retorsion" gegen ihn. „Retorsion", das hieß, einem die Beleidigung auf der Stelle mit gleicher Münze zurückzuzahlen, womit man der Öffentlichkeit sofort zeigte, dass man gewillt war, seine Ehre zu verteidigen. Deshalb nannte sie ihren Bruder ihrerseits einen Schelm und untermauerte diese „Inurie" mit der Behauptung, er habe dem Vater Geld gestohlen. Zwar nahm sie diesen Vorwurf später zurück, aber dies dürfte nur taktischer Natur gewesen sein. Daraufhin eskalierte der Streit in klassischer Weise.[87] Der Beklagte zog vor das Haus des feindlichen Ehepaares, in seinem Zorn aufgeheizt von einem beträchtlichen Quantum Alkohol, schlug allen Hausrat kurz und klein, der ihm unter die Finger kam, beschimpfte die Hausfrau als „Hexe" und „Unholdin", eine Steigerung der Ehrverletzung gegenüber dem Schimpfwort „Hure", und bekräftigte seine Entschlossenheit, die Verletzung seiner Ehre zu rächen, noch mit kräftigen Flüchen. Mit Letzterem verärgerte er allerdings nur zusätzlich die Obrigkeit, sahen die christlichen weltlichen und geistlichen Eliten dieser Zeit doch im Fluchen oder „Sakramentiern" eine Lästerung Gottes, der zum Nutzen des Staates und der Untertanen Einhalt geboten werden musste. Der wohl schon lange schwelende Konflikt war also soweit eskaliert, dass er nur noch von der Obrigkeit beendet werden konnte. Dazu mussten aber offiziell, in einer Art Ritus, die Ehrverletzungen aufgehoben, also formell aus der Welt geschafft werden, nur so konnten die streitenden Parteien wieder zu guten Freunden gemacht und damit der Friede wieder hergestellt werden.

Sehr oft entwickelten sich aus diesen Auseinandersetzungen um Ehre Raufhändel. „Der Raufhändel war eine besondere Form des Ehrenhändels, bei dem es zwar auch um einen Angriff auf die Ehre einer Person ging, der aber nicht nur verbal, sondern gewalttätig ausgeführt wurde."[88] Da auch im obigen Fall schon Gewalttätigkeit im Spiel war, markiert er den Übergang vom Ehren- zum Raufhändel.

Allerdings gehörte zu einem typischen Raufhändel, dass beide Seiten Gewalt anwendeten. So beklagten ebenfalls 1690 Hans Schuster von Köging und dessen Sohn Melchior Caspar Pindtner von Ebersperg.[89] Vor ungefähr drei Wochen hätten sie im Wirtshaus zu Hohenlinden Bier getrunken. Als sie hätten heimgehen wollen, hätten sie bemerkt, dass sie vergessen hätten, die Zeche zu bezahlen. Der Vater sei deswegen zurückgegangen, um dies nachzuholen, während der junge Schuster weiter seinen Weg genommen habe. Bei der „Schmidten" habe aber der Beklagte den jungen Schuster „angetast", einen „Schelmen und Hundtstaschen iniuriert, mit vermelden, des alten Schusters sein Vatter sey auch ain solcher."

Darauf habe der Beklagte noch den jungen Schuster mit einem langen Messer am Arm verletzt. Als nun der alte Schuster seinen Sohn habe schreien hören, sei er diesem zu Hilfe gekommen und habe versucht, die beiden Streithähne zu trennen. Dabei habe ihn aber der Beklagte mit seinem Messer im Zorn zweimal in den Rücken gestochen. Wäre nicht der Wirtsknecht dazu gekommen, hätte daraus vielleicht noch größerer Schaden entstehen können.

Der Beklagte sah den Tatbestand natürlich ganz anders. Er sei beim Benefiziaten, also einem Geistlichen, gewesen, um wegen einem nicht näher genannten Geschäft abzurechnen. Als er danach habe heimgehen wollen, sei der Melchior bei dem „Friedhofstigl" gesessen. Dieser habe ihn bis zu der „Schmidten" gehen lassen, „alsdann hab er Ine bei den Haaren genommen und zu Poden geworffen." Dann sei seine Frau dazugekommen, weil er laut geschrien habe, um ihm zu helfen. Der Kläger aber habe sie mit einem „Schaidt" zu Boden geschlagen und „dabei ain Hexen, Unhold und wais nit was alls gehaissen"; auch habe er dabei Gott „über allermassen gelestert." Allerdings ist er sich mit den Klägern in einem Punkt einig: ein Dritter habe eingegriffen, hier der Wirtssohn. Wäre das nicht geschehen, „würd es dem Beclagten noch übler ergangen sein." Pindtner beklagte sich dazu noch über große Schäden an seiner Kleidung wie an seinem Leib; er war also angeblich auch verletzt worden.

Es gelang dem Gericht nicht, Licht in diese dunkle Geschichte zu bringen. Man kann allerdings annehmen, dass auch hier ein schon länger dauernder Konflikt im Spiel war, dessen Anlass und Hintergrund uns allerdings verborgen bleibt. Jedenfalls scheinen sich beide Parteien nicht gerade mit Samthandschuhen angefasst zu haben. Die benutzten Schimpfwörter „Schelm", „Hundtstaschen", „Hexe" und „Unhold" weisen darauf hin, dass wir es wieder mit einem Ehrenhandel zu tun haben, der aber diesmal in eine ernste Rauferei ausartete.

Interessant sind auch die äußeren Umstände der Auseinandersetzung: in der Umgebung eines Wirtshauses und nach einem Wirtshausbesuch gerieten die Kontrahenten aneinander. Das Wirtshaus spielte in der Tat eine beträchtliche Rolle in den Ehren- und Raufhändeln der frühen Neuzeit. Es war neben dem Markt der Ort des „dichtesten sozialen Austausches". Ihm kam wohl eine Funktion als Ventil für alltägliche Konflikte zu, zugleich aber konnte es Ausgangspunkt für neue und nicht selten gewalttätig ausgetragene Differenzen sein.[90]

Der Kampf um die knappe „Nahrung" und eine mentale Disposition, die man als ständische Ehre bezeichnen kann, brachten also in unserer Gesellschaft fortwährend gewalttätige Auseinandersetzungen hervor, die immer wieder neu in festgelegten rechtlichen Ritualen geschlichtet werden mussten, um den Frieden in den Gemeinden aufrechtzuerhalten.

Alltag, Heirat und Sexualität

Einer der wichtigsten und grundlegendsten Bereiche des Alltagslebens war und ist die Sexualität. Auch in unserem Zeitraum war sie in vielfältiger Weise in gesellschaftliche Zusammenhänge eingebunden und reguliert. Dies vor allem auch deshalb, weil für die entstehenden Konfessionen (nachtridentinische katholische Kirche, Luthertum und Calvinismus) der Kampf gegen die freiere Sexualität des Mittelalters zu einem wichtigen Merkmal ihrer Politik geworden war.

Heirat

Für die tonangebenden Eliten der frühen Neuzeit sollte die Sexualität untrennbar verbunden sein mit der Institution der Ehe. Diese hatte zu Beginn unseres Zeitraumes enorm an Wichtigkeit gewonnen, war aber auch jetzt erst richtig reguliert und geordnet worden. Die Heirat war jetzt ein öffentliches gesellschaftliches Ereignis. Zu ihr gehörte ein aufwändiges Ritual, das zunehmend von Kirche und Staat einer eigenen Ordnung unterworfen wurde. Im 16. Jahrhundert konstituierte noch die Verlobung unter Zeugen die Ehe, aber spätestens im 18. Jahrhundert begründete allein die kirchliche Trauung ihre Rechtsgültigkeit. Dem Bund der Ehe ging in der frühen Neuzeit ein genau festgelegtes Werbungsritual voraus. Weiter musste die äußere Initiative zur Heirat vom männlichen Partner beziehungsweise dessen Familie ausgehen. Sollte aber wirklich geheiratet werden, so musste der Mann das notwendige Alter erreicht haben, eine Hofstelle oder ein Betrieb frei werden beziehungsweise ein öffentliches Amt zur Verfügung stehen, also die ökonomische Grundlage eines eigenen Hausstandes gegeben sein.[91]

Diese ökonomische Fundierung der Ehe in unserem Zeitraum kann man an den zahlreichen Heiratsbriefen ablesen, die überliefert sind. Vor allem das Heiratsgut spielte dabei eine kaum zu überschätzende Rolle; seine Höhe wurde „zum wichtigsten Kriterium der Partnerwahl."[92] Es setzte sich „meist aus dem Gut, das der Übernehmer bei der Übergabe in Händen behalten hatte und aus dem, was der Einheiratende an Heiratsgut eingebracht hatte [zusammen]. Starb einer der Elternteile, so mußte sich der verwitwete Teil mit den Kindern vergleichen und ihnen das Vater- bzw. Muttergut auszahlen."[93] Das Heiratsgut bildete also das ökonomische Fundament jeder Ehe. Außerdem muss man bedenken, dass bei jeder Übergabe Zahlungen in verschiedener Höhe zu leisten waren: an die Geschwister etwa oder an die Übergeber, die oft die Substanz des übernommenen Gutes angriffen. Diese Verpflichtungen konnten nur durch das Heiratsgut beglichen werden. Deshalb kann man es wohl ohne Übertreibung als „das A und O jeder Heirat bezeichnen."[94]

Wir wollen uns dazu konkrete Beispiele ansehen. 1747 heiratete Barbara Schabmayr, die Tochter Melchior Schabmayrs, „gewesten Perndls in Niederschwillach", Thomas Singldinger von Wifling, Erdinger Gerichts. Dabei brachte der Bräutigam 500 Gulden Heiratsgut in die Ehe mit; davon waren schon 200 Gulden bar bezahlt worden, die restlichen 300 Gulden waren in Jahresfristen von je 50 Gulden zu erlegen. Als Gegenleistung steuerte die Braut ihren „ganzen Hof", das Perndlgut, zur Ehe bei.[95]

Ein ähnliches Beispiel kennen wir auch vom Anfang unseres Untersuchungszeitraumes. 1598 heiratete Kaspar Empl der Jüngere, Sohn eines Kaspar Empl aus Zaundorf im Wolfratshauser Gericht, eine Anna Müller, Witwe Wolf Müllers, des früheren Oberwirts zu Ebersberg. Er brachte sogar 800 Gulden in die Ehe mit nebst dem „bösten Ross" seines Vaters.⁹⁶ Dafür wurde er der neue Oberwirt, also Besitzer eines der bedeutendsten Gasthäuser in Ebersberg.

An diesen Beispielen kann man den Mechanismus des Heiratsgutes deutlich erkennen. Die zukünftigen Ehemänner brachten 500 beziehungsweise 800 Gulden an Heiratsgut in die Ehe mit. Wenn ein Betrag nicht auf einmal aufzubringen war, wie die 500 Gulden des Thomas Singldinger, einigte man sich auf einen tragbaren Kompromiss: 200 Gulden mussten zum Zeitpunkt der Heirat bezahlt werden, während die restlichen 300 Gulden in sechs Jahresraten zu je 50 Gulden fällig wurden. Als Gegenleistung für die Mitgift des Mannes brachten die Bräute ihre übernommenen Güter mit, etwa das „Perndl Guet" oder die Gastwirtschaft „Zum Oberwirt". Das ökonomische Fundament, das die Zukunft des Ehepaares und ihrer Kinder sichern sollte, war also auf Gegenseitigkeit angelegt.

Wie wir im Fall Empl sahen, brauchte das Heiratsgut, das ein Ehepartner mit in die Ehe brachte, nicht nur aus Geld zu bestehen. Kaspar Empl bekam ja neben den 800 Gulden auch das beste Pferd seines Vaters. In den Vertragsbriefen, die nach dem Tod eines Ehepartners aufgesetzt wurden, legte man, vor allem für Töchter, schon frühzeitig fest, was diese im Falle einer Verheiratung außer Geld noch erhalten sollten. In einem Vertrag von 1690 etwa bestimmte man, dass nach dem Tod Georg Fischers, Wagners zu Ebersberg, seine Witwe die „Sölden alda (genant Kharner Sölden)", die „Hauptfahrnus" und die vorhandene Wagnerei erhalten solle. Jedem der drei Kinder (zwei Jungen und ein Mädchen) aber wurde als Vatergut ein Geldbetrag von 25 Gulden vermacht. Für den Fall einer Verheiratung der Tochter Anna standen dieser noch eine „Pettstatt, angerichts Pött und Truchen" zu.⁹⁷ Oft waren für Töchter die Zugaben zum pekuniären Heiratsgut noch reichlicher. So sollte 1747 Maria Sattl, Tochter des verstorbenen Melchior Sattls zu Oberndorf, Besitzer eines halben Hofes, bei ihrer Heirat neben einem Geldbetrag von 300 Gulden auch noch einen „gespörten Kasten, 1 Himelpöttstatt mit ainem gerichten Pött, dann 1 rvdo. Kue und 1 gebräuchiges Kürchenklaydt" bekommen.⁹⁸

Das Heiratsgut diente aber auch als Versicherung gegen Unglück, Krankheit oder Invalidität. So heißt es in einem Vertragsbrief, den der schon erwähnte Sebastian Obermayr, Bäcker zu Hohenlinden, nach dem Tode seiner Ehefrau Elisabeth, 1747 mit seinen fünf Kindern schloss: „auf erkhranken aber in lediger Dienerschaft weren dieselbe [die Geschwister des Übernehmers] zum Haimeth zu bringen" und vier Wochen lang mit allem nötigen (Schlafstätte, Nahrung und Arznei) zu versorgen. Sollte aber eines von ihnen „dergestalt presthafft werden", dass es „weder zum dienen noch heurathen mehr tauglich were, so ist ein solches Khind gegen Zurücklassung seines Heurathguts beym Haimeth" zu versorgen „und mit aller Nothwendigkeit zu versechen."⁹⁹ Hier hatte man also eine soziale Sicherung eingebaut: Keines der Geschwister sollte als Bettler sein Leben fristen müssen, etwa bei Krankheit und Invalidität oder wenn es keinen normalen Dienst mehr übernehmen konnte, aber auch wenn es keinen Ehepartner mehr fand, der ihm eine Nahrungsstelle bot.

In diesen Vertragsbriefen wird häufig noch eine weitere Verpflichtung des Hofübernehmers genannt. Wenn seine Geschwister heiraten sollten, musste er am Hochzeitstag die „gebreuchige Morgensuppen" ausrichten. Es handelte sich dabei um einen Brauch, der vor allem im süddeutschen Raum verbreitet war. Die „Morgensuppen" war ein Festmahl, das vor der eigentlichen Trauung von dem Brautpaar und der ganzen Hochzeitsgesellschaft eingenommen wurde. Leider verraten uns die Quellen nur sehr selten, was die Teilnehmer des Festschmauses da Leckeres essen und trinken durften. Doch an einer Stelle wird immerhin von einer „gebreuchigen Morgensuppen mit Fleisch, Nudl, Pier und Brodt" gesprochen.¹⁰⁰ Wie es einem Festessen gebührt, trugen die Gastgeber hier auch Fleisch auf, das ja relativ selten auf den Tisch kam, wie wir sahen.

Voreheliche Sexualität, Leichtferigkeit und Ehebruch

Wie oben schon erwähnt, sollten in unserem Zeitraum sexuelle Kontakte nur in der Ehe stattfinden. Das wurde aber gerade in dieser Zeit zunehmend problematisch, weil sich zwei widersprüchliche gesellschaftliche Phänomene kreuzten. Einmal änderte sich die Haltung der staatlichen und geistlichen Eliten zur Sexualität. Diese sollte jetzt eingegrenzt und diszipliniert werden. Eine neue Moralpolitik, in der sich auch eine gewisse Verchristlichung der gesellschaftlichen Eliten spiegelte, die also eng mit der Konfessionalisierung verbunden war, schlug sich in vielen restriktiven Vorschriften nieder. Dies geschah gerade auch in Bayern, das ja eine Speerspitze der katholischen Reformbewegung war. Hier hieß es schon in der „Bairischen Landesordnung" von 1553, dass „die offentlich und ergerlich Laster und Sünde der Personen, die uneelich bei ainander wonen, auch die, so eelichs Stands seind, an ainander verlassen und mit andern in offentlichen Eebruch sitzen, kains Wegs [...] gedult, sondern ernstlich gestraft"¹⁰¹ werden sollten. Diese neue Moralpolitik stand aber in Widerspruch zu vorhandenen Traditionen, denn die damalige ländliche Bevölkerung sah im Eheversprechen, das mit einem Verlöbnis verbunden war, den eigentlichen Handlungsakt,

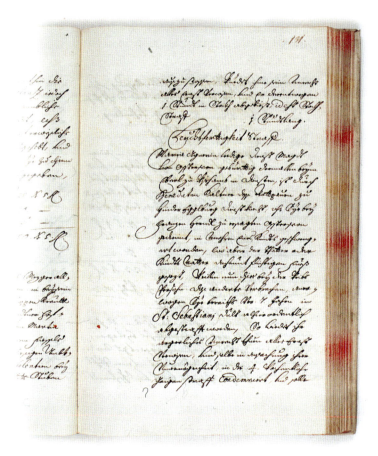

Abb. 5: *Leichtfertigkeitsstrafe für Maria Angerin, Dienstmagd beim Eberl zu Vishamb, in Osterseeon gebürtig, aus dem Jahre 1738 (BayHStA, Br. Pr. Fasz. 1420/175).*

der sexuelle Beziehungen legitimierte. War eine Schwangerschaft die Folge, galt das Kind zwar offiziell als unehelich, dies hatte aber für die ländliche Gesellschaft nichts Unehrenhaftes an sich, wenn die Versorgung der Familie gesichert war. Meistens legitimierte man auch eine Schwangerschaft durch die Trauung, da die bäuerliche Gesellschaft seit dem 17. Jahrhundert auch auf das kirchliche Plazet immer mehr Wert legte, aber das hieß nicht, dass man auf voreheliche Sexualität verzichten wollte.[102] Das war auch ein handlungslogisch einsichtiges Verhalten, da ja vom Standpunkt der ländlichen Gesellschaft aus die Ehe mit dem Eheversprechen bereits gültig war, der kirchliche Segen also nur einen weiteren feierlichen Rahmen darstellte.

Daneben gab es noch einen weiteren, gewissermaßen der Staatsräson verpflichteten Grund, warum „am Ende des 16. Jh. [...] die restriktive Heiratspolitik in das Programm staatlicher Sozialpolitik aufgenommen" wurde.[103] Im Laufe des 16. Jahrhunderts war die Bevölkerungszahl immer mehr gestiegen; dadurch vermehrte sich natürlich auch die Zahl der Bettler und der landlosen Leute. Die staatlichen Eliten fürchteten diesen, ihrer Ansicht nach ungebremsten Bevölkerungsanstieg, weil er soziale Probleme und Unruhe hervorrufen konnte. Deshalb sollte er durch eine rigorosere Heiratspolitik eingedämmt werden, was auch ein Verbot vorehelichen Geschlechtsverkehrs implizierte.

Diese Sachverhalte können wir auch im Alltagsleben der Hofmark Ebersberg entdecken. Auch hier war die Leichtfertigkeit offenbar weit verbreitet. In unserer Statistik aus den Jahren 1737 bis 1739 stellt sie ja nach Raufhändeln und Schuldklagen immerhin das dritthäufigste Delikt. Wir wollen uns wieder einige Fälle ansehen. In einem Eintrag des Jahres 1690 lesen wir: „Hans Schlosser oder Spielberger zu Ebersperg hat sein iezig erstes Eheweib Maria vor der Verehelichung geschwängert, derentwegen iedes in Gellt per 18 [Pfund Pfennige] gepist, der Schandstrafen aber in favorem Matrimonii begeben worden."[104] Wir haben also einen typischen Fall vor uns: Hans Schlosser und seine spätere Ehefrau Maria waren schon vor der Ehe ein Paar gewesen; sie hatten deswegen schon Geschlechtsverkehr gehabt, der zu einer Schwangerschaft führte. Die neue Politik der Obrigkeiten aber, hier der Jesuiten als Hofmarksherren von Ebersberg, führte dazu, dass solche Paare nun vor Gericht erscheinen mussten und bestraft wurden. Allerdings erkannte das Hofmarksgericht die Eheschließung noch als mildernden Umstand an: die beiden Delinquenten mussten nur eine Geldstrafe zahlen, die weit entehrendere Schandstrafe wurde ihnen wegen ihrer Heirat erlassen.

Man darf nun nicht glauben, jedermann, der vor der Ehe sexuelle Kontakte hatte, sei auch bereit gewesen, zu heiraten. Es gab auch einen wirklichen, eben auch im Sinne der traditionellen ländlichen Moral, vorehelichen Geschlechtsverkehr. So beklagte etwa 1691 eine Anna Pergerin einen Joseph Kilb „wegen zu Ebersperg begangner leichtferttigen Schwängerung, bittet deme aufzutragen, das Er sich dazu bekhenne, und all dasienige laiste, was ainem Kündtvatter obligiert."[105] Kilb leugnete zuerst hartnäckig mit der Anna Pergerin geschlafen zu haben, wollte sogar seine Base, die in Ebersberg wohnte, als Entlastungszeugin aufbieten, aber vergeblich. Das Gericht stellte fest, er sei der wirkliche Kindsvater und solle das Kind zu sich nehmen und aufziehen. Doch nicht nur das, er sei auch verpflichtet, der Mutter die Kosten für Kindbett, Kindstaufe und anderes mehr zu erstatten. Daneben strafte man ihn noch empfindlich: er solle 3 Gulden Geldstrafe zahlen, daneben müsse er „noch in die Schellen, 10 Tag im Amthaus mit Wasser und Brodt." Auch die Pergerin kam nicht ungestraft davon: 3 Gulden Geldstrafe und „8 Tag in der Geigen zu Haus." Hier lag offenbar kein Eheversprechen vor. Die Beklagten hatten sich in Ebersberg kennengelernt, sich sexuell anziehend gefunden und miteinander geschlafen. Ohne die Schwängerung hätten wir wohl niemals davon erfahren. Das Gericht sah deswegen auch keine mildernden Umstände und verhängte neben den Geld- noch die unangenehmen Schandstrafen. (Abb. 5) Gestraft wurde in bestimmten Fällen auch der Versuch, eine sexuelle Beziehung anzubahnen. So ging die Obrigkeit im „Rahmen ihrer neuen Moral", die sich auch gegen jugendliche Werbebräuche richtete,[106] gegen das bekannte „Fensterln" vor. In einem Eintrag aus dem Jahr 1724 kann man lesen: „Paul Kreuttl, Mezgers Sohn zu Ebersperg ist schon ain: und andersmahl zu des Hofwürths Kellerin nächtlicher weill ans Fenster, auch ins Haus hineingangen. Derentwillen Er neben ernstlichem Verweis per 3 fl 25 kr 5 hl punctirt wird." Allerdings wurde ihm davon schließlich die Hälfte des Betrages nachgelassen.[107]

Wie rigoros in der Hofmark Ebersberg oft gegen vermutete sexuelle Verfehlungen eingeschritten wurde, zeigt besonders klar ein anderer Fall aus dem Jahr 1739. Ein Johann Klinger von Nödlkofen, damaliger „Weegarbeither" (also offenbar Straßenbauarbeiter, wie wir heute sagen würden), hatte sich mit der ledigen Magdalena Permayrin aus Siegertsbrunn „under wehrendem Hochgewitter zimlich ausgelassen beym Hofwwürth" zu Ebersberg aufgeführt. Danach wollte er sich mit ihr an einen unbekannten Ort begeben. Beide seien aber dabei von dem „allhiesigen Ambtmann aufgefangen" und in das Amthaus gebracht worden. Dabei stellte die Obrigkeit fest, dass die Permayrin einen ziemlich „üblen Ruff" habe, „wie Sye dann nit weniger Simon Sammerer von Peutting, Gerichts Cling, verheurathen Stands und Andre Schmidts, Klausner Sohn von Tulling, welch beede in der Arbaith bey alhiesiger Residenz gestanden, iederzeit ungebührlich nachgeloffen und ein grosse Ärgernus aus solcher Bekanntschaft entstehen können." Obgleich noch gar kein eigentlicher sexueller Kontakt zustande gekommen war, ging die Obrigkeit ziemlich hart gegen die Beteiligten vor. Jeder der drei Männer musste mit Händen und Füßen zwei Stunden lang in den Stock. Die Frau aber sollte ihre Verfehlung ebenso lange öffentlich in der Geigen abbüßen und dann aus der Hofmark gejagt werden. Dabei sollte sie – und das war in einer atypischen Weise strafverschärfend – mit „25 Oxenzäum Streichen bis über Wishamb gefiert werden."[108] Eine derartig harte Strafe ist sonst aus dem bayerischen Raum kaum bekannt; wahrscheinlich spielte hier die harte konfessionelle Haltung der Jesuiten eine Rolle. Vermuten kann man, dass die Frau als die Verführerin angesehen wurde, was der geistlichen Obrigkeit besonders suspekt sein musste, speziell nachdem auch noch ein verheirateter Mann zum Ehebruch hatte verleitet werden sollen.

Ehebruch, also Sexualverkehr eines Verheirateten mit einem fremden Partner, war für die katholischen Eliten natürlich die schlimmste Verfehlung in diesem Bereich, wenn man von Delikten wie Vergewaltigung oder Sodomie absieht. Aber trotzdem „gab es in der frühen Neuzeit zahlreiche Ehebrüche, aller Wahrscheinlichkeit nach besonders viele im 16. Jahrhundert."[109] Für unsere Hofmark lässt sich diese Hypothese nicht überprüfen, da uns für das 16. Jahrhundert die Quellen fehlen. Aber im 17. und 18. Jahrhundert begegnet man solchen Delikten auch hier, wenn sich ihre Zahl auch in Grenzen hielt. Aus dem 18. Jahrhundert hat sich hierzu ein relativ ausführlich dokumentierter Fall erhalten, den wir uns kurz anschauen wollen. 1724 hören wir von einem Franz Praun, Bürger und Bäcker zu Trostberg, der seine Dienstbotin schwängerte, Barbara Stadlerin, die Tochter des Schneiders Martin Stadler aus Ebersberg. Er leugnete diese Tat zuerst hartnäckig, bekniete dann seine Geliebte, ihn ja nicht als Kindsvater anzugeben und versprach ihr dafür finanzielle Kompensation. Doch schließlich starb die Barbara Stadler im Kindbett, was der Beklagte eher mit Erleichterung als mit Trauer zur Kenntnis nahm.[110]

Alter und Altersversorgung

Oben sahen wir schon, dass der Inhaber eines Betriebes landwirtschaftlicher oder handwerklicher Prägung bei Invalidität auch die Geschwister zu unterhalten hatte. Es gab allerdings nicht nur die Invalidität, die einen Menschen plötzlich zur Nahrungslosigkeit verdammte. Auch das Alter konnte prinzipiell diese Konsequenz haben. Der Besitzer einer Nahrungsstelle konnte ja diese nicht bis zu seinem Tod bewirtschaften, irgendwann musste er sie einem Nachfolger übergeben. Wollte er dann nicht seinen Lebensunterhalt durch Bettelei verdienen, so musste er sich ökonomisch absichern. Aber was hieß Alter eigentlich in unserem Zeitraum? Es gab keine offiziell anerkannte Altersgrenze, vielmehr waren die Übergänge zum Alter fließend. „Alt ist der, der sich so fühlt und typische äußere Merkmale aufweist wie graues Haar, gebückte Haltung, körperlichen Verfall, und der deswegen nicht mehr arbeiten kann."[111] Und sogar Letzteres ist problematisch, wie wir noch sehen werden. Wie sah nun die ökonomische Absicherung der Menschen im Alter aus? In unserer Hofmark sicherte man wie fast überall im Heiligen Römischen Reich Deutscher Nation das Überleben der meisten älteren Menschen durch die sogenannten „Ausgedinge", die in den Übergabeverträgen festgelegt worden waren. Dieses vertraglich geregelte Übergabesystem entwickelte sich in der frühen Neuzeit. Es setzte sich vor allem durch, als mit der Rationalisierung der grundherrschaftlichen Organisation während der Phase des starken Bevölkerungsanstiegs in der zweiten Hälfte des 16. Jahrhunderts die Effektivität der bäuerlichen Wirtschaftsführung zunehmend an Bedeutung gewann. Eine zu frühe und zu häufige Neubestiftung schloss sich infolge der durch das Altenteil entstehenden Belastung des Hofes von selbst aus. „An die Ruhebedürftigkeit des alten Bauern dachte im 16. und 17. Jahrhundert bei Abfassung eines solchen Vertrages noch niemand."

Das Ausgedinge kann man also definieren als „eine rechtlich geregelte Versorgung des alten Bauern beziehungsweise der alten Bäuerin im Rahmen der Hausgemeinschaft. Der Bauer übertrug Haus und Felder und damit auch seine Hausherrenstellung an seinen Nachfolger, in der Regel an einen seiner Söhne, und handelte im Gegenzug für sich und seine mit ins Ausgedinge gehenden Angehörigen eine ausreichende Versorgung und Wohlverhalten aus. Dazu gehörten Vereinbarungen über Wohnrecht, Lebensmittel- und Holzlieferungen ebenso wie der Anspruch auf einen bestimmten Sitzplatz, die Pflege im Krankheitsfall oder Ehrfurcht und Liebe seitens der Kinder. Da die bäuerliche Wirtschaft der vorindustriellen Zeit vorwiegend eine Naturalwirtschaft war, konnten die materiellen Leistungen fast gänzlich nur in natura erfolgen und banden die Altenversorgung an das Haus. Die Altenteiler zogen je nach Hofgröße und der Art der Siedlung in ein eigenes dafür vorgesehenes Häuschen, in einen eigens dafür errichteten Anbau, in bestimmte Räume des Hofes oder bekamen lediglich einen festumrissenen Platz innerhalb der von der gesamten Großfamilie bewohnten Räumlichkeiten zugewiesen."[112]

Diese Beschreibung gilt in der Hofmark Ebersberg für unseren Zeitraum auch im Großen und Ganzen für die Handwerkerschaft.

Wir wollen uns nun die konkreten Verhältnisse in der Herrschaft ansehen. 1735 übergab Anna Scheyrlin, verwitwete Mesnerin aus Inning, „ihr bey dem heusl und Gärttl bisher ingehabte Freystiftsgerechtigkeit sambt der vorhandenen Weberwerkstatt und Mösnerdienst [....] ihrem Sohn Thomas Scheyrl." Wir haben es also mit einer wohl nicht sehr betuchten Handwerkerfamilie zu tun, die sich mit Weberei und Mesnerdienst ihren Lebensunterhalt verdiente, aber auch ein eigenes „Häusl" mit einem kleinen Garten besaß. Nachdem ihr Mann gestorben war, konnte die Witwe Anna Scheyrl den Betrieb nicht mehr weiter führen und übergab deswegen an ihren Sohn. Wie sah aber nun ihre Alterssicherung aus, was war ihr „Ausgedinge"? In einem Austragsvertrag wurde dies beschrieben. Die Übergeberin verlangte als erstes „tägliche Kost übern Tisch", den „freien Ein- und Ausgang beim Haus", einen „ruhigen warmen Winkel" in der Stube, das „Oberstübl zur Ligerstatt" und zur Verwahrung ihrer Besitztümer. Außerdem sollte der Übernehmer sie der „Notturft nach" mit Kleidung und Schuhen versorgen, für sie waschen, kochen und das Brot backen, auch für das nötige Brennholz und angemessene Beleuchtung sollte er sorgen; dazu sollte man ihr nicht verwehren, das „Haus- und Kuchelgeschirr" mit zu benutzen. Doch damit keineswegs genug der Forderungen. Man sollte ihr jährlich „von all jenigem, was auf dem Altar geopfert würdet den dritten Thaill" geben, auch das Obst von einem kleinen Birnbaum und zwei Zwetschgenbäumen mochte sie genießen. Dazu kamen noch zahlreiche andere Lebensmittel: „quatemberlich" ein Pfund „ausgelassenes Schmalz, zu Pfingsten, am Kürchtag und zu Weynachten iedesmal ainen weissen Laib Brodt, auch von Georgi bis Michaeli täglich 1 Kändl siesse Milch, wans vorhanden", und jeden Samstag fünf Eier, solange die Hühner legen würden. Und schließlich sollte ihr der Übernehmer noch für „ain Frey- und Ausstandtgelt" 50 Gulden und alle Vierteljahr 15 Kreuzer geben.[113] Die Anna Scheyrl hatte sich also recht gut abgesichert. Sie hatte genügend Nahrung, für die anderen Bedürfnisse des Leibes, wie Heizung im Winter, war gesorgt, sie war weiter in den Haushalt oder in das „Ganze Haus", wenn man so will, integriert und konnte so mehr oder weniger gelassen ihrem Lebensende entgegensehen, vorausgesetzt natürlich, der neue Inhaber des Betriebes konnte diesen ohne Schwierigkeiten fortführen und so die Nahrungsstelle aufrechterhalten. Das galt auch für die meisten anderen Austrägler; einige waren sogar noch besser versorgt, denken wir nur an die schon öfter erwähnte Wirtin von Inning Margaretha Käser. (Abb. 6)

Aber die Inninger Wirtin stand an der Spitze der Wohlstandsskala. Es gab auch das andere Ende, wo man nur mehr blanke Armut entdeckt. So hören wir 1764 von einer Maria Reutter von Obelfing, deren Austrag man nur als spärlich bezeichnen kann. Neben der üblichen Kost „über Tisch" bekam sie jährlich nur einen Metzen Korn und alle Vierteljahre ein halbes Pfund Schmalz und 15 Kreuzer an Geld. Besonders trist aber war ihre Schlafstätte, es gab kein fichtenes Bett, von einem Himmelbett ganz zu schweigen, zur „Ligerstatt" wurde ihr nur „ain rvdo. Ohrt im Küestall verstattet."[114]

Auch das Zusammenleben der Generationen im „Ganzen Haus" war nicht immer harmonisch und konfliktfrei. Es gab den Kampf um die knappen Ressourcen, vor allem in wirtschaftlich schwierigen Zeiten, aber auch das enge Zusammenleben der Generationen, ich sprach schon davon, das natürlich immer wieder zu Machtfragen führte: wer schafft an, der alte Herr, der alles besser weiß oder der junge Herr, der alles schon immer besser gewußt hat.

Das war auch in der Hofmark Ebersberg nicht anders. Wir wissen nicht, ob es in den Familien Scheyrl oder Reutter Konflikte gab, aber es sind andere Beispiele überliefert. Ein Fall mag das illustrieren. Georg Hörgl, Müller und Austrägler aus Exing beklagte 1737 seinen Sohn Franz Hörgl, „Kottmüller aldorten", weil dieser ihn gegen eine Wand gestoßen und so am Kopf verletzt habe; er könne deswegen nicht mehr weiter im Haus bleiben. Der Sohn verteidigte sich gegen diesen Vorwurf, ohne die Tat selbst gänzlich zu leugnen: er habe ihn tatsächlich gegen einen Sessel gestoßen, allerdings nur, weil der Vater „rauschig", also betrunken gewesen sei und in diesem Zustand seine Ehefrau aus dem Haus gejagt habe. Das Gericht verurteilte den Missetäter schließlich zu „2 Täg mit Wasser und Prodt im Ambthaus", weil es ihm nicht geziemt habe, seinen Vater zur Seite zu stoßen, sondern selbst zur Seite zu gehen, „mithin den schuldigen Gehorsamb zu zaigen." Allerdings beschloss das Gericht auch: „Zumahlen aber beede Thaill in die Länge ohne Uneinigkeit nit beyeinander verbleiben können, so würdet dem Beclagten aufgetragen seinen Eltern zu betungenen Austrag und all andere Nothwendigkeit auf das sogenannte Maurhäusl hinüber zu geben, damit man künfftiher Ungelegenheit ueberhebt sein möge."[115]

Wir haben hier einen typischen Konfliktfall zwischen den Generationen vor uns. Der Vater und frühere Besitzer der Mühle Georg Hörgl verstand sich offenbar nicht mit seiner Schwiegertochter; die Gründe sind uns leider unbekannt. Zu einem bestimmten Zeitpunkt kam es zu einem ernsten Streit zwischen den beiden, der in einer Weise eskalierte, dass auch der Sohn in den Streit verwickelt wurde. Nur das Gericht konnte jetzt den Frieden im Haus wieder herstellen. Dieses entschied den Fall deshalb in zweifacher Hinsicht. Einmal wurde der Sohn bestraft: er hatte zwei Tage bei Wasser und Brot im Amthaus zu verbringen. Dies sollte einmal als Abschreckung dienen, man wollte verhindern, dass sich solche Auseinandersetzungen häuften und damit den Frieden in der Hofmark störten. Außerdem sollte der jüngeren Generation damit in Erinnerung gerufen werden, dass immer noch oder wieder verstärkt das Gebot galt: Du sollst deine Eltern ehren.[116] Andererseits war den Richtern auch bewusst, dass hier das Verhältnis zwischen den Generationen ein für alle-

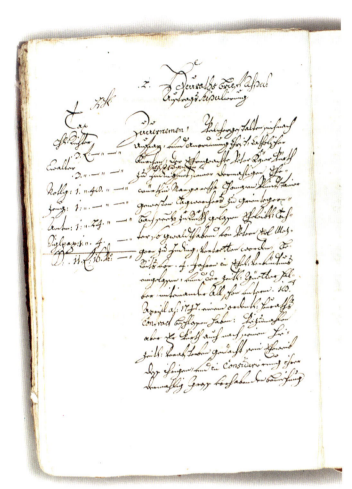

Abb. 6: Heiratsbrief und Austragsstipulierung der Margaretha Käserin, Wirtin von Inning, aus dem Jahre 1750 (BayHStA, Br. Pr. Fasz. 1423/187).

mal zerrüttet war. Deshalb bestand man auf räumlicher Trennung.

Es war nun wohl nicht so, dass Alter unbedingt mit körperlichem Verfall und Unfähigkeit zur Arbeit verbunden sein musste, wie van Dülmen zu meinen scheint. Die meisten Bauern oder Bäuerinnen, die im Austrag lebten, dürften noch im Betrieb weiter mit geholfen haben. Außerdem versuchten sich auch einige Austrägler weiter mit Arbeit ein Zubrot zu verdienen. So ließ 1751 der Sattler Melchior Pflüger aus Oberpfrämmern in seinen Austragsbrief schreiben, niemand dürfe ihn hindern weiter zu Hause und auf der „Stör" (in Betrieben vor Ort) seinem Handwerk nachzugehen, um seinen Lebensunterhalt zu verbessern.[117]

Resümee

Ausgehend von einem Alltagsbegriff, der das Überleben und die materielle Reproduktion beziehungsweise soziale Selbstbehauptung des einzelnen Menschen in allen seinen Facetten in den Mittelpunkt stellt, habe ich versucht, das Alltagsleben der Menschen in der Hofmark Ebersberg unter möglichst vielen Aspekten zu beleuchten. Ausgehend von den institutionellen Rahmenbedingungen: Hofmark und Grundherrschaft, wurde als erstes die materielle Kultur (Essen, Wohnung und Kleidung) beschrieben. Dabei zeigte sich schon, dass die Menschen der damaligen Zeit in einer Gesellschaft lebten, die wirtschaftlich von äußerst knappen Ressourcen bestimmt war, eine Situation, die durch das Abschöpfen von Nahrung seitens der Grundherrschaft noch verschärft wurde. Diese Knappheit an „Nahrung" barg ein vielfaches Konfliktpotential, das sich um den Streit um wirtschaftliche Ressourcen kristallisierte. Diese Konflikte, zusammen mit einer Mentalität, die man als „ständische Ehre", wenn auch unzureichend, umschreiben kann, mündeten in eine sehr hohen Gewaltbereitschaft, die auch das Alltagshandeln in vielfacher Hinsicht bestimmte. Untersucht wurde auch ein weiteres zentrales Feld des Alltags des Menschen, die Sexualität und ihre gesellschaftliche Einbettung. Gerade hier konnte auch gezeigt werden, wie die Obrigkeiten versuchten, die alltäglichen Verhaltensweisen der Menschen zu modellieren, nach Kriterien, die eine rigidere christliche Moral, geboren aus der Konfessionalisierung der katholischen Kirche, und staatliche Nützlichkeitskriterien vorgaben. Ob diese Disziplinierungsversuche besonders erfolgreich waren, sei dahingestellt. Zum Schluss wurden noch die Versorgung der älteren Generation und die Konflikte zwischen den Generationen gestreift, am Beispiel von Alter und Alterssicherung. Auch da zeigte sich wieder die prekäre ökonomische Situation der damaligen Menschen und die Kämpfe und sozialen Spannungen, die sich daraus ergaben.

Anmerkungen

[1] Heller, Agnes: Das Alltagsleben. Versuch einer Erklärung der individuellen Reproduktion, Frankfurt am Main 1978, S. 35; zu einem ähnlichen Ansatz siehe Knubben, Thomas: Reichsstädtisches Alltagsleben. Krisenbewältigung in Rottweil 1648-1701, Rottweil 1996, S. 16.

[2] Siehe folgende einführende Gesamtdarstellungen, die auch die entsprechenden Handlungsfelder thematisieren: Braudel, Fernand: Sozialgeschichte des 15.-18. Jahrhunderts, Bd. I, Der Alltag, München 1985; Dülmen, Richard van: Kultur und Alltag in der Frühen Neuzeit, Bd. 1, Das Haus und seine Menschen, Bd. 2, Dorf und Stadt, Bd. 3, Magie, Religion, Aufklärung, München 1990/1992/1996 u. Münch, Paul: Lebensformen in der frühen Neuzeit, Frankfurt am Main – Berlin 1992.

[3] Siehe Bayerisches Hauptstaatsarchiv (BayHStA), KL Fasz. 1046/128.

[4] Siehe Spiegel, Beate: Adliger Alltag auf dem Land. Eine Hofmarksherrin, ihre Familie und ihre Untertanen in Tutzing um 1740, Münster – New York – u.a. 1997, S. 41.

[5] Siehe Beck, Rainer: Unterfinning. Ländliche Welt vor Anbruch der Moderne, München 1993, S. 391.

[6] Siehe Lütge, Friedrich: Die bayerische Grundherrschaft. Untersuchungen über die Agrarverfassung Altbayerns im 16.-18. Jahrhundert, Stuttgart 1949, S.86.

[7] Siehe Beck (wie Anm. 5), S. 407.

[8] Siehe BayHStA, KL Ebersberg 36.

[9] BayHStA, Landshuter Abgabe, Nr. 468.

[10] Siehe Breit, Stefan: Landwirtschaft im Priental. Agrargeschichte in der Herrschaft Hohenaschau bis 1850, Laufen 2001, S. 241f.

[11] BayHStA, Landshuter Abgabe, Nr. 468.

[12] Breit (wie Anm. 10), S. 217.

[13] Ebd., S. 217. Allerdings besaßen in unserem Raum die meisten Lehennehmer, die Stiftgeld bezahlen mussten, ihr Gut zu Leibrecht. Wahrscheinlich war deshalb ein früherer Rechtsanspruch einfach in eine neue Besitzform übernommen worden.

[14] Ebd., S. 225.

[15] BayHStA, Br. Pr. Fasz. 1420/178, fol. 159f.

[16] Siehe zu diesem Fall BayHStA, Landshuter Abgabe, Nr.259.

[17] Siehe BayHStA, Br. Pr. Fasz. 1420/178, fol. 165.

[18] Siehe Heidrich, Hermann: Grenzübergänge. Das Haus und die Volkskultur in der frühen Neuzeit, in: Dülmen, Richard van (Hg.): Kultur der einfachen Leute, München 1983, S. 17-41, S. 21.

[19] Dülmen, Richard van: Entstehung des frühneuzeitlichen Europa. 1550-1648, Frankfurt am Main 1982, S. 209.

[20] Siehe dazu und zum Folgenden Breit, Stefan: Die ganze Welt in der Gemain, in: Below, Stefan von / Breit, Stefan: Wald – von der Gottesgabe zum Privateigentum. Gerichtliche Konflikte zwischen Landesherren und Untertanen um den Wald in der frühen Neuzeit, Stuttgart 1998, S.57-236, S.64.

[21] Siehe dazu allgemein Münch (wie Anm. 2), S. 341.

[22] BayHStA, Br. Pr. Fasz. 1419/171, fol. 27f.

[23] Münch (wie Anm. 2), S. 475.

[24] BayHStA, Br. Pr. Fasz. 1420/175. Dieser Band mit Verhören enthält insgesamt ungefähr 300 Fälle aus den Jahren 1737 bis 1739; behandelt wurde vor Gericht eine breite Palette von Vergehen, von Raufereien über Leichtfertigkeit bis zu Holzdiebstahl und ungebührlichem Verhalten im Gottesdienst.

[25] BayHStA, Br. Pr. Fasz. 1420/175, fol. 156.

[26] Siehe Breit (wie Anm.10), S. 158 f.

[27] BayHStA, Br. Pr. Fasz. 1420/175, fol. 39.

[28] Siehe Breit (wie Anm.10), S. 172.

[29] Siehe Breit (wie Anm.10), S. 176.

[30] BayHStA, Br. Pr. Fasz. 1420/178, fol. 84.

[31] Heidrich, Hermann: Wohnen auf dem Lande. Am Beispiel der Region Tölz im 18. und frühen 19. Jahrhundert, München 1984, S. 76.

[32] Siehe ebd., S. 76.

[33] Ebd., S. 42 .

[34] Siehe BayHStA, Br. Pr. Fasz. 1423/187, fol. 63; diese Überzüge werden hier in einer Aussteuerliste für die Inninger Wirtin Margaretha Käser erwähnt; die Bedeutung des Wortes „spinathen" oder „spinaden" ist unklar. Den Begriff konnte ich in den bekannten Wörterbüchern nicht finden, weder bei Schmeller noch bei Grimm.

[35] Siehe ebd., fol. 64.

[36] BayHStA, Br. Pr. Fasz. 1419/171, fol. 96.

[37] Siehe BayHStA, Br. Pr. Ebersberg, fol. 262. Vertragsbrief zwischen Balthasar Palhartinger, Bierschenk in der Hofmark Ebersberg, und den hinterlassenen Erben des gestorbenen Vorgängers. Hier wird im Nachlass auch Silber erwähnt. Ob es sich dabei um Silbergeschirr handelte, wissen wir aber nicht.

[38] Siehe Knubben (wie Anm. 1), S. 128-135; Bedal, Konrad: Bäuerliche und bürgerliche Wohnkultur in Inventarien des 16. und 17.Jahrhunderts, in: Wiegelmann, Günter (Hg.): Kulturelle Stadt-Land-Beziehungen in der Neuzeit, (Beiträge zur Volkskultur in Nordwestdeutschland 9), Münster 1978, S.175-248, S. 191.

[39] BayHStA, Br. Pr. Fasz. 1423/187, fol. 64.

[40] Siehe Heller, Barbara: Händler auf der St. Sebastiani- und der Osterdult zu Ebersberg 1691/92 und 1724-1731, in: Bayerisches Jahrbuch Volkskunde 1968, S. 85-102, S. 95.

[41] BayHStA, Br. Pr. Fasz. 1420/178, fol. 139.

[42] Siehe Dülmen (wie Anm. 2), Bd. 1.

[43] Siehe Beck (wie Anm. 5), S. 89.

[44] Ritz, Gislind M.: Die volkskundliche und kulturhistorische Aussage der Ebersberger Händlerlisten, Beobachtungen und Anregungen, in: Bayerisches Jahrbuch für Volkskunde 1968, S. 103-121, S. 103.

[45] Siehe Baur, Veronika: Kleiderordnungen in Bayern vom 14. bis zum 19.Jahrhundert, München 1975, S. 131.

[46] Siehe ebd., S. 54-58.

[47] Siehe ebd., S. 68.

[48] BayHStA, KL Ebersberg 77, fol. 73 b.

[49] Dülmen (wie Anm. 2), Bd. 1, S. 68.

[50] Siehe dazu Münch (wie Anm. 2), S. 11-23.

[51] Dülmen (wie Anm. 2), Bd. 1, S. 68.

[52] Braudel (wie Anm. 2), S. 146.

[53] Siehe etwa BayHStA, Br. Pr. Fasz. 1419/171, fol. 92.

[54] Ebd., fol. 83.

[55] BayHStA, Br. Pr. 1419/174, fol. 54.

[56] Beck (wie Anm. 5), S. 186.

[57] BayHStA, Br. Pr. 1419/174, fol. 54.

[58] Siehe etwa zu Unterfinning Beck (wie Anm. 5), S. 191-196.

[59] Siehe BayHStA, Br.Pr. Fasz. 1423/187, fol. 63.

[60] Beck (wie Anm. 5), S. 188f.

[61] BayHStA, KL Ebersberg 36, fol. 141.

[62] Beck (wie Anm. 5), S. 189-190.

[63] Ebd., S. 190.

[64] BayHStA, Br. Pr. 1419/174, fol. 54; nach Schmeller ist die „gscheibte Rübe" eine weiße, runde Rübe und die bayerische Rübe „eine Stechrübe", die „lieblich und süß zu essen mit Salz". Siehe Schmeller, Johann Andreas: Bayerisches Wörterbuch, 2. Bd., 2. Aufl., München 1877, Sp. 11.

[65] Braudel (wie Anm. 2), S. 239.

[66] BayHStA, Br. Pr. Fasz. 1419/171, fol. 103.

[67] Siehe BayHStA, Br. Pr. Fasz. 1423/189, fol. 56.

[68] BayHStA, Br. Pr. 1423/187, fol. 63.
[69] Siehe Heller (wie Anm. 40), S. 87.
[70] Ritz (wie Anm. 44), S. 111.
[71] Siehe Heller (wie Anm. 40), S. 85.
[72] Siehe ebd., S. 85.
[73] Siehe ebd., S. 87.
[74] Siehe dazu Schivelbusch, Wolfgang: Das Paradies, der Geschmack und die Vernunft. Eine Geschichte der Genußmittel, München – Wien 1980, S. 108-122. Von einer trockenen Trunkenheit sprach man deswegen, weil sich a) von den Suchtwirkungen des Nikotins her der Vergleich mit dem Alkohol aufdrängte, und weil man b) Schwierigkeiten hatte, dieses neue Phänomen begrifflich in den Griff zu bekommen, so dass man eine Hilfskonstruktion benötigte.
[75] Münch (wie Anm. 2), S. 21f.
[76] Ebd., S. 8.
[77] BayHStA, Br.Pr. Fasz. 1419/171, fol. 166f.
[78] Beck (wie Anm. 5), S. 439.
[79] BayHStA, Br.Pr. Fasz. 1419/171, fol. 310f.
[80] Nach Rainer Beck waren „Wünden" oder Windmühlen Geräte, „um einen Luftstrom zu erzeugen", der beim Dreschen die Spreu von den Körnern trennte. Siehe Beck, Rainer: Naturale Ökonomie. Unterfinning: Bäuerliche Wirtschaft in einem oberbayerischen Dorf des frühen 18.Jahrhunderts, München – Berlin 1986, S. 111.
[81] BayHStA, Br. Pr. Fasz., 1420/175, fol. 18-20.
[82] Ebd., fol. 77.
[83] Ebd., fol. 79-81.
[84] Dülmen, Richard van: Der ehrlose Mensch. Unehrlichkeit und soziale Ausgrenzung in der Frühen Neuzeit, Köln – /Weimar – Wien 1999, S. 199.
[85] BayHStA, Br.Pr. Fasz. 1419/171, fol. 96f.
[86] Dülmen (wie Anm. 84), S. 5.
[87] Zur Struktur des Eskalationsschemas von Raufhändeln im 18. Jahrhundert siehe Müller-Wirthmann, Bernhard: Raufhändel. Gewalt und Ehre im Dorf, in: Dülmen, Richard van (Hg): Kultur der einfachen Leute. Bayerisches Volksleben vom 16. bis zum 19. Jahrhundert, München 1983, S. 79-111, S. 92.
[88] Dülmen (wie Anm. 84), S. 13.
[89] Siehe BayHStA, Br. Pr. Fasz. 1419/171, fol. 112 f.
[90] Siehe Knubben (wie Anm.1), S. 94.
[91] Siehe Dülmen (wie Anm. 2), Bd. 1, S. 134.
[92] Breit, Stefan: „Leichtfertigkeit" und ländliche Gesellschaft. Voreheliche Sexualität in der frühen Neuzeit, München 1991, S. 226.
[93] Ebd., S. 64.
[94] Ebd., S. 66.
[95] Siehe BayHStA, Br. Pr. Fasz. 1420/178, fol. 51f.
[96] Siehe BayHStA, Br. Pr. Ebersberg, fol. 238.
[97] BayHStA, Br. Pr. Fasz. 1419/171, fol. 1f.
[98] BayHStA, Br. Pr. Fasz. 1420/178, fol. 91.
[99] Ebd., fol. 114.
[100] Ebd., fol. 185.
[101] Zitiert nach Breit (wie Anm. 92), S. 78.
[102] Siehe Dülmen (wie Anm. 2), Bd. 1, S. 186; Siehe auch Beck, Rainer: Illegitimität und voreheliche Sexualität auf dem Land. Unterfinning 1671-1770, in: Dülmen, Richard van (Hg.): Kultur der einfachen Leute, München 1983, S. 112-150, S. 123, 125f.
[103] Siehe Breit (wie Anm. 92), S. 270.
[104] BayHStA, Br. Pr. Fasz. 1419/171, fol. 128.
[105] Siehe zu diesem Fall ebd., fol. 236f. u. fol. 359f.
[106] Siehe Beck (wie Anm. 102), S. 126.
[107] BayHStA, Br.Pr. Fasz. 1419/172, fol. 11.
[108] BayHStA, Br. Pr. Fasz. 1420/175, fol. 293f.
[109] Dülmen (wie Anm. 2), Bd. 1, S. 193.
[110] Siehe BayHStA, KL Fasz. 1046/141. Da dieser Fall ausführlich beschrieben wird (es ist eine kleine Akte vorhanden), wäre er wert ausführlicher erzählt und beschrieben zu werden. Angesichts der Knappheit des Raumes muss ich mir das aber hier leider versagen.
[111] Dülmen (wie Anm. 2), Bd. 1, S. 200. Siehe zur Geschichte des Alters in unserem Zeitraum auch Borscheid, Peter: Geschichte des Alters 16.-18. Jahrhundert. Studien zur Geschichte des Alltags, Bd. 7/I, Münster 1987.
[112] Borscheid (wie Anm. 111), S. 48 f.
[113] BayHStA, Br. Pr. 1419/174, fol. 38f.
[114] BayHStA Br. Pr. Fasz. 1425/200, fol. 20.
[115] BayHStA, Br. Pr. Fasz., 1420/175, fol. 172f.
[116] Wenn man Borscheid glauben will, hat sich die Stellung des Vaters und damit auch die Autorität des Alters seit der zweiten Hälfte des 17.Jh. immer mehr gefestigt. Siehe Borscheid (wie Anm. 111), S. 107-62.
[117] Siehe BayHStA, Br. Pr. Fasz. 1423/187, fol. 6.

Abbildungsnachweis
Bayerisches Hauptstaatsarchiv, München: Abb. 1-6.

Wolfgang Beer

Medizinischer Streifzug durch das Kloster Ebersberg[1]

Ursprünglich sollte dieser Aufsatz nur über das Spital des Klosters Ebersberg handeln. Ein Klosterspital dürfte es gegeben haben. Diese Vermutung halte ich für wahrscheinlich. Recht viel mehr lässt sich jetzt[2] dazu nicht behaupten. Offenbar aber war ein Spital zumindest keine ständige Einrichtung des Klosters Ebersberg, wie ich im vorletzten Abschnitt dieses Aufsatzes zeige. Nach einer Einführung zum Begriff des abendländischen Spitals schreibe ich allgemein über die Heilkunde im Kloster Ebersberg.

Der Begriff des „Spitals"

Das Wort „Spital" hat keine feststehende Bedeutung. Es ist eine Kurzform zum lateinischen Eigenschaftswort „hospitalis, -e", „gastfreundlich, zum Gastwirt gehörig", abgeleitet vom Hauptwort „hospes, -itis", „Gastfreund, Wirt", aber auch „Fremder, Gast". Im Französischen wurde daraus das „hôtel". In engem Zusammenhang mit Herkunft und Bedeutung dieser Wörter steht auch das „Hospiz". Im Bairischen kennen wir Ausdrücke wie „Spittler" für einen, der im Spital wohnt oder auch arbeitet, oder Eigennamen wie „Spittlbauer", die auf einen Vorfahren mit enger wirtschaftlicher Bindung an ein Spital hinweisen. Die Bedeutung verschob sich von der einer Herberge für fremde Reisende, ob Pilger oder Kaufleute, auf die eines Hauses zur Pflege Kranker, wohl über die Zwischenstufe eines Hauses für Kranke, die aus irgendwelchen Gründen nicht in ihrer Familie versorgt werden konnten. Dies gilt für das gesamte Abendland – je nach der landeseigenen Ausprägung der Gastfreundschaft, die ein solches Haus unter Umständen gar nicht erst aufkommen ließ.

Heimkehrende Kreuzritter brachten die Erfahrung eines

Abb. 1: Die „flöchrawt" (Flohkraut) genannte Pflanze (Flohknöterich, Polygonum persicaria L.) „ist guet fur den zenndt we so man daz legt auf die zenndt", also bei Zahnweh auf die wehen Zähne aufzulegen. Er wird sonst bei Erkrankungen der Lunge und der Leber eingesetzt. Darstellung in Vitus Auslassers Kräuterbuch.

von Ritterorden wohlbestellten Krankendienstes mit, der aus der Not in feindlicher Umgebung (wo der verwundete Ritter Gastfreundschaft gerade nicht erwarten konnte), dem Beispiel des hochentwickelten arabischen Gesundheitswesens und dem Gebot der Nächstenliebe entstanden war.[3] Im ausgehenden Mittelalter (darunter verstehe ich die Zeit vor dem Mentalitätswandel mit der Betonung des unwiederholbaren Einzelwesens im Gefolge der großen Pest um 1348; die Erfindung des Buchdrucks mit beweglichen Lettern, die Entdeckung der Neuen Welt, die Umstürzung des Weltallbildes durch Nicolaus Copernicus oder die Reformation halte ich für bedeutend, aber auch schon für Folgen, nicht nur Ursachen eines Wandels der Geisteshaltung) waren solche Verhältnisse bei uns, wenn nicht fremd, so doch nicht gerade weit verbreitet. Üblicherweise ging ein Arzt zu den Kranken in deren Wohnhaus oder zog gar herum. Spitäler waren eher als Pfleghäuser überkommen, wie Seelhaus[4], Kobel[5] oder Siechenhaus[6]. Anders waren Leprosenhaus[7] und Blatter-[8] sowie Schneidhaus[9]. Häuser für seelisch Kranke[10] entsprachen den beiden Grundgefühlen, die dem Erleben so schwer begreifbarer Krankheiten folgten, nämlich Mitleid und Grausen. Die Syphilis, nicht sicher eine Erscheinung erst der abendländischen Neuzeit (Sudhoff hält – gegen die herrschende Meinung – in seiner „Frühgeschichte der Syphilis"[11] ein Vorkommen dieser Seuche in der Alten Welt schon vor 1492, der Fahrt des Kolumbus in die Neue Welt, für möglich. Dabei nimmt er mit guten Gründen schon deutlich frühere Fahrten von der Alten in die Neue Welt und zurück an), wurde schon im 16. Jahrhundert in einer heute beinah vergessenen Vielfalt von Kuren erfolgreich behandelt.[12] Die Absonderung schon Erkrankter konnte oft die weitere Ausbreitung ansteckender Krankheiten hemmen.[13] Was der Allgemeinheit taugen mochte, konnte für den Einzelnen bitter sein: Während Aussätzige auf sich allein gestellt waren, wurden andere Kranke wenigstens gepflegt.

Zuvor wohl auf die Universität Leiden beschränkt,[14] verbreitete sich im 18. Jahrhundert von Wien aus unter Maria Theresias Leibarzt Gerard van Swieten, Schüler von Hermann Boerhaave aus Leiden, eine neue Aufgabe für das Universitäts-Spital, der Unterricht am Krankenbett für Studenten der Medizin.

Viele Krankheiten lassen sich auch heutzutage nicht zufriedenstellend behandeln.[15] Mit der Industrialisierung im 19. und 20. Jahrhundert haben sich einzelne Vorgehensweisen gewandelt. Um die Wende zum dritten Jahrtausend deutet sich eine Industrialisierung selbst des Kerns unserer Auffassungen über den Umgang mit Kranken an, gewissermaßen eine Ansteckung des Begriffs am Ungeist der Zeit, eine grundlegende Abkehr vom überkommen Dienst am Nächsten hin zur Vorstellung vom Krankenhaus als Unternehmen.

Armut an Quellen zu einem Spital des Klosters und zur Ebersberger Klostermedizin überhaupt

Leider habe ich in den Quellen bisher nur dürftige Hinweise auf das „Spital" gefunden – eine Erwähnung in einem Rechnungsbuch. Außerdem kann bei der Säkularisation viel von dem, was bis zur Aufhebung des Klosters vielleicht noch erhalten war, von den kurbayerischen Kommissionen verworfen worden sein. Ein Spital ließ sich kaum gewinnbringend „abwickeln"[16]. Da dürften Aufzeichnungen über die Vergangenheit einer scheinbar so wertlosen Einrichtung in jenen Jahren erst recht unnötig erschienen sein. Wem dies zu weit zusammengesponnen erscheint, bedenke, wie gelangweilt Johann Christoph Freiherr von Aretin, Bibliothekar und Haupt der kurfürstlichen Kommission, die die Bücher aus den Klosterbibliotheken zusammentragen sollte, gegen Ende seiner „literarischen Geschäftsreise" war. Er, der zuvor beispielsweise das Wessobrunner Gebet gesehen und sogleich seinen sprachwissenschaftlichen Wert erkannt hatte, schrieb am 28. Oktober 1803: „Teils die geringere Bedeutung dieser Klöster, teils die Eile, mit welcher wir sie durchflogen, verhinderten mich [...]."[17] Selbst der so belesene Aretin bemerkt über die Wieskirche und ihre Erbauer: „[...] haben, neben ihren andern überflüssigen Ausgaben, eine Summe von mehr als 150.000 [...] Gulden auf ein hier aufgeführtes, ganz unnützes Gebäude verwendet."[18] Wenn, wie mit dem Ebersberger Klosterschatz geschehen, feinstes Messgeschmeide eingeschmolzen wurde, wäre es kein Wunder, sollte man dafür mit wohl ebenso „unnütz" erscheinendem alten Papier eingeschürt haben. Gehörte zu einem Wallfahrtsort, zu dem die Gehfähigen strömten, wenn sie die Pest abwenden wollten, nicht auch ein Haus, das sich derer annahm, die es bis Ebersberg gerade noch geschafft hatten und dann nicht mehr weiter kamen? Es liegt auf der Hand, dies anzunehmen, lässt sich bloß kaum beweisen. So schreibt Otto Kostenzer verhalten genug: „Nach Ebersberg kamen sicher auch viele Kranke, um beim hl. Sebastian um Hilfe zu flehen. Es gab daher im Kloster gewiß eine Betreuung für die Kranken."[19] Einen Beleg für das, was ihm „gewiß" erscheint, bringt er aber nicht. Nicht immer und überall wurde im überkommenen Schrifttum vorsichtig geschlossen. So jubelt Zils: „[...] fand ich auch die Lage des Spitals." Als Beleg führt er an: „Das Gütlein im Graben (Burggraben), wo das Spital eine Wiesmahd hatte, ferner einen Baumgarten (Obstbäume) und Krautgarten."[20] Damit ist der Ort gerade nicht festgelegt, weil sich Wiesen, Obst- und Krautgärten durchaus sinnvoll auch aus weiterer Entfernung bewirtschaften ließen. Die Stelle sagt nur aus, dass zur Zeit der Nennung, nämlich 1517, diese Dinge zu einer als „Spital" bezeichneten Einrichtung gehörten, und dass diese Einrichtung dem Kloster zuzurechnen war. Georg Hager schreibt in einer Übersicht über die Kunstgeschichte Ebersbergs von einer Krankenabteilung: „[...] den Kapitelsaal mit seinem Altare, den Weinkeller, die Krankenabteilung, das Refektorium und die Küche aus Mauerwerk errichtet und darauf das Dormitorium [Schlafsaal] aus Holzwerk[21] [...]"[22]. Nach der Stellung innerhalb dieser Aufzählung ist wahrscheinlich eher eine Krankenstube innerhalb der Klausur, also für die Mönche, gemeint als ein Zufluchtsort für kranke Pilger.

Eine Ebersberger „Apothecke"

In einem Verzeichnis[23] des klösterlichen Eigentums vom 23. Dezember 1777, also aus der Zeit kurz vor dem Auftreten der Malteser in Ebersberg, wird eine „Apothecke" genannt. Es steht aber nicht dabei, wie groß diese Apotheke war. Ohne nähere Beschreibung erscheint sie nur als eine Nummer in der Inventarliste. Es kann darunter eine Zimmerflucht mit Kräutergarten, Lagerhallen, Geräten zur Zubereitung und einem Verkaufssaal verstanden werden oder aber auch ein kleiner Schubladen mit ein paar Flaschen oder Gläsern. Gemessen am allgemeinen Zustand des Klosters Ebersberg zur Zeit der Übernahme durch die Malteser scheint auch die zweite dargestellte Spielart möglich. Sonderlich reich dürfte sie nicht gewesen sein, wenn wir annehmen, dass sie seit der Vertreibung der Jesuiten nicht gepflegt worden war und die Jesuiten nicht hauptsächlich auf solche Dinge geachtet hatten. Im Verzeichnis erscheint sie aber immerhin in einer Reihe von Häusern mit einem „Paulaner Haus", einem „Brauhaus auf dem Anger" und einem „Schwaig haus".[24] Dieser Ort in der Aufstellung legt nah, anzunehmen, dass 1777 die Apotheke ein eigens aufgeführtes Haus hatte oder wenigstens ein abgeteilter Bereich eines größeren Gebäudes war, nicht unbedingt des Klosters selbst. Die Apotheke wurde „ex Resolutis [auf Beschluss] der repraesentation zum Verkauf feil gebothen". Allerdings trägt das Haus der jetzigen Marienapotheke, nur wenige Schritte vom Tor der jetzigen Pfarrkirche Sankt Sebastian entfernt, eine Inschrift mit der Jahreszahl 1811. Erst 1808 war das Kloster Ebersberg säkularisiert worden. Wenn schon 1811 vor der Kirche eine Apotheke stand oder umgebaut wurde, kann sie gut die Nachfolgerin einer Klosterapotheke gewesen sein. 1811 wurde mit dem Landgericht auch die Landgerichtsapotheke von Schwaben nach Ebersberg versetzt.[25] Dies lässt sich nicht leicht aus den nötigsten Bedürfnissen des Gerichts erklären, eher als Füllen einer Lücke. 1811 – Napoleons Ketten klirrten gerade über halb Europa –[26] war aber gewiss kein Jahr, in dem jemand, der viel überflüssiges Geld hatte, den fremden Zwingherren mit einem Hausbau seinen Reichtum offensichtlich vorführen wollte. Wahrscheinlich also wurde 1811 das Haus nicht neugebaut oder auch nur weitgehend umgebaut, sondern nur irgendwie erneuert, neu eingerichtet oder gekauft. Vielleicht steht die Marienapotheke jetzt auf dem Platz der ehemaligen Klosterapotheke.

Zum Heiligen Sebastian und der Pest

Der Ortsheilige von Ebersberg, der Heilige Sebastian, ist als geschichtliche Gestalt nicht sicher fassbar. Er habe im dritten Jahrhundert als Offizier unter Kaiser Diokletian gedient. Weil er seinem christlichen Glauben nicht abschwören wollte, sei er zum Tod durch Erschießen mit Pfeil und Bogen verurteilt worden. Die Beschießung durch seine vormaligen Kameraden aber habe er überlebt. Nach seiner Genesung sei er wieder in die Öffentlichkeit gegangen und dann erschlagen worden. Erst deutlich später, frühestens im sechsten Jahrhundert, sei er als Helfer angerufen worden.
Schon früher war die Pest mit fliegenden Pfeilen verbun-

Abb. 2: Die Pestheiligen Sebastian und Rochus (hier „Rochius") auf einem Ulmer (?) Holzschnitt des 15. Jahrhunderts.[28]

rischen Staatsbibliothek der Hand eines Ebersberger Schreibers zugerechnet werden. Davon habe ich ein paar gefunden. Allerdings ist nur ein einziges großes Werk darunter. Die meisten dieser erhaltenen Werke sind nur einige Seiten stark und anderen, meist theologischen Werken beigebunden. Manchmal scheint es, sie seien auf gerade noch freien Seiten eines schon zuvor gebundenen Hefts untergebracht worden. Ich führe sie mit ihrer Überschrift oder, wenn eine solche fehlt, mit ihren Anfangsworten an. Was nicht dem Kloster Ebersberg zugeordnet wird, habe ich in diesem Aufsatz beiseite gelassen. Damit ist freilich eine doppelte Ungewissheit verbunden: Ich mache mich von der Einschätzung der Bibliothek abhängig und lasse fremde, aber allgemein verbreitete und bestimmende Schriften weg. Dafür ist hier ein Überblick über den erhaltenen, zugänglichen und gefundenen Rest mit einer gewissen Wahrscheinlichkeit echt ebersbergischen Fachschrifttums gegeben. Unter den Ebersberger medizinischen Schriften ragt das auf 1479 datierte Pflanzenbuch des Tirolers Vitus Auslasser [29] heraus. (Abb. 3) Aus ihm sind die meisten Abbildungen zu diesem Aufsatz genommen. Auch an-

den worden: In der Ilias schickt der (auch heilkundige!) Gott Apollon die Pest mit Pfeilen ins Lager der griechischen Belagerer Trojas. Es ist sicher möglich, aber bisher nicht überzeugend belegt, dass der Topos des pestbringenden Pfeils aus homerischer Zeit bis ins hohe Mittelalter ungebrochen [27] überliefert war. Der Heilige Sebastian empfahl sich, indem er das Pfeilmartyrium überlebte, als Patron gegen all die Übel, die mit Pfeilen kamen. Auch, wenn ein vollkommen anderer Grund als eine Überlieferung aus der Frühzeit griechischen Schrifttums die Pest dem Pfeil zugeordnet haben sollte, lag es damit nah, vom Heiligen Sebastian auch gegen die Pest Hilfe zu erwarten. (Abb. 2)

Zum Ebersberger medizinischen Schrifttum

Lassen sich Klosterspital und -apotheke zurzeit auch (noch) nicht richtig greifen, so sind doch einige Ebersberger heilkundliche Schriften erhalten. Wieviel von einem ursprünglich vielleicht reicheren Bestand verlorengegangen ist, kann ich nicht ermessen. Ich betrachte in diesem Aufsatz hauptsächlich solche medizinischen Schriften, die von der Handschriftenabteilung der Baye-

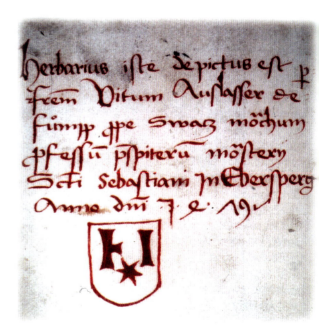

Abb. 3: Anfangsseite von Vitus Auslassers Pflanzenbuch mit dem Wortlaut „Herbarius iste depictus est per fratrem Vitum Auslasser de fumpp prope Swacz monachum professum prespiterum monasterij Sancti Sebastiani in Ebersperg Anno domini 1479 [Diese Kräutersammlung ist vom Bruder Vitus Auslasser aus Vomp nahe bei Schwaz, versprochenem Mönch und Priester (!) des Klosters des Heiligen Sebastian in Ebersberg im Jahre des Herrn 1479 aufgemalt worden]" (BSB, Clm 5905).

re medizinische Werke, meist aus dem 15. Jahrhundert, sollen beispielhaft die heimatliche Heilkunde unserer Vorfahren zeigen. Sie behandeln etwa Harnbeschau, Traumdeutung, Psychologie und Lebensregeln, mit einem Schwergewicht auf dem, was wir heute „Psychohygiene" nennen würden.

Vitus Auslassers Pflanzenbuch als Neuheit

Die gelehrte Medizin nicht nur der frühen Neuzeit zeichnet sich durch Treue zur Tradition aus, aber auch durch Autoritätsbindung. Wie jede Vereinfachung ist auch diese nicht ganz richtig: Beispielsweise bestätigt Auslassers Zeitgenosse, der Selbstdenker Paracelsus, als Ausnahme die obige Regel. Die heutige Medizin läuft Gefahr, von Autoritäten geknebelt zu werden, die oft bloß in Statistiken oder anonymen Leitlinien bestehen. Vitus Auslasser, Spross einer reichen Familie von Bergleuten aus Vomp in Tirol, vollbrachte im 15. Jahrhundert eine eigenständige Leistung, indem er die ihm durchaus bekannten antiken Arzneipflanzenlehren gerade nicht abschrieb, sondern durch eigene Beobachtung ergänzte und zum Teil ersetzte. Was im Mittelmeerraum galt, musste nicht in Auslassers Tiroler Bergheimat oder im nördlichen Alpenvorland genauso richtig sein. Auslasser beschrieb und malte von ihm selbst beobachtete Pflanzen. Dazu belegte er einige mit gleich mehreren ihm bekannten deutschen Namen. Die Biologiehistorikerin Lottlisa Behling schreibt dazu: „Für das Erfassen der heimischen Alpenflora, namentlich des Alpenvorlandes in so früher Zeit, aber ist das Kräuterbuch des Auslasser von unschätzbarem Wert [...]. Desgleichen für die Bezeichnung der Pflanzen im Volksmunde und ihrer landschaftlichen Gebundenheit ist der Herbarius höchst aufschlußreich." 30

„der Junkfrawn harm ist liecht und lautter"[31] – Harnschau

Die Harnbeschau, ein altes Verfahren der Untersuchung auch eines entfernten Patienten, wurde nicht etwa abgeschafft, sondern nach und nach[32] von anderen Methoden verdrängt. Heutzutage wird sie an den medizinischen Fakultäten Mitteleuropas kaum mehr gelehrt. Ein Grund dafür mag sein, dass aus der Harnbeschau gewonnene Befunde nicht immer leicht auch von einem anderen Untersucher so erhoben worden wären, sie also nicht so „objektiv" ist wie ein Messwert. Aus der Ebersberger Schrift „Merckh eben von dem harm [Harn]"[33]

können wir solche Unsicherheit vielleicht nachfühlen. „Ist der harm gar weis und lautter [ganz weiß und durchsichtig] / So ist dem menchen die lungel erswo-ren [dem Menschen die Lunge geschwürig]"[34], weist vielleicht auf eine Krankheit, die außer der Lunge auch Niere oder Harnwege befallen hat, wie es bei der Tuberkulose, der Schwindsucht, auftreten kann. „Ist der harm rott und dikch [rot und dickflüssig] so hat der mensch das fiber[35] [...]"[36], heißt es noch, auf derselben Seite aber auch: „Ist der siechen harm dunn vnd weiß daß bedeut [so bedeutet das,] daß in [ihnen] das sterbent an chumn [ankommen] will in der tenkchen seyttn [auf der linken Seite]. Ist der harm rott un dikch und auch vast [ziemlich] trueb So gewint [bekommt] der man den sterben in der rechten seyttn". Der Unterschied der beiden Menschen mit rotem und dickem Harn ist, dass der zweite ohnehin schon „siech" ist. Für die erste der beiden Stellen ist nicht als selbstverständlich anzunehmen, der Harn könne da nicht auch trüb sein. Der Seitenunterschied für den Beginn des hier nicht nur als Geschehen, sondern als handelnde Größe auftretenden „Sterbens" kann mit Erkrankungen unpaarer innerer Organe zusammenhängen, so mit Eiterabsonderung nach Durchbruch eines Abszesses der (links liegenden) Milz oder der Bauchspeicheldrüse in die linke Niere oder mit einer bierähnlichen Färbung des Harns bei Erkrankungen der (rechts liegenden) Leber. (Abb. 4)

„wem vil treumt von regen" – Traumdeutung als Hilfsmittel der Diagnose

In der Schrift „Was etlich trewm pedeuten"[37] haben wir eine reizvolle Verbindung einer Traumdeutungslehre mit der Viersäftelehre. Die Viersäftelehre ist eine Denkschule, die über die Mischung von vier grundlegenden „Säften" – Blut, Schleim, gelbe und „schwarze" Galle – körperlich wie seelisch bestimmten Typen von Menschen eine Neigung zu bestimmten Krankheiten zuordnet;

Abb. 4: Eisenkraut, Verbena officinalis L., eine der vielen harntreibenden Pflanzen, in Vitus Auslassers Herbar.

Mangel oder Überschuss eines Saftes weist dabei den Weg zur Behandlung. Unsere Ebersberger Traumschrift aus einem christlichen Kloster gibt als Autorität, an die sie sich anlehnt, „Rasis" an, einen mohammedanischen persischen Gelehrten des 10. Jahrhunderts (um 865 bis 925[38]). „wem vil treumt von regen [Wer viel vom Regen träumt] und daz er daz mer sech und fliessende wasser [und dass er das Meer sehe und fließende Gewässer,] der hat vil wässrig feuchten [viel wässrige Feuchtigkeit] in seinem leib und sind im pad gut [für ihn sind Bäder gut] vnd sämlich fürbung [und gleichermaßen Reinigung]"[39]: Wer also von Wasser träumt, hat viel Wasser im Leib, was einem schleimbestimmten Bau entspricht. Wichtiger noch ist der Schluss von der Bauart auf die zu dieser passende Art der Behandlung – wer anders, zum Beispiel blutvoll, gebaut ist, für den wird eine andere Behandlung angezeigt sein. Zunächst betrachtet der Schreiber, vielleicht ein am Ende der Darstellung genannter „Inngmar ze sholfing", auch Übergewichte der anderen Säfte – die sich nicht nur im Körperaufbau, sondern auch im seelischen Erleben zeigen. „wem treumt von gar vil roter varb [viel roter Farbe] [...] und von suzzen [süßem] essen [...] der hat übriges plut in seinem leib". Dann aber geht er auch noch auf andere Trauminhalte ein: „wem denn trawmt [...] daz er swär trag oder daz er peswärt sey der ist ze vol [dass er schwer trage oder beschwert sei, der ist zu voll] – „daz er durch unsauber stinkent stet gee [durch Gegenden unsauberen Geruchs gehe] der hat vil fauler stinkender feuchten in seinem leib" – „[...] daz er gee in gärten oder durch stet di wol smekkent [die gut riechen] daz pedeut im gleichait und ain clarhait [bedeutet für ihn Ausgewogenheit und Lauterkeit] seiner feuchten und daz si nit faulchait pey ir hab [sie keine Fäule mit sich führe]". Am Ende[40] führt der Schreiber die Träume auf „inwendig schikkung dez menchn" zurück. Er ist sich seiner Sache sicher genug, fordert er doch den Leser auf, sich selbst zu überzeugen („mag ain weyser menschs prufen an im selbn") und nach seinen Träumen über die Notwendigkeit einer Behandlung zu entscheiden („wenn im lassens not ist [wann er einen Aderlass nötig hat] oder trank ze nemen [flüssige Arznei einzunehmen] nach der artzt sitt"). (Abb. 5)

Hier finden wir, vielleicht überraschend, in einer unscheinbaren Schrift aus einem Kloster des 15. Jahrhunderts einen Vorboten der Aufklärung des 18. Jahrhunderts (Immanuel Kant legte sie als „Ausgang des Menschen aus seiner selbstverschuldeten Unmündigkeit" fest und fährt fort: „Unmündigkeit ist das Unvermögen, sich seines Verstandes ohne Leitung eines anderen zu bedienen. Selbstverschuldet ist diese Unmündigkeit, wenn die Ursache derselben nicht am Mangel des

Abb. 5: Eine nicht sicher bestimmte Mohnart, nicht aber der blassrosa blühende Schlafmohn, aus dem das Opium stammt. Die Alkaloide der Mohne wirken zum Beispiel hustenstillend, aber auch schlaffördernd. Darstellung in Vitus Auslassers Pflanzenbuch.

Verstandes, sondern der Entschließung und des Mutes liegt, sich seiner ohne Leitung eines andern zu bedienen."[41]). Hier sind zwei aufklärerisch erscheinende Gedanken vereint, der von der Überprüfung aus eigener Anschauung, und der von der Mündigkeit des Menschen auch in medizinischen Dingen. Freilich meint der Ebersberger Schreiber nicht alle Welt, sondern nur den „weysen" Menschen.

Ebersberger Lebensregeln

Die Handschrift „Von dreierlei Wesen der Menschen"[42] habe ich als Beispiel für ein Buch mit Lebensregeln ausgesucht. Wir lesen in dieser Anleitung für ein Leben draußen in der Welt, nicht im Kloster, Ratschläge, die ein guter Psychiater auch heutzutage geben könnte: „Du müst in dir getöd haben all sindt [Alle Sünde musst du in dir getötet haben] und fliehen [aus dem Weg gehen] allew leichtvertige wort und werck [jedem leichtfertigen

Wort und Werk] und ursach aller sindt klainer und grosser meyden [die Ursache aller Sünden, der kleinen wie der großen, meiden] alle aufwenndigew kumernüß [jeden Kummer, der viel inneren Aufwand erfordert] dar durch [wodurch] dein herz [...] nit westeen mag [nicht bestehen kann [...]."[43] Keineswegs soll dieses Leben strenge Klosterzucht nachahmen: Der Schreiber verurteilt nämlich, dass sich etliche Menschen schwächen durch „vasten, peten [Fasten, Beten], wachen und hertten klaÿdern oder hart ligen [unbequeme Gewänder oder harte Bettstatt] dar durch sÿ krafftlos [womit sie schwach] werden und andacht verliesen [ihre innere Sammlung verlieren] und werden ungeschickt zu den hochwirdigen sacrament"[44]. Vor gut einem halben Jahrtausend sieht der Autor schon die Abhilfe in Selbsterkenntnis: „zu den ersten soltu [sollst du] klärlich und gäntzlich erkennen all dein geprechen und tugend [Schwächen und Stärken]"[45]. Er gibt auch an, wie man sich seelisch gesund erhalten solle: „zu dem andern mal soltu haben prÿnnenden [brennenden] zorn wÿder all dein pöß naÿgung gedenck [gegen all deine bösen Neigungen, Gedanken], wort und werch, und grossn haß zu allen sünden"[46].

Die Handschrift „Von der ellenten sel vnd götlichem wegweÿser"[47] erzählt, wie sich „ain ellende [eine heimatlose] sündige und verwirte sel"[48] nach einem langen Erdenleben, in dem sie „[...] all ir schätz [...] gab und guttat und darzu all ir weÿl und zeÿt [...] in wegier des schnödn leÿbs [...] groblich wÿder got verczert hat"[49], also ihre Lebenszeit und ihre Kraft für die Begierden des Leibes vertan hat, auf das Wesentliche für das jenseitige Leben besinnt und den „göttlichen Wegweiser" erkennt. Am Schluss gibt sie den Rat: „ein gantzer vester will kaÿn sündt nÿmmer mer zu thun [ein ganz fester Wille, keine Sünde mehr zu begehen]"[50] (mit der im Bairischen erhaltenen indogermanischen doppelten Verneinung). Damit ist eine Lebensregel in gleichem Sinne gegeben wie in der obigen Schrift.

Im „Unabläßigen Gnaden-Schutz"[51] finden wir als eine Notlage, in der der Heilige Sebastian besonders gut helfen könne, zum Beispiel für 1520 eine „anhaltend laidige Sucht" verzeichnet. Am Schluss[52] der Aufzählung einzelner Fälle, die leider keine genauen medizinischen Befunde bieten, aus denen ich eine Diagnose nach heutigem Verständnis ableiten könnte, stellt der anonyme Verfasser im Jahre 1715 die Heilanzeigen („So durch Hülff deß H. Sebastiani von hitzigen Fiebern[53] seynd erlediget worden") der Wallfahrt zum Heiligen Sebastian zusammen: „in [...] Rothen-Ruhr / Pedeggen[54] / Außdörrung / und Schwinden der Armben[55] / Unsinnigkeit[56] / Geschwulsten / Fuß-Schmertzen / Außsatz / Kinds-Nöthen / Stumme der Persohnen / tödlichen Fällen von der Höhe herab / Geschwären / Fraiß[57] / Erstarrung der Glidern / Hauptwehe / Vich-Sucht / Apostemen[58] / Gehörlosigkeit / Feurs-Brunsten / Seithen-Stechen[59] / Erfindung deß Verlohrnen / Verzweifflung / etc. und anderen Kranckheiten[60] mehr / welche in dene Geschichten der Länge nach in Latein beschriben worden / sich jederzeit gutthätig erzeiget hat / und annoch biß auf den heutigen Tag und 1715. Jahr / mit eben dergleichen Wundern erzeiget / welche man jährlich allhie zu Ebersperg abzulesen pfleget: Gott seye gelobt in seinem Heil."

In einem breiten Fächer von Leiden erwartete man Hilfe vom Heiligen Sebastian; der besondere Grund der Hilfe bei Pest erscheint aber eher verwischt als weiterentwickelt. Zum ursprünglichen Pestfach passen aus der Aufzählung Ausschläge (verallgemeinert aus einer der frühen Erscheinungen bei der Beulenpest), feste und flüssigkeitsgefüllte Geschwülste (verallgemeinert aus den Pestbeulen) sowie „Seithen-Stechen" (als eine der Qualen beim Pfeilmartyrium des Heiligen). Vielleicht lassen sich, etwas weiter hergeholt, auch Fußweh (von Pfeilen in den Schenkeln) und Lähmungen (Sebastian war gefesselt) somit erklären, aber schon hier unterscheidet sich das Martyrium des Heiligen Sebastian nicht von vielen anderen. Vom Heiligen Sebastian führt aber kein kurzer Weg zu Stummheit, Taubheit, oder zur Geburtshilfe. Eine solche Breite der Anzeigen der Sebastianswallfahrt kann eine Blüte der Wallfahrt bedeuten, aber auch das gerade Gegenteil.

Seelenheil wichtiger als Krankenpflege

Spuren eines Klosterspitals sind rar. Aus dem letzten Jahr der Jesuitenresidenz aber ist uns ein erschütterndes Zeugnis[61] der Frömmigkeit und zugleich der Hilflosigkeit gegenüber einer Seuche überliefert. Im gesamten Bericht wird nichts erwähnt, das wir als Stätte der Krankenpflege auffassen könnten, obwohl sie gerade da nötigst gebraucht worden wäre. Ich stelle es bewusst an den Schluss dieses medizinischen Abschnitts, der ursprünglich über ein Ebersberger Klosterspital handeln sollte: Zu Anfang des Jahres 1773 war es sehr kalt. Eine Vielzahl von Pilgern erkrankte an einer – nicht genau bestimmbaren – ansteckenden Krankheit. Vierzig zugleich litten an diesem „contagiosum malum". Welche Seuche dies war, lässt sich der Schilderung nicht entnehmen. Wahrscheinlich hatten die darüber schreibenden Jesuiten kein besonderes medizinisches Interesse. Dafür spricht die Ungenauigkeit der Befunde und der Verlaufsbeschreibung. Versuche einer anderen Behandlung als durch die Aussetzung des Heiltums sind zumindest nicht berichtet, also vielleicht von vornherein unterblieben. Die Jesuiten kümmerten sich um das Seelenheil der Kranken, trugen die Hirnschale des Heiligen Sebastian herum und spendeten denen, die nicht speien mussten, die heilige Kommunion. Jeden Tag mussten sie wenigstens einen Menschen begraben, bis die Seuche erlag. Die Umgebung Ebersbergs aber war von ihr verschont geblieben. Der Chronist begründete dies mit einem Gelübde zum Heiligen Sebastian.

Zum Ende des Menschenlebens

Das wohl als Inschrift an einem Karner gedachte Gedicht „Got richt nach dem rechten" [Gott richtet gemäß dem Recht] über ein Gebiet jenseits aller Heilkunde des 15. so gut wie des 21. Jahrhunderts in einer Ebersberger Handschrift[62] zeigt eine demütige Haltung, die freilich in einem Beinhaus leicht von allein aufkommen mag. Die frühneuhochdeutsche Gestalt des Gedichts hat nur an wenigen Stellen Erklärungen gebraucht.

„Got richt nach dem rechten
hie leit [liegt] der herr pey den knechten
merckhet alle menschen dapey,
welicher herr oder knecht sey.

Hye [hier] kan nyemant erlesen
welicher der reichest oder der ermst sej gewesen
o nu merckhet alle dapej
was unser leben sej.

Wir toten ligen hie in dem kernter [Beinhaus]
und niemant ist under euch der
chün [könne] erfinden welcher under
uns der gewaltigist ye wær.

Wann das ir da seyt [denn was ihr da seid] das waren wir
und daz wir da seyn [und was wir sind,] das werd auch ir
merckhet alle dabei
was ewr gut und ewr grossy gewalt sej."

Anmerkungen

[1] Frau Brigitte Schliewen hat mich bei einer Autorenbesprechung darauf aufmerksam gemacht, es müsse am Kloster Ebersberg auch ein Spital gegeben haben. Herr Bernhard Schäfer war bereit, mich darüber schreiben zu lassen. Frau Ingrid Golanski, Leiterin der Kreisdokumentation Ebersberg, hat mir die Bestände ihrer Sammlung ausgebreitet. Frau Dr. Rita Haub, Leiterin des Archivs der Oberdeutschen Provinz der Gesellschaft Jesu, hat mir bereitwillig die Schätze ihres Archivs gezeigt. Herr Franz Otter hat mir wieder einmal seine Bibliothek geöffnet. Meine Frau hat schließlich Korrektur gelesen. Ohne ihren je eigenen Beitrag wäre dieser Aufsatz nicht oder nicht in dieser Gestalt erschienen. Ihnen allen danke ich herzlich.

[2] „Die Wissenschaft ist der jeweilige Stand unserer Irrtümer", sagt mein Doktorvater Gerhard Pfohl. Schon morgen kann es anders sein, wenn mehr aufgefunden ist.

[3] Johann Andreas Schmeller zitierte die kirchliche Regel für das Jerusalemer Kreuzritterspital: „Daz vier arzt maister weise in deme spital (zu Jerusalem) sein". Siehe Schmeller, Johann Andreas: Bayerisches Wörterbuch, Bd. 1, T. I-II u. Bd. 2, T. III-IV, 2., vermehrte Ausg., München 1872-1877 (1827-1837), hier Bd. 1/I, Sp. 153 f. Gleich vier Ärzte mit Universitätsstudium sollten also dort dienen.

[4] Das Seelhaus, „von Jemand in remedium animae suae [zu seiner Seele Heil] für ärmere, unverehelichte Personen des andern Geschlechtes gestiftet, die, unter dem Namen Sêlnunnen, Sêlschwestern, Sêlfräuen, Sêlweiber in Gemeinschaft darin lebend, für die Abgeschiedenen zu beten hatten", war anscheinend wenigstens manchmal (nebenher?) auch zur Krankenpflege bestimmt: „Heutzutage nähren sich die Nürnb. Sêlnunnen mit weiblichen Arbeiten und Pflege von Kranken, und haben in den Sêlhäusern freye Wohnung, Holz und Licht". Siehe Schmeller (wie Anm. 3), Bd. 2/III, Sp. 256f. unter „Sel".

[5] Auch dauernde Wohnungen für Gebrechliche sind bekannt: „Der Kobel [...] 2) geringes Wohngebäude; [...] um Nürnberg sind vier Siechköbel, worinn alte Männer und Weiber unentgeltliche Kost und Wohnung haben". Siehe Schmeller (wie Anm. 3), Bd. 1/II, Sp. 1216.

[6] Schmeller (wie Anm. 3), Bd. 2/III, Sp. 213f. unter „siech": „feldsiech und sundersiech, ä. Sp. [ältere Sprache], mit einem unheilbaren, sich mittheilenden Uebel behaftet, und in abgesonderten Krankenanstalten unterhalten [...]. Das Siechhaus, Siechenhaus, gewöhnlicher Leprosenhaus, und sehr verschieden vom Krankenhaus [...]. siech [...] mit einer langwierigen, unheilbaren Krankheit oder Kränklichkeit behaftet [...]. Siechmaister, Siechprobst, Aufseher [...] eines Siechenhauses."

[7] Schmeller (wie Anm. 3), Bd. 1/II, Sp. 1496: „Der Lepros [...], ursprünglich: ein mit der Lepra Behafteter [...] für welche es bey den meisten Städten und Märkten abgesonderte Häuser (Leprosenhäuser) gab. Dieser Name dauert noch jetzt fort, bedeutet aber [...] gewöhnlich arme, bresthafte Personen überhaupt, die in einem ehmaligen Leprosenhaus von milden Stiftungen beysammen leben."

[8] Schmeller (wie Anm. 3), Bd. 1/I, Sp. 332 unter „Blâtter": „Wenn gewisse Spitäler, z. B. in Landshut, Augsburg, noch Blâtterhäuser genannt werden, so ist dieß wol von ihrer frühern Bestimmung für Personen, die mit der Venusseuche, ehmals auch unter dem Namen der Blâttern, la grosse vérole [die dicke Blatter], bekannt, oder ähnlichen Übeln behaftet waren." Hier wie im folgenden chirurgischen Haus hoffte man mit Grund, gebessert fortzugehen.

[9] Schmeller (wie Anm. 3), Bd. 2/III, Sp. 571 unter „Schneid-Arzt": „Der Schneid-Arzt, (ä. Sp.) Chirurg, welcher Brüche, Stein und Gries operierte. [...] (,So einer prosten ist <einen Bruch hat>, vnd sich lat sneiden, der thuet posleich [„böslich"] daran. Sodleich [sol-

che] menschen die lassen sich oft sneiden vnd chümpt käm der zechent [kaum der zehnte] davon [...])." Diese Warnung war nicht aus der Luft gegriffen. Freilich hatte die Chirurgie lange Zeit, ja, recht besehen noch heute, den Hemmschuh fortgesetzter Brüche der volksmedizinischen Überlieferung für keimwachstumshemmende und schmerzstillende Verfahren zu tragen. „Das Schneid-Haus, ä. Sp. In Augsburg außer dem Blatter- und Franzosenhaus wurde Sec. [seculo] XVI. [im 16. Jahrhundert] ‚ein aignes schneidthaus am Roßmarkt daselbst aufgericht, darein allein die brechhaften leut an allerley Brüchen curiert auch die am Stain geschnitten worden' [...]."

[10] Schmeller (wie Anm. 3), Bd. 1/II, Sp. 1496: „Der Lapp [...] 1) blödsinnige, taubstumme Person [...]. Unter den gemeinen Leuten [...] wird so ein Blödsinniger bestens gepflegt, weil er, als keiner Sünde fähig, von Mund auf gen Himmel fahre <wenn die Seele im Tod ihren Leib über den Mund verlässt> und für sie bitten könne." Mitleid ist hier gepaart mit der Erwartung eines Nutzens. Der „Lapp" aber genoss die Freiheit, in der gewohnten Umgebung zu bleiben. Nicht jeder psychisch Kranke galt als harmlos. Einem „Lappen-Spital" in Reichenhall standen „die Presôn, Presaun, la prison (mhd. [mittelhochdeutsch] prisûn [...]), Gefängniß [vielleicht ist wie das Wort auch die Sache erst aus dem Französischen übernommen worden] [...], Verwahrungs-Ort der Irren, Irren-Haus" (Schmeller, Bd. 1/I, Sp. 471) und „murren" (Schmeller, Bd. 1/II, Sp. 1642) gegenüber: „murren [...]. Murrmau, Murrkater, (Nürnb.) mürrischer, zänkischer Mensch; [...] Gefängniß im Hospital zum h. Geist, wo ehmals zänkische Spitalbewoner eingesperrt wurden."

[11] Siehe Sudhoff, Karl: Aus der Frühgeschichte der Syphilis, Handschriften- und Inkunabelstudien, epidemiologische Untersuchung und kritische Gänge, (Studien zur Geschichte der Medizin 9), Leipzig 1912.

[12] Auch wenn eine Vielfalt von Behandlungsversuchen nebeneinander immer gegen eine deutliche Überlegenheit der einen Behandlungsart über die anderen spricht, ist ein gänzliches Versagen aller damit nicht bewiesen. Immerhin werden Heilungen berichtet. Dabei können wir aber nicht sicher sein, jeweils mit derselben Krankheit zu tun zu haben.

[13] Ein Hinweis auf die Gefahr der Ansteckung, die gerade denen drohte und droht, die sich um Kranke kümmerten und kümmern, gleichgültig fast, ob sie hinter der Pestmaske dienten oder auf der modernsten Isolierstation beschäftigt sind, findet sich bei Schmeller (wie Anm. 3), Bd. 1/II, Sp. 1584: „malatsch, malatz, ä. Sp., krank, besonders aussätzig; ([...] aus mittellat. [mittellateinisch] malatus [...]). [...] ‚Swo ein pruder wurde malaz dem shol man den orden nemen und sein notdurft sunderlich geben von den prudern' [... so soll man ihn von der Ordenspflicht befreien und ihm gesondert ... geben, was er braucht]; Regel des Spitals zu Jerusalem [...]."

[14] So Artelt, Walter: Das Bauprogramm unserer medizinischen Fakultäten geschichtlich gesehen. Rede beim Antritt des Rektorats, (Frankfurter Universitätsreden 30), Frankfurt am Main 1963, S. 12: „An der Universität Leiden hat offensichtlich schon am Ende des 16. Jahrhunderts Jan van Heurne Hörer zu den ‚visitatien van crancken ende sieken in de gasthuisen' zugezogen." – Kranke wurden da noch im „Gasthaus" besucht, wo im heutigen Niederländischen für Spital „Ziekenhuis", Siechenhaus, gilt.

[15] Geht es uns heute wirklich so gut wie nie zuvor? Technischen Fortschritt haben wir mit der Verbreitung von Wohlstandskrankheiten erkauft. Woher kommen möglicherweise neue Krankheiten wie AIDS?

[16] Bewusst gebrauche ich den Ausdruck aus der in dieser Hinsicht wohl ähnlichen Verwertung der vormals verstaatlichten Vermögen in Mitteldeutschland.

[17] Bachmann, Wolf (Hg.): Johann Christoph von Aretin: Briefe über meine literarische Geschäftsreise in die baierischen Abteyen [12. März bis 29. November 1803], aus: Beyträge zur Geschichte und Literatur vorzüglich aus den Schätzen der pfalzbaierischen Centralbibliothek zu München, 9 Bde., München 1803-1809, München – Wien 1971, S. 156. In gestelzter Ausdrucksweise begründete er, warum er sich kaum mehr um die Schätze der Bibliotheken der folgenden Klöster scherte, die damit gleichwohl nicht verschont, sondern erst recht Raub, Diebstahl, Vernichtung oder sonstigem Frevel preisgegeben wurden.

[18] Ebd., S. 92f.

[19] Kostenzer, Otto: Notizen zu Vitus Auslasser und sein [!] Herbar von 1479, (Veröffentlichungen des Tiroler Landesmuseums Ferdinandeum 51), Innsbruck 1971, S. 87-97, hier S. 88f.

[20] Zils, W.: Neues aus Ebersbergs Chronik, in: Oberbayerische Heimatblätter 14 (1937), Nr. 2.

[21] Es fällt auf, dass der Schlafsaal in Holz errichtet wurde; bloß, weil es so üblich war oder aus gesundheitserzieherischer Einsicht?

[22] Hager, Georg: Aus der Kunstgeschichte des Klosters Ebersberg, in: Bayerland 6 (1895) S. 399-401, 413-416, 423-425, 435-439, 449-453, S. 436.

[23] Bayerisches Hauptstaatsarchiv (BayHStA), Jesuitica 1666/I, Nr. 92, datiert auf den „23. X^{ber} anno. 1777".

[24] BayHStA, Jesuitica 1666/I, Nr. 90, 91 u. 93.

[25] Persönliche Mitteilung des jetzigen Eigentümers des Hauses und Apothekers, Herrn Reinhard Lükens. Siehe hierzu auch Schäfer, Bernhard: Der Physikatsbericht für das Landgericht Ebersberg aus dem Jahre 1861, (Der Landkreis Ebersberg. Geschichte und Gegenwart 5), Stuttgart 1998, S. 23.

[26] So schreibt der nachmalige Verfasser des Bayerischen Wörterbuchs in seinem Tagebuch. Siehe Ruf, Paul (Hg.): Johann Andreas Schmeller, Tagebücher 1801-1852, 3 Bde., (Schriftenreihe zur bayerischen Landesgeschichte 47, 48 u. 48 a), München 1954-1957.

[27] Fraglich ist außerdem, was jeweils als „Pest" gilt. Für Verehrung und Anrufung des Heiligen kommt es darauf aber nicht notwendigerweise an. Deswegen reiße ich diese Betrachtung nur an.

[28] Die Abbildung wurde Sudhoff, Karl: Der Ulmer Stadtarzt Dr. Heinrich Steinhöwel (1420[*] -1482) als Pestautor, in: Ders. / Klebs, Arnold (Hg.): Die ersten gedruckten Pestschriften. Geschichtliche und bibliographische Untersuchungen, München 1926, S. 169-350 [zum Schluss fingierte Zählung; * im Inneren des Buches gibt Sudhoff jedoch als Steinhöwels Geburtsjahr 1412 an], Tafel XIV, entnommen. Das Original erschien im Wiegendruck ohne Ort (Ulm?) und Jahr. Siehe den Sammelband der Bayerischen Staatsbibliothek (BSB), Cgm 407, S. 537-595, S. 538.

[29] Siehe Kostenzer (wie Anm. 19), S. 87f. – Kostenzer hat nicht entdeckt, wann Auslasser geboren wurde und wann er starb. Als sicher gilt seine Herkunft aus einer begüterten Tiroler Familie.

[30] Behling, Lottlisa: Die Pflanze in der mittelalterlichen Tafelmalerei, Weimar 1957, S. 85-100: Exkurs: Pflanzendarstellungen in dem handschriftlichen illustrierten Herbarius des Vitus Auslasser von 1479 und in der Inkunabel des Mainzer Gart der Gesundheit von 1485, hier S. 87.

[31] „Der Harn junger Frauen ist hell und durchsichtig". – Die Stelle wird fortgesetzt mit „ob sew anders gasund sind [sofern sie gesund sind]. Sind sy aber kranckh oder habent ir recht [oder in der Zeit der Regelblutung] So ist der harm auch darnach verkert [entsprechend verändert]". BSB, Clm 5931, Ebersberg 15. Jahrhundert, fol. 198^V. Dies mutet in seiner klug einschränkenden Allgemeingültigkeit hippokratisch an.

[32] Siehe Wüthrich, Walter: Die Harnschau und ihr Verschwinden, Diss., Zürich 1967.

[33] BSB, Clm 5931, Ebersberg 15. Jahrhundert, fol. 198^r-204^V.

34 Ebd., fol. 198^r.
35 Der Begriff des „Fiebers" ist in der Volksmedizin deutlich breiter als in der heutigen Schulmedizin. Siehe Grabner, Elfriede: Grundzüge einer ostalpinen Volksmedizin, (Sitzungsberichte der Österreichischen Akademie der Wissenschaften, Philosophisch-historische Klasse 457, zugleich Mitteilungen des Instituts für Gegenwartsvolkskunde 16) Wien 1985, hier besonders S. 16-38.
36 BSB, Clm 5931, Ebersberg 15. Jahrhundert, fol. 198^r.
37 BSB, Clm 5954, Ebersberg 15. Jahrhundert (?), fol. 165.
38 So Lichtenthaeler, Charles: Geschichte der Medizin, Bd. 1, 3. Aufl., Köln 1982, S. 254.
39 BSB, Clm 5954, Ebersberg 15. Jahrhundert (?), fol. 165^r.
40 Ebd., fol. 165^v.
41 Kant, Immanuel: Beantwortung der Frage: Was ist Aufklärung ? [S. Decemb(er) 1783. S. 516.], in: Gedike, F(riedrich)/Biester, J(ohann) E(rich) (Hg.): Berlinische Monatsschrift, Bd. 4., Julius bis December 1784, Zwölftes Stük, December, Berlin 1784, S. 481-494, hier S. 481.
42 BSB, Cgm 357, Ebersberg 3. Viertel des 15. Jahrhunderts (1463?), fol. 245^v-256^r.
43 Ebd., fol. 245^v.
44 Ebd., fol. 246^{r-v}.
45 Ebd., fol. 249^r.
46 Ebd., fol. 249^v.
47 Ebd., fol. 256^r-265^r.
48 Ebd., fol. 256^r.
49 Ebd., fol. 265^r.
50 Ebd., fol. 265^r.
51 Unabläßiger Gnaden-Schutz Deß Gut- und Wunderthätig- Heilligen Helden- und Martyrers Sebastiani Zu Ebersperg in Bayrn / Wider die Pest / und allerley Kranckheiten / Von erster Orths-Stifftung an / biß auf jetzige Zeit fortgesetzet / Auß dem Latein mit kurtzem Begriff in das Teutsch zusamm gezohen Von einem Priester der Gesellschaft JESU. Mit Erlaubnuß der Oberen / Und Chur-Bayrischen Freyheit, München 1715, S. 238.
52 Ebd., S. 270f.
53 Es gibt auch „kalte Fieber". Siehe Grabner (wie Anm. 35), besonders S. 16-38.
54 Hautausschlag von Flohstichgröße bis zu Pestkarbunkeln, auch das begleitende Fieber, nach Höfler, M[ax]: Deutsches Krankheitsnamen-Buch, München 1899, S. 462.
55 Der Arme.
56 Geisteskrankheit.
57 Ein unscharfer Sammelbegriff für Krämpfe wie Epilepsien, aber auch Angstzustände.
58 Krankhafte Ansammlung von Flüssigkeit, zum Beispiel Eiter, gleich, ob sie sich entleert oder bleibt. Pestbeulen tragen oft diesen Namen.
59 Dies möglicherweise gerade wegen des Martyriums des Hl. Sebastian, der den Verwundungen durch in seinen Leib geschossene Pfeile nicht erlag.
60 Anscheinend war für den anonymen Verfasser 1715 der Krankheitsbegriff viel weiter als heutzutage für uns, wenn er nicht nur die „Verzweifflung", sondern auch „Erfindung deß Verlohrnen" (hier vielleicht Vergesslichkeit als Leistungsschwäche aufgefasst) und sogar „Feurs-Brunsten" umfasste.
61 Aus den Annales [Jahresberichten] Collegii Monachensis im Münchner Archiv der Oberdeutschen Provinz der Gesellschaft Jesu, Mscr. I.46, 722:
„*Illud autem cum primis exercendo charitatis [!] tempus apud nos fuit oportunissimum [!], quod per omnem late viciniam revera erat pestiverum [!]. Contigit enim, ut eodem tempore vel in uno oppidulo nostro quadragenis plures contagioso malo simul laborarent. Sed quantum mali crescebat vis, tantum quoque se dilataverat Nostrorum caritas, dum quo corpora in tanta annonae charitate, dum quo animarum selecti profutura erant, larga stipe tribus simul in locis multo tempore erogata, majore tamen adhuc sollicitudine in bonum miserorum spirituale, diu [!] noctuque junctis viribus impensa. Accivit ea cura tribus ultimum vitae discrimen; quod tamen, quia pluribus adhuc agendis, patiendisque destinati, evaserunt. Fuit autem in ista temporum calamitate efficax praeprimis S. Sebastiani patrocinium. Cum enim tanta ante ubique circum esset strages, ut per omnem fere Januarium mensem quotidiana vel Ebersbergae solum efferentur funera, mox ut in solenni supplicatione extra Templi ambitum circulatum est D. Martyris cranium, contagionis violentia fuit repressa. Quin pagus quidam, cum vicinia omnis malo isthoc infamis erat, facto ad S. Patronum nostrum voto integer permansit.*"
62 BSB, Clm 5893, Ebersberg 15. Jahrhundert, fol. 349^v.

Abbildungsnachweis
Bayerische Staatsbibliothek, München: Abb. 2-5.
Wolfgang Beer, Grafing: Abb. 1.

Elisabeth Weinberger

Von der Natur- zur Kulturlandschaft? – Die Landwirtschaft in der Ebersberger Klosterhofmark

Die Fragestellungen einer klassischen Agrargeschichte gelten in der Regel den Lebensbedingungen der bäuerlichen Bevölkerung, den Strukturen des dörflichen Zusammenlebens, der Wirtschaftsweise – Viehzucht und Ackerbau inklusive der bekannten Nutzpflanzen – sowie dem Ertrag, dem Einkommen der Bauern und dem Verhältnis zwischen Grundherrn und Grunduntertanen. Die Geschichtswissenschaft kann nur einen Teil dieser Fragen beantworten, ein möglichst vollständiges Bild ergibt sich erst aus dem interdisziplinären Zusammenwirken von Geschichtswissenschaft, Siedlungsgeographie, Volkskunde und Archäologie, wobei Letztere vor allem für die Frühgeschichte und das Mittelalter relevant ist.[1] Aufgabe der Geschichtswissenschaft ist es dabei, aus der schriftlichen Überlieferung der Urkunden, Güterbeschreibungen, Urbare, Gültbücher und Stiftregister den Güterbestand eines Grundherrn sowie die Abgaben und Verpflichtungen der Bauern zu ermitteln und auszuwerten. Hofrechte, Weistümer und Dorfordnungen ergänzen die Überlieferung und geben Hinweise auf die wirtschaftliche, soziale und rechtliche Stellung der dörflichen Bevölkerung.[2] Aus den Erfordernissen der einzelnen Grundherrschaften erwachsene Spezialregister und -rechnungen, wie im Falle des Klosters Ebersberg, wo die Nutzung des Forstes auch für die Landwirtschaft eine bedeutende Rolle spielte, Dechelregister und -rechnungen, vervollständigen das Bild.

Der vorliegende Beitrag möchte sich abweichend davon vor allem den Fragen der bäuerlichen Wirtschaftsweise, also der Landwirtschaft im engeren Sinn widmen.[3] Probleme des ländlichen Alltags und des Zusammenlebens in der Klosterhofmark werden in weiteren Beiträgen des Bandes thematisiert. Aus Gründen der Vereinfachung werden im vorliegenden Beitrag die in der Landwirtschaft tätigen Grundholden des Klosters Ebersberg

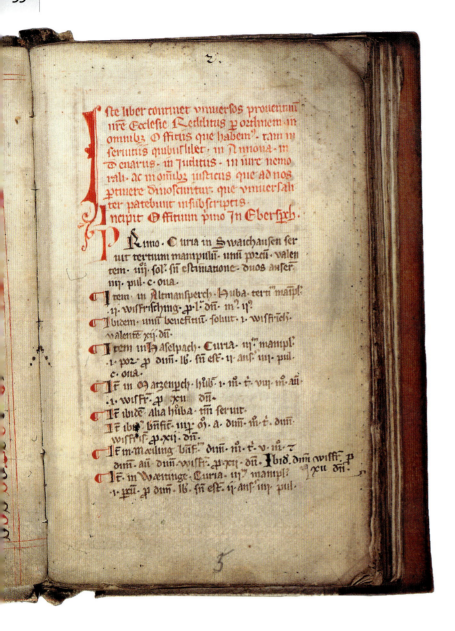

Abb. 1:
Im 14. Jahrhundert erfasste das Kloster Ebersberg die von den Grunduntertanen zu leistenden Abgaben in einem Sal- und Gültbuch.

schaftlichen Strukturen wie der Grundherrschaft und mit den landwirtschaftlichen Wirtschafts- und Bodennutzungsformen wie der Dreifelderwirtschaft vertraut zu machen. Im Falle Ebersbergs ist auch die landwirtschaftliche Nutzung des Ebersberger Forstes in Form des Dechels, der Waldweide und des Laubrechens zu berücksichtigen. Diese Faktoren bestimmten den Rahmen, in dem sich der Einfluss des Klosters entfalten konnte und lassen die Grenzen der aktiven Einflussmöglichkeiten erkennen.

Während das Kloster auf die Bodenbeschaffenheit kaum und auf das Klima keinen Einfluss nehmen konnte, war es als Grundherr durchaus in der Lage, die von den Grunduntertanen stetig und unstetig zu leistenden Abgaben zu variieren und damit auf die Lebens- und Wirtschaftsweise einzuwirken. Im Rahmen der Grundherrschaft hatte das Kloster außerdem die Möglichkeit landwirtschaftliche Innovationen aufzugreifen und zu fördern. Andererseits konnte es aber auch den Bemühungen der Grunduntertanen um Verbesserung der Bodenqualität, Steigerung des Ertrags und Reform der Wirtschaftsweise gleichgültig bis ablehnend begegnen. Im Rahmen des vorliegenden Beitrags gilt es daher auch zu untersuchen, ob ein Wechsel des Ordens, dem das Kloster Ebersberg zugehörig war, auch einen erkennbaren Einschnitt in der Wirtschaftsweise nach sich zog.

Quellenlage, Methodik und Zielsetzung

Die Überlieferung des Klosters Ebersberg umfasst reiches Urkundenmaterial und eine größere Anzahl von Amtsbüchern und Akten aus dem Bereich der grundherrlichen Verwaltung, die Rückschlüsse auf die Wirtschaftsweise des Klosters und der grunduntertänigen Bauern gestatten. Die Auswertung des Urkundenbestandes, der eine Vielzahl von Kaufbriefen enthält, böte unter anderem auch die Möglichkeit die Mobilität der bäuerlichen Bevölkerung zu untersuchen und die Frage nach deren Ursache zu stellen sowie den Bemühungen, ihren Grundbesitz durch den Erwerb weiterer Parzellen zu arrondieren, auf die Spur zu kommen. Diese Punkte können in dem vorgegebenen knappen Rahmen jedoch nicht dargestellt werden.

Angefangen bei Stift- und Gültbüchern vom 14. bis zum 17. Jahrhundert, (Abb. 1) wobei die Zahl der weniger aussagekräftigen Stiftbücher bei weitem überwiegt, bis hin zu Briefprotokollen und dickleibigen Aktenfaszikeln aus dem späten 18. Jahrhundert über die Aufteilung des Ebersberger Gemeindewaldes, der „Gmain", und die Kultivierung der zahlreich vorhandenen Moosgründe

durchwegs als Bauern bezeichnet. Die in einer vormodernen Dorfgemeinschaft übliche Unterscheidung zwischen Bauern als Beständern auf ganzen Höfen, Huben und Lehen einerseits und Söldnern – Inhabern von Achtel- und Sechzehntelhöfen bis hin zu Leerhäuslern – als Angehörigen der unterbäuerlichen Schicht andererseits, wird hier nicht berücksichtigt.[4] Ebenfalls aus Gründen der Vereinfachung und Einheitlichkeit wird Ebersberg durchgängig als Kloster bezeichnet, obwohl die korrekte Bezeichnung für die Chorherren-Phase Stift, für die benediktinische Abtei, für die jesuitische Residenz und für die maltesische Kommende wäre.

Um den Einfluss des Klosters Ebersberg auf die Landwirtschaft der Umgebung beurteilen zu können, ist es notwendig, sich mit den natürlichen Voraussetzungen wie der Bodenbeschaffenheit und dem Klima, mit den gesell-

und einmähdigen Sauerwiesen ist das bäuerliche Leben auf Papier und Pergament festgehalten.

Lückenhaft ist dagegen die Überlieferung von Rechnungen und Registern. Im Wesentlichen sind Spezialrechnungen wie Dechelrechnungen, Wein- und Fischrechnungen sowie Getreide- und Dechelregister vorhanden. Kaum fassbar sind auch die von den Bauern an den Grundherrn zu leistenden Abgaben, da für die Zeit vor 1500 kein Urbar- oder Salbuch, das die Größe der einzelnen Hofstellen und die daran haftenden Abgaben und Dienste verzeichnen würde, überliefert ist.[5]

Auskunft über die Größe der Hofstellen, die Menge des über den Winter gefütterten Viehs, die Größe der bewirtschafteten Flächen und die Höhe der dem Grundherrn zu leistenden Gült geben die Steuer- und Grundbeschreibungen des 17. und 18. Jahrhunderts sowie die zu Beginn des 19. Jahrhunderts angelegten Kataster. Für die Alte und Neue Hofmark Ebersberg, die Besitzungen in Tegernau, Eichbichl und Möschenfeld sowie für die einschichtigen Untertanen in den Landgerichten Schwaben, Erding, Kling und Wolfratshausen existieren 1631 und 1671 angefertigte Grund- beziehungseise Steuerbeschreibungen. Der Viehbestand in der Hofmark Ebersberg ist in den Steuerregistern der letzten zehn Jahre des 16. Jahrhundert festgehalten.

Diese Quellen erlauben anders als Zehntregister keine Hochrechnungen auf den Gesamtertrag der Hofstellen, da nicht erkennbar ist, in welchem Verhältnis die überlieferten Abgaben zum Gesamtertrag standen, zudem waren die meisten der Abgaben in Geld umgewandelt. In einigen wenigen Fällen, in denen zusätzlich die Menge des benötigten Saatguts vermerkt ist, kann der Ertrag errechnet werden. Die Verallgemeinerung dieser Ergebnisse auf alle Hofstellen vergleichbarer Größe ist jedoch problematisch und birgt die Gefahr eines verzerrten Bildes. Die Erstellung langer Reihen, aus denen sich eine Entwicklung ableiten ließe, ist mit den überlieferten Quellen nicht unmittelbar möglich. Die nach 1631 angefertigte, vollständig überlieferte Beschreibung des Grundbesitzes des Kloster Ebersberg[6] bietet jedoch, da sie eine ganze Reihe von Informationen über die bäuerliche Lebens- und Wirtschaftsweise enthält, die Möglichkeit, die unter dem Einfluss des Klosters praktizierte Landwirtschaft in einem Querschnitt zu beleuchten. (Abb. 2) Die Darstellung der dazu notwendigen sorgfältigen Analyse und der sich daraus ergebenden Einzelfakten würde jedoch den Rahmen des vorliegenden Beitrags sprengen. Zur Erhellung der bäuerlichen Lebens- und Wirtschaftsweise ist die punktuelle Auswertung und Analyse durchaus ausreichend.

Anhand der Güterbeschreibungen lassen sich Größe, Aussehen, Grundbesitz, Viehbestand sowie Rechte und Pflichten einzelner ausgewählter Hofstellen zeigen. Abgerundet wird das Bild durch Informationen aus dem Aktenbestand der grundherrlichen Verwaltung des Klosters Ebersberg. Von Interesse sind dabei auch die Fragen nach der Rolle des Ebersberger Forstes für die Landwirtschaft in der Umgebung, nach der Ebersberger Eigenwirtschaft, zu der auch die Teichwirtschaft gehörte, und nach den negativen Auswirkungen des Wildbestandes für die Landwirtschaft.

Ziel des vorliegenden Beitrages ist es vor allem, dem Nicht-Agrarhistoriker die Landwirtschaft in der Vormoderne nahe zu bringen sowie Fakten und Probleme zu veranschaulichen, die heute nicht mehr wahrgenommen werden, beispielsweise die Verzahnung von Ackerbau

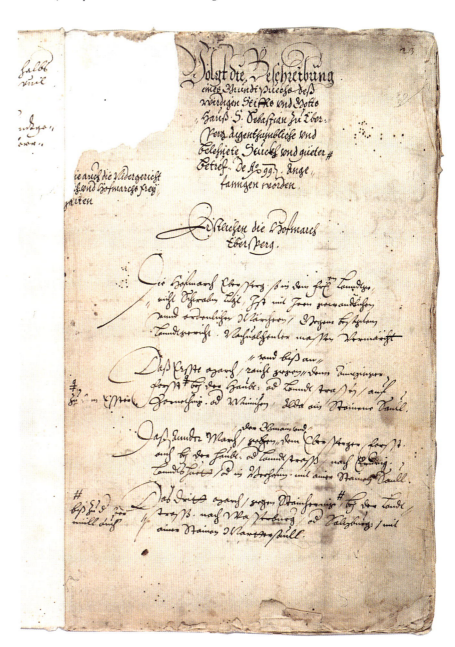

Abb. 2:
Titelseite der 1599 angefangenen Güterbeschreibung der Alten Ebersberger Hofmark.

und Weidewirtschaft, von Land- und Forstwirtschaft und auch die mangelnde Bereitschaft vieler Bauern, sich auf Neuerungen einzulassen.

Natürliche Voraussetzungen: Relief – Bodenbeschaffenheit – Klima

Die Oberflächengestalt des heutigen Landkreises Ebersberg respektive des vormaligen Landgerichts Schwaben, das die Hofmark Ebersberg einschloss und in dem ein Großteil der einschichtigen Güter des Klosters lagen, geht auf die Gletschertätigkeit der vorgeschichtlichen Eiszeiten zurück.

Grundsätzlich zerfällt der Landkreis in einen nordwestlichen, weniger fruchtbaren und in einen südöstlichen, fruchtbaren Teil. Das Vordringen und Zurückweichen von Gletschern formte im südöstlichen Bereich des Nordwestteiles End- und Altmoränenwälle. Vor allem auf den Altmoränenwällen lagert eine mächtige Decke von Verwitterungslehm. Hier findet die Landwirtschaft günstige Voraussetzungen.[7] Nordwestlich dieser beiden Wälle schließt sich eine in der Würmeiszeit entstandene Schotterebene an. Dieses Gebiet weist gering mächtigen Boden auf und ist weitgehend mit Wald bestanden. Gegen Norden zu nimmt die Stärke der Schotterdecke ab, der Grundwasserspiegel steigt dadurch an und begünstigt die Entstehung von Mooren und Bächen.[8]

Der südöstliche Teil des Landkreises Ebersberg weist in Folge des mehrmaligen Vordringens und Zurückweichens eiszeitlicher Gletscher eine Vielzahl von Erscheinungsformen auf. Wälle, Mulden, Terrassen und Toteiskessel gestalten die Landschaft abwechslungsreich, erschweren jedoch die landwirtschaftliche Nutzung. Die Bodenbeschaffenheit ist auf Grund des Gletscherflusses tonhaltig, kalk- und mineralstoffreich. In den Bereichen, in denen die Gletscher den Untergrund tief ausschürften und voreiszeitlichen wasserundurchlässigen Flinzmergel anschnitten, sind die Talböden feucht, moosig und sumpfig. Die Entwässerung der Täler erfolgt durch die nach Süden und Südosten fließenden Flüsse und Bäche Glonn, Moosach, Attel und Rettenbach.[9]

Insgesamt weisen die Altmoränen in den Gemeinden Anzing, Markt Schwaben, Pliening, Vaterstetten, Zorneding, Forstinning und Hohenlinden tiefgründigen, fruchtbaren Lösslehmboden auf. Die Schotterebene ist dagegen mit einer geringer mächtigen Bodenschicht bedeckt. Das Gebiet südlich der Linie Egmating – Kirchseeon – Steinhöring weist wechselnde Bodenverhältnisse, überwiegend jedoch sandigen Lehmboden auf. Die Tallagen entlang der Flüsse und Bäche bestehen weitgehend aus Niedermooren.[10]

Das Klima des Ebersberger Raumes ist durch die Nähe der Alpen bestimmt. Die Niederschläge nehmen nach Süden zu. Sie betragen bei Pliening, Gelting, und Markt Schwaben weniger als 900 Millimeter jährlich, bei Ebersberg 1.000 Millimeter pro Jahr und südlich Glonns mehr als 1.100 Millimeter im Jahresdurchschnitt. Der südöstliche Teil des Raumes weist mit weniger als 1.000 Millimeter jährlich wiederum eine geringere Niederschlagsmenge auf, was auf die aus dem nahegelegenen Inntal kommenden trockenen Föhnwinde zurückzuführen ist.[11] Zwei Drittel der Niederschläge fallen in der sommerlichen Wachstumsperiode.

Die mittlere Jahrestemperatur beläuft sich auf 7 Grad Celsius. Die Sommermonate können mit Monatsmitteln zwischen 12 und 16 Grad Celsius als warm gelten.[12] Diese Werte müssen für die als kleine Eiszeit bezeichnete Epoche zwischen 1560 und 1780 jedoch geringfügig nach unten korrigiert werden. Die Winter dürften kälter und die Sommer kühler und feuchter gewesen sein. Die Anzahl der Frost- und Eistage beträgt im Jahresdurchschnitt 130, die ungünstigen Moorlagen kommen wegen der häufigen Früh- und Spätfröste auf höhere Werte.[13] Ausreichende Niederschlagstätigkeit, vor allem in Verbindung mit warmen Temperaturen, ist dem Wachstum zwar förderlich, in der Erntezeit jedoch hinderlich.

Insgesamt lässt sich daraus folgern, dass für die Gründung des Klosters Ebersberg, das zum Zentrum einer Grundherrschaft wurde, die in monastischer Tradition auf die Selbstversorgung aus der unmittelbaren Umgebung angelegt war, nicht günstige geographische und klimatische Voraussetzungen ausschlaggebend waren. Maßgeblich waren wohl das Zusammentreffen von Handelsstraßen und die Burg der Grafen von Sempt, die das Kloster in der ersten Hälfte des 10. Jahrhunderts stifteten.

Gesellschaftliche Strukturen: Grundherrschaft und Hofmark

Die Grundherrschaft als Herrschaft einer ökonomisch privilegierten Gruppe mit politischem Einfluss über eine Gruppe, die diese Merkmale nicht aufwies, trat im Ebersberger Raum an der Wende vom 7. zum 8. Jahrhundert auf und bildete sich im Laufe des Früh- und Hochmittelalters aus.[14] Die Grundherrschaft war demnach mehr als eine bloße Wirtschaftsform; für die herrschende Schicht bedeutete sie Ausübung von Herrschaftsrechten, für die grunduntertänigen Bauern bestimmte sie jedoch tatsächlich als Wirtschaftsform die gesamte bäuerliche Lebens- und Wirtschaftsweise.

Kennzeichen der Grundherrschaft war die Konzentrierung des Grundbesitzes in den Händen einiger weniger Grundbesitzer, die ihn zur Bewirtschaftung an abhängige Grundholden ausliehen. Die Grunduntertanen bewirtschaftete den ihnen mittels Grundleihe überlassenen Boden entweder in mehr oder weniger großer Selbständigkeit und leistete dem Grundherrn jährliche Abgaben in Form von Naturalien und Frondiensten, man spricht in diesem Fall von Rentenwirtschaft, oder sie bearbeitete den in der Eigenwirtschaft des Grundherrn konzentrierten Grund als abhängige Hintersassen ohne unternehmerische Eigenverantwortung. Im Falle Ebersbergs wurde den grunduntertänigen Bauern Grund und Boden gegen jährliche Stift- und Gültzahlungen ausgeliehen; daneben betrieb das Kloster eine Eigenwirtschaft, für deren Bewirtschaftung die Bauern Scharwerksdienste leisten mussten.

Wurde die Grundherrschaft wie im Falle des Klosters Ebersberg in Form der Rentenwirtschaft ausgeübt, so erhielten die Grunduntertanen die Hofstellen als Bestände übertragen. Die gängigen Leiheformen der Grundherrschaft waren Herrengnad, Freistift, veranleitete Freistift, Leibrecht und Erbrecht. Daneben gab es noch die Form der Neustift, die eine Erneuerung des Leihevertrags im Todesfall des Grundherrn nach sich zog. Diese Leiheform trat auch in Kombination mit der Freistift auf. Von den genannten Leiheformen war die Herrengnad mit Abstand die für den Grunduntertanen, den Bestände, ungünstigste. Er konnte keinerlei Rechte gegen den Grundherrn geltend machen und war vollkommen von dessen Willkür abhängig. Der Grundherr konnte den Bestände jederzeit und ohne Begründung abstiften. Die Freistift war in der Regel auf ein Jahr beschränkt und musste am Stifttag erneuert werden. Der Grundherr konnte den Bauern nur bei grober Verletzung der sogenannten Baumannspflichten vertreiben. Dies war gegeben, wenn der Grunduntertan die Hofstelle verfallen oder die Felder verwahrlosen ließ. Eine Besserung der Freistift war die sogenannte veranleitete Freistift; es handelte sich dabei der Form nach um Freistift, tatsächlich erwarb der Bestände jedoch durch die Einweisung in das Gut, die sogenannte Anleit, einen einklagbaren Rechtstitel; damit rückte die veranleitete Freistift in die Nähe zum Erbrecht. Das Leibrecht hieß für den Bestände die Nutzung auf Lebenszeit. Vielfach wurde die Leihe auf mehrere Leiber ausgedehnt, meistens auf die Ehefrau und die Nachkommen des Beständes. Hanns Christoph Hobarth, Schmid zu Ebersberg, beispielsweise „hauste auf seines Eheweibs Leibgeding".[15] Dies brachte eine langfristige Sicherheit mit sich. Abstiftung war nur im Fall einer schweren Pflichtverletzung möglich. Die Person, auf deren Leib, sprich Lebenszeit, eine Hofstelle verliehen wurde, musste nicht zwangsläufig zur Familie gehören. In der Ebersberger Grundherrschaft gaben bei der Steuerbeschreibung von 1671 zahlreiche Bestände an, Leibrecht auf den Leib einer nicht verwandten Person innezuhaben. Wolf Dinnzenauer gab an, er „habe der Barbara Mosnerin Leibgeding zu ersizen".[16] War die Person, an deren Leben, das Leibrecht oder Leibgeding haftete, bereits in fortgeschrittenem Alter, hatte das Leibrecht einen geringen Wert, da im Todesfall um die mit Laudemien verbundene Neuverleihung nachgesucht werden musste. Martin Rottpaur aus Ebersberg setzte bei der Steuererhebung den Wert seines Gütls, das er „auf Georgen Mittermayrs Leibgeding" innehatte, gering an, „weil der ersizende Leib alt sey";[17] ebenso schätzte Georg Meisl aus Ebersberg sein Gut, das er auf das Leibgeding der Maria Mayrin besaß, als gering ein, „weilen des alten weibs Leib nit vill mehr werth" sei.[18]

Die für den Bestände vorteilhafteste Leiheform war das Erbrecht. Die Hofstelle vererbte sich von einer Generation auf die nächste. Dem Leibrecht vergleichbar, war Abstiftung nur bei grober Verletzung der Baumannspflichten möglich. Allerdings waren auch hier bei einem Besitzwechsel Laudemien zu leisten.

Leib- und Erbrecht nahmen im ausgehenden Mittelalter zu und lösten die Freistift sukzessive ab. In der Klostergrundherrschaft Ebersberg scheint dieser Prozess zeitlich verzögert stattgefunden zu haben. Nach der Grundbeschreibung von 1631 war ein Großteil der Hofstellen um diese Zeit noch freistiftsweise vergeben. Betroffen waren vor allen Dingen die Sölden in Ebersberg selbst.[19] Ein Teil der einschichtigen Güter besaß dagegen bereits das bessere Leibrecht. Den „Grundtmair Hof zu Grundt, Inninger Pfarr und Schwaber Landgerichts" beispielsweise bewirtschafteten Hans Espaumer und seine Frau Margareth zu Leibgeding. Ebenfalls auf Leibrecht waren die einschichtigen Güter in Frankendorf und Hub, Landgericht Erding, oder der Widenhof in Öxing verliehen.[20] Nach der Steuerbeschreibung von 1671 waren die auf Freistift vergebenen Sölden zwischenzeitlich fast ausnahmslos in Leibrecht umgewandelt worden.[21]

Unabhängig von der Leiheform war jährlich am Stifttag, 1601 wurde er am 16. Oktober, an Sankt Gallustag, abgehalten, die Stift als Anerkennung des Leiheverhältnisses zu bezahlen. Sie betrug in der Mitte des 17. Jahrhunderts ohne Ansehen der Hofgröße zwölf Pfennige.[22]

Die eigentliche Abgabenlast aus der Hofstelle an den Grundherrn waren die sogenannte Gült und der Küchendienst. Ursprünglich hatte der Bestände dem Grundherrn aus seinem Grund und Boden Naturalgülten zu entrichten. Bereits im Mittelalter wurden diese Abgaben in Geldzahlungen umgewandelt. Die Höhe der grundherrlichen Abgaben errechnete sich aus der Hofgröße. Die Söldner in der alten Ebersberger Hofmark zahlten in

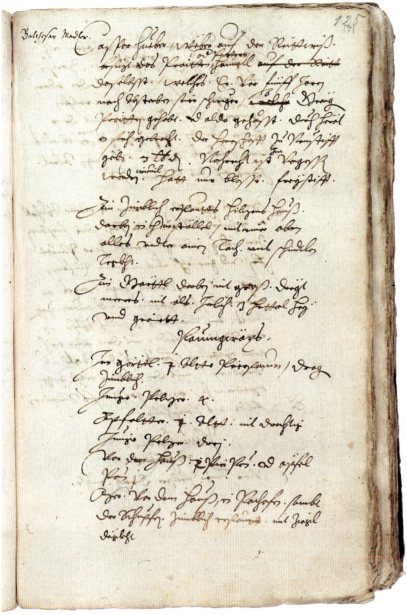

Abb. 3:
Beschreibung des von Caspar Hueber bewohnten Hauses und des Baumbestandes in seinem Garten.

zusammensetzten.[25] Der Hueber zu Hueb, Landgericht Erding, zahlte 51 Kreuzer und 3 Heller Grundgült sowie 3 Kreuzer und 3 Heller Stiftgeld. Als Küchendienst gab er 100 Eier im Wert von 34 Kreuzern, 2 Hellern, 2 Käse im Wert von 1 Kreuzer, 1 Heller, 4 Hühner im Wert von 20 Kreuzern, 2 Gänse im Wert von 30 Kreuzern und 2 Stifthennen, ebenfalls im Gegenwert von 20 Kreuzern. Als Getreidedienst hatte er 3 Scheffel Korn und 3 Scheffel Hafer nach dem Ebersberger Kastenmaß abzugeben.[26] Zu den grundherrlichen Abgaben kamen vielfach noch gerichts- und leibherrliche Abgaben sowie der Zehnt. Das Kloster Ebersberg erhielt gerichtsherrliche Abgaben ursprünglich von seinen Hofmarksuntertanen, ab 1557 mit Verleihung der Edelmannsfreiheit auch von den einschichtigen Gütern. Nur ein kleiner Teil der Grundholden war leibeigen und hatte auch Leibgeld zu entrichten.

Besagter Huber von Hub im Erdinger Landgericht hatte eine stattliche Liste von gerichtsherrlichen Onera zu leisten. Die Grundbeschreibung aus dem 17. Jahrhundert listet folgende Verpflichtungen auf:

„Vorsthabern wegen der behilzigung 2 mezen
Dem vorstmeister propstkhorn $^{1}/_{2}$ mezen, dan zwo roggengarben, zu Michaelis zwei und Ostern drey eyer, dem Vorstknecht zu Inning, wan er das Fueter samblet $^{1}/_{2}$ mezen
Der Zehent geheren die zwei thail dem bischoff von Freysing nacher Burkhrain, welcher der zeit den 2 Dazinger paurn zu ihren guettern verstifft, der drit thail dem pfarrer zu Puech, welcher in allen drey veldern vast auf einer Joch Ackhers den Zehent ganz und allain hat. Item ihme Pfarrer zu Khürchweich zwei Hauslaib Prodt.
Dem gesellpriester 4 Gesellengarben als 2 von unverthailten Zehent und zwo von seinem stock, an Gesellengelt 2 kr sambt dem gesellen haabern, vierling aines mezens.
Auf den Churfürstlichen Casten Landshuet jährlich leib- oder rauchgelt, so auf den guetern ligt, 7 kr, welches der Ambtman zu Reithoven einbringen mueß.
Der Landobrigkeit zu Ärding jerlich 1 fasnacht hennen, dem Mesner von Puelach 2 leitgareb, ain vom Zehent, die andere von seinem stockh.
Dem Gerichtsambtman zu Reithoven sameltraidt 2 vierling khorn, 1 Vierling habern.
Scharwerckt sowoll im Landtgericht als der Grundtherrschaft. Im Landtgericht etlich jar her nur ainmal, alda sie traidt von Landhuet nach München oder Wasserburg

etwa zwischen einem und sechs Gulden Gült an ihren Grundherrn. Vergrößerte ein Bauer sein Anwesen durch den Erwerb einer Parzelle, so war für dieses Landstück eine gesonderte Grundgült zu entrichten. Veith Probst, Söldner im 1. Viertel der Ebersberger Hofmark „ist ain wißfleckh gelassen worden, auf der hertgassen, so für liedlschmidt aufgangen an die gmain, $^{1}/_{4}$ joch ackherl darauf gemacht, gibt darvon jarlich gildt 6 schilling denarii".[23] Caspar Hueber, Weber im 2. Viertel der Hofmark gab dem Kloster Ebersberg für den Garten, den er als Acker nutzte, 5 Schilling Gült.[24] (Abb. 3)
Die größeren einschichtigen Höfe hatten höhere Summen zu zahlen, die sich aus mehreren Einzelposten

gefuehrt, spannen 4 Hueber zusammen, woll auch nur zwen, nach dem man vill fuehren braucht.
Dem Pfleger zu Ärding füert er und Ruepl mit einander zugleich 1 Fueder holz aus dem Ebersperger Vorst nachher Arding. Er und Ruepl spannen gleich zusamen wan sie der Grundtherrschaft scharwerken muessen." [27]

Neben Natural- oder Geldabgaben leisteten die Ebersberger Grunduntertanen – wie bereits erwähnt – Hand- und Spanndienste. Das Kloster als Grundherr forderte diese Dienste nach Bedarf ein; Bauern, die Pferde besaßen, mussten diese zu Fuhrdiensten zur Verfügung stellen. Georg Kümpfler, Bestander auf dem Knoglergut, war nach der Grundbeschreibung von 1631 „mit der Scharwerch dem gotshaus so offt ime gepotten wirdt, mit fahren schuldig, da man auch im Hoffanger hey recht, ain person schuldig zu schicken".[28] Die Formel „so offt ime gepotten wirdt" findet sich in beinahe allen Einträgen der Ebersberger Grundbeschreibung. Für die grunduntertänigen Bauern bedeutete dieses sogenannte ungemessene Scharwerk, bei dem die Zahl der Tage, an denen sie ihre Arbeitskraft und gegebenenfalls auch die ihres Zugviehs dem Eigengut des Grundherrn zur Verfügung stellen mussten, nicht festgelegt war, eine große Belastung. Zwar wurden sie während ihres Aufenthaltes auf dem Herrenhof verpflegt und erhielten auch ein geringes Entgelt, die Arbeit auf den eigenen Feldern ruhte jedoch in dieser Zeit. Im Ebersberger Raum, in dem die Zahl der Nebel- und Schlechtwettertage auch im Sommer hoch war, konnte dies fatale Folgen haben. Ging mit dem Ende der Arbeit auf dem Hof des Grundherrn auch die Schönwetterperiode zu Ende, verfaulten das Heu und das Getreide des Bauern auf dem Feld.[29] Befreit von der Scharwerkspflicht war der Ebersberger Hufschmid, Caspar Thaller, „da die schmidt albeg befreidt sein".[30] Dem Müller Georg Weinhuber dagegen oblag zusätzlich zum ungebotenen Scharwerk die Aufsicht über den See; er hatte sommers wie winters Schäden zu melden und, wenn der See im Winter zugefroren war, täglich das Eis aufzuhacken.[31]

Das Kloster Ebersberg übte grund- und niedergerichtsherrliche Rechte in der Alten und Neuen Klosterhofmark, in den kleineren Hofmarken Möschenfeld, Eichbichl und Tegernau sowie seit der Gewährung der Edelmannsfreiheit zusätzlich auch über zahlreiche einschichtige Güter aus. Bei der Alten Ebersberger Klosterhofmark handelte es sich um eine sogenannte geschlossene Hofmark, in der alle Bewohner einem Grund- und Gerichtsherrn unterstanden. In diesem Bereich war nicht mit einer Kollision verschiedener grundherrlicher Interessen zu rechnen.

Neben der Hofmark besaß des Kloster Güter im Purfinger, Wieshamer und Northofener Amt. Weitere Güter waren in den Landgerichten Kling und Erding gelegen. Dieser Besitz wird im Folgenden kaum berücksichtigt, da er nicht Teil des heutigen Landkreises Ebersberg ist. Die Herdstättenbeschreibung von 1554 sowie die Grundbeschreibung von 1631 enthalten die Zahl der Anwesen und ihre Größe. Die Steuerbeschreibung von 1671 macht keine Angaben zum Hoffuß. Erst das 1784 verfasste Anlagsbuch nennt wieder die Größe der Anwesen nach dem Hoffuß.
1554 unterstanden im Purfinger Amt 25 Höfe, 27 Huben, 34 Lehen und 31 Sölden dem Kloster Ebersberg als Grundherrn. Im Wieshamer Amt waren es 19 Höfe, 69 Huben, 50 Lehen und 37 Sölden, im Northofener Amt 12 Höfe, 15 Huben, 14 Lehen und 12 Sölden. Die Gesamtzahl dieser einschichtigen Güter belief sich auf 56 ganze Höfe, 111 Huben, 98 Lehen und 80 Sölden.[32]
Die Erweiterung der Ebersberger Hofmark zur neuen Klosterhofmark erfolgte 1599 auf Bestreben der Jesuiten. Das Jesuitenkolleg dehnte damit seine niedergerichtsherrlichen Rechte auf Grundholden aus, die dem Kloster Ebersberg bislang nur als Grund-, nicht aber als Gerichtsuntertanen unterstanden hatten.[33] Die Neue Hofmark Ebersberg war gegenüber der Alten Hofmark um insgesamt 59 Hofstellen vermehrt. In Vordereggelburg waren 2 Höfe und 1 Sölde dazugekommen, in Hintereggelburg 3 Huben, in Forstseeon 2 Huben und 2 Lehen, in Kirchseeon 2 Höfe und 2 Sölden, in Aßlkofen 4 Huben und 2 Sölden, in Kaps lediglich 1 Hof, in Oberlaufing 1 Hube, 1 Lehen und 2 Sölden, in Oberndorf 2 Huben und 2 Sölden, in Osterseeon 4 Huben und 1 Sölde, in Mailing 3 Huben, 2 Lehen, 2 Sölden, in Weiding 4 Huben, in Halbing 1 Hube, in Westerndorf 2 Huben, 1 Sölde, in Neuhausen 1 Hof, in Haselbach 2 Huben und 2 Sölden, in Altmannsberg 1 Hof und 1 Sölde, in Motzenberg 2 Huben und 1 Sölde.[34] Die Grenze der Neuen Hofmark verlief entlang der landgerichtischen Orte Sigersdorf, Steinhöring, Englmeng, Ruhensdorf, Rinding, Unterlaufing, Gasteig, Wiesham, Hörmannsdorf, Reitgesing, Pötting, Fürmoosen, Berghofen, Riedering, folgte dann dem Saum des Ebersberger Forstes und stieß bei Berg bei Steinhöring wieder auf landgerichtisches Gebiet.[35] Nach einer Grundbeschreibung von 1698, die in einem abschriftlichen Extrakt von 1740 überliefert ist,[36] übte das Kloster Ebersberg grundherrliche Rechte über insgesamt 59 Höfe, 123 Huben, 112 Lehen, 225 Sölden und 125 Häusl aus, auf denen 644 Grunduntertanen lebten. Auf die bäuerliche Wirtschaftsweise hatte dies zunächst keinen unmittelbaren Einfluss. Die neu hinzugekommenen Höfe lagen nach wie vor in Gemengelage mit dem Besitz anderer Grundherrn. Vom Kloster ausgehende

landwirtschaftliche Neuerungen wären nur in gegenseitiger Abstimmung möglich gewesen. Gleiches galt auch weiterhin für die verbleibenden einschichtigen Güter. 1608 erwarb das Kloster Ebersberg die kleine Hofmark Eichbichl und 1609 die Hofmark Tegernau sowie die Hofmark Möschenfeld, die es als Schwaige betrieb.[37] Daneben ist es in Zusammenhang mit einer 1613 von den Ortschaften Unterdarching, Oberlaindern, Unterlaindern, Hohendilching, Fellach, Solach und Föching sowie der Hofmark Valley vorgenommenen strittigen Rodung genannt. Insgesamt deuten diese Maßnahmen auf eine planmäßige Erweiterung des Machtbereiches durch den neuen Grundherrn hin. Berücksichtigt man zugleich, dass die Jesuiten bei der Übernahme der ehemaligen Benediktinerabtei Ebersberg einen neuen Verwalter bestellten, zu dessen Hauptaufgaben auch die Überwachung der Landwirtschaft gehörte,[38] wird glaubhaft, dass sowohl die Förderung der klösterlichen Eigenwirtschaft als auch die der landwirtschaftlichen Aktivitäten der Grunduntertanen zu ihren Zielen gehörten. In der wohl Ende des 16. Jahrhunderts erlassenen Instruktion für den Klosterrichter und Verwalter heißt es:

„Und weil der hofpau beym closter ain fürnem stuckh, welch da man anderst dessen recht genüssen will, vleissigs aufsehen und guet aufstellung bedarf, soll er verwalter demselben mit vleis nachsezen bei disen wie auch in allen andern den uncosten sol möglich ofts engist einziehen und endtlich die sach dahin richten, damit man hirin ersprislichen nuz habe moge. Sonderlich aber darob sein, waz bemelter hofpau an getreid, vieh, und dergleichen ertragt, daz solches alles zu rechten nuz gewendet, nichts entzogen, oder das getreid vleisig ausgedroschen" werde.[39]

Das Hofanlagsbuch des „Malteserordens-Großpriorats gefreyten Pflegamts Ebersberg" von 1784 verzeichnet die Hofgröße der Hofmarken Ebersberg – inzwischen getrennt nach Alter und Neuer Hofmark – und Tegernau. In der Alten Hofmark Ebersberg waren damals 8 Lehen, 53 Achtel- und 57 Sechzehntelhöfe gelegen, in der Neuen Hofmark 6 ganze Höfe, 30 Huben, 6 Lehen, 16 Achtel- und 3 Sechzehntelhöfe, in der Hofmark Tegernau – inklusive der dahin gehörenden einschichtigen Höfe – 1 ganzer Hof, 14 Huben, 3 Lehen, 25 Achtel- und 18 Sechzehntelhöfe.[40]
Der Vergleich der ausgewerteten Quellen zeigt, dass die ursprünglich einschichtigten Güter wesentlich größer waren als die Hofstellen in der Alten Hofmark Ebersberg.

Dort überwogen die sogenannten Sölden. Dieses Phänomen lässt sich erklären mit dem Bemühen des Klosters, die Zahl der Grunduntertanen innerhalb der Hofmark zu vermehren. Im Lauf der Jahrhunderte verstärkte sich diese Entwicklung. In der Folge mussten sich immer mehr Bauern die begrenzte Bodenfläche teilen; die einzelnen Fluren wurden kleinteiliger. Um eine geregelte Bewirtschaftung zu gewährleisten, nahm die Bedeutung der Dorfgemeinschaft und des Flurzwanges zu.[41]

Klösterliche Eigenwirtschaft und grundherrliche Rentenwirtschaft

Klösterliche Eigenwirtschaft

Die Verordnung für den Ende des 16. Jahrhunderts eingesetzten Ebersberger Verwalter weist darauf hin, dass das Kloster Ebersberg einen Teil seines Grundbesitzes in Form von Eigenwirtschaft selbst bewirtschaftete. Da für Ebersberg keine dem Diessener „Compendium oeconomicum" vergleichbare Quelle überliefert ist,[42] müssen die Größe und die Organisation der Eigenwirtschaft aus den spärlichen Hinweisen der überlieferten Quellen rekonstruiert werden. Bewerkstelligt wurde die Bewirtschaftung des Klosterhofes vor allem durch die Scharwerkspflicht der grunduntertänigen Bauern. In der genannten Quelle heißt es: „Weil auch des gozhaus underthanen den hofpau mit der scharwerk zepauen und alles prennholz zum closter zefüren schuldig, sollen sy forthin derzu gehalten und deswegen die ubrigen ross so man bisher in schaden zum closter gehabt, abgestellt und verkhaufft und also fürthin fur mit den Menet und 2 reitroß gehalten werden."[43] Das Kloster reduzierte also den eigenen Zugviehbestand auf ein Minimum und band die zu ungemessenem Scharwerk verpflichteten Grunduntertanen verstärkt in die Bewirtschaftung des Klosterhofes ein. Aus den zahlreichen Hinweisen auf die Beweidung des an den Camerhofstadel grenzenden Camerhoffeldes durch das Vieh der Ebersberger Bauern[44] kann auf die Existenz von Flächen und Gebäuden geschlossen werden, die dem Kloster direkt unterstanden. In eigener Regie bewirtschaftete das Kloster anscheinend auch Flächen mit Sonderkulturen. So wurde das Gütl der in Ebersberg ansässigen Anna Strobl nach 1631, als diese ohne Nachkommen gestorben war, abgebrochen und die Flächen mit Hopfen bepflanzt.[45]

Schwaigen als Form der Eigenwirtschaft

Ebenfalls in eigener Regie bewirtschaftete das Kloster Schwaigen in Möschenfeld, Winkel und Grub. Schwaigen waren große Höfe, die ausschließlich Viehzucht betrieben. In der Schwaige Möschenfeld hielt das Kloster auch Schafe. 1698 überwinterten dort 202 Mutterschafe, 112 heurige Lämmer, 10 einjährige Hammel und 9 Widder; 1 von ursprünglich 10 war erfroren. Insgesamt beherbergte der dortige Schafstall den Winter über 353 Schafe. In der Schwaige Grub überwinterten im selben Jahr 101 Schafe.[46] Über den Bestand an überwintertem Rindvieh erlauben die Quellen dagegen keine Aussagen, obwohl auf diesen Höfen auch Rinder gehalten worden sein dürften. Die Bewirtschaftung von Schwaigen diente der Versorgung des Klosters mit Fleisch und Fleischprodukten. Diese Produkte erhielt das Kloster nicht in Form von Naturalabgaben von seinen Grunduntertanen. Die grunduntertänigen Bauern hielten Vieh zur Deckung des Eigenbedarfs, nicht für den Markt. Hatten sie an den Grundherrn für Stift und Gült neben Getreide, Eier und Käse auch Vieh abzugeben, dann ausschließlich in Form von Geflügel, nämlich Hühner, Enten und Gänse. Caspar Ostermaier aus Anzing hatte von seinem ganzen Hof an Abgaben „7 schäffl traidt, 37 kr, 5 hl stüfftgelt und kuchldienst, dan 100 ayr, 2 khäse, 4 hennen, 2 genns und 2 stüffthennen" zu leisten.[47]

Bemühungen der Jesuiten um Vermehrung der Schwaigen im 18. Jahrhundert waren nur durch passiven Widerstand gegen landesherrlichen Einspruch realisierbar. 1746 versuchte das Kloster den Mayerhof und das Schlossergütl in Winkl, nach dem Hoffuß eine Hube und eine Sölde, nicht mehr an Beständer zu übertragen, sondern den Grund zu dem ganzen Hof, den des dort besaß, zu ziehen und die drei Anwesen in eine Schwaige umzuwandeln.[48] In ähnlicher Weise war die Errichtung weiterer Schwaigen in Osterseeon und in Grub geplant. Diese Vorhaben stießen auf landesherrlicher Seite auf Abwehr. Die kurfürstliche Verwaltung lehnte die Güterveränderung ab und begründete ihre Vorbehalte mit der aus dieser Maßnahme folgenden Veränderung der Hauptmannschaften und der nicht zulässigen Übertragung von Besitz „ad manus mortuas".[49] Das Kloster wies diese Vorwürfe zurück und argumentierte mit den Schwierigkeiten, die durch Kriegseinwirkungen öd liegenden Höfe zu bemeiern. Der Rektor Rudolf Burckhart betonte in einem Schreiben vom 22. April 1746, dass die Bewirtschaftung des ungenutzten Grundes als Schwaige der Verödung allemal vorzuziehen sei.[50] Einem Bericht des Pfleggerichts Schwaben vom 15. März 1752 zu Folge waren die landesherrlichen Anordnungen jedoch ignoriert worden. Sechs Jahre nach den Aufforderungen, die Umwandlung der Hofstellen in eine Schwaige rückgängig zu machen, berichtete der Schwabener Pfleger von einem erneuten Vorstoß, die nach wie vor bestehende Schwaige Winkl zu erweitern. Dieses Mal war das Webergütl, eine Sölde in Lieging betroffen. Auch diese Maßnahme wurde gegen landesherrlichen Widerstand durchgesetzt.[51]

Teichwirtschaft in klösterlicher Eigenregie
In eigener Verantwortung betrieb das Kloster Ebersberg auch eine ausgeprägte Teichwirtschaft. Die Kultivierung der Fischzucht lag in der monastischen Regel und in den klösterlichen Lebensgewohnheiten begründet. Die Vielzahl von Fischweihern und Fischrechten verteilte sich auf den gesamten Ebersberger Grundbesitz: in der Alten Hofmark befand sich einer Beschreibung von 1698 zu Folge ein See, „der Eberl See genannt. Herunderhalb dessen ain Weyerl, der Ändermühler Weyer. Nach dessen folgt der Khopfmüller Weyer, mehr der Langwider Weyer. Von dem Kopfmüller Weyer rint ain Pach hinunter auf die Pernmühl, allermassen das Stüfft Ebersberg bis dahin fischen" darf.[52] In der Neuen Hofmark bewirtschaftete das Kloster bei Hinteregglburg „ainen grossen See, den Ziegelsee genant." Weitere Seen und Weiher lagen bei Kirchseeon, bei Oberlaufing, „in der Gespraidt, underhalb Khäps", bei Parsdorf im Feld sowie im Grafinger Feld. Zur Hofmark Tegernau gehörten „das Fischwasser, so sich bey dem Jacobi Paumgartner dorfmüller zu Assling anfängt und zur Sonnenreith gegen Holzen zue in der Ädl genant, endet." Weiter lagen „oberhalb Tegernau im veldt auf Gerstorf zue drey kleine Weyerl. Item ain dergleichen Weyerl zu Tegernau in einem gartten." In der Hofmark Eichbichl waren drei Weiher gelegen, in Aichat der sogenannte „Kalchofen Weyer". Diese Gewässer wurden fast ausnahmslos als walzende Grundstücke bewertet. Das Kloster Ebersberg hatte an diesen insgesamt 19 Gewässern die Fischrechte und die Jurisdiktion über Verstöße gegen das Fischrecht. Im 18. Jahrhundert kamen zu diesen Fischteichen noch mindestens drei weitere hinzu. Bei der oben erwähnten Errichtung der Schwaige in Winkl wurden auch Fischweiher angelegt.[53] Daneben besaß Ebersberg das Fangrecht auf dem Ferchenbach zwischen der Pauli- und der Hänselmühle. Das Recht der Fischnutzung auf diesem Bachabschnitt ging jedoch 1678 an den bayerischen Kurfürsten über, der dem Kloster im Gegenzug die Jurisdiktion über die Schwaige Möschenfeld zugestand. Der Landesherr überließ die Nutzung dieses Gewässerabschnittes wiederum stiftsweise dem Pfleger von Schwaben.[54]

Der Ertrag der Fischteiche war von der Pflege der Teiche und der Betreuung des Setzlingsbestandes abhängig. Genauere Zahlen sind allerdings nur für die Spätphase des Klosters unter der Verwaltung der Malteser überliefert. Die Fischmaterialrechnungen aus den Jahren 1781 und 1782/83 vermitteln einen Eindruck von der Menge des gefangenen Fisches und von den ausgesetzten Sorten. 1781 wurden den verschiedenen Fischwassern 169 Pfund Hechte, 491 Pfund Karpfen, 95 Pfund Waller, 6 Pfund Forellen, 104 Pfund Schleien, 64 Pfund Bachfische sowie 2 „Maas" Rogen für den Eigenbedarf des Klosters und zum Verkauf entnommen.[55] Im Jahr darauf, 1782/83 wurden aus dem Eggelburger See 91 $1/2$ Pfund Waller, 2 Zentner, 34 $3/4$ Pfund Hechte, 6 Zentner, 75 $3/4$ Pfund Karpfen, 83 $1/2$ Pfund Brachsen, 3 Zentner, 17 $1/4$ Pfund Schleien, 21 Pfund Persen, 47 Pfund Rotaugen, 40 $1/2$ Pfund Rotputeln und 50 Pfund Bachfische, jedoch keine Forellen und keine Krebse gefischt.[56] Die Fischwasser betreute ein Fischer, der einen jährlichen Sold von 75 Gulden und zusätzlich 100 Gulden Kostgeld erhielt.

Schwaigen, Fischwasser und Sonderkulturen bewirtschaftete das Kloster ausschließlich in Eigenregie. Daneben gab es die Landwirtschaft des Klosterhofes mit Getreideanbau und Grünlandwirtschaft. Die dazu notwendige Arbeitsleistung erbrachten die grunduntertänigen Bauern mit ihrer Scharwerksleistung.[57]

Grundherrliche Rentenwirtschaft

Den Großteil des Grundbesitzes bewirtschaftete das Kloster dagegen nicht selbst, sondern gab ihn nach dem oben beschriebenen grundherrlichen System gegen eine Grundrente aus. Man darf sich die Gesamtheit des Grundbesitzes des Klosters Ebersberg nicht als eine zusammenhängende Landfläche vorstellen, die in unterschiedlich große Flurstücke geteilt und den Bauern zur Bewirtschaftung überlassen wurde. Vielmehr war der Besitz weit gestreut und in unzählige kleine Parzellen zersplittert. Die Gesamtgröße des in Tagwerk oder Joch gemessenen Landes ließe sich aus der Grundbeschreibung des 17. Jahrhunderts errechnen, spielt aber organisatorisch-methodisch für die bäuerliche Wirtschaftsform keine wesentliche Rolle. Die Zersplitterung des Grundbesitzes hing ursächlich mit dem Bodennutzungssystem der Dreifelderwirtschaft zusammen.

Dreifelderwirtschaft als Grundlage der Landwirtschaft

Bei der Dreifelderwirtschaft handelt es sich um ein „in Europa weitverbreitetes Feldsystem, bei dem im regelmäßigen Wechsel ein Drittel des Ackerareals mit Wintergetreide und ein Drittel mit Sommergetreide bestellt wurde, während das letzte Drittel als Brachfeld liegen blieb."[58] In diesem Sinn verwendet, bezeichnet der Begriff Dreifelderwirtschaft nur die Fruchtfolge, nicht jedoch die topographische Gliederung der Flur. Im engeren Sinn gebraucht meint Dreifelderwirtschaft die Bewirtschaftung einer in drei Zelgen oder Felder geteilten Dorfflur. Die Ackerflur einer Dorfgemarkung gliederte sich dabei in drei Felder annähernd gleicher Größe, die in einem dreijährigen Turnus von den Bauern eines Dorfes bebaut wurden und dem Flurzwang unterlagen.[59] Der von den Ebersberger Grunduntertanen bewirtschaftete Boden verteilte sich innerhalb dieses Systems auf die Zelgen der jeweiligen Dorfschaften und bildete keine zusammenhängende Fläche. Bei der Bewirtschaftung des Bodens unterlagen die Bauern vorrangig dem Flurzwang. Das Winterfeld wurde im Herbst mit Wintergetreide, meist Roggen, Weizen oder Dinkel, das Sommerfeld im Frühjahr mit Sommergetreide, Gerste oder Hafer, bestellt. Das Brachfeld blieb ein Jahr unbesät. Die Felder wurden nach dem Säen eingezäunt, um dem Vieh den Zutritt zu verwehren; die Brachfelder dienten als allgemeine Viehweide. Vor der Einführung der Stallfütterung konnte man auf diese Einrichtung nicht verzichten.[60]

Die Dorfgemeinschaft bestimmte den Turnus des Fruchtwechsels, das Mitspracherecht der Grundherren in diesem System ist bislang ungeklärt. Die Notwendigkeit, jedes Jahr Sommer- und Wintergetreide zu ernten, erklärt die Verteilung des Grundbesitzes eines Grundherrn innerhalb einer Dorfflur auf mehrere Felder. Merkwürdig mutet jedoch die Zersplitterung der Ackerfläche innerhalb eines Feldes an. Der von einem Bauern bebaute Boden war teilweise auf viele Kleinstparzellen aus drei, vier oder fünf Ackerstrangen aufgeteilt. Georg Kümpfler, Bestander auf dem Knoglergut in Ebersberg, hatte in drei Feldern Ackerstreifen. Im ersten Feld bewirtschaftete er 2 Stücke mit jeweils 14 und 26 Furchen, im zweiten Feld 8 Parzellen mit 5, 4, 2, 5, 7, 5, 17 und 6 Furchen und im dritten Feld 5 Ackerstücke mit 6, 17, 18, 8 und 3 Furchen. Die Summe der Ackerstreifen ergab eine Fläche von 9 Joch Acker, die sich gleichmäßig auf die drei Felder verteilte. Da die Zersplitterung innerhalb eines Feldes in den seltensten Fällen mit der Notwendigkeit, erhebliche Bodengüteunterschiede auszugleichen, erklärt werden kann, ist die Ursache wohl in Besitzveränderungen zu suchen.[61] Die meisten der Ebersberger Bauern „bauten in drei Feldern", das heißt, ihre Ackerstreifen waren auf drei Felder verteilt. Nach der Grundbeschreibung des 17. Jahrhunderts war die Alte Hofmark Ebersberg jedoch in mehr als drei Felder geteilt. Wolf Kerschl hatte Ackerstreifen in fünf Feldern, Petter Maier in vier Feldern.[62] Der Bestander, der das einschichtige Gut in Öxing bewirtschaftete, hatte eine größere Anzahl von Ackerstrangen „zu feldt, deren in allem 6 sein und allzeit zway zusammen geherig".[63] Einige der Ebersberger Bauern hatten jedoch nur in einem Feld Ackerfläche.⁶⁴ Hier stellt sich die Frage, wie diese Bauern ihren Getreidebedarf deckten, wenn das betreffende Feld brach lag.

Getreide als Hauptfeldfrucht
Die Erzeugung von Brotgetreide für den Eigenbedarf, von Brotgetreide und Braugerste für den Grundherrn sowie von Hafer als Kraftfutter für die Pferde war ausschlaggebend für den Getreideanbau in einer klimatisch weniger geeigneten Region wie der Gegend um Ebersberg. Angebaut wurden Hafer und Gerste als Sommer- und Roggen, Weizen und Dinkel als Wintergetreide. Kulturpflanzen wie Kartoffeln, Zuckerrüben oder Mais, die aus der modernen Landwirtschaft kaum mehr wegzudenken sind, waren in Süddeutschland bis Ende des 18. Jahrhunderts unbekannt oder spielten eine untergeordnete Rolle. Kohl und Rüben baute man in Gärten an, nicht aber in den dem Flurzwang unterworfenen Gewannen.⁶⁵

Die hohe Niederschlagsmenge von 900 bis 1.100 Millimetern jährlich und die große Anzahl von Frosttagen waren einer ergiebigen Getreideernte allerdings abträglich. Gravierende Auswirkungen hatte diese Kombination dort, wo der Boden hauptsächlich aus Lehm bestand und Staunässe begünstigte.⁶⁶ Die Gemeinden südlich der Linie Egmating, Kirchseeon und Steinhöring waren davon stärker betroffen als beispielsweise Anzing, Zorneding, Pöring, Forstinning und Hohenlinden, wo die Bodenoberfläche aus durchlässigerem Lösslehm bestand. Nässe und kalte Witterungsverhältnisse waren verantwortlich für Verunkrautung des Bodens und für einen schlechten Feldaufgang. Nahm das Unkraut auf den Getreidefeldern überhand und überwucherte die Getreidepflanzen, war mit einem verminderten Ernteertrag zu rechnen.⁶⁷ Nässe in Kombination mit Kälte verhinderte das Keimen der Getreidesaat und die optimale Entwicklung der jungen Getreidepflanzen. Nicht jedes der gesäten Getreidekörner entwickelte sich zu einer fruchttragenden Pflanze. Darüber hinaus trugen die Ähren wahrscheinlich nicht wie Ende des 20. Jahrhunderts etwa 40 Körner, sondern etwas weniger. Genaue Zahlen sind allerdings nicht überliefert. Allgemein geht man von einer Relation des Saatgetreides zur Zahl der geernteten Körner von 1:3 bis 1:4 aus.⁶⁸ Der geringe Ertrag der Felder erklärt sich jedoch nicht mit der geringen Körnerzahl pro Ähre, sondern mit dem schlechten Feldaufgang. Die Ermittlung zuverlässiger Werte für den Getreideertrag ist schwierig, da bereits innerhalb einer Quelle widersprüchliche Aussagen enthalten sein können: Melchior Khändler, der im ersten Viertel der Alten Hofmark Ebersberg eine Sölde bewirtschaftete, bestellte in zwei Feldern 4 ½ Joch Ackerland. Er benötigte dazu 1 Metzen, 3 Viertel Korn oder Weizen und 3 Metzen, 2 Viertel Hafer als Saatgut. Zusätzlich kultivierte er in seinem Garten auf ⅛ Joch Gerste. Für dieses Stück Land benötigte er 3 Viertel Gerstensaatgut. Geht man nun von einem vierfachen Ertrag aus, dann brachte Melchior Khändler bei der Ernte 4 Metzen und 12 Viertel Korn, 12 Metzen und 8 Viertel Hafer und 12 Viertel Gerste in den Traidkasten. Das Getreide diente wohl zur Versorgung der eigenen Hauswirtschaft. Khändler gehörte zu den Bauern, die in Ermangelung von Wiesenflächen kein Heu einführen und kein Vieh überwintern.⁶⁹

Caspar Thaller, Hufschmid im 1. Viertel der Alten Hofmark, bewirtschaftete eine etwas größere Sölde. Er bestellte in drei Feldern Ackerstreifen und erntete auf diversen Wiesenstücken sowie in seinem Garten Heu und Grummet. Er überwinterte 3 Kühe, fütterte aber keine Rösser. Im ersten Feld, der „Holzenpeunnt", besaß er 1 Joch Acker, im „Scheibling Feldt" ¾ Joch Acker und im „Egglfeldt" ¼ Joch Acker. Insgesamt bebaute er 2 Joch Acker, für die er 9 Metzen Korn- oder Weizensaat und 9 Metzen, 1 Scheffel Hafersaat benötigte.⁷⁰ Rechnet man den Ertrag hoch, so müsste Caspar Thaller 36 Metzen Korn oder Weizen und 36 Metzen, 4 Scheffel Hafer geerntet haben. Dies erscheint mehr als unwahrscheinlich, vor allem da er nur halb soviel Ackerfläche bewirtschaftete wie Melchior Khändler. Beide Hofstellen befanden sich im gleichen Viertel der Hofmark; auch die Ackerstreifen dürften in den gleichen Feldern gelegen haben. Hier ist wohl – der These Rainer Becks folgend – zu vermuten, dass der höhere Saatgutverbrauch auf der kleineren Fläche mit einem schlechteren Feldaufgang begründet werden muss. Ob dieser von der Sorgfalt, die der Bauer bei der Vorbereitung des Bodens für die Saat aufwendete, abhing, ist den Quellen nicht zu entnehmen, kann aber vermutet werden.

Die Vorbereitung der Getreidefelder für die Saat erfolgte mit Pflug und Egge. Bereits im Mittelalter dürfte der eisenbeschlagene, bodenwendende Pflug bekannt gewesen sein. Im Idealfall wurde der Pflug von Menathochsen gezogen. Am ökonomischsten setzte man den Pflug ein, indem man lange Furchen zog und ihn nicht oft umsetzte. Seine Verwendung führte schließlich zur länglichen Form der einzelnen Parzellen. Die Egge glättete den umgebrochenen Boden und säuberte ihn von Unkrautwurzeln.⁷¹ Gesät und geschnitten wurde das Getreide mit der Hand. Der Schnitt erfolgte entweder mit der Sichel oder der Sense. Während mit der Sense nur der tiefe Schnitt, bei dem der gesamte Halm abgemäht wurde, möglich war, konnte man mit der Sichel den ganzen Halm oder nur die Ähre abschneiden. Beim Schnitt des ganzen Halmes bündelte man das Getreide in Garben und drosch sie auch garbenweise.[72] Jede zehnte Garbe wurde als Zehnt an die Kirche abgegeben.[73] War die Naturalabgabe an den Grundherrn nicht in eine Geldzahlung umgewandelt, bestand die Gült ebenfalls zu einem Großteil aus Getreide. Der dem Bauern verbleibende Rest musste als Brot- und als Saatgetreide sorgfältig aufbewahrt werden. Hielt ein Bauer Pferde, so kam Hafer als Kraftnahrung für die Rösser hinzu. Die meisten Höfe besaßen zu diesem Zweck einen eigenen Traidkasten, in dem Brot- und Saatgetreide separat gelagert wurden. Um das Getreide vor Mäusen zu schützen, stand ein Traidkasten in der Regel nicht auf der Erde sondern auf Ständern. Ob und wieviel Getreide die Ebersberger Bauern auf dem Markt verkauften, ist nicht bekannt. In der Steuerbeschreibung von 1671 ist diese Frage durchweg negativ beantwortet.[74] Die Richtigkeit der Anworten ist dabei jedoch nicht unbedingt garantiert.

Viehhaltung und Grünlandwirtschaft

Die der Grundherrschaft des Klosters Ebersberg unterstehenden Bauern besaßen nicht durchgehend Vieh. Es gab Bauern, die Rösser, Kühe, Jungrinder, Schweine und Schafe besaßen und Bauern, die mit Mühe und Not eine Kuh über den Winter füttern konnten. Die Quellen nennen die Zahl der Rösser, Kühe und Jungrinder, Schweine und Ferkel, Schafe und Ziegen, eigenartigerweise auch der Bienenvölker; nicht aufgeführt ist dagegen Geflügel. Es wird auch nicht explizit erwähnt, ob das angeführte Vieh überwintert wurde oder nicht. Hinweise wie „muß Futter kaufen", „kauft Futter" oder „kauft Stroh" weisen jedoch darauf hin. Stallfütterung im Sommer war eine Neuerung des ausgehenden 18. und des 19. Jahrhunderts. Futter wurde nur für überwintertes Vieh gekauft. Von Bedeutung war die Viehhaltung wegen der Erzeugung von Milchprodukten und Fett in Form von Butter und Schmalz, weniger wegen des Fleischkonsums. Eine wichtige Rolle spielte auch die Düngung der Felder mit Kuhmist.

Zur Ermittlung des Viehbestandes wurden die Steuerregister der Alten Ebersberger Hofmark von 1590 und 1593, die Steuerbeschreibung von 1671 und teilweise die im 17. Jahrhundert angefertigte Grundbeschreibung ausgewertet. Die Steuerregister beschränken sich auf die Alte Hofmark, die Steuerbeschreibung von 1671 erfasst auch die Hofmarken Eichbichl und Tegernau sowie die einschichtigen Höfe.

Nach dem Steuerregister von 1590 besaßen von 134 erfassten Bauern 22 Bauern Rösser, 23 Bauern hatten einen gemischten Viehbestand von mehr als drei Tieren, 43 Bauern fütterten ein oder zwei Stück Vieh über den Winter und 46 Bestänter hatten überhaupt kein Vieh. Das Steuerregister von 1593 nennt von 140 erfassten Namen 23 Bauern, die Rösser besaßen, 23 Bauern, die mehr als drei Tiere fütterten, 50 Bauern fütterten nicht mehr als zwei Stück Vieh und 44 Bestänter hatten kein Vieh im Stall. Die Steuerbeschreibung von 1671 nennt für die Alte Hofmark Ebersberg 120 Bestänter, darunter 20 Bauern mit Rössern, 28 Bauern mit einem größeren Viehbestand, 62 Bauern mit höchstens zwei Tieren und 10 Bestänter ohne eigenes Vieh. Die teilweise ausgewertete Grundbeschreibung aus dem gleichen Jahrhundert gibt 11 Bauern mit Rössern an, 35 Bauern mit mindestens drei Stück Vieh, 45 Bauern, die höchstens zwei Stück Vieh über den Winter brachten und 18 Bestänter ohne Viehbestand. Die Bauern, die Rösser besaßen, hatten in der Regel auch einen größeren Viehbestand von mindestens drei Tieren. Die Steuerbeschreibung von 1671 nennt für die Neue Hofmark 62 Bestänter, von denen 54 Rösser besaßen, 2 Bauern hatten einen größeren, gemischten Viehbestand, jedoch keine Rösser, 3 Bauern fütterten höchstens zwei Stück Vieh und 3 Bestänter besaßen überhaupt kein Vieh. In der Hofmark Tegernau hatten von 46 Bauern 18 Rösser, 2 Bauern einen gemischten Viehbestand von mindestens drei Tieren, 20 Bauern fütterten nicht mehr als zwei Stück Vieh und 2 Bestänter besaßen kein Vieh. In der Hofmark Eichbichl waren von 21 Bauern 11 im Besitz von Rössern, 1 Bauer besaß wenigstens drei Stück Vieh, 7 Bauern fütterten nur ein oder zwei Tiere, 2 Bestänter hatten kein Vieh.

Ein Teil der Bauern, die nicht mehr als zwei Stück Vieh besaßen, hatten eine Kuh und ein Jungvieh, Färse oder Kalb. Einige besaßen nur eine Kuh. Der Viehbestand der Bauern, die eine größere Herde ihr Eigen nannten, setzte sich in der Regel aus zwei bis sechs Kühen, einem Jungrind, einem Mutterschwein und mehreren Ferkeln sowie aus Schafen zusammen. Die Steuerbeschreibung von 1671 nennt die Zahl der Schafe. In der Alten Hofmark Ebersberg hielten 4 Bauern Schafe, in der Neuen Hofmark 33 Bauern, in der Hofmark Tegernau 9 Bauern und in der Hofmark Eichbichl 7; insgesamt wurden also auf 53 Höfen Schafe gehalten.

Der Vergleich der Quellen lässt zumindest für die Alte Hofmark annähernd eine Entwicklung über hundert Jahre erkennen. Die Zahl der Bauern, die Rösser besaßen, ging stark zurück, die Zahl der Bauern, die eine größere Herde fütterten, blieb ungefähr gleich. Die Zahl derjenigen, die nur ein oder zwei Stück Vieh über den Winter füttern konnten, nahm zu, während die Zahl derer, die überhaupt kein Vieh hatten, um mehr als die Hälfte zurückging. Der Vergleich der Alten Hofmark Ebersberg mit der Neuen Hofmark sowie mit den Hofmarken Tegernau und Eichbichl zeigt deutlich, dass die vormals einschichtigen Bauern, die Ende des 16. Jahrhunderts zur Neuen Hofmark zusammengeschlossen wurden, sehr viel mehr Vieh besaßen als die Bauern in der Alten Hofmark. Gleiches gilt für Tegernau und Eichbichl. Diese Erkenntnis korrespondiert mit der Tatsache, dass dort auch weniger Söldner – Achtel- und Sechzehntelbauern – vorhanden waren als in der Alten Hofmark.

Vieh konnte halten, wer Grünflächen, „Wismat", besaß, die Heu und Grummet brachten, und wer Anteil an der Dorfweide hatte. Die Einbringung von Heu und Grummet war notwendig, um Vieh über den Winter zu füttern. Zusätzlich zum Futter musste Stroh und Laub zur Einstreu eingebracht werden. In Notzeiten streckte man damit auch das Futter. Im Sommer trieb man das Vieh in einer Herde auf die gemeinsame Dorfweide. Diese Dorfweide bestand einerseits aus der Allmende, an der alle Dorfbewohner teilhatten, und andererseits aus den Grünflächen der einzelnen Bauern, die der Allgemeinheit mehrere Monate im Sommer als Weide zur Verfügung stehen mussten. Wie der Flurzwang bei der Bewirtschaftung der Getreidefelder hatte der Nutzen aller Bauern Vorrang vor den Eigeninteressen einzelner.[75] Als Weidefläche wurde auch das Brachfeld genutzt. Im Herbst trieb man das Vieh auf die abgeernteten Felder und Wiesen. Vor allem Schafe fanden auf den Stoppelweiden noch genügend Futter.[76]

Rösser, Rindvieh, Schafe und Ziegen weideten nicht nur auf den Wiesen, sondern auch im Wald. Wenn die Felder im Sommer eingezäunt wurden, um das Gras für die Heuernte zu sichern, und die allgemeine Weide abgefressen war, wich die Viehherde in den Wald aus.[77] Diesen muss man sich als lichten Mischwald vorstellen. Der Waldboden war mit Gräsern, Kräutern und jungen Schösslingen bedeckt. Die Waldweide, auch Blumbesuch genannt, war wie die übrigen Weiderechte genau festgelegt. Das Gewohnheitsrecht und das alte Herkommen legten fest, wer welche Waldweide mit wieviel Vieh beschlagen durfte. Oft teilten sich mehrere Ortschaften die Weiderechte. Die Gemeinden Steinhöring und Tulling gerieten 1612 und 1613 wegen der Nutzung der Tullinger Öz in Streit. Die Gemeinde Tulling versuchte die Steinhöringer von der Rossweide auf der Öz auszuschließen und erwirkte eine entsprechende obrigkeitliche Verfügung. Die Steinhöringer Bauern ließen sich dies nicht gefallen und supplizierten ebenfalls an den Landesherrn. In ihrer Bittschrift wiesen sie die angeblichen Privilegien der Tullinger zurück und betonten ihre eigene Berechtigung zum Blumbesuch.[78] Bereits Ende des 15. Jahrhunderts sind Streitigkeiten zwischen den Ortschaften Otterfing, Holzheim und Erlkeim wegen des Blumbesuchs überliefert. Auch in diesem Fall entschied die landesherrliche Obrigkeit für eine gemeinsame Nutzung der Waldweide.[79] Der Blumbesuch war ein nicht entbehrlicher Bestandteil der bäuerlichen Wirtschaftsweise; dem Wald fügte er jedoch großen Schaden zu. Das Vieh zertrat Schösslinge oder fraß sie auf. Die Laubbäume wurden ebenfalls Opfer des Viehs. Die heute noch an Waldsäumen anzutreffende, wie mit einem Lineal gezogene Fraßkante an den Kronen war eine Folge des Blumbesuchs. Schweren Schaden verursachte vor allem Kleinvieh. Schafe schälten die Rinde der Bäume ab, Ziegen kletterten fast auf niedere Bäume und zerstörten die Kronen. Die Erlaubnis, Ziegen in den Wald zu treiben, wurde daher nur in Ausnahmefällen erteilt.[80] 1651 bat die Gemeinde Schwaben um die Erlaubnis für die Bauern, die keine Kuh füttern konnten, zur Deckung des Milchbedarfs vor allem ihrer Kinder wenigstens zwei Ziegen halten und diese, wenn keine Weide vorhanden war, in den Wald treiben zu dürfen. Die Erlaubnis zur Ziegenhaltung wurde zwar erteilt, die Genehmigung, diese in den Wald zu treiben jedoch verweigert. Jahre später, 1667, stellte sich heraus, dass diese Anordnung von der Bevölkerung ignoriert wurde, ja, dass sogar der Pflegsverwalter von Schwaben mehr als zwei Ziegen hielt und diese mit der übrigen Viehherde in den Wald trieb.[81]

Bauern, die an der Dorfweide, an der Nachweide auf den abgeernteten Feldern und am Blumbesuch teilhatten, konnten den Sommer über Kühe, Schafe oder Ziegen halten. Wer Vieh überwintern wollte, musste während der Vegetationsperiode Heu und, soweit möglich, auch Grummet ernten. Die Wiesenstücke, auf denen man Heu und Grummet schnitt, waren in die Felder zwischen die Ackerstreifen eingesprengt oder bildeten ein großes Wiesenstück, dessen Parzellen verschiedenen Bauern gehörten. Bis Ende des 18. Jahrhunderts unterschied man ein- und zweimähdige Wiesen. Einmähdige Wiesen waren entweder feucht und sauer oder trocken und heideartig. Das Gras wuchs langsam und wurde nur einmal geschnitten. Zweimähdige Wiesen konnten zweimal abgemäht werden. Im Frühsommer schnitt man das Heu. Ende August, Anfang September wurde das Grummet eingebracht.[82] Zusätzlich unterschied sich die Flora ein- und zweimähdiger Wiesen. Einmähdige Wiesen sind nicht mit den heute üblichen saftigen Wiesen zu vergleichen. Teilweise ähnelten sie den heute als Feuchtbiotope geschützten Sauerwiesen. Das Gras war mit Binsen und zahlreichen Blütenpflanzen, die ausgeprägte Samenstände bildeten, durchsetzt. War der Boden trocken und sandig, dann war die Flora einer einmähdigen Wiese heideähnlich. Im Ebersberger Raum, der von zahlreichen Bachläufen durchzogen war, dürfte es sich jedoch vornehmlich um nasse Sauerwiesen gehandelt haben. Die

Ebersberger Bauern, die eine größere Viehherde besaßen, bewirtschafteten in der Regel ein- und zweimähdige Wiesen. Daneben mähten sie ihre Ackerraine und brachten aus ihren Obstangern Heu und Grummet ein.

Gartenbau und Obstgehölze

Die Gärten des 18. Jahrhunderts darf man sich nicht als Kraut- oder Wurzgärten – sozusagen als Bauerngärten im heutigen Sinn – vorstellen, sie sind allenfalls den Obstgärten vergleichbar. Es handelte sich bei ihnen um Grundstücke, die mit einem Gartenrecht begabt waren und deren Nutzung nicht dem allgemeinen Flurzwang unterlag, sondern von einem Besitzer individuell gestaltet wurde.[83] Nach der Grundbeschreibung des 17. Jahrhunderts besaß beinahe jedes Anwesen einen Garten. In der Regel standen Obstbäume darin und oft waren einige Ackerstrangen zum Anbau von Kraut abgeteilt. Der Großteil des Gartens diente jedoch der Heu- und Grummeternte. Hier ernteten auch die Bauern, die keine Wiesenstücke in den Zelgen besaßen, ein paar Fuder Heu und ein oder zwei kleinere Leiterwagen voll Grummet.[84] An Obstgehölzen waren Äpfel und Birnen verbreitet, in Ausnahmefällen auch Kirschen oder Pfirsiche. Georg Lehner, Söldner in der Alten Hofmark Ebersberg hatte in seinem Garten „sechs claine Pifängl" abgeteilt, auf denen er Kraut und Gelbe Rüben kultivierte.[85] Hans Khappfer, ebenfalls Söldner im 1. Viertel der Alten Ebersberger Hofmark bewirtschaftete ebenfalls zwei Ackerstreifen als Rübenbeete.[86] Hans Georg Lobhammer, Caspar Häring und Sebastian Häring bauten in ihren Gärten Salat und Küchenkräuter an.[87] In Hans Lobhammers Garten stand neben den fast obligatorischen Apfel- und Birnbäumen auch ein Pfirsichbaum.[88]

Die gleichförmige Erwähnung von Kraut- und Rübengärten lässt bereits vermuten, dass eine Vielzahl von Gemüsepflanzen, die heute selbstverständlich zum Gartensorti-

Abb. 4: Dorfszene mit Eichelmast in der Mitte des Bildes. Kalenderblatt aus den „Opera Vergiliana", erschienen in Lyon 1515/17.

ment gehören, bis Ende des 18. Jahrhunderts unbekannt oder kaum verbreitet waren. In den Ebersberger Gärten wuchsen offensichtlich weder Tomaten noch Gurken, Zucchini, Paprika oder Kürbisse. Ebenso unbekannt waren Kartoffeln und exotische Salatsorten. Bekannt waren dagegen Kraut, Rüben und Hülsenfrüchte wie Bohnen und Erbsen. Zahlreiche Gemüsesorten waren bereits in der Frühen Neuzeit nach Europa gebracht worden, verbreiteten sich jedoch sehr langsam. Bereits im Mittelalter bekannt und auch verbreitet waren Hülsenfrüchte wie Linsen, Bohnen und Erbsen und man kann annehmen, dass sie auch im Ebersberger Raum kultiviert wurden – auch wenn sich die Quellen dazu ausschweigen.[89]

Eigenartig mutet es an, dass in der Ebersberger Klosterhofmark weder in den Gärten noch in den Zelgen nennenswert Flachs angebaut wurde. Auch sonstige Sonderkulturen wie Hanf oder Hopfen werden kaum erwähnt. Die Umwandlung einer aufgelassenen Hofstelle in einen Hopfengarten ist eine einmalige Erwähnung.

Dechel

Die Nutzung des Ebersberger Forstes für die Schweinemast, den Dechel, hatte eine ins Mittelalter zurückreichende Tradition. Die zum Dechel berechtigten Bauern schlugen ihre Schweine für einen festgelegten Zeitraum im Spätherbst zu einer Schweineherde, die von einem Schweinehirten in den Forst getrieben wurde. Dort ernährten sich die Schweine hauptsächlich von Eicheln und Bucheckern.[90] Die Dechelschweine waren überwiegend Masttiere; sie wurden in der Regel nach dem Dechel verkauft und nicht überwintert. Der Dechel kann daher nicht mit der gewöhnlichen Schweinehut verglichen werden. Der Schweinehirte hütete während des Sommers die ihm anvertraute Herde der Zuchtschweine einschließlich der Jungtiere und trieb diese, vergleichbar der Kuhherde, bei Bedarf auch zum Blumbesuch in den Wald.[91] (Abb. 4) Der Grund- und Steuerbeschreibung des 17. Jahrhunderts zufolge brachte nur ein Teil der Ebersberger Bauern einige Schweine über den Winter.[92] Die Zahl der Schweine, die im 16. und 17. Jahrhundert zur Mast in den Forst getrieben und anschließend verkauft wurden, ging dagegen in die Tausende.

Der Dechel wurde veranstaltet, wenn sich zu Beginn des Herbstes zeigte, dass der Forst ausreichend Eicheln und Bucheckern für die Mast erbrachte. Es gab auch Jahre, in denen wegen Eicheln- und Bucheckernmangel kein Dechel stattfand. Die Bauern, die Schweine an den Dechel schlagen wollten, ließen diese an einem bestimmten Stichtag mit einem Brandeisen kennzeichnen und entrichteten eine Dechelgebühr. Die Mastordnung von 1584 nennt den Katreinstag, 25. November, als Endtermin des Dechels. War zu diesem Termin noch genügend Mastfutter vorhanden, so wurde ein Nachdechel ausgeschrieben, der wiederum mit Gebühren verbunden war.[93]

In der Grundbeschreibung aus dem 17. Jahrhundert heißt es dazu:

„*da auch von dem Gnaden Gottes an des Gotshaus Forsst ein geägkher oder schwein gees anfellt und ein Techel gehaltten wird, derselb jederzeit um Michaeli 8 oder 14 Täg hernach angestellt und die schwein alher geen Ebersberg zum Prandt gebracht. Solcher Techel erstreckht sich alsdann bis auf Khatherina, nach verfliessung Khaterinae wird alsbald auf ainen benannten tag von dem umbsessen das Techlgellt erlegt, welches anstatt des Gottshaus die Hofmarchsherrschafft und ein fürstlicher Castengegenschreiber in nammen Ir Furstlichen Durchlaucht einnemmen und empfachen. Wann sich dann hierauf befindt, das der Nachdechl am gees noch so guett und reich so wirdt nach beschehener einnam ungeverlich 8 oder 14 Tag nach kathrinae wiederumben den umbsessen zum Prandt verkhündt, und die schwein anbrennt, und erstreckht sich solcher Techel bis auf erst vasstwochen. Das Techlgellt wirdt aber im Anprandt durch obbenannte beide thaill von den umbsessen eingenommen.*"[94]

Bereits in der lateinischen Forstordnung des 13. Jahrhunderts wurde die Mast von Schweinen im Forst erwähnt.[95] Die Forstordnung regelte allerdings nur die Verteilung des Dechelgeldes zwischen dem herzoglichen Landrichter und dem Ebersberger Abt. Eine nähere Regelung des Mastbetriebes war zu dieser Zeit noch nicht erforderlich. Die Ebersberger Waldordnungen von 1438[96] und 1565[97] wiederholten diese Bestimmungen, brachten aber keine Neuerungen. Erst die herzogliche Mastordnung für den Ebersberger Forst von 1584[98] setzte die Modalitäten des Dechels fest und nannte eine am Hoffuß orientierte Höchstzahl von Schweinen pro Hofstelle.

Diese Bestimmung war notwendig geworden, weil zahlreiche Bauern neben ihren eigenen Schweinen die Schweine nicht berechtigter Bauern zum Dechel getrieben hatten. Im 16. Jahrhundert galt eine Obergrenze von 16 Schweinen für einen ganzen Hof, von 12 Schweinen für eine Hube, von 5 Schweinen für ein Lehen und von 3 Schweinen für eine Sölde. Die Mastordnung von 1584 ließ für einen ganzen Hof 20 Schweine, für eine Hube 10, für ein Lehen 9 und für eine Sölde 5 Schweine zu.[99] Daneben schlugen der herzogliche Jägermeister, der Kastner und der Kastengegenschreiber, der Ebersberger

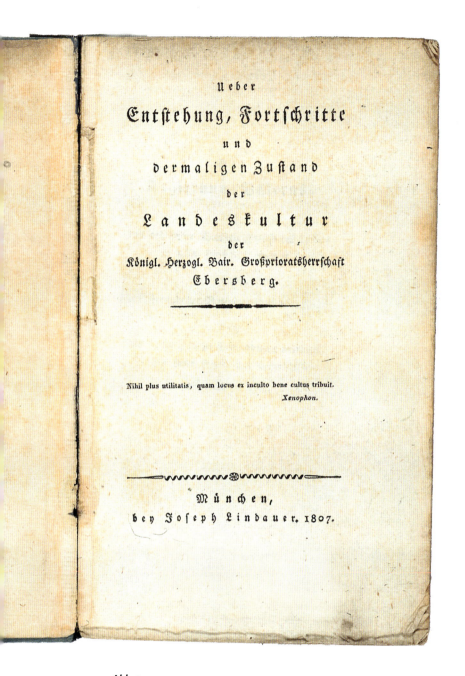

Abb. 5:
1807 beschrieb ein anonymer Verfasser den Zustand der Landeskultur in der Großprioratsherrschaft Ebersberg.

Dechelschreiber, der Klosterförster und der Förster von Anzing jeweils 24 Schweine unentgeltlich an den Dechel; Gleiches galt für die drei herzoglichen Forstknechte und die beiden Ebersberger Forstknechte, die jeweils 12 Schweine an den Dechel schlagen konnten. Die Möglichkeit, Schweine an den Dechel zu schlagen, wurde fast ausnahmslos von allen Bauern wahrgenommen. Dechelregister und Dechelrechnungen des Klosters Ebersberg nennen Zahl und Größe der Hofstellen, die Schweine anbrennen ließen sowie die Zahl der Dechelschweine. 1571 kamen aus Hohenlinden 87 Schweine aus 20 Hofstellen, 1573 waren es 179 Schweine aus 24 Hofstellen und 1575 245 Schweine aus 20 Hofstellen.[100] Die Zahlen belegen deutlich die Steigerung der Schweinezahl pro Hofstelle, die letztendlich zur Mastordnung von 1584 und zu einer Reduzierung der Schweinezahl führte. 1590 liefen aus Hohenlinden 168 Schweine an den Dechel, die sich auf 10 Sölden, 3 Lehen, 4 ganze Höfe und 2 Namen ohne Hoffußangabe verteilten. Aus Ebersberg kamen 1591 269 Schweine, verteilt auf 12 Sölden, 2 Lehen und 3 Huben. Die Zahl blieb auch in den Folgejahren, 1592 und 1594, konstant. 1592 waren es 270 Schweine und 1594 281 Stück.[101]

Die Gesamtzahl der Schweine, die 1594 von allen zum Dechel berechtigten Hofstellen registriert wurden, belief sich auf mehr als 3.050 Schweine. 1638 trieben die Ebersberger Bauern 727 Schweine aus 62 Sölden und 5 Lehen – inklusive der Schweine der dechelberechtigen Amtspersonen – in den Forst. Insgesamt wurden mehr als 6.000 Schweine aus 78 Dörfern, Weilern und Einöden zum Dechel angebrannt. Bis Mitte des 18. Jahrhunderts war die Zahl rückläufig. 1756 liefen aus Hohenlinden 59 Schweine aus 13 Sölden und einem Lehen an den Dechel, aus Ebersberg 86 Schweine aus 11 Sölden und 4 Lehen. Die Gesamtzahl betrug knapp 2.000 Stück, die sich auf 49 Einöden, Weiler und Dörfer verteilten.[102]

Die genannten Zahlen sollen lediglich eine Vorstellung von der Größenordnung und der Bedeutung des Dechels für die Landwirtschaft vermitteln. Sie können nicht unmittelbar miteinander verglichen werden, da die Register von 1591 und 1756 die Untertanen der Hofmark Ebersberg erfassen, die Quelle von 1638 dagegen alle Höfe, die Schweine zum Dechel in den Ebersberger Forst treiben konnten. Erkennbar ist jedoch, dass die Zahl der Dechelschweine bis Mitte des 17. Jahrhunderts zunahm und dann im 18. Jahrhundert zurückging. Diese Entwicklung dürfte auch in Zusammenhang mit den in der zweiten Hälfte des 18. Jahrhundert einsetzenden Maßnahmen zum Flächenausbau, zur Landeskultivierung und zur Abteilung von Gemeindewald und Gemeindegrund liegen.

Maßnahmen zum Flächenausbau und zur Förderung der Landeskultur im 18. Jahrhundert

In der zweiten Hälfte des 18. Jahrhunderts setzten auf Landesebene verstärkt Maßnahmen zur Förderung der Landeskultur ein. Die Zahl der Kulturmandate häufte sich vor allem ab 1770. Zwischen 1770 und 1800 wurden in Kurbayern circa 33 Mandate zur Förderung der Landwirtschaft erlassen.[103] Mit dem Vordringen physiokratischen Gedankengutes, das den Wert der landwirtschaftlichen Urproduktion betonte, nahm das staatliche Interesse an der Landwirtschaft zu, gleichzeitig trat eine Verwissenschaftlichung der Landwirtschaft ein. Der allgemein einsetzenden Tendenz zur Reduzierung der Brache, zur Zweimähdigmachung von bisher einmähdigen Wiesen, zur Abteilung von Gemeindewald und Gemeindegrund und zur Einführung neuer Kulturpflanzen konnte sich ein einzelner Grundherr wie das Kloster Ebersberg ebenso wenig entziehen wie er zuvor gegen ein allgemeines Beharren auf traditionellen Wirtschaftsformen Neuerungen durchsetzen konnte.

Die Schwierigkeiten des Klosters Ebersberg, Maßnahmen zur Verbesserung der Landeskultur durchzusetzen, zeigt eine 1807 erschienene anonyme Schrift mit dem Titel „Ueber Entstehung, Fortschritte und dermaligen Zustand der Landeskultur der Königl. Herzogl. Bair. Großprioratsherrschaft Ebersberg". (Abb. 5) In dieser Veröffentlichung wurde der Zustand der Landeskultur ebenso wie von Joseph von Hazzi zwar nicht als hoffnungslos, aber auch nicht als gut bezeichnet. Hazzi schrieb: „[...] die Dreifelderwirthschaft ist hier noch im Schwang. Die Kultur der Wiesen liegt der allgemeinen Weide wegen noch tief im Schlaf; [...] Die Holz- und Weideabtheilungen, die auch hier beginnen, lassen in Zukunft eine bessere Kultur dieses Landstriches hoffen." Verwundert stellte er zudem fest, dass die Brache, die in der Klosterhofmark bereits aufgehoben worden war, wieder eingeführt wurde.[104] Den Leerhäuslern, die ihr Vieh in Ermangelung eigener Weideflächen ausschließlich auf die Gemeindeweide getrieben hatten, war diese Option mit der Abteilung des Gemeindegrundes in individuell genutzten Grund genommen. Sie mussten sich daher ebenfalls um die Zuweisung einer Parzelle zur Kultivierung oder zur Weide bemühen.[105] Im Fall des Leinenwebers Adam Niedermeier, der sich 1799 aus diesem Grund um die Zuweisung einer sechs Tagwerk großen Parzelle zur Kultivierung im sogenannten Lindach im Ebersberger Forst bemühte, lehnte die Malteserkommende Ebersberg das Gesuch ab. Begründet wurde die Entscheidung paradoxerweise mit dem Hinweis, der Lindach sei integrierender Bestandteil des Ebersberger Forstes, an dem eine Vielzahl von Bauern die Weidenschaft nutze; aus dieser Ursache könnten keine Flächen zur Kultur abgeteilt werden.[106]

Wenige Jahre später konnte sich das Kloster dagegen der Abteilung des Ebersberger Gemeindewaldes, der Gmain, nicht mehr widersetzen. Auf landesherrlichen Druck wurde die Gmain in einem langwierigen Prozess, in dem auch die Untertanen ihre Interessen zu wahren suchten, aufgeteilt.[107] Traditionelle landwirtschaftliche Wirtschaftsformen wie der Blumbesuch, der Dechel, das Laubrechen und das Schneiteln gingen damit zu Ende.

Die Einführung neuer Wirtschaftsformen wie der Stallfütterung und neuer Kulturpflanzen wie der Kartoffel sowie die allmähliche Beseitigung der bisher üblichen Dreifelderwirtschaft scheiterte oft auch am Widerstand der Bauern, die beharrlich am alten Herkommen und an den vertrauten Wirtschaftsweisen festhielten.[108] 1803 berichtete der Hohenbrunner Pfarrer Georg Mändl von den Erfahrungen, die er diesbezüglich mit den Bauern der Umgebung gemacht hatte. Er beklagte ihre mangelnde Bereitschaft, von der gewohnten Brache abzuweichen, die Äcker häufiger umzutreiben und Feldfrüchte und Gemüse wie Klee, Kartoffeln oder Rüben anzubauen. Die Ursache dieser Schwierigkeiten sah er einerseits in den Ernährungsgewohnheiten, die traditionell aus Mehlspeisen wie Brot, Nudeln und Knödeln – also Getreideprodukten – und Gemüsen bestanden[109] und andererseits in der unzureichenden Ausstattung der Höfe mit Dienstboten, die zudem einen zu hohen Lohn verlangen und zu viele Feiertage halten würden – letztendlich mehr Last als Hilfe wären. Mändl plädierte für eine Kombination aus Aufklärung und Landeskultur um eine Verbesserung der Landwirtschaft zu erreichen.[110]

Fazit

Die Landwirtschaft in der Ebersberger Klosterhofmark war vor allem Subsistenzwirtschaft. Die Bauern erzeugten die Produkte, die sie zum täglichen Leben benötigten. Verbreitet war die Kombination von Garten oder Obstanger, Wiesen und Feldern, von Grünland und Ackerbau, von Viehzucht und Viehhaltung; auf einem Bauernhof des 18. Jahrhunderts waren Pferde, Kühe, Schafe, Ziegen, Gänse, Enten und Hühner vertreten. Spezialisierung oder Produktion für den Markt, Überlegungen, die in der modernen Landwirtschaft unabdingbar sind, spielten eine untergeordnete Rolle. Der Verkauf von Erzeugnissen war sekundär.[111] In dieser Hinsicht lassen sich keine Unterschiede zu den herzoglichen / kurfürstlichen Urbarsbauern oder zu anderen Grundherren feststellen. Die oben dargestellte Einbindung der Bauern in die Dreifelderwirtschaft und in die Gemeindeweide hätte vom Kloster Ebersberg im Alleingang vorgenommene Veränderungen unmöglich gemacht. Verbesserungen waren erst im Rahmen einer landesweiten Förderung der Landwirtschaft durchführbar. Diese von der einzelnen Grundherrschaft unabhängige Organisation der bäuerlichen Wirtschaftsweise ließ sich nicht individuell beeinflussen. Aus diesem Grund lassen sich auch beim Wechsel von den Benediktinern zu den Jesuiten und von den Jesuiten zu den Maltesern keine gravierenden Einschnitte in der Rentenwirtschaft feststellen. Auf diesen Wechsel zurückgehende Veränderungen in der klösterlichen Eigenwirtschaft sind quellenmäßig nicht fassbar.

Die eingangs gestellte Frage nach dem Wandel von der Natur- zur Kulturlandschaft unter dem Einfluss des Klosters Ebersberg muss auf Grund der vorliegenden Untersuchung bejaht werden. Die Landschaft im Ebersberger Raum veränderte sich seit dem Mittelalter stetig und geriet immer stärker unter den Einfluss des Menschen. Die Umwandlung von Weideflächen in Ackerland, von einmähdigen Wiesen in zweimähdige, von einem lichten Laubwald in einen dichten Wirtschaftswald zeugt ebenso von menschlichen Eingriffen wie die Schaffung von Fischteichen oder die Regulierung von Gewässerfließgeschwindigkeiten durch die Errichtung von Mühlen.

Bei der Gründung des Klosters Ebersberg war der Raum keine Urlandschaft mehr, da er bereits im Altertum besiedelt gewesen war, die Intensivierung der menschlichen Nutzung nahm im Laufe der Jahrhunderte jedoch zu und veränderte die Landschaft. Der Einfluss des Klosters als Grundherr unterschied sich allerdings nicht von den Möglichkeiten anderer Grundherren. Auf Grund der gegebenen Wirtschaftsformen hatte das Kloster Ebersberg kaum individuelle Gestaltungsmöglichkeiten.

Anmerkungen

1. Siehe Rösener, Werner: Probleme der Erforschung der ländlichen Gesellschaft des Mittelalters, in: Trossbach, Werner, Agrargeschichte. Positionen und Perspektiven, Stuttgart 1998, S. 93-105, S. 93-94.
2. Siehe ebd., S. 98-100.
3. Beispielhaft für eine Untersuchung des bäuerlichen Wirtschaftens und der Landwirtschaft im 18. Jahrhundert ist Beck, Rainer: Naturale Ökonomie. Unterfinning: Bäuerliche Wirtschaft in einem oberbayerischen Dorf des frühen 18. Jahrhunderts, (Forschungshefte des bayerischen Nationalmuseums 11), München 1986.
4. Siehe dazu Beck (wie Anm. 3).
5. Siehe Bayerisches Hauptstaatsarchiv (BayHStA), KL Ebersberg 48.
6. Der im Bayerischen Hauptstaatsarchiv verwahrte Bestand Kloster Ebersberg Literalien enthält unter den Signaturen KL Ebersberg 35, 36, 36 1/2, 36 1/3, 36 1/8, 37 1/2, 37 1/3, 37 1/8 die Bände 2 bis 9 der Grundbeschreibung, Band 1 der Grundbeschreibung befindet sich unter der Signatur 2445 1/6 im Bestand Jesuitica.
7. Siehe Mayr, Gottfried: Ebersberg. Gericht Schwaben, (Historischer Atlas von Bayern, Teil Altbayern I/48), München 1989, S. 2 u. Micheler, Anton: Der Naturraum des Landkreises Ebersberg, in: Der Landkreis Ebersberg in Geschichte und Gegenwart. Ein Heimatbuch, hg. v. Verlag Bayerische Heimatbücher, München 1960, S. 17-24, S. 18.
8. Siehe Mayr (wie Anm. 7), S. 2 u. Micheler (wie Anm. 7), S. 18.
9. Siehe Mayr (wie Anm. 7), S. 3 u. Micheler (wie Anm. 7), S. 18-19.
10. Siehe Lang, Robert: Die Landwirtschaft, in: Der Landkreis Ebersberg in Geschichte und Gegenwart. Ein Heimatbuch, hg. v. Verlag Bayerische Heimatbücher, München 1960, S. 32-35, S. 32.
11. Siehe Klinger, Rolf: Geologie und Geographie, in: Der Landkreis Ebersberg. Raum und Geschichte, hg. v. d. Kreissparkasse Ebersberg, Stuttgart 1982, S. 8-27, S. 18. Siehe dazu auch Meynen, Emil. / Schmithüsen, Josef. (Hg.): Handbuch der naturräumlichen Gliederung Deutschlands, 2 Bde., Bad Godesberg 1953-1962, S. 110-111 u. 115-117.
12. Siehe Klinger (wie Anm. 11), S. 19; Karlstetter, Martin: Strukturelle Eigenschaften traditioneller Landnutzung, dargestellt am Beispiel einer Gemeinde im oberbayerischen Voralpenland um 1800, unveröffentl. Typoskript, Freising-Weihenstephan 1993, S. 28; Jäger, Helmut: Einführung in die Umweltgeschichte, Darmstadt 1994, S. 24-27.
13. Siehe Lang (wie Anm. 10), S. 32.
14. Siehe Mayr, Gottfried: Von den Agilolfingern zu den bayerischen Königen, in: Der Landkreis Ebersberg. Raum und Geschichte, hg. v. d. Kreissparkasse Ebersberg, Stuttgart 1982, S. 102-135, S. 109-110.
15. Staatsarchiv München (StAM), Steuerbücher 393, fol. 11´.
16. StAM, Steuerbücher 393, fol. 5´.
17. StAM, Steuerbücher 393, fol. 12´.
18. StAM, Steuerbücher 393, fol. 13.
19. Siehe BayHStA, KL Ebersberg 35, pag. 29-399.
20. Siehe BayHStA, KL Ebersberg 35, pag. 448-492, 598-607 u. 526-562.
21. Siehe StAM, Steuerbuch 393.
22. Siehe BayHStA, KL Ebersberg 35, passim.
23. BayHStA, KL Ebersberg 35, pag. 99.
24. Siehe BayHStA, KL Ebersberg 35, pag. 174.
25. Siehe Karlstetter (wie Anm. 12), S. 54
26. Siehe BayHStA, KL Ebersberg 35, pag. 598-607.
27. BayHStA, KL Ebersberg 35, pag. 604-607.
28. BayHStA, KL Ebersberg 35, pag. 208.
29. Siehe Karlstetter (wie Anm. 12), S. 54-56.
30. BayHStA, KL Ebersberg 35, pag. 61.
31. Siehe BayHStA, KL Ebersberg 35, pag. 391.
32. Siehe Mayr (wie Anm. 7).
33. Siehe BayHStA, KL Fasz. 1046, Nr. 128 u. 129.
34. Siehe BayHStA, KL Fasz. 1046, Nr. 128.
35. Siehe BayHStA, KL Fasz. 1046, Nr. 128.
36. Siehe BayHStA, KL Fasz. 1046, Nr. 46.
37. Siehe BayHStA, KL Fasz. 1046, Nr. 133.
38. Siehe BayHStA, KL Ebersberg 48, undatierte Instruktion für den Klosterrichter und Verwalter, S. 2.
39. BayHStA, KL Ebersberg 48, undatierte Instruktion für den Klosterrichter und Verwalter, S. 2.
40. Siehe StAM, Pfleggericht Schwaben B 19 Anlags-Buch des im churfürstlichen Pfleg- und Landgericht Schwaben Rentamts München ligend hohen Malteserordens-Großpriorats gefreyten Pflegamts Ebersberg, 1784.
41. Siehe Karlstetter (wie Anm. 12), S. 65-66.
42. Siehe dazu Fried, Pankraz / Haushofer, Heinz: Die Ökonomie des Klosters Diessen. Das Compendium Oeconomicum von 1642, (Quellen und Forschungen zur Agrargeschichte 27), Stuttgart 1974.
43. BayHStA, KL Ebersberg 48, undatierte Instruktion für den Klosterrichter und Verwalter, S. 3.
44. Siehe BayHStA, KL Ebersberg 35 passim; diese Erwähnung findet sich bei nahezu allen in der Ortschaft Ebersberg ansässigen Grunduntertanen.
45. Siehe BayHStA, KL Ebersberg 35, pag. 91. In einem Nachtrag heißt es: „Dis heisl ist abprochen worden, ist niemandt verhanden, hat die Herrschaft ain Hopffengartten auf diessem grundt gemacht."
46. Siehe BayHStA, KL Fasz. 1046, Nr. 152.
47. StAM, Steuerbücher 389, fol. 319.
48. Siehe BayHStA, GL Fasz. 3655, Nr. 5, Entschließung v. 15.01.1746.
49. Siehe BayHStA, GL Fasz. 3655, Nr. 5, Entschließung v. 07.03.1746.
50. Siehe BayHStA, GL Fasz. 3655, Nr. 5, Schreiben v. 22.04.1746.
51. Siehe BayHStA, GL Fasz. 3655, Nr. 5, Bericht v. 15.03.1752 u. Entschließung v. 18.04.1752.
52. BayHStA, KL Fasz. 1046, Nr. 146. Die folgenden Beschreibungen der Teiche entstammen ebenfalls dieser Quelle.

[53] Siehe BayHStA, GL Fasz. 3655, Nr. 5, Entschließung v. 07.03.1746.

[54] Siehe BayHStA, GL Fasz. 3674, Nr. 93.

[55] Siehe BayHStA, Landshuter Abgabe, Rep. 46/1, Nr. 79.

[56] Siehe BayHStA, Landshuter Abgabe, Rep. 46/1, Nr. 78.

[57] Siehe Karlstetter (wie Anm. 12), S. 141.

[58] Rösener, Werner: Grundherrschaft, in: Lexikon des Mittelalters, Bd. III, München 1986, Sp. 1377-1381, Sp. 1377.

[59] Siehe ebd.

[60] Siehe ebd., Sp. 1377-1378.

[61] Siehe ebd., Sp. 1378.

[62] Siehe BayHStA, KL Ebersberg 35, pag. 529.

[63] BayHStSA, KL Ebersberg 35, pag. 439.

[64] Siehe BayHStA, KL Ebersberg 35, pag. 86, 151, 159 u. 198.

[65] Siehe Henker, Michael / Brockhoff, Evamaria / u.a. (Hg.): Bauern in Bayern. Von der Römerzeit bis zur Gegenwart, Ausstellungskatalog, (Veröffentlichungen zur Bayerischen Geschichte und Kultur 23/92), München 1992, S. 62-63 u. Körber-Grohne, Udelgard: Nutzpflanzen in Deutschland. Kulturgeschichte und Biologie, 4. Aufl., Darmstadt 1997, passim.

[66] Siehe Beck (wie Anm. 3), S. 19-20.

[67] Karlstetter (wie Anm. 12), S. 110.

[68] Siehe auch Schlögl, Rudolf: Bauern, Krieg und Staat. Oberbayerische Bauernwirtschaft und frühmoderner Staat im 17. Jahrhundert, (Veröffentlichungen des Max-Planck-Instituts für Geschichte 89), Göttingen 1988, S. 141, für das benachbarte Landgericht Wasserburg.

[69] Siehe BayHStA, KL Ebersberg 35, pag. 69-71.

[70] BayHStA, KL Ebersberg 35, pag. 65-68.

[71] Siehe Hielscher, Karl: Fragen zu den Arbeitsgeräten der Bauern im Mittelalter, in: Zeitschrift für Agrargeschichte und Agrarsoziologie 17 (1969), S. 6-43, S. 16-21 u. Sperber, Helmut: Bäuerliche Geräte des Spätmittelalters, in: Appelt, Heinrich (Hg.): Bäuerliche Sachkultur des Spätmittelalters. Internationaler Kongreß Krems an der Donau, 21. bis 24. September 1982, (Veröffentlichungen des Instituts für mittelalterliche Realienkunde Österreichs 7), Wien 1983, S. 299 u. 305.

[72] Siehe Hielscher (wie Anm. 71), S. 28-34 u. Sperber (wie Anm. 71), S. 305-306.

[73] Siehe Karlstetter (wie Anm. 12), S. 37.

[74] Siehe StAM, Steuerbuch Nr. 393.

[75] Siehe dazu ausführlich Beck (wie Anm. 3), S. 67 u. 114-118 sowie Schöller, Rainer: Der gemeine Hirte. Viehhaltung, Weidewirtschaft und Hirtenwesen vornehmlich des nachmittelalterlichen Umlandes von Nürnberg, (Schriftenreihe der Altnürnberger Landschaft 18), Nürnberg 1973, S. 20-23.

[76] Siehe Schöller (wie Anm. 75) S. 26.

[77] Siehe ebd., S. 41-43 u. Karlstetter (wie Anm. 12), S. 89.

[78] Siehe BayHStA, GL Fasz. 3672, Nr. 91.

[79] Siehe BayHStA, KL Fasz. 1045, Nr. 89.

[80] Siehe Schöller (wie Anm. 75) S. 43.

[81] Siehe BayHStA, GL Fasz. 3672, Nr. 91.

[82] Siehe dazu Beck (wie Anm. 3), S. 41.

[83] Siehe Schöller (wie Anm. 75), S. 25.

[84] Siehe BayHStA, KL Ebersberg 35, pag. 40 u. 61 sowie Karlstetter (wie Anm. 12), S. 72-74.

[85] Siehe BayHStA, KL Ebersberg 35, pag. 149.

[86] Siehe BayHStA, KL Ebersberg 35, pag. 193.

[87] Siehe BayHStA, KL Ebersberg 35, pag. 220, 250 u. 352.

[88] Siehe BayHStA, KL Ebersberg 35, pag. 220.

[89] Siehe dazu Körber-Grohne (wie Anm. 65), S. 96-139.

[90] Siehe Schöller (wie Anm. 75), S. 46-48.

[91] Siehe ebd., S. 44-45.

[92] Siehe BayHStA, KL Ebersberg 35 u. StAM, Steuerbücher 393.

[93] Siehe BayHStA, Jesuitica 1440.

[94] BayHStA, KL Ebersberg 35, pag. 27.

[95] Siehe BayHStA, KL Ebersberg 11.

[96] BayHStA, Jesuitica 1435.

[97] BayHStA, KL Ebersberg 70.

[98] BayHStA, Jesuitica 1440.

[99] Siehe BayHStA, Jesuitica 1440.

[100] Siehe BayHStA, Landshuter Abgabe, Rep. 46/1, Nr. 123. Ebersberg selbst ist in dieser Quelle nicht explizit genannt.

[101] Siehe BayHStA, Landshuter Abgabe, Rep. 46/1, Nr. 124.

[102] Siehe BayHStA, Landshuter Abgabe, Rep. 46/1, Nr. 128.

[103] Siehe Härter, Karl / Stolleis, Michael (Hg.): Repertorium der Policeyordnungen der Frühen Neuzeit, Bd. 3, Wittelsbachische Territorien, (Ius commune. Veröffentlichungen des Max-Planck-Instituts für Europäische Rechtsgeschichte, Sonderhefte, Studien zur europäischen Rechtsgeschichte 116), Frankfurt am Main 1999, Bd. 3,1 u. Karlstetter (wie Anm. 12), S. 43-44.

[104] Siehe Hazzi, Joseph von: Statistische Aufschlüsse über das Herzogthum Baiern, aus ächten Quellen geschöpft. Ein allgemeiner Beitrag zur Länder- und Menschenkunde, 4 Bde., Nürnberg 1801-1808, Bd. 3,2, S. 462 u. 472.

[105] Siehe BayHStA, GL Fasz. 3672/91, Gesuch v. 15.08.1799.

[106] Siehe BayHStA, GL Fasz. 3672/91, Schreiben v. 27.02.1800.

[107] Siehe BayHStA, GL Fasz. 3673/ad 91.

[108] Siehe Karlstetter (wie Anm. 12), S. 10.

[109] Siehe ebd., S. 42.

[110] Siehe BayHStA, GL Fasz. 3672/91, Bericht v. 29.12.1803.

[111] Siehe Karlstetter (wie Anm. 12), S. 50.

Abbildungsnachweis
Bayerisches Hauptstaatsarchiv, München: Abb. 1, 2, 3, 5.
Museum Wald und Umwelt, Ebersberg: Abb. 4.

18

Winfried Freitag

Die drei frühesten Waldordnungen für den Ebersberger Forst[1]

Bis in die Zeit um 1800, als die Industrielle Revolution Europa von Grund auf zu verändern begann, war der Wald die zentrale Ressource schlechthin;[2] zum einen wegen seines Holzes, dem in vormoderner Zeit bei weitem wichtigsten Energielieferanten, Baumaterial und Werkstoff, zum anderen, weil die Landwirtschaft, in der der weitaus überwiegende Teil der Bevölkerung tätig war, ohne ihn gar nicht hätte betrieben werden können. Da die Wiesen nicht ausreichten, ließ man Pferde, Rinder, Schafe und Ziegen im Wald weiden, holte dort trockenes Laub und Moos als Einstreu für die Ställe, schlug im Sommer grüne Zweige, um sie im Winter als Laubheu zu verfüttern, und mästete im Herbst die Schweine mit Eicheln, Bucheckern und Wildobst. Um die knapp bemessenen Felder zu ergänzen, bebaute man lichtere Teile des Waldes für ein paar Jahre mit Feldfrüchten und überlies sie dann wieder der Natur. Neben der Landwirtschaft waren auch Handwerk und Gewerbe auf Produkte des Waldes, auf Holzkohle, ohne die man keine Metalle gewinnen und verarbeiten konnte, auf Harz, Teer, Gerbstoff, Pottasche und anderes mehr angewiesen. Mit seinem Wild, seinen Beeren, Nüssen, Pilzen und dem Honig seiner Wildbienen, dem in vormoderner Zeit einzigen Süßmittel, leistete der Wald schließlich auch einen kleinen, aber wichtigen direkten Beitrag zur menschlichen Ernährung. Die existenzielle Bedeutung, die der Wald und seine Produkte für die Menschen hatten, machte ihn zu einem der großen gesellschaftlichen Konfliktfelder, das man durch eine Flut von Regelungen und Gesetzen zu befrieden suchte. Sieht man von der vorgeschichtlichen Zeit ab, so scheint hierin allein das beginnende Mittelalter, das 6. und 7. Jahrhundert, eine Ausnahme gebildet zu haben. Mitteleuropa war damals sehr dünn besiedelt. Um 600 lebten auf der Fläche Westdeutschlands lediglich 600.000 bis 700.000 Menschen, (Abb. 1) das waren im Durchschnitt 2,4 Bewohner pro Quadratkilometer.[3] Weite Bereiche, die zur Römerzeit schon gerodet waren, hatte der Wald wieder in Besitz genommen. Zusammenhän-

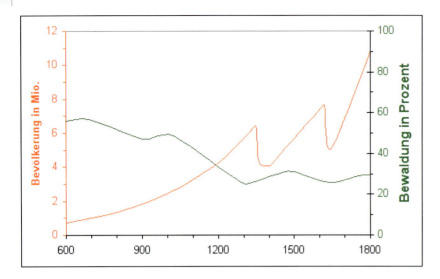

Abb. 1: Bevölkerungsentwicklung in Millionen Einwohnern und Bewaldung in Prozent der Gesamtfläche, Westdeutschland von 600 bis 1800. Bei beidem, der Bevölkerungs- und der Waldentwicklung, ist zu bedenken, dass es sich nur um sehr grobe Schätzungen handeln kann.

gende Siedlungsgebiete gab es kaum. Die Weiler oder Dörfer lagen meist wie Inseln in der Wildnis. An das Ackerland, das sie umgab, schloss sich durch Holzentnahme und Viehweide stark aufgelichteter Wald an, der mit wachsender Entfernung immer dichter wurde.[4] Da es mehr als genug Land gab, das wieder oder noch urbar gemacht werden konnte, war die Verfügungsgewalt über Menschen weitaus wichtiger als die über Grund und Boden. Der Boden erhielt seinen Wert nur durch die Arbeit, die in ihn hineingesteckt wurde. Noch ungenutzte Wildnis war praktisch und rechtlich frei. Der Wald, sein Holz, seine Tiere und Früchte galten als Gaben Gottes, die sich jedermann aneignen konnte.[5] Die germanischen Stammesrechte bedrohten nur die Wegnahme von Holz, das ein anderer bereits gefällt oder zugerichtet hatte, mit Strafe.[6]

Die Situation änderte sich mit der im 7. Jahrhundert einsetzenden, langanhaltenden Bevölkerungszunahme. (Abb. 1) Diese führte erst zur Vergrößerung bestehender Siedlungen, dann zu Neugründungen (Abb. 2) und ausgedehnten Rodungen, also zu einer Binnenkolonisation des Landes.[7] Im 11. Jahrhundert kam noch die bis 1300 anschwellende Welle von Stadtgründungen hinzu.[8] Seinen Höhepunkt erreichte der mittelalterliche Landesausbau im frühen 14. Jahrhundert. Damals war die Bevölkerungszahl im Vergleich zum frühen 7. Jahrhundert um das 8- bis 9-fache gestiegen (von ca. 0,7 auf 6 Mio.), die Waldfläche zugleich um mehr als die Hälfte geschrumpft (von ca. 56 auf 26% der Gesamtfläche). Das erhöhte den Druck auf den verbleibenden Wald und ließ die Nutzungszonen der Siedlungen teils einander näher rücken, teils zusammenstoßen und ineinandergreifen. Die Folge war eine wachsende Zahl von Konflikten nicht nur zwischen den Bauern und den großgrundbesitzenden Feudalherren, sondern auch der Dörfer, Grundherrn und Städte untereinander.[9] Mit der Zunahme an Reibungspunkten wuchs auch der Bedarf an Regelungen. Kein Wunder also, dass die ältesten in Deutschland erhaltenen Waldordnungen, darunter die drei frühesten für den Ebersberger Forst, aus eben dieser Zeit stammen.[10] Im hohen Mittelalter blieb der stark anwachsenden Bevölkerung immer weniger fruchtbares Land, das noch hätte gerodet werden können. Deshalb wurden mehr und mehr schlechte Böden, die sich rasch erschöpften, oder solche, die der Erosion ausgesetzt waren, unter den Pflug genommen. Eine im 12. Jahrhundert einsetzende allmähliche Klimaverschlechterung trug das ihrige dazu bei, dass es seit dem frühen 14. Jahrhundert verstärkt zu Missernten und Hungersnöten kam. Unterernährung schwächte die Widerstandskraft der Menschen und bereitete der Großen Pest den Weg. Mitte des 14. Jahrhunderts kam es zum jähen Einbruch.[11] (Abb. 1) Die Bevölkerung schrumpfte um etwa ein Drittel, der Wald eroberte einen Teil der Rodungsflächen zurück. Erst im Laufe des 16. Jahrhunderts wurden Bevölkerungszahlen, wie es sie im 14. Jahrhundert bereits gegeben hatte, wieder erreicht und in der Folgezeit übertroffen. Die Entstehungszeit und Anzahl der erhaltenen Waldordnungen spiegeln diese Entwicklung wider. Die erste Verbreitungsphase der Ordnungen fällt ins 13. und in die erste Hälfte des 14. Jahrhunderts, in die Zeit also, in der sich der mittelalterliche Landesausbau seinem Höhepunkt näherte und ihn überschritt. Im ausgehenden Mittelalter werden sie selten. Ihre breite Masse jedoch stammt erst aus dem 16. bis 18. Jahrhundert. Damals verstärkte sich nicht nur erneut der Nutzungsdruck auf den Wald, sondern auch der Zugriff der Territorialfürsten und absolutistischen Herrscher. Sie gaben an, den Wald schützen zu wollen, und erließen eine Vielzahl von Ordnungen, die vor allem der Durchsetzung ihrer Herrschaftsansprüche gegen angestammte Sonderrechte, der Erhöhung ihrer eigenen Einnahmen und der Sicherung der Holzversorgung von Bergbaubetrieben und Salinen dienten.[12]

	bis 750	750-1000	1000-1350	1350-1760	1760-heute	Gesamt
Einöde	4	30	80	37	24	175
Weiler	16	45	56	15	11	143
Dorf	8	34	19	2	15	78
Kirchdorf	21	41	4	-	-	66
Markt/Stadt	1	2	2	-	-	5
Gesamt	50	152	161	54	50	467

Abb. 2: Siedlungen nach Ortsgröße und Gründungszeit am Beispiel des alten Landgerichts Schwaben (entspricht in etwa dem heutigen Landkreis Ebersberg).

Die Waldordnungen des 13. Jahrhunderts sind die ersten umfassenden Regelungen zum Wald, aber sie sind nicht die ersten Ge- und Verbote überhaupt. Bereits im Laufe des frühen Mittelalters taten sich durch die intensiver werdende Nutzung schon erschlossener Wälder und das Vordringen in noch unberührte Natur vermehrt Konfliktfelder auf. Eine Einschränkung, die sich in den germanischen Stammesrechten findet, ist das Verbot, fruchttragende Eichen und Buchen zu fällen.[13] Der Erhalt dieser sogenannten Mastbäume lag im Interesse aller. Denn unter sie wurden im Herbst die Schweine zur Eichel- und Bucheckermast getrieben. Weitergehende Einschränkungen ergaben sich aus dem Anspruch der Herrscher auf alles herrenlose Land. Die fränkischen Könige und die bayerischen Herzöge erklärten weite, noch unerschlossene Waldgebiete zu Forsten oder Bannwäldern, über die nur sie bestimmen durften.[14] Ohne ihr Einverständnis durfte in den Forsten niemand roden oder siedeln. Einige Wälder, darunter der Ebersberger Forst, wurden als Jagdreviere der Herrscher sogar gänzlich von Kolonisten freigehalten. Kontrolle über den Wald zu erlangen, war für die Mächtigen seit dem 7. Jahr-

Abb. 3a-3e:
Rodungen bis 750: schwarz
Rodungen 750-1000: gelb
Rodungen 1000-1350: dunkelblau
Rodungen 1350-1760: rot
Rodungen 1760-heute: orange

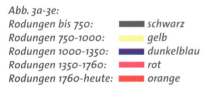

Wie die Abfolge der Karten zeigt, lösten Rodung und Besiedlung den Ebersberger Forst bereits im frühen und hohen Mittelalter aus einem großen, weit über den dargestellten Kartenausschnitt hinausragenden Waldgürtel heraus.

Abb. 4: Satellitenaufnahme des Großraums München vom 20. Juli 1988. Hier sind die großen Forste im Süden und Osten Münchens, die zu Beginn des Mittelalters Teile eines umfassenden Waldgürtels waren, gut zu erkennen. Am nordöstlichen Ende der Ebersberger Forst. Im Südwesten der Ammersee und der Starnberger See.

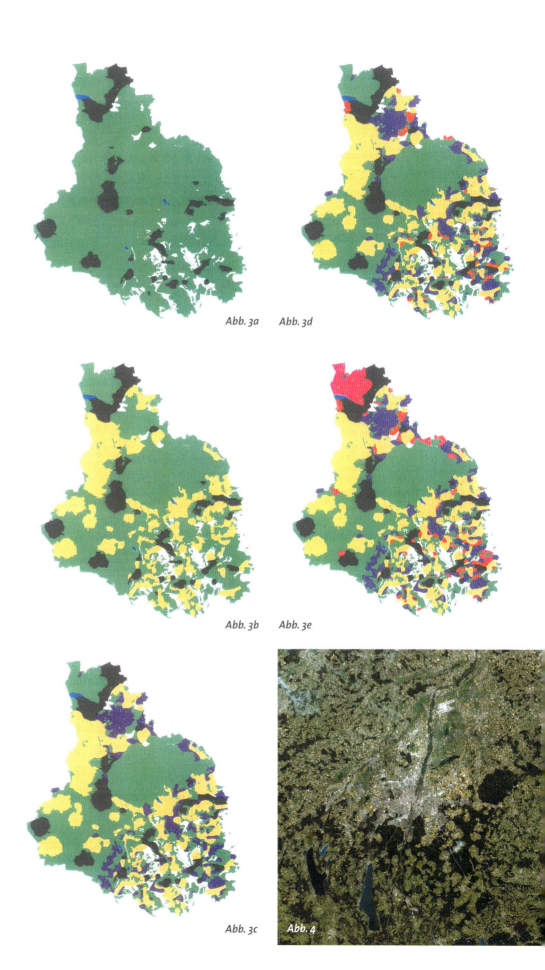

hundert sowohl aus wirtschaftlichen als auch politischen Gründen wichtig. Sie konnten von Siedlern nach einigen Freijahren einen Teil ihrer landwirtschaftlichen Erträge als Grundrente einfordern und von allen Anrainern für Viehweide, Holzschlag und Schweinemast Abgaben verlangen. Forstmeister und Förster, die sie zur Überwachung der Wälder einsetzten, verursachten keine Kosten, sondern hatten ihrerseits für ihr Amt Abgaben zu entrichten und trugen somit zu den Einnahmen bei. Zusammen mit der Eroberung fremden war das Bannen herrenlosen Landes, eben auch von Wäldern, eine wichtige Voraussetzung, um im entstehenden feudalen Machtgefüge[15] die eigene Position zu behaupten. In einer Agrargesellschaft, in der es kaum Städte gab[16] und in der die Herrscher über wenig Einkünfte in barem Geld verfügten, war Land gleichsam die Währung, mit der sie Gefolgsleute an sich binden und eine militärische Macht aufbauen konnten. Wer sich in den Dienst eines Feudalherrn stellte, wurde entweder in dessen Haushalt aufgenommen und dort mitversorgt oder er erhielt Land, das er selber bearbeiten oder – war es groß genug – an Bauern, die dann Abgaben an ihn zu entrichten hatten, weiterverleihen konnte. Kehrseite des Lehenssystems war die Labilität feudaler Herrschaft. Die Macht der Herrscher stützte sich nicht auf Beamte, die sich notfalls durch Streichung ihrer Bezüge gefügig machen ließen, sondern nur auf Vasallen, die ihre Vergütung aus ihrem Lehensgut selbst erwirtschafteten und stets dazu neigten, sich zu verselbstständigen. Einem Vasallen oder seinen Nachkommen ein Lehensgut wieder zu entziehen, war für die Herrscher meist schwierig, oft unmöglich. Viele der im frühen Mittelalter gebannten Wälder wurden denn auch als Lehen vergeben, wechselten durch Vererbung, Tausch oder Schenkung mehrfach den Besitzer und gingen schließlich dauerhaft in die Hand eines Adelsgeschlechts, eines Klosters oder einer freien Reichsstadt über.[17]

Der Ebersberger Forst ist dafür ein Beispiel.[18] Er war zu Beginn des Mittelalters Teil eines breiten Waldgürtels, der sich durch das südliche Oberbayern zog und durch Rodungen in die großen Forste im Osten und Süden Münchens zerfiel. (Abb. 3a-3e u. 4) Dass der Ebersberger Forst als geschlossener Waldkomplex erhalten blieb, verdankt er seiner Wasserarmut,[19] die nicht gerade siedlungsfreundlich war, und der Tatsache, dass er frühzeitig – wohl noch von den agilolfingischen Stammesherzögen (vor 788) – gebannt und als Jagdrevier von Kolonisten freigehalten wurde.[20] In Folge der Absetzung Herzog Tassilos 788 durch Karl den Großen fiel der Ebersberger Forst zusammen mit dem Landbesitz der bayerischen Herzöge an die Karolinger. Er wurde dann im späten 9. Jahrhundert von König Karlmann zusammen mit dem Marktort Sempt an einen Grafen Sieghard verliehen und nach dem Aussterben der Grafenfamilie in einen östlichen (unteren) und einen westlichen (oberen) Teil getrennt. (Abb. 5)

Der Ostteil fiel an das 934 als Hauskloster der Grafen gegründete Kloster Ebersberg und verblieb dort bis zur Säkularisation Anfang des 19. Jahrhunderts. Der Westteil ging an einen Verwandten der Witwe des letzten Grafen, wurde Mitte des 11. Jahrhunderts von König Heinrich III. als heimgefallenes Reichslehen eingezogen und nach einiger Zeit erneut vergeben, jetzt an einen der Vorfahren der Wittelsbacher. Als diese längst bayerische Landesherren geworden waren und als solche selber Lehen vergaben, drohte auch ihnen der obere Ebersberger Forst zu entgleiten. Er wird in einer Urkunde von 1434 als „Rutheringer Forst" bezeichnet nach einer Familie Ruthering oder Riedering, die Forstmeisteramt und Forst schon seit Generationen zu Lehen hatten. 1438 wurden Forst und Amt auf Veranlassung Christof Ruthers von Rutheringen durch Herzog Ludwig an einen Caspar Gunderstorffer verliehen. Bereits dessen Söhne bezeichneten den neuen Besitz als ihr „väterliches Erbgut" und geben ihn 1485 nur gegen reiche Entschädigung an den Herzog zurück. Nach dieser Erfahrung verliehen die Landesherren den Forst nicht mehr als Lehen, sondern ließen ihn durch ihre Beamten am Pfleggericht Schwaben und in München verwalten. Beim Besitzwechsel von 1438 wurde Gundersdorfer auf eine für den oberen Forst bereits bestehende Waldordnung verpflichtet und diese in voller Länge in die Anstellungsurkunde aufgenommen. Es handelt sich um die erste erhaltene Niederschrift.[21] Ihre Bestimmungen sind in der folgenden wortgetreuen Wiedergabe jeweils an letzter Stelle abgedruckt. Dass die Ordnung von 1438 nicht die erste überhaupt war, geht aus einem acht Jahre älteren Schreiben des Herzogs hervor. In ihm wird von einer für den oberen Forst vorhandenen Waldordnung gesagt, sie „glaichet" der für den unteren.[22] Gemeint sind damit die zwischen 1290 und 1300 in lateinischer und 1314 in deutscher Sprache aufgezeichneten „Forstrechte" des Klosters Ebersberg.[23] Ihre Bestimmungen stehen in der folgenden Edition jeweils an erster und dritter Stelle. Wie stark sich der Herzog mit seiner Ordnung an die des Klosters anlehnte, zeigt der Vergleich. Abweichungen gibt es lediglich dort, wo es die veränderte Besitzperspektive erforderte.

Die Besitzgeschichte des Ebersberger Forstes ist nicht nur exemplarisch für den Umgang mit Lehensgut, sie ist es auch für die damaligen Eigentumsvorstellungen. Der mittelalterlichen Gesellschaft war der moderne Begriff des Eigentums, der Nutzungsrechte anderer ausschließt, fremd. An ein- und demselben Stück Land konnten mehrere Personen, Gruppen oder Institutionen unterschiedliche Besitz- und Nutzungsrechte haben oder sich solche teilen. Ungeachtet seiner Aufteilung im 10. Jahrhundert verblieben bestimmte Rechte für den gesamten Forst bei einem der beiden Besitzer: das Jagdrecht beim weltlichen Eigentümer des Westteils, der Zehnt an den Jagd- und Holzschlagrechten beim Kloster. Ihm standen dank eines Vermächtnisses zudem zwei Forsthuben[24] und die Hälfte der Abgaben aus dem Westteil zu. Auch bei den zwischen 1290 und 1300 aufgezeichneten Forstrechten des Klosters ist die älteste erhaltene Niederschrift wahrscheinlich nicht die älteste überhaupt. Denn sie sind nicht als eigene Urkunde, sondern nur als Eintrag in einem repräsentativen Kodex erhalten.[25] Und selbst wenn es die Erstschrift wäre, so würde das nicht den Schluss erlauben, damals sei eine Waldordnung erlassen worden in dem Sinne, dass das Kloster auf veränderte Umstände mit einem Bündel von Maßnahmen, einer Art Reform, reagierte.[26] Das legt jedenfalls der Beginn der Aufzeichnungen nahe. Es werden keine Gründe angegeben, warum nun eine Ordnung erlassen werden müsse. Es heißt vielmehr schlicht und einfach: „Incipiunt Iura nemoralia quae dicuntur forstlehen vel forstrecht in omnibus que nos respiciunt [...]", beziehungsweise in der deutschen Fassung: „Hye sint verschriben allen Forstlehen und Forstrecht die uns und unserm Gotzhawss zu Ebersperck zugehörnt an dem obern Forst und von den nydern, und was des Forstmaysters Ampt sey und aller Forstär." Dieser Anfangssatz spricht dafür, dass nur ein status quo beschrieben sowie Rechte und Lehen zusammengefasst wurden, die dem Kloster zustanden, weil sie im Laufe der Zeit Gewohnheit geworden waren oder auf älteren Vereinbarungen beruhten. Ein Blick auf den Inhalt der Waldordnung bestätigt diesen Eindruck. Über Forstmeister und Förster, die den Wald beaufsichtigen, denen bestimmte Einkünfte zustanden und die bestimmte Abgaben zu entrichten hatten, verfügte das „Gotzhawss zu Ebersperck" schon seit längerem.[27] Die Strafen für Waldfrevel und für Verbrechen, die im Klosterforst begangen wurden, beruhten auf älterem Herkommen, vielleicht einem Weistum. Die Abgaben, die Untertanen und Anrainer für Holzschlag und Dechel (Schweinemast) zu entrichten hatten, waren sicherlich nichts Neues. Dass der Zehnt auch aus dem oberen Forst dem Kloster zustand, ging auf seine „Erstausstattung" bei der Gründung im Jahre 934 zurück.[28] In welcher Weise sich der Forstmeister des Klosters und der des Herzogs in Rechtsklagen gegenseitig zu unterstützen hatten, musste auf älteren Absprachen beruhen, desgleichen die gegenseitige Hilfe bei der Jagd und die Aufteilung der Einnahmen aus dem Dechel.

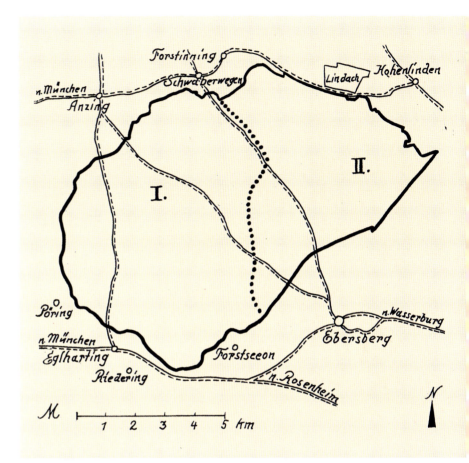

Abb. 5:
Die von Nord nach Süd verlaufende gepunktete Linie markiert die Grenze zwischen dem dem Landesherrn gehörigen Westteil (I = Oberer Ebersberger Forst) und dem dem Kloster Ebersberg gehörigen Ostteil (II = Unterer Ebersberger Forst) des Ebersberger Forstes.

Ein Grund alles[29], was mit dem Klosterforst zu tun hatte, was Gewohnheitsrecht oder was verstreut in verschiedenen Verträgen und Urkunden bereits festgehalten war, in einem Text zusammenzufassen, könnte das Bedürfnis gewesen sein, den Überblick über die eigenen Rechte und Ansprüche zu behalten und zu verhindern, dass das eine oder andere in Vergessenheit geriet. Damit ließ sich auch – das wohl ein zweiter Grund – die eigene Position in Auseinandersetzungen mit Nachbarn, Mitbesitzern und Untertanen stärken. Und eben das dürfte angesichts des Geflechts sich überlappender Herrschafts- und Nutzungsrechte und der schärfer werdenden Reibungen und Konflikte um den Wald ratsam gewesen sein.

Die ältesten Ebersberger Waldordnungen geben nicht nur Auskunft über Forstverwaltung, Besitzrechte und Einkünfte von Kloster und Landesherrn, sondern sie gewähren auch Einblicke in Eigenheiten der damaligen Gesellschaft. Die Vielzahl an Rechten, die am Wald hafteten, und damit auch an Berechtigten, veranschaulichen den von unserem heutigen abweichenden Eigentumsbegriff. Bis ins Detail gehende Vorschriften, was die Untertanen im Wald tun durften und was nicht, lassen schlaglichtartig ein Konfliktfeld erkennen, auf dem zäh und mitunter auch mit List um jede Kleinigkeit gerun-

Inhaltsübersicht für die drei Forstordnungen

Der parallele Aufbau der drei Forstordnungen erlaubt eine für alle drei gültige Inhaltsübersicht. Die Ziffern in Klammern verweisen auf die jeweiligen Artikel.
Von den Aufgaben und Pflichten des Forstmeisters und der Förster (1-4) – Von den Pfändungen (5-6) – Die Forstbuße (7) – Die Bestrafung todeswürdiger Verbrechen (8) – Die Bestrafung nicht todeswürdiger Verbrechen (9).

Die Bestrafung verschiedener Waldfrevel:
verbotener Holzschlag (10) – Raub, Brand, Diebstahl (11) – Fällen eines Baumes und Diebstahl eines Baumes (12-13).

Von den Abgaben:
Befahren des Bannwegs frei. Wer dabei den Wald in irgendeiner Weise nutzt, muss Forstzins zahlen (14) – neun Huben oder ein Hof entrichten den gleichen Zins (15) – Naturalabgaben des Forstmeisters und der Förster an den Abt (16) · Naturalabgaben, die den Förstern zustehen (17) – jährliche Rechnungslegung durch den Forstmeister (18) – Entrichtung des Forstzinses durch nicht Berechtigte (19) – Pflicht der Untertanen des Klosters, den Ebersberger Forst und keinen anderen zu nutzen (20).

Vorschriften zur rechtmäßigen Waldnutzung:
Schneiteln (21) – vom Wind geworfene Bäume (22).

Der Forstmeister des Klosters und der des Herzogs haben sich in Rechtsklagen gegenseitig zu unterstützen (23-24).

Abgabenfreie Forstnutzung durch die Untertanen des Klosters, auch die sogenannten Merainer (25).

Zur Jagd:
Jagddienste des Forstmeisters und der Förster (26) – Jagddienste, die auf bestimmten Hufen lasten (27).

Die Ordnung des herzoglichen Teils des Forstes und des klösterlichen Teils gleichen sich (28).

Der Zehnt aus dem herzoglichen Teil des Forstes steht dem Kloster zu (entfällt in der Forstordnung des Herzogs) (29).

Vom Recht auf herrenlose Bienenvölker (30).

Der Forstmeister gibt dem Kloster (Huf-)Eisen als Zins (31).

Eventuelle Amtsenthebung der Förster (32).

Vom „Techen":
er ist zu teilen zwischen dem Kloster und dem Probst zu Rüthering (33) – für jedes Schwein ist ein Pfenning zu entrichten (34).

Das Recht des Abtes, alle Forstbeamten abzusetzen (35).

---

gen wurde.[30] An Besonderheiten des mittelalterlichen Rechtswesens finden sich Pfandnahme, Gottesurteil und Schwurhilfe durch Freunde und Verwandte. Strafen wurden vor allem in Form von Geldbußen verhängt. In dem stark naturalwirtschaftlich geprägten Umfeld waren Gerichtsbarkeiten daher begehrte Einnahmequellen, die ihrerseits ganz oder in Teilen weiterveräußert werden konnten. Die Konsequenzen, die das Überwiegen der Naturalwirtschaft für die Verwaltung hatte, werden beim Forstmeister und den Förstern greifbar. An Stelle einer Besoldung hatten sie Forsthufen inne. Zudem stand ihnen ein Teil dessen zu, was die Waldnutzer an Naturalien abzuliefern und – wurden sie straffällig – an Geldbußen zu entrichten hatten. Für ihr Amt hatten die Forstbediensteten ihrerseits Naturalabgaben an das Kloster beziehungsweise den Herzog zu entrichten. Da der klösterliche Forstmeister in Ebersberg im unmittelbaren Umfeld seines Dienstherren verblieb, war er leicht wieder abzusetzen. Ein Gegenbeispiel ist der Forstmeister des Herzogs, der den Wald zu Lehen hatte und über weitere Besitzungen verfügte. Er konnte sich weitgehend verselbstständigen.

Ins Auge fällt ferner, dass bestimmte Waldprodukte so wichtig oder wertvoll waren, dass es für sie eigene Regelungen gab. Das gilt von den Bienenvölkern und ihrem Honig sowie den fruchttragenden Bäumen, die sich für die Schweinemast eigneten. Besonders bemerkenswert sind die Beschränkungen, denen das Schneiteln (Abhauen von Zweigen) unterworfen war, und die Anweisung, beim Fällen eines Baumes das Gipfelstück liegen zu lassen, damit sich der Forst dünge. Dergleichen Vorschriften verweisen darauf, dass man nicht nur den Wert des Waldes als Lieferant verschiedenster Produkte erkannt hatte, sondern auch ein Bewusstsein dafür zu entwickeln begann, dass die Wälder der Schonung und Pflege bedürfen.[31]

Anstatt die gegebenen Hinweise weiter auszuführen, sei der Leser nun zu eigenem Forschen und Entdecken in den ersten Waldordnungen für den Ebersberger Forst eingeladen.

Die Quellen im Wortlaut[32]

Von den drei frühesten Waldordnungen für den Ebersberger Forst gibt es noch keine zuverlässige, quellengetreue Wiedergabe. Für die lateinische Fassung aus dem späten 13. Jahrhundert und die deutsche von 1314[33] ist der folgende Abdruck der erste überhaupt. Die Ordnung des Herzogs für den oberen Ebersberger Forst[34] wurde in etwas gekürzter Form schon von Mantel[35] veröffentlicht. Seine Veröffentlichung enthält zahlreiche Lese-

und Verständnisfehler, ist aber, gerade was die forstlichen Dinge angeht, von Nutzen. Die Tatsache, dass sich die drei Ordnungen in Aufbau und Inhalt weitgehend gleichen (siehe den Textkasten mit der Inhaltsübersicht), legt eine parallele Wiedergabe nahe: Jeder der Viererblöcke gibt eine Bestimmung im unterschiedlichen Wortlaut der drei Ordnungen sowie Mantels deutsche Übersetzung[36] der lateinischen Fassung wieder. Die Reihenfolge ist dabei folgende:

- die „Iura nemoralia" des Klosters Ebersberg, lateinisch, circa 1290-1300,
- die Übersetzung Kurt Mantels,
- die „Forstrechte" des Klosters Ebersberg, deutsch, 1314,
- die Waldordnung des Herzogs, deutsch, 1438.

Die ersten beiden Ordnungen galten für den Unteren Ebersberger Forst, das war der dem Kloster gehörige Ostteil. Die letzte Ordnung galt für den Oberen Ebersberger, später auch Anzinger Forst genannten Westteil. Er gehörte dem Landesherrn. In den Quellen ist nur die Ordnung von 1314 durchnummeriert. Zur besseren Orientierung wurde die entsprechende Zahl in eckigen Klammern an den Anfang jedes Viererblocks gesetzt. In den Anmerkungen werden schwerverständliche oder heute unbekannte Sachverhalte, Begriffe und Redewendungen erklärt.

Incipiunt Iura nemoralia quae dicuntur forstlehen vel forstrecht in omnibus que nos respiciunt tam de nemore nostro quam etiam de nemore domini ducis et quicquid sit offitii magistri nemoris et nemorariorum quorumcumque.[a] [Abb. 6]

Beginnen die Forstrechte, die Forstlehen oder Forstrecht genannt werden, einmal in allem, was uns angeht von unserem Forste und demjenigen des Herzogs, dann was zur Amtspflicht unseres Forstmeisters und anderer Forstleute gehört.

Hye sint verschriben allen Forstlehen und Forstrecht die uns und unserm Gotzhawss zu Ebersperck zugehörnt an dem obern Forst und von den nydern, und was des Forstmaysters Ampt sey und aller Forstär.

Item so seindt hienach geschriben alle Vorstlechen und Vorstrecht, die uns, unnsern Erben und unsern Fürstentumb zugehörendt auf den obern Vorst und von dem nidern, und was des Vorstmaisters Ambt sey und aller Vorster, als dar in des Gotzhauß zu Ebersperg Salbuech geschriben stet.

[1]
¢ *Si magister nemoris nostre Ecclesie quod a nobis suscepit in Offitio sicut et alii nemorarii dicti forstærii ipsum nostrum nemus intraverit vel circumquaque lustrando transierit, Surculum tantum quod est Sumerlatten[37] in manu ferre debet ad significandum quod ipsum nemus pacis praesidio est donatione principum confirmatum et vere libertati sine qualibet violentia condonatum.*

Wenn der Forstmeister des Klosters, der von uns das Amt erhalten hat, und andere Forstleute, genannt „forstaerij", den Forst selbst betreten oder ihn beschauend durchgehen, dürfen sie nur ein Reis, „Sumerlatten" genannt, in der Hand tragen zum Zeichen, daß der Forst unter dem Schutze des Friedens steht, daß er durch eine Schenkung des Fürsten gefestet und unserm Ermessen ohne Beschränkung überlassen ist.

1 Item wenn unsers Gotzshawss Forstmaister, als er daß Ampt von uns empfangen hat und auch ander Forster in unsre Först chomen und allenthalben darynne spechen und schawent, so sullen sy nur[38] ainen Frischling von ainen Rais, gehayssen aine Sumerlatten in der Hant tragen, ze bedewten, das der Forst von den Fürsten mit Scherm des Frids und warer Freyhait ist bestatt und wegabt.

Item wenn unser Vorstmaister, als er das Ampt von uns empfangen hat, und auch ander Vorster an unserm Vorst khomend und allenthalben darin spehent und beschauent, so sollen sy nur ainen Schißling von ainem Jar, gehaissen eine Sumerlatten, in der Hand füren, zebedeuten, das der Vorst von den Fürsten mit Schierm deß Fridts und warer Freyhait ist bestätt und begabt.

[2]
¢ *Item Magister nemoris ab offitii sui regimine ad minus semel in septimana personaliter per unum diem debet silvam visitare, reliquis diebus per ebdomadam potest famulum suum ibidem pro custodia deputare vice sui.*
Der Forstmeister hat vermöge der Ordnung seines

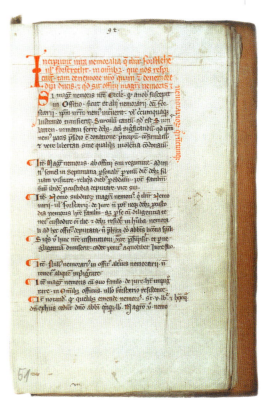

Abb. 6:
Der Anfang der Jura Nemoralia (= Forstrecht) des Klosters Ebersberg, lateinisch, circa 1290-1300.

Amtes wenigstens einmal in der Woche während eines Tages den Wald zu besichtigen, die anderen Tage der Woche kann er an seiner Statt seinen Knecht für die Bewachung abordnen.

2 Item der Forstmaister von der Ordnung wegen seins Amptz sol selber zu dem mynsten ainen Tag in der Wochen den Fost weschawen, die andern Tag in der Wochen mag er seinen Chnecht umb die Hŭt an seiner Stat dar schicken.

Item der Vorstmaister von der Ordnung seines Ambtz sol selbst zu dem münsten ainen Tag in der Wochen den Vorst beschauen, und die andern Täg in der Wochn mag er seinen Khnecht umb die Hüt an seiner Statt darschickhen.

[3]

₡ *Item Nemo subditorum magistri nemoris, qui dicuntur Nemorarii vel F o r s t æ r i i, de iure non potet neque debet pro custodia nemoris habere famulum, sed per se cum diligentia tenetur custodire omni die et debet residere in hŭba[39] nemorali ad hoc offitium, deputata nisi praehibita domini abbatis licentia speciali.*

Die Untertanen des Forstmeisters, Forstleute oder Förster genannt, dürfen zur Bewachung des Forstes von Rechtswegen keinen Knecht haben, sondern sind für ihre Person zur sorgfältigen Bewachung an jedem Tage gehalten, müssen auch in der zu ihrem Dienste angewiesenen Forsthube wohnen, wenn einer nicht eine andere besondere Vollmacht des Abtes besitzt.[40]

3 Item von Recht so mag noch sol chain des Forstmaisters Undertan, gehayssen Forster, aine Chnecht haben zu des Forst Hŭt, sunder er sol selber mit Fleizz all Tag huten und sol auch sitzen an der Forsthueb, die zu dem selben Ampt gehort, im sey dann sunderleich von aine Hern und Abpt zu Ebersperchk erlaubet, anderthalb zu sitzen.

Item von Recht so mag noch sol khainer des Vorstmaisters Underthan, gehaissen Vorster, ainen Knecht haben zu des Vorsters Hüet, sonder er soll selbs mit Vleis all Tag hüeten unnd sol auch sitzen in der Vorsthueb, die zu demselben Ambt gehört, im sey dann sonderlich von uns erlaubt, anderthalb zusitzen.

[4]

₡ *Si quis vero huic nostre institutioni contraire praesumpserit et per negligentia dimiserit, cadet penitus a quolibet iure suo.*

Wer gegen diese unsere Anordnung handelt und den Wald vernachlässigt, verliert jedes Recht.

4 Item welcher die Aufsetzung fraleich überfür oder saumleich[41] underwegen liezz, der ist gestanden von allen seinen Rechten.

Item welcher die Auffsetzung freulich yberfüere oder samentlich underwegen ließ, der ist gestanden von allen seinen Rechten.

[5]

₡ *Item nullus nemorarius in officio alterius nemorarii non tenetur aliquem inpignorare.*

Keiner der Forstleute darf im Amtsbezirke eines anderen ein Pfand nehmen.

5 Item es sol chain Forster yemant pfennden in ains andern Forstern ampt.

Item es soll khain Vorster niemand pfendten in ains andern Vorsters Ambt.

[6]

₡ *Item magister nemoris cum suo famulo de iure habet impignorare in omnibus offitiis nullo forstærio resistente.*

Nur der Forstmeister und sein Knecht dürfen rechtmäßiger Weise in allen Forstbezirken ohne Widerspruch eines Försters Pfand nehmen.[42]

6 Item der Forstmaister und sein Chnecht mügen ze recht pfennden in allen Ampten an aller stat on der Forster widersprechen.

Item der Vorstmaister und sein Khnecht mögen zerecht pfendten in allen Amptern, an aller Stat, on der Vorster widersprechen.

[7]

₡ *Item notandum quod quelibet emende nemoris sunt 5 libre et 72 denarii; ex hiis cedunt domino abbati quinque libri, Magistro vero nemoris 60; isti autem nemorario, cuius est offitium, 12.*

Es ist zu merken, daß alle Forststrafen 5 Pfund 72 Pfennig betragen. Davon gehören 5 Pfund dem Abte, 60 Pfennig dem Forstmeister und 12 Pfennig dem Förster, dem der Forstbezirk zusteht.[43]

7 Der Artikl uber dy Puzz[b] [44] Item es ist ze mercken das all Püss des Forst sint funf Pfund und 72 Pfenning, davon gevallent ainen Hern und Abpt zu Ebersperck[45] fünf Pfunt, dem Forstmaister 60 Pfennig und dem Forster, in des Ampt die Püzz verhandelt ist, 12 Pfennig.

Item es ist zumercken, das all Puß des Vorsts sindt funf Pfundt und zwenundsibenzigkh Pfening, davon gefallen unns fünff Pfund, dem Vorstmaister sechzick Pfening und dem Vorster, in des Ambt die Puß verhandlet ist, zwelff Pfening.

[8]
¢ *Item in cuiuscumque offitio nemoris quicumque captivatus fuerit pro furto vel defloratione et oppressione violenta, que dicitur notnunfft vel homicidio, per magistrum vel nemorarium debet reus, quem admodum suo cingulo est circumcinctus, vel per hos, quibus dampna sunt irrogata, ad iuditium praesentari super Comitia, quod est vf der Graveschepfft[46], et sicut ibi sententiatum fuerit iudicari.*

Wer in einem Forstbezirk bei Diebstahl, bei Schädigung, bei Gewalt, „Notnunfft"[47] genannt, oder bei Totschlag von dem Forstmeister oder einem Förster gefangen wird, muß, wie er mit seinem Gürtel umfangen ist, durch diesen oder durch diejenigen, denen Schaden zugefügt worden ist, dem Grafschaftsgerichte übergeben und dort abgeurteilt werden.

8 Item in welchem Forstampt ainer gefangen wirt umb Dyef oder umb Notnunfft oder umb Todschleg von dem Forstmayster, den Forstärn, so sol man den schuldigen als in die Gurtl umbvangen hat, in der Herschaft antwurtten[48] und danach der Urtayl über in richten.

Item in welhem Vorstambt ainer gefangen würdt umb Dieff, umb Nodnuff oder umb Todschleg von dem Vorstmaister, den Vorstern, so soll man den schuldigen, als in die Gürtel umbefangen hat, der Herrschafft antwortten und darnach der Urtail uber in richten.

[9]
¢ *Siquis deprehendetur in furto et tamen mortis pene non debet adiudicari super nemore, tunc magister nemoris vel forstærii requirant iuditium in eius offitio ubi furtum est commissum vf der Grafschepft; si reus in probatione culpe defecerit et de veritate convictus conditio totius pacti pro evasione rei pertinet ad dominum abbatem vel ad magistrum nemoris, cum quibus tamen fieri debet pactio, et pena talis pactionis media respicit iudicem, reliqua medietas debet nobis.*

Wer bei einem Forstdiebstahl ertappt wird und doch nicht todeswürdig ist, für dessen Vergehen sollen Forstmeister und Förster das Grafschaftsgericht in dem Bezirke aufsuchen, in dem der Diebstahl geschehen ist. Wenn der Schuldige bei dem Beweise seiner Schuld unterliegt und überführt wird, gehört die ganze Strafe bei der Freilassung des Angeklagten dem Abte oder dem Forstmeister. Unter ihnen kann ein Abkommen getroffen werden, dann gehört die Hälfte der Strafe dem Richter, die andere Hälfte dem Kloster.

9 Item wer auf dem Forst an ainer Tyef wegriffen wurd, daruber er den Tod nicht verdyent hyet, so sullen der Forstmayster und Forstär das Recht pesitzen in dem Ampt, darynne die Dief geschehen ist. Ist dann, das sich der schuldig von der Schuld und Inzicht nicht genennen[49] mag und das si mit Warhait hintz[50] im pracht wird, so soll er allain mit ainem Hern zu Ebersperck oder mit dem Forstmayster daruber täyding, den gehört die Täyding[51] zu, und gevellt dan halbe Püss dem Richter und halben ainem Hern zu Ebersperck.

Item wer auf dem Vorst mit ainem Dieff begriffen wurdt, darumb er den Todt nit verdient hiet, so sollen der Vorstmaister und Vorster das Recht besitzen, in dem Ambt, darin die Dieff beschechen ist. Ist dan, das sich der schuldig von der Schuldt und Inzicht nicht genemen mag und das mit Warhait hinz im bracht würdt, so sol er allain mit uns oder mit dem Vorstmaister darumb tädingen, den gehört die Täding zu, und gefelt dann halbe Puß dem Richter und halbe uns.

[10]
¢ *Quicumque sine licentia super nemore facere praesumeret, que minime convenirent, de truncando arbores, magister nemoris ab eodem pignus si poterit, auferre debet prius quam intra partam suam propriam, cum posteriori rota sui plaustri introierit ad herbergam.*

Wer ohne Erlaubnis in dem Forste sich untersteht, was er nicht tun solle Bäume zu fällen, von dem darf der Forstmeister, wenn er kann, ein Pfand nehmen, bevor er noch mit dem hinteren Rad seines Wagens durch das Tor in seinen Hof fährt.

10 Umb Pfenntn[c] Item, wer auf dem Forst tut, das er nicht tun sol mit Maez[52], so sol in der Forstmaister pfennden, ee er mit dem hindern Rat des Füders[53] durch das Tor in sein Herberg chöm.

Item wer auff dem Vorst thät, das er nicht thuen solt mit Müeß, so soll in der Vorstmaister pfendten, ehe er mit dem hindern Radt des Fueders durch das Thorr in sein Herberg khom.

[11]

¢ *Item qualecumque dampnum silve fuerit irrogatum per rapinam vel incendium sive furtum aut per quemcumque modum, et si reus deprehensus fuerit et negationem suam coram iuditio praetendere voluerit, ad excusationem sui cum 70 duabus manibus se expurgabit aut ferrum per ignitum[d].*

Ist dem Walde ein Schaden zugefügt worden durch Raub, Brand[54], Diebstahl oder auf irgend eine andere Weise, so soll der Ertappte seine Unschuld vor Gericht mit 72 Händen oder mit dem heißen Eisen beweisen.[55]

11 Item welherlay Schäden dem Forst weschehent mit Raub oder mit Prant oder mit Dyef oder wie das chäm und wurd dann der schuldig wegriffen und laugent, so sol er sich vor dem Gericht entslahen und von der Schuld nemen mit zwayn und sibentzick Handen oder mit dem hayssen Eysen.

Item welchem Schaden dem Vorst beschechend mit Raub oder mit Prandt, mit Dieff, oder wie das khomb, und wurd dann der schuldig begriffen und laugendt, so sol er sich vor dem Gericht entslahen und von der Schuld nemen mit zwayn und sibenzigkh Henden oder mit dem haissen Eissen.

[12]

¢ *Quicumque absque scitu et licentia nemorarii arborem succiderit, si deprehensus fuerit, pro pena ceteris in exemplum in captivitate detinebitur ad unum diem et per annum.*

Wer ohne Wissen und Erlaubnis eines Forstmannes einen Baum fällt und dabei ertappt wird, der soll zur Strafe, anderen zur Abschreckung, Jahr und Tag gefangen gehalten werden.

12 Ub Paum abslahen[e] Item welher on Wissen und Urlab[56] des Forstärs ainen Pawm abslüg, wurd der begriffen, so sol man in ze Püzz andern Läwten ze Ebenpild[57] Jar und Tag in der Vancknuzz halten.

Item welcher on Wissen und Urlaub des Vorsters ainen Paum abschlueg, wurd der begriffen, so sol man in zu Pueß, andern Leüten zu Ebenpildt, Jar und Tag mit Fencknus haben.

[13]

¢ *Siquis occulte de nemore arborem quaereret asportare, ipsam retribuet, si deprehenditur conduplatam; nichilominus et dominis ad quos nemus pertinet, 12 solidos persolvet, qui eschilling[58] nominantur.*

Wer heimlich aus dem Wald einen Baum wegzubringen versucht, soll ihn, wenn er ertappt wird, doppelt zurückerstatten und gleichwohl den Herren, denen der Wald gehört, 12 solidi[59], genannt Schilling, bezahlen.

13 Umb Puss der Eschschilling[f] Item wer hayndleich ainen Pawm von dem Forst fürt, wird er wegriffen, so sol er in Gelten mit der Zwispild[60], dartzu den Hern, dem der Forst zugehört, zwelf Schilling, gehayssen Eschilling.

Item wer haimblich ainen Paum vom Forst fiert, würth er begriffen, so sol er in gelten mit der Zwispil, darzu dem Herrn, dem der Vorst gehört, zwelff Schilling gehaissen Äschschilling.

[14]

¢ *Qui per viam Panwech ire disponit in die Gemain[61], sine dampno liber evadet. Si vero virgam decerpere voluerit vel fregerit qualicumque modo in nemore, aut bos vel equus eiusdem in nemore quidquam comederit de gramine, vel si clavum ligneum quod dicitur lon[62] suo plaustro addiderit vel infixerit, idem ex iuris debito censum persolvet nemoralem.*

Wer auf einem Bannweg[63] in die Gemain fährt, kann dies ohne Schaden tun. Wenn er aber auf irgend eine Weise im Walde ein Reis abreißt oder abbricht, oder wenn sein Ochse oder Pferd im Walde vom Grase frißt, oder wenn er einen Holzstamm, „Lon" genannt, in seinen Wagen einbaut, der muß von Rechtswegen den Forstzins[64] entrichten.

14 Umb dy Vnderschayd[g] Item wer über den Panbeg fert in dye Gemayn, der sol das on Schaden tun. Ist, das er ain Reis in dem Forst abslug oder präch, in welcher Weis das weschach, oder ob sein Ogsen oder seinen Ros ichs[65] ässen von dem Gras in dem Forst oder daraus ainen Lonnagl macht in sein Gevert, derselb ist zu Recht umb den Forstzins verfallen.

Item wer yber den Panweg färth in die Gemain, der soll das ohn Schaden thuen, ist, das er ain Reiß in dem Forst abschlueg oder präch, in welcher Weiß daß beschäch, oder ob sein Ochsen oder sein Roß ichts ässen von dem Graß in dem Vorst oder daraus einen Lonna-

gel macht in sein Gefärth, derselb ist zu Recht umb den Vorstzinß verfallen.

[15]

¢ Si novem hube in unam curiam conducantur, et e converso curia in novem partes dividatur, non minus quedlibet pars cuiuslibet laris 1 modium avenae solet dare, sicut et curia novem hubis augmentata non plus dat quam una de partibus supradictis.

Wenn 9 Huben in einen Hof vereinigt werden oder ein Hof in 9 Teile zerlegt wird,[66] pflegt gleichwohl jeder Herdteil ein Scheffel Haber zu geben, wie auch ein aus 9 Huben zusammengesetzter Hof nicht mehr gibt als einer von den Teilen.

15 Item wer, das newn Huben zu ainem Hof wurden gelegt oder her wider ain Hof zu newn Huben werd getayllet, so gab yglicher Tayl nicht mynnder dan aine Hofmutt[67] Habern recht als der Hof aus neun Hüben nicht mer gab dann der Tail ainer.

Item wäre, das neuen Hueben zu ainem Hof wurden gelegt oder herwider ain Hoff ze neun Hüeben wurden gethailt, so gäb jegelicher Thail nicht münder dan ainen Hof mit Habern, recht als der Hof auß neun Hueben nicht mer gäb, dann der Thail ainer.

[16]

¢ Magistro nemoris omnes nemorarii, quilibet eorum nobis dare tenetur, ad nostrum Cellarium Bis in anno in festo sancti Georii et Michahelis ova 70 insuper in festo sancti Johannis Baptistae omnes nemorarii pro necessitate domus nostrae omni anno funes sufficientes dare debent tam pro equis nostris quam pro plaustris et quilibet eorum in festo apostolorum Symonis et Iude specialiter nobis dare tenetur unam securim de novo fabricatam.

Forstmeister und Förster sind gehalten, zweimal im Jahre, zu St. Georg und St. Michael je 70 Eier in unsern Keller zu liefern. Dazu müssen auf Johanns des Täufers Tag alle Förster für das Bedürfnis unseres Hauses[68] genügend Stränge für unsere Pferde und Wagen geben und jeder von ihnen muß am Feste der Apostel Simon und Judas noch ein neues Beil geben.

16 Item der Forstmayster und all Forstär ir igleicher sol raichen und dyenen ainem Hern zu Ebersperck in seinen Cheller zwie in dem Jar, zu Sand Gorgentag und zu Sand Michelstag 70 Ayer, darzu Sand Johanstag zu Sibenden[69] all Forster sullen uns zu unsers Hawss Notturft raichen Sayl genüg järleich zu unßn Rossen und Wägen und ir yegleicher sol vns zu der zwelif Poten[70] Tag Symonis et Jude ain newe Achst.

Item Vorstmaister und all Vorster, ir jegelicher, sol raichen und diennen uns in unsern Kheller zwüen in dem Jar, zu Sant Geörgen Tag und zu Sant Michaels Tag sibenzigk Ayr, darzu zu Sant Johannestag zu Sinwenden all Vorster sollen uns raichen Sail genueg järlich zu unsern Rossen und Wägen und ir jegelicher sol uns zu der zwelf Potten tag Symonis et Jude ain neue Axt.

[17]

¢ Est et ista iustitia nemorariorum quorumcumque quae dicitur in der Losung ab hominibus ad haec pertinentibus habent unum Capisterium avene Caseum et panem et in utraque manu sextarius cum Cervisia in utraque manu et pullus solet dari.

Es besteht auch die Leistung für die Forstleute, genannt „Losung"[71], daß sie von zugehörigen Leuten einen Halfter oder Käse und Brot in jeder Hand erhalten; auch pflegt in der einen Hand ein Krug mit Bier, in der anderen ein Huhn gegeben zu werden.

17 Item so ist auch das[h] aller Forstär Recht in der Losung, das sy empfahen von allen den, dy in iren Ampt gehörrnt, ain Chächkär[72] oder aine Chäs und ainen Laip vnd in ygleichen Hant aine Percher mit Pyer vnd an ygleichen Hant ain Hun.

Item so ist auch das aller Vorster Recht in der Loßung, das sy empfachen von allen den, die in iren Ambt gehörent, ain Khachlar oder ainen Khäß und ainen Laib und in jeglich Handt ainen Pecher mit Pier und in jegelicher Hand ain Huen.

[18]

¢ Item Magister nemoris cum ceteris suis coadiutoribus qui offitiales sunt rationem ad iuditium reddere debent coram domino abbatem de omnibus que servire debent si dominus abbas non remiserit.

Der Forstmeister muß mit seinen Gehilfen, die Amtspersonen sind, vor dem Abte eine Rechnung an das Gericht ablegen über alles, was sie dienen müssen, wenn sie der Abt nicht nachlassen will.

18 Item es sol der Forstmaister mit seinen Helffärn, die sein Amptlawt sint, järlich zu Recht ainem Hern zu Ebersperck ain Raittung[73] tün von allem, das sy dienen sullen, wil sy des ain Her nicht vertagen[74].

Item es soll der Vorstmaister mit seinen Helfern, die sein Ambtleüth sindt, järlich zu Recht uns oder unserm Gewalt an unser Statt ain Raittung thuen von allem dem, das sy dienen sollen, ob wir sy des nicht vertragen wellen.

[19]

¢ Si aliquis perdita gratia silvam accedere prohibitus fuerit et censum ab eo quis recipere noluerit, in viam que Panwechk vocatur censum suum discutiat v o r s t - æ r i o dicat, silvam post-modum securus introeat.

Hat einer das Recht, in den Wald zu gehen, verloren, und will von ihm Niemand den Zins nehmen, soll er den Zins auf den Weg, genannt „Panwechk"[75], legen und es dem Forstmeister sagen. Dann kann er sicher in den Wald gehen.

Abb. 7: Die Bestimmungen 19 bis 21 (22) der Forstrechte des Klosters Ebersberg, deutsch, 1314.

19 Item hat ainer den Forst verbarcht, das man im darein wert zu faren und das man des Zins von im nicht nemmen wil, so leg er den Zins auf den Panbegck und sag es dem Forstär und far fürsicher in den Forst.
[Abb. 7]

Item hat ainer den Vorst verworcht[76], das man im darein wärth zefarn und das man des Zins von im nicht nemen will, so leg er den Zins auf den Panweg und sag es dem Vorster und fahr für sicher in den Vorst.

[20]

¢ Si quis propter censum subtrahendum alienam silvam petierit nobis non attinentem, eundem nostri nemorarii habent inpignorare cum[i] iustitia in sua mansione sive domo pro medio censu.

Wenn jemand, um sich der Zinsleistung zu entziehen, in einen fremden Wald geht, von dem müssen unsere Förster in seiner Wohnung oder seinem Hause für die Hälfte des Zinses ein Pfand nehmen.

20 Item, welcher den Forstzins vortrüg[77] und in ainen andern Forst für, der üns nicht zu gehort, den mügen unser Forstär zerecht pfenden zu Haws vnd Hof vmb halbn Zins.

Item welcher den Vorster Zinß vertrüeg und in ainen andern Vorst füere, der uns nicht zugehöret, den mögen unnser Vorster zu Rechte pfendten ze Haus und Hof umb halben Zins.

[21]

¢ Item nemo debet nemoris arborem detruncare nisi quantum de ramis attingere possit et resecare stando tamen super sui plaustri hinterstelle[78] arbores dicti Smerboṽm, ab ista cesura excipi debent et vitari. Quod siquis transgressus fuerit, nemorali pena sub praenotato iure subiacebit.

Niemand darf einen Waldbaum höher stümmeln, als er von den Aesten erreichen und auf der „Hinterstelle" seines Wagens stehend abschneiden kann. Bäume, genannt „Smerboum"[79], sind vom Stümmeln[80] ausgenommen und zu meiden. Wer es übertritt, verfällt der Foststrafe[81] nach dem vorstehenden Rechte.

21 Das nyement nichts abslahen sol Item es sol nyemat Pawm in dem Forst abschlahen, dan was er stent auf dem hintern Gestell seins Wagens Est erlangen und abschlachen mag, aus genömen Smerpaum, der man schönen und meyden sol. Wer das uberfür, der ist umb die vorverschriben Forstpuzz verballen.

Item es soll niemandt Paum ihn dem Vorst abschlagen, dann was er steend auf dem hindern Gestell seines Wagens esst erlangen und abschlagen mag, außgenomen Sönerpaum, der man schonen und meiden sol. Wer das iberfüere, der ist umb die vorgeschriben Vorstpuß verfallen.

[22]

¢ Quecumque nemoris arbores concussione ventorum ad terras deiecte fuerint, primus ad secandum cum securi illo veniens eas seccet et abducat, excepto quae eiusdem arboris ramum in qualibet arbore stam idest truncum detruncatum ibi relinquere debet ad longitudinem 11 pedum ne locus nemoris sterilis permaneat sed fecunditate humectatus repullulet et recrescat.

Wenn Bäume durch Windbruch gefallen sind, mag der erste, welcher zum Verschneiden mit einem Beile dahin kommt, sie verschneiden und wegführen. Den Stamm jedoch, d.h. den entasteten Baum muß er zurücklassen bis zu einer Länge von 11 Fuß, damit der Waldplatz nicht öde bleibt, sondern in Fruchtbarkeit verbleibe und es wieder aufwachse.

Abb. 8: Die wichtigsten landwirtschaftlichen Waldnutzungen in vormoderner Zeit: Links oben das Stümmeln oder Schneiteln von Nadelbäumen. Die Äste („Daxen") wurden zu Einstreu für die Ställe und Brennholz verarbeitet. – Rechts daneben das Schneiteln von Laubbäumen. Das Laub diente als Winterfutter für das Vieh, die Äste als Brennholz. – In der Mitte des Bildes die Schweinemast im Wald und das Sammeln von Eicheln. – Rechts daneben die Waldweide von Rindern, das Fällen eines Niederwaldes und der Bau eines Zauns. – Links unten das Zusammenrechen von Waldstreu (Blättern, Nadeln und kleinen Ästen).

21) Item was der Wind Pawm in dem Forst niderfelt, wer der erst mit der Ackst dartzu ist, der mag den selben Pawm aufschroten[82]. Also das er des Stams 11 Schüch lanck an der Stat ligen lasse, damit sich der Forst tunge.[83]

Item was der Windt Paum in dem Vorst niderfellet, wer der erst mit der Axt darzu ist, der mag denselben Paum auffschrotten, also daß er des stams ailf Schuch lang an der Statt ligen lasse, damit sich der Vorst tunge.

[23]
¢ Iura nos respicientia de nemore domini nostri Ducis. Si quis in eisdem nos gravaret Forstmaister noster Magistro nemoris domini ducis proponat in quaerelis et si ad beneplacitum sev arbitrium quaerimoniam deponentis diffiniverit, bene quidem sin autem hoc facere nequiverit, magister nemoris domini ducis una cum nostro nemoris magistro pro exhibenda iustitia ad iuditium cum ipso et pro ipso stare debet super schranna domini ducis, et secundum quod ibidem diffinitiva sententia fuerit promulgatum debet expediri. Cuiuscumque conditio pacti ibi fieri debet, solum modo fieri debet cum magistro nostri nemoris et eiusdem pactionis medietas f o r m a i s t r æ r i o cedit exdebito, reliqua medietas iudici attinebit. E converso sub eodem iure magister nostri nemoris magistro domini ducis, quo ipse sibi fidelitatem exhibuit, eadem vicissitudine debet respondere.

Die uns zustehenden Rechte in dem Wald genannt unseres Herzogs.[84] Wenn jemand uns darin beschweren würde, soll unser Forstmeister beim Forstmeister des Herzogs klagend vorstellig werden. Hat er die Klage nach Gefallen oder Dafürhalten des Klägers verbeschieden, so ist es gut; wenn er dies aber nicht tun will, soll der herzogliche Forstmeister mit unserem Forstmeister im Gericht mit ihm und für ihn an der Schranne des Herzogs erscheinen. Wie das Endurteil verkündet wird, muß es ausgeführt werden. Wenn eine Strafe ausgesprochen werden muß, darf es nur geschehen mit unserem Forstmeister. Die Hälfte der Strafe gebührt dem Forstmeister, die andere Hälfte dem Richter. Umgekehrt muß unter dem gleichen Rechte unser Forstmeister dem herzoglichen Forstmeister im gegebenen Falle Rede und Antwort stehen.

23 Item was wir rechtens haben an des Hertzogen Forst, ob man üns darynne beswaret oder unser Rechten darynne widersein wolt, das sol ünßer Forstmayster des Hertzogen Forstmayster chlagen, mag er ims ausgerichten, wol und gut, mag er des nicht, so sol er im des Rechten geholfen sein auf des Hertzogen

Schrännen[85] *und daselben nach der Urtayl ausgericht werden und welch Puezz da gevellet, darüber sol man mit dem Forstmaister dingen*[86]*, dem gevellet dann die Puzz halben und halbe dem Richter. Des geleichen sol unßer Forstmaister dems Hertzogen tun.*

Item was ain Abbt zu Ebersperg rechtens hat an unserm Vorst, ob man in darine beschwäret oder seiner Rechten darin wider sein wolt, das soll sein Vorstmaister und unser Vorstmaister tägen, mag er uns außrichten, wol und gueth, mag er das nicht, so soll er im des Rechtes geholffen sein auf unser Schrannen und daselben nach der Urtail außgericht werden, und welich Puß da gefellet, darumb soll man mit dem Vorstmaister dingen, dem gefellet dann die Püeß halbe, und halbe dem Richter. Desgleichs soll des Abbts Vorstmaister dem unserm thuen.

[24]

¢ *Item magister nemoris nostri habet praecipere magistro domini Ducis super placito in nemore et econverso ipse sibi.*

Unser Forstmeister hat dem herzoglichen Forstmeister im Forstgerichte Verhaltungsvorschriften zu geben, wie es umgekehrt im gegebenen Falle auch geschieht.

24 Item es hat unßer Forstmayster dems Hertzogen zepyeten von der rechten Wegen auf dem Forst und er im herwider auch.

Item es hat des Abbts Vorstmaisters dem unnsern zebietten von der rechten Wegen auf dem Vorst und der unser im hinwider auch.

[25]

¢ *Quitquit alii ex nemore nostro pro censu habent, nostrates*[87] *et homines dicti iner(r)anær gratis habent et sine censu.*

Was andere aus unserem Walde um Zins haben, das genießen unsere Leute und die Leute, „meranaer"[88] genannt, umsonst und nach besonderer Schätzung.

25 Item was ander Läwt aus unßerm Forst umb Zins haben, das habent die unßern und auch die gehaissent sind die Meranar umb sünst und on Zins.

Item was ander Leüth auß unserm Vorst um Zins habend, das habend die unsern und auch die gehaissen sind die Merainer umb sunst und on Zins.

[26]

¢ *Magister nemoris iure tenetur habere 2 canes et unum rete et similiter quilibet nemorarius debet habere unum canem pro venatione et 1 rete et parati esse debent cum canibus istis et retibus ad venationem quatuordecim dies ante natales domini totidemque dies ante festivitatem sancti Sebastiani martyris et tertio dies totidem ante pascha nobisque cum diligentia feralia procurare praepositus de Ruethering et sui forstærii tenentur eos adiuvare.*

Der Forstmeister muß von Rechtswegen zwei Hunde und ein Netz haben und ebenso jeder Förster einen Hund und ein Netz für die Jagd. Sie müssen mit diesen Hunden und Netzen zur Jagd bereit sein 14 Tage vor Weihnachten, ebensoviele Tage vor dem Feste des heiligen Martyrers Sebastian und zum dritten ebensoviel Tage vor Ostern. Sie haben uns mit rechtem Fleiß Wild zuzutreiben. Der (herzogliche) Forstmeister von Rüthering[89] und seine Förster müssen ihnen dabei helfen.[90]

26 Item vnser Forstmaister sol haben zwen Hunt und ain Netz, zu geleicher Weiß yegleicher Forster von des Geiaides wegen haben ainen Hunt und ain Netz und sullen werait sein mit Hunden und Netzen zu dem Geiaid vyerzehen Tag vor Weichnachten, vierzehen Tag vor Sand Sebastianstag, vierzehen Tag vor Ostern und sullen uns mit Fleiss Wildprät pesorgen dartzu sullen in der Brobst zu Rüthering und seine Forster helfen.

Item unser Vorstmaister soll haben zwen Hund und ain Nez, zu gleicher Weiß jeglicher Vorster von des Gejaidts wegen haben ainen Hundt und ain Nez und sollen beraidt sein mit Hunden und Nezen zu dem Gejaid vierzehen Tag vor Weinnachten, vierzechen Tag vor Sanct Sebastians Tag und vierzechen Tag vor Osstern und sollen uns mit Vleis Wildpret bringen, darzu sollen im des von Ebersperg Vorstmaister unnd sein Forster helffen.

[27]

¢ *Si fera aliqua currens cupit effugere, huba in vorstorn et due hübe in G r æ v t iure tenentur habere quelibet earum unum canem et 1 rete ad impediendam feram et repellendam volentem effugere ne evadat.*

Wenn ein Wild im Laufe entfliehen will, müssen nach dem Rechte die Hube in „Vorstern"[91] und zwei Huben in „Graevt"[92] jede einen Hund und ein Netz halten zum Aufhalten des Wildes und zum Zurücktreiben des Flüchtigen, damit es nicht entrinne.

27 Item wär, das ain Wild entlauffen wolt, so sullen die Hub zu Vorstärn und zwo Hub zu Grävt ze Recht ir igleichen ainen Hunt haben und ain Netz, damit si das Wild wenden, das es nicht entlauf und enttrynne.

Item wär, das ain Wildt entlauffen wolt, so sollen die Hüeb ze Vorstern und zwo Hüeb zum Greut ze Recht ir ieglicher ainen Hundt haben und ain Nez, damit sy das Wildt wenden, das es nicht entlauff und entrynne.

[28]

¢ *Omnia iura domini ducis in suo nemore sicut ipsa sunt ordinata simili modo nostri iura nemoris salva manent et integra in omnem eventum iustitie et honoris.*

Alle Rechte des Herzogs in seinem Forste sind ebenso geordnet wie diese unsere Rechte, die Rechte unseres Forstes bleiben unversehrt und unberührt für jeden Fall des Rechtes oder der Irrung.

28 Item als alle Recht gestalt und geordent sint an des Hertzogen Forst, zu geleicher Weis ist es an unßerm Forst in allen Rechten, Ern und Nützen.[93]

Item als alle Recht gestalt und geordent sind an ainem Vorst, zegleichen Weiß ist es an des von Ebersperg Vorst in allen Rechten, Ehren und Nüzen.

[29]

¢ *Omnis decimatio ex nemore domini ducis nobis cedere debet et exhiberi, videlicet an hartchoren*[94] *et in apibus, in Techen*[95]*, necnon et in decima fera, quae in venatione capitur, immo et decima securis nobis offerri debet ex debito et de iure.*

Aller Zehent aus dem Walde des Herzogs muß uns gegeben und ausgefolgt werden, nämlich an Korn, Bienen, Lehen[96] und das 10. Wild, das auf der Jagd gefangen wird; ebenso steht uns das 10. Beil zu nach Recht und Gerechtigkeit.

29 Item der Zehent aus des Hertzogen Forst gevelt uns und sol uns geraicht werden an Harrchorn, an Impen,[97] *an Techen und auch das zehent Wild, das mit Geiaid gevangen wird und auch die zehenten Achkst, so man antwurte von Schuld und mit Rechten.*[98]

[Entfällt in der Forstordnung des Herzogs.]

[30]

¢ *Si quis in nemore nostro examen apum invenerit, in arbitrio forstæriorum consistit et in voluntate eorum qui dicuntur Implær, si tamen quartam partem inventionis reddere noluerint inventori.*

Wenn jemand in unserem Forste einen Bienenschwarm findet, so liegt die Entscheidung hierüber bei den Förstern und beim Willen derer, die „Implaer" genannt werden. Der 4. Teil des Fundes gehört dem Finder.

30 Item wer ainen Swarm Impen in unserm Forst vindet, stet es an der Forster und der Ymplär[99] *willen, ob si dem Vindär nur den vyerden Tayl davon geben.*

Item wer ainen Schwärn Ympen in unserm Vorst findet, stet es an der Vorster und der Imppers willen, ob sy dem Finder nur den vierden Thail davon geben.

[31]

¢ *Magister nemoris nostri ter in anno, ad pascha, Martini et ad natales, pro duobus equis ferraturam debet ministrare.*

Unser Forstmeister muß dreimal im Jahr, zu Ostern, St. Martin und Weihnachten, das Wildfuhrwerk leisten.[100]

31 Item unser Forstmaister sol uns dreystund in dem Iar, zu Ostern, zu Sand Marteinstag und zu Weichnachten, Eisen gebn zu zwain Pferden.

Item es soll unser Vorstmaister uns drey Stuckh in dem Jar, ze Ostern, ze sant Martins Tag, und ze Weinechten, Eysen geben zu zwain Pfärden.

[32]

¢ *Si f o r s t æ r i i adversum nos aliquam calumpniam, quod wlgariter*[101] *et in communi dicitur framsal, committerent, quod de iustitia facere non deberent, si probabitur et convincuntur, ab omni amministratione iuris in nemore, quod in offitio habuerunt, cadent penitus ipso facto.*

Wenn die Förster gegen uns eine Klage, welche gemeinlich „framsal"[102] genannt wird, vorbringen sollten, was sie rechtlich nicht tun sollen, und wenn sie im Beweisverfahren überführt werden, verlieren sie von selbst vollständig jedes Recht am Forste, den sie in Verwaltung gehabt haben.

32 Item was uns die Forstär zu Framsal tünd, das sy durch Recht nicht tün sullen, wirt das mit Zewgnüsse

Abb. 9:
Die Buchmalerei des späten Mittelalters orientierte sich bei der Darstellung biblischer Themen an der eigenen Lebenswelt. Dieser Tatsache verdankt sich auch vorliegende Darstellung der Schweinemast, einer der wichtigsten vormodernen Waldnutzungen. Neben den Schweinen wurden auch ihr Hirte und – stark verkleinert – ein Weidewald ins Bild aufgenommen. Die Bezeichnung „Dechel" oder „Techen" kommt von dem dafür von den Untertanen abzuliefernden Zehnt beziehungsweise dem lateinischen „decem". Eigentliches Thema dieser Miniatur aus der Ottheinrichsbibel (Regensburg, um 1425/30) ist ein Exorzismus, den Jesus vorgenommen hat: Böse Geister verlassen in Gestalt schwarzer Vögel zwei Besessene und fahren in eine Herde Schweine, die sich daraufhin in einen See ertränkt. (Matthäus 8, 28-34).

hintz in pracht, zestund sint si gestanden und gevallen von allen iren Ampten und Rechten, die si auf unserm Forst gehabt habent.

Item was uns die Vorster zu Framsal und das sy durch Recht nicht thuen sollen, würth das mit Gezeugknus hinz in bracht, ze stunden sind sy gestanden und gefallen von allen iren Ambtern und Rechten, die sy auf unserm Vorst gehabt haben.

[33]
₵ *Magister nostri nemoris et praepositus de Ruethering equaliter condividere debent Techen cuius condivisionis medietas abbati cedit; reliqua medietas cedit praeposito.*

Unser Forstmeister und der (herzogl.) Forstmeister von Rüthering müssen gleichheitlich die „Techen" teilen, die eine Hälfte gehört dem Abte, die andere dem (herzogl.) Forstmeister.

33 Item unßer Forstmayster und der Brobst zu Rütheryng sullen den Techen geleich taylen und gevellet halber Tayl uns und halber dem Brobst zu Rüthering.[103]

Item unnser Vorstmaister und des von Ebersperg Vorstmaister sollen den Techen geleich thailln und gefellet halber Thail unserm Vorstmaister, und halber Thail des von Ebersperg Vorstmaister.

[34]
₵ *Item denarius unus pro Techen datur de quolibet porco.*

Für die „Techen" wird von jedem Schwein ein Pfennig gegeben.

34 Item man geit von yedem Swein ain Pfennig zu Techen.

Item man geit von iedem Schwein ain Pfening zu Techlen.

[35]
₵ *Sciendum quod dominus abbas licite potest dignitates horum offitiorum transmutare, tam exparte magistri nemoris quam ex parte nemoriariorum quorumcumque, quando placet, si tales eos iudicarit, quod a via rectitudinis incipiant vel velint declinare.*

Es ist zu wissen, daß der Abt die Würden der Aemter sowohl des Forstmeisters wie der Förster verändern kann, wie es beliebt, wenn er sieht, daß sie anfangen, vom Wege des Rechtes abzuweichen oder abweichen zu wollen.

35 Item es ist zu wissen, das ain ygleich Her vnd Abpt zu Ebersperck mag müglich all Amptläut des Forst verchern[104] *und absetzen, wenn im fügleich ist, sy er säch, das so sich ab dem Weg der Gerechtikait wolten chern.*

Item es ist auch zu wissen, das wür mögen müglich all Ambtleut des Vorst verkhern und absezen, wenn uns füeglich ist, so wür sehen, das sy sich ab dem Weg der Gerechtigkhait wolten kern.

Editorische Anmerkungen

a Initialen verziert; die letzten beiden Worte am Zeilenrand senkrecht nachgetragen.
b „Der Artikl uber dy Puzz" = Marginale.
c „Umb Pfenntn" = Marginale.
d Erstes i korrigiert.
e „Ub Paum abslahen" = Marginale.
f „Umb Puss der Eschschilling" = Marginale.
g „Umb dy Vnderschayd" = Marginale.
h „das" = von derselben Hand nachträglich eingefügt.
i verschrieben: „eum".
j Es handelt sich um die 22. Bestimmung. Der Schreiber hat aus Versehen die Nr. 21 ein zweites Mal verwendet.

Anmerkungen

1 Für Anregung und Kritik danke ich Vlatka Cizmic, Stefan Breit und Hans Ulrich Ziegler.
2 Siehe hierzu Radkau, Joachim / Schäfer, Ingrid: Holz. Ein Naturstoff in der Technikgeschichte, Reinbek bei Hamburg 1987; Abel, Wilhelm: Geschichte der deutschen Landwirtschaft vom frühen Mittelalter bis zum 19. Jahrhundert, 3., neubearb. Aufl., Stuttgart 1978 u. Mantel, Kurt: Wald und Forst in der Geschichte, Hannover 1990, S. 76ff.
3 Siehe Abel (wie Anm. 2), S. 16. – Wegen der im Osten anders verlaufenden Siedlungs- und Rodungsgeschichte ist auch im Folgenden nur vom Westen Deutschlands (= die alten Bundesländer) die Rede.
4 Siehe Rösener, Werner: Agrarwirtschaft, Agrarverfassung und ländliche Gesellschaft im Mittelalter, (Enzyklopädie Deutscher Geschichte 13), München 1992, S. 3ff. u. 52ff. sowie Duby, Georges: Krieger und Bauern. Die Entwicklung von Wirtschaft und Gesellschaft im frühen Mittelalter, Frankfurt am Main 1977, S. 13ff.
5 Siehe Abel (wie Anm. 2), S. 34 u. Mantel, Kurt: Geschichte des Ebersberger Forstes, Diss., München 1929, S. 22. – Zum vereinzelten Fortleben einer solchen Auffassung in der ländlichen Bevölkerung bis in die frühe Neuzeit hinein siehe Breit, Stefan: Das Geschenk der heiligen Frau Ayd. Soziales Wissen und Legitimation bäuerlicher Interessen, in: Fuchs, Ralf-Peter / Schulze, Winfried (Hg.): Zeugen, Richter, Kommissare. Verhörprotokolle als historische Quelle zu sozialem Wissen, [voraussichtlich: Hamburg 2002] u. Ders.: Die ganze Welt in der Gemain, in: Below, Stefan von / Breit, Stefan: Wald – von der Gottesgabe zum Privateigentum. Gerichtliche Konflikte zwischen Landesherren und Untertanen um den Wald in der frühen Neuzeit, (Quellen und Forschungen zur Agrargeschichte 43), Stuttgart 1998, S. 57-236.
6 Siehe Hasel, Karl: Forstgeschichte. Ein Grundriß für Studium und Praxis, Hamburg – Berlin 1985, S. 104.
7 Siehe hierzu und zum Folgenden Abel (wie Anm. 2), S. 28ff.; Rösener (wie Anm. 4), S. 5f., 16ff. u. 54ff.; Duby (wie Anm. 4), S. 81ff. u. Fried, Johannes: Die Formierung Europas 840-1046, (Oldenburg Grundriss der Geschichte 6), München 1993, S. 7, 13ff. u. 113ff.
8 Siehe Fried (wie Anm. 7), S. 46 u. 135ff.; Le Goff, Jacques: Das Hochmittelalter, (Fischer Weltgeschichte 11), Frankfurt am Main 1965, S. 37ff.
9 Siehe Epperlein, Siegfried: Waldnutzung, Waldstreitigkeiten und Waldschutz in Deutschland im hohen Mittelalter, (Vierteljahrschrift für Sozial- und Wirtschaftsgeschichte, Beiheft 109), Stuttgart 1993.
10 Siehe hierzu Mantel, Kurt: Forstgeschichte des 16. Jahrhunderts, Hamburg – Berlin 1980, S. 873ff.; Ders. (wie Anm. 2), S. 157f.; Epperlein (wie Anm. 9) u. Hasel (wie Anm. 6), S. 107.
11 Siehe Romano, Ruggiero / Tenenti, Alberto: Die Grundlegung der modernen Welt. Spätmittelalter, Renaissance, Reformation, (Fischer Weltgeschichte 12), Frankfurt am Main 1967, S. 9ff.; Abel (wie Anm. 2), S. 112ff. u. Lamb, Hubert H.: Klima und Kulturgeschichte. Der Einfluß des Wetters auf den Gang der Geschichte, Reinbek bei Hamburg 1989.
12 Siehe hierzu Allmann, Joachim: Der Wald in der frühen Neuzeit, Berlin 1989, S. 42ff. u. 69ff.; Ernst, Christoph: Den Wald entwickeln. Ein Politik- und Konfliktfeld in Hunsrück und Eifel im 18. Jahrhundert, München 2000, S. 37-87; Radkau, Joachim: Natur und Macht, München, S. 167ff.; Radkau / Schäfer (wie Anm. 2), S. 100ff.; Mantel (wie Anm. 10); Mantel (wie Anm. 2), S. 164ff. 2000, u. Hasel (wie Anm. 6), S. 107ff.
13 Siehe hierzu Epperlein (wie Anm. 9), S. 80, mit Anm.1, u. 91.
14 Siehe hierzu Hasel (wie Anm. 6), S. 60ff., 104ff. u. 132f., u. Mantel (wie Anm. 2), S. 153ff.
15 Siehe Kuchenbuch, Ludolf / Michael, Bernd (Hg.): Feudalismus – Materialien zur Theorie und Geschichte, Frankfurt am Main – Berlin – Wien 1977; Bloch, Marc: La société féodale. La formation des liens de dépendance. Les classes et le gouvernement des hommes, Paris 1939 u. Reynolds, Susan: Fiefs and Vassels. The Medieval Evidence Reinterpreted, Oxford 1994.
16 Siehe Fried (wie Anm. 7), S. 41ff. u. 133ff.
17 Zur starken Mobilität von Großgrundbesitz im frühen Mittelalter siehe Fried (wie Anm. 7), S. 22f. u. 36f.
18 Zur Besitzgeschichte siehe Mayr, Gottfried: Ebersberg. Gericht Schwaben, (Historischer Atlas von Bayern. Teil Altbayern I/48), München 1989, S. 243ff.; Ders.: Von den Agilolfingern zu den bayerischen Königen, in: Der Landkreis Ebersberg. Raum und Geschichte, hg. v. d. Kreissparkasse Ebersberg, Stuttgart 1982, S. 102-135, S. 133ff.; Mantel (wie Anm. 5), S. 4ff. u. Breit II (wie Anm. 5), S. 86 u. 100f. – Zu den natürlichen Voraussetzungen siehe Klinger, Rolf: Geologie und Geographie, in: Der Landkreis Ebersberg. Raum und Geschichte, hg. v. d. Kreissparkasse Ebersberg, Stuttgart 1982, S. 8-27, u. Kadner, Dieter: Naturraum und Biologie, in: Der Landkreis Ebersberg. Raum und Geschichte, hg. v. d. Kreissparkasse Ebersberg, Stuttgart 1982, S. 28-63.
19 Siehe Klinger (wie Anm. 18), S. 17f.
20 Siehe Mayr II (wie Anm. 18), S. 107 u. 133.
21 Bayerisches Hauptstaatsarchiv (BayHStA), Jesuitica 1438. Diese Urkunde ist gekürzt abgedruckt in Mantel (wie Anm. 10), S. 929-931.
22 Siehe Mantel (wie Anm. 5), S. 23.
23 Die lateinische Fassung ist zweifach überliefert, in BayHStA, KL Ebersberg 11, fol. 94-100, u. in BayHStA, KL Ebersberg 10, fol. 62-65. Hans Ulrich Ziegler hat dankenswerterweise die Datierung übernommen. Er begründet sein Ergebnis wie folgt: „Die Datierung ergibt sich aus der Anlage der Kodizes KL 10 und KL 11. Entgegen dem Eindruck, der aus der Signatur entsteht, ist KL11 wohl als die ursprüngliche Fassung zu erachten, KL 10 als die zeitlich darauf folgende. Die Entstehung von KL 11, bislang pauschal auf das 14. Jahrhundert datiert, kann genauer auf die Zeit ca. 1290-1300 festgelegt werden, die von KL 10, bislang für Anfang 14. Jahrhundert angenommen, kann auf ca. 1312 festgelegt werden. Diesen Datierungen entsprechen auch die Einträge der Forsturkunde. Der im monumentalen Charakter in textualis libraria hergestellte Kodex KL 11 wurde in KL 10 kopiert, welcher sich

durch die Schriftart der Bastarda und fehlende Hervorhebungen durch Absatztechnik als tägliches Arbeitsexemplar erweist. Die Zeitbestimmung ergibt sich aus dem paläographischen Befund zusammen mit datierten Nachträgen in KL 11 sowie zwei Jahresangaben in KL 10, am Anfang und Ende des Bandes. Dabei erweist sich KL 11 durch die in KL 10 bereits eingearbeiteten Nachträge und zügig ausgeführten Textstellen der auf Rasur stehenden Korrekturen von KL 11, wie sich beidemale insbesondere auch aus dem Befund der jeweils von den Haupthänden der Kodizes stammenden Textabschnitte des Forstrechtes ergibt, als das ursprünglichere Exemplar. Beide Kodizes beinhalten daneben Stift-, Zins-, Gült- und Lehenaufzeichnungen und sind somit die ersten erhaltenen Urbare des Klosters Ebersberg."
Zu dieser Ordnung vgl. Mantel (wie Anm. 10), S. 273ff., 925ff., 1014 u. 1021; Ders. (wie Anm. 5), S. 23ff. u. Schrötter, Georg: Eine alte bayerische Forstordnung, in: Der Inn-Isengau 5 (1927), S. 3-9.
Die deutsche Fassung ist enthalten in BayHStA, KL Ebersberg 70. – Der genaue Titel lautet: „Stift Ebersberger Forstrechtsbüchl samt 2 gnädigst landesfürstlichen confirmat. Briefscopien hierinnen de annis 1314 et 1343 von Herzogen Rudolph und Ludwig, Gebrüdern, dann Kaiser Ludwig, worinnen alle Forstrecht in obern Forst beschriben, auch was des Forstmeisters und Forstknechten Amt ist. Dann die confirmation der gerichtlichen Vogteylichkeit Rechten bey denen Ebersbergischen Grundgütern laut obig Briefen enthalten."

[24] Hube, Hufe, lat. mansus. Bei der Erschließung von Rodungs- oder sonstigem Siedlungsland war es üblich, einer Familie jeweils eine Hufe zuzuweisen. Für die Größe einer Hufe gab es allerdings kein festes Maß. Als Faustformel kann lediglich gelten: das Land musste groß genug sein, um eine bäuerliche Familie zu versorgen. Eine Forsthufe dürfte eine im oder am Forst gelegene Hufe sein, die der Vorsorgung eines Försters oder des Forstmeisters diente. – Ausführlich zum mansus und seiner Größe: Kuchenbuch, Ludolf: Bäuerliche Gesellschaft und Klosterherrschaft im 9. Jahrhundert. Studien zur Sozialstruktur der Familia der Abtei Prüm, Wiesbaden 1978, S. 59ff.

[25] Siehe hierzu die Beobachtungen von Ziegler in Anm. 23.

[26] Das scheint die Vorstellung von Mantel gewesen zu sein. Er spricht vom „Geben" oder „Erlassen" einer neuen Waldordnung, hinter der „die Absicht" gestanden habe, „die Waldungen unabhängig von den Ansprüchen Dritter ökonomisch nutzbar zu machen." Mit der ersten Ebersberger Waldordnung seien „die Benediktiner, die sich allgemein große Verdienste um die bayerische Landeskultur erworben haben, auch hier mit der Waldpflege bahnbrechend vorangegangen." Siehe Mantel (wie Anm. 5), S. 23 u. Ders. (wie Anm. 2), S. 156f.

[27] Siehe Mayr II (wie Anm. 18), S. 133.

[28] Siehe ebd.

[29] Siehe das „omnibus" im Eingangssatz der lateinischen und das „allen" in dem der deutschen Fassung.

[30] Siehe unten etwa die Artikel 10, 13, 14, u. 21 der Ordnung.

[31] Siehe Epperlein (wie Anm. 9), S. 82 u. 91ff. sowie Mantel (wie Anm. 5), S. 29f.

[32] Die Edition der Forstordnung des Klosters Ebersberg in lateinischer Sprache wäre ohne die Mithilfe von Hans Ulrich Ziegler nicht möglich gewesen. Er hat meine Transkription mit dem Original verglichen, viele Ergänzungen und Korrekturen vorgenommen und einige Wort- bzw. Sacherklärungen hinzugefügt.

[33] Zu beiden siehe Anm. 23.

[34] Siehe Anm. 21.

[35] Mantel (wie Anm. 10), S. 929-931.

[36] Siehe ebd., S. 925-929. Mantel konnte sich auf die Übersetzung von Schrötter (wie Anm. 23) stützen. Die Übersetzung Mantels ist recht frei und an einigen Stellen fehlerhaft. Sie kann daher nur als Lese- und Interpretationshilfe für den lateinischen Text dienen.

[37] „Summerlatten" = junger, in einem Sommer entstandener Zweig, Schössling; Latte von jungen abgeschnittenen Reisern, die zum Schlagen oder andern Zwecken gebraucht werden. Laut Grimm, Jakob / Grimm, Wilhelm: Deutsches Wörterbuch, Leipzig 1936ff. Es wird auch ein Beispiel dafür angeführt, dass „Summerlatten" als Amtssymbol dienen konnten.
Zu entsprechenden Abbildungen in Miniaturen siehe Hansen, Wilhelm: Kalenderminiaturen der Stundenbücher. Mittelalterliches Leben im Jahreslauf, München 1984, Abb. 36 (vornehmer Reiter mit Maizweig, Nordfrankreich um 1430) u. Abb. 37 (vornehmer junger Mann mit Maizweigen in beiden Händen, Paris/Tours Ende 15. Jh.). Siehe zu „Summerlatten" auch Mantel (wie Anm. 5), S. 24.

[38] „nur": also unbewaffnet.

[39] „húba" = Hube oder Hufe. Zur weiteren Erklärung siehe Anm. 24.

[40] Die Beamten wurden damals nicht mit Geld, sondern in Naturalien besoldet. Die Forsthube (siehe vorangehende Anm.) war dabei der wichtigste Teil der Besoldung. Hinzu kamen Naturalreichnisse der Anzinser (siehe Artikel 17) und Anteile an Geldbußen (siehe Artikel 7). Das Gebot, auch tatsächlich auf der Hufe zu sitzen, lässt annehmen, dass es die Tendenz gab, das Lehen nur als Einnahmequelle anzusehen und die anfallende Arbeit zu delegieren.

[41] „Aufsetzung" = Bestimmung; „überfür" = übertritt (siehe auch Artikel 21); „saumleich" = säumig, zögernd, lässig, langsam. Laut Grimm (wie Anm. 37).

[42] Aus Artikel 5 und 6 geht hervor, dass es mehrere Förster mit eigenem Amt gab. Sie waren alle dem Forstmeister (er durfte im Gegensatz zu den Förstern in allen Ämtern pfänden) unterstellt. Auch der erwähnte Knecht des Forstmeisters scheint auf einer höheren Stufe als die Förster gestanden zu haben.

[43] 5 Pfund waren 1200 Pfennige. – Siehe zu dieser Bestimmung auch die Artikel 14 und 21.

[44] „Puzz" oder „Püss" = Geldbuße oder -strafe.

[45] „ainen Hern und Abpt" = Verdeutschung des lateinischen „dominus abbas". Im Folgenden steht des öfteren nur „ainen herrn". Gemeint ist damit ebenfalls der Abt des Klosters Ebersberg. Die vollständige Formel nochmals in Artikel 35.

[46] „Graveschepfft" = Grafschaftgericht.

[47] „Notnunfft" = besonders gewaltsamer Raub, gewaltsame Entführung und Notzucht. Laut Grimm (wie Anm. 37). – Mord, Diebstahl und Notzucht (zuzüglich Straßenraub) waren die drei absolut todeswürdigen Verbrechen, die der Niedergerichtsbarkeit entzogen waren.

[48] „als in die Gurtl umbvangen hat" = genauso, wie man ihn ergriffen hat; „in der Herschaft antwurtten" = ihn der Herrschaft übergeben.

[49] „Inzicht" = Beschuldigung. Laut Lexer, Matthias: Mittelhochdeutsches Taschenwörterbuch, Stuttgart 1966, S. 99. „genennen" = hier: reinigen.

[50] „hintz" = Zusammenziehung von hin und ze (zu).

[51] „Tayding" = auf einen Tag anberaumte Gerichtsverhandlung, bestimmter Tag, Verhandlung, Geschäft, schuldige Leistung. Siehe Lexer (wie Anm. 49), S. 223.

[52] „Maez" oder „Meisz" = Holzschlag, Holzabtrieb, abgetriebener Platz im Walde, Schlag, Hau, namentlich auch das junge Holz, das auf einem solchen Abtrieb wächst. Laut Grimm (wie Anm. 37).

[53] „Füder" = Wagenlast; so viel, als auf einem zweispännigen Wagen

54 Diese Stelle lässt vermuten, dass Brände willentlich gelegt und verbotenerweise Brandrodung getrieben wurde.
55 Gemeint sind 36 Verwandte oder Freunde, die Schwurhilfe leisten. Das heiße Eisen steht für das entsprechende Gottesurteil.
56 „Urlab" = Erlaubnis.
57 „ze Ebenpild" = hier: zur Abschreckung.
58 „eschilling" = vermutlich eine ganze (runde) Anzahl Schillinge, ein Fixbetrag. Laut Schmeller, Johann Andreas: Bayerisches Wörterbuch, Nachdr., München 1983, ist der Esch „ein Ganzes von Äckern, die, aneinanderliegend, zu ein und derselben Zeit entweder bebaut oder abgeerntet oder als Brachfeld beweidet werden."
59 144 Pfennige.
60 „Zwispild" = doppelter Betrag. Laut Grimm (wie Anm. 37).
61 „Gemain" = Gemeindefeld, -wald etc.
62 „lon oder lonnagl" = Lünnagel oder Lünse. Laut Grimm (wie Anm. 37): Achsnagel. In diesem Fall wohl ein Baum, den ein Bauer im Forst fällt und in seinen Wagen („sein gevert") einbaut, um ihn auf diese Weise unbemerkt aus dem Forst zu schaffen. Ein schönes Beispiel für bäuerliche List!
63 Analog zu Bannwald = Wald, der unter dem Schutz des Landesherrn oder Königs steht.
64 Siehe Artikel 7.
65 „ichs" = irgendetwas. Laut Grimm (wie Anm. 37).
66 Der abzuliefernde Hafer dürfte der Versorgung der Pferde des Klosters gedient haben. – Es müssen sich also Höfe und Huben (zur Hube oder Hufe siehe Anm. 24) auf dem Gebiet des Forstes befunden haben. Ansonstens würde die Aufnahme dieser Bestimmung in die Forstordnung keinen Sinn machen. Auch wurden diese Anwesen wohl wegen Erbteilungen und Todesfällen immer wieder geteilt und zusammengelegt. Warum gerade von 9 Huben die Rede ist, müsste noch geklärt werden. Die Feldfrucht Hafer könnte ebenfalls auf eine Lage im Wald oder an seinem Rand hinweisen. Denn Hafer wurde gerne auf frisch gerodeten Flächen angebaut. Er diente noch im 19. Jahrhundert als Zwischenfrucht nach einem Kahlschlag. Der Boden wurde dadurch günstig beeinflusst und von Bewuchs, der die Anlage neuer Baumkulturen behindert hätte, freigehalten. Im Hochmittelalter wäre die Abfolge Brandrodung, zeitweiser Haferanbau, Aufgabe der Felder bei nachlassender Fruchtbarkeit und erneute Bewaldung denkbar.
67 „Hofmutt": laut Lexer (wie Anm. 49), S. 147, müte = Maut, Zoll.
68 Zur „necessitate domus" oder „Hausnotdurft" (lateinische und deutsche Fassung) siehe Blickle, Renate: Hausnotdurft. Ein Fundamentalrecht in der altständischen Ordnung Bayerns, in: Birtsch, Günter (Hg.): Grund- und Freiheitsrechte von der ständischen zur spätbürgerlichen Gesellschaft, Göttingen 1987, S. 42-64.
69 „Sibenden" oder „sinwenden" = Sonnwenden. Auf Sonnwenden ist die Anstellungsurkunde für Gundersdorfer, in dem diese Ordnung enthalten ist, datiert: „[...] versigelt Ingolstat am Montag sant Johannesabend zu sunwenden [...] 1438." BayHStA, Jesuitica 1438.
70 „zwelif Poten" = zwölf Apostel.
71 „losüng" = Losmachung, Befreiung, Geldeinnahme, Abgabe. Laut Lexer (wie Anm. 49), S. 129.
72 „Chächkär" = Halfter. Siehe Mantel (wie Anm. 10), S. 927 u. Schrötter (wie Anm. 23), S. 7.
73 „Raittung" = Rechnung, Rechenschaft. Laut Lexer (wie Anm. 49), S. 166.
74 „vertagen" = aufschieben. Laut Lexer (wie Anm. 49), S. 282.
75 Siehe oben, Artikel 14.
76 „verworcht" = Partizip Perfekt von verwirken. Laut Lexer (wie Anm. 49), S. 286.

77 „vortrüg": von vertragen im Sinne von „etwas an eine Stelle tragen, wo es nicht hingehört". Laut Grimm (wie Anm. 37). Die Anwohner bzw. die Leute des Klosters hatten nicht nur das Recht, sondern auch die Pflicht ihren Holzbedarf im Klosterforst zu decken. Das Verbot, auf andere Forste auszuweichen, verdeutlicht, wie sehr die Grundherren in ihren Wäldern eine Quelle für Feudalabgaben sahen.
78 „hinterstelle" = hinterer Teil des Karrens oder Fuhrwerks.
79 Smerbäume sind fruchttragende Laubbäume, vor allem die für die Schweinemast wichtigen Eichen und Buchen. Sie heißen Smer- oder Schmalzbäume, weil sie die Schweine fett machen. Das Wort kommt auch in der bayerischen Forstordnung von 1616 vor (enthalten in: Landrecht, Policey- Gerichts- Malefiz und andere Ordnungen der Fürstenthumben Obern und Nidern Bayrn, München 1616. – Nach einem Glossar zu den österreichischen Weistümern rührt die Bezeichnung daher, dass der Stock des Baums, der freventlich gefällt wurde, bis zum Verfaulen vom Frevler in jedem dritten Jahr zur Strafe mit Schmer zwei Finger dick zu belegen war. Nach dem Grimmschen Wörterbuch (wie Anm. 37) ist diese symbolische Handlung wohl nur die Folge des Namens, nicht sein Ursprung.
80 Zum sog. Stümmeln oder Schneiteln siehe Mantel (wie Anm. 5), S. 29f.
81 Siehe oben, Artikel 7.
82 „aufschroten" = aufhauen, aufschneiden. Laut Grimm (wie Anm. 37).
83 „tunge" = düngen möge. Nach Mantel (wie Anm. 5), S. 28f., eine frühe Maßnahme zur Waldpflege. Das wenig wertvolle Gipfelstück sollte am Boden verbleiben und dort zu Humus werden. Seit dem 16. Jahrhundert verlangten die Forstordnungen genau das Gegenteil. Äste, Gipfelholz, Stöcke sollten nicht im Wald verderben, sondern als Brennholz genutzt werden, um die Bestände zu schonen.
84 Siehe die in Artikel 26 (Hilfe des Propstes von Rüthering bei der Jagd) u. 29 genannten Rechte.
85 Der herzogliche Forstmeister soll unserem Forstmeister auf dem Gericht des Herzogs (der herzoglichen Schranne) zu seinem Recht verhelfen. Siehe hierzu auch Mantel (wie Anm. 10), S. 928.
86 „dingen" = beraten, verhandeln.
87 „nostrates" = Mittellatein für: die unsrigen Leute, die Hörigen.
88 „iner(r)anær" oder „meraner" oder „merainer" = bayerisch-tirolische Mundart für „iner-rainer", d. h. die Leute, die innerhalb der Grenze wohnen. Rain bzw. bay. ran = Ackerfurche, Umzäunung oder sonstige sichtliche Grenze. Es dürfte sich um eine bestimmte Gruppe von Hintersassen des Klosters handeln.
89 Riedering bei Eglharting (Landkreis Eberberg).
90 Man wird wie Mantel (wie Anm. 5), S. 279, davon ausgehen können, dass die Mönche selbst jagten. Neben der Mithilfe zur klösterlichen Jagd dürften Forstmeister und Förster auch alleine Wildbret erlegt haben, um die Klosterküche damit zu versorgen. – Dazu, dass manche Kleriker auch in der frühen Neuzeit noch jagten oder wilderten, siehe Freitag, Winfried: Das Netzwerk der Wilderei. Wildbretschützen, ihre Helfer und Abnehmer in den Landgerichten um München im späten 17. Jahrhundert, in: Blauert, Andreas / Schwerhoff, Gerd (Hg.): Kriminalitätsgeschichte. Beiträge zur Sozial- und Kulturgeschichte der Vormoderne, Konstanz 2000, S. 707-757, S. 731f.
91 Forstern (Landkreis Erding), ca. 3,5 km nordwestlich von Hohenlinden.
92 Kreith (Landkreis Ebersberg), ca. 2 km südöstlich von Hohenlinden.
93 In der Forstordnung des Klosters von 1565 (BayHStA KL Ebersberg 70) heißt es gegen Ende des 1. Absatzes: „[...] item auch die ordnung, gebreich und satzung in dem Under Ebersberger Forst zu halten und anzustöllen wie es ihr fürstlich Gnaden im obern pfle-

⁹⁴ gen, inmassen es von unvordenklichen Jahren her von dem praelathen also gehalten worden."

⁹⁴ „hartchoren" = Hartkorn.

⁹⁵ Während „decimatio" oder Zehent nur die zu entrichtende Abgabe meint, hat sich „Techen" (es geht ebenfalls auf das lateinische „decem" zurück) in seiner Bedeutung bereits etwas verselbstständigt. Techen (später auch „Dechel") bezeichnet neben der entsprechenden Abgabe auch das, wofür sie geleistet wurde, nämlich die Schweinemast im Wald. Siehe dazu auch die Artikel 33 u. 34.

⁹⁶ „Lehen": offensichtlicher Lesefehler von Mantel. Richtig: Techen (siehe dazu die vorstehende Anmerkung).

⁹⁷ „Impen" = Bienen. Zur Zeidlerei bzw. Zeidelweide im Forst siehe auch Mantel (wie Anm. 5), S. 90f.

⁹⁸ „Gebe nach Schuld und Recht." Zu dieser Bedeutung von „antwurten" siehe auch oben, Artikel 8.

⁹⁹ „Impen" = Bienen; „Ymplär" = Imker.

¹⁰⁰ Richtig müsste es heißen: Unser Forstmeister muss dreimal im Jahr, zu Ostern, St. Martin und Weihnachten für zwei Pferde den (Huf-)Eisenbeschlag geben. – Mantel ist wahrscheinlich eine Kombination von Lese- und Übersetzungsfehler unterlaufen.

¹⁰¹ Mittellatein für „vulgariter".

¹⁰² Das „calumpnia" in der lateinischen Fassung bedeutet Rechtsverdrehung, böswillige Anklage oder betrügerischer Vorwand. Mantel deutet wohl daher Framsal als Klage der Förster gegen ihren Herrn. Der Ausdruck findet sich weder bei Grimm (wie Anm. 37), noch bei Lexer (wie Anm. 49).

¹⁰³ Siehe Mantel (wie Anm. 5), S. 30 mit Anm. 25.

¹⁰⁴ „verchern" = verkehren; nach Grimm (wie Anm. 37) umdrehen, verändern.

Abbildungsnachweis

Abb. 1: Die Kurve zur Bevölkerungsentwicklung habe ich übernommen von Henning, Friedrich-Wilhelm: Das vorindustrielle Deutschland 800-1800, Paderborn 1974, S. 18ff. Die Kurve zur Waldentwicklung stammt von einem Schaubild, das mir dankenswerterweise Michael Suda überlassen hat. Dieses Schaubild stützt sich auf Hasel (wie Anm. 6) und auf Plochmann, Richard: Mensch und Wald, in: Stern, Horst / u. a.: Rettet den Wald, München 1979, S. 157-197. – Für ihre Hilfe bei der Anfertigung dieses Schaubildes danke ich Yvonne Anders.

Abb. 2: Die Tabelle wurde von Elisabeth Lukas-Götz für das Museum Wald und Umwelt in Ebersberg erstellt. Sie beruht auf einer Recherche, die Stefan Breit im Auftrag des Museums vorgenommen hatte.

Abb. 3a-3e: Die Darstellung der Rodung und Besiedlung im alten Landgericht Schwaben beruht auf einer Recherche, die Stefan Breit im Auftrag des Ebersberger Museums Wald und Umwelt vornahm. Umsetzung und graphische Gestaltung: Elisabeth Lukas-Götz.

Abb. 4: Bildverarbeitung: Gesellschaft für Angewandte Fernerkundung, München (www.gaf.de).

Abb. 5: Die Kartenskizze beruht auf Mantel (wie Anm. 5), Anhang 1: Historische Karte des Ebersberger Forstes. Zur Erläuterung der Karte siehe ebd., S. 4f. Zu Karten aus dem 18. Jahrhundert vom Westteil des Forstes siehe Huss, Jürgen: Zur Waldeinteilung im Ebesberger Forst, in: Nutzungen, Wandlungen und Gefährdungen des Ebesberger Forstes. Beiträge zur Geschichte unserer Umwelt, hg. v. d. Kreissparkasse Ebersberg, (Der Landkreis Ebersberg. Geschichte und Gegenwart 3), Ebersberg 1990, S. 48-59.

Abb. 6: Bayerisches Hauptstaatsarchiv, München.

Abb. 7: Bayerisches Hauptstaatsarchiv, München.

Abb. 8: Museum Wald und Umwelt, Ebersberg. Zeichnung: B. Krückemeyer, Berlin; Zusammenstellung der historischen Vorlagen und wissenschaftliche Begleitung: W. Freitag.

Abb. 9: Bayerische Staatsbibliothek, München.

19

Stefan Breit

Der Konflikt um die Ebersberger Gemain

Am Freitag, dem 10. August 1607, traf ein Bote des Reichskammergerichts in der bayerischen Hauptstadt ein.¹ Er begab sich unverzüglich in den Alten Hof und meldete dem zuständigen Beamten, er habe Herzog Maximilian eine Ladung des Reichskammergerichts zuzustellen. Da man ihn nicht zum Herzog vorließ, verkündete der Bote die Ladung dem herzoglichen Sekretär Ägidius Albertinus und übergab ihm eine gleichlautende Kopie. Dann eilte er zum Jesuitenkolleg an der Neuhauser Straße und überreichte dem Rektor Dr. Matthäus Mayrhofer ebenfalls eine Kopie der Ladung. In diesem Dokument teilte Kaiser Rudolf II. dem Herzog und dem Rektor mit, ein gewisser Wolf Hannes habe im Namen von zwölf Gemeinden, nämlich Steinhöring, Abersdorf, Mühlhausen, Dietmering, Buchschechen, Kreith, Birkach, Hohenlinden, Stockach, Hintsberg, Ruhensdorf und Bärmühle, folgende Beschwerden gegen sie vorzubringen:

Seit vielen Generationen hätten die Gemeinden in der sogenannten „Ebersberger Gemain", ein direkt an den Ebersberger Forst „angrenzendes Gehölz, nicht allein die Weidt und Viehtrieb mit allem irem grossen und kleinen Viehe, alß Pferdten, Rindern, Schaffen und Schweinen [...] bey Tag und Nacht ires Gefallens zu suchen und halten, sondern auch mit allerlei Holtz, es seie zum Bauen oder Brennen, item zu pfälen, marken oder zeinen nach Notturft und zu Genügen sich darauß zu versehen."² 1604 habe der Herzog auf Drängen der Jesuiten eine neue Holzordnung erlassen. Sie habe das Holz für jeden Hofinhaber auf eine bestimmte Menge, gestaffelt nach der Hofgröße, „ufs spitzigiste außgemeßen"³, begrenzt und den Gemeinden dafür noch jährliche Abgaben in Geld und Getreide auferlegt. Dies sei „wider alt Herkommen"⁴, beeinträchtige die Gemeinden in ihrer Gerechtigkeit des „freien Beholtzens und Weidtgangs"⁵, ja stürze sie „ins verderbliche Elendt"⁶. (Abb. 1)

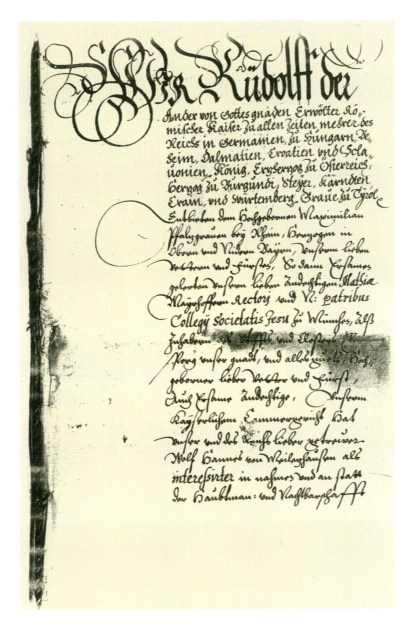

Abb. 1: Ladung des Reichskammergerichts an Herzog Maximilian I. und den Rektor des Jesuitenkollegs in München (Auszug).

Die „Denunziation" der Jesuiten

Begonnen hatte die Geschichte sieben Jahre zuvor, am 22. Februar 1600. An diesem Tag wandte sich die herzogliche Hofkammer, die oberste Finanzbehörde des Landes, an den bayerischen Landschaftskanzler Dr. Hans Georg Herwarth[7]. Er verwaltete als Pfleger das Pfleggericht Schwaben, das heute ungefähr dem Landkreis Ebersberg entspricht. Die Hofkammer teilte Herwarth mit, dem Herzog sei von glaubwürdiger Seite berichtet worden, in der sogenannten Ebersberger Gemain werde „durch die Gerichtsunderthonen seiner Verwahltung gar übel und verschwendtlich umbgangen und gehaust"[8], auch durch die Holzknechte „durch die Finger zugesehen"[9] und jedem Untertanen „gleich, was ine gelust, zu nemmen, und hinwegkh zu füehren gestattet."[10]

Bei der „glaubwürdigen Seite" handelte es sich wahrscheinlich um die Jesuiten. Sie hatten sich beim Herzog beklagt, dass sich jeder aus den Gehölzen des Klosters Ebersberg bediene.[11] Die Jesuiten hatten das heruntergekommene Kloster 1596 erhalten, nachdem die letzten wenigen Benediktinermönche nach Mallersdorf übersiedelt waren. Damit gewann die Gesellschaft Jesu über alle Bewohner der gleichnamigen Hofmark die niedere Gerichtsbarkeit und die Polizeigewalt. Außerdem standen den Jesuiten als Hofmarksherren das Steueranlage- und -einheberecht und die niedere Jagd in den Hofmarkswäldern zu. Zusätzlich war das Kloster im Pfleggericht Schwaben Grundherr über 346 Anwesen. Dies waren 13 Prozent aller unter herzoglicher Niedergerichtsbarkeit stehenden Feuerstätten.[12] Die jährlichen Einkünfte des Klosters waren durch eine herzogliche Kommission auf 10.000 Gulden geschätzt worden, denen Ausgaben in Höhe von 3.000 Gulden gegenüberstanden.[13]

Die Umstände der Inbesitznahme stießen bei anderen Orden auf heftige Kritik und trugen nicht gerade zur Beliebtheit des neuen Ordens bei. Die Gesellschaft Jesu habe den Benediktinern das Kloster gewalttätig entrissen, so beschwerte sich noch 150 Jahre später eine Benediktinerin in einem Brief gegenüber einem Jesuiten.[14] Auch im Volk hinterließ die rüde Entfernung der Benediktiner tiefe Spuren. Es entstand die Sage vom „Geisterchor von Ebersberg". Martin Zeiller, der Verfasser der Texte zu der 1644 von Matthäus Merian herausgegebenen „Topographia Bavariae", erzählt darin „Daß nemlich / zu gewissen Jahrszeiten / [...] / by eiteler Nacht / die Seelen der langst begrabnen [Benediktiner-] Mönche / gleichsamb als wann sie vom Schlaff erweckt weren / aus ihren Cellen / oder Schlaffkämmerlein mit vernemlichem Geräusch / herfür / un in deß Tempels Chor / gehen / und daselbst das Lob Gottes / auff Mönchische weise / singen thäten."[15]

Andere Orden und Stifte hätten sich gern die Güter des Benediktinerklosters angeeignet. Aus diesem Grunde leistete das Freisinger Domkapitel, das später die Gemeinden im Kampf um ihre Holzrechte unterstützen sollte, heftigen Widerstand gegen die Übertragung des Klosters an die Jesuiten, bis es sich mit ihnen in einem Vergleich einigte.[16]

Verwaltet wurde das Kloster vom Münchner Kolleg aus, das 1559 durch Initiative von Herzog Albrecht V. als zweites oberdeutsches Kolleg des Ordens gegründet worden war. Zwischen 1585 und 1597 war das große Kolleggebäude an der Neuhauser Straße errichtet worden, das den ehrgeizigen Anspruch des neuen Ordens versinnbildlichte. Für einen Zeitgenossen war es nach dem spanischen Escorial das „furnembste Collegium in ganz Europa."[17] Die enge Verbindung zwischen Landesherrn und Jesuiten wird besonders darin sichtbar, dass die Angehörigen der bayerischen Fürstenfamilie fortan ihre letzte Ruhestätte in Sankt Michael, der Kirche der Jesuiten, finden sollten.[18] (Abb. 2) Der junge Herzog stand stark unter jesuitischem Einfluss. Seine Beichtväter waren Jesuiten. Er hatte dreieinhalb Jahre bei ihnen in Ingolstadt studiert. Der Unterricht durch die Jesuiten hatte ihn tief geprägt.[19] Wir können uns vorstellen: Die Untertanen hatten es bei einem solchen Herrscher nicht leicht, in einer Auseinandersetzung mit seinem Lieblingsorden Gehör zu finden. Die Unbeliebtheit der Jesuiten in dieser Gegend einerseits und die Begeisterung des bayerischen Herzogs für diesen Orden andererseits werden den Verlauf unserer Geschichte entscheidend prägen.

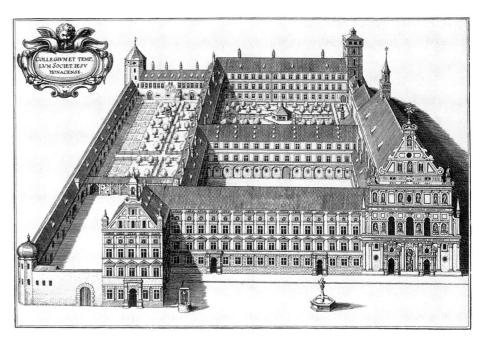

Kaum hatten die Jesuiten das Kloster Ebersberg gewonnen, suchten sie zielstrebig, ihre Hofmark auszubauen. Schon 1599 verwickelten sie sich in einen Streit mit dem Pfleggericht Schwaben um das Dorfgericht Hohenlinden, das sie schließlich 1676 ihrer Hofmark eingliedern konnten. 1599 erreichten sie vom Herzog die Erweiterung ihrer Hofmark um 62 Anwesen.[20]
Die Jesuiten entdeckten bald den Wald als ergiebige Einnahmequelle. Für die Bauern war die Benutzung des Waldes lebensnotwendig. Die Bäume lieferten ihnen das nötige Brenn-, Bau und Zimmerholz. Die Früchte der Laubbäume waren eine unverzichtbare Nahrung für die Schweine, die im Herbst in den Wald getrieben wurden. Die damaligen Wälder waren durchlöchert von Wiesen, die als Weideplätze für das Vieh verwendet werden konnten. Für diese Holz- und Weidenutzung ließen sich von den Untertanen einträgliche Abgaben erheben. Auch das Jagdrecht konnte man ertragreich verpachten. Außerdem benötigten die Jesuiten selbst Holz, da sie in den kommenden Jahren einige Umbauten an der Klosterkirche vornehmen wollten.[21]
Aus diesen Gründen waren sie bestrebt, sich die Rechte an den Waldungen, die innerhalb oder in der Nähe ihres Hofmarksbezirkes lagen, zu sichern, sie auszubauen und lästige Mitnutzer auszuschließen. 1602 versuchte der Rektor Melchior Härtl[22], die Gemeinden Forstinning, Reithofen, Harthofen und Forstern in ihren Holzrechten am Klosterforst einzuschränken. Die Gemeinden ließen sich dies aber nicht gefallen und so kam es zu einem Verfahren am Hofgericht.[23]
1603 beschwerte sich der Rektor über die herzoglichen Untertanen des Pfleggerichts Aibling bei der Hofkammer. Er beanstandete, dass ein zum Kloster gehöriges Gehölz namens Viecht von den Untertanen „dermassen abgeschwendet, erödiget und ausgeschlagen worden sein solle, das nit allein an fruchtbarem Gehülz wenig und schier nichts mehr verhanden, sondern auch der Wildpann also zerschlaipfft und verdärbt."[24]
Die Jesuiten erhoben nun auch einen Anspruch auf die Ebersberger Gemain beziehungsweise erneuerten den Anspruch des Klosters, je nach Sichtweise der verschiedenen Parteien. Das Waldstück lag ja direkt „vor der Haustür" des Klosters, während der eigentliche Klosterforst, der „Unterebersberger Forst", drei Kilometer entfernt war. Die Heranziehung der Gemain als Holzlieferant hätte also die Transportkosten erheblich gesenkt.
Die Ebersberger Gemain war zu dieser Zeit ein Mischwald von Eichen, Buchen und Fichten. Sie grenzte im Norden und im Westen unmittelbar an den Ebersberger Forst,[25] der seit dem 11. Jahrhundert in einen herzoglichen oder „Oberebersberger Forst" und in einen klösterlichen oder „Unterebersberger Forst" geteilt war.[26] Im Osten stieß die Gemain an die Haager Gemain.[27] Im Süden grenzte sie an die Fluren der daran liegenden Dörfer.
Während die Jesuiten behaupteten, es gebe zwischen dem Klosterforst und der Ebersberger Gemain weder eine markierte Grenze noch eine erkennbare Scheidelinie,[28] wiesen die 1603 verhörten Zeugen darauf hin, man könne die beiden Wälder sehr gut durch die Höhe der Bäume von einander unterscheiden, „dann der Forst

Abb. 2: Das Jesuitenkolleg mit Michaelskirche nach einem Kupferstich von Matthäus Merian dem Älteren (1644).

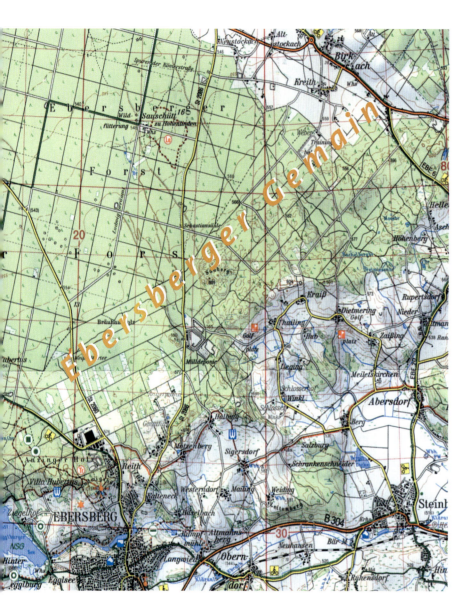

Abb. 3: Lage der „Ebersberger Gemain" in der heutigen Karte.

hab hoch und die Gmain nider Holtz."[29] Drei unterschiedliche Quellen, nämlich die Forstordnung für den unteren Ebersberger Forst[30], eine Grenzbeschreibung von 1604[31] und Zeugenaussagen eines Verhörs von 1603[32] geben Anhaltspunkte über den Verlauf der Grenze zwischen beiden Hölzern. Danach zog sich die nördliche Grenzlinie der „Gemain" vom heutigen Ausgang des Forstes beim Egglburger See bis zum Antonibrunnen, von da aus über die heute noch erhaltene „Weiße Martersäule" und eine „Hölzerne Handsäule" an der Straße Ebersberg – Hohenlinden, die noch im Katasterplan von 1812 eingetragen ist, bis nach Kreith. (Abb. 3)

Die Jesuiten taktierten geschickt. Sie wiesen den jagdlustigen Herzog darauf hin, dass ihm durch die Verwüstung des Waldes nicht nur ein finanzieller Nachteil durch die Abnahme der einträglichen Schweinemast entstehe, sondern auch das Wild vertrieben würde. Daher sollten die Holzfrevler streng bestraft und eine Holzordnung erlassen werden.[33]

Dem Wunsch seines Lieblingsordens kam der Herzog eilends nach. Er beauftragte den Pflegsverwalter von Schwaben Leonhard Niedermayer[34], der in Vertretung des Pflegers die eigentlichen Geschäfte im Gericht führte, alle Untertanen, die entgegen einer alten Holzordnung von Herzog Albrecht IV. pro Jahr mehr als zwei Buchen umgehackt hätten, namentlich festzustellen.[35] Der Pflegsverwalter ordnete daraufhin eine sofortige Visitation der Höfe im Amt Purfing an. Der herzogliche Förster von Anzing ritt mit dem Amtmann und einem Schreiber von Haus zu Haus, besah sich die bei den Häusern liegenden Holzhaufen, ließ genauestens die Stämme abzählen und in einem Verzeichnis festhalten. Jeder Besitzer eines Anwesens, bei dem zuviel Holz gefunden wurde, wurde zu einer Geldstrafe verurteilt. Diese Maßnahme betraf 369 Untertanen, das war mehr als die Hälfte aller Hofbesitzer.[36]

Die Gemeinden nahmen diesen Eingriff in ihre bisher uneingeschränkten Holzrechte nicht hin. Die betroffenen Dörfer richteten eine Supplik an den Hof. Auch der lokale Beamte erlebte die Strafaktion als eine Überschreitung des bisher üblichen Rahmens. Wie er der Hofkammer mitteilte, habe die bisherige Praxis darin bestanden, lediglich zu pfänden, nicht aber zu bestrafen: Der ehemalige Oberstjägermeister von Etzdorf habe seinen Knechten lediglich „zepfändten bevolchen, aber khainer sei gestrafft, sondern also nur ein Forcht und Schreckhen gemacht worden."[37] Selbst die Jesuiten gaben später zu, dass bezüglich der Gemain „von ir Durchlaucht noch des Closters wegen, lange Jar nichts mer in Obacht genommen worden"[38].

Der Pflegsverwalter versuchte zu vermitteln. Er sähe nichts lieber, als dass eine Ordnung gemacht werde, in der genau festgehalten werde, welchen Gemeinden Holzrechte an dem umstrittenen Wald zustünden. Er schlug vor, die Gemeinden aufzusuchen, sich ein Bild über ihre Lage und den Zustand des Waldstückes zu machen und mit ihnen über eine Ordnung zu verhandeln. Leonhard Niedermayer, der im Zentrum des Geschehens, in Markt Schwaben, saß, wünschte sich eine gütliche Einigung mit den klagenden Gemeinden.[39] Die Ordnung, die er sich vorstellte, sollte in Zusammenarbeit mit den Gemeinden erstellt und nicht über ihre Köpfe hinweg erlassen werden. Der lokale Beamte wollte also den Ausbruch eines Konfliktes vermeiden.[40]

In München folgte man dem Vorschlag Niedermayers. Zwei hohe Beamte, der Oberstjägermeister Lorenz

Wensin und der Münchner Hofkastner Caspar Lerchenfelder, legten 1602 den Entwurf einer Holzordnung vor.[41] Der Entwurf brachte einschneidende Änderungen gegenüber dem bisherigen Herkommen: Die Ortschaften, die zur Holzentnahme künftig berechtigt sein sollten, wurden in einem Verzeichnis mit genauer Angabe der ihnen zustehenden Holzmenge festgehalten.[42] Ausgeschlossen von dem Holzbezug wurden die sogenannten Inwohner, die zur Miete bei den Bauern wohnten. Holz durfte nur zur „Hausnotdurft" als „Zimer-, Schnit-, Schindl- oder Prennholtz"[43] verwendet werden. Der Verkauf des abgegebenen Holzes war strikt untersagt. Die Untertanen wurden ermahnt, nicht nur die Stämme, sondern auch Äste und Zweige aufzuarbeiten und nichts herumliegen zu lassen. Erstmals wurden Verstöße mit Strafen geahndet, wobei ein genaues Strafmaß nicht festgelegt wurde. Eine Kontrollinstanz wurde eingerichtet: Vorgesehen war die Ernennung von zwei oder drei Aufsehern über das Holz, den sogenannten Holzhaien. An zwei Tagen in der Woche sollten sie den zum Holzempfang berechtigten Untertanen die Bäume zum Schlagen zuweisen. Als Entgelt sollten sie von diesen eine „jährliche Belohnung" erhalten, deren Höhe aber noch nicht festgelegt wurde. Damit wurden die Benutzer der Gemain mit einer neuen Abgabe belastet. Außerdem fiel künftig ein Drittel der Strafgelder an die Holzhaie. Damit sollten sie angespornt werden, die Holzfrevler anzuzeigen. Aber auch die Holzhaie wurden einer Kontrolle unterworfen. Wenn sie sich durch Bestechung verleiten ließen, nicht berechtigten Personen Holz abzugeben oder die Holzfrevler nicht anzuzeigen, drohte ihnen Entlassung und harte Bestrafung.

Dieser Entwurf war den Jesuiten jedoch zu lahm. Sie monierten, dass er zu vielen Anwesen Holzrechte an der Gemain gewährte. Trete er in Kraft, so wäre der Wald in sechs bis sieben Jahren völlig ruiniert und gleiche dann einer Heide. Schon jetzt sei kein einziger Baum mehr vorhanden, der als Zimmerholz genützt werden könne. Die Gemain bestehe nur noch aus alten verwachsenen Stöcken und aus Jungholz. Geschickt wiesen die Jesuiten den Herzog darauf hin, dass auch der Wildbestand in diesem Jagdbezirk, den sie erst vor zwei Jahren an den Herzog verpachtet hatten, dadurch gefährdet sei.[44]

Der Entwurf sei zudem kein gutes Mittel, die holzfrevelnden Untertanen zu bändigen, sondern verschlimmere nur ihren Ungehorsam. Er führe dazu, dass sich „die Verprecher der Pfandtung und Straff nit allain trutzig widersetzen, sonder außtruckhenlich fürgeben, sie habens bei ir fürstlichen Durchlaucht erhallten, das sye in der Gemein hackhen mögen, wie sie wellen und es hab Ebersperg mit der Gemain nichts mehr zethuen."[45]

Besonders ereiferten sich die Jesuiten, dass ihre Interessen überhaupt nicht berücksichtigt worden seien: Das beigelegte Verzeichnis enthalte nicht die Gemeinden ihrer Hofmark Ebersberg, wohl aber die Gemeinden Pretzen, Neuching, Gelting, Finsing und den Markt Schwaben. Diese Dörfer grenzten aber nicht an das Gehölz, ja seien zwei bis drei Meilen entfernt. Deshalb könnten sie nach der herzoglichen Landesordnung, ja auch nach Natur- und Gewohnheitsrecht keine Holzungsgerechtigkeit beanspruchen. Die Jesuiten beschuldigten den Pflegsverwalter von Schwaben, er sei für diese Gemeinden eingetreten, ohne ihren Rechtsanspruch geprüft zu haben. Sie forderten deshalb wenigstens eine Gleichstellung ihrer Hofmarksangehörigen mit diesen Gemeinden.

Ihre Einmischung begründeten sie damit, dass das Gehölz kein eigenständiges Waldstück sei, wie es die Gemeinden behaupteten, sondern ein Teil des Klosterforstes sei. Aus dem Fundationsbuch des Klosters zitierten sie zwei Schenkungsurkunden des Grafen Adalbero (†1045) für seine Frau Richlind. In der ersten vermachte er ihr die Burg Ebersberg samt dazugehörigen Äckern und Wäldern sowie den Teil des Forstes, der zwischen dem Egglburger Weg und dem Burgweg[46] lag. In der zweiten Schenkungsurkunde übereignete er ihr den Teil des Forstes, der östlich des Burgweges zwischen den Orten Ebersberg und Forstinning gelegen war. Nach dem Tod beider Eheleute sollten diese Teile an das Kloster Ebersberg fallen. Die Jesuiten folgerten daraus, auch die Gemain sei „von ermeltem fundatore, in disem Legat, dem Stifft Ebersperg verschafft worden."[47] Denn der obere Teil der Gemain liege zwischen beiden genannten Wegen, der untere Teil befinde sich wie der Unterebersberger Forst östlich des Burgweges.

Der Pflegsverwalter wies den Eigentumsanspruch der Jesuiten strikt zurück. Nach seiner Meinung unterstand dieses Waldstück seit alters her weder dem Kloster noch dem Pfleggericht Schwaben, sondern wurde vom Oberstjägermeister und Hofkastner direkt von München aus verwaltet.

Das Geschenk der Jungfrau an alle Welt

Die herzogliche Regierung bemühte sich daraufhin, die Holz- und Weiderechte der Untertanen sowie den Eigentumsanspruch der Jesuiten zu klären. Dies sollte durch ein Zeugenverhör geschehen, mit dessen Durchführung Niedermayer beauftragt wurde. 36 meist ältere Personen, die mit Ausnahme von vier alle aus dem Amt Purfing stammten, mussten je 36 Fragen zu folgenden Themenkomplexen beantworten:

1. zur Größe und Abgrenzung der Gemain;
2. zu den Eigentumsverhältnissen an der Gemain;
3. zu den Holz- und Weiderechten der Untertanen;
4. zu der Holzordnung Herzog Albrechts IV. und ihrer Durchsetzung;
5. zu dem Zustand des Waldes.

Um die weitere Verwüstung des Waldes zu verhindern oder eher, um das Holz für eigene Zwecke zu sichern, drängten die Jesuiten darauf, die Zahl der Berechtigten auf die umliegenden Gemeinden zu beschränken. Ihre eigenen Hofmarksuntertanen sollten dabei bevorzugt werden. Als Pflegsverwalter des Gerichts Schwaben wollte Niedermayer hingegen die Rechte der herzoglichen Untertanen im Amt Purfing gewahrt wissen. Nach seinen Vorstellungen sollte die neue Ordnung dem Gewohnheitsrecht folgen. Er wollte nur diejenigen Untertanen ausschließen, die den Wald erst seit wenigen Jahren nutzten, und damit eine möglichst gerechte Lösung finden. Die Untertanen, die als Zeugen auftraten, machten ihm jedoch einen Strich durch die Rechnung:

Als Niedermayer nämlich die Frage stellte, wer denn die Beholzungsgerechtigkeit an der „Gemain" beanspruchen könne, bekam er seltsame Antworten: Wolf Hällmair von Finsing sagte: „Alle Welt, wer daran well, und es erreichen khönn."[48] Andere antworteten ähnlich: Die Gemain „sei aller Welt frey gewesen," „alle Welt sei daran gewidmet," „es habs alle Welt genossen, wer gern daran geschütt hab"[49]. Hans Schneider von Steinhöring drückte es plastischer aus: „Wann einer gar von Osterreich her were khommen, hett davon Holz hackhen, schütten und anders thuen dörfen, was er gewellt hette."[50] Laut der Jesuiten behaupteten die Gemeinden sogar: „wann so gar yemandts aus Ungerlandt herauf kheme, hette er allda seinen freyen unverwöhrten Holtzschlag."[51]

Diese Vorstellung, die ganze Welt dürfe einen bestimmten Wald nutzen, ist höchst ungewöhnlich und meines Wissens einzigartig. In anderen Konflikten, die wir von der Forschung her kennen, wurden Wälder höchstens von den umliegenden Gemeinden beansprucht und dieser Anspruch dann gegen Grundherren oder Landesherren verteidigt. Vielleicht steckt in dieser Überzeugung die alte bäuerliche Vorstellung vom Wald als Gottesgabe, dessen Produkte alle Menschen genießen können. Vielleicht stecken darin aber auch Überzeugungen, die aus der Zeit des Bauernkrieges von 1525 stammen. Dafür spricht eine Äußerung des großen bayerischen Juristen Wiguläus Kreittmayr aus dem 18. Jahrhundert: „In der grossen Bauren-Rebellion [...] wolte zwar das gemeine Volk par Force behaupten, daß das Holz res communi sey, einfolglich jedermann zu beliebigen Gebrauch frey und offen stünde [...] und es wollen sich solches auch dato noch viele nehmen lassen."[52] Bereits der Pfeifer von Niklashausen, einer der Vorläufer der Anführer des Bauernkrieges, hatte 1476 in einer Predigt behauptet: „Es solt hin fur bleybenn do bey. Das holtzer unnd waßer frey. Sollten wesen yderman."[53] Die Gemeinden behaupteten aber nicht, dass alle Wälder eigentumslos seien. Sie bezogen den Anspruch „aller Welt" nur auf die „Ebersberger Gemain". Ihn begründeten sie mit einer eigenartigen Schenkungslegende. Ein Zeuge erzählte: „Von seinen lieben Eltern, auch anderen alten Leüthen mer, hab er all sein Leben lang gehört, es seien 2 Schwestern gewesen, aine hab St. Reitgard, wie aber die ander gehaissen, wiß er nit, St. Reitgard hab seins Vernemens den Forst geen Ebersperg und die ander iren gebührendem Thail Holz den armen Leüthen zu Guetten, zu einer ewigen Gmain verschafft."[54] Andere Zeugenaussagen lauteten ähnlich: Es seien zwei heilige Jungfrauen gewesen, von denen eine ihren Teil an das Kloster Ebersberg, die andere ihren Teil aller Welt, wer es erreiche könne, geschenkt habe. Gehen wir der Spur der beiden Jungfrauen nach. Mehrere Legenden und historische Begebenheiten sind zu einem festen Knäuel verwoben. Richlind, die Frau des letzten Grafen von Ebersberg Adalbero II., gab den Ostteil des Ebersberger Forstes an das Benediktinerkloster Ebersberg. Den anderen Teil vermachte Richlind ihrem Verwandten Ulrich. Nach ihrem Tod wurde er jedoch als Reichslehen vom deutschen König eingezogen, später fiel er an den bayerischen Herzog.[55] In der Sankt Sebastianskirche zu Ebersberg befindet sich das Grab der Klosterstifter, nämlich des Grafen Ulrich (†1029) und seiner Frau Richardis (†1013), die beide als Selige verehrt wurden. Eine Schwester des Grafen, Hadamud, verschenkte nach dem Tod ihres Gatten ihr Vermögen an die Armen und pilgerte in das Heilige Land, wo sie verstarb.[56]

Aus den „Überresten"[57] dieser Ereignisse wurden einige Elemente für die Schenkungslegende genommen: Richardis oder Richgard ähnelt dem Namen Reitgard. Einige Zeugen sprachen von Jungfrauen aus Sempt. In Sempt sahen die damaligen Menschen den vormaligen Sitz der Grafen von Ebersberg. Während in der Schenkungslegende ein Teil des Waldes dem Kloster, der andere Teil den armen Leuten vermacht wurde, fiel in Wirklichkeit zwar der eine Teil an das Kloster, der andere Teil aber an den Herzog. Richlind gewährte tatsächlich den armen Leuten ein Geschenk, sie erließ zum

Seelenheil ihres Mannes allen, die im Forst Holz schlugen, die Hälfte der Abgabe.[58] Aus dem herzoglichen Teil wurde vielleicht in der Schenkungslegende die Gemain, aus dem Geschenk Richlinds die Schenkung des Waldes an die armen Leute. Vielleicht ging in die Gestalt der Schenkerin auch die heilige Hadamud ein.

Die Legende spricht freilich von Jungfrauen, nicht von Ehefrauen, und weder Richlind noch Richardis besaßen eine Schwester namens Ayd. Die Zeugenaussage von Leonhard Hiltmair zeigt, dass ursprünglich zwei verschiedene Traditionslinien in der Legende von den zwei Schwestern zusammengeführt sind. Denn Hiltmair sprach davon, dass eine Schwester zu Ebersberg, die andere Schwester zu Maitenbeth begraben liege. Während die eine Schwester, nämlich Sankt Reitgard, wohl der Grafenfamilie von (Sempt-)Ebersberg zugeordnet werden kann, entstammt die andere Schwester dem Sagenkreis von Maitenbeth. Im Lauf der Jahrhunderte wurden in der mündlichen Überlieferung die zwei Traditionslinien vereint, indem eine verwandtschaftliche Beziehung zwischen Reitgard und Ayd hergestellt wurde.

Wer war nun diese Sankt Ayd, die in keinem offiziellen Heiligenkalender zu finden ist? Die Zeugenaussagen deuten an, dass der Kult um diese heilige Ayd zum Zeitpunkt des Verhörs schon beinahe in Vergessenheit geraten war. Ein Zeuge wusste noch von einer großen Wallfahrt, die alljährlich zu Ostern zu ihrem Andenken stattgefunden habe. Gehen wir der Spur nach, die uns nach Maitenbeth führt. Der Ort, der zum erstenmal in einer Quelle von 1315 auftaucht, heißt dort „Aetenpeth". Das „M" kam erst später hinzu als Verschmelzung des Stammwortes mit einem vorausgehenden Wort, also „am Aitenpeth". Die ersten zwei Silben „Aeten" weisen auf unsere Sankt Ayd hin. „Aite ist aber die ganz reguläre Form, die in der deutschen Sprache aus Agatha entstanden ist."[59] Schon für 1488 kann in Maitenbeth ein Patrozinium der heiligen Agatha nachgewiesen werden. Die dritte Silbe „beth" bedeutet den Platz, wo Sankt Ayd rastet oder ruht. Nun ist diese Verwendung von „beth" für kirchliche Heilige unbekannt, für mythische Gestalten sehr wohl nachzuweisen. So ist eine mythische Vorgängerin der heiligen Agatha nach dem Ortsnamenforscher Karl Finsterwalder nicht ausgeschlossen.[60]

Zu dieser mythischen Vorgängerin passt vielleicht die Ortssage, die der Maitenbether Pfarrer Franz Haistracher in seiner „Chronik von Maitenbeth" 1853 festhielt, nämlich „daß zu Maitenbeth drei recht reiche Jungfrauen in unterirdischen Gängen oder Höhlen gelebt haben, welche bei ihrem Tod einen großen Reichthum hinterlassen haben, zu dem man nur unter großen Gefahren gelangen konnte, weil derselbe von einem feurigen Hund bewacht worden, welcher niemand zu dem kostbaren Schatze gelangen ließ."[61] Diese drei Jungfrauen hätten der heiligen Agatha zu Ehren eine Kirche gebaut.

Die unterirdischen Gänge, die sich gewöhnlich unter einer christlichen Kirche befinden, die an die Stelle eines heidnischen Tempels getreten war, der unterweltliche Schatz, der Hund, der ihn bewacht, all dies sind typische Elemente in den Mythen über die Schicksalsgöttinnen, die Nornen.[62] Diese waren auch dafür bekannt, dass sie den Gemeinden Wald vermachten.[63] Sie standen nämlich in enger Verbindung mit dem Wald, da ihnen in heidnischer Zeit ein heiliger Hain geweiht war. Die heidnischen Schicksalsgöttinnen lebten im Mittelalter unter Bezeichnungen wie Göttinnen, weise Frauen, drei Schwestern oder selige Jungfrauen, nicht zuletzt in den Feen weiter.[64]

Alte heidnische Relikte hatten sich also unter dem christlichen Mantel bis auf jene Zeit erhalten. Aus den drei Schicksalsgöttinnen wurde eine christliche Heilige, wie es so oft in der Geschichte der katholischen Mission zu beobachten ist, wo vorchristliche Elemente nicht ausgemerzt, sondern geschickt transformiert und in die kirchliche Alltagspraxis integriert wurden.[65] Die heidnischen Spuren waren verlorengegangen und unter dem Hügel Maitenbeths begraben. Aber auch die christianisierte Form, Sankt Ayd, die Helferin der Armen, ging später dem christlichen Heiligenkanon dieser Landschaft verloren. Heutzutage ist Sankt Ayd in dieser Region völlig unbekannt. Nur die in Sankt Agatha transformierte Sankt Ayd hat sich erhalten.

Der Pflegsverwalter wollte von den Zeugen auch wissen, wie sie den Zustand des Waldes einschätzten und ob die Gemain ihrer Ansicht nach die bisherige Anzahl der Holznutzer ertragen könne. Viele Zeugen leugneten zwar nicht, dass sich die Gemain in keinem guten Zustand befinde. So gestand der Söldner Wolf Mang aus Niederried, die Gemain „sei woll ehrlich abgeödigt," er schwächte seine Aussage jedoch sofort wieder ab: „aber es wax ernstlich wider herzue."[66] Auch der Birkacher Kleinbauer Hans Krätzel teilte dieses Vertrauen: Die Gemain „könns zu ewigen Zeiten ertragen, man khöndt sobald khains weckh hackhen, so gee ein andres wider her, hab sovil 100 Jar nie an Holz gemanglet, es wax immerdar der Last[67] herzue."[68] Ähnlich war der Tenor in der Aussage des ehemaligen Hofwirts zu Markt Schwaben: „Man hab ein Jar wol mer oder weniger darab gefürt, habs allzeit ertragen, es wax halt yber Nacht das Jung Holz."[69] In der Vorstellung vom „Wachsen über Nacht" klang eine organische Naturauffassung an, die die Natur als beseelten Organismus[70] annahm, der über eine unbegrenzte Regenerationsfähigkeit verfüge.

Der Kleinbauer Leonhard Wagner von Forstern glaubte sogar, die Gemain stehe unter einer besonderen Gnade Gottes: Die Gemain „könn ein solche Antzahl zu ewigen Zeiten seins Vermainens wol ertragen, dann es sei der Last Holz vorhanden, und wachs widerumb der Last herzue, er glaub gentzlich, es sei ein Gnad Gottes, damit den armen Leüten an Holz nit mangle."[71]
Inmitten einer Landschaft lebend, in der eine geizige Natur die Menschen mit wenig Ressourcen ausstattete, so dass sie immer wieder von Hungersnöten bedroht waren und sich oft nicht satt essen konnten, in der sie dem Boden seine Produkte mit viel Mühe und Arbeit abringen mussten, sah Wagner in der Gemain einen Ort des Überflusses, an dem man sich die Produkte der Natur wie in einem Schlaraffenland einfach nehmen konnte. Diesen Ort hatte ein barmherziger Gott den „armen Leüten" zum Geschenk gemacht, vielleicht zum Ausgleich dafür, dass er sie sonst im Gegensatz zu den Reichen so spärlich bedacht hatte.

Die neue Holzordnung

Diese ungewöhnlichen Zeugenaussagen schickte der Pflegsverwalter nach München. Die juristisch gebildeten Hofkammerräte konnten mit diesen für sie fremden volkskulturellen Vorstellungen nichts anfangen. Sie bestätigten aber den eher milden Entwurf der beiden Beamten. Doch dies rief erneut die Jesuiten auf den Plan. Auf ihre massiven Interventionen hin wurde der umstrittene Wald durch eine herzogliche Kommission besichtigt und eine neue Anhörung von Zeugen angeordnet. Der Pflegsverwalter erhielt einen scharfen Tadel. Er habe sich zu sehr auf die Aussagen der Gemeinden verlassen.[72] Er wurde angewiesen, „unparteiische" Zeugen zu der Sache zu hören. Damit war die vermittelnde Art des Pflegsverwalters gescheitert. Die Jesuiten hatten erneut ein versöhnliches Ende verhindert und den Konflikt verschärft.

Die Kommission kam nach der Besichtigung des Waldes zu der Erkenntnis, „das [...] indifferenter vast alle umbligende Dörfer, Rieder[73] und Ainöden, ja gar viel weit entlegene Örter, welche an solche Gmain weder Trib noch Tradt nit haben, auch mit nichten daran rhainen und stossen, ires Gefallens darein gefahren, alle Stämb, sonderlich das Puechen Holz [...] nider geschlagen und die Nest[74] und Gipfl nach der Weiten denn jhenigen Paursleüten, so alda den Pluembesuech haben, zu großem Nachthail und Schaden, ligen lassen."[75] Vor allem stellten die Kommissare fest, dass die Gemain intensiv für den Holzhandel genützt werde. Diese „Verschwendung" des Gehölzes habe nachteilige Folgen für die anrainenden Untertanen, „so vermög der Landtrecht, allain der Holzschlag gebürt und billich zusteht."[76] Wenn nichts dagegen unternommen werde, werde das Gehölz bald ganz vernichtet sein. Auch wies die Kommission auf den Schaden hin, der für die Jagd entstehe.

Das Gutachten war ganz im Sinne der Jesuiten abgefasst und betonte den erschreckenden Zustand des Waldes. Doch dies hing mit der guten Vorbereitung der Jesuiten zusammen. Einen Monat vorher ließen sie selbst eine Besichtigung der Gemain vornehmen. Ihre Beamten kamen zu einem zwiespältigen Ergebnis. Ungünstigerweise hatte man an manchen Orten noch „zimblich schönß jungs Holtz Puechen"[77] vorgefunden. Diesen Anblick wollte man den Kommissaren ersparen. Deshalb hielt man es für ratsam, „wan auf vorstehete Commission, deß voll und ybel Standts halb, die Gemain wie notwendig besichtiget wirdet, daß man die Commissari nachvolgenter Massen fieren solle."[78] Daraufhin folgt im Text eine genaue Route, an der die Kommissare entlang geführt werden sollten, damit sie sich ja keinen falschen Eindruck vom Zustand der Gemain machten. Die Gemeinden sollten deshalb ein Jahr später nicht zu Unrecht behaupten, das Gutachten der Kommissare sei einseitig zustande gekommen, indem die Jesuiten „die Herrn Commißarios allain an die inen gefelige Örther, da daß Holz etwas dinn gewesen, gefüert [...]."[79]
Die Folge des Berichts der herzoglichen Kommissare war: Nur noch 341 Anwesen sollten Holzrechte an der Gemain haben, 839 Anwesen, die im Entwurf der beiden hohen Beamten noch zugelassen worden waren, hingegen ausgeschlossen werden, darunter das gesamte Amt Purfing.[80] Dafür waren nun auf der Liste der berechtigten Untertanen die meisten Orte der jesuitischen Hofmark Ebersberg zu finden. Die Jesuiten hatten in dieser Hinsicht also einen vollen Erfolg zu verzeichnen.

1604 wurde der neue Entwurf der Kommissare vom Herzog als neue Holzordnung gebilligt. Sie enthielt wesentliche Verschärfungen gegenüber dem ersten Entwurf. Waren dort noch den Untertanen zwei Tage zugestanden worden, an denen sie eine unbestimmte Menge Holz erhielten, so wurde nun die Menge genau eingegrenzt. Man befürchtete nämlich, „weil sie in der Wochen das Jar zwen Täg hetten, khundten sie vil verschwertzen und zum Verkauff bringen."[81] Die Menge des abzugebenden Brennholzes staffelte man nach dem Hoffuß. Den Maiern gewährte man jährlich 16, den Hubern und Müllern 12, den Lechnern 8 und den Söldnern 6 Fuder Holz. Damit band man den Brennholzbedarf an den Hoffuß, ohne zu berücksichtigen, dass dieser nur ungenau die ökonomische Leistungsfähigkeit eines Anwesens repräsentierte. Die strenge arithmetische Proportion – 16:12:8:6 – hatte wenig mit den wirklichen Bedürfnissen der Waldnutzer zu tun.

Welche Menge haben wir uns unter einem Fuder vorzustellen? Als ein Fuder zählte damals „die völlige Ladung eines ordentlichen Rüst- oder Bauerwagen[s]".[82] Leider wissen wir nicht, wie viele Kubikmeter eine solche Ladung fasste. Aus dem Vergleich verschiedener Quellen[83] können wir aber das Verhältnis von einem Fuder und einem Klafter entnehmen: Einem Fuder entsprachen demnach 2/3 Klafter.[84] Damit hielt ein Fuder 2,09 Kubikmeter.[85]

Hatte der erste Entwurf noch allgemein von einer jährlichen „Belohnung" durch die Untertanen gesprochen, so legte man jetzt die genaue Höhe der „Belohnung", gestaffelt nach dem Hoffuß und dem Beruf, fest: Wirte, Pfarrer und Brauer sollten je anderthalb, Bäcker und Maier je einen Metzen Korn und Hafer reichen. Huber sollten nur einen halben Metzen Korn, aber einen ganzen Metzen Hafer entrichten. Müller und Bader brauchten nur einen Metzen Korn, Lechner einen halben Metzen Korn abgeben. Die Söldner, die ja kaum Ackerland besaßen, mussten lediglich 10 Kreuzer entrichten.

Nach einem Bericht der Jesuiten[86] kamen auf diese Weise jährliche Einnahmen von 90 bis 100 Gulden zusammen. Davon mussten die Holzhaie an die Inspektoren, also an den Förster zu Markt Schwaben und den Forstmeister zu Ebersberg, je einen Scheffel Korn und einen Scheffel Hafer abgeben.

Der starke Einfluss der Jesuiten auf den Herzog hatte sich auf den Verlauf unserer Geschichte entscheidend ausgewirkt. Man kann sich gut vorstellen, dass bei einem anderen Gegner der Gemeinden, zum Beispiel einem Benediktinerkloster, die Holzordnung moderater ausgefallen und weniger Dörfer ausgegrenzt worden wären. Die Zentrale hätte in diesem Fall mehr auf den lokalen Beamten gehört, der einen Kompromiss zwischen den verschiedenen Parteien gesucht hatte. Als sich Ebersberg nämlich noch in der Hand der Benediktiner befunden hatte, hatte die Zentrale mehrmals Forderungen der Klosterbeamten nach einem schärferen Vorgehen gegen die Holzfrevler zurückgewiesen. So war die weitere Eskalation des Konflikts schon programmiert, denn das Verbot des Holzhandels traf die dortigen Bewohner in ihrer Existenzgrundlage. Im Laufe des 16. Jahrhunderts hatte wie im ganzen Reich auch hier eine enorme Bevölkerungsvermehrung stattgefunden. Da das vorhandene Ackerland durch Rodung nur wenig vergrößert werden konnte, führte dieser Anstieg zu einer starken Zunahme der Kleinstanwesen, der sogenannten Sölden. Zu einer Sölde gehörte nur wenig Land. Ihre Besitzer waren zu ihrer Existenzsicherung neben einer kleinen Landwirtschaft auf weitere Erwerbsmöglichkeiten angewiesen. Gerade der Handel mit dem Holz der „Ebersberger Gemain" bot den landarmen Söldenbesitzern dieses Gebietes, „die sich ettwan leichtfertig mit Heürat eingelassen, im Guett und Pluet nichts vermügt,"[87] so ein Zitat aus einem Bericht der Jesuiten, oft die einzige Erwerbsmöglichkeit im Winter. Von dem Erlös für das verkaufte Holz konnten sie auf den Märkten der Städte Getreide erwerben, das sie nur in geringem Maße anbauten, und natürlich auch andere Waren: Textilien, Möbel, Haushaltswaren, Werkzeuge et cetera. Manche Söldner spezialisierten sich im Winter regelrecht auf den Holzhandel und stellten sogar Knechte für das Holzhacken ein. Einige ließen nach einem Bericht der Jesuiten bis zu 70 Stämme im Jahr fällen.[88]

Dazu kam, dass zwischen 1560 und 1630, also in der Zeit, in der unsere Geschichte spielt, eine erhebliche Klimaverschlechterung stattfand, die in der Forschung als „Kleine Eiszeit" bezeichnet wird.[89] Diese Klimaverschlechterung führte zu häufigen Missernten. Auf eine Zunahme der Bevölkerung traf nun noch ein Rückgang des Getreideangebots. Dies ließ die Getreidepreise erheblich anschwellen[90] und machte den Holzhandel umso nötiger.

Das Verfahren gegen die Jesuiten am Hofgericht

Die Reaktionen, die die Holzordnung bei den einzelnen Gemeinden auslöste, waren höchst unterschiedlich. Die meisten Ausgeschlossenen ergaben sich in ihr Schicksal, darunter das ganze Amt Purfing. Nur zwei Orte, nämlich Tulling und Etzenberg, nahmen die Holzordnung nicht einfach hin. Sie kamen mit einer ordentlichen Klage gegen Matthäus Mayrhofer[91], den neuen Rektor des Münchner Jesuitenkollegs, beim Hofgericht ein.[92] Zwar hatte der Herzog die Holzordnung erlassen, aber die betroffenen Gemeinden sahen in den Jesuiten die Schuldigen, die verantwortlich für die Beeinträchtigung ihrer Holzungsgerechtigkeit waren. Die Jesuiten hatten schließlich durch ihre hartnäckigen Interventionen die ganze Sache ins Rollen gebracht. Es war zudem auch taktisch klüger, sich allein gegen die Jesuiten zu wenden und sich nicht den Herzog zum Gegner zu machen. In der Sitzung des Hofgerichts vom 5. Oktober 1605 reichte der Anwalt der beiden Gemeinden, der aus Radolfzell gebürtige Simon Langenwalder, die schriftliche Klage ein. Die Prozessschrift begann zunächst mit dem

Prozessgegenstand, nämlich mit dem Waldstück, das „die odte und frey ledige Ebersperger Gemaindt vor unfürdencklichen Jaren genennt"[93] wurde. Sie schilderte seine geographische Lage und betonte seine Eigenständigkeit gegenüber dem Klosterforst. Dann wurde das beanspruchte Recht kundgetan, nämlich das „Servitut[94] und Gerechtigkhait in angeregtem Ebersperger Gmainholtz"[95], wobei die Holzungsgerechtigkeit genauer spezifiziert wurde, nämlich, „das die Producenten bey offnem Tag solches Holtz zue irer Haußnotturft und zue dem Zimmern, alls Puechens und Veichtens, [...] vor unfürdechtlichen Jaren gehauen, abgeschlagen und biß seiner Zeit zue Hauffen aufgericht und ligen lassen."[96] Bewiesen wurde der Anspruch mit dem Gewohnheitsrecht, mit der typischen Formulierung: „Vor 10, 20, 30, 40, 50, 60 und mer Jaren, alls sich Menschen Gedenckhen erstreckht."[97] Diese Holzungsgerechtigkeit sei ihnen von den Äbten des Klosters niemals abgesprochen worden, bis die Jesuiten das Kloster übernommen hätten. Zwar gaben die beiden Gemeinden zu, dass der frühere herzogliche Kastner Moser einige Bauern gestraft habe, doch dies sei nur geschehen, weil diese die bayerische Forstordnung überschritten hätten.

Den klagenden Hauptmannschaften ging es somit nicht darum, in die Liste der Holzberechtigten aufgenommen zu werden, sondern ihr Angriff richtete sich frontal gegen die neue Holzordnung, gegen jede Beschränkung des Holzgenusses, ausgenommen die Einschränkungen, die in der bayerischen Forstordnung verankert waren. Allerdings wurde das wichtigste Motiv für den Widerstand, das Verbot des Holzhandels, verschwiegen und die „Hausnotdurft" vorgeschoben.

Die zweite Neuerung, gegen die sich der Prozess richtete, war die Einführung der Abgabe. Auch hierbei betonten die Hauptmannschaften, dass man noch niemals zuvor einen „Forsthaber" reichen musste.

Die beiden Hauptmannschaften beanspruchten lediglich die Nutzung des Waldes, und zwar auch nur die Holzungsgerechtigkeit. Zur Eigentumsfrage äußerten sie sich nicht. Zwar konnten sie ihr Nutzungsrecht nicht mit schriftlichen Dokumenten beweisen, doch da sie ihren Anspruch auf das Gewohnheitsrecht stützen konnten, seien sie, so ihre Argumentation, nicht verpflichtet, „ainige Ankhonnft, Titul oder Ursach dieser irer Gerechtsam, vil weniger Brief und Sigil vorzeweisen."[98]

Der Anwalt der Jesuiten Dr. Johann Behringer[99] ließ sich gar nicht auf die mühevoll formulierte Klageschrift ihrer Gegner ein und verweigerte ihre Beantwortung, da sie formwidrig verfasst worden sei. Er hatte nämlich genau den schwachen Punkt darin gefunden. Er wies geschickt darauf hin, dass ja nicht nur die Jesuiten, sondern auch die herzogliche Hofkammer der Holzungsgerechtigkeit der zwei Hauptmannschaften widersprochen habe und schließlich der Herzog und nicht sie die Holzordnung erlassen hätten. Deshalb forderte er, die Kläger sollten auch die herzogliche Seite vorladen.

Langenwalder wollte sich darauf nicht einlassen und stellte am 11. Januar 1606 den Antrag, das Hofgericht möge erkennen, dass der Rektor auf die Klageschrift der Hauptmannschaften endlich antworten müsse.[100] Doch Behringer brachte erneut den Herzog ins Spiel. Da dieser an dem Streit „interessiert" sei, so gedenke der Herr Rektor nicht eher zu „verfahren", bis die Hofkammer im Namen des Herzogs „verfahren" habe. Langenwalder widersprach heftig, die Hofkammer sei nicht „interessiert", weshalb er seinen Antrag wiederholte. Daraufhin entschied das Hofgericht, es solle bei der Hofkammer nachgefragt werden, ob sie sich des Streits anzunehmen gedenke. Hofrat Dr. Fachner schickte sofort seinen Sekretär zum Präsidenten der Hofkammer, Johann Schrenk von Notzing. Dieser erklärte dem Sekretär, die Hofkammer sei entschlossen, sich in das Verfahren als „Interessent" einzuschalten und sich damit auf die Seite der Jesuiten zu schlagen.

Das bedeutete für die Kläger, ihren Landesherren als Prozessgegner gegen sich zu haben. Diese Nachricht löste bei ihnen einen Schock aus. Den beiden Hauptmannschaften war klar, in einem solchen Prozess würden sie nicht die Sieger sein. Entmutigt zogen sie daraufhin ihre Klage zurück. Denn „es will uns ye armen Undterthanen nit gebüren, auch unsers Vermügens ist es nit, müt eur fürstlichen Durchleücht umb plosses Prenn- und Fridholtz zu rechten. Es wurdt bald inner und ausser Landts ain gemains Geschray aufkhummen, es weren so verwegne und vermessne Paurn in disem Landt, die mit irem Landtfürsten umb daß ploß Prennholtz kriegen, und ein ordenlichen Rechtsproceß, wider ir fürstlich Durchleücht füeren derfen, daß well uns aber der Allmechtig verbietten und genedigist verhüetten, daß wir solches ze thuen, in unser Gedanckhen nemmen welten."[101]

Die beiden Gemeinden gaben aber ihre Sache nicht auf. Sie versuchten mit eindringlichen Bildern, das Mitleid des Herzogs zu erwecken. „Es befinden sich undter uns kranckhe alte Leütt, schwangere Weiber, Khindlpötterin, welche deß Holtz gar nit entrathen khünden, und wann sich die Khelte ettwas scherpfer erzaigt, würdet khein Wunder sein, wann die Khinder in irer Muetter Leib erfrieren, wir wissen yhe khein ander Holtz, dann eben diß Gmainholtz, die fruchtbarn Paum, so wir umb und bey unsern Herbergen erziglet, sein lengst hindurch abgehackht [...]."[102]

Die Gemeinden machten die Jesuiten für dieses Schreckensszenario verantwortlich. Sie unterstellten dem Orden aber noch Schlimmeres: Die Jesuiten seien nicht nur indirekt an den schrecklichen Geschehnissen schuldig, indem sie hartnäckig an ihrer Rechtsposition festgehalten hätten, sie hätten um dieses Elend gewusst und aus Geldgier nichts dagegen getan: „Und wann wir sambt Weibern und Khindern für sy niderfüellen und sy so erbärmlich bötten, alls wir Gott den Allmechtigen umb Verzeichung unser Sünden bitten mechten, khundten wir doch khein Zweckh[103] ohn Gellt bei innen nit erbitten [...] wann dann bei inen, den Herrn Patribus khein Bitten noch Betten will verfenckhlich sein."[104]

Diese Anklagen der Gemeinden waren so wirkungsvoll, weil sie den Orden mit seinen eigenen Idealen konfrontierten, denen eines Ordens, der sich noch dazu Gesellschaft Jesu nannte. Hatte nicht dieser gepredigt, die Hungernden zu speisen, die Dürstenden zu tränken, die Nackten zu bekleiden, die Fremden zu beherbergen und die Gefangenen zu besuchen. Hatte er nicht diese Werke der Barmherzigkeit als Voraussetzung für das Seelenheil gesetzt? Und hatte nicht die katholische Kirche und an der vordersten Front die Jesuiten am Tridentiner Konzil die Notwendigkeit der guten Werke betont, in Abgrenzung zur Rechtfertigungslehre des Protestantismus.

Die Gemeinden griffen nicht nur die Reputation der Jesuiten als christlichen Orden an, sondern auch ihre Reputation als gerechte Feudalherren: Denn, wie die Jesuiten berichteten, behaupteten die Gemeinden, „es werde inen ir altes Herkhomen enttlich allein von Jhesuiten wider alle Recht und Billichheit mit Gewallt genommen [...] allso diffamirn, alls wann sie die grössten Tirannen und unbillche Leüth weren."[105]

Der Appell an das Mitleid verfehlte seinen Zweck nicht. Der Inhalt der Supplik gelangte an die Öffentlichkeit. Die adeligen und bürgerlichen Räte diskutierten sicherlich den Fall außerhalb des Hofrates mit ihren Standesgenossen. Wahrscheinlich hatten sich die Untertanen auch direkt an ihre geistlichen und adeligen Grundherren gewandt. Diese berichteten die Klagen ihrer Untertanen, voll Sympathie für deren Anliegen, ihren standesgleichen Verwandten und Freunden. So entstand ein Gerede in der höfischen Gesellschaft über das harte und ungerechte Vorgehen der Jesuiten. Die beiden Hauptmannschaften wurden zum Tagesgespräch.

Die Jesuiten nämlich beschweren sich darüber, dass die beiden Gemeinden, „sowol bey hohen alls niderern Standes, geystlichen und welltlichen Personen so weitt gebracht, daß sie dieselben hin und wider nit allein zu starckhen Mitleiden bewegt, sonder auch zwar unlöblich, ohn Gegengehör und gründtliche Widersprechnus allso Glauben gemacht, daß man die Patres hieraus für unbillche Leut urteilen und so gar an Malzeiten und andern Zusamenkonften, wo der dieselben pro recreatione conversirn, [...] wol auch ettliche [...] uns under die Augen unrechtes Verhandlen und grosses Ergernis fürwerfen."[106]

Die Gesellschaft Jesu konnte dieser heftige Angriff auf ihre Reputation nicht ungerührt lassen, denn die Beschuldigungen wurden von all denjenigen begierig aufgegriffen, die dem Orden den schnellen Aufstieg neideten. Zwar gingen die geistlichen und weltlichen Grundherren, die mit den Gemeinden sympathisierten, kaum zimperlicher mit ihren Untertanen um, falls diese ihren Interessen im Wege standen, doch jetzt bot sich eine günstige Gelegenheit, der selbstgerechten Gesellschaft Jesu eins auszuwischen und ihre Glaubwürdigkeit als Vorreiter der sittlichen Erneuerung zu erschüttern.

Die Jesuiten schlugen deshalb auch vehement zurück. Sie erbosten sich, dass man „ihnen nit soviel Credit als disen Dichtern, geschweigens sovil alls ainen gemainen ehrlichen Burgersmann hierin billich beschehen solle, zu messen thuet."[107] Sie fanden es unerhört, dass „gemeinen" Bauern mehr Glaubwürdigkeit entgegengebracht wurde als ihnen, der Gesellschaft Jesu, der „Elitetruppe" des Papstes und „Avantgarde" der Gegenreformation. Wer diesen Verleumdungen Glauben schenke, bezweifle nicht nur die Rechte irgendeines Grundherrn, sondern gefährde das Werk der Gesellschaft Jesu „in Fortpflantznus geystlicher Exercitien und Suchung des nechsten Hails".[108]

Die Jesuiten konnten schließlich dem Herzog einreden, dass es sich bei der Schilderung der beiden Hauptmannschaften um eine krasse Übertreibung handele.[109] So stellte er sich endgültig an ihre Seite und die Gemeinden zogen sich entmutigt von ihrem Prozess gegen die Jesuiten zurück.

Andere Gemeinden ließen sich nicht so leicht einschüchtern. Diese Gemeinden, die eingangs schon erwähnt wurden, waren mit Ausnahme von Mühlhausen nicht von der Holzordnung ausgeschlossen worden, doch in ihnen bestand die Mehrheit im Gegensatz zu den Dörfern im Amt Purfing aus landarmen Kleinanwesen, die zur Existenzsicherung dringend auf den Holzhandel angewiesen waren. Sie begannen, angeführt von der Gemeinde Steinhöring, ebenfalls ein ordentliches Verfahren gegen die Jesuiten vorzubereiten. Damit es nicht so aussah, als ob nur ein paar Bauern den Rechtsstreit mit den Jesuiten wagen würden, holten sich die Gemeinden die schriftliche Zustimmung ihrer adeligen und geistlichen Grundherrschaften, der Benediktiner in Rott am Inn und in Attel, der Augustinereremiten in Ramsau, der Dominikanerinnen in Altenhohenau und der Augustinerchorherren in Beyharting.[110] Bei diesen vorreformatorischen Orden hatte das Vorgehen und der rasche Aufstieg der Jesuiten Missfallen erregt. Sie stellten die gewünschten Konsensbriefe prompt aus. Auf die Seite der Gemeinden schlug sich schließlich auch die Stadt Erding, die durch das Verbot des Holzhandels ihre Holzversorgung gefährdet sah.[111]

Um nun einen ordentlichen Prozess führen zu können, benötigten die Steinhöringer eine Prozessvollmacht für ihren Advokaten. Zu ihrer Verfertigung war ein Beamter notwendig. Deshalb wandten sie sich an den Pflegsverwalter von Schwaben. Doch der legte ihnen Steine in den Weg. Zuerst vertröstete er die Abgesandten der Gemeinden, die eigens zu ihm aus ihren Dörfern und Weilern gekommen waren, zwölf Tage lang, wobei ihm immer neue Ausreden einfielen. Als sie beharrlich blieben, zitierte er alle klagenden Untertanen vor sich. Als aber 150 Untertanen eines Sonntags bei ihm erschienen, schickte er sie wieder nach Hause und trug ihnen auf, erst einmal eine „Gewalt" von ihren jeweiligen Grundherren zu bringen. Dies ließen sich die Herbeizitierten freilich nicht gefallen. Am Montag den 17. April 1606 marschierten über 100 Bauern nach München und überreichten dem Herzog eine Supplik.[112]

Der Herzog reagierte höchst ungehalten auf diese Demonstration seiner Untertanen. Er beschwerte sich beim Pflegsverwalter, dass „wir vor zwen Tag von hundert oder mehr Paurn deines anbevolchnen Gerichtsunderthonnen mit beigefiegter Sup[lica]tion ungestüemb angeloffen worden, so von wenigen und mit mehrer Bescheidenheit wol beschechen hette khönden."[113] Er befahl dem Pflegsverwalter, sich die Namen aller Untertanen, die sich an dieser Aktion beteiligt hatten, zu notieren und sie vor sich zu laden, „inen dises ir heüffigs Zusammen- und ungestuembes Anlauffen, [...] als welche ungeacht deß berait angenomnen ordenlichen Rechtens sich so widersetzig erzaigen dörfen, alles Ernsts verwisen und zur Straff in Falckhenturm verschafft werden."[114]

Die Gemeinden erbaten nun vom Herzog den Erlass einer „Inhibition". Dies hätte bedeutet, dass ihnen während des schwebenden Verfahrens die Holzentnahme aus der Gemain ungehindert gestattet worden wäre. Denn die jesuitischen und landesherrlichen Forstknechte gingen gegen diejenigen Untertanen, die gegen die neu erlassene Holzordnung verstießen, mit harten Strafen vor.

Der Übergang von der Bitte zur Drohung war aber fließend: Eigentlich sei man voller Zuversicht gewesen, dass das ordentliche Verfahren ihnen vom Herzog vorgeschlagen worden sei, um ihnen zu ihrem Recht zu verhelfen. Nun gerate man aber langsam in Zweifel über die Absichten des Landesherrn, denn er gebiete den Jesuiten keine Inhibition, so dass „daß Recht mer zu Schaden, als zu Nutz geraichet, in dem wür hinnen in Abwartung des Rechts umb nit genug Uncosten, [...] aber wegen des stetten Straffen und Pfendtleins vmb ein ansehnliches Gelt, ja all unsere Armueth und in eüßerist Verderben khommen."[115]

Die betroffenen Gemeinden ließen anklingen, dass für sie der Landesherr nicht die letzte Rechtsinstanz sei. Ihren Rechtsanspruch, fußend auf dem Gewohnheitsrecht, stellten sie über die staatliche Autorität. Dem ordentlichen Verfahren, das ihnen von staatlicher Seite gewährt worden war, trauten sie nicht. Sie hielten es für ein Mittel, die Entscheidung über ihren Rechtsanspruch zu verschleppen. Der Weg nach Speyer war vorgezeichnet.

Der Rektor des Jesuitenkollegs, vom Hofrat um Bericht gebeten, verwies geschickt darauf, dass er und die herzogliche Seite im Streit um den Holzschlag und den Dechel schließlich dieselben Interessen hätten und von der Widersetzlichkeit der Untertanen gleichermaßen betroffen seien.

Ein Sautreiber als Gegner des Herzogs

Der kluge Jesuit hatte mit seiner Taktik Erfolg. Auch in diesem Verfahren schlug sich die herzogliche Hofkammer auf die Seite der Jesuiten. Damit versprach ein Verfahren vor dem Hofgericht in München kaum mehr Erfolg. Anders als die Tullinger und Etzenberger gaben die Gemeinden aber nicht auf, sondern schlugen einen neuen und ungewöhnlichen Weg ein. Sie suchten sich einfach einen neuen Richter aus, nämlich das Reichskammergericht, neben dem Reichshofrat das höchste Gericht im Heiligen Römischen Reich.[116] (Abb. 4) Die Gemeinden begründeten die Zuständigkeit dieses Gerichts mit der Einschaltung der herzoglichen Hofkammer in das Verfahren. Ihr Anführer drückte es später vor den herzoglichen Kommissaren so aus: „Dann wann einer beschwert, suech er Mitl und Weeg, wie er khinde, und weil sich der Hertzog selbst in disen Krieg leg, müessen sie wol einen andern Richter suechen [...]."[117] Die Bauern wussten, was sie erwarten würde, wenn sie einen Rechtsstreit mit ihrem Landesherrn aufnähmen. Um die Widerstandsgemeinschaft zusammenzuschweißen, schworen sie nach der Darstellung der herzoglichen Seite „gegen ein ander in solchem Stritt bestandthaftig zue steen, undt dabey zu sterben."[118]

Um die Gemeinden zu mobilisieren, stützte sich die Widerstandsbewegung auf die sogenannten Hauptleute, die bei der militärischen Musterung und bei der Steuereintreibung als Hilfsorgane der herzoglichen Beamten wirkten.[119] Die Hauptleute hielten mehrere Treffen ab, erhoben zur Bestreitung der Prozesskosten eine Gemeindeumlage, gingen von Haus zu Haus und wandten dabei auch erheblichen Druck an. Dem Herzog gehorsamen Untertanen drohte man mit dem Ausschluss von der Gemeindeweide, also einem schweren wirtschaftlichen Nachteil.[120]

In den Zeugenaussagen kristallisierte sich neben den Hauptleuten eine Person heraus, die sich der Sache besonders eifrig annahm. Der 60-jährige Besitzer einer Sölde: Wolf Hannes von Mühlhausen. Wolf Hannes „sey inen von Hauß zu Hauß khommen und sie gefragt, ob sie zum Krieg steen wellen, beinebens ihnen diße Vertröstung geben, den Handl zu gewinnen,"[121] erinnerte sich später Georg Mayr von Birkach. Und sein Nachbar berichtete: „[...] allain sey inen der Hannes von Mieletzhausen von Hauß zu Hauß gangen, Gelt gesamblet und sie gestärckht, sollen beyeinander verbleiben."[122] „Dieser Hannes hab ihnen verhaissen, die Gmain zu gwinnen"[123], so Hans Holzer von Birkach. Nicht nur sein Name wird in den Texten festgehalten, sondern Konturen seiner Gestalt blitzen auf, wenn er in einer Zeugenaussage als ein „khurtz Mendl mit einem gestuzten Part"[124] charakterisiert wird. Mehrmals wird er als „Mändl aus Müeletzhausen"[125] betitelt. Dieser Spitzname lässt möglicherweise erkennen, dass nicht jeder ihn in seinem Eifer für die gerechte Sache ganz so ernst nahm. Der gestutzte Bart, der ihn von seinen gewiss vollbärtigen Nachbarn abhob, lässt vielleicht auf Eitelkeit und ein Streben schließen, sich von seinesgleichen abzuheben.

Von seinem Leben wissen wir wenig. Nach der Altersangabe im Verhörsprotokoll wurde er um das Jahr 1547 geboren. Schon früh – um das dreißigste Lebensjahr herum – verlor er seine erste Frau, die ihm drei Kinder hinterließ. Anscheinend geriet er öfters mit der Obrigkeit in Konflikt, denn der Hofrat bezeichnete ihn als „bekhanten Rädlfüerer"[126]. Wir haben nur einen Quellennachweis, der von einem solchen Konflikt berichtet. Im Jahre 1590 wurde er zu einer Geldstrafe von zwei Pfund Pfennigen verurteilt, weil aufgekommen war, dass er 25 Jahre lang der Obrigkeit einen Vergleich mit seinen Kindern aus erster Ehe verschwiegen hatte, der das mütterliche Erbgut betroffen hatte.[127]

Hannes besaß etwas mehr Spielräume als seine Nachbarn: Sein Anwesen war ihm vom Kloster Ebersberg als Beutellehen verliehen worden. Dieses Besitzrecht war für den Leihenehmer das günstigste von allen:[128] Es konnte im Gegensatz zu anderen Leiheformen vererbt werden, wenn auch der Lehensnachfolger innerhalb

Abb. 4: Das Reichskammergericht in Speyer (um 1615).

Abb. 5: Sautreiber bei der Eichelmast der Schweine im Wald.

eines Jahres beim Lehensherrn um Neubelehnung nachsuchen musste. Außerdem fehlte in der Regel eine jährliche Zinszahlung. Deshalb konnte der Inhaber eines Beutellehens weit mehr als andere Bauern Überschüsse in den eigenen Hof investieren. Er hatte zudem keinen Grundherren über sich, sondern nur einen Lehensherrn. Damit war die Abhängigkeit nicht so drückend und die soziale Stellung etwas gehoben. In einem Zeugenverhör wird die Stellung des Anwesens von Hannes zwischen einem grunduntertänigen und einem freieigenen Gut sichtbar: „Wölfl Hannes [...]. besitzt ein Sölden, so Lehen geen Ebersperg, geb khain Gilt, dann das Guett eigen."[129] Hannes stand allerdings noch in einer anderen Abhängigkeit zu Ebersberg: Er war ein Leibeigener des Klosters.[130] Die Leibherrschaft hatte freilich zu dieser Zeit nur noch eine geringe Bedeutung, sie reduzierte sich auf die Zahlung eines Leibzinses, die Leistung der dem Leibherrn zustehenden Scharwerke und die Entrichtung des Besthauptes im Todesfall.[131]

Als Besitzer einer Söldenstelle besaß Hannes nur wenige Grundstücke.[132] Der landwirtschaftliche Ertrag dieser Fläche konnte kaum für seine Existenzsicherung ausreichen. Er war also auf weitere Erwerbsquellen angewiesen. Gerade aber eine Nebenerwerbstätigkeit bildet die Brücke nach Speyer, dem Sitz des Reichskammergerichts. Sie enthüllt uns auf überraschende Weise, wie ein „blosser Söldner" auf die Idee kommen konnte, vor das Reichskammergericht zu ziehen.

Die Jesuiten berichteten nämlich, er habe sich anerboten, für die Untertanen den Prozess zu führen, „nachdem er Speyer wol wiß, dann er etlich mal Seü hinab getriben."[133] (Abb. 5) Ob Hannes in eigener Regie oder als Diener eines Schweinehändlers nach Speyer zog, bleibt unbekannt. Das Wort „Sautreiber" lässt beide Möglichkeiten offen. Wenn er aber selbst Händler gewesen wäre, würfe dies ein anderes Licht auf seine wirtschaftlichen Verhältnisse. Sautreiber galten als vermögend. „Geld haben wie ein Sautreiber"[134] lautet ein zeitgenössische Sprichwort. Schweine zählten zu den wichtigen Exportartikeln des Landes. „In Baiern zeucht man vil der Schwein, der treibt man vil hinab an Rein"[135] heißt es schon in einer Quelle des 15. Jahrhunderts.

In Speyer hatte Hannes das Reichskammergericht kennengelernt und dort eine ungewöhnliche Kunde vernommen, dass ein Fürst die Anordnungen dieses Gerichts genauso befolgen müsse wie ein gemeiner Mann. Das Reichskammergericht verkörperte also für Hannes eine Instanz, die eine Gleichheit von Herrscher und Untertan vor dem Recht in einer feudalen Ständegesellschaft garantierte, in der sonst die Ungleichheit festgeschrieben war. Mit dieser Botschaft gab er den Gemeinden neue Hoffnung im Kampf gegen die Holzordnung.

Die Ladung des Herzogs vor das Reichskammergericht

Als die Hauptleute ungefähr 2.000 Gulden eingesammelt hatten,[136] machte sich Wolf Hannes auf den Weg nach Speyer. Hans Härtl, ein Bürger aus Neumarkt, aber von Dietmering gebürtig, begleitete ihn. Er hatte schon öfters Botendienste in die Reichsstadt übernommen. Unterwegs machten die beiden in Augsburg Halt und ließen den protestantischen Notar Dr. David Schwarz den für das Reichskammergericht erforderlichen Prozessantrag abfassen.[137] (Abb. 6) In Speyer übergaben sie diesen Antrag dem lutherischen Reichskammergerichtsadvokaten Dr. Nikolaus Adolph, der den Antrag umarbeitete, und durch den ebenfalls lutherischen Reichskammergerichtsprokurator[138] Dr. Werner Bontz am Reichskammergericht einreichen ließ. Bontz griff anscheinend mit Vorliebe Prozesse von Untertanen gegen ihren Landesherrn auf. Er hatte zum Beispiel die Prozessvertretung des ehemaligen Dinkelsbühler Bürgers und Tuchhändlers Peter Maier und seiner Frau Brigitta übernommen, die gegen drei Reichsstände hintereinander geklagt hatten, gegen ihre ehemalige Obrigkeit, Bürgermeister und Rat der Reichsstadt Dinkelsbühl,[139] gegen die Regierung der Grafschaft Oettingen-Wallerstein[140] und schließlich sogar gegen den Markgrafen Georg Friedrich von Brandenburg.[141]

Vielleicht hatte sich Bontz in diesen Untertanenklagen einen gewissen Ruf erworben, der Hannes zu Ohren gekommen war, als er sich in Speyer als Schweinetreiber aufgehalten hatte. Vielleicht hatte ihn auch der Augsburger Notar Schwarz dem Hannes empfohlen. Wir können nur Vermutungen darüber anstellen. Dass die Wahl auf Anwälte fiel, die sich zu einer anderen Konfession als der bayerische Landesherr bekannten, war sicher kein Zufall.

Am 8. Oktober 1607 reichte Dr. Bontz die Klageschrift der Gemeinden ein.[142] Darin beanspruchten die Gemeinden ein ausschließliches und unbeschränktes Nutzungseigentum an der „Ebersberger Gemain". Diese Ausschließlichkeit trug schon Züge eines modernen Eigentumsbegriffes. Durch den Erlass der Holzordnung habe sie der Herzog in diesem unbeschränkten Nutzungseigentum eingeschränkt. Damit habe er gegen das Gewohnheitsrecht und gegen sein Versprechen verstoßen, das er bei der Huldigung seiner Untertanen abgegeben habe, nämlich „sie bey ihrer alten hergebrachten Gerechtigkeit verpleiben zu lassen und darwider nichts fürzunehmen."[143]

Damit sprachen die klagenden Gemeinden beziehungsweise deren Advokat, ihrem Landesherrn ab, Gesetze und Ordnungen zu erlassen, die gewohnheitsrechtliche Ansprüche aufhoben, ja auch nur begrenzten. Ein solches noch mittelalterliches Herrschaftsverständnis, das den Herrscher darauf beschränkte, das alte Herkommen zu wahren, stieß empfindlich mit dem frühabsolutistischen Herrschaftsverständnis eines Maximilian I. zusammen. Dieser glaubte sich sehr wohl berechtigt, die ganze Gesellschaft zum religiösen Wohl und zur Errichtung einer stabilen sozialen Ordnung und zur Wohlfahrt durch zahlreiche Gesetze, Mandate und Ordnungen in allen Lebensbereichen umzugestalten.

In seinem neuen Herrschaftsverständnis wurde der Herzog vor allem von der Gesellschaft Jesu, dem Hauptgegner der Gemeinden, unterstützt. Gerade anlässlich dieser Holzungsstreitigkeit warfen sie die Frage auf, ob ein Herrscher berechtigt sei, neue Ordnungen zu erlassen, wenn sich das „alte Herkommen" für Mensch und Natur als schädlich erweise: „Ob aber ain Landtsfierst, wie auch ain Grundtherr eben ausser disen Rechten, alten Herkhommen, Statuten und Gewonhaiten bey so sträfflicher Eröditgung dises nutzbaren edlen Gehültz nit hailsame Ordnungen in seinem Aygenthumb, Ober- und Herrligkhaitten [...] zu geben, würdet aller Wellt zur Erkhanntnuß gestellt."[144]

Der Herzog reagierte auf seine Vorladung vor das Reichskammergericht prompt. Er schickte sofort eine Kommission nach Grafing, die alle 160 Hofbesitzer in den klagenden Gemeinden vernehmen ließ. Jedes Gemeindemitglied wurde gefragt, ob es wirklich vorhabe, einen Prozess gegen seinen Landesherrn zu führen. Diese Frage war natürlich als Einschüchterung gedacht und ließ manche in ihrem Entschluss schwanken. Doch allen Einschüchterungsversuchen zum Trotz bekundeten 101 der Verhörten ihren Willen zur Fortsetzung des Prozesses. Die Lage in den einzelnen Gemeinden war freilich unterschiedlich. Kreith, Ruhensdorf, Hintsberg und Bärmühle wollten mehrheitlich mit dem Prozess gegen den Herzog nichts mehr zu tun haben und beteuerten ihren Gehorsam, dagegen betonten Mühlhausen, Meiletskirchen, Dietmering, Stockach und Abersdorf ihre ungebrochene Zustimmung für Wolf Hannes. Preisendorf und Kronacker wurden neu hinzugewonnen. In Hohenlinden stellte sich nur eine kleine Minderheit gegen den Prozess. In Steinhöring und Birkach war die Lage unentschieden.[145] Bezeichnend ist, dass auf Seiten derer, die einlenkten, viele Vertreter der ländlichen Oberschicht, reiche Bauern und Wirte, waren, die meist eigene Gehölze besaßen und auf das Holz der „Gemain" nicht so angewiesen waren.

Auf diese Demonstration der herzoglichen Macht im Zeugenverhör reagierte Wolf Hannes rasch. Wie die Jesuiten berichteten, eilte er einen Tag nach Abschluss des Verhörs zu den Gemeinden und stellte ihnen die suggestive Frage: „Ob sie von ime weichen und die

Abb. 6: Notariatssignet des Notars Dr. David Schwarz.

Hendt in seinem Bluet waschen wellen?"[146] Damit stilisierte sich Wolf Hannes zum Märtyrer, zum Opferlamm der Widerstandsgemeinschaft, das wie Christus in der Stunde seines Todes von all seinen Anhängern verlassen und verraten worden war. Gleichzeitig stellte er sich als Personifizierung der geschlossenen Widerstandsgemeinschaft hin. Brach sie auseinander, so bedeutete dies auch für ihn das Ende, den Tod. Mit dieser eindringlichen Identifizierung mit dem Prozess gelang es ihm, seine Anhänger zusammenzuhalten.

Um ein Verfahren vor dem Reichskammergericht führen zu können, mussten die Gemeinden ihren Anwalt mit einer gültigen Prozessvollmacht ausstatten. Diese Vollmacht wurde von Wolf Reinstetter, dem Bürgermeister von Gangkofen, einem Verwandten von Härtl, in eine gültige Form gebracht und gesiegelt.[147] Reinstetter hatte Erfahrungen mit dem Reichskammergericht, denn er war selbst einmal in einen Kameralprozess verwickelt, damals allerdings auf der Seite des Herzogs.[148] Im November 1607 legte der Anwalt der Gemeinden die Vollmacht dem Reichskammergericht vor; und mit ihr auch die bereits erwähnten Konsensbriefe, die die Grundherrn den Gemeinden allerdings nur für einen Prozess vor dem Münchner Hofgericht ausgestellt hatten. Die Verwendung dieser Briefe vor dem Reichskammergericht war also nicht im Sinne ihrer Verfasser und eine List der Gemeinden. Herzog Maximilian fiel darauf herein und stellte deshalb erbost die Grundherrschaften zur Rede.

Seinem Kastner von Aibling, der als Inhaber der Hofmark Eichbichl zwein seiner Untertanen zu Berg einen Konsensbrief ausgestellt hatte, teilte er beispielsweise in äußerst scharfer Form mit, er habe mit „nit mehr geringen Befremdten vernommen, das du deinen widersessigen Underthonnen in so muetlicher Clag wider uns, alls dessen Landtsfürsten, ausser Landts dergleichen Consens Brieff geben und dardurch die widersinnigen Underthonnen in so claren Sachen, warinnen sonderbahren alles mit firgenommer Holtzordnung cum causae cognitione und denn Underthonen selbsten zu Guettem und bösten vermaint, wider uns gleichsam sterckhen und erinnern sollest, darob mir dann nit unbillich ein ungnedigistes Mißfallen tragen, sonder auch sollches dir hirmit in Ernst mit vorbehaltener Straff verweisen thuen, dieses gentzlichen Versehens, du werdest vil mehr, deine Underthonnen von solchem angefangnem Muetwillen ab und zur Rhue weisen, alls wider unß, alls deren natürlichen angebornen Landtsfürsten, strefflicher Weiß verhötzen und Antrib geben."[149]

Die Grundherren reagierten verängstigt. Vielleicht sympathisierten sie insgeheim mit ihren Untertanen in deren Kampf gegen einen Herzog, der ständig den Einfluss der Landstände zu beschränken suchte, und gegen die Jesuiten, deren raschen Aufstieg die landständischen Orden mit Argwohn sahen. Zumindest Peter Prändl sollte in einem Verhör behaupten, die Gemeinden seien mit dem Wissen und Konsens der Benediktinerklöster Attel und Rott nach Speyer gezogen.[150] Gerade die Benediktiner grollten den Jesuiten, hatten sie ihnen doch Ebersberg in schimpflicher Weise abtreten müssen. Aber die Macht der Landstände war in diesem frühabsolutistischen Territorium gering geworden. So verfielen die Grundherren in eine unterwürfige Sprache. Sie versicherten eiligst, dass sie niemals ihre Zustimmung zu dem Verfahren gegeben hätten.

Priorin Anna Degenhard von Altenhohenau zum Beispiel versicherte, ihrem Untertanen „vill weniger ainiche Andeyttung [gegeben zu haben], das ehr sich wider euere fürstliche Durchlaucht und dero hochlöblichen Räthen erthaylten Abschidt weytter beschweren solle, [...] und wurde uns armen Schwesteren nit gebüren, ist auch ob Gott Will niemals beschechen, soll noch nit erfunden werden, das wir uns wider euere fürstliche Durchlaucht alß unseren genedigsten Herrn und Landtsfürsten (auch Conservator unseres hayligen Ordens) beschweren, vill weniger unsere Underthanen darwider verhetzen und Antrib geben wöllen."[151]

Die Grundherren setzten nun ihrerseits ihre Untertanen unter Druck und griffen dabei zur schärfsten Drohung, die ihnen zur Verfügung stand, nämlich der Vertreibung von Haus und Hof. Dies bewirkte einen weiteren Abfall der Gemeinden von Hannes.

Die Sanktionen von Herzog und Jesuiten

Vor dem Reichskammergericht schlug der Advokat Herzog Maximilians eine Verzögerungstaktik ein. Er erwirkte für die Einreichung seiner Prozessschrift eine Fristverlängerung um mehrere Monate.[152] Damit war Zeit gewonnen, um den Druck auf die klagenden Gemeinden weiter zu erhöhen und sie von dem Prozess abzubringen. Die ersten Sanktionen trafen den Anführer Hannes. Nach seiner Rückkehr von Speyer wurde er im Mai des Jahres 1608 in den Falkenturm, das herzogliche Gefängnis für Schwerverbrecher, geworfen. Zwei Hofräte, Donnersberger und Dr. Jocher, schlugen vor, Hannes ein Vierteljahr in Haft zu behalten, „bis ime sein Truz und Hochmueth etwas mehr gelegt, und den Underthonen auch ein anders Gemüeth gehen."[153] Aus dem Vierteljahr Haft wurden schließlich anderthalb Jahre.

Verhaftet wurden auch vorübergehend Härtl und Reinstetter.[154] Von elf Einwohnern aus Steinhöring, die ebenfalls festgenommen worden waren, ließ man vier wieder frei, als sie sich bereit erklärten, auf den Prozess zu verzichten.[155] Die anderen blieben ein Vierteljahr in Haft und mussten hohe Haftkosten bezahlen. Die Herzog ließ auch 16 seiner Grunduntertanen vorladen. Im Gasthaus zu Steinhöring ließ er sie durch den herzoglichen Hofkastner Albrecht Lerchenfelder befragen, „ob sie noch in dem Stritt, die Ebersperger Gmain betreffend, wöllen verfaren und forthan mit anderer Grundtherrn Underthonnen in der Speyrischen Anlag sein, oder ob sie sich dessen wöllen begeben?"[156] Sechs Grundholden des Herzogs blieben standhaft. Christoph Mayr aus Berg gab dafür die typische Begründung: „[...] hab ainmahl zue der Gmain, so nach Speür clagen will, gelobt und geschworen, darbey er nochmallens bleiben wölle, es coste gleich, waß es well."[157] Andere waren im Angesicht des herzoglichen Beamten nicht so mutig: Ausgerechnet Georg Stauber, Hauptmann von Steinhöring und Mitstreiter von Wolf Hannes, gab sich nun geschlagen und versprach, er „welle also gantz von innen steen."[158] Bastl Schmidt von Steinhöring erklärte bitter, „weiln er sich und vernemme, daß seine Nachbaurn von der clagenden Gemain steen, khönde er die Sach allein auch nit khriegen, sondern sich verneren Rechtens begeben."[159] Beide hatte wohl die harte Haft weich gemacht.

Auch die Jesuiten blieben nicht untätig. So ließ der ebersbergische Klosterrichter Georg Pflügl im Namen des Rektors 55 ebersbergische Grunduntertanen zusammenrufen, die angeblich vor dem Anwalt der Jesuiten ausdrücklich frei und ungezwungen erklärt hätten, „sie wissen thails umb des angemasten Gwallthabers Wolfen Hanesen von Müeletzhausen vermaintes Clagen an hochgedachts kayserliche Cammergericht so gar nichts, wär auch ir Will und Mainung nie darbey gewest und noch nit, thails fürgeben, hetten die Sachen nicht verstanden, wolten aber eben sowol wider darvon absteen und nicht mer in die Anlag geben, ir Durchlaucht und den Grundtherrschafften den schuldigen Gehorsam laisten."[160] Vor einem Notar sollten sie ihren Prozessverzicht bekräftigen.

Dass massiver Druck angewendet wurde, zeigt die Aussage des Georg Wagner aus Hohenlinden. Er bekannte, er „habe jederzeit mit der clagenden Gemain gehebt und gelegt, und alle Anlagen geben, weillen er aber vor disem durch die Herrn Patres und ihre Anwäldt mit Gewaldt davon gezwungen und geschafft worden, hab er solches wol gedulden müessen, wolle also jetzt wider zu der clagenden Gemain steen, und darbey verbleiben, wann es anderst müglichen seye und khainen Mangel bringe."
In dem Notariatsinstrument heißt es aber weiter: „Erstgedachter Geörg Wagner, welcher seine vorgeenden Aussag zu Genüegen erinnert, dieselbe von Wort zu Wort vorgelesen, revociert[161] alles das jenig, was er außgesagt, mit dem außdrucklichen Fürgeben, er habe es je nicht also verstanden, thue der würdigen Societat und deren Anwäldt Gewallt und Unrecht, in deme er furgeben, sie hetten ine [...] mit Gewallt davon geschafft, sondern er sey frey willkhürlich darvon gestanden, bitte derowegen umb Gnad und begere wider die Grundtherrschafft khainsswegs zu kriegen."[162]

Bis auf vier brachten die Jesuiten alle ihre Grunduntertanen, die am Prozess beteiligt waren, dazu, auf die Prozessfortführung zu verzichten. Es fällt auf, dass mehr herzogliche Untertanen (6 von 17) den Mut hatten, am Prozess festzuhalten, als Grundholden des Klosters Ebersberg (5 von 55). Wenn jene sich unterwarfen, dann geschah dies mit Einschränkungen, unter vorsichtiger Formulierung von Bedingungen. Dagegen unterwarf sich die überwiegende Mehrheit der jesuitischen Grundholden total, ohne wenn und aber. Die Beamten der Gesellschaft Jesu gingen vermutlich brutaler vor, ließen keinen Zweifel daran, dass jeder, der gemeinsame Sache mit Wolf Hannes mache, von seinem Hof gejagt werde. Insgesamt gelang es den Jesuiten und den herzoglichen Beamten, die Zahl der Anhänger von Wolf Hannes auf 69 zu senken.[163]

Zur gleichen Zeit verloren die Gemeinden ihren Fürsprecher, den Pflegsverwalter von Schwaben. Nachdem sich Niedermayer gegenüber einer Frau, die in Hexereiverdacht geraten war, nachsichtig gezeigt hatte, ließen die Münchner Hofräte bei ihm eine Hausdurchsuchung vornehmen. Man fand Zauberbücher, warf auch ihn in den Falkenturm und folterte ihn schwer. Das harte Vorgehen spaltete den Hofrat in zwei Fraktionen. Als Niedermayer auch durch dreimalige Folter kein Geständnis abgerungen werden konnte, wurde er nach fünf Monaten wieder freigelassen und auf drei Jahre des Landes verwiesen.[164]

Das Pönalmandat des Reichskammergerichts

Die Gemeinden dachten nicht daran, die Repressionen und ständigen Beeinträchtigungen ihrer Prozessführung hinzunehmen. Peter Prändl, Hauptmann von Abersdorf und engster Mitstreiter von Hannes, reiste nach Speyer und erwirkte dort im Oktober 1608 ein Pönalmandat des Reichskammergerichts.[165] (Abb. 7) Ein Pönalmandat ist am ehesten mit der heutigen einstweiligen Verfügung zu vergleichen.[166] Das Pönalmandat gebot dem Herzog, seinen Räten und dem neuen Pflegsverwalter unter Androhung einer hohen Geldstrafe die sofortige Freilassung von

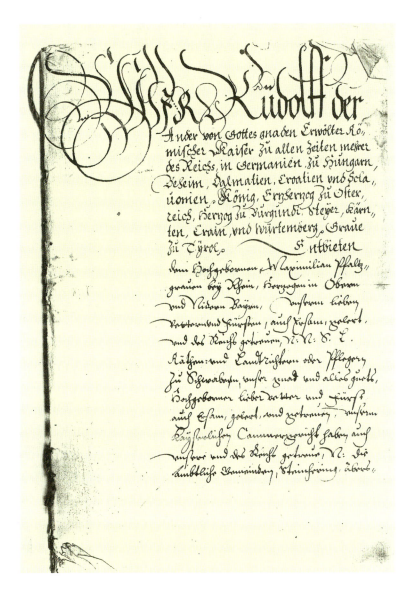

Abb. 7: Pönalmandat des Reichskammergerichts an Herzog Maximilian I. (Auszug).

Hannes und untersagte jede Behinderung des Verfahrens. Das Mandat wurde durch den Botenmeister Johann Kegele dem Boten Lukas Stein überreicht, der sich auf die Reise nach München machte. Stein überbrachte das Mandat nicht als erstes seinen Adressaten, wie es nach der Reichskammergerichtsordnung[167] vorgeschrieben gewesen wäre, sondern eilte zu den Gemeinden, um ihnen die freudige Nachricht mitzuteilen. Im Wirtshaus zu Steinhöring verkündete er das Mandat sieben Dorfbewohnern, nach anderen Zeugenaussagen den Hauptleuten der Gemeinden. Daraufhin wurden Abschriften angefertigt. Kopien des Mandates wurden in Steinhöring durch den dortigen Kooperator Cyriacus Pfaff und in Abersdorf durch einen Schlosser verlesen.[168]

Am Freitag den 19. Dezember beriefen sieben Hauptleute – die Zahl ist vielleicht symbolisch – eine Gemeindeversammlung ein.[169] Als Ort der Zusammenkunft wurde der Einödhof Meiletskirchen vereinbart, der etwas abgelegen zwischen Berg und Abersdorf, zwei Kilometer entfernt von Steinhöring lag. Die Einöde wies eine bemerkenswerte Besonderheit auf. Gegenüber dem Bauernhof stand eine alte Eigenkirche, ein Backsteinbau des späten 15. Jahrhunderts, der dem heiligen Kastulus, einem frühchristlichen Märtyrer unter Diokletian, geweiht war. Seine Gebeine hatte man 826 von Rom in das Kloster Moosburg gebracht. 1604 waren die Reliquien dann in die Stiftskirche Sankt Martin zu Landshut überführt worden.[170] (Abb. 8)

Entscheidend für die Mobilisierung war ein Dokument, das Prändl von Speyer mitgebracht hatte. Es war ein Schreiben des Protonotars des Reichskammergerichts, Dr. Vomelius Stapert. Das Dokument gebot die schriftliche Festhaltung aller Prozessteilnehmer. Diese Personen wären dadurch künftig als Prozessbeteiligte unter dem Schutz des Reichskammergerichts gestanden und vor Sanktionen der herzoglichen Beamten geschützt gewesen. In Meiletskirchen wurde deshalb jeder Anwesende befragt, ob er sich zum Prozess bekenne. Alle, die dies bejahten, wurden durch den Steinhöringer Kooperator auf einer Liste festgehalten. Dabei wurden 60 neue Anhänger gewonnen.

Die Widerstandsbewegung erhielt eine wichtige moralische Unterstützung durch die Mitwirkung eines Priesters. Vielleicht versammelten sie sich mit ihm in der kleinen Kirche, beteten mit ihm vor der aus dem 16. Jahrhundert stammenden Schnitzfigur der Gottesmutter Maria und flehten sie um Beistand im Kampf gegen ihren Landesherrn und gegen die Jesuiten an. Vielleicht erinnerten sie sich vor der Statue des heiligen Kastulus, dass auch dieser seiner Obrigkeit nicht gehorcht hatte und für seine Überzeugung sein Leben hatte lassen müssen.

Auf der Versammlung wurden vier Personen ausgewählt, die die Liste nach Speyer bringen sollten. Zwei Tage später, am Sankt Thomastag, wurde in Hohenlinden eine Versammlung abgehalten. Die Hauptleute drohten an, diejenigen, die jetzt nicht bei dem Prozess mitmachten, „khönde den oder denselben khain Oberkhait mer helfen, sondern weren ewig von der Gemain."[171] Am Neujahrstag gelang es den Hauptleuten auch, die Bewohner der Dörfer Finsing, Gelting und Pliening in Parsdorf zusammenzurufen. Damit sollten diejenigen Bauern im Amt Purfing gewonnen werden, die einst den Widerstand begonnen hatten. Doch verhinderte das Einschreiten einer herzoglichen Kommission, die wegen dieser „Rebellion" eingesetzt worden war, eine weitere Solidarisierungswelle.[172]

Das Pönalmandat veranlasste den Herzog, seine Verzögerungstaktik aufzugeben und endlich eine Prozessschrift am Reichskammergericht einzureichen.[173] Der Advokat, der den Herzog und den Rektor der Gesellschaft Jesu vertrat, ging aber gar nicht auf den Prozessgegenstand, die Holzordnung, ein, sondern versuchte die Zuständigkeit des Reichskammergerichts für dieses Verfahren in Frage zu stellen. Denn nach der bayerischen Landesfreiheit von 1516 müsse der Herzog vor seinen eigenen Räten beklagt werden. Von einer Rechtsversagung, wie die Gemeinden behauptet hätten, könne keine Rede sein, da man allen Gemeinden den Weg eines ordentlichen Verfahrens offengehalten habe, was diese aber nicht in Anspruch genommen hätten. Die Beschuldigung der Gemeinden, dass sie in Bayern nicht zu ihrer Gerechtigkeit kommen könnten, sei eine Unverschämtheit, „so doch herentgegen weltkhundig, waß Anwaldts gnedigster Fürst und Herr für ein weitberüembter" Wahrer der Gerechtigkeit, „so wol gegen den armen, alß reichen ist, und vielleicht wol zu winschen, daß auch aller Orthen im römischen Reich die iusiti und executivo derselben also bestelt were."[174] Außerdem benötigten alle Kommunitäten zur Ausführung eines Prozesses einen Syndikus. Dies träfe besonders dann zu, wenn gegen den Landesherrn eine Klage angestrengt werde.[175]

Um die Verhaftung von Hannes zu rechtfertigen, beschuldigte man ihn eines Kriminaldeliktes, der Fälschung der Prozessvollmacht. Nach den Ermittlungen der herzoglichen Kommissare habe Hannes niemals eine schriftliche Bevollmächtigung von den Gemeinden besessen. Die meisten Prozessbefürworter hätten nicht gegen den Herzog, sondern nur gegen die Jesuiten prozessieren wollen. Hannes habe Reinstetter, der ihm bei einem Verfahren gegen den Herzog nicht behilflich habe sein wollen, getäuscht. Der Hauptbeklagte, der Herzog, sei in der Prozessvollmacht gar nicht genannt worden.[176]

Doch man bezichtigte Hannes noch eines schwereren Verbrechens, der Rebellion, die in den Augen des herzoglichen Advokaten als Majestätsverbrechen einzustufen war: Der herzogliche Advokat begründete seine Beschuldigung damit, dass Hannes die Untertanen zum Aufstand aufgewiegelt habe. Der Beweis dafür sei der Schwur, der die Teilnehmer verpflichtet habe, lieber zu sterben, als vom Prozess abzustehen. Dies erinnere sehr an das Szenario eines Bauernaufstandes. Daher könne man es dem Herzog nicht verübeln, dass er gegen „obbemelte Rädlfierer, Ufwigler, falsarios undt Pauernkhönig"[177] mit Strafe vorgehe.

Anfang 1610 brachten die Gemeinden ihre Version vor dem Reichskammergericht vor.[178] Der Anwalt der Gemeinden begründete die Zuständigkeit des Reichskammergerichts mit dem Reichstagsabschied von 1600. Danach könne vor dem Reichskammergericht ein Verfahren gegen den bayerischen Herzog geführt werden, wenn dieser zugleich mit einem Untertan, in diesem Fall dem Rektor des Jesuitenkollegs, beklagt werde, und der Prozesszusammenhang untrennbar sei. Außerdem habe man den Gemeinden sehr wohl das Recht versagt. Man habe dem ordentlichen Verfahren vor dem Münchner Hofgericht ständig Steine in den Weg gelegt. Deshalb könnten sie nicht erwarten, dass ihnen nun von den Hofräten Gerechtigkeit zuteil werde, wenn sie gar gegen den Herzog klagten. Schließlich, wer sein Recht in die Hand nehme, sei kein Aufwiegler.

Das Urteil gegen die „Rebellen"

Das Pönalmandat hatte bei den Anhängern von Wolf Hannes neue Hoffnung geweckt, doch noch über den mächtigen Herzog und die verhassten Jesuiten den Sieg davontragen zu können. Es hatte den Menschen eine wichtige Botschaft gebracht, nämlich, dass sie das Recht hätten, gegen ihren Landesherren einen Prozess am Reichskammergericht zu führen. Die herzoglichen Kommissare hatten viele Menschen eingeschüchtert, indem sie den Prozess als Rebellion hingestellt hatten. Damit waren die klagenden Gemeinden kriminalisiert worden und viele sagten sich deshalb von der Bewegung los. Nun wurden sie durch das Reichskammergericht gleichsam von diesem Vorwurf freigesprochen.

Abb. 8: Die Sankt Kastuluskirche in Meiletskirchen.

Doch Bayern ignorierte die Anordnungen des höchsten Gerichtes. Hannes wurde nicht freigelassen, im Gegenteil, die herzoglichen Beamten verschärften sogar noch ihr Vorgehen. Nun wurden auch Härtl und Reinstetter, der die Prozessvollmacht gesiegelt hatte, später auch Prändl verhaftet und in den Falkenturm geworfen.[179] Doch Reinstetter präsentierte sich erfolgreich als verführtes Opfer von Hannes und Härtl. Die bayerische Bürokratie schenkte ihm als Patrizier mehr Glauben als dem Bauern Härtl. Am 23. Juni 1609 wurde er aus der Haft entlassen, am 6. Juli wurde das Verfahren gegen ihn eingestellt. Allerdings musste er sich gefallen lassen, als „ein bluettarmer von Adel und ein guetter einfeltiger Sümplicist und Idiota"[180] abqualifiziert zu werden. Sein Bürgermeisteramt verlor er.

Der Hofrat wollte vor allem wissen, wer für das Mandat des Reichskammergerichts verantwortlich war. Im Kerker entzweiten sich Härtl und Prändl. Sie schoben sich gegenseitig die Schuld zu. Weil sich ihre Aussagen widersprachen, befahl der Hofrat, die beiden miteinander zu konfrontieren. Blieben die gegensätzlichen Aussagen bestehen, so sollte Prändl gefoltert werden. Der Hofrat war sich freilich im Klaren, dass die Anwendung der Folter rechtliche Probleme aufwarf. Deshalb gebot man den Kommissaren, die die Befragung vornehmen sollten, diskret zu verfahren. Ein Gutachten der Juristenfakultät zu Ingolstadt sollte nicht eingeholt werden. Auf keinen Fall sollten auswärtige Juristenfakultäten um Rechtsgutachten gebeten werden. Dies zeigt, wie deutlich den Hofräten bewusst war, dass ihr Vorgehen gegen die „Rädelsführer" nicht rechtmäßig war.[181]

Verhängnisvoll für Prändl war es, dass man ihn eines Malefizdelikts überführen konnte: Dem Herzog war das Schreiben des Protonotars „ettwas fremd"[182] vorgekommen. Schon einen Tag nach dem Zeugenverhör hatte er seinen Anwalt Dr. Pfeffer beauftragt, Nachforschungen beim Reichskammergericht über die Herkunft des Dokumentes anzustellen.[183] Schließlich stellte sich heraus, dass Prändl und Härtl einen fahrenden Schüler zur Erstellung dieses Schreibens angestiftet hatten.[184]

Der Herzog, der über das Pönalmandat äußerst erbost war, gab nun ein Rechtsgutachten bei den Juristen seiner Universität Ingolstadt in Auftrag.[185] Sie sollten klären, ob die „Aufrührer" das Leben verwirkt hätten, denn „wann uns dan nit gemaindt, diser unser Underthonen Temeritet und Frefellmüetigkhait, ungestrafft hingehen, sonder der Sachen uf den Boden sehen und andern zu ainem Exempel gebierende Demonstration fiernemmen zelassen."[186] Die Ingolstädter Professoren wiesen darauf hin, dass schließlich kein Bauernaufstand erfolgt sei, die Gefangenen im Falkenturm somit nicht als Aufrührer bestraft werden könnten. Die Hofräte hingegen waren der Meinung, man könne nicht abwarten, bis der Aufstand erfolgt sei, sondern müsse der Gefahr vorbeugen und zur Abschreckung an den Gefangenen ein Exempel statuieren, also im Zweifel für das Wohl des Herzogs und des Staates und nicht für das der Angeklagten entscheiden.[187]

Denn in jener Zeit geisterte das Gespenst der Untertanenrevolte in den Köpfen der fürstlichen Landesherren und ihrer Räte. Gerade die benachbarten Gebiete Ober- und Niederösterreich erwiesen sich als dauernde Unruheherde.[188] Selbst das Herzogtum Bayern war nicht verschont von Unruhen. 1596 hatten sich die Bauern eigenmächtig in der Grafschaft Haag versammelt, um Beschwerden gegen herzogliche Beamte vorzubringen. Die Bewegung wurde unter militärischem Einsatz rasch niedergeschlagen. Die Grafschaft Haag grenzte unmittelbar an das Pfleggericht Schwaben.[189]

Die Angst vor einem Aufstand im Pfleggericht Schwaben wird daher verständlich, auch wenn die klagenden Gemeinden wahrscheinlich niemals Gewalt als Mittel ins Auge gefasst hatten. Aber das mäßigende Gutachten der Ingolstädter Juristenfakultät beeinflusste schließlich doch noch das Strafmaß. Der Herzog entschied, laut der peinlichen Halsgerichtsordnung habe er zwar Grund genug, eine Leibstrafe gegen die drei „Rädelsführer", nämlich Hannes, Härtl, und Prändl, zu verhängen, doch wolle er „auß sonderbaren Gnaden die Mülte der Scharpfe vorziegen."[190]

Am 29. Dezember 1609 verkündete der Hofrat im Namen des Herzogs das Urteil: Die drei „Rädelsführer" Hannes, Härtl und Prändl sollten öffentlich vorgestellt und ihnen ihre Delikte vorgehalten werden. Sie sollten daran erinnert werden, dass der Herzog gegen sie auch eine Leibesstrafe hätte verhängen können. Nach der Verkündigung sollten sie für immer außer Landes geschafft werden. Nur knapp waren sie also der Todesstrafe entgangen.[191]

Das Urteil wurde schon einen Tag später vollstreckt. Wahrscheinlich fand die öffentliche Vorstellung in München, auf dem Schrannenplatz, dem heutigen Marienplatz, statt. Vor einer schaulustigen Menge wurden die Verbrechen der „Rädelsführer" verlesen und das Urteil verkündet. Nach der Beschwörung einer Urfehde wurden die Delinquenten vom Amtmann aus der Stadt geführt. Zur Landesgrenze wurden sie vermutlich nicht gebracht, sondern es wurde ihnen eine angemessene Frist gegeben, ihre Verhältnisse zu ordnen. Nach Ablauf der Frist mussten sie dann das Land verlassen.[192]

Die letzte Mobilisierung von Wolf Hannes

Der Herzog täuschte sich aber, wenn er glaubte, die Widerstandsbewegung durch die Verweisung ihrer Anführer zum Aufgeben bringen zu können. Ein Anlass für eine neue Mobilisierung bot sich in der Erstellung einer neuen Prozessvollmacht.

Die Gemeinden wollten diesmal den legalen Weg im Sinne ihres Landesherrn einschlagen. Einige Untertanen versammelten sich erneut in dem Einödhof Meiletskirchen, setzten eine Supplik an den Herzog auf, in der sie ihn um die Ernennung eines Syndikus baten, und ließen sie durch Amalie Meiletskirchner dem Herzog übergeben. Der Hofrat hatte zunächst Bedenken, ihre Bitte zu erfüllen, da er ja die Zuständigkeit des Reichskammergerichtes in Frage gestellt hatte. Doch er wählte einen Zwischenweg. Er beschloss, den Gemeinden die Bestellung eines Syndikus unter Protest zu gestatten, dass dies der angeführten Nichtigkeit des Verfahrens unergriffen sein solle.[193]

Das Zugeständnis kam aber zu spät. Die Gemeinden hatten in eigener Regie gehandelt. Am 4. Mai 1610 erschienen im Haus des uns schon bekannten Augsburgers Notars Dr. David Schwarz die Abgesandten der Hauptmannschaften, Hans Pichelmair für Preisendorf, Sebastian Schuster für Hohenlinden, Hans Trattangerer für Birkach und Hans Kraisser von Kraiß für Steinhöring und für alle anderen „Konsorten", „so dießer Zeit wegen des Kriegs Wesens nit von Haus komen könten,"[194] um die Prozessvollmacht zu verfertigen. Begleitet wurden die Abgesandten von Martin Kötterl, der die Nachrichten vom Reichskammergericht an die klagenden Gemeinden überbrachte. Kötterl, gebürtig aus Neufahrn bei Freising, hatte selbst hartnäckig in einem Schuldverfahren um sein Recht gekämpft und sich nicht den Urteilen des Pflegsverwalters von Kranzberg gebeugt, bis er schließlich auf drei Jahre des Landes verwiesen worden war.[195] In Speyer erwirkte er ein Mandat vom Reichskammergericht gegen den Herzog.[196] Dies zeigt, dass die Untertanen, die gegen ihren Landesherrn ein Kameralverfahren führten, in Speyer untereinander Kontakte aufnahmen und sich gegenseitig unterstützten.

Wie war es zu dieser Eigenaktion gekommen? Die bisherigen Anführer Hannes und Prändl hatten ihre Anhänger nicht im Stich gelassen. Sie waren unter großer Gefahr in ihre Heimat zurückgekehrt, um die Widerstandsbewegung wieder aufzurichten.

Peter Prändl wurde allerdings erwischt, vom Pflegsverwalter von Schwaben gefangengenommen und in den Falkenturm eingeliefert. Am 11. Mai wurde er erneut des Landes verwiesen und ihm angedroht, dass er eine Leibesstrafe zu erwarten habe, falls er nochmals das Land betrete.[197]

Wolf Hannes bot noch ein letztes Mal all seine Überzeugungskünste auf. Er reiste von Dorf zu Dorf und verhandelte mit den Hauptleuten. Seine Bemühungen waren äußerst erfolgreich. Er gewann die Hauptmannschaften Tulling und Etzenberg hinzu. Auch die Ebersberger Grunduntertanen, die 1608 dem Prozess entsagt hatten, reihten sich nun wieder in die Reihe der Kläger ein. Als die herzoglichen Kommissare im September erneut alle Hofbesitzer der klagenden Gemeinden vorluden, erklärten 163 von ihnen, am Prozess festhalten zu wollen. Nur mit Mühe gelang es den herzoglichen Kommissaren, diese Zahl auf 149 zu senken.

Die Hauptleute hielten geheime Versammlungen ab, im Wirtshaus, auf dem Dorfplatz, auf den Straßen, auf dem Brachfeld, auf einem Hügel, im Haus eines Nachbarn, wo sich gerade die Gelegenheit bot. Auf den Versammlungen wurden Delegierte gewählt oder durch Würfeln bestimmt. Manchmal stellten sich Freiwillige zur Verfügung, manchmal übernahmen Hauptleute die Aufgabe. Die Delegierten reisten nach Augsburg zu dem Advokaten, der ihnen schon bisher gedient hatte, um die Prozessvollmacht zu verfassen.[198] Zur Finanzierung der Reise wurde wieder ein Beitrag erhoben. Eingenommen wurde das Geld zum Teil von den Hauptleuten. Eine wichtige Rolle spielte dabei die Magd des Wolf Hannes, Margaretha Pirklin. Sie sammelte das Geld in Stockach und anderen Dörfern ein. Doch begnügte sie sich nicht mit dieser passiven Rolle, sie versuchte obendrein die Menschen zu überreden, den Prozess fortzusetzen. Ihr mutiges Engagement brachte ihr zehn Tage Haft ein, bis der Hofrat am 18. September 1610 beschloss, sie wieder freizulassen. Sie musste aber versprechen, „daß sy sich dess Ebersperigerischen Stritts weiter nichts mer annemen"[199].

Die Aufrichtung der Prozessvollmacht bildete den Höhepunkt der Widerstandsbewegung, aber auch ihr vorläufiges Ende. Denn die Quellen verfallen plötzlich in Schweigen. Ausschlaggebend für das abrupte Ende der Bewegung mag der Tod des Anführers Wolf Hannes gewesen sein. Er starb wahrscheinlich im Frühjahr des Jahres 1611. Denn am 8. April 1611 übergab das Kloster Ebersberg die Hannes-Sölde an seinen Sohn Kaspar. Die Jesuiten fügten im Übergabevertrag noch hinzu, dass die Hannes-Sölde vorübergehend eingezogen worden war, wegen der von Hannes „wider sein aygene Lehenherrschafft gespilte seltzame Practicen."[200]

Sein engster Mitarbeiter, Prändl, taucht noch öfters in den Hofratsprotokollen auf, als ein Mann, der es fern von seiner Familie nicht aushielt und sich verzweifelt um die Rückkehr in seine Heimat bemühte. Nachdem er den Hofrat vergeblich um „Landeshuld" gebeten hatte,[201] betrat er im Herbst 1611 eigenmächtig das Herzogtum. Er wurde aufgegriffen, als Eidbrüchiger auf die Schrägen[202] gestellt und erneut zu ewiger Landesverweisung verurteilt.[203] Von Härtl hören wir nach seiner Verweisung gar nichts mehr. Anscheinend waren Prändl und Härtl inzwischen viel zu eingeschüchtert, um noch einmal eine aktive Rolle in der Widerstandsbewegung zu übernehmen.

Das Scheitern der Gemeinden

Mit dem Tod von Hannes und der Disziplinierung von Prändl und Härtl verloren die Gemeinden ihre Laienjuristen, die das Kammergericht mit eigenen Augen gesehen und Verbindungen zu den Anwälten und vielleicht auch zu Assessoren des Reichskammergerichts besessen hatten. Noch dazu verstarb im Jahre 1615 Dr. Bontz, der Prokurator der Gemeinden. Die Gemeinden hatten nun keinen juristischen Vertreter mehr am Reichskammergericht. Doch sie bevollmächtigten vorerst auch keinen neuen Prokurator. Dies sagt einiges über die Lage der Bewegung aus. 1625 sollte der Rektor der Jesuiten die Gemeinden beschuldigen, sie hätten „in die 15 Jahr lang die Sachen zu Speyr ersitzen lassen und sein seither davon abgestanden."[204] Die Verbindung nach Speyer war vorläufig abgerissen.

1616 flackerte der Streit anlässlich einer Visitation des Gemeindewaldes, die auf Befehl der Jesuiten vorgenommen wurde, wieder auf. Die Jesuiten konstatierten erneut einen erschreckenden Zustand des Waldes. Aufgrund dieser Bestandsaufnahme verfassten die jesuitischen Beamten eine Denkschrift, die vom Forstpersonal eine stärkere Kontrolle des Gemeindewaldes forderte.[205] Dies hatte ein schärferes Vorgehen der jesuitischen und herzoglichen Beamten zur Folge. Im Dezember desselben Jahres, als das Brennholzproblem wieder akut wurde, verhängte man gegen 20 Einwohner des Dorfes Hohenlinden Strafen. In einer Supplik an den Herzog beklagte sich die Nachbarschaft Hohenlinden, dass sie während des schwebenden Prozesses weiterhin in ihrer Holzungsgerechtigkeit gestört werde und keinen Augenblick sicher vor Gefängnis und Strafen sei.[206]

Die Einwohner erzielten mit ihrer Supplik an den Herzog einen Erfolg. In einem Dekret vom 27. Januar 1617 verfügte der Herzog, dass zu den in der Holzordnung angeordneten zwei Tagen in der Woche zur Anweisung des Holzes ein dritter, nämlich der Samstag kommen solle.[207]

1624 wurde der Prozess am Reichskammergericht noch einmal aufgenommen, als sich die Sanktionen von Seiten des Pflegsverwalters und der Jesuiten erneut verschärften. Am 15. November erschienen Wolf Schwaiger, Hans Piermeyer und Wolf Hörprunner aus Hohenlinden im Hause des lutherischen Reichskammergerichtsadvokaten Dr. Sebald Stockhammer in Speyer und übergaben dem kaiserlichen Notar Johann Ludwig Stieber eine Attentatsklage. Darin beklagten sie sich, dass seit jüngster Zeit ihre Schweine mit einem Brandmal versehen würden, was seit Menschengedenken noch niemals vorgekommen sei. Außerdem werde ihnen nun untersagt, das Laub, das sie als Einstreu für ihr Vieh benötigten, vom Boden aufzurechen.

Die letzte Beschwerde betraf den Hauptstreitpunkt, die Holzungsgerechtigkeit. Denn es werde ihnen verboten, ihr eigenes Holz zu verkaufen und gegen Getreide einzutauschen, „damitt sie auch zu essen haben möchten."[208]

Was sich in der Frühphase des Widerstandes hinter der Hausnotdurft verbergen musste, wurde jetzt deutlich ausgesprochen. „Ir aigenes Holtz, so ihnen järlich geburth, zuverkhauffen, oder gegen Getraid zuverwechslen, ist solches vor unvordenckhlichen Jahren ihr Cassa und [...] Einkhomen gewest."[209] Die zunehmende Betonung des Holzhandels hatte wirtschaftliche Gründe. In den zwanziger Jahren des 17. Jahrhunderts erreichte die Verteuerung des Getreides einen neuen Höhepunkt. Der Staat erließ 1625 eine Ausfuhrsperre für Weizen, da der Reif die Weizenernte geschädigt hatte. 1626 verursachte der Reif erneut großen Schaden, so dass eine Hungersnot befürchtet wurde.[210] In diesem Jahr erreichte der Roggenpreis einen neuen Rekord. 13 Gulden hatte man nun für einen Scheffel Roggen zu zahlen, 1606 waren es nur sechs Gulden gewesen. Das Austauschverhältnis zwischen Roggen und Holz verschlechterte sich zusätzlich, da die Holzpreise sich nicht so stark erhöhten wie die Roggenpreise. 1606 erhielten die Söldner für eine Klafter Buchenholz 1,8 Metzen Korn, 1626 dagegen nur 1,3 Metzen.[211] Die Gemeinden beteuerten, dass, wenn sie nicht das Holz der Ebersberger Gemain gegen Getreide eintauschen könnten, „sie sich des Bethlens [...] khaumb erretten können."[212]

Die Gemeinden betonten nun aggressiver ihren Anspruch auf das Gehölz. Der Rektor der Jesuiten, Johannes Mannhart[213], klagte 1625 in einem Bericht, die Rädelsführer würden darauf beharren, „die Gemain sei ihrer und lassen ihnen darin weder Maaß oder Ordnung geben, sie fahren darein, schlagen und verkhauffen, so offt und wann sie wollen nach ihrem Gefallen."[214] Ein Jahr später teilte er dem Herzog mit, die Gemeinden würden gar behaupten, „die Gemain gehör ihnen aigenthomblich zue"[215]. Während die Tullinger und Etzenberger sich lediglich mit einem Nutzungsanspruch begnügt hatten, hatten die Steinhöringer und ihre Anhänger zu Beginn des Kameralverfahrens einen Besitzanspruch formuliert, der sich im Verlauf des Konflikts immer mehr radikalisierte und einem modernen Eigentumsbegriff annäherte.

Am 29. April 1625 schickte der Hofrat dem Rektor der Jesuiten die Klageschrift der Gemeinden zu und forderte ihn auf, sich zu den darin gemachten Vorwürfen zu äußern.[216] Der Rektor zeigte sich verwundert, dass die Kläger sich über das Anbrennen der Schweine beschwerten. Denn diese Neuerung richte sich nur gegen die fremden Untertanen, die in der Gemain nichts zu suchen hätten. Das Laubrechen werde den Untertanen deshalb untersagt, „damit daß Gäckher und Dechel nit mit dem Laub aufgericht und aintweder vorthailig oder unnutzlicher weiß den Interessenten entzogen werde."[217]

Auch das Verbot des Holzverkaufes geschehe nur zum Besten der Untertanen. Denn, wenn man über die 3.000 Fuder Holz hinaus, die den Untertanen jährlich als Brennholz gereicht würden, – das Zaun- und Bauholz noch nicht gerechnet – noch weiteres Holz aus der Gemain abgebe, wäre diese in wenigen Jahren „abgeödigt".

Wolf Schwaiger, einer der Sprecher der Gemeinden, wies den Vorwurf der Holzverschwendung scharf zurück. Der jesuitische Forstmeister habe nämlich für das Kloster Ebersberg 100 Klafter im Gemeindewald abhacken und verkaufen lassen und der „Gemeinbereiter" Spitzlhauser habe dem Kaplan von Hohenlinden erst jüngst 40 fruchtbare Buchen verschafft, so dass „solche Gemaind nit durch unns, sonnder irer Holzbereiter selbst abgeschwennt würdet."[218]

Gestützt auf den Bericht des Rektors, verfasste nun der herzogliche Advokat die „Einreden" („Exzeptionen") gegen die Klageschrift der Gemeinden,[219] die der herzogliche Advokat, Dr. Pistorius, am 1. Juli 1625 am Reichskammergericht einreichte. Im Wesentlichen deckten sich die Exzeptionen mit dem Bericht des Rektors. Arrogant schob die herzogliche Seite die Eigentumsfrage beiseite: „Sonder ob, und was sie für Gerechtigkhait zuesuechen, ist solches noch strittig, [...] also hierauf zuantworten der Zeit und Orth unvonnötten."[220]

Im August 1625 legte Dr. Johann Philipp Bohn, der neue Anwalt der Gemeinden, die Antwort der Gemeinden auf die herzogliche Prozessschrift vor. Der Anwalt wiederholte noch einmal die Beschwerden der klagenden Gemeinden und betonte ausdrücklich den Eigentumsanspruch der Gemeinden auf den Gemeindewald. Er bat das Reichskammergericht nachdrücklich, in dieser Sache endlich ein Urteil zu fällen.[221] Dies sollte die letzte Prozessschrift sein, die in den beiden Verfahren, dem Zitations- und dem Mandatsprozess, eingebracht wurde. Denn in der Audienz des Reichskammergerichts vom 4. September 1627 erklärte Dr. Bohn, dass er lange Zeit nichts mehr von seinen Klienten gehört habe, „also zweiffelt, ob sy diße Sach zu prosequiren[222] gemeint seyn, so wüßte er fernerß nicht zu verfahren, sondern mochte leiden, daß dise Sach eingestelt werde."[223]

Wie so oft bei Kameralverfahren, schlief der Prozess ein, ohne dass jemals ein Urteil gefällt worden war. Ja das Reichskammergericht hatte sich in den 20 Jahren nicht einmal entschieden, ob es überhaupt zuständige Instanz sei. Man kann nur vermuten, dass die Assessoren des Gerichts zögerten, gegen den bayerischen Fürsten ein Urteil zu fällen. Einerseits hielt man die bayerischen Einreden nicht für berechtigt, denn sonst hätte man die Klage der Gemeinden schnell abweisen können. Doch andererseits hätte das Reichskammergericht gegen den mächtigen Führer der katholischen Liga, den unentbehrlichen Bündnispartner des Kaisers in dem seit 1618 tobenden Krieg, sowieso keine Exekutionsmittel in der Hand gehabt.

Der Herzog, seit 1623 Kurfürst, konnte damit eines der letzten Kameralverfahren, das von bayerischen Untertanen geführt wurde, zu Ende bringen. Damit gewann er ein weiteres Stück an Souveranität gegenüber dem Reichsverband.

Verlockt hatte er 1627 die Gemeinden zur Aufgabe des Kameralverfahrens mit dem Angebot, ihnen noch einmal ein faires Verfahren am Münchner Hofgericht zu gewähren. Doch der Prozess brachte eine herbe Enttäuschung. Am 30. April 1630 endete der Streit durch ein Urteil des Münchner Hofgerichts, das den klagenden Gemeinden zwar die Holzungsgerechtigkeit zugestand und die Gemain als Gemeindewald klassifizierte, aber seine Nutznießer an die entsprechenden Artikel der bayerischen Forstordnung über Gemeindewälder erinnerte, die jeden Holzhandel untersagt hatten.[224]

Gleichzeitig versuchte der Kurfürst den Gemeinden ihre Grenze aufzuzeigen. Die „Rädelsführer" Wolf Hohenbrunner und Wolf Geiger wurden wegen ihrer Widersetzlichkeit mit achttägiger Haft bei Wasser und Brot bestraft. Anschließend sollten sie auf die „Schrägen" gestellt und ihre „Verbrechen" öffentlich verlesen werden. Im Wiederholungsfall sollten sie des Landes verwiesen oder zu einer Leibesstrafe verurteilt werden. Alle Untertanen, die sich unerlaubterweise Holz aus der Gemain verschafft hatten, wurden zu einer Schandstrafe, dem „Springer", verurteilt.

Nicht allen Gemeinden gewährte jedoch das Hofgericht die Holzungsgerechtigkeit. Es blieb weiterhin die Holzordnung von 1604 in Kraft, nach der nur bestimmten

Abb. 9: Herzog Maximilian I. – unerbittlicher Landesherr im Streit um die Waldnutzungsrechte in der „Ebersberger Gemain".

Haupt- und Nachbarschaften der Zugang zu der Gemain gestattet worden war. Doch den Abgewiesenen war das ordentliche Gerichtsverfahren zur Behauptung ihres Anspruchs weiterhin offen gelassen worden. Sie sollten binnen vier Wochen „Weisartikel" einreichen, andernfalls sollte ihnen ein ewiges Stillschweigen auferlegt werden. Anscheinend machten die Gemeinden Preisendorf und Mühlhausen von dieser Möglichkeit Gebrauch. Am 8. Juni 1630 wurde ihnen mitgeteilt, dass „dieweil sie in der anno 1604 ufgerichten Holtzordnung nit begriffen, und desswegen der Beschaid ihres gesuechten Holtzschlages clar, als hats dabei sein Verbleiben, und wissen deme gehorsamist nachzekhommen".[225]

Nach einem Bericht der Jesuiten versuchten auch die Tullinger mit Unterstützung des Freisinger Domkapitels, durch die Einreichung von „Weisarticul" ihre Holzgerechtigkeit an der Gemain zu beweisen, „von dennen Hechenlindern aber rechtlich widersprochen"[226]. Wenn dies stimmt – die Hofratsprotokolle berichten nichts davon –, so zeigt dies, dass die große Bewegung immer mehr in Widerstandsaktionen einzelner Gemeinden zerfiel, die eifersüchtig ihre Rechte gegen andere Gemeinden verteidigten. Die Utopie von „aller Welt in der Gemain" war in den Erfordernissen der alltäglichen Praxis untergegangen. Die Gemeinden mussten bedacht sein, sich möglichst einen großen Teil am Gesamtkuchen des nun restriktiv begrenzten Holzbestandes zu sichern. Die Zeiten eines Wolf Hannes waren lange vorbei.

Im Grunde wurde durch das Urteil von 1630 nur die Holzordnung von 1604 bestätigt. Der dreißigjährige Kampf der Gemeinden, ihre ganzen rechtlichen Taktiken und Finten, ihr kollektiver Widerstand gegen die Holzordnung, ihr Appell an das Mitleid, all das hatte sich als sinnlos erwiesen.

Drei Jahre später erhoben sich die Bauern des östlichen Oberbayern. In der Forschung spricht man vom Oberbayerischen Bauernaufstand von 1633/34.[227] Dass es zum blutigsten Zusammenstoß mit den landesherrlichen Truppen ausgerechnet in der Gegend um Ebersberg kam, war wohl kaum ein Zufall. 8.000 Soldaten erhielten damals den Befehl, „alls, was sie sowol im Feldt alls herinen zu Ebersperg auf der Gassen und in Heysern antreffen, yberfahlen und ausser Weib und Khindt, alles nidermachen sollen, das dan laider mit grossen wüetender Tiraney von inen volbracht worden, massen vil unschuldige alls Handtwerchsleüth, so bey iren Handtwerch gesessen, solche Männer, die auf ir Unschuld sich verlassen, daheimb bey Hauß sich daß wenigist nichts beförchtet, item alte 60, 70 und 80 jerige Personen und darunter etliche khranckhe und preßhaffte, die khain Wöhr noch Waffen tragen khönnen, herhalten müessen, massen so gar etlicher alten Weiber nit verschondt worden, sie die Reitter hab gleich nach dem Einbruch zestundan die gantz Hofmarch umbritten, daß inen nit vil entrinnen mögen [...]. Nit ohne ist zwar, daß sich die Paurn anfangs gegen der Soldatesen in dem Feld daussen was gesetzt, auf sie auch los prendt und Feur geben, so baldt aber zway Feldtstüeckhl so wie von den Reittern hernach außgeben worden, mit Mußquettenkhuglen geladen gewesen, auf sie abgelassen, [...] sein sie alspaldt zerstreyet worden, die Fluecht geben, sich herein in die Hofmarch in die Heyser, in Stüben, Cämmer, Stallungen, Städl, Kheller, so gar auf die Tüllen versteckht, daß aber niemandt geholffen hat, sondern man hats an allen Orthen gesuecht, gefunden und nidergemacht, daß also khain aintziger Mann [...] bey Leben glassen worden oder yberbliben [...].

Nach disem laidigen und pluettigen Spectacel, alls die Soldatesen den andern Tag [...] aufgebrochen, hat man nach disen Nachmittag und die nachvolgende Tag hinnach die todte Khörper in allen Heysern und Gärten auch auf den Feldern zusammen gesuecht und an underschidliche Orth, weiln der Freithof zu clain gewest, begraben."[228]

Herzog Maximilian dürfte bestimmt nicht vergessen haben, dass es Gemeinden dieser Gegend gewagt hatten, ihn vor das Reichskammergericht zu zitieren. (Abb. 9)

Anmerkungen

[1] Die nachstehende Geschichte ist ausführlich geschildert, in: Breit, Stefan: Die ganze Welt in der Gemain. Ein paradigmatischer Fall aus Bayern, in: Below, Stefan von / Breit, Stefan: Wald – von der Gottesgabe zum Privateigentum. Gerichtliche Konflikte zwischen Landesherren und Untertanen um den Wald in der frühen Neuzeit, (Quellen und Forschungen zur Agrargeschichte 43), Stuttgart 1998, 57-236.

[2] Bayerisches Hauptstaatsarchiv (BayHStA), RKG Nr. 195, Q 1.

[3] Ebd.

[4] Ebd.

[5] Ebd.

[6] Ebd.

[7] Herwarth bekleidete das Amt des Pflegers von 1592 bis 1622. Er war eine gewichtige Person der zentralen Bürokratie. Er stammte aus einem Augsburger Patriziergeschlecht und hatte in Ingolstadt Jurisprudenz studiert. 1577 kam er in den Hofrat. 1583 wechselte er zum Reichskammergericht und war als Assessor für den bayerischen Kreis tätig. 1585 kehrte er nach München zurück und wurde erneut in den Hofrat berufen. 1587 wurde er zum Landschaftskanzler ernannt. Dieses Amt bekleidete er bis 1590 und von 1598 bis zu seinem Tode im Jahre 1622. Herwarth war ein hochgebildeter Zeitgenosse, schrieb Werke über Philologie, Mathematik und Astronomie und stand u. a. mit Johannes Kepler in Briefwechsel. Siehe Heydenreuter, Reinhard: Der landesherrliche Hofrat. Studien zum Behördenaufbau und zur Behördenreform unter Herzog bzw. Kurfürst Maximilian, (Schriftenreihe zur bayerischen Landesgeschichte 72), München 1980, S. 335-336; Lanzinner, Maximilian: Fürst, Räte und Landstände. Zur Entstehung der Zentralbehörden in Bayern 1511-1598, (Veröffentlichungen des Max-Planck-Instituts für Geschichte 61), Göttingen 1980, S. 360-361 u. Ferchl, Georg: Bayerische Behörden und Beamte 1550-1804, in: Oberbayerisches Archiv 53 (1908), S. 965 f.

[8] BayHStA, Kurbayern Hofkammer Nr. 141, fol. 183v, 22.2.1600.

[9] Ebd.

[10] Ebd.

[11] Siehe BayHStA, GL Fasz. 3674 Nr. 94, Hofkammer, Nr. 6.

[12] Nach dem Feuerstättenbuch von 1554. Siehe Mayr, Gottfried: Ebersberg. Gericht Schwaben, (Historischer Atlas von Bayern, T. Altbayern I/48), München 1989, S. 130-146.

[13] Siehe Duhr, Bernhard: Geschichte der Jesuiten in den Ländern deutscher Zunge, Bd. 1, Freiburg im Breisgau 1907, S. 379.

[14] Siehe BayHStA, KL Ebersberg Nr. 47.

[15] Merian, Matthäus: Topographia Bavariae, Frankfurt am Main 1644, S. 119.

[16] Siehe Paulhuber, Franz Xaver: Geschichte von Ebersberg und dessen Umgegend in Oberbayern, Burghausen 1847, S. 617-618.

[17] Zit. nach Bauer, Hermann / Bauer, Anna: Klöster in Bayern. Eine Kunst- und Kulturgeschichte der Klöster in Oberbayern, Niederbayern und der Oberpfalz, München 1985, S. 119.

[18] Siehe ebd.

[19] Siehe Dotterweich, Helmut: Der junge Maximilian. Biographie eines bayerischen Prinzen, München 1980, S. 108-110.

[20] Siehe Mayr (wie Anm. 12), S. 303-304.

[21] 1610 wurde ein neuer Hochaltar in der Ebersberger Pfarrkirche aufgestellt, nachdem das Presbyterium umgebaut worden war. Im selben Jahr wurde auch ein Altar für die St. Sebastianskapelle angefertigt. Siehe Paulhuber (wie Anm. 16), S. 621-622 u. 637.

[22] Er übte dieses Amt zwischen 1598 und 1605 aus. 1612 stieg er zum Provinzial der oberdeutschen Provinz auf und bekleidete dieses Amt bis 1618. 1608 bis 1610 und 1620 bis 1626 amtierte er als Rektor des Innsbrucker Kollegs. Siehe Duhr, Bernhard: Geschichte der Jesuiten in den Ländern deutscher Zunge, Bd. 2/1, Freiburg im Breisgau 1913, S. 202, Anm. 5, 207, Anm. 9 u. 217, Anm. 1.

[23] Siehe BayHStA, Hofrat Nr. 46, fol. 20r, 75r, Nr. 47, fol. 87v, 99v, 119v.

[24] BayHStA, Hofkammer Nr. 149, fol. 427v.

[25] Zur forstgeschichtlichen Entwicklung des Ebersberger Forstes, siehe Mantel, Kurt: Geschichte des Ebersberger Forstes. Eine historisch-kritische Studie des Holzartenwechsels auf der Münchner Schotterebene, München 1929.

[26] Siehe Mayr: Ebersberg (wie Anm. 12), S. 244.

[27] Die Grenze zwischen beiden Gehölzen bildete zunächst von Birkach ab die Straße nach Haag, dann die heutige Straße nach Helletsgaden.

[28] Siehe BayHStA, GL Fasz. 3674 Nr. 94, Hofkammer, Nr. 31.

[29] BayHStA, GL Fasz. 3674 Nr. 94, Hofkammer, ad Nr. 5.

[30] BayHStA, GL Fasz. 3674 Nr. 94, Hofkammer, Nr. 5.

[31] Siehe BayHStA, KL Ebersberg Nr. 58, fol. 255r.

[32] Siehe BayHStA, GL Fasz. 3674 Nr. 94, Hofkammer, ad Nr. 5.

[33] Siehe BayHStA, GL Fasz. 3674 Nr. 94, Hofkammer, Nr. 6.

[34] Leonhard Niedermayer bekleidete dieses Amt zwischen 1594 und 1608. Er stammte aus Rottenburg an der Laaber. Seine Laufbahn begann er 1577 in Kösching als Gerichtsschreiber. 1586 wurde er zum Herrschaftsrichter zu Wolnzach ernannt. 1590 stieg er zum Pflegsverwalter von Abensberg auf. Siehe Ferchl (wie Anm. 7), S. 10, 402, 969 u. 1297.

[35] Siehe BayHStA, Kurbayern Hofkammer Nr. 141, fol. 183v, 22.2.1600.

[36] Siehe StAM, Kurbayern, Hofkammer, Schwaben, Pfleggericht, Amtsrechnung, 1600.

[37] Ebd.

[38] BayHStA, GL Fasz. 3674 Nr. 94, Hofkammer, Nr. 31.

[39] Siehe BayHStA, GL Fasz. 3674 Nr. 94, Hofkammer, zwischen Nr. 8 und 9.

[40] Siehe BayHStA, Kurbayern Hofkammer Nr. 147, fol. 215v f., 16.8.1601.

[41] Siehe BayHStA, GL Fasz. 3674 Nr. 94, Hofkammer, Nr. 10.

[42] Dieses Verzeichnis ist verlorengegangen. Doch ist ein Verzeichnis erhalten geblieben, das die Orte, nicht aber die Holzmenge nennt. Siehe BayHStA, GL Fasz. 3674 Nr. 94, Hofkammer, Nr. 16.

[43] BayHStA, GL Fasz. 3674 Nr. 94, Hofkammer, Nr. 10.

[44] Siehe BayHStA, GL Fasz. 3674 Nr. 94, Hofkammer, Nr. 12.

[45] Ebd.

[46] Der Burgweg wird in dem Text mit dem frühmittelalterlichen Halweg gleichgesetzt, der von Halbing durch den Forst zum Marktplatz Sempt führte.

[47] BayHStA, GL Fasz. 3674 Nr. 94, Hofkammer, Nr. 12.

[48] BayHStA, GL Fasz. 3674 Nr. 94, Hofkammer, ad Nr. 5.

[49] Ebd.

[50] Ebd.

[51] BayHStA, GL Fasz. 3674 Nr. 94, Hofkammer, Nr. 31.

[52] Kreittmayr, Wiguläus: Anmerkungen über den Codicem Maximilianeum Bavaricum civilem, T. 2, München 1761, Kap. 8, § XV, Abs. 1.

[53] Zit. Nach Arnold, Klaus: Niklashausen 1476: Quellen und Untersuchungen zur sozialreligiösen Bewegung des Hans Behem und zur Agrarstruktur eines spätmittelalterlichen Dorfes, (Saecula spiritalia 3), Baden-Baden 1980, S. 240. Zum Zusammenhang zwischen täuferischen Idee der Gütergemeinschaft und dem Bauernkrieg siehe Stayer, James M.: The German Peasants' War and Anabaptist Community of Goods, (Mc Gill-Queens studies in the history of religion 6), Mc Quill-Queens' university press 1991.

54 BayHStA, GL Fasz. 3674 Nr. 94, Hofkammer, ad Nr. 5.
55 Siehe Mayr (wie Anm. 12), S. 244.
56 Siehe ebd., S. 108.
57 Siehe Levi-Strauss, Claude: Das wilde Denken, Frankfurt am Main 1973, S. 35.
58 Siehe Mayr (wie Anm. 12), S. 245.
59 Siehe eine Auskunft von dem Namensforscher Karl Finsterwalder, zit. nach Bauer, Anton: Zur Verehrung der hl. Jungfrauen Ainbeth, Gwerbeth und Fürbeth im Bistum Freising, in: Bayerisches Jahrbuch für Volkskunde 1961, S. 33-40, S. 38-39.
60 Siehe ebd., S. 39. Finsterwalder bezweifelt aber eine Ableitung Maitenbeths von Ainbeth, eine der drei Heilrätinnen, die schon Panzer mit den heidnischen Nornen gleichsetzte. Siehe Panzer, Friedrich: Bayerische Sagen und Bräuche. Beitrag zur deutschen Mythologie, Bd. I, München 1848, S. 32-34.
61 Haistracher, Franz: Die Chronik von Maitenbeth, unveröffentl. Manuskript im Pfarrarchiv Maitenbeth, Maitenbeth 1853, S. 1-2.
62 Siehe Simrock, Karl: Handbuch der deutschen Mythologie mit Einschluß der nordischen, Bonn 1874, S. 339-341.
63 Auch in anderen Regionen Deutschlands finden sich ähnliche Schenkungslegenden für Gemeindewälder. So berichtet Baumann, dass der Zwölfgemeindewald im Tigen Rettenberg nach der Volkssage durch adelige Fräuleins, die aus England gekommen seien, den berechtigten Orten zum Geschenk übergeben worden seien. „In diesen Fräuleins aber, als deren Zahl bald 1, bald 2, bald 3 genannt werden, haben wir nicht geschichtliche Persönlichkeiten, sondern die Schicksalsgöttinen der Heidenzeit, die sogenannten ‚schenkenden Jungfrauen, Heilrätinen'". Siehe Baumann, Franz Ludwig: Geschichte des Allgäus, Bd. 1, Kempten 1881, S. 127. Diese Schenkungslegende findet sich auch in einer Verhörsaussage von 1721. Siehe Staatsarchiv Augsburg, Hochstift Augsburg NA Akten Nr. 2608, fol. 72r. Siehe auch Steichele, Anton / Schröder, Alfred: Das Bistum Augsburg, historisch und statistisch beschrieben, Bd. 7, Augsburg 1906-1910, S. 564-566.
64 Siehe Wolfzettel, Friedrich: Feen, Feenland, in: Ranka, Kurt (Hg.): Enzyklopädie des Märchens. Handwörterbuch zur historischen und vergleichenden Erzählforschung, Bd. 4, Berlin – New York 1984, Sp. 945-963 u. Harf-Lancner, Laurence: Les Fée au Moyen Age. Morgane et Mélusine. La naissance de fées, Paris 1984.
65 Siehe z. B. Schmitt, Jean-Claude: Der heilige Windhund. Geschichte eines unheiligen Kults, Stuttgart 1982 u. Ders.: Heidenspaß und Höllenangst, Aberglaube im Mittelalter, Frankfurt am Main – New York 1993.
66 BayHStA, GL Fasz. 3674 Nr. 94, Hofkammer, ad Nr. 5.
67 „Last" bedeutet „große Zahl", „Menge". Siehe Grimm, Jacob und Wilhelm: Deutsches Wörterbuch, Bd. 6, Leipzig 1885, Sp. 250.
68 BayHStA, GL Fasz. 3674 Nr. 94, Hofkammer, ad Nr. 5.
69 Ebd.
70 Siehe Merchant, Carolyn: Der Tod der Natur. Ökologie, Frauen und neuzeitliche Naturwissenschaft, 2. Aufl., München 1994, S. 113-141. Siehe auch Schubert, Ernst: Scheu vor der Natur – Ausbeutung der Natur – Formen und Wandlungen des Umweltbewußtseins im Mittelalter, in: Ders. / Herrmann, Bernd (Hg.): Von der Angst zur Ausbeutung. Umwelterfahrung zwischen Mittelalter und Neuzeit, Frankfurt am Main 1994, 20-21.
71 BayHStA, GL Fasz. 3674 Nr. 94, Hofkammer, ad Nr. 5.
72 Siehe BayHStA, Kurbayern Hofkammer Nr. 256, fol. 281v, 15.12.1603.
73 „Ried" bedeutet „gerodeter Platz". Siehe Schmeller, Johann Andreas: Bayerisches Wörterbuch, Bd. 2, Nachdruck der 2. Ausg. von 1872-1877, München 1985, Sp. 60-61.
74 „Nest" bedeutet „Ast". Siehe ebd., Bd. 1, Sp. 1766.
75 BayHStA, GL Fasz. 3674 Nr. 94, Hofkammer, Nr. 19.
76 Ebd.
77 BayHStA, KL Ebersberg Nr. 58, fol. 257v.
78 Ebd.
79 BayHStA, GL Fasz. 3674 Nr. 94, Jesuitenkolleg, Nr. 18.
80 Siehe BayHStA, GL Fasz. 3674 Nr. 94, Hofkammer, Nr. 14.
81 BayHStA, GL Fasz. 3674 Nr. 94, Hofkammer, Nr. 23, fol. 1v.
82 Siehe Zedler, Johann Heinrich: Großes, vollständiges Universal-Lexikon, Bd. 9, Halle – Leipzig 1735, Sp. 2224.
83 Während in der Holzordnung von 1604 (BayHStA, GL Fasz. 3674 Nr. 94, Hofkammer, ad Nr. 23) das Maß für das einzelne Anwesen in Fudern angegeben wurde, wurde in den Amtsrechnungen des 17. und 18. Jahrhunderts, in denen Verstöße gegen die Holzordnung festgehalten wurden, das zugewiesene Jahresholz in Klaftern angezeigt.
84 Diese Relation stimmt allerdings nicht in allen Fällen. Doch stimmt diese Beobachtung mit der Aussage eines Hubenbesitzers überein, der 1607 angab, jährlich 8 Klafter zu erhalten. Siehe BayHStA, GL Fasz. 3674 Nr. 94, Hofkammer, ad Nr. 5. Nach der Holzordnung von 1604 hätten ihm 12 Fuder zugestanden.
85 Einem Klafter nach Münchner Maß entsprachen 3,13 Kubikmeter. Siehe Elsas, Moritz J.: Umriß einer Geschichte der Preise und Löhne in Deutschland. Vom ausgehenden Mittelalter bis zum Beginn des 19. Jahrhunderts, Bd. 1, Leiden 1936, S. 146.
86 Siehe BayHStA, GL Fasz. 3674 Nr. 94, Hofkammer, Nr. 31.
87 BayHStA, GL Fasz. 3674 Nr. 94, Hofkammer, Nr. 31.
88 Siehe BayHStA, GL Fasz. 3674 Nr. 94, Hofkammer, Nr. 31.
89 Siehe Pfister, Christian: Bevölkerungsgeschichte und historische Demographie: 1500-1800, (Enzyklopädie deutscher Geschichte 28), München 1994, S. 12-13 u. Schulze, Winfried: Untertanenrevolten, Hexenverfolgungen und „kleine Eiszeit": Eine Krisenzeit um 1600? in: Roeck, Bernd / Bergdolt, Klaus / Martin, Andrew John (Hg.): Venedig und Oberdeutschland in der Renaissance: Beziehungen zwischen Kunst und Wissenschaft (Centro Tedesco di Studi Veneziani Studi 9), Sigmaringen 1993, S. 297-298.
90 Teuerungswellen für Getreide finden sich in Bayern für die Jahre 1598-1601, 1607-1612, 1614/15 u. 1620-1631. Siehe Elsas (wie Anm. 85), S. 542-543.
91 Matthäus Mayrhofer stand nur bis 1607 an der Spitze des Münchner Jesuitenkollegs. Er stammte aus Landshut, war 1567 mit 19 Jahren in den Orden eingetreten. 1576 wurde er Professor an der philosophischen, 1582 an der theologischen Fakultät der Universität Ingolstadt. 1590 wechselte er an die Universität Dillingen. 1594 bis 1599 bekleidete er das Amt des Rektors der Universität. In seinem im Jahre 1600 erschienen Prädikantenspiegel trat er als heftiger Befürworter der Todesstrafe für Ketzer hervor. 1590 hatte er das Gutachten mitverfasst, das Herzog Wilhelm V. anlässlich der Schongauer Hexenprozesse in Auftrag gegeben hatte. Es forderte die Obrigkeit auf, mit Eifer und Strenge gegen die Hexen vorzugehen und den Untertanen zur Pflicht zu machen, Verdächtige zu denunzieren. Siehe Müller, Winfried: Mayrhofer, Matthias, in: Bosl, Karl (Hg.): Bosls Bayrische Bibliographie, Regensburg 1983, S. 516 u. Duhr (wie Anm. 13), S. 680 u. 746.
92 Siehe BayHStA, GL Fasz. 3674 Nr. 94, Jesuitenkolleg, Nr. 4.
93 BayHStA, GL Fasz. 3674 Nr. 94, Jesuitenkolleg, Nr. 4.
94 „Servitut" bedeutet „Dienstbarkeit", „dingliches Nutzungsrecht an fremder Sache". Siehe Haberkern, Eugen / Wallach, Joseph Friedrich: Hilfswörterbuch für Historiker. Mittelalter und Neuzeit. Bern – München 1964, S. 572.
95 BayHStA, GL Fasz. 3674 Nr. 94, Jesuitenkolleg, Nr. 4.
96 Ebd.
97 Ebd.

[98] Ebd.
[99] Johann Behringer wurde 1617 in den Hofrat und in die Hofkammer aufgenommen. 1622 wurde er zum Lehenspropst, 1623 zum Direktor des Kollegiums für die österreichischen und pfälzischen Sachen ernannt. 1625 wurde er in den Geheimen Rat berufen. Von 1626 bis zu seinem Tod im Jahre 1640 bekleidete er das Amt eines Pflegers in Weilheim. Siehe Heydenreuter (wie Anm. 7), S. 306.
[100] Siehe BayHStA, RKG Nr. 195, Q 25.
[101] BayHStA, GL Fasz. 3674 Nr. 94, Jesuitenkolleg, Nr. 34.
[102] Ebd.
[103] „Zweck" bedeutet in diesem Zusammenhang ein Stücklein Holz. Siehe Schmeller (wie Anm. 73), Bd. 2, Sp. 1172.
[104] BayHStA, GL Fasz. 3674 Nr. 94, Jesuitenkolleg, Nr. 34.
[105] BayHStA, GL Fasz. 3674 Nr. 94, Jesuitenkolleg, Nr. 43.
[106] Ebd..
[107] Ebd.
[108] Ebd.
[109] Siehe ebd.
[110] Siehe BayHStA, RKG Nr. 195, Q 5-12
[111] Siehe BayHStA, GL Fasz. 3674 Nr. 94, Jesuitenkolleg, Nr. 21.
[112] Siehe BayHStA, RKG Nr. 196, Q 18.
[113] BayHStA, Kurbayern Hofrat Nr. 55, fol. 202v, 19.4.1606.
[114] BayHStA, Kurbayern Hofrat Nr. 55, fol. 203r, 19.4.1606.
[115] BayHStA, GL Fasz. 3674 Nr. 94, Jesuitenkolleg, Nr. 29.
[116] Zum Reichskammergericht siehe Dick, Bettina: Die Entwicklung des Kameralprozesses nach den Ordnungen von 1495 bis 1555, (Quellen und Forschungen zur höchsten Gerichtsbarkeit im alten Reich 10), Köln – Wien 1981; Wiggenhorn, Heinrich: Der Reichskammergerichtsprozeß am Ende des alten Reiches, Diss., Münster 1966; Smend, Rudolf: Das Reichskammergericht, (Quellen und Studien zur Verfassungsgeschichte des deutschen Reiches in Mittelater und Neuzeit IV/3), Weimar 1911; Laufs, Adolf: Reichskammergericht, in: Erler, Adalbert / Kaufmann, Ekkehard (Hg.): Handwörterbuch zur deutschen Rechtsgeschichte, Bd. 3, Berlin 1984, Sp. 655-662 u. Scheurmann, Ingrid (Hg.): Frieden durch Recht. Das Reichskammergericht von 1495 bis 1806, Mainz 1994.
[117] BayHStA, GL Fasz. 3655 Nr. 5, Jesuitenkolleg, Nr. 4.
[118] BayHStA, RKG Nr. 196, Q 4.
[119] Siehe Riezler, Sigmund von: Geschichte Baierns, Bd. 6, Gotha 1903, S. 228-229; Rosenthal, Eduard: Geschichte des Gerichtswesens und der Verwaltungsorganisation Baierns, Bd. 2, Neudruck, Aalen 1968 (1906), S. 136; Hiereth, Sebastian: Die bayerische Gerichts- und Verwaltungsorganisation vom 13. bis 19. Jahrhundert, (Historischer Atlas von Bayern, T. Altbayern), München 1950, S. 105-106 u. Blickle-Littwin, Renate: Besitz und Amt. Bemerkungen zu einer Neuerscheinung über bäuerliche Führungsschichten, in: Zeitschrift für Bayerische Landesgeschichte 40 (1977), S. 277-290.
[120] Siehe BayHStA, GL Fasz. 3655 Nr. 5, Jesuitenkolleg, Nr. 4.
[121] Ebd.
[122] Ebd.
[123] Ebd.
[124] BayHStA, RKG Nr. 196, Q 9.
[125] BayHStA, GL Fasz. 3655 Nr. 5, Jesuitenkolleg, Nr. 4.
[126] BayHStA, Kurbayern Hofrat Nr. 66, fol. 107v, 21.5.1608.
[127] Siehe Staatsarchiv München (StAM), Schwaben, Kurbayern, Hofkammer, Ämterrechnungen, Schwaben, Gericht, Gerichtsrechnung 1590.
[128] Siehe Lütge, Friedrich: Die bayerische Grundherrschaft. Untersuchung über die Agrarverfassung Altbayerns im 16.-18. Jahrhundert, Stuttgart 1949, S. 80 u. Rankl, Helmut: Landvolk und frühmoderner Staat in Bayern 1400-1800, Bd. I, (Studien zur bayerischen Verfassungs- und Sozialgeschichte XVII/I), München 1999, S. 298-308.
[129] BayHStA, GL Fasz. 3655 Nr. 5, Jesuitenkolleg, Nr. 4.
[130] Siehe BayHStA, KL Ebersberg Nr. 41.
[131] Siehe Albrecht, Dieter: Staat und Gesellschaft. Zweiter Teil: 1500-1745, in: Spindler, Max (Hg.): Handbuch der bayerischen Geschichte, Bd. 2, 2., überarb. Aufl., München 1988 (1969), S. 625-663, S. 641-642 u. Blickle, Renate: Leibeigenschaft. Versuch über Zeitgenossenschaft in Wissenschaft und Wirklichkeit, durchgeführt am Beispiel Altbayerns, in: Peters, Jan (Hg.): Gutsherrschaft als soziales Modell. Vergleichende Betrachtungen zur Funktionsweise frühneuzeitlicher Agrargesellschaften, (Historische Zeitschrift, Beiheft N. F. 18), München 1995, S. 53-79.
[132] Siehe BayHStA, KL Ebersberg Nr. 26, fol. 211r.
[133] BayHStA, GL Fasz. 3674 Nr. 94, Hofkammer, Nr. 31.
[134] Siehe Schmeller (wie Anm. 73), Bd. 2, Sp. 200.
[135] Ebd.
[136] Siehe BayHStA, GL Fasz. 3674 Nr. 94, Hofkammer, Nr. 31.
[137] Siehe BayHStA, GL Fasz. 3655 Nr. 5, Jesuitenkolleg, Nr. 4.
[138] Die heutige Tätigkeit eines Anwalts teilten sich damals zwei Berufe, der Advokat und der Prokurator. Diese Unterscheidung stammte aus dem kanonischen Prozess: „Der (sachführende) Prokurator vertrat die Partei vor Gericht, der juristisch gebildete (verfahrensvorbereitende und beratende) Advokat verfaßte (zu Hause) die Rechtsgutachten (Schriftsätze)". Siehe Heydenreuter (wie Anm. 7), S. 218.
[139] Siehe BayHStA, RKG Nr. 14782.
[140] Siehe BayHStA, RKG Nr. 8632, Nr. 8634.
[141] Siehe BayHStA, RKG Nr. 8628, Nr. 8629.
[142] Siehe BayHStA, RKG Nr. 195, Q 3.
[143] BayHStA, RKG Nr. 195, Q 1.
[144] BayHStA, GL Fasz. 3674 Nr. 94, Hofkammer, Nr. 31.
[145] Siehe BayHStA, GL Fasz. 3655 Nr. 5, Jesuitenkolleg, Nr. 4.
[146] BayHStA, GL Fasz. 3674 Nr. 94, Hofkammer, Nr. 31.
[147] Siehe BayHStA, RKG Nr. 196, Q 9.
[148] Siehe BayHStA, RKG Nr. 6712.
[149] BayHStA, GL Fasz. 3655 Nr. 5, Jesuitenkolleg, Nr. 14.
[150] Siehe BayHStA, GL Fasz. 3683 Nr. 125, Hofrat, pars 4, Q 8.
[151] BayHStA, RKG Nr. 196, Q 10.
[152] Siehe BayHStA, RKG Nr. 195, SpPr.
[153] BayHStA, Kurbayern Hofrat Nr. 66, fol. 54r, 28.4.1608.
[154] Siehe BayHStA, Kurbayern Hofrat Nr. 67, fol. 118v, 14.8.1608
[155] Siehe BayHStA, Kurbayern Hofrat Nr. 66, fol. 167v, 17.6.1608.
[156] BayHStA, GL Fasz. 3683 Nr. 125, Hofrat, pars 4, Q 7.
[157] Ebd.
[158] Ebd.
[159] Ebd.
[160] BayHStA, GL Fasz. 3655 Nr. 5, Jesuitenkolleg, Nr. 11.
[161] „Revocieren" bedeutet „zurückrufen", „widerrufen", „zurücknehmen". Siehe Petri, Friedrich Erdmann: Handbuch der Fremdwörter in der deutschen Schrift- und Umgangssprache, 38. Aufl., Leipzig 1911, S. 733.
[162] BayHStA, GL Fasz. 3655 Nr. 5, Jesuitenkolleg, Nr. 11.
[163] Siehe BayHStA, RKG Nr. 196, Q 12; die Liste spricht von 71 Personen, doch 2 Personen sind jeweils doppelt aufgeführt. Es waren dies Einwohner aus den Dörfern Dietmering (6), Berg (7), Lieging (5), Altmannsberg (5), Abersdorf (9), Birkach (11), Steinhöring (11), Hohenlinden (8), Mühlhausen (5), Buchschechen (1) und Kreith (1).
[164] Siehe Behringer, Wolfgang: Hexenverfolgung in Bayern. Volksmagie, Glaubenseifer und Staatsräson in der Frühen Neuzeit, München 1988, S. 285.
[165] Siehe BayHStA, RKG Nr. 196, Q 1.
[166] Siehe Hinz, Manfred: Mandatsprozeß in: Erler, Adalbert / Kaufmann, Ekkehard (Hg.), Handwörterbuch zur deutschen Rechtsgeschichte, Bd. 3, Berlin 1984, Sp. 232-240.

¹⁶⁷ Siehe Reichskammergerichtsordnung, p. 1, tit. 38, § 1-3.
¹⁶⁸ Siehe BayHStA, GL Fasz.3683 Nr. 125, Nr. 2, pars 4, Q 8, f. 5v, 7r.
¹⁶⁹ Siehe BayHStA, GL Fasz. 3674 Nr. 94, Nr. 8, Nr. 31.
¹⁷⁰ Siehe Mayer, Anton: Statistische Beschreibung des Erzbisthums München-Freising, Bd. 1, München 1874, S. 512.
¹⁷¹ BayHStA, GL Fasz. 3674 Nr. 94, Hofkammer, Nr. 31.
¹⁷² Siehe ebd.
¹⁷³ Siehe BayHStA, RKG Nr. 195, Q 14b.
¹⁷⁴ BayHStA, RKG Nr. 195, Q 24.
¹⁷⁵ Siehe BayHStA, RKG Nr. 196, Q 4.
¹⁷⁶ Siehe ebd.
¹⁷⁷ Ebd.
¹⁷⁸ Siehe BayHStA, RKG Nr. 195, Q 16.
¹⁷⁹ Siehe BayHStA, Kurbayern Hofrat Nr. 74, fol. 167v f., 20.6.1609.
¹⁸⁰ BayHStA, GL Fasz. 3683 Nr. 125, Hofrat, pars 4, Protokollband des Hofrates, Eintrag v. 6.7.1609.
¹⁸¹ Siehe BayHStA, Kurbayern Hofrat Nr. 74, fol. 167v f., 20.6.1609.
¹⁸² BayHStA, GL Fasz. 3683 Nr. 125, Hofrat, pars 4, Protokollband des Hofrates, Eintrag v. 10.1.1609.
¹⁸³ Siehe ebd.
¹⁸⁴ Siehe BayHStA, GL Fasz. 3683 Nr. 125, Hofrat, pars 4, Protokollband des Hofrates, Eintrag v. 26.6.1609.
¹⁸⁵ Siehe BayHStA, Kurbayern Hofrat Nr. 73, fol. 37r, 16.1.1609.
¹⁸⁶ BayHStA, GL Fasz. 3683 Nr. 125, Hofrat, pars 4, Protokollband des Hofrates, Eintrag v. 19.1.1609.
¹⁸⁷ Siehe BayHStA, Kurbayern Hofrat Nr. 73, fol. 37r, 16.1.1609.
¹⁸⁸ Siehe Schulze, Winfried: Bäuerlicher Widerstand und feudale Herrschaft, Stuttgart – Bad Cannstatt 1980, S. 49-51.
¹⁸⁹ Siehe Blickle, Renate: Die Haager Bauernversammlung des Jahres 1596. Bäuerliches Protesthandeln in Bayern, in: Blickle, Peter (Hg.): Bauer, Reich und Reformation. Festschrift für Günther Franz zum 80. Geburtstag, Stuttgart 1982, S. 42-73.
¹⁹⁰ BayHStA, GL Fasz. 3683 Nr. 125, Hofrat, pars 3, Nr. 15.
¹⁹¹ Siehe BayHStA, Kurbayern Hofrat Nr. 76, fol. 249v, 29.12.1609.
¹⁹² Siehe Heydenreuter, Reinhard: Herrschen durch Strafen. Zur Entwicklung des frühneuzeitlichen Staates im Herzogtum und Kurfürstentum Bayern 1550-1650, unveröffentl. Habilitationsschrift, S. 517-519.
¹⁹³ Siehe BayHStA, Kurbayern Hofrat Nr. 82, fol. 125r, 15.5.1610.
¹⁹⁴ BayHSTA, RKG Nr. 196, Q 21.
¹⁹⁵ Siehe BayHStA, Kurbayern Hofrat Nr. 59, 117r, 7.3.1607; 57r, 22.3.1607.
¹⁹⁶ Siehe BayHStA, Kurbayern Hofrat Nr. 66, fol. 19v, 14.4.1608.
¹⁹⁷ Siehe BayHStA, Kurbayern Hofrat Nr. 82, fol. 110r, 11.5.1610.
¹⁹⁸ Siehe BayHStA, GL Fasz. 3655 Nr. 5, Jesuitenkolleg, Nr. 7.
¹⁹⁹ BayHStA, Kurbayern Hofrat Nr. 83, fol. 229, 18.9.1610.
²⁰⁰ StAM, Br Pr Ebersberg Nr. 182, fol. 88v.
²⁰¹ Siehe BayHStA, Kurbayern Hofrat Nr. 93, fol. 9v, 8.1.1611.
²⁰² „Schräge" bedeutet „Brettergerüst", „Bühne", „Pranger". Siehe Grimm, Jacob und Wilhelm: Deutsches Wörterbuch, Bd. 9, Leipzig 1899, Sp. 1623.
²⁰³ Siehe BayHStA, Kurbayern Hofrat Nr. 96, fol. 13r f., 4.10.1611.
²⁰⁴ BayHStA, GL Fasz. 3683 Nr. 125, Hofrat, Nr. 24.
²⁰⁵ Siehe BayHStA, GL Fasz. 3655 Nr. 5, Nr. 27.
²⁰⁶ Siehe BayHStA, GL Fasz. 3655 Nr. 5, Nr. 25.
²⁰⁷ Siehe BayHStA, GL Fasz. 3655 Nr. 5, Nr. 31.
²⁰⁸ Ebd.
²⁰⁹ BayHStA, RKG Nr. 196, Nr. 26.
²¹⁰ Siehe Elsas (wie Anm. 85), S. 167.
²¹¹ Errechnet nach Elsas (wie Anm. 85), S. 550.
²¹² BayHStA, RKG Nr. 196, Nr. 26.
²¹³ Rektor Johann Mannhart amtierte zwischen 1623 und 1628. Er hatte zuvor andere Kollegien geleitet, von 1609 bis 1616 das Kolleg in Ingolstadt und zwischen 1621 und 1623 das Kolleg in Ensisheim im Breisgau. Siehe Duhr (wie Anm. 22), S. 204, Anm. 3, 207, Anm. 9, 244, Anm. 1 u. 275, Anm. 1.
²¹⁴ BayHStA, GL Fasz. 3655 Nr. 5, Jesuitenkolleg, Nr. 34.
²¹⁵ BayHSTA, GL Fasz.3683 Nr. 125, Hofrat, pars 3, Nr. 32.
²¹⁶ Siehe BayHStA, GL Fasz. 3655 Nr. 5, Jesuitenkolleg, Nr. 37.
²¹⁷ Ebd.
²¹⁸ BayHStA, Ca Fasz. 1211 Nr. 144, Prod. v. 24.1.1626.
²¹⁹ Siehe BayHStA, RKG Nr. 196, Nr. 22.
²²⁰ Ebd.
²²¹ Siehe BayHStA, RKG Nr. 196, Nr. 26.
²²² „Prosequieren" bedeutet „verfolgen", „fortsetzen", „gerichtlich belangen", „verklagen". Siehe Petri (wie Anm. 161), S. 698.
²²³ BayHStA, GL Fasz.3683 Nr. 125, Hofrat, pars 3, Nr. 34.
²²⁴ Siehe BayHStA Kurbayern Hofrat Nr. 232, fol. 187r ff., 30.4.1630.
²²⁵ BayHStA, Kurbayern Hofrat Nr. 232, fol. 411r, 8.6.1630.
²²⁶ BayHStA, KL Ebersberg Nr. 58, fol. 155r.
²²⁷ Siehe Blickle, Renate: Rebellion oder natürliche Defension. Der Aufstand der Bauern in Bayern 1633/34 im Horizont von gemeinem Recht und christlichen Naturrecht, in: Dülmen, Richard van (Hg.): Verbrechen, Strafen und soziale Kontrolle. Studien zur historischen Kulturforschung III., Frankfurt am Main 1990, S. 56-84.
²²⁸ BayHStA, KL Ebersberg Nr. 46 1/3. Diesen Bericht verfasste der ebersbergische Forstmeister Nikolaus Lechner, bestimmt kein Parteigänger der Aufständischen.

Abbildungsnachweis
Bayerisches Hauptstaatsarchiv, München: Abb. 1, 6 und 7.
Germanisches Nationalmuseum, Nürnberg: Abb. 4.
Markus Krammer, Ebersberg: Abb. 8.
Kreisdokumentation des Landkreises Ebersberg: Abb. 2
Österreichische Nationalbibliothek, Wien: Abb. 5.
Stadtarchiv Ebersberg: Abb. 9.
Verlag Lutz Garnies, Haar bei München: Abb. 3.

Thomas Paringer

Die Brauerei des Klosters Ebersberg

Wie viele alte Landklöster, so besaß auch das Kloster Ebersberg neben anderen Wirtschaftsbetrieben eine eigene Brauerei. Sie zog sich als Konstante, die alle Besitzwechsel überdauerte, durch die gesamte Geschichte des Klosters und stellte eine bedeutende, zeitweise sogar die wichtigste Einnahmequelle dar. Diese Bedeutung kam ihr aber erst in der Neuzeit zu, als das Brauwesen bereits eine mehrhundertjährige Entwicklung hinter sich hatte. Diese soll nun hier zunächst skizziert werden, um alsdann auf diesem Hintergrund die Geschichte der Brauerei des Klosters Ebersberg darstellen zu können.

Das Klosterbrauwesen im Mittelalter

Die Grundlage des Klosterbrauwesens ist in der Regel des heiligen Benedikt zu finden, die nach der Übernahme des Chorherrenstiftes Ebersberg durch die Benediktiner an der Wende vom ersten zum zweiten Jahrtausend auch für unser Untersuchungsobjekt galt. Die Regel besagt, dass die Klöster so angelegt werden sollen, dass sich die verschiedenen gewerblichen Betriebe innerhalb der Klostermauern befinden, damit die Mönche die Klausur möglichst wenig zu verlassen brauchen.[1] Dies erlaubt den Schluss, dass die Brauerei anfangs von Brüdern versorgt wurde; das Brauen galt in der Frühzeit noch wie das Kochen und Backen als hauswirtschaftliche Tätigkeit und diente der Selbstversorgung.[2] Daher ist zumindest für alle Benediktinerklöster nördlich der Alpen eine Brauerei vorauszusetzen, auch wenn Quellenangaben fast gänzlich fehlen; der erste überlieferte Plan eines Klosters, der Sankt Galler Klosterplan, der zu Beginn des 9. Jahrhunderts entstanden war und das Idealbild eines Benediktinerklosters darstellt, weist bereits mehrere Braustätten auf.[3] Das Bier war im frühen Mittelalter jedenfalls in Mittel- und Nordeuropa weit verbreitet, man wird es seiner damaligen Art nach aber

Abb. 1: Bierbrauender Mönch in der vermutlich ältesten Darstellung eines Sudwerkes im Mendelschen Bruderhausbuch, Nürnberg 1397.

mehr als Nahrungs- denn als Genussmittel bezeichnen müssen.[4]

Die früh- und hochmittelalterlichen Biere entsprachen keineswegs unserer heute gängigen Vorstellung von diesem Getränk. Die Bezeichnung Gerstensaft traf auf viele Biere der damaligen Zeit schon deshalb nicht zu, weil das Grundgetreide nicht nur die Gerste, sondern so gut wie jedes Getreide sein konnte; am gebräuchlichsten waren Hafer- oder Roggenbiere, doch fanden allmählich auch Weizen und Gerste Verwendung.[5] Hinzu kamen verschiedene weitere Zutaten wie der Hopfen, der aber vorerst noch eine untergeordnete Rolle spielte und meist nur als Wildhopfen zur Verfügung stand; allgemein war die Liste der Grundstoffe für das Bier im Mittelalter noch nicht festgelegt und von Kloster zu Kloster verschieden.[6]

Das so gebraute Bier war nur sehr begrenzt haltbar und wurde dementsprechend jung vom Fass weg getrunken. Der Alkoholgehalt konnte dabei sehr unterschiedlich sein, je nach der beigegebenen Malzmenge; ganz sicher aber wurden bewusst verschiedene Sorten, auch verschieden starke Sorten gebraut, je nachdem, für welchen Anlass sie verwendet wurden: Für die Verpflegung der Mönche und der vornehmen Gäste stellte man fast immer ein besonders hochwertiges und gehaltvolles Bier, das sogenannte Herrenbier her, während Pilger und einfache Gäste mit geringeren Sorten vorlieb nehmen mussten.[7]

Um den Verbrauch innerhalb des Wirtschaftsverbandes des Klosters decken zu können, waren die Brauereien jedoch noch nicht leistungsfähig genug; und so befanden sich meist auch in den Fronhöfen der Klöster, die wie die Klöster selbst mit Mühlen, Backöfen und den nötigen Werkstätten ausgestattet waren, Brauereien. Deren Produktion diente nicht nur zur Versorgung der dortigen Arbeitskräfte, sondern wurde zum Teil an das Kloster abgegeben. Auch kleine Teilhöfe mussten diese Abgaben leisten, was den Schluss nahelegt, dass das Brauen noch eine weitverbreitete Tätigkeit war.[8] Ab dem 13. Jahrhundert, als das Klosterbrauwesen offensichtlich einen bedeutenderen Umfang angenommen hatte, wurden diese Abgaben an Bier allmählich entweder durch Geldzahlungen oder durch andere Naturalabgaben ersetzt, darunter auch Malz, Braugetreide und Hopfen.[9]

Im 13. Jahrhundert erlebte das Brauwesen einen regelrechten Aufschwung. Die Klöster gingen dazu über, nicht nur für ihren Hausgebrauch, das heißt den sogenannten Haustrunk zu brauen, sondern sie produzierten bewusst über ihren eigenen Bedarf hinaus, um das überschüssige Bier verkaufen, „verschleißen" zu können. Von da an dienten die Klosterbrauereien auch als gewerbliche Betriebe, die den Zweck und die Aufgabe hatten, den wirtschaftlichen Verfall der Klöster aufzuhalten und an Stelle verlorener Einnahmemöglichkeiten neue Geldquellen zu erschließen. (Abb. 1)

Eine Produktionssteigerung setzte aber auch voraus, dass das Bier über längere Zeit gelagert werden konnte, was bei den alten ungehopften Getreidebieren in der Regel nicht der Fall war. So begann man mit dem verstärkten Zusatz von Hopfen, der zumindest eine mehrwöchige Haltbarkeit bewirken konnte; damit waren Transporte in weiter entfernte Tafernen und Schenken möglich. Zugleich wurde damit der Grundstein für den Hopfenanbau in Bayern gelegt, der alsbald in allen klimatisch dafür geeigneten Gebieten gepflegt wurde.[10] Dadurch erreichte man einen deutlich gesteigerten Bierabsatz und damit eine erwünschte Einnahmesteigerung. Um aber Bier frei verkaufen zu können, mussten die Klöster vom Landesherrn das Schankrecht erwerben.[11] Vorreiter waren hier die Zisterzienser, die – allgemein als gute Wirtschafter bekannt – bereits im Jahre 1181 Schenken betrieben, in denen sie an jedermann ausschenken durften; dies erklärt sich durch die Tatsache, dass dieser Orden oft mit der Aufgabe betraut worden war, Neuland zu kultivieren und somit dem Landesausbau zu dienen; dafür wurde er mit weitgehenden Rechten belohnt.[12] Die Benediktiner, die wie die anderen Orden versuchten, dieselben Rechte zugesprochen zu bekommen, erhielten erst wesentlich später, im 14. Jahrhundert, das Recht, in ihren Wirtschaften auch an nicht hörige, das heißt nicht untertänige Kunden Bier und Wein ausschenken zu dürfen.[13]

Hier ist anzumerken, dass im ganzen Mittelalter und bis ins 16. Jahrhundert hinein der landesübliche Trunk in Bayern nicht das Bier, sondern der Wein war; der bayerische Geschichtsschreiber Aventinus schreibt in seiner 1533 fertiggestellten „Bayerischen Chronik", dass das bayerische Landvolk „tag und nacht bei dem Wein" sitze.[14] Gerade die Klöster hatten sich darauf eingestellt und betrieben zum Teil umfangreichen Weinbau, in Bayern vor allem an der Donau, aber auch an der Isar im Bereich um Landshut.[15]

Letztlich waren es also die Klöster selbst, die ihr Brauwesen, das allmählich zum Braugewerbe ausgebaut worden war und so im 13. Jahrhundert einen ersten Aufschwung verzeichnen konnte, wieder drosselten. Doch waren sie nicht der einzige Faktor dieser Stagnation, denn ihnen war in den bürgerlichen Brauereien der Städte eine ernsthafte Konkurrenz erwachsen; zudem hatte man im Verlauf des 13. Jahrhunderts das Haferbier allmählich aufgegeben und war statt dessen zur Produktion von Gerstenbier übergegangen, was sicherlich eine qualitative Verbesserung darstellte, aber den Nachteil hatte, dass der Gerstenanbau in dieser Zeit noch sehr schwach entwickelt und die Gerste, folglich auch das Gerstenbier, verhältnismäßig teuer war.[16] Der Preis des Weines war infolge des hohen Angebotes deutlich niedriger; die Klöster betrieben ja nicht nur ihre in der Umgebung gelegenen einheimischen Weinberge, sondern besaßen dazu vielfach große Weingüter in Franken, Österreich und Tirol, Ebersberg selbst zum Beispiel in der Gegend um Bozen.[17] Die so gewonnene Menge an Wein reichte nicht nur aus, um den liturgischen Bedarf zu decken, sondern war in solchem Ausmaß vorhanden, dass bis ins 16. Jahrhundert hinein der Wein, und darunter vor allem der saure Bayerwein, als das Volksgetränk schlechthin gelten muss; der Genuss von Wasser hingegen wurde als schädlich betrachtet.[18]

Auch das Kloster Ebersberg war hierauf eingerichtet und zog seinen Nutzen daraus: Ein Verzeichnis der Einnahmen und Ausgaben unter Abt Eckhard (1446-1472) vermeldet für die Jahre 1452 bis 1456 Einnahmen von 64 Pfund Pfennigen durch den Verkauf von Wein an Wirte der Umgebung. Als Preis für einen Eimer, nach heutigem Maß für circa 64 Liter, wurden dabei je 2 Pfund Pfennige verlangt.[19] Um das Jahr 1500 betrugen die jährlichen Einnahmen des Klosters Ebersberg aus dem Verkauf von Wein 162 Gulden, wobei auf den Bayerwein nur 6 Gulden, auf den österreichischen Wein jedoch 108 Gulden entfielen.[20] Bei den Einnahmeverzeichnissen, die nach Sachtiteln geordnet sind, taucht dagegen das Bier zum Teil nicht einmal auf. Der gesamte Bierausstoß der Brauerei dürfte daher im 15. Jahrhundert nur den Eigenbedarf des Klosters und seiner Bediensteten gedeckt haben. Ganz offensichtlich war für das Bier noch kein großer Markt vorhanden. Dies lässt sich sogar für den Klosterort selbst nachweisen: Ein Kassenregister von 1419 verzeichnet ausdrücklich eine Weinschenke in Ebersberg.[21]

Während in Bayern die Brauereien nach einem kurzzeitigen Aufschwung im 13. Jahrhundert wieder stark an Bedeutung verloren, ja in manchen Klöstern gar verfielen,[22] lebte das Brauwesen in norddeutschen Städten und Klöstern auf hohem Niveau weiter. Hier lässt sich eine interessante Gegenbewegung erkennen, denn als im 16. Jahrhundert das Brauwesen in Süddeutschland einen erneuten, vom Norden befruchteten und diesmal anhaltenden Aufschwung nahm, kam es in Norddeutschland zum allmählichen Niedergang des Brauwesens, was gerade auch durch den Untergang der dortigen Klosterbrauereien infolge der Reformation verursacht wurde.[23]

Nun, ab dem Ende des 16. Jahrhundert, begann das Bier seinen Siegeszug in Bayern. (Abb. 2) Der sehr arbeitsintensive Weinbau war durch Klima- und Wetterereignisse, vor allem aber durch ein verändertes Konsumver-

Abb. 2: Der Bierbrauer bei seiner Tätigkeit. Holzschnitt von Jost Amman (1539-1591).

Abb. 3: Bierbeschau, dargestellt auf dem Deckel einer Aufschlagtruhe der Brauerzunft in Traunstein (1611).

halten infolge des Aufkommens von Hopfen- und Weißbier aus dem Gleichgewicht gekommen und auch die Einfuhr ausländischer Weine wurde kostspieliger, so dass der Preis für den Wein zwangsläufig ansteigen musste.[24] Ausschlaggebend wurde aber, dass der Landesherr die beträchtlichen Einnahmequellen erkannte, die in der Beherrschung des Getränkemarktes steckten. Kurfürst Maximilian I. besaß das Monopol zum Weißbierbrauen und förderte daher den Absatz dieses Getränkes im ganzen Land. Ganz bewusst versuchte er dabei, den zum großen Teil aus dem Ausland importierten Wein vom Markt zu verdrängen; mit dieser merkantilistischen Politik, die die einheimischen Produkte stärkte und auswärtige Erzeugnisse vom Lande möglichst fernhielt, gelang es ihm, den grundlegenden Wandel der Trinkgewohnheiten in Bayern abzuschließen.[25] Um das sehr bald florierende Weißbiermonopol des Landesherren zu sichern, flankierte man es mit Regelungen bezüglich der Braunbierbrauerei: Man erließ Gebote über die zu verwendenden Zutaten und stellte sogar Bierprüfer an, die über die Einhaltung der Vorschriften und damit über die Qualität der Biere zu wachen hatten.[26] (Abb. 3)

Die Klosterbrauerei Ebersberg unter den Benediktinern

Welchen Status die Brauerei des Klosters Ebersberg vor diesem Zeitpunkt innehatte, ist schwer zu sagen; sie hatte ganz sicher, aber vielleicht ein wenig verspätet den Aufschwung des 13. Jahrhunderts mitgemacht. Bürgerliche Braumeister oder Brauknechte hatte das Kloster nicht angestellt, denn in den Ein- und Ausgabeverzeichnissen, die allerlei Angestellte wie „Schmid, Pfister, Torwartl, Organist, Schulmeister, Fischer, Vogelknecht"[27] et cetera aufführen, wird Braupersonal nicht genannt. Daraus aber ein Fehlen der Brauerei zu erschließen, wäre voreilig, vielmehr ist dies als Hinweis zu werten, dass die Brauerei nach alter benediktinischer Tradition von den Brüdern selbst oder von Laienbrüdern versorgt wurde.

Der erste urkundliche Hinweis auf eine Brauerei in Ebersberg fällt in das Jahr 1400, als dem Kloster am 22. Juni von Herzog Stephan von Bayern-Ingolstadt, in dessen Territorium das Kloster Ebersberg lag, und erneut am 21. September von Herzog Ernst von Bayern-München das Schankrecht in einem Umkreis von einer Meile um das Kloster bestätigt wurde.[28] Dabei handelte es sich eben um eine Bestätigung eines schon früher verliehenen oder zumindest ausgeübten Rechtes; beide Urkunden nehmen Bezug auf das klösterliche Urbarbuch, aus dem die Artikel übernommen wurden, einmal in der originalen lateinischen Fassung und einmal in deutscher Übersetzung. Damit wird zur Gewissheit, dass das Kloster Ebersberg schon vor diesem Zeitpunkt über eine Braustätte verfügt haben muss, auch wenn diese bis dahin vornehmlich der Selbstversorgung gedient haben mag. Ein Gründungsjahr lässt sich aus dieser Angabe nicht ableiten, die Privilegierung mit dem „Leutgeb" oder Schankrecht zeigt aber eindeutig, dass sich auch in Ebersberg der Wandel von einer reinen Selbstversorgerbrauerei hin zu einem gewerblich orientierten Brauwesen vollzogen hatte, auch wenn der Absatz vorerst noch sehr klein gewesen sein und im Vergleich zum Wein noch eine untergeordnete Rolle gespielt haben mag; als wichtige Einnahmequelle kann man die Klosterbrauerei Ebersberg in dieser Zeit noch nicht bezeichnen.

Die eigentliche Verleihung der Braugerechtigkeit an das Kloster Ebersberg lässt sich nicht direkt ermitteln, schon Franz Xaver Paulhuber konnte nur indirekt erschließen, dass diese ebenfalls aus der Zeit der Schankrechtverleihung stammen musste.[29] Wahrscheinlich kam es aber im Mittelalter nie zu einer regelrechten Verleihung, denn die Braunbierbrauerei für den Eigenbedarf war ursprünglich allgemeines Recht aller Untertanen und wurde noch im Landrecht von 1616 als solches bezeichnet;[30] nur die Herstellung von Verschleißbier, also von zum Verkauf bestimmten Bier war Beschränkungen unterworfen.[31]

Das Braurecht wurde dem Kloster daher auch nie strittig gemacht, im Gegenteil, im Jahr 1617 kamen die staatlichen Behörden anlässlich einer Überprüfung zu dem Schluss, dass das Braurecht des Klosters Ebersberg offensichtlich seit alters her bestanden habe. Zudem taucht die Klosterbrauerei Ebersberg von Anfang an in den Verzeichnissen der im Land vorhandenen Brauereien, Tafernen und Schenkstätten auf, die im 16. Jahrhundert erstmals für ganz Bayern erstellt wurden.[32] Im Jahr 1640 schließlich wurde in Bayern eine ordentliche Braumatrikel angelegt, in die alle bestehenden Brauhäuser mit ihren Gerechtsamen eingetragen wurden.[33] Der Eintrag für Ebersberg, nach einer Abschrift von 1723, lautet: „Collegium Soc. Jesu zw Ebersperg hat vermög Concession freyen verschleiss".[34] Damit waren das Braurecht, das „jus braxandi", und die Verkaufsgerechtigkeit der Klosterbrauerei Ebersberg unumstößlich anerkannt und bestätigt worden.

Entwicklung der Biersteuer

Das 1595 aufgehobene Benediktinerkloster Ebersberg wurde am 31. Oktober 1596 den Jesuiten übereignet und unterstand seither dem Rektor des Münchner Jesuitenkollegs;[35] als sogenannte Residenz war es keine eigenständige Niederlassung, so dass in Zukunft für die staatlichen Behörden der Ansprechpartner in Fragen der Ebersberger Brauerei in München zu suchen war.

Die Jesuiten gingen sehr bald daran, mit ihrer neuerworbenen Brauerei am aufstrebenden Braugewerbe teilzuhaben. Damit wurden sie aber auch zum Ziel von Besteuerungsmaßnahmen, denn die ersten Biersteuern wurden nicht von den Verbrauchern, sondern von den Erzeugern erhoben.[36] Dabei hatten Klöster, die nur für ihren eigenen Bedarf brauten, besondere Begünstigungen durch eine sehr niedrige Besteuerung; brauten sie aber über ihren Bedarf hinaus, so wurde der Anteil des Verschleißbieres, also des zum Verkauf bestimmten Bieres, genauso hoch besteuert wie das Bier aller anderen Brauereien.[37]

Bei der Übernahme Ebersbergs durch die Jesuiten war der staatliche Bieraufschlag bereits seit mehreren Jahrzehnten üblich geworden: Schon im Jahr 1543 wurde erstmals eine Biersteuer in Bayern erhoben, nachdem Versuche Herzog Wilhelms IV., auf den Landtagen von 1514 und 1526 eine Steuer auf Bier, Branntwein, ausländischen Wein und Met einzuführen, gescheitert waren. Die Einnahmen aus dem Aufschlag, dem die Stände beim Landtag 1543 schließlich zustimmten, sollten der Landesverteidigung und konkret der Deckung der Kriegskosten für den Türkenkrieg dienen. Dieser bisweilen als „Türkensteuer" bezeichnete Aufschlag, der ursprünglich nur bis zur Abtragung der Kriegsschulden erhoben werden und dann wegfallen sollte, bezog sich dabei noch nicht auf im Land hergestellte Getränke, sondern wurde nur bei ein- und durchgeführten Getränken – beim Bier zum Beispiel in Höhe von 2 Kreuzern pro Eimer – erhoben.[38] Drei Jahre später konnte Herzog Wilhelm bei Kaiser Karl V. einen Freiheitsbrief erlangen, kraft dessen die Aufschläge auf Getränke von den Landständen nicht eigenmächtig aufgehoben werden durften.[39] Damit blieb diese erste Getränkesteuer weiterhin bestehen und wurde 1565 auf 4 Kreuzer pro Eimer verdoppelt und auf dem nächsten Landtag mit Zustimmung der Stände sogar auf 8 Kreuzer und 4 Heller erhöht. Diese Abgabe wurde nun auch auf das im Land gebraute Bier ausgeweitet; Steuerbefreiung gab es nur für die Bettelorden, die keine liegenden Güter besaßen; die Jesuiten fielen demnach unter die steuerpflichtigen Orden. Somit hatte sich in Bayern Schritt für Schritt aus einer – theoretisch als Einmalzahlung verstandenen – Biersteuer der „Bieraufschlag" als feste Abgabe etabliert, der nicht mehr nur auf eingeführtes Bier, sondern auch auf das gesamte inländische Bier erhoben wurde; Herzog Wilhelm IV. hatte sich diese neue Einnahmequelle schon erschlossen, bevor im Jahr 1566 Kaiser Rudolf das Recht der Besteuerung von Getränken formal den Landesherren verlieh.[40]

Für die Art der Steuererhebung gab es zwei Möglichkeiten: Da sich die Höhe des Aufschlages nach der Menge des gesottenen Bieres errechnete, gab es einmal die Möglichkeit, die genaue Zahl der Suden beziehungsweise der einzelnen Eimer für die Besteuerung zugrunde zu legen. Dieses Verfahren, „Reglement" genannt, war zeitraubend, weil ständig über die genaue Menge des

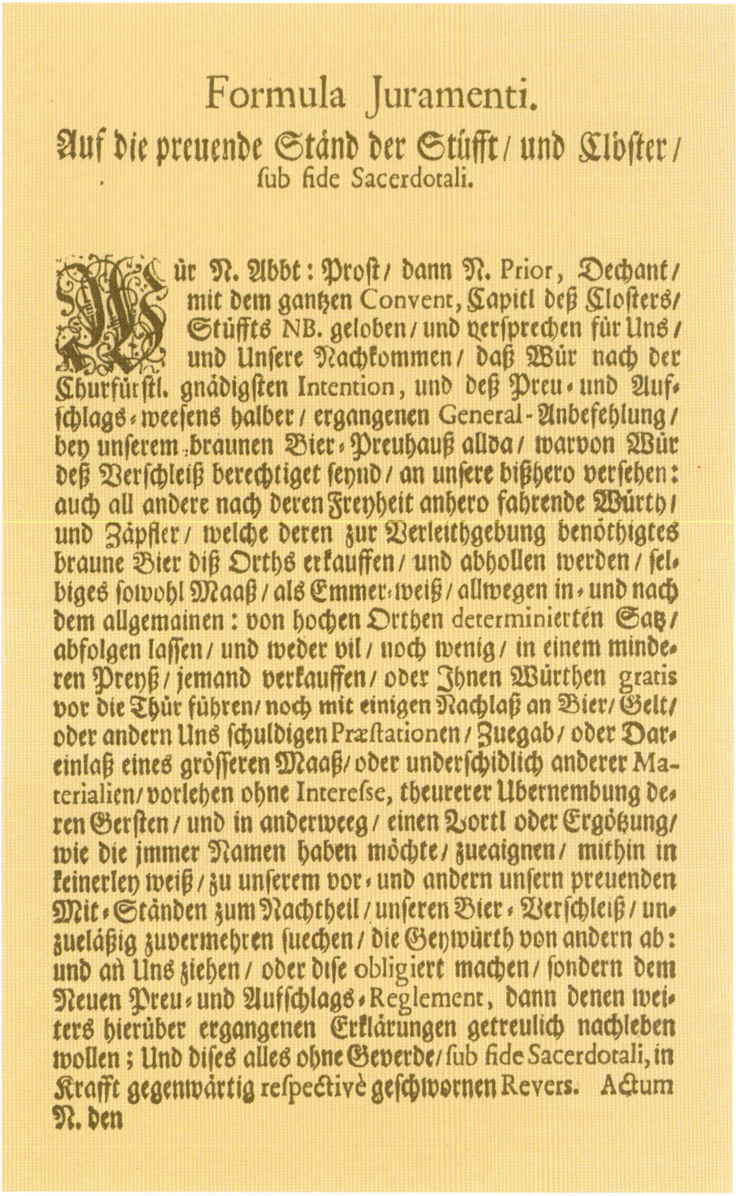

Formula Juramenti.

Auf die preuende Stånd der Stůfft / und Clöster / sub fide Sacerdotali.

Wür N. Abbt: Prost / dann N. Prior, Dechant / mit dem gantzen Convent, Capitl deß Closters / Stůffts NB. geloben / und versprechen für Uns / und Unsere Nachkommen / daß Wür nach der Churfürstl. gnädigsten Intention, und deß Preu- und Aufschlags-weesens halber / ergangenen General-Anbefehlung / bey unserem braunen Bier-Preuhauß allda / warvon Wür deß Verschleiß berechtiget seynd / an unsere bißhero versehen: auch all andere nach deren Freyheit anhero fahrende Würth / und Zäpfler / welche deren zur Verleithgebung benöthigtes braune Bier diß Orths erkauffen / und abhollen werden / selbiges sowohl Maaß / als Emmer-weiß / allwegen in- und nach dem allgemainen: von hochen Orthen determinierten Satz / abfolgen lassen / und weder vil / noch wenig / in einem minderen Preyß / jemand verkauffen / oder Jhnen Würthen gratis vor die Thür führen / noch mit einigen Nachlaß an Bier / Gelt / oder andern Uns schuldigen Præstationen / Zuegab / oder Dareinlaß eines grösseren Maaß / oder underschidlich anderer Materialien / vorlehen ohne Interesse, theurerer Ubernembung deren Gersten / und in anderweeg / einen Vortl oder Ergötzung / wie die jmmer Namen haben möchte / zueaignen / mithin in keinerley weiß / zu unserem vor- und andern unsern preuenden Mit-Ständen zum Nachtheil / unseren Bier-Verschleiß / unzueläßig zuvermehren suechen / die Geywürth von andern ab: und an Uns ziehen / oder dise obligiert machen / sondern dem Neuen Preu- und Aufschlags-Reglement, dann denen weiters hierüber ergangenen Erklärungen getreulich nachleben wollen; Und dises alles ohne Geverde / sub fide Sacerdotali, in Krafft gegenwärtig respectivè geschwornen Revers. Actum N. den

Abb. 4: Eidesformel für bierbrauende Klöster in Bayern nach dem "Neuen Preu- und Aufschlags-Reglement" (17. Jh.).

produzierten Bieres Buch geführt werden musste; zudem mussten die aktuellen Sudzahlen in regelmäßigen Abständen von einem klostereigenen Boten ins Aufschlagsamt gebracht werden.[41]

Um diese umständliche Prozedur und vor allem die nicht zu umgehenden Kontrollen und den Schriftverkehr zu vermeiden, wurde eine weitere Möglichkeit der Abgabenberechnung eingeführt: die sogenannte „Komposition". Bei dieser Regelung, die die Landschaftsmitglieder untereinander treffen konnten, wurde eine Pauschalsumme vereinbart, die für das gesamte Sudjahr zu bezahlen war.[42] Die Höhe der Komposition richtete sich nach einer durchschnittlichen Jahresproduktion, die man aus dem Mittelwert mehrerer vorangegangener Sudjahre errechnete. Die einmal festgelegten Kompositionen wurden oft über Jahre und sogar Jahrzehnte unverändert beibehalten. Wenn allerdings eine der beiden Seiten, Landschaft oder Brauerei, Zweifel hegte, ob die Höhe der Abgabe noch richtig sei, so hatte sie jederzeit das Recht, die Komposition zu kündigen; dann wurde entweder eine neue Summe „komponiert" oder exakt nach dem Reglement abgerechnet. Die Landschaft drängte in der Regel darauf, aus Gründen der Verwaltungsvereinfachung eine Komposition abzuschließen; mehrere Male jedoch, zum Beispiel im Jahr 1635, wurden alle Kompositionen der Klosterbrauereien gekündigt und für einen gewissen Zeitraum nur noch nach dem Reglement abgerechnet.[43]

Die Klosterbrauerei Ebersberg als Jesuitenbrauerei

Spätestens fünf Jahre nach Übernahme des Klosters Ebersberg betrieben die Jesuiten dort nachweislich gewerbliches Bierbrauen, sie produzierten also nicht nur für ihren Eigenbedarf, sondern sotten Bier, das für den freien Verkauf bestimmt war. Aufschluss darüber geben frühe Aufschlagsrechnungen der Landschaft, der die Einhebung des Bieraufschlages oblag. Diesen Aufstellungen zufolge wurde mit der Klosterbrauerei Ebersberg der Aufschlag bis 1608 nach dem Reglement abgerechnet, da die jährlichen Summen erheblich schwankten. Im Dezember 1608 schließlich baten die Jesuiten die Landschaft um die Festsetzung einer Komposition in Höhe von 296 Gulden, 5 Kreuzern und 1 Heller,[44] dem Mittelwert der von 1601 bis 1608 geleisteten Abgaben. In diesem Zeitraum waren die jährlich geleisteten Summen sehr unterschiedlich gewesen, eindeutig ist jedoch die Tendenz zur Steigerung erkennbar, von circa 58 Gulden im Jahr 1601 auf über 450 Gulden im Jahr 1607. Die beantragte Komposition von circa 300 Gulden jährlich wäre daher durch die Einberechnung von äußerst ertragsschwachen Jahren für die Brauerei Ebersberg sehr vorteilhaft gewesen. Leider fehlen eindeutige Quellen, die Auskunft über das Ergebnis der Verhandlungen geben könnten; nur für das Jahr 1614 gibt es einen Hinweis, dem zufolge Ebersberg eine Komposition von 400 Gulden zu zahlen hatte.[45] Ob es sich dabei aber nur um die geforderte oder um die tatsächlich bezahlte Summe handelte, bleibt unklar, wobei eine Summe von 400 Gulden in etwa dem Mittelwert der letzten drei Jahre entsprechen würde und daher durchaus als realistisch angesehen werden kann.

Eine Tatsache lässt sich aber bereits hier, zu Beginn des 17. Jahrhunderts, erkennen: Ebersberg verfügte über eine überdurchschnittlich große Brauerei mit hohem Bierausstoß, denn sonst wären die 457 Gulden Bieraufschlag, die bereits 1607 geleistet wurden, nicht erklärbar: Eine vergleichbar hohe Abgabe wurde nur von wenigen anderen Brauereien erreicht, viele dagegen, wie zum Beispiel das Kloster Altomünster mit 42 Gulden im Jahr 1607 oder das Kloster Ettal mit 40 Gulden im Jahr 1614, blieben erheblich unter diesem Wert.[46] Damit zeigt sich aber zudem, dass die Jesuiten gewillt waren, den größtmöglichen Nutzen aus ihrer neuen Residenz in Ebersberg zu ziehen; sie betrieben die Brauerei auf hohem Niveau weiter und brachten ihr Bier auch zum Ausschank, obwohl ihnen eigentlich nach ihren Ordensregeln jegliches Handeltreiben verboten war.[47] Kein Angebot kann aber ohne die entsprechende Nachfrage aufrechterhalten werden; der bedeutendste Faktor war dabei die klostereigene Wallfahrt zur Hirnschale des heiligen Sebastian, der als Schutzpatron gegen die Pest bis zur Mitte des 18. Jahrhunderts eine große Anziehungskraft ausübte.[48] Als Konkurrenz hatten die Ebersberger Jesuiten zu dieser Zeit in der weiteren Umgebung nur eine damals bereits in Grafing existierende Brauerei zu fürchten.[49]

Nur wenige Jahre später, 1612, wurde eine erneute Abgabeerhöhung festgesetzt: Für den Eimer Haustrunkbier war jetzt je ein Schilling, für den Eimer Verschleißbier das doppelte zu bezahlen. Nur das sogenannte Almosenbier, eine regelmäßige Gabe aus klösterlichen oder bürgerlichen Brauereien an Bettelordensklöster ohne eigene Brauerei war frei von jeder Abgabe.[50] Die Klosterbrauerei Ebersberg dürfte jedoch kaum solche Almosen geleistet haben, da die Niederlassungen der Bettelorden nur selten auf dem flachen Land zu finden waren. Dennoch gelang es den Münchner Jesuiten, denen die Residenz Ebersberg und damit auch deren Brauerei unterstand, die jährliche Komposition auf 380 Gulden zu senken.[51] Mit welchen Argumenten sie dies erreichten, ist leider mangels Quellen nicht nachvollziehbar. Sicher ist nur, dass dieser Aufschlag, der seit 1634 als „alter Aufschlag" bezeichnet wurde, über hundert Jahre unverändert bestanden hatte. Allerdings bedeutet dies nicht, dass in diesem Zeitraum keine weiteren Steuererhöhungen stattgefunden hätten, es wurden vielmehr neue Aufschläge eingeführt, die dann zusätzlich – rechnerisch aber säuberlich getrennt – erhoben wurden.

Das Weißbiermonopol, das der spätere Kurfürst Maximilian I. nach dem Aussterben des niederbayerischen Geschlechts der Degenberger übernommen hatte, wurde zum Auslöser einer neuen staatlichen Straffung des gesamten Brauwesens im Land.[52] War früher das Brauen für den Eigenbedarf als allgemeines Recht aller Untertanen erlaubt gewesen und nur für das Brauen zum Verkauf eine Beschränkung auferlegt worden, so führten die im Dreißigjährigen Krieg eingerissenen Missbräuche zu einer amtlichen Überwachung und schließlich Einschränkung auch des Haustrunkbrauens. 1639 wurde verfügt, dass alle neu errichteten Braustellen bei der Landschaft angemeldet werden müssten, und 1640 wurde eine eigene Braumatrikel angelegt.[53]

Die Ebersberger Brauerei brauchte diese Überprüfung jedoch nicht zu fürchten, denn die Jesuiten hatten, wie oben erwähnt, bereits 1617 ihr Braurecht für Ebersberg bestätigt bekommen. Diese am 27. April 1617 von Herzog Maximilian I. ausgestellte Urkunde bestätigte nicht nur das Ebersberger Braurecht sowie das Recht, Bier selbst auszuschenken oder an Wirtshäuser zu verkaufen, sondern stellte zugleich eine Art Schutzbrief dar; die Formulierung lässt erkennen, dass wohl ein konkreter Streit den Anlass zur Ausstellung dieser Urkunde gegeben haben muss. Der Schutz der Ebersberger Brau- und Schankrechte wurde daher ausdrücklich betont.[54]

Dieser Schutz bezog sich allerdings nur auf rechtliche Streitigkeiten; wenn es um die Besteuerung ging, so wurde die Ebersberger Brauerei wie jede andere Brauerei behandelt. Dies zeigt sich 1634, als der neu eingeführte sogenannte „neue Aufschlag" erstmals erhoben wurde, der neben den „alten Aufschlag" von 1612 trat und in Höhe von weiteren 15 Kreuzern pro Eimer berechnet wurde;[55] nur das Bier für den Eigengebrauch wurde vom Aufschlag befreit. (Abb. 4)

Im Dreißigjährigen Krieg

Für die Ebersberger Jesuitenresidenz war bereits ohne diesen neuen Aufschlag die Grenze der Belastbarkeit erreicht: Mitten im Dreißigjährigen Krieg konnten die Jesuiten den Aufschlag für das Jahr 1631 und die Jahre zuvor nicht mehr leisten. Am 10. Februar 1632 wurde die Landschaft um Erlassung der Kompositionssumme gebeten. Diese war zu Zugeständnissen bereit und versprach den Nachlass um ein Viertel der Summe für 1631, wenn die noch ausstehende Schuld der Vorjahre bezahlt sei. Dieses Angebot erschien den Jesuiten jedoch noch zu gering, und mit dem Hinweis, dass man den ganzen Sommerbiervorrat verloren habe, bat man darum, wenigstens die Hälfte erlassen zu bekommen, was dann auch genehmigt wurde.[56] Diese erste Auseinandersetzung zog sich allerdings in die Länge, denn die wirtschaftliche Lage des Stiftes Ebersberg war durch den Krieg ernsthaft verschlechtert worden, so dass bereits 1635 erneut Ausstände bei den Bieraufschlägen zu verzeichnen waren. Seit diesem Jahr waren die Behörden dazu übergegangen, den Aufschlag nicht mehr nach der Komposition, sondern nach dem Reglement zu berechnen;[57] die dabei entstandenen Aufzeichnungen zeigen, dass die Klosterbrauerei Ebersberg in diesen Jahren einen sehr stark verminderten Bierausstoß zu verzeichnen hatte, denn der verlangte Aufschlag betrug nur noch gut 89 Gulden, von dem dann sogar noch die Hälfte nachgelassen wurde, „allweil das Stifft Ebersperg aufs eisserist spoliert und ausgeblindert" gewesen sei.[58] Auch die Pest forderte ihre Opfer, so dass einige Tafernen der Hofmark Ebersberg, nämlich die Hoftaferne und der Oberwirt zu Ebersberg, im Jahr 1634 vom Aufschlag befreit wurden, „aus ursach die eingiwatireten Soldatn alzustarkh schaden gethan, sowollen die laidige Infection allenthalben grassiert".[59]

Das Stift Ebersberg dagegen hatte seinen Aufschlag, wenn dieser auch nur eine geringe Höhe hatte, und die Schulden aus den Vorjahren noch immer nicht vollständig bezahlt, so dass sich der Ton der Zahlungsaufforderungen verschärfte; sogar von „angetroten Clagsmitlen"[60], also von einem drohenden Prozess war die Rede. Die Landschaft rief daraufhin die zuständige kurfürstliche Behörde an, die prompt den Rektor der Münchner Jesuiten mahnte, die Ausstände des Stifts Ebersberg beim Bieraufschlag sofort zu bezahlen,[61] was dann spätestens im Sommer 1636 auch geschah.

Die Steuerverwaltung der Landschaft war in diesen Jahren dazu übergegangen, statt handschriftlicher Anschreiben Vordrucke zu verwenden, in die der jeweilige Name der Brauerei, das Datum und die Höhe der zu leistenden Aufschläge eingetragen werden mussten. Sehr bezeichnend ist dabei, dass auch für Mahnschreiben, die nach Ablauf der Zahlungsfrist an die jeweiligen säumigen Zahler geschickt wurden, solche Vordrucke verwendet wurden; die Zahlungsprobleme des Stiftes Ebersberg stellten also durchaus keinen Einzelfall dar. In den Ebersberger Akten sind davon gleich mehrere zu finden. Die langen Jahrzehnte des Dreißigjährigen Krieges bedeuteten für das Ebersberger Brauhaus aber nicht nur Tiefpunkte; der gewaltige Einbruch der 1630er Jahre fand um 1641/42 sein Ende und die Brauerei nahm einen neuen Aufschwung: Für das erste Halbjahr 1644 verzeichnete das Brauhaus bereits wieder einen Ausstoß von 1050 Eimern (= 672 hl), wofür eine Abgabe von gut 270 Gulden fällig wurde. (Abb. 5) Gegen Ende des Krieges, als Bayern 1646 und 1648 erneut von den Schweden heimgesucht wurde, kam es ein weiteres Mal zu einem Niedergang, für das Jahr 1648 beispielsweise betrug der Jahresaufschlag wieder nur 171 Gulden.[62]

Die Zeit des Dreißigjährigen Krieges brachte somit nicht nur neue Steuern, sondern auch spürbare wirtschaftliche Einbußen für die Jesuiten in Ebersberg. Mehr als einmal kam es dabei zur Verweigerung der Aufschlagszahlungen; in diesen Zeiten der Not begann eine lange Reihe von Auseinandersetzungen mit den Aufschlagsämtern oder direkt mit der Landschaft um die Höhe der verschiedenen Aufschläge. Diese Streitigkeiten, die in oft langwierigen Schriftwechseln ihren Ausdruck fanden, wurden auch in Friedenszeiten fortgesetzt, so dass sie keineswegs nur als ein kriegsspezifisches Problem anzusehen sind.

Auseinandersetzungen um den Bieraufschlag

In den Jahre 1657 bis 1664 betrugen die von Ebersberg geleisteten Biersteuern jeweils etwa 300 Gulden, von 1665 an lagen sie dann für mehrere Jahre zum Teil deutlich über 350 Gulden.[63] Wegen dieser Schwankungen hätten die Jesuiten gerne wieder eine Kompositionssumme eingeführt, die Verhandlungen mit der Landschaft, die am 2. Dezember 1668 deswegen geführt wurden, scheiterten jedoch, so dass der Ebersberger Bieraufschlag weiterhin nach dem Reglement berechnet wurde.[64]

Zu einer neuen allgemeinen Aufschlagserhöhung kam es ab 1676, als ein weiterer Bieraufschlag, der sogenannte „Extraordinari-Aufschlag" eingeführt wurde, der 15 Kreuzer pro Eimer betrug und ausnahmslos auch für den Klosterhaustrunk verlangt wurde.[65] Die auf Ebersberg entfallende Summe erschien den Jesuiten offenbar viel zu hoch; sie wandten sich daher mit einem Schreiben an die Landschaft, in dem sie gleich mehrere Klagepunkte vorbrachten: Erstens sei das Ebersberger Brauhaus den Jesuiten mit aller seiner Nutzbarkeit übergeben worden, daher solle es nach dem Willen des Stifters auch zu diesem „zühl und endte dienen" und für das Münchner Jesuitenkolleg Erträge abwerfen. Schon vorher sei kaum etwas übriggeblieben, aber der neue Aufschlag verschlinge allen Gewinn, so dass man nun „das Prauhaus Ihro Churf(ürstlichen) D(urchlaucht) zu füessen zulegen" habe, wenn man ihnen den Aufschlag nicht erlasse. Zweitens sei den Jesuiten das Brauhaus in Ebersberg in einem besseren Zustand, mit größeren Vorteilen und Freiheiten, übergeben worden, als es sich jetzt befinde und als es sich bei der alten, erträglichen Komposition befunden habe; das jus braxandi habe man mit allen den Rechten und Freiheiten erhalten, mit welchen es die Benediktiner vorher besaßen. Diese aber hätten weniger oder gar keine Aufschläge bezahlt. Außerdem sei damals im Umkreis von zwei Stunden niemand sonst brauberechtigt gewesen, während jetzt im Markt Grafing drei oder vier Brauer seien und dem Ebersberger Brauhaus die Hälfte der Nutzung entzögen. Durch den Aufschlag sei das Bier noch zusätzlich verteuert und der „Verschleiss und nuzen enormiter gemündert worden". Und schließlich müsse die Residenz Ebersberg samt dem Brauhaus renoviert werden. Man habe daher die Bitte, wieder eine Komposition festlegen zu wollen.[66] Um eine rechnerische Grundlage für die Kompositionssumme zu haben, wurde ein Verzeichnis des in den letzten drei Jahren in Ebersberg gesottenen Bieres verfasst; im Braujahr 1676/77 wurden demnach 757 Eimer gebraut, im Braujahr 1677/78 745 und im Braujahr 1678/79 1.100 Eimer, insgesamt also 2.602 Eimer oder 1.665,28 Hektoliter. Der Extraordinari-Aufschlag von 15 Kreuzer je Eimer betrug damit für diese drei Jahre 648 Gulden. Somit war für die Aufschlagsbehörde der Fall geklärt, sie stellte dem Jesuitenkolleg München die Summe in Rechnung. Dieses hatte sich allerdings einen deutlichen Nachlass erhofft, verweigerte daher die Bezahlung und wollte eine geringere Zahlungssumme durchsetzen, womit die Verhandlungen um die Neukomponierung Ebersbergs vorerst gescheitert waren.

Erst 1680 wurde ein neuer Anlauf gestartet, wieder wurden Aufstellungen über den Bierausstoß und die geleisteten Aufschläge erstellt, denen zufolge das Stift in den zehn Jahren von 1670 bis 1679 nur etwa 1.172 Gulden bezahlt hatte.[67] Die Konsequenz war, dass das Aufschlagsamt die Landschaft einschaltete, weil es die für 1676 bis 1678 angesetzten Aufschläge der Brauerei Ebersberg als viel zu gering erachtete und daher eine Festsetzung der Komposition auf 130 Gulden empfahl; außerdem meldete es, dass noch mehrere Posten aus diesen Jahren offen seien.[68] Aus einer kleinen Notiz ist ersichtlich, dass die Jesuiten durchaus bemüht waren, das Problem aus der Welt zu schaffen, denn am 10. April 1680 erschienen der Pater Superior mit dem Pater Prokurator aus Ebersberg bei der Landschaft und verhandelten persönlich über die Festsetzung einer Komposition. Die Verhandlungen scheiterten aber letztlich an der Unnachgiebigkeit der beiden Ordensleute.[69] Die beiden Seiten waren damit so verhärtet, dass erst 1682 erneute Verhandlungen aufgenommen werden konnten, ohne dass die Ebersberger in der Zwischenzeit weitere Zahlungen geleistet hätten. Das Aufschlagsamt München, das für das Münchner Jesuitenkolleg und dessen Residenz Ebersberg zuständig war, stand der ganzen Angelegenheit geradezu hilflos gegenüber; eine vorsichtige Anfrage bei der Landschaft hatte aber nur die scharfe Zurechtweisung zur Folge, dass das Aufschlagsamt die Instruktionen kenne und wisse, wie bei ausstehenden Steuern vorzugehen sei. Die Landschaft selbst sei keineswegs zuständig, im Gegenteil, das Aufschlagsamt müsse sogar für die zu leistenden Aufschläge haften.[70] Doch auch der Gegenseite, den Jesuiten, dauerte die Angelegenheit allmählich zu lange; daher wandte sich der Rektor des Münchner Kollegs ebenfalls an die Landschaft und bat, einen Termin zu bestimmen, an dem die Komposition festgelegt werden könne. In der Zwischenzeit bis zur „gemachten Composition" solle die Sache aber

ruhen.[71] So kam es am 16. Dezember 1682 in der Landschaftskanzlei in München endlich zu einem Kompromiss, bei dem man sich für alle drei bestehenden Aufschläge auf eine Summe einigen konnte: Beim „alten Aufschlag" blieb es bei der anno 1612 ausgehandelten Komposition von 380 Gulden, der „neue Aufschlag" von 1634 wurde, da der Haustrunk von diesem Aufschlag befreit war, auf nunmehr 175 Gulden veranschlagt, und schließlich wurde der „Extraordinari-Aufschlag" von 1676 auf 300 Gulden festgelegt.[72]

Damit war die Sache jedoch noch immer nicht erledigt, weil die Aufschlagsbeamten, die sich wieder neue Sudaufstellungen und Aufschlagslisten erstellen ließen, offensichtlich bei der Verrechnung der Ausstände mit den bereits geleisteten Zahlungen nicht zurechtkamen. Denn die getroffene Vereinbarung wurde rückwirkend bis 1658 angewandt, wodurch einige bereits bezahlte Aufschläge gutgeschrieben und andere nachgefordert werden mussten. Die Jesuiten hatten jedoch bereits

Abb. 5: Quittung über den vom Stift Ebersberg im Februar 1643 bezahlten Bieraufschlag.

Abb. 6: Das Brauhaus des Klosters Ebersberg zu Beginn des 18. Jahrhunderts in einem Stich Michael Wenings.

einen Großteil der geschuldeten Summe bezahlt und damit ihre Bereitschaft bewiesen, den gefundenen Kompromiss einzuhalten. Bis zur endgültigen Beilegung der Angelegenheit wurden allerdings noch zwei Beschwerdeschreiben des Rektors an die Landschaft nötig, in denen er sich einmal darüber beklagte, dass der dritte Punkt des Kompromisses vom Aufschlagsamt ganz anders interpretiert werde als vorgesehen; in seinem zweiten Schreiben beschwerte er sich konkret über einen bestimmten Aufschlagsbeamten, der die getroffene Vereinbarung beharrlich anders interpretiere.[73] Erst nach diesen energischen Klagen griff die Landschaft direkt ein, wies dem Aufschlagsamt einige Rechenfehler nach und gab somit den Jesuiten Recht.[74] Die Streitigkeiten der Brauerei Ebersberg wegen der Einführung des Extraordinari-Aufschlags hatten sich somit über acht Jahre hingezogen.

Bayern unter österreichischer Besatzung

Für mehr als 20 Jahre herrschte danach Ruhe um die Aufschlagszahlungen aus Ebersberg; offenbar konnte das Stift mit der gefundenen Komposition sehr gut leben. Auf Seiten der Landschaft jedoch wollte man sich allmählich mit der geleisteten Summe nicht mehr zufrieden geben. Ohne erst mit den Jesuiten zu sprechen, wurden die Aufschlagsbeamten in Grafing und Markt Schwaben Anfang 1708 beauftragt, Erkundungen über die Höhe der Bierproduktion der Ebersberger Brauerei einzuziehen, weil sich der dortige Bierverschleiß seit einiger Zeit merklich vermehrt habe.[75] (Abb. 6)

Die Antworten ließen nicht lange auf sich warten und zeichnen das Bild eines blühenden, bedeutenden Brauwesens in Ebersberg: Nicht weniger als 17 Wirte und sieben Pfarrherrn, so der Bericht des Grafinger Aufschlagseinnehmers, würden von der Jesuitenbrauerei versorgt werden; diese habe damit mehr Kunden als alle Grafinger Brauer zusammen. Diese bürgerlichen Brauer hätten zudem nie bis September, dem Beginn der Brausaison, Märzenbier vorrätig, so dass im Sommer für einen Monat ganz Grafing und die Umgebung das Märzenbier, „welches freylich in einer grossen quantitet abgeben würdt", von Ebersberg beziehe.[76] Auch der Bürgermeister von Markt Schwaben kam zu ähnlichen Ergebnissen: Er führte die Wirte auf, die von Ebersberg aus versorgt wurden, nämlich neben sieben Ebersberger Wirten auch Wirte in Forstinning, Hohenlinden, Forstern, Wolfesing, Tegernau, Jakobneuharting, Pfaffing und Rettenbach. Das Brauhaus beschäftige außerdem sechs weltliche Brauknechte. Dazu kämen jährlich zur Sommerszeit wegen des in der ganzen Gegend nur dort bis in den Sommer hinein erhältlichen Märzenbieres Wirte aus Erding, Markt Schwaben, Grafing, Rosenheim, Aibling und neben anderen umliegenden Hofmarkswirten auch der Rädlwirt von München aus der Au.[77]

Diese Informationen wurden an die Landschaft weitergeleitet, allerdings nicht ohne darauf hinzuweisen, dass die getroffene Aufschlagskomposition „vleissig entricht", also zuverlässig bezahlt werde.[78] Hier zeigt sich ein Standortvorteil der großen Ebersberger Klosterbrauerei: Anders als ihre bürgerlichen Konkurrenten verfügte sie mit ihren Klosterkellern über eine große Lagerkapazität und konnte so das Sommerbrauverbot von Georgi (23. April) bis Michaeli (29. September) mit eigenen Vorräten überbrücken; im Sommer, wo mangels Kühlvorrichtungen das Bier schnell verdarb, garantierten die Ebersberger Brauereikeller offensichtlich eine deutlich längere Haltbarkeit, so dass die dortige Brauerei in der größeren Umgebung quasi zum Monopolanbieter wurde.

Erst nach Erhalt dieser Informationen, ein halbes Jahr nach Beginn der Untersuchung, wandte sich die Landschaft an den Rektor der Münchner Jesuiten und teilte diesem mit, dass die alte Komposition nicht mehr ausreichend sei und erhöht werden müsse; ansonsten werde die Komposition gekündigt.[79] Natürlich hatten die Jesuiten Einwände zu erheben, vor allem klagten sie nun ihrerseits über die benachbarten Brauer in Grafing und Schwaben, die ihre Keller vergrößert hätten und dadurch mehr lagern könnten. Die höhere Produktion der Ebersberger Brauerei sei dagegen nur auf die Truppendurchzüge und -einquartierungen des Spanischen Erbfolgekrieges zurückzuführen, „es ist aber dabey der Nuzen so gross nit" anzusetzen, weil man auch viel Schaden erlitten habe und die Soldaten oft nicht bezahlen würden; der Verschleiß werde aber in Friedenszeiten sicher wieder sinken, weshalb die Komposition eher gemindert als gesteigert werden sollte.[80] Die Sache blieb vorerst auf sich beruhen, aber im Jahr 1710 startete die Landschaft einen neuen Anlauf, setzte die Komposition auf 1.000 Gulden fest[81] und ließ auch keine weiteren Einwände der Jesuiten mehr gelten, die vergeblich vorbrachten, dass man zu Ebersberg „ein merckhlich bössers praunes pier, conseqenter auch mit mehrern Uncosten" als die Grafinger und Schwabener Brauer herstelle.[82] Schließlich mussten sich die Jesuiten aber fügen und die neue Kompositionssumme rückwirkend ab Pfingsten 1710 bezahlen.[83]

Der Spanische Erbfolgekrieg (1701-1714), der der Ebersberger Brauerei einen höheren Bierabsatz beschert hatte, hatte aber auch spürbare Belastungen mit sich gebracht: Bayern war seit 1704 von Österreich besetzt. Um die Kosten der Einquartierungen tragen zu können, wurde 1706 ein vierter Bierpfennig, der sogenannte „Casarmaufschlag" oder Kasernenaufschlag eingeführt, der wiederum 15 Kreuzer pro Eimer betrug.[84] Die Brauereien hatten ihn zusätzlich zu den bestehenden Aufschlägen zu leisten; bestand eine Komposition für den Extraordinari-Aufschlag, so sollte dieselbe Summe auch für den neuen Casarmaufschlag gelten. Brauherren, die sich den Besatzern gegenüber offen zeigten, wurden dabei bisweilen mit einer Aufschlagsbefreiung belohnt. Nach dem Abzug der Österreicher 1714 und der Rückkehr des bayerischen Kurfürsten Max Emanuel nach Bayern wurde dieser neue Aufschlag weiterhin erhoben, obwohl der eigentliche Erhebungsgrund, nämlich die einquartierten fremden Soldaten, beseitigt war. In einer Druckschrift wurden von der Landschaft die wesentlichen Punkte erläutert: Demnach musste der Aufschlag von jeder Brauerei bezahlt werden, Befreiungen oder Nachlässe waren nicht möglich, auch nicht für Adels- oder Klosterbrauereien; die Höhe des neuen Aufschlags richtete sich nach dem Aufschlag von 1676 (Extraordinari-Aufschlag). Von der kaiserlichen Administration gewährte Nachlässe verloren ihre Gültigkeit, konnten aber erneut beantragt werden.[85]

Kraftprobe der bayerischen Jesuiten mit den Steuerbehörden

In Ebersberg scheint man den neuen Aufschlag zuerst auch pünktlich bezahlt zu haben, nur aus dem Jahr 1718/19 ist eine Zahlungserinnerung bekannt.[86] (Abb. 7) Diese stand in Zusammenhang mit einer neuerlichen Überprüfung der Kompositionssumme durch die Landschaft, bei der sich die Ebersberger Jesuiten anfangs querstellten und dem Abgesandten die Einsicht in die Brauhausrechnung verweigerten. Die Erhebung, die landesweit durchgeführt wurde und der man sich schließlich auch in Ebersberg beugte, sollte schwerwiegende Folgen für die Jesuitenbrauereien haben. Ab dem Jahr 1723 wurden die Abgaben nach der tatsächlich gebrauten Menge Bier berechnet. Die Landschaft erhoffte sich dadurch Mehreinnahmen, eine verständliche Überlegung, wenn man bedenkt, dass die ausgehandelten Kompositionen oft über viele Jahrzehnte nicht verändert wurden. Durch die neue Besteuerungsgrundlage sollten alle Brauereien gleichgestellt werden; zudem wurde eine Überprüfung der Braurechte im Rahmen einer Zusammenkunft im Landschaftshaus vorgenommen, bei der zugleich die Brauereiabrechnungen der letzten drei bis vier Jahre vorzulegen waren.[87]

Die Münchner Jesuiten hatten seit 1710 für die Ebersberger Brauerei eine jährliche Komposition von 1.000 Gulden zu leisten, zu der noch der Casarmaufschlag in Höhe von gut 314 Gulden kam; tatsächlich geleistet wurden jeweils 1.300 Gulden, die geringe Differenz von 14 Gulden wurde wohl stillschweigend geduldet.[88] Die Neuberechnung, die sich an der tatsächlichen Produktionsmenge orientierte, brachte völlig neue Summen ins Spiel: Nach der neuen Berechnung sollte der Gesamtaufschlag der Ebersberger Brauerei für 1724 nicht weniger als 2.532 Gulden 30 Kreuzer betragen.[89] Damit hätte sich die zu leistende Summe beinahe verdoppelt. Angesichts dieser gewaltigen Steigerung stellten die Jesuiten ihre Zahlungen aus Protest völlig ein, und zwar nicht nur für die Ebersberger Brauerei, sondern für alle Jesuitenbrauhäuser in Oberbayern. Die Aufschlagsämter reagierten darauf mit wiederholten Zahlungsaufforderungen und drohten schließlich, die Gelder zwangsweise einzuziehen.[90] Hier muss erwähnt werden, dass die Behörden mit dem Rücken zur Wand standen, denn die Umstellung der Aufschlagsverwaltung im ganzen Land bereitete ihnen große Probleme; zudem hatten die erhöhten Abgaben offenbar wachsenden Konkurrenzdruck der Brauereien untereinander hervorgerufen, so dass 1727 ausdrücklich auf das Verbot, Bier unter dem vom Staat festgelegten Satz zu verkaufen, hingewiesen werden musste.[91]

Im Streit mit den Jesuiten blieben die Fronten trotz eines Angebotes von 1726, doch wieder eine Komposition festzulegen, verhärtet, die Verhandlungen scheiterten an der geforderten Höhe der Abgaben. Ein weiterer Streitpunkt war die Forderung der Jesuiten, den Bettelorden gleichgestellt zu werden, was ihnen steuerliche Vergünstigungen eingebracht hätte.[92]

Ein erster Schlichtungsversuch fand im September 1728 im Landschaftshaus in München statt: Die Aufschlagsabordnung, darunter der Graf von Törring, der Graf von Preysing und der Prälat von Raitenhaslach, versuchte, mit dem Provinzial der Jesuiten eine Lösung zu finden; das Kernproblem war jedoch stets die Brauerei in Ebersberg; vergeblich argumentierten die Jesuiten, die dortige Brauerei solle vom Stiftungszweck her wie der ganze Ebersberger Besitz dem Münchner Jesuitenkolleg Gewinn erwirtschaften und sei daher nicht wie andere Brauereien zu behandeln. Dieser Interpretation wollten die Landschaftsvertreter aber keineswegs folgen, im Gegenteil, sie beschuldigten die Ordensvertreter nun ihrerseits, durch die Einbehaltung der Aufschläge der Allgemeinheit Schaden zuzufügen. Den Jesuiten wurde hierauf eine Kompositionssumme für Ebersberg vorgeschlagen, die mit 4.000 Gulden so hoch war, dass diese antworteten, wenn ihnen hier niemand helfe, dann müssten sie es Gott überlassen, einwilligen aber könnten sie in diese Summe niemals. Damit wurde die Sitzung ergebnislos abgebrochen.[93] Da die Zahlungen seit 1724 eingestellt waren, hatten die Ebersberger Ausstände damit bereits eine Höhe von 16.854 Gulden 30 Kreuzer erreicht, die Ausstände aller Jesuitenbrauereien in Oberbayern betrugen 32.285 Gulden 27 Kreuzer 2 Heller, wozu noch 1.500 Gulden beziehungsweise gesamt 2.240 Gulden für den Casarmaufschlag kamen.[94]

Wieder wurde das Landgericht Schwaben beauftragt, genaue Zahlen über die Bierproduktion in Ebersberg herauszufinden. Dabei stellte sich heraus, dass man im dortigen Brauhaus statt der gesetzlich vorgeschriebenen eine höhere Malzmenge je Biersud verwendete; da die Malzmenge aber die Grundlage für die Berechnung der Biermenge bildete, war es hier zu falschen Berechnungen gekommen. Mehrmalige Unterlassungsaufforderungen wurden ignoriert; die Aufschlagsbehörde hatte nämlich keinerlei Handhabe, gegen diesen Missbrauch vorzugehen, weil sowohl der Braumeister Jesuitenpater war als auch die Mühle, bei der die Malzmenge normalerweise kontrolliert wurde, zum Kloster gehörte. Der Ebersberger Pater Superior schrieb sogar persönlich den höheren Malzanteil für die Suden vor, „damit der trunckh, besonderist das sogenante herrn Bier oder haustrunckh so cröfftig seye".[95] Die Jesuiten vertraten ihren Standpunkt so beharrlich, dass schließlich die höhere Malzmenge bei der Berechnung der Ebersberger Biersuden berücksichtigt wurde und sich die Aufschlagshöhe damit verringerte.

Dennoch weigerten sich die Jesuiten zu bezahlen, so dass Mitte 1729 schließlich Kurfürst Karl Albrecht selbst den Befehl gab, Gelder der Jesuiten in Höhe der geschuldeten Summe einzufrieren, gleichzeitig aber die Verhandlungen über eine Kompositionssumme wiederaufzunehmen.[96] Auf beiden Seiten begann man nun emsig, seine jeweiligen Argumente darzulegen. Die Jesuiten verfertigten einen Bericht von über 30 Seiten, in dem sie zu ihren „special-rationes" wegen des Ebersberger Aufschlages Stellung nahmen; auf der Gegenseite entstand ein 80-seitiger Bericht über die Jesuiten-Komposition.[97] Die Schulden der Jesuiten hatten bereits eine Höhe von über 50.000 Gulden erreicht, knapp die Hälfte davon entfiel auf Ebersberg. Die geforderte Lösung war aber immer noch weit entfernt, weil die Landschaft nicht von ihrer Forderung von 4.000 Gulden Komposition für Ebersberg abzurücken gedachte.

Zu dieser Summe ist zu bemerken, dass sie tatsächlich sehr hoch gegriffen war und den Rahmen der Verhältnismäßigkeit wohl gesprengt hätte, weil nämlich dann Ebersberg den vierten Teil dessen getragen hätte, was 63 Klöster in Bayern abgeben sollen. Dies zeigen auch einige Vergleichszahlen: Tegernsee hatte eine Komposition von 675 Gulden, Wessobrunn 750 Gulden, Herrenchiemsee 600 Gulden, Polling 255 Gulden, Steingaden 280 Gulden und Beyharting 92 Gulden.[98] Die für Ebersberg vorgesehene Summe wäre damit für eine bayerische Klosterbrauerei – soweit dafür Zahlen vorliegen – einmalig gewesen. Auch innerhalb der Jesuitenbrauereien nahm Ebersberg eine herausragende Stellung ein: Fast die Hälfte des gesamten Aufschlages der Jesuiten entfiel auf die dortige Brauerei. Die nächstgrößte Jesuitenbrauerei lag im Stift Biburg, das zum Ingolstädter Kolleg gehörte und mit etwa 20 Prozent zum Jesuitenaufschlag beitrug; den Rest teilten sich die übrigen Niederlassungen des Ordens, darunter München, Altötting und Burghausen, wobei die beiden letzten je nur 30 Gulden Komposition leisteten.[99]

Erst nach weiteren heftigen Verhandlungen konnte man endlich 1734, nachdem die Jesuiten erste Teilzahlungen geleistet hatten, eine Lösung finden. In der Hauptfrage, der Ebersberger Komposition, hatten sich eindeutig die Jesuiten durchsetzen können, denn diese betrug nur noch 2.075 Gulden. Die Landschaft hatte damit einen früheren Kompromissvorschlag von 3.050 Gulden vom August 1730 noch einmal deutlich reduzieren müssen und war mit ihren Vorstellungen an der harten Haltung der Gesellschaft Jesu gescheitert. Die Bilanz dieses ganzen Jahrzehnts fiel für die Steuerverwaltung vernichtend

aus: Neben der Niederlage gegen die Jesuiten war auch der Versuch, die tatsächliche Bierproduktion als Grundlage für die Besteuerung zu nehmen, gescheitert; allenthalben hatte man wieder eine Komposition festgelegt und war damit zum alten System zurückgekehrt.
Für Ebersberg hatte sich die Kompositionssumme zwar von circa 1.300 Gulden auf 2.075 Gulden und damit um circa 60 Prozent erhöht, die Jesuiten konnten aber mit dieser Summe sehr gut leben, denn schließlich hatten sich die hohen Kompositionsvorschläge der Landschaft ja an ihrem tatsächlich sehr hohen Bierabsatz orientiert. Die Behörden waren sich dessen wohl bewusst und versäumten nicht, zu gegebener Zeit darauf hinzuweisen: 1739 erbat der Rektor des Münchner Jesuitenkollegs eine Befreiung vom Bieraufschlag für vier Jahre, um damit den notwendig gewordenen Umbau des „hervorderen Stockh und antheill dess noch verhandenen baufällig und an Tachstuell gänzlich ruiniert uhralten Closster Gebäu“ in Ebersberg zu finanzieren.[100] Da er dabei auch auf die besondere Belastung durch die Komposition hinwies, konnte sich die Landschaft in ihrer Antwort nicht verhalten, hier ihre Sichtweise darzulegen und festzustellen, dass die Jesuiten mit der Ebersberger Komposition einen sehr großen Vorteil erlangt hätten und sich dessen noch immer erfreuten, was sonst kein Stift oder Kloster, auch wenn es bekanntermaßen unbemittelt sei, von sich behaupten könne.[101] Die kurzzeitige Befreiung vom Bieraufschlag wurde daher abschlägig beschieden. Auch die geradezu typische Reaktion der Jesuiten, die wiederum die Zahlung einfach verweigern wollten, wurde diesmal nicht geduldet, so dass dieser Fall bereits ein Jahr später zu den Akten gelegt werden konnte.[102] Der Umbau, bei dem auch das Brauhaus renoviert wurde, konnte auch ohne Steuererleichterungen bereits 1741 fertiggestellt werden.[103] (Abb. 8)
Neue Bedrückung brachte dagegen der Österreichische Erbfolgekrieg (1740-1748), als das Stift Ebersberg durchziehende Truppen zu versorgen und deren Offizieren Quartier zu bieten hatte.[104] Der Bierproduktion tat dies aber sicherlich keinen Abbruch, und in wiedererlangten Friedenszeiten belief sich der Bierausstoß bei einer Komposition von 3.000 Gulden auf stattliche 5.865 Eimer oder circa 3.750 Hektoliter.[105]

Das Ende des Jesuitenordens

Den Gewinn, den das Ebersberger Brauhaus abwarf, konnten die Jesuiten jedoch nur noch wenige Jahrzehnte nutzen, denn 1773 wurde ihr Orden durch Papst Clemens XIV. aufgehoben. In Bayern wurden lange Gutachten über die Verwendung der Jesuitengüter verfasst, zum Beispiel die über sechzigseitigen „Reflexionen. Über die Frage: Was soll mit den Gütern sowohl als Personen der Jesuiten in den Churbajerischen Landen geschehen?“, die sich auch mit der Zukunft der Jesuitenbrauereien beschäftigte. Darin wurde vorgeschlagen, die Landbrauhäuser, also vor allem die bedeutenden Brauereien in Ebersberg und Biburg unter kurfürstlicher Regie beizubehalten, die städtischen Jesuitenbrauereien dagegen zu schließen.[106] Dieser Vorschlag wurde jedoch nicht angenommen, sondern man beschloss, außer den Landbrauhäusern auch die städtischen Jesuitenbraustätten in Amberg, Altötting, Ingolstadt, Landshut, Landsberg, Mindelheim, München und Straubing weiterzuführen, was sofortige Protestschreiben der dortigen bürgerlichen Bierbrauer hervorrief, die sich der großen Konkurrenz gerne entledigt hätten.[107] Die ehemaligen Jesuitengüter wurden 1773 einer „Fundations-Güter-Kommission“ unterstellt; das bei der Aufhebung in Ebersberg noch vorrätige Braumaterial im Gesamtwert von 7.516 Gulden 11 Kreuzer kam jetzt dem Stiftungszweck der Fundation, dem Schulwesen, zugute.[108]
Zusammenfassend kann man sagen, dass sich spätestens nach der Übernahme der Ebersberger Güter durch die Jesuiten die dortige Brauerei in der gesamten Umgebung etabliert und für den betreibenden Orden eine solche Bedeutung erlangt hatte, dass dieser nicht vor langen Prozessen und Auseinandersetzungen mit den Behörden zurückschreckte, um die reichlichen Einnahmen aus der Brauerei zu sichern. Im Rahmen einer dieser Auseinandersetzungen um die zu leistenden Biersteuern stellte die Ebersberger Klosterbrauerei sogar den Hauptstreitpunkt dar, wegen dem sich die bayerischen Jesuiten auf einen jahrelangen erbitterten Rechtsstreit mit der Landschaft einließen. Sogar der Kurfürst selbst musste ein-

P. S.

DEmnach sich auch bezaiget / daß von [illegible] wegen deß / vom 1. May Anno 1718. biß letzten April Anno 1719. verfallenen sogenannten Servis: oder Cassarm-Bier-Auffschlag / zedato nicht Richtigkeit gepflogen worden. Als geschicht hiemit die zuverlässige Erjnnderung / daß vor obig nunmehro geendten Jahrs: vnd zugleich Rechnungs-Schluß / der sub 4.ten September Anno 1715. ergangenen Verordnung gemäß / dises Bier-Auffschlags halber / bey Vermeydung aygnen Botten / ohne fernners Anmahnen / vngesaumbt Richtigkeit gemacht werden solle. Den [illegible] 1719.

Gemainer Hochlobl. Landschafft in Bayrn / Land-Auffschlag-Ambt München.

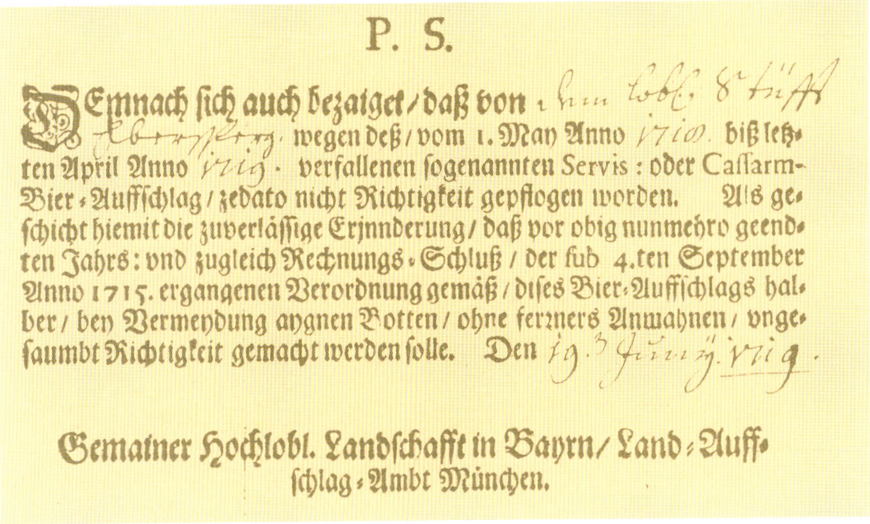

Abb. 7: Erinnerung des Aufschlagsamtes an das Stift Ebersberg wegen einer ausstehenden Bieraufschlagszahlung (1719).

Abb. 8: Blick in eine Brauerei des 18. Jahrhunderts. Stich von James Basire (1764).

greifen, schließlich aber konnte doch der Orden seine Vorstellungen durchsetzen. Aus diesen Auseinandersetzungen wird damit auch die grundsätzliche Bedeutung erkennbar, die die Brauerei der Ebersberger Residenz für das Münchner Jesuitenkolleg und für die bayerischen Jesuiten insgesamt hatte.

Die letzten Jahrzehnte der Klosterbrauerei Ebersberg

Unter den Jesuiten war die Ebersberger Brauerei eindeutige Marktführerin mit bedeutendem Absatzgebiet gewesen. Kein Wunder also, dass die benachbarten bürgerlichen Brauhäuser große Hoffnungen bei der Aufhebung des Jesuitenordens hegten; ohne eigenes Zutun hätten sie ihren größten Konkurrenten verloren. Um so größer muss die Enttäuschung gewesen sein, als die Ebersberger Brauerei nicht wie erhofft ihren Betrieb einstellte, sondern unter kurfürstlicher Regie zugunsten des Schulfonds von der Fundations-Güter-Administration weiterbetrieben wurde. Die neue Behörde war ganz offensichtlich bestrebt, das äußerste aus dem Ebersberger Brauereibetrieb herauszuholen und die beherrschende Marktstellung mit allen Mitteln auszubauen, so dass schon nach wenigen Jahren Unstimmigkeiten erkennbar wurden, die seit dem Frühjahr 1778 auch die Gerichte beschäftigten. Es war die Fundations-Güter-Administration selbst, die beim Gericht Schwaben um Aufklärung bat: Die daraufhin angestellten Ermittlungen gegen die Brauherren zu Grafing und Markt Schwaben ergaben, dass diese ihr Bier um einen Pfennig unter dem gesetzlich festgelegten Biersatz verkauft hatten. Dies bestätigten die Aussagen der Wirte Jakob Lidl aus Neufahrn, der sein Bier vom Schwabener Brauer Trappentreu bezog, Joseph Schramhauser aus Eglharting, der vom bürgerlichen Bräu Grandauer zu Grafing beliefert wurde, und Balthasar Giltmayr aus Gelting, der sein Bier beim Schwabener Bräu Gerstlacher einkaufte; alle drei bestätigten, seit einigen Jahren ihr Bier jeweils um einen Pfennig pro Eimer billiger erhalten zu haben.[109] Die Klage der Fundations-Güter-Administration schien damit bestätigt zu sein und sie beeilte sich, noch einmal auf den ihr entstandenen Schaden, der ja eigentlich ein Schaden der „causa pia" und damit der Allgemeinheit sei, hinzuweisen und auch darauf, dass sie nur bei einer sofortigen Behebung der erkannten Missstände weiter in der Lage sei, „die ohnehin starke composition länger abführen zukönnen".[110]

Bald jedoch schlug die ganze Angelegenheit auf die Ebersberger Brauerei zurück. Denn das Gericht Schwaben hatte zudem den Polizeirat informiert, der die Untersuchungen intensivieren und nicht nur die Wirte, sondern auch die beschuldigten Brauherren selbst befragen ließ. Diese, die genannten bürgerlichen Bierbrauer Trappentreu und Gerstlacher zu Schwaben und Grandauer zu Grafing, erhoben nun ihrerseits Anklage gegen die Ebersberger Brauerei.[111] Sie konnten tatsächlich glaubhaft vorbringen, dass ihre Bierpreissenkung nur eine Reaktion auf das aggressive „Marketing" des nunmehrigen kurfürstlichen Brauhauses in Ebersberg gewesen sei; dieses habe nämlich sein eigenes Bier nicht nur um einen Pfennig je Eimer unter dem Satz verkauft, sondern den Wirten noch jeden 25. Eimer gratis abgegeben.[112] Die Fundations-Güter-Kommission, die vom nun eingeschalteten Hofrat dazu befragt wurde, bekannte sich zu den gegen sie erhobenen Anschuldigungen, verteidigte sich aber mit dem Hinweis, „dass man bey diesem milden Stiftungs-Bräuhaus nimmermehr bestehen könnte, wen Selbes sich alleinig wie man es bisher jederzeit mit Schaden der causa pia beowachtet hat, stricte an den Satz hielte".[113] Diesen Hinweis auf die Gemeinnützigkeit konnte der Polizeirat aber nicht gelten lassen, und die strenge Unterlassungsaufforderung zeigt deutlich den aufklärerischen Geist, der mittlerweile in den Behörden wirkte: Ausdrücklich wurde der Schutz der bürgerlichen Bräuschaft und die Gleichheit aller Gewerbetreibenden, ob bürgerlich oder von Stand, betont.[114] Damit war der Sache ein Ende bereitet; die Fundations-Güter-Kommission, die mit besonderer Dreistigkeit die Untersuchungen selbst ausgelöst hatte, war unterlegen und musste zum gesetzlich vorgeschriebenen Satz zurückkehren.

Nur noch ein weiteres Mal wurde die Fundations-Güter-Kommission in Ebersberger Angelegenheiten vor Gericht anhörig. Dabei ging es um die Genehmigung einer Wasserleitung, die der bürgerliche Bräu Wimmer in Grafing für seine Brauerei benötigte, da sein „braunes Wasser" zum Bierbrauen nicht tauglich war; das Hofmarksgericht Ebersberg hatte diese Leitung abgelehnt, obwohl diese niemanden behindert hätte und die beiden Bauern, über deren Grund sie verlaufen sollte, eine Entschädigung erhalten hätten. Der darauf erhobenen Beschwerde des Bräu bei der oberen Landesregierung wurde stattgegeben; es hatte sich der Verdacht ergeben, dass das Hofmarksgericht Ebersberg mit dem Bauverbot nur die Interessen des eigenen Brauereibetriebes wahren wollte.[115]

Ebersberg unter den Maltesern

Nur kurze Zeit später kam es erneut zu einem Besitzerwechsel: 1781 war es Kurfürst Karl Theodor gelungen, eine bayerische Zunge des Malteserordens zu gründen, der im September die Ebersberger Güter übergeben wurden;[116] diese waren im Mai 1781 schwer in Mitleidenschaft gezogen worden, als im Brauhaus auf der Malzdarre ein Brand ausgebrochen war, bei dem ein großer Teil der Gebäude, darunter das Brauhaus selbst sowie der Dachstuhl der Stiftskirche zerstört wurden.[117] Die Ebersberger Brauerei, die mit großen Kosten wieder aufgebaut wurde,[118] war damit erneut in Ordenshand gelangt. Der in Bayern neue Orden der Malteser erhielt das Brau- und Schankrecht vom Kurfürsten ausdrücklich verbrieft,[119] was wiederum auf scharfen Protest der bürgerlichen Brauherren stieß; auf ihr Betreiben hin wurde am 24. Oktober 1781 ein Bierverschleißverbot für Klöster und milde Stiftungen und ein vollständiges Biersiedeverbot für die Exjesuitenkollegien und damit auch für Ebersberg ausgesprochen.[120] Bereits am 17. Dezember 1781 wurden diese Verbote auf Betreiben der Malteserritteradministration aber wieder rückgängig gemacht und dem Malteserorden das Biersudrecht für seine Brauhäuser erneut zuerkannt.[121] Um die Interessen der bürgerlichen Brauereien zu wahren, versuchte die Landschaft daraufhin wenigstens, die Malzaufschläge der Malteser besonders hoch anzusetzen, was aber nur zeitweilig gelang.[122]

Noch einmal wurde nach dem Wiederaufbau die Ebersberger Braustätte damit zu einer Klosterbrauerei, eine von rund 200, die zu dieser Zeit in Bayern bestanden haben mögen.[123] In dieser letzten Phase sind keine Auseinandersetzungen oder Streitfälle mehr zu erkennen. Die Brauerei war nach der Wiederherstellung des Brauhauses wieder wie unter den Jesuiten der wichtigste Wirtschaftsbetrieb in Ebersberg,[124] wenn sie auch durch

Abb. 9: Porträt des 70-jährigen Benno Scharl. Gemälde von August Graf von Seinsheim (1811).

die oben erwähnten besonders hohen Bieraufschläge, die die Landschaft vom ungeliebten Malteserorden einforderte, und durch die Kosten des Wiederaufbaus keine großen Gewinne mehr abwerfen konnte. Auch die Napoleonischen Kriege mussten eine weitere Belastung bedeuten. Hatte die Brauerei noch 1780 über 4.050 Gulden zum Gesamtjahresertrag von circa 14.100 Gulden beigetragen,[125] so betrugen die Gesamteinnahmen unter den Maltesern zum Beispiel im Rechnungsjahr 1799/1800 nur noch gut 8.420 Gulden, denen Gesamtausgaben von circa 6.100 Gulden gegenüberstanden; der Überschuss betrug somit etwa 2.300 Gulden.[126] Eine schlechtere Bilanz brachten die Kriegsjahre nach 1802, als jährlich zum Teil hohe Verluste erwirtschaftet wurden.[127]

Dennoch kam der Ebersberger Brauerei in den Anfangsjahren der Malteserzeit noch einmal große Bedeutung zu, denn ihr Braumeister der Jahre 1781 bis 1783 war Benno Scharl, ein ehemaliger Jesuitenlaienbruder, der in der Münchner Jesuitenbrauerei gelernt hatte und nach der Aufhebung seines Ordens Verwalter der ehemaligen Jesuitengüter in Ingolstadt wurde. 1781 bestellte man ihn zum Ökonomieverwalter in Ebersberg, wo er wichtige, zukunftsweisende Verbesserungen im Brauhaus einführte; er verwendete erstmals Kulturhefe statt wilder Hefe und erkannte die Kohlensäure im Bier als wesentlichen geschmacklichen Bestandteil. Später wurde er in brautechnischen Fragen zum Berater der bayerischen Regierung und hinterließ mit seiner „Beschreibung der Braunbierbrauerey im Königreich Baiern" sein Lebenswerk.[128] Auch wenn er bereits 1783 nach Grünbach zu Graf Seinsheim wechselte, so hatte er doch die Zukunft der neu aufgebauten Ebersberger Brauerei beeinflusst. (Abb. 9)

Die Malteserniederlassungen zählten zu den wenigen Klöstern in Bayern, die von der allgemeinen Säkularisation der Jahre 1802/03 verschont geblieben waren; die erst 1781 gegründete bayerische Zunge des Ordens war nach dem Tod Karl Theodors 1799 kurzfristig aufgelöst, dann aber aus außenpolitischen Gründen unter gewissen Modifikationen wiederhergestellt worden; erst das Jahr 1808 bedeutete das endgültige Ende für die Malteser in Bayern.[129] Damit endete auch die Geschichte der Klosterbrauerei Ebersberg, die bis zu ihrem Verkauf 1817 vom Staat weiterbetrieben wurde und damit erneut in andere Hände gekommen war. Der mehrmalige Besitzerwechsel in den Jahrzehnten um 1800 beeinflusste den Braubetrieb sicherlich nicht unerheblich, spürbarer aber muss die wachsende Konkurrenz gewesen sein, die der Ebersberger Brauerei wie allen anderen Klosterbrauereien in den bürgerlichen Brauereien des Umlandes erwuchs. Hiergegen konnte kein tragfähiges Konzept gefunden werden, denn der Versuch, wegen des besonderen Status als Kloster- beziehungsweise als Stiftungsbrauerei gewisse Privilegien einzufordern, wurde behördlicherseits nicht mehr unterstützt. Ein adäquates Verhalten zur bürgerlichen Konkurrenz konnte in Ebersberg erst entstehen, als die vormalige Klosterbrauerei selbst zur Privatbrauerei geworden war.

Der erste private Besitzer des traditionsreichen Betriebes war Freiherr Simon von Eichthal, der die Ebersberger Klostergüter 1817 von der königlichen Verwaltung erwarb und auch die Brauerei weiterführte;[130] noch um 1860 zählte seine Ebersberger Brauerei zu den bedeutendsten in Bayern.[131] Auf Eichthal folgten Hahn und Gumppenberg und ab 1901 die Familie Schmederer, die den Braubetrieb unter dem Namen „Schloßbrauerei Ebersberg" noch bis 1974 weiterführte.[132]

Damit hatte knapp 170 Jahre nach der endgültigen Aufhebung des Klosters Ebersberg auch sein wichtigster Wirtschaftsbetrieb zu existieren aufgehört.

Zusammenfassung

Aus bescheidenen Anfängen unter den Benediktinern erwachsen, war die Brauerei von den Jesuiten im 17. Jahrhundert zu einem leistungsfähigen und rentablen Betrieb ausgebaut worden, der sich schnell eine bedeutende Stellung auf dem noch jungen Biermarkt erwerben konnte. Die nicht ausbleibenden Zugriffsversuche des Fiskus wusste man dabei mit zum Teil sehr offensiven Methoden in erträglichem Rahmen zu halten. Wenn man sich der Besteuerung auch nicht ganz entziehen konnte, so gelang es doch immer wieder, vorteilhafte Pauschalsummen auszuhandeln. Der steigenden privaten Konkurrenz im 18. Jahrhundert hingegen war nur schwer beizukommen; hier wurde sogar zu unlauteren Methoden gegriffen, um die Kunden nicht zu verlieren. Dabei setzte man schon sehr früh auf gewisse Qualitätsstandards; an eine vorgeschriebene Malzmenge wollte man sich daher nicht binden lassen, sondern verwendete beharrlich eine größere Menge, um die Schmackhaftigkeit und Stärke zumindest des Bieres, das für die Patres selbst gesotten wurde, zu garantieren. Die besondere Bedeutung der Klosterbrauerei Ebersberg lag aber in ihrer Größe: Im 18. Jahrhundert dürfte sie eine der bedeutendsten Klosterbrauereien in Bayern gewesen sein, ihr Absatzgebiet reichte deutlich über das Gericht Schwaben hinaus und im Sommer sogar bis in die Münchner Vorstadt Au. Einer der Gründe hierfür war sicherlich das Sommerbrauverbot, wodurch die kleineren Brauereien mit ihren geringeren Lagerkapazitäten benachteiligt waren. Im weiteren Verlauf des 18. Jahrhunderts verkleinerte sich dieser Unterschied aber allmählich, da das nichtständische Brauwesen expandierte und vom Staat gefördert wurde. Der unter den Jesuiten florierende Betrieb wurde nach deren Aufhebung am Ende des kurzen Zwischenspiels im Besitz der Fundations-Güter-Administration 1781 ein Raub der Flammen, und es war das Verdienst der Malteser, das Brauhaus im vollen Umfang wiederhergestellt und weiterbetrieben zu haben. Vor allem durch seinen Verwalter und Braumeister Benno Scharl wurde Ebersberg in dieser Zeit noch einmal zu einem Brennpunkt des bayerischen Bierbrauwesens und sicherte dem Malteserorden so den wirtschaftlichen Einfluss in der Umgebung. Mit seiner Aufhebung, die erst nach der allgemeinen Säkularisation stattfand, endete die Geschichte der Klosterbrauerei Ebersberg. Nachdem sich der Betrieb jahrhundertelang in Ordenshand befunden hatte, ging er 1817 in Privatbesitz über; die letzten Außenwirkungen, die das Kloster Ebersberg noch gehabt hatte, waren damit beseitigt worden.

Anmerkungen

[1] Siehe Hilpisch, Stephanus: Geschichte des benediktinischen Mönchtums, Freiburg im Breisgau 1929, S. 67.

[2] Siehe Poll, Ildefons: Beiträge zur Geschichte des Klosterbrauwesens, in: Jahrbuch der Gesellschaft für die Geschichte und Bibliographie des Brauwesens e.V. (1928), S. 9-32, S. 11f.

[3] Siehe Letzing, Heinrich: Die Geschichte des Bierbrauwesens der Wittelsbacher. Die Gründung des Hofbräuhauses München und die Entstehung des herzoglichen Weißbiermonopoles in der Auseinandersetzung mit den Landständen bis zum Landtag von 1612 sowie die Grundlagen des Bierzwanges. Studien zum Staatshaushalt, zur Verwaltungspraxis, zur Wirtschafts-, Sozial- und Agrargeschichte des Alten Bayern, Augsburg 1995, S. 12.

[4] Siehe Krausen, Edgar: Zur Geschichte der Klosterbrauereien in Bayern, in: Jahrbuch der Gesellschaft für die Geschichte und Bibliographie des Brauwesens e.V. (1955), S. 152-177, S. 153.

[5] Siehe ebd., S. 155.

[6] Siehe ebd.

[7] Siehe Poll (wie Anm. 2), S. 14.

[8] Siehe ebd., S. 15.

[9] Siehe ebd., S. 16.

[10] Siehe ebd., S. 20.

[11] Siehe Piendl, A. / Mayer, W. A.: Klosterbrauereien in Bayern, 1. Teil, Geschichtliche Entwicklung des Klosterbrauwesens, in: Die Brauwelt 18 (1989), S. 768-782, S. 768.

[12] Siehe Poll (wie Anm. 2), S. 19.

[13] Siehe ebd.

[14] Siehe Lexer, Matthias (Hg.): Johannes Turmair's genannt Aventinus Bayerische Chronik, Bd. I, München 1883, S. 42.

[15] Siehe Weber, Andreas Otto: Studien zum Weinbau der altbayerischen Klöster im Mittelalter. Altbayern – österreichischer Donauraum – Südtirol, (Vierteljahrsschrift für Sozial- und Wirtschaftsgeschichte, Beihefte 141), Stuttgart 1999, passim.

[16] Siehe Poll (wie Anm. 2), S. 21.

[17] Siehe Weber (wie Anm. 15), S. 134.

[18] Siehe Poll (wie Anm. 2), S. 32.

[19] Siehe Bayerisches Hauptstaatsarchiv (BayHStA), KL Ebersberg Nr. 20.

[20] Siehe BayHStA, Jesuiten 1408.

[21] Siehe BayHStA, KL Ebersberg Nr. 18, fol. 55.

[22] Siehe Poll (wie Anm. 2), S. 22.

[23] Siehe ebd., S. 24.

[24] Siehe ebd., S. 24; siehe auch Weber (wie Anm. 15), S. 375f.

[25] Siehe Gattinger, Karl: Schon 1612 hatte Traunstein eine Brauerei, in: Chiemgau-Blätter. Unterhaltungsbeilage zum Traunsteiner Wochenblatt, Nr. 47, 21. Nov. 1998, S. 2f.

[26] Siehe Piendl / Mayer (wie Anm. 11), S. 781.

[27] BayHStA, Jesuiten 1408 u. BayHStA, Landshuter Abgabe Rep. 48 Nr. 91.

[28] Siehe BayHStA, KU Ebersberg Nr. 189 und 190.

[29] Siehe Paulhuber, Franz Xaver: Geschichte von Ebersberg und dessen Umgegend in Oberbayern, Burghausen 1847, S. 670.

[30] Siehe Landts- und Policey Ordnung der Fürstenthumben Obern und Nidern Bayrn, München 1616, S. 542.

[31] Siehe Lieberich, Heinz: Der altbaierische Staat und die Genußmittel, in: Mitteilungen für die Archivpflege in Oberbayern (1947), H. 26, S. 704-720, S. 707.

[32] Siehe BayHStA, Staatsverwaltung 1853, fol. 44r (1580); BayHStA, GR Fasc. 185 Nr. 26 (kurz vor 1600) u. BayHStA, Altbayerische Landschaft 1999 (um 1620).

[33] Siehe BayHStA, Staatsverwaltung 1853 b; siehe dazu auch Poll, Ildefons: Das Brauwesen des Klosters Prüfening, (Veröffentlichungen der Gesellschaft für die Geschichte und Bibliographie des Brauwesens e.V., Beiträge zur Geschichte des Klosterbrauwesens 1), Berlin 1936, S. 86.

[34] BayHStA, GR Fasc. 184 Nr. 27, 2. Teil.

[35] Siehe Duhr, Bernhard: Geschichte der Jesuiten in den Ländern deutscher Zunge, Bd. 1, Geschichte der Jesuiten in den Ländern deutscher Zunge im XVI. Jahrhundert, Freiburg im Breisgau 1907, S. 376.

[36] Siehe Poll (wie Anm. 33), S. 107.

[37] Siehe ebd., S. 108.

[38] Siehe Letzing (wie Anm. 3), S. 32.

[39] Siehe ebd., S. 37.

[40] Siehe Poll (wie Anm. 33), S. 109.

[41] Siehe ebd., S. 111.

[42] Siehe Letzing (wie Anm. 3), S. 50.

[43] Siehe Poll (wie Anm. 33), S. 111 u. Lieberich (wie Anm. 31), S. 709a.

[44] Siehe BayHStA, GR Fasc. 68 Nr. 39.

[45] Siehe BayHStA, GR Fasc. 61 Nr. 31.

[46] Siehe ebd.

[47] Siehe Krausen (wie Anm. 4), S. 166.

[48] Siehe Krammer, Markus: Volkskunde und Brauchtum, in: Der Landkreis Ebersberg. Raum und Geschichte, hg. v. d. Kreissparkasse Ebersberg, Stuttgart 1982, S. 308-358, S. 353.

[49] Siehe BayHStA, Staatsverwaltung 1853; siehe dazu auch Letzing (wie Anm. 3), S. 201.

[50] Siehe Poll (wie Anm. 33), 109.

[51] Siehe BayHStA, GR Fasc. 68 Nr. 39.

[52] Siehe Gattinger (wie Anm. 25), S. 1f.

[53] Siehe Lieberich (wie Anm. 31), S. 707.

[54] Siehe BayHStA, GR Fasc. 184 Nr. 29.

⁵⁵ Siehe Poll (wie Anm. 33), S. 109.
⁵⁶ Siehe BayHStA, Jesuiten 1565, 12. April 1632.
⁵⁷ Siehe Lieberich (wie Anm. 31), S. 709a.
⁵⁸ BayHStA, Jesuiten 1565.
⁵⁹ Ebd.
⁶⁰ BayHStA, Jesuiten 1565, 5. Jan. 1635.
⁶¹ Siehe BayHStA, Jesuiten 1565, 13. Feb. 1636.
⁶² Siehe BayHStA, Jesuiten 1565; damit entspricht der Ebersberger Befund dem in ganz Oberbayern erkennbaren Einbruch in den Jahren 1632-34, an den sich eine etwa zehnjährige Erholungsphase anschloss, gefolgt von einem neuerlichen Niedergang 1646-48, der aber dann innerhalb weniger Jahre wieder ausgeglichen werden konnte; siehe dazu Holzfurtner, Ludwig: Katastrophe und Neuanfang. Kriegsschäden im Dreißigjährigen Krieg im Spiegel der Stiftbücher oberbayerischer Klöster, in: Zeitschrift für bayerische Landesgeschichte 58 (1995), S. 553-576.
⁶³ Siehe BayHStA, GR Fasc. 61 Nr. 31.
⁶⁴ Siehe ebd.
⁶⁵ Siehe Poll (wie Anm. 33), S. 110.
⁶⁶ Siehe BayHStA, GR Fasc. 68 Nr. 39 [Landschaft].
⁶⁷ Siehe ebd.
⁶⁸ Siehe BayHStA, GR Fasc. 68 Nr. 39 [Landschaft], 4. April 1680.
⁶⁹ Siehe ebd.
⁷⁰ Siehe ebd., 23. u. 24. Juli 1682.
⁷¹ Siehe ebd., 3. August 1682.
⁷² Siehe ebd., 17. Dez. 1682.
⁷³ Siehe ebd., 2. Dez. 1683 u. 1. Sept. 1684.
⁷⁴ Siehe ebd., ohne Datum.
⁷⁵ Siehe ebd., 4. Jan. 1708.
⁷⁶ Siehe ebd., 16. April 1708.
⁷⁷ Siehe ebd., 24. Feb. 1708.
⁷⁸ Siehe ebd., 9. Juni 1708.
⁷⁹ Siehe BayHStA, Jesuiten 1565, 9. Juli 1708.
⁸⁰ Siehe ebd., 31. Aug. 1708.
⁸¹ Siehe BayHStA, GR Fasc. 68 Nr. 39 [Landschaft], 16. Mai 1710.
⁸² Siehe ebd., 27. Juli 1710.
⁸³ Siehe ebd., 29. Jan. 1711.
⁸⁴ Siehe Jehle, Alfons: Das Bier in Bayern. Kurzgefasste geschichtliche Darstellung des Entwicklungsganges des bayerischen Brauwesens (Geschichtsbilder aus dem Bayerischen Brauwesen 1), München 1948, S. 118; zur Höhe des Aufschlages siehe Poll (wie Anm. 33), S. 110.
⁸⁵ Siehe BayHStA, Jesuiten 1565, 4. Sept. 1715.
⁸⁶ Siehe ebd., 19. Juni 1719.
⁸⁷ Siehe ebd., 8. Mai 1723.
⁸⁸ Siehe BayHStA, GR Fasc. 68 Nr. 39 [Landschaft].
⁸⁹ Siehe BayHStA, Jesuiten 1565, 17. Juli 1724.
⁹⁰ Siehe ebd., 16. Okt. 1726.
⁹¹ Siehe ebd., 20. Okt. 1727.
⁹² Siehe BayHStA, GR Fasc. 184 Nr. 29, 6. März 1724.
⁹³ Siehe BayHStA, GR Fasc. 68 Nr. 39 [Landschaft], 22. Sept. 1728.
⁹⁴ Siehe BayHStA, GR Fasc. 68 Nr. 39 [Landschaft].
⁹⁵ Ebd., 28. Sept. 1728.
⁹⁶ Siehe ebd., 2. Juni 1729, eigenhändige Unterschrift Karl Albrechts.
⁹⁷ Siehe ebd., ohne Datum.
⁹⁸ Siehe ebd., ohne Datum.
⁹⁹ Siehe ebd., ohne Datum.
¹⁰⁰ Ebd., 17. Feb. 1739.
¹⁰¹ Siehe ebd., 27. Nov. 1739.
¹⁰² Siehe ebd., ohne Datum.
¹⁰³ Siehe Duhr, Bernhard: Geschichte der Jesuiten in den Ländern deutscher Zunge, Bd. 4.1, Geschichte der Jesuiten in den Ländern deutscher Zunge im 18. Jahrhundert, München – Regensburg 1928, S. 235.
¹⁰⁴ Siehe ebd.
¹⁰⁵ Siehe BayHStA, GR Fasc. 184, Nr. 28; die angegebene Menge ist der Durchschnitt der Braujahre 1755-1760.
¹⁰⁶ Siehe BayHStA, GR Fasc. 727 Nr. 3.
¹⁰⁷ Siehe BayHStA, GR Fasc. 727 Nr. 5.
¹⁰⁸ Siehe Huber, Heinrich: Altbayerische Jesuitenklosterbrauereien, in: Jahrbuch der Gesellschaft für die Geschichte und Bibliographie des Brauwesens e.V. (1937), S. 31-46, S. 34.
¹⁰⁹ Siehe BayHStA, GR Fasc. 840 Nr. 37, 1. April 1778.
¹¹⁰ Ebd.
¹¹¹ Siehe BayHStA, GL Fasc. 3693 Nr. 150, 29. Juli 1778.
¹¹² Siehe BayHStA, GR Fasc. 840 Nr. 37, 25. Juni 1778.
¹¹³ Ebd., 6. Okt. 1778.
¹¹⁴ Siehe ebd., 8. Aug. u. 26. Okt. 1778.
¹¹⁵ Siehe BayHStA, GL Fasc. 3693 Nr. 150, 23. Juni 1781.
¹¹⁶ Siehe Mayr, Gottfried: Ebersberg. Gericht Schwaben, (Historischer Atlas von Bayern, Teil Altbayern I/48), München 1989, S. 305.
¹¹⁷ Siehe Guggetzer, Martin / Kastner, Heinrich / Meyer, Otto: Elfhundert Jahre Ebersberg, Ebersberg 1957, S. 47f.
¹¹⁸ Siehe ebd.
¹¹⁹ Siehe Lieberich (wie Anm. 31), S. 708.
¹²⁰ Siehe Huber (wie Anm. 108), S. 39.
¹²¹ Siehe Krausen (wie Anm. 4), S. 169.
¹²² Siehe Huber (wie Anm. 108), S. 41.
¹²³ Siehe Krausen, Edgar: Die Versteigerung der Klosterbrauerei Raitenhaslach im Jahre 1803/04, in: Jahrbuch der Gesellschaft für die Geschichte und Bibliographie des Brauwesens e.V. (1968), S. 81-97, S. 81.
¹²⁴ Siehe Hazzi, Joseph von: Statistische Aufschlüsse über das Herzogthum Baiern, aus ächten Quellen geschöpft. Ein allgemeiner Beitrag zur Länder- und Menschenkunde, Bd. 3/2, Nürnberg 1804, S. 477.
¹²⁵ Siehe BayHStA, GR Fasc. 727 Nr. 4.
¹²⁶ Siehe BayHStA, KL Fasz. 939 Nr. 68.
¹²⁷ Siehe BayHStA, KL Fasz. 939 Nr. 69.
¹²⁸ Siehe Huber, Heinrich: Benno Scharl, der Begründer des neuzeitlichen Brauwesens, in: Jahrbuch der Gesellschaft für die Geschichte und Bibliographie des Brauwesens (1936), S. 152-158, S. 152 u. Krausen (wie Anm. 4), S. 168f.
¹²⁹ Siehe Huber (wie Anm. 108), S. 43.
¹³⁰ Siehe Dickopf, Karl: Von der Monarchie zur Diktatur, in: Der Landkreis Ebersberg. Raum und Geschichte, hg. v. d. Kreissparkasse Ebersberg, Stuttgart 1982, S. 136-229, S. 141.
¹³¹ Siehe Siebert, Max: Die bayerische Bierbrauerei, in: Riehl, Wilhelm Heinrich (Hg.): Bavaria, Landes- und Volkskunde des Königreichs Bayern, 1. Bd., München 1860, S. 495-504, S. 502.
¹³² Schirrmann, Ralf: Flüssig' Brot der Bayern, in: Süddeutsche Zeitung / Ebersberger Neueste Nachrichten, Nr. 127, Sa./So., 05./06.06.1993, S. 2.

Abbildungsnachweis

Bayerisches Hauptstaatsarchiv, München: Abb. 4, 5 u. 7.
Markus Krammer, Ebersberg: Abb. 9.
Berthold Schäfer, Jakobneuharting: Abb. 6.
Stadtbibliothek Nürnberg: Abb. 1.
Verlag Lutz Garnies, Haar bei München: Abb. 2, 3 u. 8.

Rotraut Acker

Das Kloster Ebersberg in bildlichen Darstellungen

Bildliche Quellen sind für den modernen Betrachter von jeher von großer suggestiver Kraft, scheinen sie doch längst in der Geschichte versunkene Zustände optisch wiederzugeben und uns damit den Blick in eine, wenn auch fremd gewordene Welt zu ermöglichen. Verlorengegangenes scheint gegenwärtig zu werden und das um so mehr, als die heute schier grenzenlose Reproduzierbarkeit dieser ‚Bilder' schließlich zu einer ungehemmten Verbreitung führt. Nun verleiten bildliche Quellen den unvorbereiteten Betrachter, ‚Wiedergegebenes vorbehaltlos als sichtbare Wirklichkeit' zu interpretieren. Dabei gilt für die Wissenschaft prinzipiell seit langem, daß sämtliche Quellen in ihrer Aussage auf eine Adäquatheit zum historischen Geschehen hin zu untersuchen sind, daß eben eine solche nicht von vornherein vorauszusetzen ist."[1]

Ganz ähnlich verhält es sich mit den bildlichen Darstellungen des Klosters Ebersberg, wobei weniger die Fragen der Ästhetik eine Rolle spielen als der darstellerische Gehalt der Bilder von Interesse ist. Freilich setzt jede einzelne Ansicht eine gründliche Beschäftigung mit der Literatur zur Bau-, Orts- und Landesgeschichte, mit diversen Kartenmaterialien, mit den ungedruckten Quellen in den Archiven sowie mit den handwerklichen Voraussetzungen (etwa in Ateliers) zur Erstellung der Bilder voraus, was aber im Einzelnen den hier vorgegebenen Rahmen sprengen würde.

Die Zahl der bildlichen Darstellungen des Klosters Ebersberg, das in seiner rund 900-jährigen Geschichte über lange Zeitstrecken hinweg ein bedeutendes geistiges und geistliches Zentrum war, dessen Sebastianswallfahrt im 15. Jahrhundert in hoher Blüte stand und im 17./18. Jahrhundert[2] nochmals einen glanzvollen Höhepunkt erlebte, ist enttäuschend gering angesichts der großen Bedeutung dieses Ortes. In der frühen Zeit stand eindeutig der topographische Aspekt im Vordergrund; von der Landschaft rings um das Kloster war auch später kaum etwas zu sehen, etwa ganz im Gegensatz zu den vielen Bildern des 19. und besonders des 20. Jahrhunderts, also der Nach-Klosterzeit, als viele Künstler die ehemaligen Klostergebäude und besonders die frühere Klosterkirche als Motive für ihre Arbeiten verwendeten. Hinzu kommt noch, dass die frühen Abbildungen viel Phantasie zeigen beziehungsweise idealisiert wurden und insofern für die Interpretation noch so manche (möglicherweise unlösbare?) Rätsel aufgeben.

Wir wollen die Abbildungen chronologisch vorstellen: Die ältesten bisher bekannten Darstellungen von Kirche und Kloster Ebersberg sind zwei kolorierte Federzeichnungen vom Ende des 15. Jahrhunderts, einmal vom Süden und einmal vom Westen aus gesehen, die sich in einer vom baufreudigsten aller Ebersberger Äbte, Sebastian Häfele (1472-1500), in Auftrag gegebenen und in fünf Teile gegliederten Bildchronik finden. Diese Handschrift wird heute im Stadtarchiv München verwahrt und ist im Eigentum des Historischen Vereins von Oberbayern. Interessant dabei ist, dass der Bildchronist in ein und derselben Abhandlung nicht nur seinen Standort für die Abbildungen wechselte, sondern sowohl den Kirchen- wie auch den Klosterkomplex gemäß der historischen Überlieferung gänzlich anders darstellte. Sein Strich ist sicher und schwungvoll und geht unbekümmert-liebenswürdig über die Bildeinfassung hinaus. Diese Handschrift hat allerdings wohl den Nachteil, an Stelle der real ausgeführten Bauwerke eine Idealansicht der Klosteranlagen wiederzugeben, wie sie sich der Zeichner nach der Schilderung anderer vorgestellt haben mag.[3]

Auf der Südansicht (Abb. 1) hat der Chronist das Kloster im Süden der Kirche dargestellt, wie es damals schon fast 300 Jahre nicht mehr den Tatsachen entsprach, denn schon unter Abt Burkhard (1184-1201) wurde das Konventgebäude von der steil abfallenden Südseite auf den geräumigeren ehemaligen Burgplatz auf der Nordseite der Kirche verlegt. Entsprechend der früheren Überlieferung, richtete sich der Buchmaler der Chronik nach einer älteren Vorlage und nicht nach dem Ist-Zustand des Klosters. Auch versah der Chronistenmönch – wohl im besonderen Auftrag des Abtes Sebastian Häfele – die Kirche mit zwei Türmen, wobei es aber zum Ausbau eines

Abb. 1:
Älteste Darstellung des Klosters Ebersberg, vom Süden aus gesehen, im Bauzustand vom Ende des 12. Jahrhunderts (Kloster noch im Süden der Kirche). Kolorierte Federzeichnung aus der Bildchronik des Klosters Ebersberg, Ende 15. Jahrhundert.

Abb. 2:
Darstellung des Klosters Ebersberg, vom Westen aus gesehen. Kolorierte Federzeichnung aus der Bilderchronik des Klosters Ebersberg, Ende 15. Jahrhundert.

zweiten Turmes bis auf den heutigen Tag nie gekommen ist. Vielmehr blieb der Nordturm, nachdem der Südturm fertiggestellt war, auf der Höhe des Rumpfgeschosses stecken. Deutlich ist im Vordergrund der Kreuzgang zu sehen. Über das Kirchendach spitzt noch ein dritter, bis dato nicht zuzuordnender Turm hervor. Besonders auffallend ist der im Vordergrund zu erkennende steinerne Mauerring, der mit seinen zyklopischen Findlingsblöcken und in einer Stärke von fast drei Metern den Grabenrand einst der Burg und wohl auch später des Klosters begleitete, wie beim Bau des Anschlusskanals zum Landratsamt 1953 beziehungsweise bei den Ausgrabungen des Bayerischen Landesamtes für Denkmalpflege 1978/79 bestätigt wurde.[4]

Die Westansicht des Klosters (Abb. 2), mit Sicherheit von der selben Mönchshand gezeichnet, zeigt die nun zeitgleich richtige Situierung der Klosteranlage im Norden der Kirche sowie den eintürmigen Kirchenbau (mit Turmuhr). Wohin der rückwärtige Turm gehört, ist nicht klar; – vielleicht zu einer der beiden, stets zusammen genannten Kapellen auf der Südseite des Chores (Marienkapelle und Stephanuskapelle), die 1455 geweiht wurden (warum aber ist nur eines der Türmchen abgebildet?). Auch scheint dieser Turm als zu einer der beiden Kapellen gehörig wohl viel zu hoch. Vielmehr dürfte es sich um einen Dachreiter handeln.

Ebenfalls unter Abt Sebastian Häfele, dem großen und verdienstvollen Um- und Erweiterungsbauherrn des Klosters, entstand neben anderen hervorragenden Arbeiten auch ein weiteres Kunstwerk von überregionaler Bedeutung: das Stifterhochgrab für Graf Ulrich und dessen Gemahlin Richardis (Abb. 3), die 990, 1011 oder 1013[5] mit Abt Reginbold von Sankt Ulrich und Afra in Augsburg die Benediktiner nach Ebersberg holten. Das aus Adneter Rotmarmor gearbeitete Hochgrab von 1501 des Meisters Wolfgang Leb aus Wasserburg zeigt auf der aus einem Stück herausgearbeiteten Deckplatte neben anderen Figuren das kniende Stifterpaar, das das Modell einer Kirche, quasi als pars pro toto, in den Händen hält. Es handelt sich hierbei weitgehend um ein Phantasiegebilde, trotzdem erkennt man eindeutig eine dreischiffige Kirche, wie sie bereits im 10. Jahrhundert konzipiert und gebaut worden war; auch fällt die Zweitürmigkeit der Kirche auf, in der sie ja ursprünglich auch geplant war, aber nie vollendet wurde. Georg Hager nennt das prächtige, 3,86 Meter lange, 1,30 Meter hohe und 1,61 Meter breite Grabmal den „Abschluß und zugleich wohl den Höhepunkt der Kunstpflege des Klosters Ebersberg im Mittelalter"[6], ja das Werk zeuge – wie Martin Guggetzer formuliert – „von einem Phidias seiner Zeit"[7]. Die Komposition des Denkmals ist ungewöhnlich reich. Sie geht von dem Gedanken aus, die Geschichte der Gründung der Burg und des Klosters Ebersberg darzustellen – allerdings weitgehend auf Personen und nicht auf die Darstellung von Gebäuden eingehend. Da unter Graf Ulrich von (Sempt-)Ebersberg († 1029) und seiner Frau Richardis († 1013) die Benediktinerregel im Kloster eingeführt wurde, galten sie in den Augen der Mönche als die eigentlichen Stifter, obwohl die Klostergeschichte – den Quellen folgend – bis ins Jahr 934 zurückgeht. Sie erhielten folgerichtig in Figura ihren Platz auf der Deckplatte der Tumba.

Zu Ende der Benediktinerzeit stellte der Mathematiker und Geograph Philipp Apian[8] in der „Achtzehend Landtafel" seiner Bayerischen Landtafeln, erschienen 1568 in Ingolstadt, auch „Ebersperg" (Abb. 4) dar, – freilich, wie

*Abb. 3:
Deckplatte des Stifterhochgrabes für Graf Ulrich und dessen Gemahlin Richardis mit dem (Phantasie-) Modell der Klosterkirche im Mittelpunkt, das stellvertretend für das gesamte Kloster steht. Adneter Rotmarmor, gearbeitet von Bildhauer Wolfgang Leb, 1500/01.*

Abb. 4: Darstellung „Ebespergs" in Philipp Apians „Achtzehend Landtafel", Detail. Kolorierter Holzschnitt, 1568.

Abb. 5: Darstellung „Ebespergs" in Peter Weinerus' 18. Landtafel, Detail. Kolorierter Kupferstich, 1579.

es bei einer viele Aspekte berücksichtigenden Landkarte auch gar nicht anders sein kann, sehr schematisch.

Diese kleine, nur wenige Millimeter große Abbildung war die Vorlage für die nur kurze Zeit später erschienene Wiedergabe Ebersbergs (Abb. 5) in der 18. Landtafel zur Karte von Ober- und Niederbayern, die der Kupferstecher Peter Weinerus 1579 herausbrachte: fast strichgenau gleichen sich die beiden Klosteransichten. Dass es sich mit Gewissheit um das Kloster handelt, zeigt die deutlich auf einen Hügel gesetzte Ansammlung von Gebäuden samt mittig dargestelltem rückwärtigen Kirchturm. Zudem schwebt bei Apian der Abtstab über der Klosteranlage, während er bei Weinerus – einem Fanal gleich – im Osten der Gebäude förmlich wie eine Blüte aus den Dächern wächst. Der im Westen kampanileartig stehende Kirchturm ist gewiss derjenige der Pfarrkirche Sankt Valentin.

Eine lange nicht beachtete Abbildung des Klosters aus dem späten 16. Jahrhundert bietet das aus einer sandfarbenen Solnhofener Steinplatte gefertigte Epitaph(fragment) (Abb. 6) in der heutigen Herz-Jesu-Kapelle der ehemaligen Kloster- beziehungsweise heutigen Stadtpfarrkirche. Diese Darstellung mit ihrem ungewöhnlichen, daher aber um so reizvolleren linearen Zusammenziehen von Kirchensüd- und Konvent-Westseite liefert einen beredten Einblick in die letzte Bauphase des von Benediktinern regierten Klosters. Ihr widmete Brigitte Schliewen in jüngster Zeit eine interessante Abhandlung;[9] sie sieht in dieser Abbildung das erste authentische Bild des spätmittelalterlichen Klosters Ebersberg kurz bevor es in den Besitz der Jesuiten überging und in der Folge entscheidende bauliche Veränderungen erfuhr. Im dominierenden Mittelpunkt des äußerst fein geschnittenen Reliefs in der Größe von 0,57 Meter (Höhe) auf 1,14 Meter (Breite) ist vermutlich der Benediktinerabt Sigmund Kulbinger (1580-1584), möglicherweise aber auch der letzte Ebersberger Abt Johann Schmauser (1584-1590),[10] im Festornat zu sehen, wie er kniend, die Hände gefaltet, auf das leere Grab des Auferstandenen blickt. Den vermutlich oben nachträglich abgeschnittenen Hintergrund bildet ein Teil der Klosteranlage, innerhalb und außerhalb deren Mauerrings, der den für das Kloster stets problematischen, nach Osten steil abfallenden Abhang andeutet, ein wohlgeordneter Klostergarten (der spätere „Herrengarten" des 19. Jahrhunderts) mit zum Teil überdimensionierten Anpflanzungen (Bäume, Blumen, Beete) zu erkennen ist. Auf der linear aufgeblätterten und zusammengesetzten Klosteransicht fallen zwischen Langhaus und Chor der mehrstöckige, polygonale Schneckenturm (wohl Aufgang der Mönche in deren eigenen Chorraum) und die daneben liegende Kapelle mit zwei spitzbogigen Fenstern und einem Dachreiter samt Glockenstuhl auf. Ob es sich dabei um die Marien- oder Stephanuskapelle (beide 1455 geweiht und erst im 18. Jahrhundert abgerissen) handelt und warum nur eine von beiden abgebildet wurde, ist nicht klar. Rechts im Bild sehen wir am Horizont drei Kreuze, die – einem Kalvarienberg ähnlich – auf dem östlich des Klosters gelegenen Rosskopf stehen. An die Vorhalle der Kirche schließt sich westlich ein einstöckiger, schindelgedeckter Bau mit

Abb. 6: Das Kloster Ebersberg, gleichzeitig vom Westen und Süden aus gesehen. Epitaph in der Herz-Jesu-Kapelle von Sankt Sebastian. Solnhofener Steinplatte, Ende 16. Jahrhundert.

Abb. 7: Das Kloster Ebersberg, gleichzeitig vom Westen und Süden aus gesehen, der Darstellung auf dem Solnhofener Reliefstein (Abb. 6) nachempfunden. Photographie eines Ölgemäldes, das beim Brand des Ebersberger Rathauses 1925 zu Grunde ging.

einer Rundbogentüre über einem dreistufigen Treppenaufgang und einem auf zwei Pfeilern ruhenden und von einer Kuppel überdeckten Erker an, wobei es sich jedoch bei dem gesamten Gebäudekomplex in Wirklichkeit um den westlichen Konventtrakt im Norden der Kirche handelt. Der Erker deutet darauf hin, dass dieser Bau die Abtei vorstellt.[11]

Ein diesem Epitaph nachempfundenes Ölgemälde (Abb. 7) eines unbekannten Malers hing einst im Heimatmuseum von Ebersberg im Speicher des Rathauses, bis es 1925 neben nahezu all den übrigen zahlreichen Exponaten des Museums bei einem Großbrand den Flammen zum Opfer fiel. Lediglich eine Photographie davon hat sich erhalten. Beim schnellen Hinsehen scheint es sich um ein mit der Darstellung des Epitaphs nahezu identisches Bild zu handeln. Vertieft man sich aber in die Einzelheiten, so wird man mehrerer Unterschiede gewahr: Das Bild wurde nach oben hin mit den Türmen von Kirche und Kapelle ergänzt. Dem Klostergarten maß man hier weniger Raum und somit weniger Bedeutung zu, die Details auf dem Prunkumhang des Abtes wurden unterschiedlich dargestellt. Kirche und Klostergebäude aber wurden stark vereinfacht: Die „aufgerollte" Südseite des Südturms wurde weggelassen, dafür bekam nun der Turm – eigentlich widersinnig – auf der Westseite zwei Uhren. Die Wendeltreppe zum Odeum wurde in drei horizontale Ebenen aufgelöst, der Chor optisch nicht mehr vom Langhaus abgesetzt, sondern erhielt einen gleich hohen Dachfirst. Die Fenster im Konventgebäude sind nicht nur stark dezimiert, sondern weitgehend ihrer Sprossen beraubt. Das Wappen im Eck links unten (gekreuztes Rasiermesser und ein Pfeil) fehlt gänzlich.

Im Archivum Romanum Societatis Jesu in Rom befindet sich eine 14,8 auf 17,2 Zentimeter große, lavierte Federzeichnung, die die Jesuitenresidenz Ebersberg aus der Vogelperspektive, wohl um 1670, (Abb. 8) zeigt. Sie stammt aus einem 35-seitigen Album mit 32 Ansichten von Häusern der Oberdeutschen Provinz und zeigt das Kloster vom Osten.[12] Deutlich ist ein dichter Lattenzaun auszumachen, der das Areal gegen den Geländeabfall im

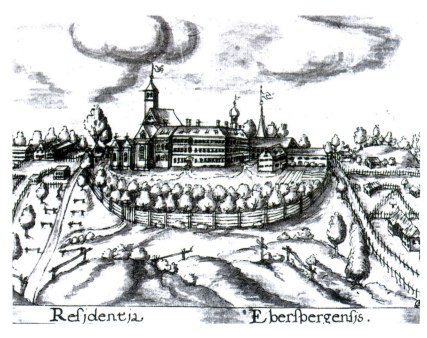

Abb. 8: Jesuitenresidenz Ebersberg, vom Osten aus gesehen. Lavierte Federzeichnung von Johannes Hörmann, um 1670.

Osten schützt; innerhalb der Abzäunung wächst ein kleines Laubwäldchen. Die beiden gleich hohen Kapellen südlich des Chores (die Marienkapelle und die 1627 dem heiligen Ignatius geweihte vormalige Stephanskapelle) sind zu sehen, daneben die historische Linde, die 1671 bei einem Sturm umstürzte.[13] Ebenso fällt der gewaltige östliche Baukörper der dreigeschossigen Konventhäuser im Norden ins Auge. Der Turm der Klosterkirche hat noch ein Pyramidendach, – er wurde erst 1781 von den Maltesern mit einer neuen Turmhaube versehen, wie sie uns heute noch vertraut ist. Erstmals tauchen auf diesem Blatt im Westen des Klosters noch zwei Türme auf: einer davon, ein Zwiebelturm, gehört gewiss zu der der Klosterkirche gegenüberliegenden Pfarrkirche, die dem heiligen Valentin geweiht war und die in ihrem Ursprung schon vor der Klosterkirche bestand.[14] Sie wurde erst 1807 im Zuge der Säkularisation wegen Baufälligkeit abgerissen und machte dem schon ein Jahr später für Gäste geöffneten „Neuwirt" Platz. Aber die zweite Turmspitze? – Möglicherweise handelt es sich um den Turm einer Friedhofskapelle.

Topographisch könnte der spitze Turm tatsächlich zu einer solchen gehören, denn der Friedhof war damals rund um die Valentinskirche angelegt und diente fast tausend Jahre lang als letzte Ruhestätte der Ebersberger,[15] während die Valentinskirche selbst gegenüber der Klosterkirche stand. Genau so gut aber könnte dieser Turm, wohl in seiner Größe etwas überzeichnet, ein zu einem Klostergebäude gehörender Dachreiter sein.

Von den drei Kreuzen auf dem Rosskopf steht nur noch eines, dafür erkennen wir erstmals eigentümliche Holzgestelle (je ein langer Holzstamm ruht horizontal in den Astgabeln von zwei in den Boden gepflockten Rundhölzern), die sowohl um dieses Kreuz als auch im Bild links beiderseits des zur Kirche verlaufenden Weges aufgestellt sind. Sie werden uns auf späteren Abbildungen nochmals begegnen. Man kann sie wohl als Sitzgelegenheiten (eine Art von Bänken ohne Lehne) für müde, wartende, meditierende oder rastende Sebastianspilger interpretieren. Etwa zur gleichen Zeit – also ebenfalls um 1670 – begegnen wir einem querovalen Ölbild auf Leinwand (Abb. 9), das sich – in einen Stuckrahmen eingefügt – an

Abb. 9: Das Kloster Ebersberg, von Osten aus gesehen, in einem mit Stuckrahmen umgebenen Gemälde in der Sebastianskapelle. Öl auf Leinwand, Anton (oder Johann Blasius?) Vicelli zugeschrieben, um 1670.

der Westwand der Sebastianskapelle befindet. Diese Kapelle, 1668 anstelle der Oberen Sakristei und der Klosterbibliothek nach den Plänen des Jesuiten-Laienbruders Heinrich Maier aus München gebaut, beherbergte einst auch den Klosterschatz und ist auf Grund ihrer künstlerischen Ausstattung (u.a. mit Tonnengewölbe, reichen Barockstuckaturen, mit qualitätvollen Schnitzereien versehenen Glasschränken, vor allem aber mit der kostbaren spätmittelalterlichen Silberbüste, in deren abnehmbarer Kopfbedeckung sich die wertvolle Hirnschalen-Reliquie des heiligen Sebastian auf einem Altar aus Salzburger Marmor befindet) „das prachtvollste und charakteristischste Werk kirchlicher Baukunst [...] des 17. Jahrhunderts in Oberbayern" im Hinblick auf den Stuck-Dekorationsstil.[16] Wesentlich dazu tragen die farbsatten, heute wohl etwas zu dunklen Ölgemälde an den Wänden bei, unter denen sich die vorhin angesprochene Ansicht des Klosters, vom Osten aus gesehen, befindet. Dieses und die übrigen Ölgemälde werden dem Joh. Blasius Vicelli aus Aibling zugeschrieben (nach Helmut Schlüter),[17] während Markus Krammer von einem Anton Vicelli, einem damals im Raum Aibling-Ebersberg ansässigen Fassmaler, spricht.[18] Im Wesentlichen entspricht das Bild der Abb. 8, nur ist es belebt durch einen bunten Wallfahrerzug, der sich auf dem nahe des linken Bildrandes zu erkennenden Weg beim „sogenannten Frieslberg"[19] der Klosterkirche zu bewegt. Das Balkenkreuz im Vordergrund auf dem steil abfallenden Rosskopf ist einem Doppelbalkenkreuz (Lothringer Kreuz) gewichen. Der Zwiebelturm der Valentinskirche, der über dem Konventgebäude hervorragt, ist sehr klein geraten und kaum von den Schornsteinen davor zu unterscheiden. Das Bild gibt den Bauzustand vor 1671 wieder, denn noch ist die große, viele Jahrhunderte alte, seitlich der beiden am Chor angebauten Kapellen befindliche Linde zu sehen, die in eben diesem Jahr umstürzte.

Abb. 11: Die Jesuitenniederlassung Ebersberg, vom Osten aus gesehen, im Bauzustand um 1670. Öl auf Leinwand, zwischen 1710 und 1733.

Wiederum existiert ein dem Gemälde in der Sebastianskapelle nachempfundenes Ölbild (Abb. 10) aus späterer Zeit, das sich eng an die Vorlage hält: die beiden Kapellen sind etwas schmal ausgefallen, dem Pilgerzug wurde eine Kreuz-Fahne vorangestellt, die Traditionslinde ist besonders groß und markant gemalt und der spitze, nicht eindeutig zuzuordnende Turm überragt – wohl nicht ganz originalgetreu – alle übrigen Türme.

Und noch ein drittes, ganz ähnliches Gemälde der Jesuitenresidenz von Osten aus der Mitte des 17. Jahrhunderts (Abb. 11) ist bekannt. Es befindet sich im Bayerischen Nationalmuseum in München – leider in einem bedauerlichen Zustand – unter der Inv.-Nr. R 7597 C23. Dieses große Bild – Öl auf Leinwand mit den Maßen 76,6 auf 91,5 Zentimeter – gibt den Bauzustand ebenfalls vor 1671 wieder (die hohe Linde links des Presbyteriums steht noch!); das Bild selbst entstand wesentlich später, etwa zwischen 1710 und 1733.[20] Der Maler ist unbekannt. Ins Auge springt die gemauerte, weiß gestrichene, im Halbkreis rund um die ganze Ostseite

Abb. 10: Das Kloster Ebersberg, vom Osten aus gesehen, der Darstellung in der Sebastianskapelle (Abb. 9) nachempfunden. Photographie eines wohl im 19. Jahrhundert entstandenen Ölgemäldes, Original verloren gegangen.

Abb. 12: Das Kloster Ebersberg, vom Westen aus gesehen. Kupferstich von Johann Ulrich Kraus in Anton Wilhelm Ertls Chur-Bayerischem Atlas, 1690.

wieder von dieser Seite! Die Sonne scheint vom Süden und wirft scharfe Schatten. Man sieht den von den Jesuiten 1666 teilweise auf altem Mauerwerk neu errichteten Klosterbau, die vorgelagerten Wirtschaftsgebäude mit einem Querbau samt Toreingang, der „Jahrhunderte lang die östliche Begrenzung des Marktplatzes" bildete,[21] den romanischen Turm der Klosterkirche mit seinem flachen Walmdach, der noch – wie zu Abt Sebastian Häfeles Zeiten – niedrig ist, die Turmuhr samt Schalllöchern, deren Zifferblatt allerdings nicht mittig wie vordem abgebildet ist, sondern jetzt an den linken oberen Turmrand gerutscht ist. Im rechten Eck unten, im Schatten, steht bescheiden und klein die Pfarrkirche Sankt Valentin, die nahezu tausend Jahre lang an dieser Stelle existierte, und zwar schon vor dem Bau der Kloster- und Wallfahrtskirche Sankt Sebastian und dann für viele Jahrhunderte zeitgleich mit ihr. Wohin freilich die Zwiebelkuppel in der linken Bildhälfte zu zählen ist, muss offen bleiben. Gewiss muss man der künstlerischen Freiheit Zugeständnisse machen, wie ja überhaupt die Zuordnung von bestimmten Gebäudeteilen zu ihrer funktionalen Zugehörigkeit äußerst schwierig ist, weil dies schriftlich nicht durchgängig dokumentiert ist. Wohl eindeutig geklärt sein mag der kleine Torbau im Westtrakt des Klostergebäudes, den ein Satteldach mit einem vorkragenden Quergiebel kennzeichnet. Diesem Tor zur Klosterpforte widmete Markus Krammer einen eigenen Aufsatz.[22]

der Klosteranlage führende Mauer mit roter Ziegelabdeckung und einem Eingangstor, das vom Südosten in den Klosterbezirk führt. Wie bei kaum einem anderen Bild wird der „aussperrende" Charakter dieser Klosteranlage deutlich: Die das Kloster (zur Gänze?) umgebende Mauer schirmt den kleinen selbständigen Klosterstaat gegen die Welt draußen und damit gegen den so anders gearteten Alltag der Menschen vor seinen Toren ab. In Nürnberg erschien 1690 in Anton Wilhelm Ertls Chur-Bayerischem Atlas, Zweyter Theil, ein Kupferstich von Johann Ulrich Kraus (Abb. 12), der die gesamte Klosteranlage von Westen zeigt – seit Ende des 15. Jahrhunderts (Abb. 2) beziehungsweise mit Vorbehalt auch seit Ende des 16. Jahrhunderts (Abb. 5) das erste Mal

Der 1869 von Link (nähere Daten des Künstlers unbekannt) angefertigte Holzschnitt (Abb. 13), nachempfunden dem Kupferstich von Johann Ulrich Kraus, 1690, hält sich sklavisch an das Vorbild und erlaubt keinerlei neue Einsichten.

Während sich zeitlich also Johann Ulrich Kraus mit seiner Westansicht des Klosters von 1690 (Abb. 12) in die chronologische Bildabfolge einschiebt, kehren wir etwas später motivmäßig wieder zurück zu einer Ostansicht: Die wohl bekannteste Abbildung des Klosters Ebersberg ist der wenige Jahre jüngere, akkurate Kupferstich Michael

Abb. 13: Das Kloster Ebersberg, vom Westen aus gesehen, dem Kupferstich von Johann Ulrich Kraus (Abb. 12) nachempfunden. Holzschnitt von Link, 1869.

Abb. 14: Das Kloster Ebersberg, vom Osten aus gesehen. Kupferstich von Michael Wening, 1701.

Abb. 15: „So genennte Residentz oder Wohnung der PP. Societatis Jesu" in Ebersberg, vom Osten aus gesehen. Kolorierte Federzeichnung, 1723.

Abb. 16: Jesuitenresidenz Ebersberg, vom Osten aus gesehen, im Bauzustand um 1670. Kolorierter Kupferstich von Gabriel Bodenehr, zwischen 1734 und 1765.

Wenings (Abb. 14) aus dessen 1701 erschienenen 1. Band seiner Historico-Topographica Descriptio. Es wird zwar berichtet, dass Weningsche Stiche „ausschließlich nach den vor Ort gemachten Skizzen"[23] entstanden seien, die vorliegende Abbildung des Klosters, vom Osten aus gesehen, aber lässt den Schluss zu, dass Wening – mit geringfügigen Abweichungen – von seinen Vorgängern „abgekupfert" hat: wir konstatieren die gleiche Blickrichtung auf das Kloster mit hölzerner Umzäunung, die Linde (hier eingefasst), die Lage der beiden Kapellen, der Kirche und der Konventgebäude, auch den spitzen Turm kennen wir schon. Gänzlich verschwunden ist der Zwiebelturm der Valentinskirche, den Laubbäumen im Vordergrund wurden einige Nadelbäume hinzu gesellt, ein Gärtlein im nördlichen Teil der Anlage kam hinzu. Etwas verunglückt scheint mir die Ausführung des Chores zu sein, der hier gänzlich losgelöst vom Kirchenschiff auffällt. Als Staffage fügte Wening noch einen Bauern und zwei Reiter hinzu.

Im Besitz des Fürstlichen und Gräflichen Fuggerschen Familien- und Stiftungs-Archivs in Dillingen befinden sich im Jahre 1723 angefertigte kolorierte Federzeichnungen, wobei eine das Kloster Ebersberg zeigt. Der Zeichner hielt sich eng an die im heutigen Jesuiten-Archiv in Rom aufliegende Vorlage von Johannes Hörmann (Abb. 8). Auch hier handelt es sich um ein Mappenwerk (Verfasser: Monogramm I. S. oder S. I.; Zeichner unbekannt) mit dem Titel „Coena Magna / Per Germaniam Superiorem / a Societate Jesu / Pro Convivis 1743731[24] / Instituta / Anno M.D.CC.XXIII.", das 34 Blätter und 32 Zeichnungen beinhaltet, die – neben Lobgedichten sowie Versen auf die heilige Kommunion und die Familie Fugger und deren Stiftungen – die Kollegien und Residenzen der Oberdeutschen Jesuitenprovinz im Bild wiedergeben.[25] Die für uns hier interessante „Residentia Eberspergense" aus der Vogelperspektive (Abb. 15) mit den Maßen 17 auf 21 Zentimeter ist mit der etwas kleiner formatigen „Residentia Eberspergensis" aus Rom (Abb. 8) nahezu deckungsgleich; es fehlt ihr jedoch die lebendige Wolkenstimmung. Den eigentümlichen, dreieckig umzäunten Garten im Norden außerhalb der Klosteranlagen finden wir auch hier. Alle drei Türme sind beflaggt.

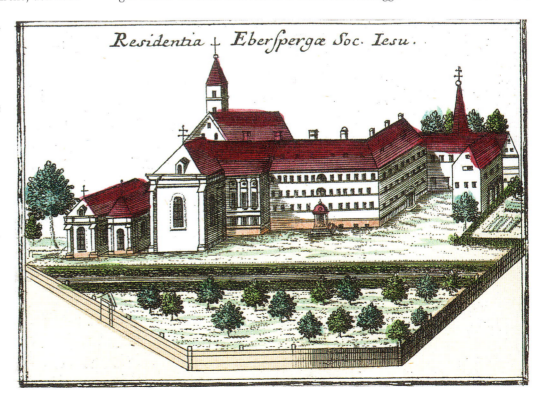

Abb. 17: Darstellung des Klosters Ebersberg an der Nordwand des Presbyteriums von Sankt Sebastian. Farbfresko, Ende 18. Jahrhundert.

Irgendwelche Umbauten oder Veränderungen am Gebäudekomplex können wir nicht feststellen.

Die bildlichen Darstellungen 8, 9, 11 und 15 sind nachweislich alle in enger Verbindung mit den Jesuiten in Ebersberg zu sehen beziehungsweise in deren Auftrag entstanden und stellen den Klosterkomplex nach Fertigstellung des neuen Klosterbaues 1666 dar. Aus ihnen spricht ein gewisser berechtigter Stolz der Bauherren. Und noch einmal begegnet uns eine ähnliche Ansicht Mitte des 18. Jahrhunderts: es ist ein kolorierter Kupferstich von Gabriel Bodenehr (Abb. 16) aus der Zeit zwischen 1734 und 1765 (8,2 x 11,8 cm). Auch er gibt den Baubestand zu Ende des 17. Jahrhunderts wieder. Der Drucktechnik entsprechend fällt die strenge Linienführung auf, besonders bei der Umzäunung und der Waldbegrenzung. Der skizzenartige Charakter des Vordergrundes hebt sich deutlich ab vom dahinterliegenden Gebäudekomplex, wo man sich auf das Wesentliche konzentriert. Das Fehlen des Turmes von Sankt Valentin fällt auf, ansonsten erzählt dieses Bild keine Neuigkeiten.

Auf einem Rokoko-Fresko vom Ende des 18. Jahrhunderts (Abb. 17) auf der Nordwand des Prebyteriums von Sankt Sebastian begegnen wir abermals einer Klosterdarstellung[26] – allerdings von mäßigem künstlerischen Anspruch –, wobei hier das Klostergebäude nur begleitender Hintergrund ist. Viel wichtiger erschien dem unbekannten Künstler die lebendige Darstellung der Wallfahrer, gemäß dem Motto zu diesem Bild: „Der Heilige Sebastian, Ein Vatter / des Vatterlandts, Ein allgemeiner Noth= / Helffer". Außer dem Kirchturm, bei dem das Fehlen der Uhr auffällt, ist nur noch ein Teil des klösterlichen Westflügels zu sehen sowie die unter dem Dach mit dem Langhaus vereinigte Abtskapelle des nie vollendeten Nordturms, die heute vom Finanzamt des Landkreises Ebersberg genutzt wird.

Höchst interessant ist, dass es relativ wenig ausführliche Literatur über und schon überhaupt keine frühen bildlichen Darstellungen vom Bau- beziehungsweise Ökonomiehof des Klosters Ebersberg gibt. Und doch war er über lange Zeitstrecken von immenser Bedeutung für das Leben im Kloster und dessen kulturelles Ausstrahlen. Die Werkstätten, Wirtschaftsgebäude und Stallungen waren fixe Bestandteile des Klosters und mit dem Klosterbetrieb unzertrennlich verbunden; nur so konnte man – in strenger Disziplin – auf Dauer allen Anforderungen des klösterlichen Gemeinschaftslebens gewachsen sein. Schon in dem bekannten, Anfang des 9. Jahrhunderts ausgearbeiteten Klosterplan von Sankt Gallen, der in Anlehnung an die von Benedikt von Nursia (480- vor 553) verfassten 73 Regeln entwickelt wurde, gliederte man den Klosterbereich in vier Baukomplexe, wobei die Werkstätten und Stallungen einer dieser vier waren. Dieses Klosterschema, gewiss als Idealplan und nicht als genaue Bauanleitung konzipiert, wurde für viele mittelalterliche Klosteranlagen, speziell solche der Benediktiner, maßgebend – in Abwandlung wohl auch für Ebersberg. Der Ebersberger, im Kern spätgotische „Pawhof", 1495 von „Sebastianus Abbas" (Abt Sebastian Häfele) fertiggestellt, war eine Ansammlung von Ökonomiegebäuden, gleichzeitig aber auch eine schon damals seit Jahrhunderten bekannte „Bauhütte", wie wir sie ähnlich von Großbaustellen großer Kathedralen zum Teil noch heute kennen.[27] Der südwestlich von der ehemaligen Klosteranlage, heute getrennt von Kirche und einstigem Konventbau an der Bahnhofsstraße gelegene Klosterbauhof ist quadratisch angelegt und besitzt ein gegenwärtig noch erhaltenes, eindrucksvoll über Eck gestelltes Hoftor aus verputztem Ziegelmauerwerk in Spitzbogenform, mit Sternrippengewölbe und eingemauertem Wappen des Erbauers.[28] Sowohl der Torbau als auch große Teile des Nordtraktes mit den alten gotischen Gewölben stammen aus früher Zeit, während die anderen Flügel mehrmals niederbrannten und bis in die jüngste Zeit immer wieder aufgebaut wurden.²⁹ Aufhorchen lässt die Vermutung Schliewens, dass das kunstvoll gestaltete, tiefe Tor als Teil einer Maueranlage das Kloster nach Südosten verschlossen haben könnte.³⁰

Doch nicht erst im ältesten Vermessungsplan aus dem Jahr 1812 ist der gewaltige Vierseithof eingezeichnet,³¹ schon im 18. Jahrhundert begegnen wir diesem charakteristischen Bau in Landkarten aus der Malteserzeit. In der Plansammlung des Bayerischen Hauptstaatsarchives in München finden sich unter den zahlreichen Karten dieses Jahrhunderts, auf denen auch Ebersberg verzeichnet ist, insgesamt vier Landkarten mit dem eingetragenen Bauhof, von denen hier nur zwei Ausschnitte wiedergegeben seien. (Abb. 18 u. 19) Auf der „Straßenkarte von Rosenheim nach Hohenlinden"³² ist deutlich ein verlängerter Nordflügel zu erkennen. Spekulationen, ob es sich dabei tatsächlich um ein Gebäude, eine Mauer oder aber um eine Verzeichnung handelt, sind erlaubt. Bei beiden Karten ist die jeweils eingezeichnete Klostermauer bemerkenswert; geht sie auf der früheren Karte (Abb. 18) nahezu rund um die Klosteranlage, so ahnen wir beim Betrachten der späteren Karte (Abb. 19) – betitelt: „Beiläufig angezeigte Ebersberger Terain - oder Entwurf des Unteré - und Oberé Oedé Gemains Gehilz"³³ – das zwischenzeitlich eingetretene, katastrophale Ereignis, nämlich den Großbrand von 1781, in dessen Folge nicht nur die Marien- und die Ignatiuskapelle gänzlich abgebrochen wurden, sondern auch der ganze östliche Klostertrakt. Und tatsächlich ist auf dieser Karte nur noch ein Klosterflügel zu sehen, auch die Mauer verläuft bloß noch ein Stück westlich und östlich der Kirche: vermutlich hat man auch diese teilweise abgebrochen.

Mit der Säkularisation versiegen auch die (wenigen) Abbildungen des Klosters, nicht aber solche der Wallfahrtskirche. So finden wir vereinzelt Darstellungen derselben auf Wallfahrtsbildern;³⁴ die Palette der Techniken hierzu wird vielfältiger, Steindrucke und Holzschnitte (etwa in Zeitschriften) kommen hinzu. In der Gegenwart dominieren Aquarell-, Öl- und Acrylarbeiten, auch Bleistiftzeichnungen. Vor allem aber hat seit Ende des 19. Jahrhunderts die Fotografie mit zunehmender Intensität ihren Einzug bei der Wiedergabe der noch vorhandenen ehemaligen Klostergebäude gehalten. Waren die bildlichen Darstellungen vor der Auflösung des Klosters weniger künstlerisch ausgeprägt denn von dokumentarischem Wert, auch wenn man um Deutungen von einzelnen Gebäudeteilen nicht umhin kommt, so bietet die heutige Stadtpfarrkirche mit den Resten der ehemaligen Klosteranlagen Motive für zahlreiche künstlerische Arbeiten. Auch tauchen nunmehr Ansichten vom Norden her gesehen auf, was all die vielen Jahrhunderte zuvor nie vorkam. Verlockend wäre es einmal, die Abbildungen von der Kirche und den Resten der einstigen Klosteranlage der letzten zweihundert Jahre – also der Nach-Klosterzeit – komparativ zusammen zu stellen, um sich der künstlerischen Vielfalt und der Ausdrucksstärke der Generationen kurz vor uns oder der gegenwärtigen bewusst zu werden.

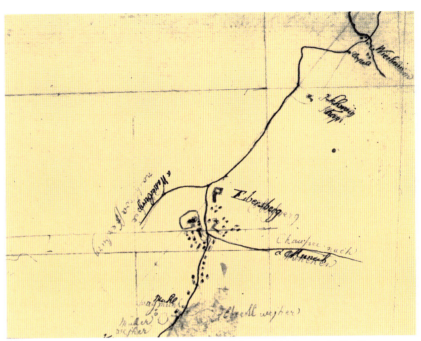

Abb. 18: Detail aus der „Straßenkarte von Rosenheim nach Hohenlinden" mit eingetragenem Klosterbezirk und Bauhof, zwischen 1773 und 1785.

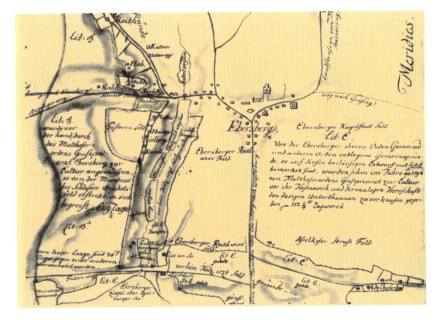

Abb. 19: Detail aus der Karte „Beiläufig angezeigte Ebersberger Terain" mit eingetragenem Klosterbezirk und Bauhof, nach 1794.

Anmerkungen

[1] Jacob, Frank-Dietrich: Quellenkundliche Betrachtungen der Ansichten. Über den Umgang mit „Bildern", in: Marsch, Angelika / Biller, Josef H. / Jacob, Frank-Dietrich (Hg.): Die Reisebilder Pfalzgraf Ottheinrichs aus den Jahren 1536/37 von seinem Ritt von Neuburg a. d. Donau über Prag nach Krakau und zurück über Breslau, Berlin, Wittenberg und Leipzig nach Neuburg, Kommentarband, Weißenhorn 2001, S. 421-439, hier S. 421.

[2] Zu einem Anschwellen der Sebastianswallfahrt kam es nicht zuletzt unter anderem durch das Auftreten des „Schwarzen Todes", der Pest, in den Jahren 1608, 1611 und 1613. Siehe Bauer, Hermann und Anna: Klöster in Bayern. Eine Kunst- und Kulturgeschichte der Klöster in Oberbayern, Niederbayern und der Oberpfalz, 2., durchgesehene u. ergänzte Aufl., München 1993 (1985).

[3] Siehe Schliewen, Brigitte: Das erste Abbild. Ein Epitaph zeigt Ebersbergs Kloster im 16. Jahrhundert, in: Süddeutsche Zeitung / Ebersberger Neueste Nachrichten, 288, Do., 14.12.2000, S. 6.

[4] Siehe Haberstroh, Jochen: Die Kleinfunde der Ausgrabungen in der ehemaligen Grafenburg zu Ebersberg / Oberbayern 1978/79, 4 Teile, Magisterarbeit, Bamberg 1990.

[5] Zur Datierungsfrage siehe den ausführlichen Beitrag von Gottfried Mayr in vorliegendem Band.

[6] Hager, Georg: Aus der Kunstgeschichte des Klosters Ebersberg, in: Bayernland 6 (1896), S. 399-401, 423-425, 435-439 u. 449-453, hier S. 438.

[7] Guggetzer, Martin: Ebersberg und seine Geschichte. Anläßlich des 1000jährigen Jubiläums Ebersbergs als Wallfahrtsort zum heiligen Sebastian, Ebersberg 1931, S. 21.

[8] Für seine Landtafeln und die Beschreibung Bayerns nahm Philipp Apian das Land im Auftrag von Herzog Albrecht in den Jahren 1554-1563 sorgfältig auf und vermaß es.

[9] Schliewen (wie Anm. 3).

[10] Diese Möglichkeit äußert Hager (wie Anm. 6), S. 542.

[11] Siehe Hager, Georg: Kunstgeschichte des Klosters Ebersberg, in: Ders.: Heimatkunst, Klosterstudien, Denkmalpflege, München 1909, S. 207-253, hier S. 248.

[12] Rupp nennt in Baer, Wolfram / Hecker, Hans Joachim (Hg.): Die Jesuiten und ihre Schule St. Salvator in Augsburg 1582, Augsburg 1982, auf S. 87 den Zeichner. Es ist der Jesuitenfrater und Künstler Johannes Hörmann (auch Herman), geb. 4. August 1651 in Mindelheim, gest. 1. Juli 1699 in München. Er spricht auch von nur 21 und nicht 32 Originalzeichnungen Hörmanns. Siehe auch das bei Abb. 15 Gesagte.

[13] Siehe Guggetzer (wie Anm. 7), S. 30.

[14] Martin Guggetzer berichtet zudem, dass „die Valentins-Pfarrkirche statt des spitzigen Helms" Anfang des 17. Jahrhunderts unter den Jesuiten „eine Kuppel bekam". Siehe Guggetzer, Martin / Kastner, Heinrich / Meyer, Otto: Elfhundert Jahre Ebersberg, Ebersberg 1957, S. 37.

[15] Siehe Krammer, Markus: G'schichten aus Ebersberg, Ebersberg 2000, S. 22.

[16] Siehe Die Kunstdenkmäler von Bayern, Oberbayern V, Bezirksamt Ebersberg, Stadt und Bezirksamt Rosenheim, Bezirksamt Miesbach, hg. v. Bayerisches Landesamt für Denkmalpflege, (Nachdruck von Bezold, Gustav von / Riehl, Berthold / Hager, Georg: Die Kunstdenkmale des Königreiches Bayern vom elften bis zum Ende des achtzehnten Jahrhundert I/V, Die Kunstdenkmale des Regierungsbezirkes Oberbayern, München 1902), München – Wien 1982, S. 1333.

[17] Siehe Schlüter, Helmut: Die Kunstdenkmäler, in: Der Landkreis Ebersberg. Raum und Geschichte, hg. v. d. Kreissparkasse Ebersberg, Stuttgart 1982, S. 248-285, hier S. 260 u. 284.

[18] Siehe Krammer, Markus: Katholische Pfarrkirche St. Sebastian in Ebersberg, (Schnell & Steiner, Kleine Kunstführer 113), 5., völlig neu bearb. Aufl., München und Zürich 1986, S. 20.

[19] Krammer, Markus: Ebersberg in alten Ansichten, Bd. 2, Zaltbommel 1991, Text bei Abb. 1.

[20] Freundliche Mitteilung von Dr. Rita Haub, Archivum Monacense Societatis Jesu.

[21] Krammer, Markus: Der Torbau des Klosters. Fundamente werden im Pflaster „nachgezeichnet", in: Süddeutsche Zeitung / Ebersberger SZ, 260, Mo., 12.11.2001, S. 2.

[22] Ebd.

[23] Informationsblatt zu Leben und Werk Michael Wenings (1645-1718) anlässlich der Jahresausstellung des Heimatmuseums-Vereins e.V. Markt Schwaben „300 Jahre Michael Wening Kupferstiche von 18 Plätzen und Sitzen im Gericht Schwaben von 1701", November 2001.

[24] Die Zahlenkombination kann nach P. Rupp nicht aufgelöst werden; vermutlich handelt es sich hierbei um eine Art Kode der Jesuiten. Siehe Baer / Hecker (wie Anm. 12).

[25] Siehe ebd.

[26] Ob dieses und die anderen Fresken im Prebyterium ebenfalls vom Münchener Maler Franz Kirzinger (Kürzinger) stammen, der 1783 die Deckenfresken des Langhauses schuf, ist nicht belegt.

[27] Es ist das Verdienst Brigitte Schliewens, auf die „Handwerker Gottes" und deren soziale Stellung, auf die Gründe der enorm großen Zahl an Bauleuten und der damaligen Frauenarbeit (!) innerhalb der Bautätigkeiten, auf die Kranken- und Altersvorsorge sowie auf die Entlohnung der Bauleute und dadurch auf die Bedeutung des Bauhofs hingewiesen zu haben. Siehe Schliewen, Brigitte: Die Handwerker Gottes. Unter Abt Häfele wurde vor 500 Jahren der Bauhof des Ebersberger Benediktiner-Klosters errichtet, In: Süddeutsche Zeitung / Ebersberger Neueste Zeitung, 19, Di., 25.01.1994, S. 2.

[28] Siehe hierzu auch die Ode Jakob Baldes über das Kloster Ebersberg, abgedruckt im Beitrag von Berthold Schäfer in vorliegendem Band.

[29] Siehe Krammer, Markus: Abt Sebastian Häfele von Ebersberg (1472-1500), ein bayerischer Prälat des 15. Jahrhunderts, Ebersberg 1984, S. 43-46.

[30] Siehe Schliewen (wie Anm. 27), S. 2.

[31] Markus Krammer bildet den entsprechenden Ausschnitt dieses Vermessungsplanes ab. Siehe Krammer (wie Anm. 29), S. 44.

[32] Bayerisches Hauptstaatsarchiv (BayHStA), Plansammlung 7463.

[33] BayHStA, Plansammlung 9500.

[34] Eine eigene Untersuchung, etwa zu „Wallfahrtsbildchen der Klosterkirche St. Sebastian zu Ebersberg" (oder ähnlich) wäre gewiß eine lohnende Aufgabe.

Abbildungsnachweis

Archivum Monacense Societatis Jesu: Abb. 8 u. 16.
Bayerisches Hauptstaatsarchiv, München: Abb. 18 u. 19.
Bayerisches Landesamt für Denkmalpflege, München: Abb. 3.
Bayerisches Landesvermessungsamt, München: Abb. 4 u. 5.
Bayerisches Nationalmuseum, München: Abb. 11.
Fürstliches und Gräfliches Fuggersches Familien- und Stifts-Archiv, Dillingen: Abb. 15.
Hubert Häusler, Schönberg: Abb. 3.
Historischer Verein für den Landkreis Ebersberg e.V., Ebersberg: Abb. 12 u. 13.
Markus Krammer, Ebersberg: Abb. 1, 2, 7, 10 u. 17.
Berthold Schäfer, Jakobneuharting: Abb. 14.
Stadtarchiv München: Abb. 1 u. 2.
Anja Walz, Grafing: Abb. 6 u. 9.

Berthold Schäfer

Das Kloster Ebersberg in den Augen bedeutender Zeitgenossen

Unter den vielen bedeutenden Persönlichkeiten, die im Laufe der Geschichte des Klosters Ebersberg mit diesem in Beziehung traten, waren es in der frühen Neuzeit vor allem sechs Gestalten, die hier zu nennen sind und die aus ganz unterschiedlichen Motiven mit diesem geschichtsträchtigen Ort in Berührung kamen.
Hier ist als erstes Philipp Apian zu erwähnen, der im Rahmen der Erarbeitung seines berühmten Kartenwerks auch Ort und Kloster Ebersberg erfasste. Nicht minder berühmt ist jener Jesuit und neulateinische Dichter Jakob Balde, der sich mit Freuden von Zeit zu Zeit aus der Residenzstadt München in das ländlich idyllische Probationshaus der Jesuiten in Ebersberg zurückzog und hier das Kloster und seine Umgebung mit barock-heiteren Versen beschrieb. In Anton Wilhelm Ertl trat ein glühender bayerischer Patriot auf den Plan, der, wenn auch als historischer und geographischer Autodidakt, in seinem „Chur-Bayerischen Atlas" viel über bedeutende Orte Altbayerns und seine Herrschergeschlechter zusammentrug. Dass er dabei auch Ebersberg und sein Kloster mit dessen reicher Geschichte nicht übersah, soll in diesem Beitrag entsprechende Erwähnung finden. Wenn auch bescheiden im Schatten des großen Kupferstechers Michael Wening stehend, war der Jesuitenpater Ferdinand Schönwetter mit seinen Beschreibungen zu den Stichen Wenings und damit auch zu dem des Klosters und Ortes Ebersberg von nicht zu unterschätzender Bedeutung. Kein Geringerer als der gelehrte und später im Rufe der Heiligkeit verstorbene nachmalige Bischof von Regensburg, Johann Michael Sailer, fand in einer Zeit schwerer persönlicher Verleumdungen und Verfolgungen in dem damals dem Malteserorden gehörenden und nun „Schloss" genannten Kloster Ebersberg bei seinem Freund Karl Theodor Beck Zuflucht und Ruhe. In seinen vielen Schriften, die er zu einem beachtlichen Teil auch in Ebersberg verfasste, leuchtet immer wieder auf, wie gut ihm dieses Ebersberger Asyl tat. Im Gegensatz zu dem vorgenannten Personenkreis, der Ebersberg und sein Kloster in einem mehr positiven

Lichte sah, ließ Joseph von Hazzi als kritischer Vertreter der Aufklärungsbewegung in Bayern Ebersberg und seinen Gerichtsbereich wesentlich schlechter wegkommen. Doch alle sechs bedeutenden Persönlichkeiten steuerten einen ganz individuell gefärbten Mosaikstein bei zu dem Bild, das Ebersberg mit seinem Kloster vom 16. bis zum 19. Jahrhundert abgab und das bis in die Gegenwart nachwirkt.

Philipp Apian (1531-1589)

Als im Jahre 1554 die herzoglichen Räte mit Philipp Apian bezüglich der Herstellung einer Karte von Bayern verhandelten, war das Ziel eine „Beschreibung des Fürstenthums Ober und Nider Bairn samt den umliegenden Anstossen".[1] Neun Jahre akribischer Arbeit, verbunden mit viel Reisetätigkeit lagen vor Apian, bis er 1563 das Werk dem Herzog vorlegen konnte. Er widmete es dem erlauchten Auftraggeber als ein „ewigs Kleinot, Lob- und Ehrenwerk".[2] Vierhundertvierundachtzig Quadratschuhe groß (ca. 25 m²) und künstlerisch ausgestattet, trug es die schon oben als Zielangabe genannte Überschrift mit der Ergänzung: „[...] darinnen nit allein Stet, Marckt, Clöster, Schlösser, Hernsiz, Dörffer, sounder auch Weiler, Ainöden, Gebürg, Wald, Wasserflüss, See, Weiern, Gemösern und vil anders auf das vleissigest observieret und beschriben durch Philipum Apianum".[3]

Eines dieser „Clöster" und der dazugehörige Ort mit seiner Umgebung, die in Apians Karte Eintragung fanden, waren das Kloster und das Dorf Ebersberg mit seinem Umland. Wer war jedoch dieser Philipp Apian, dem der ehrenvolle Auftrag des bayerischen Herzogs zuteil geworden war? Philipp Apian erblickte am 14. September 1531 in Ingolstadt als Sohn des berühmten Mathematikers Peter Apian und dessen aus Ingolstädter Bürgerkreisen stammenden Frau Katharina, geborene Mosner, das Licht der Welt. Am 25. September 1542 begann er entsprechend seiner von seinem Vater ererbten mathematischen Begabung an der Universität Ingolstadt das Studium der Mathematik. Sein Wissen erweiterte er aber auch noch durch Studien an den Universitäten Straßburg, Dole, Paris und Bordeaux. Schon bald nach dem Tode seines Vaters erhielt er am 11. Juli 1552 dessen Professur. Doch die Mathematik allein genügte Apian nicht. Er studierte seit 1554 noch Arzneikunde, besonders an italienischen Lehrstätten, und erwarb am 3. Mai 1564, also ein Jahr nach Fertigstellung seines bayerischen Kartenwerks, zu Bologna die medizinische Doktorwürde. Noch im gleichen Jahr ehelichte Apian die Rosenheimer Kastnerstochter Sabina Scheuchenstuel. Aus dieser Verbindung ging eine Tochter hervor. Da er sich als Professor einer katholischen Universität weigerte, die Beschlüsse des Tridentinischen Konzils anzuerkennen, verlor er seinen Lehrstuhl in Ingolstadt und musste sogar seine Heimatstadt verlassen. (Abb. 1) Er zog sich vorübergehend nach Rosenheim in die Heimat seiner Frau zurück, bis ihm im Jahre 1569 ein Ruf an die Universität Tübingen eine Fortsetzung seiner Lehrtätigkeit ermöglichte. Da er jedoch auch die Konkordienformel der evangelischen Glaubensgemeinschaften nicht unterschreiben wollte, verlor er 1584 auch diesen Lehrstuhl. Am 14. November des Jahres 1589 starb Apian als Privatgelehrter an den Folgen eines Schlaganfalls. Sein Grabstein ist in der Tübinger Stiftskirche erhalten geblieben.[4]

Ein wesentlicher Abschnitt seines Lebens gehörte der Erfüllung des herzoglichen Auftrags. Insbesondere in den Sommermonaten der Jahre 1554 bis 1561 war er mit einigen Gehilfen unterwegs, um das Land zu vermessen. In der übrigen Zeit hielt er dann die Vermessungsergebnisse auf Papier fest.[5] Mit Sicherheit fällt in diesen Zeitraum auch Apians Arbeitsbesuch in Ebersberg. Die „Achtzehend Landtafel" unter den 24 Landtafeln Apians zeigt „Ebersperg" als einen größeren Ort südlich vom „Ebersperger vorst". Er ist auf einer Anhöhe erbaut und weist zwei Kirchen – offensichtlich die Kloster- und die Pfarrkirche – und mehrere aus Stein errichtete Gebäude auf. Ein Abtstab deutet auf die Existenz eines Klosters hin.[6] (Abb. 2) Natürlich hat diese Darstellungsweise einen stark symbolhaften Charakter und entspricht nicht der vollen Wirklichkeit, denn mit großer Sicherheit waren die meisten Bürger- und Bauernhäuser Ebersbergs um diese Zeit noch aus Holz erbaut.

Apians großartiges Kartenwerk wollte Herzog Albrecht V. jedoch nicht als sein alleiniges Eigentum besitzen, vielmehr sollte es Gemeingut werden. Dieser Absicht stand

Abb. 1:
Philipp Apian als Professor an der Universität Ingolstadt. Holzschnitt von Jakob Lederlein.

jedoch die enorme Dimension des Werkes mit annähernd 25 Quadratmetern entgegen. Aus diesem Grund veranlasste der Herzog Apian, sein Werk „etwas eingezogners in ein besondere Mappen bringen und publicirn" zu wollen.[7] Außerdem sollte er einen alphabetischen Index dazu fertigen. Dem Wunsche seines Auftraggebers gehorchend, ließ Apian 1568 eine deutlich verkleinerte Ausgabe seines Werkes (168 cm Breite, 170 cm Höhe) in München und Ingolstadt in Form eines Kartenwerkes drucken.[8] Über ein nur alphabetisches Kartenrepertorium hinaus erklärte Apian seine „Bildkarten" durch zusammenhängende, in lateinischer Sprache verfasste Texte, die er selbst als „Declaratio tabulae sive descriptionis Bavariae" bezeichnete und die noch wichtige Informationen zu den Orten und Gegebenheiten der vier Rentämter München, Landshut, Burghausen und Straubing lieferten.[9]

In diesem, die Landtafeln erklärenden Text lesen wir in freier deutscher Übersetzung unter dem Kapitel über das Gericht Schwaben folgende, das Kloster und den Ort Ebersberg mit seiner Umgebung betreffende, die historischen Zusammenhänge freilich nicht immer richtig wiedergebende Passage:

Abb. 2:
Der Ebersberger Raum in der „Achtzehend Landtafel" Philipp Apians.

„*Das von dem Grafen Sieghard von Sempt gegründete Benediktinerkloster Ebersberg liegt drei Meilen von Wasserburg in Richtung Westen und München auf einem Hügel im Ebersberger Forst. Von einem Eber, der dort angetroffen worden sei, trägt es etwa seit dem Jahre 900 seinen Namen, H[und]. 141. Einst war es aber eine Burg, die späterhin in ein Kloster verwandelt wurde, wie Aventin und Hund ausführlich berichten. Nach Norden hin und zu Füßen dieses Berges beziehungsweise Hügels liegen sechs der Reihe nach aufeinander folgende Seen. Deren erster, nach Westen hin gelegen, ist der größte von allen und hat zwei gleichsam hineingeschwommene Inseln. Genannt wird er aber Ebrachsee, vielleicht weil der Fluss Ebrach aus ihm entspringt und hervorfließt.*"[10]

Diese genaue geographische Beschreibung kommt nicht von ungefähr, legte Apian doch in seinem gesamten Werk großen Wert nicht nur auf die Beschreibung der physikalischen Geographie, sondern auch auf die Darstellung der Hydrographie. Daneben enthalten seine Texte Ortsbezeichnungen, die heute weitgehend in Vergessenheit geraten sind. Wer kann in der Gegenwart mit einem „nemus Carnodunense" etwas anfangen, zu dem Apian die Anhöhe zählt, auf der Ebersberg liegt und bei dem es sich schlichtweg um den Ebersberger Forst handelt.[11]

Jedenfalls verdanken Ort und Kloster Ebersberg Philipp Apian ihre erste nachweisliche kartographische Erfassung und Festlegung.

Jakob Balde (1604-1668)

Ebersberg und seine einstige Jesuitenresidenz, wie die vormalige Benediktinerabtei in der Zeit des Wirkens der Gesellschaft Jesu vor Ort genannt wurde, dürfen es sich als eine große Ehre anrechnen, mit Jakob Balde einen der berühmtesten deutschen Dichter mehrmals in ihren Mauern beherbergt zu haben. Wilfried Stroh verweist in seinem Vorwort zu den „Münchner Balde-Studien" auf die Tatsache, dass „ein äußerlich unscheinbarer, aus dem Elsass stammender Jesuit dichterische Werke schuf, die europaweit Aufsehen erregten und ihm bald den bis heute unter Kennern verbliebenen Ehrentitel ‚Deutscher Horaz' verschafften."[12] (Abb. 3) In vierzig Jahren poetischen Schaffens brachte Balde ein literarisches Werk zustande, das jenes des berühmten Dichters Ovid an Umfang um ein Vielfaches übertraf. Fast alle literarischen Gattungen wie Epos, Tragödie, Komödie, Elegie, Epigramm und sogar Satire bezog er in sein Werk, das er selbst bescheiden nur „opusculum" („Werkchen") bezeichnete, mit ein. Und so ist es nicht verwunderlich, dass Johann Gottfried Herder und dessen Freund Johann Wolfgang von Goethe diesen virtuosen neulateinischen Poeten als „Dichter Deutschlands für alle Zeiten" verehrten.[13] Und wenn auch in München zu Ehren des großen Dichters ein Platz seinen Namen trägt, so hat Beate Promberger recht, wenn sie in der Einleitung zu ihrer Dissertation schreibt: „Freilich versperrt sich das

**Abb. 3:
Jakob Balde
als der
„deutsche
Horaz".**

Werk Jacob Baldes bei aller ihm zuteil gewordenen Anerkennung immer noch einem breiteren Publikum – zu schwierig ist das Latein, das sich in der Fülle der Nuancen eigentlich nur dem erschließen kann, der in der lateinischen Sprache und der antiken Literatur ebenso zu Hause ist, wie Balde selbst es war; zu groß ist der Reichtum an barocker Gelehrsamkeit."[14]

Wer war nun dieser wortgewaltige neulateinische Dichter und Jesuit und welchen Lebensweg musste er gehen, der ihn immer wieder auch nach Ebersberg, in dessen Kloster und in die dasselbe umgebenden Gefilde führte? Jakob Balde wurde am 4. Januar 1604 als Sohn des Kammer- und Gerichtssekretarius Hugo Balde und dessen Ehefrau Magdalena in Ensisheim im Elsass geboren. (Abb. 4) Jakob war das zweitälteste Kind in einer achtköpfigen Geschwisterreihe. Nach dem Willen seines Vaters sollte Jakob Balde wie dieser Richter werden. Aus diesem Grunde schickten ihn seine Eltern als Zehnjährigen nach Belfort, damit er dort den burgundischen Dialekt erlernen konnte. Die Beherrschung desselben war eine der Voraussetzungen für das angestrebte Richteramt. Gleichzeitig wollten seine Eltern auf diese Weise verhindern, dass der Junge den Hexenprozess gegen seine Großmutter, ihre Verurteilung und Verbrennung hautnah miterleben musste. Mit 14 Jahren kehrte Jakob Balde wieder nach Ensisheim zurück und setzte dort seine Studien am 1615 gegründeten und von Jesuiten geleiteten Gymnasium bis 1620 fort. Sein damals von ihm zur Schau gestellter Lebenswandel ließ aber keineswegs auf seinen späteren Eintritt in diesen Orden schließen. Im Jahre 1620 ging er an die kleine 1617 gegründete Jesuitenuniversität von Molsheim im Elsass, wo er nur die beiden Fakultäten Theologie und Künste besuchen konnte. Als jedoch die bereits im Jahre 1619 begonnenen kriegerischen Unruhen im dortigen Raum immer stärker wurden und ein geordnetes Studium nicht mehr zuließen, verließ Jakob Balde seine Heimat und wanderte nach Ingolstadt, und dies sicher auf Anraten seiner bisherigen Jesuiten-Lehrmeister; denn in Ingolstadt stand eine hoch angesehene Universität mit der seit 1555 ein Jesuitenkolleg eng verbunden war. Hier studierte Balde zunächst Philosophie und später Rechtswissenschaften. Auch nach Erreichung der Doktorwürde der Philosophie blieb er den Lustbarkeiten der Studentenschaft doch noch sehr zugetan. Als er sich als 19-jähriger bei der Werbung um eine Ingolstädter Bäckerstochter eine glatte Abfuhr einhandelte, beschloss er noch zur selben Stunde Jesuit zu werden. Im Anhang zu einem Marienlied, das er später einmal niederschrieb, deutete er in knappen Versen dieses damalige, für sein weiteres Leben so bedeutsame Ereignis an. Es heißt dort:

„Wer ist, der dieses Lied gemacht,
Wann einer auch darf fragen
Vielleicht hat er gar offt, zur Nacht,
Ein Passamezo gschlagen.
Er sagt nit wo: jetzt ist er fro,
Das d' Lauten sey zertrimmert:
Umb Saytenspil er sich so vil
Hinfüran nicht mehr kümmert."[15]

Hermann Beham beschreibt den wichtigen Schritt Baldes mit nachstehenden Worten: „Am folgenden Tag begab er sich zu dem Provinzial der Jesuiten, der in Ingolstadt weilte, und bat ihn um die Aufnahme in den Orden. Dabei machte er aus dem Anlaß seines Entschlusses keinen Hehl. Der Pater Provinzial aber, der seine Erfahrung mit enttäuschten Liebhabern zu haben schien, wies ihn ab mit dem Bemerken, daß enttäuschte Liebe kein Grund zum Eintritt in einen strengen Orden sei, der die Befolgung schwerer Gelübde auferlegt. Balde wiederholte aber seine Bitte an den folgenden Tagen so oft und so heftig, daß auch der Pater Provinzial erkannte, daß hier ein besonderer Fall vorlag und ihm die Aufnahme gewährte."[16]

Im Juni 1624 zog Balde in das Probationshaus der Jesuiten nach Landsberg am Lech, wo er sich in einer strengen zweijährigen Noviziatszeit auf sein Leben im Jesuitenorden vorbereitete. Ab 1626 war das Jesuitenkolleg neben der neuerbauten Sankt Michaelskirche in München für die nächsten beiden Jahre sein Studiendomizil. Insbesondere durch den damaligen Rektor des dortigen Jesuitenkonvents erfuhr Balde eine intensive Einführung in die Werke der altrömischen Epiker, was für sein späteres dichterisches Schaffen von großer Bedeutung sein sollte. Im Herbst des Jahres 1628 wurde Balde von seinem Orden nach Innsbruck berufen. 1630 forderten ihn seine Ordensoberen auf, nach Ingolstadt zu gehen, um sich dort dem Theologiestudium zu widmen. Und so kehrte Balde an den Ort seiner ersten Philosophiestudien zurück. Hier erlebte er auch die Belagerung Ingolstadts durch die Schweden im Jahre 1632. Nach deren Abzug und dem Abklingen der dort herrschenden Pest erhielt Balde im Herbst dieses Jahres die Priesterweihe. Das darauf folgende dritte Probejahr hätte der Neupriester im Jesuitenkloster in Ebersberg verbringen sollen, doch war dieses im Schwedensturm entvölkert und verwüstet worden. So durfte er das sogenannte Terziat im Münchner Jesuitenkolleg ableisten. Seine Ordensoberen ließen ihn bis 1635 für die Aufgabe eines akademischen Lehrstuhlinhabers vorbereiten. In dieser Zeit entrann er nur knapp dem Pesttod, dem nicht weniger als 31 seiner Ordensbrüder in München erlagen. 1635 kehrte Jakob Balde an die nach dem Abflauen der Pest wieder eröffnete Universität Ingolstadt zurück. Bei Hermann Beham lesen wir darüber: „Seit 1595 hatte sie keinen Lehrstuhl für Rhetorik mehr besessen. Nunmehr bekam sie einen Professor dieses Faches, dessen Sprachgewalt nicht nur durch das Medium der Feder zum Tragen kam. Balde war ein Prediger und Redner, dessen Ruf nicht nur Zuhörer, sondern auch Schüler von weit her zusammenkommen ließ."[17] Keine Degradierung für Balde war seine Berufung an das Gymnasium in München im Jahre 1637, denn dort wurde er als Lehrmeister und Erzieher des Prinzen Albert Sigismund, eines Neffen des Kurfürsten Maximilians I. gebraucht und schon ein Jahr später zum Hofprediger ernannt. In diese Zeit seines Münchner Wirkens und Schaffens, in der viele seiner dichterischen Werke entstanden, kamen auch seine häufigen Kontakte mit Ebersberg und dessen Kloster zustande. Wie viele seiner Mitbrüder verließ er gern in den Sommermonaten die heiße und stickige Stadtluft Münchens, um auf dem Lande und hier nicht selten in der guten Waldluft Ebersbergs Erholung zu suchen; dies umso mehr, als er selbst von körperlich schwacher Konstitution war. Wie sehr er sich auf den Aufenthalt in Ebersberg freute, spürt man aus den Worten eines Mariengedichts, dem er den Untertitel „Im Begriff nach Ebersberg zu fahren" gab und das er offenbar kurz vor seiner Fahrt mit der Kutsche dorthin schrieb. In der Übersetzung des ursprünglich lateinisch verfassten Textes durch Georg Westermayer lautet die einschlägige Passage wie folgt:

**Abb. 4:
Ensisheim im Elsass, der Geburtsort des Dichters Jakob Balde. Stich von Matthäus Merian.**

*„Da ich mich wiedrum, müde des Rednerstuhls,
Der Sorg' entlaste, und auf beschwingtem Rad
Hinfliegend Ebersbergs gewölbtem Waldversteck mich
gefangen gebe –
Bewahr gesund mich, Mutter der Freude Du!"*[18]

Aus diesen Worten spricht schon die ganze Vorfreude auf den Aufenthalt in Ebersbergs Jesuitenresidenz, die von einem Superior geleitet wurde und dem Jesuitenkolleg in München unterstand. Sie diente den Ordensmitgliedern, die vor ihren „ewigen Gelübden" ein drittes Prüfungsjahr, das Terziat, absolvierten, als klösterliches Domizil. Gleichzeitig war sie aber auch Mittelpunkt jesuitischer Missionen. Zu diesem Ordenszentrum Ebersberg gehörten in dieser Zeit auch das Schloss Eichbichl und das Herrenhaus in Kirchseeon.
In den Sylvae VIII, Ode 21 beschrieb Balde ausführlich die Lieblichkeit des Landsitzes Ebersberg, um damit seinem Freund Andreas Dantiscus, der gegenüber dem alten Klosterort große Vorurteile hegte, diesen schmackhaft zu

machen. Der Übersetzung aus dem Lateinischen von Johannes Schrott folgend, heißt es dort unter anderem:

„Ansteigt der Weg bis zu dem Hügel wo
Das Landgut sich erhebt. Der Wanderer
Wird angeweht vom Hauch des Alterthums.
Es ragt ein Theil des heiligen Mauerwerks
Empor, der and're zieht sich mehr zurück.
Nach allen Seiten schweift der Blick und rings
Nur Feldergrün und Felderwohlgeruch!
Du siehst, wenn du zuerst das Auge lenkst
Dahin, wo Phöbus' erster Strahl erglänzt,
Nur Wald und Seen und sanftes Hügelland.
Dann wo die Sonnenrosse tauchen sich,
Die gleichen Reize! Wieder andere
Abwechselnd und erhöht, zeigt die Natur."

Die Räumlichkeiten des Klostergebäudes mit all ihren liebenswürdigen Mängeln schilderte er mit hintergründigem Humor gewürzt in einem anderen Teil seiner Dichtung, wenn er dort schrieb:

„Und wenn das Haus auch dunkel ist gleichwie
Die Höhle des Trophonius, was thut's?
Wenn nicht ganz wetterfest das Schlafgemach,
Die Dielen wenn verbogen sind, was drum?
Wenn Mäuslein rascheln im Getäfelwerk
Und wecken den, der allzulange schlief?
Und wenn Arachne ihre Weberei
Herunterläßt und spannt auf meinen Tisch
Ein schöngehäkelt Werk als Tafeltuch,
Was drum? so frag ich. Wenn das Mängel sind,
So sind es, Freund, gewiß gemüthliche,
Die weit vom Guten überwogen sind."

Vom Oberen des Hauses ließ der Dichter sich durch die Hauswirtschaft und hier besonders durch das Brauhaus führen und aus seinen Worten spricht die große Hochachtung, die er dem Klosterbier entgegenbrachte, das er einem guten Tropfen Wein gleichsetzte. Er schrieb in seinem Gedicht darüber:

„Und weiter gehen wir, jedoch gebückt,
Sonst schlägt die Stirn den Balken, dieser sie.
In heißen Wellen badet Ceres hier,
Die rein und schön aus diesen Thermen tritt
In neuer Jugendkraft, wie Aeson einst.
Kommt auf den Tisch sie dann, so schäumt ihr Muth,
Daß sie den Bachus ruft zum Kampf heraus.
Fürwahr, nicht besser sind die Tropfen, die
Gekeltert je das Weingeländ Tarents."

Eine wahre Pracht muss jedoch – will man den barocküberschwänglichen Worten Jakob Baldes Glauben schenken – der Klostergarten gewesen sein. Insbesondere gab es in ihm offensichtlich reichlich gutes Obst. In des Dichters Versen liest es sich darüber so:

„Nach diesem Vorspiel wollen wir nun links
Gleich in den ungeheuren Garten gehen.
Mit ausgestreckten Zweigen, Händen gleich,
Reicht hier Autumnus Aepfel, groß und reif.
Es wacht kein Hesperidendrache da,
Wo alles wächst in off'nem Ueberfluß.
Ich glaube kaum, daß einst Alkinoos
Noch auch Lucullus schönern Hain besaß.
Hier fallen reife Früchte jeder Art
Von rothen Wangen und von weißem Fleisch,
Daß Sicilianer Obst nicht besser ist.
Allmählig senkt zur Fläche nieder sich
Das Land, durch sanften Abhang lieblicher.
Das Ende der belaubten Wipfel fängt
Mit einer neuen Folge wieder an."

Begeistert zeigte sich der Dichter aber auch von der näheren und weiteren Umgebung des Ebersberger Klosters, die er mit folgenden Versen beschrieb:

„Ganz nah sind Wiesen. Oben mehr zurück
Zieh'n Wälder amphitheatralisch hin.
Da übt sich ein Gesang die Vogelschaar
Und füllt die Luft mit Tönen mancherlei.
Die einen singen Hirtenlieder nur,
Die andern preisen mehr den Ackerbau.
Wenn der Satyren auf den Kukuk macht,
Singt jener auf dem Ast ein Liebeslied.
Ein dritter rühmt des treuen Weibchens Nest.
Erwähn ich noch die sanften Windungen,
Wie auf und nieder schöne Wege gehen?
Hoch geht der Pfad nach Haselbach, hinab
Nach Grafing, und nach Soyen dehnt er sich.
Behaglich liegt am frischen Wasserquell
Aichbühl, Liging ist fast noch lieblicher.
Den Weg besäumt ein Saatfeld oder auch
Ein Hain beschattet ihn, und manchmal läuft
Dem Pfad gesellt, ein munt'res Bächlein mit.
Wenn es die Wellenfüßchen dann und wann

An einen Kiesel stößt, so ächzt es laut,
Und dreht den Stein um, etwas ärgerlich.
Und ungeheure Labyrinthe gibt's
In nahen Wäldern, jenes Fadens werth,
Den einst in Gnossus Ariadne bot.
Durch vielverschlungne Wege leicht verirrt
Kommst du verspätet oft nach Haus zurück.
In hohem Anseh'n steht die edle Jagd,
Denn Hirsch' und Eber gibt es heerdenweis.
Und wo schenkt Ceres ein so schönes Korn?
Wo schwillt die Flur von Halmen also schwer,
Daß oft durch Garbenlast die Scheune birst?
Dann jubelt laut der Bauer und verziert
Den Wagen zum Triumph am Erndtefest."

Selbstverständlich entging dem Jesuiten-Poeten auch nicht die stürmische Verehrung, die dem Ebersberger Kirchenpatron Sankt Sebastian in damaliger Zeit seitens der Gläubigen von nah und fern entgegengebracht wurde und so schrieb Balde an einer späteren Stelle seiner Lobeshymne auf Ebersberg:

„Dann wird der edle Purpur hochverehrt
Des heiligen Patrons Sebastian.
Zu seinem Bildniß kommen sie heran
Und küssen seine Pfeile so mit Hast,
Daß Streit entstehet um den Streiter fast.
Dann singen sie ein Lied zu seinem Lob,
Dem nicht die Anmuth fehlt, und staunst du drob,
So glaube mir, ich hab' es selbst gehört;
So eigen ists, daß nicht das Plärren stört."

Besonders gefreut dürften jedoch die Ebersberger die letzten vier Verse des Baldeschen Gedichtes haben, in denen er Ebersberg den eindeutigen Vorzug vor der Stadt – mit der er nur München gemeint haben kann – gab, wenn er darin schrieb:

„Und diesem Ort, der so viel Reize hat,
Hab' ich weit nachgesetzt die öde Stadt.
Doch nun hierüber ist gesagt genug,
Und kommst du nicht, so bist du, Freund, nicht klug."

Vielleicht schrieb Jakob Balde diese Verse unter jener Linde, die es ihm besonders angetan hatte und die er in seinem Gedicht wie folgt besang:

„Als einstens Orpheus seine Saiten schlug
Und alle Bäume zwang zu sich heran,
So soll doch diese Linde, wie man sagt,
Die Ohren vor des Thraciers Zauberlied
Verschlossen haben, mit der Weigerung,
Ihm zu folgen, und sie nickte nur
Beifällig mit dem hohen Haupt allein.
So edel liebend war ihr treuer Stamm
Dem heimatlichen Boden zugethan!
Man kann sie mit den Augen messen kaum,
weil an die Sterne fast ihr Wipfel reicht.
Nach allen Seiten springt der Aeste Schaar,
und hat so viel des Laubes als das Meer
nicht Muscheln zählt, und nicht das Ufer Sand.
Und sommerliche Frische säuselt sie
Auf die in ihrem Schatten Ruhenden.
Auch eine Stiege führt hinauf, o Freund.
Und Umschau halten kannst du, wies beliebt."[19]

1650 wurde der wortgewaltige Prediger an das Martinsmünster zu Landshut berufen und aus noch ungeklärten Gründen in gleicher Funktion 1653 nach Amberg, wo er allerdings nur ein Jahr verweilte. Bereits 1654 holte ihn der Jesuitenschüler Pfalzgraf Philipp Wilhelm nach Neuburg, um ihm dort einen angenehmen Lebensabend zu bereiten. Auf der Fahrt dorthin wurde deutlich, wie sehr sein poetisches Werk auch in protestantischen Landen einen hervorragenden Ruf besaß. In Nürnberg nämlich wurde Balde durch den dortigen Magistrat in besonderer Weise geehrt. In Neuburg konnte sich Balde neben seinem Amt als Hofprediger und seinem Vorsitz an der Rednerakademie ganz der Dichtkunst widmen. Als Philipp Wilhelm 1664 Neuburg verließ, zog sich Jakob Balde in das dortige Jesuitenkloster zurück, wo er am 9. August 1668 starb.[20] Hermann Beham widmete Jakob Balde am Ende seines Artikels über den Dichter folgenden Nachruf:

„Am 9. August 1668 läuteten die Totenglocken der Neuburger Jesuitenkirche dem Dichter Jakob Balde zur ewigen Ruhe. Sie läuteten stellvertretend für die Franziskanerinnenkirche in Ingolstadt, die Hl. Kreuzkirche zu Landsberg am Lech, die Michaelskirche in München, die Jesuitenkirche in Innsbruck, St. Martin in Landshut und nicht zuletzt für die Kloster- und heutige Pfarrkirche zu Ebersberg. Bayern nahm Abschied von einem der großen Fremden, dem es Heimat geworden war. Er war der größte Lateiner der Neuzeit, ein später Bürger des hl. Römischen Reiches, ein gewandter Redner und ein großer Poet. Er hat in der Glut seines katholischen Glaubens jenes heilige Feuer bewahrt, das Krieg und Pest zu ersticken drohten. Ihn hat es verzehrt. An seiner Bahre aber schon flackerte es auf, um immer heller zu leuchten in den Werken des Barock und Zeugnis abzulegen von der Freude des erlösten Christenmenschen."²¹

Anton Wilhelm Ertl (1654-1715)

Einem glühenden bayerischen Patrioten wie Anton Wilhelm Ertl oder Ertel von Lebenburg, wie er sich selbst auch nannte, konnte es nicht egal sein, dass die von Matthäus Merian in Druck gegebene und verlegte „Topographia Bavariae", die 1644 in Frankfurt am Main erschienen war, offenkundige Fehler enthielt. (Abb. 5) Ertl schrieb dazu entsetzt, dass sie „an vielen Orten mangelhafft, ja wol in grossen Irrthum verwickelt" sei.²² Der in der Merianschen Topographia Bavariae enthaltene und von dem Autor Martin Zeiller stammende Text über Kloster und Ort Ebersberg lautet:

„Ebersperg / ein stattliches Closter / sammt einem feinen Flecken dabey / zwischen Wasserburg / und Mönchen / und von jedem Ort / als von Wasserburg 3. unnd von Mönchen vier Meil Wegs / unnd in der Grafschafft Steinharting / zwischen den Wassern Inn / und Sempta / in dem Holtz / da vorhin d'Grafen von Septa / und Ebersperg / Schloß gestanden / gelegen; in welchem Closter (von dessen Stifftung insonderheit Gevvoldus in addit, ad tom. 2. Metrop. Salisburgens. Hundij, zu lesen) ein schöne Kirch ist; die / sampt dem Closter / jetzt die Jesuiten von Mönchen innen haben / denen dasselbe Anno 1595. auf Bewilligung Papst Clementis deß Achten / an statt d' Benedictiner Mönch / die es vorhin letztlich / und noch damals besessen haben / eingeraumbt worden ist. Es ist solches Closter Anno 1305. sampt der Kirchen /und allen Gebäwen / und Zierden / verbronnen. Es kommen gedachte Graffen von Sighardo her / welcher vor deß Königs Carolomans in Bayern Enckel / oder Uhr-Enckel / ins gemein gahalten wirdt / und der / wegen eines sehr grossen Ebers / dem Schloß und Kirchen / den Nahmen geschöpfft haben solle. Er hat An. 906. verlassen seinen Sohn Ratholdum, so Augustiner Mönch in die Kirch gesetzt / deme sein Sohn Eberhard gefolget / so die Kirchen erweitert / und das Closter gebawet / auch S. Sebastians Hirnschal / neben anderm Heiligthumb / so noch allda / in die Kirchen gebracht und sich in seinem Schloß allhie der Ungarn Mannlich erwehrt / auch folgends sie auff

Abb. 5: Titelblatt der „Topographia Bavariae" des Matthäus Merian.

dem Lechfeld schlagen helffen / und jhre Obersten zu Regenspurg auffhencken lassen. Ihme hat sein Bruder Adalbero, unnd diesem sein Sohn Ulricus, succedirt; welcher / an statt der Augustiner / Anno 990. Benedictiner hieher gesetzt / und An. 1029 gestorben ist; dessen / unnd seiner Gemahlin Richardis, Grab / mitten in der Kirchen gewiesen wird. Sein Sohn Adalbero hat das Closter von newem wieder stattlich erbawet / im Jahr 1037. auch / als der letzte seines Geschlechts / seine Herrschafft S. Sebastian vermacht / und ist umbs Jahr 1045. gestorben. Seine Gemahlin hieß Richlindis. Besiehe Brunnerum part. 2. Annal. Boicor. libro 8. Anno 1633. hat es hierumb ein starcke Bawren Rebellion gehabt / wie oben bey Wasserburg die Ursach vermeldet worden. Als man aber mit Stücken unter sie gespielt / unnd die verhawene Wälde umb Ebersperg geöffnet / so ist es grob hergangen / und in der ersten Fury / bevor ab in dem Marckt Ebersperg / alles / was angetroffen / und darunter viel Unschuldige / niedergemacht / Ja in dem Closter den Jesuitern etliche Bawren / und jhre Diener / an der Seiten erschossen worden; etliche Bawren / so wie Stein hart gefroren gewesen / haben die Soldaten in die Häuser zusammen gejagt / unnd als sie sich dannoch gewehrt / lebendig darinn verbrandt.

Die Ursach / warumb solches Closter den Benedictiner Mönchen entzogen worden / hat Wiguleus Hundius, tom. 2. Metropol. Salisburgens. fol. 285. Darwider aber Romanus Hay, ein Benedictiner Mönch / zu Ochsenhausen in Schwaben / in Aula Eccles. & Horto Crusiano, pag. 339. tit. Concordata Germaniae, ist; unnd / am folgenden Blat / diese Wundergeschicht / so sich / zu gewissen Zeiten / allhie begeben solle / mit nachgehenden Worten / erzehlet; Ipsorum Societatis Jesu Patrum fideli relatione didici, in Coenobio Bavariae Benedictino, Ebersperg / nuncupato, tunc temporis non desolato, quod intuitu publicae utilitatis, ad instantiam Gulielmi, quondam Bavariae Ducis, Clemens VIII. Monacensi Collegio, dictae Sicietatis, data Bulla, univerat, certis anni temporibus, in hanc usque diem, intempesta nocte, Monachorum dudum sepultorum animas in dormitorio, quasi a somno excitatas, e cellis, seu Cubiculis, cum sensibili strepitu, prodire, templi chorum adire, inibique Die laudes, monastico more, decantare. Daß nemblich / zu gewissen Jahrszeiten / biß auff den heutigen Tag / bey eiteler Nacht / die Seelen der langst begrabnen Mönche / gleichsamb als wann sie vom Schlaff erweckt weren / auß jhren Cellen / oder Schlaffkämmerlein / mit vernemlichem Geräusch / herfür / unn in deß Tempels Chor / gehen / und daselbst das Lob GOttes / auff Mönchische weise / singen thäten. Der Jesuit / Joannes Crusius, antwortet dem gedachten Mönch / R. Hay, in tr. 2. tom. 2. p. 107. seqq. also: cum Monachi in Ebersperg Bavariae, in sua luxuriosa vita, perseveraret, justissime Clemes Papa 8. motus fuit, ut ad tollenda tam gravia scandala conventus Religiosoru inde submoveretur, ac locus ipse alijs alterius Ordinis Religionis concederetur, qui vitae exeplo, ac doctrina, exteros offensos raedificarent, atq; erigerent Societas nostra, pro monasterio Ebersperg, nunqua instituit, imo nec illud oblatum quidem voluit acceptare; Sed recusavit, usq; dum à sua Sanctitate ipsum acceptare cogeretur. Und in dem Tract. 3. subversionis Aulae Eccles. & H. Crus. schreibt er Crusius, p. 5 seqq. ein mehrers von diesem Closter unn nennet die geweste Mönch daselbst Concubinarios sacrilegos, und daß jre Banckarten in dem Kinderstüble / in Vicino Abbatis Cubiculo, erzogen worden; und seye das / was F. Rom. Hay hie oben von den Mönchen erzehle / daß sie bey Nacht in den Chor gehen / sein Traum / und Gedicht. Dann also schreibet er / unter andern / am 13. Blat: Quod de manib. defunctorum certis anni temporibus, in h. usque diem, intempesta nocte, in Dormitorio e Cellis, cum sensibili strepitu prodeuntium, templi chorum adeuntium, &c. affert F. Romanus Hay, ipsius est somniu, & figmentum; welches er / der P.Crusius, mit deß Rectoris deß Jesuiter Collegij, zu Mönchen / Gezeugnuß von deß Pauli Kern / J.V.L. und Richters zu Ebersperg / schreiben / erweiset. Was sonsten die Gräfin Richard von Ebersperg / Graff Ulrichs Gemahlin / deren in obbesagtem unserm Text gedacht wirdt / und die deß Jahrs 1013. gestorben / anbelangt / so sagt Raderus vol. 2. Bavariae Sanctae, daß sie entweder auß dem Quelphischen Stammen / oder deß Fürsten Marquardi, in Kärnten / unnd Steyer / Tochter gewesen / und weil sie ihrem Eheherren / dem besagten Graff Ulrichen / keine Kinder geben / so hab er drey Clöster / Ebersperg / Kiebach / unnd Gisinveld / von seinen Gütern gestifftet. Müste also der im gemelten Text gedachte sein Sohn Adalberto / von einer andern Gemahlin seyn / oder ein Irrthumb hierinn mit unterlauffen. Besagter Raderus schreibet ferner / daß die Heylige Hademunda, Graff Albrechts / oder Adalberonis, von Ebersperg Schwester / unnd Marquardi in Kärnten / der gedachten Heyl. Richardis Bruders Gemahlin / nach jhres Herrn todt / gen Jerusalem gezogen / und daselbst Anno 1029 gestorben seye. Sihe von diesem vornehmen Closter / Aventinum, lib. 5. fol. 325. deß Lateinischen Baßlerischen Trucks."[23]

Entsprechend der Fehlerhaftigkeit der Texte der Merianschen Topographie machte sich Ertl, wenngleich in Geschichte und Geographie nur ein Autodidakt, also ans Werk. Im ersten 1687 erschienenen Teil des „Chur-Bayerischen Atlas" beschrieb Ertl 146 kurbayerische Ortschaften und illustrierte 59 davon mit Kupferstichen, von denen allerdings 41 nach Merianschen Vorlagen gefertigt waren. (Abb. 6) Ebersberg wurde hierin im „Vierdten Absatz", wie nachfolgender Text zeigt, kurz in seiner geschichtlichen Entwicklung beschrieben. Ein Kupferstich von Ebersberg wurde jedoch dabei nicht beigefügt.

„Ebersperg.
Ein Marckfleck und schönes Jesuiter-Collegium. Ligt in Ober-Bayern / Bistthum Freising / Rent-Amt München / Pfleg-Gericht Schwaben. Von dem Collegio werde seiner Zeit ausführliche Meldung thun. Übrigens hat es allhier vor Zeiten eigne Grafen von Sempt und Ebersperg gehabt / welche in einem herrlichen Schloß gewohnt. Sie kommen von Sighardo her / welcher vor deß König Carlmanns in Bayern Enckel gehalten wird / und welcher wegen eines grossen Ebers dem Schloß und Kirchen den Namen geschöpfft. Sein Gemahlin Richlindis / war von Quelfischen Stammen gebürtig. Eberhard Graf von Ebersperg ist schon im Jahr 935. im Turnier gefunden worden. Auf 10. Turniern haben sich diese Grafen allzeit mit Lob eingefunden. Aus dieser Adelichen Famili seynd 6. in das heilige Land / 8. aber wider die wilden Ungarn in das Feld gezogen. Ihre Unterthanen wurden Senones genannt. In Oesterreich haben sie viel schöne Güter inn gehabt. Werde an einem andern Ort / von dem Alterthum und Herrlichkeit dieses Geschlechts mehrers melden."[24]

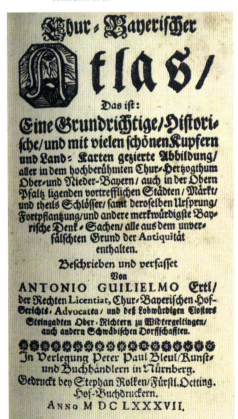

Abb. 6: Titelblatt des „Chur-Bayerischen Atlasses" des Anton Wilhelm Ertl.

Im 2. Teil seines „Chur-Bayerischen Atlasses", der 1690 erschien und in dem Ertl sich eingehend mit 104 der altbayerischen Stifte, Klöster und Kollegien beschäftigte, wurde das Ebersberger Kloster und seine Sebastianikirche in Wort und Bild eingehender dargestellt. Es ist dort im 9. Absatz zu lesen:

„Ebersperg.
Ein Collegium der Herren P.P.Societatis Jesu: Ligt in Ober-Bayrn / Bistthum Freising / Rentampt München / Pfleggericht Schwaben. Es haben an diesem Ort vor Alters die überaus reiche und mächtige Herren / Grafen von Sempt gewohnet: Und kommen selbe von Sighardo her / welcher des Königs Carolomanni in Bayrn Urenckel soll gewesen seyn. Die Kirchen des heiligen Sebastiani / allwo dessen Hirnschale aufbehalten wird / ist vor dem Hungarischen Krieg im Jahre 928. von Everardo, das Closter aber von Adalberone, Everardo, und dero Schwester Wilpirga, An. 928. bis 934. für die Canonicos Regulares erbaut und gestifft worden. Im Jahre 990. hat Graf Ulrich / an dero statt / die Herren Benedictiner mit solchen Closter beschencket; und ist An. 1029. gestorben. Adalbero und Richlinda haben An. 1037. das alte Schloß und Closter mit neuen Gebäuen bereichert / und die erste Stifftung handgreiflich verbessert. Diese Richlindis, eine Gemahlin Graf Adalberonis des III. ist eine Tochter gewest Rudolphi Hertzogen in Schwaben / und Schwester Welphonis des II. Die Herrschafft Pesenbeug und Ips in Oesterreich / welche vormals diesem Closter zugeeignet worden / seynd An. 1180. um andere gelegenlichere Güter permutirt worden. Henrich der III. Römische Kayser und Hertzog in Bayrn / hat im Jahr 1040. diese Stifftung stattlich bekräfftiget. Um das Jahr 1595. ist dieses so herrliche Closter / vermittels Guilielmi, Hertzogen in Bayrn / auf Gutheissen Pabst Clementis VIII. denen Herren Jesuiten eingeraumt / und die vorige Ordens-Personen entlassen worden. Die Ursach dessen gibt das Päbstliche Diploma mit folgenden Worten: Quod in Monasterio isto quinq; solum Monachi vel circa supersint, qui vitam licentiosam, & regularibus institutis sui Ordinis parum conformem ducunt, & vix aliquod futurae emendationis specimen prae se ferunt atq; ita scandali potius quam aedificationis occasionem praebent. Was aber bey dieser Translation für Bedingnussen beygesetzt worden / kan bey Hundio, fol. 285. mit sattsamen Umständen gelesen werden. Sapienti satis dictum esto. Daß aber / wie Romanus Hay geschrieben / in diesem Ort noch heutigen Tags / zu gewissen Jahrzeiten / bey Nacht die Seelen der verstorbenen Mönchen aus ihren Cellen mit grossen Gerausch solten auf den Chor gehen / und die Metten singen / hat Crusius, p. 5. schon längsten pro somnio ausgeruffen. Sonsten ist allhier Anno 1633. eine starcke Bauren-Rebellion entstanden / so mit grossen Blutvergiessen gestillt werden müssen."[25]

Die im 2. Teil des Ertlschen Atlasses abgebildeten 79 Kupferstiche stammten alle bis auf acht, die wieder von

Merian zu leihen genommen worden waren, von Johann Ulrich Kraus (1655-1712) aus Augsburg. Während Ertl seinen 1. Teil dem Kurfürsten Max Emanuel widmete, eignete er seinen 2. Teil der Kurfürstin Antonia Petronella zu. In einem dritten Band wollte Ertl den bayerischen Adelsstand und in einem vierten die Geschichte der bayerischen Herzöge, Kurfürsten, Könige und Kaiser darlegen. In seinem Text über Ebersberg im 1. Teil deutete er dieses Vorhaben mit den Worten an: „Werde an einem andern Ort / von dem Alterthum und Herrlichkeit dieses Geschlechts mehrers melden.“[26] Leider kam es dazu nicht mehr, weil ihm der Tod die Feder zu früh aus der Hand nahm.

Wer war nun dieser Historiograph Anton Wilhelm Ertl? Am 10. September 1654 wurde Anton Wilhelm Ertl in der Kaufinger Gasse zu München geboren und wie sein Taufmatrikel bestätigt noch am gleichen Tag in der Frauenkirche getauft. Anton Wilhelm hatte drei ältere Brüder, die alle Ordensgeistliche wurden, und drei jüngere Schwestern. Sein Vater war Hofgerichtsadvokat und vielleicht wurde er von diesem, nachdem sich seine Brüder der Theologie zugewandt hatten, dazu gedrängt, das Studium der Rechte an der Universität Ingolstadt zu ergreifen, was er auch mit Erfolg tat. Dort lernte er auch seine spätere Frau Maria Magdalena von Zollner kennen, die er 1677 heiratete. Nachdem er an der Universität Ingolstadt promoviert hatte, zog er mit seiner Frau zu Beginn der 80er Jahre nach München, wo er wegen verschiedener Äußerungen verdächtigt wurde, Lutheraner zu sein, und aus diesem Grund für einige Tage unter Hausarrest gestellt wurde. 1682 finden wir Ertl als Hofmarksrichter des Klosters Rottenbuch, 1687 als Oberrichter des Klosters Steingaden zu Wiedergeltingen. 1705 wurde Ertl zum Rat und gemeinschaftlichen Syndicus des Kaisers und der Reichsritterschaft in Schwaben erhoben. 1690 verstarb seine erste Frau. Ein Jahr später heiratete er Maria Anna Ludovika Kircher. Beide Ehen blieben kinderlos. 1715 war Ertl noch als Hofmarksrichter tätig, doch dann verlieren sich seine Spuren und man weiß heute nicht, wann er starb und wo er begraben liegt. Allein aus einer Wiederauflage seines Werkes „Praxis Aurea“ im Jahre 1715 geht hervor, dass dieses Jahr als sein Todesjahr anzusehen ist, denn dort wird von ihm als „Herrn Authore seel“ gesprochen.

Sein historisch-geographisches Werk ist für Bayern von nicht zu unterschätzender Bedeutung, dokumentiert es doch ein Altbayern vor den Gebietsverlusten des 18. Jahrhunderts und vor den Erweiterungen durch Säkularisation und Befreiungskriege. Ort und Kloster Ebersberg verdanken ihm ihre ehrende Erwähnung in seinem, wenn auch mit so manchen Irrtümern durchsetzten Werk.27

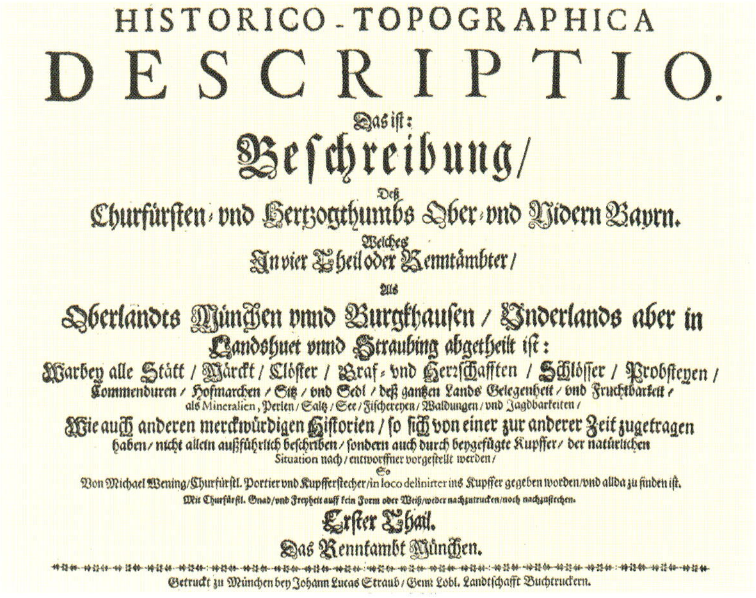
HISTORICO-TOPOGRAPHICA
DESCRIPTIO.
Das ist:
Beschreibung/
Deß
Churfürsten- und Hertzogthumbs Ober- und Nidern Bayrn.
Welches
In vier Theil oder Renntämbter/
Als
Oberlandts München unnd Burgkhausen / Underlands aber in
Landshuet unnd Straubing abgetheilt ist:
Warbey alle Stätt / Märckt / Clöster / Graf- und Herrschafften / Schlösser / Probsteyen /
Commenduren / Hofmarchen / Sitz / und Sedl / deß gantzen Lands Gelegenheit / und Fruchtbarkeit /
als Mineralien, Perlen / Saltz / See / Fischereyen / Waldungen / und Jagdbarkeiten /
Wie auch anderen merckwürdigen Historien / so sich von einer zur anderer Zeit zugetragen
haben / nicht allein außführlich beschriben / sondern auch durch beygefügte Kupffer / der natürlichen
Situation nach / entworffner vorgestellt werden /
So
Von Michael Wening / Churfürstl. Portier und Kupfferstecher / in loco delinirter ins Kupffer gegeben worden / und allda zu finden ist.
Mit Churfürstl. Gnad / und Freyheit auff kein Form oder Weiß / weder nachzutrucken / noch nachzustechen.
Erster Thail.
Das Rennkambt München.
Getruckt zu München bey Johann Lucas Straub / Gem. Löbl. Landtschafft Buchtruckern.

Abb. 7: Frontseite der „Historico-Topographica Descriptio“, verfasst von Ferdinand Schönwetter.

Ferdinand Schönwetter (1652-1704)

Als Michael Wening im Jahre 1696 vom Bayerischen Kurfürsten Max Emanuel dessen Plazet zur Erstellung seiner „Historico-Topographica Descriptio“ Ober- und Niederbayerns erhielt, war man sich seitens der Hofkammer und Landschaft im Klaren, dass zu den Kupferstichen Wenings von einem geeigneten Historiographen auch ein entsprechender Text verfasst werden sollte. (Abb. 7) Die am kurfürstlichen Hofe sehr einflussreichen Jesuiten Münchens erklärten sich bereit, einen Historiker aus ihren Reihen für diese Aufgabe zu präsentieren. Dabei fiel ihre Wahl auf den am 18. November 1652 in Salzburg geborenen Ferdinand Schönwetter. Über ihn erfahren wir aus dem Nekrolog der süddeutschen Jesuitenprovinz, dass er am 28. September 1668 in Landsberg am Lech in das Noviziat der Jesuiten eintrat. In der Gesellschaft Jesu repetierte er sehr wahrscheinlich an der Universität Ingolstadt seine Rhetorikkenntnisse und absolvierte ein Philosophiestudium, bevor er selbst ein Jahr Grammatik und zwei Jahre Dichtkunst lehrte.

Danach studierte Schönwetter vier Jahre Theologie, ehe er auf seinen Lehrstuhl zurückkehrte, auf dem er Rhetorik-, Dialektik- und Ethikvorlesungen gab. Inzwischen hatte er sich – wahrscheinlich im Anschluss an seine Theologiestudien – am 15. Juni 1680 in Eichstätt zum Priester weihen lassen. Seine „Letzten Gelübde“ (Armut, Gehorsam, Ehelosigkeit und Gehorsam gegenüber dem Papst) legte er am 2. Februar 1686 im Jesuitenkloster von Ingolstadt ab. Die restlichen 15 Jahre seines Lebens verbrachte Schönwetter am Hauptsitz der süddeutschen Jesuitenprovinz, im Jesuitenkolleg Sankt

Michael in München, wo er wegen seiner Redekunst als Prediger tätig war. Aus dem genannten Nekrolog geht auch hervor, dass Pater Schönwetter als ein frommer Mann galt, dem es gelang durch seine Rede die Seelen zu bewegen.[28] In diesem seinem Bestreben mag auch sein Motiv zur Übersetzung des von dem Jesuiten Gebriele Hevenesi lateinisch geschriebenen Buches „Spiegel der Unschuld" ins Deutsche zu suchen sein, in dem das Leben des seligen Aloisius von Gonzaga beschrieben wurde. Das Werk erschien im Jahre 1700.[29] Inzwischen hatte Schönwetter auf Vorschlag seines Ordens im Jahre 1697 von Landschaft und Hofkammer die ehrenvolle Aufgabe erhalten, als Textredakteur für die Abfassung einer genauen Beschreibung der von Wening geschaffenen Abbildungen tätig zu werden. Wie Wening seine Stiche, so sollte Schönwetter seine Texte der Landschaft von Zeit zu Zeit zur Durchsicht vorlegen. Als Vorbild sollten ihm bei seiner Arbeit die Meriansche Topographie und der Atlas Ertls dienen.[30] Schönwetter verfasste daraufhin einen Fragenkatalog, den er am 15. April 1698 in seiner endgültigen Form der Hofkammer und der Landschaft vorlegen konnte und der heute noch im Hauptstaatsarchiv in seiner „Urfassung" einzusehen ist.[31] Er lautet:

„/149/ ... Verzaichnus / Jenner puncten, waraus zur vorhabender Landts beschreibung von denen hirzu benantlichen orthen der verlangende bericht soll erstattet, und eingeschikht werden / München den 15. April ao: 1698.
Erstlich Was Nahmen das orth habe, unnd woher solcher urspringlich khommen.
.2. Wer dessen Stifter, Urheber, Erbauer gewesen, und wan solches geschehen.
.3. Was titul das orth aniezo führe, ob es ein Stüfft, Closter, Schloss, Pfleg, Hofmarch.
.4. Was ordens, geschlechts, famili, herrschafft .p. es dermahlen seye, unnd ob der Inhaber alda wohne.
.5. Wo, unnd wie es gelegen, in welchem Rentambt, Landtgericht, Regierung .p. ob es am See, Fluss, waldung, gebürg, oder ebenen landt .p.
/149'/ .6. In was Standt sich aldorth ieziges Schloss, Closter, oder hofmarchs gebeu sambt umstendten dessen befünde.
.7. Ob, und wans von einem orden, famili herrschafft .p. zur andern gelangt.
.8. In was Kunst iebung, gwerb, oder handlung, Item ob es an getraidt, Wein, Gewildt, fischerey, Vichzigl .p. sonderbar bekhandt, und benambset.
.9. Ob es durch brandt, verunglickhet, in feindts zeiten verwüsstet, oder sonst alters halber verfallen, und wan selbiges widerumb erhebt oder erbaut worden.
.10. wer des orths Schüz-Batron, unnd Schirm Heyliger seye, in der Schloss=Clösster, Pfarr .p. Kürchen.
.11. Ob alda der Stüffter, Fürsten Grafen, Edleith .p. aigenthumbliche Grab Stätt zu fünden.
/177/.12. Ob aldorth der heyligen leiber gebain, und Reliquien, Item wunderthätige bildnusen beriehmbte Wahlfarthen, Bruderschafften, Bibliothecen, Berg, oder Salzwerch,
.13. Von fruchtbarkheit, gesundtheit, freyheit .p. des orths, ob alda Haylbrunnen, Wildböden .p. zufünden.
.14. Von Nambhafften alda gebürtigen Männern, dero Thaten oder Schrifften, Ämbter, Kriegs diensten .p.
.15. Endtlich, wan sonst aldorth etwas denkhwürdiges geschehen, oder besonders selzsambes von mercklicher Antiquität .p. befündlich ist, als in Kunst Stuckhen, Mahlereyen .p. ..."[32]

Der Fragebogen wurde gedruckt und an die vier zu beschreibenden Rentämter verschickt. Er sollte von den Adressaten innerhalb kürzester Zeit beantwortet und wieder zurückgeleitet werden, was aber bei weitem nicht in allen Fällen geschah. Der zurückgeleiteten schriftlichen Antworten nahm sich Schönwetter sofort mit großer Gewissenhaftigkeit an, kürzte überlange Beiträge und überarbeitete lückenhafte mit wissenschaftlicher Akribie. Er schreckte aber auch bei offensichtlich schlampiger Arbeit nicht vor massiver Kritik zurück. Als Hilfe war ihm mit Joseph Donat Klee ein Schreiber genehmigt worden.[33] Ferdinand Schönwetter sollte jedoch sein Werk nicht persönlich beenden dürfen. Im vorgenannten Nekrolog steht geschrieben: „Schließlich unter Schmerzen hinsinkend wurde er am 5. März 1701 von einem Schlagfluß niedergestreckt und ging, nachdem er mit heiligem Öle gesalbt war, in die ewige Ruhe ein."[34]
Es ist davon auszugehen, dass der Beitrag über Ebersberg in den Beschreibungen Schönwetters durch ihn selbst redigiert wurde. Nachdem das Kloster Ebersberg zu dieser Zeit im Besitz der Jesuiten war und für die Münchner Jesuitenpatres als Erholungsdomizil diente, ist es auch nicht auszuschließen, dass sich Schönwetter selbst vor Ort um die Abfassung der Beschreibung von „Ebersperg" kümmerte. Dafür spricht auch der erhebliche Umfang derselben, verglichen mit den Beschreibungen der anderen Orte des Gerichts Schwaben.
Der zum Weningschen Stich vom Kloster Ebersberg (Abb. 8) gehörende Text lautet:

„Eberperg.
Ist dermahlen ein Hofmarch / und so genannte Resi-

dentz oder Wohnung der PP. Societatis Jesu, nach München in das Collegium ejud. Soc. gehörig. Ligt in Ober Bayrn / Renntambt München / Bistumb Freysing / Gericht Schwaben / fast halben Weegs zwischen Wasserburg und München / nit weit vom Marckt Gräfing. Hat seinen Namen von einem wilden Eber / welchen Graf Sighardus von Sempt in dem Forst auff einer Höhe bey einem sonders grossen Lindenbaum umb das Jahr 878. solle erleget haben. Ist Anfangs und dazumahl ein Schloß oder Veste gewesen / welches gedachter Graf umb ersagte Zeit / sambt einer U.L. Frauen Capell daselbst erbauet hat. Diser Sighardus aber starbe Gottseelig Anno 907. unnd eben dises Jahr auch sein Gemahlin Gottina, welche beyde Graf Batholdus, als ihr hinderlassner Sohn zu Freysing herrlich hat beysetzen lassen. Anno 911. berueffte Batholdus, Grafens Sighardi Sohn die Regulirte Chorheren S. Augustini nach Ebersperg / unnd erlaubte jhnen under jhrem ersten Probst Hunefrido ein Interims-Wohnung / biß auff Anlegung eines völligen Closterbaus. Er starbe aber vor diser Erbauung Anno 919.

Ist demnach die Kirch dem H. Martyrer Sebastiano zu Ehren erst Anno 928. von Eberhardo I. seinem Bruder Adalberone, und deren Schwester Wilibirga, als Enklen deß obgedachten Grafens Sighardi, zuerbauen angefangen / und sambt dem ersten Closter innerhalb sechs Jahren vollendet worden. Nachdem nun dises von den Heren Canonicis Regularibus under vier Pröbsten / nemblich Hunefrido, Dieterico, Meginpoldo, und Gunthero bey 79. Jahren bewohnet worden / unnd Eberhardus Anno 959. Adalbero aber unnd Wilibirgis ungefähr 10. Jahr hinnach verschyden / seynd von dem Nachfolger Adalberonis Brueder / Grafen Udalrico, die PP. Ord. S. Benedicti Anno 990. dahin berueffen / und eingeführt worden; under dem ersten Abbt Reginboldo auß dem Closter SS. Udalrici & Afrae in Augspurg. Graf Udalricus starbe Anno 1029. unnd liesse sich in der Closter Kirch bey S. Sebastian, neben seiner gewesten Gemahlin Richarde, Marquardi Hertzogs in Kärnten Schwester / so vor jhme Anno 1013. gestorben / begraben / deren herrliches Grabmahl annoch mitten im Gottshauß auß Marmel künstlich auffgericht / und mit einem eysenen Gätter umbfangen / zu sehen ist. Anno 1040. hat Adalbero III. der letzte Graf von Sempt das von Sighardo erbauete Schloß / und das von Eberhardo I. gebauete Closter nider gelegt / unnd beyde von neuem erbauet / auch mit reichlicher Stüfftung begabet. Starbe Anno 1055. und hinderliesse alle seine Güter dem H. Sebastiano. Von selbiger Zeit an / und schon 150. Jahr vorhero haben dises Orth die PP. Benedictiner stätts inngehabt / biß Anno 1595. da solches Closter nach jhrer Erlassung Hertzog Wilhelmus V. in Bayrn mit Guthaissen Pabst Clementis VIII. den PP. Societatis zu München übergeben hat / wie dessen ein mehrers bey Hundio in Metrop. Salisb. Tom. 2. Fol. 274. & seqq zu finden. Seythero wird es von denen PP. Societatis als ein Residentz und Zuegehör in das Collegium München bewohnet / auch mit Geistlichen und der Gesellschaft anständigen Kirchen unnd Seelen-Diensten beständig versehen.

Im Schwedischen Krieg Anno 1632. ist Ebersperg Feindlich überfallen / zwey Patres gefänglich hinweg geführt / und ein Brueder / Blasius Schölling mit Namen / auß Haß deß Glaubens / und weil er den Kirchenschatz nit verrathen wolte / von den Schweden grausamb gepeyniget / und getödtet worden. Sihe hiervon P. Philipp. Alegambo Soc. Jesu in Mort. Illustribus. Zwey Jahr hernach hat sich der bekandte Bauren-Auffstandt am Ihn begeben / wider der Soldaten ungehaltnen Muthwillen / ist aber bald zerschlagen worden / warbey dann auch allhiesige Bauren mercklich eingebüsset. Anno 1648. wurde diser Orth abermahl von den Schweden angefallen / unn außgeplündert. Nachdem sich aber diser langwürige Krieg endlich in Frid verkehret / ist Anno 1666 ein Theil deß alten baufälligen Closters gegen Auffgang abgetragen / unnd ein neue Wohnung allda auffgeführt worden / das übrige von dem alten Gebäu gegen Nidergang hat man in seinem vorigen Standt meisten theils gelassen. Dises Orth hat sonst schöne Gärten / springende Wasser / unnd einen grossen Hof / und ist absonderlich ein Gerichts Hauß / dann ausser dessen ein außgepflasterter Platz / unnd in Mitten dessen ein lebendiges Wasser; die Häuser aber / so in der Ordnung gebauet / meistens sauber gemaurt zu sehen / und ligt die Pfarrkirch neben dem Pfarrhof gleich daran / daß es also ein schönes Continuum ist / und diser Orth mehrers einen saubern Marckt als einer Hofmarch gleich sihet.

Was ferners das Gottshauß belanget / ist solches groß und wol erbauet / mit vilen Capellen und Altären / wie auch einer trefflichen Orgl und Music versehen. Allda befindet sich neben vilen andern herrlichen Reliqien, absonderlich die H. Hirnschall deß Wunderthätigen Martyrers / und allhiesigen Schutz-Patrons S.

**Abb. 8:
Kolorierter Stich des Klosters Ebersberg, geschaffen von Michael Wening.**

Sebastiani, welchen Schatz Anno 931. under dem Grafen Eberhardo I. Pabst Stephanus VIII. von Rom anhero geschicket / so / daß solches Kleinod schon über 700. Jahr an disem Orth in grosser Veneration und Verehrung gehalten wird. Anno 1305. als die Kirch sambt dem ganzen Closter abgebrunnen / ist gedachte Hirnschall wunderbarlich vom Feur unversehrt geblieben; dermahlen wird solches Heylthumb absonderlich in einer schönen Capell auffbehalten / unnd verehret / welche Ihro Hochfürstl. Durchl. Albertus Sigismundus Hertzog in Bayrn / Bischoff zu Freysing und Regenspurg kostbar von Marmel und Gips zu Ehren St. Sebastian / hat erbauen lassen / wie folgende Innschrifft bezeuget:

> S. Sebastiano
> Sacrum Sacellum
> In hanc, quam cernis, elegantiam provenit
> Sereniss. ac Reverendiss. Princeps Albertus
> Sigismundus
> Episcopus Frising. & Ratisbon.
> Utriusque Bavar. Ac Palatinatus Super. Dux,
> Landgravius Leuchtenberg. &c.
> Cujus aere Ara ex Marmore
> Parietes ex gypso,
> Ac gemina SS. Sebastiani & Rochi ex argento
> Imagines
> Ejusdem Serenitatis Munificam pietatem loquuntur,
> Qua Sereniss. & Reverendiss, Princeps Patroni
> sui Patronus, & Cliens suae in Divum Venerationis
> Hoc monumentum posuit,
> Anno M,DC. LXX.

Unnd in diser Capell wird anjetzo mehr gedachte Hirnschall in Silber unnd Gold gefaßter verehret / auch denen andächtigen Wallfahrtern / so das Jahr hindurch in grosser Anzahl hieher kommen / gezeiget / und jhnen nach schon alten Gebrauch von gesegnetem Wein darauß zu trincken gegeben / nit ohne Erfolg vilfältiger Gutthaten und Gnaden-Zeichen / welche der H. Sebastianus schon von Alters her / und noch jmmerdar seinen Pflegkindern bey GOtt erhaltet. Warvon das in Latein beschribene Büchlein P. Adami Widl Soc. Jesu under dem Titl: S. Sebastianus Eberspergae propitius, so Anno 1688. in München getruckt worden / weitläuffig handlet. Allwo auch von grossen und nambhafften Gutthäteren dises Orths herrliche Meldung geschicht / benanntlichen vom Kayser Ferdinando III. von Guilielmo V. Hertzog in Bayrn / von Churfürst Maximiliano I. und dessen Gemahlin Maria Anna von Oesterreich / ec. sambt noch mehr andern Chur- unnd Fürstlichen Persohnen / Bischöffen / Praelaten / Graffen / Baronen und Edelleuthen / ec. deren obgedachtes Büchlein nach Längs gedencket. Eben daselbst wird auch Bericht gegeben von denen im Gottshauß verhandenen Grabstätten und Epitaphijs, warunder forderist das Marmelsteinene Grabmahl deß Stüffters Udalrici, und seiner Gemahlin Richardis zu sehen.

Neben dieser und mehr anderen vornehmen Grabstätten befindet sich auch daselbst in S. Ignatij Capell die Sepultur der Freyherrlichen Famili de Bienzenau, wie solches der grosse Grabstein ob jhrer Grufft bezeuget / worauff dise Schrifft zu lesen:

> Huc diverte Hospes.
> Uno lapide
> Tota hic tegitur Domus,
> Dic verbo:
> Pax huic Domui!
> Et abi.
> Dispone & tu Domui tuae,
> Sic olim habitaturus.
> Anno M,DC.LV.

Da solle nun aber nit ungemeldt bleiben / Herr Joannes Fridericus L.B. von Pientzenau / Seiner Churfürstl Durchl. Maximiliani I. Geheimber Rath / und nach dessen Hintritt bey der regierenden Churfürstin Maria Anna, geweßter Obrist-Hofmeister / der als ein sonderbarer Liebhaber S. Francisci Xaverij zu München Anno 1655. Gottseelig verschyden / und an disem Orth sein Ruhestatt hat / mit diser Uberschrifft:

> Joan. Fridericus L.B. a Pienzenau Sereniss,
> Bavariae Electoris Maximiliani
> a Secretis Consilijs,
> Serenissimae Electricis
> Mariae Annae
> Supremus Aulae Praefectus
> Duorum in Bavaria Summorum Tribunalium
> Straubingae & Monachij Supremus
> Justitiae Praeses,
> Sol Justitiae
> Suam hic projecit umbram.
> Anno M. DC.LV. XI. Januarij.
> Lux perpetua luceat ei.

Schließlich gehören nach Ebersperg auch zwey kleine Hofmarchen oder Sitz / beyde im Gericht Schwaben entlegen / nemblich Aichpichel / und Tegernau / deren die erste noch mit einem Schlößl versehen ist / welches vor Jahren auß seinem Ruin wider erhebt /

und auffgericht worden. Dises Aichpichel hat Anno 1562. Herr Hieronymus Pronner / Landschafft Cantzler in München von Herrn Johann Hechenkircher / Renntmaistern erkaufft / nach dessen Absterben aber ist es sambt aller Zuegehör von Herrn Jacob Pronner / Castnern zu Aibling an das Collegium Soc. Jesu zu München verhandlet worden. Bey der andern Hofmarch Tegernau zeigen sich zwar auch einige Zeichen eines allda gestandenen Schloß / ist aber alles in Grund gefallen. Anno 1565. hat dises Guet gedachter Herr Johann Hechenkircher an gemeldten Herrn Hieronymum Pronner verkauffet / hernach aber Anno 1609. ist solches durch Kauff an besagtes Collegium gleichfalls gelanget. Hat ein Filial-Kirch / so den HH. Joanni Baptistae unnd Evangelistae geweyhet / sonst aber nach Aexing Pfarr gehörig ist."[35]

Johann Michael Sailer (1751-1832)

Johann Michael Sailer, eine der größten Gestalten kirchlichen Geisteslebens im ausgehenden 18. und zu Beginn des 19. Jahrhunderts, bekam im Laufe seines Lebens – wenn auch nur für eine relativ kurze Zeit – einen sehr intensiven und für ihn auch recht ersprießlichen Kontakt zu Ebersberg und seinem „Schloss", wie man damals das dortige einstige Klostergebäude bezeichnete, das zwischenzeitlich in die Hände des Malteserordens bayerischer Zunge übergegangen war.

Johann Michael Sailer kam am 17. November 1751 als jüngstes Kind der Kleingütlereheleute Andreas und Maria Sailer in Aresing bei Schrobenhausen zur Welt. Von klein auf wurde er durch die schlichte, aufrichtige und tiefreligiöse Wesensart seiner Eltern geprägt. Der Aresinger Schullehrer Bernhard Seitz erkannte schon bald die weit überdurchschnittliche Begabung des Jungen und konnte zusammen mit Freunden Johann Michaels Vater umstimmen und ihn für die geistliche Studienlaufbahn seines Sohnes gewinnen. Am 8. April 1762 zog Johann Michael mit seinem Vater nach München und wurde dort dem Schulmeister Johann Traunsteiner übergeben, der die Vorbereitungsschule für das Gymnasium leitete.[36] Von 1765 bis 1770 besuchte er dann mit großem Erfolg das Jesuitengymnasium im Kolleggebäude an der Michaelskirche. Hier wurde ihm nicht nur ein tieffundiertes Wissen vermittelt, sondern auch eine große geistige Weite.

Mehr und mehr fühlte sich der junge Sailer zum geistlichen Stand und hier wieder zum Jesuitenorden hingezogen. Und so trat der knapp 19-jährige am 14. September 1770 in das Noviziat der Jesuiten in Landsberg am Lech ein, das für ihn trotz oder gerade wegen seiner Härte eine Schule äußerster Selbstbeherrschung werden sollte. Er selbst bezeichnete sie als „Noviziat der Gottseligkeit".[37] Nach Abschluss dieser geistlichen Schule wurde Sailer von seinen Ordensoberen im September 1772 an die damals einzige, aber in bestem Ruf stehende Universität des Kurfürstentums Bayern, nach Ingolstadt geschickt, wo die wichtigsten Positionen auch von Jesuiten besetzt waren. Zunächst begann Sailer ein viersemestriges Studium der Philosophie, dem sich ein sechssemestriges Theologiestudium anschloss. Ein einschneidendes Ereignis war für den jungen Studenten Sailer die Aufhebung seines von ihm so sehr geliebten Jesuitenordens durch Papst Clemens XIV. am 21. Juli 1773. Erst am 4. Oktober dieses Jahres wurde sie nach entsprechenden Vorbereitungen auch für die Einrichtungen der Jesuiten in Ingolstadt wirksam. Sailer zählte zum damaligen Zeitpunkt noch als Jesuitennovize und gehörte somit, da noch nicht durch sogenannte „Ewige Gelübde" gebunden, dem Orden der Jesuiten nicht als Vollmitglied an. Trotzdem wurde Sailer als „Exjesuit" angesehen und zusammen mit seinem Lehrer, dem Jesuitenprofessor Benedikt Sattler, in die auch an der Universität Ingolstadt ausbrechenden Auseinandersetzungen zwischen der immer noch dominierenden Partei der Exjesuiten und der der sogenannten Neuerer verstrickt.[38] Trotzdem wurde Sailer, der zwischenzeitlich zum Doktor der Philosophie promoviert hatte und zum Priester geweiht worden war, am 16. September 1780 vom bayerischen Kurfürsten, trotz aller Widerstände aus gewissen Kirchenkreisen, zum Professor für Dogmatik an der Universität Ingolstadt berufen. Seine Lehrtätigkeit sollte jedoch nur drei Jahre betragen. Denn als Kurfürst Karl Theodor 1781 eine „bayerische Zunge" des Malteserordens gründete und diese finanziell und materiell mit dem ehemaligen Jesuitenvermögen ausstattete, war auch für die Jesuitenprofessoren in Ingolstadt keine Bleibe mehr.[39] Sailer ahnte damals noch nicht, dass er einmal in Ebersberg sehr engen Kontakt zu einem leitenden Angestellten dieser neuen Einrichtung bekommen sollte. Zunächst verbrachte er diese von ihm als „erste Brachzeit" bezeichnete Zeit mit intensiver literarischer Tätigkeit in Ingolstadt und Augsburg, wo ihn schließlich im Herbst 1784 der Ruf an die Universität Dillingen ereilte. In Augsburg lernte Sailer einen Studenten namens Karl Theodor Beck kennen, mit dem ihn bald eine tiefe Freundschaft verband, die ihm in schwerer Zeit noch eine große Hilfe werden sollte.

Zunächst folgten für den jungen, aber geistig schon führenden Professor Sailer an der Universität in Dillingen sehr erfolgreiche Lehrjahre. Freilich war er sehr stark einbezogen in die auch im kirchlichen Bereich herrschenden, sich oft äußerst hart bekämpfenden geistigen

Abb. 9:
Johann Michael Sailer als Professor an der Universität Dillingen. Gemälde von Joseph Georg von Edlinger.

Strömungen der Aufklärungszeit. Ohne Wenn und Aber stellte er sich an die Spitze der Erneuerungsbewegung, die eine innerkirchliche Reform auf verschiedenen Gebieten zum Ziele hatte, ohne sich aber gegen den Papst und die kirchliche Hierarchie zu wenden. Seine große Akzeptanz in höchsten Intelligenzkreisen, seine enormen literarischen Erfolge und die Bewunderung durch seine Studenten weckten in den Reihen seiner stark konservativ ausgerichteten Gegner Misstrauen und Neid.[40] Mit der Verleumdung, er gehöre dem Geheimbund der Illuminaten an, untergrabe Sittlichkeit und Disziplin und halte seine Studenten zum Lesen verbotener Bücher an und vieles andere mehr, erreichten seine Widersacher bei der Amtskirche schließlich seine plötzliche Abberufung von seiner Dillinger Professur am 28. Oktober 1794. (Abb. 9) Sailer schrieb trotz tiefem Gekränktseins bald nach seiner unehrenhaften Entlassung an einen seiner Bekannten: „Mein Herz findet Ruhe im einfältigen Glauben an die Wege des Herrn! Er wird auch dies recht machen [...]."[41] Zunächst fand Sailer bei seinem Freund aus gemeinsamen Ingolstädter Zeiten, Sebastian Winklhofer, in München herzliche Aufnahme. Als er in der Landeshauptstadt Predigtverbot bekam und er nur knapp einer Landesverweisung entging, nahm er mit Freuden die Einladung seines Freundes Karl Theodor Beck an, sich in Ebersberg nieder zu lassen.[42] Beck war zum Pfleger des zu diesem Zeitpunkt als „Schloss" bezeichneten Klosters Ebersberg ernannt worden und stand im Dienste der Malteser, denen das ehemalige Klostergebäude gehörte. Er konnte seinem Freund Sailer in diesem eine ganze Reihe von Zimmern kostenlos zur Verfügung stellen. Dies war für den „Vertriebenen" wichtig, denn er war jetzt wieder auf seine frühere Pension in Höhe von 240 Gulden jährlich angewiesen.[43] Neben der für damalige Verhältnisse komfortablen Wohnung fand Sailer aber auch in der Umgebung des Schlosses, das einst „seinem" Jesuitenorden gehört hatte, schön angelegte, weiträumige Gärten vor. Sein Lieblingsplatz aber war, wie er mehrfach in seinen Briefen schrieb, zu Füßen einer Linde. Vielleicht handelte es sich dabei um eine Nachpflanzung jener Linde, die einst Jakob Balde besungen hatte, und die 1671 von einem Sturm entwurzelt worden war.[44] In einem Brief an seine geistige Brieffreundin Eleonore Auguste Gräfin Stolberg-Wernigerode schrieb er am 1. November 1799 von Ebersberg aus: „Ja, Ebersberg ist itzt mein Hüttchen bis auf ein weiters. Gottlob, nach acht Monaten bin ich wieder bei der alten Linde und Karl Theodor Beck angekommen [...]."[45]

Was Sailer in seiner schwierigen beruflichen Situation gut tat, war nicht nur die komfortable Unterkunft, sondern vor allem die Geborgenheit in der Familie seines Freundes Beck, der seinerseits in seiner charakterlichen Entwicklung durch den Umgang und die Gespräche mit dem frommen Gelehrten viel profitierte. Gern wird Sailer auch dem Wunsche der Familie Beck entsprochen haben, eine gewisse Karolina Beck, deren Vater Johann Nikolaus Präfekt von Otting / Rhaetia war, am 27. Februar 1797 mit Johann Baptist Reitter, dem Liktor und Präfekten der Malteserkommende von Eichbichl zu verheiraten, der seinerseits ein Sohn des Chorregenten Ludwig Reitter aus Ebersberg war. In der von Pfarrer Kaspar Hermann verfassten Familienchronik von Frauenneuharting, in der dieser die Matrikelbücher der Kirchengemeinde Frauenneuharting verwertete, steht über diese Eheschließung zu lesen: „Obige Ehe am 27.Februar 1797 (wahrscheinlich in Tegernau) wurde geschlossen durch Johann Michael Sailer, cons. eccl. von München. (dem nachmaligen berühmten Bischof von Regensburg)."[46]

Diese zweite „Brachzeit" in Sailers Berufsleben, die er in Ebersberg verbrachte, war vor allem geprägt durch eine rege literarische Tätigkeit. So vollendete er hier die schon in Dillingen begonnene Übersetzung des „Buches von der Nachfolge Christi" des Thomas von Kempen aus dem Lateinischen ins Deutsche, das nach der Bibel zum weitverbreitetsten christlichen Buch im deutschen Sprachraum wurde. Doch auch seine jesuitische Vergangenheit ließ Sailer in der ihm in Ebersberg aufgezwungenen Muße nicht los. In den „Übungen des Geistes zur Gründung und Förderung eines heiligen Sinnes und Lebens" wollte er die „Geistlichen Übungen" des Gründers des Jesuitenordens, des heiligen Ignatius von Loyola an gottsuchende Menschen seiner Zeit vermitteln. Ein weiteres, auf seine Ebersberger Jahre zurückgehendes Übersetzungswerk Sailers sind die „Briefe aus allen Jahrhunderten der christlichen Zeitrechnung". Sailer wählte dabei wichtige und wertvolle Schriften aus, angefangen von Briefen aus dem frühen Christentum bis hin zu solchen aus dem 18. Jahrhundert. Erscheinen sollte jedoch dieses sechsbändige Werk erst in der Zeit seiner späteren Landshuter Lehrtätigkeit.[47]

Abb. 10: Bischof Johann Michael Sailer und Weihbischof Michael Wittmann in Regensburg.

Anfang Dezember 1799 musste Sailer von seinem Ebersberger „Exil" Abschied nehmen. Denn trotz erheblicher Widerstände aus kirchlichen Kreisen seines Heimatbistums Augsburg war er auf Drängen der bayerischen Regierung mit Zustimmung des Kurfürsten Max Joseph am 24. November 1799 zum öffentlichen ordentlichen Lehrer der Moral- und Pastoraltheologie an der Universität Ingolstadt ernannt worden.[48] Im darauffolgenden Jahr zog der nun wieder voll rehabilitierte Professor Johann Michael Sailer mit der gesamten Universität von Ingolstadt nach Landshut um, wo er eine zwanzigjährige Lehrtätigkeit entfaltete.

Am 17. April 1822 wurde Sailer vom Heiligen Stuhl zum Weihbischof und Koadjutor des greisen und kranken Bischofs Wolf von Regensburg berufen. Zehn Jahre durfte sich nun Sailer ganz seiner Aufgabe als Seelsorger, zunächst als Weihbischof und nach dem Tod Bischof Wolfs im Jahre 1829 als dessen Nachfolger widmen. (Abb. 10)

Nach mehreren Schlaganfällen starb Bischof Sailer am 20. Mai 1832 beim Morgenläuten dieses Sonntags.[49] Ebersberg darf es sich zur Ehre anrechnen, diesen heiligmäßigen Priester und Gelehrten in einer für diesen äußerst schweren Zeit in den Mauern seines einstigen Klosters beherbergt zu haben.

Joseph von Hazzi (1768-1845)

Der Kurpfalz-bayerische Generaldirektionsrat Joseph von Hazzi befasste sich in seinen zwischen 1801 und 1808 erschienenen „Statistischen Aufschlüssen über das Herzogthum Baiern" auch mit den Gerichten Ebersberg und Schwaben, ohne dabei wohl zu ahnen, dass es ihn im Laufe seines weiteren Lebensweges einmal dauerhaft in diesen von ihm wenig positiv geschilderten Landstrich verschlagen sollte. Wer war nun aber dieser Joseph von Hazzi?

Joseph Hazzis Wiege stand im niederbayerischen Abensberg, wo er am 12. Februar 1768 als Sohn des italienischstämmigen Maurermeisters Adam Hazzi geboren wurde. Von 1775 bis 1780 besuchte er die nahe gelegene Schule der Augustiner-Chorherren in Rohr. Von dort wechselte er an das Wilhelmsgymnasium in München. Wegen seiner ausgezeichneten schulischen Leistungen erhielt er von Kurfürst Karl Theodor ein dreijähriges Stipendium. Hazzi studierte daraufhin von 1786 bis 1789 Rechtswissenschaft an der Bayerischen Landesuniversität Ingolstadt und schloss dieses Studium mit der Höchstnote „notam primam cum eminentia" ab.[50]

1793 heiratete er die Hofratstochter Maria Therese von Setzger. Im gleichen Jahr erhielt er eine Anstellung als Fiskalrat in München. Sechs Jahre später wurde er in die neu errichtete General-Landesdirektion berufen. 1800 stellte ihn die bayerische Regierung General Moreau als Marschkommissar zur Verfügung. 1805 wurde Hazzi in das französische Hauptquartier beordert, damit er dort an der Einführung französischer Einrichtungen mitwirken konnte. Erst im Jahre 1811 kehrte er wieder in den bayerischen Staatsdienst zurück.[51] (Abb. 11)

1815 verstarb seine Frau. Ein Jahr später ehelichte Hazzi Josefa de La Rosée, eine Tochter des bayerischen Oberappellationspräsidenten Graf Bassalet de La Rosée. Durch diese Heirat kam er auch in den Besitz des Schlosses Elkofen.[52] Die ganze Einstellung Hazzis war geprägt vom Geist der Aufklärung. Im Laufe seiner beruflichen Tätigkeit eignete er sich ein großes Wissen um die Landwirtschaft und das Forstwesen an und gab durch viele Veröffentlichungen und seine Tätigkeit als Redakteur des Wochenblattes des Landwirtschaftlichen Vereins in Bayern (1818-1835) auf diesen Gebieten entscheidende Impulse.[53]

Im Jahre 1816 waren seine Bemühungen um Aufnahme in den bayerischen Adelsstand von Erfolg gekrönt. Nachdem ihm der König von Neapel den Orden der beiden Sizilien verliehen hatte, war ihm auch in Bayern zuge-

Abb. 11: Joseph von Hazzi in einem Gemälde von Joseph Georg von Edlinger.

standen worden, sich künftig Joseph Ritter von Hazzi nennen zu dürfen. Er starb am 20. Mai 1845 auf Schloss Elkofen und fand auf dem Friedhof der nahegelegenen Kirche von Oberelkofen seine letzte irdische Ruhestätte.54 (Abb. 12)

In seinen oben erwähnten „Statistischen Aufschlüssen" schrieb Hazzi über das Gericht Ebersberg: „Dieses Herrschaftsgericht gehört ganz zum vorigen Gericht [Schwaben]. Es wurde erst in neuern Zeiten aus einer Hofmarch zur Herrschaft erhoben und führt den Namen von einem wilden Eber, den Graf Sighardus von Sempt 878 hier erlegte, auf welchem Platz er eine Kapelle und sein Sohn ein Kloster für die regulirten Korherren erbauen ließ. Im Jahre 959 kamen an die Stelle der Korherren die Benediktiner, welche 1595 das Kloster den Jesuiten abtreten mußten. Als dieser Orden aufgehoben wurde, erhielt der Schulfond die beträchtlichen Revenüen des Klosters, in deren Genuß aber gegenwärtig die Maltheser sind."55

Die Landschaft im Münchner Osten, die Siedlungen in ihr und deren Bewohner kamen in der Beschreibung Hazzis denkbar schlecht weg. Er schrieb: „Das Gericht [Schwaben] verschaft dem Reisenden einen düsteren Anblick. Die vielen Schwarzwaldungen, Möser, öden Strecken, die kleinen hölzernen Häuser mit hölzernen Legschindeln oder bemießten Stroh bedeckt, und vor Holz und Dunghaufen unzugänglich, bilden im Ganzen eine traurige Landschaft, deren Bewohner mit der Natur harmoniren, klein, unansehnlich, meistens braunhaarigt sind, sich äusserst roh und ungeschikt benehmen, gern trinken und spielen. Im Holzland, gegen Aibling zu, hört man viel von Raufereien; so wie im ganzen Lande von Diebstählen und Räubereien."56

Für Land und Leute des Gerichts Ebersberg fand Hazzi noch eine Steigerung, wenn er schrieb: „Sein Boden und andere Bestandtheile, wie die Landwirthschaft und der Karakter seiner Bewohner stimmen ganz mit den beschriebnen der Holzländer des Gerichts Schwaben überein; nur ist das Land noch weit roher und valdiger und die Bewohner bigotischer, abgestumpfter und ärmer."57

Über den Ort Ebersberg selbst wusste Hazzi Folgendes zu berichten: „Die Herrschaft hat das Hauptgewerb mit dem Bräuhaus. Der kleine Markt ist meistens aus Holz erbaut und ernährt blos Taglöhner und arme Handwerker. Einer der beträchtlichsten Märkte in der Gegend ist der Ostermarkt in Rücksicht der Schaafe, deren Anzahl sich oft auf 16 000 beläuft. Auch strömen das Jahr hindurch immer Wallfahrter in Menge herbei, weil hier die Hirnschale des heil. Sebastians aufbehalten ist. Und da ein Trunk Wein daraus für alle Krankheiten und Unglücksfälle hilft, so ist es kein Wunder, daß man hier noch auf keine andere Anstalten denkt."58

Abb. 12:
Der Grabstein Joseph von Hazzis an der äußeren Ostwand der Kirche von Oberelkofen.

Anmerkungen

1 Siehe Philipp Apian's Topographie von Bayern und bayerische Wappensammlung. Zur Feier des siebenhundertjährigen Herrscherjubiläums des erlauchten Hauses Wittelsbach, hg. v. Historischen Verein von Oberbayern, (Oberbayerisches Archiv 39 (1880)), München 1880, S. V.
2 Ebd.
3 Ebd.
4 Zur Biographie Philipp Apians siehe u.a. ebd., S. III-IV u. Stetter, Gertrud: Philipp Apian 1531-1589. Zur Biographie, in: Wolff, Hans (Red.): Philipp Apian und die Kartographie der Renaissance, (Bayerische Staatsbibliothek. Ausstellungskataloge 50), Weißenhorn 1989, S. 66-73.
5 Zum kartographischen Werk Apians siehe Wolff, Hans: Die Bayerischen Landtafeln – das kartographische Meisterwerk Philipp Apians – und ihr Nachwirken, in: Ders. (Red.): Philipp Apian und die Kartographie der Renaissance, (Bayerische Staatsbibliothek. Ausstellungskataloge 50), Weißenhorn 1989, S. 74-124.
6 Siehe Die Achtzehend Landtafel (von 1568), Reproduktion, hg. v. Bayerischen Landesvermessungsamt, München 1989.
7 Siehe Philipp Apian's Topographie (wie Anm. 1), S. VI.
8 Siehe ebd., S. VI.
9 Siehe ebd., S. VII.
10 Vgl. ebd., S. 125. Die einschlägige Passage im lateinischen Originaltext lautet wie folgt:
„*Eberspergum monasterium Benedictini ordinis in colle et nemore Carnodunensi, a Sighardo comite de Sempta conditum, tribus a Wasserburgo miliaribus versus occidentem et Monacum situm. Ab apro, qui ibi inventus dicitur, nomen inditum habet circa an. 900, H[und]. 141. Fuit autem olim castrum deinde in caenobium commutatum, ut Avent. et Hund. de hoc plura. Habet ad septentrionem et radicem huius mon tis seu collis sex lacus ordine se consequentes. Quorum primus ad occasum situs omnium maximus est, duas habens insulas sibi quasi innatantes. Vocatur autem Ebrachsee, quod forte Ebraha fluvius inde manet et profluat.*"

11 Siehe Buzás, Ladislaus / Junginger, Fritz: Bavaria Latina. Lexikon der lateinischen geographischen Namen in Bayern, Wiesbaden 1971, S. 95.

12 Siehe Stroh, Wilfried: Münchner Balde-Studien. Ein Vorwort, in: Heider, Andreas: Spolia vetustatis. Die Verwandlung der heidnisch-antiken Tradition in Jakob Baldes marianischen Wallfahrten: Parthenia, Silvae II Nr. 3 (1643), (Münchner Balde-Studien), München 1999, S. 3-4, S. 3.

13 Siehe ebd.

14 Promberger, Beate: Die „Enthusiasmen" in den lyrischen Werken Jacob Baldes von 1643. Übersetzung und Kommentar, Diss., München 1998, S. 7.

15 Zit. nach Beham, Hermann: Jakob Balde, in: Ders.: Texte II, Ebersberg 1996, S. 113-131, S. 117.

16 Ebd.

17 Ebd., S. 124.

18 Westermayer, Georg: Jacobus Balde, sein Leben und seine Werke. Eine literärhistorische Skizze, München 1868, S. 289.

19 Dieses und vorstehende Zitate entnommen der in Beilage Nr. 47 zur Augsburger Postzeitung 1871 abgedruckten Übersetzung des Balde-Gedichts „Amoenitatem Sedis Eberspergensis S. J. commendat" durch Johannes Schrott. Siehe Augsburger Postzeitung, 194, Mi., 16.08.1871. Nachstehend seien hier zunächst die oben nicht wiedergegebenen Übersetzungspassagen und sodann der lateinische Originaltext der Ode wiedergegeben:

„[Zitat 2]. [Zitat 1].
Doch unsern Laren kommt das erste Recht
Der Ehre zu, das zweite dann dem Feld.
Zur Schwelle sind wir und ich höre schon
Ehrwürdig husten unsern Hauser, der
Einst unser Pförtner war und jetzt als Greis
Noch immer ist von reger Hurtigkeit,
Und seine Kraft verhehlt der Jahre Zahl.
In seinem Barte kämpfen Schwarz und Weiß
Und mischen sich zu allgemeinem Grau.
Er ist ein Meister des Gesangs. Wenn er
Die Tiefe seines Basses intonirt,
So wankt vor Zittern das erschreckte Pult.
Auch Vögel mehr als sieben an der Zahl
Lehrt dieser Orpheus Stimmenunterschied.
Berühmte Dichter liest er ihnen vor,
Zum Beispiel den Horazius und – mich.
Und siehe da, die Töne lernen sie,
Und Staaren zwitschern Götterfabeln nach.
Wir treten nun in's gastlich off'ne Haus,
Und freundlich ladet ein der Obere.
Zum Tempel zieht uns seine rechte Hand,
Und seine linke zu der Hauswirthschaft.
Gleich hier am Roßteich schwimmt die Entenschaar.
Die Gänse machen ein Tumultgeschrei
Und zischeln uns gestreckten Halses an.
So glauben, Brennus nahe sich dem Ort
Und retten wollen sie das Capitol.
[Zitat 3].
Nun lenken wir den Schritt in's nahe Reich
Der Flora, der ein großer Raum gehört.
Nicht prahle das Vergnügen sich, wenn es
Aus and'rer Sonne fremdes Pflanzenvolk
In Töpfen durch die Müh' des Gärtners zieht.
Denn hier, so sagt man, kommt die Göttin selbst,
Wenn im April die Lüfte lauer weh'n
Herab, und legt ihr Blumenkleid
Hinweg, und um ganz unerkannt zu sein,
Schlüpft sie in einfach ländliches Gewand.
Die Beete theilt sie ab und faßt sie ein,
Und hackt und egget und besä't sie dann.
Terrassenpfühle baut sie und erzieht
Aus Erdmark zarter Blumen Kinderwelt.
Am Buchs beschneidet sie den Ueberwuchs
Und schenkt ein gelbes Haar den Sprößlingen.
Doch keine Farbe fehlt. Du siehst das Gold
Minerven's und Diana's Silberweiß,
Das Bläuliche der Nereiden und
Der Juno tiefstes Braun und hellstes Roth.
Und wie der Epheu schlangenfüßig sich
Mit aller Kraft empor die Mauer rankt!
So rastlos wächst er, daß er kühn und leicht
Selbst Pyramiden überkletterte.
Von allen Sträuchern hält er sich allein
Für sündhaft, und die Zweige schlingt deßhalb
Er gleich andächtigen Armen über's Kreuz.
Ihn reut, daß er bei Orgien gedient.
Oft nächtlich glaubte wahrzunehmen man
Den Bachus- und der lustigen Faunen Chor,
Die mit des Epheus Träubchen sich und Laub
Die Schläf' umwanden; und so schlich sich leicht
Das üppige Grün in ihre Hallen ein.
[Zitat 4]. [Zitat 8].
Das nächste gleich ist, jenes Thores Schmuck,
Im grauen Stein, das edle ‚Häfelein'!
Die Villa öffnets und die Landwirthschaft.
Held Kondel herrscht in jenem Stallpalast,
Dort ist sein Ninive und Babylon,
Und dieser Stadel sein Persepolis.
Hier von geperltem Hühnervolk erhebt
Gebieterisch er Tribut und läßt sofort
Die Eier thun zum allgemeinen Schatz.
Die kühnen Rosse bändigt er gewandt,
Und lehrt sie laufen, wenn die Hunnen nah'n.
Den Fascen seiner Consulargewalt
Gehorcht mit Zittern Mutterschaf und Lamm.
Den Küh'n gibt er Gesetze, Gattenrecht
Den Stieren; unter diesen stattlichen
Verdiente mancher Jupiter zu sein,
Und schöner ist als Jo jene Kuh.
Auch ihre Sprachen alle kennt er gut.
Sie sind so fett, als hätte zu Triumph
Die Quelle des Elitumnus sie ernährt.
Wenn sie die Köpfe schütteln ists als wenn
Du gelben Marmor oder Stämme von
Geschälten Eichen sich erheben säh'st.
Nun blicke weiter noch und schau umher!
Soweit als die Entfernung, stehst du nur
Die Flur der Pales und des Pan Gebiet,
Und ringsum blaue See'n an Fischen reich.
Besonders jenen gleich erblickst du dort,
Der von der ‚Ziegel' seinen Namen führt.
Wallfische, freilich etwas klein'rer Art,
Mit fürchterlichen Rachen sind darin.
Oft zog erschreckt ein solches Ungethüm
Der nasse Fischer durch den Wogenschwall,
Und rang mit ihm, bis er den schwanken Kahn
Mit dem Gewicht des Monstrums überlud.
Doch bei Lustfahrten wiegt sich blauäugig sich

Die Doris unterm Schifflein, fröhlich bald
Und bald ersäufzend unterm Ruderschlag.
Dann jagt tiefathmend sie den Kahn ans Land.
Den Triton sah'n wir auch, den Zwerg, wie er
Sein Horn, zu lieb den kleinen Nymphen, blies.
Sie tanzten auch und spritzten mit der Hand
Sich an und wuschen ihr seegrünes Haar.
[Zitat 5]. [Zitat 6]. [Zitat 7]. [Zitat 8]."
„Amoenitatem Sedis Eberspergensis S.J. commendat.
Quid tum? Si spissis Domus est obscura tenebris,
Quantis nec os Trophonii!
Humida si pressis patiare cubilia tignis
Curvatis incumbentia!
Si tabulata super saliant male pendula mures,
Somnosque rumpant desides!
Plurima si laceris demittat aranea tectis
Virgata filis retia!
Vexillisque pares telas, & vellera texat
Sternenda mapparum loco!
Pauca mala, & facileis naevos, & forsan amandos,
Majora compensant bona.
Ardua surgenti Sedes est edita clivo.
Afflat vetustas advenam.
Relligiosa silex, antiqui in parte recedit,
In parte muri prominet.
Undique liber abit virideis prospectus in agros,
Et rus olet domesticum.
Vertimur ad prima rorantem lampade currum,
Cum sol Eous emicat?
Mite solum datur, & saltus, & stagna tueri,
Colleisque clementissimos.
Vertimur occidui jam sessa ad lumina Phoebi,
Equos parantis mergere?
Delicias simileis, aliasque, & mutat & auget
Natura Terrae fertilis.
Sed Laribus nostris primi debentur honores,
Secunda Campis gloria.
Vestibulum simul attigeris: venerabile tussit
HAUSERUS, olim Janitor.
Ille Senex: currentis adhuc tamen ignea planta est,
Annosque robur occulit.
Barba viri, crinesque albi cum crinibus atris
Rixantur, & canos levant.
Idem Phonascus, magno chaos intonat ore,
Cantuque frangit pulpita.
Quin & aves, plus quam septem, Calydonius Orpheus,
Vocum docet discrimina.
Praelegit admissis praestanteis arte Poëtas,
Et inter hos Horatium.
Me quoque. concipiunt sonitus & carmina sturni,
Mirasque narrant fabulas.
Sed jam porta patet. limen subeamus amicum.
Invitat antistes loci.
Dextra manus celebris deducit ad ostia Templi,
Laevam tenent praesepia.
En, anatum turmis stagnum sulcatur equinum,
Multoque clangit ansere.
Ut strident! Senones illis, DANTISCE, videmur.
Colla erigentes sibilant.
Tutari Romana putes Capitolia: Brennum
Instare captis Civibus.
Progredimur. flexo vadamus vertice: ne trabs,
Aut testa laesa vapulet.

Hic spumosa Ceres calefacto gurgite sudat:
Festiva laudans balnea.
Purior ex thermis redit, & juvenescit in unda
Senilis instar Aesonis.
Tum primum mensas subit, atque vapore recocta,
Scyphos Lyaei provocat.
Nec miranda magis sunt, per quae prela Tarenti
Calcata stillat vinea.
Hinc connexa pedem refer in topiaria Florae,
Totam colentis aream,
Non jactet calathos alieno es sole petitos:
Qualeis in hortis Principum
Anxia, praecipiti sumptu, multisque coloni
Curis Voluptas educat.
Ipsa Dea, ut fama est, Luna descendit Aprili.
Vehentibus Fovoniis.
Ac, ne dignosci vernanti ex cyclade possit,
Induta vestem rusticam,
Distinguitque sinus, & margine terminat illos,
Et sarrit, occat, seminat;
Componitque toros, & terra educit ab ima
Hanc germinum puertiam.
Tunc buxum undantem tondet, flavisque capillis
Pullos recenteis induit.
Non color ullus abest, Spectas hic flava Minervae,
Spectas Dianae candida.
Coerula Naïadum, Junonis fusca profundae,
Summae fragrant ceraunia.
Jam quanta anguipedum muris se vis hederarum
Agglutinat radicitus!
Omne suum faciunt spatium. si Pyramis adsit;
Conentur hanc transcedere.
Esse reas, inter fructices hoc credere possis,
Quod fixa tendant brachia,
Inque modum distenta crucis. peccasse proterva
Fatentur inter Orgia.
Saepe mihi visus sum noctu advertere Bacchum,
Laetumque Faunorum chorum,
Praevelaturos solitis hinc tempora sertis
Molleis corymbos carpere.
Tam saturi, foliis tam grandibus, herba coloris
Inserpit altis aedibus.
Imus in immensum (namque haec praeludia dicas)
Hortum sinistri tramitis.
Pomifer Auctumnus patulis ibi grandia ramis
Et fulva mala porrigit.
Hesperidum non ista draco custodit avarus.
Aperta crescit copia.
Nec reor Alcinoi, nec, quod Lucullus habebat.
Nemus fuisse ditius.
Poma cadunt rubicunda genas, albentia pulpam,
Inspersa guttis corticem.
Adsunt & cerasi: quarum vindemia dulcis
Certat Sicanis fructibus.
Sensim in planicem pinguissima terra residit.
Declivitate gratior.
Alterius vertex ubi desinit, altera primam
Orditur arbos lineam.
Cum citharae Geta fila manu tractura feriret
Ex Orbe cunctas arbores:
Hinc Tiliam perhibent, contemto Thrace, conoras
Clausis ad Odas auribus,
Detrectasse sequi. tantum fastigia pronis

Movisse celsa frondibus.
Sicut erat stabili permansit stirpe ligata,
Amore fundi nobilis.
Suscipe, si potes hoc oculis superare cacumea.
Vicina verrit sidera.
Inter se nexus ramorum exercitus ingens
Plagas in omneis absilit.
Truduntur tot Vere comae, quot in aequore conchae,
Quot sunt arenae littoris.
Aestivum frigus, subterque sedentibus umbram,
Adversa Soli, projicit.
Et datur ascensus. potes hinc, quacunque libebit,
DANTISCE, visum vertere.
Proxima, quae rudibus praesignis lurida portam
Incisa faxis ollula.
Villam aperit: rus omne simul. KONDELIUS Heros
Hoc regnat in palatio.
Haec ejus Ninive, Babylonque, & regia Lagi est.
Haec Susa Susorum tenet.
Hic, quae guttatae ponunt Maleagrides ova,
(Sunt certa vectigalia)
Accipit:inque suo, jubet, accumulata ministri
Ut collocent aerario.
Pugnaceis hic frenat equos, venientibus Hunnis
Nullam perhorrescens fugam
Hic Consul trepidos submittit fascibus agnos,
Novumque feturae genus.
Jura dat & vaccis, armentorumque maritis:
Calletque linguas omnium.
Horum aliquis taurus, mercatur Jupiter esse.
Fuerit nec Io pulcrior.
Clitumni de fonte putes adscendere, pingui
Pastos triumphi gramine.
Cumque caput motant, flaventia marmora credas,
Quernosve truncos surrigi.
Ulterius sed nunc oculorum dirige jactum.
Feri, licet distantia.
Quocumque adspicias; nihil est, nisi Panque Palesque,
Circumque piscosi lacus.
Nonne lacum cernis? cui, qua de nescio caussa,
Nomen reliquit tegula.
Intus balaenae metuendi fornice rictus
Dantur minorum gentium.
Saepe aliquam traxit per stagna sonantia, monstro
Piscator udo territus.
Saepe aliquam in cymba posuit titubante, gravatus
Squamae tremendo pondere.
Navigio gaudet substerni coerula Doris:
Pulsata remis, ingemit;
Ventososque ciet fluctus, & ad extima ripae
Perducit alnum pascua.
Vidimus hoc parvis nanum Tritona sub alto
Inflasse Nymphis cornua.
Saltabant: multaque manus adspergine plenae
Crineis lavabant vitreos.
Herbida stant propter. stant amphitheatra supinis
Frondosa retro collibus.
Grex avium supra, variis & rostra, leveisque
Exercet auras versibus.
Istae Bucolicos recitant: jucundius illae
Laudantur a Georgicis.
Haec jacit in cuculum Satyras. haec laudat amores,
Suaeque nidum conjugis.

Quid memorem curvos flexus, & amoena viarum
Sursum deorsium didita?
Tollit Haselbachium; Graffingaque deprimit altas,
Et Soja tendit semitas.
Hic Aeichbüla jacet frigentibus humida limphis:
Illic Liginga laetior.
Vestit iter flava seges, vel lucus obumbrat,
Vel currit una rivulus.
Ac si forte pedes impegerit unda lapillis,
Auri dolens immurmurat.
Quoque potest sonitu, specieque ulciscitur irae,
Versans morantem scrupulum.
Sunt luci ingentes, sunt silvestres labyrinthi,
Filoque digni Gnossio.
Callis in ambages trahit; atque errore vaganteis.
Domum reducit serius.
At non aprorum, cervorumque agmina desunt,
Altique jus venabuli.
Nusquam tanta Ceres: nusquam fecundius uber
Tellus aristis explicat.
Hinc cito lactescunt turgentes pondere spicae,
Rumpitque messis horrea.
Agricolae laeto plausu gratantur, & ornant
Pompam quotannis supplicem:
Patronique sui sacram venerantur in ara
SEBASTIANI purpuram,
Mille salutiferis affigunt oscula telis.
Certamen est pro Martyre.
Insonat & Paean. & non est huic quoque nulla
(Audita testor) gratia.
Namque aliquid lepida crudae dulcedine linguae
Peculiare ganniunt.
Huic, DANTISCE, loco sterilem praeponimus urbem!
Vah! plura nolis addita."

[20] Zur Biographie Jakob Baldes siehe u.a. Westermayer (wie Anm. 18); Galle, Jürgen: Die lateinische Lyrik Jacob Baldes und die Geschichte ihrer Übertragungen, (Münstersche Beiträge zur deutschen Literaturwissenschaft 6), Münster 1973, S. 5-9; Witzel, Kilian: Dichter und Schriftsteller, in: Der Landkreis Ebersberg. Raum und Geschichte, hg. v. d. Kreissparkasse Ebersberg, Stuttgart 1982, S. 286-307, S. 290-296; Kühlmann, Wilhelm / Wiegand, Hermann (Hg.): Jacob Balde S.J. – Opera Poetica Omnia, Bd. I, Neudruck der Ausgabe München 1729, (Texte der frühen Neuzeit 1), Frankfurt am Main 1990, S. 6-10 u. Beham (wie Anm. 15). Weitere Literatur in Pörnbacher, Hans / Stroh, Wilfried (Hg.): Georg Westermayer – Jacobus Balde (1604-1668), sein Leben und seine Werke, photomechanischer Nachdruck der Ausgabe München 1868, (Geistliche Literatur der Barockzeit, Sonderband 3), Amsterdam – Maarsen 1998, S. 27*-67*.

[21] Beham (wie Anm. 15), S. 131.

[22] Zitiert nach Adelmann, Hans-Robert: Nachwort, in: Ertl, Anton Wilhelm: Chur-Bayerischer Atlas, 1. Teil, Nachdruck, Donauwörth 1995 (1687).

[23] Merian, Matthäus: Topographia Bavariae, Nachdruck, Kassel – Basel 1962 (1644), S. 119-120.

[24] Ertl, Anton Wilhelm: Chur-Bayerischer Atlas, 1. Teil, Nachdruck, Donauwörth 1995 (1687), S. 62.

[25] Ertl, Anton Wilhelm: Chur-Bayerischer Atlas, 2. Teil, Nachdruck, Donauwörth 1995 (1690), S. 168-170.

[26] Ertl (wie Anm. 24), S. 62.

[27] Zur Biographie Anton Wilhelm Ertls siehe Lisz, Viggo: Nachrichten über A. W. Ertl, in: Ostbairische Grenzmarken 4 (1960), S. [?]; Blau-

fuss, Dietrich: Die Scheinkonversion des Münchner Kurfürstlichen Advokaten Anton Wilhelm Ertl zum Luthertum (1680), in: Zeitschrift für Religions- und Geistesgeschichte 27 (1975), [?]; Deckert, Gerald: Anton Wilhelm Ertl. Größte Denkwürdigkeiten Bayerns, Düsseldorf – Köln 1977; Adelmann (wie Anm. 22) u. Ders.: Nachwort, in: Ertl, Anton Wilhelm: Chur-Bayerischer Atlas, 2. Teil, Nachdruck, Donauwörth 1995 (1690).

[28] Siehe Archivum Monacense Societatis Jesu (AMSJ), Abt. 0 T 2 Nekrolog.
[29] Siehe Sommesvogel, Carlos: Bibliothèque de la Compagnie de Jésus, Bd. 7, Brüssel – Paris 1896, Sp. 856-857.
[30] Siehe Schuster, Rainer: Michael Wening und seine „Historico-Topographica Descriptio" Ober- und Niederbayerns. Vorraussetzungen und Entstehungsgeschichte, (Miscellanea Bavarica Monacensia 171), München 1999, S. 87-88 u. 152.
[31] Siehe ebd., S. 90.
[32] Zitiert nach ebd., S. 153-154.
[33] Siehe ebd., S. 160.
[34] AMSJ, Abt. 0 T 2 Nekrolog.
[35] Wening, Michael: Historico-Topographica Descriptio, 1. Teil, Rentamt München, Nachdruck, München 1974 (1701), S. 100-101.
[36] Siehe Schwaiger, Georg: Der junge Sailer, in: Ders. / Mai, Paul (Hg.): Johann Michael Sailer und seine Zeit, (Beiträge zur Geschichte des Bistums Regensburg 16), Regensburg 1982, S. 35-50, S. 38-39.
[37] Siehe ebd., S. 40.
[38] Siehe ebd., S. 45-46.
[39] Siehe Schwaiger, Georg: Johann Michael Sailer. Der bayerische Kirchenvater, München – Zürich 1982, S. 21-25.
[40] Siehe ebd., S. 34-35.
[41] Siehe ebd., S. 40-43.
[42] Siehe Schiel, Hubert (Hg.): Johann Michael Sailer. Leben und Briefe, Bd. 1, Leben und Persönlichkeit in Selbstzeugnissen, Gesprächen und Erinnerungen der Zeitgenossen, Regensburg 1948, S. 266, Nr. 317.
[43] Siehe Schwaiger (wie Anm. 39), S. 44.
[44] Siehe Paulhuber, Franz Xaver: Geschichte von Ebersberg und dessen Umgegend in Oberbayern, Burghausen 1847, S. 685.
[45] Zitiert nach Schwaiger (wie Anm. 39), S. 45.
[46] Archiv der Pfarrei Frauenneuharting, Herrmann, Kaspar: Familien-Chronica der Pfarrei Frauenneuharting, S. 428.
[47] Siehe Schwaiger, Georg: Sailers frühe Lehrtätigkeit in Ingolstadt und Dillingen, in: Ders. / Mai, Paul (Hg.): Johann Michael Sailer und seine Zeit, (Beiträge zur Geschichte des Bistums Regensburg 16), Regensburg 1982, S. 51-96, S. 77-80.
[48] Siehe Schiel, Hubert (Hg.): Johann Michael Sailer. Leben und Briefe, Bd. 2, Briefe, Regensburg 1952, S. 191-192, Nr. 180.
[49] Siehe Mai, Paul: Johan Michael Sailers Wirken als Weihbischof und Bischof im Bistum Regensburg, in: Schwaiger, Georg / Mai, Paul (Hg.): Johann Michael Sailer und seine Zeit, (Beiträge zur Geschichte des Bistums Regensburg 16), Regensburg 1982, S. 161-207, S. 206.
[50] Siehe Pledl, Wolfgang: Joseph Ritter von Hazzi. Das Leben des Aufklärers, Statistikers und Agrarpolitikers, in: Schönere Heimat 76 (1987), S. 147-154, S. 147- 148.
[51] Siehe ebd., S. 148-153.
[52] Siehe ebd., S. 153.
[53] Siehe ebd., S. 152.
[54] Siehe ebd., S. 153-154. Zu Joseph von Hazzi siehe zuletzt auch Fröhlich, Marion: Leben und Werk Joseph von Hazzis – sein Einfluß auf die Forstwirtschaft, in: Mitteilungen aus der Staatsforstverwaltung Bayerns 45 (1990), S. 1-86 u. Jopp, Belinda: Die „Statistischen Aufschlüsse" von Joseph Hazzi: Methodische Probleme einer Statistik im Zeitalter des Spätkameralismus, in: Balten, Jörg / Denzel, Markus A. (Hg.): Wirtschaftsstruktur und Ernährungslage 1770-1780. Anthropometrische, gewerbe- und agrarstatistische Forschungsansätze, St. Katharinen 1997, S. 56-78.
[55] Hazzi, Joseph: Statistische Aufschlüsse über das Herzogthum Baiern aus ächten Quellen geschöpft. Ein allgemeiner Beitrag zur Länder- und Menschenkunde, Bd. 3/2, Nürnberg 1804, S. 471-472.
[56] Hazzi, Joseph: Statistische Aufschlüsse über das Herzogthum Baiern aus ächten Quellen geschöpft. Ein allgemeiner Beitrag zur Läner- und Menschenkunde, Bd. 3/1, Nürnberg 1803, S. 452.
[57] Hazzi (wie Anm. 55), S. 472.
[58] Ebd., S. 477-478.

Abbildungsnachweis
Abb. 1: Staatliche Graphische Sammlung München
Abb. 2: Bayerisches Landesvermessungsamt München
Abb. 3 u. 4: Hans Pörnbacher, Wildsteig
Abb. 5: Bärenreiter-Verlag, Kassel
Abb. 6: Ludwig-Auer-Verlag, Donauwörth
Abb. 7: Süddeutscher Verlag, München
Abb. 8: Berthold Schäfer, Jakobneuharting
Abb. 9: Zentralbibliothek Zürich
Abb. 10: Mädchenrealschule Niedermünster, Regensburg
Abb. 11: Rudolf Springer, Abensberg
Abb. 12: Markus Krammer, Ebersberg

Anhang

Abkürzungen

AEM	Archiv des Erzbistums München und Freising, München
AMSJ	Archivum Monacense Societatis Jesu
Anm.	Anmerkung
BayHStA	Bayerisches Hauptstaatsarchiv, München
Bd.	Band
Bearb.	Bearbeiter
BLfD	Bayerisches Landesamt für Denkmalspflege, München
Br. Pr.	Briefprotokolle
BSB	Bayerische Staatsbibliothek, München
Cgm	Codex germanicus monacensis
Clm	Codex latinus monacensis
Cod.	Codex
Ed.	Editor
F.	Folge
Fasz.	Faszikel
GL	Gerichtsliteralie
GU	Gerichtsurkunde
Hg.	Herausgeber
KL	Klosterliteralie
KU	Klosterurkunde
LK	Landkreis
LThK	Lexikon für Theologie und Kirche
MB	Monumenta Boica
MGH	Monumenta Germaniae Historica
Ms.	Manuskript
ms.	musicus
NF	Neue Folge
Orig.	Original
Pap.	Papier
Perg.	Pergament
PfarrA	Pfarrarchiv
PfarrAE	Pfarrarchiv Ebersberg
RB	Regesta Boica
S.	Seite
Sp.	Spalte
StadtAM	Stadtarchiv München
StAM	Staatsarchiv München
T.	Teil
UBM	Universitätsbibliothek der Ludwig-Maximilians-Universität München

Quellen und Literatur

Archivalien

Archivum Monacense Societatis Jesu
- Ms. I 46 Litterae Annuae.

Bayerisches Hauptstaatsarchiv, München
- Br. Pr. Ebersberg, Nr. 181-184;
- Br. Pr. Fasz. 1419-1429;
- Jesuitica 1390-1622;
- KL Ebersberg 1-78;
- KL Fasz. 931-944, 948, 1019-1020, 1044-1047, 1060;
- KU Ebersberg 1-3158;
- Landshuter Abgabe, Rep. 46/1, Nr. 58-139;
- Landshuter Abgabe, Rep. 48, Nr. 1-469.

Bayerische Staatsbibliothek, München
- Cgm 10, 227, 228, 242, 264, 352, 357, 414, 527, 673, 688, 753;
- Clm 706, 1351 (Historia Eberspergensis, 17./18.Jh.), 5801a-6059, 8138, 11310, 11339, 23044, 23045, 23288, 26227, 29290/3, 29303/13, 29305/1, 29306/47, 29306/95, 29316/17, 29316/22, 29316/51, 29316/63, 29316/76, 29316/78, 29316/97, 29216/113, 29320/17, 29322/154, 29325/3, 29384/16, 29890/31, 29890/61, 29890/B1.

Bibliothek der Ludwig-Maximilians-Universität München
- 2° Cod. ms. 158, 2° Cod. ms. 167, 2° Cod. ms. 174, 2° Cod. ms. 177, 2° Cod. ms. 178.

Stadtarchiv München, Bestand des Historischen Vereins von Oberbayern
- Ms. 312 Wunder beim Kloster Ebersperg, 17./18. Jh.;
- Ms. 313 Acta Congregationis S. Sebastiani Eberspergae institutae;
- Ms. 314 Historia Ebersperensis, 1600;
- Ms. 315 Ebersperigscher Kürchfahrt Historien Anderter Theil, 18. Jh.;
- Zim. 123 Chronicon Ebersperense / Chronik von Ebersberg, 15. Jh.

Gedruckte Quellen

Arndt, Wilhelm (Ed.): Chronicon Ebersperense, in: Monumenta Germaniae Historica, Scriptores, Bd. XX, Hannover 1868, S. 9-16

Bitterauf, Theodor (Bearb.): Die Traditionen des Hochstifts Freising, 2 Bde., München 1905/09.

Bruderschaftsbüchlein für die St. Sebastians-Bruderschaft zu Ebersberg, München 1829.

Deutinger, Martin von (Hg.): Die älteren Matrikeln des Bistthums Freysing, 3 Bde., München 1849/50.

Ertl, Anton Wilhelm: Chur-Bayerischer Atlas, 2 T., Nachruck, Donauwörth 1995 (1687/90).

Hallauer, Franz Xaver: Pest-Predig, gehalten zu Berg bei der von München nach Ebersberg gehaltenen Wahlfahrt 1720, München 1720.

Hazzi, Joseph: Statistische Aufschlüsse über das Herzogthum Baiern aus ächten Quellen geschöpft. Ein allgemeiner Beitrag zur Länder- und Menschenkunde, Bd. 3/1u. 2, Nürnberg 1803/04.

Hundt, Friedrich Hector Graf von (Hg.): Das Cartular des Klosters Ebersberg. Aus dem Fundationsbuche des Klosters unter Erörterung der Abtreihe, dann des Überganges der Schirmvogtei auf das Haus Scheyern-Wittelsbach, sowie des Vorkommens von Mitgliedern dieses Hauses, München 1879.

Kurtze und nutzliche Unterweisung / Denen nach Ebersberg zu dem Heiligen Sebastian gehenden Wallfarteren Auch allen dortigen Inn- und Beywohneren erklärend / Erstens: Was dieses Wallfart seye / Zweytens: Was bey dieser zu verrichten, Ingolstadt 1747.

Landersdorfer, Anton (Hg.): Das Bistum Freising in der bayerischen Visitation des Jahres 1560, St. Ottilien 1986.

Merian, Matthäus: Topographia Bavariae, Nachdruck, Kassel – Basel 1962 (1644).

Philipp Apian's Topographie von Bayern und bayerische Wappensammlung. Zur Feier des siebenhundertjährigen Herrscherjubiläums des erlauchten Hauses Wittelsbach, hg. v. Historischen Verein von Oberbayern, (Oberbayerisches Archiv 39 (1880)), München 1880.

Schützeichel, Rudolf / Meineke, Birgit (Hg.): Die älteste Übersetzung von Willirams Kommentar des Hohen Liedes. Edition, Übersetzung, Glossar, (Studien zum Althochdeutschen 39), Göttingen 2001.

Ueber Entstehung, Fortschritte und dermaligen Zustand der Landeskultur der Königl. Herzogl. Bair. Großprioratsherrschaft Ebersberg, München 1807.

Unablässiger Gnaden-Schutz deß Gut- und Wunderthätig – Heiligen Helden- und Martyrers Sebastiani zu Ebersperg in Bayrn / Wider die Pest / und allerley Kranckheiten / Von erster Orths-Stiftung an / biß auf jetzige Zeit fortgesetzet /, München 1715.

Waitz, Georg (Ed.): Ex Chronico Ebersperensi posteriore, in: Monumenta Germaniae Historica, Scriptores, Bd. XXV, Hannover 1880, S. 867-872

Wening, Michael: Historico-Topographica Descriptio, T. 1, Rentamt München, Nachdruck, München 1974 (1701).

Widl, Adam: DIVUS SEBASTIANUS EBERSPERGAE BOIORUM PROPITIUS, SEU CULTUS EIUSDEM GLORIOSI MARTYRIS A PRIMA LOCI FUNDATIONE AD NOSTRAUSQUE TEMPORA PROPAGATUS, München 1688.

Literatur

Acht, Peter: Die Tegernsee-Ebersberger Vogteifälschungen, in: Archivalische Zeitschrift 47 (1951), S. 135-188.

Bauer, Hermann und Anna: Klöster in Bayern. Eine Kunst- und Kulturgeschichte der Klöster in Oberbayern, Niederbayern und der Oberpfalz, 2., durchges. u. erg. Aufl., München 1993 (1985).

Bauerreiß, Romuald: Das „Chronicon Ebersperense posterius", in: Studien und Mitteilungen zur Geschichte des Benediktiner-Ordens und seiner Zweige 49 (1931), S. 389-396.

Bauerreiß, Romuald: Kirchengeschichte Bayerns, 7 Bde., St. Ottilien – Augsburg 1949-1970.

Becker, F.L.: Ebersberg, in: Bayerland 30 (1919), S. 353-357.

Beer, Wolfgang: Das Hauskloster der Grafen von Ebersberg, die Reichsabtei Ebersberg und ihr Grundbesitz, Facharbeit, Gymnasium Grafing 1977.

Beham, Hermann: Als Gotteshäuser der Spitzhacke zum Opfer fielen. Mit einigen Jahren Verzögerung verloren auch im

Raum Ebersberg die Kirchen und Klöster durch die Säkularisation ihre Güter, in: Süddeutsche Zeitung / Ebersberger Neueste Nachrichten, 146, Mi., 28.06.2000, S. 7.

Beierlein, J.P.: Münzen bayerischer Klöster, Wallfahrtsorte und anderer geistlicher Institute, in: Oberbayerisches Archiv 17 (1857), S. 39-112.

Betz, Gerhard: Die Verehrung des hl. Sebastian in Ebersberg (Obb.), Zulassungsarbeit zur Lehramtsprüfung, München 1967.

Bezold, Gustav von / Riehl, Berthold / Hager, Georg: Die Kunstdenkmale des Regierungsbezirkes Oberbayern, 2. T., Stadt München, Bezirksämter Erding, Ebersberg, Miesbach, Rosenheim, Traunstein, Wasserburg, (Die Kunstdenkmale des Königreiches Bayern vom elften bis zum achtzehnten Jahrhundert I/2), München 1902.

Blickle, Renate: Rebellion oder natürliche Defension. Der Aufstand der Bauern in Bayern 1633/34 im Horizont von gemeinem Recht und christlichem Naturrecht, in: Dülmen, Richard van (Hg.): Verbrechen, Strafen und soziale Kontrolle, (Studien zur historischen Kulturforschung III), Frankfurt/Main 1990, S. 56-84 u. 281-286.

Brandmüller, Walter (Hg.): Handbuch der bayerischen Kirchengeschichte, 3 Bde., St. Ottilien 1991-1998.

Breit, Stefan: Mysteriöser Meuchelmord im Ebersberger Forst, in: Süddeutsche Zeitung / Ebersberger Neueste Nachrichten, 197, Do., 27.08.1992, S. IV.

Breit, Stefan: Die ganze Welt in der Gemain. Ein paradigmatischer Fall aus Bayern, in: Ders. / Below, Stefan von: Wald – von der Gottesgabe zum Privateigentum. Gerichtliche Konflikte zwischen Landesherren und Untertanen um den Wald in der frühen Neuzeit, (Quellen und Forschungen zur Agrargeschichte 43), Stuttgart 1998, S. 57-236.

Breit, Stefan: Holzordnung des Herzogs Maximilian ließ Widerstand der Untertanen wachsen. Steinhöring und elf andere Gemeinden zitieren den Landesfürsten vor höchstes Reichsgericht, in: Ebersberger Heimatblätter 10 (1999), Nr. 2, S. 2-4.

Breit, Stefan: Ein Sautreiber verklagt den Herzog von Bayern, in: Land um den Ebersberger Forst 2 (1999), S. 56-78.

Brenninger, Georg: Die Orgelgeschichte der Stadtpfarrkirche in Ebersberg, in: Beiträge zur altbayerischen Kirchengeschichte 32 (1979), S. 145-151.

Burger, P. M.: Wallfahrtsorte in Südbayern, Mühldorf 1961.

Dannheimer, Hermann / Torbrügge, Walter: Vor- und Frühgeschichte im Landkreis Ebersberg, Kallmünz in der Oberpfalz 1961.

Dehio, Georg / Gall, Ernst (Hg.): Handbuch der Deutschen Kunstdenkmäler, Bayern IV, München und Oberbayern, München – Berlin 1990.

Der Landkreis Ebersberg. Geschichte und Gegenwart 1, hg. v. d. Kreissparkasse Ebersberg, Stuttgart 1986.

Der Landkreis Ebersberg in Geschichte und Gegenwart. Ein Heimatbuch, hg. v. Verlag Bayerische Heimatbücher, München 1960.

Der Landkreis Ebersberg. Raum und Geschichte, hg. v. d. Kreissparkasse Ebersberg, Stuttgart 1982.

Dickopf, Karl: Von der Monarchie zur Diktatur, in: Der Landkreis Ebersberg. Raum und Geschichte, hg. v. d. Kreissparkasse Ebersberg, Stuttgart 1982, S. 136-229.

Dickopf, Karl: Die Landrichter, Bezirksamtmänner und Landräte von 1800 bis zur Gegenwart, in: Der Landkreis Ebersberg. Geschichte und Gegenwart 1, hg. v. d. Kreissparkasse Ebersberg, Stuttgart 1986, S. 18-29.

Dickopf, Karl: Der Landkreis Ebersberg an der Schwelle zum 3. Jahrtausend – ein Blick zurück, Artikelserie, 6 F., in: Süddeutsche Zeitung / Ebersberger Neueste Nachrichten, 277, Di., 30.11.1999, S. 2, 279, Do., 02.12.1999, S. 2, 280, Fr. 03.12.1999, S. 2, 283, Di., 07.12.1999, S. 2, 286, Fr., 10.12.1999, S. 2 u. 289, Di., 14.12.1999, S. 2.

Duhr, Bernhard: Zur Geschichte des Jesuitenordens. Aus Münchener Archiven und Bibliotheken, in: Historisches Jahrbuch 25 (1904), S. 126-167 u. 28 (1907), S. 62-83 u. 306-327.

Duhr, Bernhard: Geschichte der Jesuiten in den Ländern deutscher Zunge, 4 Bde., Freiburg/Breisgau 1907-1928.

Egger, Walter: Bilder aus bayerischer Vergangenheit, Regensburg 1971.

Engel, Rudolf: Land zwischen Isar und Inn, München –Zürich 1975.

Feuchter-Schawelka, Anne: Candid Hubers forstwissenschaftliches Wirken in Ebersberg. Der Geistliche als Weltenpriester und Wissenschaftler im Zeitalter der Aufklärung, in: Freitag, Winfried (Red.): Nutzungen, Wandlungen und Gefährdungen des Ebersberger Forstes. Beiträge zur Geschichte unserer Umwelt, (Der Landkreis Ebersberg. Geschichte und Gegenwart 3), Stuttgart 1990, S. 38-47.

Feuchter-Schawelka, Anne: Von „Holzbibliotheken" und ihren Herstellern, in: Bayerisches Jahrbuch für Volkskunde 1991, S. 41-49.

Fischer, Franz: Für jeden Baum ein eigenes Buch. Vor 240 Jahren wurde in Ebersberg Pater Candidus Huber geboren, in: Almfried 39 (1987), Nr. 13, S. 4f.

Fischer, Susanne: Die Münchner Schule der Glasmalerei. Studien zu den Glasgemälden des späten 15. und frühen 16. Jahrhundert im Münchner Raum, (Arbeitshefte des Bayerischen Landesamtes für Denkmalpflege 90), München 1997.

Fissel, Katherine B.: Wortbildung und Wortwahl in der deutschen Paraphrase des Hohen Liedes Willirams von Ebersberg, Saarbrücken 1978.

Fleischer, Bruno: Das Verhältnis der geistlichen Stifte Oberbayerns zur entstehenden Landeshoheit, Diss., Berlin 1934.

Flohrschütz, Günther: Der Adel des Ebersberger Raumes im Hochmittelalter, (Schriftenreihe zur bayerischen Landesgeschichte 88), München 1989.

Forner, Michael: Kurze Geschichte des ehemaligen Klosters und der Wallfahrtskirche zum heil. Sebastian zu Ebersberg in Oberbayern, in: Kalender für katholische Christen 29 (1869), S. 48-55.

Freitag, Winfried: Der Mensch verwandelt den Forst, in: Süddeutsche Zeitung / Ebersberger Neueste Nachrichten, 52, Do., 03.03.1988, S. VI-VII.

Freitag, Winfried (Red.): Nutzungen, Wandlungen und Gefährdungen des Ebersberger Forstes. Beiträge zur Geschichte unserer Umwelt, (Der Landkreis Ebersberg. Geschichte und Gegenwart 3), Stuttgart 1990.

Gaßner, Christl: Ebersberg zur Zeit der Jesuiten, Facharbeit, Gymnasium Grafing 1977.

Geier, Gustav: Frohes Land um den Ebersberger Forst. 47 Orte des Landkreises Ebersberg erzählen, Bad Aibling 1939.

Glauche, Günter / Knaus, Hermann (Bearb.): Mittelalterliche Bibliothekskataloge Deutschlands und der Schweiz, Bd. 4/2, Bistümer Freising u. Würzburg, München 1979.

Gottwald, Clytus: Die Musikhandschriften der Universitätsbibliothek München, (Die Handschriften der Universitätsbibliothek München 2), Wiesbaden 1968.

Grabmeyer, Bernhard: Die Mischsprache in Willirams Paraphrase des Hohen Liedes, (Göppinger Arbeiten zur Germanistik 179), Göppingen 1976.

Graf, Hermann: Altbayerische Frühgotik. Ein Beitrag zu Bayerns Baugeschichte, München 1918.

Guggetzer, Martin: Ebersberg und seine Geschichte. Anläßlich des 1000jährigen Jubiläums Ebersbergs als Wallfahrtsort zum heiligen Sebastian, Ebersberg 1931.

Guggetzer, Martin / Schnell, Hugo: Ebersberg, (Schnell & Steiner-Kunstführer 113), München 1935.

Guggetzer, Martin: Der hl. Sebastian groß und klein. Die fünf Figuren des Heiligen in der Pfarrkirche von Ebersberg, in: Münchner Merkur, 103, Mo., 15.11.1948, S. 3.

Guggetzer, Martin: Ebersberg und sein Landkreis. Vorträge über Heimatkunde und Heimatgeschichte für den Landkreis Ebersberg, Ebersberg 1949.

Guggetzer, Martin: Die Grabdenkmäler der Pienzenauer, in: Münchner Merkur / Ebersberger Zeitung, 212, Sa./So., 19./20.08.1950, S. 5.

Guggetzer, Martin / Schnell, Hugo: Die Pfarrkirche Sankt Sebastian in Ebersberg, (Schnell & Steiner, Kleine Kunstführer 113), 2., neubearb. Aufl., München 1953 (1935).

Guggetzer, Martin / Kastner, Heinrich / Meyer, Otto: Elfhundert Jahre Ebersberg, Ebersberg 1957.

Guggetzer, Martin / Schnell, Hugo: Die Pfarrkirche Sankt Sebastian in Ebersberg, (Schnell & Steiner, Kleine Kunstführer 113), 3., neubearb. Aufl., München – Zürich 1970 (1935).

Guggetzer, Martin / Schnell, Hugo: Die Pfarrkirche Sankt Sebastian in Ebersberg, (Schnell & Steiner, Kleine Kunstführer 113), 4., neubearb. Aufl., München – Zürich 1980 (1935).

Gumppenberg, Ludwig Albert Freiherr von: Das bayerische Groß-Priorat des Johanniter-Ordens, in: Oberbayerisches Archiv 4 (1842/43), S. 68-91.

Haberstroh, Jochen: Die Kleinfunde der Ausgrabungen in der ehemaligen Grafenburg zu Ebersberg / Oberbayern 1978/79, Magisterarbeit, Bamberg 1990.

Hager, Georg: Aus der Kunstgeschichte des Klosters Ebersberg, in: Bayerland 6 (1895), S. 399-401, 413-416, 423-425, 435-439, 449-453.

Hager, Georg: Heimatkunst, Klosterstudien, Denkmalpflege, München 1909.

Hager, Georg: Kunstgeschichte des Klosters Ebersberg, in: Ders.: Heimatkunst, Klosterstudien, Denkmalpflege, München 1909, S. 207-253.

Hanisch, Roswitha: Die Geschichte der romanischen Kirchen und deren Umfeld im Landkreis Ebersberg, Facharbeit, Gymnasium Grafing 1982.

Hartig, Michael: Bayerns Klöster und ihre Kunstschätze, Dießen 1913.

Hartig, Michael: Die oberbayerischen Stifte. Die großen Heimstätten deutscher Kirchenkunst, Bd. I, Die Benediktiner-, Cisterzienser-, und Augustiner-Chorherrenstifte, München 1935.

Hartig, Michael: Ebersberg, in: Lexikon für Theologie und Kirche, 3. Bd., 2., völlig neu bearb. Aufl., Freiburg im Breisgau 1959, Sp. 632-633.

Häusler, Evi: Ein Gotteshaus mit 1000jähriger Geschichte, in: Süddeutsche Zeitung / Ebersberger Neueste Nachrichten, 11, Sa./So., 14./15.01.1984, S. VII.

Heimatkundliche Stoffsammlung, T. A u. B, hg. v. Staatlichen Schulamt im Landkreis Ebersberg, Ebersberg 1980.

Heller, Barbara: Händler auf der St. Sebastiani- und der Osterdult zu Ebersberg 1691/92 und 1724-31, in: Bayerisches Jahrbuch für Volkskunde 1968, S. 85-102.

Heller, Barbara: Händler auf dem Markt zu Ebersberg. St. Sebastiani- und Osterdult 1604 und 1619, München 1970.

Hemmerle, Josef: Die Benediktinerklöster in Bayern, (Bayerische Heimatforschung 4), München-Pasing 1951.

Hemmerle, Josef: Williram von Ebersberg, in: Lexikon für Theologie und Kirche, 10. Bd., 2., völlig neu bearb. Aufl., Freiburg im Breisgau 1965, Sp. 1167-1168.

Hemmerle, Josef: Die Benediktinerklöster in Bayern, (Germania Benedictina II), Augsburg 1970.

Hemmerle, Josef: Ebersberg, in: Bosl, Karl (Hg.): Bayern, (Handbuch der historischen Stätten Deutschlands 7), 3., überarb. Aufl., Stuttgart 1981 (1961), S. 153-154.

Hlawitschka, Eduard: Der Andechser Heiltumsschatz in Geschichte und Legende, in: Ders. / Hlawitschka-Roth, Ermengard: Andechser Anfänge. Beiträge zur frühen Geschichte des Klosters Andechs, (Andechser Reihe 4), St. Ottilien 2000, S. 9-45.

Hlawitschka, Eduard: Die geschichtlichen Einträge im Andechser Missale, in: Ders. / Hlawitschka-Roth, Ermengard: Andechser Anfänge. Beiträge zur frühen Geschichte des Klosters Andechs, (Andechser Reihe 4), St. Ottilien 2000, S. 47-97.

Hohmann, Friedrich: Willirams von Ebersberg Auslegung des Hohen Liedes, (Bausteine zur Geschichte der deutschen Literatur 30), Nachdr., Walluf 1975 (1930).

Holzfurtner, Ludwig: Ämter und Funktionsträger bayerischer Klöster. Zur Verwaltung des mittelalterlichen Klosterbesitzes, in: Zeitschrift für bayerische Landesgeschichte 52 (1989), S. 13-57.

Holzfurtner, Ludwig: Ebersberg – Dießen – Scheyern. Zur Entwicklung der oberbayerischen Grafschaft in der Salierzeit, in: Weinfurter, Stefan (Hg.): Die Salier und das Reich, Bd. 1, Salier, Adel und Reichsverfassung, 2. Aufl., Sigmaringen 1992 (1991), S. 549-577.

Hubert, Werner: Kennst Du Deine Heimat? Der Schwedenanger, in: Münchner Merkur / Ebersberger Zeitung, 55, Sa./So., 07./08.03.1970, S. 16.

Hubert, Werner: Ebersberg war Bayerns beliebtester Wallfahrtsort, in: Münchner Merkur / Ebersberger Zeitung, 4, Do./Fr., 05./06.01.1984, S. 1.

Hubert, Werner: Ein Blick in die Geschichte. Obrigkeit erließ Marktrechte, in: Münchner Merkur / Ebersberger Zeitung, 207, Sa./So., 09./10.09.1989, S. 6.

Hubert, Werner: Wallfahrt bringt großen Reichtum. Heiliger Sebastian in Ebersberg überall präsent, in: Münchner Merkur / Ebersberger Zeitung, 13, Mi., 17.01.2001, S. 5.

Hubert, Werner: Zuflucht in Ebersberg. Der spätere Bischof Johann Sailer ruht sich im Schloss aus, in: Münchner Merkur / Ebersberger Zeitung, 199, Do., 30.08.2001, S. 5.

Hufnagel, Max Joseph: Quellen zur Geschichte der bayerischen Jesuiten im Staatsarchiv München, in: Mitteilungen für die Archivpflege in Bayern, Sonderheft 8 (1972), S. 55-72.

Hundt, Friedrich Hektor Graf von: Über das Fundationsbuch des Klosters Ebersberg, in: Archivalische Zeitschrift 4 (1879), S. 282-292.

Hupfer, Johann: Wirtschaftsgeschichte, in: Der Landkreis Ebersberg. Raum und Geschichte, hg. v. d. Kreissparkasse Ebersberg, Stuttgart 1982, S. 230-247.

Hupfer, Johann: Wirtschaftsgeschichtliche Betrachtungen zur Waldnutzung anhand von Beispielen aus dem Landkreis Ebersberg. Ein besonderer Umbruch um 1800 zu Lebzeiten des „Aufklärers" Joseph von Hazzi, Grafing 1993.

Huss, Jürgen: Zur Waldeinteilung im Ebersberger Forst, in: Freitag, Winfried (Red.): Nutzungen, Wandlungen und Gefährdungen des Ebersberger Forstes. Beiträge zur Geschichte unserer Umwelt, (Der Landkreis Ebersberg. Geschichte und Gegenwart 3), Stuttgart 1990, S. 48-59.

Immich, Peter: Analyse des Stadtkerns von Ebersberg, Facharbeit, Gymnasium Vaterstetten 1992.

Kadner, Dieter: Naturraum und Biologie, in: Der Landkreis Ebersberg. Raum und Geschichte, hg. v. d. Kreissparkasse Ebersberg, Stuttgart 1982, S. 28-63.

Kastner, Heinrich: Die Kunstdenkmäler des Kreises, Artikelserie, 26 F., in: Münchner Merkur / Ebersberger Zeitung, 08./09.02.1964 – 03./04.04.1965.

Kastner, Heinrich: Von der Grafschaft zum Landkreis Ebersberg, in: Süddeutsche Zeitung / Münchner Stadtanzeiger, 58, 21.07.1970, S. 4.

Kastner, Heinrich: Der Schirmvogt des Klosters Ebersberg, in: Süddeutsche Zeitung / Regionalanzeiger Ost, 11.05.1973.

Kastner, Heinrich / Volkert, Wilhelm: Ebersberg, in: Keyser, Erich / Stoob, Heinz (Hg.): Bayerisches Städtebuch, T. 2, (Deutsches Städtebuch V), Stuttgart – Berlin – u.a. 1974, S. 165-167.

Kastner, Jörg: Historiae fundationum monasteriorum. Frühformen monastischer Institutionsgeschichtsschreibung im Mittelalter, (Münchner Beiträge zur Mediävistik- und Renaissance-Forschung 18), München 1974.

Kittel, Manfred: Erlebniswandern im Landkreis Ebersberg, (Bayerland Wanderziele), Dachau 1991.

Klinger, Rolf: Geologie und Geographie, in: Der Landkreis Ebersberg. Raum und Geschichte, hg. v. d. Kreissparkasse Ebersberg, Stuttgart 1982, S. 8-27.

Königer, August: Ein Ebersberger Bücherkatalog des 12. Jahrhunderts, in: Der Katholik 88/II (1908), S. 49-55.

Königer, August: Johann III. Grünwalder, Bischof von Freising, München 1914.

Krämer, Sigrid: Handschriftenerbe des deutschen Mittelalters, T. 1, (Mittelalterliche Bibliothekskataloge Deuschlands und der Schweiz, Ergänzungsband 1), München 1989.

Krammer, Markus: Der Bauernaufstand von Ebersberg, in: Münchner Merkur / Ebersberger Zeitung, 1, Mi., 02.01., S. 16, 3, Fr., 04.01., S. 18, 4, Sa./So., 05./06.01., S. 14 u. 5, Mo., 07.01.1980, S. 16.

Krammer, Markus: Die Wallfahrt zum heiligen Sebastian nach Ebersberg, Ebersberg 1981.

Krammer, Markus: Volkskunde und Brauchtum, in: Der Landkreis Ebersberg. Raum und Geschichte, hg. v. d. Kreissparkasse Ebersberg, Stuttgart 1982, S. 308-357.

Krammer, Markus: Abt Sebastian Häfele von Ebersberg (1472-1500), ein bayerischer Prälat des 15. Jahrhunderts, Ebersberg 1984.

Krammer, Markus: Ein Benediktiner auf dem Holzweg, in: Charivari 2/1984, S. 3-8.

Krammer, Markus: Ebersberg in alten Ansichten, Bd. 1, Zaltbommel 1985.

Krammer, Markus: Katholische Pfarrkirche St. Sebastian in Ebersberg, (Schnell & Steiner, Kleine Kunstführer 113), 5., völlig neu bearb. Aufl., München – Zürich 1986.

Krammer, Markus: Die Pienzenauer im Ebersberger Raum, in: Der Landkreis

Ebersberg. Geschichte und Gegenwart 1, hg. v. d. Kreissparkasse Ebersberg, Stuttgart 1986, S. 66-81.

Krammer, Markus: Die Mariensäule von Ebersberg. Ludwig Thoma als Ebersberger Denkmalsschützer, in: Der Landkreis Ebersberg. Geschichte und Gegenwart 1, hg. v. d. Kreissparkasse Ebersberg, Stuttgart 1986, S. 82-89.

Krammer, Markus: Die Verehrung des hl. Sebastian in Ebersberg. Eine heute noch 200 Mitglieder zählende Bruderschaft erinnert an die frühere Bedeutung der Kreisstadt als berühmter Wallfahrtsort, in: Süddeutsche Zeitung / Ebersberger Neueste Nachrichten, 148, Do., 02.07.1987, S. 8.

Krammer, Markus: Die Sebastiansverehrung in der Kreisstadt. Als Wallfahrtsort hatte Ebersberg einst auch einen berühmten Sebastianimarkt, in: Süddeutsche Zeitung / Ebersberger Neueste Nachrichten, 16, Sa./So., 20./21.01.1990, S. 3.

Krammer, Markus: Erinnerungen an Tage unerhörter Grausamkeit. Der Bericht des Forstverwalters Nikolaus Lehner über den Bauernaufstand zu Ebersberg 1633/34, in: Süddeutsche Zeitung / Ebersberger Neueste Nachrichten, 121, Mo., 28.05.1990, S. IV.

Krammer, Markus: Ein Mann, dessen Ruf die Jahrhunderte überdauert. Abt Reginbald zog vor rund 1000 Jahren in Ebersberg ein und begründete damit das gut 600jährige Wirken der Benediktiner in der heutigen Kreisstadt, in: Süddeutsche Zeitung / Ebersberger Neueste Nachrichten, 295, Weihnachten, 24./25./26.12.1990. S. 5.

Krammer, Markus: Ebersberg in alten Ansichten, Bd. 2, Zaltbommel 1991.

Krammer, Markus: St. Sebastian, „eine Zuflucht der Menschheit". Ebersberg zählte einst zu den berühmtesten Wallfahrtsorten Südbayerns, in: Süddeutsche Zeitung / Ebersberger Neueste Nachrichten, 12, Do., 16.01.1992, S. 3.

Krammer, Markus: Malteser errichten den ersten Obelisk in Ebersberg (T. 1) / Kampf um die Ebersberger Mariensäule (T. 2), 185, Mi., 12.08., S. IV. u. 186, Do., /13.08.1992, S. IV.

Krammer, Markus: Ebersberg als Wallfahrtsort (Teil I): Die Hirnschale des Heiligen Sebastian. Der Augustinerpropst Hunfried brachte die wertvolle Reliquie 931 aus Rom mit, in: Süddeutsche Zeitung / Ebersberger Neueste Nachrichten, 17, Fr., 22.01.1993, S. 2.

Krammer, Markus: Ebersberg als Wallfahrtsort (Teil II): „Das empörte Volk droht mit Gewalt". Vor 200 Jahren mußte der legendäre Kirchenschatz an die Hofkammer abgegeben werden, in: Süddeutsche Zeitung / Ebersberger Neueste Nachrichten, 18, Sa./So., 23./24.01.1993, S. 2.

Krammer, Markus: „Die Weibsbilder haben allerorten Patrone" (T. 1) / Sankt Valentin schlägt das Totenglöcklein (T. 2), in: Süddeutsche Zeitung / Ebersberger Neueste Nachrichten, 203, Fr., 03.09., S. 2 u. 204, Sa./So., 04./05.09.1993, S. 2.

Krammer, Markus: Geheimnisse um die Hirnschale des Pestheiligen. Der eingemauerte Klosterschatz ist bis heute nicht entdeckt. Wie die Stiftskirche Sankt Sebastianin Ebersberg einst ihre wervollen Weihegeschenke verlor, in: Süddeutsche Zeitung / Ebersberger Neueste Nachrichten, 210, Mo., 12.09.1994, S. 2.

Krammer, Markus: „Es stehet diß Grab mitten in der Kirchen". Das Hochgrab des Grafenpaares Ulrich als meisterliche mittelalterliche Bildhauerarbeit (I), in: Süddeutsche Zeitung / Ebersberger Neueste Nachrichten, 250, Sa./So., 29./30.10.1994, S. 2.

Krammer, Markus: Wolfgang Leb – „maister des vercks". Das von Abt Häfele in Auftrag gegebene Hochgrab für die Stiftskirche in Ebersberg kam erst nach 1500 zur Aufstellung (II), in. Süddeutsche Zeitung / Ebersberger Neueste Nachrichten, 253, Do., 03.11.1994, S. 2.

Krammer, Markus: „Bürger und Bürgerin, arm und reich", Zum morgigen Titularfest der Sebastians-Bruderschaft in Ebersberg wurden die Regeln der heutigen Zeit angepaßt und die Bruderschaft mit neuem Leben erfüllt, in: Süddeutsche Zeitung / Ebersberger Neueste Nachrichten, 149, Sa./So., 01./02.07.1995, S. 2.

Krammer, Markus: Ebersberg in alten Ansichten, Bd. 3, Zaltbommel 1995.

Krammer, Markus: Der Geisterchor von Ebersberg, in: Ebersberger Stadtmagazin, 9/1995, S. 12-13.

Krammer, Markus: „Besonders kostbar und zierlich". Vor 325 Jahren erbauten die Jesuiten in Ebersberg mit der Sebastianskapelle ein barockes Kleinod, in: Süddeutsche Zeitung / Ebersberger Neueste Nachrichten, 204, Di., 05.09.1995, S. 2.

Krammer, Markus: „Des Ritters Prueder-schaft". Vor 550 Jahren gründete Abt Eckhard Ebersbergs Sebastians-Bruderschaft, in: Süddeutsche Zeitung / Ebers berger Neueste Nachrichten, 9, Fr., 12.01.1996, S. 2

Krammer, Markus: Wachwechsel im Ebersberger Kloster. Nachdem die Jesuiten unter „Possen und Hohn" vertrieben waren, kamen 1785 die Malteser, in: Süddeutsche Zeitung / Ebersberger Neueste Nachrichten, 91, Mo., 21.04.1997, S. 2.

Krammer, Markus: „Den geschätzten Unterthanen der Herrschaft Ebersberg". Die als Brandstatt übriggebliebene Stiftskirche setzten die Malteser instand und sorgten für die Wasserversorgung des Marktes und das Brauwesen, in: Süddeutsche Zeitung / Ebersberger Neueste Nachrichten, 94, Do., 24.04.1997, S. 2.

Krammer, Markus: „Sebastian, ein Zuflucht der Menschheit". Die in Ebersberg begründete Sebastians-Bruderschaft zählt heute noch mehr als 100 „Frauen und Mannen" als Mitglieder, in: Süddeutsche Zeitung / Ebersberger Neueste Nachrichten, 152, Sa./So., 05./06.07.1997, S. 2.

Krammer, Markus: Eine Bruderschaft für Mannen und Frauen. Vor gut einem halben Jahrtausend gründete Abt Eckhard die Sebastians-Bruderschaft in Ebersberg, in: Süddeutsche Zeitung / Ebersberger Neueste Nachrichten, 150, Fr., 03.07.1998, S. 2.

Krammer, Markus: „... den marckt hyeß er Ebersperg ...". Kultur- und kunsthistorisch bedeutsame Bauten werden am morgigen Sonntag vorgestellt, in: Süddeutsche Zeitung / Ebersberger Neueste Nachrichten, 210, Sa./So., 11./12.09.1999, S. 2.

Krammer, Markus: Eine Bruderschaft für „Mannen und Frauen, Arm und Reich". Seit gut eintausend Jahren ist Ebersberg Mittelpunkt der Sebastiansverehrung in Bayern, in: Süddeutsche Zeitung / Ebersberger Neueste Nachrichten, 148, Fr., 30.06.2000, S. 2.

Krammer, Markus: G'schichten aus Ebersberg, Ebersberg 2000.

Krammer, Markus: Funde aus der Frühzeit Ebersbergs, in: Ders.: G'schichten aus Ebersberg, Ebersberg 2000, S. 226-230.

Krammer, Markus: Abt Reginbald, der Heilige aus Ebersberg, in: Ders.: G'schichten aus Ebersberg, Ebersberg 2000, S. 231-235.

Krammer, Markus: Der Geisterchor, in: Ders.: G'schichten aus Ebersberg, Ebersberg 2000, S. 236-239.

Krammer, Markus: Auflösung des Jesuitenordens, in: Ders.: G'schichten aus Ebersberg, Ebersberg 2000, S. 240.

Krammer, Markus: Einzug der Malteser, in: Ders.: G'schichten aus Ebersberg, Ebersberg 2000, S. 241-243.

Krammer, Markus: Die schmiedeeiserne Kirchturmuhr, in: Ders.: G'schichten aus Ebersberg, Ebersberg 2000, S. 263-267.

Krammer, Markus: Mit St. Sebastian gegen den „Schwarzen Tod". Des Mühldorfers Sebastian Kreittenhubers Wallfahrt nach Ebersberg zum Schutzpatron gegen die Pest, in: Süddeutsche Zeitung / Ebersberger SZ, 147, Fr., 29.06.2001, S. 2.

Krammer, Markus: Franz Xaver Paulhuber als Ebersberger Geschichtsschreiber, in: Freundl, Alois (Hg.): Richtfest für den Katharinenhof am 2. August 2001 in Ebersberg, Ebersberg 2001, S. 2-11.

Kürzeder, Christoph: Volksfrömmigkeit und Aberglauben als Ausdruck eines Volkscharakters, Facharbeit, Gymnasium Grafing 1985.

Lehmann, Hannelore: Untersuchungen zur Sozialstruktur im Gebiet des bayerischen Landkreises Ebersberg während des 8. und 9. Jahrhunderts, Diss., Berlin 1965.

Lehmann, Hannelore: Untersuchungen zur Sozialstruktur im Gebiet des bayerischen Landkreises Ebersberg während des 8. und 9. Jahrhunderts. Eine Arbeit über Freisinger Traditionen, durchgeführt auf regionalgeschichtlicher Basis unter Verwendung siedlungshistorischer, genealogischer und archäologischer Ergebnisse oder Methoden, in: Ethnographisch-Archäologische Zeitschrift 7 (1966), S. 137-145.

Lieb, Norbert: Klosterhäuser im alten München, in: Studien und Mitteilungen zur Geschichte des Benediktiner-Ordens und seiner Zweige 91 (1980), S. 139-181.

Liess, Albrecht (Red.): Die Jesuiten in Bayern 1549-1773, Ausstellungskatalog, Weißenhorn 1991.

Lindner, Pirmin: Die Klöster im Bistum Freising vor der Säkularisation, in: Beiträge zur Geschichte, Topographie und Statistik des Erzbistums München und Freising 7 (1901), S. 17-94.

Lindner, Pirmin: Monasticon Metropolis Salisburgensis antiquae. Verzeichnisse aller Äbte und Pröpste der Klöster in der alten Kirchenprovinz Salzburg, Salzburg 1908.

Lipowsky, Felix, Joseph: Geschichte der Jesuiten in Bayern, 2 Bde., München 1816.

Mantel, Kurt: Geschichte des Ebersberger Forstes. Eine historisch-kritische Studie des Holzartenwechsels auf der Münchner Schotterebene, München 1929.

Marsmann, Renate: Die Herrschaft des Adels im 10. und 11. Jahrhundert, am Beispiel der Grafen von Ebersberg, Hauptseminararbeit, München 1968/69.

Maß, Josef: Das Bistum Freising im Mittelalter, (Geschichte des Erzbistums München und Freising 1), 2. Aufl., München 1988 (1986).

Mayer, Anton / Westermayer, Georg: Statistische Beschreibung des Erzbisthums München – Freising, III. Bd., Regensburg 1884.

Mayr, Gottfried: Von den Agilolfingern zu den bayerischen Königen, in: Der Landkreis Ebersberg. Raum und Geschichte, hg. v. d. Kreissparkasse Ebersberg, Stuttgart 1982, S. 102-135.

Mayr, Gottfried: Das Landgericht Schwaben und seine Landrichter und Pfleger, in: Der Landkreis Ebersberg. Geschichte und Gegenwart 1, hg. v. d. Kreissparkasse Ebersberg, Stuttgart 1986, S. 6-17.

Mayr, Gottfried: Ein Bauer geht in den Austrag. Anmerkungen zu einer Ebersberger Klosterurkunde aus dem Jahr 1607, in: Der Landkreis Ebersberg. Geschichte und Gegenwart 1, hg. v. d. Kreissparkasse Ebersberg, Stuttgart 1986, S. 30-33.

Mayr, Gottfried: Ebersberg. Gericht Schwaben, (Historischer Atlas von Bayern, T. Altbayern I/48), München 1989.

Mitscha-Märheim, Herbert: Babenberger und Ebersberger und ihre Erben im und um das Poigreich, in: Jahrbuch für Landeskunde von Niederösterreich NF 42 (1976), S. 216-232.

Moser, Otmar: Kloster Ebersberg – einst ein klangvoller Name, Zulassungsarbeit, München 1968.

Müller, Werner: Die Klosterreform in Bayern und der Prozeß gegen Abt Simon Kastner von Ebersberg vor dem Konzil von Basel (1431-1449), in: Das bayerische Inn-Oberland 54 (1999), S. 209-219.

Obernberg, Ignaz J. von: Reisen über Ebersberg, Wasserburg und Altenmarkt nach Stein, über Trostberg, Kraiburg und Ampfing nach Haag, (Reisen durch das Königreich Bayern 1 / Isarkreis 1), München 1816.

Och, Friedrich: Münzen bayerischer Klöster, Kirchen, Wallfahrtsorte und anderer geistlicher Institute, in: Oberbayerisches Archiv 50 (1897/98).

Paulhuber, Franz Xaver: Geschichte von Ebersberg und dessen Umgegend in Oberbayern, Burghausen 1847.

Petzet, Michael (Hg.): Denkmäler in Bayern, Bd. I.2, Oberbayern. Ensembles – Baudenkmäler – Archäologische Geländedenkmäler, München 1986.

Pfistermeister, Ursula: Verborgene Kostbarkeiten, Nürnberg 1965.

Pörnbacher, Hans / Stroh, Wilfried Hg.): Georg Westermayer: Jacobus Balde (1604 – 1668), sein Leben und seine Werke, Ein photomechanischer Nachdruck der Ausgabe München 1868, (Geistliche Literatur der Barockzeit / Sonderband 3), Amsterdam – Maarssen 1998.

Puchner, Karl: Landkreis Ebersberg, (Historisches Ortsnamenbuch von Bayern, Oberbayern 1), München 1951.

Rzepka, Christel: „Divus Sebastianus Eberspergae Boiorum Propitius auctore Adamo Widl Monachij MDCLXXXVIII". Eine Vorstellung des Werkes nach Zweck, Inhalt und sprachlichen Besonderheiten, Facharbeit im Fach Latein, Gymnasium Vaterstetten 1989.

Reichau, Heinrich: Williram Abt zu Ebersberg in Oberbayern, Marburg o.J. [1878].

Reithofer, Franz Dionys: Chronologische Geschichte des Fleckens Ebersberg, in: Ders.: Chronologische Geschichte der königl. baierischen Städte Landsberg und Weilheim, des Fleckens Ebersberg, und des Klosters Ramsau, München 1815, S. 36-49.

Riehl, Berthold: Studien zur Geschichte der bayerischen Malerei des 15. Jahrhunderts, in: Oberbayerisches Archiv 49 (1895/96), S. 1-160.

Ritz, Gislind M.: Die volkskundliche und kulturhistorische Aussage der Ebersberger Händlerlisten, in: Bayerisches Jahrbuch für Volkskunde 1968, S. 103-121.

Roder, [?]: Der Ebersberger Park, in: Oberbayerische Heimatblätter 4 (1926), Nr. 2, o. S., Nr. 3, o. S.

Roth, Hermann: Münchener Spaziergänge, in: Augsburger Abendzeitung, 230, 22.07.1915.

Ruf, Martin: Ebersberg, in: Lexikon für Theologie und Kirche, 3. Bd., 3., völlig neu bearb. Aufl., Freiburg/Breisgau 1995, Sp. 429-430.

Sage, Walter: Zur archäologischen Erforschung mittelalterlicher Burgen in Südbayern, in: Glaser, Hubert (Hg.): Wittelsbach und Bayern, I/1, Die Zeit der frühen Herzöge, München 1980, S. 126-132.

Sage, Walter: Ausgrabungen in der ehemaligen Grafenburg zu Ebersberg, Oberbayern, im Jahr 1978, in: Jahresbericht der bayerischen Bodendenkmalpflege 21 (1980), S. 214-228.

Sage, Walter: Ausgrabungen in mittelalterlichen Burgen Südbayerns, in: Archäologisches Korrespondenzblatt 11 (1981), S. 255-270.

Sage, Walter: Die Vor- und Frühgeschichte, in: Der Landkreis Ebersberg. Raum und Geschichte, hg. v. d. Kreissparkasse Ebersberg, Stuttgart 1982, S. 64-101.

Sage, Walter: Auswirkungen der Ungarnkriege in Altbayern und ihr archäologischer Nachweis, in: Sitzmann, Gerhard-Helmut (Hg.): Jahresbericht der Stiftung Aventinum über das Jahr 1989, (Jahresberichte der Stiftung Aventinum 4), Abensberg 1990, S. 5-35.

Sagstetter, Maria Rita: Hoch- und Niedergerichtsbarkeit im spätmittelalterlichen Herzogtum Bayern, (Schriftenreihe zur bayerischen Landesgeschichte 120), München 2000.

Schäfer, Berthold und Bernhard: 1000 Jahre Frauenneuharting. Ein Heimatbuch, Neukeferloh/München 1997.

Scherer, Wilhelm: Leben Willirams, Abtes von Ebersberg in Baiern. Beitrag zur Geschichte des XI. Jahrhunderts, Wien 1866.

Schirrmann, Ralf: Flüssig' Brot der Bayern. Ebersberger Mönch verfeinerte die Braukunst, in: Süddeutsche Zeitung / Ebersberger Neueste Nachrichten, 127, Sa./So., 05./06.06.1993, S. 2.

Schliewen, Brigitte: Mittelalterliche Madonnen im Landkreis Ebersberg, in: Jahrbuch des Vereins für christliche Kunst in München e.V. 18 (1990), S. 9-76.

Schliewen, Brigitte: Ulrich Ränftl: Ein Landshuter Steinmetz in Ebersberg, in: Land um den Ebersberger Forst 1 (1998), S. 6-10.

Schliewen, Brigitte: Das erste Abbild. Ein Epitaph zeigt Ebersbergs Kloster im 16. Jahrhundert, in: Süddeutsche Zeitung / Ebersberger SZ, 288, Do., 14.12.2000, S. 6.

Schlüter, Helmut: Die Kunstdenkmäler, in: Der Landkreis Ebersberg. Raum und Geschichte, hg. v. d. Kreissparkasse Ebersberg, Stuttgart 1982, S. 248-285.

Schoepp, Sebastian: Der unglückliche Mönch von Ebersberg, in: Süddeutsche Zeitung / Ebersberger Neueste Nachrichten, 111, Sa./So., 15./16.05.1993, S. 2.

Schupp, Volker: Studien zu Williram von Ebersberg, (Bibliotheca Germanica 21), Bern – München 1978.

Schwaiger, Georg (Hg.): Das Bistum Freising in der Neuzeit, (Geschichte des Erzbistums München und Freising 2), München 1989.

Schwarz, Klaus: Archäologisch-topographische Studien zur Geschichte frühmittelalterlicher Fernwege und Ackerfluren im Alpenvorland zwischen Isar, Inn und Chiemsee, 2 Bde., Kallmünz in der Oberpfalz 1989.

Sponholz, Hans: Das Martyrium des Pater Schölling. „Des Clagens wer kein endt!" Wie die Schweden im Ebersberger Land hausten, in: Münchner Merkur / Ebersberger Zeitung, 84, Sa./So., 07./08.04.1951, S. 2.

Sponholz, Hans: Schöne Heimat Ebersberg. Der Landkreis in Bildern, München – Aßling 1967.

Sponholz, Hans: Pfarrkirche Ebersberg – Zeugnis der Benediktiner, in: Münchner Merkur / Ebersberger Zeitung, 67, Sa./So., 21./22.03.1970, S. 22.

Sponholz, Hans: Das Kloster bestimmt über den Ebersberger Forst. Stiftische Forst- und herzogliche Holzordnung, in: Münchner Merkur / Ebersberger Zeitung, 164, Di., 21.07.1970, S. 14.

Sponholz, Hans: Im Krieg: „Heilige" in Kisten verpackt. Vor 175 Jahren wurde der Ebersberger Kirchenschatz nach München verlagert, in: Münchner Merkur / Ebersberger Zeitung, 264, Mo., 25.10.1971, S. 16.

Sponholz, Hans: Der wilde Abt von Ebersberg, in: Münchner Merkur / Ebersberger Zeitung, 13./14.11.1971.

Sponholz, Hans: In alten Chroniken geblättert: Mord und Totschlag beim

Ebersberger Bauernaufstand, in: Münchner Merkur / Ebersberger Zeitung, 268, Sa./So., 20./21.11.1971, S. 16.

Sponholz, Hans: Die schönsten Sagen aus dem Münchner Osten, Aßling 1972.

Sponholz, Hans: Schöne Heimat Ebersberg. Der Landkreis in Bildern, 3. Aufl., München – Aßling 1972/73 (1967).

Sponholz, Hans: Schöne Heimat Ebersberg. Der Landkreis in Bildern, 4. Aufl., Ottenhofen – Markt Schwaben 1975 (1967).

Sponholz, Hans: Ebersberger Forst. Geschichte und Gegenwart, Ottenhofen – Markt Schwaben 1975.

Sponholz, Hans: Ebersberg, Hof an der Saale 1978.

Stahleder, Helmuth: Bischöfliche und adelige Eigenkirchen des Bistums Freising im frühen Mittelalter und die Kirchenorganisation im Jahre 1315, in: Oberbayerisches Archiv 104 (1979), S. 117-188.

Stephan, Rudolf: Die Lieder der Ebersberger Handschrift, jetzt Clm 6034, in: Jahrbuch für Liturgik und Hymnologie 2 (1956), S. 98-104.

Störmer, Wilhelm: Adelsgruppen im früh- und hochmittelalterlichen Bayern, (Studien zur bayerischen Verfassungs- und Sozialgeschichte IV), München 1972.

Störmer, Wilhelm: Ebersberg, in: Lexikon des Mittelalters, Bd. III, München – Zürich 1986, Sp. 1525-1526.

Strom, Martin C.: Vier künstlerisch wertvolle Kirchen im Münchner Osten, Facharbeit, Gymnasium Vaterstetten 1978.

Sturm, Josef: Die Rodungen in den Forsten um München, (Schriftenreihe der Hermann-Göring-Akademie der Deutschen Forstwissenschaft 1), Frankfurt am Main 1941.

Thoma, Franz Xaver: Petrus von Rosenheim und die Melker Benediktinerreformbewegung, München 1927.

Trenner, Florian: Ebersberg, in: Dehio, Georg / Gall, Ernst (Hg.): Handbuch der deutschen Kunstdenkmäler, Bayern IV, München und Oberbayern, München – Berlin 1990, S. 201-205.

Tyroller, Franz: Genealogie des altbayerischen Adels im Hochmittelalter in 51 genealogischen Tafeln mit Quellennachweisen, einem Anhang und einer Karte, in: Wegener, Wilhelm (Hg.): Genealogische Tafeln zur mitteleuropäischen Geschichte, Göttingen 1962-1969, S. 45-524.

Volkert, Wilhelm: Ebersberger Sigel, in: Mitteilungen für die Archivpflege in Bayern, Sonderheft 8 (1972), S. 34-54 u. Tafel VII-X.

Weber, Andreas Otto: Studien zum Weinbau der altbayerischen Klöster im Mittelalter. Altbayern – Österreichischer Donauraum – Südtirol, (Vierteljahrschrift für Sozial- und Wirtschaftsgeschichte / Beihefte 141), Stuttgart 1999.

Weithmann, Michael W.: Die „Ungarn-Fliehburgen" des 10. Jahrhunderts. Beispiele aus dem südbayerischen Raum, in: Ungarn-Jahrbuch 20 (1992), S. 1-26.

Westermayer, Georg: Jacobus Balde, sein Leben und seine Werke. Eine literarhistorische Skizze, München 1868.

Widmann, Werner A.: Der Landkreis Ebersberg, in: Ders.: Von München zur Donau. Landschaft – Geschichte – Kultur – Kunst, (Bibliothek Deutsche Landeskunde – Bibliothek Landeskunde Südbayern), Nürnberg 1966, S. 120-136.

Wiedemann, Theodor: Williram, Abt zu Ebersberg, in: Österreichische Vierteljahresschrift für katholische Theologie 3 (1864), S. 83-114.

Wiedemann, Theodor: Die Pienzenauer. Eine historisch-genealogische Abhandlung, in: Oberbayerisches Archiv 49 (1895/96), S. 200-286, 347-407.

Willibald, Claudia: Das Chronicon Bavarorum des Veit von Ebersberg. Geschichtsschreibung an der Schwelle zur Neuzeit, in: Zeitschrift für bayerische Landesgeschichte 50 (1987), S. 493-541.

Witzel, Kilian: Dichter und Schriftsteller, in. Der Landkreis Ebersberg. Raum und Geschichte, hg. v. d. Kreissparkasse Ebersberg, Stuttgart 1982, S. 286-307.

Zerfaß, Christiane: Die Allegorese zwischen Latinität und Volkssprache. Willirams von Ebersberg „Expositio in cantica canticorum", (Göppinger Arbeiten zur Germanistik 614), Göppingen 1995.

Zibermayr, Ignaz: Johann Schlitpachers Aufzeichnungen als Visitator der Benediktinerklöster in der Salzburger Kirchenprovinz. Ein Beitrag zur Geschichte der Cusanischen Klosterreformen (1451-1452), in: Mitteilungen des Instituts für Österreichische Geschichtsforschung 30 (1909).

Register

Orte

Aachen 186, 222
Abensberg (LK Kelheim) 445
Abersdorf (LK Ebersberg) 50, 371, 385, 387, 388
Abshofen (LK Rottal-Inn) 40, 50
Adelzhausen (LK Aichach-Friedberg) 258
Adnet (Niederösterreich) 106
Aham (LK Ebersberg) 17, 21, 24, 25, 27, 28, 40, 180, 181
Aibling (siehe Bad Aibling)
Aichach (LK Aichach-Friedberg) 158
Aichat (LK Ebersberg) 339
Albaching (LK Rosenheim) 245
Aldersbach (LK Passau) 40
Altenburg (LK Rosenheim) 229, 231, 245, 271
Altenerding (LK Erding) 27, 245
Altenhohenau (LK Rosenheim) 128, 382, 386
Altheim (LK Dachau) 245
Altmannsberg (LK Ebersberg) 337
Altmühldorf (LK Mühldorf) 245
Altötting 94, 115, 155, 243, 410, 411
Altomünster (LK Dachau) 405
Amberg 158, 411, 435
Amerang (LK Rosenheim) 245
Andechs (LK Starnberg) 30, 31, 33, 34, 39, 158, 200, 226, 248, 288, 292
Antiochia (Türkei) 32, 282
Anzing (LK Ebersberg) 245, 334, 339, 341, 374
Aquileia (Italien) 32
Aresing (LK Neuburg-Schrobenhausen) 443
Arger 245
Asbach (LK Rottal-Münster) 208, 288
Aschach (Oberösterreich) 180
Aschheim (LK München) 245
Aspach (Oberösterreich) 125, 126
Aßling (LK Ebersberg) 108, 245, 339
Aßlkofen (LK Ebersberg) 38, 337
Attel (LK Rosenheim) 109, 154, 227, 245, 381, 386
Au am Inn (LK Mühldorf) 207, 208
Au (Stadtteil v. München) 308
Aufham (LK Ebersberg) 27
Aufkirchen (LK Erding) 245
Augsburg 17, 19, 21, 25, 33, 103, 128, 147, 154, 185, 205, 206, 207, 258, 283, 292, 384, 391, 419, 439, 441, 443
Avignon (Frankreich) 223, 279

Babensham (LK Rosenheim) 245
Bad Aibling (LK Rosenheim) 40, 229, 245, 373, 386, 408, 423, 443
Bad Endorf (LK Rosenheim) 127
Bad Gandersheim (LK Northeim) 90
Bad Reichenhall (LK Berchtesgadener Land) 29, 31, 38, 49, 128, 219, 231
Bärmühle (LK Ebersberg) 371, 385
Bamberg 23, 74, 142, 162, 164, 166, 172, 184, 185, 186, 187, 188, 189, 195, 198
Basel 32, 147, 280, 281, 282

Baumburg (LK Traunstein) 101, 108, 129, 212
Belfort (Frankreich) 432
Benediktbeuern (LK Bad Tölz-Wolfratshausen) 31, 91, 92, 147, 158, 161, 227, 228, 289
Berchtesgaden 108, 212
Berg (LK Ebersberg) 27, 388
Berganger (LK Ebersberg) 121
Berghofen (LK Ebersberg) 337
Bernried (LK Weilheim-Schongau) 227
Besate (Italien) 185
Beyharting (LK Rosenheim) 38, 154, 190, 227, 382, 410
Biburg (LK Kelheim) 39, 410, 411
Birkach (LK Ebersberg) 304, 371, 385, 391
Birkenfeld 158
Blutenburg (Stadt München) 121
Bogenhausen (Stadtteil v. München) 245
Bologna 430
Bonn 222
Bordeaux 430
Bozen 29, 30, 230, 231
Braunau am Inn (Niederösterreich) 44, 245, 250
Breisach (LK Breisgau-Hochschwarzwald) 85
Breslau (Polen) 183, 188
Bretzenheim (LK Bad Kreuznach) 47, 156, 160, 265, 297
Brixen (Südtirol) 33, 155
Bruck (LK Ebersberg) 245, 273
Bruckhof (LK Ebersberg) 35
Buch (LK Ebersberg) 245
Buch am Buchrain (LK Erding) 34
Buchschechen (LK Ebersberg) 371
Burghausen (LK Altötting) 92, 158, 410, 431
Bursfeld (LK Göttingen) 145

Cham 26

Darching (Ober-, Mitter-, Unter-; LK Miesbach) 28
Darmstadt 183, 188
Dießen (LK Landsberg) 138, 227
Dietmering (LK Ebersberg) 371, 384, 385
Dietramszell (LK Bad Tölz-Wolfratshausen) 227
Dijon (Frankreich) 110
Dillingen 294, 425, 443, 444
Dinkelsbühl (LK Ansbach) 384
Dole (Frankreich) 430
Dorfen (LK Erding) 245, 304

Ebersberg (passim)
Ebrach (LK Bamberg) 28
Ebrach (LK Rosenheim) 103, 108
Eggenfelden (LK Rottal-Inn) 44, 245
Egglburg (LK Ebersberg) 28, 36, 106, 113, 114, 115, 116, 121, 128, 129
Egglham 50
Eglharting (LK Ebersberg) 369, 412
Egmating (LK Ebersberg) 245, 334, 341

ANHANG

Eichbichl (LK Ebersberg) 39, 40, 42, 333, 337, 338, 339, 342, 343, 386, 433, 442, 443, 444
Eichstätt 74, 76, 158, 162
Einsiedeln (Schweiz) 147, 155, 171
Eiselfing (LK Rosenheim) 124
Elkofen (LK Ebersberg) 117, 271, 445
Ellmosen (LK Rosenheim) 245
Emmering (LK Ebersberg) 245
Engelberg (Schweiz) 147
Engelsberg (LK Traunstein) 245
Englmeng (LK Ebersberg) 120, 121, 302, 337
Ensdorf (LK Amberg-Sulzbach) 212
Ensisheim (Frankreich) 432, 433
Enzelhausen (LK Freising) 245
Erding 27, 28, 30, 31, 44, 106, 116, 225, 229, 230, 245, 271, 291, 333, 335, 337, 382, 408
Erfurt 83, 190
Erharting (LK Mühldorf) 245, 268
Erling (LK Starnberg) 31, 32, 33, 225, 226, 227, 231
Erlkam (LK Miesbach) 343
Ettal (LK Garmisch-Partenkirchen) 405
Etzdorf 374
Etzenberg (LK Ebersberg) 379, 391
Euting 245

Falkenberg (LK Ebersberg) 28
Falkenstein (LK Rosenheim) 204
Farnbach 291
Feichten 213
Feichten (LK Ebersberg) 119
Feldkirchen 245
Fellach (LK Miesbach) 338
Finsing (LK Erding) 375, 376, 388
Flachslanden (LK Ansbach) 47, 156, 297
Florenz 184
Forstseeon (LK Ebersberg) 301, 337
Flossing (LK Mühldorf) 245
Föching (LK Miesbach) 338
Forstern (LK Erding) 369, 373, 378, 408
Forstinning (LK Ebersberg) 32, 245, 271, 296, 304, 316, 317, 334, 341, 373, 375, 408
Frankendorf (LK Erding) 335
Frankfurt am Main 436
Frauenchiemsee (LK Rosenheim) 76, 208
Frauenneuharting (LK Ebersberg) 154, 444
Frauenreuth (LK Ebersberg) 119
Freckenhorst 76
Freising 24, 30, 32, 39, 43, 79, 115, 154, 155, 156, 157, 158, 161, 165, 166, 172, 180, 181, 191, 205, 207, 209, 210, 245, 254, 280, 281, 283, 284, 291, 292, 293, 295, 296, 391, 438, 441, 442
Friedberg (LK Aichach-Friedberg) 158
Fritzlar (Schwalm-Eder-Kreis) 63
Fürmoosen (LK Ebersberg) 26, 337
Fürstenfeld (-bruck) 224
Füssen (LK Ostallgäu) 288

Fulda 22, 23, 162, 167, 172, 182, 185, 187, 188, 189

Gammelsdorf (LK Freising) 222
Gangkofen (LK Rottal-Inn) 386
Gars (LK Mühldorf) 207, 245
Gasteig (LK Ebersberg) 337
Geisenfeld (LK Pfaffenhofen) 21, 26, 437
Geismar (Schwalm-Eder-Kreis) 63
Gelbersdorf (LK Freising) 119
Gelting (LK Ebersberg) 334, 375, 388, 412
Georgenberg (LK Altötting) 27
Gernrode (LK Quedlinburg) 83, 84
Gersdorf (LK Ebersberg) 339
Glaslern (LK Erding) 245
Glonn (LK Ebersberg) 245, 273, 334
Goslar 162, 186
Grafing (LK Ebersberg) 39, 117, 118, 154, 159, 245, 265, 273, 385, 407, 408, 409, 412, 413, 441
Grafing (LK Erding) 28
Großcomburg (LK Schwäbisch Hall) 76
Grub (LK Ebersberg) 225, 338, 339
Grünbach (LK Erding) 414
Grünthal (LK Mühldorf) 245
Grund (LK Erding) 306, 335
Gsprait (LK Ebersberg) 339
Guteneck (LK Schwandorf) 213

Haag (LK Mühldorf) 122, 154, 245, 258, 265, 271, 274, 308, 390
Hagenau (Frankreich) 224
Haidling (LK Ebersberg) 38
Halberstadt 85
Hall in Tirol 155, 251
Hallein (Salzburg) 256, 257
Harthausen (LK München) 118
Harthofen (LK Erding) 373
Hartmannsberg (LK Rosenheim) 127
Haselbach (LK Ebersberg) 28, 36, 93, 94, 98, 99, 100, 101, 106, 113, 115, 122, 182, 337
Haslach (LK Ebersberg) 123
Havelberg 84, 85
Heiligenstadt (LK Kelheim) 119
Heißmaning (LK Pfaffenhofen) 27
Herrenchiemsee (LK Rosenheim) 30, 212, 213, 410
Hersfeld (LK Hersfeld-Rotenburg) 22, 63, 182
Hildesheim 43
Hinteregglburg (LK Ebersberg) 116, 122, 337, 339
Hintsberg (LK Ebersberg) 371, 385
Hirsau (Stadtteil v. Calw) 171
Hochstätt (LK Rosenheim) 245
Höhenberg (LK Ebersberg) 304
Höhenberg (Österreich) 211
Hörmannsdorf (LK Ebersberg) 181, 337
Hohenbrunn (LK München) 245
Hohendilching (LK Miesbach) 338
Hohenlinden (LK Ebersberg) 32, 34, 35, 40, 93, 94, 95, 96, 97, 99, 100, 101, 103, 106, 113, 115, 116, 117, 128, 301, 302, 304, 307, 309, 311, 313, 334, 341, 346, 369, 371, 373, 374, 385, 387, 388, 391, 392, 408, 427
Holzen (LK Ebersberg) 108, 245, 271, 339
Holzheim (LK Miesbach) 343
Hornbach (LK Landshut) 28
Hub (LK Erding) 335, 336
Hündlbach (Groß-, Klein-; LK Erding) 17, 180, 181
Humeln (LK Freising) 245

Ilching (LK Ebersberg) 27
Indersdorf (LK Dachau) 212, 227
Inding (siehe Forstinning)
Indorf (LK Erding) 28
Ingolstadt 35, 39, 158, 245, 280, 373, 390, 411, 414, 420, 430, 431, 432, 433, 435, 439, 443, 445
Inning (siehe Forstinning)
Innsbruck 155, 433, 435
Isen (LK Erding) 161
Iser 245
Ismaning (LK München) 245

Jakobneuharting (LK Ebersberg) 408
Jenkofen (LK Landshut) 119, 213
Jerusalem 28, 437
Jettenbach (LK Mühldorf) 245

Kaging (LK Ebersberg) 24, 179, 311
Kaps (LK Ebersberg) 180, 337
Kastl (LK Amberg-Sulzbach) 145, 280
Kempen (LK Viersen) 444
Kempten 147
Kirchdorf 245
Kirchheim 245
Kirchötting (LK Erding) 24, 179
Kirchseeon (LK Ebersberg) 181, 269, 334, 337, 339, 341, 433
Kirchseeon-Dorf (LK Ebersberg) 93
Klettham (LK Erding) 180
Kling (LK Rosenheim) 40, 315, 333, 337
Konstantinopel 33
Köln 39, 43, 96, 162, 209, 248, 254, 295
Konstanz 100, 147, 280
Kraiburg (LK Mühldorf) 245, 250
Kraiß (LK Ebersberg) 28, 391
Kranzberg (LK Freising) 391
Kreith (LK Ebersberg) 38, 369, 371, 374, 385
Krems (Niederösterreich) 32
Kreuz (LK Ebersberg) 118, 119
Kriestorf (LK Passau) 213
Kronacker (LK Ebersberg) 385
Kühbach (LK Aichach-Frieberg) 20, 21, 26, 437
Kues (LK Bernkastel-Wittlich) 33
Kundl (Tirol) 32

Längdorf 245
Landersdorf (LK Erding) 26
Landsberg 308, 411, 432, 435, 439, 443
Landshut 28, 37, 86, 87, 94, 100, 105, 114, 128, 281, 388, 400, 411, 431, 435, 445
Langenpreising (LK Erding) 245
Langwied (LK Ebersberg) 236
Laufen (LK Berchtesgadener Land) 119
Leiden 322
Lengthal (LK Erding) 28
Lindau 160
Lindgraß (LK Erding) 30
Loitersdorf (LK Ebersberg) 119, 120, 121
Lorenzenberg (LK Ebersberg) 24
Lorsch (LK Bergstraße) 18, 19, 161, 181
Loyola (Spanien) 444
Lüttich (Belgien) 43
Luzern (Schweiz) 157
Lyon (Frankreich) 29

Magdeburg 84, 85
Mailand 237
Mailing (LK Ebersberg) 28, 337
Mailing (LK Rosenheim) 38
Mainz 292
Maitenbeth (LK Mühldorf) 377
Mallersdorf (LK Straubing) 30, 187, 209, 293, 372
Mannheim 156, 160
Maria Laach (am Jauerling) 119
Mariazell (Steiermark) 284
Markt Schwaben (LK Ebersberg) 32, 40, 130, 154, 229, 245, 273, 274, 297, 308, 333, 334, 352, 354, 372, 373, 374, 375, 408, 409, 412, 438, 441
Mattighofen (Oberösterreich) 128
Maulbronn (Enzkreis) 69
Meiletskirchen (LK Ebersberg) 122, 385, 388, 389, 391
Melk (Niederösterreich) 91, 145, 280, 282, 284
Mettenheim 245
Metz (Frankreich) 81
Michaelbeuern (Niederösterreich) 147
Michelsberg (LK Bamberg) 162, 186, 187, 198
Miesbach 28
Mindelheim 125, 288, 411
Mittbach (LK Erding) 35, 245
Mittershausen 306
Möhring 245
Möschenfeld (LK München) 333, 337, 338, 339
Molsheim (Frankreich) 432
Moosach (LK Ebersberg) 26, 27, 28, 245
Moosburg (LK Freising) 50, 245, 274, 388
Moosen (LK Ebersberg) 245, 257
Motzenberg (LK Ebersberg) 337
Mühldorf 222, 235, 245, 275
Mühlhausen (LK Ebersberg) 34, 39, 302, 371, 381, 383, 385, 394
München 35, 39, 42, 43, 47, 93, 94, 100, 101, 102, 105, 115, 118, 121, 128, 129, 144, 147, 154, 155, 156, 158, 190, 209, 213, 222, 224, 225, 226, 227, 228, 229, 230, 235, 242, 243, 245, 248, 250, 251, 258, 259, 263, 264, 265, 269, 271, 286, 289,

292, 293, 296, 300, 301, 308, 353, 354, 374, 375, 378, 382, 388, 389, 390, 408, 410, 411, 423, 427, 429, 431, 433, 435, 436, 438, 439, 440, 441, 442, 443, 445
Münster 43
Münster (LK Ebersberg) 120, 121

Nantes (Frankreich) 240
Narbonne (Frankreich) 237, 240
Naumburg 85
Neapel 445
Neckarhausen (Rhein-Neckar-Kreis) 156
Nettelkofen (LK Ebersberg) 315
Neuburg (LK Neuburg-Schrobenhausen) 42, 435
Neuching (LK Erding) 27, 375
Neufahrn (LK Ebersberg) 412
Neufahrn (LK Freising) 391
Neuhausen (LK Ebersberg) 337
Neukirchen (LK Ebersberg) 27, 28, 181
Neumarkt (LK Mühldorf) 245, 384
Neumarkt (in der Oberpfalz) 158
Neuötting (LK Altötting) 245
Neustadt an der Waldnaab 158
Neustift (Südtirol) 155
Niederaltaich (LK Deggendorf) 39, 208, 290, 291
Niederbergkirchen (LK Mühldorf) 245
Niederpframmern (LK Ebersberg) 303
Niederried (LK Ebersberg) 377
Niederschwillach (LK Erding) 312
Niklasreuth (LK Ebersberg) 121
Notzing (LK Erding) 380
Nürnberg 235, 424, 435
Nußdorf (LK Erding) 119

Oberelkofen (LK Ebersberg) 446
Oberföhring (Stadtteil v. München) 245
Oberhaching (LK München) 245
Oberlaindern (LK Miesbach) 338
Oberlaufing (LK Ebersberg) 337, 339
Oberndorf (LK Ebersberg) 28, 102, 103, 236, 245, 263, 269, 271, 285, 313, 337
Oberpframmern (LK Ebersberg) 317
Oberwittelsbach (LK Aichach-Friedberg) 47, 74
Obing (LK Traunstein) 245, 275
Obelfing (LK Ebersberg) 316
Ochsenhausen (LK Biberach) 437
Ötting (siehe Kirchötting)
Öttingen (LK Donauwörth) 271, 384
Öxing (Stadtteil v. Grafing; LK Ebersberg) 118, 208, 317, 335, 340, 443
Olmütz (Tschechien) 282
Ortenburg (LK Passau) 50, 271
Ostermünchen (LK Rosenheim) 245
Osterseeon (LK Rosenheim) 314, 337, 339
Ottendichl (LK München) 245
Otterfing (LK Miesbach) 245, 343
Ottersberg (LK Ebersberg) 27, 28, 181

Paderborn 91
Parsdorf (LK Ebersberg) 121, 339, 388

Paris 136, 430
Parma 282
Passau 49, 78, 128, 155, 181, 280, 283, 291
Pechlern 245
Pemmering (LK Erding) 245
Pergon (siehe Lorenzenberg)
Perlach (Stadtteil v. München) 245
Persenbeug (Oberösterreich) 22, 25, 31, 49, 174, 175, 182, 438
Peter am Hard 245
Petershausen (Dachau) 147
Petrikau 282
Peutting 315
Pfaffenhofen an der Ilm 27
Pfaffing (LK Rosenheim) 245, 408
Pfeffenhausen (LK Landshut) 28, 31, 230
Pienzenau (Groß- u. Klein-; LK Miesbach) 106, 107, 108, 111, 112, 442
Pildenau 213
Piligny (Frankreich) 240
Pisa (Italien) 279
Pliening (LK Ebersberg) 123, 334, 388
Pocheren 245
Pöring (LK Ebersberg) 121, 341
Pötting (LK Ebersberg) 337
Polling (LK Weilheim-Schongau) 138, 227, 410
Prag 63, 185
Preisendorf (LK Erding) 385, 391, 394
Pretzen (LK Erding) 375
Pürten (LK Mühldorf) 207
Purfing (LK Ebersberg) 118, 124, 374, 375, 376, 378, 379, 381, 388

Rabenden (LK Traunstein) 122, 123
Radolfzell (LK Konstanz) 379
Raitenhaslach (LK Altötting) 410
Ramsau (LK Mühldorf) 382
Rattenberg (Tirol) 230, 231
Regensburg 20, 24, 27, 28, 29, 41, 43, 83, 169, 180, 206, 212, 248, 251, 254, 282, 283, 429, 437, 442, 444, 445
Reichenau (LK Konstanz) 81, 84, 90, 183
Reichenau-Mittelzell (LK Konstanz) 91
Reichenau-Oberzell (LK Konstanz) 81
Reichenbach (LK Cham) 212
Reichenhall (siehe Bad Reichenhall)
Reisen (LK Erding) 180
Reitgesing (LK Ebersberg) 337
Reithofen (LK Erding) 373
Rettenbach (LK Rosenheim) 408
Reuttkirchen 245
Reutlingen 149
Riding (LK Erding) 158, 245
Ried im Innkreis (Oberösterreich) 125, 126, 155
Riedering (LK Rosenheim) 337, 369
Rinding (LK Ebersberg) 337
Rohr (LK Kelheim) 445
Rom 33, 34, 77, 84, 136, 145, 184, 223, 237, 238, 239, 240, 242, 244, 279, 281, 282, 295, 388, 421, 425, 442
Rosenheim 28, 38, 95, 102, 124, 245, 274, 275, 280, 281, 282, 283, 408, 427

Rott am Inn (LK Rosenheim) 29, 35, 154, 155, 190, 227, 381, 386
Rott (im Duriagau) 24
Rottenbuch (LK Weilheim-Schongau) 212, 227, 439
Rottenburg (LK Landshut) 31, 225, 229, 230
Rottmann (LK Erding) 38
Rottweil 303
Ruhensdorf (LK Ebersberg) 28, 337, 371, 385

Saint-Denis (Frankreich) 81, 86, 91, 92
Saint-Germains-des-Prês (Frankreich) 81
Salzburg 17, 18, 24, 44, 78, 100, 105, 107, 128, 147, 179, 198, 205, 207, 240, 250, 255, 258, 281, 282, 284, 439
Sankt Blasien (LK Waldshut) 145
Sankt Emmeram (Stadtteil v. Regensburg) 161, 170, 212
Sankt Gallen (Schweiz) 81, 145, 161, 163, 171, 173, 187, 426
Sankt Paul (Kärnten) 145
Sankt Veit (Stadtteil v. Freising) 283
Sankt Wolfgang (Salzburg) 110
Sauerlach (LK München) 292
Sázava (Tschechien) 63
Schäftlarn (LK München) 41, 190, 227
Scheckenhofen 50
Scheyern (LK Pfaffenhofen) 26, 76, 115, 138, 201, 206, 212, 227
Schlacht (LK Ebersberg) 119
Schnaitsee 158, 245
Schnecking 50
Schongau (LK Weilheim-Schongau) 157
Schrobenhausen (LK Neuburg-Schrobenhausen) 40, 443
Schwaben (siehe Markt Schwaben)
Schwabsoyen (LK Weilheim-Schongau) 154
Schwaz (Tirol) 35, 94, 193
Schwillach (LK Erding) 38
Schwindau 245
Schwindkirchen (LK Erding) 245
Seeon (LK Traunstein) 107, 121, 161, 165, 183, 185, 190, 212, 227, 287
Seeon (siehe Kirchseeon)
Sempt (LK Ebersberg) 13, 28, 162, 180, 212, 354, 438, 441, 446
Sensau (LK Ebersberg) 120, 121
Sigersdorf (LK Ebersberg) 258, 337
Siegertsbrunn (LK München) 245, 308, 315
Singerhof 213
Singlding (LK Erding) 27
Soissons (Frankreich) 81, 238, 240
Solach 338
Sondermeiling (siehe Mailing)
Sonnenreith (LK Ebersberg) 339
Speyer 19, 161, 382, 383, 384, 385, 386, 387, 388, 391, 392
Spitzentrenck (LK Ebersberg) 28
Stams (Tirol) 155
Stein (LK Traunstein) 271

Steingaden (LK Weilheim-Schongau) 227, 410, 439
Steinhöring (LK Ebersberg) 20, 154, 156, 236, 245, 269, 273, 334, 337, 341, 343, 371, 376, 381, 385, 386, 387, 388, 391, 436
Steinkirchen (LK Erding) 245
Stockach (LK Ebersberg) 371, 385, 391
Straßburg 15, 100, 101, 106, 111, 179, 430
Straubing 74, 108, 159, 291, 411, 431
Stubenberg 271
Sulzbach (LK Amberg) 108

Taglaching (LK Ebersberg) 273
Taufkirchen 40, 211, 245, 275
Tegernau (LK Ebersberg) 40, 44, 45, 257, 333, 337, 338, 339, 342, 343, 408, 442, 443, 444
Tegernbach 180, 245
Tegernsee (LK Miesbach) 19, 22, 31, 87, 138, 147, 161, 165, 183, 190, 191, 212, 227, 228, 287, 288, 289, 290, 292, 410
Thailing (LK Ebersberg) 38, 50
Taing (LK Erding) 17, 180
Thierhaupten (LK Augsburg) 39, 212, 288
Tittenkofen (LK Erding) 181
Tödling (Frauen- u. Martins-; LK Pfarrkirchen) 50
Tödtenberg (LK Rosenheim) 28
Törring (LK Traunstein) 410
Tondorf (LK Landshut) 28
Tours (Frankreich) 81
Traunstein 402
Traxl (LK Ebersberg) 93, 94, 96, 97, 99, 100, 101, 106, 113, 115, 116, 117, 128
Trient (Italien) 37, 78, 188, 227, 286
Trier 181
Trostberg (LK Traunstein) 155, 245, 274
Truchtlaching (LK Traunstein) 107
Tübingen 430
Tulling (LK Ebersberg) 121, 315, 343, 379, 391
Tuntenhausen (LK Rosenheim) 245, 265

Ulm 100, 101
Unterdarching (LK Miesbach) 338
Unterelkofen (LK Ebersberg) 122
Unterfinning (LK Landsberg) 307
Unterlaindern 338
Unterlaufing (LK Ebersberg) 337
Untermenzing (Stadtteil v. München) 117, 128
Unterschwillach (LK Erding) 28

Valley (LK Miesbach) 28, 338
Vaterstetten (LK Ebersberg) 242, 334
Velden (LK Landshut) 245
Venedig 213
Villingen (LK Villingen-Schwenningen) 259
Vilsbiburg (LK Landshut) 37, 308

Vogtareuth (LK Rosenheim)   227
Vomp (Tirol)   193, 325
Vorderegglburg (LK Ebersberg)   337

Waal (LK Ostallgäu)   33
Waging (LK Traunstein)   245
Waidling (Österreich)   29
Waldeck   107
Walderbach   158
Wald-Pfarr bei Öttingen   245
Waldsee   124
Wallerstein   384
Walpertskirchen (LK Erding)   245
Wambach (LK Erding)   245
Wartenberg (LK Erding)   27, 57, 74, 245
Wasserburg (LK Rosenheim)   43, 44, 88, 156, 157, 158, 159, 231, 245, 255, 273, 274, 275, 280, 301, 308, 419, 431, 436, 437, 441
Weiding (LK Ebersberg)   337
Weihenstephan (LK Freising)   121, 161, 280, 282, 291
Weingarten (LK Ravensburg)   85, 91
Weltenburg (LK Kelheim)   293
Wernigerode   444
Wessobrunn (LK Weilheim-Schongau)   30, 161, 168, 227, 410
Westerndorf (LK Ebersberg)   337
Wetterling (LK Ebersberg)   27
Weyarn (LK Miesbach)   124, 154, 158, 204
Wien   31, 35, 222, 248, 284, 322
Wiesham (LK Ebersberg)   314, 337
Wifling (LK Erding)   312
Wildenholzen (LK Ebersberg)   32
Wilten (Tirol)   155
Winhöring (LK Altötting)   245
Winkl (LK Ebersberg)   180, 338, 339
Wörnsmühl (LK Miesbach)   28
Wörth (LK Erding)   24, 245
Wolfesing (LK Ebersberg)   408
Wolfratshausen (LK Bad Tölz-Wolfratshausen)   300, 333
Wolfstein (LK Freyung-Grafenau)   271
Worms   186, 189
Würzburg   22, 162, 174, 206

Ypps (Oberösterreich)   438

Zaundorf   312
Zorneding (LK Ebersberg)   42, 180, 245, 269, 334, 341
Zürich   76
Zweibrücken   158

Personen
Abraham (Bischof v. Freising)   17, 24, 181
Adalbero (Abt v. Ebersberg)   23, 26, 27
Adalbero (I.; Graf v. Ebersberg)   16, 17, 24, 25, 80, 179, 180, 239, 240, 244, 246, 437, 438, 441
Adalbero (II; Graf v. Ebersberg)   18, 20, 21, 22, 26, 49, 181, 182, 375, 376, 437, 438, 441
Adalbero (Graf v. Kühbach)   20

Adalger (Laie)   21, 181
Adelheid (Gräfin v. Ebersberg)   18, 181
Adelheid (v. Sulzbach)   108
Adelhoch (Vogt d. Klosters Ebersberg)   27
Adolph, Nikolaus (Reichskammergerichtsadvokat)   384
Agathe (Heilige)   143, 144, 377
Agnes (v. Poitou; Frau Kaiser Heinrichs III.)   26, 49
Alanus (ab Insulis; Philosoph u. Theologe)   136
Albert (Bischof v. Chiemsee)   30
Albertinus, Ägidius (herzogl. Sekretär)   371
Albrecht (I.; v. Habsburg; röm.-dt. König)   31, 222
Albrecht (III.; v. Wittelsbach; Herzog v. Bayern)   33, 270
Albrecht (IV.; v. Wittelsbach; Herzog v. Bayern)   31, 32, 34, 35, 37, 38, 94, 128, 374, 376
Albrecht (V.; v. Wittelsbach; Herzog v. Bayern)   39, 286, 372, 430
Albrecht (VI.; v. Wittelsbach; bayer. Herzog)   41, 43, 44, 274
Albrecht Sigmund (v. Wittelsbach; Bischof v. Freising)   43, 254, 255, 275, 433, 442
Alegambo, Philipp (Autor)   441
Alexander (III.; Papst)   28
Alexander (IV.; Papst)   29
Alexander (V.; Papst)   279, 280
Alexander (Patriarch v. Aquileia)   32
Aloisius v. Gonzaga (Heiliger)   154, 440
Alther, Egolphus (Superior v. Ebersberg)   40
Altinger, Johann   265
Altmann (Abt v. Ebersberg)   18, 19, 20, 21, 22, 26, 174, 181, 182
Andreas (Heiliger)   135
Angerin, Maria   314
Anna (v. Braunschweig)   270
Anna (Heilige)   96, 97
Anna (Degenhard; Priorin v. Altenhohenau)   386
Anselm (v. Besate; Gelehrter)   185
Antonia Petronella (Frau Kurfürst Max Emanuels von Bayern)   439
Antonius (Heiliger)   101, 102
Antonius (Mönchsvater; Heiliger)   1222
Apian, Katharina   430
Apian, Peter (Mathematiker)   430
Apian, Philipp (Mathematiker u. Geograph)   212, 420, 428, 429, 430, 431
Apian, Sabina   430
Aquaviva, Claudius (Ordensgeneral d. Jesuiten)   39, 293
Aretin, Johann Christoph Freiherr v. (Bibliothekar)   322
Aribo (I.; Pfalzgraf)   107
Arnberg, Carolus Fürst Graf v.   258
Arnold (Bischof v. Freising)   79
Arnt (Meister; von Zwolle)   120
Arnulf (von Kärnten; ostfränk. König u. Kaiser   15, 24, 81, 91, 179

Attila (Hunnenkönig)   15, 179
Auslasser, Vitus (Mönch)   193, 323, 325
Aventinus, Johannes (Geschichtsschreiber)   401, 431, 437
Aviano, Markus v. (Kapuziner)   44

Baglione, Giovanni (Maler)   239
Balde, Hugo (Gerichtssekretär)   432
Balde, Jakob (Jesuit u. Dichter)   42, 429, 431, 432, 433
Balde, Magdalena   432
Barbara (Heilige)   97, 101
Bartholomäus (Scholl; Weihbischof v. Freising)   42
Basire, James (Kupferstecher)   412
Baumann, Ulrich   273
Bayr, Anton (Orgelbauer)   159
Beck, Johann Nikolaus (Präfekt)   444
Beck, Karl Theodor (Malteser-Herrschaftspfleger)   264, 429, 443, 444
Beck, Karolina   444
Beer, Michael (Baumeister)   44, 88, 252
Behringer, Johann (Anwalt)   380
Belvederi (Archäologe)   242
Benedikt (Kiener; Abt v. Weihenstephan)   295
Benedikt (Heiliger)   20, 30, 110, 426
Benedikt (XII.; Papst)   224
Benedikt (XIII.; Papst)   279
Benedikt (Gaugenrieder; Prälat)   288
Berengar (Bischof v. Petrikau)   282
Berger, Josef (Chorregent)   156, 159, 264
Bernauer, Agnes   271
Binsteiner, Albert (Benefiziat)   241
Birkner, Ferdinand (Anthropologe)   241, 242
Bittner, Paul (Pfarrvikar)   271, 273
Bobbo (Abt v. Lorsch)   19
Bodenehr, Gabriel (Kupferstecher)   425, 426
Boerhaave, Hermann (Arzt)   322
Bohn, Johann Philipp (Anwalt)   393
Bonaventura (Kirchenlehrer)   136
Bonifatius (Heiliger)   16, 170
Bontz, Werner (Reichskammergerichtsprokurator)   384, 385, 392
Brandhueber, Martin (Pflegsverwalter)   273
Brandt, Heinrich Carl (Maler)   156
Bremer, Leonhard (Exjesuit)   263
Bretzenheim, Eleonore   160
Bretzenheim, Friederike   160
Bretzenheim, Karl August v. (Malteser-Großprior)   47, 156, 160, 265, 297
Bretzenheim, Karoline   160
Brigitta (v. Schweden; Heilige)   96, 104
Bruno (Bischof v. Würzburg)   22
Buberle, Joseph   275
Burchard (II; Bischof v. Worms)   186, 189, 195
Burckhart, Rudolphus (Pfarrvikar)   263
Burckhart, Rudolf (Rektor d. Münchner Jesuitenkollegs)   339
Burkhard (Abt v. Ebersberg)   28, 29, 74, 78, 207, 253, 418

Buzelin, Gabriel (Maler u. Dichter)   85
Castenmayr, Ulrich (Bürgermeister v. Straubing)   108
Cesarini, Julian (Kardinallegat)   282
Chadalhoc (Vogt des Klosters Ebersberg)   27
Christian (Harder; Abt v. Ebersberg)   32, 281
Christoph (v. Wittelsbach; bayer. Herzog)   37
Christophorus (Heiliger)   97, 124
Chrodegang (Heiliger)   81
Claudius / Tiburtius   259
Claußner, Joannes Jacobus   274
Clemens (Orgelbauer)   148
Clemens (II.; Papst)   184, 188, 194
Clemens (VI.; Papst)   224
Clemens (VII.; Papst)   279
Clemens (VIII.; Papst)   39, 40, 153, 209, 211, 241, 249, 293, 436, 437, 438, 441
Clemens (XIV., Papst)   46, 263, 296, 411, 443
Clemens Franz (v. Wittelsbach; bayer. Herzog)   155
Closen, Sophia v.   112
Coelestin (III.; Papst)   28
Conrad (Mönch)   247
Copernicus, Nicolaus (Astronom)   322
Cotto, Johannes (Musiktheoretiker)   147
Crusius (Jesuit)   437, 438
Cyriacus (Heiliger)   16, 24, 30, 82, 83, 240

Damasus (Papst)   238
Daniel (Heiliger)   35
Dantiscus, Andreas   433
Dausch, Johann Baptist (Chorregent)   155, 156, 158, 159, 264, 274, 275
David (Aichler; Abt v. Andechs)   288, 292
David (König)   132
Dietger (Propst v. Ebersberg)   16, 181, 441
Dietpold (Vasall d. Klosters Ebersberg)   27
Dinnzenauer, Wolf   335
Diokletian (röm. Kaiser)   95, 212, 237, 239, 253, 258, 259, 324
Dionysius (Heiliger)   86
Dollmann, Johann Michael (Pfarrvikar)   46, 263
Donnersberger (Hofrat)   386
Drächsel, Margarethe   96, 99
Drächsel, Martin (Salzhändler)   96, 98, 99, 115
Dürer, Albrecht (Maler)   112, 213

Eberhard (I.; Abt v. Ebersberg)   29
Eberhard (II.; Abt v. Ebersberg)   32, 206, 207, 208, 214
Eberhard (Abt v. Weihenstephan)   282
Eberhard (I.; Graf v. Ebersberg)   14, 15, 16, 17, 23, 24, 27, 65, 80, 81, 83, 84, 89, 179, 180, 192, 239, 240, 244, 246, 436, 438, 441, 442
Eberhard (II; Graf v. Ebersberg)   18,

20, 21, 22, 181, 244
Eberhard (Vasall d. Grafen v. Ebersberg) 18, 181
Eberl, Balthasar 309
Ebersperger, Anonius 275
Eckbert (Abt v. Ebersberg) 19, 22, 23, 26, 162, 182, 184
Eckhard (Abt v. Ebersberg) 32, 33, 34, 71, 77, 80, 83, 85, 86, 87, 88, 89, 94, 102, 106, 109, 120, 131, 132, 142, 143, 146, 192, 200, 201, 202, 204, 209, 214, 247, 248, 249, 270, 284, 401
Eckhard (v. Scheyern; Vogt d. Klosters Ebersberg) 26, 27
Eckher von Karpfing und Lichteneck, Johann Franz 107, 111, 127
Edlinger, Joseph Georg v. (Maler) 444, 445
Egedacher, Christoph (Orgelbauer) 159
Egidius (Kleriker) 179
Eglofstain, Hanns v. 271
Eichthal, Simon Freiherr v. (Bankier) 47, 414
Eisenreich, Otto (Jesuitenprovinzial) 40
Ekkehard (v. St. Gallen) 173
Elisabeth 271
Elisabeth (v. Wittelsbach; Tochter Herzog Ottos II. v. Bayern) 29
Emicho (Bischof) 30
Empl, Caspar 312, 313
Empl, Cyriacus (Administrator v. Ebersberg) 39, 209, 210, 216, 291, 293
Ensinger, Moritz (Baumeister) 85
Entzinger, Johann (Notar) 280, 281
Epp, Franz Xaver (Komponist) 156, 157, 159
Erasmus (Prior v. Ebersberg) 143
Erchinger, Georg 309
Ermanrich (König d. Ostgoten) 179
Ernst (Bischof v. Freising; Erzbischof v. Köln) 39, 209, 293, 295
Ernst (v. Wittelsbach; Herzog v. Bayern-München) 402
Ertl, Anton Wilhelm (Kartograph) 424, 429, 436, 439
Espaumer, Hans 335
Espaumer, Margareth 335
Eticho (Abt v. Ebersberg) 19, 22, 89, 182
Eugen (II.; Papst) 238
Eugen (IV.; Papst) 281
Eunisch, Franz 265

Fachner (Hofrat) 380
Falkenauer, Hans (Bildhauer) 119
Farcelles, Hugo v. (Konzilspromotor) 282
Ferdinand (III.; v. Habsburg; röm.-dt. König u. Kaiser) 251, 258
Ferdinand Maria (v. Wittelsbach; Kurfürst v. Bayern) 154
Finsinger, Hans (Vogt) 35
Fischer, Georg 313
Fischer, Johann Christian (Komponist) 156
Fischer, Sebastian (Domkapitular) 269
Fischer, v. (Administrator) 264

Flachslanden, Johann Baptist Graf v. (Statthalter d. Malteser-Großpriors) 47, 156, 264, 297
Forstner, Peter 265, 268
Franz (Glasermeister) 100, 101, 102
Franz Xaver (Heiliger) 45, 124, 154, 253, 254
Fraunberg, Georg, Graf v. 271
Frelichin, Barbara 258
Friedrich (Wetter; Kardinal; Erzbischof v. München u. Freising) 238
Friedrich (Erzbischof v. Salzburg) 17, 18, 78, 181, 240
Friedrich (v. Wittelsbach; Pfalzgraf; Vogt d. Klosters Ebersberg) 28
Friedrich (I.; Barbarossa; röm.-dt. König u. Kaiser) 28
Friedrich (II.; röm.-dt. König u. Kaiser) 29
Friedrich (III; röm.-dt. König u. Kaiser) 31, 35
Friedrich (d. Schöne; v. Habsburg; Herzog v. Österreich) 30, 222, 223, 224, 226
Frutolf 142

Gabriel (Condulmaro; Kardinal) 281
Gangenrieder, Heinrich (Vizerektor des Münchner Jesuitenkollegs) 40
Gast, Ignaz (Exjesuit) 263
Gebehard (Inkluse) 15, 179
Gebhardt, Paul (Exjesuit) 263
Gebolf (Abt v. Ebersberg) 27
Geigenberger, Georg (Exjesuit) 263
Geiger, Wolf 393
Geißlmoser, Melchior (Zimmermeister) 252
Georg (Heiliger) 42, 81, 101, 120, 121
Georg (d. Reiche; v. Wittelsbach; Herzog v. Bayern-Landshut) 35, 94
Georg Friedrich (Markgraf v. Brandenburg) 384
Gerbel, Sig. (Komponist) 154
Gerberg (Papst) 181
Gerberga (II.; Abtissin) 90
Gerbl, Philipp (Domkapellmeister) 154
Gerhard (Abt v. Seeon) 185
Gerhard (Kardinal; päpstl. Legat) 27
Gerion (Heiliger) 40
Gero (Markgraf der Elbmark) 83, 84
Gerwich (Abt v. Ebersberg) 22, 182
Gietler, Christoph 97
Gietler, Elsbeth 97, 99
Giltmayr, Balthasar (Brauer) 412
Giorgetti, Antonio (Bildhauer) 238
Glas, Georg 265
Gleissner, Franz (Komponist) 156, 157, 158
Goggler, Joseph 275
Goethe, Johann Wolfgang v. (Dichter) 431
Götz, Sebastian (Hilfspriester) 268
Gotebold (Erzpriester) 198
Gottfried (Bischof v. Freising) 30
Gottina (Gräfin v. Sempt-Ebersberg) 18, 441
Grabmayr, Maria 309, 310
Grabmayr, Melchior 310

Grandauer (Brauer) 412
Grasser, Erasmus (Bildschnitzer) 88, 121
Gregor (I.; Papst u. Kirchenvater) 132, 139, 238
Gregor (IV.; Papst) 239
Gregor (IX.; Papst) 210
Gregor (X.; Papst) 29
Gregor (XII.; Papst) 279
Greissl, Philipp 308
Grimm, Joachim (Chorregent) 155, 275
Gruber, Ludwig (Exjesuit) 263
Grünwalder, Johannes (Generalvikar) 32, 200, 280, 281, 282, 283
Günther / Guterius (Einsiedler; Heiliger) 22, 182
Günther, Ignaz (Bildhauer) 124, 126
Guggetzer, Martin (Pfarrer) 241, 242, 268
Guilielm (v. Enzensdorff) 249
Gunderstorffer, Caspar 354
Gunther / Gunzo (Propst v. Ebersberg) 16, 181, 441

Hadamud (Enkelin Graf Ulrichs v. Ebersberg) 21, 181
Hadamud (Schwester Graf Ulrichs v. Ebersberg) 376, 377, 437
Häbl, Margaretha 303
Häbl, Wolf 302
Hällmair, Wolf 376
Häring, Caspar 344
Häring, Sebastian 344
Härtl, Hans 384, 386, 390, 392
Härtl, Melchior (Rektor d. Münchner Jesuitenkollegs) 373
Haindl, Franz Sebastian (Kammermusiker) 155
Haindl, Johann Sebastian (Chorregent) 155
Haindl, Philipp (Chorregent) 155, 271
Halmberger, Adam 306
Haltenberg, Hermann v. 226
Hannes, Wolf 371, 383, 384, 385, 386, 387, 388, 389, 390, 391, 394
Hans (Meister) 271
Hartwig (Abt v. Ebersberg) 23, 27, 28
Hausknecht, Johann (Forstmeister) 271, 273
Hay, Romanus (Mönch) 437, 438
Hazzi, Adam 445
Hazzi, Joseph v. (kurpfalz-bayer. Generallandesdirektionsrat) 347, 430, 445, 446
Heinrich (I.; Abt v. Ebersberg) 27
Heinrich (II.; Abt v. Ebersberg) 28
Heinrich (III.; Abt v. Ebersberg) 29
Heinrich (IV.; Abt v. Ebersberg) 29, 208, 214
Heinrich (I.; Bischof v. Freising) 207
Heinrich (Bischof v. Würzburg) 162
Heinrich (v. Grub) 225
Heinrich (II.; der Zänker; Herzog v. Bayern) 17, 90, 171, 181
Heinrich (der Löwe; Herzog) 28
Heinrich (XIV.; v. Wittelsbach; Herzog v. Niederbayern) 225
Heinrich (XV.; v. Wittelsbach; Herzog v. Niederbayern) 225
Heinrich (XVI; der Reiche; Herzog v. Niederbayern) 32, 281
Heinrich (I.; ostfränk. König) 75, 180, 240
Heinrich (II.; röm.-dt. König u. Kaiser) 18, 19, 20, 21, 162, 166, 181
Heinrich (III.; röm.-dt. König u. Kaiser) 18, 20, 22, 26, 162, 165, 166, 174, 182, 354, 438
Heinrich (IV.; röm.-dt. König u. Kaiser) 23, 26, 162, 166, 170, 186
Heinrich (V.; röm.-dt. König u. Kaiser) 27
Heinrich (VI.; röm.-dt. König u. Kaiser) 48
Heinrich (VII.; röm.-dt. König u. Kaiser) 222
Herder, Johann Gottfried (Schriftsteller) 431
Heribert (Bischof v. Eichstätt) 162
Heribert (Bischof v. Köln) 162
Hermann (Abt v. Ebersberg) 27
Hermann (Bischof v. Freising) 280
Hermann (v. St. Gallen; Chronist) 173
Herwarth, Hans Georg (Landschaftskanzler) 372, 395
Hevenesi, Gabriele (Autor) 440
Hickher, Johann (Jesuit) 42
Hieronimus (Vidonus; Kardinal) 239
Hieronymus (Heiliger) 101
Hildebrand (Meister aus Markt Schwaben) 130
Hilger, Mathias 304
Hiltmair, Leonhard 377
Hilz, Bernhard (Administrator v. Ebersberg) 39, 290, 291
Himmelkron, Fridolin 145
Hirl, Caspar 257
Hobarth, Hanns Christoph 335
Höll, Johann Christoph 274
Hörand, Sebastian (Exjesuit) 263
Hörgl, Franz 317
Hörgl, Georg 317
Hörmann, Caspar 258
Hörmann, Johannes (Zeichner) 421, 425, 428
Hörprunner, Wolf 392
Hofer, Andreas 308
Hoffmann von Fallersleben, August Heinrich (Komponist) 147
Hofschneider, Ulrich (Kaplan) 271
Hohenbrunner, Wolf 393
Holbein, Hans (d. Ältere; Maler) 213
Holzinger, Benedikt (Komponist) 157, 158, 159
Honorius (III.; Papst) 238
Hueber, Caspar 336
Hütter, Felix 275
Huetterer, Georg 304, 310
Hundin, Anna Maria 112
Hundt, Wiguläus (Jurist u. Historiker) 39, 431, 437, 438, 441
Hunfried (Propst v. Ebersberg) 15, 16, 18, 23, 77, 80, 81, 84, 179, 180, 181, 239, 240, 441

Ignati 308
Ignatius (Heiliger) 41, 42, 44, 124,

Anhang

154, 253, 254
Ignatius (Wantschl; Propst v. Beyharting) 154
Innozenz (IV.; Papst) 29
Innozenz (VII.; Papst) 32
Innozenz VIII.; Papst) 35
Irene (Witwe) 239
Ischeder, Friedrich (herzogl. Sekretär) 282
Isengrim (Abt v. Ebersberg) 28
Isinger, Franz 308
Isinger, Johann 308

Jakob (Sandtner; Abt v. Ebersberg) 39, 209, 215, 285, 290
Jakob (Heiliger) 134, 143
Jakob (Patriarch) 240
Jakobus d. Ältere (Heiliger) 121
Joachim (Rieder; Abt v. Ebersberg) 38, 39, 209, 210, 215
Jocher (Hofrat) 386
Johann (Kardinal; Bischof v. Freising) 32
Johann (IV.; v. Wittelsbach; bayer. Herzog) 128
Johann (Mönch v. Niederaltaich) 290
Johann (XXII.; Papst) 80, 222, 223, 224
Johann (XXIII.; Papst) 280
Johann (Schlittpacher; Prior v. Melk) 284
Johann (Propst v. Herrenchiemsee) 213
Johann (Weihbischof v. Freising) 35
Johanna (Äbtissin v. Nonnberg) 273
Johannes (I.; Nebel; Abt v. Ebersberg) 39, 209, 215
Johannes (II.; Sartor / Schmauser; Abt v. Ebersberg) 39, 113, 209, 215, 287, 420
Johannes (Patriarch v. Antiochia) 32
Johannes (Schlittpacher; Prior v. Ebersberg) 145
Johannes Evangelist (Heiliger) 83, 92, 134, 135
Johannes d. Täufer (Heiliger) 45, 82, 83, 135, 264
Johannes Garsia (Milino; Kardinal) 239
Johannes (Schauer; Weihbischof v. München u. Freising) 269
Johann Michael (Sailer; Bischof v. Regensburg) 429, 443, 444, 445
Jorhan, Christian (d. Ältere; Bildschnitzer) 119

Kaeser, Margaretha 304, 307, 308, 316, 317
Karl (d. Große; fränk. König u. Kaiser) 137, 182, 186, 244, 354
Karl (IV.; v. Luxemburg; röm.-dt. König u. Kaiser) 185, 224
Karl (V.; v. Habsburg; röm.-dt. König u. Kaiser) 403
Karl (VII.; v. Wittelsbach; röm.-dt. König u. Kaiser) 206
Karl Albrecht (v. Wittelsbach; Kurfürst v. Bayern) 410
Karlmann (ostfränk. König) 13, 24, 53, 74, 179, 354, 436, 438
Karl Theodor (v. Wittelsbach; Kurfürst v. Bayern) 47, 156, 263, 297, 413, 414, 443, 445
Kaser, Mathias 310
Kasimir (IV.; König d. Jagiellonen) 126
Kaspar (Aindorfer; Abt v. Tegernsee) 142
Kaspar (Kühner; Weihbischof v. Freising) 255
Kastenmüller 265
Kastner, Johannes (Kleriker) 282
Katharina (v. Österreich) 271
Katharina (Frau v. Erzherzog Sigismund v. Österreich) 94
Katharina (Heilige) 97, 101
Kayser, Hans 306, 307
Kegele, Johann (Botenmeister) 388
Keller, Jakob (Rektor des Münchner Jesuitenkollegs) 40, 250, 296
Kellner, Maria B. 274
Kellner, Maria Kastulus 274
Kempen, Thomas v. (Mystiker) 444
Kern, Paul (Richter v. Ebersberg) 437
Kerschl, Wolf 340
Key, Willem (Künstler) 124
Khändler, Melchior 341
Khappfer, Hans 344
Kiermair 265
Kilb, Joseph 314
Kircher, Maria Anna Ludovika 439
Kirmaier, Wolfgang 271
Kirzinger, Franz (Maler) 47, 263, 428
Kitzinger, Stephan (Landrichter v. Schwaben) 32
Klee, Joseph Donat (Schreiber) 440
Klinger, Johann 315
Königer, Josef (Pfarrer) 275
Kolumbus, Christoph (Seefahrer) 322
Konrad (I.; Abt v. Ebersberg) 28
Konrad (II.; Abt v. Ebersberg) 28, 29, 207, 214
Konrad (III.; Abt v. Ebersberg) 29
Konrad (IV.; Abt v. Ebersberg) 30
Konrad (Adoptivsohn d. Gräfin Richlind v. Ebersberg) 182
Konrad (Bischof v. Regensburg) 282
Konrad (v. Hewen; Kleriker) 15, 179
Konrad (II; röm.-dt. König u. Kaiser) 20, 246
Konrad (IV.; röm.-dt. König) 29
Konrad (Propst v. Freising) 207
Konrad (v. Valley) 28
Korbinian (Heiliger) 44, 89
Kötterl, Martin 391
Kotter, Georg 309
Kottmiller, Barbara 305
Kottmiller, Benno 305
Krätzel, Hans 377
Kraisser, Hans 391
Kraus, Johann Ulrich (Kupferstecher) 424, 439
Kreittenhuber, Sebastian 236
Kreittmayr, Wiguläus (Jurist) 376
Kreuttl, Paul 315
Kreuzer, Balthasar 271
Kümpfler, Georg 337, 340
Kunigunde (Frau Kaiser Heinrichs II.) 19
Kuno (Bischof v. Olmütz) 282

Lampfferzhaimer, Andre 32
Lampfferzhaimer, Hanns 32
Langenwalder, Simon (Anwalt) 379, 380
La Rosée, Bassalet de 445
La Rosée, Josefa de 445
Lassla (Goldschmied) 37
Lasso, Orlando di (Komponist) 153
Laurenz (Abt v. Mariazell) 284
Layming, Brigitta v. 112
Leb, Wolfgang (Bildhauer) 37, 88, 106, 110, 111, 127, 212, 419
Lechner, Joseph 274
Lehner, Georg 344
Lehner, Nikolaus (Forstverwalter) 43
Leinberger, Hans (Bildschnitzer) 129
Lele (ungar. Heerführer) 180
Leo (III.; Papst) 238
Leo (IV.; Papst) 238, 239
Leonhard (I.; Abt v. Ebersberg) 38, 95, 209, 215
Leonhard (II.; Abt v. Ebersberg) 38, 208, 209, 215
Leopold (I.; röm.-dt. König u. Kaiser) 44
Leopold, Andreas 271
Lerchenfelder, Caspar (Münchner Hofkastner) 375, 387
Lidl, Jakob 412
Liebhardt (Pfarrer) 271
Link (Künstler) 424
Lobhammer, Hans Georg 344
Loibl (Kirchendiener) 264
Lucina 261
Ludwig (Herzog) 28
Ludwig (II.; d. Strenge; v. Wittelsbach; Herzog v. Oberbayern) 222
Ludwig (d. Fromme; ostfränk. König u. Kaiser) 91
Ludwig (IV.; d. Bayer; röm.-dt. König u. Kaiser) 31, 206, 221, 222, 223, 224, 225, 226, 227, 228, 229, 230, 231, 248, 368
Ludwig (VII.; d. Bärtige; v. Wittelsbach; Herzog v. Bayern-Ingolstadt) 32, 283, 354
Ludwig (IX.; d. Reiche; v. Wittelsbach; Herzog v. Niederbayern) 33, 94
Ludwig Joseph (Bischof v. Freising) 263
Lutecart (Gräfin v. Ebersberg) 180
Luther, Martin (Kirchenreformator) 147
Lutz, David Dominicus 274

Mändl, Georg (Pfarrer) 347
Mändl, Johannes (kurfürstl. bayer. Hofpräsident) 258
Märtl, Nicolaus 274
Magnus, Sebastian (Mönch) 291, 292
Maier, Brigitta 384
Maier, Heinrich (Baumeister) 252, 254, 423
Maier, Peter 271
Maier, Peter 384
Maier, Petter 340
Mair, Melchior 258
Mang, Wolf 377
Manicor, Cyprian (Jesuit) 42
Mannhart, Johannes (Rektor d. Münchner Jesuitenkollegs) 392
Marbacher, Joseph 265, 268
Maria (Gottesmutter) 16, 24, 30, 33, 82, 97, 119, 120, 121, 122, 240, 253
Maria Theresia (v. Habsburg; Erzherzogin v. Österreich) 322
Margarete (Frau Ludwigs IV., d. Bayern) 222
Margarete (Herzogin) 33, 94
Margarethe (Heilige) 122
Margreth (v. Brandenburg) 271
Margreth 271
Maria Anna (Kurfürstin v. Bayern) 306, 442
Markward (Markgraf v. Kärnten) 17, 437, 441
Marianus, Christophorus (Rektor d. Münchner Jesuitenkollegs) 39, 40
Martin (Abt des Schottenklosters in Wien) 284
Martin (Glasermeister) 100, 101, 102
Martin (Heiliger) 16, 24, 30, 81, 82, 240
Martin (V.; Papst) 32, 280, 281
Marquardt (Pfarrer) 271
Maternus (Heiliger) 81
Mathias (Kurz; Prior v. Ebersberg) 292
Matthias (Heiliger) 97
Mauritius (Heiliger) 42, 92
Maurus (Mönch) 133, 135, 137, 138, 143, 144, 192, 201
Max (I.; König v. Bayern) 158, 445
Max Emanuel (v. Wittelsbach; Kurfürst v. Bayern) 44, 409, 439
Max Josef (III.; v. Wittelsbach; Kurfürst v. Bayern) 46, 158, 263
Maximilian (I.; v. Wittelsbach; Herzog u. Kurfürst v. Bayern) 40, 41, 43, 124, 153, 251, 274, 287, 371, 372, 385, 386, 388, 394, 402, 405, 433, 442
Maximilian (v. Habsburg; Erzherzog v. Österreich) 41, 248, 251
Maximilian Heinrich (v. Wittelsbach; Erzbischof v. Köln) 43, 254, 255
Maximilian Philipp (v. Wittelsbach) 44
Mayr, Georg 308
Mayrhofer, Franz 301
Mayrhofer, Matthäus (Rektor d. Münchner Jesuitenkollegs) 371, 379, 396
Mayrin, Magdalena 258
Mechtild (v. Habsburg; Frau Herzog Ludwigs II. v. Oberbayern) 222
Medardus (v. Soissons; Heiliger) 238
Meginbold (Propst v. Ebersberg) 16, 181, 441
Meier, Balthasar 273
Meiletskirchner, Amalie 391
Meinhard (o. Wernhard; Abt v. Ebersberg) 31, 49, 214, 218
Meisl, Georg 335
Meister v. Rabenden 122, 123, 124
Meister v. Seeon 121
Meister v. Sensau 121
Mergetheimer, Martin (Schulmeister) 190
Merian, Matthäus (Kupferstecher) 295, 372, 373, 433, 436
Metsch, Abraham (Baumeister) 126

Michael (Faulhaber; Kardinal; Erzbischof v. München u. Freising)   241, 242, 269
Michael (v. Kuenberg; Erzbischof v. Salzburg)   284
Michael (Heiliger)   114, 122
Michael (Wittmann; Weihbischof v. Regensburg)   445
Mittermayr, Georg   335
Möhringer, Georg (Administrator v. Ebersberg)   292
Möhringer, Wolfgang (Administrator v. Ebersberg)   288, 289, 290, 291, 292
Mösner, Anton   302
Molitor, Hainrich (de Augusta; Schreiber)   138, 139
Moosprugger, Johannes (Baumeister)   44, 252
Moreau, Jean Victor (franz. General)   445
Moser (herzogl. Kastner v. Schwaben)   380
Mosnerin, Barbara   335
Mozart, Wolfgang Amadeus (Komponist)   156, 160
Müller, Anna   312
Müller, Wolf   312
Muris, Johannes de (Musiktheoretiker)   149

Napoleon (franz. Kaiser)   47, 324
Negelin, Andreas (Mönch)   285
Nepomuk, Johannes (Heiliger)   154
Neuchinger, Caspar (Forstmeister)   34
Neumayr, Hans   309
Niedermayr, Leonhard (Pflegsverwalter v. Schwaben)   374, 375, 376, 387, 395
Niedermayr, Anton (Exjesuit)   263
Niedermayr, Pankraz (Exjesuit)   263
Niedermeier, Adam   347
Nikodemus (de la Scala; Bischof v. Freising)   280, 282
Nikolaus (v. Kues; Kardinal; Bischof v. Brixen)   33, 146, 282, 284, 297
Nikolaus (V.; Papst)   223
Nöggler, Hermann Sebastian (Chorregent)   155
Notger (v. St. Gallen)   163
Nußdorf, Marx v.   119

Obermayr, Sebastian   301, 309, 310, 313
Öttingen, Wilhelm Graf zu   271
Ortenberg, Sebastian Graf zu   271
Osrich (v. Falkenberg; Dienstmann)   28
Ostermaier, Caspar   339
Osterrieder, Sebastian (Bildhauer)   125, 130
Otloh (Literat)   161, 167, 170
Ott, Lorenz Justinian (Chorherr)   154, 155
Otto (I.; Bischof v. Freising)   207
Otto (I.; der Große; röm.-dt. König u. Kaiser)   17, 84, 89, 180, 181
Otto (II.; röm.-dt. König u. Kaiser)   246, 247
Otto (v. Wittelsbach; Pfalzgraf)   27
Otto (v. Wittelsbach; Sohn d. Pfalzgrafen)   27

Otto (v. Wittelsbach; Vogt d. Klosters Ebersberg)   27
Otto (I.; v. Wittelsbach; Herzog v. Bayern; Vogt d. Klosters Ebersberg)   28
Otto (II.; v. Wittelsbach; Herzog v. Bayern)   29
Otto (III.; v. Wittelsbach; Herzog v. Niederbayern)   222, 225
Otto (IV.; v. Wittelsbach; Herzog v. Niederbayern)   225
Otto (v. Aschheim; Edler)   28
Otto (I.; Siegersdorfer; Abt v. Ebersberg)   30, 31, 49, 78, 79, 86, 206, 208, 211, 214, 225, 226, 227, 231
Otto (II.; Abt v. Ebersberg)   33
Ottokar (Erzherzog v. Österreich)   29
Ovid (röm. Dichter)   431

Pacher, Michael (Schnitzer)   110, 123
Paler, Anton (Exjesuit)   263
Paracelsus (Arzt)   325
Parler, Peter (Werkmeister)   113
Paul (V.; Papst)   117
Paulus (Widmann; Abt v. Tegernsee)   292
Paulus (Heiliger)   124, 135
Paulus (Mönch v. Tegernsee)   288
Paumgartner, Jacobi   339
Pausch, Eugen (Komponist)   157, 158, 159
Peckham, John (Musiker)   147
Pergerin, Anna   314
Permayrin, Magdalena   315
Petrus (Küenberger; Abt v. Ebersberg)   29, 30, 208, 214
Petrus (Heiliger)   92, 124, 134, 135
Petrus (v. Rosenheim; Mönch u. Kirchenreformer)   200, 280, 281, 282, 283
Petrus (v. Pienzenau; Propst v. Berchtesgaden)   108
Pfaff, Cyriacus (Kooperator)   388
Pfeffer (Anwalt)   390
Pflüger, Melchior   317
Pflügl, Georg (Klosterrichter)   387
Philipp (IV.; v. Habsburg; König v. Spanien)   125
Philipp (Höhenberger; Abt v. Ebersberg)   31, 32, 80, 108, 116, 200, 208, 211, 214, 248
Philipp (Heiliger)   143
Philipp (d. Kühne; Herzog v. Burgund)   110
Philipp Wilhelm (Pfalzgraf)   435
Pichelmair, Hans   391
Piechler, Georg   301
Piechler, Maria   301
Pienzenau, Christoph v.   112
Pienzenau, Hans Caspar v.   111, 112
Pienzenau, Johann Friedrich   442
Pienzenau, Katharina v.   107, 108
Pienzenau, Otto v.   106, 107
Pienzenau, Otto v. (Viztum v. Oberbayern)   32
Pienzenauer, Georg   308
Piermeyer, Hans   392
Pindtner, Caspar   311
Pirklin, Margaretha   391
Pistorius (Advokat)   393
Pius (II.; Papst)   33, 241

Pius (XI.; Papst)   241
Pötschner, Balthasar (Bürgermeister v. München)   94, 111
Pöttinger, Niklas   303, 304
Polack, Jan (Maler)   88, 104
Polycarp (Priester)   259
Prändl, Peter (Hauptmann)   386, 387, 388, 390, 391, 392
Praesidius (Held; Abt v. Weyarn)   154
Praun, Franz   315
Pröll, Lorenz   271
Pronner, Albrecht   40
Pronner, Hieronimus (Landschaftskanzler)   39
Pronner, Johann Jakob (Kastner v. Aibling)   40
Prunnauer, Steffan (Werkmeister)   106
Prunnthaler, Michael   308
Puechenberger, Martinus (Mönch)   285
Pürnpächler, Joseph   300
Pulfinger, Margarete   108
Purghauser, Hanns (Werkmeister)   88, 92

Quirin (Grasenauer; Abt v. Niederaltaich)   291
Quirin (Rest; Abt v. Tegernsee)   288, 292

Rader, Matthäus (Rektor d. Münchner Jesuitenkollegs)   41, 437
Ränftl, Ulrich (Steinmetz)   88, 106
Ramsauer, Elsbeth   97
Ramsauer, Ulrich (Baumeister)   97
Randeck, Augustin (Pfarrer)   102
Randeck, Erhard (Werkmeister)   88, 102, 106, 115, 116
Randeck, Ulrich (Werkmeister)   88, 94, 101, 102, 106, 115, 116, 271
Rasis (pers. Gelehrter)   326
Rasso (Graf v. Andechs)   33
Rathold (Graf v. Sempt-Ebersberg)   15, 110, 179, 192, 244, 436, 441
Rechperg, Hainrich v.   271
Reeb, Georg (Superior v. Ebersberg)   271
Reginbold (Abt v. Ebersberg)   18, 19, 20, 21, 26, 79, 161, 164, 181, 182, 187, 419, 441
Reichl, Alois Sebastian v. (Lithograph)   41
Reindel, Ruppert (Novizenmeister v. Ebersberg)   40
Reinsdorf (Großprioratsrevisor)   265
Reinstätter, Wolf   386, 389, 390
Reiter, Ludwig (Chorregent)   155, 444
Reitgard (Heilige)   377
Reitter, Johann Baptist (Liktor)   444
Renate (Frau v. Herzog Wilhelm V.)   153
Reutter, Maria   316
Richardis (Gräfin v. Ebersberg)   17, 20, 21, 22, 37, 38, 109, 180, 182, 376, 419, 437, 437, 441, 442
Richlind (Gräfin v. Ebersberg)   18, 20, 22, 174, 181, 375, 376, 377, 437, 438
Riegler (herzogl. Sekretär)   289
Ringlspacher   265

Ringseis, Amalie (Autorin)   269
Riss, Sebastian   271
Rochus (Heiliger)   322
Roger (v. Helmarshausen; Goldschmied)   91
Rottenganger, Maurus (Mönch)   291
Rottenhammer, Johann (Maler)   255
Rottpauer, Martin   335
Rudalfinus (Bischof v. Parma)   282
Rudolf (v. Habsburg)   31
Rudolf (Welfe; Vater d. Gräfin Richlind v. Ebersberg)   18, 181, 438
Rudolf (I.; v. Wittelsbach; Herzog v. Oberbayern)   30, 31, 222, 224, 225, 230, 231, 368
Rudolf (I.; von Habsburg; röm.-dt. König)   29, 48, 222, 228
Rudolf (II.; v. Habsburg; röm.-dt. König u. Kaiser)   371, 403
Ruottrud / Rotraud (Tochter Graf Ulrichs v. Ebersberg)   18, 181
Rupert (I.; Abt v. Ebersberg)   23, 26, 167
Rupert (II.; Abt v. Ebersberg)   28
Rupert (Propst v. Herrenchiemsee)   213
Ruprecht (v. d. Pfalz; v. Wittelsbach; röm.-dt. König)   206
Ruther, Christof (Forstmeister)   354

Sailer, Andreas   443
Sailer Johann Michael (siehe unter Johann Michael)
Sailer, Maria   443
Salomon (König)   162, 163, 164
Sammerer, Simon   315
Sartor, Wolfgang (Mönch)   285
Sattl, Maria   313
Sattl, Melchior   313
Sattler, Benedikt (Professor)   443
Schabmayr, Barbara   312
Schabmayr, Melchior   312
Scharl, Benno (Braumeister)   413, 414, 415
Scharnagl, Anton (Domdekan)   269
Schaufler, Joseph   274
Schaunberg, Friedrich Graf v.   271
Schaunberg, Georg Graf v.   271
Schaunberg, Sigmundt, Graf v.   271
Schaunberg, Ulrich Graf v.   271
Schaunberg, Wollffgang Graf v.   271
Scherer, Anna   301
Scherer, Matthais   301
Schermel, Paul   265
Scheyrl, Thomas   316
Scheyrlin, Anna   316
Schich, Franz Antonj   274
Schilcher, Georg (Bierbrauer)   42
Schilling, Felix Nepomuk (Freskant)   259
Schilling, Joseph Ignaz (Freskant)   259
Schlaner, Andreas (Pfarrer)   158
Schlosser / Spielberger, Hans   314
Schmidt, Bastl   387
Schmidts, Andre   315
Schmuzer, Michael (Stuckateur)   254
Schneider, Balthasar   302, 307
Schneider, Hans   376
Schnitzer, Hans   118

Schobinger, Georg (Kaufmann) 41
Schölling, Blasius (Jesuit) 42, 250, 441
Schönwetter, Ferdinand (Historiograph) 429, 439, 440
Schorrer, Christoph (Rektor d. Münchner Jesuitenkollegs) 44, 252, 255
Schotte, Werner 226
Schrammhauser, Joseph 412
Schreiner, Josef (?; Komponist) 157, 158, 159
Schrenk, Johann (Hofkammerpräsident) 380
Schromm, Josef (Buchbindermeister) 274, 275
Schuster, Hans 311
Schuster, Melchior 311
Schuster, Sebastian 391
Schwaiger, Johannes 274
Schwaiger, Wolf 392, 393
Schwalb, Oswald (Kaplan) 271
Schwanthaler, Johann Peter (d. Ältere; Bildhauer) 124, 125
Schwanthaler, Thomas (Bildschnitzer) 128
Schwarz, David (Notar) 384, 385, 391
Schwarz, Georg 302
Schwarzenburg (Gräfin) 41
Sebastian (Häfele; Abt v. Ebersberg) 16, 25, 34, 35, 36, 37, 38, 74, 79, 88, 93, 94, 97, 98, 102, 106, 109, 113, 114, 115, 124, 131, 147, 192, 193, 194, 201, 202, 207, 209, 215, 249, 271, 418, 419, 424, 426
Sebastian (Heiliger) 16, 17, 20, 21, 22, 24, 25, 26, 27, 30, 35, 37, 41, 42, 43, 44, 45, 46, 49, 77, 80, 81, 82, 87, 92, 97, 98, 110, 120, 124, 125, 143, 174, 180, 207, 212, 237, 239, 240, 242, 246, 247, 249, 251, 253, 254, 256, 257, 258, 259, 260, 261, 322, 437
Seben, Spornella v. 119
Seeböck, Karl (Kooperator) 241
Seinsheim, August Graf v. (Maler) 413, 414
Seitz, Bernhard (Lehrer) 443
Sellmair, Joseph 274
Senefelder, Alois (Lithograph) 158
Setzger, Maria Therese v. 445
Sewer, Hanns (Forstmeister) 32
Sieghard (Graf v. Sempt-Ebersberg) 13, 14, 15, 18, 23, 24, 33, 77, 78, 79, 81, 179, 244, 354, 431, 436, 438, 441, 446
Sigibert (III.; König v. Austrasien) 182
Sigismund (röm.-dt. König u. Kaiser) 32
Sigismund (Erzherzog v. Österreich) 35, 94
Sigismund (v. Wittelsbach; Herzog v. Bayern-München) 36, 128
Sigmund (Kulbinger; Abt v. Ebersberg) 39, 76, 91, 113, 126, 127, 209, 215, 420
Silbernagl, Simon 275
Simon (Kastner; Abt v. Ebersberg) 32, 200, 208, 211, 214, 280, 281, 282, 283, 284
Simon (v. Trient; Heiliger) 37

Simon, Robert (Generalvikar) 275
Singldinger, Thomas 312, 313
Sixtus (IV.; Papst) 36
Sluter, Claus (Steinmetz) 110
Smit, Hans (Stiftshausknecht) 126
Spaiser, Georg (Rektor d. Münchner Jesuitenkollegs) 44
Spechthart, Hugo (Musiktheoretiker) 149
Spilberg, Georg v. 271
Spitzlhauser (Gemeindebereiter) 393
Spitzhut, Andreas 257
Sprenger, Jakob (Gründer d. Rosenkranzbruderschaft) 96
Stadler, Johann (Pfarrvikar) 271
Stadler, Martin 315
Stadlerin, Barbara 315
Staller, Anton (Orgelbauer) 159
Stanislaus (Heiliger) 45
Stapert, Vomelius (Protonotar d. Reichskammergerichts) 388
Star, Bartholomäus (Mönch) 285
Stauber, Georg (Hauptmann) 387
Staudinger, Johannes Georgius (Schreiber) 251
Stein, Lukas (Bote) 388
Stephan (Herzog) 30
Stephan (Ebser; Abt v. Ebersberg) 31, 80
Stephan (I.; v. Wittelsbach; Herzog v. Niederbayern) 222
Stephan (III.; v. Wittelsbach; Herzog v. Bayern-Ingolstadt) 280, 402
Stephan (VIII.; Papst) 239, 442
Stephan (Prior von Melk) 284
Stephanus (Heiliger) 33, 80, 81, 135
Stethaimer, Hanns (Steinmetz u. Maler) 88, 92
Stetner, Hannß 271
Stetner, Katharina 271
Stieber, Johann Ludwig (Notar) 392
Stockhammer, Sebald (Reichskammergerichtsadvokat) 392
Stolberg-Wernigerode, Eleonore Auguste Gräfin v. 444
Storer, Johann Christoph (Maler) 79, 88
Stoß, Veit (Bildhauer) 123, 125, 126
Strobl, Anna 338
Stubenberg, Wolfgang v. 271
Stumpf, Casparus (Mönch) 285
Suger (Abt v. Saint-Denis) 86, 91
Sur (König d. Ungarn) 180
Swieten, Gerard van (Arzt) 322
Syrauer, Franz Antoni 308

Täffmayr, Thomas 275
Tanner, Georgius (Mönch) 285
Tassilo (III.; Herzog v. Bayern) 78, 354
Thaller, Caspar 337, 341
Theoderich (d. Große; König d. Ostgoten) 182
Thomas (v. Aquin; Philosoph u. Theologe) 192
Tilly, Johann Tserclaes Graf v. (Feldherr) 42, 251
Tirckhenstainer, Christophorus (Mönch) 285
Törring, Oswald v. 271

Trappentreu (Brauer) 412
Trattangerer, Hans 391
Traunsteiner, Johann (Schulmeister) 443
Truchtlachinger, Peter 107
Turenne, Henri (Militär) 43

Udalrich (Erzpriester) 166, 195, 198
Ulrich (I.; Abt v. Ebersberg) 28, 29, 78, 207, 208
Ulrich (II.; Abt v. Ebersberg) 29
Ulrich (III.; Moser; Abt v. Ebersberg) 29, 30, 80
Ulrich (Bischof v. Augsburg) 17, 25, 49, 139, 180
Ulrich (Graf v. Ebersberg) 17, 20, 21, 22, 24, 25, 27, 37, 38, 54, 60, 109, 179, 180, 181, 182, 244, 246, 376, 419, 437, 438, 441, 442
Urban, Hans 304, 310
Urban, Susana 304, 310
Urban (IV.; Papst) 80
Urban (VI.; Papst) 279
Urban (VIII.; Papst) 239
Ursula (Heilige) 35, 40, 87

Valentin (Heiliger) 35, 79
Vettinger, Leonhard (Mönch) 280
Vicelli, Anton (Maler) 423
Vicelli, Johann Blasius (Maler) 423
Vincencius (Heiliger) 37, 101
Vitus (Heiliger) 16, 24, 30, 81, 240
Vitus (Abt v. Ebersberg) 38, 209, 215
Vogl, Carolus 256, 257
Vogl, Jacob 275

Wagner, Georg 387
Wagner, Leonhard 378
Waldeck, Katharina v. 107
Walther (von Kling; Graf; Vogt des Klosters Ebersberg) 26
Waltner 265
Weigl, Joseph (Exjesuit) 263
Weinerus, Peter (Kupferstecher) 420
Weinhart, Johann (Administrator v. Ebersberg) 209, 215, 288, 289, 290
Weinhart, Melchior 291
Weinhuber, Georg 337
Welf (VI.; Herzog) 28
Welf (-hard; Bruder d. Gräfin Richlind v. Ebersberg) 22, 181, 438
Welfhard (Neffe d. Gräfin Richlind v. Ebersberg) 22, 174, 182
Wening, Michael (Kupferstecher) 71, 90, 425, 428, 429, 439, 441
Wensin, Lorenz (Oberstjägermeister) 374, 375
Wernhard (o. Meinhard; Abt v. Ebersberg) 31, 49
Wernstorffer, Urban 129
Widl, Adam (Buchautor) 242, 243, 244, 245, 251, 252, 255, 442
Wilhelm (Abt v. Hirsau) 171
Wilhelm (III.; v. Wittelsbach; Herzog v. Bayern-München) 280, 281, 282, 283
Wilhelm (IV.; v. Wittelsbach; Herzog v. Bayern) 403
Wilhelm (V.; d. Fromme; v. Wittelsbach; Herzog v. Bayern) 39, 40, 122, 146,

153, 209, 211, 241, 249, 286, 287, 289, 290, 291, 293, 294, 295, 296, 437, 438, 441, 442
Wilhelm (Prior v. Niederaltaich) 290, 291
Willibirg (Gräfin v. Ebersberg) 16, 17, 24, 25, 49, 179, 180, 438, 441
Willibirg (Gräfin v. Ebersberg) 18, 21, 181
Williram (Abt v. Ebersberg) 23, 24, 25, 26, 37, 141, 142, 161, 162, 163, 164, 165, 166, 167, 168, 169, 170, 171, 172, 173, 174, 175, 183, 184, 185, 186, 187, 188, 189, 190, 191, 194, 195, 200, 240
Wilpert (Prälat) 242
Wimmer (Brauer) 413
Winhart, Hanns (Glasermeister) 88, 100, 101, 102
Winkler, Kaspar 265
Winklhofer, Sebastian 444
Wirndo (Abt v. Ebersberg) 28, 29
Wirthsmüller, Johann (Kooperator) 241
Wittman, Frantz Antoni 274
Wolf, Caspar 302
Wolf (Bischof v. Regensburg) 445
Wolfgang (Faber; Abt v. Asbach) 288
Wolfgang (Abt v. Ebersberg) 38, 39, 201, 209, 215
Wolfgang (Heiliger) 97
Wolfstain, Hannß v. 271
Wolgemut, Michael (Maler) 128
Wrangel, Carl Gustav v. (Militär) 43
Württemburg, Eberhard Graf v. 101

Zeiller, Josef (Pfarrer) 241
Zeiller, Martin (Autor) 295, 372, 436
Zellner, Joseph 275
Zollner, Maria Magdalena v. 439
Zürckher, Anna Clara 300
Zürn, Martin (Bildschnitzer) 88, 125
Zürn, Michael (Bildschnitzer) 88, 125
Zweckstetter, Christoph (Stadtschreiber) 159

Autorinnen und Autoren

Dr. phil. Rotraut Acker
Geb. 1945 in Salzburg; Studium Germanistik, Sport und Volkskunde in Innsbruck; Promotion in Volkskunde; Hochschulassistentin in Innsbruck; Museumsvolontärin in Berlin; Verlagslektorin in Innsbruck; Mitarbeiterin der Salzburger Landesregierung; Leiterin des Salzburger Landesinstituts für Volkskunde; seit 1991 Angestellte der Stadt Grafing; ab 1994 ehrenamtliche Leiterin des Grafinger Heimatmuseums.

Dr. med. Wolfgang Beer
Geb. 1958 in Ebersberg; Studium der Medizin in München; Zeitsoldat, Reserveoffizier; Promotion im Bereich der Medizin; freischaffender Arzt und Wissenschaftsjournalist; Weiterbildung in Medizingeschichte, Naturheilverfahren, Baubiologie und Psychiatrie.

Dr. phil. Stefan Breit
Geb. 1956 in München; Studium der Vergleichenden Landesgeschichte, Neueren Geschichte und Volkswirtschaft in München; Promotion im Bereich der Geschichte; freiberufliche Tätigkeit als Historiker; wissenschaftlicher Angestellter beim Bayerischen Hauptstaatsarchiv in München.

Otto Feldbauer M.A.
Geb. 1950 in Marbelshof bei Roding; Arbeit als Landwirt; Studium der Geschichte und Politik in München; Magisterabschluss; freiberufliche Tätigkeit als Historiker.

Winfried Freitag M.A.
Geb. 1946 in Stuttgart; Studium der Philosophie, Geschichte und Germanistik in München; Magisterabschluss; Dozententätigkeit in der Erwachsenenbildung; Leiter des Museums Wald und Umwelt und der Umweltstation Ebersberger Forst in Ebersberg.

Markus Krammer
Geb. 1937 in Ebersberg; Meister im Elektroinstallateur-Handwerk; Technischer Amtmann bei den Stadtwerken München; Kreisheimatpfleger des Landkreises Ebersberg.

Dr. phil. Gottfried Mayr
Geb. 1943 in Mitterham bei Bad Aibling; Studium der Klassischen Philologie und Geschichte in München; Staatsexamen und Promotion im Bereich der Geschichte; Tätigkeit am Institut für Bayerische Geschichte und an der Kommission für bayerische Landesgeschichte bei der Bayerischen Akademie der Wissenschaften in München; Gymnasiallehrer in Grafing und Bad Aibling.

Dr. phil. Dr. h. c. Robert Münster
Geb. 1928 in Düren; Studium der Musikwissenschaft in München; Promotion; wissenschaftlicher Assistent in der Editionsleitung der Neuen Mozart-Ausgabe; Leiter der Musikabteilung der Bayerischen Staatsbibliothek in München.

Thomas Paringer M.A.
Geb. 1975 in Landshut; Studium der Bayerischen und Allgemeinen Landesgeschichte, der Geschichtlichen Hilfswissenschaften und der Kirchengeschichte in München und Rom; Magisterabschluss; freiberufliche Tätigkeit als Historiker.

Prof. Dr. phil. Walter Sage
Geb. 1930 in Frankfurt am Main; Studium der Kunstgeschichte, Klassischen Archäologie und Mittelalterlichen Geschichte in Frankfurt am Main und Mainz; Promotion; Tätigkeit an der Römisch-Germanischen Kommission des Deutschen Archäologischen Instituts in Frankfurt am Main und beim Römisch-Germanischen Zentralmuseum in Mainz; Leiter der Außenstelle Aachen des Rheinischen Landesmuseums Bonn; Referent für Mittelalterarchäologie beim Bayerischen Landesamt für Denkmalpflege in München; Stellvertretender Leiter der Abteilung Bodendenkmalpflege beim Bayerischen Landesamt für Denkmalpflege; Lehrbeauftragter für Mittelalterarchäologie an der Universität in München; Ordinarius am Lehrstuhl für Archäologie des Mittelalters und der Neuzeit der Universität Bamberg.

Bernhard Schäfer M.A.
Geb. 1967 in Wasserburg am Inn; Studium der Neueren und Neuesten Geschichte, Mittelalterlichen Geschichte und der Politikwissenschaft in München; Magisterabschluss; freiberufliche Tätigkeit als Historiker.

Berthold Schäfer
Geb. 1933 in Karlsbad im Sudetenland; Studium der Philosophie, Theologie, Psychologie und Pädagogik in Freising und Eichstätt; Staatsexamen; Tätigkeit als Volksschullehrer; Seminarleiter im Landkreis Ebersberg; Schulrat und Schulamtsdirektor an den Schulämtern Rosenheim und Ebersberg; Leiter des Staatlichen Schulamts in Ebersberg.

Brigitte Schliewen M.A.
Geb. 1931 in Berlin; Studium der Kunstgeschichte, Byzantinischen Kunstgeschichte und der geschichtlichen Hilfswissenschaften in München; Magisterabschluss; Tätigkeit am Zentralinstitut für Kunstgeschichte in München; Arbeit als freiberufliche Kunsthistorikerin.

Dr. phil. Bernhold Schmid
Geb. 1955 in München; Studium der Musikwissenschaft, Neueren Deutschen Literatur und Mittelalterlichen Geschichte in München; Promotion im Bereich der Musikwissenschaft; Mitarbeiter der Musikhistorischen Kommission bei der Bayerischen Akademie der Wissenschaften in München; Lehrbeauftragter an den Universitäten Augsburg und München.

Dr. phil. Otto-Karl Tröger
Geb. 1957 in Selb; Studium der Geschichte, Vor- und Frühgeschichte, Volkskunde und Kunstgeschichte in Regensburg; Promotion im Bereich der Geschichte; Ausbildung für den höheren Archivdienst; Archivar am Bayerischen Hauptstaatsarchiv in München.

Prof. Dr. phil. Wilhelm Volkert
Geb. 1928 in München; Studium der Geschichte in München; Promotion; Ausbildung für den höheren Archivdienst; Tätigkeit an verschiedenen bayerischen Staatsarchiven; Ordinarius am Lehrstuhl für bayerische Landesgeschichte der Universität in Regensburg.

Dr. phil. Elisabeth Franziska Weinberger
Geb. 1965 in Rosenheim; Studium der Mittelalterlichen Geschichte, der Neueren Geschichte und der Deutschen Philologie des Mittelalters in München; Studium der Geschichte und Germanistik in Würzburg; Promotion im Bereich der Bayerischen Geschichte; Mitarbeiterin im Firmenarchiv der Siemens AG; Ausbildung für den höheren Archivdienst; Archivarin am Bayerischen Hauptstaatsarchiv in München.

Dr. phil. Hans Ulrich Ziegler
Geb. 1951 in Bamberg; Studium der Historischen Quellenkunde, Bayerischen Landesgeschichte und der Lateinischen Philologie des Mittelalters in München; Promotion; Tätigkeit bei der Deutschen Forschungsgemeinschaft in Bonn/Bad Godesberg; Mitarbeiter der Bayerischen Staatsbibliothek in München; Akademischer Rat an der Universität in München; freiberufliche Tätigkeit als Historiker.